3차 개정판

검찰 | 교정보호 | 법원 | 경찰채용·승진 시험대비

형사소송법
합격 마스터

김상천 형사소송법

김상천 편저

1권

박문각 공무원 동영상강의 www.pmg.co.kr

PMG 박문각

형사소송법
합격 마스터

김상천
형사소송법

이 책의 머리말

PREFACE

햇볕이 좋고, 바람도 선선합니다.

이런저런 일들은 밀어두고 사람들과 차 한잔하기 좋은 계절이지만,
꿈을 위해 열심히 노력하기에도 좋은 날입니다.

오늘의 땀들이 내일의 열매로 맺어질 것이라는 확신과 자신감이 가장 중요합니다.

이 책을 통해 제가 어느 초여름에 느꼈던 햇볕의 온기, 바람 한 자락의 시원함을 전달할 수 있었으면 하는 바람입니다.

2021년 7월

김상천

이 책의 차례

CONTENTS

1권

이 책의 차례

CONTENTS

2권

제19장 집 행

제20장 기 타

박문각
공무원
기본서

김상천
형사소송법

CHAPTER

01

형사소송법의 기본개념

Chapter 01 형사소송법의 기본개념

제1절 형사소송법의 의의와 성격

❶ 형사소송법의 의의

형사소송법이란 형법을 적용·실현하기 위한 형사절차를 규정하는 법률체계를 말한다. 여기서 형사절차는 수사절차, 공판절차 및 형집행절차로 구성되어 있다.

❷ 형사소송법의 성격

1. 형사법

① 형사소송법은 형법과 함께 형사법에 속하고, 형법과 마찬가지로 형사사법의 정의(正義)를 지향한다. 13. 경찰간부

② 형사소송법은 한 국가의 정치와 법문화의 수준, 즉 법치 국가성과 민주화 정도를 가늠하는 중요한 척도가 되는 규범이다. 16. 경찰간부

③ 민사분쟁의 해결은 민사소송법이 정한 절차에 따를 것을 요하지 않는데 반하여 형법은 형사절차에 의하지 않고는 실현될 수 없다. 13. 경찰간부

2. 공 법

형사소송법은 국가와 국민 사이의 법률관계를 규율하는 공법에 해당한다. 민사법이 사적 자치, 당사자 처분권주의, 평균적 정의실현을 중시하는 반면, 형사소송법은 배분적 정의실현과 법적 안정성을 중시한다.

3. 사법법

형사소송법은 국가의 사법작용의 행사방법을 규정하는 법규로서 사법법에 속한다. 행정법 등이 합목적을 중시하는 반면, 사법법은 상대적으로 합법성 또는 법적 안정성이 중시된다.

4. 절차법

① 형사소송법은 형법을 적용·실현시키는 절차법이다.

② 형법이 정적 법률관계에 관한 법이라면 형사소송법은 그러한 법률관계를 규명하기 위한 동적·발전적 과정을 규율한 법이다. 16. 경찰간부

기출 키워드 체크

_______이 정적 법률관계에 관한 법이라면 _______은 그러한 법률관계를 규명하기 위한 동적·발전적 과정을 규율한 법이다.

OX 형사소송법은 한 국가의 정치와 법문화의 수준, 즉 법치 국가성과 민주화 정도를 가늠하는 중요한 척도가 되는 규범이다. (○, ×) 16. 경찰간부

참고+ 국가의 법체계는 입법법, 행정법, 사법법으로 구분할 수 있다.

☑ **형법과 상호의존적 관계:** 형사소송법은 형법과 목적·수단 관계에 놓여 있는 순수한 합목적성 규범이 아니라, 형법과는 독자적인 원리와 규칙을 가지고 형법과 상호의존적으로 형사법 체계를 형성하는 규범이라고 보아야 한다. 16. 경찰간부, 21. 경찰승진

OX 절차법인 형사소송법은 실체법인 형법과 목적·수단 관계에 놓여 있는 순수한 합목적성 규범이다. (○, ×) 16. 경찰간부

OX 형법이 윤리적 색채를 강하게 띤 법이라면 형사소송법은 전적으로 기술적(技術的) 색채를 띠고 있는 규범체계이다. (○, ×) 16. 경찰간부

Answer

기출 키워드 체크
형법, 형사소송법

OX
○, ×, ×

③ 실체법인 형법이 윤리적 색채를 강하게 띤 법이라면 형사소송법은 기술적(技術的) 색채가 강한 규범체계이다. 16. 경찰간부, 21. 경찰승진 그러나 형사소송법이 기술적 성격만을 가진 법률은 아니다.

④ 기술적 성격의 규정이 통일된 가치체계에 의하여 결합되어 형법과 함께 형사사법의 정의를 실현하는 데 기여하는 법률이 형사소송법이다. 13. 경찰간부

제2절 형사소송법의 법원

참고+ 법원(法源)이란 법을 생기게 하는 근거, 또는 존재 형식을 말한다.

1 의 의

형사소송법의 가장 주된 법원은 '형사소송법'이라는 법률과 헌법, 기타 대법원규칙으로서 형사소송규칙 등이 있다.

▶ 형사소송법의 법원

형사소송법의 법원이 되는 것	형사소송법의 법원이 되지 않는 것
• 헌법 • 법률 • 대법원 규칙 19. 경찰2차 • 헌법재판소의 위헌결정 • 국회의 동의하에 체결된 국제조약 예 SOFA	• 판례 • 대통령과 법무부령 예 검찰사건사무규칙 19. 경찰2차, 사법경찰관리집무규칙 • 국회 동의 절차를 거치지 않은 국제조약 • 관습법

2 헌 법

헌법은 기본적 인권을 보장하기 위하여 형사절차에 관한 여러 규정을 두고 있다. 헌법에 규정된 형사절차에 관한 규정들은 형사소송법 최고의 법원이 된다.

3 법 률

실질적 의미의 형사소송법이란 그 실질적 내용이 형사절차를 규율하는 법률을 말하고, 형식적 의미의 형사소송법이란 그 명칭이 형사소송법인 법률을 말한다. 19. 경찰2차

☑ **대법원 예규:** 대법원 예규는 대법원이 사법부 내부의 사무처리의 통일성을 기하기 위하여 정한 규칙을 말한다. 이러한 대법원 예규의 예로는 재판예규, 등기예규 등이 있는데 이는 소송관계인의 권리, 의무에 영향을 미쳐서 형사절차를 규율하는 효과는 없으므로 형사소송법의 직접적인 법원은 아니다.

4 대법원 규칙

① 대법원은 법률에 저촉되지 않는 범위 안에서 소송에 관한 절차, 법원의 내부규율과 사무처리에 관한 규칙을 제정할 수 있다(헌법 제108조).

OX 헌법에 명시적으로 규정?
16 · 17. 경찰승진

신속한 공개재판을 받을 권리 (○, ×)
불이익변경금지원칙 (○, ×)
체포 · 구속적부심사청구권 (○, ×)
형사보상청구권 (○, ×)
증거재판주의 (○, ×)
위법수집증거배제법칙 (○, ×)
자백보강법칙 (○, ×)

② 이렇게 형사소송법의 법원이 되는 대법원 규칙의 예로는 형사소송규칙, 법정좌석에 관한 규칙, 법정 방청 및 촬영 등에 관한 규칙, 법정 등의 질서유지를 위한 재판에 관한 규칙, 소년심판규칙, 형사소송비용 등에 관한 규칙 등이 있다.

▶ **헌법에 규정된 형사절차**

- 체포 · 구속적부심사청구권(제12조 제6항) 10 · 16. 경찰2차, 14 · 15 · 16 · 17. 경찰승진, 15. 지능특채, 15 · 17. 경찰간부, 16. 해경, 18. 경찰1차, 18 · 19. 해경간부, 21. 9급국가직 · 9급개론
- 형사보상청구권(제28조) 09 · 10 · 12. 경찰2차, 14 · 17. 경찰승진, 15 · 17 · 19. 경찰간부, 16. 해경, 19. 해경간부, 21. 9급국가직 · 9급개론
- 자백배제법칙과 자백보강법칙(제12조 제7항) 09 · 10 · 12 · 16. 경찰2차, 13. 경찰3차, 14 · 17. 경찰승진, 15 · 19. 경찰간부, 16. 해경, 21. 9급국가직 · 9급개론
- 일사부재리의 원칙(제13조 제1항) 09. 경찰2차, 14. 경찰승진, 19. 해경간부
- 신속한 재판을 받을 권리(제27조 제3항) 09. 경찰2차, 16. 경찰특공대 · 경찰승진, 17. 여경, 18. 해경간부
- 형사피해자의 재판절차진술권(제27조 제5항) 09. 경찰2차, 13. 경찰1차, 19. 경찰간부 · 해경간부
- 체포 · 구속 이유를 고지받을 권리(제12조 제5항) 16. 경찰승진, 18. 해경간부
- 무죄추정의 권리(제27조 제4항) 09 · 12. 경찰2차, 15 · 17. 경찰간부
- 적법절차의 원칙(제12조 제1조 · 제3항) 09. 경찰2차
- 고문을 받지 아니할 권리(제12조 제2항 전단) 13. 경찰1차, 16. 경찰2차
- 수사절차상의 영장주의(제12조 제3항, 제16조) 13 · 18. 경찰1차, 16. 경찰2차
- 변호인의 조력을 받을 권리(제12조 제4항) 10 · 16. 경찰2차, 17. 경찰간부
- 공개재판을 받을 권리(제27조 제3항) 16. 경찰승진
- 피구속자의 가족 등이 구속 사유를 통지받을 권리(제12조 제5항 후단) 16. 해경 · 경찰승진, 19. 해경간부
- 긴급체포와 현행범체포(제12조 제3항) 16. 경찰2차, 18. 경찰1차
- 진술거부권(제12조 제2항 후단) 18. 경찰1차, 19. 경찰간부
- 형사절차법정주의(제12조 제1항)
- 국선변호인 19. 해경간부
- 구속사유 및 변호인선임권을 고지받을 권리(제12조 제5항 전단)
- 공정한 재판을 받을 권리(제27조 제1항)
- 군사법원의 재판을 받지 아니할 권리(제27조 제2항)
- 강제수사법정주의(제12조 제1항 전단)
- 과잉금지의 원칙(제37조 제2항)
- 국회의원의 불체포특권(제44조)
- 국회의원의 면책특권(제45조)
- 대통령의 형사상 불소추특권(제84조)
- 헌법소원(제111조 제1항 제5호) 19. 경찰간부

▶ **헌법에 규정되지 않은 형사절차**

- 위법수집증거배제법칙 05. 경찰3차, 09. 전의경, 09 · 12. 경찰2차, 13 · 18. 경찰1차, 14 · 16 · 17. 경찰승진, 15. 지능특채 · 9급국가직, 19. 해경간부, 21. 9급국가직 · 9급개론

Answer

OX
○, ×, ○, ○, ×, ×, ○

- 불이익변경금지 09. 경찰2차, 14 · 16 · 17. 경찰승진, 15. 지능특채, 18. 해경간부
- 영장실질심사청구권 10 · 12. 경찰2차, 15. 지능특채, 17. 경찰간부
- 간이공판절차 07. 여경기동대, 10 · 12. 경찰2차
- 전문법칙 09. 9급국가직, 10. 경찰2차, 15. 지능특채
- 증거재판주의 02. 경찰1차, 07. 여경기동대, 17. 경찰승진, 19. 해경간부
- 보석청구권 07. 여경기동대, 10. 경찰2차, 17. 경찰간부
- 공소장일본주의 11. 9급개론, 15. 경찰간부, 16. 해경
- 피고인의 공판기일출석권 10. 경찰2차
- 기피신청권 10. 경찰2차
- 집중심리원칙 15. 경찰간부
- 구두변론주의 15. 경찰간부
- 사법경찰관에 대한 검사의 수사지휘권 15. 경찰간부, 19. 경찰2차
- 법정증거주의 15. 9급국가직
- 상소권 05. 경찰3차
- 최후진술권 18. 경찰1차
- 증거보전청구권 19. 경찰간부
- 배상명령제도
- 변론재개신청권
- 구속취소청구권
- 이의신청권 19. 경찰간부

▶ **대한민국 헌법 제12조**

제12조 ① 모든 국민은 신체의 자유를 가진다. 누구든지 법률에 의하지 아니하고는 체포·구속·압수·수색 또는 심문을 받지 아니하며, 법률과 적법한 절차에 의하지 아니하고는 처벌·보안처분 또는 강제노역을 받지 아니한다.

② 모든 국민은 고문을 받지 아니하며, 형사상 자기에게 불리한 진술을 강요당하지 아니한다.

③ 체포·구속·압수 또는 수색을 할 때에는 적법한 절차에 따라 검사의 신청에 의하여 법관이 발부한 영장을 제시하여야 한다. 다만, 현행범인인 경우와 장기 3년 이상의 형에 해당하는 죄를 범하고 도피 또는 증거인멸의 염려가 있을 때에는 사후에 영장을 청구할 수 있다.

④ 누구든지 체포 또는 구속을 당한 때에는 즉시 변호인의 조력을 받을 권리를 가진다. 다만, 형사피고인이 스스로 변호인을 구할 수 없을 때에는 법률이 정하는 바에 의하여 국가가 변호인을 붙인다.

⑤ 누구든지 체포 또는 구속의 이유와 변호인의 조력을 받을 권리가 있음을 고지받지 아니하고는 체포 또는 구속을 당하지 아니한다. 체포 또는 구속을 당한 자의 가족 등 법률이 정하는 자에게는 그 이유와 일시·장소가 지체 없이 통지되어야 한다.

⑥ 누구든지 체포 또는 구속을 당한 때에는 적부의 심사를 법원에 청구할 권리를 가진다. 21. 9급국가직 · 9급개론

⑦ 피고인의 자백이 고문·폭행·협박·구속의 부당한 장기화 또는 기망 기타의 방법에 의하여 자의로 진술된 것이 아니라고 인정될 때 또는 정식재판에 있어서 피고인의 자백이 그에게 불리한 유일한 증거일 때에는 이를 유죄의 증거로 삼거나 이를 이유로 처벌할 수 없다.

OX 헌법 제12조에 명시적으로 규정? 16. 경찰2차

㉠ 모든 국민은 고문을 받지 아니하며, 형사상 자기에게 불리한 진술을 강요당하지 아니한다. (○, ×)

㉡ 체포·구속·압수 또는 수색을 할 때에는 적법한 절차에 따라 검사의 신청에 의하여 법관이 발부한 영장을 제시하여야 한다. 다만, 현행범인인 경우와 장기 3년 이상의 형에 해당하는 죄를 범하고 도피 또는 증거인멸의 염려가 있을 때에는 사후에 영장을 청구할 수 있다. (○, ×)

㉢ 누구든지 체포 또는 구속을 당한 때에는 즉시 변호인의 조력을 받을 권리를 가진다. 다만, 형사피고인이 스스로 변호인을 구할 수 없을 때에는 법률이 정하는 바에 의하여 국가가 변호인을 붙인다. (○, ×)

㉣ 누구든지 체포 또는 구속을 당한 때에는 적부의 심사를 법원에 청구할 권리를 가진다. (○, ×)

㉤ 피고인의 자백이 고문·폭행·협박·구속의 부당한 장기화 또는 기망 기타의 방법에 의하여 자의로 진술된 것이 아니라고 인정될 때 또는 정식재판에 있어서 피고인의 자백이 그에게 불리한 유일한 증거일 때에는 이를 유죄의 증거로 삼거나 이를 이유로 처벌할 수 없다. (○, ×)

Answer

OX
○, ○, ○, ○, ○

제3절 형사소송법의 적용범위

❶ 장소적 적용범위

1. 원칙(속지주의)

형사소송법은 대한민국의 영역 내에서 벌어진 모든 사건에 대하여 적용되며, 피고인 또는 피의자의 국적은 묻지 않는다. 이를 속지주의라고 한다.

2. 예 외

① 대한민국 영역 내라 할지라도 국제법(외교관계에 관한 빈 협약)상의 형사재판권 면제지역(치외법권지역)에서는 형사소송법이 적용되지 아니한다.

② 한편, 대한민국 영역 외 일지라도 영사재판권이 미치는 지역에서는 우리나라 형사소송법이 적용된다. 14. 경찰간부

OX 대한민국 영역 외 일지라도 영사재판권이 미치는 지역에서는 우리나라 형사소송법이 적용된다. (○, ×) 14. 경찰간부

❷ 인적 적용범위

OX 대한민국 내에 있는 미국문화원은 치외법권지역이므로 그곳에서 죄를 범한 대한민국 국민에 대하여는 우리나라의 재판권이 미치지 않는다. (○, ×) 16. 경찰간부

1. 속인주의

형사소송법이 적용되지 않는 지역에서 행한 범죄라도 대한민국 국민이 행한 범죄에 대해서는 우리 형사소송법이 적용될 수 있다(속인주의, 형법 제3조).

2. 보호주의

① 대한민국 영역 외에서 행한 외국인의 범죄라 하더라도 대한민국 또는 대한민국 국민에 대하여 행해진 범죄에 대해서는 우리 형사소송법이 적용된다. 단, 행위지 법률에 의해 범죄를 구성하지 않는 경우는 제외된다.

② 또한 형법 제5조에 해당하는 범죄(내란죄, 외환죄, 국기에 관한 죄, 통화에 관한 죄, 유가증권, 우표와 인지에 관한 죄, 공문서위변조 등, 공인장위변조 등)에 대해서는 우리 형사소송법이 적용된다.

3. 대통령의 불소추 특권

① 대통령은 내란 또는 외환의 죄를 범한 경우를 제외하고는 재직 중 형사상의 소추를 받지 아니한다(헌법 제84조).

② 따라서 내란과 외환의 죄에 대해서는 재임 중이라도 공소를 제기할 수 있다.

Answer

OX
○, ×

4. 국회의원의 불체포 특권

(1) 불체포 특권

① 국회의원은 현행범인인 경우를 제외하고는 회기 중 국회의 동의 없이 체포 또는 구금되지 아니한다(헌법 제44조 제1항). 08. 경찰3차, 17. 경찰승진, 18. 해경간부

② 그러나 국회의원이라도 현행범인인 경우에는 회기 중이라도 체포될 수 있고, 회기 중 국회의 동의가 있으면 체포될 수 있다.

(2) 체포된 국회의원의 석방

① 국회의원은 회기 전에는 체포될 수 있는데, 회기 전 체포된 경우라 하더라도 현행범인이 아닌 한 회기 중 국회의 요구가 있으면 석방하여야 한다.

② 구속된 국회의원에 대한 국회의 석방요구가 있으면 당연히 구속영장의 집행이 정지된다(제101조 제4항, 제200조의6, 제209조).

③ 구속의 집행정지를 취소 사유에 해당하더라도 국회의 석방요구에 의한 구속영장의 집행정지는 그 회기 중 취소하지 못한다(제102조 제2항). 20. 경찰2차

5. 국회의원의 면책 특권

① 국회의원은 국회에서 직무상 행한 발언과 표결에 관하여 국회 외에서 책임을 지지 아니한다(헌법 제45조).

② 국회 내에서 행한 발언과 표결에 대해 공소제기가 되면 법원은 제327조 제2호(공소제기가 법률의 규정에 위반)에 따라 공소기각판결을 선고해야 한다(91도3317). 08. 경찰3차, 13. 9급국가직, 14 · 20. 경찰간부, 17. 7급국가직 · 경찰승진, 18 · 19. 해경간부, 20. 7급국가직

③ 국회에서 직무상 행한 발언과 표결이란 일차적으로 국회의 회의장 내에서 행한 발언과 표결을 의미하지만, 그와 통상적으로 부수하여 행하여지는 행위(의원회관이나 국회기자실에서의 사전 원고배포 행위)까지 포함된다(2009도14442). 10. 법원, 12 · 13. 경찰승진, 16. 경찰1차, 16 · 18. 경찰간부

6. 국제법상 예외

다음의 자들은 치외법권자로서 우리나라에서 재판권이 없어 형사소송법이 적용되지 않는다. 이 경우 공소가 제기되면 법원은 제327조 제1호(재판권이 없는 때에 해당)에 의해 공소기각판결을 선고해야 한다.

① 외국의 원수, 그 가족 및 대한민국 국민이 아닌 수행자

② 신임받은 외국의 사절과 그 직원 · 가족

③ 승인받고 대한민국 영역 내에 주둔하는 외국의 군인

OX 국회의원이 현행범인 경우에는 회기 중 국회의 동의 없이 체포 또는 구속할 수 있다. (○, ×) 15. 경찰간부

기출 키워드 체크

국회의원의 면책특권에 속하는 행위에 대하여 공소를 제기한 경우, 법원은 ________을 선고하여야 한다.

OX 국회의원 면책특권의 대상은 직무상의 발언과 표결이라는 의사표현 행위에 국한되며, 이에 통상적으로 부수하여 행해지는 행위까지 포함되는 것은 아니다. (○, ×) 16. 경찰간부

OX 밀수범인 주한 외국 대사를 상대로 공소제기가 된 경우 우리법원은 유죄판결을 할 수 있다. (○, ×) 13. 경찰간부

Answer

기출 키워드 체크
공소기각판결

OX
○, ×, ×

OX 미합중국 국적을 가진 미합중국 군대의 군속이 10년 넘게 대한민국에 머물면서 한국인 아내와 결혼하여 가정을 마련하고 직장 생활을 하는 등 생활근거지를 대한민국에 두고 있었던 경우에도 미합중국 군대의 군속에 관한 형사재판권 관련 조항이 적용될 수 있다. (○, ×)
15. 경찰간부

7. 주한 미군 지위 협정

(1) 주한 미군 지위 협정(SOFA)

① 주한 미군 지위 협정(SOFA)은 미군의 주둔에 필요한 시설과 구역의 제공, 반환, 경비 · 유지를 주 내용으로 한다.

② 주한 미군 지위 협정 제22조에서는 주한 아메리카 합중국 군대의 구성원이나 군속의 재판권에 대해 규정하고 있다.

(2) SOFA에 의한 재판권의 귀속의 원칙

SOFA 제22조는 우선 범죄를 어느 한 당국의 전속적 재판권에 해당하는 범죄와 양당국의 재판권이 경합되는 범죄로 구분하고 있다. 경합적 재판권의 대상이 되는 범죄는 한 · 미 양국의 법에 의해 모두 범죄에 해당하는 것을 의미한다.

(3) SOFA 적용 배제

1) 미군 군속 및 가족의 경우(평시)

① 미군 군속 및 가족의 경우, 대한민국이 계엄령을 선포하는 경우나 대한민국과 미국 간에 적대행위가 발생하는 경우를 제외하고는 대한민국이 전속적으로 형사재판권을 행사할 권리를 가진다(2005도798).

② 따라서 대한민국은 미합중국 군대의 군속이 대한민국 영역 안에서 저지른 범죄로서 대한민국 법령에 의하여 처벌할 수 있는 범죄에 대한 형사재판권을 바로 행사할 수 있다. 16. 경찰간부

2) 통상적으로 대한민국에 거주하고 있는 자

'통상적으로 대한민국에 거주하고 있는 자'는 협정이 적용되는 군속에 해당하지 않아 우리나라에서 재판권을 행사할 수 있다.

▶ SOFA의 경합적 재판권 분배 12. 법원

미군이 1차적으로 재판권 행사 권리를 가지는 경우	• 오로지 합중국의 재산이나 안전에 대한 범죄 • 오로지 합중국 군대의 타 구성원이나 군속 또는 그들의 가족의 신체나 재산에 대한 범죄 • 공무집행 중의 작위 또는 부작위에 의한 범죄
대한민국이 1차적으로 재판권 행사 권리를 가지는 경우	그 외

▶ 우리나라에 재판권이 있는 경우

- 미군 군속(계엄령, 적대행위 제외) 16. 경찰간부
- 미군 군속 중 '통상적으로 대한민국에 거주하는 자'(10년 거주 등 국내 생활근거지) 15 · 16. 경찰간부, 16. 경찰1차, 18. 해경2차

Answer

OX ×

• 미국문화원에서 내국인이 범죄를 저지른 경우 08. 경찰3차, 12 · 13 · 17. 경찰승진, 13 · 16 · 18. 경찰간부, 18. 해경간부
• 대한민국 국민이 미국 라스베가스(도박 처벌 ×)에서 상습도박을 한 경우(2002도2518) 15. 변호사
• 내국 법인의 대표자인 외국인이 외국에서 그 법인에 대해 횡령죄를 범한 경우(2016도17465) 17. 7급국가직, 18. 해경2차, 19. 경찰2차, 20. 경찰간부

▶ 우리나라에 재판권이 없는 경우

• 캐나다 시민권자가 캐나다에서 위조사문서행사를 한 경우(2011도6507) 12. 법원, 13. 경찰2차, 16. 경찰1차, 16 · 18. 경찰간부, 17. 경찰승진, 18 · 19. 해경간부
• 대한민국 국민이 아닌 사람이 외국에서 반국가단체의 지배하에 있는 지역으로 들어간 경우(2004도4899) 15. 변호사
• 중국인이 중국에 소재한 대한민국 영사관에서 여권발급신청서(사문서)를 위조한 경우(2006도5010) 15. 변호사, 17. 7급국가직, 19. 해경간부, 20. 경찰간부
• 밀수범인 주한외국대사 ⇨ 공소기각판결 02. 경찰1차, 13. 경찰간부

관련 판례 내국 법인의 대표자인 외국인이 내국 법인이 외국에 설립한 특수목적법인에 위탁해 둔 자금을 정해진 목적과 용도 외에 임의로 사용한 데 따른 횡령죄의 피해자는 당해 금전을 위탁한 내국 법인이다. 따라서 그 행위가 외국에서 이루어진 경우에도 행위지의 법률에 의하여 범죄를 구성하지 아니하거나 소추 또는 형의 집행을 면제할 경우가 아니라면 그 외국인에 대해서도 우리 형법이 적용되어(형법 제6조), 우리 법원에 재판권이 있다(대판 2017.3.22. 2016도17465).

❸ 시간적 적용범위

1. 원칙(재판시법 원칙)

① 형사소송법도 원칙적으로 시행시부터 폐지시까지 효력을 갖는다.

② 다만, 형사절차의 진행 중 형사소송법이 개정된 경우에 소급효금지의 원칙은 형사소송법에는 적용되지 않는다. 13. 경찰간부, 14. 경찰1차

2. 혼합주의

① 2007.6.1.에 제17차로 전면개정된 형사소송법에서는 부칙 제2조에서 신법 시행 후에 공소제기된 사건뿐 아니라 구법 시행시에 공소제기된 사건에 대해서도 신법이 적용되도록 하고 있다.

② 또한 신법 시행 전 종전의 규정에 따라 행한 소송행위의 효력은 그대로 인정된다.

③ 따라서 항소심이 신법 시행을 이유로 구법이 정한 바에 따라 적법하게 진행된 제1심의 증거조사절차 등을 위법하다고 보아 그 효력을 부정하고 다시 절차를 진행하는 것은 허용되지 아니하며, 다만 이미 적법하게 이루어진 소송행위의 효력을 부정하지 않는 범위 내에서 신법의 취지에 따라 절차를 진행하는 것은 허용된다(2008도2826). 13 · 18. 경찰간부, 16. 경찰1차, 18. 해경2차, 20. 7급국가직

④ 종전에 반의사불벌죄가 아니었던 범죄가 근로기준법 개정에 의해 반의사불벌죄로 되었으나 부칙에 경과규정이 없는 경우, 개정법률이 적용되어야 한다. 11. 9급국가직, 20. 7급국가직

OX 형사소송법에는 소급효금지의 원칙이 적용되지 않으므로 신법을 적용할 것인가, 구법을 적용할 것인가는 입법정책상의 문제이다. (○, ×) 14. 경찰1차, 18. 해경2차

OX 종전에 반의사불벌죄가 아니었던 범죄가 근로기준법 개정에 의해 반의사불벌죄로 되었으나 부칙에 경과규정이 없는 경우, 개정법률이 피고인에게 더 유리할 것이므로 형법 제1조 제2항에 의하여 피고인에 대하여 개정법률이 적용되어야 한다. (○, ×) 11. 9급국가직, 20. 7급국가직

☑ **공소시효의 경우**: 2007.12.21.에 제18차로 개정된 형사소송법(법률 제8730호)은 공소시효에 대해서만은 구법이 적용되도록 하였다.

Answer
OX
○, ○

Chapter 01 OX 확인학습

01 □□□ 헌법 제12조에는 '모든 국민은 고문을 받지 아니하며, 형사상 자기에게 불리한 진술을 강요당하지 아니한다.'는 내용이 규정되어 있다. (○)

02 □□□ 헌법 제12조에는 '체포 · 구속 · 압수 또는 수색을 할 때에는 적법한 절차에 따라 검사의 신청에 의하여 법관이 발부한 영장을 제시하여야 한다. 다만, 현행범인인 경우와 장기 3년 이상의 형에 해당하는 죄를 범하고 도피 또는 증거인멸의 염려가 있을 때에는 사후에 영장을 청구할 수 있다.'는 내용이 규정되어 있다. (○)

03 □□□ 헌법 제12조에는 '누구든지 체포 또는 구속을 당한 때에는 즉시 변호인의 조력을 받을 권리를 가진다. 다만, 형사피고인이 스스로 변호인을 구할 수 없을 때에는 법률이 정하는 바에 의하여 국가가 변호인을 붙인다.'는 내용이 규정되어 있다. (○)

04 □□□ 헌법 제12조에는 '누구든지 체포 또는 구속을 당한 때에는 적부의 심사를 법원에 청구할 권리를 가진다.'는 내용이 규정되어 있다. (○)

05 □□□ 헌법 제12조에는 '적법한 절차에 따르지 아니하고 수집한 증거는 증거로 할 수 없다.'는 내용이 규정되어 있다. (×)

06 □□□ 헌법 제12조에는 '재판장은 검사의 의견을 들은 후 피고인과 변호인에게 최종의 의견을 진술할 기회를 주어야 한다.'는 내용이 규정되어 있다. (×)

07 □□□ 헌법 제12조에는 '피고인의 자백이 고문 · 폭행 · 협박 · 구속의 부당한 장기화 또는 기망 기타의 방법에 의하여 자의로 진술된 것이 아니라고 인정될 때 또는 정식재판에 있어서 피고인의 자백이 그에게 불리한 유일한 증거일 때에는 이를 유죄의 증거로 삼거나 이를 이유로 처벌할 수 없다.'는 내용이 규정되어 있다. (○)

08 □□□ 미합중국 국적을 가진 미합중국 군대의 군속인 피고인이 범행 당시 10년 넘게 대한민국에 머물면서 한국인 아내와 결혼하여 가정을 마련하고 직장 생활을 하는 등 생활근거지를 대한민국에 두고 있었던 경우에도 미합중국 군대의 군속에 관한 형사재판권 관련 조항이 적용될 수 있다. (×)

09 □□□ 캐나다 시민권자인 피고인이 캐나다에서 위조사문서를 행사하였다는 내용으로 기소된 사안에서, 피고인의 행위에 대하여는 우리나라에 재판권이 없다. (○)

10 □□□ 국회의원의 면책특권 대상이 되는 행위는 국회의 직무수행에 필수적인 국회의원의 국회 내에서의 직무상 발언과 표결이라는 의사표현행위 자체에만 국한되지 아니하고 이에 통상적으로 부수하여 행하여지는 행위까지 포함하며, 그와 같은 부수행위인지 여부는 구체적인 행위의 목적 · 장소 · 태양 등을 종합하여 개별적으로 판단하여야 한다. (○)

11 □□□ 항소심이 신법 시행을 이유로 구법이 정한 바에 따라 적법하게 진행된 제1심의 증거조사절차 등을 위법하다고 보아 그 효력을 부정하고 다시 절차를 진행하는 것은 허용되지 아니하며, 다만 이미 적법하게 이루어진 소송행위의 효력을 부정하지 않는 범위 내에서 신법의 취지에 따라 절차를 진행하는 것은 허용된다. (○)

12 □□□ 형사소송법은 형법과는 달리 소급효금지원칙이 적용되지 않으며, 신법을 적용할 것인가 구법을 적용할 것인가는 입법정책의 문제이다. (○)

Chapter 01 실전익히기

01

16. 경찰간부

다음 설명 중 옳지 않은 것을 모두 고른 것은?

㉠ 형사소송법은 한 국가의 정치와 법문화의 수준, 즉 법치국가성과 민주화 정도를 가늠하는 중요한 척도가 되는 규범이다.
㉡ 형법이 정적 법률관계에 관한 법이라면 형사소송법은 그러한 법률관계를 규명하기 위한 동적·발전적 과정을 규율한 법이다.
㉢ 절차법인 형사소송법은 실체법인 형법과 목적·수단 관계에 놓여 있는 순수한 합목적성 규범이다.
㉣ 형법이 윤리적 색채를 강하게 띤 법이라면 형사소송법은 전적으로 기술적(技術的) 색채를 띠고 있는 규범체계이다.

① ㉠, ㉣ ② ㉡, ㉢
③ ㉢, ㉣ ④ ㉡, ㉢, ㉣

02

16. 경찰승진, 18. 해경간부

헌법에서 형사절차와 관련하여 명시적으로 규정하지 않은 것은?

① 신속한 공개재판을 받을 권리
② 피구속자의 가족 등이 구속 사유를 통지받을 권리
③ 불이익변경금지원칙
④ 체포·구속적부심사청구권

03

16. 경찰2차

「헌법」 제12조에서 형사절차와 관련하여 명시적으로 규정한 것으로 옳은 것은 모두 몇 개인가?

㉠ 모든 국민은 고문을 받지 아니하며, 형사상 자기에게 불리한 진술을 강요당하지 아니한다.
㉡ 체포·구속·압수 또는 수색을 할 때에는 적법한 절차에 따라 검사의 신청에 의하여 법관이 발부한 영장을 제시하여야 한다. 다만, 현행범인인 경우와 장기 3년 이상의 형에 해당하는 죄를 범하고 도피 또는 증거인멸의 염려가 있을 때에는 사후에 영장을 청구할 수 있다.
㉢ 누구든지 체포 또는 구속을 당한 때에는 즉시 변호인의 조력을 받을 권리를 가진다. 다만, 형사피고인이 스스로 변호인을 구할 수 없을 때에는 법률이 정하는 바에 의하여 국가가 변호인을 붙인다.
㉣ 누구든지 체포 또는 구속을 당한 때에는 적부의 심사를 법원에 청구할 권리를 가진다.
㉤ 피고인의 자백이 고문·폭행·협박·구속의 부당한 장기화 또는 기망 기타의 방법에 의하여 자의로 진술된 것이 아니라고 인정될 때 또는 정식재판에 있어서 피고인의 자백이 그에게 불리한 유일한 증거일 때에는 이를 유죄의 증거로 삼거나 이를 이유로 처벌할 수 없다.

① 1개 ② 3개
③ 4개 ④ 5개

04

16. 경찰승진, 18. 해경간부

「형사소송법의 적용 범위와 관련된 설명 중 가장 옳지 않은 것은? (다툼이 있는 경우 판례에 의함)

① 입법례 중 혼합주의를 채택한 형사소송법 부칙에 의하면 항소심이 신법에 의하여 구법에 따라 적법하게 진행된 제1심의 증거조사절차가 이미 적법하게 이루어진 경우에 효력을 부정하지 않는 범위 내에서 신법의 취지에 따라 절차를 진행하는 것은 허용된다.

② 국회의원이 현행범인 경우에는 회기 중 국회의 동의 없이 체포 또는 구속할 수 있다.

③ 중국 북경시에 소재한 대한민국 영사관 내부는 중국의 영토에 속하므로 대한민국 영토로서 그 영역에 해당한다고 할 수 없다.

④ 미합중국 국적을 가진 미합중국 군대의 군속이 10년 넘게 대한민국에 머물면서 한국인 아내와 결혼하여 가정을 마련하고 직장 생활을 하는 등 생활근거지를 대한민국에 두고 있었던 경우에도 미합중국 군대의 군속에 관한 형사재판권 관련 조항이 적용될 수 있다.

05

16. 경찰간부

형사소송법의 적용범위에 관한 설명 중 옳은 것만으로 짝지어진 것은? (다툼이 있으면 판례에 의함)

㉠ 한반도의 평시상태에서 미합중국 군 당국은 미합중국 군대의 군속에 대하여 형사재판권을 가지지 않으므로, 대한민국은 '대한민국과 아메리카합중국 간의 상호방위조약 제4조에 의한 시설과 구역 및 대한민국에서의 합중국 군대의 지위에 관한 협정'(1967. 2. 9. 조약 제232호로 발효되고, 2001. 3. 29. 조약 제553호로 최종 개정된 것) 제22조 제1항 (나)에 따라 미합중국 군대의 군속이 대한민국 영역 안에서 저지른 범죄로서 대한민국 법령에 의하여 처벌할 수 있는 범죄에 대한 형사재판권을 바로 행사할 수 있다.

㉡ 캐나다 시민권자인 피고인이 캐나다에서 위조사문서를 행사하였다는 내용으로 기소된 사안에서, 형법 제234조의 위조사문서행사죄는 형법 제5조 제1호 내지 제7호에 열거된 죄에 해당하지 않고, 위조사문서행사를 형법 제6조의 대한민국 또는 대한민국 국민의 법익을 직접적으로 침해하는 행위라고 볼 수도 없으므로 우리나라에 재판권이 없다.

㉢ 대한민국 내에 있는 미국문화원은 치외법권지역이므로 그곳에서 죄를 범한 대한민국 국민에 대하여는 우리나라의 재판권이 미치지 않는다.

㉣ 국회의원 면책특권의 대상은 직무상의 발언과 표결이라는 의사표현행위에 국한되며, 이에 통상적으로 부수하여 행해지는 행위까지 포함되는 것은 아니다.

① ㉠ ② ㉠, ㉡
③ ㉠, ㉡, ㉢ ④ ㉠, ㉡, ㉢, ㉣

Answer

01 ③ ㉠, ㉡이 옳은 지문이다.
02 ③ 불이익변경금지원칙은 헌법에 규정되어 있지 않다(제368조, 제396조 제2항).
03 ④ 5개 모두 헌법 제12조에서 규정되어 있다.
04 ④ 통상적으로 대한민국에 거주하고 있는 자는 SOFA가 적용되지 않는다.
05 ② ㉠, ㉡이 옳다.

박문각
공무원
기본서

김상천
형사소송법

CHAPTER

02

형사소송의 이념과 본질

Chapter 02 형사소송의 이념과 본질

제1절 형사소송의 이념

1 개 요

① 형사소송의 목적은 적법절차에 의한 "실체적 진실"의 "신속"한 발견에 있다(93헌바45). 20. 경찰1차

② 즉, 형사소송의 이념은 실체진실주의, 적정(적법)절차의 원칙, 신속한 재판의 원칙이다.

2 실체진실주의

1. 의 의

① 실체진실주의란 형사절차의 기초가 되는 사실에 관하여 객관적 진실을 발견하여 사안의 진상을 명백히 밝힐 것을 요구하는 원칙을 말한다. 10. 경찰승진, 20. 경찰1차

② 형사소송은 실체적 진실주의가 지배한다는 점에서 당사자 처분권주의가 허용되는 형식적 진실주의가 적용되는 민사소송과 차이가 있다.

▸ 형식적 진실주의와의 차이

구 분	실체적 진실주의	형식적 진실주의
당사자 주장·입증에 구속	× 06. 교정특채, 09. 9급국가직	○
당사자 처분권주의	× 02·03. 경찰2차	○
자백의 구속력 인정	×	○
관련소송	형사소송	민사소송

2. 실체적 진실주의와 소송구조와의 관계

(1) 직권주의와의 관계

실체적 진실의 발견을 위해서는 당사자의 주장·입증에 관계없이 법원의 직권에 의한 심리활동이 필요하기 때문에 실체적 진실주의는 직권주의와 부합된다. 10. 경찰승진

기출 키워드 체크

형사소송의 목적은 ___절차에 의한 ___한 ___진실의 발견이다. 20. 경찰1차

Answer

기출 키워드 체크

적법(적정), 신속, 실체

(2) 당사자주의와의 관계

순수한 당사자주의는 당사자 간의 타협에 의하여 실체적 진실발견이 저해될 위험성이 있다. 그러므로 실체적 진실을 발견하기 위해서는 직권주의와 당사자주의의 합리적 조화가 요청된다.

3. 실체적 진실주의의 내용

① 실체진실주의란 소송의 실체에 관하여 객관적 진실을 발견하여 사안의 진상을 명백히 하자는 원칙으로 적극적 실체진실주의와 소극적 실체진실주의로 구별할 수 있다. 20. 경찰1차

② "열 사람의 범인을 놓치는 한이 있더라도 한 사람의 죄 없는 사람을 벌하여서는 안 된다"라는 격언은 소극적 실체적 진실주의 표현이다. 21. 경찰승진

③ 형사소송에 관한 절차법에서 소극적 진실주의의 요구를 외면한 채 범인필벌의 요구만을 앞세워 합리성과 정당성을 갖추지 못한 방법이나 절차에 의한 증거수집과 증거조사를 허용하는 것은 적법절차의 원칙 및 공정한 재판을 받을 권리에 위배된다(94헌바1). 16. 9급국가직 · 9급개론 ⇨ 현행법은 소극적 실체진실주의를 더 강조하고 있다.

▶ 적극적 실체진실주의와 소극적 실체진실주의

구 분	적극적 실체진실주의	소극적 실체진실주의
의 의	유죄자 필벌	무죄자 불벌 01. 여경1차
관련 소송구조	대륙법계의 직권주의적 소송구조에서 강조	영미법계의 당사자주의적 소송구조에서 강조
관련 규정	• 자유심증주의 01. 여경1차 • 법원의 피고인, 증인 신문 02. 9급국가직 • 검사의 증거보전청구 • 수사기관의 압수 · 수색	• 자백배제법칙 05. 경찰1차 • 자백보강법칙 05. 경찰1차 • 증인의 신문 전 선서 05. 경찰1차 • 무죄추정의 원칙 • 검사거증책임 • 전문법칙

4. 실체적 진실주의의 제도적 표현

실체적 진실주의는 공판절차뿐만 아니라 수사절차를 포함한 형사소송의 모든 단계에 적용되는 이념이다.

OX 실체진실주의란 소송의 실체에 관하여 객관적 진실을 발견하여 사안의 진상을 명백히 하자는 원칙으로 적극적 실체진실주의와 소극적 실체진실주의로 구별할 수 있다. (○, ×) 20. 경찰1차

OX 형사소송에 관한 절차법에서 소극적 진실주의의 요구를 외면한 채 범인필벌의 요구만을 앞세워 합리성과 정당성을 갖추지 못한 방법이나 절차에 의한 증거수집과 증거조사를 허용하는 것은 적법절차의 원칙 및 공정한 재판을 받을 권리에 위배된다. (○, ×) 16. 9급국가직 · 9급개론

☑ **실체적 진실주의의 제도적 표현이 아닌 예:** 피고인에 대한 진술거부권 고지 08. 9급국가직, 12. 경찰승진, 당사자 처분권주의 08. 9급국가직, 비상상고 12. 경찰승진, 영장주의 12. 경찰승진, 필요적 보석, 약식절차, 기소편의주의, 일사부재리원칙, 적정절차 원리, 집중심리주의

Answer

OX
○, ○

▶ 실체적 진실주의의 제도적 표현

구 분		제도적 표현
수사절차		• 검사의 객관의무 • 변호인의 진실의무
공판절차	직권에 의한 증거조사	• 법원의 피고인 · 증인의 신문제도(제161조의2, 제296조의2) • 직권에 의한 증거조사(제295조) 02. 경사, 08. 9급국가직
	증거법칙	• 증거재판주의(제307조) • 자유심증주의(제308조) 09. 경찰승진 • 임의성 없는 자백의 증거능력 배제(제309조) 09. 경찰승진 • 전문증거의 증거능력 배제(제310조의2) 08. 9급국가직 • 자백의 보강법칙(제310조) 08. 9급국가직, 09 · 12. 경찰승진
불복절차		• 상소 • 재심 02. 경사

5. 실체적 진실주의의 한계

실체적 진실주의는 이념상, 사실상, 초소송법적 이익에 의한 한계를 가진다.

▶ 실체적 진실주의의 한계

이념상의 한계	다른 형사소송법 이념에 의한 제한 08. 9급국가직, 19. 경찰1차	실체적 진실주의는 형사소송의 최고이념이기는 하지만 유일한 목적은 아니므로 형사소송의 또 다른 이념인 적정절차의 원칙과 신속한 재판의 원칙에 의하여 제약을 받는다.
	적정절차의 원칙에 의한 제약	위법수집증거배제법칙 10. 경찰승진
	신속한 재판의 원칙에 의한 제약	구속기간의 제한, 판결선고기간의 제한
	인권보장에 의한 제한	진술거부권, 불이익변경금지 원칙
사실상의 한계	합리적 의심 없는 고도의 개연성이 있는 진실발견의 한계 08. 9급국가직, 10. 경찰승진 ⇨ 객관적 진실을 발견하는 데에는 인간능력의 한계가 있기 마련이므로, 실체적 진실발견도 법관의 주관적 확신에 의존하면서 합리적 의심 없는 고도의 개연성이 있는 진실발견에 그칠 수밖에 없다는 사실상의 제약을 받게 된다.	
초소송법적 이익에 의한 한계	• 실체적 진실주의는 소송법적 이익에 우월하는 초소송법적 이익에 의하여 제한받는 경우가 있다. • 군사상 · 공무상 또는 업무상 비밀의 경우 압수 · 수색의 제한 • 공무상 또는 업무상 비밀에 속하는 사항과 근친자의 형사책임에 관한 사항에 관한 증언거부권	

❸ 적정절차의 원칙

1. 의 의

적정절차원리란 헌법정신을 구현한 공정한 법정절차에 의하여 국가형벌권이 실현되어야 한다는 원칙을 말한다.

2. 헌법상의 근거

헌법상 적정절차의 원칙의 일반조항은 "누구든지 … 법률과 적법한 절차에 의하지 아니하고는 처벌·보안처분 또는 강제노역을 받지 아니한다."는 헌법 제12조 제1항이다.

3. 내 용

① 헌법상 적정절차를 실현하는 하부원칙으로는 흔히 공정한 재판의 원칙, 비례성원칙 그리고 피고인 보호원칙이 있다.

② 적법절차주의는 절차의 적법성뿐만 아니라 절차의 적정성까지 보장되어야 한다는 것을 의미하고, 그 적용대상은 형사소송절차에 국한하지 아니하고 모든 국가작용에 확대되어야 한다(90헌바35). 11. 경찰승진, 14. 9급국가직, 18. 해경간부

③ 국가의 모든 공권력의 사용에는 절차상의 적법성뿐만 아니라 법률의 구체적 내용도 합리성과 정당성을 갖춘 실체적인 적법성이 있어야 한다는 것을 의미한다(2007헌마451). 11·16·19. 경찰승진, 15·19·20·21. 경찰간부, 19·20. 경찰1차

④ 헌법 제12조 제1항 제2문과 동조 제3항에서 적법절차의 원칙을 규정한 것은 법관이 헌법과 법률을 적용함에 있어 국가형벌권보다 개인의 인권옹호에 우위를 두라는 취지이다(90헌바35). 14. 7급국가직

4. 적법절차 원칙과 증거

① 합리성과 정당성을 갖추지 못한 방법이나 절차에 의한 증거수집과 증거조사를 허용하는 것은 적법절차의 원칙에 위배된다. 13. 7급국가직

② 헌법과 형사소송법이 정한 절차에 따르지 아니하고 수집한 증거는 물론 이를 기초로 하여 획득한 2차적 증거 역시 기본적 인권보장을 위해 마련된 적법한 절차에 따르지 않은 것으로서 원칙적으로 유죄인정의 증거로 삼을 수 없다. 15. 경찰간부

③ 적법절차를 위반한 수사행위에 기초하여 수집한 증거라도 적법절차에 위배되는 행위의 영향이 차단되거나 소멸되었다고 볼 수 있는 상태에서 수집한 것이라면 유죄인정의 증거로 사용할 수 있다. 13. 7급국가직, 15. 9급국가직·9급개론

기출 키워드 체크

적법절차의 원칙은 형사절차의 _____성뿐만 아니라 _____성도 보장해야 함을 의미한다. 14. 7급국가직

OX 헌법 제12조 제1항 후문이 규정하고 있는 적법절차란 법률이 정한 실체적 내용이 아니라 절차가 적정하여야 함을 말하는 것으로서 적정하다고 함은 공정하고 합리적이며 상당성이 있어 정의관념에 합치되는 것을 뜻한다. (○, ×) 20. 경찰1차

OX 적법절차의 원칙은 형사절차상의 영역에 한정되지 않고, 입법, 행정 등 국가의 모든 공권력의 사용에는 절차상의 적법성뿐만 아니라 법률의 구체적 내용도 합리성과 정당성을 갖춘 실체적인 적법성이 있어야 한다는 것을 의미한다. (○, ×) 21. 경찰간부

Answer

기출 키워드 체크
적법, 적정

OX
×, ○

▶ 적정절차원칙의 내용

적정절차원칙의 내용		
공정한 재판의 원칙	독립된 법관에 의하여 재판이 공정하게 진행되어야 한다는 것을 말한다.	
	공평한 법원의 구성	제척 · 기피 · 회피제도 12. 9급국가직
	피고인의 방어권보장	• 제1회 공판기일의 유예기간(제269조) • 피고인의 공판정 출석권(제276조) 12. 9급국가직 • 피고인의 진술권(제286조)과 진술거부권(제283조의2) • 증거신청권(제294조)과 증거보전청구권(제184조) 등
	무기평등	• 변호인의 조력을 받을 권리 • 형사기록열람 · 등사청구권(제35조, 제266조의3 이하)
비례성의 원칙	방법의 적합성, 침해의 최소성, 협의의 비례원칙	
피고인 보호의 원칙	• 피고인에 대한 진술거부권의 고지(제244의3, 제283의2) 12. 9급국가직 • 퇴정한 피고인에 대한 증인 · 감정인 또는 공동피고인의 진술요지의 고지(제297조 제2항) • 증거조사결과에 대한 의견과 증거조사신청에 대한 고지(제293조) • 상소권에 대한 고지(제324조) • 피고인을 구금할 때 범죄사실의 고지(제72조, 제88조)	

▶ 적정절차 위배가 아니라고 본 사례

- 재판 중 구속기간의 제한(99헌가4) 10 · 11 · 14 · 21. 경찰승진, 16. 경찰간부
- 사회보호위원회가 치료감호의 종료 여부를 결정하는 것(2003헌바1) 11 · 12 · 14 · 21. 경찰승진, 12. 경찰3차, 13 · 18. 경찰간부
- 피의자의 지문채취 불응에 대한 형사처벌 11 · 16. 경찰승진, 12. 경찰3차, 16 · 18. 경찰간부, 17. 경찰2차, 18. 해경간부
- 형사소송법 제314조 16. 경찰간부
- 기피신청의 간이기각 16. 경찰간부
- 교도소에 수용된 때 국민건강보험급여를 정지 12. 경찰승진
- 전자영상장비에 의한 수용자의 항문 검사 12. 경찰승진
- 금치처분 받은 수형자에 대한 접견, 서신수발 금지 12. 경찰승진
- 경찰공무원의 증인적격 인정(2001헌바41) 12 · 13 · 16. 경찰간부, 19. 경찰1차, 20. 7급국가직
- 변론 분리 · 병합 16. 경찰간부
- 전자우편에 대한 압수수색 집행의 경우, 급속을 요하는 때에는 사전통지 생략(2011헌바225) 17. 변호사

▶ 적정절차 위배라고 본 사례

- 형이 확정되지 아니한 지방자치단체장의 권한 정지 12. 경찰1차, 12 · 15. 경찰승진
- 잦은 소환과 수감자에 대한 변호인 접견 방해 및 회유 · 압박 11. 경찰승진, 13 · 18. 경찰간부
- 하의를 무릎까지 내린 상태에서 정밀신체 수색 16. 경찰승진, 17. 경찰2차

OX 형사소송법상 법원은 법률에 다른 규정이 없으면 누구든지 증인으로 신문할 수 있기 때문에 경찰 공무원의 증인적격을 인정하더라도 이를 적법절차의 원칙에 반한다고 할 수 없다. (○, ×) 21. 경찰승진

OX 피고인의 구속기간은 법원이 피고인을 구속한 상태에서 재판할 수 있는 기간을 의미하는 것이지 법원의 재판기간 내지 심리기간 자체를 제한하려는 규정이라고 할 수는 없으며, 구속기간을 엄격히 제한하고 있다 하더라도 공정한 재판을 받을 권리가 침해된다고 볼 수는 없다. (○, ×) 21. 경찰승진

Answer

OX
○, ○

- 금치처분을 받은 수형자에 대해 원칙적으로 운동을 금지한 경우 11. 경찰승진, 12. 경찰3차
- 미결구금기간 중 일부 미산입 16. 경찰간부

▶ 영장주의 위반이 아니라고 본 사례

- 우편물 통관검사절차에서 압수·수색영장 없이 진행된 우편물의 개봉, 시료채취, 성분분석(2013도7718) 14. 경찰간부, 15. 변호사, 16. 법원, 17. 7급국가직, 18. 경찰승진
- 마약류 관련 수형자에 대하여 마약류반응검사를 위하여 소변을 받아 제출하게 한 것(2005헌마277) 11·14. 경찰승진, 13. 법원, 17. 경찰간부·해경1차
- 음주측정 의무를 부과하고 불응한 사람을 처벌하는 것(96헌가11) 15. 경찰2차, 17. 경찰승진
- 경찰청장이 주민등록발급신청서에 날인되어 있는 지문정보를 보관·전산화하고 이를 범죄수사 목적에 이용하는 행위(99헌가14) 13. 법원, 14. 경찰승진
- 범죄의 피의자로 입건된 사람들에게 경찰공무원이나 검사의 신문을 받으면서 자신의 신원을 밝히지 않고 지문채취에 불응하는 경우 형사처벌을 통하여 지문채취를 강제(2002헌가17) 11·14·19. 경찰승진, 12. 경찰3차, 13·18·20. 경찰간부
- 정신착란자, 주취자, 자살기도자 등 응급 구호를 요하는 자를 24시간 내 보호실 유치
- 음주운전 2회 이상 위반 후 가중처벌시 법 시행 이전 전과도 포함(도로교통법 제148조의2 제1항 제1호의 '도로교통법 제44조 제1항을 2회 이상 위반한' 것에 구 도로교통법 제44조 제1항 위반 음주운전전과도 포함된다고 해석하는 것)

▶ 기타 헌법에 합치된다고 본 사례

- 통고처분을 행정심판이나 행정소송의 대상에서 제외하고 있는 것
- 접견횟수 초과를 이유로 변호사와의 접견을 불허한 처분
- 금치기간 중 공동행사 참가를 정지하는 것
- 금치기간 중 텔레비전 시청을 제한하는 것
- 금치기간 중 신문·도서·잡지 외 자비구매물품의 사용을 제한하는 것
- 형의 실효 등에 관한 법률 제7조 제1항 각 호에 따라 형이 실효되었거나 사면법 제5조 제1항 제1호에 따라 형 선고의 효력이 상실된 구 도로교통법 제44조 제1항 위반 음주운전 전과가 도로교통법 제148조의2 제1항 제1호의 '도로교통법 제44조 제1항을 2회 이상 위반한' 것에 해당한다고 해석하는 것
- 검사의 신청 없이 피고인을 구속 가능하도록 한 것

▶ 기타 헌법에 합치되지 않는다고 본 사례

- 검사가 법원의 증인으로 채택된 수감자를 매일 검사실로 하루 종일 소환하여 피고인측 변호인이 접근하는 것을 차단하고, 검찰에서의 진술을 번복하는 증언을 하지 않도록 회유·협박하는 한편, 때로는 검사실에서 그에게 편의를 제공하기도 한 행위(공정한 재판을 받을 권리 침해)(2001도3931) 19. 경찰승진

OX 범죄의 피의자로 입건된 사람들로 하여금 경찰공무원이나 검사의 신문을 받으면서 자신의 신원을 밝히지 않고 지문채취에 불응하는 경우 벌금, 과료, 구류의 형사처벌을 받도록 하고 있는 구 경범죄처벌법 조항은 적법절차의 원칙에 위배되지 않는다. (○, ×) 15. 경찰승진

OX 검사가 법원의 증인으로 채택된 수감자를 그 증언에 이르기까지 거의 매일 검사실로 하루 종일 소환하여 피고인측 변호인이 접근하는 것을 차단하고, 검찰에서의 진술을 번복하는 증언을 하지 않도록 회유·압박하고, 때로는 검사실에서 편의를 제공한 행위는 피고인의 공정한 재판을 받을 권리를 침해한다. (○, ×) 15. 경찰승진

OX 우편물 통관검사절차에서 이루어지는 우편물의 개봉, 시료채취, 성분분석 등의 검사가 압수·수색영장 없이 진행되었다 하더라도 특별한 사정이 없는 한 위법하다고 볼 수 없다. (○, ×) 19. 경찰승진

OX 경찰관에게 등을 보인 채 상의를 속옷과 함께 겨드랑이까지 올리고 하의를 속옷과 함께 무릎까지 내린 상태에서 3회에 걸쳐 앉았다 일어서게 하는 방법으로 실시한 정밀신체수색은 위법하다. (○, ×) 15. 경찰승진

OX 경찰청장이 주민등록발급신청서에 날인되어 있는 지문정보를 보관·전산화하고 이를 범죄수사목적에 이용하는 행위는 무죄추정의 원칙과 영장주의 내지 강제수사법정주의에 위배된다. (○, ×) 15. 경찰승진

Answer

OX
○, ○, ○, ○, ×

❹ 신속한 재판의 원칙

1. 의 의

① 신속한 재판의 원칙이란 공판절차는 신속하게 진행되어야 하며, 재판을 지연시켜서는 안 된다는 원칙을 말한다.

② 헌법 제27조 제3항은 신속한 재판을 받을 권리를 형사피고인의 기본적 인권으로 보장하고 있다. 16. 경찰간부, 17. 여경 · 경찰특공대, 20. 경찰2차, 21. 경찰승진

2. 기 능

① 신속한 재판의 원칙은 주로 피의자, 피고인의 이익을 보호하기 위하여 인정된 원칙이다.

② 그러나, 동시에 실체진실의 발견, 소송경제, 재판에 대한 국민의 신뢰와 형벌목적의 달성과 같은 공공의 이익에도 그 근거를 두고 있다(90헌마44). 11. 경찰2차 · 경찰승진, 16 · 17 · 21. 경찰간부, 17. 여경 · 경찰특공대, 19. 경찰1차, 20. 경찰2차 · 7급국가직

3. 제도적 구현

① 우리 법은 신속한 재판의 이념을 실현하기 위해 집중심리 제도 등을 두고 있다.

② 집중심리 제도의 자세한 내용은 공판절차 부분에서 설명한다.

구 분	내 용
수사와 공소제기절차	• 공소시효제도 11. 경찰2차 • 검사를 수사의 주재자로 하여 수사권과 수사지휘권을 집중시킨 점 • 검사와 사경의 구속기간을 제한한 점 • 기소편의주의 • 기소변경주의 • 의제공소시효
공판절차	• 집중심리주의 09. 경찰승진, 11. 경찰2차 • 판결선고기간의 제한 11. 경찰2차 • 재판장의 소송지휘권 07. 기동대 • 심판범위를 공소장에 기재된 사실로 한정 • 궐석재판제도 • 변론종결기일 판결선고제도 • 판결선고 후 판결서작성 • 기피신청의 간이기각결정 • 대표변호인제도 • 증거동의 • 공판조서의 절대적 증명력 • 공판준비절차 • 증거개시절차

OX 피고인의 이익뿐만 아니라 공익적 차원에서도 필요한 원칙이다. (○, ×) 16. 경찰간부

OX 신속한 재판을 받을 권리는 주로 피고인의 이익을 보호하기 위하여 인정된 원칙이지만 동시에 실체진실의 발견, 소송경제, 재판에 대한 국민의 신뢰와 형벌목적의 달성과 같은 공공의 이익에도 근거를 두고 있다. (○, ×) 21. 경찰간부

기출 키워드 체크

「형사소송법」은 신속한 재판을 위해 ________를 명문으로 규정하고 있다.

☑ 소송촉진 등에 관한 특례법

제21조 【판결 선고기간】 판결의 선고는 제1심에서는 공소가 제기된 날부터 6개월 이내에, 항소심(抗訴審) 및 상고심(上告審)에서는 기록을 송부받은 날부터 4개월 이내에 하여야 한다. 17. 경찰간부

OX 형사소송법은 신속한 재판의 원칙에 위반한 때에는 공소기각판결을 해야 한다고 규정하고 있다. (○, ×) 16. 경찰간부

Answer

기출 키워드 체크
집중심리제도

OX
○, ○, ×

상소심재판	• 상소기간 • 상소시 소송기록 송부기간의 제한 • 상소이유서, 답변서 제출기간의 제한 • 상소시 일정한 경우 미결구금일수 산입금지
특별절차	• 간이공판절차 07. 기동대 • 약식절차 07. 기동대 • 즉결심판절차 • 공소장 변경시 단독판사의 합의부로의 필수적 사건이송 • 합의부심판시에도 간이공판절차의 허용(제286조의2)

4. 재판지연에 대한 구제책

(1) 재판지연의 판단기준

① 재판이 어느 정도 지연되면 신속한 재판의 원칙에 위배되었다고 볼 것인지에 관하여는 현행 형사소송법상 명백한 기준이 없다.

② 따라서 신속한 재판을 받을 권리의 실현을 위해서는 구체적인 입법형성이 필요하며, 다른 사법절차적 기본권에 비하여 폭넓은 입법재량이 허용된다.

③ 형사소송법에는 검사의 수사기간의 제한에 대한 규정이 없다. 20. 경찰2차

(2) 재판지연의 구제책

① 재판지연시의 구제책에 대해 우리 형사소송법은 명문규정이 없다. 15. 경찰간부

② 이에 우리의 통설은 양형에서 고려할 수 있을 뿐이라고 본다.

▶ **신속한 재판을 받을 권리의 침해를 부정한 사례**

1. 위헌제청신청을 하였는데도 불구하고 청구인에 대한 송달불능 등을 이유로 법원이 재판을 하지 않다가 5개월이 지나서야 그 신청을 기각한 경우(92헌마169) 10 · 14. 경찰승진
2. 제1심 선고형기를 지난 후에 제2심공판이 개정된 경우(72도840) 10 · 13. 경찰승진, 15. 경찰간부, 17. 여경 · 경찰특공대, 18. 경찰1차
3. 구속만기 25일을 앞두고 제1회 공판이 있었던 경우(90도672) 17. 여경 · 경찰특공대 · 경찰간부, 18 · 20. 경찰1차, 20. 경찰2차, 21. 경찰승진
4. 소송의 지연을 목적으로 함이 명백한 경우 기피신청에 대해 간이기각할 수 있도록 한 것(2008헌바124) 18. 경찰1차
5. 구속기간을 여러 차례 갱신한 경우(66도1632)

▶ **신속한 재판을 받을 권리의 침해를 인정한 사례**

1. 군사법경찰관의 구속기간의 연장을 허용하는 군사법원법(2002헌마193) 15. 경찰간부
2. 국가보안법 제7조(찬양 · 고무) 및 제10조(불고지)죄로 수사기관에 구속된 피의자에 대해 형사소송법상의 수사기관에 의한 피의자구속기간 30일보다 20일이나 많은 50일의 구속기간을 인정한 것(90헌마82) 17. 여경 · 경찰특공대

OX 구속사건에 대해서는 법원이 구속기간 내에 재판을 하면 되는 것이고 구속만기 25일을 앞두고 제1회 공판이 있었다 하여 헌법에 정한 신속한 재판을 받을 권리를 침해하였다고 할 수 없다. (○, ×) 17. 여경

OX 검사와 피고인 쌍방이 항소한 경우에 제1심 선고 형기 경과 후 제2심 공판이 개정되었을 경우, 이는 위법으로서 신속한 재판을 받을 권리를 박탈한 것이다. (○, ×) 17. 여경

Answer

OX
○, ×

제2절 형사소송의 기본구조

❶ 규문주의와 탄핵주의

① 소추기관과 재판기관이 분리되었는지 여부에 따라 규문주의와 탄핵주의로 구별된다. 18. 9급국가직 · 9급개론

② 현행 형사소송법은 "공소는 검사가 제기하여 수행한다."라고 규정함으로써 국가소추주의에 의한 탄핵주의 소송구조를 채택하고 있다. 10. 9급국가직

구 분	규문주의	탄핵주의
의 의	재판기관(법원)이 소추기관의 소추 없이 직권으로 재판절차를 개시하여 심리 · 판단 18. 7급국가직	재판기관과 소추기관을 분리하여, 소추기관의 공소제기에 의하여 법원이 절차 개시하는 구조 10. 9급국가직
특 징	• 심리의 개시와 재판의 권한이 법관에게 집중 • 피고인을 조사와 심리의 객체로 취급함으로써 피고인이 충분한 방어를 할 수 없음 18. 7급국가직 • 비밀주의, 서면주의, 법정증거주의 09. 9급국가직	• 법원은 공소제기된 사건에 대하여만 심판할 수 있음(불고불리의 원칙) • 피고인도 소송의 주체로서 절차에 관여함 10. 9급국가직

❷ 직권주의와 당사자주의

1. 의 의

① 탄핵주의 소송구조는 소송의 주도적인 지위를 누가 담당하는가에 따라 당사자주의와 직권주의로 나눌 수 있다.

② 현행 형사소송법은 직권주의 요소와 당사자주의 요소를 조화시킨 소송구조를 취하고 있다.

2. 당사자주의와 직권주의의 조화

① 형사소송의 구조를 당사자주의와 직권주의 중 어느 것으로 할 것인가의 문제는 입법정책의 문제이다.

② 우리나라 형사소송법은 그 해석상 직권주의적 요소와 당사자주의적 요소를 조화시킨 구조를 취하고 있으나(헌재결 2012.5.31, 2010헌바128), 기본적으로는 당사자주의를 기본 골격으로 하고 있다(대판 1984.6.12, 84도796). 02. 검찰9급, 21. 경찰승진, 21. 경찰간부

기출 키워드 체크

1. _____주의하에서는 재판기관이 소추기관의 소추 없이 직권으로 재판절차를 개시하여 심리 · 판단하므로 피고인은 단지 조사의 대상일 뿐 방어권의 주체가 되기 어렵다. 18. 7급국가직
2. _____주의하에서는 법원이 소송에서 주도적으로 활동하여 심리의 능률과 신속을 도모할 수 있고, _____주의하에서는 당사자가 소송에서 주도적으로 활동하여 많은 증거의 수집과 제출이 이루어질 경우 실체적 진실발견에 도움이 될 수 있다. 18. 7급국가직

OX 소추기관과 재판기관이 분리되었는지 여부에 따라 규문주의와 탄핵주의로 구별된다. (○, ×) 18. 9급국가직 · 9급개론

OX 소송의 스포츠화 또는 합법적 도박이 야기될 수 있다는 점은 당사자주의에 대한 비판이고, 사건의 심리가 국가기관의 자의적 판단이나 독단으로 흐를 수 있다는 점은 직권주의에 대한 비판이다. (○, ×) 18. 9급국가직 · 9급개론

OX 형사소송의 구조를 당사자주의와 직권주의 중 어느 것으로 할 것인가의 문제는 입법정책의 문제로서 우리나라 형사소송법은 그 해석상 소송절차의 전반에 걸쳐 기본적으로 직권주의 소송 구조를 취하고 당사자주의 제도적 요소를 가미하고 있다. (○, ×) 21. 경찰간부

Answer

기출 키워드 체크
규문
직권, 당사자

OX
○, ○, ×

▶ 직권주의와 당사자주의의 비교

구 분	직권주의	당사자주의
의 의	법원에게 소송의 주도적 지위를 인정하여 법원의 직권에 의하여 심리를 진행하는 소송구조 18. 7급국가직	당사자인 검사와 피고인에게 소송의 주도권을 인정하여 당사자의 공격과 방어를 중심으로 심리가 진행되고 법원은 제3자적 입장에서 당사자의 주장을 판단하는 소송구조 18. 7급국가직
연 혁	프랑스 혁명과정을 통하여 발전	배심제도를 전제로 하여 발전
입법례	대륙법계의 형사소송의 절차	영·미법계의 형사소송의 절차 02. 경사
장 점	• 심리의 능률과 신속을 도모 18. 7급국가직 • 형사절차의 공정성 담보	• 법원은 제3자적 입장으로 공정성 확보 13. 경찰간부 • 피고인과 검사에게 대등한 지위를 인정하여 피고인의 방어권 행사 보장 • 당사자가 소송에서 주도적으로 활동하여 많은 증거의 수집과 제출이 이루어질 경우 실체적 진실발견에 도움이 될 수 있음 18. 7급국가직
단 점	• 법원의 자의에 의한 심리 18. 9급국가직·9급개론 • 피고인이 심리의 객체로 전락	• 당사자 간의 계속적인 공격·방어로 인한 심리의 능력 저해 12. 경찰간부 • 소송의 스포츠화 내지 합법적 도박을 초래할 염려 13. 경찰간부, 18. 9급국가직·9급개론
양자의 관계	대륙법계에서 직권주의를 채택하고 있다고 하여 당사자주의를 완전히 부정하는 것은 아니며, 영미법계의 당사자주의도 직권의 개입을 금지하는 것은 아니므로 양 제도는 서로 접근하여 조화하는 추세에 있다.	

▶ 현행 형사소송법의 태도

직권주의적 요소	당사자주의적 요소
• 공소장 변경요구제도 10. 교정특채, 18. 9급국가직·9급개론 – 다만, 검사가 공소장 변경요구에 응하지 않으면 공소장 변경효과가 발생하지 않는 것은 직권주의 요소가 아니다. 05. 경찰2차 • 피고인신문 05. 경찰2차, 18. 9급국가직·9급개론 – 피고인신문제도가 존재한다는 점은 직권주의적 요소이나, 피고인신문의 순서와 방식은 당사자주의적 요소이다. • 법원의 보충적 직권신문제도 • 직권증거조사(직권증인신문) 05. 경찰2차, 10. 교정특채 • 석명권 • 증거동의의 진정성조사제도	• 공소장일본주의 12. 경찰간부, 18. 9급국가직·9급개론 • 공소제기로 인한 심판범위의 확정 10. 교정특채 • 공소장 부본의 송달 10. 교정특채 • 제1회 공판기일의 유예 10. 교정특채 • 교호신문(상호신문)제도 10. 교정특채, 18. 9급국가직·9급개론 • 당사자의 신청에 의한 증거조사 10. 교정특채 • 공판기일변경신청권 10. 교정특채 • 변호인과 피고인의 최후진술 02. 경찰승신 • 증거동의제도 18. 9급국가직·9급개론 • 공소장 변경 신청

OX 피고인신문제도, 법원의 공소장변경 요구의무, 공소장일본주의는 직권주의적 요소이다. (○, ×) 18. 9급국가직·9급개론

OX 증인에 대한 교호신문절차, 증거동의제도는 당사자주의적 요소이다. (○, ×) 18. 9급국가직·9급개론

Answer

OX
×, ○

제3절 형사소송절차의 본질

❶ 소송절차의 실체면과 절차면

1. 형사소송의 실체면과 절차면

구 분	형사소송의 실체면	형사소송의 절차면
의 의	구체적 사건에 관하여 유죄판결의 대상이 되는 실체가 형성되는 과정	실체형성부분을 제외한 순절차적 측면
성 격	내용 · 목적	형식 · 수단

2. 실체면과 절차면의 상호관계

실체면과 절차면은 형사소송의 양 측면으로서 서로 밀접한 관련성을 가지고 있기 때문에 상호간에 영향을 주고받는 경우가 있다.

실체면 ⇨ 절차면 영향	절차면 ⇨ 실체면 영향
• 사물관할의 결정 01. 경찰2차 • 긴급체포의 요건 05. 경찰3차 • 공소시효의 완성 여부 01. 경찰2차 • 긴급압수 · 수색의 허용 여부 • 필요적 변호 여부 • 피고인 출석 여부 • 고소나 고소의 취소(친고죄 및 반의사불벌죄) 01. 경찰2차	• 위법수집증거배제법칙 02. 여경1차 • 전문법칙 05. 경찰3차 • 자백보강법칙 05. 경찰3차 • 자백배제법칙 05. 경찰3차 • 증거동의제도

❷ 소송절차 이분론

1. 의의(사실인정 절차와 양형 절차의 분리)

① 소송절차 이분론은 현재의 일원적 공판절차를 대신하여 사실인정절차(유무죄의 판단절차)와 양형절차로 이원화하자는 논의를 말한다. 10. 9급국가직

② 이는 영미법의 형사소송에서 유래하였다(영미법계는 배심원에 의한 유무죄 인정절차와 직업법관에 의한 양형절차가 엄격히 구분되어 있으나 대륙법계는 구별하고 있지 않다).

③ 국민참여재판도 소송절차 이분론을 수용 · 실현하고 있다고 보기 어렵다.

2. 이론적 근거

소송절차 이분론의 근거는 ① 충실한 양형자료 수집과 판단 10. 9급국가직, ② 편견과 예단을 유발할 수 있는 피고인의 인격이나 성격에 대한 내용은 사실인정단계에서 배제, ③ 양형절차 비공개로 인한 피고인의 인격권 침해, ④ 각 단계별로 변호 대상에 집중 가능, ⑤ 무죄 피고인에 대해서는 양형 조사가 필요 없음 등이 있다.

3. 비 판

절차를 분리하여 심리에 소송의 지연을 초래할 가능성 있고, 책임의 행위자의 인격을 떠나서 판단할 수 없다는 비판이 있다. 10. 9급국가직

Chapter 02 OX 확인학습

01 □□□ 형사소송에 관한 절차법에서 소극적 진실주의의 요구를 외면한 채 범인필벌의 요구만을 앞세워 합리성과 정당성을 갖추지 못한 방법이나 절차에 의한 증거수집과 증거조사를 허용하는 것은 적법절차의 원칙 및 공정한 재판을 받을 권리에 위배된다. (○)

02 □□□ 헌법이 보장하는 공정한 재판을 받을 권리 속에는 원칙적으로 당사자주의와 구두변론주의가 보장되어 당사자가 공소사실에 대한 답변과 입증 및 반증하는 등 공격·방어권이 충분히 보장되는 재판을 받을 권리가 포함되어 있다. (○)

03 □□□ 경찰관에게 등을 보인 채 상의를 속옷과 함께 겨드랑이까지 올리고 하의를 속옷과 함께 무릎까지 내린 상태에서 3회에 걸쳐 앉았다 일어서게 하는 방법으로 실시한 신체수색은 「헌법」 제10조 및 제12조에 의하여 보장되는 청구인들의 인격권 및 신체의 자유를 침해한 것이다. (○)

04 □□□ 교도관이 미결수용자와 변호인 간에 주고받는 서류를 확인하고, 소송관계서류처리부에 그 제목을 기재하여 등재한 행위는 미결수용자의 변호인 접견교통권이나 개인정보자기결정권을 침해하지 아니한다. (○)

05 □□□ 범죄의 피의자로 입건된 사람들로 하여금 수사기관의 신문을 받으면서 자신의 신원을 밝히지 아니하고 지문채취에 불응하는 경우 벌금, 과료, 구류의 형사처벌을 받도록 하고 있는 구(舊) 「경범죄처벌법」 제1조 제42호 조항은 적법절차의 원칙에 위반된다. (×)

06 □□□ 도로교통법의 음주측정불응죄를 근거로 영장 없이 호흡측정기에 의해 음주측정을 하는 것은 강제수사에 해당하는 것으로 영장주의에 반한다. (×)

07 □□□ 판결선고 후 판결확정 전 구금일수(판결선고 당일의 구금일수를 포함한다)는 전부를 본형에 산입한다. (○)

08 □□□ 구속사건에 대해서는 법원이 구속기간 내에 재판을 하면 되는 것이고 구속만기 25일을 앞두고 제1회 공판이 있었다 하여 헌법에 정한 신속한 재판을 받을 권리를 침해하였다고 할 수 없다. (○)

09 □□□ 소송의 지연을 목적으로 함이 명백한 경우에 기피신청을 받은 법원 또는 법관이 이를 기각할 수 있도록 규정한 「형사소송법」 제20조 제1항은 헌법상 보장되는 공정한 재판을 받을 권리를 침해하였다고 할 수 없다. (○)

10 □□□ 검사와 피고인 쌍방이 항소한 경우에 제1심 선고 형기 경과 후 제2심 공판이 개정되었을 경우, 이는 위법으로서 신속한 재판을 받을 권리를 박탈한 것이다. (×)

11 □□□ 「형사소송법」은 신속한 재판을 위해 집중심리주의를 명문으로 규정하고 있다. (○)

12 신속한 재판을 받을 권리는 주로 피고인의 이익을 보호하기 위하여 인정된 기본권이지만 동시에 실체적 진실발견, 소송경제, 재판에 대한 국민의 신뢰와 형벌목적의 달성과 같은 공공의 이익에도 근거가 있다. (○)
□□□

13 소추기관과 재판기관이 분리되었는지 여부에 따라 규문주의와 탄핵주의로 구별된다. (○)
□□□

14 소송의 스포츠화 또는 합법적 도박이 야기될 수 있다는 점은 당사자주의에 대한 비판이고, 사건의 심리가 국가기관의 자의적 판단이나 독단으로 흐를 수 있다는 점은 직권주의에 대한 비판이다. (○)
□□□

15 증인에 대한 교호신문절차, 증거동의제도는 당사자주의적 요소이다. (○)
□□□

16 피고인신문제도, 법원의 공소장변경 요구의무, 공소장일본주의는 직권주의적 요소이다. (×)
□□□

Chapter 02 실전익히기

01

21. 경찰승진

적법절차원칙에 대한 설명으로 가장 적절하지 않은 것은? (다툼이 있는 경우 판례에 의함)

① 법관이 아닌 사회보호위원회가 치료감호의 종료 여부를 결정하도록 한 구 사회보호법(1996. 12. 12. 법률 제5179호로 개정된 것) 제9조 제2항은 본 위원회의 결정에 대해 행정소송을 제기하여 법관에 의한 재판이 가능하다는 점 등을 고려할 때 재판청구권을 침해하거나 적법절차에 위배된다고 할 수 없다.

② 피고인의 구속기간은 법원이 피고인을 구속한 상태에서 재판할 수 있는 기간을 의미하는 것이지, 법원의 재판기간 내지 심리기간 자체를 제한하려는 규정이라고 할 수는 없으며, 구속기간을 엄격히 제한하고 있다 하더라도 공정한 재판을 받을 권리가 침해된다고 볼 수는 없다.

③ 형사소송법상 법원은 법률에 다른 규정이 없으면 누구든지 증인으로 신문할 수 있기 때문에 경찰 공무원의 증인적격을 인정하더라도 이를 적법절차의 원칙에 반한다고 할 수 없다.

④ 위법하게 수집한 증거는 위법수집의 영향이 차단되거나 소멸되었더라도 적법절차의 원칙에 따라 그 증거능력을 인정할 수 없다.

02

14. 7급국가직

적법절차원칙에 관한 설명 중 가장 옳은 것은? (다툼이 있는 경우 판례에 의함)

① 헌법 제12조 제1항 후문의 적법절차원칙은 피고인이나 피의자의 신체의 자유를 제한하기 위해서는 형식적인 절차뿐 아니라, 실체적 법률내용이 합리성과 정당성을 갖춘 적정한 법률에 의하여야 한다는 것을 말한다.

② 별건으로 구속된 자를 일정 기간 동안 거의 매일 검사실로 소환하여 밤늦게까지 조사를 하였다면 그에 대한 진술조서는 임의성을 의심할 만한 사정이 있지만 물리적인 강압은 없으므로 증거능력이 인정된다.

③ 음주운전과 관련한 도로교통법위반죄의 범죄수사를 위하여 미성년자인 피의자의 혈액채취가 필요한 경우, 법정대리인은 피의자의 의사능력 유무와 관계없이 미성년자인 피의자를 대리하여 채혈에 관해 동의할 수 있다.

④ 범죄의 피의자로 입건된 사람들에게 경찰공무원이나 검사의 신문을 받으면서 자신의 신원을 밝히지 않고 지문채취에 불응하는 경우 벌금, 과료, 구류의 형사처벌을 받도록 하고 있는 경범죄처벌법 조항은 적법절차원칙에 위반된다.

03

17. 여경 · 경찰특공대

신속한 재판의 원칙에 대한 설명 중 가장 적절하지 않은 것은? (다툼이 있는 경우 판례에 의함)

① 구속사건에 대해서는 법원이 구속기간 내에 재판을 하면 되는 것이고 구속만기 25일을 앞두고 제1회 공판이 있었다 하여 헌법에 정한 신속한 재판을 받을 권리를 침해하였다고 할 수 없다.

② 검사와 피고인 쌍방이 항소한 경우에 제1심 선고 형기 경과 후 제2심 공판이 개정되었을 경우, 이는 위법으로서 신속한 재판을 받을 권리를 박탈한 것이다.

③ 형사소송법은 신속한 재판을 위해 집중심리주의를 명문으로 규정하고 있다.

④ 신속한 재판을 받을 권리는 주로 피고인의 이익을 보호하기 위하여 인정된 기본권이지만 동시에 실체적 진실발견, 소송경제, 재판에 대한 국민의 신뢰와 형벌목적의 달성과 같은 공공의 이익에도 근거가 있다.

04

17. 경찰간부

신속한 재판을 받을 권리에 관한 다음 설명 중 가장 옳지 않은 것은? (다툼이 있으면 판례에 의함)

① 국가보안법 제7조(찬양 · 고무 등) 및 제10조(불고지)에서 형사소송법상의 수사기관에 의한 피의자 구속기간 30일보다 20일이나 많은 50일을 인정하더라도 신속한 재판을 받을 권리를 침해하는 것은 아니다.

② 판결의 선고는 제1심에서는 공소가 제기된 날부터 6개월 이내에, 항소심 및 상고심에서는 기록을 송부받은 날부터 4개월 이내에 하여야 한다.

③ 구속사건에 대해서는 법원이 구속기간 내에 재판을 하면 되는 것이고 구속만기 25일을 앞두고 제1회 공판이 있었다 하여 헌법에 정한 신속한 재판을 받을 권리를 침해하였다 할 수 없다.

④ 신속한 재판을 받을 권리는 주로 피고인의 이익을 보호하기 위하여 인정된 기본권이지만 동시에 실체적 진실발견, 소송경제, 재판에 대한 국민의 신뢰와 형벌목적의 달성과 같은 공공의 이익에도 근거가 있다.

05

21. 경찰간부

다음 「형사소송법」 규정 중 당사자주의적 요소와 거리가 가장 먼 것은?

① 검사는 법원의 허가를 얻어 공소장에 기재한 공소사실 또는 적용법조의 추가, 철회 또는 변경을 할 수 있다. 이 경우에 법원은 공소사실의 동일성을 해하지 아니하는 한도에서 허가하여야 한다.

② 피고인이 공판기일에 출석하지 아니한 때에는 특별한 규정이 없으면 개정하지 못한다.

③ 법원은 공소의 제기가 있는 때에는 지체 없이 공소장의 부본을 피고인 또는 변호인에게 송달하여야 한다.

④ 법원은 심리의 경과에 비추어 상당하다고 인정할 때에는 공소사실 또는 적용법조의 추가 또는 변경을 요구하여야 한다.

Answer

01 ④ [×] 증거능력을 인정할 수 있다.
02 ①
03 ② [×] 신속한 재판을 받을 권리를 박탈한 것이라 할 수 없다.
04 ① [×] 신속한 재판을 받을 권리를 침해하는 것이다.
05 ④ [×] 공소장변경요구는 직권주의적 요소이다.

박문각
공무원
기본서

김상천
형사소송법

CHAPTER

03

수사의 의의와 개시

Chapter 03 수사의 의의와 개시

제1절 수사의 의의

1 수사와 수사기관

1. 수 사

수사란 범죄혐의 유무를 명백히 하여 공소의 제기·유지 여부를 결정하기 위하여 범인을 발견·확보하고 증거를 수집·보전하는 수사기관의 활동이다(2012헌마776, 98도3329). 10·16·21. 경찰승진, 13. 경찰간부, 17. 경찰1차

2. 수사기관

(1) **의 의**

① 수사기관은 법률상 수사의 권한이 인정되어 있는 국가기관이다.

② 수사기관에는 검사, 사법경찰관리, 공수처검사 등이 있다.

(2) **검 사**

① 검사는 범죄의 혐의가 있다고 사료하는 때에는 범인, 범죄사실과 증거를 수사한다(제196조).

② 검사는 수사기관이자 소추기관, 집행기관이다.

(3) **사법경찰관리**

① 사법경찰관리는 수사를 행하거나(사법경찰관) 보조(사법경찰리)한다.

② (사법경찰관) 경무관, 총경, 경정, 경감, 경위는 사법경찰관으로서 범죄의 혐의가 있다고 사료하는 때에는 범인, 범죄사실과 증거를 수사한다(제197조 제1항).

③ (사법경찰리) 경사, 경장, 순경은 사법경찰리로서 수사의 보조를 하여야 한다(제197조 제2항).

④ 일반사법경찰관리는 임무와 권한이 지역적, 사항적으로 제한받지 않으나, 특별사법경찰관리 ⇨ 임무와 권한이 지역적, 사항적으로 제한받는다.

(4) **고위공직자범죄수사처 검사**

고위공직자범죄수사처 검사도 일정 범죄에 대해 수사를 한다.

기출 키워드 체크

수사란 ______의 유무를 명백히 하여 ___를 제기·유지할 것인가의 여부를 결정하기 위하여 ___을 발견·확보하고 ___를 수집·보전하는 _____의 활동이다.

OX 형사소송법은 범죄의 혐의가 있다고 사료하는 때에는 수사를 개시하여 사실을 밝혀야 할 수사기관의 직무상 의무를 규정하고 있다. (○, ×) 19. 경찰승진

Answer

기출 키워드 체크
범죄혐의, 공소, 범인, 증거, 수사기관

OX
○

3. 수사의 기본원칙 등

(1) 수사의 기본원칙

① 피의자에 대한 수사는 불구속 상태에서 함을 원칙으로 한다(제198조 제1항).

② 검사·사법경찰관리와 그 밖에 직무상 수사에 관계있는 자는 피의자 또는 다른 사람의 인권을 존중하고 수사과정에서 취득한 비밀을 엄수하며 수사에 방해되는 일이 없도록 하여야 한다(제198조 제2항).

㉠ **검사와 사법경찰관은 수사를 할 때 수사 대상자의 자유로운 의사에 따른 임의수사를 원칙으로 해야 하고, 강제수사는 법률에서 정한 바에 따라 필요한 경우에만 최소한의 범위에서 하되, 수사 대상자의 권익 침해의 정도가 더 적은 절차와 방법을 선택해야 한다(수사준칙 제10조 제1항).**

㉡ **검사와 사법경찰관은 피의자를 체포·구속하는 과정에서 피의자 및 현장에 있는 가족 등 지인들의 인격과 명예를 침해하지 않도록 유의해야 한다(수사준칙 제10조 제2항).**

㉢ **검사와 사법경찰관은 압수·수색 과정에서 사생활의 비밀, 주거의 평온을 최대한 보장하고, 피의자 및 현장에 있는 가족 등 지인들의 인격과 명예를 침해하지 않도록 유의해야 한다(수사준칙 제10조 제3항).**

㉣ **검사와 사법경찰관은 모든 수사과정에서 헌법과 법률에 따라 보장되는 피의자와 그 밖의 피해자·참고인 등(이하 "사건관계인"이라 한다)의 권리를 보호하고, 적법한 절차에 따라야 한다(수사준칙 제3조 제1항).**

㉤ **검사와 사법경찰관은 예단(豫斷)이나 편견 없이 신속하게 수사해야 하고, 주어진 권한을 자의적으로 행사하거나 남용해서는 안 된다(수사준칙 제3조 제2항).**

③ 검사와 사법경찰관은 수사를 할 때 다음의 사항에 유의하여 실체적 진실을 발견해야 한다(수사준칙 제3조 제3항).

㉠ **물적 증거를 기본으로 하여 객관적이고 신빙성 있는 증거를 발견하고 수집하기 위해 노력할 것**

㉡ **과학수사 기법과 관련 지식·기술 및 자료를 충분히 활용하여 합리적으로 수사할 것**

㉢ **수사과정에서 선입견을 갖지 말고, 근거 없는 추측을 배제하며, 사건관계인의 진술을 과신하지 않도록 주의할 것**

④ 검사와 사법경찰관은 다른 사건의 수사를 통해 확보된 증거 또는 자료를 내세워 관련이 없는 사건에 대한 자백이나 진술을 강요해서는 안 된다(동조 제4항).

(2) 불이익 금지

검사와 사법경찰관은 피의자나 사건관계인이 인권침해 신고나 그 밖에 인권 구제를 위한 신고, 진정, 고소, 고발 등의 행위를 하였다는 이유로 부당한 대우를 하거나 불이익을 주어서는 안 된다(수사준칙 제4조).

(3) 형사사건의 공개금지 등

① 검사와 사법경찰관은 공소제기 전의 형사사건에 관한 내용을 공개해서는 안 된다(수사준칙 제5조 제1항).

② 검사와 사법경찰관은 수사의 전(全) 과정에서 피의자와 사건관계인의 사생활의 비밀을 보호하고 그들의 명예나 신용이 훼손되지 않도록 노력해야 한다(동조 2항).

③ 법무부장관, 경찰청장 또는 해양경찰청장은 무죄추정의 원칙과 국민의 알권리 등을 종합적으로 고려하여 형사사건 공개에 관한 준칙을 정할 수 있다(동조 제3항).

(4) 회 피

검사 또는 사법경찰관리는 피의자나 사건관계인과 친족관계 또는 이에 준하는 관계가 있거나 그 밖에 수사의 공정성을 의심 받을 염려가 있는 사건에 대해서는 소속 기관의 장의 허가를 받아 그 수사를 회피해야 한다(수사준칙 제11조).

(5) 피해자 보호

① 검사 또는 사법경찰관은 피해자의 명예와 사생활의 평온을 보호하기 위해 「범죄피해자 보호법」 등 피해자 보호 관련 법령의 규정을 준수해야 한다(수사준칙 제15조 제1항).

② 검사 또는 사법경찰관은 피의자의 범죄수법, 범행 동기, 피해자와의 관계, 언동 및 그 밖의 상황으로 보아 피해자가 피의자 또는 그 밖의 사람으로부터 생명 · 신체에 위해를 입거나 입을 염려가 있다고 인정되는 경우에는 직권 또는 피해자의 신청에 따라 신변보호에 필요한 조치를 강구해야 한다(동조 제2항).

(6) 목록 작성

검사 · 사법경찰관리와 그 밖에 직무상 수사에 관계있는 자는 수사과정에서 수사와 관련하여 작성하거나 취득한 서류 또는 물건에 대한 목록을 빠짐없이 작성하여야 한다(제198조 제3항). 12. 9급국가직 · 해경간부, 14. 경찰승진, 19 · 20. 경찰2차, 21. 경찰1차

(7) 통 지

① 검사 또는 사법경찰관은 수사에 대한 진행상황을 사건관계인에게 적절히 통지하도록 노력해야 한다(수사준칙 제12조 제1항).

② 통지의 구체적인 방법 · 절차 등은 법무부장관, 경찰청장 또는 해양경찰청장이 정한다(동조 제2항).

③ 검사 또는 사법경찰관은 수사 진행상황을 통지할 때에는 해당 사건의 피의자 또는 사건관계인의 명예나 권리 등이 부당하게 침해되지 않도록 주의해야 한다(수사준칙 제68조).

(8) 수사의 개시

① 검사 또는 사법경찰관이 다음의 어느 하나에 해당하는 행위에 착수한 때에는 수사를 개시한 것으로 본다. 이 경우 검사 또는 사법경찰관은 해당 사건을 즉시 입건해야 한다(수사준칙 제16조 제1항).

㉠ **피혐의자의 수사기관 출석조사**

㉡ **피의자신문조서의 작성**

㉢ **긴급체포**

㉣ **체포 · 구속영장의 청구 또는 신청**

㉤ **사람의 신체, 주거, 관리하는 건조물, 자동차, 선박, 항공기 또는 점유하는 방실에 대한 압수 · 수색 또는 검증영장(부검을 위한 검증영장은 제외한다)의 청구 또는 신청**

② 검사 또는 사법경찰관은 수사 중인 사건의 범죄 혐의를 밝히기 위한 목적으로 관련 없는 사건의 수사를 개시하거나 수사기간을 부당하게 연장해서는 안 된다(동조 제2항).

③ 검사 또는 사법경찰관은 입건 전에 범죄를 의심할 만한 정황이 있어 수사 개시 여부를 결정하기 위한 사실관계의 확인 등 필요한 조사를 할 때에는 적법절차를 준수하고 사건관계인의 인권을 존중하며, 조사가 부당하게 장기화되지 않도록 신속하게 진행해야 한다(동조 제3항).

(9) 열람 · 복사 및 통지

① 본인 진술 · 제출 서류: 피혐의자, 사건관계인 또는 그 변호인은 검사 또는 사법경찰관이 조사 중인 사건에 관한 본인의 진술이 기재된 부분 및 본인이 제출한 서류의 전부 또는 일부에 대해 열람 · 복사를 신청할 수 있다(수사준칙 제16조 제6항, 제69조 제1항).

② 고소장 등: 피혐의자, 변호인은 필요한 사유를 소명하고 고소장, 고발장, 이의신청서, 항고장, 재항고장(이하 "고소장 등"이라 한다)의 열람 · 복사를 신청할 수 있다. 이 경우 열람 · 복사의 범위는 피의자에 대한 혐의사실 부분으로 한정하고, 그 밖에 사건관계인에 관한 사실이나 개인정보, 증거방법 또는 고소장 등에 첨부된 서류 등은 제외한다(동조 제6항, 제69조 제3항).

㉠ **피혐의자 또는 사건관계인의 법정대리인, 배우자, 직계친족, 형제자매로서 피의자 또는 사건관계인의 위임장 및 신분관계를 증명하는 문서를 제출한 사람도 위와 같이 열람 · 복사를 신청할 수 있다(동조 제6항, 제69조 제5항).**

㉡ **검사 또는 사법경찰관은 위와 같은 신청을 받은 경우에는 해당 서류의 공개로 사건관계인의 개인정보나 영업비밀이 침해될 우려가 있거나 범인의 증거인멸 · 도주를 용이하게 할 우려가 있는 경우 등 정당한 사유가 있는 경우를 제외하고는 열람 · 복사를 허용해야 한다(동조 제6항, 제69조 제6항).**

③ 불입건 결정 통지: 검사 또는 사법경찰관은 조사 결과 입건하지 않는 결정을 한 때에는 피해자에 대한 보복범죄나 2차 피해가 우려되는 경우 등을 제외하고는 피혐의자 및 사건관계인에게 통지해야 한다(동조 제4항).

㉠ **통지의 구체적인 방법 및 절차 등은 법무부장관, 경찰청장 또는 해양경찰청장이 정한다(동조 제5항).**

⑽ 형사사법시스템의 이용

① 검사 또는 사법경찰관은 「형사사법절차 전자화 촉진법」 제2조 제1호에 따른 형사사법업무와 관련된 문서를 작성할 때에는 형사사법정보시스템을 이용해야 하며, 그에 따라 작성한 문서는 형사사법정보시스템에 저장·보관해야 한다. 다만, 다음의 어느 하나에 해당하는 문서로서 형사사법정보시스템을 이용하는 것이 곤란한 경우는 그렇지 않다(수사준칙 제67조).

㉠ **피의자나 사건관계인이 직접 작성한 문서**

㉡ **형사사법정보시스템에 작성 기능이 구현되어 있지 않은 문서**

㉢ **형사사법정보시스템을 이용할 수 없는 시간 또는 장소에서 불가피하게 작성해야 하거나 형사사법정보시스템의 장애 또는 전산망 오류 등으로 형사사법정보시스템을 이용할 수 없는 상황에서 불가피하게 작성해야 하는 문서**

관련 판례

검사가 수사의 대상, 방법 등에 관하여 사법경찰관리에게 지휘한 내용을 기재한 수사지휘서는 당시까지 진행된 수사의 내용뿐만 아니라 향후 수사의 진행방향까지 가늠할 수 있게 하는 수사기관의 내부문서이다. 수사지휘서의 기재 내용과 이에 관계된 수사상황은 해당 사건에 대한 종국적인 결정을 하기 전까지는 외부에 누설되어서는 안 될 수사기관 내부의 비밀에 해당한다(2018.2.13. 선고 2014도11441).

❷ 검사와 사법경찰관리의 관계

1. 상호 협력 관계

(1) 상호 협력 관계

① 검사와 사법경찰관은 상호 존중해야 하며, 수사, 공소제기 및 공소유지와 관련하여 협력해야 한다(제195조 제1항, 수사준칙 제6조 제1항).

② 이에 따른 수사를 위하여 준수하여야 하는 일반적 수사준칙에 관한 사항을 대통령령(검사와 사법경찰관의 상호협력과 일반적 수사준칙에 관한 규정)으로 정한다(제195조 제2항).

㉠ **위 대통령령을 해석하거나 개정하는 경우에는 법무부장관은 행정안전부장관과 협의하여 결정해야 한다(수사준칙 제70조 제1항).**

㉡ **위 대통령령의 해석 및 개정에 관한 법무부장관의 자문에 응하기 위해 법무부에 외부전문가로 구성된 자문위원회를 둔다(수사준칙 제70조 제2항).**

㉢ **이 대통령령은 2021년 1월 1일부터 시행한다(수사준칙 부칙 제1조).**

㉣ **기존 「검사의 사법경찰관리에 대한 수사지휘 및 사법경찰관리의 수사준칙에 관한 규정」은 폐지한다(수사준칙 부칙 제2조).**

㉤ **위 대통령령은 시행 당시 수사 중이거나 법원에 계속 중인 사건에 대해서도 적용한다. 다만, 대통령령 시행 전에 기존 「검사의 사법경찰관리에 대한 수사지휘 및 사법경찰관리의 수사준칙에 관한 규정」에 따라 한 행위의 효력에는 영향을 미치지 않는다(수사준칙 부칙 제3조).**

③ 검사와 사법경찰관은 수사와 공소제기 및 공소유지를 위해 필요한 경우 수사·기소·재판 관련 자료를 서로 요청할 수 있다(수사준칙 제6조 제2항).

④ 검사와 사법경찰관의 협의는 신속히 이루어져야 하며, 협의의 지연 등으로 수사 또는 관련 절차가 지연되어서는 안 된다(동조 제3항).

(2) 중요사건 협력

검사와 사법경찰관은 공소시효가 임박한 사건이나 내란, 외환, 선거, 테러, 대형참사, 연쇄살인 관련 사건, 주한 미합중국 군대의 구성원·외국인군무원 및 그 가족이나 초청계약자의 범죄 관련 사건 등 많은 피해자가 발생하거나 국가적·사회적 피해가 큰 중요한 사건(이하 "중요사건"이라 한다)의 경우에는 송치 전에 수사할 사항, 증거수집의 대상, 법령의 적용 등에 관하여 상호 의견을 제시·교환할 것을 요청할 수 있다(수사준칙 제7조).

(3) 검사와 사법경찰관의 협의

① 검사와 사법경찰관은 수사와 사건의 송치, 송부 등에 관한 이견의 조정이나 협력 등이 필요한 경우 서로 협의를 요청할 수 있다(수사준칙 제8조 제1항 본문).

② 다만, 다음의 어느 하나에 해당하는 경우에는 상대방의 협의 요청에 응해야 한다(동항 단서).

㉠ 중요사건에 관하여 상호 의견을 제시·교환하는 것에 대해 이견이 있거나, 제시·교환한 의견의 내용에 대해 이견이 있는 경우

㉡ 「형사소송법」(이하 "법"이라 한다) 제197조의2 제2항 및 제3항에 따른 정당한 이유(보완수사 요구의 정당한 이유)의 유무에 대해 이견이 있는 경우

㉢ 법 제197조의3 제4항 및 제5항(법령위반, 인권침해 또는 현저한 수사권 남용과 관련한 시정조치)에 따른 정당한 이유의 유무에 대해 이견이 있는 경우

㉣ 법 제197조의4 제2항 단서(검사와 사법경찰관의 수사권 경합시 사법경찰관이 영장을 신청하여 계속 수사할 수 있는 경우)에 따라 사법경찰관이 계속 수사할 수 있는지 여부나 사법경찰관이 계속 수사할 수 있는 경우 수사를 계속할 주체 또는 사건의 이송 여부 등에 대해 이견이 있는 경우

㉤ 법 제222조에 따라 변사자 검시를 하는 경우에 수사의 착수 여부나 수사할 사항 등에 대해 이견의 조정이나 협의가 필요한 경우

㉥ 법 제245조의8 제2항(사법경찰관의 위법 또는 부당한 불송치시 재수사 요청)에 따른 재수사의 결과에 대해 이견이 있는 경우

㉦ 법 제316조 제1항에 따라 사법경찰관이 조사자로서 공판준비 또는 공판기일에서 진술하게 된 경우

③ 위 ㉠, ㉡, ㉣ 또는 ㉥의 경우 해당 검사와 사법경찰관의 협의에도 불구하고 이견이 해소되지 않는 경우에는 해당 검사가 소속된 검찰청의 장과 해당 사법경찰관이 소속된 경찰관서(지방해양경찰관서를 포함한다. 이하 같다)의 장의 협의에 따른다(동조 제2항).

⑷ 수사기관협의회

① 대검찰청, 경찰청 및 해양경찰청 간에 수사에 관한 제도 개선 방안 등을 논의하고, 수사기관 간 협조가 필요한 사항에 대해 서로 의견을 협의 · 조정하기 위해 수사기관협의회를 둔다(수사준칙 제9조 제1항).

② 수사기관협의회는 다음의 사항에 대해 협의 · 조정한다(동조 제2항).

㉠ **국민의 인권보호, 수사의 신속성 · 효율성 등을 위한 제도 개선 및 정책 제안**

㉡ **국가적 재난 상황 등 관련 기관 간 긴밀한 협조가 필요한 업무를 공동으로 수행하기 위해 필요한 사항**

㉢ **그 밖에 위 ①의 어느 한 기관이 수사기관협의회의 협의 또는 조정이 필요하다고 요구한 사항**

③ 수사기관협의회는 반기마다 정기적으로 개최하되, 위 ①의 어느 한 기관이 요청하면 수시로 개최할 수 있다(동조 제3항).

④ 위 ①의 각 기관은 수사기관협의회에서 협의 · 조정된 사항의 세부 추진계획을 수립 · 시행해야 한다(동조 제4항).

⑤ 위 ①부터 ④까지의 규정에서 정한 사항 외에 수사기관협의회의 운영 등에 필요한 사항은 수사기관협의회에서 정한다(동조 제4항).

⑸ 소재수사에 관한 협력 등

① 검사와 사법경찰관은 소재불명(所在不明)인 피의자나 참고인을 발견한 때에는 해당 사실을 통보하는 등 서로 협력해야 한다(수사준칙 제55조 제1항).

② 검사는 송치된 사건의 피의자나 참고인의 소재 확인이 필요하다고 판단하는 경우 피의자나 참고인의 주소지 또는 거소지 등을 관할하는 경찰관서의 사법경찰관에게 소재수사를 요청할 수 있다(동조 제2항).

㉠ **이 경우 요청을 받은 사법경찰관은 이에 협력해야 한다.**

㉡ **검사 또는 사법경찰관은 수사중지 또는 기소중지 · 참고인중지된 사건의 피의자 또는 참고인을 발견하는 등 수사중지 결정 또는 기소중지 · 참고인중지 결정의 사유가 해소된 경우에는 즉시 수사를 진행해야 한다(동조 제3항).**

2. 사법경찰관의 수사권

⑴ 수사권의 범위, 수사종결

1) 수사 범위

① 사법경찰관은 모든 사건에 대해 수사권을 가진다.

② 경무관, 총경, 경정, 경감, 경위는 사법경찰관으로서 범죄의 혐의가 있다고 사료하는 때에는 범인, 범죄사실과 증거를 수사한다(제197조 제1항).

③ 경사, 경장, 순경은 사법경찰리로서 수사의 보조를 하여야 한다(제197조 제2항).

2) 송치 결정

사법경찰관은 고소·고발 사건을 포함하여 수사하여 범죄의 혐의가 있다고 인정되는 경우에는 지체 없이 검사에게 사건을 송치하고, 관계 서류와 증거물을 검사에게 송부하여야 한다(제245조의5 제1호). 21. 경찰1차

3) 불송치 결정

① 사법경찰관은 범죄의 혐의가 없다고 인정되는 경우에는 불송치 결정을 할 수 있다(수사준칙 제51조 제1항 제3호).

② 이 경우에는 그 이유를 명시한 서면과 함께 관계 서류와 증거물을 지체 없이 검사에게 송부하여야 하고, 검사는 송부받은 날로부터 90일 이내에 사법경찰관에게 반환하여야 한다(제245조의5 제2호). 21. 경찰1차

㉠ **사법경찰관은 불송치 결정을 하는 경우 불송치의 이유를 적은 불송치 결정서와 함께 압수물 총목록, 기록목록 등 관계 서류와 증거물을 검사에게 송부해야 한다(수사준칙 제62조 제1항).**

㉡ **사법경찰관은 피의자 또는 참고인에 대한 조사과정을 영상녹화한 경우에는 해당 영상녹화물을 봉인한 후 검사에게 사건을 송부할 때 봉인된 영상녹화물의 종류와 개수를 표시하여 사건기록과 함께 송부해야 한다(수사준칙 제62조 제2항, 제58조 제2항).**

㉢ **사법경찰관은 사건을 송부한 후에 새로운 증거물, 서류 및 그 밖의 자료를 추가로 송부할 때에는 이전에 송치한 사건명, 송치 연월일, 피의자의 성명과 추가로 송부하는 서류 및 증거물 등을 적은 추가송부서를 첨부해야 한다(수사준칙 제62조 제2항, 제58조 제3항).**

③ 경찰관은 위 송부한 날로부터 7일 이내에 서면으로 고소인·고발인·피해자 또는 그 법정대리인(피해자가 사망한 경우에는 그 배우자·직계친족·형제자매를 포함한다.)에게 사건을 검사에게 송치하지 아니하는 취지와 그 이유를 통지하여야 한다(제245조의6).

(2) 영장청구심의신청권

1) 의 의

검사가 사법경찰관이 신청한 영장을 정당한 이유 없이 판사에게 청구하지 아니한 경우 사법경찰관은 그 검사 소속의 지방검찰청 소재지를 관할하는 고등검찰청에 영장 청구 여부에 대한 심의를 신청할 수 있다(제221조의5 제1항).

2) 심의위원회

① 이를 심의하기 위하여 각 고등검찰청에 영장심의위원회를 둔다(제221조의5 제2항).

② 심의위원회는 위원장 1명을 포함한 10명 이내의 외부 위원으로 구성하고, 위원은 각 고등검찰청 검사장이 위촉한다(제221조의5 제3항).

③ 영장심의위원회의 위원은 해당 업무에 전문성을 가진 중립적 외부 인사 중에서 위촉해야 하며, 영장심의위원회의 운영은 독립성 · 객관성 · 공정성이 보장되어야 한다(수사준칙 제44조).

3) 의견 진술

① 사법경찰관은 심의위원회에 출석하여 의견을 개진할 수 있으나(제221조의5 제4항),

② 검사에게는 의견개진권이 인정되지 않는다.

3. 검사의 사법경찰관 수사권 통제

(1) 수사보완요구

1) 의 의

① 검사는 다음의 경우 사법경찰관에게 보완수사를 요구할 수 있다(제197조의2 제1항).

② 송치 전: 사법경찰관이 신청한 영장의 청구 여부 결정에 관하여 필요한 경우(제197조의2 제1항 제2호)

③ 송치 후: 송치사건의 공소제기 여부 결정 또는 공소의 유지에 관하여 필요한 경우(제197조의2 제1항 제1호)

2) 송치 전 보완수사요구

① 검사는 사법경찰관이 신청한 영장(「통신비밀보호법」 제6조 및 제8조에 따른 통신제한조치허가서 및 같은 법 제13조에 따른 통신사실 확인자료 제공 요청 허가서를 포함한다. 이하 이 항에서 같다)의 청구 여부를 결정하기 위해 필요한 경우 법 제197조의2 제1항 제2호에 따라 사법경찰관에게 보완수사를 요구할 수 있다.

② 이 경우 보완수사를 요구할 수 있는 범위는 다음과 같다(수사준칙 제59조 제3항).

㉠ 범인에 관한 사항
㉡ 증거 또는 범죄사실 소명에 관한 사항
㉢ 소송조건 또는 처벌조건에 관한 사항
㉣ 해당 영장이 필요한 사유에 관한 사항
㉤ 죄명 및 범죄사실의 구성에 관한 사항
㉥ 법 제11조(관련사건)(법 제11조 제1호의 경우는 수사기록에 명백히 현출되어 있는 사건으로 한정한다)와 관련된 사항
㉦ 그 밖에 사법경찰관이 신청한 영장의 청구 여부를 결정하기 위해 필요한 사항

3) 송치 후 보완수사 요구

① 검사는 사법경찰관으로부터 송치받은 사건에 대해 보완수사가 필요하다고 인정하는 경우에는 특별히 직접 보완수사를 할 필요가 있다고 인정되는 경우를 제외하고는 사법경찰관에게 보완수사를 요구하는 것을 원칙으로 한다(수사준칙 제59조 제1항). 21. 경찰1차 ⇨ 특별히 직접 보완수사를 할 필요성이 인정되는 경우에는 예외적으로 직접 보완수사를 할 수 있다.

② 검사는 법 제197조의2 제1항 제1호에 따라 사법경찰관에게 송치사건 및 관련사건[법 제11조에 따른 관련사건 및 법 제208조 제2항에 따라 간주되는 동일한 범죄사실에 관한 사건을 말한다. 다만, 법 제11조 제1호의 경우에는 수사기록에 명백히 현출(現出)되어 있는 사건으로 한정한다]에 대해 다음의 사항에 관한 보완수사를 요구할 수 있다(수사준칙 제59조 제2항).

㉠ **범인에 관한 사항**

㉡ **증거 또는 범죄사실 증명에 관한 사항**

㉢ **소송조건 또는 처벌조건에 관한 사항**

㉣ **양형 자료에 관한 사항**

㉤ **죄명 및 범죄사실의 구성에 관한 사항**

㉥ **그 밖에 송치받은 사건의 공소제기 여부를 결정하는 데 필요하거나 공소유지와 관련해 필요한 사항**

③ 사법경찰관은 송치 후 보완수사(제197조의2 제1항 제1호)를 이행한 결과 범죄의 혐의가 있다고 인정되는 경우에 해당하지 않는다고 판단한 경우에는 사건을 불송치하거나 수사중지할 수 있다(동조 제4항).

4) 보완수사 요구의 절차

① 검사는 법 제197조의2 제1항에 따라 보완수사를 요구할 때에는 그 이유와 내용 등을 구체적으로 적은 서면과 관계 서류 및 증거물을 사법경찰관에게 함께 송부해야 한다(수사준칙 제60조 제1항).

㉠ **다만, 보완수사 대상의 성질, 사안의 긴급성 등을 고려하여 관계 서류와 증거물을 송부할 필요가 없거나 송부하는 것이 적절하지 않다고 판단하는 경우에는 해당 관계 서류와 증거물을 송부하지 않을 수 있다(동항 단서).**

㉡ **보완수사를 요구받은 사법경찰관은 위와 같이 송부받지 못한 관계 서류와 증거물이 보완수사를 위해 필요하다고 판단하면 해당 서류와 증거물을 대출하거나 그 전부 또는 일부를 등사할 수 있다(동조 제2항).**

② 사법경찰관은 검사의 보완수사요구가 있는 때에는 정당한 이유가 없는 한 지체 없이 이를 이행하고, 그 결과를 검사에게 통보하여야 한다(제197조의2 제2항).

㉠ **사법경찰관은 법 제197조의2 제2항에 따라 보완수사를 이행한 경우에는 그 이행 결과를 검사에게 서면으로 통보해야 하며, 관계 서류와 증거물을 송부받은 경우에는 그 서류와 증거물을 함께 반환해야 한다(수사준칙 제60조 제3항).**

㉡ **다만, 관계 서류와 증거물을 반환할 필요가 없는 경우에는 보완수사의 이행 결과만을 검사에게 통보할 수 있다(수사준칙 제60조 제3항 단서).**

5) 직무배제 · 징계요구

① 검찰총장 또는 각급 검찰청 검사장은 사법경찰관이 정당한 이유 없이 검사의 보완수사요구에 따르지 아니하는 때에는 권한 있는 사람에게 해당 사법경찰관의 직무배제 또는 징계를 요구할 수 있다(제197조의2 제3항).

㉠ **검찰총장 또는 각급 검찰청 검사장은 사법경찰관의 직무배제 또는 징계를 요구할 때에는 그 이유를 구체적으로 적은 서면에 이를 증명할 수 있는 관계 자료를 첨부하여 해당 사법경찰관이 소속된 경찰관서장에게 통보해야 한다(수사준칙 제61조 제1항).**

㉡ **위 ㉠의 직무배제 요구를 통보받은 경찰관서장은 정당한 이유가 있는 경우를 제외하고는 그 요구를 받은 날부터 20일 이내에 해당 사법경찰관을 직무에서 배제해야 한다(동조 제2항).**

㉢ **경찰관서장은 직무배제 및 징계요구의 처리 결과와 그 이유를 직무배제 또는 징계를 요구한 검찰총장 또는 각급 검찰청 검사장에게 통보해야 한다(동조 제3항).**

② 그 징계 절차는 「공무원 징계령」 또는 「경찰공무원 징계령」에 따른다(제197조의2 제3항).

(2) 위법수사에 대한 통제

1) 사건기록 등본 송부요구

① 검사는 사법경찰관리의 수사과정에서 법령위반, 인권침해 또는 현저한 수사권 남용이 의심되는 사실의 신고가 있거나 그러한 사실을 인식하게 된 경우에는 사법경찰관에게 사건기록 등본의 송부를 요구할 수 있다(제197조의3 제1항). 21. 경찰1차

㉠ **검사는 사법경찰관에게 사건기록 등본의 송부를 요구할 때에는 그 내용과 이유를 구체적으로 적은 서면으로 해야 한다(수사준칙 제45조 제1항).**

㉡ **검사 또는 사법경찰관은 사건기록 등본을 송부받은 경우 이를 다른 목적으로 사용할 수 없으며, 다른 법령에 특별한 규정이 있는 경우를 제외하고는 그 사용 목적을 위한 기간이 경과한 때에 즉시 이를 반환하거나 폐기해야 한다(수사준칙 제56조 제2항).**

② 송부 요구를 받은 사법경찰관은 지체 없이 검사에게 사건기록 등본을 송부하여야 한다(제197조의3 제2항).

③ 사법경찰관은 송부 요구를 받은 날부터 7일 이내에 사건기록 등본을 검사에게 송부해야 한다(수사준칙 제45조 제2항).

2) 시정조치요구

① 송부를 받은 검사는 필요하다고 인정되는 경우에는 사법경찰관에게 시정조치를 요구할 수 있다(197조의3 제3항).

② 검사는 사건기록 등본을 송부받은 날부터 30일(사안의 경중 등을 고려하여 10일의 범위에서 한 차례 연장할 수 있다) 이내에 시정조치 요구 여부를 결정하여 사법경찰관에게 통보해야 한다. 이 경우 시정조치 요구의 통보는 그 내용과 이유를 구체적으로 적은 서면으로 해야 한다(수사준칙 제45조 제3항).

③ 사법경찰관은 검사의 시정조치 요구가 있는 때에는 정당한 이유가 없으면 지체 없이 이를 이행하고, 그 결과를 검사에게 통보하여야 한다(제197조의3 제4항).

④ 사법경찰관은 시정조치 요구를 통보받은 경우 정당한 이유가 있는 경우를 제외하고는 지체 없이 시정조치를 이행하고, 그 이행 결과를 서면에 구체적으로 적어 검사에게 통보해야 한다(수사준칙 제45조 제4항).

3) 송치요구

① 통보를 받은 검사는 시정조치 요구가 정당한 이유 없이 이행되지 않았다고 인정되는 경우에는 사법경찰관에게 사건을 송치할 것을 요구할 수 있다(제197조의3 제5항).
21. 경찰1차

② 검사는 사법경찰관에게 사건송치를 요구하는 경우에는 그 내용과 이유를 구체적으로 적은 서면으로 해야 한다(수사준칙 제45조 제5항).

③ 송치 요구를 받은 사법경찰관은 검사에게 사건을 송치하여야 한다(제197조의3 제6항).

㉠ **사법경찰관은 서면으로 사건송치를 요구받은 날부터 7일 이내에 사건을 검사에게 송치해야 한다. 이 경우 관계 서류와 증거물을 함께 송부해야 한다(수사준칙 제45조 제6항).**

㉡ **검사는 공소시효 만료일의 임박 등 특별한 사유가 있을 때에는 서면에 그 사유를 명시하고 별도의 송치기한을 정하여 사법경찰관에게 통지할 수 있다(수사준칙 제45조 제7항 제1문).**

㉢ **이 경우 사법경찰관은 정당한 이유가 있는 경우를 제외하고는 통지받은 송치기한까지 사건을 검사에게 송치해야 한다(수사준칙 제45조 제7항 제2문).**

4) 징계요구

① 검찰총장 또는 각급 검찰청 검사장은 사법경찰관리의 수사과정에서 법령위반, 인권침해 또는 현저한 수사권 남용이 있었던 때에는 권한 있는 사람에게 해당 사법경찰관리의 징계를 요구할 수 있다(제197조의3 제7항).

㉠ **검찰총장 또는 각급 검찰청 검사장은 사법경찰관리의 징계를 요구할 때에는 서면에 그 사유를 구체적으로 적고 이를 증명할 수 있는 관계 자료를 첨부하여 해당 사법경찰관리가 소속된 경찰관서의 장(경찰관서장)에게 통보해야 한다(수사준칙 제46조 제1항).**

㉡ **경찰관서장은 징계요구에 대한 처리 결과와 그 이유를 징계를 요구한 검찰총장 또는 각급 검찰청 검사장에게 통보해야 한다(수사준칙 제46조 제2항).**

② 그 징계 절차는 「공무원 징계령」 또는 「경찰공무원 징계령」에 따른다(제197조의3 제7항).

5) 구제신청권 고지의무

① 사법경찰관은 피의자를 신문하기 전에 수사과정에서 법령위반, 인권침해 또는 현저한 수사권 남용이 있는 경우 검사에게 구제를 신청할 수 있음을 피의자에게 알려주어야 한다(제197조의3 제8항).

② 사법경찰관은 검사에게 구제를 신청할 수 있음을 피의자에게 알려준 경우에는 피의자로부터 고지 확인서를 받아 사건기록에 편철한다(수사준칙 제47조 본문).

③ 다만, 피의자가 고지 확인서에 기명날인 또는 서명하는 것을 거부하는 경우에는 사법경찰관이 고지 확인서 끝부분에 그 사유를 적고 기명날인 또는 서명해야 한다(수사준칙 제47조 단서).

6) 사건송치

① 사법경찰관은 관계 법령에 따라 검사에게 사건을 송치할 때에는 송치의 이유와 범위를 적은 송치 결정서와 압수물 총목록, 기록목록, 범죄경력 조회 회보서, 수사경력 조회 회보서 등 관계 서류와 증거물을 함께 송부해야 한다(수사준칙 제58조 제1항).

② 사법경찰관은 피의자 또는 참고인에 대한 조사과정을 영상녹화한 경우에는 해당 영상녹화물을 봉인한 후 검사에게 사건을 송치할 때 봉인된 영상녹화물의 종류와 개수를 표시하여 사건기록과 함께 송부해야 한다(동조 제2항).

③ 사법경찰관은 사건을 송치한 후에 새로운 증거물, 서류 및 그 밖의 자료를 추가로 송부할 때에는 이전에 송치한 사건명, 송치 연월일, 피의자의 성명과 추가로 송부하는 서류 및 증거물 등을 적은 추가송부서를 첨부해야 한다(동조 제3항).

7) 사건기록의 등본

① 검사 또는 사법경찰관은 사건 관계 서류와 증거물을 분리하여 송부하거나 반환할 필요가 있으나 해당 서류와 증거물의 분리가 불가능하거나 현저히 곤란한 경우에는 그 서류와 증거물을 등사하여 송부하거나 반환할 수 있다(수사준칙 제56조 제1항).

② 검사 또는 사법경찰관은 사건기록 등본을 송부받은 경우 이를 다른 목적으로 사용할 수 없으며, 다른 법령에 특별한 규정이 있는 경우를 제외하고는 그 사용 목적을 위한 기간이 경과한 때에 즉시 이를 반환하거나 폐기해야 한다(동조 제2항).

8) 송치사건 관련 자료 제공

검사는 사법경찰관이 송치한 사건에 대해 검사의 공소장, 불기소결정서, 송치결정서 및 법원의 판결문을 제공할 것을 요청하는 경우 이를 사법경찰관에게 지체 없이 제공해야 한다(수사준칙 제57조).

(3) 불송치결정에 대한 통제

1) 이의신청

① 검사에게 송치하지 아니하는 취지와 그 이유를 통지받은 사람은 해당 사법경찰관의 소속 관서의 장에게 이의를 신청할 수 있다(제245조의7 제1항).

② 사법경찰관은 이의신청이 있는 때에는 지체 없이 검사에게 사건을 송치하고 관계 서류와 증거물을 송부하여야 하며, 처리결과와 그 이유를 이의신청인에게 통지하여야 한다(제245조의7 제2항).

③ 송치받은 검사는 보완수사를 한 후 기소 여부를 결정하게 된다.

2) 재수사 요청

① 검사는 사법경찰관이 사건을 송치하지 아니한 것이 위법 또는 부당한 때에는 그 이유를 문서로 명시하여 사법경찰관에게 재수사를 요청할 수 있다(제245조의8 제1항).

② 검사는 사법경찰관에게 재수사를 요청하려는 경우에는 관계 서류와 증거물을 송부받은 날부터 90일 이내에 해야 한다(수사준칙 제63조 제1항). 21. 경찰1차

③ 다만, 다음 각 호의 어느 하나에 해당하는 경우에는 관계 서류와 증거물을 송부받은 날부터 90일이 지난 후에도 재수사를 요청할 수 있다(수사준칙 제63조 제1항 단서).

㉠ **불송치 결정에 영향을 줄 수 있는 명백히 새로운 증거 또는 사실이 발견된 경우**

㉡ **증거 등의 허위, 위조 또는 변조를 인정할 만한 상당한 정황이 있는 경우**

㉢ **검사는 위 ②에 따라 재수사를 요청할 때에는 그 내용과 이유를 구체적으로 적은 서면으로 해야 한다(수사준칙 제63조 제2항).**

㉣ **이 경우 법 제245조의5 제2호에 따라 송부받은 관계 서류와 증거물을 사법경찰관에게 반환해야 한다(수사준칙 제53조 제2항 제2문).**

㉤ **검사는 법 제245조의8에 따라 재수사를 요청한 경우 그 사실을 고소인 등에게 통지해야 한다(수사준칙 제63조 제3항).**

㉥ **고소인, 고발인, 피해자가 없는 사건의 불송치결정에 대한 통제도 가능하다.**

④ 사법경찰관은 검사의 재수사 요청이 있는 때에는 사건을 재수사하여야 한다(제245조의8 제2항).

⑤ 재수사 후 사법경찰관은 기소의견으로 사건을 검찰에 송치하거나 재차 불송치 결정을 할 수 있다. ⇨ 사법경찰관은 재수사를 한 경우 다음의 구분에 따라 처리한다(수사준칙 제64조 제1항).

㉠ **범죄의 혐의가 있다고 인정되는 경우: 검사에게 사건을 송치하고 관계 서류와 증거물을 송부**

㉡ **기존의 불송치 결정을 유지하는 경우: 재수사 결과서에 그 내용과 이유를 구체적으로 적어 검사에게 통보**

⑥ 검사는 사법경찰관이 위와 같이 불송치 결정을 한 경우 재수사 결과를 통보한 사건에 대해서 다시 재수사를 요청을 하거나 송치 요구를 할 수 없다(동조 제2항).

⑦ 다만, 사법경찰관의 재수사에도 불구하고 관련 법리에 위반되거나 송부받은 관계 서류 및 증거물과 재수사 결과만으로도 공소제기를 할 수 있을 정도로 명백히 채증법칙에 위반되거나 공소시효 또는 형사소추의 요건을 판단하는 데 오류가 있어 사건을 송치하지 않은 위법 또는 부당이 시정되지 않은 경우에는 재수사 결과를 통보받은 날부터 30일 이내에 법 제197조의3(시정조치요구 등)에 따라 사건송치를 요구할 수 있다(동조 제3항).

3) 재수사 중 이의신청

사법경찰관은 재수사 중인 사건에 대해 불송치 결정을 통지를 받은 고소인・고발인・피해자 또는 그 법정대리인(피해자가 사망한 경우에는 그 배우자・직계친족・형제자매를 포함한다)의 이의신청이 있는 경우에는 재수사를 중단해야 하며, 해당 사건을 지체 없이 검사에게 송치하고 관계 서류와 증거물을 송부해야 한다(수사준칙 제65조).

4. 검사의 수사권

(1) 수사권의 범위, 조서의 증거능력

1) 송치 전

① 검사는 사건 송치 전 사법경찰관이 1차적 수사권을 가지고 수사를 진행하는 사건에 대해서 수사 및 수사지휘를 할 수 없다.

② 그러나 검사는 송치 전에도 경찰 수사과정에서 법령위반, 인권침해, 현저한 수사권 남용이 있을 경우에는 사건기록 등본의 송부, 송치 등 요구가 가능하다(제197조의3). 21. 경찰1차

2) 송치 후

검사는 송치 후 공소제기 여부 결정과 공소유지를 위한 보완수사(요구)권을 가지고, 불송치결정에 대한 이의신청에 의하여 검찰에 송치된 사건에 대해서도 다시 수사를 해야 한다.

3) 조서의 증거능력

① 영상녹화물은 (제312조 제2항이 삭제됨에 따라) 피의자신문조서의 실질적 진정성립을 증명하기 위한 수단으로서도 사용할 수 없게 되었다(2021. 1. 1. 시행).

② 개정법은 '검사가 작성한 피의자신문조서는 적법한 절차와 방식에 따라 작성된 것으로서 공판준비, 공판기일에 그 피의자였던 피고인 또는 변호인이 그 내용을 인정할 때에 한하여 증거로 할 수 있다'고 규정하여 경찰 작성 피의자신문조서와 동일한 요건하에 증거능력을 인정하게 하였다(제312조 제1항)(2022. 1. 1. 시행).

(2) 검사의 직접 수사권

1) 범 위

① 검사가 수사를 개시할 수 있는 범죄의 범위는 다음과 같다(검찰청법 제4조 제1항 제1호). 21. 9급국가직・9급개론

㉠ **부패범죄, 경제범죄, 공직자범죄, 선거범죄, 방위사업범죄, 대형참사 등 대통령령으로 정하는 중요 범죄**

㉡ **경찰공무원이 범한 범죄**

㉢ **이상의 범죄 및 사법경찰관이 송치한 범죄와 관련하여 인지한 각 해당 범죄와 직접 관련성이 있는 범죄**

OX 검사는 부패범죄, 경제범죄, 공직자범죄, 선거범죄, 방위사업범죄, 대형참사 등 「검사의 수사개시 범죄 범위에 관한 규정」이 정하는 중요범죄, 경찰공무원이 범한 범죄에 대하여 수사를 개시할 수 있다. (○, ×) 21. 9급국가직・9급개론

Answer

OX ○

② 위 "직접 관련성이 있는 범죄"란 위 ㉠㉡의 범죄 및 사법경찰관이 송치한 범죄("해당 범죄")와 합리적 관련성이 있는 범죄로서 다음의 어느 하나에 해당하는 범죄를 말한다(검사의 수사개시 범죄 범위에 관한 규정 제3조).

㉠ **「형사소송법」 제11조 각 호의 관련사건. 다만, 같은 조 제1호에 따른 1인이 범한 수죄는 다음 각 목의 죄로 한정하되, "직접 관련성이 있는 범죄" 중 "사법경찰관이 송치한 범죄와 관련하여 인지한 각 해당 범죄와 직접관련성이 있는 범죄"에 대하여는 해당 범죄와 영장에 의해 확보한 증거물을 공통으로 하는 범죄를 포함한다.**

㉡ **해당 범죄와 동종범죄**

㉢ **범죄수익의 원인 또는 그 처분으로 인한 「형법」 제129조부터 제133조까지, 제355조 및 제356조의 죄**

㉣ **「형사소송법」 제208조 제2항에 따른 동일한 범죄(목적을 위하여 동시 또는 수단결과의 관계에서 행하여진 행위)**

㉤ **「형법」 제19조에 따른 독립행위로서 경합하는 범죄**

㉥ **해당 범죄에 대한 무고죄**

③ 「마약류 불법거래 방지에 관한 특례법」 수출입 또는 수출입 목적의 소지·소유 및 양벌규정은 포함되었고, 사이버 범죄는 제외되었다.

2) 검사의 필요적 이송(수사준칙 제18조 제1항)

① 직접수사 대상이 아닌 범죄에 대한 고소 등: 검사는 직접수사의 대상이 아닌 범죄에 대한 고소·고발·진정 등이 접수된 때에는 사건을 검찰청 외의 수사기관에 이송해야 한다.

② 수사 중 수사 대상이 아닌 것으로 판단된 경우: 「검사의 수사개시 범죄 범위에 관한 규정」 제2조 각 호의 범죄에 해당하는 사건 수사 중 범죄 혐의 사실이 「검찰청법」 제4조 제1항 제1호 각 목의 범죄에 해당되지 않는다고 판단되는 때에는 사건을 검찰청 외의 수사기관에 이송해야 한다.

③ 다만 구속영장이나 사람의 신체, 주거, 관리하는 건조물, 자동차, 선박, 항공기 또는 점유하는 방실에 대하여 압수·수색 또는 검증영장이 발부된 경우는 제외한다.

3) 검사의 임의적 이송

검사는 법 제197조의4 제2항 단서에 따라 사법경찰관이 범죄사실을 계속 수사할 수 있게 된 때(수사권 경합 관련 검사가 영장을 청구하기 전에 동일한 범죄사실에 관하여 사법경찰관이 영장을 신청한 경우), 그 밖의 다른 수사기관에서 수사하는 것이 적절하다고 판단되는 때에는 사건을 검찰청 외 수사기관에 이송할 수 있다(동조 제2항).

4) 서류와 증거물의 송부

검사는 위와 같이 사건을 이송하는 경우에는 관계 서류와 증거물을 해당 수사기관에 함께 송부해야 한다(동조 제3항).

☑ **검사의 직접 수사대상**(중요범죄)

1. **부패범죄**
   - 뇌물수수(3천만원 이상)
   - 알선수재, 변호사법위반, 정치자금법위반, 리베이트 수수(5천만원 이상)
2. **경제범죄**
   - 5억 이상 사기·횡령·배임
   - 미공개중요정보 이용 거래
   - 산업기술유출
   - 영업비밀침해
   - 공정거래법위반 등
3. **공직자범죄**
   주요공직자의 직무유기, 직권남용, 독직폭행, 공무상비밀누설, 허위공문서 작성 등
   - 주요공직자: 공지자윤리법상 재산등록의무자(국회의원, 지자체장, 법관, 검시, 4급 이상 공무원 공기업 임원 등)
4. **선거범죄**
   형법상 공무원의 선거방해, 공직선거 및 조합장·대학총장 선거, 국민투표와 관련된 모든 선거범죄 포함
   - 당선무효에 해당하는 형의 선고를 받을 가능성이 있거나 사회적 이목을 끄는 등 검사의 수사개시가 필요하다고 관할 검사장이 판단하는 경우 수사개시
5. **방위사업범죄**
   방위사업의 수행과 관련된 범죄(죄명 등 제한 없음)
6. **대형참사범죄**
   화재·붕괴·폭발 등으로 대규모 인명피해, 국가핵심기반 마비 등이 초래된 경우 그와 관련하여 범한 범죄(죄명 등 제한 없음)

(3) 수사의 경합

1) 검사의 우선적 수사권

① 검사는 사법경찰관과 동일한 범죄사실을 수사하게 된 때에는 사법경찰관에게 사건을 송치할 것을 요구할 수 있다(제197조의4 제1항).

② 검사는 사법경찰관에게 사건송치를 요구할 때에는 그 내용과 이유를 구체적으로 적은 서면으로 해야 한다(수사준칙 제49조 제1항).

2) 사법경찰관의 송치 의무(먼저 영장을 청구한 경우는 예외)

① 송치요구를 받은 사법경찰관은 지체 없이 검사에게 사건을 송치하여야 한다(제197조의4 제2항).

② 사법경찰관은 요구를 받은 날부터 7일 이내에 사건을 검사에게 송치해야 한다. 이 경우 관계 서류와 증거물을 함께 송부해야 한다(수사준칙 제49조 제2항).

③ 다만, 검사가 영장을 청구하기 전에 동일한 범죄사실에 관하여 사법경찰관이 영장을 신청한 경우에는 해당 영장에 기재된 범죄사실을 계속 수사할 수 있다(제197조의4 제2항 단서).

④ 검사는 사법경찰관이 범죄사실을 계속 수사할 수 있게 된 경우에는 정당한 사유가 있는 경우를 제외하고는 그와 동일한 범죄사실에 대한 사건을 이송하는 등 중복수사를 피하기 위해 노력해야 한다(수사준칙 제50조).

3) 동일한 범죄사실 여부의 판단

① 검사와 사법경찰관은 수사의 경합과 관련하여 동일한 범죄사실 여부나 영장(「통신비밀보호법」 제6조 및 제8조에 따른 통신제한조치허가서 및 같은 법 제13조에 따른 통신사실 확인자료제공 요청 허가서를 포함한다) 청구·신청의 시간적 선후관계 등을 판단하기 위해 필요한 경우에는 그 필요한 범위에서 사건기록의 상호 열람을 요청할 수 있다(수사준칙 제48조 제1항).

② 영장 청구·신청의 시간적 선후관계는 검사의 영장청구서와 사법경찰관의 영장신청서가 각각 법원과 검찰청에 접수된 시점을 기준으로 판단한다(동조 제2항).

③ 검사는 사법경찰관의 영장신청서의 접수를 거부하거나 지연해서는 안 된다(동조 제3항).

5. 검사와 검찰청법상 일반사법경찰과의 관계

(1) 지휘·감독 관계

① (검찰청 직원으로서) 사법경찰관의 직무를 행하는 검찰청 직원은 검사의 지휘를 받아 수사하여야 한다(제245조의9 제2항).

② 사법경찰리의 직무를 행하는 검찰청 직원은 검사 또는 사법경찰관의 직무를 행하는 검찰청 직원의 수사를 보조하여야 한다(제245조의9 제3항).

(2) 비적용

사법경찰관리의 직무를 행하는 검찰청 직원에 대하여는 제197조의2부터 제197조의4(수사보완, 시정조치요구, 수사경합)까지, 제221조의5(영장심의), 제245조의5부터 제245조의8(사건송치, 고소인에 대한 송부통지, 고소인 등의 이의신청, 재수사요청 등)까지의 규정을 적용하지 아니한다(제245조의9 제4항).

6. 검사와 특별사법경찰과의 관계

(1) 지휘 · 감독 관계

① 특별사법경찰관은 모든 수사에 관하여 검사의 지휘를 받는다(제245조의10 제2항).

② 특별사법경찰관은 범죄의 혐의가 있다고 인식하는 때에는 범인, 범죄사실과 증거에 관하여 수사를 개시 · 진행하여야 한다(제245조의10 제3항).

③ 특별사법경찰관리는 검사의 지휘가 있는 때에는 이에 따라야 한다.

④ 검사의 지휘에 관한 구체적 사항은 법무부령으로 정한다(제245조의10 제4항).

⑤ 특별사법경찰관은 범죄를 수사한 때에는 지체 없이 검사에게 사건을 송치하고, 관계 서류와 증거물을 송부하여야 한다(제245조의10 제5항).

(2) 비적용

특별사법경찰관리에 대하여는 제197조의2부터 제197조의4(수사보완, 시정조치요구, 수사경합)까지, 제221조의5(영장심의), 제245조의5부터 제245조의8(사건송치, 고소인에 대한 송부통지, 고소인 등의 이의신청, 재수사요청 등)까지의 규정을 적용하지 아니한다(제245조의9 제4항).

❸ 전문수사자문위원

(1) 의 의

① 첨단산업분야, 지적재산권, 국제금융 등 전문지식이 필요한 사건에 대한 수사를 보다 충실히 하기 위해 전문수사자문위원제도를 도입하였다.

② 검사는 공소제기 여부와 관련된 사실관계를 분명하게 하기 위하여 필요한 경우에는 직권이나 피의자 또는 변호인의 신청에 의하여 전문수사자문위원을 지정하여 수사절차에 참여하게 하고 자문을 들을 수 있다(제245조의2 제1항). 14. 경찰1차, 15. 9급 개론 · 지능특채

(2) 지 정

1) 각 사건마다 1인 이상의 전문수사자문위원을 지정 15. 지능특채

전문수사자문위원을 수사절차에 참여시키는 경우 검사는 각 사건마다 1인 이상의 전문수사자문위원을 지정한다(제245조의3 제1항).

2) 지정 취소 14. 경찰1차

검사는 상당하다고 인정하는 때에는 전문수사자문위원의 지정을 취소할 수 있다(제245조의3 제2항).

3) 지정에 대한 이의(고등검찰청검사장) 10. 9급국가직, 12. 경찰2차, 14. 경찰1차, 15. 9급개론

피의자 또는 변호인은 검사의 전문수사자문위원 지정에 대하여 관할 고등검찰청검사장(지방검찰청검사장 ×)에게 이의를 제기할 수 있다(제245조의3 제3항).

4) 수당, 여비 등 지급

전문수사자문위원에게는 수당을 지급하고, 필요한 경우에는 그 밖의 여비, 일당 및 숙박료를 지급할 수 있다.

⑶ 자 문

1) 의견 진술

전문수사자문위원은 전문적인 지식에 의한 설명 또는 의견을 기재한 서면을 제출하거나 전문적인 지식에 의하여 설명이나 의견을 진술할 수 있다(제245조의2 제2항).

2) 피의자에게 의견진술 기회 부여(필요적) 10. 9급국가직, 14. 경찰1차, 15. 지능특채

검사는 전문수사자문위원이 제출한 서면이나 전문수사자문위원의 설명 또는 의견의 진술에 관하여 피의자 또는 변호인에게 구술 또는 서면에 의한 의견진술의 기회를 주어야 한다(제245조의2 제3항).

⑷ 벌 칙

1) 형사처벌

전문심리위원 또는 전문심리위원이었던 자가 그 직무수행 중에 알게 된 다른 사람의 비밀을 누설한 때에는 2년 이하의 징역이나 금고 또는 1천만원 이하의 벌금에 처한다(비밀누설죄)(제245조의4, 제279조의7).

2) 공무원 의제

전문심리위원은 뇌물죄(「형법」 제129조부터 제132조까지의 규정)에 따른 벌칙의 적용에서는 공무원으로 본다(제245조의4, 제279조의8).

❹ 수사절차상 피의자의 지위

1. 의 의

① 피의자란 수사기관에 의하여 범죄혐의가 인정되어 수사의 대상으로 되어 있는 자를 말한다.

② 피의자는 수사의 개시부터 공소제기 전까지의 개념으로서 진범인가의 여부를 불문한다.

③ 수사 이전 단계를 내사라 하는데, 형사소송법은 피내사자에 대해서는 어떠한 규정도 없다. 14. 경찰1차

☑ **피의자에게 인정되는 권리**

1. 증거보전청구권 09. 경찰1차, 09 · 16. 경찰승진
2. 체포 · 구속적부심사청구권 09 · 16 · 21. 경찰승진
3. 진술거부권 09 · 16 · 21. 경찰승진
4. 무죄추정의 권리
5. 고문을 당하지 않을 권리
6. 변호인의 조력을 받을 권리 21. 경찰승진
7. 신속한 재판을 받을 권리
8. 피의자신문조서의 열람 · 증감 · 변경청구권
9. 압수 · 수색 · 검증 참여권 21. 경찰승진
10. 체포 · 구속사유 및 변호인선임권을 고지받을 권리
11. 체포 · 구속시 가족에 대한 통지요구권
12. 접견교통권
13. 체포 · 구속영장 피청구시 자료제출권
14. 체포 · 구속취소청구권
15. 체포 · 구속영장등본교부청구권
16. 긴급체포 후 석방시 관련서류에 대한 열람 · 등사권

2. 시 기

① 범죄인지, 고소, 고발 등의 사유로 수사가 개시된 때에 피의자가 된다.

② 형식적으로 입건 전이라고 범죄혐의를 인정하여 (실직적으로) 수사를 개시하는 때에 피의자의 지위가 인정되고, 아직 범죄인지서를 작성하지 않았다고 하여 달리 볼 것은 아니다(2011도8125). 16 · 21. 경찰간부, 21. 경찰승진

3. 종 기

① 피의자는 검사의 공소제기 또는 경찰서장의 즉결심판청구에 의하여 피고인으로 그 지위가 변경된다.

② 또한, 피의자의 지위는 검사의 불기소처분에 의하여 소멸된다.

③ 그러나 고소인 · 고발인이 검찰항고(검찰청법 제10조), 재정신청(제260조), 헌법소원(헌법재판소법 제68조)을 제기한 경우에는 그 절차가 종결되기 전까지는 피의자의 지위가 유지된다. 13. 경찰간부

4. 열람 · 복사

① 피의자, 사건관계인 또는 그 변호인은 검사 또는 사법경찰관이 수사 중인 사건에 관한 본인의 진술이 기재된 부분 및 본인이 제출한 서류의 전부 또는 일부에 대해 열람 · 복사를 신청할 수 있다(수사준칙 제69조 제1항).

② 피의자, 사건관계인 또는 그 변호인은 검사가 불기소 결정을 하거나 사법경찰관이 불송치 결정을 한 사건에 관한 기록의 전부 또는 일부에 대해 열람 · 복사를 신청할 수 있다(수사준칙 제69조 제2항).

③ 피의자 또는 그 변호인은 필요한 사유를 소명하고 고소장, 고발장, 이의신청서, 항고장, 재항고장(고소장 등)의 열람 · 복사를 신청할 수 있다. 이 경우 열람 · 복사의 범위는 피의자에 대한 혐의사실 부분으로 한정하고, 그 밖에 사건관계인에 관한 사실이나 개인정보, 증거방법 또는 고소장 등에 첨부된 서류 등은 제외한다(수사준칙 제69조 제3항).

④ 체포 · 구속된 피의자 또는 그 변호인은 현행범인체포서, 긴급체포서, 체포영장, 구속영장의 열람 · 복사를 신청할 수 있다(수사준칙 제69조 제4항).

⑤ 피의자 또는 사건관계인의 법정대리인, 배우자, 직계친족, 형제자매로서 피의자 또는 사건관계인의 위임장 및 신분관계를 증명하는 문서를 제출한 사람도 열람 · 복사를 신청할 수 있다(수사준칙 제69조 제5항).

⑥ 검사 또는 사법경찰관은 열람 · 복사 신청을 받은 경우에는 해당 서류의 공개로 사건관계인의 개인정보나 영업비밀이 침해될 우려가 있거나 범인의 증거인멸 · 도주를 용이하게 할 우려가 있는 경우 등 정당한 사유가 있는 경우를 제외하고는 열람 · 복사를 허용해야 한다(수사준칙 제69조 제6항).

OX 형사소송법상 피의자의 권리와 피고인의 권리는 동일하다. (○, ×)
21. 경찰승진

OX 수사기관에 의한 진술거부권 고지의 대상이 되는 피의자의 지위는 수사기관이 조사대상자에 대한 범죄혐의를 인정하여 수사를 개시하는 행위를 한 때에 인정되고, 아직 범죄인지서를 작성하지 않았다고 하여 달리 볼 것은 아니다. (○, ×)
21. 경찰간부

Answer

×, ○

Chapter 03

OX 확인학습

01 □□□ 수사란 범죄혐의의 유무를 명백히 하여 공소를 제기·유지할 것인가의 여부를 결정하기 위하여 범인을 발견·확보하고 증거를 수집·보전하는 수사기관의 활동을 말한다. (○)

02 □□□ 수사이전 단계를 내사라 하는데, 형사소송법은 피의자의 권리를 피내사자에게도 준용하는 명문의 규정을 두고 있다. (×)

03 □□□ 검사는 공소제기 여부와 관련된 사실관계를 분명하게 하기 위하여 필요한 경우에는 직권이나 피의자 또는 변호인의 신청에 의하여 전문수사자문위원을 지정하여 수사절차에 참여하게 하고 자문을 들을 수 있다. (○)

04 □□□ 피의자 또는 변호인은 검사의 전문수사자문위원 지정에 대하여 관할 지방검찰청 검사장에게 이의를 제기할 수 있다. (×)

05 □□□ 검사는 상당하다고 인정하는 때에는 전문수사자문위원의 지정을 취소할 수 있다. (○)

06 □□□ 전문수사자문위원은 전문적인 지식에 의한 설명 또는 의견을 기재한 서면을 제출하거나 전문적인 지식에 의하여 설명이나 의견을 진술할 수 있다. 이에 대해서 검사는 피의자 또는 변호인에게 구술 또는 서면에 의한 의견진술의 기회를 줄 수 있다. (×)

제2절 수사의 개시

❶ 수사의 단서

1. 의 의

수사기관이 범죄의 혐의를 두게 된 원인 또는 수사개시의 원인을 말한다.

2. 종 류

(1) 수사기관 자신의 체험

현행범 체포, 변사자 검시, 불심검문 15. 경찰승진, 19. 해경간부, 언론보도, 풍문, 범죄첩보, 다른 사건 수사 중 관련사건 발견 등

(2) 그 외(타인 체험)

고소, 고발, 진정, 자수, 신고 19. 해경간부, 투서 등 15. 경찰승진

❷ 불심검문

1. 불심검문의 의의

① 불심검문(不審檢問)이란 거동이 수상한 자를 발견한 때에 이를 정지시켜 질문하는 것을 말한다(경찰관 직무집행법 제3조 제1항).

② 불심검문은 수사에 해당하지 않으며, 행정경찰작용에 불과하다. 02. 여경2차, 14. 9급개론

③ 따라서 증거자료를 수집하기 위해서는 불심검문을 할 수 없다. 06. 경찰2차

2. 불심검문의 대상

① 경찰관은 다음 어느 하나에 해당하는 사람을 정지시켜 질문할 수 있다(경찰관 직무집행법 제3조 제1항).

㉠ **죄를 범하였거나 범하려고 하고 있다고 의심할 만한 상당한 이유가 있는 사람** 17. 경찰승진, 18. 해경간부

㉡ **이미 행하여진 범죄나 행하여지려고 하는 범죄에 관하여 그 사실을 안다고 인정되는 사람** 15. 경찰승진, 16. 경찰2차

② 불심검문 대상자에 대한 해당 여부는 객관적 · 합리적인 기준에 따라야 하며, 체포나 구속에 이를 정도의 혐의가 있을 것은 요하지 않는다(2011도13999). 03. 행시, 15. 9급국가직, 17. 경찰승진 · 해경1차 · 경찰2차, 18. 해경간부, 19. 경찰1차, 21. 경찰승진

OX 경찰관은 수상한 행동이나 그 밖의 주위 사정을 합리적으로 판단하여 볼 때 어떠한 죄를 범하였거나 범하려 하고 있다고 의심할 만한 상당한 이유가 있는 자를 정지시켜 질문할 수 있다. (○, ×) 18. 경찰승진

기출 키워드 체크

경찰관이 불심검문 대상자 해당 여부를 판단할 때에는 객관적 · 합리적인 기준에 따라야 하며, 불심검문 대상자에게 「형사소송법」상 _____나 _____에 이를 정도의 혐의가 있을 것은 요하지 않는다.

Answer

기출 키워드 체크

체포, 구속

OX

○

3. 불심검문의 절차

(1) 정지와 질문

1) 의 의

경찰관은 수상한 거동 기타 주위의 사정을 합리적으로 판단하여 어떠한 죄를 범하였다고 의심할 만한 상당한 이유가 있는 자를 정지시켜 질문을 할 수 있다. 17·18. 경찰승진, 18. 해경간부

2) 절 차

① 신분표시증표 제시 등: 경찰관은 질문을 하거나 동행을 요구할 경우 자신의 신분을 표시하는 증표를 제시하면서 소속과 성명을 밝히고 질문이나 동행의 목적과 이유를 설명하여야 한다. 18. 경찰승진

② 답변 강요 금지: 질문을 받거나 동행을 요구받은 사람은 형사소송에 관한 법률에 따르지 아니하고는 신체를 구속당하지 아니하며, 그 의사에 반하여 답변을 강요당하지 아니한다(경찰관 직무집행법 제3조 제7항).

③ 가로막는 행위는 가능: 검문 중이던 경찰관들이 범인과 흡사한 인상착의의 사람에 대해 정지를 요구하였으나 멈추지 않아 앞을 가로막고 검문에 협조해 달라고 하였음에도 불응하고 그대로 전진하자 따라가서 재차 앞을 막고 검문에 응하라고 요구한 경우, 경찰관들의 행위는 적법한 불심검문에 당한다(2010도6203). 19·21. 경찰승진, 21. 경찰간부

(2) 동행요구

1) 의 의

① 경찰관은 아래의 경우에는 질문을 하기 위하여 가까운 경찰서·지구대·파출소 또는 출장소로 동행할 것을 요구할 수 있다. 11·17. 경찰승진, 13. 9급국가직, 15. 9급개론, 16. 경찰2차, 17. 해경1차, 18. 해경간부

㉠ **사람을 정지시킨 장소에서 질문을 하는 것이 그 사람에게 불리하거나**

㉡ **교통에 방해가 된다고 인정될 때**

② 이러한 불심검문에 따른 동행요구는 임의동행의 일종으로 볼 수 있으나, 범죄의 예방과 진압을 위한 행정경찰상의 처분이라는 성질을 가지는 것으로 수사상 임의동행과는 구별된다(다른 견해 존재). 21. 경찰승진 ⇨ 임의동행에 관한 법리가 그대로 적용되고, 이 책의 임의동행 부분에서 관련부분을 설명하기로 한다.

2) 강요 금지

① 이 경우 동행을 요구받은 사람은 그 요구를 거절할 수 있다(경찰관 직무집행법 제3조 제2항). 13. 9급국가직, 15. 경찰승진, 17. 해경1차

② 또한 동행을 요구할 때는 경찰장구를 사용할 수 없다. 15. 경찰승진

참고 판례
사회통념상 용인될 수 있는 상당한 방법으로 그 대상자를 정지시킬 수 있고 질문에 수반하여 흉기의 소지 여부도 조사할 수 있다(2010도6203).

OX 불심검문 대상자에게 형사소송법상 체포나 구속에 이를 정도의 혐의가 없을지라도 경찰관은 당시의 구체적 상황과 사전에 얻은 정보나 전문적 지식 등에 기초하여 객관적 합리적인 기준에 따라 불심검문 대상 여부를 판단한다. (○, ×) 21. 경찰승진

OX 경찰관이 불심검문시 질문을 하거나 동행을 요구할 경우 자신의 신분을 표시하는 증표를 제시하면서 소속과 성명을 밝히고 질문이나 동행의 목적과 이유를 설명하여야 하며, 동행을 요구하는 경우에는 동행장소를 밝혀야 한다. (○, ×) 18. 경찰승진

OX 경찰관은 동행한 사람의 가족이나 친지 등에게 동행한 경찰관의 신분, 동행장소, 동행목적과 이유를 알리거나 본인으로 하여금 즉시 연락할 수 있는 기회를 주어야 하나, 변호인의 도움을 받을 권리가 있음을 알려야 할 필요는 없다. (○, ×) 16. 경찰2차

Answer
OX
○, ○, ×

③ 동행을 요구받은 사람은 형사소송에 관한 법률에 따르지 아니하고는 신체를 구속당하지 아니하며, 그 의사에 반하여 답변을 강요당하지 아니한다(경찰관 직무집행법 제3조 제7항).

3) 절 차

① 신분표시증표의 제시 등 06. 경찰2차, 11 · 15 · 18. 경찰승진, 12. 해경간부

㉠ **경찰관은 자신의 신분을 표시하는 증표를 제시하면서 소속과 성명을 밝히고 질문이나 동행의 목적과 이유를 설명하여야 하며,**

㉡ **동행을 요구하는 경우에는 동행 장소를 밝혀야 한다(경찰관 직무집행법 제3조 제4항).**

㉢ **경찰관이 신분증을 제시하지 않고 불심검문을 하였으나, 검문하는 사람이 경찰관이고 검문하는 이유가 범죄행위에 관한 것임을 피고인이 알고 있었던 경우, 그 불심검문이 위법하다고 볼 수 없다(2014도7976).** 15 · 18 · 19 · 21. 경찰승진, 17. 해경1차, 18. 해경간부, 19. 변호사, 20. 9급국가직 · 9급개론, 21. 경찰간부

② 통지 또는 통지 기회 부여: 경찰관은 동행한 사람의 가족이나 친지 등에게 동행한 경찰관의 신분, 동행 장소, 동행 목적과 이유를 알리거나 본인으로 하여금 즉시 연락할 수 있는 기회를 주어야 한다. 18. 경찰승진

③ 변호인 조력권 등 고지: 변호인의 도움을 받을 권리가 있음을 알려야 한다(경찰관 직무집행법 제3조 제5항). 11 · 15 · 18 · 21. 경찰승진, 12. 해경간부, 13. 9급국가직, 14. 경찰간부, 16. 경찰2차

④ 동행시간의 제한(6시간)

㉠ **경찰관은 동행한 사람을 6시간을 초과하여 경찰관서에 머물게 할 수 없다(경찰관 직무집행법 제3조 제6항).** 17. 경찰승진, 18. 해경간부, 20. 경찰간부

㉡ **이러한 규정은 취지는 어떠한 경우에도 동행시간이 6시간을 초과할 수 없다는 것이지 6시간 동안은 구금이 허용된다는 의미는 아니다(97도1240).** 06 · 11 · 15. 경찰승진, 13. 9급국가직, 13 · 14. 경찰간부, 17. 경찰1차

㉢ **형사소송법 제199조 제1항에 따른 임의동행(수사상 임의동행)에는 위와 같은 6시간 제한이 적용되지 않는다(2020도398). ⇨ 6시간을 경과하여도 위법이라 할 수 없다.**

⑤ 동행장소는 부근의 경찰서, 지구대 또는 출장소 등 경찰관서이다.

⑥ 주민등록법상 임의동행과 비교

㉠ **주민등록법 제26조에서는 사법경찰관리(司法警察官吏)가 범인을 체포하는 등 그 직무를 수행할 때에 17세 이상인 주민의 신원이나 거주 관계를 확인할 필요가 있으면 주민등록증의 제시를 요구할 수 있다(주민등록법 제26조 제1항 제1문).**

㉡ **사법경찰관리는 위와 같이 신원 등을 확인할 때 정복근무 중인 경우 외에는 미리 신원을 표시하는 증표를 지니고 이를 관계인에게 내보여야 한다(주민등록법 제26조 제2항).** 11. 경찰승진, 12. 해경간부

기출 키워드 체크

1. 경찰관은 동행요구를 _____하는 대상자를 동행할 수 없고, 동행요구에 응한 대상자라도 _____시간을 초과하여 경찰관서에 머물게 할 수 없다.
2. 불심검문하는 사람이 _____이고, 검문하는 이유가 _____에 관한 것임을 피검문자가 충분히 알고 있었던 경우 검문 시 경찰관이 신분증을 제시하지 않았더라도 위법이 아니다.
3. 경찰관은 동행한 사람의 _____이나 친지 등에게 동행한 경찰관의 신분, _____, 동행목적과 이유를 알리거나 본인으로 하여금 즉시 연락할 수 있는 기회를 주어야 하며, _____의 도움을 받을 권리가 있음을 알려야 한다.

OX 경찰관이 신분증을 제시하지 않았더라도 불심검문을 하는 사람이 경찰관이고 검문하는 이유가 자신의 범죄행위에 관한 것임을 피고인이 충분히 알고 있었다고 보인다면 그 불심검문은 적법하다. (○, ×) 21. 경찰간부

OX 임의동행한 경우 당해인을 6시간을 초과하여 경찰관서에 머물게 할 수 없다고 규정하고 있다고 하여 그 규정이 임의동행한 자를 6시간 동안 경찰관서에 구금하는 것을 허용하는 것은 아니다. (○, ×) 21. 경찰간부

Answer

기출 키워드 체크
거절(거부), 6
경찰관, 범죄행위
가족, 동행장소, 변호인

OX
○, ○

기출 키워드 체크

1. 소지품검사는 불심검문에 수반하는 부수적 처분으로 범죄수사와 구별되는 수사의 ______이다.
2. 「경찰관직무집행법」은 불심검문에 관하여 질문시의 ______ 이외 소지품 검사에 대하여 명문으로 규정하고 있지 않다.

OX 경찰관은 불심검문을 위하여 질문을 할 때에는 흉기의 소지 여부를 조사할 수 있고, 동행을 요구할 때에는 수갑 등 경찰장구를 사용하여야 한다. (○, ×) 15. 경찰승진

⑶ 소지품 검사

1) 의 의

① 경찰관은 불심검문 대상자에게 질문을 할 때에 그 사람이 흉기를 가지고 있는지를 조사할 수 있다(경찰관 직무집행법 제3조 제3항). 10. 9급국가직

② 소지품검사는 불심검문에 수반하는 부수적 처분으로 범죄수사와 구별되는 수사의 단서이다. 10. 9급국가직

2) 대 상

① 흉기 조사에 대해서는 '경찰관 직무집행법'에 규정이 있다. 14. 9급국가직

② 그 외 소지품 검사에 대해서는 법률에 규정이 없다. 14. 9급국가직

③ 흉기 이외의 기타 소지품조사의 허용 여부가 문제지만 불심검문의 안전과 질문의 실효성 유지를 위한 불심검문에 수반된 행위로서 허용된다고 보는 것이 일반적이다.

3) 한 계

① 정지와 외표검사(stop and frisk)의 허용: 외표검사(外表檢査, stop and frisk)란 손으로 옷이나 휴대한 물건의 겉을 만져서 확인하는 방법을 말하고, 불심검문에서 이러한 외표검사에 의한 소지품 검사는 허용된다. 01. 여경2차, 13. 경찰간부

② 소지품의 개시요구와 내용개시: 상황에 따라서는 소지품의 개시를 요구할 수 있다. 01. 여경2차, 13. 경찰간부 이 경우에도 강요적 언동은 허용되지 않는다.

⑷ 자동차 검문

① 자동차검문이란 경찰관이 통행 중인 자동차를 정지시켜 운전자 또는 동승자에게 질문을 행하는 것을 말한다.

② 불심검문의 법리에 의하여 자동차에 대한 검문을 하는 경우도 있다. 01. 여경2차

▶ 자동차검문의 종류

구 분	교통검문	경계검문	긴급수배검문
의 의	도로교통법 위반사범을 단속하기 위하여 차를 일시 정지시켜 질문하는 것	불특정한 일반 범죄의 예방과 범인 검거를 위하여 차를 정지시켜 질문하는 것 10. 9급국가직	특정범죄가 발생한 때 범인의 검거와 정보수집을 목적으로 차를 정지시켜 질문하는 것
법적 근거	도로교통법 제47조	경찰관 직무집행법 제3조(불심검문) 01. 여경2차	경찰관 직무집행법 제3조(불심검문) 형사소송법상 제199조 제1항(임의수사)

▶ 불심검문이 위법한 경우 이에 반항하면서 경찰관에게 상해를 가한 경우

- 공무집행방해죄 ⇨ 구성요건해당성 없음 ⇨ 무죄 13. 경찰간부
- 상해(폭행) ⇨ 정당방위 ⇨ 위법하지 않음 ⇨ 무죄

Answer

기출 키워드 체크
단서, 흉기소지

OX
×

❸ 고 소

1. 고소의 의의

(1) 의 의

고소란 범죄의 피해자 또는 그와 일정한 관계에 있는 고소권자가 수사기관에 범죄사실을 신고하여 범인의 처벌을 구하는 의사표시를 말한다. 16. 9급개론, 17. 법원

(2) "고소권자(피해자 등)가"

고소는 고소권자가 주체가 되나, 고발은 피해자가 아닌 제3자가 주체가 되고, 자수는 범인이 주체가 된다.

(3) "수사기관에"

행정기관, 법원에 하는 것은 고소가 아니다. 13. 경찰간부

(4) "범죄사실을 신고"

① 범인의 성명이 불명, 오기(잘못 기재)여도 고소는 유효하다(84도1704). 17. 해경간부

② 범인이 누구인지 적시할 필요는 없다(94도2423).

③ 범행의 일시, 장소, 방법을 구체적으로 상세히 지적할 필요는 없다(87도1114).

④ 범행기간(시기, 종기)을 특정하여 고소한 경우, 기간 중에 저지른 모든 범죄에 대하여 고소로 본다(85도1213 등). 11. 7급국가직, 12. 경찰1차 · 경찰2차

(5) "처벌의 의사"

처벌의 의사표시가 없는 단순한 피해신고 등은 고소가 아니다. 16. 9급국가직 · 9급개론

2. 성 격

(1) 수사의 단서

비친고죄에서는 고소는 수사의 단서에 불과하다.

(2) 소송조건

친고죄의 경우, 수사의 단서뿐만 아니라 소송조건도 된다.

(3) 법률행위

① 고소는 법률행위적 소송행위이다.

② 고소인에게 고소에 따른 사회생활상의 이해관계를 알아차릴 수 있는 사실상의 의사능력인 고소능력이 있어야 한다(2011도4451). 08 · 15. 9급국가직, 13 · 17. 법원, 15. 경찰2차, 15 · 21. 경찰승진

OX 범인의 성명이 불명이거나 또는 오기가 있었다거나 범행의 일시 · 장소 · 방법 등이 명확하지 않거나 틀린 곳이 있다고 하더라도 고소의 효력에는 영향이 없다. (○, ×) 17. 해경간부

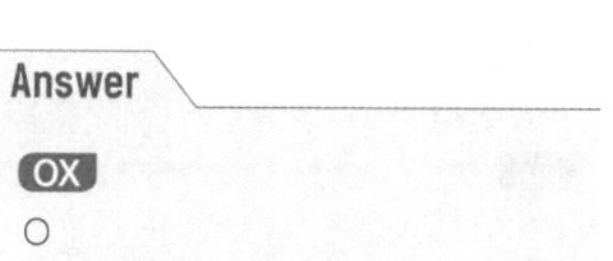

기출 키워드 체크

1. 고소를 하기 위해서는 고소능력이 있어야 하며, 민법상의 _____ 능력이 없는 자라도 고소능력이 인정될 수 있다.

OX 간음 목적 미성년자 약취 범행 당시 피해자가 11세 남짓한 초등학교 6학년생이었다면 미성년자로서 민법상 행위능력이 없는 사람이므로 고소능력이 없다. (○, ×) 15. 7급국가직

③ 고소능력은 민법상의 행위능력과 구별되므로 행위능력이 없어도 고소능력이 있을 수 있다(2011도4451). 08. 경찰1차, 08 · 14 · 16. 9급국가직, 13 · 17. 법원, 16. 9급개론, 17. 해경2차 · 경찰승진 · 경찰간부, 20. 경찰1차

④ 11세 남짓한 초등학교 6학년생의 고소능력도 인정한 사례가 있다. 15. 7급국가직

3. 고소권자

(1) 피해자

① 범죄로 인한 피해자는 고소할 수 있다. 15. 경찰승진

② 직접피해자만을 의미한다. ⇨ 법인, 법인격 없는 사단이나 재단도 포함한다. 18. 9급국가직

③ 아래와 같은 간접피해자는 해당되지 않는다. 10. 경찰승진

㉠ **사기죄에서 피해자에게 채권이 있는 자** 09 · 15. 경찰승진

㉡ **처가 강간당한 경우 그 남편** 09. 경찰승진

㉢ **처가 모욕당한 경우 '그 남편'** 19. 해경간부

④ 간통죄를 처벌하지 않는 국가의 국적을 가진 외국인이 국내에서 벌어진 배우자의 간통행위에 대하여 고소권을 가진다(현재는 간통죄가 폐지되었음에 주의). 10. 경찰1차, 15. 경찰승진

⑤ 프로그램저작권이 명의신탁된 경우 대외적인 관계에서는 명의수탁자만이 프로그램저작권자이므로 제3자의 침해행위에 대한 고소권자는 명의수탁자이다(2010도8467).

⑥ 범죄피해자의 고소권은 그 자체로 헌법상 기본권의 성격을 갖는 것이 아니라 형사절차상의 법적인 권리에 불과하다.

⑦ 피해자의 고소권에 대한 제한은 원칙적으로 입법자가 그 나라의 고유한 사법문화와 윤리관, 문화전통을 고려하여 합목적적으로 결정할 수 있는 넓은 입법형성권을 갖는다(2008헌바56). 12. 경찰1차

기출 키워드 체크

1. _____은 피해자의 고소권 소멸 여부에 관계없이 고소할 수 있고, 이러한 고소권은 피해자의 명시한 의사에 반하여도 행사할 수 있다.
2. 피해자의 법정대리인이 피의자이거나 법정대리인의 친족이 피의자인 때에는 피해자의 _____은 독립하여 고소할 수 있다.
3. 친고죄에 대하여 고소할 자가 없는 경우에 이해관계인의 신청이 있으면 검사는 _____일 이내에 고소할 수 있는 자를 _____하여야 한다.

(2) 법정대리인

① 피해자의 법정대리인은 독립하여 고소할 수 있다. 13. 경찰1차

② 법정대리인의 지위는 고소 당시에 있어야 하고, 이후 지위를 상실하여도 고소는 유효하다. 19. 해경간부

③ 고소 당시 이혼한 생모라도 피해자인 그의 자의 친권자로서 독립하여 고소할 수 있다(87도1707). 09. 경찰승진, 17. 경찰간부, 19. 해경간부

OX 생모라고 하더라도 고소 당시 배우자 甲과 이혼하였다면 甲의 아들(피해자)을 위하여 독립하여 고소할 수 없다. (○, ×) 17. 경찰간부

Answer

기출 키워드 체크
행위능력
법정대리인
친족
10, 지정

OX
×, ×

④ 고유권(판례)

㉠ **피해자의 고소권이 소멸하더라도 법정대리인의 고소권은 행사할 수 있다(99도3784).** 07. 경찰2차, 08 · 14. 국가9급, 09 · 10 · 17. 경찰승진, 12 · 17. 경찰간부, 19. 경찰간부 · 해경간부

㉡ **피해자의 명시한 의사에 반하여도 고소할 수 있다(99도3784).** 07 · 10. 경찰2차, 08 · 14. 국가9급, 10. 경찰승진, 12 · 17 · 19. 경찰간부, 19. 해경간부

⑤ 피해자는 법정대리인이 한 고소를 취소할 수 없다.

⑥ 법정대리인의 고소기간은 법정대리인 자신이 범인을 알게 된 날로부터 진행한다.

(3) 친족 등

1) 피해자가 사망한 경우

① 피해자가 사망한 때에는 그 배우자, 직계친족, 형제자매는 고소할 수 있다.

㉠ **예 살인죄에 있어서 '피살자의 처'** 15. 경찰승진

② 다만, 피해자의 명시한 의사에 반하지 못한다. 10. 경찰1차

③ 간통죄에 있어서 배우자가 사망한 경우, 생존 중인 피해자의 명시한 의사에 반하지 않는 한 그의 형제자매도 적법한 고소권자가 될 수 있다(67도878). 09. 경찰승진

2) 피해자의 법정대리인(친족)이 피의자인 경우

① 피해자의 법정대리인이 피의자이거나 법정대리인의 친족이 피의자인 때에는 피해자의 친족은 독립하여 고소할 수 있다. 09 · 15 · 16. 경찰승진, 12. 경찰3차, 12 · 17. 경찰간부, 15. 지능특채, 17. 경찰1차

② 남편 甲이 식물인간 상태가 되어 금치산선고를 받아 배우자 乙이 후견인이 되었는데, 乙이 간통한 경우 甲의 모친인 丙이 제기한 고소는 적법하다(현재는 간통죄가 폐지되었음에 유의). 12. 경찰승진

3) 사자명예훼손의 경우

① 사자의 명예를 훼손한 범죄에 대하여는 그 친족 또는 자손은 고소할 수 있다.

② 예를 들어 사자명예훼손죄에서 '사망한 자의 동생'도 고소권을 가진다. 09. 경찰승진

③ 명예를 훼손당한 피해자가 사망한 경우에는 반의사불벌죄인 명예훼손죄이지 친고죄인 사자명예훼손죄가 성립하는 것은 아니다. 명예훼손죄의 경우 피해자의 친족은 피해자도 아니고 고소권자도 아니다. 12. 경찰간부

4) 지정고소권자

① 친고죄에 대하여 고소할 자가 없는 경우 이해관계인의 신청이 있으면 검사가 10일(7일 ×) 이내에 고소할 수 있는 자를 지정하여야 한다(제228조). 08. 국가7급, 09 · 16 · 18. 경찰승진, 12. 경찰간부, 14. 경찰2차, 17. 법원 · 여경 · 경찰특공대

② 필요적 지정이다('지정할 수 있다' ×).

③ 검사가 고소권자가 되는 것이 아니라 검사가 고소권자를 지정한다. 09. 경찰승진

OX 법정대리인은 피해자의 고소권 소멸 여부와 관계없이 고소할 수 있고, 피해자의 명시적 의사에 반하여도 고소할 수 있다. (○, ×)
17. 경찰간부

OX 피해자의 법정대리인이 피의자이거나 법정대리인의 친족이 피의자인 때에는 피해자의 친족은 독립하여 고소할 수 있다. (○, ×)
17. 경찰간부

OX 친고죄에 대하여 고소할 자가 없는 경우에 이해관계인의 신청이 있으면 검사는 7일 이내에 고소할 수 있는 자를 지정하여야 한다. (○, ×)
14. 경찰2차

Answer

OX
○, ○, ×

④ 이해관계인은 법률상, 사실상의 이해관계인을 불문하므로 피해자의 친족임을 요하지 않으나, 단순한 감정상의 이해관계인은 제외된다.

⑤ 예를 들어, 친고죄에 대하여 고소할 자가 없는 경우 피해자와 내연의 부부관계에 있는 자는 신청에 의하여 고소권자로 지정받을 수 있다.

4. 고소의 제한(고발의 경우도 준용)

(1) 원 칙

① 자기 또는 배우자의 직계존속은 고소하지 못한다. 08. 경찰3차, 18. 법원

② 직계혈족, 직계비속은 해당되지 않는다. 10. 법원

③ 사기죄의 피해자는 자신의 장인(丈人)을 고소할 수 없다. 13. 법원

(2) 예 외

① 성폭력범죄와 가정폭력범죄의 경우 자기 또는 배우자의 직계존속도 고소할 수 있다.

② 공연음란행위를 한 자기의 직계존속은 고소할 수 있다. 10. 경찰승진, 15. 지능특채, 19. 해경간부

③ 강제추행죄의 경우에는 자기 또는 배우자의 직계존속을 고소할 수 있다. 18. 법원

5. 고소의 방법

(1) 서면, 구술

① 고소는 서면 또는 구술(서면으로만 ×)로 검사 또는 사법경찰관에게 하여야 한다. 10 · 16. 경찰1차, 14. 경찰2차, 16. 경찰간부 · 해경

② 구술에 의한 고소를 받은 때에는 조서를 작성하여야 한다. 10 · 16. 경찰1차, 14. 경찰2차, 17. 법원

㉠ **그 조서는 독립된 조서일 필요는 없다(2011도4451).** 10. 국가9급, 10 · 16. 경찰1차, 14 · 15. 경찰2차, 15 · 17. 7급국가직, 16. 경찰간부, 16 · 17. 법원

㉡ **피해자 진술조서 작성시, 처벌의사표시가 포함되어 있으면 고소로 인정된다(2011도4451).** 12. 경찰1차, 16. 법원 · 해경, 17. 7급국가직, 17 · 18. 경찰승진

③ 범인 성명, 범죄사실, 범행의 일시 및 장소와 방법을 특정해야 하지만, 구체적으로 상세히 지적할 필요는 없다. 15. 국가7급, 17. 해경간부

㉠ **범죄사실 특정의 정도는 고소인의 의사가 구체적으로 어떤 범죄사실을 지정하여 범인의 처벌을 구하고 있는 것인가를 확정할 수만 있으면 된다(2002도446).** 15. 국가7급

㉡ **명예훼손죄로 고소하였으나 모욕죄가 인정되는 경우 모욕죄에 대한 고소로서의 효력을 갖는다(81도1250).** 17. 해경간부

㉢ **범행기간을 특정하고 있는 고소는 특정한 기간 중에 저지른 모든 범죄에 대하여 범인의 처벌을 구하는 의사표시라고 봄이 상당하다(99도4123).** 12. 경찰1차

기출 키워드 체크

1. 자기 또는 ____의 ____ 고소하지 못한다.
2. 공연음란행위를 한 자기의 직계존속은 고소할 수 ____.

OX 자기 또는 배우자의 직계존속을 고소하지 못하지만, 형법 제298조의 강제추행죄의 경우에는 자기 또는 배우자의 직계존속을 고소할 수 있다. (○, ×) 18. 법원

OX 고소는 서면뿐만 아니라 구술에 의해서도 가능하고, 다만 구술에 의한 고소를 받은 검사 또는 사법경찰관은 조서를 작성하여야 하지만 그 조서가 독립된 조서일 필요는 없다. (○, ×) 14. 경찰2차

OX 고소는 서면 또는 구술로써 검사 또는 사법경찰관에게 하여야 한다. (○, ×) 16. 경찰간부

Answer

기출 키워드 체크
배우자, 직계존속
있다.

OX
○, ○, ○

㉣ **범행기간을 가출시부터 동거 목격시로 특정한 경우, 그 사이 모든 간통행위에 대해 고소한 것으로 본다.** 11. 국가7급

④ 친고죄에서 적법한 고소가 있었는지는 직권조사 사항이자, 10 · 16. 경찰1차, 17. 해경2차 · 경찰2차, 18. 경찰승진 자유로운 증명의 대상이다. 12. 경찰1차, 13. 법원, 15. 경찰2차 · 국가7급, 16. 해경 · 9급국가직 · 9급개론, 18. 경찰승진

⑤ 비친고죄로 고소된 사건도 검사가 친고죄로 구성하여 공소제기하였다면, 법원은 고소 존재 여부에 대해 직권조사하여야 하고, 고소불가분원칙도 적용된다(2013도7987). 17. 법원 · 해경2차 · 경찰2차 · 여경 · 경찰특공대, 19 · 21. 경찰간부, 19. 경찰2차, 20. 경찰1차

㉠ **A와 B가 2012. 3. 1. 함께 C를 강제추행하여 C가 A와 B를 성폭력범죄의 처벌 등에 관한 특례법 제4조 제2항의 특수강제추행죄로 고소하였는데 검사가 A에 대하여 형법 제298조의 강제추행죄(당시 친고죄)로 기소한 경우에 C가 B에 대한 고소를 취소하였다면 고소취소의 효력이 A에게도 미쳐 공소기각의 판결을 하여야 한다.** 18. 법원

⑥ 친고죄에서 처벌을 구하는 의사표시의 철회는 수사기관이나 법원에 대한 공법상의 의사표시로서 절차적 확실성을 해하는 조건부 고소나 조건부 고소취소는 허용되지 않는다(2007도425). 20. 법원

(2) 고소의 대리

① 고소는 대리인으로 하여금 하게 할 수 있다. 06. 경찰2차, 17. 경찰1차

② 피해자로부터 고소를 위임받은 대리인은 수사기관에 구술에 의한 방식으로 고소를 제기할 수 있다(2000도4595). 15. 지능특채

③ 대리의 방식에는 특별한 제한이 없고, 대리권 없는 자가 한 고소의 효력은 발생하지 않는다.

④ 대리고소의 경우 고소기간은 대리고소인이 아니라 정당한 고소권자를 기준으로 고소권자가 범인을 알게 된 날부터 기산한다. 11 · 16. 법원, 12. 경찰3차

⑤ 대리권은 실질적으로 증명되면 충분하고, 반드시 위임장을 제출한다거나 '대리'라는 표시를 하여야 하는 것은 아니다(2001도3081). 05 · 17. 경찰2차, 08. 법원, 11. 경찰승진, 14. 경간, 15. 국가7급, 18 · 20. 경찰1차

6. 고소기간

(1) 비친고죄

고소기간에 제한이 없다.

(2) 친고죄

1) 원 칙

① 범인을 알게 된 날부터 6개월이 경과하면 고소하지 못한다. 13. 경찰1차

OX 고소권자가 비친고죄로 고소한 사건이더라도 검사가 사건을 친고죄로 구성하여 공소를 제기하였다면 법원으로서는 친고죄에서 소송조건이 되는 고소가 유효하게 존재하는지를 직권으로 조사 심리하여야 한다. (○, ×) 21. 경찰간부

☑ **개정법 시행일 이전 범한 성폭력범죄의 공소시효 ⇨ 1년**
개정 성폭력처벌법 시행일(2013. 6. 19.) 이전에 저지른 친고죄인 성폭력범죄의 고소기간은 특례조항에 따라서 '범인을 알게 된 날부터 1년'이다(2014도13504).

☑ **법정대리인과 (일반)대리인의 고소기간 비교**
법정대리인의 고소기간은 법정대리인 자신이 범인을 알게 된 날로부터 진행된다(87도857). 08. 경찰3차, 20. 경찰1차
대리고소의 경우 고소기간은 대리고소인이 아니라 정당한 고소권자를 기준으로 고소권자가 범인을 알게 된 날부터 기산한다(2001도3081). 11. 경찰승진, 11 · 16. 법원, 12. 경찰3차, 14. 경찰간부, 18. 변호사

기출 키워드 체크

1. 고소는 서면뿐만 아니라 _____에 의해서도 가능하고, 다만 구술에 의한 고소를 받은 검사 또는 사법경찰관은 _____를 작성하여야 하지만 그 조서가 _____된 조서일 필요는 없다.
2. 수사기관이 고소권자를 증인 또는 피해자로서 신문하였는데 그 중 범인 _____을 요구하는 고소권자의 의사표시가 조서에 기재된 경우 이를 적법한 고소로 볼 수 있다.
3. 고소는 대리에 의해서도 가능하지만 대리인이 고소할 때 _____을 제출하거나 대리라는 표시를 반드시 해야 하는 것은 아니다.

Answer

기출 키워드 체크
구술, 조서, 독립
처벌
위임장

OX
○

OX 대리인에 의한 고소의 경우 구술에 의한 방식으로 고소할 수 없으며, 대리권이 정당한 고소권자에 의하여 수여되었음이 반드시 위임장이나 대리의 표시를 통해 증명되어야 한다. (○, ×) 15. 7급국가직

OX 형사소송법 제230조 제1항 규정에서 범인을 알게 된다 함은 통상인의 입장에서 보아 고소권자가 고소를 할 수 있을 정도로 범죄사실과 범인을 아는 것을 의미하고, 여기서 범죄사실을 안다는 것은 고소권자가 친고죄에 해당하는 범죄의 피해가 있었다는 사실관계에 관하여 미필적 인식이 있음을 말한다. (○, ×) 17. 여경·경찰특공대

OX 대리인에 의한 고소의 경우, 고소기간은 대리고소인이 아니라 정당한 고소권자를 기준으로 고소권자가 범인을 알게 된 날부터 기산한다. (○, ×) 16. 법원

② 고소기간은 범인을 알게 된 날로부터 기산한다.

㉠ **'범인을 알게 된 날'은 범죄의 피해가 있었다는 사실관계에 관하여 확정적인 인식('미필적 인식' ×)이 있는 때를 의미한다.** 10·12·16. 경찰1차, 12. 경찰2차, 15. 해경3차, 17. 해경2차·여경·경찰특공대, 18. 경찰간부·해경간부, 20. 7급국가직

㉡ **처의 상간자에 대한 강간 고소사건에 대한 검찰의 무혐의결정이 있은 때 간통사실을 알았다고 보아, 그때로부터 고소기간을 기산하여야 한다(2001도3106).** 10·12·13·16. 경찰1차, 11·12. 경찰2차, 15. 해경3차

③ 범인이 누구인가 특정할 수 있을 정도로 알아야 하지만, 범인의 동일성을 식별할 수 있을 정도로 인식함으로써 족하고 범인의 주소·성명까지 알 필요는 없다.

④ 고소할 수 있는 자가 수인인 때에는 1인의 기간이 경과(해태)하더라도, 타인의 고소에는 지장을 주지 않는다. 08. 법원, 14. 경찰2차, 17. 경찰1차

⑤ 범인은 정범·공범을 불문하고, 다수일 때는 1인만 알면 족하다.

⑥ 상대적 친고죄의 고소기간은 피해자가 신분관계가 있는 공범자를 알게 된 날부터 진행한다. 14. 국가9급

⑦ 구 성폭력범죄의 처벌 등에 관한 특례법(2013. 4. 5. 법률 제11729호로 개정) 시행일 이전에 저지른 친고죄인 성폭력범죄의 고소기간은 동법 제19조 제1항 본문(2013. 4. 5. 법률 제11729호로 개정되기 전의 것)에 따라서 '범인을 알게 된 날부터 1년'으로 본다(2015도2390). 21. 경찰승진

⑧ 법정대리인의 고소기간은 법정대리인 자신이 범인을 알게 된 날로부터 진행된다(87도857). 08. 경찰3차, 20. 경찰1차

⑨ 대리고소의 경우 고소기간은 대리고소인이 아니라 정당한 고소권자를 기준으로 고소권자가 범인을 알게 된 날부터 기산한다(2001도3081). 11. 경찰승진, 11·16. 법원, 12. 경찰3차, 14. 경찰간부, 18. 변호사

2) 예 외

① 고소할 수 없는 불가항력의 사유가 있는 때에는 그 사유가 없어진 날로부터 기산한다.

② 범행을 당할 때에는 나이가 어려 고소능력이 없었다가 그 후에 비로소 고소능력이 생겼다면, 고소능력이 생긴 때로부터 기산한다(95도696). 07. 검찰7급, 07·10. 경찰2차, 08·15. 경찰1차, 10. 국가9급, 17. 법원

OX 범행 당시 고소능력이 없던 피해자가 그 후에 비로소 고소능력이 생겼다면 그 고소기간은 고소능력이 생긴 때로부터 기산하여야 한다. (○, ×) 17. 법원

③ 강간 피해 당시 14세의 정신지체아가 범행일로부터 약 1년 5개월 후 고소의 의미와 취지를 설명 듣고 고소에 이른 경우, 위 설명을 들은 때 고소능력이 생겼다고 보아야 하고, 그때부터 고소기간을 기산하여야 한다(2007도4962). 07. 검찰7급, 08·15. 경찰1차, 10. 경찰2차

④ 자기의 피용자인 부녀를 간음하면서 불응하는 경우 해고할 것을 위협하였다면 이는 고소할 수 없는 불가항력적 사유에 해당하지 않는다. 07. 경찰2차

Answer

OX
×, ×, ○, ○

▶ **친고죄, 반의사불벌죄, 즉시고발 사건 비교**

친고죄	
고소가 있어야 공소를 제기할 수 있는 범죄	
절대적 친고죄	상대적 친고죄
범인과 피해자의 신분관계와 무관	범인과 피해자의 신분관계에 따라 친고죄 여부가 달라짐
• 모욕죄 21. 경찰간부 • 사자명예훼손죄 14. 경찰2차 • 비밀침해죄 • 업무상 비밀누설죄 • 저작권법 위반 21. 경찰간부 ⇨ 영리, 또는 상습 위반은 친고죄 아님 17. 해경간부	• 절도 · 사기 · 공갈 · 횡령 · 배임 · 장물죄 등 재산범죄(강도죄 · 손괴죄는 제외) • '흉기휴대 공갈'의 '폭력행위 등 처벌에 관한 법률 위반죄'(현재는 위헌으로 삭제) 12. 경찰승진 • 특경법(사기) ⇨ 이득액 1억 이상 사기(89도582)

반의사불벌죄	즉시고발 사건
피해자 등의 명시한 의사에 반하여 처벌할 수 없는 범죄	관계 공무원의 고발이 있어야 공소를 제기할 수 있는 범죄
• 명예훼손죄 • 출판물명예훼손죄 10. 경찰승진, 16. 법원 • 과실치상죄 • (존속, 외국원수)폭행 · 협박죄 17. 경찰2차, 19. 경찰승진 • 외국원수모욕 · 명예훼손죄 • 외국국기 · 국장모독 • 정보통신망법 제44조의7 제1항 제3호 위반(공포감 등 문자 반복적 도달) • 교통사고 처리 특례법 위반(교통사고로 과실치상) • 부정수표 단속법 위반(부도수표)	<관련법률> • 관세법 • 조세범처벌법 • 출입국관리법 • 근로기준법 • 독점규제 및 공정거래에 관한 법률 등

▶ **친고죄가 되는 신분관계**

- 동거하지 않는 삼촌(사촌)
- 동거하지 않는 누나와 동생

▶ **친고죄가 되지 않는 신분관계**

- 사돈지간은 친족상도례가 적용되지 않음(2011도2170) ⇨ 피해자 의사와 관계없이 처벌 12. 경찰승진
- 동거하는 삼촌(사촌) ⇨ 형면제

OX 고소장에 명예훼손죄라는 죄명을 붙이고, 명예훼손에 관한 사실을 적어 두었으나 그 사실이 명예훼손죄를 구성하지 않고 원심판시와 같이 모욕죄를 구성하는 경우에는 위 고소는 모욕죄에 대한 고소로서의 효력을 갖는다. (○, ×) 17. 해경간부

OX 고소인이 사건 당일 범죄사실을 신고하면서 현장에 출동한 경찰관에게 고소장을 교부하였다면, 경찰서에 도착하여 최종적으로 고소장을 접수시키지 아니하기로 결심하고 고소장을 반환 받은 것이라도 고소장이 수사기관에 적법하게 수리되어 고소의 효력이 발생되었다고 할 수 있다. (○, ×) 17. 해경간부

OX 출판사 대표인 피고인이 도서의 저작권자인 피해자와 전자도서에 대하여 별도의 출판계약 등을 체결하지 않고 전자도서를 제작하여 인터넷서점 등을 통해 판매하였다고 하여 구 저작권법위반으로 기소된 사안에서, 피해자가 경찰청 인터넷 홈페이지에 '피고인을 철저히 조사해 달라'는 취지의 민원을 접수하는 형태로 피고인에 대한 조사를 촉구하는 의사표시를 한 것은 형사소송법에 따른 적법한 고소로 볼 수 있다. (○, ×) 17. 해경간부

Answer

OX ○, ○, ×

▶ **고소로 인정되는 사례**

- 처벌의 의사표시가 기재된 피해자 신문조서 ⇨ 수사기관이 고소권자를 피해자로서 신문하여 처벌의 의사표시가 조서에 기재된 사례(2011도4451) 12 · 15. 경찰1차, 15. 경찰2차 · 9급국가직, 16. 해경 · 법원, 17. 경찰승진 · 7급국가직, 20. 9급국가직 · 9급개론
- 처벌불원(고소권 포기) 후 고소(93도1620) 17. 해경간부
- 범인 불명, 오기, 범행 일시, 장소, 방법 등 불명확(84도1704) 17. 해경간부
- 범행 일시를 기간(시기, 종기)으로 특정 ⇨ 기간 내 모든 범죄에 대한 고소로 봄(99도4123) 12. 경찰1차
- 명예훼손으로 고소 ⇨ 모욕으로 인정되는 경우 모욕죄에 대한 고소로 봄(81도1250) 17. 해경간부, 18. 경찰1차

▶ **고소로 인정되지 않는 사례**

- 홧김에 고소장을 냈다가 반환받은 사례 15. 경찰승진, 17. 해경간부 · 7급국가직, 20. 7급국가직
  ⇨ 홧김에 고소장을 냈더라도 고소장을 접수시키지 않기로 결심하고, 고소장을 반환받았다면 고소의 효력이 발생하지 않음(2007도4977)
- 법원에 대한 처벌의 의사표시를 한 사례 13. 경찰간부
- 처벌의사가 불분명한 단순한 피해신고 15. 경찰승진, 16. 9급개론
  ⇨ 경찰청 인터넷 홈페이지에 '피고인을 철저히 조사해 달라'는 취지의 민원을 접수한 경우(2010도9524) 17. 경찰1차 · 변호사

7. 고소불가분의 원칙

(1) 의 의

친고죄에 있어 단일한 사건의 일부에 대한 고소의 효력이 사건의 전체에 미친다는 원칙이다.

(2) 종 류

1) 객관적 불가분의 원칙

① 하나의 범죄사실 일부에 대한 고소나 그 취소는 그 전부에 대하여 효력이 있다. 09 · 15. 국가7급, 12. 경찰간부, 13 · 17. 법원, 14 · 15. 경찰2차, 16. 9급개론, 18. 경찰승진

② 명문의 규정은 없으나, 당연히 인정된다.

2) 주관적 불가분의 원칙

① 수인의 공범 중 1인 또는 수인에 대한 고소나 그 취소는 다른 공범자에게도 효력이 있다. 10 · 18. 경찰1차, 16. 경찰승진 · 9급개론, 16. 9급국가직, 17. 해경2차 · 여경 · 경찰특공대

② 형사소송법 제233조에 규정되어 있다.

(3) 객관적 불가분의 원칙

1) 단순일죄

① 단순일죄의 경우 예외 없이 적용된다.

② 일부 사실에 대한 고소나 고소취소의 효력이 전부에 미친다. 18. 경찰승진

③ 甲이 수개의 저작권법 위반행위를 저질러 포괄일죄의 관계에 있는 경우에 일부의 행위에 대해서만 고소가 있었더라도 그 고소는 포괄일죄의 관계에 있는 행위 전부에 미친다. 21. 경찰간부

④ 구 강간죄(친고죄)의 경우 일부사실인 폭행・협박에 대한 고소는 강간사실에 그 효력이 미친다. 04. 여경1차, 12. 경찰간부

⑤ 고발의 경우에도 적용: 법인세는 사업연도를 과세기간으로 하는 것이므로 그 포탈범죄는 각 사업연도마다 1개의 범죄가 성립하는데 일죄의 관계에 있는 범죄사실의 일부에 대한 공소제기 및 고발의 효력은 그 일죄의 전부에 대하여 미친다(2009도3282). 21. 경찰승진

⑥ (강간죄가 친고죄인 경우) 강간범행의 수단으로 또는 그에 수반하여 저질러진 폭행・협박의 점에 대해서만 공소제기하는 것은 위법하다.[(공소제기의 절차가 법률에 위반되어 무효인 경우) ⇨ 공소기각판결(2002도51)] 08. 경찰1차, 12. 경찰간부

2) 포괄일죄

① 포괄일죄의 경우도 적용된다.

② 甲이 수개의 저작권법 위반행위를 저질러 포괄일죄의 관계에 있는 경우에 일부의 행위에 대해서만 고소가 있었더라도 그 고소는 포괄일죄의 관계에 있는 행위 전부에 미친다. 21. 경찰간부

3) 상상적 경합범(과형상 일죄)

① 모두 친고죄이고, 피해자가 동일할 때 ⇨ 적용

㉠ **모욕과 비밀누설: 다른 환자들 앞에서 수술결과에 불만을 품고 거칠게 항의하는 환자 A에 대하여 의사 甲이 욕을 하면서 업무상 지득한 A에 대한 비밀을 누설한 경우, 모욕행위에 대한 A의 고소는 업무상 비밀누설행위에 대하여도 효력이 미친다.** 18. 7급국가직

② 그 외 ⇨ 적용되지 않음

㉠ **일부 범죄만 친고죄인 경우** 04. 여경1차, 09. 국가7급, 10. 경찰승진, 15. 9급개론, 18. 해경2차, 21. 경찰간부

㉡ **과형상 일죄의 일부분만이 친고죄인 경우, 비친고죄에 대한 고소의 효력은 친고죄에 대하여 미치지 않는다.**

㉢ **구 강간죄(친고죄)와 감금죄(비친고죄) ⇨ 두 죄가 상상적 경합인 경우에 피해자가 강간죄에 대한 고소를 취소하더라도 그 효력은 감금죄에 미치지 않는다(83도323).** 10. 경찰승진, 15. 9급개론

OX 甲이 수개의 저작권법 위반행위를 저질러 포괄일죄의 관계에 있는 경우에 일부의 행위에 대해서만 고소가 있었더라도 그 고소는 포괄일죄의 관계에 있는 행위 전부에 미친다. (○, ×)
21. 경찰간부, 10. 경찰2차, 16. 7급국가직

OX 수개의 범칙사실 중 일부만을 범칙사건으로 하는 고발이 있는 경우 고발장에 기재된 범칙사실과 동일성이 인정되지 않는 다른 범칙사실에 대해서까지 고발의 효력이 미칠 수는 없다. (○, ×)
20. 경찰2차, 21. 경찰승진

Answer
OX
○, ○

ⓓ **업무상비밀누설죄와 명예훼손죄 ⇨ 변호사 甲이 A에게 직무상 알게 된 비밀을 누설하는 방법으로 B의 명예를 훼손한 경우, 명예훼손행위에 대한 B의 고소는 업무상 비밀누설행위에 미치지 않는다.** 18. 7급국가직, 21. 경찰간부

ⓔ **피해자가 동일하지 않은 경우** 10. 경찰승진

ⓕ **하나의 문서로 A, B, C를 모욕한 경우, A에 대한 모욕 고소는 B, C의 모욕죄에는 미치지 않는다.** 10. 경찰승진, 13. 경찰간부, 18. 해경2차 · 7급국가직

4) 실체적 경합범

① 적용되지 않는다.

② 수회의 모욕이 경합범의 관계에 있다면 이 중 하나의 모욕행위에 대한 고소는 다른 모욕행위에 대하여 효력이 미치지 않는다. 18. 7급국가직

③ 수회의 간통이 실체적으로 경합하는 경우 그중 일부 간통 사실에 대한 고소의 효력은 나머지 간통사실에 미치지 않는다. 09. 국가7급, 14. 9급개론, 15. 변호사

④ (구 간통죄에서) 한 상간자에 대한 고소 및 고소의 취소는 다른 상간자에게는 그 효력이 미치지 않는다. 13. 경찰승진

(4) 주관적 불가분의 원칙

1) 절대적 친고죄

① 적용된다(1인에 대한 고소나 취소의 효력은 공범에 미친다). 07 · 10. 국가9급, 10 · 18. 경찰1차, 13. 경찰승진, 14. 경찰2차, 19. 법원, 21. 경찰간부

② 공범관계에 있는 A, B가 사자명예훼손을 한 경우, 피해자의 친족이 A에 대해서만 고소한 경우 B에 대해서도 고소의 효력이 미친다. 14. 경찰2차

③ 절대적 친고죄 공범 중 일부에 대해서만 처벌을 구하고, 나머지에 대해 처벌을 원하지 않는다는 내용의 고소는 적법한 고소라 볼 수 없다. ⇨ 공소기각판결(2008도7462). 12 · 19. 법원, 13. 경찰1차, 14. 9급개론, 16. 경찰승진

④ 필요적 공범, 임의적 공범 모두 적용된다. 10. 경찰승진

⑤ 절대적 친고죄의 경우, 공범 중 일부에 대한 1심 판결 선고시 ⇨ 다른 공범자에 대해도 고소를 취소할 수 없고, 고소취소하더라도 그 효력이 발생하지 않는다(필요적 공범, 임의적 공범 모두 적용)(85도1940). 08. 국가9급, 09 · 10 · 16. 경찰1차, 10 · 12 · 13 · 16. 경찰승진, 14. 변호사, 15. 해경3차, 11 · 18 · 19. 법원

2) 상대적 친고죄

① 신분자와 비신분자 간에는 적용되지 않는다. 04. 여경1차, 07. 검찰7급, 08. 국가9급, 10 · 11 · 13 · 16. 경찰승진, 14. 9급개론, 21. 경찰간부

② 신분자에 대한 고소 또는 고소 취소는 비신분자에게 영향을 미치지 않는다. 08. 9급국가직, 16. 경찰승진, 18. 해경2차

OX 의사 甲이 직무상 알게 된 비밀을 누설하는 방법으로 A의 명예를 훼손한 경우, 비친고죄인 명예훼손죄에 대한 A의 고소는 친고죄인 업무상 비밀누설행위에 대하여는 효력을 미치지 않는다. (○, ×) 21. 경찰간부

OX 甲과 乙은 서로 짜고 주변 사람들에게 A를 모욕하는 말을 떠들고 다녔다. 이에 A는 甲과 乙을 친고죄인 모욕죄의 범죄사실로 고소하였다. 甲과 乙이 모욕죄의 공범으로 기소되어 제1심 공판심리 중 A가 甲에 대한 고소를 취소하면 수소법원은 甲과 乙 모두에 대하여 공소기각판결을 선고해야 한다. (○, ×) 21. 경찰간부

OX 친고죄에서 공범 중 일부에 대하여만 처벌을 구하고 나머지에 대하여는 처벌을 원하지 않는 내용의 고소를 하였다가 공소제기 전에 고소를 취소한 경우, 처음부터 공범 중 일부만의 처벌을 원하는 것이므로 부적법한 것으로서 무효이거나, 공범 전부에 대해 고소를 취소한 것으로 볼 수 있어 공소기각판결을 하여야 한다. (○, ×) 17. 9급국가직

OX 고소권자가 비친고죄로 고소한 사건이더라도 검사가 사건을 친고죄로 구성하여 공소를 제기하였다면, 법원은 직권으로 고소 존재 여부를 조사 · 심리하여야 하고, 공범에 대한 고소취소가 있다면 고소취소의 효력은 피고인에 대하여 미친다. (○, ×) 10 · 16. 경찰1차, 17. 해경2차 · 여경 · 경찰특공대

☑ **절대적 친고죄**: 사자명예훼손, 모욕, 비밀침해, 업무상 비밀누설, 저작권위반 등

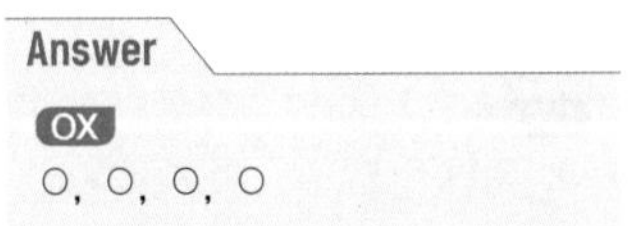
Answer

OX

○, ○, ○, ○

③ 동생이 제3자인 공범과 함께 분가하여 살고 있는 누나의 물건을 훔치자 누나가 동생이 아닌 제3자만 고소한 경우 ⇨ 공범인 제3자에게만 고소의 효력이 미친다. 12. 9급국가직

④ 모두 신분자인 경우 적용된다.

3) 반의사불벌죄

① 적용되지 않는다(처벌불원의 의사표시의 효력이 공범에게 미치지 않는다). 07. 검찰7급·국가9급, 09. 국가7급, 10·14·17. 경찰승진, 12. 국가9급, 15·18. 경찰1차, 16. 법원, 19. 경찰간부

② 출판사 편집장 甲, 기자 乙이 사망한 전 국회의원 A와 A의 보좌관 B가 뇌물 받은 사실을 일간지에 게재하였으나, 허위사실로 판명된 경우 11. 경찰2차, 17. 해경간부

③ B와 A의 배우자 C가 甲, 乙을 검찰에 고소하였으나, B, C는 乙에 대한 고소를 취소하면,

㉠ **乙에 대한 B의 고소취소의 효력은 甲에 미치지 않고(출판물에 의한 명예훼손 ⇨ 반의사불벌죄),**

㉡ **甲과 乙이 공모하여 공동으로 A의 명예를 훼손하는 발언을 하였고, A가 甲과 乙을 명예훼손으로 고소하여 공소제기 되었으나, A가 곧 乙에 대하여는 처벌을 희망한다는 의사표시를 철회한 경우 ⇨ 甲에 대하여 공소기각판결, 乙에 대하여는 공소기각판결이 아닌 실체재판을 해야 함.** 20. 9급국가직

㉢ **C의 고소취소 효력은 甲에 미침(사자명예훼손 ⇨ 친고죄)**

4) 즉시고발 사건

① 적용되지 않는다. 08·13. 경찰1차, 10·11·14. 경찰승진, 14. 9급개론, 16. 법원, 18. 경찰간부·해경간부

② 조세범처벌법(4293형상883), 「독점규제 및 공정거래에 관한 법률」(공정거래법)이나 관세법(71도1106)상의 즉시고발의 경우에는 고소불가분의 원칙이 적용되지 않는다. 10. 경찰승진, 18. 해경2차, 21. 경찰1차

③ 조세범처벌법 양벌규정에서 회사고발 ⇨ 대표이사는 별개로 고발해야 한다(2004도4066). 08. 경찰1차, 16. 법원 ⇔ 저작권법 위반(친고죄)에서 행위자에 대한 고소 ⇨ 회사에 대해서는 별도로 고소하지 않아도 고소의 효력이 미친다(94도2423).

8. 고소 취소

(1) 의 의

① 일단 제기한 고소를 철회하는 행위를 말한다.

② 반의사불벌죄에 있어서 처벌희망의사표시 철회도 고소의 취소에 준한다. 13. 국가9급

☑ **반의사불벌죄:** 폭행, 협박, 명예훼손, 출판물에 의한 명예훼손 등 11. 경찰2차, 16. 법원 18. 경찰간부·해경간부, 20. 경찰2차

OX 「형사소송법」 제233조에서 고소와 고소취소의 불가분에 관한 규정을 함에 있어서 반의사불벌죄에 이를 준용하는 규정을 두지 아니한 것은 입법의 불비로 볼 것은 아니다. (○, ×) 18. 경찰1차

OX 국세청장의 고발이 있어야 논할 수 있는 「조세범 처벌법」의 범칙행위의 경우, 고발의 구비 여부는 양벌규정에 의하여 처벌받는 자연인인 행위자와 법인에 대하여 개별적으로 논하여야 한다. (○, ×) 21. 경찰간부

☑ **즉시고발(전속고발) 사건:** 조세범처벌법, 관세법, 공정거래법(2008도4762) 등의 범죄 13·20. 경찰1차, 14. 변호사, 15. 해경3차, 18. 경찰간부

관련 판례
국회증언감정법 제14조 제1항 본문에서 정한 위증죄는 같은 법 제15조의 고발을 소추요건으로 한다고 봄이 타당하다.
국회에서의 증언·감정 등에 관한 법률 제15조 제1항 단서의 고발을 특별위원회가 존속하는 동안에 해야 한다(대판 2018.5.17. 2017도14749).

Answer
OX
○, ○

(2) 취소권자

① 고소의 취소권자는 고소를 제기한 자이다.

② 피해자가 고소 제기 후 사망한 경우, 피해자의 부가 피해자를 대신하여 고소를 취소할 수 없다. 08. 경찰3차, 11. 경찰승진

③ 반의사불벌죄의 경우, 피해자가 사망하여도 상속인이 처벌불원의 의사표시를 할 수 없다(2010도2680). 16. 9급개론, 17. 해경2차, 18. 경찰1차, 19. 경찰승진

④ 반의사불벌죄에서 피해 청소년이 처벌불원 여부 등의 의사표시를 하는 데에 법정대리인의 동의는 필요하지 않다(2009도6058). 10. 국가7급, 12. 경찰승진, 14. 변호사, 15. 경찰1차 · 해경3차, 20. 법원, 21. 경찰승진

⑤ 고유의 고소권자는 고소 대리권자가 제기한 고소를 취소할 수 있으나,

⑥ 고소 대리권자는 고유의 고소권자가 제기한 고소를 취소할 수 없다.

(3) 취소시기

① 고소취소 및 처벌희망의사표시의 철회는 제1심 판결선고 전까지 할 수 있다. 16. 경찰승진

② 비친고죄에서 친고죄로 변경된 죄에 대하여 항소심에서 고소를 취소하였다면 고소취소의 효력은 없다(96도1922). 08 · 13 · 17. 국가7급, 11 · 19 · 20. 법원, 14 · 16. 변호사, 15. 해경3차, 17. 7급국가직 · 여경 · 경찰특공대, 18. 해경간부, 18 · 19. 경찰승진, 19. 경찰1차, 20. 9급국가직 · 9급개론 ⇨ 공소기각판결이 아니라 실체판결해야 함

③ 반의사불벌죄가 아닌 죄에서 반의사불벌죄로 변경된 죄에 대해, 항소심에서 그 처벌을 희망하는 의사표시를 철회할 수 없다.

㉠ **공소기각판결이 아니라 실체판결해야 함** 11. 법원, 12. 경찰승진, 13. 국가9급, 15. 경찰1차, 20. 9급국가직

㉡ **공소기각판결을 한 경우 "원판결이 법령에 위반한 때에 해당"(비상상고 사유)**

④ 환송 후 제1심 판결 선고 전에 친고죄의 고소가 취소되면 고소취소는 유효하다. ⇨ 공소기각판결 12. 경찰2차 · 법원, 13. 국가9급

⑤ 공범 중 일부에 대하여 제1심 판결이 선고된 경우, 다른 공범자도 고소취소를 할 수 없고, 고소의 취소가 있다하더라도 그 효력이 발생하지 않는다(85도1940). 08. 국가9급, 09 · 10 · 16. 경찰1차, 10 · 12 · 13 · 16. 경찰승진, 14. 변호사, 15. 해경3차, 11 · 18 · 19. 법원 ⇨ 반의사불벌죄의 경우에는 고소불가분의 원칙상 공범 간에 처벌불원의사표시의 효력이 미치지 않기에 공범 중 1인이 1심 선고된 후라도 다른 공범자에게는 처벌불원의사표시를 할 수 있다고 보아야 한다. 20. 법원

⑥ 소송촉진법에 따라 피고인의 진술 없이 유죄를 선고하여 판결이 확정된 경우, 피고인에게 귀책이 없어 재심개시결정이 내려졌다면, 제1심 판결 선고 전까지 처벌을 희망하는 의사표시를 철회할 수 있다(2016도9470). 18. 법원, 20. 경찰2차

관련 **판례**

피해자의 처벌불원의사가 명백하고 믿을 수 있는 방법으로 표현되었다고 평가되는 경우라면, 반의사불벌죄에서 처벌을 희망하지 아니하는 의사를 명시적으로 표시한 이후에는 다시 처벌을 희망하는 의사를 표시할 수 없다. (⇨ 공소기각판결) 헌법재판소 2020. 7. 16. 선고 2019헌마1120 전원재판부 결정

OX 반의사불벌죄에 있어서 피해자의 피고인 또는 피의자에 대한 처벌을 희망하지 않는다는 의사표시 또는 처벌을 희망하는 의사표시의 철회는 형사소송절차에 있어서의 소송능력에 관한 일반원칙에 따라 의사능력이 있는 미성년자인 피해자가 단독으로 이를 할 수 있고, 거기에 법정대리인의 동의가 있어야 한다거나 법정대리인에 의해 대리되어야만 한다고 볼 것은 아니다. (○, ×) 19. 경찰승진

OX 폭행죄는 피해자의 명시한 의사에 반하여 공소를 제기할 수 없는 반의사불벌죄로서 처벌불원의 의사표시는 의사능력이 있는 피해자가 단독으로 할 수 있는 것이고, 피해자가 사망한 후에는 그 상속인이 피해자를 대신하여 처벌불원의 의사표시를 할 수 있다. (○, ×) 19. 경찰승진

관련 **판례**

피해자의 처벌불원의사가 명백하고 믿을 수 있는 방법으로 표현되었다고 평가되는 경우라면, 반의사불벌죄에서 처벌을 희망하지 아니하는 의사를 명시적으로 표시한 이후에는 다시 처벌을 희망하는 의사를 표시할 수 없다(2016도15018).

Answer

OX
○, ×

㉠ 그러나 재심을 청구하는 대신 항소권회복청구를 함으로써 항소심 재판을 받게 되었다면 그 항소심 절차에서는 처벌을 희망하는 의사표시를 철회할 수 없다(2016도9470). 18. 법원

㉡ 같은 경위로 재심개시결정이 이루어진 경우, 재심사건의 제1심 판결 선고 전에 부도수표가 회수된 경우, 공소기각의 판결을 선고하여야 한다(2002도1228).

▶ **고소 취소가 가능하다고 본 사례**(고소 취소 시기 관련)

- 환송 후 제1심 판결 선고 전에 친고죄의 고소취소 가능(2009도9112) 15·18. 변호사, 19. 경찰간부·경찰승진
- 소송촉진법에 따른 재심 제1심(2016도9470)(처벌불원 가능, 부도수표 회수 가능)

▶ **고소의 취소가 가능하지 않다고 본 사례**(고소 취소 시기 관련)

- 항소심에서 비친고죄가 항소심에서 친고죄로 변경된 경우(96도1922) 08·13·17. 국가7급, 11·19. 법원, 14·16. 변호사, 15. 해경3차, 17. 7급국가직·여경·경찰특공대, 18. 해경간부, 18·19. 경찰승진, 19·21. 경찰1차, 20. 9급국가직·9급개론 ⇨ 항소심에 이르러 비로소 반의사불벌죄가 아닌 죄에서 반의사불벌죄로 공소장이 변경된 경우(예 상해 ⇨ 폭행) 18. 경찰1차, 19. 해경간부
- 공범 중 1인에 대한 제1심 판결선고시, 다른 공범들에 대한 고소취소 불가(85도1940) 08. 국가9급, 09·10·16. 경찰1차, 10·12·13·16. 경찰승진, 14. 변호사, 15. 해경3차, 11·18·19. 법원 ⇨ 반의사불벌죄의 경우에는 고소불가분의 원칙 상 공범 간에 처벌불원의사표시의 효력이 미치지 않기에 공범 중 1인이 1심 선고된 후라도 다른 공범자에게는 처벌불원의사표시를 할 수 있다고 보아야 한다. 20. 법원
- 상소권회복에 따른 2심(2016도9470)

OX 비친고죄에 해당하는 죄로 기소되었다가 항소심에서 친고죄에 해당하는 죄로 공소장이 변경되고 난 후 비로소 고소가 취소되었다면 항소심법원은 공소기각의 판결을 선고할 수 있다. (○, ×)
17. 여경·경찰특공대

(4) 취소방식

① 고소취소는 고소와 같이 서면 또는 구술로 할 수 있다(제237조). 13. 국가7급, 21. 경찰승진

㉠ 반의사불벌죄에 있어서 피해자가 처벌을 희망하지 아니하는 의사표시는 피해자의 진실한 의사가 명백하고 믿을 수 있는 방법으로 표명되어야 한다. 12. 경찰2차

㉡ 피해자가 피고인을 고소한 사건에서 법원으로부터 증인으로 출석하라는 소환장을 받은 피해자가 자신에 대한 증인소환을 연기해 달라고 하거나 기일변경신청을 하고 출석을 하지 않는 것만으로는 피해자의 처벌불원의 의사표시로 볼 수 없다(2001도1809). 21. 경찰승진

② 고소취소는 공소제기 전에는 수사기관에, 공소제기 후에는 법원에 해야 한다(제237조). 13. 국가7급, 14. 법원, 16. 해경, 21. 경찰승진

③ 고소취소의 대리도 허용된다. 16. 국가9급, 18. 해경간부, 19. 경찰승진

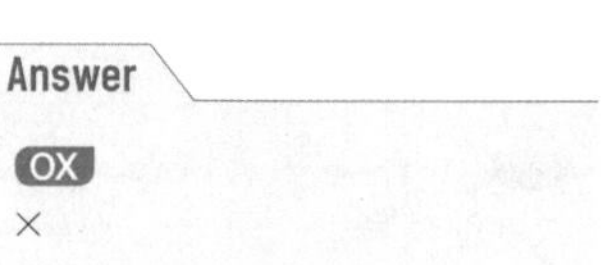

OX 친고죄로 고소를 제기하였다가 공소제기 전 고소를 취소한 후 고소기간 내에 다시 동일한 친고죄로 고소하여 공소제기된 경우, 수소법원은 형사소송법 제327조 제2호의 '공소제기의 절차가 법률의 규정에 위반하여 무효인 때'에 해당함을 이유로 판결로써 공소기각의 선고를 하여야 한다. (○, ×) 18. 변호사

OX 검사가 공소를 제기할 당시에는 그 범죄사실을 협박죄로 구성하여 기소하였다 하더라도, 그 후 공판 중에 기본적 사실관계가 동일하여 공소사실을 공갈미수로 공소장 변경이 허용된 이상 그 공소제기의 하자는 치유된다. (○, ×) 14·18. 경찰간부, 19. 해경간부

OX 합의서와 함께 '관대한 처벌을 바란다'는 취지의 탄원서가 법원에 제출된 때에는 고소의 취소가 있는 것으로 볼 수 없다. (○, ×) 18. 해경간부

OX "가해자와 피해자 간에 원만한 합의를 하였으므로 이 건을 차후 민·형사상 어떠한 이의도 제기치 않을 것을 서약하면서 합의서를 제출합니다."라는 내용과 "합의금 이백(칠)십만원은 11월부터 매월 10만원씩 송금하기로 함"이라는 내용이 기재된 합의서를 제1심법원에 제출한 경우 위 피해자는 위 합의서를 제출함으로써 피고인에 대한 처벌을 희망하지 아니한다는 의사를 명시적으로 표시한 것으로 봄이 상당하다. (○, ×) 16. 경찰간부

Answer

OX

×, ○, ○, ○

(5) 고소 취소의 효과

① 고소권 소멸: 고소를 취소하면 고소권은 소멸한다.

② 재고소 금지: 고소를 취소한 자는 다시 고소하지 못한다. 16. 경찰승진, 21. 경찰1차 ⇨ 친고죄로 고소를 제기하였다가 공소제기 전 고소를 취소한 후 고소기간 내에 다시 동일한 친고죄로 고소하여 공소제기된 경우, 수소법원은 형사소송법 제327조 제2호의 '공소제기의 절차가 법률의 규정에 위반하여 무효인 때'에 해당함을 이유로 공소기각의 판결을 하여야 한다.

③ 친고죄의 경우 고소취소가 있으면 검사는 공소권 없음 처분을 하고, 법원은 공소기각판결을 선고한다(공소제기 전 고소 취소: 제327조 제2호, 공소제기 후 고소 취소: 제327조 제5호).

④ 고소취소(반의사불벌죄에 있어서 처벌불원 의사표시 존재 여부)는 법원 직권조사사항이다. 11. 경찰승진, 12. 국가7급, 15. 경찰1차

▶ **고소 취소(또는 처벌불원)을 인정한 사례**

- '어떠한 민·형사상의 책임도 묻지 아니한다'는 합의서가 경찰에 제출된 사례(2001도6777) 09. 경찰승진, 18. 해경간부 ⇨ 고소를 한 피해자가 가해자에게 합의서를 작성하여 준 것만으로는 적법한 고소취소로 보기 어렵지만, '가해자와 원만히 합의하였으므로 피해자는 가해자를 상대로 이 사건과 관련한 어떠한 민·형사상의 책임도 묻지 아니한다.'는 취지의 합의서를 공소제기 이전 수사기관에 제출하였다면 고소취소의 효력이 있다(2001도6777). 21. 경찰1차
- 피해자 진술조서 작성시 '고소를 취소하겠다고' 명백히 한 사례(83도1431)
- 민·형사상 문제를 일체 거론하지 않기로 한 합의서 및 관대한 처분을 바란다는 취지의 탄원서가 제출된 사례(81도1171) 07. 경찰2차, 18·19. 해경간부
- 민·형사상 이의제기 하지 않기로 합의하고, 합의금을 일부 수령하고 합의서가 작성·제출된 사례(2007도11339) 16. 경찰간부
- 피고인이 피해자를 대리하여 처벌불원합의서를 수사기관에 제출하였으나, 피고인이 피해자에게 약속한 치료비 전액을 지급하지 아니한 경우(2001도4283) 21. 경찰승진
- 법정에서 '합의금을 받기로 하고 합의하였다'는 취지로 진술하고, 이후 합의금을 일부 받지 못한 경우(2009도6779) 12. 경찰승진
- 적법한 고소취소 후 이를 철회한 경우, 철회는 무효(2009도6779) 12. 경찰승진
- 민·형사상 문제 삼지 않기로 합의하였으나, 약속한 치료비 전액을 지급하지 아니한 사례(2001도4283)

▶ **고소 취소(또는 처벌불원)를 인정하지 않은 사례**

- 고소인이 합의서를 피고인에게 작성하여 주기만 한 사례[법원 등에 제출되지 않은 경우(83도516)] 18. 법원
- 민·형사상 어떠한 이의도 제기하지 아니할 것을 합의한다는 합의서가 제출되었으나 법정에서 고소취소 의사가 없다고 증언한 사례(81도1968)
- '법대로 처벌하여 주시기 바랍니다', '젊은 사람들이니 한번 기회를 주시면 감사하겠습니다' 사례(80도2210) 09·19. 경찰승진
- 피해자가 고소 제기 후 사망한 경우, 피해자의 부가 피해자를 대신하여 고소를 취소한 경우(2010도2680) 08. 경찰3차, 11. 경찰승진
- 관련 민사사건에서 '형사 고소 사건 일체를 모두 취하한다'는 내용이 포함된 조정이 성립된 사례(2003도8136)
- 구 간통사건의 피해자가 피고인에게 미안하다는 말을 한 사례(85도1288)
- 피해자가 자신에 대한 증인소환을 연기해 달라고 하거나 기일변경신청을 하고 출석을 하지 않은 경우(2001도1809). 21. 경찰승진

관련 판례

대법원 양형위원회 제정 양형기준상 특별감경인자인 '처벌불원'이란 피고인이 자신의 범행에 대하여 진심으로 뉘우치고 합의를 위한 진지한 노력을 기울여 피해에 대한 상당한 보상이 이루어졌으며, <u>피해자가 처벌불원의 법적·사회적 의미를 정확히 인식하면서 이를 받아들여 피고인의 처벌을 원하지 않는 경우를 의미한다.</u> (중략)피해자는 원심 법정에 출석하여 처벌불원서 제출이 <u>가족 등의 지속적 회유에 의한 것</u>으로 진심이 아니었고 피고인에 대한 처벌을 원한다는 의사를 분명히 하였으므로, 피해자가 제출한 탄원서 및 처벌불원서에도 불구하고 이를 특별감경인자인 <u>'처벌불원'에 해당하지 않는다.</u>

9. 고소의 추완

① 고소(고발)의 추완은 인정되지 않는다. 17. 변호사

㉠ **비친고죄로 공소제기 되었다가 친고죄로 공소장 변경된 후, 고소장이 제출된 경우에는 공소제기 절차가 법률의 규정에 위반하여 무효 ⇨ 공소기각판결** 06. 경찰2차

㉡ **세무공무원 고발 없이 조세범사건의 공소가 제기된 후 세무공무원이 비로소 고발한 경우 추완이 인정될 수 없다.** 06. 경찰2차, 18·20. 경찰간부

② 공소장변경의 경우

㉠ **친고죄로 기소된 후 + 고소 취소되더라도 제1심이나 항소심에서 당초 기소된 공소사실과 동일성이 인정되는 범위 내에서 다른 공소사실(비친고죄)로 공소장을 변경할 수 있다. ⇨ 공소기각판결이 아니라 실체판결을 한다(2011도2233).** 14·16. 법원, 18. 경찰간부·7급국가직

㉡ **피해자가 제1심에서 처벌불원의사를 표시한 후에도 검사가 항소하여 계속된 항소심에서 공소사실을 반의사불벌죄에서 상해로 변경하는 공소장변경을 할 수 있다. ⇨ 공소기각판결이 아니라 실체판결을 한다.** 09. 경찰승진, 14. 경찰간부, 15. 변호사

㉢ **폭행(반의사불벌죄) ⇨ 상해(반의사불벌죄 ×)**

㉣ **협박(반의사불벌죄) ⇨ 공갈미수(반의사불벌죄 ×)**

OX 피해자가 고소장을 제출하여 처벌을 희망하는 의사를 분명히 표시한 후, 고소를 취하한 바 없다면 비록 고소 전에 피해자가 처벌을 원치 않았다 하더라도 그 후에 한 피해자의 고소는 유효하다. (○, ×) 17. 해경간부

OX 피고인이 피해자로부터 합의서를 교부받아 피고인이 피해자를 대리하여 처벌불원의사서를 수사기관에 제출한 이상 이후 피고인이 피해자에게 약속한 치료비 전액을 지급하지 아니한 경우에도 민사상 치료비에 관한 합의금지급채무가 남는 것은 별론으로 하고 피해자는 처벌불원의사를 철회할 수 없다. (○, ×) 21. 경찰승진

Answer

OX

○, ○

OX 고소권의 포기를 인정해도 고소인에게 피해가 있다고 할 수 없고 친고죄에 대하여 신속하게 처리할 수 있는 장점이 있으므로 고소의 포기는 원칙적으로 인정된다. (○, ×) 16. 경찰간부

관련 **판례**

반의사불벌죄에서 피해자가 처벌을 희망하지 아니하는 의사표시를 하였다거나 처벌을 희망하는 의사표시의 철회를 하였다고 인정하기 위해서는 피해자의 진실한 의사가 명백하고 믿을 수 있는 방법으로 표현되어야 한다.
반의사불벌죄의 피해자는 피의자나 피고인 및 그들의 변호인에게 자신을 대리하여 수사기관이나 법원에 자신의 처벌불원의사를 표시할 수 있는 권한을 수여할 수 있다(대법원 2017.9.7. 선고 2017도8989 판결).

OX 「성폭력범죄의 처벌 등에 관한 특례법」 제27조에 따라 성폭력범죄 피해자의 변호사는 피해자를 대리하여 피고인에 대한 처벌을 희망하는 의사표시를 철회하거나 처벌을 희망하지 않는 의사표시를 할 수 있다. (○, ×) 20. 경찰2차, 21. 경찰승진

OX 반의사불벌죄에 있어서 피해자의 피고인 또는 피의자에 대한 처벌을 희망하지 않는다는 의사표시는 의사능력이 있는 한 미성년자인 피해자 자신이 단독으로 유효하게 이를 할 수 있고 거기에 법정대리인의 동의가 있을 필요는 없다. (○, ×) 19. 법원

OX 공갈죄의 수단으로서 한 협박은 공갈죄에 흡수될 뿐 별도로 협박죄를 구성하지 않으므로, 검사가 공소를 제기할 당시에는 그 범죄사실을 협박죄로 구성하여 기소하였다고 하더라도, 그 후 공판 중에 기본적 사실관계가 동일하여 공소사실을 공갈미수로 공소장 변경이 허용된 이상 그 공소제기의 하자는 치유된다. (○, ×) 14. 경찰간부

Answer

OX
×, ○, ○, ○

10. 고소의 포기

① 고소의 포기는 허용되지 않는다(67도471). 10. 국가9급, 11. 경찰승진, 16. 경찰간부, 20. 9급국가직 · 9급개론 ⇨ 친고죄에 있어서 피해자의 고소권은 공법상의 권리로서 법이 특히 명문으로 인정하는 경우를 제외하고는 고소 전에 고소권을 포기할 수 없다.

② 고소 전에 피해자가 처벌을 원치 않았다 하더라도 그 후에 한 피해자의 고소는 유효하다(2007도4977). 13. 경찰2차, 19. 해경간부 ⇨ 비록 고소 전에 피해자가 처벌을 원치 않았다 하더라도 피해자가 고소장을 제출하여 처벌을 희망하는 의사를 분명히 표시한 후 그 고소를 취소한 바 없다면 피해자의 고소는 유효하다(2007도4977). 21. 경찰1차

11. 반의사불벌죄

(1) 의 의

피해자가 가해자의 처벌을 원하지 않는다는 의사(처벌불원 의사)를 표시하면 처벌할 수 없는 범죄를 말한다.

(2) 처벌불원의 주체

1) 피해자

① 법정대리인 동의는 불필요하다(2009도6058). 15. 9급국가직 · 9급개론, 19. 경찰승진

② 반의사불벌죄에 있어서 피해자가 처벌을 희망하지 아니하는 의사표시는 피해자의 진실한 의사가 명백하고 믿을 수 있는 방법으로 표명되어야 한다(2017도8989).

③ 도급 ⇨ 수급 ⇨ 하수급 관계에서 하수급인에게 처벌불원 의사표시를 한 경우, (수급인을 제외한) 하수급인에게만 처벌불원 의사표시를 한 것으로 단정할 수 없다(2013도8417). 17. 경찰2차

2) 법정대리인 등 ×

① 법정대리인 등은 원칙적으로 처벌불원 의사표시를 할 수 없다.

㉠ **반의사불벌죄에서 피해자 사망시 그 상속인이 피해자를 대신하여 처벌불원의 의사표시를 할 수 없다(2010도 2680).** 16. 9급개론 · 9급국가직, 17. 경찰2차, 18. 경찰간부 · 해경간부, 19. 경찰승진

㉡ **피해자인 미성년자(14세)에게 의사능력이 있는 이상 단독으로 처벌불원의사표시를 할 수 있고, 법정대리인의 동의는 불필요하다(2009도6058).** 15. 9급개론 · 경찰1차, 15 · 17. 9급국가직, 19. 경찰간부 · 경찰승진

㉢ **다만, 법정대리인의 처벌불원의 의사표시에 피해자 본인의 의사가 포함되어 있다고 볼 사정이 있으면 피해자가 처벌불원 의사를 표시한 것으로 본다(2009도5658).**

(3) 처벌불원의 방식

1) 시 기

① 처벌불원 의사표시(처벌 희망 의사표시 철회)는 제1심 판결선고시까지 가능하다. 15. 경찰1차, 20. 9급국가직 ⇨ 처벌 의사표시 후 제1심 선고 전에 처벌불원 의사표시는 가능하다(제232조 제3항).

② 상해죄(반의사불벌죄 ×)를 폭행죄(반의사불벌죄 ○)로 변경한 경우

㉠ **항소심에서 처벌불원 의사표시(처벌 희망 의사표시 철회) 불가(효력없음)(85도2518)** 18. 경찰1차

㉡ **폭행죄(반의사불벌죄 ○)를 상해죄(반의사불벌죄 ×)로 변경한 경우 ⇨ 처벌불원 의사표시가 있었더라도 실체판결(공소기각판결 ×)**

㉢ **공갈죄의 수단으로서 한 협박은 공갈죄에 흡수되어 별도로 협박죄를 구성하지 않으므로, 협박죄로 고소하였다가 취소하였다고 하여도 이는 공갈죄로 처벌하는 데에 장애가 되지 않는다(96도2151).** 18. 변호사

2) 대리 가능

① 피의자나 피고인 및 그들의 변호인이 대리 가능하다(2017도8989). 21. 9급국가직 · 9급개론

② 피해자 국선이 대리 가능하다(2019도10678). 21. 9급국가직 · 9급개론

3) 철 회

① 반의사불벌 의사표시 후 철회할 수 없다.

(4) 처벌불원의 성격 등

① 직권조사사항이자(2000도3172), 15 · 18. 경찰1차, 17. 9급국가직, 18. 법원 자유로운 증명의 대상이다. 17. 9급국가직

② 처벌불원 의사표시는 상대방에게만 효력이 있고 공범에게는 효력이 없다(주관적 불가분 원칙이 적용되지 않는다)(93도1689). 07. 검찰7급, 07 · 12. 국가9급, 09. 국가7급, 10 · 14 · 17 · 19 · 21. 경찰승진, 15. 경찰1차, 16 · 19. 법원, 17. 9급국가직 ⇨ 출판물에 의한 명예훼손죄의 공범 중 1인에 대한 고소의 효력은 다른 공범에 대해서 미치지 않는다. 16. 법원, 18. 경찰간부

4 고 발

1. 고발의 의의

① 고발이란 고소권자나 범인 이외의 제3자가 수사기관에 범죄사실을 신고하여 범인의 처벌을 구하는 의사표시를 말한다.

② 고발은 반드시 범인을 적시할 필요가 없고, 범인으로 지정한 자가 진범이 아니더라도 무방하다.

관련 **판례**

가. 반의사불벌죄에서 처벌불원의 의사표시의 부존재는 소극적 소송조건으로서 직권조사사항이므로 당사자가 항소이유로 주장하지 않았더라도 원심은 이를 직권으로 조사 · 판단하여야 한다(대판 2001.4.24. 2000도3172 등 참조).

나. 기록에 의하면 피고인의 제1심 국선변호인이 제1심판결 선고 전인 2020. 7. 8. "피고인에 대한 처벌을 절대로 원치 않으니 이번에 한하여 최대한의 관용을 베풀어 선처하여 주시기를 간곡히 부탁드리며, 본 합의서를 제출합니다."라는 취지가 기재된 피해자 J 명의의 합의서를 제1심법원에 제출한 사실을 알 수 있다.

다. 이 사건 공소사실 중 반의사불벌죄인 피해자 J에 대한 폭행의 점에 대하여는 형사소송법 제327조 제6호에 따라 공소기각판결을 선고했어야 한다(대판 2019.12.13. 2019도10678).

OX 반의사불벌죄의 피해자는 피의자나 피고인 및 그들의 변호인에게 자신을 대리하여 수사기관이나 법원에 자신의 처벌불원의사를 표시할 수 있는 권한을 수여할 수 없다. (○, ×) 21. 9급국가직 · 9급개론

OX 반의사불벌죄에서 처벌불원의 의사표시의 부존재는 소위 소극적 소송조건으로서 직권조사사항이다. (○, ×) 17. 법원

OX 반의사불벌죄에서 처벌을 희망하지 아니하는 의사표시나 처벌을 희망하는 의사표시의 철회에 관하여는 공범자 간에 불가분의 원칙이 적용되지 않는다. (○, ×) 17. 법원

Answer

OX
×, ○, ○

③ 고발인이 범법자를 잘못 알고 고발한 경우에도 실행위자에게 고발의 효력이 미친다. ⇨ 고발인이 농지전용행위를 한 사람을 甲으로 잘못 알고 甲을 피고발인으로 하여 고발하였다고 하더라도 乙이 농지전용행위를 한 이상 乙에 대하여도 고발의 효력이 미친다(94도458).

④ 고발은 원칙적 수사의 단서에 불과하나, 즉시고발사건의 경우 소송조건이 될 수 있다. 11. 경찰승진

2. 고발권자

① 제한 없음: 누구든지 범죄사실이 있다고 사료할 때는 고발할 수 있다.

② 공무원의 고발 의무 10. 경찰2차

㉠ **공무원은 그 직무를 행함에 있어서 죄가 있다고 사료하는 때에는 고발할 의무가 있다.**

㉡ **직무집행과 관련 없이 우연히 발견한 범죄까지 고발의무가 있는 것은 아니다.** 11. 경찰승진

3. 절차 등

① 고발은 대리로 할 수 없다. 14. 경찰승진, 17. 경찰1차

② 고발기간에는 제한이 없다.

③ 고소와 달리 취소 후 재고발이 가능하다.

4. 즉시고발 사건

① 즉시고발 사건이란 관계 공무원의 고발이 있어야 유효하게 공소를 제기할 수 있는 범죄를 말한다

② 조세범 처벌법위반, 관세법위반, 출입국관리법위반 등

㉠ **부가가치세 조세포탈죄의 고발의 경우, 그 고발의 효력은 그 과세기간 내의 조세포탈기간 및 포탈액수 전부에 미친다.**

㉡ **법인세 포탈범죄는 각 사업연도마다 1개의 범죄가 성립하고, 일죄의 관계에 있는 범죄사실의 일부에 대한 공소제기 및 고발의 효력은 그 일죄의 전부에 대해 미친다.**

③ 즉시고발사건의 고발은 제1심 판결선고 전까지 취소할 수 있다.

④ 주관적 불가분의 원칙이 적용되지 않는다.

⑤ 일단 고발이 있으면, 검사가 불기소처분을 한 경우에도 고발은 공소시효가 완성되기 전까지 유효하다. ⇨ 세무공무원 등의 고발에 따른 조세범 처벌법 위반죄 혐의에 대하여 검사가 불기소처분을 하였다가 나중에 공소를 제기하는 경우, 세무공무원 등의 새로운 고발이 있어야 하는 것은 아니다(2009도6614). 12. 경찰간부, 20. 경찰2차, 21. 경찰승진 · 경찰1차

관련 판례

성폭력범죄의 처벌 등에 관한 특례법(이하 '성폭력처벌법'이라 한다) 제27조는 성폭력범죄 피해자에 대한 변호사 선임의 특례를 정하고 있다. 성폭력범죄의 피해자는 형사절차상 법률적 조력을 받기 위해 스스로 변호사를 선임할 수 있고(제1항), 검사는 피해자에게 변호사가 없는 경우 국선변호사를 선정하여 형사절차에서 피해자의 권익을 보호할 수 있으며(제6항), 피해자의 변호사는 형사절차에서 피해자 등의 대리가 허용될 수 있는 모든 소송행위에 대한 포괄적인 대리권을 가진다(제5항). 따라서 피해자의 변호사는 피해자를 대리하여 피고인에 대한 처벌을 희망하는 의사표시를 철회하거나 처벌을 희망하지 않는 의사표시를 할 수 있다(대법원 2019. 12.13. 선고 2019도10678).

OX 고발인이 농지전용행위를 한 사람을 甲으로 잘못 알고 甲을 피고발인으로 하여 고발하였다고 하더라도 乙이 농지전용행위를 한 이상 乙에 대하여도 고발의 효력이 미친다. (○, ×) 05. 경찰2차, 10. 경찰1차

OX 고소와 고발의 대리는 허용된다. (○, ×) 17. 경찰1차

관련 판례

위증죄는 개인적 법익을 보호법익으로 하는 것이 아니므로 위증신고가 고소의 형식을 취하였더라도 고발이고, 고발의 대리는 허용되지 않으며 고소장 제출에 의해 위증사실의 신고가 되었더라도 피고인의 의사로 고발행위를 주도하였다면 그 고발인은 피고인이다(88도1533).

참고+ 즉시고발 사건은 필요적 고발 사건, 전속고발사건 등으로 불리기도 한다.

OX 세무공무원 등의 고발이 있어야 공소를 제기할 수 있는 조세범처벌법위반죄에 대하여 고발을 받아 수사한 검사가 불기소처분을 하였다가 나중에 공소를 제기하는 경우에는 세무공무원 등의 새로운 고발이 있어야 하는 것은 아니다. (○, ×) 17. 여경 · 경찰특공대

Answer

OX

○, ×, ○

⑥ 공정거래법의 규정을 위반한 협의가 있다고 인정하여 공정거래법 제71조에 따라 사업자를 고발하였다면 이로써 소추의 요건은 충족되며 공소가 제기된 후에는 고발을 취소하지 못한다(2015도3926).

⑦ 법원이 본안에 대하여 심판한 결과 공정거래법의 규정에 위반되는 혐의 사실이 인정되지 아니하거나 그 위반 협의에 관한 공정거래위원회의 처분이 위법하여 행정소송에서 취소된다 하더라도 이러한 사정만으로는 그 고발을 기초로 이루어진 공소제기 등 형사절차의 효력에 영향을 미치지 아니한다(2015도3926). 21. 경찰1차

⑧ 고발의 구비 여부는 양벌규정에 의하여 처벌받는 자연인인 행위자와 법인에 대하여 개별적으로 논하여야 한다(피고인을 법인으로 명시한 다음, 대표자의 인적사항 등을 기재한 고발장 표시를 자연인인 개인까지 피고발자로 표시한 것을 볼 수 없다)(2004도4066). 21. 경찰간부

관련 판례

고발의 구비 여부는 양벌규정에 의하여 처벌받는 자연인인 행위자와 법인에 대하여 개별적으로 논하여야 한다(피고인을 법인으로 명시한 다음, 대표자의 인적사항 등을 기재한 고발장 표시를 자연인인 개인까지 피고발자로 표시한 것을 볼 수 없다)(2004도4066).

OX 고발에 있어서는 이른바 고소·고발 불가분의 원칙이 적용되지 아니하므로, 고발의 구비 여부는 양벌 규정에 의하여 처벌받는 자연인인 행위자와 법인에 대하여 개별적으로 논하여야 한다. (○, ×) 16. 법원

❺ 자 수

1. 의 의

① 범인 스스로 수사기관에 대하여 자기 범죄사실을 신고하여 소추를 구하는 의사표시이다.

② 자수를 위하여는 범인이 자기의 범행으로서 범죄성립요건을 갖춘 객관적 사실을 자발적으로 수사관서에 신고하여 그 처분에 맡기는 것으로 족하고, 더 나아가 법적으로 그 요건을 완전히 갖춘 범죄행위라고 적극적으로 인식하고 있을 필요까지는 없다. 10. 경찰승진

③ 자수는 수사의 단서이다.

④ 자수에 대하여 그 형을 감경 또는 면제할 수 있다('감경 또는 면제해야 한다' 아님).
⇨ 자수가 성립한 경우, 형을 감경하지 않아도 위법하지 않다(2011도12041). 19. 9급국가직·9급개론·변호사

OX 피고인이 자수하였음에도 불구하고 법원이 형법 제52조 제1항에 따른 자수감경을 하지 않거나 자수감경 주장에 대하여 판단을 하지 않았더라도 위법하지 않다. (○, ×) 19. 9급국가직

2. 절 차

① 자수의 절차는 고소·고발의 방식에 관한 규정을 준용한다.

② 서면 또는 구술로써 검사 또는 사법경찰관에게 하여야 한다.

㉠ **일단 자수가 성립한 이상, 이후 범행을 부인한다고 하더라도 자수의 효력은 소멸하지 않는다.** 10. 경찰2차, 10·15. 경찰승진, 12. 경찰간부

㉡ **수개의 범죄사실 중 일부에 관하여만 자수한 경우에는 그 부분 범죄사실에 대하여만 자수의 효력이 있다.** 10·11. 경찰승진, 12. 경찰간부

Answer

OX
○, ○

OX 수사기관에의 자발적 신고 내용이 범행을 부인하는 등 범죄성립요건을 갖추지 아니한 경우에는 자수는 성립하지 않지만, 그 후 수사과정에서 범행을 시인하였다면 새롭게 자수가 성립될 여지가 있다. (○, ×) 19. 9급국가직

OX 수사기관의 직무상의 질문 또는 조사에 응하여 범죄사실을 진술하는 경우라도 자수가 인정될 수 있다. (○, ×) 19. 9급국가직

OX 법인이 수사기관에 뇌물수수의 범죄사실을 자발적으로 신고하였다면, 특정범죄 가중처벌 등에 관한 법률의 적용을 피하기 위해 그 수뢰액을 실제보다 적게 신고한 것일지라도 자수는 성립한다. (○, ×) 19. 9급국가직

OX 수사기관의 조사에 응하여 범죄사실을 진술하는 것은 자수에 해당한다. (○, ×) 13. 해경

Answer

OX

×, ×, ×, ×

③ 검사 또는 사법경찰관은 구술에 의한 자수를 받은 때에는 조서를 작성해야 한다.

④ 사법경찰관이 자수를 받은 때에는 신속히 조사하여 관계서류와 증거물을 검사에게 송부하여야 한다. 11. 경찰승진

⑤ 자수는 성질상 대리가 인정되지 아니한다.

⑥ 자수취소도 인정되지 아니한다.

⑦ 자수의 시기에는 제한이 없다.

▶ **자수에 해당하는지 여부에 관한 판례**

자수에 해당한다고 본 사례	자수에 해당하지 않는다고 본 사례
• 수사기관으로부터 공식소환이 없어, 담당 검사에게 전화를 걸어 조사를 받게 해달라고 요청하고 자진출석한 사례 11. 경찰승진 • 일단 자수가 성립한 후, 범인이 수사기관이나 법정에서 부인한 사례 10. 경찰2차, 15. 경찰승진 • 범죄사실 중 일부에 대해 자수한 사례 10 · 11. 경찰승진, 12. 경찰간부, 18. 변호사 ⇨ 이 경우 자수한 부분에만 자수의 효력이 발생 • 법적으로 그 요건을 완전히 갖춘 범죄행위라고 적극적으로 인식하지 못한 경우 10. 경찰승진	• 수사기관의 직무상의 질문 또는 조사에 응하여 범죄사실을 진술한 경우(2011도12041) 12 · 19. 경찰간부, 19. 9급국가직 · 9급개론 ⇨ 자발적 신고 내용이 범행 부인하고, 그 후 수사과정에서 범행을 시인한 경우(2013도313) 19. 9급국가직 · 9급개론 • 세관 검색원의 추궁에 의하여 대마 수입 범행을 시인한 경우 11. 경찰승진 • 범죄사실을 부인하거나 죄의 뉘우침이 없는 자수 10. 경찰승진 • 뇌물수수의 범죄사실을 자발적으로 신고하였으나 그 수뢰액을 실제보다 적게 신고함으로써 (뇌물수수 사실을 축소 신고하여) 적용법조와 법정형이 달라지게 된 경우(2004도2003) 12. 경찰간부, 19. 9급국가직 · 9급개론 • 자수서를 소지하고 수사기관에 자발적으로 출석하였으나 자수서를 제출하지 아니하고 범행사실도 부인한 경우 12. 경찰간부 • 경찰관에게 검거되기 전 친지, 제3자에게 전화로 자수의사를 전달한 사례 • 내심으로 자수할 것을 결심하였을 뿐 자발적으로 범죄사실을 신고하지 않은 사례

❻ 범죄신고

범죄신고란 그 주체를 불문하고 범죄사실을 수사기관에 알리는 것을 말한다. 범인에 대한 처벌의사를 표시할 필요가 없다는 점에서 고소 · 고발 및 자수와 구별된다. 또한 범죄신고는 중요한 수사단서가 된다.

Chapter 03

OX 확인학습

01 □□□ 경찰관은 이미 행하여진 범죄나 행하여지려고 하는 범죄행위에 관한 사실을 안다고 인정되는 사람을 정지시켜 질문할 수 있다. (○)

02 □□□ 불심검문 대상자 해당 여부를 판단할 때에는 불심검문 당시의 구체적 상황은 물론 사전에 얻은 정보나 전문적 지식 등에 기초하여 불심검문 대상자인지를 객관적·합리적인 기준에 따라 판단하여야 하며, 불심검문 대상자에게 형사소송법상 체포나 구속에 이를 정도의 혐의가 있을 것을 요한다. (×)

03 □□□ 경찰관은 정지시킨 장소에서 질문을 하는 것이 피검문자에게 불리하거나 교통에 방해가 된다고 인정될 때에는 질문을 하기 위하여 가까운 경찰관서로 동행할 것을 요구할 수 있으며, 이때 피검문자는 그 동행요구를 거절할 수 있다. (○)

04 □□□ 경찰관은 질문을 하거나 동행을 요구할 경우 자신의 신분을 표시 하는 증표를 제시하면서 소속과 성명을 밝히고 질문이나 동행의 목적과 이유를 설명하여야 하며, 동행을 요구하는 경우에는 동행 장소를 밝혀야 한다. (○)

05 □□□ 「경찰관직무집행법」 제3조 제6항이 임의동행한 경우 당해인을 6시간을 초과하여 경찰관서에 머물게 할 수 없다고 규정하고 있다고 하여 그 규정이 임의동행한 자를 6시간 동안 경찰관서에 구금하는 것을 허용하는 것은 아니다. (○)

06 □□□ 경찰관은 동행한 사람의 가족이나 친지 등에게 동행한 경찰관의 신분, 동행장소, 동행목적과 이유를 알리거나 본인으로 하여금 즉시 연락할 수 있는 기회를 주어야 하나, 변호인의 도움을 받을 권리가 있음을 알려야 할 필요는 없다. (×)

07 □□□ 검문하는 사람이 경찰관이고, 검문하는 이유가 범죄행위에 관한 것임을 피검문자가 충분히 알고 있었던 경우 검문 시 경찰관이 신분증을 제시하지 않았더라도 위법이 아니다. (○)

08 □□□ 고소는 범죄의 피해자 기타 고소권자가 수사기관에 대하여 범죄사실을 신고하여 범인의 소추·처벌을 구하는 의사표시를 말하는 것으로서, 단순한 피해사실의 신고는 소추·처벌을 구하는 의사표시가 아니므로 고소가 아니다. (○)

09 □□□ 고소와 고발의 대리는 허용된다. (×)

10 □□□ 생모라고 하더라도 고소 당시 배우자 甲과 이혼하였다면 甲의 아들(피해자)을 위하여 독립하여 고소할 수 없다. (×)

11 □□□ 고소할 수 있는 자가 수인인 경우에는 1인의 기간의 해태는 타인의 고소에 영향이 있다. (×)

12 □□□ 친고죄에 대하여 고소할 자가 없는 경우에 이해관계인의 신청이 있으면 검사는 7일 이내에 고소할 수 있는 자를 지정하여야 한다. (×)

13 □□□ 고소는 서면뿐만 아니라 구술에 의해서도 가능하고, 다만 구술에 의한 고소를 받은 검사 또는 사법경찰관은 조서를 작성하여야 하지만 그 조서가 독립된 조서일 필요는 없다. (○)

14 □□□ 형사소송법 제230조 제1항 규정에서 범인을 알게 된다 함은 통상인의 입장에서 보아 고소권자가 고소를 할 수 있을 정도로 범죄사실과 범인을 아는 것을 의미하고, 여기서 범죄사실을 안다는 것은 고소권자가 친고죄에 해당하는 범죄의 피해가 있었다는 사실관계에 관하여 미필적 인식이 있음을 말한다. (×)

15 □□□ 「형사소송법」 제236조의 대리인에 의한 고소의 경우, 대리권이 정당한 고소권자에 의하여 수여되었음을 증명하기 위해 반드시 위임장을 제출한다거나 '대리'라는 표시를 하여야 한다. (×)

16 □□□ 공범관계에 있는 甲, 乙이 사자명예훼손을 한 경우에 피해자의 친족이 甲에 대해서만 고소한 경우 乙에 대해서도 고소의 효력이 미친다. (○)

17 □□□ 고소권자가 비친고죄로 고소한 사건을 검사가 친고죄로 구성하여 공소를 제기하였다면 공소장 변경절차를 거쳐 공소사실이 비친고죄로 변경되지 아니하는 한, 법원으로서는 친고죄에서 소송조건이 되는 고소가 유효하게 존재하는지를 직권으로 조사·심리하여야 하고, 만일 그 공소사실에 대하여 피고인과 공범관계에 있는 자에 대한 적법한 고소취소가 있다면 그 고소취소의 효력은 피고인에 대하여도 미친다. (○)

18 □□□ 비친고죄에 해당하는 죄로 기소되었다가 항소심에서 친고죄에 해당하는 죄로 공소장이 변경되고 난 후 비로소 고소가 취소되었다면 항소심법원은 공소기각의 판결을 선고할 수 있다. (×)

19 □□□ 항소심에 이르러 비로소 반의사불벌죄가 아닌 죄에서 반의사불벌죄로 공소장이 변경된 경우 그 처벌을 희망하는 의사표시를 철회할 수 있다. (×)

20 □□□ 세무공무원 등의 고발이 있어야 공소를 제기할 수 있는 조세범처벌법위반죄에 대하여 고발을 받아 수사한 검사가 불기소처분을 하였다가 나중에 공소를 제기하는 경우에는 세무공무원 등의 새로운 고발이 있어야 하는 것은 아니다. (○)

21 □□□ 친고죄의 공범 중 그 일부에 대하여 제1심 판결이 선고된 후에는 제1심 판결을 선고하기 이전의 다른 공범자에 대하여 고소취소를 할 수 없고 고소의 취소가 있더라도 그 효력이 발생하지 않는다. (○)

22 □□□ 폭행죄는 피해자의 명시한 의사에 반하여 공소를 제기할 수 없는 반의사불벌죄로서 처벌불원의 의사표시는 의사능력이 있는 피해자가 단독으로 할 수 있는 것이고, 피해자가 사망한 후 그 상속인이 피해자를 대신하여 처벌불원의 의사표시를 할 수는 없다. (○)

23 □□□ 반의사불벌죄에 있어서 피해자의 피고인 또는 피의자에 대한 처벌을 희망하지 않는다는 의사표시 또는 처벌을 희망하는 의사표시의 철회는 형사소송절차에 있어서의 소송능력에 관한 일반원칙에 따라 의사능력이 있는 미성년자인 피해자가 단독으로 이를 할 수 있고, 거기에 법정대리인의 동의가 있어야 한다거나 법정대리인에 의해 대리되어야만 한다고 볼 것은 아니다. (○)

24 □□□ 피해사실을 이해하고, 고소에 따른 사회생활상의 이해관계를 알아차릴 수 있는 사실상의 의사능력이 있다 하더라도 민법상의 행위능력이 없으면 고소능력은 인정되지 않는다. (×)

25 □□□ 피해자가 범행을 당할 때에는 나이가 어려 고소능력이 없었다가 그 후에 비로소 고소능력이 생겼다면 그 고소기간은 고소능력이 생긴 때로부터 기산되어야 한다. (○)

26 □□□ 피해자가 사망한 때에는 그 배우자, 직계친족 또는 형제자매는 피해자의 명시한 의사에 반하여 고소할 수 있다. (×)

27 □□□ 피해자의 법정대리인이 피의자이거나 법정대리인의 친족이 피의자인 때에는 피해자의 친족은 독립하여 고소할 수 있다. (○)

28 □□□ 상상적 경합 관계이 있는 수죄 중 일부만이 친고죄일 때 친고죄 부분에 대하여 고소가 없거나 취소된 경우 친고죄가 중한 죄이더라도 경한 비친고죄의 처벌에 영향을 미치지 아니한다. (○)

29 □□□ 반의사불벌죄에 있어서 처벌을 희망하는 의사표시의 철회는 철회한 상대방에게만 그 효력이 미친다. (○)

30 □□□ 반의사불벌죄에서 처벌을 희망하지 아니하는 의사표시나 처벌을 희망하는 의사표시의 철회에 관하여는 공범자 간에 불가분의 원칙이 적용되지 않는다. (○)

31 □□□ 「형사소송법」 제233조에서 고소와 고소취소의 불가분에 관한 규정을 함에 있어서 반의사불벌죄에 이를 준용하는 규정을 두지 아니한 것은 입법의 불비로 볼 것은 아니다. (○)

32 □□□ 「형사소송법」 제232조 제1항 및 제3항에 의하면, 반의사불벌죄에 있어서 처벌을 희망하는 의사표시의 철회는 제1심 판결선고 전까지 이를 할 수 있다고 규정하고 있는데, 항소심에 이르러 비로소 반의사불벌죄가 아닌 죄에서 반의사불벌죄로 공소장변경이 있었다면 항소심인 제2심을 제1심으로 볼 수 있다. (×)

33 □□□ 고소장에 명예훼손죄의 죄명을 붙이고 그 죄에 관한 사실을 적었으나 그 사실이 명예훼손죄를 구성하지 않고 모욕죄를 구성하는 경우 위 고소는 모욕죄에 대한 고소로서의 효력은 갖지 않는다. (×)

34 □□□ 출판사 대표인 피고인이 도서의 저작권자인 피해자와 전자도서에 대하여 별도의 출판계약 등을 체결하지 않고 전자도서를 제작하여 인터넷서점 등을 통해 판매하였다고 하여 구 저작권법위반으로 기소된 사안에서, 피해자가 경찰청 인터넷 홈페이지에 '피고인을 철저히 조사해 달라'는 취지의 민원을 접수하는 형태로 피고인에 대한 조사를 촉구하는 의사표시를 한 것은 형사소송법에 따른 적법한 고소로 볼 수 있다. (×)

35 □□□ 세무공무원의 고발 없이 조세범처벌법 위반사건의 공소가 제기된 이후에 세무공무원이 고발한 경우에는 공소제기의 흠결이 치유될 수 없다. (○)

36 □□□ 변사체를 검시하는 검사 혹은 검사의 명을 받은 사법경찰관은 변사자의 검시 결과 범죄의 혐의가 인정되고 긴급을 요할 때에는 영장 없이 검증할 수 있다. (○)

37 □□□ 수사기관은 변사자의 검시로 범죄의 혐의를 인정하고 긴급을 요할 때에도 영장이 있어야만 검증을 할 수 있다. (×)

제3절 수사의 조건

❶ 수사의 의의

① 수사기관이 수사를 개시하거나 실행을 하기 위하여 갖추어야 할 조건을 말한다.

② 구체적으로 수사는 필요성과 상당성을 갖추어야 한다.

③ 필요성과 상당성이라는 수사의 조건은 임의수사, 강제수사 모두 적용된다. 20. 경찰1차

OX 필요성과 상당성이라는 수사의 조건은 임의수사에는 적용되지 않고 강제수사에만 적용된다. (○, ×)
20. 경찰1차

❷ 수사의 필요성

1. 의 의

① 수사는 수사의 목적달성을 위하여 필요한 때에만 할 수 있다.

② 수사의 필요성과 관련하여 범죄혐의와 공소제기 가능성이 문제된다.

2. 범죄혐의

① 수사는 수사기관이 '범죄혐의가 있다고 사료하는 때'에 개시된다.

② 범죄혐의가 없으면 임의수사도 할 수 없다. 06. 경찰2차

③ 수사기관의 '주관적 혐의'를 의미한다. 01. 여경2차, 02. 경사승진, 20. 경찰1차 (↔ '객관적 혐의'는 체포·구속시 요구됨)

④ 구체적 사실에 근거하여 주위의 사정을 합리적으로 판단하여 범죄의 혐의 유무를 결정해야 한다(2004다14932). 01. 여경2차, 02. 경사승진, 20. 경찰1차

⑤ 수사절차는 수사기관의 주관적 혐의가 객관화 구체화되어 나가는 과정이라고 할 수 있다. 21. 경찰승진

OX 수사기관은 범죄혐의가 있다고 사료하는 때에 수사를 개시하여야 하며, 여기서의 범죄혐의는 수사기관의 주관적 혐의일 뿐만 아니라 구체적 범죄혐의이다. (○, ×)
20. 경찰1차

3. 공소제기 가능성

① 공소제기 가능성이 없으면 수사의 필요성도 없다.

② 이와 관련하여 '친고죄 등에 있어 고소·고발 전 수사의 허용 여부'가 문제된다.

❸ 수사의 상당성

1. 의 의

① 수사는 목적을 달성하기 위한 상당한 방법으로 하여야 한다.

② 수사의 상당성과 관련하여 비례의 원칙과 수사상 신의칙이 문제된다.

Answer

OX
×, ○

2. 비례의 원칙

① 수사는 필요 최소한도에 그쳐야 하며, 수사의 수단과 목적 사이에 비례관계가 유지되어야 한다.

② 구체적으로 수단의 적합성, 필요성, 수사를 통한 이익과 그로 인한 법익침해 사이에 균형(상당성)이 있어야 한다.

3. 수사상 신의칙

① 수사는 국민의 일반적인 신뢰를 침해하는 형태로 행해져서는 안 된다.

② 이와 관련하여 '함정수사의 허용'이 문제된다.

4 친고죄 수사의 필요성

1. 개 요

① 친고죄에 있어 고소는 소송조건이므로 고소가 없으면 공소를 제기할 수 없다.

② 고소가 없는 경우에도 수사를 개시할 수 있는지가 문제된다.

③ 세무공무원 등의 고발이 있어야 논할 수 있는 고발 사건의 경우 고발이 없는 경우에도 수사를 개시할 수 있는가가 문제된다.

2. 원 칙

① 고소(고발)의 가능성이 있는 경우 임의수사와 강제수사 모두 허용된다. 12. 경찰간부

② 따라서, 고소나 고발이 있기 전에 수사를 하였다는 이유만으로 그 수사가 위법하다고 볼 수는 없다(94도252). 10. 경찰승진 · 국가7급, 20. 9급국가직 · 9급개론 21. 경찰간부

③ 고소(고발)는 공소제기 전에 있으면 된다(이 경우, 고소 전 수사는 적법하다). 13. 경찰간부

④ 친고죄 등에서 고소(고발)는 소추조건에 불과하고 수사의 조건은 아니다(94도252). 10. 국가7급, 10 · 16. 경찰승진, 17. 경찰1차, 19. 해경간부

⑤ 고소(고발)의 추완은 허용되지 않는다. 10. 국가7급, 12. 경찰1차 ⇨ 비친고죄로 공소제기된 사건이 심리결과 친고죄로 판명된 때, 고소 추완은 허용되지 않는다. 12. 경찰1차 · 국가9급

⑥ 반의사불벌죄의 경우 피해자가 처벌을 희망하는 의사표시를 하지 않아도 국가기관이 일단 수사와 공판을 독자적으로 진행할 수 있다. 07. 국가9급

OX 친고죄에 있어서 고소는 소송조건이 되지만, 고소가 있기 전 수사가 이루어졌다고 하더라도 그 수사가 장차 고소가 있을 가능성이 없는 상태에서 행하여졌다는 등의 특단의 사정이 없는 한 위법하다고 볼 수는 없다. (○, ×) 21. 경찰간부

OX 친고죄나 세무공무원 등의 고발이 있어야 논할 수 있는 죄에 있어서 고소 또는 고발은 이른바 소추조건에 불과하고 당해 범죄의 성립 요건이나 수사의 조건은 아니므로 위와 같은 범죄에 관하여 고소나 고발이 있기 전에 수사를 하였다고 하더라도 그 수사가 장차 고소나 고발이 있을 가능성이 없는 상태하에서 행해졌다는 등의 특단의 사정이 없는 한 고소나 고발이 있기 전에 수사를 하였다는 이유만으로 그 수사가 위법하다고 볼 수는 없다. (○, ×) 20. 경찰1차

기출 판례

- 수사기관이 고발에 앞서 수사를 하고 피고인에 대한 구속영장을 발부받은 후 검찰의 요청에 따라 세무서장이 고발조치를 하였다고 하더라도 공소제기 전에 고발이 있은 이상 공소기각판결을 하여서는 아니 된다(94도3373). 10 · 16 · 21. 경찰승진, 20. 경찰2차
- 출입국관리사무소장 등의 고발이 있기 전에 수사를 하였더라도, 특단의 사정이 없는 한 그 수사는 적법하다(2008도7724). 12 · 13. 경찰간부, 16. 해경, 21. 경찰승진

Answer

OX ○, ○

☑ **고소의 가능성이 없는 경우**
- 고소기간의 경과
- 고소권자가 고소를 하지 않겠다는 의사를 명백히 한 경우

3. 예 외

고소의 가능성이 없는 경우에는 수사가 허용되지 않는다. 10. 경찰승진

❺ 수사의 신의칙과 함정수사의 허용 여부

1. 함정수사의 의의

함정수사란 수사기관이 신분을 숨기고 범죄를 교사하거나 방조한 후 범죄의 실행을 기다렸다가 범인을 검거하는 것을 말한다.

2. 종류 및 적법성 11. 경찰1차, 13. 경찰간부, 14 · 15. 경찰승진, 17. 9급국가직

(1) 범의유발형(위법)

① 범죄의사가 없는 자에게 범죄의사를 유발시키는 경우를 말한다.

② 이는 수사의 신의칙에 반하므로 위법하다(통설, 판례). 14. 경찰승진, 17. 법원, 18. 경찰간부

③ 판례는 이 유형만 '함정수사'라 보고 있고, 기회제공형은 '함정수사'가 아니라고 본다. 12. 경찰간부

(2) 기회제공형(적법)

① 범죄의사가 있는 자에게 범죄의 기회를 제공하는 경우를 말한다.

② 이는 적법하다(판례는 기회제공형을 함정수사라고 보지 않는다). 17 · 18. 경찰간부

3. 효 과

① 위법한 함정수사의 경우 공소기각판결을 하여야 한다(2005도1247). 09 · 10 · 15 · 19. 경찰2차, 10 · 16 · 16 · 17. 9급국가직, 11 · 14. 경찰1차, 11 · 14 · 16 · 17. 경찰승진, 13 · 17. 법원, 14 · 18. 경찰간부, 16. 해경, 16 · 18 · 20. 9급개론, 17. 변호사 · 여경 · 경찰특공대, 17 · 18 · 19. 해경간부, 18. 해경2차

② "공소제기의 절차가 법률의 규정에 위반하여 무효인 때"(제327조 제2호)에 해당한다. 19. 해경간부 ⇨ 공소기각판결(무죄판결 ×, 공소기각결정 ×, 면소판결 ×)

③ 해당 범죄의 종류와 성질, 유인자의 지위와 역할, 유인의 경위와 방법, 유인에 따른 피유인자의 반응, 피유인자의 처벌 전력 및 유인행위 자체의 위법성 등을 종합하여 판단하여야 한다(2013도1473). 11. 경찰1차, 18. 9급개론

OX 위법한 함정수사에 기하여 공소를 제기한 경우 그 수사에 기하여 수집한 증거는 증거능력이 없다고 보아야 하므로 법원은 무죄판결을 하여야 한다. (○, ×) 14. 경찰1차

Answer

OX
×

▶ 함정수사와 관련하여 적법하다고 본 사례

- **부축빼기 사례**: 근처에서 감시하고 있다가 피고인이 취객을 부축하여 지갑을 뒤지자 현장에서 체포(2007도1903) 08. 법원, 10·15·19. 경찰2차, 10·11·14·15·16·17·21. 경찰승진, 10·16. 7급국가직, 12. 해경2차, 14. 경찰1차, 16. 해경, 16·17·18. 경찰간부, 17. 여경·경찰특공대, 19. 해경간부
- 수사기관과 직접적인 관련을 맺지 아니한 유인자(수사기관 정보원 또는 포상금 획득을 목적으로 한 사인 포함)에 의한 부탁으로 인한 범행(2013도1473 등) 09·10·11·15·19. 경찰
- 수사기관과 직접적인 관련을 맺지 않은 상태에서 피유인자를 상대로 단순히 수차례 반복적으로 범행을 부탁하였을 뿐 수사기관이 사술이나 계략 등을 사용하였다고 볼 수 없는 경우(2008도2794) 09·10·11. 경찰2차, 10·11·14·16·17·21. 경찰승진, 11·14. 경찰1차, 17. 해경간부2차, 17·18. 경찰간부, 18. 해경2차·9급개론
- **동거남의 석방을 위해 부탁한 사례**(수사기관과 직접 관련 없는 유인자): A가 동거남의 석방을 위해 B에게 필로폰 밀수입 정보제공을 부탁하여, B가 C에게, C가 D에게 필로폰 밀수입을 권유한 사례(2007도7680) 11. 경찰2차, 16. 경찰승진·경찰간부·해경·7급국가직, 17. 여경·경찰특공대
- **뇌물 공여자들의 교사**(수사기관과 직접 관련 없는 유인자): 뇌물공여자들의 함정교사로 인한 뇌물수수 ⇨ 위법한 함정수사라 볼 수 없고, 뇌물수수죄 성립(2007도10804) 14. 경찰1차, 16. 경찰승진, 17. 경찰간부, 18. 해경2차·해경간부
- **정보원을 이용한 범인 검거**: 이미 범행을 저지른 범인을 검거하기 위해 정보원을 이용하여 범인을 검거장소로 유인한 사례(2007도4532) 16. 경찰승진·해경, 16·17. 경찰간부, 17. 여경·경찰특공대, 21. 경찰승진
- **바로 체포하지 않은 사례**: 추가 범행을 지켜보고 있다가 범죄사실이 늘어난 후 체포한 사례(2007도3164) 10·11·14·17. 경찰승진, 15·19. 경찰2차, 17. 경찰1차, 18. 경찰간부·해경2차, 19. 해경간부
- **단속 전부터 범행하고 있던 사례**: 단속원이 승차하기 전부터 유상운송을 한 자가용버스 사건

▶ 함정수사와 관련하여 위법하다고 본 사례

수사기관과 직접 관련 있는 유인자

- 수사기관과 직접 관련이 있는 유인자가 과도하게 개입함으로써 범의를 일으킨 사안 19. 경찰1차
- 甲의 메스암페타민 매수 공소사실과 乙의 메스암페타민 수입 공소사실과 관련, 원래 중국까지 가서 메스암페타민을 구해 올 생각이 없었는데도 검찰 마약수사주사 A와 제보자 B의 함정수사를 위한 '작업'에 의하여 비로소 이 사건 범행에 대한 범의를 일으켜 범행에 이른 경우(2005도1247) 12. 경찰승진, 16. 해경
- 노래방 손님을 가장하여 도우미를 부른 사건: 경찰관들이 노래방 손님을 가장하고 도우미를 불러 줄 것을 요구한 후 단속한 사안(2008도7362) 10·16. 경찰승진, 11·15. 경찰2차, 16. 경찰간부·7급국가직, 17. 변호사·해경간부, 18. 9급개론

OX 경찰관이 취객을 상대로 한 이른바 부축빼기 절도범을 단속하기 위하여 공원 인도에 쓰러져 있는 취객 근처에서 감시하고 있다가 마침 피고인이 나타나 취객을 부축하여 10m 정도를 끌고 가 지갑을 뒤지자 현장에서 체포한 것은 위법한 함정수사가 아니다. (○, ×) 14. 경찰1차

OX 유인자가 수사기관과 직접적인 관련을 맺지 아니한 상태에서 피유인자를 상대로 단순히 수차례 반복적으로 범행을 부탁하였을 뿐, 수사기관이 사술이나 계략 등을 사용하였다고 볼 수 없는 경우는 설령 그로 인하여 피유인자의 범의가 유발되었다 하더라도 위법한 함정수사에 해당하지 아니한다. (○, ×) 14. 경찰1차

OX 피고인의 뇌물수수가 공여자들의 함정교사에 의한 것이기는 하나, 뇌물공여자들에게 뇌물공여의 의사가 전혀 없었다고 보기 어렵다면, 뇌물공여자들의 함정교사라는 사정은 피고인의 책임을 면하게 하는 사유가 될 수 없다. (○, ×) 14. 경찰1차

Answer

OX
○, ○, ○

Chapter 03

OX 확인학습

01 □□□ 위법한 함정수사에 기한 공소제기는 그 절차가 법률의 규정에 위반하여 무효인 때에 해당한다. (○)

02 □□□ 피고인이 본래 범의를 가지지 아니하였는데 수사기관의 사술 또는 계략으로 인해 범의를 일으켜 행위한 것으로 인정된다면 법원은 무죄판결을 하여야 한다. (×)

03 □□□ 본래 범의를 가지지 아니한 자에 대하여 수사기관이 사술이나 계략 등을 써서 범의를 유발케 하여 범죄인을 검거하는 함정수사는 위법하지만, 이러한 함정수사에 기한 공소제기까지 무효인 것은 아니다. (×)

04 □□□ 甲이 수사기관에 체포된 동거남의 석방을 위한 공적을 쌓기 위하여 乙에게 필로폰 밀수입에 관한 정보제공을 부탁하면서 대가의 지급을 약속하고, 이에 乙이 丙에게, 丙은 丁에게 순차적으로 필로폰 밀수입을 권유하여 이를 승낙하고 필로폰을 받으러 나온 丁을 체포한 사안에서, 乙, 丙 등이 각자의 사적인 동기에 기하여 수사기관과 직접적인 관련이 없이 독자적으로 丁을 유인한 것으로서 위법한 함정수사에 해당하지 않는다. (○)

05 □□□ 경찰관이 노래방의 도우미 알선 영업 단속 실적을 올리기 위하여 그에 대한 제보나 첩보가 없는 데도 손님을 가장하고 들어가 도우미를 불러낸 경우 수사기관이 사술이나 계략 등을 써서 피고인의 범의를 유발케 한 것으로서 위법하다. (○)

06 □□□ 경찰관이 부축빼기 절도범을 단속하기 위하여 공원 인도에 쓰러져 있는 취객 근처에서 감시하고 있다가 마침 피고인이 나타나 취객을 부축하여 10m 정도를 끌고 가 지갑을 뒤지자 현장에서 체포하여 기소한 경우, 위법한 함정수사에 의한 공소제기이다. (×)

07 □□□ 수사기관이 이미 범행을 저지른 범인을 검거하기 위해 정보원을 이용하여 범인을 검거장소로 유인한 경우는 위법한 함정수사에 해당한다. (×)

08 □□□ 수사기관이 피고인의 범죄사실을 인지하고도 피고인을 바로 체포하지 않고 추가 범행을 지켜보고 있다가 범죄사실이 많이 늘어난 뒤에야 피고인을 체포하였다는 사정만으로도 피고인에 대한 수사와 공소제기는 위법하다거나 함정수사에 해당한다고 할 수 있다. (×)

09 □□□ 위법한 함정수사에 기하여 공소를 제기한 경우 그 수사에 기하여 수집한 증거는 증거능력이 없다고 보아야 하므로 법원은 무죄판결을 하여야 한다. (×)

10 □□□ 유인자가 수사기관과 직접적인 관련을 맺지 아니한 상태에서 피유인자를 상대로 단순히 수차례 반복적으로 범행을 부탁하였을 뿐 수사기관이 사술이나 계략 등을 사용하였다고 볼 수 없는 경우라도, 그로 인하여 피유인자의 범의가 유발되었다면 위법한 함정수사에 해당한다. (×)

11 □□□ 피고인의 뇌물수수가 공여자들의 함정교사에 의한 것이기는 하나, 뇌물공여자들에게 뇌물공여의 의사가 전혀 없었다고 보기 어렵다면, 뇌물공여자들의 함정교사라는 사정은 피고인의 책임을 면하게 하는 사유가 될 수 없다. (○)

12 □□□ 구체적인 사건에서 위법한 함정수사에 해당하는지 여부는 해당 범죄의 종류와 성질, 유인자의 지위와 역할, 유인의 경위와 방법, 유인에 따른 피유인자의 반응, 피유인자의 처벌 전력 및 유인행위 자체의 위법성 등을 종합하여 판단하여야 한다. (○)

13 □□□ 법률에 의하여 고소나 고발이 있어야 논할 수 있는 죄에 있어서 고소 또는 고발은 이른바 소추조건에 불과하고 당해 범죄의 성립요건이나 수사의 조건은 아니다. (○)

Chapter 03 실전익히기

01 12. 경찰간부

다음 중 피의자에게 인정되지 않는 소송법상의 권리를 모두 바르게 고른 것은?

> ㉠ 접견교통권
> ㉡ 보석청구권
> ㉢ 증거보전청구권
> ㉣ 체포·구속적부심사청구권
> ㉤ 수사상의 증인신문청구권

① ㉡, ㉤ ② ㉠, ㉢
③ ㉢, ㉣ ④ ㉤

02 14. 경찰1차

다음은 전문수사자문위원에 대한 설명이다. 적절하지 않은 것은 모두 몇 개인가?

> ㉠ 검사는 공소제기 여부와 관련된 사실관계를 분명하게 하기 위하여 필요한 경우에는 직권이나 피의자 또는 변호인의 신청에 의하여 전문수사자문위원을 지정하여 수사절차에 참여하게 하고 자문을 들을 수 있다.
> ㉡ 전문수사자문위원은 전문적인 지식에 의한 설명 또는 의견을 기재한 서면을 제출하거나 전문적인 지식에 의하여 설명이나 의견을 진술할 수 있다. 이에 대해서 검사는 피의자 또는 변호인에게 구술 또는 서면에 의한 의견진술의 기회를 줄 수 있다.
> ㉢ 검사는 상당하다고 인정하는 때에는 전문수사자문위원의 지정을 취소할 수 있다.
> ㉣ 피의자 또는 변호인은 검사의 전문수사자문위원 지정에 대하여 관할 지방검찰청 검사장에게 이의를 제기할 수 있다.

① 1개 ② 2개
③ 3개 ④ 4개

03 18. 경찰승진

경찰관 직무집행법상 불심검문에 관한 설명 중 가장 적절하지 않은 것은? (다툼이 있는 경우 판례에 의함)

① 경찰관은 수상한 행동이나 그 밖의 주위 사정을 합리적으로 판단하여 볼 때 어떠한 죄를 범하였거나 범하려하고 있다고 의심할 만한 상당한 이유가 있는 자를 정지시켜 질문할 수 있다.

② 경찰관이 불심검문시 질문을 하거나 동행을 요구할 경우 자신의 신분을 표시하는 증표를 제시하면서 소속과 성명을 밝히고 질문이나 동행의 목적과 이유를 설명하여야 하며, 동행을 요구하는 경우에는 동행장소를 밝혀야 한다.

③ 경찰관은 동행한 사람의 가족이나 친지 등에게 동행한 경찰관의 신분, 동행장소, 동행목적과 이유를 알리거나 본인으로 하여금 즉시 연락할 수 있는 기회를 주어야 하며, 변호인의 도움을 받을 권리가 있음을 알려야 한다.

④ 검문하는 사람이 경찰관이고 검문하는 이유가 범죄행위에 관한 것임을 피검문자가 충분히 알고 있었다고 보이는 경우라도 검문시 경찰관이 신분증을 제시하지 않았다면 그 불심검문은 위법한 공무집행에 해당한다.

04

21. 경찰승진

경찰관직무집행법상 불심검문에 대한 설명으로 적절하지 않은 것은 모두 몇 개인가? (다툼이 있는 경우 판례에 의함)

㉠ 불심검문 대상자에게 형사소송법상 체포나 구속에 이를 정도의 혐의가 없을지라도, 경찰관은 당시의 구체적 상황과 사전에 얻은 정보나 전문적 지식 등에 기초하여 객관적·합리적인 기준에 따라 불심검문 대상 여부를 판단한다.
㉡ 불심검문에 따른 동행요구는 형사소송법상 임의수사로서 임의동행의 한 종류로 취급하여야 한다.
㉢ 검문하는 사람이 경찰관이고 검문하는 이유가 범죄행위에 관한 것임을 검문받는 사람이 충분히 알고 있었다고 보이는 경우에는 경찰관이 신분증을 제시하지 않았다고 하여 그 불심검문이 위법한 공무집행이라고 할 수 없다.
㉣ 검문 중이던 경찰관들이, 자전거를 이용한 날치기 사건 범인과 흡사한 인상착의의 사람이 자전거를 타고 다가오는 것을 발견하고 정지를 요구하였으나 멈추지 않아, 앞을 가로막고 소속과 성명을 고지한 후 검문에 협조해 달라고 하였음에도 불응하고 그대로 전진하자, 따라가서 재차 앞을 막고 검문에 응하라고 요구한 경우, 이는 적법한 불심검문에 해당한다.
㉤ 경찰관은 임의동행에 앞서 당해인에 대해 진술거부권과 변호인의 조력을 받을 권리를 고지해야 한다.

① 2개 ② 3개
③ 4개 ④ 5개

05

17. 9급법원직

고소에 관한 다음 설명 중 가장 옳지 않은 것은? (다툼이 있으면 판례에 의함)

① 친고죄에 있어서의 고소는 고소권 있는 자가 수사기관에 대하여 범죄사실을 신고하고 범인의 처벌을 구하는 의사표시로서 서면뿐만 아니라 구술로도 할 수 있는 것이고, 다만 구술에 의한 고소를 받은 검사 또는 사법경찰관은 조서를 작성하여야 하지만 그 조서가 독립된 조서일 필요는 없다.
② 고소를 할 때는 소송행위능력, 즉 고소능력이 있어야 하는데, 민법상 행위능력이 없는 사람은 고소능력이 인정될 수 없다.
③ 친고죄에서 적법한 고소가 있었는지는 자유로운 증명의 대상이 되고, 일죄의 관계에 있는 범죄사실 일부에 대한 고소의 효력은 일죄 전부에 대하여 미친다.
④ 범행 당시 고소능력이 없던 피해자가 그 후에 비로소 고소능력이 생겼다면 그 고소기간은 고소능력이 생긴 때로부터 기산하여야 한다.

06

14. 경찰2차

고소에 관한 다음 설명 중 가장 적절하지 않은 것은? (다툼이 있으면 판례에 의함)

① 친고죄에 대하여 고소할 자가 없는 경우에 이해관계인의 신청이 있으면 검사는 7일 이내에 고소할 수 있는 자를 지정하여야 한다.
② 공범관계에 있는 甲, 乙이 사자명예훼손을 한 경우에 피해자의 친족이 甲에 대해서만 고소한 경우 乙에 대해서도 고소의 효력이 미친다.
③ 고소는 서면뿐만 아니라 구술에 의해서도 가능하고, 다만 구술에 의한 고소를 받은 검사 또는 사법경찰관은 조서를 작성하여야 하지만 그 조서가 독립된 조서일 필요는 없다.
④ 고소할 수 있는 자가 수인인 경우에는 1인의 기간의 해태는 타인의 고소에 영향이 없다.

07

20. 경찰1차

고소 등에 대한 다음의 설명(㉠~㉤) 중 옳고 그름이 표시(○, ×)가 바르게 된 것은? (다툼이 있는 경우 판례에 의함)

㉠ 고소능력은 피해를 입은 사실을 이해하고 고소에 따른 사회생활상의 이해관계를 알아차릴 수 있는 사실상의 의사능력으로 충분하므로, 민법상 행위능력이 없는 사람이라도 위와 같은 능력을 갖추었다면 고소능력이 인정된다.
㉡ 고소권자가 비친고죄로 고소한 사건이더라도 검사가 사건을 친고죄로 구성하여 공소를 제기하였다면, 공소장 변경절차를 거쳐 공소사실이 비친고죄로 변경되지 아니하는 한, 법원으로서는 친고죄에서 소송조건이 되는 고소가 유효하게 존재하는지를 직권으로 조사·심리하여야 한다.
㉢ 법정대리인의 고소권은 무능력자의 보호를 위하여 법정대리인에게 주어진 고유권이어서 피해자의 고소권 소멸 여부에 관계 없이 고소할 수 있는 것이며, 그 고소기간은 법정대리인 자신이 범인을 알게 된 날로부터 진행한다.
㉣ 형사소송법 제236조의 대리인에 의한 고소의 경우, 대리권이 정당한 고소권자에 의하여 수여되었음을 증명하기 위해 반드시 위임장을 제출한다거나 '대리'라는 표시를 하여야 한다.
㉤ 친고죄에 관한 고소의 주관적 불가분 원칙을 규정한 형사소송법 제233조는 공정거래법상 공정거래위원회의 고발에 준용된다.

① ㉠ (○), ㉡ (×), ㉢ (○), ㉣ (○), ㉤ (×)
② ㉠ (○), ㉡ (○), ㉢ (×), ㉣ (×), ㉤ (×)
③ ㉠ (×), ㉡ (×), ㉢ (×), ㉣ (○), ㉤ (○)
④ ㉠ (○), ㉡ (○), ㉢ (○), ㉣ (×), ㉤ (×)

08

19. 법원직

고소에 관한 다음 설명 중 가장 옳지 않은 것은?

① 친고죄에서 공범 중 일부에 대하여만 처벌을 구하고 나머지에 대하여는 처벌을 원하지 않는 내용의 고소는 적법한 고소라고 할 수 없고, 공범 중 1인에 대한 고소취소는 고소인의 의사와 상관없이 다른 공범에 대하여도 효력이 있다.
② 항소심에서 공소장의 변경에 의하여 친고죄가 아닌 범죄를 친고죄로 인정하였더라도, 항소심에 이르러 비로소 고소인이 고소를 취소하였다면 이는 친고죄에 대한 고소취소로서의 효력은 없다.
③ 친고죄의 공범 중 그 일부에 대하여 제1심판결이 선고된 후에는 제1심판결 선고 전의 다른 공범자에 대하여는 그 고소를 취소할 수 없고 그 고소의 취소가 있다 하더라도 그 효력을 발생할 수 없다.
④ 피해자가 반의사불벌죄의 공범 중 1인에 대하여 처벌을 희망하는 의사를 철회한 경우, 다른 공범자에 대하여도 처벌희망의사가 철회된 것으로 볼 수 있다.

09

18. 7급국가직

고소불가분의 원칙에 대한 설명으로 옳지 않은 것은?

① 다른 환자들 앞에서 수술결과에 불만을 품고 거칠게 항의하는 환자 A에 대하여 의사 甲이 욕을 하면서 업무상 지득한 A에 대한 비밀을 누설한 경우, 모욕행위에 대한 A의 고소는 업무상 비밀누설행위에 대하여도 효력이 미친다.
② 甲이 하나의 문서를 통해 A, B, C를 모욕하였으나 A만이 甲을 모욕죄로 고소한 경우, A의 고소는 B, C에 대한 모욕행위에는 효력이 미치지 않는다.
③ 변호사 甲이 A에게 직무상 알게 된 비밀을 누설하는 방법으로 B의 명예를 훼손한 경우, 명예훼손행위에 대한 B의 고소는 업무상 비밀누설행위에 대하여도 효력이 미친다.
④ 수회의 모욕이 경합범의 관계에 있다면 이 중 하나의 모욕행위에 대한 고소는 다른 모욕행위에 대하여 효력이 미치지 않는다.

10

21. 경찰승진

고소와 고발에 대한 다음 설명으로 적절하지 않은 것은 모두 몇 개인가? (다툼이 있는 경우 판례에 의함)

㉠ 성폭력범죄의 처벌 등에 관한 특례법 제27조에 따라 성폭력범죄 피해자의 변호사는 피해자를 대리하여 피고인에 대한 처벌을 희망하는 의사표시를 철회하거나 처벌을 희망하지 않는 의사표시를 할 수 있다.
㉡ 세무공무원 등의 고발에 따른 조세범처벌법 위반 사건에 대하여 검사가 불기소처분을 하였다가 나중에 공소를 제기하는 경우에는 세무공무원 등의 새로운 고발이 있어야 한다.
㉢ 조세범처벌법상 수개의 범칙사실 중 일부만을 범칙사건으로 하는 고발이 있는 경우에 고발장에 기재된 범칙사실과 동일성이 인정되지 않는 다른 범칙사실에 대해서는 고발의 효력이 미치지 않는다.
㉣ 피해자가 반의사불벌죄의 공범 중 1인에 대하여 처벌을 희망하는 의사표시를 철회한 경우, 그 철회의 효력은 다른 공범자에 대해서도 미친다.

① 1개 ② 2개
③ 3개 ④ 4개

11

19. 9급국가직

자수에 대한 설명으로 옳은 것은? (다툼이 있는 경우 판례에 의함)

① 피고인이 자수하였음에도 불구하고 법원이 형법 제52조 제1항에 따른 자수감경을 하지 않거나 자수감경 주장에 대하여 판단을 하지 않았더라도 위법하지 않다.
② 수사기관에의 자발적 신고 내용이 범행을 부인하는 등 범죄성립요건을 갖추지 아니한 경우에는 자수는 성립하지 않지만, 그 후 수사과정에서 범행을 시인하였다면 새롭게 자수가 성립될 여지가 있다.
③ 수사기관의 직무상의 질문 또는 조사에 응하여 범죄사실을 진술하는 경우라도 자수가 인정될 수 있다.
④ 범인이 수사기관에 뇌물수수의 범죄사실을 자발적으로 신고하였다면, 특정범죄 가중처벌 등에 관한 법률의 적용을 피하기 위해 그 수뢰액을 실제보다 적게 신고한 것일지라도 자수는 성립한다.

12

20. 경찰1차

수사의 조건에 대한 설명 중 가장 적절하지 않은 것은? (다툼이 있는 경우 판례에 의함)

① 수사기관은 범죄혐의가 있다고 사료하는 때에 수사를 개시하여야 하며, 여기서의 범죄혐의는 수사기관의 주관적 혐의일 뿐만 아니라 구체적 범죄혐의이다.
② 필요성과 상당성이라는 수사의 조건은 임의수사에는 적용되지 않고 강제수사에만 적용된다.
③ 친고죄나 세무공무원 등의 고발이 있어야 논할 수 있는 죄에 있어서 고소 또는 고발은 이른바 소추조건에 불과하고 당해 범죄의 성립 요건이나 수사의 조건은 아니므로 위와 같은 범죄에 관하여 고소나 고발이 있기 전에 수사를 하였다고 하더라도 그 수사가 장차 고소나 고발이 있을 가능성이 없는 상태하에서 행해졌다는 등의 특단의 사정이 없는 한 고소나 고발이 있기 전에 수사를 하였다는 이유만으로 그 수사가 위법하다고 볼 수는 없다.
④ 위법한 함정수사에 해당하는지 여부는 해당 범죄의 종류와 성질, 유인자의 지위와 역할, 유인의 경위와 방법, 유인에 따른 피유인자의 반응, 피유인자의 처벌 전력 및 유인행위 자체의 위법성 등을 종합하여 판단하여야 한다.

13

21. 경찰승진

함정수사에 대한 설명으로 가장 적절하지 않은 것은? (다툼이 있는 경우 판례에 의함)

① 수사기관이 이미 범행을 저지른 범인을 검거하기 위해 정보원을 이용하여 범인을 검거장소로 유인한 것에 불과한 경우는 함정수사로 볼 수 없다.

② 수사기관이 피고인의 범죄사실을 인지하고도 피고인을 바로 체포하지 않고 추가 범행을 지켜보고 있다가 범죄사실이 많이 늘어난 뒤에야 피고인을 체포하였다는 사정만으로 피고인에 대한 수사와 공소제기가 위법하다거나 함정수사에 해당한다고 할 수 없다.

③ 유인자가 수사기관과 직접적인 관련을 맺지 아니한 상태에서 피유인자를 상대로 단순히 수차례 반복적으로 범행을 부탁하였을 뿐 수사기관이 사술이나 계략 등을 사용하였다고 볼 수 없는 경우는, 설령 그로 인하여 피유인자의 범의가 유발되었다 하더라도 위법한 함정수사에 해당하지 아니한다.

④ 노상에 정신을 잃고 쓰러져 있는 취객을 발견한 경찰관이 보건의료기관 또는 공공구호기관에 긴급구호를 요청하는 등 보호조치를 하지 않고, 취객의 그러한 상태를 이용하여 근처에서 감시하고 있다가 이른바 부축빼기 절도범을 체포한 경우는 경찰의 직분을 도외시한 범죄수사의 한계를 넘어선 위법한 함정수사에 해당한다.

14

16. 경찰승진

함정수사에 관한 설명 중 가장 적절한 것은? (다툼이 있으면 판례에 의함)

① 경찰관이 노래방 도우미 알선 영업 단속 실적을 올리기 위하여 그에 대한 첩보가 없는데도 손님을 가장하고 잠입해 도우미를 불러낸 경우 피고인의 범의를 유발케 한 것으로 위법하다.

② 위법한 함정수사에 기하여 공소를 제기한 경우 그 수사에 기하여 수집한 증거는 증거능력이 없다고 보아야 하므로 법원은 무죄판결을 하여야 한다.

③ 유인자가 수사기관과 직접적인 관련을 맺지 않은 상태에서 피유인자를 상대로 단순히 수차례 반복적으로 범행을 부탁하였을 뿐, 수사기관이 사술이나 계략 등을 사용하였다고 볼 수 없는 경우라 할지라도 그로 인하여 피유인자의 범의가 유발되었다면 위법한 함정수사에 해당한다.

④ 뇌물공여자들이 새롭게 당선된 군수인 피고인을 함정에 빠뜨리겠다는 의사로 뇌물을 공여한 것이었다면, 뇌물공여자들의 함정교사라는 사정은 피고인의 책임을 면하게 하는 사유가 될 수 있다.

Answer

01 ① ㉡, ㉤이 인정되지 않는다.
02 ② 옳지 않은 것은 ㉡, ㉣ 2개이다.
03 ④ [×] 위법한 불심검문으로 볼 수 없다.
04 ① ㉡, ㉤이 옳지 않다.
05 ② [×] 고소능력은 피해를 입은 사실을 이해하고 고소에 따른 사회생활상의 이해관계를 알아차릴 수 있는 사실상의 의사능력으로 충분하므로, 민법상 행위능력이 없는 사람이라도 위와 같은 능력을 갖추었다면 고소능력이 인정된다(2011도4451).
06 ① [×] 검사는 10일 이내에 고소할 수 있는 자를 지정하여야 한다(제228조).
07 ④ ㉣, ㉤이 틀린 지문이다.
08 ④ [×] 반의사불벌죄에서는 고소의 주관적 불가분의 원칙이 적용되지 아니한다.
09 ③ [×] 업무상비밀누설죄는 친고죄이고, 명예훼손죄는 반의사불벌죄이므로 명예훼손행위에 대한 B의 고소는 업무상 비밀누설행위에 대하여 효력이 미치지 않는다.
10 ② ㉡, ㉣이 적절하지 않다.
11 ①
12 ② [×] 필요성과 상당성이라는 수사의 조건은 임의수사와 강제수사 모두에 적용된다.
13 ④ [×] 위법한 함정수사에 해당한다고 볼 수 없다(2007도1903).
14 ①

박문각
공무원
기본서

김상천
형사소송법

CHAPTER

04

임의수사

Chapter 04 임의수사

제1절 임의수사와 강제수사의 경계

❶ 임의수사의 원칙

① 수사는 행사되는 강제력의 유무에 따라 임의수사와 강제수사로 나눌 수 있다.

② 수사는 원칙적으로 임의수사에 의하고 강제수사는 법률에 규정된 경우에 한하여 예외적으로 허용된다는 원칙을 말한다(제199조 제1항). 10·16. 경찰승진, 13. 경찰간부, 17. 해경1차

③ 같은 목적을 달성할 수 있으면 임의수사에 의해야 한다.

④ 피의자에 대한 수사는 불구속상태에서 함을 원칙으로 한다. ⇨ 형사소송법은 불구속 수사에 대해서는 명문으로 규정하고 있으나(제198조 제1항), 불구속 재판에 대해서는 명문으로 규정하고 있지 않다. 16. 경찰승진·경찰간부

⑤ 임의수사도 형사절차인 이상 적정절차의 법리, 수사비례의 원칙이 적용된다.

⑥ 필요성과 상당성이라는 수사의 조건은 임의수사에도 적용된다. 20. 경찰1차

❷ 임의수사와 강제수사의 경계

1. 임의동행

(1) 의 의

① 상대방의 동의를 얻어 수사관서까지 동행하는 것을 말한다.

② 수사상 임의동행, 불심검문 임의동행, 주민등록법상 임의동행 등이 있다. 19. 경찰1차

(2) 성 격

상대방의 동의를 전제로 하므로 임의수사의 일종이다.

(3) 특 징

① 피의자의 자발적인 의사에 의하여 수사관서 등에의 동행이 이루어졌음이 객관적인 사정에 의하여 명백하게 입증된 경우에 한하여, 그 적법성이 인정된다(2005도6810).

09·15·17. 경찰2차, 16. 7급국가직, 16·17·20·21. 경찰간부, 18. 경찰승진, 19. 경찰1차

관련 **판례**

임의동행은 경찰관 직무집행법 제3조 제2항에 따른 행정경찰 목적의 경찰활동으로 행하여지는 것 외에도 형사소송법 제199조 제1항에 따라 범죄 수사를 위하여 수사관이 동행에 앞서 피의자에게 동행을 거부할 수 있음을 알려 주었거나 동행한 피의자가 언제든지 자유로이 동행과정에서 이탈 또는 동행장소로부터 퇴거할 수 있었음이 인정되는 등 오로지 피의자의 자발적인 의사에 의하여 이루어진 경우에도 가능하다.
경찰관은 당시 피고인의 정신 상태, 신체에 있는 주사바늘 자국, 알콜솜 휴대, 전과 등을 근거로 피고인의 마약류 투약 혐의가 상당하다고 판단하여 경찰서로 임의동행을 요구하였고, 동행장소인 경찰서에서 피고인에게 마약류 투약 혐의를 밝힐 수 있는 소변과 모발의 임의제출을 요구하였음을 알 수 있다. 그렇다면 이 사건 임의동행은 마약류 투약 혐의에 대한 수사를 위한 것이어서 형사소송법 제199조 제1항에 따른 임의동행에 해당한다(경찰관 직무집행법 제3조 제2항에 의한 임의동행이 아니므로 6시간 제한을 받지 않는다.)(대판 2020.5.14. 2020도398).

OX 경찰관이 불심검문 시 동행에 앞서 피의자에게 동행을 거부할 수 있음을 알려주었거나 동행과정에서 이탈 또는 동행장소에서 퇴거할 수 있었음이 인정되는 등 오로지 피의자의 자발적인 의사에 의하여 경찰관서 등에 동행이 이루어졌다는 것이 객관적인 사정에 의하여 명백하게 입증된 경우에 한하여 동행의 적법성이 인정된다. (○, ×) 21. 경찰간부

Answer

OX
○

② 동행을 거부할 수 있음을 알려주었거나 언제든지 자유로이 동행과정에서 이탈 또는 퇴거할 수 있었음이 인정되어야 한다. 16. 경찰간부, 17. 경찰2차, 18. 경찰승진 · 해경간부

③ 임의동행은 아직 정식의 체포 · 구속된 피의자에게 부여되는 각종의 권리보장 장치가 제공되지 않는 등 형사소송법의 원리에 반하는 결과를 초래할 가능성이 커 원칙적으로 제한되거나 매우 엄격한 요건하에 허용될 수 있다. 13 · 18. 해경간부

④ 보호조치 요건이 갖추어지지 않았음에도 범죄수사 목적으로 경찰관서에 데려간 행위는 위법하다(2012도11162). 16 · 20. 경찰간부, 17. 경찰2차, 18. 경찰승진

⑤ 도로교통법상 음주측정에 관한 규정들을 근거로 음주운전을 하였다고 인정할 만한 상당한 이유가 있는 자에 대하여 경찰관서에 강제연행하여 음주측정을 요구할 수 없다. 15. 경찰2차

⑥ 응급구호가 필요한 정신착란자, 주취자, 자살기도자 등을 영장 없이 24시간을 초과하지 아니하는 범위에서 경찰서에 설치되어 있는 보호실에 유치한 것은 위법한 강제수사가 아니다(93도958). 18. 9급국가직 · 9급개론

⑦ 즉결심판 피의자의 정당한 귀가요청을 거절한 채 다음 날 즉결심판법정이 열릴 때까지 피의자를 경찰서 보호실에 강제유치시키려고 함으로써 피의자를 경찰서 내 즉결피의자 대기실에 10~20분 동안 있게 한 행위는 불법한 감금행위에 해당한다. 18. 경찰2차

⑧ 피내사자 신분으로 임의동행하여도 변호인 접견교통권이 인정된다. 21. 경찰간부

(4) 임의동행이 적법하지 않는 경우

① 불법감금죄가 성립할 수 있다. 13 · 18. 해경간부

② 위법한 임의동행에 저항한 경우, 공무집행방해죄, 상해죄(폭행죄)는 무죄가 된다.

㉠ **공무집행방해 ⇨ 구성요건 해당성이 없다.** 16. 변호사

㉡ **상해(폭행) ⇨ 위법성이 없다.** 16. 변호사

③ 불법 체포된 자는 법률에 의하여 체포 또는 구금된 자가 아니기 때문에 피의자 도주시 도주죄가 성립하지 않는다(2005도6810). 09. 경찰2차, 15. 변호사

④ 불법한 임의동행 후 6시간이 지나 긴급체포 절차를 밟아도 그 긴급체포는 위법하다(2005도6810). 09 · 15. 경찰2차, 13 · 18. 해경간부, 15. 변호사, 16. 경찰간부, 17 · 18. 경찰승진

⑤ 위법하게 강제연행하여 (혈중알콜농도) 호흡측정 후 피의자가 원하여 혈액채취한 경우, 호흡측정과 혈액감정결과 모두 증거능력이 없다(2010도2094). 15. 변호사, 16. 경찰간부 · 9급국가직 · 9급개론, 17 · 18. 경찰승진 ⇨ 동의하여도 증거능력이 없다. 18. 경찰승진

⑥ 호텔 투숙객 甲이 마약을 투약하였다는 신고를 받고 출동한 경찰관이 임의동행을 거부하는 甲을 강제로 경찰서로 데리고 가서 채뇨 요구를 하자 이에 甲이 응하여 소변검사가 이루어진 경우, 그 결과물인 소변검사시인서는 증거능력이 없다(2012도13611).

OX 불심검문에 따른 동행요구는 형사소송법상 임의수사로서 임의동행의 한 종류로 취급하여야 한다. (○, ×) 21. 경찰승진

OX 호텔 투숙객 甲이 마약을 투약하였다는 신고를 받고 출동한 경찰관이 임의동행을 거부하는 甲을 강제로 경찰서로 데리고 가서 채뇨 요구를 하자 이에 甲이 응하여 소변검사가 이루어진 경우, 그 결과물인 소변검사시인서는 증거능력이 없다. (○, ×) 21. 경찰간부

OX 임의동행이 불법인 경우 불법감금죄가 성립할 뿐 아니라 만일 피의자가 도주한 경우에도 도주죄가 성립할 수 없는데, 그 이유는 불법체포된 자는 '법률에 의하여 체포 또는 구금된 자'가 아니기 때문이다. (○, ×) 13 · 18. 해경간부

OX 임의동행은 오로지 피의자의 자발적 의사에 의하여 수사관서에 동행이 이뤄졌음이 객관적인 사정에 의해 명백하게 입증된 경우에 한하여 적법하다. (○, ×) 13 · 18. 해경간부

OX 임의동행은 아직 정식의 체포 · 구속된 피의자에게 부여되는 각종의 권리보장 장치가 제공되지 않는 등 형사소송법의 원리에 반하는 결과를 초래할 가능성이 커 원칙적으로 제한되거나 매우 엄격한 요건하에 허용될 수 있다. (○, ×) 13 · 18. 해경간부

Answer

OX
○, ○, ○, ○, ○

⑦ (위법한) 현행범을 체포한 경찰관의 진술이라 하더라도 범행을 목격한 부분에 관하여는 여느 목격자의 진술과 다름없이 증거능력이 있다(95도535) 21. 경찰승진

▶ 임의동행이 적법하다고 본 사례

- 음주측정을 위하여 피의자를 경찰서로 동행할 당시 피의자에게 동행을 거부할 수 있음을 고지하고 동행을 요구하자 피의자가 고개를 끄덕이며 동의하는 의사표시를 하였고, 피의자는 동행 당시에 경찰관에게 욕을 하거나 특별한 저항을 하지 않고 순순히 응하였으며, 비록 술에 취하였으나 동행요구에 따를 것인지 여부에 관한 판단을 할 정도의 의사능력이 있었던 경우 동행의 자발성을 인정할 수 있다(2012도890). 20. 경찰간부
- 피고인이 도로교통법위반(음주운전)으로 기소된 사안에서, 피고인이 음주측정을 위해 경찰서에 동행할 것을 요구받고 자발적인 의사로 경찰차에 탑승하였고, 경찰서로 이동 중 하차를 요구하였으나 그 직후 수사과정에 관한 설명을 듣고 빨리 가자고 요구하였다면, 피고인에 대한 임의동행은 적법하고 그 후 이루어진 음주측정 결과는 증거능력이 있다(2015도2798). 20. 7급국가직
- 음주측정에 관한 직무에 착수한 후, 피고인이 차량을 운전하지 않았다고 다투자 경찰관이 지구대로 가서 차량 블랙박스를 확인하자고 한 것은 음주측정에 관한 직무 중 '운전' 여부 확인을 위한 임의동행 요구에 해당하고, 피고인이 차량에서 내리자마자 도주한 것을 임의동행 요구에 대한 거부로 보더라도, 경찰관이 음주측정에 관한 직무를 계속하기 위하여 피고인을 추격하여 도주를 제지한 것은 앞서 본 바와 같이 도로교통법상 음주측정에 관한 일련의 직무집행 과정에서 이루어진 행위로써 정당한 직무집행에 해당한다. 이후, 이 피고인을 10m 정도 추격하여 피고인의 앞을 가로막는 방법으로 제지한 뒤 '그냥 가면 어떻게 하느냐'는 취지로 말하자 피고인이 위 경찰관의 뺨을 때렸고, 계속하여 도주하고 폭행하려고 하자 경찰관이 피고인을 공무집행방해죄의 현행범으로 체포한 것은 적법하다(2020도7193).

▶ 임의동행이 위법하다고 본 사례

경찰관은 피의자들을 성매매의 현행범으로 체포를 하지는 못하고 수사관서로 동행해 줄 것을 요구하면서 "동행을 거부할 수도 있으나 거부하더라도 강제로 연행할 수 있다."라고 말하여 임의동행 한 경우, 사법경찰관의 동행 요구를 거절할 수 없는 심리적 압박 아래 행하여진 사실상의 강제연행, 즉 불법체포에 해당한다(2009도6717).

2. 기 타

(1) 승낙유치

① 본인의 동의를 얻어 보호실에 유치하는 처분을 말한다.

② 법률상 근거가 없으므로 허용되지 않는다.

(2) 승낙수색검증

상대방의 동의가 있으면 임의수사로서 허용된다.

기출 판례

경찰관직무집행법상 정신착란자 주취자 자살기도자 등 응급의 구호를 요하는 자를 24시간을 초과하지 아니하는 범위 내에서 경찰관서에 보호조치할 수 있는 시설로 제한적으로 운영되는 경우를 제외하고는 구속영장을 발부받음이 없이 조사대기실에 유치하는 것은 영장주의에 위배되는 위법한 구금에 해당한다(94도37226). 21. 경찰승진

OX 자전거를 이용한 날치기 사건이 발생한 직후 그 인근에서 검문을 실시 중이던 경찰관들이 위 날치기 사건의 범인과 흡사한 인상착의의 피의자를 발견하고 소속과 성명을 고지하면서 검문에 협조해 달라고 하였을 때, 피의자가 자전거를 타고 그대로 진행하였고 이에 경찰봉으로 그 앞을 가로막으면서 진행을 제지하였다면 불심검문의 한계를 벗어나 위법하다. (○, ×) 21. 경찰간부

OX 수사관이 피의자에게 동행거부권을 고지하지 않는 등 임의동행이 사실상의 강제연행에 해당하더라도 임의동행 이후 긴급체포의 절차를 밟았다면, 긴급체포가 반드시 불법이라 볼 수 없으므로 법원은 긴급체포의 요건을 따로 심리하여 불법 여부를 밝혀야 한다. (○, ×) 13 · 18. 해경간부

OX 상대방의 동의를 얻어 보호실 등 특정한 장소에 유치하는 승낙유치는 임의수사의 한 종류로 영장 없이 할 수 있다. (○, ×) 21. 경찰승진

Answer

OX
×, ×, ×

(3) 사진촬영 등

① 상대방의 의사에 반하는 사진촬영은 초상권을 침해하므로 강제수사에 해당된다.

② 다만, 판례는 일정한 요건하에 영장 없는 촬영의 적법성을 인정하고 있다.

③ 수사기관이 범행 중 또는 직후에 증거보전의 필요성, 긴급성이 있어서 상당한 방법으로 사진을 촬영한 경우라면 영장 없는 사진촬영도 위법한 수사가 아니다(99도2317). 18. 9급국가직 · 9급개론

④ 무인장비에 의해 차량번호 등을 촬영한 사진은 위법수집증거가 아니다. 16. 9급개론

(4) 거짓말탐지기 사용

상대방의 동의가 있으면 임의수사로서 허용된다.

(5) 마취분석

상대방의 동의가 있어도 허용되지 않는다.

OX 수사기관이 범행 중 또는 직후에 증거보전의 필요성, 긴급성이 있어서 상당한 방법으로 사진을 촬영한 경우라면 영장 없는 사진촬영도 위법한 수사가 아니다. (○, ×) 18. 9급국가직 · 9급개론

OX 무인장비에 의한 속도위반차량 단속은 제한속도를 위반하여 차량을 주행하는 범죄가 현재 행하여지고 있고, 긴급하게 증거보전을 할 필요가 있는 상태에서 일반적으로 허용되는 한도를 넘지 않는 상당한 방법에 의한 것이므로 차량번호 등을 촬영한 사진은 증거능력이 인정된다. (○, ×) 16. 9급국가직 · 9급개론

Answer

○, ○

Chapter 04

OX 확인학습

01 □□□ 피의자가 언제든지 자유로이 동행과정에서 이탈 또는 동행장소로부터 퇴거할 수 있었음이 인정되는 등 오로지 피의자의 자발적인 의사에 의하여 수사관서 등에의 동행이 이루어졌음이 객관적인 사정에 의하여 명백하게 입증된 경우에 한하여, 임의동행의 적법성이 인정된다. (○)

02 □□□ 수사기관이 범행 중 또는 직후에 증거보전의 필요성, 긴급성이 있어서 상당한 방법으로 사진을 촬영한 경우라면 영장 없는 사진촬영도 위법한 수사가 아니다. (○)

03 □□□ 무인장비에 의한 속도위반차량 단속은 제한속도를 위반하여 차량을 주행하는 범죄가 현재 행하여지고 있고, 긴급하게 증거보전을 할 필요가 있는 상태에서 일반적으로 허용되는 한도를 넘지 않는 상당한 방법에 의한 것이므로 차량번호 등을 촬영한 사진은 증거능력이 인정된다. (○)

04 □□□ 수사기관이 수사의 필요상 피의자를 임의 동행한 경우에도 조사 후 귀가시키지 아니하고 그의 의사에 반하여 경찰서 보호실 등에 계속 유치함으로써 신체의 자유를 속박하였다면 이는 구금에 해당한다. (○)

05 □□□ 응급구호가 필요한 자살기도자를 영장 없이 24시간을 초과하지 아니하는 범위에서 경찰서에 설치되어 있는 보호실에 유치한 것은 위법한 강제수사가 아니다. (○)

06 □□□ 도로교통법상 음주측정에 관한 규정들을 근거로 음주운전을 하였다고 인정할 만한 상당한 이유가 있는 자에 대하여 경찰관서에 강제연행하여 음주측정을 요구할 수 있다. (×)

07 □□□ 술에 취한 상태에서 자동차를 운전한 것으로 보이는 피고인을 경찰관이 적법하게 보호조치한 상태에서 3회에 걸쳐 음주측정을 요구한 것은 적법한 음주측정요구에 해당한다. (○)

제2절 피의자 신문

❶ 의 의

① 수사기관이 수사에 필요한 경우에 피의자를 출석시켜 신문을 하고 진술을 듣는 절차를 말한다.

② 인지절차가 이루어지기 전에 작성된 피의자신문조서나 진술조서 등도 증거능력이 있다. 16. 경찰간부

③ 공소제기 후 피의자신문이나 참고인 조사도 허용된다. 16. 경찰간부

❷ 주 체

① 검사 또는 사법경찰관이다.

② 사법경찰리도 피의자신문을 할 수 있다(82도1080). 19. 해경간부

❸ 출석요구

1. 방 식

① 출석요구의 방식에는 제한이 없다. 17. 경찰간부, 18. 해경간부

② 출석요구서(서면)를 발부하여 소환한 경우에만 가능한 것은 아니고, 전화 등으로도 출석요구가 가능하다. 18. 7급국가직

③ 피의자는 출석요구에 응할 의무가 없고, 출석했다고 하더라도 언제든지 퇴거할 수 있다.

2. 유의사항 등

① 검사 또는 사법경찰관은 피의자에게 출석요구를 할 때에는 다음의 사항을 유의해야 한다(수사준칙 제19조 제1항).

㉠ **출석요구를 하기 전에 우편 · 전자우편 · 전화를 통한 진술 등 출석을 대체할 수 있는 방법의 선택 가능성을 고려할 것**

㉡ **출석요구의 방법, 출석의 일시 · 장소 등을 정할 때에는 피의자의 명예 또는 사생활의 비밀이 침해되지 않도록 주의할 것**

㉢ **출석요구를 할 때에는 피의자의 생업에 지장을 주지 않도록 충분한 시간적 여유를 두도록 하고, 피의자가 출석 일시의 연기를 요청하는 경우 특별한 사정이 없으면 출석 일시를 조정할 것**

㉣ **불필요하게 여러 차례 출석요구를 하지 않을 것**

OX 출석요구는 반드시 서면의 출석요구서를 발부하는 방식으로 하여야 한다. (○, ×) 18. 해경간부

OX 구속영장 발부에 의하여 적법하게 구금된 피의자가 피의자신문을 위한 수사기관 조사실 출석을 거부하는 경우 수사기관은 구속영장의 효력에 의하여 피의자를 조사실로 구인할 수 있다. (○, ×) 21. 경찰간부

Answer

OX
×, ○

② 검사 또는 사법경찰관은 피의자에게 출석요구를 하려는 경우 피의자와 조사의 일시・장소에 관하여 협의해야 한다. 이 경우 변호인이 있는 경우에는 변호인과도 협의해야 한다(동조 제2항). 21. 경찰1차

③ 검사 또는 사법경찰관은 피의자에게 출석요구를 하려는 경우 피의사실의 요지 등 출석요구의 취지를 구체적으로 적은 출석요구서를 발송해야 한다. 다만, 신속한 출석요구가 필요한 경우 등 부득이한 사정이 있는 경우에는 전화, 문자메시지, 그 밖의 상당한 방법으로 출석요구를 할 수 있다(동조 제3항).

④ 검사 또는 사법경찰관은 제3항 본문(위 ③)에 따른 방법으로 출석요구를 했을 때에는 출석요구서의 사본을, 같은 항 단서에 따른 방법으로 출석요구를 했을 때에는 그 취지를 적은 수사보고서를 각각 사건기록에 편철한다(동조 제4항).

⑤ 검사 또는 사법경찰관은 피의자가 치료 등 수사관서에 출석하여 조사를 받는 것이 현저히 곤란한 사정이 있는 경우에는 수사관서 외의 장소에서 조사할 수 있다(동조 제5항).

⑥ 이러한 내용은 피의자 외의 사람에 대한 출석요구의 경우에도 적용한다(동조 제6항).

3. 구 인

① 적법하게 구금된 피의자가 출석을 거부할 경우에는 구속영장의 효력에 의하여 피의자를 조사실로 구인할 수 있다(2013모160). 14・19・20. 경찰2차・법원, 14・16・18・19. 경찰1차, 15. 경찰3차, 16・21. 경찰승진, 17. 여경・경찰특공대・해경간부, 19. 변호사・9급개론, 17・20・21. 경찰간부, 21. 9급국가직

② 구속영장은 기본적으로 장차 공판정에의 출석이나 형의 집행을 담보하기 위한 것이지만, 피의자신문의 방식으로 구속된 피의자를 조사하는 등 적정한 방법으로 범죄를 수사하는 것도 예정하고 있기 때문이다. 15. 경찰3차

③ 같은 범죄사실에 대해서는 별도로 체포영장을 발부받을 필요는 없다.

④ 다만, 진술거부권은 고지하여 하고, 피의자는 진술을 거부할 수 있다. 20. 경찰2차, 21. 경찰승진

⑤ 검사 또는 사법경찰관은 임의동행을 요구하는 경우 상대방에게 동행을 거부할 수 있다는 것과 동행하는 경우에도 언제든지 자유롭게 동행 과정에서 이탈하거나 동행 장소에서 퇴거할 수 있다는 것을 알려야 한다(수사준칙 제20조). 21. 경찰1차

❹ 진술거부권 고지

1. 고지 절차

① 피의자 신문 전에 고지해야 한다.

② 진술거부권 고지 대상이 되는 피의자의 지위는 사건수리 절차를 거치기 전이라도 수사기관이 조사대상자에 대한 범죄혐의를 인정하여 수사를 개시하는 행위를 한 때 인정된다. 16. 경찰간부, 17. 법원, 18. 경찰승진・경찰2차

㉠ **범죄인지서 작성 등 형식적 입건 전이라도 실질적 수사를 개시한 후에는 진술거부권을 고지하여야 한다.** 16. 9급국가직 · 9급개론, 17. 변호사, 18. 경찰간부

㉡ **참고인(피의자 지위에 있지 아니한 자)에 대해서는 진술거부권을 고지할 필요가 없다(2012도725).** 15. 경찰2차, 17. 경찰1차, 18. 경찰승진

㉢ **수사를 개시하기 이전에는 진술거부권을 고지할 필요가 없다.** 17. 법원

③ 현재 피의자나 피고인으로서 수사 또는 공판절차에 계속 중인 자뿐만 아니라 장차 피의자나 피고인이 될 가능성이 있는 자에게도 보장된다(96헌가11). 16 · 17. 경찰2차, 19. 경찰승진

④ 자신과 제3자에게 공동으로 관련된 범죄에 관한 것이거나 제3자의 피의사실뿐만 아니라 자신의 피의사실에 관한 것이기도 한 경우, 미리 진술거부권을 고지하여야 한다(2014도5939). 16 · 18 · 19. 경찰2차, 19. 경찰승진, 19. 9급개론

2. 고지 내용

① 일체의 진술을 하지 아니하거나 개개의 질문에 대하여 진술을 하지 아니할 수 있다는 것 17. 해경2차, 21. 경찰승진

② 진술을 하지 아니하더라도 불이익을 받지 아니한다는 것

③ 진술을 거부할 권리를 포기하고 행한 진술은 법정에서 유죄(무죄 ×)의 증거로 사용될 수 있다는 것

④ 신문을 받을 때에는 변호인의 조력을 받을 수 있다는 것

3. 조서 기재

① 진술거부권과 변호인의 조력권 사용 여부를 질문한 후 이에 대한 피의자의 답변을 반드시 조서에 기재하여야 한다.

② 피의자로 하여금 자필 기재 또는 기명날인 또는 서명하게 하여야 한다.

③ 위와 같은 방식에 의해 답변이 작성되지 않는 경우 그 조서는 형사소송법 제312조에서 정한 '적법한 절차와 방식'에 따라 작성된 조서라 할 수 없으므로 증거능력이 부정된다(2010도3359). 15 · 16. 9급국가직, 16. 9급개론, 20. 경찰1차

4. 불고지의 효과

① 진술거부권 고지를 하지 않고 작성한 피의자신문조서는 증거능력이 없다(2010도8294). 16. 경찰승진 · 법원, 21. 경찰승진

㉠ **명칭이 '진술조서', '진술서', '자술서'라고 하더라도 실질적으로 피의자신문에 해당하면 진술거부권을 고지하지 않은 경우 증거능력이 부정된다.** 16. 변호사, 17. 경찰간부, 18. 해경간부

OX 조사대상자의 진술 내용이 단순히 제3자의 범죄에 관한 경우가 아니라 자신과 제3자에게 공동으로 관련된 범죄에 관한 것이거나 제3자의 피의사실뿐만 아니라 자신의 피의사실에 관한 것이기도 하여 실질이 피의자신문조서의 성격을 가지는 경우라면 수사기관은 진술을 듣기 전에 미리 진술거부권을 고지하여야 한다. (○, ×) 19. 경찰승진

기출 판례

피고인들에게 필로폰이 들어 있는 곡물포대를 전달한 자를 참고인으로 불러 진술거부권을 고지하지 아니한 채 조사한 경우에, 증거능력을 부정할 수는 없다(2012도725). 14. 경찰2차, 17. 경찰간부

OX 피의자 또는 피고인은 개의 질문에 대해서만 진술을 거부할 수 있으나 일체의 진술을 거부할 수 없다. (○, ×) 21. 경찰승진

Answer

OX
○, ×

OX 수사기관이 피의자를 신문함에 있어서 피의자에게 미리 진술거부권을 고지하지 않은 때에는 그 피의자의 진술은 진술의 임의성이 인정되는 경우라도 증거능력이 없다. (○, ×) 19. 법원

OX 수사기관에 의한 진술거부권 고지 대상이 되는 피의자 지위는 수사기관이 조사대상자 에 대한 범죄혐의를 인정하여 수사를 개시하는 행위를 한 때 인정되는 것으로 보아야 한다. 따라서 이러한 피의자 지위에 있지 아니한 자에 대하여는 진술거부권이 고지되지 아니하였더라도 진술의 증거능력을 부정할 것은 아니다. (○, ×) 19. 법원

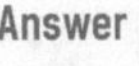

Answer

OX ○, ○

ⓛ **임의성이 인정되더라도 증거능력이 부정된다(위법수집증거에 해당한다)(2014도1779 등).** 04. 법원주사보, 06 · 14 · 15 · 17 · 19. 경찰2차, 07 · 09. 7급국가직, 07 · 09 · 16. 9급국가직, 10. 교정특채, 10 · 11 · 12 · 16 · 17 · 18 · 21. 경찰승진, 10 · 11 · 13 · 14 · 18 · 19. 법원, 12. 경찰1차, 12 · 13 · 14 · 17 · 18 · 20. 경찰간부, 12 · 17 · 19. 해경간부, 17. 해경1차 · 해경2차, 19. 9급개론

② 참고인(피의자 지위에 있지 아니한 자)에게 진술거부권을 고지하지 아니하고 작성한 조서는 증거능력이 인정된다(2011도8125). 16. 경찰승진 · 경찰2차 · 법원, 17. 해경1차 · 해경간부, 18. 9급개론, 19. 법원, 20. 9급국가직 · 9급개론

❺ 신문 방법 등

1. 인정신문

성명, 연령, 등록기준지, 주거와 직업을 물어 피의자임에 틀림 없음을 확인하여야 한다.

2. 신문사항

① 피의자에 대하여 범죄사실과 정상에 관한 필요사항을 신문하여야 하며,

② 그 이익 되는 사실을 진술할 기회를 주어야 한다.

③ 사실을 발견함에 필요한 때에는 피의자와 다른 피의자 또는 참고인과 대질하게 할 수 있다.

3. 심야조사의 제한

① 검사 또는 사법경찰관은 조사, 신문, 면담 등 그 명칭을 불문하고 피의자나 사건관계인에 대해 오후 9시부터 오전 6시까지 사이에 조사(이하 “심야조사”라 한다)를 해서는 안 된다. 다만, 이미 작성된 조서의 열람을 위한 절차는 자정 이전까지 진행할 수 있다(수사준칙 제21조 제1항).

② 다음의 어느 하나에 해당하는 경우에는 심야조사를 할 수 있다. 이 경우 심야조사의 사유를 조서에 명확하게 적어야 한다(동조 제2항).

ⓖ **피의자를 체포한 후 48시간 이내에 구속영장의 청구 또는 신청 여부를 판단하기 위해 불가피한 경우**

ⓛ **공소시효가 임박한 경우**

ⓒ **피의자나 사건관계인이 출국, 입원, 원거리 거주, 직업상 사유 등 재출석이 곤란한 구체적인 사유를 들어 심야조사를 요청한 경우(변호인이 심야조사에 동의하지 않는다는 의사를 명시한 경우는 제외한다)로서 해당 요청에 상당한 이유가 있다고 인정되는 경우**

ⓡ **그 밖에 사건의 성질 등을 고려할 때 심야조사가 불가피하다고 판단되는 경우 등 법무부장관, 경찰청장 또는 해양경찰청장이 정하는 경우로서 검사 또는 사법경찰관의 소속 기관의 장이 지정하는 인권보호 책임자의 허가 등을 받은 경우**

4. 장시간 조사 제한

① 검사 또는 사법경찰관은 조사, 신문, 면담 등 그 명칭을 불문하고 피의자나 사건관계인을 조사하는 경우에는 대기시간, 휴식시간, 식사시간 등 모든 시간을 합산한 조사시간(이하 "총조사시간"이라 한다)이 12시간을 초과하지 않도록 해야 한다. 다만, 다음의 어느 하나에 해당하는 경우에는 예외로 한다(수사준칙 제22조 제1항).

㉠ **피의자나 사건관계인의 서면 요청에 따라 조서를 열람하는 경우**

㉡ **제21조 제2항 각 호의 어느 하나에 해당하는 경우(심야조사가 가능한 경우)**

② 검사 또는 사법경찰관은 특별한 사정이 없으면 총조사시간 중 식사시간, 휴식시간 및 조서의 열람시간 등을 제외한 실제 조사시간이 8시간(12시간 ×)을 초과하지 않도록 해야 한다(동조 제2항). 21. 경찰1차

③ 검사 또는 사법경찰관은 피의자나 사건관계인에 대한 조사를 마친 때부터 8시간이 지나기 전에는 다시 조사할 수 없다. 다만, 심야조사가 가능한 경우에 해당하는 경우에는 예외로 한다(동조 제3항).

5. 휴식시간 부여

① 검사 또는 사법경찰관은 조사에 상당한 시간이 소요되는 경우에는 특별한 사정이 없으면 피의자 또는 사건관계인에게 조사 도중에 최소한 2시간마다 10분 이상의 휴식시간을 주어야 한다(수사준칙 제23조 제1항). 21. 경찰1차

② 검사 또는 사법경찰관은 조사 도중 피의자, 사건관계인 또는 그 변호인으로부터 휴식시간의 부여를 요청받았을 때에는 그때까지 조사에 소요된 시간, 피의자 또는 사건관계인의 건강상태 등을 고려해 적정하다고 판단될 경우 휴식시간을 주어야 한다(동조 제2항).

③ 검사 또는 사법경찰관은 조사 중인 피의자 또는 사건관계인의 건강상태에 이상 징후가 발견되면 의사의 진료를 받게 하거나 휴식하게 하는 등 필요한 조치를 해야 한다(동조 제3항).

6. 자료 · 의견의 제출기회 보장

① 검사 또는 사법경찰관은 조사과정에서 피의자, 사건관계인 또는 그 변호인이 사실관계 등의 확인을 위해 자료를 제출하는 경우 그 자료를 수사기록에 편철한다(수사준칙 제25조 제1항).

② 검사 또는 사법경찰관은 조사를 종결하기 전에 피의자, 사건관계인 또는 그 변호인에게 자료 또는 의견을 제출할 의사가 있는지를 확인하고, 자료 또는 의견을 제출받은 경우에는 해당 자료 및 의견을 수사기록에 편철한다(동조 제2항).

③ 피의자에게는 진술거부권과 자기에게 유리한 진술을 할 권리와 유리한 증거를 제출할 권리가 있지만, 수사기관에 대하여 진실만을 진술하여야 할 의무가 있는 것은 아니다(2018도18646). 21. 경찰1차

관련 **판례**

검사가 조사실에서 피의자를 신문할 때 피의자가 신체적으로나 심리적으로 위축되지 않은 상태에서 자기의 방어권을 충분히 행사할 수 있도록 피의자에게 보호장비를 사용하지 말아야 하는 것이 원칙이고, 다만 도주, 자해, 다른 사람에 대한 위해 등 형집행법 제97조 제1항 각 호에 규정된 위험이 분명하고 구체적으로 드러나는 경우에만 예외적으로 보호장비를 사용하여야 한다.
따라서 구금된 피의자는 형집행법 제97조 제1항 각 호에 규정된 사유에 해당하지 않는 이상 보호장비 착용을 강제당하지 않을 권리를 가진다. 검사는 조사실에서 피의자를 신문할 때 해당 피의자에게 그러한 특별한 사정이 없는 이상 교도관에게 보호장비의 해제를 요청할 의무가 있고, 교도관은 이에 응하여야 한다.
검사 또는 사법경찰관이 구금된 피의자를 신문할 때 피의자 또는 변호인으로부터 보호장비를 해제해 달라는 요구를 받고도 거부한 조치는 형사소송법 제417조 제1항에서 정한 '구금에 관한 처분'에 해당한다고 보아야 한다.
형사소송법 제243조의2 제3항 단서는 피의자신문에 참여한 변호인은 신문 중이라도 부당한 신문방법에 대하여 이의를 제기할 수 있다고 규정하고 있으므로, 검사 또는 사법경찰관의 부당한 신문방법에 대한 이의제기는 고성, 폭언 등 그 방식이 부적절하거나 또는 합리적 근거 없이 반복적으로 이루어지는 등의 특별한 사정이 없는 한, 원칙적으로 변호인에게 인정된 권리의 행사에 해당하며, 신문을 방해하는 행위로는 볼 수 없다. 따라서 검사 또는 사법경찰관이 그러한 특별한 사정 없이, 단지 변호인이 피의자신문 중에 부당한 신문방법에 대한 이의제기를 하였다는 이유만으로 변호인을 조사실에서 퇴거시키는 조치는 정당한 사유 없이 변호인의 피의자신문 참여권을 제한하는 것으로서 허용될 수 없다(대법원 2020.3.17. 자 2015모2357 결정).

OX 피의자가 피의자신문조서를 열람한 후 이의를 제기한 경우 이를 조서에 추가로 기재해야 하며 이의를 제기하였던 부분은 부당한 심증형성의 기초가 되지 않도록 삭제하여야 한다. (○, ×) 21. 경찰승진

☑ 조사과정 기록 사항
1. 조서를 작성하는 경우
   가. 조사 대상자가 조사장소에 도착한 시각
   나. 조사의 시작 및 종료 시각
   다. 조사 대상자가 조사장소에 도착한 시각과 조사를 시작한 시각에 상당한 시간적 차이가 있는 경우에는 그 이유
   라. 조사가 중단되었다가 재개된 경우에는 그 이유와 중단 시각 및 재개 시각
2. 조서를 작성하지 않는 경우
   가. 조사 대상자가 조사장소에 도착한 시각
   나. 조사 대상자가 조사장소를 떠난 시각
   다. 조서를 작성하지 않는 이유
   라. 조사 외에 실시한 활동
   마. 변호인 참여 여부

OX 피고인 또는 피고인이 아닌 자의 진술을 내용으로 하는 영상녹화물은 공판준비 또는 공판기일에 피고인 또는 피고인이 아닌 자가 진술함에 있어서 기억이 명백하지 아니한 사항에 관하여 기억을 환기시켜야 할 필요가 있다고 인정되는 경우에 피고인 또는 피고인이 아닌 자에게 재생하여 시청하게 할 수 있다. (○, ×) 15. 변호사

Answer

OX
×, ○

⑥ 조서작성

① 피의자의 진술은 피의자신문조서에 기재하여야 한다.

② 작성된 조서는 피의자에게 열람하게 하거나 읽어 들려주어야 한다.

③ 진술한 대로 기재되지 아니하였거나 사실과 다른 부분의 유무를 물어 피의자가 증감 또는 변경의 청구 등 이의를 제기하거나 의견을 진술한 때에는 이를 조서에 추가로 기재하여야 한다. 19. 경찰2차

④ 이 경우 피의자가 이의를 제기하였던 부분은 읽을 수 있도록 남겨두어야 한다(삭제하여야 한다 ×)(제244조 제2항). 21. 경찰승진

⑤ 피의자가 조서에 대하여 이의나 의견이 없음을 진술한 때에는 피의자로 하여금 취지를 자필로 기재하게 하고 조서에 간인한 후 기명날인 또는 서명하게 한다.

⑦ 수사과정의 기록

① 피의자가 조사장소에 도착한 시각, 조사를 시작하고 마친 시각, 그 밖에 조사과정의 진행경과를 확인하기 위하여 필요한 사항을 피의자신문조서에 기록하거나 별도의 서면에 기록한 후, 수사기록에 편철하여야 한다(제244조의4 제1항). 21. 경찰승진

② 검사 또는 사법경찰관은 조사(신문, 면담 등 명칭을 불문한다) 과정의 진행경과를 다음의 구분에 따른 방법으로 기록해야 한다(수사준칙 제26조 제1항).
   ㉠ **조서를 작성하는 경우: 조서에 기록(별도의 서면에 기록한 후 조서의 끝부분에 편철하는 것을 포함한다)**
   ㉡ **조서를 작성하지 않는 경우: 별도의 서면에 기록한 후 수사기록에 편철**

③ 수사과정기록이 없는 경우 ⇨ 증거능력 부정(참고인 진술서도 마찬가지)

⑧ 영상녹화

(1) 절 차

1) 피의자의 진술은 영상녹화할 수 있다(하여야 한다 ×).

① 특정 성폭력 피해자(19세 미만, 신체적·정신적 장애, 아동·청소년 대상)의 경우 의무적으로 영상녹화하여야 한다(아동 청소년 성보호에 관한 법률 제26조 제1항 등). 17. 경찰간부, 21. 경찰승진

② 다만, 이 경우도 피해자, 법정대리인이 원하지 않는 경우에는 영상녹화하여서는 아니 된다(동조 제2항). 15. 변호사, 21. 경찰승진

③ 그러나 친권자(친족 ×) 중 일방이 가해자인 경우에는 영상녹화하여야 한다(동조 제2항). 15. 변호사, 21. 경찰승진

2) 고지(동의 ×) 15 · 16 · 19 · 20. 경찰1차, 16 · 19 · 21. 경찰승진, 18 · 19 · 20. 경찰간부, 18 · 19. 변호사, 19. 해경간부, 20. 경찰2차

① 피의자에 대한 영상녹화를 위해서는 미리 영상녹화사실을 고지하여야 한다(제244조의2 제1항)(피의자 또는 변호인의 동의는 불필요).

② 피의자가 아닌 자의 진술을 영상녹화하고자 할 때에는 미리 피의자가 아닌 자에게 영상녹화 사실을 알려주고 동의를 받아야 한다(제221조 제1항). 21. 경찰승진

3) 전 과정의 객관적 녹화

조사가 개시된 시점부터 조사가 종료되어 피의자가 조서에 기명날인 또는 서명을 마치는 시점까지 전 과정 및 객관적 정황이 영상녹화된 것이어야 한다(제244조의2 제1항). 16 · 17 · 18 · 21. 경찰승진, 19. 경찰1차 · 9급개론, 20. 경찰간부

4) 얼굴식별, 일시 실시간 표시 가능하도록 녹화 15. 변호사, 17. 경찰승진

① 영상녹화물은 조사가 행해지는 동안 조사실 전체를 확인할 수 있도록 녹화된 것으로 진술자의 얼굴을 식별할 수 있는 것이어야 하고,

② 재생화면에는 녹화 당시의 날짜와 시간이 실시간으로 표시되어야 한다.

5) 진술거부권, 변호인 조력권 등 고지

피고인이 된 피의자의 진술을 영상녹화할 경우에는 진술거부권, 변호인의 참여를 요청할 수 있다는 점 등의 고지가 포함되어야 한다. 15. 변호사

6) 피의자의 기명날인 서명, 시청

① 영상녹화가 완료되면 피의자 또는 변호인 앞에서 지체 없이 그 원본을 봉인하고 피의자로 하여금 기명날인 또는 서명하게 하여야 한다(제244조의2 제2항). 14. 경찰2차, 16 · 21. 경찰승진, 18 · 20. 경찰간부 · 해경2차

② 피의자 또는 변호인의 요구가 있는 때에는 영상녹화물을 재생하여 시청하게 한다. 18. 경찰간부

③ 이때 내용에 대하여 이의를 진술하는 때에는 그 취지를 기재한 서면(따로 영상녹화 ×)을 첨부한다(제244조의22 제3항). 16. 경찰승진, 18 · 20. 경찰2차, 20. 경찰1차 · 경찰간부

(2) 증거사용

1) 범죄사실 인정의 증거: 사용불가

① 영상녹화물은 원칙적으로 공소사실을 직접 증명할 수 있는 독립적인 증거로 사용될 수 없다(2012도5041). 15. 변호사, 16. 7급국가직, 17. 법원 · 경찰간부, 18. 해경간부, 20. 경찰1차 · 경찰2차, 21. 경찰간부

② 다만, 특정 성폭력 피해자(19세 미만, 신체적 · 정신적 장애, 아동 · 청소년 대상)의 경우 피해자 또는 동석한 자의 진정성립에 의해 증거로 사용할 수 있다. 15 · 17. 변호사, 18. 9급개론, 19. 경찰1차

참고+ 피의자에 대한 영상녹화를 위해서는 미리 고지하여야 하나, 참고인의 경우에는 동의가 필요하다.

OX 피의자의 진술은 영상녹화할 수 있다 . 이 경우 미리 영상녹화사실을 알려주어야 하며, 조사의 개시부터 종료까지의 전과정 및 객관적 정황을 영상녹화하여야 한다. (○, ×) 18. 경찰승진

OX 영상녹화물은 조사가 행해지는 동안 조사실 전체를 확인할 수 있도록 녹화된 것으로 진술자의 얼굴을 식별할 수 있는 것이어야 하고, 재생화면에는 녹화 당시의 날짜와 시간이 실시간으로 표시되어야 한다. (○, ×) 15. 변호사

OX 아동 · 청소년 대상 성범죄 피해자의 진술내용과 조사과정에 대한 영상물 녹화는 피해자 또는 법정대리인이 이를 원하지 아니하는 의사를 표시한 때에는 촬영을 하여서는 안 된다. 다만, 가해자가 친족일 경우는 그러하지 아니하다. (○, ×) 15. 변호사

OX 피고인이 된 피의자의 진술을 영상녹화할 경우에는 진술거부권, 변호인의 참여를 요청할 수 있다는 점 등의 고지가 포함되어야 한다. (○, ×) 15. 변호사

OX 수사기관이 참고인을 조사하는 과정에서 형사소송법 제21조 제1항에 따라 작성한 영상녹화물은 다른 법률에서 달리 규정하고 있는 등의 특별한 사정이 없는 한, 원칙적으로 공소사실을 직접 증명할 수 있는 독립적인 증거로 사용할 수 없다. (○, ×) 21. 경찰간부

기출 판례

수사기관이 참고인을 조사하는 과정에서 형사소송법 제221조 제1항에 따라 작성한 영상녹화물은, 다른 법률에서 달리 규정하고 있는 등의 특별한 사정이 없는 한, 공소사실을 직접 증명할 수 있는 독립적인 증거로 사용될 수는 없다고 해석함이 타당하다(2012도5041). 20. 법원

Answer

OX
○, ○, ×, ○, ○

기출 키워드 체크

특정 성폭력피해자에 대한 영상녹화물에 수록된 피해자의 진술은 원진술자뿐만 아니라 조사과정에 ______하였던 신뢰관계자의 법정 진술에 의하여 그 성립의 진정이 인정될 수 있다.

OX 19세 미만의 피해자 등에 대하여 성폭력범죄의 처벌 등에 관한 특례법에 규정된 절차에 따라 촬영한 영상물에 수록 된 피해자의 진술은 공판준비 또는 공판기일에 피해자나 조사과정에 동석하였던 신뢰관계에 있는 사람 또는 진술조력인의 진술에 의하여 그 성립의 진정함이 인정된 경우에 증거로 할 수 있다. (○, ×) 15. 변호사

☑ **녹화 정보 서면 제출**: 형사소송규칙에는 '피의자의 진술의 진정성립을 대체하기 위해서는 녹화정보(녹화시간, 장소, 해당 시각 등)에 관한 서면을 법원에 제출하여야 한다(규칙 제134조의2 제2항)'고 규정하고 있으나, 현재 형사소송법 개정(2021. 1. 1. 시행)으로 인해 피의자의 진술의 진정성립을 영상녹화로 대체할 수 없다.
한편, 피고인 아닌 피의자의 진술은 위 서면을 제출할 필요가 없다.

OX 피의자신문에 대한 변호인의 참여권은 구속된 피의자의 방어권을 실질적으로 보장하기 위한 취지이므로 불구속 피의자의 피의자신문에 대해서는 정당한 사유가 있는 경우에만 변호인의 참여가 허용된다. (○, ×) 18. 경찰2차

Answer

기출 키워드 체크
동석
OX
○, ×

2) 증명력을 다투기 위한 증거(탄핵증거): 사용불가

피고인(또는 피고인 아닌자)의 진술을 내용으로 하는 영상녹화물은 공판준비 또는 공판기일에 피고인 진술의 증명력을 다투기 위한 증거로 할 수 없다. 09. 7급국가직, 18. 해경2차

3) 기억환기용: 사용가능

① 기억이 명백하지 아니한 사항에 관하여 기억을 환기시켜야 할 필요가 있다고 인정되는 때에 한하여 피고인 또는 피고인이 아닌 자(검사 ×)에게 재생하여 시청하게 할 수 있다.

② 기억환기를 위한 영상녹화물의 재생은 기억의 환기가 필요한 피고인 또는 피고인 아닌 자에게만 이를 재생하여 시청하게 하여야 한다[형사소송규칙(이하 '규칙') 제134조의5 제1항]. 18. 변호사

4) 진정성립 대체 목적: (피고인 아닌 자에 대해) 사용가능

① 피고인 아닌 자가 진정성립을 부정할 경우 진정성립 대체 목적으로 영상녹화를 사용할 수 있다.

② 피고인에 대해서는 형사소송법 개정(2021. 1. 1. 시행)으로 인해 피의자의 진술의 진정성립을 영상녹화로 대체할 수 없다(제312조 제2항 삭제).

③ 녹화매체에 대한 증거조사는 녹화매체를 재생하여 시청하는 방법으로 한다(규칙 제134조의8 제3항).

④ 검사가 조서의 성립의 진정을 증명하거나 또는 진술자의 기억환기를 위하여 영상녹화물의 조사를 신청한 경우에 법원은 공판준비 또는 공판기일에서 봉인을 해체하고 영상녹화물의 전부 또는 일부를 재생하는 방법으로 조사하여야 한다. 18. 경찰1차

⑤ 이때 영상녹화물은 그 재생과 조사에 필요한 전자적 설비를 갖춘 법정 외의 장소에서 재생할 수 있다(규칙 제134조의4 제3항). 18. 경찰1차

⑥ 법원은 검사가 영상녹화물의 조사를 신청한 경우 이에 관한 결정을 함에 있어 피고인 또는 변호인으로 하여금 그 영상녹화물이 적법한 절차와 방식에 따라 작성되어 봉인된 것인지 여부에 관한 의견을 진술하게 하여야 한다(규칙 제134조의4 제1항). 18. 경찰1차

9 수사기관의 참여

① 검사가 신문시: 검찰청 수사관, 서기관 또는 서기를 참여하게 하여야 한다. 19. 경찰1차

② 사법경찰관이 신문시: 사법경찰관리를 참여하게 하여야 한다. 19. 경찰1차

⑩ 변호인 참여

1. 의무적 참여

① 검사 또는 사법경찰관은 신청권자의 신청에 따라 정당한 사유가 없는 한 변호인을 피의자에 대한 신문에 참여하게 해야 한다(할 수 있다 ×). 14. 경찰2차, 16. 경찰1차, 17. 경찰승진

② 피의자신문시 변호인의 참여를 요구할 수 있는 권리는 형사소송법에 명문으로 규정되어 있다(제243조의2). 10. 경찰승진, 16 · 20. 경찰간부

③ 구속피의자뿐만 아니라 불구속 피의자에 대한 신문에도 참여할 수 있다(제243조의2 제1항). 15. 8급국가직 · 9급개론, 17. 해경간부, 21. 경찰승진

④ 참여를 제한할 수 있는 경우는 ⓐ 수사방해 ⓑ 수사기밀 유출 ⓒ 증거인멸 위험이 객관적으로 명백할 때에 한한다.

2. 신청 및 지정

① 신청권자: 피의자 또는 그 변호인 · 법정대리인 · 배우자 · 직계친족 · 형제자매 17. 해경간부

② 변호인이 2인 이상인 때는 다음과 같이 참여할 변호인을 지정할 수 있다(지정권자 순서에 유의, 지정하여야 한다 ×)(제243조의2 제2항). 16 · 18. 경찰승진, 17. 경찰1차 · 여경 · 경찰특공대, 17 · 18 · 19. 해경간부, 20. 경찰간부

㉠ **피의자가 신문에 참여할 변호인 1인을 지정한다.**

㉡ **다만, 지정이 없는 경우에는 검사 또는 사법경찰관이 이를 지정할 수 있다(지정하여야 한다 ×).**

3. 절 차

① 검사 또는 사법경찰관은 피의자신문에 참여한 변호인이 피의자의 옆자리 등 실질적인 조력을 할 수 있는 위치에 앉도록 해야 하고, 정당한 사유가 없으면 피의자에 대한 법적인 조언 · 상담을 보장해야 하며, 법적인 조언 · 상담을 위한 변호인의 메모를 허용해야 한다(수사준칙 제13조 제1항).

② 검사 또는 사법경찰관은 피의자에 대한 신문이 아닌 단순 면담 등이라는 이유로 변호인의 참여 · 조력을 제한해서는 안 된다(동조 제2항).

③ 위 ① 및 ②은 검사 또는 사법경찰관의 사건관계인에 대한 조사 · 면담 등의 경우에도 적용한다(동조 제3항).

④ 피의자신문에 참여한 변호인은 검사 또는 사법경찰관의 신문 후 조서를 열람하고 의견을 진술할 수 있다. 이 경우 변호인은 별도의 서면으로 의견을 제출할 수 있으며, 검사 또는 사법경찰관은 해당 서면을 사건기록에 편철한다(수사준칙 제14조 제1항).

기출 판례

변호인이 피의자신문에 자유롭게 참여할 수 있는 권리는 헌법상 기본권인 변호인의 변호권으로서 보호되어야 한다(2016헌마503). 18. 경찰2차

☑ **기출 지문**: '변호인 되려는 자'의 참여에 대해서는 형사소송법에 관련 규정이 없다. 15. 9급국가직 · 9급개론
정당한 사유가 있는 경우에만 변호인의 참여가 허용된다. (×) 18. 경찰2차

OX 변호인에게 피의자신문 참여권을 인정하는 이유는 피의자 등이 가지는 '변호인의 조력을 받을 권리'를 충실하게 보장하기 위한 목적에서 비롯된 것이지, 그것이 변호인 자신의 기본권을 보장하기 위하여 인정되는 권리라고 볼 수는 없다. (○, ×) 18. 경찰2차

☑ **기출 지문**: 검사 또는 사법경찰관의 형사소송법 제243조의2에 따른 변호인의 참여 등에 관한 처분에 대하여 불복이 있으면 그 직무집행지의 관할법원 또는 검사의 소속검찰청에 대응한 법원에 그 처분의 취소 또는 변경을 청구할 수 있다. 18. 경찰승진, 19. 경찰간부

OX 피의자신문에 참여한 변호인은 신문 후 의견을 진술할 수 있고, 부당한 신문방법에 대하여는 신문 중이더라도 이의를 제기하고 의견을 진술할 수 있다. 다만, 부당한 신문방법에 대한 신문 중의 이의제기는 검사 또는 사법경찰관의 승인을 얻어야 한다. (○, ×) 18. 경찰2차

OX 피의자가 "변호인의 조력을 받을 권리를 행사할 것인가요"라는 사법경찰관의 물음에 "예"라고 답변하였음에도 사법경찰관이 변호인의 참여를 제한하여야 할 정당한 사유 없이 변호인이 참여하지 아니한 상태에서 계속하여 피의자를 상대로 신문을 행한 경우, 그 내용을 기재한 피의자신문조서는 적법한 절차에 따르지 않고 수집한 증거에 해당한다. (○, ×) 18. 경찰2차

Answer

OX
×, ×, ○

OX 신문에 참여하고자 하는 변호인이 2인 이상인 때에는 피의자가 신문에 참여할 변호인 1인을 지정한다. 지정이 없는 경우에는 검사 또는 사법경찰관이 이를 지정하여야 한다. (O, ×) 18. 경찰승진

기출 판례

정당한 사유 없이 변호인 참여가 제한되는 경우 작성된 조서는 위법수집증거로서 증거능력이 없다(제308조의2)(2010도3359)(증명력이 낮게 평가된다 ×). 15. 7급국가직, 16·17. 경찰1차, 18. 해경간부, 19. 경찰승진, 20. 경찰간부

관련 판례

피의자가 "변호인의 조력을 받을 권리를 행사할 것인가요"라는 사법경찰관의 물음에 "예"라고 답변하였음에도 사법경찰관이 변호인의 참여를 제한하여야 할 정당한 사유 없이 변호인이 참여하지 아니한 상태에서 계속하여 피의자를 상대로 신문을 행한 경우, 그 내용을 기재한 피의자신문조서는 적법한 절차에 따르지 않고 수집한 증거에 해당한다(2010도3359).

OX 검사 또는 사법경찰관의 형사소송법 제243조의2에 따른 변호인의 참여 등에 관한 처분에 대하여 불복이 있으면 그 직무집행지의 관할 법원 또는 검사의 소속검찰청에 대응한 법원에 그 처분의 취소 또는 변경을 청구할 수 있다. (O, ×) 18. 경찰승진

OX 검찰수사관이 피의자신문에 참여한 변호인에게 피의자 후방에 앉으라고 요구한 행위는 이를 정당화할 특별한 사정이 없는 한 변호인의 변호권을 침해하므로 헌법에 위배된다. (O, ×) 18. 9급국가직·9급개론

Answer

OX

×, O, O

⑤ 피의자신문에 참여한 변호인은 신문 중이라도 검사 또는 사법경찰관의 승인을 받아 의견을 진술할 수 있다. 이 경우 검사 또는 사법경찰관은 정당한 사유가 있는 경우를 제외하고는 변호인의 의견진술 요청을 승인해야 한다(동조 제2항).

⑥ 피의자신문에 참여한 변호인은 위 ⑤에도 불구하고 부당한 신문방법에 대해서는 검사 또는 사법경찰관의 승인 없이 이의를 제기할 수 있다(동조 제3항).

⑦ 검사 또는 사법경찰관은 위 ④부터 ⑥까지의 규정에 따른 의견진술 또는 이의제기가 있는 경우 해당 내용을 조서에 적어야 한다(동조 제4항).

4. 참여의 제한

① 피의자가 증거인멸을 부탁하는 등으로 변호인을 공범으로 가담시키고자 권유하였다는 것만으로는 변호인의 피의자신문참여를 제한할 수 없다(2006모657).

② 변호인 의견이 기재된 피의자신문조서는 변호인에게 열람하게 한 후 변호인으로 하여금 그 조서에 기명날인 또는 서명하게 하여야 한다(제243조의2 제4항). 19. 경찰간부

③ 검사 또는 사법경찰관은 변호인의 신문참여 및 그 제한에 관한 사항을 피의자 신문조서에 기재하여야 한다(제243조의2 제5항). 16·21. 경찰승진, 20. 경찰간부

④ 변호인 참여 제한, 퇴거 처분에 대해서는 준항고할 수 있다(제417조). 15. 7급국가직, 17. 여경·경찰특공대·법원, 18·19. 경찰승진·해경간부, 20. 경찰간부

▶ 변호인 참여권 제한 비교

제한이 정당한 경우	제한이 정당하지 않은 경우
• 변호인 여러 명이 순차적으로 접견신청을 하거나 정당한 이유 없이 장기간 접견하는 경우 • 죄증의 인멸·은닉·조작 가능성이 명백한 경우 • 참여변호인이 촬영·메모·기록하는 경우(단, 기억환기용의 메모는 제외) • 변호인이 대신 답변하거나 특정답변이나 진술의 번복을 유도하는 경우	• 피의자가 증거인멸을 부탁하는 등으로 변호인을 공범으로 가담시키고자 권유하였다는 것만으로 변호인의 피의자신문참여를 제한한 경우(2006모657) 17. 경찰2차 • 정당한 사유가 없는데도 변호인에 대하여 피의자로부터 떨어진 곳에 옮겨 앉으라고 지시한 다음 이러한 지시에 따르지 않았음을 이유로 변호인의 피의자신문 참여권을 제한한 경우(2008모793) 19. 경찰1차 • 변호인이 '진술거부권이 있음을 알리고 그 행사를 권고'하였다는 이유로 참여권을 제한한 경우 • 수사기관이 피의자신문에 참여한 변호인에 대하여 후방착석을 요구(뒤에 앉으라고 요구)하는 행위(2016헌마503) 18. 9급국가직·9급개론, 20. 경찰1차·경찰간부

▶ **변호인 참여시 할 수 있는 행위 비교**

참여한 변호인이 할 수 있는 행위	참여한 변호인이 할 수 없는 행위
1. 신문 후 의견 진술 16. 경찰승진, 18. 경찰간부 · 경찰2차, 20. 경찰1차 2. (신문 중) 부당한 신문방법에 대한 이의제기 14 · 20. 경찰1차, 18. 경찰간부 · 경찰2차 3. (신문 중) 검사 또는 사법경찰관의 승인을 얻어 의견 진술 16. 해경1차, 17 · 18. 경찰간부, 18. 경찰승진, 20. 경찰1차 4. 진술거부권 사용 권고(종용)(2006모657) 17. 해경간부 · 해경2차 · 법원, 18. 경찰승진, 20. 경찰간부 5. 기억정리용 메모	1. 대신 대답 2. 신문 중, 수사기관의 승인 없이 의견 진술 14. 경찰1차 3. 촬영, 녹음, 상세한 기록

⑪ 신뢰관계인 동석

1. 의 의

① 검사 또는 사법경찰관은 피의자를 신문하는 경우, 일정한 때에는 직권 또는 신청에 의해 신뢰관계에 있는 자를 동석하게 할 수 있다(하여야 한다 ×)(제244조의5). 17. 경찰1차 · 여경 · 경찰특공대, 19. 경찰간부 · 경찰승진

② 신뢰관계자의 동석을 허락할 것인지 여부는 원칙적으로 수사기관의 재량이다(2009도1322). 17. 경찰1차, 20. 경찰2차

③ 수사기관의 직권에 의한 동석도 가능하다. 19. 경찰2차

④ 피해자와 신뢰관계에 있는 사람은 피의자 또는 피해자의 직계친족, 형제자매, 배우자, 가족, 동거인, 보호 · 교육시설의 보호 · 교육담당자 등 피의자 또는 피해자의 심리적 안정과 원활한 의사소통에 도움을 줄 수 있는 사람으로 한다(수사준칙 제24조 제1항). 20. 경찰2차

⑤ 신뢰관계에 있는 사람의 동석을 신청한 경우 검사 또는 사법경찰관은 그 관계를 적은 동석신청서를 제출받거나 조서 또는 수사보고서에 그 관계를 적어야 한다(동조 제2항).

2. 동 석

① 조사 중 신뢰관계자의 동석을 중지시킬 수도 있다. 16. 경찰간부

② 피의자신문에 동석하는 신뢰관계자는 피의자의 심리적 안정과 원활한 의사소통에 도움을 주는 행위 외의 불필요한 행위를 하여서는 아니 된다.

③ 수사기밀 누설이나 신분 방해 등을 통하여 수사에 부당한 지장을 초래할 우려가 있다고 인정할 만한 상당한 이유가 있거나 신뢰관계자가 부당하게 수사의 진행을 방해하는 경우에는 피의자신문 도중에 동석을 중지시킬 수 있다.

☑ **신뢰관계인**

- **형사소송규칙 제84조의3** ① 법 제163조의2에 따라 피해자와 동석할 수 있는 신뢰관계에 있는 사람은 피해자의 배우자, 직계친족, 형제자매, 가족, 동거인, 고용주, 변호사, 그 밖에 피해자의 심리적 안정과 원활한 의사소통에 도움을 줄 수 있는 사람을 말한다.
- **수사준칙 제24조** ① 법 제244조의5에 따라 피의자와 동석할 수 있는 신뢰관계에 있는 사람과 법 제221조 제3항에서 준용하는 법 제163조의2에 따라 피해자와 동석할 수 있는 신뢰관계에 있는 사람은 피의자 또는 피해자의 직계친족, 형제자매, 배우자, 가족, 동거인, 보호 · 교육시설의 보호 · 교육담당자 등 피의자 또는 피해자의 심리적 안정과 원활한 의사소통에 도움을 줄 수 있는 사람으로 한다.

OX 검사 또는 사법경찰관이 피의자를 신문하면서 피의자와 신뢰관계에 있는 자를 동석하게 한 경우, 동석한 사람으로 하여금 피의자를 대신하여 진술하도록 하여서는 안 된다. 만약 동석한 사람이 피의자를 대신하여 진술한 부분이 조서에 기재되어 있다면 그 부분은 피의자의 진술을 기재한 것이 아니라 동석한 사람의 진술을 기재한 조서에 해당한다. (○, ×) 18. 경찰승진

3. 신뢰관계인의 진술

① 신뢰관계인이 대신 진술하게 하여서는 아니 된다(2009도1322). 17·20. 경찰1차, 18. 경찰승진, 19·20. 경찰2차

② 신뢰관계자 진술이 조서에 기재된 경우의 증거능력은 피의자의 진술이 기재된 것이 아닌 참고인의 진술이 기재된 것으로 취급하여야 한다(2009도1322). 10·13·18. 경찰승진, 16. 9급국가직·9급개론, 16·17. 경찰1차, 18. 경찰간부, 19. 경찰2차

4. 동석 가능 사유

① 피의자가 신체적 또는 정신적 장애로 사물을 변별하거나 의사를 결정·전달할 능력이 미약한 때(동석하게 할 수 있음) 17. 여경·경찰특공대

② 피의자의 연령·성별·국적 등의 사정을 고려하여 그 심리적 안정의 도모와 원활한 의사소통을 위하여 필요한 때(동석하게 할 수 있음) ⇨ 외국인에 대한 규정도 존재한다. 19. 해경간부

▶ 신뢰관계인 동석 조건 비교

대 상	근 거	성 격	조 건
피의자	제244조의5	임의적 동석제도	• 피의자가 신체적 또는 정식적 장애로 사물을 변별하거나 의사를 결정·전달할 능력이 미약한 때 • 피의자의 연령·성별·국적 등의 사정을 고려하여 그 심리적 안정의 도모와 원활한 의사소통을 위하여 필요한 경우
피고인	제276조의2	임의적 동석제도	위와 동일
증인(범죄피해자)	제163조의2	임의적·필수적 동석제도	• 범죄피해자인 증인의 연령, 심신의 상태, 그 밖의 사정을 고려하여 증인이 현저하게 불안 또는 긴장을 느낄 우려가 있다고 인정되는 때(임의적 동석) 20. 법원 • 범죄피해자가 13세 미만이거나 신체적 또는 정신적 장애로 사물을 변별하거나 의사를 결정할 능력이 미약한 경우(필수적 동석) 20. 경찰2차, 20. 법원 ⇨ 부득이한 경우 동석 제한 가능(규칙 제84조의3 제3항) 20. 법원
참고인(범죄피해자)	제221조 ③, 제163조의2	임의적·필수적 동석제도	위와 동일

OX 검사 또는 사법경찰관은 피의자가 신체적 또는 정신적 장애로 사물을 변별하거나 의사를 결정·전달할 능력이 미약한 때에는 직권 또는 피의자·법정대리인의 신청에 따라 피의자와 신뢰관계에 있는 자를 동석하게 하여야 한다. (○, ×) 19. 경찰승진

Answer

○, ×

Chapter 04 OX 확인학습

01 □□□ 구속된 피의자가 수사기관의 피의자신문을 위한 출석요구에 불응하면서 조사실에의 출석을 거부하는 경우에는 구속영장의 효력에 의하여 피의자를 조사실로 구인할 수 있다. (○)

02 □□□ 수사기관에 의한 진술거부권 고지 대상이 되는 피의자 지위는 수사기관이 조사대상자에 대한 범죄혐의를 인정하여 수사를 개시하는 행위를 한 때 인정되는 것으로 보아야 한다. 따라서 이러한 피의자 지위에 있지 아니한 자에 대하여는 진술거부권이 고지되지 아니하였더라도 진술의 증거능력을 부정할 것은 아니다. (○)

03 □□□ 수사기관이 피고인들의 필로폰 수입에 관한 범의를 명백히 하기 위하여 피고인들에게 필로폰이 들어 있는 곡물포대를 전달한 자를 참고인으로 불러 진술거부권을 고지하지 아니한 채 조사한 경우에, 조사받을 당시 또는 그 후라도 참고인에 대한 범죄혐의를 인정하고 수사를 개시할 피의자 지위에 있었다고 할 수 없었다면, 진술거부권 불고지로 인하여 참고인에 대한 진술조서의 증거능력을 부정할 수는 없다. (○)

04 □□□ 조사대상자의 진술 내용이 단순히 제3자의 범죄에 관한 경우가 아니라 자신과 제3자에게 공동으로 관련된 범죄에 관한 것이거나 제3자의 피의사실뿐만 아니라 자신의 피의사실에 관한 것이기도 하여 실질이 피의자신문조서의 성격을 가지는 경우라면 수사기관은 진술을 듣기 전에 미리 진술거부권을 고지하여야 한다. (○)

05 □□□ 피의자신문조서가 아닌 일반적인 진술조서의 형식으로 조서를 작성한 경우, 진술조서의 내용이 피의자신문조서와 실질적으로 같고, 진술의 임의성이 인정되는 경우라도 미리 피의자에게 진술거부권을 고지하지 않았다면 위법수집증거에 해당한다. (○)

06 □□□ 검사 또는 사법경찰관은 피의자 또는 그 변호인 · 법정대리인 · 배우자 · 직계친족 · 형제자매의 신청에 따라 변호인을 피의자와 접견하게 하거나 정당한 사유가 없는 한 피의자에 대한 신문에 참여하게 할 수 있다. (×)

07 □□□ 형사소송법은 구속 · 불구속 피의자의 신문시 변호인 또는 변호인이 되려는 자의 참여권을 인정하고 있다. (×)

08 □□□ 검사 또는 사법경찰관의 '변호인의 피의자신문에 참여'에 관한 처분에 대하여 불복이 있으면 그 직무집행지의 관할법원 또는 검사의 소속검찰청에 대응한 법원에 그 처분의 취소 또는 변경을 청구할 수 있다. (○)

09 □□□ 피의자신문에 참여하고자 하는 변호인이 2인 이상인 때에는 피의자가 참여할 변호인 1인을 지정하고, 지정이 없는 경우에는 검사 또는 사법경찰관이 지정하여야 한다. (×)

10 □□□ 피의자에 의해 선임된 변호인은 수사기관에 의한 피의자신문 도중이라도 부당한 신문 방법에 대하여 이의를 제기할 수 있고, 자유롭게 개입하여 자신의 의견을 진술할 수 있다. (×)

11 □□□ 검사 또는 사법경찰관은 피의자를 신문하는 경우 피의자가 신체적 또는 정신적 장애로 사물을 변별하거나 의사를 결정·전달할 능력이 미약한 때나 피의자의 연령·성별·국적 등의 사정을 고려하여 그 심리적 안정의 도모와 원활한 의사소통을 위하여 필요한 경우에는, 직권 또는 피의자·법정대리인의 신청에 따라 피의자와 신뢰관계에 있는 자를 동석하게 할 수 있고, 구체적인 사안에서 위와 같은 동석을 허락할 것인지는 원칙적으로 검사 또는 사법경찰관이 피의자의 건강 상태 등 여러 사정을 고려하여 재량에 따라 판단하여야 한다. (○)

12 □□□ 피의자와 신뢰관계에 있는 자의 동석을 허락하는 경우에도 동석한 사람으로 하여금 피의자를 대신하여 진술하도록 하여서는 안 되며, 동석한 사람이 피의자를 대신하여 진술한 부분이 조서에 기재되어 있다면 그 부분은 피의자의 진술을 기재한 것이 아니라 동석한 사람의 진술을 기재한 조서에 해당하므로, 그 사람에 대한 진술조서로서의 증거능력을 취득하기 위한 요건을 충족하지 못하는 한 이를 유죄 인정의 증거로 사용할 수 없다. (○)

13 □□□ 형사소송법 제244조의5에 의해서 피의자와 신뢰관계에 있는 자가 피의자 신문에 동석하여 피의자신문조서가 작성된 경우에, 동석한 자가 피의자를 대신하여 진술한 부분은 피의자신문조서의 증거능력의 요건을 충족하여야 증거능력이 인정된다. (×)

14 □□□ 수사기관이 피의자의 진술을 영상녹화 하는 경우에는 반드시 피의자 내지 변호인의 동의를 받아야 하고, 피의자가 아닌 자의 진술을 영상녹화 하는 경우에는 미리 영상녹화 사실을 고지하면 되고 그의 동의를 요하지는 않는다. (×)

15 □□□ 성폭력범죄의 처벌 등에 관한 특례법 제30조 제1항에 따라 촬영한 영상물에 수록된 피해자의 진술에 대해서는 증거로 사용할 수 있는 특례가 마련되어 있다. (○)

16 □□□ 피의자 신문에 있어 영상녹화가 완료된 때에는 피의자 또는 변호인 앞에서 지체 없이 그 원본을 봉인하고 피의자로 하여금 기명날인 또는 서명하게 하여야 한다. (○)

17 □□□ 피의자의 진술은 영상녹화하여 검사 작성의 피의자신문조서의 진정성립을 인정하는 용도로 사용할 수 있고, 이 경우 피의자에게 영상녹화사실을 알려주면 족하며 동의를 받을 필요는 없다. (○)

18 □□□ 수사기관의 형사소송법 제243조의2에 따른 변호인의 참여 등에 관한 처분에 대하여 불복이 있으면 준항고에 의해서 할 수 있다. (○)

19 □□□ 피의자가 변호인의 참여를 원한다는 의사를 명백하게 표시하였음에도 수사기관이 정당한 사유 없이 변호인을 참여하게 하지 아니한 채 피의자를 신문하여 작성한 피의자신문조서의 증거능력은 없다. (○)

20 □□□ 검찰수사관이 피의자신문에 참여한 변호인에게 피의자 후방에 앉으라고 요구한 행위는 이를 정당화할 특별한 사정이 없는 한 변호인의 변호권을 침해하므로 헌법에 위배된다. (○)

제3절 참고인 조사

1. 의 의

① 참고인조사란 피의자 아닌 자의 출석을 요구하여 진술을 듣는 임의수사를 말한다.

② 참고인은 수사기관에 대하여 체험사실을 진술하는 자라는 점에서, 법원・법관에 대해서 체험사실을 진술하는 증인과 구별된다.

③ 참고인조사는 임의수사이기 때문에 참고인은 증인과 달리 강제로 소환당하거나 신문당하지 않으며, 과태료부과나 구인을 할 수 없다(체포영장 등 청구 불가). 10. 경찰승진, 18. 7급국가직

2. 수사기관 참여

불필요하다.

3. 진술거부권

① 참고인에 대해서는 진술거부권을 고지할 필요가 없다.

② 그러나 조사 대상자의 범죄사실에 관하여 묻는 등 실질적으로 피의자의 지위에 있는 자를 조사할 때는 진술거부권을 고지하여야 한다.

4. 조서작성 등

① 참고인에 대한 조사와 조서작성 방법은 피의자 신문에 준한다.

② 수사과정 기록, 조서에 대한 이의신청도 피의자 신문에 준한다.

③ 참고인이 수사과정에서 진술서를 작성하였으나 수사과정 기록을 하지 않은 경우, 적법한 절차와 방식에 따라 수사과정에서 진술서가 작성되었다 할 수 없으므로 증거능력을 인정할 수 없다고 본다(2013도3790). 19. 경찰2차

5. 영상녹화

① 참고인의 진술도 영상녹화할 수 있으나, 참고인의 동의가 필요하다(제221조 제1항). 18・20. 경찰1차・경찰간부

6. 신뢰관계자 동석

(1) 불안・긴장(임의적)

피해자가 현저하게 불안 또는 긴장을 느낄 우려가 있다고 인정하는 때에는 직권 또는 피해자・법정대리인의 신청에 따라 신뢰관계자를 동석하게 할 수 있다.

OX 참고인의 경우 고지를 하고 영상녹화를 할 수 있으나, 피의자의 경우 동의를 얻어 영상녹화를 할 수 있다. (○, ×) 18. 경찰간부

OX 참고인에 대한 영상녹화물은 증인의 기억을 환기시키는 수단은 될 수 있지만, 참고인진술조서의 진정성립을 증명하는 자료는 될 수 없다. (○, ×) 18. 경찰간부

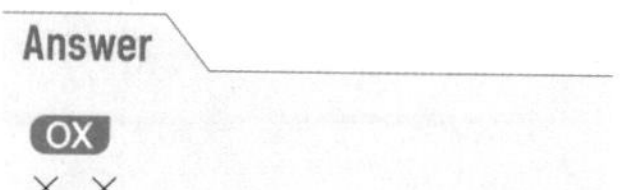

Answer

OX
×, ×

(2) 13세 미만 · 장애인(필요적)

피해자가 13세 미만이거나 신체적 또는 정신적 장애로 사물을 변별하거나 의사를 결정할 능력이 미약한 경우에 수사상 지장을 초래할 우려가 있는 등 부득이한 경우가 아닌 한 신뢰관계자를 동석하게 하여야 한다.

▶ **참고인 조사와 증인 신문의 비교**

구 분	참고인조사	증인신문
공통점	피의자, 피고인 외 제3자, 신뢰관계자 동석 사유	
성 격	임의수사	강제처분
의무 존재 여부	의무 없음	출석 · 선서 · 증언 의무
제재 수단	없음. 다만, 국가보안법상 참고인에 대해서는 구인이 허용됨	구인, 과태료, 소송비용부담, 감치 동행명령
위증죄 성립 여부	불성립	위증죄 성립

▶ **피의자신문과 참고인조사 비교**

구 분	참고인조사	피의자신문
공통점	임의수사, 출석요구의 방식, 조서작성 방식	
출석요구 불응시	수사단계에서는 강제 수단 없음. 다만, 공판단계에서 증인신문에 불응하며 과태료, 구인 가능	법원으로부터 체포영장 발부받아 체포 가능
진술거부권	불고지	고지
수사기관 참여	불필요	필요
변호인 참여	명문의 규정 없음(수사준칙에 일부 존재)	명문의 규정 존재
신뢰관계자 동석	• 불안 · 긴장(임의적) • 13세 미만 · 장애(필요적)	• 신체적 · 정신적 장애(임의적) • 심리적 안정 도모와 원할한 의사소통(임의적)
영상녹화	동의	고지

제4절 기타 임의수사

1. 감정 · 통역 · 번역의 위촉

① 검사 또는 사법경찰관은 수사에 필요한 때에는 감정 · 통역 · 번역을 위촉할 수 있다.

② 이는 임의수사이므로 강제할 수 없다.

2. 사실조회

① 수사기관은 수사에 관하여 공무소 기타 공사단체에 조회하여 필요한 사항의 보고를 요구할 수 있다. 10 · 16. 경찰승진, 13. 경찰간부, 17. 경찰2차

② 공무소 등은 보고의무가 있으나, 이행강제의 방법이 없다.

③ 사실조회는 임의수사로서 영장을 요하지 않는다.

OX 수사에 관하여는 공무소 기타 공사단체에 조회하여 필요한 사항의 보고를 요구할 수 있다. (○, ×)

Answer

OX
○

Chapter 04 실전익히기

01

16. 경찰간부, 18. 경찰승진

임의동행에 대한 설명 중 가장 적절하지 않은 것은? (다툼이 있는 경우 판례에 의함)

① 경찰관 직무집행법상 보호조치 요건이 갖추어지지 않았음에도, 경찰관이 실제로는 범죄수사를 목적으로 피의자에 해당하는 사람을 피구호자로 삼아 그의 의사에 반하여 경찰관서에 데려간 행위는, 달리 현행범체포나 임의동행 등의 적법요건을 갖추었다고 볼 사정이 없다면, 위법한 체포에 해당한다.

② 위법한 강제연행 상태에서 호흡측정 방법에 의한 음주측정을 한 다음, 강제연행 상태로부터 시간적·장소적으로 단절되었다고 볼 수 없는 상황에서 피의자가 호흡측정 결과를 탄핵하기 위하여 스스로 혈액채취 방법에 의한 측정을 할 것을 요구하여 혈액채취가 이루어진 경우 그 사이에 위법한 체포 상태에 의한 영향이 완전하게 배제되고 피의자의 의사결정의 자유가 확실하게 보장되었다고 볼 만한 다른 사정이 개입되지 않은 이상 그러한 혈액채취에 의한 측정 결과를 유죄 인정의 증거로 쓸 수 없다. 그러나 이 경우에도 피고인이 이를 증거로 함에 동의하였다면, 혈액채취에 의한 측정 결과는 유죄 인정의 증거로 사용할 수 있다.

③ 사법경찰관이 피고인을 수사관서까지 동행한 것이 임의성이 결여되어 사실상의 강제연행, 즉 불법체포에 해당하는 경우 불법체포로부터 6시간 상당이 경과한 후에 이루어진 긴급체포 또한 위법하다.

④ 임의동행의 경우 수사관이 동행에 앞서 피의자에게 동행을 거부할 수 있음을 알려주었거나 동행한 피의자가 언제든지 자유로이 동행과정에서 이탈 또는 동행장소로부터 퇴거할 수 있었음이 인정되는 등 오로지 피의자의 자발적인 의사에 의하여 수사관서 등에의 동행이 이루어졌음이 객관적인 사정에 의하여 명백하게 입증된 경우에 한하여, 그 적법성이 인정된다.

02

21. 경찰승진

피의자신문에 대한 설명으로 가장 적절하지 않은 것은? (다툼이 있는 경우 판례에 의함)

① 피의자가 불구속 상태에서 피의자신문을 받을 때에도 변호인의 참여를 요구할 권리를 가진다.

② 피의자가 피의자신문조서를 열람한 후 이의를 제기한 경우 이를 조서에 추가로 기재해야 하며, 이의를 제기하였던 부분은 부당한 심증형성의 기초가 되지 않도록 삭제하여야 한다.

③ 검사 또는 사법경찰관은 변호인의 신문참여 및 그 제한에 관한 사항을 피의자신문조서에 기재하여야 한다.

④ 검사 또는 사법경찰관은 피의자가 조사장소에 도착한 시각, 조사를 시작하고 마친 시각, 그밖에 조사과정의 진행경과를 확인하기 위하여 필요한 사항을 피의자신문조서에 기록하거나 별도의 서면에 기록한 후 수사기록에 편철하여야 한다.

03

19. 경찰승진

「형사소송법」상 피의자신문에 대한 설명으로 가장 적절하지 않은 것은? (다툼이 있는 경우 판례에 의함)

① 피의자의 진술을 영상녹화할 경우에는 미리 영상녹화사실을 알려주어야 하는데, 이 경우 피의자 또는 변호인의 동의를 얻어야 하는 것은 아니다.

② 수사기관이 변호인의 피의자신문 참여를 부당하게 제한하거나 중단시킨 경우에는 준항고를 통해 다툴 수 있다.

③ 검사 또는 사법경찰관은 피의자가 신체적 또는 정신적 장애로 사물을 변별하거나 의사를 결정·전달할 능력이 미약한 때에는 직권 또는 피의자·법정대리인의 신청에 따라 피의자와 신뢰관계에 있는 자를 동석하게 하여야 한다.

④ 장차 인지의 가능성이 전혀 없는 상태하에서 수사가 행해졌다는 등의 특별한 사정이 없는 한, 인지절차가 이루어지기 전에 수사를 하였다는 이유만으로 그 수사가 위법하다고 할 수 없고 그 수사과정에서 작성된 피의자신문조서나 진술조서 등의 증거능력도 이를 부인할 수 없다.

04

18. 경찰승진

피의자신문에 대한 설명 중 가장 적절하지 않은 것은? (다툼이 있는 경우 판례에 의함)

① 신문에 참여하고자 하는 변호인이 2인 이상인 때에는 피의자가 신문에 참여할 변호인 1인을 지정한다. 지정이 없는 경우에는 검사 또는 사법경찰관이 이를 지정하여야 한다.

② 검사 또는 사법경찰관이 피의자를 신문하면서 피의자와 신뢰관계에 있는 자를 동석하게 한 경우, 동석한 사람으로 하여금 피의자를 대신하여 진술하도록 하여서는 안 된다. 만약 동석한 사람이 피의자를 대신하여 진술한 부분이 조서에 기재되어 있다면 그 부분은 피의자의 진술을 기재한 것이 아니라 동석한 사람의 진술을 기재한 조서에 해당한다.

③ 피의자의 진술은 영상녹화할 수 있다. 이 경우 미리 영상녹화사실을 알려주어야 하며, 조사의 개시부터 종료까지의 전과정 및 객관적 정황을 영상녹화하여야 한다.

④ 검사 또는 사법경찰관의 형사소송법 제243조의2에 따른 변호인의 참여 등에 관한 처분에 대하여 불복이 있으면 그 직무집행지의 관할법원 또는 검사의 소속검찰청에 대응한 법원에 그 처분의 취소 또는 변경을 청구할 수 있다.

05

18. 경찰간부

피의자진술의 영상녹화제도에 관한 다음 설명 중 가장 옳은 것은? (다툼이 있는 경우 판례에 의함)

① 피고인의 진술을 내용으로 하는 영상녹화물은 공판준비 또는 공판기일에서의 피고인진술의 증명력을 다투기 위한 증거로 할 수 있다.

② 참고인의 경우 고지를 하고 영상녹화를 할 수 있으나, 피의자의 경우 동의를 얻어 영상녹화를 할 수 있다.

③ 참고인에 대한 영상녹화물은 증인의 기억을 환기시키는 수단은 될 수 있지만, 참고인진술조서의 진정성립을 증명하는 자료는 될 수 없다.

④ 영상녹화가 완료된 때에는 피의자 또는 변호인 앞에서 지체 없이 그 원본을 봉인하고 피의자로 하여금 기명날인 또는 서명하게 하여야 하고, 이 경우에 피의자 또는 변호인의 요구가 있는 때에는 영상녹화물을 재생하여 시청하게 하여야 한다.

06

21. 경찰승진

진술의 영상녹화제도에 대한 설명으로 가장 적절하지 않은 것은? (다툼이 있는 경우 판례에 의함)

① 피의자의 진술은 영상녹화할 수 있다. 이 경우 미리 영상녹화사실을 알려주어야 하며, 조사의 개시부터 종료까지의 전 과정 및 객관적 상황을 영상녹화하여야 한다.

② 영상녹화가 완료된 때에는 피의자 또는 변호인 앞에서 지체 없이 그 원본을 봉인하고 피의자로 하여금 기명날인 또는 서명하게 하여야 한다.

③ 피의자가 아닌 자의 진술을 영상녹화하고자 할 때에는 미리 피의자가 아닌 자에게 영상녹화 사실을 알려주고 동의를 받아야 한다.

④ 아동·청소년대상 성범죄 피해자 진술을 영상녹화하는 경우 피해자 또는 법정대리인이 거부하더라도 영상녹화를 하여야 한다. 다만, 가해자가 친권자 중 일방인 경우는 그러하지 아니하다.

07

19. 경찰승진

피의자신문에 대한 설명 중 가장 적절하지 않은 것은? (다툼이 있으면 판례에 의함)

① 검사 또는 사법경찰관은 피의자를 신문하는 경우 피의자가 신체적 또는 정신적 장애로 사물을 변별하거나 의사를 결정·전달할 능력이 미약한 때나 피의자의 연령·성별·국적 등의 사정을 고려하여 그 심리적 안정의 도모와 원활한 의사소통을 위하여 필요한 경우에는, 직권 또는 피의자·법정대리인의 신청에 따라 피의자와 신뢰관계에 있는 자를 동석하게 할 수 있고, 구체적인 사안에서 위와 같은 동석을 허락할 것인지는 원칙적으로 검사 또는 사법경찰관이 피의자의 건강 상태 등 여러 사정을 고려하여 재량에 따라 판단하여야 한다.

② 피의자와 신뢰관계에 있는 자의 동석을 허락하는 경우에도 동석한 사람으로 하여금 피의자를 대신하여 진술하도록 하여서는 안 되며, 동석한 사람이 피의자를 대신하여 진술한 부분이 조서에 기재되어 있다면 그 부분은 피의자의 진술을 기재한 것이 아니라 동석한 사람의 진술을 기재한 조서에 해당하므로, 그 사람에 대한 진술조서로서의 증거능력을 취득하기 위한 요건을 충족하지 못하는 한 이를 유죄 인정의 증거로 사용할 수 없다.

③ 피의자가 변호인의 참여를 원한다는 의사를 명백하게 표시하였음에도 수사기관이 정당한 사유 없이 변호인을 참여하게 하지 아니한 채 피의자를 신문하여 작성한 피의자 신문조서는 형사소송법 제312조에서 정한 '적법한 절차와 방식'에 위반된 증거일 뿐만 아니라, 형사소송법 제308조의2에서 정한 '적법한 절차에 따르지 아니하고 수집한 증거'에 해당하므로 이를 증거로 할 수 없다.

④ 피의자의 진술을 영상녹화하는 경우 피의자 또는 변호인의 동의를 받아야 영상녹화할 수 있고, 피의자가 아닌 자의 진술을 영상녹화하고자 할 때에는 미리 피의자가 아닌 자에게 영상녹화사실을 알려주어야 영상녹화할 수 있다.

08

19. 경찰2차

피의자 신문에 대한 설명으로 적절하지 것은? (다툼이 있는 경우 판례에 의함)

① 수사기관이 진술거부권을 고지하지 않은 경우 그 진술을 기재한 조서는 그 진술에 임의성이 인정되더라도 증거능력이 인정되지 않는다.

② 피의자가 피의자신문조서를 열람한 후 이의를 제기한 경우 이를 조서에 추가로 기재해야 하며, 이의를 제기하였던 부분은 부당한 심증형성의 기초가 되지 않도록 삭제하여야 한다.

③ 사법경찰관은 신청이 없더라도 필요성이 있다고 인정되면 직권으로 신뢰관계자를 동석하게 할 수 있다.

④ 사법경찰관이 피의자를 신문하면서 신뢰관계에 있는 자를 동석하게 한 경우 동석한 사람이 피의자를 대신하여 진술하도록 하여서는 안 되며, 만약 동석한 사람이 피의자를 대신하여 진술한 부분이 조서에 기재되어 있다면 그 부분은 동석한 사람의 진술을 기재한 조서에 해당한다.

09

16. 경찰승진

수사의 일반원칙에 관한 설명 중 가장 적절하지 않은 것은?

① 수사에 관하여는 공무소 기타 공사단체에 조회하여 필요한 사항의 보고를 요구할 수 있다.

② 수사기관은 변사자의 검시로 범죄의 혐의를 인정하고 긴급을 요할 때에도 영장이 있어야만 검증을 할 수 있다.

③ 수사는 원칙적으로 임의수사에 의하고 강제수사는 법률에 규정된 경우에 한하여 허용된다.

④ 피의자에 대한 수사는 불구속 상태에서 함을 원칙으로 한다.

Answer

01 ② [×] 동의하여도 마찬가지이다.
02 ② [×] 삭제하면 안 된다.
03 ③ [×] '동석하게 할 수 있다'가 옳다.
04 ① [×] '지정할 수 있다'가 옳다.
05 ④
06 ④ [×] 피해자 또는 법정대리인이 거부한 경우에는 영상녹화를 하여서는 아니 된다.
07 ④ [×] 피의자의 경우는 고지 후, 참고인의 경우는 동의 받은 후 영상녹화할 수 있다(제244조의2 제1항, 제221조 제1항).
08 ② [×] 삭제하여서는 아니 된다.
09 ② [×] 검시로 범죄의 혐의를 인정하고 긴급을 요할 때에는 영장 없이 검증할 수 있다(제222조 제2항).

박문각
공무원
기본서

김상천
형사소송법

CHAPTER

05

강제수사

Chapter 05 강제수사

제1절 강제처분에 대한 통제

❶ 영장주의

1. 의 의

① 영장주의란 '법원 또는 법관이 발부한 영장에 의하지 않고서는 원칙적으로 강제수사를 할 수 없다'는 원칙을 말한다. 06. 경찰2차, 10. 경찰승진, 19. 경찰간부

② 범죄수사 목적의 지문날인 정보를 저장하는 것이 무죄추정의 원칙과 영장주의 내지 강제수사법정주의에 위배된다고 볼 수 없다. 11·14. 경찰승진

③ 헌법에 명문으로 규정되어 있다(헌법 제12조 제3항).

④ 인권보장을 위한 사전적 구제절차로 기능한다. 11. 경찰승진

2. 영장의 성격

① 법원이 직권으로 발부하는 영장 ⇨ 명령장

② 수사기관의 청구에 의하여 발부하는 구속영장 ⇨ 허가장

3. 법관발부의 원칙

① 형집행장은 형집행을 위한 구인을 위해 검사가 발부하는 것으로 영장에 해당하지 않는다. 06. 경찰2차

② 법원의 강제처분에도 영장주의가 적용된다. 06. 경찰2차

③ 법원이 피의자나 피고인의 구속 또는 그 유지 여부의 필요성이 있는 유무에 관하여 한 재판의 효력이 검사나 그 밖의 어느 다른 기관의 이견이나 불복이 있다 하여 좌우된다거나 제한받는다면 이는 위 영장주의에 반하고 따라서 적법절차의 원칙에도 위배된다(2011헌가36). 19. 경찰간부

OX 형집행장은 사형 또는 자유형을 집행하기 위해 검사가 발부하는 것이며, 수형자를 대상으로 한다. 따라서 형집행장은 영장에 해당하지 않는다. (○, ×) 18. 해경간부

기출 판례
법원이 피의자나 피고인의 구속 또는 그 유지 여부의 필요성이 있는 유무에 관하여 한 재판의 효력이 검사나 그 밖의 어느 다른 기관의 이견이나 불복이 있다 하여 좌우된다거나 제한받는다면 이는 위 영장주의에 반하고 따라서 적법절차의 원칙에도 위배된다(2011헌가36). 19. 경찰간부

OX 일반영장의 발부는 금지된다. 따라서 구속영장에 있어서는 범죄사실과 피의자는 물론 인치구금할 장소가 특정되어야 하며, 압수·수색영장에 있어서는 압수·수색의 대상이 특정되어야 한다. (○, ×) 18. 해경간부

기출 키워드 체크
____영장의 발부는 금지된다. 따라서 구속영장에 있어서는 범죄사실과 피의자는 물론 인치구금할 ____가 특정되어야 하며, 압수·수색영장에 있어서는 압수·수색의 ____이 특정되어야 한다.

Answer
기출 키워드 체크
일반, 장소, 대상
OX
○, ○

❷ 일반영장금지의 원칙

① 영장주의는 영장의 내용이 특정될 것을 요구하며 강제처분의 대상, 기간, 장소가 특정되어야 한다(일반영장금지).

② 압수·수색영장에 있어서는 압수·수색의 대상이 특정되어야 한다(형사소송법 제219조, 제114조 제1항, 제209조, 제75조, 형사소송규칙 제58조, 제107조). 13·19. 경찰간부, 14. 법원

▶ **영장주의 위반이 아니라고 본 사례**

- 우편물 통관검사절차에서 압수·수색영장 없이 진행된 우편물의 개봉, 시료채취, 성분분석(2013도7718) 14·21. 경찰간부, 15. 변호사, 16. 법원, 17. 7급국가직, 19. 변호사·경찰승진
- 마약류 관련 수형자에 대하여 마약류반응검사를 위하여 소변을 받아 제출하게 한 것(2005헌마277) 11·14. 경찰승진, 13. 법원, 17. 경찰간부·해경1차
- 음주측정 의무를 부과하고 불응한 사람을 처벌하는 것(96헌가11) 15. 경찰2차, 17. 경찰승진
- 경찰청장이 주민등록발급신청서에 날인되어 있는 지문정보를 보관·전산화하고 이를 범죄수사 목적에 이용하는 행위(99헌가14) 13. 법원, 14. 경찰승진
- 범죄의 피의자로 입건된 사람들에게 경찰공무원이나 검사의 신문을 받으면서 자신의 신원을 밝히지 않고 지문채취에 불응하는 경우 형사처벌을 통하여 지문채취를 강제(2002헌가17) 21. 경찰간부
- 교도소장의 수용자 접견내용 청취·기록·녹음·녹화(2014헌바401)
- 정신착란자, 주취자, 자살기도자 등 응급 구호를 요하는 자를 24시간 내 보호실에 유치
- 음주운전 2회 이상 위반을 처벌할 때, 법 시행 이전 전과도 포함

▶ **위법한 강제처분에 대한 구제수단**

사전적 구제제도	사후적 구제제도
• 영장주의 11. 경찰승진 • 무죄추정의 원칙 11. 경찰승진 • 진술거부권 11. 경찰승진, 19. 해경간부 • 구속전 피의자신문(영장실질심사) 19. 해경간부 • 강제처분법정주의 및 비례성 원칙 • 변호인제도 • 재구속·재체포의 제한 19. 해경간부 • 자백배제법칙 • 자백보강법칙 19. 해경간부	• 구속취소 • 구속집행정지 • 보석 19. 해경간부 • 체포·구속적부심사제도 19. 해경간부 • 강제처분에 대한 준항고 • 형사보상제도 19. 해경간부 • 상소(항소, 상고, 항고, 준항고, 재항고) 19. 해경간부

OX 우편물 통관검사절차에서 이루어지는 우편물의 개봉, 시료채취, 성분분석 등의 검사는 수출입물품에 대한 적정한 통관 등을 목적으로 한 행정조사의 성격을 가지는 것으로서 수사기관의 강제처분이라고 할 수 없으므로, 압수·수색영장 없이 우편물을 개봉, 시료채취, 성분분석 등 검사가 진행되었다고 하더라도 특별한 사정이 없는 한 적법하다. (○, ×) 21. 경찰간부

OX 피의자로 입건된 사람에 대하여 경찰관이 지문조사 외에 다른 방법으로는 그 신원을 확인할 수 없어 지문을 채취하려고 할 때 정당한 이유 없이 이를 거부하면 그 피의자는 경범죄 처벌법에 의하여 처벌된다. (○, ×) 21. 경찰간부

OX 응급구호가 필요한 자살기도자를 영장 없이 24시간을 초과하지 아니하는 범위에서 경찰서에 설치되어 있는 보호실에 유치한 것은 위법한 강제수사가 아니다. (○, ×) 18. 9급국가직·9급개론

관련 판례

마약류 불법거래 방지에 관한 특례법 제4조 제1항에 따른 조치의 일환으로 특정한 수출입물품을 개봉하여 검사하고 그 내용물의 점유를 취득한 행위는 위에서 본 수출입물품에 대한 적정한 통관 등을 목적으로 조사를 하는 경우와는 달리, 범죄수사인 압수 또는 수색에 해당하여 사전 또는 사후에 영장을 받아야 한다(대법원 2017.7.18. 선고 2014도8719 판결).

Answer

OX
○, ○, ○

제2절 체포영장에 의한 체포

1 의 의

범죄혐의가 있고 일정한 체포사유가 존재할 경우 사전영장에 의하여 비교적 단기간 피의자 신병을 확보하는 강제처분을 말한다.

2 요 건

1. 범죄혐의 상당성

① 체포영장에 의한 체포를 위해서는 피의자가 죄를 범하였다고 의심할 만한 상당한 이유(범죄혐의)가 있어야 한다.

② 여기서 범죄혐의는 수사기관의 객관적 혐의를 말한다.

2. 체포사유

피의자가 정당한 이유 없이 수사기관의 출석요구에 불응하거나 불응할 우려가 있어야 한다. 10 · 16. 경찰승진, 20. 경찰간부

3. 체포의 필요성

명백히 체포의 필요가 인정되지 않는 경우, 즉 도망 또는 증거인멸의 염려가 없는 경우에는 판사는 체포영장을 발부할 수 없다(소극적 요건).

4. 경미범죄 특칙

① 다액 50만원 이하(100만원 이하 ×)의 벌금 · 구류 또는 과료에 해당하는 사건은 아래의 경우에만 체포영장에 의하여 체포할 수 있다. 10 · 21. 경찰승진, 18. 경찰간부

㉠ **피의자가 일정한 주거가 없는 경우**

㉡ **정당한 이유 없이 출석요구에 불응한 경우**

② 이 경우, 출석불응 우려만으로는 체포영장에 의하여 체포할 수 없다.

기출 키워드 체크

체포영장을 발부받아 피의자를 체포하기 위해서는 피의자가 정당한 이유 없이 수사기관의 ____에 응하지 아니하거나 응하지 아니할 ____가 있어야 한다.

3 체포영장 발부 절차

1. 체포영장 신청 및 청구

(1) **체포영장 신청**(사법경찰관) ⇨ **청구**(검사) ⇨ **발부**(판사)

① 검사는 판사에게 청구하여 체포영장을 발부받고, 사법경찰관은 검사에게 신청하여, 검사의 청구로 발부한다. 13. 경찰승진, 18. 해경간부, 20. 경찰간부

Answer

기출 키워드 체크
출석요구, 우려

㉠ **사법경찰관리는 검사의 승인을 얻어 관할 지방법원판사에게 체포영장을 청구할 수 있다** × 18. 경찰2차

㉡ **체포 전 심문 또는 신문 제도는 존재하지 않는다.**

② 체포영장 청구는 서면으로 해야 한다.

③ 동일한 범죄사실에 관하여 그 피의자에 대하여 전에 체포영장을 청구하였거나 발부받은 사실이 있는 때에는 다시 체포영장을 청구하는 취지 및 이유를 기재하여야 한다(제200조의2 제4항). 10·13·16. 경찰승진, 12. 교정특채, 18. 해경간부

④ 체포영장 청구서에는 7일을 넘는 유효기간을 필요로 하는 때, 여러 통의 영장을 청구하는 때에는 그 취지 및 사유를 기재하여야 한다. 12. 경찰3차, 14. 경찰승진

⑤ 검사 또는 사법경찰관은 동일한 범죄사실로 다시 체포·구속영장을 청구하거나 신청하는 경우(체포·구속영장의 청구 또는 신청이 기각된 후 다시 체포·구속영장을 청구하거나 신청하는 경우와 이미 발부받은 체포·구속영장과 동일한 범죄사실로 다시 체포·구속영장을 청구하거나 신청하는 경우를 말한다)에는 그 취지를 체포·구속영장 청구서 또는 신청서에 적어야 한다(수사준칙 제31조).

(2) 체포영장의 발부

① 영장청구를 받은 지방법원판사는 상당하다고 인정할 때에는 체포영장을 발부한다.

② 다만, 명백히 체포의 필요가 인정되지 아니하는 경우에는 그러하지 아니하다. 13. 경찰승진, 18. 해경간부

③ 구속영장과 달리 체포영장을 발부하기 위하여 판사가 피의자를 심문하는 것(체포 전 피의자심문)은 허용되지 않는다(⇎ 구속전피의자심문). 13. 경찰승진, 18. 해경간부

④ 체포영장 또는 구속영장 청구에 대한 지방법원판사의 재판은 항고나 준항고로 불복할 수 없다(2006모646). 10. 경찰1차·경찰승진·9급국가직, 12. 교정특채, 15·19. 경찰2차, 15·17. 경찰간부, 20. 법원 ⇨ 항고나 준항고가 허용되지 않는다. 19. 법원

2. 체포영장의 방식

① 체포영장에는 피의자의 성명·주거·죄명·범죄사실 요지·인치구금할 장소·발부연월일 등을 기재한다.

② 영장의 유효기간은 7일로 한다. 다만 법관이 상당하다고 인정하는 때에는 7일을 넘는 기간을 정할 수 있다. 14. 경찰간부

기출 키워드 체크

검사는 관할 ____에게 청구하여 체포영장을 발부받아야 하고, 사법경찰관은 ____에게 신청하여 ____의 청구로 ____가 영장을 발부한다.

OX 형사소송법은 강제처분에 대한 사전적 구제도로서 체포 전 피의자심문제도를 두고 있다. (○, ×) 21. 경찰승진

Answer

기출 키워드 체크

(지방법원)판사, 검사, 검사, 판사

OX

×

❹ 체포영장의 집행

1. 검사 지휘

① 체포영장은 검사의 지휘에 의하여 사법경찰관리가 집행한다.

② 교도소 또는 구치소에 있는 피의자에 대하여 발부된 체포영장은 검사(교도소장 ×)의 지휘에 의해 교도관이 집행한다. 13. 9급국가직

2. 범죄사실 등 고지

① 검사 또는 사법경찰관은 피의자를 체포하는 경우에는 피의사실의 요지, 체포의 이유와 변호인을 선임할 수 있음을 말하고 변명할 기회를 주어야 한다(제200조의5). 13·19. 경찰승진, 15. 해경3차, 16. 해경

㉠ **검사 또는 사법경찰관은 피의자를 체포하거나 구속할 때에는 피의자에게 피의사실의 요지, 체포·구속의 이유와 변호인을 선임할 수 있음을 말하고, 변명할 기회를 주어야 하며, 진술거부권을 알려주어야 한다(수사준칙 제32조 제1항).**

㉡ 위와 같이 따라 피의자에게 알려주어야 하는 진술거부권의 내용은 아래의 사항으로 한다(동조 제2항).

㉢ 일체의 진술을 하지 아니하거나 개개의 질문에 대하여 진술을 하지 아니할 수 있다는 것

㉣ 진술을 하지 아니하더라도 불이익을 받지 아니한다는 것

㉤ 진술을 거부할 권리를 포기하고 행한 진술은 법정에서 유죄의 증거로 사용될 수 있다는 것

㉥ 검사와 사법경찰관이 위와 같이 피의자에게 그 권리를 알려준 경우에는 피의자로부터 권리 고지 확인서를 받아 사건기록에 편철한다(동조 제3항).

㉦ 형사소송법에 이러한 고지에 대한 명문의 규정이 있다. 16. 경찰간부

② 고지 시기

㉠ 원칙: 체포를 위한 실력행사에 들어가기 이전

㉡ 예외: 달아나는 피의자를 쫓아가 붙들거나 폭력으로 대항하는 피의자를 실력으로 제압하는 경우, 붙들거나 제압하는 과정에서 하거나 그것이 힘든 경우, 붙들거나 제압한 후, 지체 없이 체포영장의 제시와 고지를 하여야 한다(2007도10006). 10. 경찰승진, 13·16. 9급국가직, 19. 변호사

3. 영장제시

① 체포영장을 집행할 때에는 상대방에게 체포영장을 제시하여야 한다.

② 제시되는 영장은 원본이어야 하고, 사본을 제시하는 것은 위법하다. 10. 경찰승진

기출 키워드 체크

교도소에 있는 피의자에 대하여 발부된 체포영장은 교도소장의 지휘에 의하여 ____이 집행한다.

기출 키워드 체크

검사 또는 사법경찰관은 피의자를 체포하는 경우 ____의 요지, 체포의 ____와 ____을 선임할 수 있음을 말하고 ____할 기회를 주어야 한다.

관련 판례

체포 당시 피의자에 대한 범죄사실의 요지 등을 고지하지 아니하고 실력으로 연행하려 하였다면 적법한 공무집행으로 볼 수 없다(96도2673).

기출 판례

경찰관들이 체포를 위한 실력행사에 나아가기 전에 체포영장을 제시하고 미란다 원칙을 고지할 여유가 있었음에도 애초부터 미란다 원칙을 체포 후에 고지할 생각으로 먼저 체포행위에 나선 경우 이러한 행위는 적법하지 않다(2017도10866). 18. 경찰2차

Answer

기출 키워드 체크
검사,
피의사실, 이유, 변호인, 변명

4. 긴급집행 21. 경찰승진

① 긴급한 경우 체포영장 제시 없이 체포 가능: 체포영장을 소지하지 아니한 경우에 급속을 요하는 때에는 피의자에 대하여 피의사실의 요지와 영장이 발부되었음을 고하고 집행할 수 있다.

② 체포영장(원본) 사후 제시: 이 경우에 집행을 완료한 후 신속히 체포영장(원본)을 제시하여야 한다.

5. 집행 촉탁

① 검사는 필요에 의하여 관할구역 외에서 체포영장의 집행을 지휘할 수 있고 또는 당해 관할구역의 검사에게 집행지휘를 촉탁할 수 있다.

② 사법경찰관리는 필요에 의하여 관할구역 외에서 체포영장을 집행할 수 있고 또는 당해 관할구역의 사법경찰관리에게 집행을 촉탁할 수 있다. 13. 9급국가직

6. 인치 및 구금

① 체포된 피의자는 경찰서 유치장, 구치소 또는 교도소 내의 미결 수용실에 수용된다.

② 체포영장의 집행을 받은 피의자를 호송할 경우에 필요한 때에는 가장 접근한 교도소 또는 구치소에 임시로 유치할 수 있다.

③ 검사는 체포영장을 발부받은 후 피의자를 체포하기 이전에 체포 영장을 첨부하여 판사에게 인치·구금할 장소의 변경을 청구할 수 있다. 13. 9급국가직

7. 체포일시, 장소 기재

체포영장집행사무를 담당한 자가 체포영장을 집행한 때에는 체포영장에 집행일시와 장소를, 집행할 수 없었을 때에는 그 사유를 각 기재하고 기명날인하여야 한다(규칙 제100조 제1항, 제49조 제1항).

8. 수반처분(압수수색)

① 체포를 위한 타인의 주거 등 수색: 타인의 주거나 타인이 간수하는 가옥·건조물·항공기·선거(船車) 내에서의 피의자를 수색(미리 수색영장을 발부받기 어려운 긴급한 사정이 있는 때에 한정)할 수 있다.

② 체포현장에서의 압수·수색·검증: 경찰장구(수갑·포승·경찰봉·방패 등), 무기 사용 가능(경찰관 직무집행법 제10조의2, 제10조의4)

❺ 체포 후 절차

1. 체포통지

(1) 통지시한

지체 없이(체포한 때로부터 늦어도 24시간 이내)

(2) 통지방법 15. 경찰3차

① 반드시 서면으로 해야 한다(구술 ×). 19. 경찰간부

② 급속을 요하는 경우 체포되었다는 취지 및 체포 일시 · 장소를 전화 또는 모사전송기 등으로 통지할 수 있다. ⇨ 이 경우에도 체포통지는 다시 서면으로 하여야 한다.

(3) 통지대상 19. 경찰2차

① 변호인이 있는 경우: 변호인

② 변호인이 없는 경우: 법정대리인, 배우자, 직계친족, 형제자매 중 피의자가 지정하는 자

③ 통지대상이 없는 경우: 그 취지를 기재한 서면을 수사기록에 편철

(4) 통지내용

피의사건명, 체포일시 · 장소, 피의사실의 요지, 체포의 이유와 변호인을 선임할 수 있는 취지

2. 적부심청구권 통지

① 피의자를 체포 또는 구속한 검사 또는 사법경찰관은 체포 또는 구속된 피의자와 적부심청구권자 중에서 피의자가 지정하는 자에게 적부심사를 청구할 수 있음을 알려야 한다(제214조의2 제2항).

② 위 적부심청구권 통지의 시한, 방법, 대상은 체포통지의 방법에 따른다(수사준칙 제33조 제3항).

3. 영장등본 교부

검사 또는 사법경찰관은 적부심청구권자(체포 또는 구속된 피의자 또는 그 변호인, 법정대리인, 배우자, 직계친족, 형제자매나 가족, 동거인 또는 고용주)가 체포 · 구속영장 등본의 교부를 청구하면 그 등본을 교부해야 한다.

기출 키워드 체크

사법경찰관이 피의자를 체포하였을 때에는 변호인이 있으면 변호인에게, 변호인이 없으면 변호인선임권자 중 피의자가 지정한 자에게 ________으로 체포의 통지를 하여야 한다.

Answer

기출 키워드 체크

지체 없이, 서면

4. 구속영장 신청 및 청구

검사는 체포한 피의자를 구속하고자 할 때에는 체포한 때부터 48시간 이내에 구속영장을 청구하여야 한다(발부하여야 한다 ×). 16. 변호사, 17. 경찰1차, 19 · 20. 경찰간부, 21. 경찰승진

5. 석 방

① 48시간 내에 구속영장을 청구하지 아니하거나 구속영장을 청구하였으나, 기각되어 구속영장을 발부받지 못한 때에는 즉시(법정기간 ×) 석방하여야 한다(제200조의2 제5항). 04 · 05. 경찰2차, 06 · 17. 경찰1차

② 검사 또는 사법경찰관은 체포영장에 의해 체포한 피의자에 대하여 구속영장을 청구하거나 신청하지 않고 피의자를 석방하려는 때에는 '체포 일시 · 장소, 체포 사유, 석방 일시 · 장소, 석방 사유 등'을 적은 피의자 석방서를 작성해야 한다(수사준칙 제36조 제1항 제1호)

③ 사법경찰관은 피의자를 석방한 경우 지체 없이 검사에게 석방사실을 통보하고, 그 통보서 사본을 사건기록에 편철한다(동조 제2항).

6. 영장 반환

① 체포영장의 발부를 받은 후 피의자를 체포하지 아니하거나 체포한 피의자를 석방한 때에는 지체 없이 검사는 영장을 발부한 법원에 그 사유를 서면으로 통지하여야 한다(제204조). 18. 경찰2차

② 검사 또는 사법경찰관은 체포 · 구속영장의 유효기간 내에 영장의 집행에 착수하지 못했거나, 그 밖의 사유로 영장의 집행이 불가능하거나 불필요하게 되었을 때에는 즉시 해당 영장을 법원에 반환해야 한다. 이 경우 체포 · 구속영장이 여러 통 발부된 경우에는 모두 반환해야 한다.(수사준칙 제35조 제1항)

③ 검사 또는 사법경찰관은 체포 · 구속영장을 반환하는 경우에는 반환사유 등을 적은 영장반환서에 해당 영장을 첨부하여 반환하고, 그 사본을 사건기록에 편철한다(동조 제2항).

④ 사법경찰관이 체포 · 구속영장을 반환하는 경우에는 그 영장을 청구한 검사에게 반환하고, 검사는 사법경찰관이 반환한 영장을 법원에 반환한다(동조 제3항).

기출 키워드 체크

체포영장을 발부를 받은 후 피의자를 체포 또는 구속하지 아니하거나 체포 또는 구속한 피의자를 석방한 때에는 지체 없이 검사는 영장을 발부한 ____에 그 사유를 서면으로 통지하여야 한다.

Answer

기출 키워드 체크

법원

Chapter 05

OX 확인학습

01 □□□ 사법경찰관은 피의자를 체포하는 경우에는 피의사실의 요지, 체포의 이유와 변호인을 선임할 수 있음을 말하고 변명할 기회를 주어야 한다. (○)

02 □□□ 체포한 피의자를 구속하고자 할 때에는 체포한 때부터 48시간 이내에 형사소송법 제201조의 규정에 의하여 구속영장을 청구하여야 하고, 그 기간 내에 구속영장을 청구하지 아니하는 때에는 피의자를 즉시 석방하여야 한다. (○)

03 □□□ 헌법 제12조 제3항에 규정된 영장주의는 구속의 개시시점 뿐만 아니라 구속영장의 취소 또는 실효의 여부도 법관의 판단에 의하여 결정되어야 한다는 것을 의미한다. (○)

04 □□□ 검사의 체포영장 또는 구속영장 청구에 대한 지방법원판사의 재판은 「형사소송법」 제402조의 규정에 의하여 항고의 대상이 되는 '법원의 결정'에 해당하지 않지만, 제416조 제1항의 규정에 의하여 준항고의 대상이 되는 '재판장 또는 수명법관의 구금 등에 관한 재판'에는 해당한다. (×)

제3절 긴급체포

1 의 의

중대한 범죄(장기 3년 이상 징역・금고)를 범하였다고 의심할 만한 상당한 이유가 있는 피의자를 수사기관이 영장 없이 체포하는 강제처분을 말한다. 17. 여경・경찰특공대, 19. 경찰승진, 20. 경찰간부

2 요 건

1. 범죄혐의 상당성

긴급체포의 경우에도 영장에 의한 체포・구속과 동일하게 상당한 범죄혐의는 요구된다.

2. 체포의 긴급성

① 긴급을 요하여 판사의 체포영장을 발부받을 시간적 여유가 없어야 한다.

② 긴급을 요한다 함은 피의자를 우연히 발견한 경우 등과 같이 체포영장을 받을 시간적 여유가 없는 때를 말한다.

3. 범죄의 중대성

사형, 무기 또는 장기 3년 이상의 징역이나 금고에 해당하는 죄를 범하였다고 의심할 만한 상당한 이유가 있어야 한다(제200조의3 제1항). 13. 9급국가직, 14・15. 경찰승진, 18. 해경간부

▶ 긴급체포 대상범죄 비교

긴급체포 대상범죄 ○	긴급체포 대상범죄 ×
• 상해, 협박 • 출판물에 의한 명예훼손 • 허위사실 적시 명예훼손	• 폭행 11. 경찰승진, 17. 해경1차 • 명예훼손 • 모욕
도박장소(공간) 개설(도박개장), 상습도박	도박
사문서 위・변조, 행사/공문서 위・변조, 행사	공문서부정행사
배임, 배임수재	배임증재
음주측정거부	도로교통법위반(무면허운전) 10. 교정특채

4. 체포의 필요성

도망하였거나, 도망 및 증거인멸 염려가 있어야 한다.

기출 키워드 체크

긴급체포는 피의자가 사형・무기 또는 ____의 징역이나 금고에 해당하는 죄를 범하였다고 의심할 만한 상당한 이유가 있어야 한다.

Answer

기출 키워드 체크

장기 3년 이상

기출 키워드 체크

긴급체포의 요건을 갖추었는지 여부는 ____에 밝혀진 사정을 기초로 판단하는 것이 아니라 ____의 상황을 기초로 판단하여야 하고, 이에 관한 검사나 사법경찰관 등 수사주체의 판단에는 상당한 ____의 여지가 있다.

기출 키워드 체크

긴급체포가 그 요건을 갖추지 못한 경우 단순히 체포가 위법함에 그치는 것이 아니라 그 체포에 의한 유치 중에 작성된 ____도 특별한 사정이 없는 한 증거능력이 부정된다.

기출 키워드 체크

피의자가 임의출석의 형식에 의하여 수사기관에 자진 출석한 후 조사를 받았고 그 과정에서 피의자가 장기 3년 이상의 범죄를 범하였다고 볼 상당한 이유가 드러나고, 도주하거나 증거를 인멸할 우려가 생긴다고 객관적으로 판단되는 경우에는 ____ 출석한 피의자에 대해서도 긴급체포가 가능하다.

기출 키워드 체크

검사가 참고인 조사를 받는 줄 알고 검찰청에 자진출석한 A변호사 사무실 사무장을 합리적 근거 없이 긴급체포하자 A변호사가 이를 제지하는 과정에서 위 검사에게 상해를 가한 것은 ____에 해당한다.

5. 요건의 판단

① 긴급체포의 요건을 갖추었는지 여부는 체포 당시 상황(사후 사정 ×)을 기초로 판단한다(2007도11400). 05 · 12. 경찰3차, 06 · 10 · 13 · 17 · 20. 경찰2차, 10 · 12 · 14 · 16 · 18 · 21. 경찰승진, 13 · 18 · 21. 경찰1차, 14. 법원, 14 · 17 · 19. 경찰간부, 17. 해경2차, 18. 해경간부, 19. 9급개론

② 이에 관한 검사나 사법경찰관 등 수사주체의 판단에는 상당한 재량의 여지가 있다. 14 · 19. 법원, 18. 경찰승진 · 해경간부, 20. 경찰간부, 21. 경찰1차 ⇨ 그러나 현저히 합리성을 잃은 경우에는 위법한 체포가 된다. 19. 경찰간부

6. 위법한 긴급체포의 효과

(1) 공무집행방해죄, 상해죄 무죄

피의자가 긴급체포를 거부하는 방법으로써 검사나 사법경찰관을 폭행한 경우 공무집행방해죄와 상해죄는 모두 무죄가 된다(2006도148).

㉠ **공무집행방해 ⇨ 구성요건 해당성이 없다.** 16. 변호사

㉡ **상해(폭행) ⇨ 위법성이 없다.** 16. 변호사

(2) 조서 증거능력 부정

불법체포상태하에서 작성된 피의자신문조서는 위법하게 수집된 증거(영장주의에 위배)이므로 원칙적으로 그 증거능력이 부정된다(2007도11400). 16. 경찰승진, 19. 경찰간부 · 해경간부

▸ 적법한 긴급체포의 사례

- 피의자가 자진출석하였으나, 조사과정에서 긴급체포 요건을 갖춘 경우(98도785). 11. 경찰2차, 19. 해경간부
- 소재를 감추자 법원의 압수수색영장에 의한 휴대전화 위치추적 등으로 소재를 파악하려고 하던 중, 주거지로 귀가하던 피고인을 발견하고, 피고인을 사기 혐의로 긴급체포한 경우(2005도258)
- 사법경찰리가 긴급체포한 경우(64도740)

▸ 위법한 긴급체포의 사례

- 참고인 조사를 받는 줄 알고 검찰청에 자진출석한 A변호사 사무실 사무장을 합리적 근거 없이 긴급 체포한 경우(2006도148). 11 · 13. 경찰2차, 17. 경찰간부(변호사가 긴급체포를 제지하면서 저지른 공무집행방해, 상해는 무죄)
- 도로교통법위반 피의사건에서 기소유예 처분을 받은 사람이 수사경찰관의 처벌을 요구하는 진정서를 검찰청에 제출하였고, 위 진정사건을 담당한 검사의 교체를 요구하고자 부장검사 부속실에서 대기하고 있다가, 위 검사가 이 진정인을 도로교통법위반죄로 긴급체포하여 감금한 사례(2002모81) 05. 9급국가직, 17. 경찰간부
- 현직 군수가 뇌물죄로 수사받던 중, 검찰수사관이 자택(농막)에서 기다리고 있던 군수를 긴급체포한 사례(2000도5701) 05. 9급국가직, 17. 경찰간부

Answer

기출 키워드 체크

사후, 체포 당시, 재량
피의자신문조서
자진
정당방위

- 위법한 강제연행을 한 다음 6시간 후 긴급체포 절차를 밟은 사례(2005도6810) 11 · 15. 경찰2차, 15. 변호사, 16. 경찰간부, 17. 경찰승진
- 마약 투약이 의심되는 피의자의 신원과 주거지 및 전화번호 등을 모두 파악하고 있었던 사례(2016도5814) 17. 경찰승진 · 9급개론, 21. 경찰간부
  ⇨ 피고인이 필로폰을 투약한다는 제보를 받은 경찰관이 피고인의 주거지를 방문하였다가 그곳에서 피고인을 발견하고 피고인의 전화번호로 전화를 하여 나오라고 하였으나 응하지 않자 피고인의 집 문을 강제로 열고 들어가 피고인을 긴급체포한 경우 19. 법원 · 변호사

OX 경찰관이 피의자의 집 문을 강제로 열고 들어가 피의자를 긴급체포한 경우, 피의자가 마약투약을 하였다고 의심할만한 상당한 이유가 있었더라도, 경찰관이 이미 피의자의 주거지 및 전화번호 등을 모두 파악하고 있었고, 당시 증거가 급속하게 소멸될 상황도 아니었다면 미리 체포영장을 받을 시간적 여유가 없었던 경우에 해당하지 않는다. (○, ×) 21. 경찰간부

❸ 긴급체포의 절차

1. 주 체

검사 또는 사법경찰관이다.

2. 범죄사실 등 고지

(1) 고 지

① 검사 또는 사법경찰관은 피의자를 체포하는 경우에는 피의사실의 요지, 체포의 이유와 변호인을 선임할 수 있음을 말하고 변명할 기회를 주어야 한다(제200조의5). 13 · 19. 경찰승진, 15. 해경3차, 16. 해경

② 검사 또는 사법경찰관은 피의자를 체포하거나 구속할 때에는 피의자에게 피의사실의 요지, 체포 · 구속의 이유와 변호인을 선임할 수 있음을 말하고, 변명할 기회를 주어야 하며, 진술거부권을 알려주어야 한다(수사준칙 제32조 제1항).

③ 위와 같이 따라 피의자에게 알려주어야 하는 진술거부권의 내용은 아래의 사항으로 한다(동조 제2항).

㉠ **일체의 진술을 하지 아니하거나 개개의 질문에 대하여 진술을 하지 아니할 수 있다는 것**

㉡ **진술을 하지 아니하더라도 불이익을 받지 아니한다는 것**

㉢ **진술을 거부할 권리를 포기하고 행한 진술은 법정에서 유죄의 증거로 사용될 수 있다는 것**

④ 검사와 사법경찰관이 위와 같이 피의자에게 그 권리를 알려준 경우에는 피의자로부터 권리 고지 확인서를 받아 사건기록에 편철한다(동조 제3항).

Answer

OX ○

(2) 고지 시기 17. 경찰승진

① 원칙: 체포를 위한 실력행사에 들어가기 이전

② 예외: 달아나는 피의자를 쫓아가 붙들거나 폭력으로 대항하는 피의자를 실력으로 제압하는 경우, 붙들거나 제압하는 과정에서 하거나 그것이 힘든 경우 붙들거나 제압한 후 지체 없이 행하여야 한다.

3. 압수 · 수색 · 검증

① 긴급체포시에는 영장 없이 타인의 주거에서 피의자를 수색하거나 체포현장에서 수색 · 검증을 할 수 있다. 13. 경찰간부, 17. 여경 · 경찰특공대, 18. 경찰승진

② 긴급체포된 자가 소유 · 소지 또는 보관하는 물건에 대하여 긴급히 압수할 필요가 있는 경우에는 체포한 때부터 24시간(48시간 ×) 이내에 한하여 영장 없이 압수 · 수색 또는 검증을 할 수 있다. 08. 경찰3차, 09. 9급국가직, 11 · 18. 경찰승진, 17. 여경 · 경찰특공대 · 해경1차 · 해경2차

기출 키워드 체크

사법경찰관이 피의자를 긴급체포하는 경우에는 _____ ______를 작성하여야 할 뿐만 아니라 ______ _____의 승인을 얻어야 한다.

❹ 긴급체포 후 절차

1. 긴급체포서 작성(즉시)

① 검사 또는 사법경찰관이 긴급체포한 경우에는 즉시 긴급체포서를 작성한다. 17 · 21. 경찰승진

② 검사가 긴급체포한 경우에도 긴급체포서를 작성하여야 한다. 19. 해경간부

③ 긴급체포서에는 범죄사실의 요지, 긴급체포의 사유 등을 기재하여야 한다. 17. 경찰2차

2. 검사 승인(즉시)

① 사법경찰관이 긴급체포를 한 경우에는 사후에 즉시 검사(법원 ×)의 승인을 얻어야 한다(제200조의3 제2항). 13. 9급국가직 · 경찰간부, 15. 경찰3차 · 해경3차, 15 · 17 · 21. 경찰승진, 17. 경찰2차 · 여경 · 경찰특공대, 18. 경찰1차 · 해경간부 · 7급국가직

② 사법경찰관은 긴급체포 후 12시간 내에 검사에게 긴급체포의 승인을 요청해야 한다(수사준칙 제27조 제1항 본문).

③ 다만, 수사중지 결정 또는 기소중지 결정이 된 피의자를 소속 경찰관서가 위치하는 특별시 · 광역시 · 특별자치시 · 도 또는 특별자치도 외의 지역이나 「연안관리법」 제2조 제2호 나목의 바다에서 긴급체포한 경우에는 긴급체포 후 24시간 이내에 긴급체포의 승인을 요청해야 한다(동항 단서). 19. 경찰2차

④ 긴급체포의 승인을 요청할 때에는 범죄사실의 요지, 긴급체포의 일시 · 장소, 긴급체포의 사유, 체포를 계속해야 하는 사유 등을 적은 긴급체포 승인요청서로 요청해야 한다(동조 제2항 본문).

Answer

기출 키워드 체크

즉시 긴급체포서, 즉시 검사

⑤ 다만, 긴급한 경우에는 「형사사법절차 전자화 촉진법」 제2조 제4호에 따른 형사사법정보시스템(이하 "형사사법정보시스템"이라 한다) 또는 팩스를 이용하여 긴급체포의 승인을 요청할 수 있다(동항 단서).

⑥ 검사는 사법경찰관의 긴급체포 승인 요청이 이유 있다고 인정하는 경우에는 지체 없이 긴급체포 승인서를 사법경찰관에게 송부해야 한다(동조 제3항).

⑦ 검사는 사법경찰관의 긴급체포 승인 요청이 이유 없다고 인정하는 경우에는 지체 없이 사법경찰관에게 불승인 통보를 해야 한다. 이 경우 사법경찰관은 긴급체포된 피의자를 즉시 석방하고 그 석방 일시와 사유 등을 검사에게 통보해야 한다(동조 제4항).

3. 검사의 대면조사

① 검사는 일정한 경우 긴급체포된 자를 검찰청으로 출석시켜 직접 대면조사할 수 있다(2008도11999). 11. 경찰승진, 12. 경찰2차, 14. 법원

㉠ **적법성이 문제될 때: 검사의 대면조사 허용**

㉡ **합당성이나 구속사유의 보강조사를 위한 경우: 검사의 대면조사 불허** 17. 9급개론 · 해경2차 · 경찰간부, 18. 7급국가직, 20. 경찰1차

② 피의자는 검사의 출석 요구에 응할 의무가 없고, 피의자가 검사의 출석 요구에 동의한 때에 한하여 사법경찰관리는 피의자를 검찰청으로 호송하여야 한다. 14. 법원, 17. 경찰간부, 18. 해경간부, 19. 9급국가직 · 경찰2차

4. 체포통지

(1) 통지시한

지체 없이(체포한 때로부터 늦어도 24시간 이내)

(2) 통지방법

① 반드시 서면으로 해야 한다.

② 급속을 요하는 경우 체포되었다는 취지 및 체포 일시 · 장소를 전화 또는 모사전송기 등으로 통지할 수 있으나, 이 경우에도 체포통지는 다시 서면으로 하여야 한다.

(3) 통지대상

① 변호인이 있는 경우: 변호인

② 변호인이 없는 경우: 법정대리인, 배우자, 직계친족, 형제자매 중 피의자가 지정하는 자

③ 통지대상이 없는 경우: 그 취지를 기재한 서면을 수사기록에 편철

OX 검사의 구속영장 청구 전 피의자 대면조사는 강제수사가 아니므로 피의자는 검사의 출석요구에 응할 의무가 없고, 피의자가 검사의 출석요구에 동의한 때에 한하여 사법경찰관리는 피의자를 검찰청으로 호송하여야 한다. (○, ×) 17. 경찰간부

OX 사법경찰관이 검사에게 긴급체포된 피의자에 대한 승인 건의와 함께 구속영장을 신청한 경우 검사는 긴급체포의 합당성이나 구속영장 청구에 필요한 사유를 보강하기 위하여 긴급체포한 피의자를 검찰청으로 출석시켜 직접 대면조사할 수 있다. (○, ×) 17. 9급개론

Answer

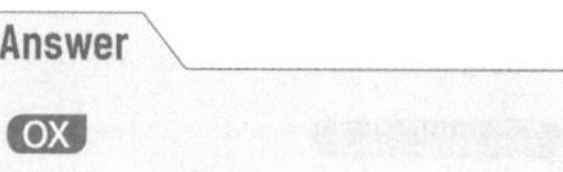

OX
○, ×

기출 키워드 체크

검사 또는 사법경찰관이 피의자를 긴급체포한 경우 피의자를 구속하고자 할 때에는 ____ 검사는 관할지방법원판사에게 구속영장을 청구하여야 한다.

(4) 통지내용

피의사건명, 체포일시 · 장소, 피의사실의 요지, 체포의 이유와 변호인을 선임할 수 있는 취지 등

5. 적부심청구권 통지

① 피의자를 체포 또는 구속한 검사 또는 사법경찰관은 체포 또는 구속된 피의자와 적부심청구권자 중에서 피의자가 지정하는 자에게 적부심사를 청구할 수 있음을 알려야 한다(제214조의2 제2항).

② 위 적부심청구권 통지의 시한, 방법, 대상은 체포통지의 방법에 따른다(수사준칙 제33조 제3항).

5 구속영장의 청구 등

1. 구속영장 신청 및 청구

① 긴급체포된 피의자를 구속하고자 할 때에는 지체 없이 구속영장을 청구해야 한다. 05. 경찰3차, 09. 9급국가직, 13. 경찰간부

② 이 경우 구속영장은 48시간 이내에 청구(발부 ×)하여야 한다. 19. 경찰간부

③ 영장청구시에는 긴급체포서를 첨부하여야 한다. 09. 9급국가직

2. 석 방

구속영장을 청구하지 아니하거나, 구속영장을 청구하였으나, 기각되어 구속영장을 발부받지 못한 때에는 즉시(법정기간 ×) 석방하여야 한다. 06. 경찰1차, 08. 경찰, 13 · 14 · 15. 경찰승진, 17. 9급개론, 18. 해경간부

3. 석방보고 및 통지

① 사법경찰관은 긴급체포한 피의자에 대하여 석방한 경우 즉시(48시간 ×, 30일 ×) 검사에게 보고해야 한다. 08 · 12. 경찰3차, 09 · 10. 9급국가직, 09 · 13. 경찰1차, 10 · 19. 경찰2차, 10 · 11 · 12 · 16. 경찰승진, 16. 해경, 19. 경찰간부

㉠ **검사의 사전 지휘는 필요 없다.**

② 검사 또는 사법경찰관은 긴급체포한 피의자에 대해 구속영장을 청구하거나 신청하지 않고 피의자를 석방하려는 때에는 다음의 사항을 적은 피의자 석방서를 작성해야 한다(수사준칙 제36조 제1항).

㉠ **긴급체포 후 석방된 자의 인적사항**

㉡ **긴급체포의 일시 · 장소와 긴급체포하게 된 구체적 이유**

㉢ **석방의 일시 · 장소 및 사유**

㉣ **긴급체포 및 석방한 검사 또는 사법경찰관의 성명**

Answer

기출 키워드 체크

지체 없이

③ 사법경찰관은 피의자를 석방한 경우 즉시 검사에게 석방 사실을 보고하고, 그 보고서 사본을 사건기록에 편철한다(동조 제2항).

④ 검사는 구속영장을 청구하지 아니하고 피의자를 석방한 경우 석방한 날로부터 30일 이내에 서면으로 긴급체포서 사본을 첨부하여 아래 사항을 법원에 통지하여야 한다(사후승인을 얻어야 한다. ×). 08. 경찰3차, 11 · 13. 경찰승진, 20. 경찰간부

㉠ **긴급체포된 후 석방된 자의 인적사항**

㉡ **긴급체포의 일시 · 장소와 긴급체포하게 된 구체적 이유**

㉢ **석방의 일시 · 장소 및 사유**

㉣ **긴급체포 및 석방한 검사 또는 사법경찰관의 성명**

⑤ 위와 같이 30일 이내에 법원에 통지하지 않았다고 하더라도, 긴급체포 기간 중 작성된 조서의 증거능력은 인정된다(2011도6035). 17 · 21. 경찰1차, 20. 경찰간부

4. 서류열람 · 등사

긴급체포 후 석방된 자 또는 그 변호인 · 법정대리인 · 배우자 · 직계친족 · 형제자매는 검사가 법원에 통지한 통지서 및 관련 서류를 열람하거나 등사할 수 있다. 10. 9급국가직, 11 · 14. 경찰승진, 16. 해경, 17. 9급개론 · 해경2차, 18. 경찰1차, 19 · 21. 경찰간부

5. 재체포의 제한

① 아래와 같이 석방한 피의자는 영장 없이는 동일한 범죄사실에 관하여 다시 체포하지 못한다(제200조의4 제3항). 08 · 09 · 21. 경찰승진, 12 · 20. 경찰2차 · 교정특채, 13. 경찰간부, 14. 법원, 15. 해경3차, 16. 해경, 17. 9급개론 · 해경1차 · 해경2차, 21. 경찰1차

㉠ **구속영장을 청구하지 아니한 피의자** 17. 해경1차

㉡ **구속영장을 발부받지 못하여 석방한 피의자**

② 긴급체포되었다가 석방된 자도 수소법원이 발부한 구속영장에 의하여 구속이 가능하다(2001도4291). 18. 경찰1차 · 7급국가직, 19. 변호사, 20. 9급개론

6. 구속기간 산입

① 체포한 날(구속영장 발부된 날 ×)부터 구속기간에 산입한다. 15 · 16. 경찰승진, 17. 경찰2차, 18. 해경간부, 20. 경찰간부

② 임의동행 이후 긴급체포가 이루어진 경우에는 최초 임의동행 시점부터 구속기간을 계산한다.

③ 법원이 구속영장청구서 · 수사 관계 서류 및 증거물을 접수한 날부터 구속영장을 발부하여 검찰청에 반환한 날까지의 기간은 구속기간에 산입하지 않는다. 21. 9급국가직 · 9급개론

OX 긴급체포 후 석방된 자 또는 그 변호인 · 법정대리인 · 배우자 · 직계친족 · 형제자매는 통지서 및 관련 서류를 열람하거나 등사할 수 있다. (○, ×) 17. 9급개론, 21. 경찰간부

OX 수사기관이 긴급체포된 자에 대하여 구속영장을 청구하지 아니하거나 발부받지 못한 때에는 피의자를 즉시 석방하여야 하고, 이 경우 석방된 자는 영장 없이는 동일한 범죄사실에 관하여 체포하지 못한다. (○, ×) 17. 9급개론

OX 수사기관은 긴급체포 후 구속영장을 발부받지 못하여 피의자를 석방한 경우 그 피의자를 동일한 범죄사실로 다시 긴급체포할 수 없으나 체포영장을 다시 발부받아 체포하는 것은 가능하다. (○, ×) 21. 경찰승진

기출 키워드 체크

수사기관이 긴급체포된 자에 대하여 구속영장을 청구하지 아니하거나 발부받지 못한 때에는 피의자를 ____ 석방하여야 하고, 이 경우 석방된 자는 ____는 동일한 범죄사실에 관하여 체포하지 못한다.

기출 판례

제208조(피의자 구속 석방 후 재구속에 관한 규정) 소정의 '구속되었다가 석방된 자'라 함은 구속영장에 의하여 구속되었다가 석방된 경우를 말하는 것이지, 긴급체포나 현행범으로 체포되었다가 사후영장발부 전에 석방된 경우는 포함되지 않는다(2001도4291). 20. 경찰간부, 20. 경찰2차

Answer

기출 키워드 체크
즉시, 영장없이

OX
○, ○, ○

Chapter 05

OX 확인학습

01 □□□ 수사기관이 긴급체포된 자에 대하여 구속영장을 청구하지 아니하거나 발부받지 못한 때에는 피의자를 즉시 석방하여야 하고, 이 경우 석방된 자는 영장 없이는 동일한 범죄사실에 관하여 체포하지 못한다. (○)

02 □□□ 피고인이 수사 당시 긴급체포되었다가 수사기관의 조치로 석방된 후 법원이 발부한 구속영장에 의하여 구속이 이루어진 경우에는 위법한 구속이라고 볼 수 없다. (○)

03 □□□ 사법경찰관이 「형사소송법」 제200조의3(긴급체포) 제1항의 규정에 의하여 피의자를 긴급체포한 경우에는 즉시 검사의 승인을 얻어야 한다. (○)

04 □□□ 긴급체포의 요건을 갖추었는지 여부는 체포 당시의 상황을 기초로 판단하는 것이 아니라 사후에 밝혀진 사정을 기초로 법원이 객관적으로 엄격하게 판단하여야 한다. (×)

05 □□□ 긴급체포 후 석방된 자 또는 그 변호인·법정대리인·배우자·직계친족·형제자매는 통지서 및 관련 서류를 열람하거나 등사할 수 있다. (○)

06 □□□ 긴급체포서에는 범죄사실의 요지, 긴급체포의 사유 등을 기재하여야 한다. (○)

07 □□□ 사법경찰관이 피고인을 수사관서까지 동행한 것이 강제연행, 즉 불법 체포에 해당한다고 하더라도, 불법 체포로부터 6시간 상당이 경과한 이후에 이루어진 긴급체포는 하자가 치유된 것으로 적법하다. (×)

08 □□□ 사법경찰관이 피의자를 긴급체포한 경우에는 즉시 긴급체포서를 작성하여야 할 뿐만 아니라 즉시 검사의 승인을 얻어야 한다. (○)

09 □□□ 피의자가 2009. 11. 2. 22:00경 긴급체포되어 조사를 받고 구속영장이 청구되지 아니하여 2009. 11. 4. 20:10경 석방되었음에도 검사가 그로부터 30일 이내에 형사소송법 제200조의4에 따른 석방통지를 법원에 하지 않았다면, 피의자에 대한 긴급체포 당시의 상황과 경위, 긴급체포 후 조사 과정 등에 특별한 위법이 없다고 하더라도 사후에 석방통지가 법에 따라 이루어지지 않았다는 사정만으로 그 긴급체포에 의한 유치 중에 작성된 피의자에 대한 피의자신문조서들의 작성이 소급하여 위법하게 된다. (×)

10 □□□ 피의자가 장기 3년 이상의 징역에 해당하는 죄를 범하였다고 의심할 만한 상당한 이유 및 도망할 우려가 있고, 체포영장을 받을 시간적 여유가 없는 때에는 영장 없이 체포할 수 있다. (○)

11 □□□ 검사의 구속영장 청구 전 피의자 대면조사는 강제수사가 아니므로 피의자는 검사의 출석 요구에 응할 의무가 없고, 피의자가 검사의 출석 요구에 동의한 때에 한하여 사법경찰관리는 피의자를 검찰청으로 호송하여야 한다. (○)

12 □□□ 피의자가 마약투약을 하였다고 의심할 만한 상당한 이유가 있었더라도, 경찰관이 이미 피의자의 신원과 주거지 및 전화번호 등을 모두 파악하고 있었고 당시 증거가 급속하게 소멸될 상황도 아니었다면 긴급체포의 요건으로 미리 체포영장을 받을 시간적 여유가 없었던 경우에 해당하지 않는다. (○)

13 □□□ 사법경찰관이 검사에게 긴급체포된 피의자에 대한 승인 건의와 함께 구속영장을 신청한 경우 검사는 긴급체포의 합당성이나 구속영장 청구에 필요한 사유를 보강하기 위하여 긴급체포한 피의자를 검찰청으로 출석시켜 직접 대면조사할 수 있다. (×)

제4절 현행범인 체포

❶ 의 의

현행범인 체포란 범죄의 실행 중이거나 실행 즉후인 경우와 같이 범죄사실이 명백한 경우 영장 없이 누구나 피의자를 체포할 수 있는 강제처분을 말한다.

❷ 요 건

1. 현행범

(1) 범죄 실행 중인 자

① 고유한 의미의 현행범인(現行犯人)이란 범죄의 실행 중이거나 실행 직후(直後)[또는 즉후(卽後)]인 자를 말한다(제211조 제1항). 16. 경찰2차

② 범죄의 실행 중인 자는 범죄의 실행에 착수하여 종료하지 못한 상태를 말한다.

③ 범죄는 특정된 죄임을 요하지만 죄명이나 형의 경중은 불문한다.

④ 미수를 벌하는 경우에는 실행의 착수가 있으면 족하고, 예비·음모를 벌하는 경우에는 예비·음모행위가 실행행위에 해당된다.

⑤ 교사범과 방조범의 경우에는 정범의 실행행위를 전제로 하므로 정범의 실행행위가 개시된 때에 실행행위가 있는 것으로 보지만 교사의 미수로 예비·음모에 준하여 처벌되는 경우(형법 제31조 제2항·제3항)에는 교사행위도 실행행위가 된다.

> **기출 키워드 체크**
> 범죄의 실행 ____이거나 실행의 ____인 자를 현행범인이라 한다.

(2) 범죄 실행 직후인 자

① 범죄의 실행 즉후(직후)인 자를 말한다. 09·14. 경찰승진, 12. 해경간부

② 범죄의 실행행위와 시간적·장소적으로 접착되어 있어야 한다.

③ 체포를 당하는 자가 방금 범죄를 실행한 범인이라는 점에 관한 죄증이 명백히 존재하는 것으로 인정되는 경우에만 현행범인으로 볼 수 있다(2007도1249). 16. 경찰1차·7급 국가직, 17. 해경1차

④ 결과발생의 유무와는 관계가 없고, 실행행위를 전부 종료하였을 것을 요하지도 않는다.

2. 준현행범

준현행범인(準現行犯人)이란 아래와 같이 현행범인은 아니지만 현행범인으로 간주되는 자를 말한다.

㉠ **범인으로 호창되어 추적되고 있는 자** 13. 경찰간부

㉡ **누구임을 물음에 대하여 도망하려 하는 자** 10. 교정특채, 11. 경찰2차, 14. 9급개론

> **Answer**
> **기출 키워드 체크**
> 중, 즉후(직후)

㉢ 신체 또는 의복류에 현저한 증적이 있는 자

㉣ 장물이나 범죄에 사용되었다고 인정함에 충분한 흉기 기타 물건을 소지하고 있는 자

3. 범죄 · 범인의 명백성

① 외형상 죄를 범한 것처럼 보일지라도 범죄가 성립하지 않을 경우에는 체포할 수 없다.

② 즉, 구성요건해당성이 인정되지 않는 경우, 위법성조각사유나 책임조각사유(예 형사미성년자)가 명백한 경우에는 현행범인으로 체포할 수 없다.

4. 체포의 필요성

① 긴급체포와는 달리 현행범인의 체포에 도망이나 증거인멸의 우려와 같이 구속 사유가 필요하다는 명문의 규정이 없지만,

② 범죄의 명백성 이외에 체포의 필요성(도망 및 증거인멸의 우려)까지도 필요하다(2011도3682, 98도3029). 04. 경찰3차, 11 · 16 · 20. 경찰1차, 11 · 16 · 18 · 19 · 21. 경찰승진, 13 · 18 · 20. 경찰2차, 14. 법원 · 9급국가직, 17. 해경1차, 17 · 18. 해경간부, 18. 해경2차. 19. 7급국가직

5. 경미범죄 특칙

다액 50만원 이하 벌금 · 구류 또는 과료에 해당하는 사건은 주거가 분명하지 아니한 때에 한하여 현행범으로 체포할 수 있다(제214조). 05 · 13. 경찰2차, 06. 교정특채, 12 · 18. 해경간부, 14 · 15 · 16. 경찰승진, 15. 경찰간부, 17. 경찰1차

6. 국회의원 불체포 특권

① 국회의원은 회기 중 국회의 동의 없이 체포 또는 구금되지 아니한다(헌법 제44조 제1항).

② 국회의원이 회기 전에 체포 또는 구금된 때에는 국회의 요구가 있으면 회기 중 석방된다(헌법 제44조 제2항).

③ 그러나 현행범인인 경우에는 회기 중 국회의 동의 없이 체포 또는 구금할 수 있고, 국회의 요구가 있어도 석방되지 않는다(헌법 제44조). 01. 경찰2차, 12. 경찰승진, 15. 경찰간부

7. 판단기준

① 현행범인체포의 적법성을 판단하기 위해서는 체포 당시 상황(사후 사정 ×)을 기초로 판단하여야 하고, 사후에 범인으로 인정되었는지에 의할 것은 아니다(2011도4763). 16. 9급국가직, 17. 7급국가직, 20. 경찰간부

기출 키워드 체크

다액 ____의 벌금, ____ 또는 과료에 해당하는 죄의 현행범인에 대하여는 범인의 ________에 한하여 현행범인으로 체포할 수 있다.

기출 키워드 체크

사인의 현행범인 체포에도 현행범인 체포의 요건으로서 행위의 가벌성, 범죄의 현행성 · 시간적 접착성, 범인 · 범죄의 명백성 외에 ____ 즉, ____ 또는 ____의 염려가 있을 것을 요한다고 보아야 한다.

OX 사인의 현행범인 체포에도 현행범인 체포의 요건으로서 행위의 가벌성, 범죄의 현행성 · 시간적 접착성, 범인 · 범죄의 명백성 외에 체포의 필요성 즉, 도망 또는 증거인멸의 염려가 있을 것을 요한다고 보아야 한다. (○, ×) 17. 경찰간부

OX 현행범으로 체포하기 위하여는 행위의 가벌성 범죄의 현행성 시간적 접착성 범인 범죄의 명백성이 있으면 족하고 도망 또는 증거인멸의 염려가 있어야 하는 것은 아니다. (○, ×) 21. 경찰승진

기출 키워드 체크

경범죄처벌법을 위반하여 ____에서 주취소란 행위를 하는 자는 주거가 분명한 때에도 현행범인 체포의 대상이 된다.

Answer

기출 키워드 체크

50만원 이하, 구류, 주거가 분명하지 아니한 때(주거불명)

체포의 필요성, 도망, 증거인멸

관공서

OX

○, ×

㉠ **현행범 체포의 적법성은 체포 당시의 구체적 상황을 기초로 객관적(주관적 ×)으로 판단하여야 하고, 사후에 범인으로 인정되었는지에 의할 것은 아니다(2011도4763).** 20. 경찰2차

㉡ **현행범인 체포의 요건을 갖추었는지에 대한 수사주체의 판단에는 상당한 재량의 여지가 있으므로 체포 당시의 상황에서 보아 그 요건에 관한 수사주체의 판단이 경험칙에 비추어 현저히 합리성이 없다고 인정되지 않는 한 수사주체의 현행범인 체포를 위법하다고 단정할 것은 아니다(2011도3682).** 18. 경찰2차, 19. 7급국가직

② 범죄의 실행의 즉후인지를 판단하는 것도 체포하는 자(제3자 ×)의 입장에서 볼 때 명백한 경우이면 충분하다(2005도7158). 09 · 10 · 14 · 16. 경찰승진, 11 · 16. 경찰1차, 13 · 16. 경찰2차, 16. 9급국가직, 17. 해경간부 · 해경1차, 18 · 20. 경찰간부

③ 피고인의 행위가 업무방해죄의 구성요건에 해당하지 않아 사후적으로 무죄로 판단된다고 하더라도, 피고인이 소란을 피운 당시 상황에서는 객관적으로 보아 피고인이 현행범이라고 인정할 만한 충분한 이유가 있는 경우에는 피고인에 대한 현행범 체포는 적법하다(2011도4763). 16. 9급국가직, 21. 경찰간부

④ 현행범인으로서의 요건을 갖추고 있었다고 인정되지 않는 상황에서 경찰관들이 동행을 거부하는 자를 체포하거나 강제로 연행하려고 하였다면, 이는 적법한 공무집행이라고 볼 수 없다(2001도300). 11. 법원, 15. 경찰승진, 16. 경찰2차

⑤ 범죄행위의 동일성이 유지되는 범위 안에서 죄명은 체포 후에 얼마든지 변경할 수 있는 것이므로 죄명에 의해 체포 사유가 한정된다고 볼 수는 없다(2005도6461). 19. 9급개론

▶ **경범죄 처벌법과 경미범죄**

구 분	내 용	법정형
경미범죄 ○	• 불안감조성, 음주소란(경범죄 처벌법 제3조 제1항) 등	10만원 이하의 벌금
경미범죄 ×	• 관공서에서 주취소란 행위를 한 자(경범죄 처벌법 제3조 제3항) 16. 해경 · 경찰승진 ⇨ 관공서 주취소란 행위를 하는 자는 주거가 분명하지 아니한 때 한하여 현행범으로 체포할 수 있다. × 19. 해경간부 • 범죄나 재해 사실을 공무원에게 거짓으로 신고한 사람	60만원 이하의 벌금

OX 피의자의 소란행위가 업무방해죄의 구성요건에 해당하지 않아 사후적으로 무죄로 판단된다고 하더라도, 피의자가 경찰관 앞에서 소란을 피운 당시 상황에서는 객관적으로 보아 피의자가 업무방해죄의 현행범이라고 인정할 만한 충분한 이유가 있었다면 경찰관이 피의자를 체포하려고 한 행위는 적법하다. (○, ×) 21. 경찰간부

기출 판례
경찰관이 현행범인 체포요건을 갖추지 못하였는데도, 실력으로 현행범인을 체포하려고 하였다면 적법한 공무집행이라고 할 수 없고, 현행범인 체포행위가 적법한 공무집행을 벗어나 불법인 것으로 볼 수 밖에 없다면 현행범이 체포를 면하려고 반항하는 과정에서 경찰관에게 상해를 가한 것은 불법체포로 인한 신체에 대한 현재의 부당한 침해에서 벗어나기 위한 행위로서 정당방위에 해당하여 위법성이 조각된다(2011도3682). 18. 경찰승진

기출 키워드 체크
형사소송법 제211조가 현행범인으로 규정한 '범죄의 실행의 즉후인 자'라고 함은, 범죄의 실행행위를 종료한 직후의 범인이라는 것이 ____의 입장에서 볼 때 명백한 경우를 일컫는 것이다.

기출 키워드 체크
피고인의 소란행위가 업무방해죄의 구성요건에 해당하지 않아 ____적으로 무죄로 판단된다고 하더라도, 피고인이 경찰관 앞에서 소란을 피운 ____ 상황에서는 객관적으로 보아 피고인이 업무방해죄의 현행범이라고 인정할 만한 충분한 이유가 있었다면 경찰관들이 피고인을 현행범으로 체포하려고 한 행위는 적법하다.

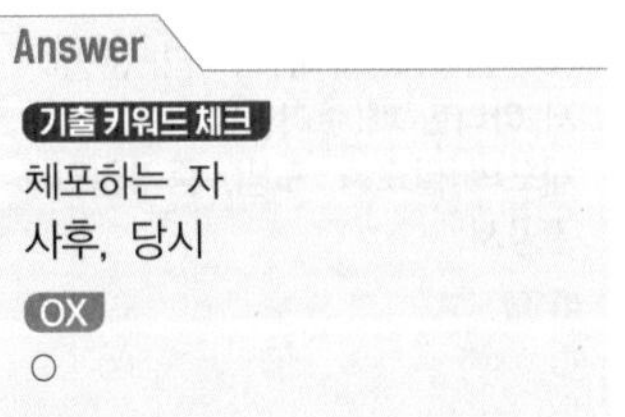
Answer
기출 키워드 체크
체포하는 자
사후, 당시
OX
○

▶ **현행범인의 체포가 적법하다는 사례**

- 순찰 중이던 경찰관이 교통사고를 낸 차량이 도주하였다는 무전연락을 받고 주변을 수색하다가 10분 후 1km 떨어진 지점에서 범퍼 등의 파손상태로 보아 사고차량으로 인정되는 차량에서 내리는 사람을 발견한 경우(99도4341) 09. 경찰1차, 19. 경찰승진 · 경찰간부 · 법원, 21. 경찰간부 ⇨ 현행범인에는 해당하지 않으나 준현행범인으로 적법하게 체포 가능
- 여고 앞길에서 싸움 10분 후, 인접한 운동장에서 현행범을 체포한 사례(93도926) 09. 경찰1차, 11. 경찰2차, 11 · 15. 경찰승진, 17 · 19. 해경간부
- 경찰관의 현행범인 체포경위 및 그에 관한 현행 범인 체포서와 범죄사실의 기재에 다소 차이가 있으나 장소적 · 시간적 동일성이 인정되는 범위 내인 경우(2008도3640)
- 목욕탕 탈의실에서 구타하고 앉아 있다가 옷을 입고 있던 중 체포당한 사례(2005도7158) 19. 해경간부
- 피고인이 甲과 주차문제로 언쟁을 벌이던 중, 112신고를 받고 출동한 경찰관 乙이 甲을 때리려는 피고인을 제지하자, 자신만 제지를 당한 데 화가나서 손으로 乙의 가슴을 밀친 경우(2017도21537)
- 현행범인 체포서에는 죄명으로 '공무집행방해 및 폭력행위 등 처벌에 관한 법률 위반'만이 기재되어 있을 뿐이어도, 업무방해죄에 해당되는 범죄행위로 보기에는 충분한 경우(2005도6461)
- 음주측정에 관한 직무에 착수한 후, 경찰관이 지구대로 가서 차량 블랙박스를 확인하자 도주하여 현행범 체포한 경우(2020도7193)

▶ **현행범인의 체포가 위법하다는 사례**

- 불심검문 과정에서 운전면허증을 교부한 후 모욕죄로 체포당한 사례 ⇨ 현행범인 '체포의 필요성'이 없음(2011도3682). 12 · 15 · 19. 경찰승진, 14. 법원, 15. 경찰2차 · 9급국가직, 15 · 16. 경찰간부, 16. 해경간부, 20. 경찰1차
- 교사가 교장실에 들어가 식칼을 휘두르며 교장을 협박한 후 40여분이 지나 서무실에서 현행범인으로 체포당한 사례(91도1314) 04. 경찰3차 · 법원, 09. 경찰1차, 11. 경찰2차, 16. 경찰간부, 19. 경찰승진
- 경찰관이 주민의 신고를 받고 현장에 도착했을 때에는 이미 싸움이 끝난 상태였던 사례(89도1934) 04. 법원
- 음주운전을 종료한 후 40분 이상이 경과한 시점에서 길가에 앉아 있던 운전자를 체포한 사례(2007도1249) 14 · 19 · 21. 경찰승진, 15 · 20. 경찰간부
- 피고인이 전날 늦은 밤까지 술을 마신 뒤, 다음날 아침 차량을 약 2m 가량 운전하여 이동주차하다가 경찰관으로부터 음주측정을 요구받자 이를 거부한 후, 현행범으로 체포되어 지구대에서 음주측정에 응하지 않은 경우(2016도19907)
- 집회 중인 노조원을 체포하려 하자 변호인이 되려는 자(변호사)가 접견을 요청하자 위 변호사를 공무집행을 방해한 현행범인으로 체포한 경우(2013노16162)
  ⇨ 경찰관은 직권남용체포죄와 직권남용권리행사방해죄 성립
- 노동조합 지회장 및 노조원들이 대체근로 중인 사람을 뒤쫓아가 현행범 체포한 경우(사용자만 처벌 대상임)(2015도6057)

OX 순찰 중이던 경찰관이 교통사고를 낸 차량이 도주하였다는 무전연락을 받고 주변을 수색하다가 범퍼 등의 파손상태로 보아 사고차량으로 인정되는 차량에서 내리는 사람을 발견하고 준현행범인으로 체포한 행위는 위법하다. (○, ×) 21. 경찰간부

기출 키워드 체크

순찰 중이던 경찰관이 교통사망사고를 낸 차량이 도주하였다는 무전연락을 받고 주변을 수색하다가 ____ 등의 파손상태로 보아 사고차량으로 인정되는 차량에서 내리는 사람을 발견한 경우는 영장 없이 체포할 수 있다.

기출 키워드 체크

경찰관이 음주운전의 신고를 받고 출동하였는데, 피의자가 음주운전을 종료한 후 ____여분이 경과한 시점에서 ____에 앉아 있는 것을 발견하고 술냄새가 난다는 점만을 근거로 피의자를 음주운전의 현행범으로 체포하려는 경우, 그 현행범 체포는 위법하다.

기출 키워드 체크

교사가 교장실에 들어가 불과 약 5분 동안 식칼을 휘두르며 교장을 협박하는 등의 소란을 피운 후 ____여분 정도가 지나 경찰관들이 출동하여 교장실이 아닌 ____에서, 동행을 거부하는 위 교사를 현행범으로 체포한 것은 위법하다.

OX 경찰관이 112 신고를 받고 출동하여 피고인이 범행을 한 지 10분 후 범행 현장에 인접한 학교의 운동장에서 신고자가 지적한 피고인을 현행범인으로 체포한 것은 위법하다. (○, ×) 17. 경찰간부

Answer

기출 키워드 체크

범퍼
40, 길가
40, 서무실

OX

×, ×

OX 사법경찰관리가 현행범인을 체포하는 경우에는 범죄사실의 요지, 체포의 이유와 변호인을 선임할 수 있음을 말하고 변명할 기회를 주어야 할 것임이 명백하고, 이와 같은 고지는 반드시 체포를 위한 실력행사에 들어가기 이전에 미리 하여야 한다. (○, ×) 17. 경찰간부

관련 판례

피고인이 전날 늦은 밤 시간까지 마신 술 때문에 미처 덜 깬 상태였던 것으로 보이기는 하나, 술을 마신 때로부터 이미 상당한 시간이 경과한 뒤에 운전을 하였으므로 도로교통법 위반(음주운전)죄를 저지른 범인임이 명백하다고 쉽게 속단하기는 어려워 보인다. 더군다나 피고인은 위 지구대로부터 차량을 이동하라는 전화를 받고 위 빌라 주차장까지 가 차량을 2m 가량 운전하였을 뿐 피고인 스스로 운전할 의도를 가졌다거나 차량을 이동시킨 후에도 계속하여 운전할 태도를 보인 것도 아니어서 사안 자체가 경미하다. 그런데 당시는 아침 시간이었던 데다가 위 주차장에서 피고인에게 차량을 이동시키라는 등 시비를 하는 과정에서 경찰관 등도 피고인이 전날 밤에 술을 마셨다는 얘기를 들었으므로, 당시는 술을 마신 때로부터 상당한 시간이 지난 후라는 것을 충분히 알 수 있었다. (중략) 이러한 사정을 앞에서 든 정황들과 함께 종합적으로 살펴보면, 피고인이 현장에서 도망하거나 증거를 인멸하려 하였다고 단정하기는 어렵다고 할 것이다(현행범 체포의 필요성이 인정되지 않는다)(2018.3.29. 선고 2017도21537).

Answer

OX ×

3 현행범인 체포의 절차

1. 주 체

(1) 수사기관

1) 체포 절차

① 검사 또는 사법경찰관은 피의자를 체포하는 경우에는 피의사실의 요지, 체포의 이유와 변호인을 선임할 수 있음을 말하고 변명할 기회를 주어야 한다(제200조의5). 13 · 19. 경찰승진, 15. 해경3차, 16. 해경

㉠ 검사 또는 사법경찰관은 피의자를 체포하거나 구속할 때에는 피의자에게 피의사실의 요지, 체포 · 구속의 이유와 변호인을 선임할 수 있음을 말하고, 변명할 기회를 주어야 하며, 진술거부권을 알려주어야 한다(수사준칙 제32조 제1항).

㉡ 위와 같이 따라 피의자에게 알려주어야 하는 진술거부권의 내용은 아래의 사항으로 한다(동조 제2항).

㉢ 일체의 진술을 하지 아니하거나 개개의 질문에 대하여 진술을 하지 아니할 수 있다는 것

㉣ 진술을 하지 아니하더라도 불이익을 받지 아니한다는 것

㉤ 진술을 거부할 권리를 포기하고 행한 진술은 법정에서 유죄의 증거로 사용될 수 있다는 것

㉥ 검사와 사법경찰관이 위와 같이 피의자에게 그 권리를 알려준 경우에는 피의자로부터 권리 고지 확인서를 받아 사건기록에 편철한다(동조 제3항).

㉦ 형사소송법에 이러한 고지에 대한 명문의 규정이 있다. 16. 경찰간부

㉧ 체포 당시 피의자에 대한 범죄사실의 요지 등을 고지하지 아니하고 실력으로 연행하려 하였다면 적법한 공무집행으로 볼 수 없다(96도2673).

② 고지 시기

㉠ 원칙: 체포를 위한 실력행사에 들어가기 이전

㉡ 예외: 달아나는 피의자를 쫓아가 붙들거나 폭력으로 대항하는 피의자를 실력으로 제압하는 경우, 붙들거나 제압하는 과정에서 하거나 그것이 힘든 경우, 붙들거나 제압한 후, 지체 없이 체포영장의 제시와 고지를 하여야 한다(2007도10006). 10. 경찰승진, 13 · 16. 9급국가직, 19. 변호사

⇨ 반드시 체포를 위한 실력행사에 들어가기 이전에 미리 하여야 한다. × 19. 해경간부

㉢ 피고인이 집회금지 장소에서 개최된 옥외집회에 참가하였다가 전투경찰순경에게 현행범으로 체포된 후 호송버스에 탑승하여 피의사실의 요지 등을 고지받은 경우, 이러한 고지는 적법하다(2011도7193). 15. 지능특채

㉣ **경찰관이 시위에 참가한 6명의 조합원을 집회 및 시위에 관한 법률 위반 혐의로 현행범 체포 후 경찰서로 연행하였는데, 그 과정에서 체포의 이유를 설명하지 않다가 조합원들의 항의를 받고 나서야 그 이유를 설명한 것은 위법하다(2013도16162).** 21. 경찰간부

③ 현행범으로 체포한다는 사실조차 고지하지 아니한 채 실력으로 연행하려 하였다면 그 행위는 적법한 공무집행으로 볼 수 없다(94도2283). 09. 경찰1차

2) 수반처분

① 수사기관은 현행범 체포를 위해 경찰장구나 무기 사용이 가능하다.

② 압수수색(제216조 제1항)

㉠ **수사기관이 현행범인을 체포하는 경우에 필요한 때에는 영장 없이 타인의 주거나 타인이 간수하는 가옥 · 건조물 · 항공기 · 선거 내에 들어가 피의자를 수사(수색)할 수 있다.**

㉡ **체포현장에서 영장 없이 압수 · 수색 · 검증을 할 수 있다.**

(2) 사 인

1) 체포 절차

① 누구든지 영장 없이 체포할 수 있다. 즉, 사인도 가능하다. 17. 해경1차

② 사인이 현행범인을 체포한 경우에는 '즉시' 검사 또는 사법경찰관리에게 인도하여야 한다. 13 · 14 · 16. 경찰2차, 13. 18 · 20. 경찰간부, 17 · 18. 해경간부

③ 여기서 '즉시'라 함은 '정당한 이유 없이 불필요한 지체 없이'를 의미한다(2011도12927). 16. 7급국가직 · 경찰2차, 17. 해경간부, 18. 경찰승진, 20. 경찰2차 ⇨ 반드시 체포시점과 시간적으로 밀착된 시점이어야 하는 것은 아니다. 18. 경찰승진

④ 사법경찰관리가 현행범인의 인도를 받은 때에는 체포자의 성명 · 주거, 체포의 사유를 물은 후

⑤ 필요한 때에는 체포자에게 경찰관서 동행을 요구할 수 있다(제213조 제2항). 11 · 16. 경찰승진, 13 · 14. 경찰2차, 16. 해경, 17 · 18. 해경간부, 20. 7급국가직

⑥ 피의사실 등을 고지할 필요는 없다(인수한 수사기관이 고지). 16. 변호사

⑦ 사인이 체포한 현행범인을 인도하지 않고 석방하는 것은 허용되지 않는다.

2) 강제력 행사

① 사인이 현행범 체포할 때는 원칙적으로 경찰장구 등 사용은 할 수 없다.

② 그러나 사인도 사회통념상 상당하다고 인정되는 범위에서 강제력을 행사 가능하다.

㉠ **피해자가 현행범인을 체포함에 있어 꼭 소극적 방어행위만 하여야 하는 것은 아니고 다소 공격적인 행위도 가능하다.**

관련 판례

피고인이 甲과 주차문제로 언쟁을 벌이던 중, 112 신고를 받고 출동한 경찰관 乙이 甲을 때리려는 피고인을 제지하자 자신만 제지를 당한 데 화가 나서 손으로 乙의 가슴을 밀친 경우, 현행범 체포의 필요성이 인정된다(2018. 3.29. 선고 2017도21537).

OX 경찰관이 시위에 참가한 6명의 조합원을 집회 및 시위에 관한 법률 위반 혐의로 현행범 체포 후 경찰서로 연행하였는데, 그 과정에서 체포의 이유를 설명하지 않다가 조합원들의 항의를 받고 1시간이 지난 후 그 이유를 설명한 것은 위법하다. (○, ×) 21. 경찰간부

기출 키워드 체크

검사 또는 사법경찰관리 아닌 자가 현행범인을 체포한 때에는 즉시 검사 또는 사법경찰관리에게 인도하여야 한다. 사법경찰관리가 현행범인의 인도를 받은 때에는 체포자의 ____, 주거, 체포의 사유를 물어야 하고 필요한 때에는 체포자에 대하여 경찰관서에 ____함을 요구할 수 있다.

기출 키워드 체크

검사 또는 사법경찰관리 아닌 이가 현행범인을 체포한 경우 즉시 검사 등에게 인도해야 하는데, 여기서 '즉시'라고 함은 반드시 체포시점과 시간적으로 ____된 시점이어야 하는 것은 아니고, '정당한 이유 없이 인도를 지연하거나 체포를 계속하는 등으로 ____를 함이 없이'라는 뜻이다.

Answer

기출 키워드 체크

성명, 동행

밀착, 불필요한 지체

OX

○

> 관련 판례
> 甲 노동조합 소속 지회의 지회장 및 조합원 등인 피고인들이, 파업기간 중에 위 지회에 가입한 중장비 임대업체인 乙 회사에 채용되어 丙 회사의 공장 내부에서 乙 회사의 기중기를 운전하며 대체근로 중이던 丁을 발견하고 뒤쫓아 가 붙잡으려는 과정에서 丁에게 상해를 입게 하여 폭력행위 등 처벌에 관한 법률 위반(공동상해) 등으로 기소된 사안에서, 丁은 乙 회사 소속 근로자들의 쟁의행위로 중단된 업무를 수행하기 위하여 乙 회사에 채용된 근로자에 불과하므로, 대향범 관계에 있는 행위 중 '사용자'만 처벌하는 노동조합 및 노동관계조정법(이하 '노동조합법'이라 한다) 제91조, 제43조 제1항 위반죄의 단독정범이 될 수 없고, 형법 총칙상 공범 규정을 적용하여 공동정범 또는 방조범으로 처벌할 수도 없으므로, 결국 丁은 노동조합법 제91조, 제43조 제1항 위반에 따른 현행범인이 아니고, 피고인들이 丁을 체포하려던 당시 상황을 기초로 보더라도 현행범인 체포의 요건을 갖추지 못하였다(대법원 2020.6.11. 선고 2016도3048 판결).

> 관련 판례
> 음주측정에 관한 직무에 착수한 후, 피고인이 차량을 운전하지 않았다고 다투자 경찰관이 지구대로 가서 사당 블랙박스를 확인하자고 한 것은 음주측정에 관한 직무 중 '운전' 여부 확인을 위한 임의동행 요구에 해당하고, 피고인이 차량에서 내리자마자 도주한 것을 임의동행 요구에 대한 거부로 보더라도, 경찰관이 음주측정에 관한 직무를 계속하기 위하여 피고인을 추격하여 도주를 제지한 것은 앞서 본 바와 같이 도로교통법상 음주측정에 관한 일련의 직무집행 과정에서 이루어진 행위로써 정당한 직무집행에 해당한다. 이후, 이 피고인을 10m 정도 추격하여 피고인의 앞을 가로막는 방법으로 제지한 뒤 '그냥 가면 어떻게 하느냐'는 취지로 말하자 피고인이 위 경찰관의 뺨을 때렸고, 계속하여 도주하고 폭행하려고 하자 경찰관이 피고인을 공무집행방해죄의 현행범으로 체포한 것은 적법하다(대법원 2020.8.20. 선고 2020도7193 판결).

ⓛ 차를 손괴하고 도망하려는 범인을 도망하지 못하게 멱살을 잡고 흔들어 범인에게 전치 14일의 흉부찰과상을 가한 경우, 정당행위에 해당한다(98도3029).

ⓒ 상대방의 얼굴을 4, 5차 치고 그 배를 발로 찬 후 멱살을 잡고 그를 인근 파출소로 끌고 감으로써 폭행을 하였다면 비록 피고인도 상대방으로부터 폭행을 당하고 그를 파출소로 끌고 갔다 하여도 적법한 현행범 체포로 볼 수 없다(69도1846). 04. 경찰3차

③ 압수수색 불가: 행범인의 체포는 누구든지 할 수 있으나 그 체포를 위하여 일반사인이 영장 없이 타인의 주거에 들어가 피의자를 수색할 수는 없다(65도899). 15. 경찰2차

4 현행범인 체포 후의 절차

1. 체포통지

(1) 통지시한

지체 없이(체포한 때로부터 늦어도 24시간 이내)

(2) 통지방법

① 반드시 서면으로 해야 한다.

② 급속을 요하는 경우 체포되었다는 취지 및 체포 일시·장소를 전화 또는 모사전송기 등으로 통지할 수 있으나, 이 경우에도 체포통지는 다시 서면으로 하여야 한다.

(3) 통지대상

① 변호인이 있는 경우: 변호인

② 변호인이 없는 경우: 법정대리인, 배우자, 직계친족, 형제자매 중 피의자가 지정하는 자

③ 통지대상이 없는 경우: 그 취지를 기재한 서면을 수사기록에 편철

(4) 통지내용

피의사건명, 체포일시·장소, 피의사실의 요지, 체포의 이유와 변호인을 선임할 수 있는 취지 등

2. 적부심청구권 통지

① 피의자를 체포 또는 구속한 검사 또는 사법경찰관은 체포 또는 구속된 피의자와 적부심청구권자 중에서 피의자가 지정하는 자에게 적부심사를 청구할 수 있음을 알려야 한다(제214조의2 제2항).

② 위 적부심청구권 통지의 시한, 방법, 대상은 체포통지의 방법에 따른다(수사준칙 제33조 제3항).

3. 현행범인 체포서

(1) 작 성

① 수사기관이 현행범인을 체포하였을 때에는 체포의 경위를 상세히 기재한 현행범인 체포서를 작성하여야 한다(검찰사건사무규칙 제32조).

(2) 적법한 경우

① 범죄사실, 일시, 장소 등 기재 내용이 다소 차이가 있는 경우: 적법 16. 경찰간부, 16 · 17. 경찰1차

② 경찰관의 현행범인 체포경위 및 그에 관한 현행범인체포서와 범죄사실의 기재에 다소 차이가 있더라도, 동일성이 인정되는 범위 내라면 그 체포행위가 공무집행방해죄의 요건인 적법한 공무집행에 해당한다(2008도3640).

(3) 위법한 경우

① 허위 작성의 경우: 위법 16. 해경 · 경찰승진 · 경찰1차, 16 · 17. 해경간부

② 사법경찰관이 피의자를 현행범인으로 체포하면서 체포사유 및 변호인선임권을 고지하지 아니하였음에도 불구하고, 고지한 것으로 현행범인체포서를 작성한 경우에는 허위공문서작성죄의 범의가 있다(2008도11226).

4. 현행범인 인수서

수사기관이 현행범인을 인도받은 경우에는 현행범인인수서를 작성하여야 한다.

5 구속영장의 청구 등

1. 청 구

① 체포한 현행범을 구속하고자 할 때에는 48시간(24시간 ×) 이내 구속영장을 청구하여야 한다. 05 · 14 · 16. 경찰2차, 14. 경찰승진, 17. 해경간부

② 수사기관이 아닌 자에 의하여 현행범인이 체포된 후 수사기관에 인계된 경우 구속영장 청구시한인 48시간의 기산점은 인도시(체포시 ×)이다(2011도12927). 12 · 14 · 19. 법원, 12 · 16. 경찰2차, 14 · 15 · 16 · 17 · 18 · 19. 경찰간부, 15. 경찰3차, 16. 7급 · 9급국가직, 17. 경찰1차, 19. 해경간부, 18 · 19. 변호사, 18 · 21. 경찰승진

관련 판례

경찰공무원이 음주 여부나 주취 정도를 측정하는 경우 합리적으로 필요한 한도 내에서 측정 방법이나 측정 횟수에 관하여 어느 정도 재량을 갖는다. 따라서 경찰공무원은 운전자의 음주 여부나 주취 정도를 확인하기 위하여 운전자에게 음주측정기를 면전에 제시하면서 호흡을 불어넣을 것을 요구하는 것 이외에도 그 사전절차로서 음주측정기에 의한 측정과 밀접한 관련이 있는 검사 방법인 음주감지기에 의한 시험도 요구할 수 있다.
경찰공무원이 운전자에게 음주 여부를 확인하기 위하여 음주측정기에 의한 측정의 전 단계에 실시되는 음주감지기에 의한 시험을 요구하는 경우 그 시험 결과에 따라 음주측정기에 의한 측정이 예정되어 있고, 운전자가 그러한 사정을 인식하였음에도 음주감지기에 의한 시험에 불응함으로써 음주측정을 거부하겠다는 의사를 표명한 것으로 볼 수 있다면, 음주감지기에 의한 시험을 거부한 행위도 음주측정기에 의한 측정에 응할 의사가 없음을 객관적으로 명백하게 나타낸 것으로 볼 수 있다.
경찰공무원이 음주감지기에 의한 시험을 요구하였을 당시 피고인은 이미 운전을 종료한 지 약 2시간이 경과하였던 점, 피고인은 자신의 차량을 운전하여 이 사건 현장에 도착한 이후 일행들과 40분 이상 편의점 앞 탁자에 앉아 있었고 그 위에는 술병들이 놓여 있었으므로, 피고인이 운전을 마친 이후 이 사건 현장에서 비로소 술을 마셨을 가능성도 없지 않았던 점 등을 종합적으로 고려하여 보면, 피고인이 술에 취한 상태에서 자동차를 운전하였다고 인정할 만한 상당한 이유가 있다고 하기에 부족하다(대법원 2017.6.8. 선고 2016도16121 판결).

OX 수사기관이 아닌 자에 의하여 현행범인이 체포된 후 수사기관에 인계된 경우 구속영장 청구시한인 48시간의 기산점은 체포시이다. (○, ×) 17. 경찰간부

Answer

OX ×

기출 키워드 체크

검사 또는 사법경찰관 아닌 사람에 의하여 현행범인이 체포된 후 검사 등에게 인도된 경우, 구속영장 청구 기간인 48시간의 기산점은 검사 등이 현행범인을 ____이다.

2. 석 방

① 검사 또는 사법경찰관은 현행범인을 체포하거나 체포된 현행범인을 인수했을 때에는 조사가 현저히 곤란하다고 인정되는 경우가 아니면 지체 없이 조사해야 하며, 조사 결과 계속 구금할 필요가 없다고 인정할 때에는 현행범인을 즉시 석방해야 한다(수사준칙 제28조 제1항). 06. 경찰1차, 11. 경찰승진

② 석방을 위해 사전 검사 지휘는 불필요하다. 17. 해경간부
검사 또는 사법경찰관은 제1항에 따라 현행범인을 석방했을 때에는 석방 일시와 사유 등을 적은 피의자 석방서를 작성해 사건기록에 편철한다. 이 경우 사법경찰관은 석방 후 지체 없이 검사에게 석방 사실을 통보해야 한다(수사준칙 제28조 제2항). 15. 지능특채

Answer

기출 키워드 체크
인도받은 때

Chapter 05 OX 확인학습

01 검사 등이 아닌 이에 의하여 현행범인이 체포된 후 불필요한 지체 없이 검사 등에게 인도된 경우 위 48시간의 기산점은 체포시가 아니라 검사 등이 현행범인을 인도받은 때라고 할 것이다. (○)

02 검사 등이 현행범인을 체포하거나 현행범인을 인도받은 후 현행범인을 구속하고자 하는 경우 48시간 이내에 구속영장을 청구하여야 하고, 그 기간 내에 구속영장을 청구하지 아니 하는 때에는 즉시 석방하여야 한다. (○)

03 경찰관의 현행범인 체포경위 및 그에 관한 현행범인체포서와 범죄사실의 기재에 다소 차이가 있더라도, 그것이 논리와 경험칙상 장소적·시간적 동일성이 인정되는 범위 내라면 그 체포행위가 공무집행방해죄의 요건인 적법한 공무집행에 해당한다. (○)

04 다액 50만원 이하의 벌금, 구류 또는 과료에 해당하는 죄의 현행범인에 대하여는 범인의 주거가 분명하지 아니한 때에 한하여 현행범인으로 체포할 수 있다. (○)

05 범죄의 실행 중이거나 실행의 즉후인 자를 현행범인이라 한다. (×)

06 '범죄의 실행행위를 종료한 직후'라고 함은 범죄행위를 실행하여 끝마친 순간 또는 이에 아주 접착된 시간적 단계를 의미하는 것으로 해석되므로, 시간적으로나 장소적으로 보아 체포를 당하는 자가 방금 범죄를 실행한 범인이라는 점에 관한 죄증이 명백히 존재하는 것으로 인정되는 경우에만 현행범인으로 볼 수 있다. (×)

07 사법경찰관리가 현행범인의 인도를 받은 때에는 체포자의 성명, 주거, 체포의 사유를 물어야 하고 필요하더라도 체포자에 대하여 경찰관서에 동행함을 요구할 수는 없다. (×)

08 사인이 현행범인을 체포한 경우, 즉시 수사기관에 인도하여야 하고, 여기서 '즉시'라고 함은 반드시 체포시점과 시간적으로 밀착된 시점이어야 하므로, '정당한 이유 없이 인도를 지연하거나 체포를 계속하는 등으로 불필요한 지체를 함이 없이'라는 뜻으로 볼 것이다. (×)

09 사인이 현행범인을 체포할 경우에는 그를 즉시 검사 또는 사법경찰관리에게 인도하여야 한다. (○)

10 수사기관은 현행범인을 체포하는 경우 범죄사실의 요지, 체포의 이유와 변호인을 선임할 수 있음을 말하고 변명할 기회를 주어야 한다. (○)

11 피고인이 경찰관의 불심검문을 받아 운전면허증을 교부한 후 경찰관에게 큰 소리로 욕설을 한 경우, 피고인이 경찰관의 불심검문에 응하여 이미 운전면허증을 교부한 상태이고, 경찰관뿐 아니라 인근 주민도 욕설을 직접 들었다면, 경찰관이 피고인을 모욕죄의 현행범으로 체포하는 행위는 적법한 공무집행이라고 볼 수 없다. (○)

12 □□□ 현행범인으로서의 요건을 갖추고 있었다고 인정되지 않는 상황에서 경찰관들이 동행을 거부하는 자를 체포하거나 강제로 연행하려고 하였다면, 이는 적법한 공무집행이라고 볼 수 없다. (○)

13 □□□ 현행범인은 누구든지 영장 없이 체포할 수 있고, 검사 또는 사법경찰관리(이하 '검사 등'이라고 한다) 아닌 이가 현행범인을 체포한 때에는 즉시 검사 등에게 인도하여야 한다. (○)

14 □□□ 현행범인은 누구든지 영장 없이 체포할 수 있는데, 현행범인으로 체포하기 위하여는 행위의 가벌성, 범죄의 현행성·시간적 접착성, 범인·범죄의 명백성 이외에 체포의 필요성 즉, 도망 또는 증거인멸의 염려가 있어야 하는 것은 아니다. (×)

15 □□□ 「형사소송법」 제211조가 현행범인으로 규정한 "범죄의 실행의 즉후인 자"라고 함은, 범죄의 실행행위를 종료한 직후의 범인이라는 것이 체포하는 자의 입장에서 볼 때 명백한 경우를 말한다. (○)

제5절 피의자 구속

❶ 의 의

1. 구속의 의의

① 구속이란 피의자(또는 피고인)를 비교적 장기간 구인·구금하는 것을 말한다.

② 구속은 구금과 구인을 포함한다. 18. 경찰승진

③ 형사소송의 진행과 형벌의 집행을 위해 존재하는 제도이다.

④ 수사기관에 의한 구속(피의자 구속)과 수소법원에 의한 구속(피고인 구속)이 존재한다.

⑤ 체포절차를 거치지 않고 구속할 수도 있다. 01. 경찰3차, 06. 경찰1차

⑥ 체포와는 달리 구속에 있어서는 영장주의의 예외가 없고, 반드시 구속영장이 있어야 한다. 어떠한 경우라도 피의자를 구속한 후 구속영장을 발부받을 수는 없다.

2. 구 인

① 구인이란 피의자·피고인을 법원 기타의 장소에 실력을 행사하여 인치하는 강제처분을 말한다.

② 인치 후 구금할 필요가 없다고 인정하는 때에는 그 인치한 때로부터 24시간 내에 석방하여야 한다. 08. 경찰3차, 15·18. 법원, 15·16·18. 경찰1차, 16. 경찰2차, 18. 경찰승진

③ 법원은 인치받은 피고인을 유치할 필요가 있는 때에는 교도소·구치소 또는 경찰서 유치장에 유치할 수 있다. 이 경우 유치기간은 인치한 때부터 24시간을 초과할 수 없다.

3. 구 금

구금이란 피의자·피고인을 교도소 또는 구치소 등에 감금하는 강제처분을 말한다.

❷ 피의자 구속의 요건

1. 범죄혐의

① 피의자가 죄를 범하였다고 의심할 만한 상당한 이유가 있어야 한다. 10. 교정특채

② 범죄혐의는 수사기관의 주관적 혐의만으로는 부족하고 객관적 혐의, 즉 무죄추정을 깨뜨릴 수 있을 정도의 고도의 개연성이 있어야 한다.

OX 구속은 구금과 구인을 포함하며, 구인한 피고인을 법원에 인치한 경우에 구금할 필요가 없다고 인정한 때에는 그 인치한 때로부터 24시간 내에 석방하여야 한다. (○, ×)
16. 경찰승진

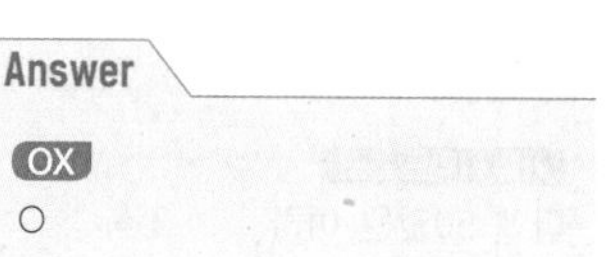
Answer
OX
○

2. 구속사유

구속 사유는 다음과 같다.

㉠ **주거부정(일정한 주거가 없거나)**

㉡ **도망 또는 도망할 염려**

㉢ **증거인멸의 염려**

3. 심사시 고려사항

① 법원은 구속사유를 심사함에 있어서 범죄의 중대성, 재범의 위험성, 피해자 및 중요 참고인 등에 대한 위해 우려 등을 고려하여야 한다(제70조 제2항). 10. 법원·교정특채·9급국가직

② 이러한 요소들은 독자적인 구속사유가 아니라 구속사유 심사시 고려사항에 불과하다. 21. 9급국가직

③ 따라서 범죄의 중대성 등이 인정될지라도 구속사유가 없다면 구속할 수 없다.

④ 검사 또는 사법경찰관은 구속영장을 청구하거나 신청하는 경우 필요적 고려사항이 있을 때에는 구속영장 청구서 또는 신청서에 그 내용을 적어야 한다(수사준칙 제29조 제1항).

☑ **기출지문**: '범죄의 중대성, 재범의 위험성, 피해자 및 중요 참고인 등에 대한 위해우려 등'은 독립된 구속사유가 아니라 구속사유를 심사함에 있어서 필요적 고려사항이다. 21. 9급국가직

기출 키워드 체크

____의 벌금, 구류 또는 과료에 해당하는 경미사건인 때에는 피고인이 일정한 주거가 없는 경우에 한하여 구속할 수 있다.

4. 경미범죄 특칙

다액 50만원 이하 벌금·구류 또는 과료에 해당하는 사건은 일정한 주거가 없을 때에만 구속할 수 있다(제201조 제1항 단서). 10·15. 법원, 13·15. 경찰승진

5. 국회의원 특칙

① 국회의원은 현행범인을 제외하고는 회기 중 국회의 동의 없이 체포 또는 구속할 수 없다(헌법 제44조). 01. 경찰1차·경찰2차

② 회기 전에 체포 또는 구속된 때에는 현행범이 아닌 한 국회의 요구가 있으면 회기 중 석방된다(헌법 제44조).

③ 구속된 국회의원에 대한 국회의 석방요구가 있으면 당연히 구속영장의 집행이 정지된다(제101조 제4항).

④ 구속의 집행정지를 취소 사유에 해당하더라도 국회의 석방요구에 의한 구속영장의 집행정지는 그 회기 중 취소하지 못한다(제102조 제2항). 20. 경찰2차

6. 피의자 구속의 절차

(1) 사전 구속영장

① 미체포된 피의자에 대한 구속영장을 말한다.

Answer

기출 키워드 체크

다액 50만원 이하

② 영장 신청 및 청구(검사, 사법경찰관) ⇨ 구인을 위한 구속영장 발부(법원) ⇨ 영장 실질심사 ⇨ (구금을 위한) 영장발부 ⇨ 영장 집행 단계로 진행된다.

(2) 사후 구속영장

① 체포된 피의자에 대한 구속영장을 말한다.

② 영장 신청 및 청구(검사, 사법경찰관) ⇨ 영장실질심사 ⇨ (구금을 위한) 영장발부 ⇨ 영장 집행 단계로 진행된다.

7. 구속영장 청구절차

(1) 청구주체

① 구속영장의 청구권은 검사에게 있다(헌법 제12조 제3항). 01. 경찰1차 · 경찰3차

② 검사는 관할 지방법원 판사에게 청구하여 구속영장을 받아 피의자를 구속할 수 있다.

③ 사법경찰관은 검사에게 신청하여 검사의 청구로 구속영장을 발부받아야 한다. ⇨ '사법경찰리'는 신청권자가 아님에 유의 01. 경찰1차

(2) 청구방식

① 구속영장의 청구는 서면에 의하여야 한다. 01. 경찰3차

② 구속의 필요성을 인정할 수 있는 자료를 제출하여야 한다(제201조 제2항). 01. 경찰1차

③ 피의자 또는 변호인, 법정대리인, 배우자, 직계친족, 형제자매나 가족, 동거인 또는 고용주는 구속영장 청구를 받은 판사에게 유리한 자료를 제출할 수 있다(규칙 제96조 제3항). 01. 경찰1차

④ 검사 또는 사법경찰관은 체포한 피의자에 대해 구속영장을 청구하거나 신청할 때에는 구속영장 청구서 또는 신청서에 체포영장, 긴급체포서, 현행범인 체포서 또는 현행범인 인수서를 첨부해야 한다(수사준칙 제29조 제2항).

⑤ 검사 또는 사법경찰관은 동일한 범죄사실로 다시 체포 · 구속영장을 청구하거나 신청하는 경우(체포 · 구속영장의 청구 또는 신청이 기각된 후 다시 체포 · 구속영장을 청구하거나 신청하는 경우와 이미 발부받은 체포 · 구속영장과 동일한 범죄사실로 다시 체포 · 구속영장을 청구하거나 신청하는 경우를 말한다)에는 그 취지를 체포 · 구속영장 청구서 또는 신청서에 적어야 한다(수사준칙 제31조).

(3) 구속영장의 법적 성질

① 피의자에 대하여 수임판사가 발부한 구속영장은 허가장으로서의 성질을 가지나,

② 피고인에 대한 구속영장은 명령장의 성질을 가진다고 본다(96헌바28).

▶ **구속영장청구서의 기재사항**(규칙 제95조의2)

1. 피의자의 성명(분명하지 아니한 때에는 인상, 체격, 그 밖에 피의자를 특정할 수 있는 사항), 주민등록번호 등, 직업, 주거
2. 피의자에게 변호인이 있는 때에는 그 성명
3. 죄명 및 범죄사실의 요지
4. 7일을 넘는 유효기간을 필요로 하는 때에는 그 취지 및 사유
5. 여러 통의 영장을 청구하는 때에는 그 취지 및 사유
6. 인치구금할 장소
7. 구속의 사유
8. 피의자의 체포 여부 및 체포된 경우에는 그 형식
9. 피의자가 지정한 사람에게 체포이유 등을 알린 경우에는 그 사람의 성명과 연락처 등

❸ 구속 전 피의자심문제도(구속영장 실질심사제도)

1. 의 의

① 구속영장 청구를 받은 판사가 피의자를 직접 심문하여 구속사유를 판단하는 것을 말한다.

② 체포영장의 청구를 받은 경우 판사가 피의자를 직접 심문하는 제도는 존재하지 않는다. 13. 경찰승진, 15. 해경3차

2. 필요적 심문

① 피의자의 의사나 법관의 필요성 판단과 관계없이 필요적으로 실시한다. 11 · 17. 경찰승진, 12. 경찰 · 해경간부, 18. 변호사 ⇨ 원칙적으로 신청이나 필요 여부와 무관하게 심문하여야 한다(필요하다고 인정할 때는 발부 전에 피의자를 심문할 수 있다 ×) 19. 법원, 21. 경찰간부

② 단, 미체포된 피의자가 도망하는 등 심문이 불가능한 경우는 심문 생략이 가능하다. 11. 경찰1차, 18. 법원

3. 절 차

(1) 심문기일 지정

① 체포된 피의자: 구속영장을 청구받은 판사는 지체 없이 피의자를 심문하여야 하며, 특별한 사정이 없는 한 구속영장이 청구된 다음 날(24시간 ×)까지 심문하여야 한다(제201조의2 제1항). 09 · 20. 법원, 11. 경찰1차, 12. 해경간부, 13 · 14 · 19. 경찰승진, 15 · 18. 경찰2차, 18. 경찰간부, 20. 7급국가직

② 미체포 피의자: 피의자가 인치된 때로부터 가능한 빠른 일시로 지정하여야 한다. 15. 9급국가직

OX 구속영장을 청구받은 지방법원 판사는 체포된 피의자에 대하여 지체 없이 신문하여야 하나, 체포되지 않은 피의자에 대하여는 직권으로 심문 여부를 결정한다. (○, ×) 21. 경찰간부

Answer

OX ×

(2) 심문기일 통지 등

① 판사는 체포된 피의자의 경우에는 즉시, 미체포된 피의자의 경우에는 피의자를 인치한 후 즉시 검사, 피의자 및 변호인에게 심문기일과 장소를 통지하여야 한다(제201조의2 제3항 제1문).

② 이 경우 검사는 피의자가 체포되어 있는 때에는 심문기일에 피의자를 출석시켜야 한다(동항 제2문).

③ 사법경찰관은 판사가 통지한 피의자 심문 기일과 장소에 체포된 피의자를 출석시켜야 한다(수사준칙 제30조).

④ 심문기일의 통지는 서면 이외에 구술·전화·모사전송·전자우편·휴대전화·문자전송 그 밖에 적당한 방법으로 신속하게 하여야 한다. 11·18. 경찰승진

(3) 심문기일의 변경

판사는 지정된 심문기일에 피의자를 심문할 수 없는 특별한 사정이 있는 경우에는 그 심문기일을 변경할 수 있다(규칙 제96조의22). 09. 경찰1차, 15. 경찰승진

(4) 국선변호인 선정

① 피의자에게 변호인이 없는 때에는 지방법원 판사는 직권으로 변호인을 선정하여야 한다(필요적)(제201조의2 제8항). 09·15·16. 법원, 11. 경찰1차, 11·17·18. 경찰승진, 12. 교정특채, 15. 경찰간부, 17. 변호인, 18. 9급국가직·9급개론·경찰2차, 19. 해경간부

② 변호인의 선정은 피의자에 대한 구속영장 청구가 기각되어 효력이 소멸한 경우를 제외하고는 제1심까지 효력이 있다(제201조의2 제8항). 09·16·20. 법원, 10·11·20. 경찰1차, 15. 변호사, 18. 9급국가직·9급개론·경찰2차, 19. 해경간부 ⇨ 구속영장 청구가 기각된 경우에는 효력이 소멸한다. 16. 법원, 20. 9급국가직

③ 법원은 변호인 선정결정이 취소되어 변호인이 없게 된 때에는 직권으로 변호인을 다시 선정할 수 있다(제201조의2 제9항)(임의적)(하여야 한다 ×). 11·20. 경찰1차, 19. 해경간부

(5) 변호인 접견

변호인은 구속영장이 청구된 피의자에 대한 심문 시작 전에 피의자와 접견할 수 있다(규칙 제96조의20 제1항). 09. 경찰1차, 11·18. 경찰2차, 15. 9급국가직, 18·19. 경찰승진

(6) 서류열람 등

피의자 심문에 참여할 변호인은 지방법원 판사에게 제출된 구속영장청구서 및 그에 첨부된 고소·고발장, 피의자의 진술을 기재한 서류(피신조서)와 피의자가 제출한 서류를 열람할 수 있다. 15. 경찰승진

기출 키워드 체크

현행범 체포된 피의자에 대하여 구속영장을 청구 받은 판사는 ____ 피의자를 심문하여야 하며, 이 경우 특별한 사정이 없는 한 구속영장이 청구된 날의 ____까지 심문하여야 한다.

기출 키워드 체크

체포된 피의자 외의 피의자에 대한 심문기일은 관계인에 대한 심문기일의 통지 및 그 출석에 소요되는 시간 등을 고려하여 법원은 피의자가 법원에 ____된 때부터 가능한 한 ____로 지정하여야 한다.

기출 키워드 체크

심문기일의 통지는 서면 ____에 구술·전화·모사전송·전자우편·휴대전화 문자전송 그 밖에 적당한 방법으로 신속하게 하여야 한다.

기출 키워드 체크

변호인은 영장실질심사 또는 구속적부심사를 위하여 제출된 ____ 및 그에 첨부된 ____, ____의 진술을 기재한 서류와 피의자가 제출한 서류를 열람할 수 있다.

Answer

기출 키워드 체크

지체 없이, 다음날
인치, 빠른 일시
이외
구속영장청구서, 고소·고발장, 피의자

기출 키워드 체크

미체포된 피의자에 대하여 구속영장을 청구받은 판사는 피의자가 죄를 범하였다고 의심할 만한 이유가 있는 경우에 피의자가 도망하는 등의 사유로 심문할 수 없는 경우 외에는 피의자를 ____한 후 심문하여야 한다.

기출 키워드 체크

판사는 피의자가 심문기일에 출석을 거부하거나 질병 그 밖의 사유로 출석이 현저하게 곤란하고, 피의자를 심문법정에 인치할 수 없다고 인정되는 때에는 피의자의 ____ 심문절차를 진행할 수 있다.

기출 키워드 체크

검사와 변호인은 판사의 심문이 끝난 ____에 의견을 진술할 수 있지만, 필요한 경우에는 심문 도중에도 ____를 얻어 의견을 진술할 수 있다.

기출 키워드 체크

피의자에 대한 심문절차는 공개 ________. 다만, 판사는 상당하다고 인정하는 경우에는 피의자의 친족, 피해자 등 ____의 방청을 허가할 수 있다.

⑺ 심문기일 출석

검사와 변호인은 심문기일에 출석하여 의견을 진술할 수 있다. 01. 경찰1차, 02. 경찰3차

⑻ 피의자 구인

① 미체포 피의자의 경우, 판사는 구인을 위한 구속영장을 발부하여 피의자를 구인한 후 심문한다. 09 · 11 · 15. 경찰1차, 12. 경찰2차, 16. 해경

② 다만, 피의자가 도망하는 등의 사유로 심문할 수 없는 경우에는 그러하지 아니하다.

⑼ 피의자 불출석 심문

판사는 피의자가 심문기일에의 출석을 거부하거나 질병 그 밖의 사유로 출석이 현저하게 곤란하고, 피의자를 심문 법정에 인치할 수 없다고 인정되는 때에는 피의자의 출석 없이 심문절차를 진행할 수 있다. 14. 경찰간부, 15. 법원, 16. 해경, 16 · 17. 경찰승진 ⇨ 연기할 수 있다. ×

⑽ 심문방법

① 진술거부권 고지

② 변호인 조력 : 피의자는 판사의 심문 도중에도 변호인에게 조력을 구할 수 있다(규칙 제96조의16 제4항). 11 · 18. 경찰2차, 14. 경찰간부, 16 · 18 · 19. 경찰승진, 20. 법원

③ 공범의 분리심문 09. 법원, 12. 해경간부, 13 · 19. 경찰승진 : 판사는 공범의 분리심문이나 그 밖에 수사상의 비밀보호를 위하여 필요한 조치를 하여야 한다.

④ 비공개 심문

㉠ **피의자에 대한 심문절차는 공개하지 아니한다(규칙 제96조의14).** 14. 경찰간부, 15 · 16 · 17 · 19. 경찰승진, 18. 경찰2차

㉡ **다만, 판사는 상당하다고 인정하는 경우에는 피의자의 친족, 피해자 등 이해관계인(일반인 ×)의 방청을 허가할 수 있다.** 09. 경찰1차, 15. 법원 · 경찰간부, 19. 해경간부

⑤ 신뢰관계인 동석 : 피의자 신문의 경우와 동일하다.

⑥ 의견진술 09. 경찰1차, 11 · 12. 경찰2차, 13 · 16. 경찰승진, 14. 경찰간부, 15. 9급국가직

㉠ **검사와 변호인은 판사의 심문이 끝난 후에 의견을 진술할 수 있다(하여야 한다 ×)(제201조의2 제4항).** 18. 경찰2차, 20. 경찰1차 ⇨ **검사가 신문(심문)할 수 있다. ×** 19. 해경간부, 20. 법원

㉡ **다만, 필요한 경우에는 심문 도중에도 판사의 허가를 얻어 의견을 진술할 수 있다(규칙 제96조의16 제3항).** 20. 경찰1차

⑦ 제3자 심문(임의적) : 판사는 구속 여부의 판단을 위하여 심문장소에 출석한 피해자 그 밖의 제3자를 심문할 수 있다(하여야 한다 ×)(규칙 제96조의16 제5항). 18. 경찰승진, 19. 해경간부

Answer

기출 키워드 체크

구인
출석없이
후, 판사의 허가
하지 아니한다, 이해관계인

⑧ 심문조서 작성 09. 법원, 11. 경찰2차, 12. 해경간부, 13 · 19. 경찰승진 : 법원사무관 등은 심문의 요지 등을 조서로 작성하여야 한다.

(11) **구속기간 불산입**(구속영장청구서 등의 법원 접수시부터 반환시까지) 17. 경찰승진, 20. 경찰1차 · 법원

피의자심문을 하는 경우 법원이 구속영장청구서 · 수사 관계 서류 및 증거물을 접수한 날부터 구속영장을 발부하여 검찰청에 반환한 날까지의 기간은 수사기관의 구속기간에 이를 산입하지 아니한다(제201조의2 제7항).

기출 키워드 체크

피의자심문을 하는 경우 법원이 구속영장청구서 · 수사관계 서류 및 증거물을 ____부터 구속영장을 발부하여 ____에 ____까지의 기간은 사법경찰관이나 검사의 피의자 구속기간에 산입하지 아니한다.

4 구속영장의 발부

① 지방법원 판사는 구속요건을 판단하여 구속영장을 발부한다. ⇨ 피의자에 대한 구속영장은 법원의 '허가장'으로서의 성격을 가지고, 피고인에 대한 구속영장은 '명령장'의 성격을 가진다. 10. 경찰승진, 12. 교정특채, 13. 경찰간부

② 영장 발부 또는 기각 결정에 대하여 불복이 허용되지 않는다(2006모646). 01. 경찰3차, 06 · 18. 경찰1차, 13. 9급국가직, 15. 경찰2차, 15 · 17 · 21. 경찰간부, 16. 해경 ⇨ 항고나 준항고가 허용되지 않는다. 19. 경찰승진 21. 9급국가직

③ 구속영장 발부결정에 대해서 피의자는 구속적부심사를 청구할 수 있고, 구속영장청구 기각결정에 대해서는 검사는 구속영장의 발부를 재청구할 수 있다.

기출 키워드 체크

검사의 구속영장 청구에 대한 지방법원판사의 재판은 ____나 ____의 대상이 되는 법원의 결정이나 재판에 해당하지 않는다.

5 구속영장 방식

① 구속영장은 아래 사항을 기재하고 법관이 서명날인하여야 한다. 08. 법원
  ㉠ **피의자의 성명, 주거, 죄명, 피의사실의 요지, 인치구금할 장소**
  ㉡ **발부연월일, 그 유효기간**
  ㉢ **기간을 경과하면 집행에 착수하지 못하여 영장을 반환하여야 한다는 취지**

② 피의자의 성명이 분명하지 아니한 때에는 인상, 체격 기타 피의자를 특정할 수 있는 사항으로 피의자를 표시할 수 있다. 08. 법원

③ 피의자의 주거가 분명하지 아니한 때에는 그 주거의 기재를 생략할 수 있다.

④ 일반영장의 발부는 금지된다. ⇨ 따라서 구속영장에 있어서는 범죄사실과 피의자는 물론 인치구금할 장소가 특정되어야 하며, 압수 · 수색영장에 있어서는 압수 · 수색의 대상이 특정되어야 한다. 14. 법원, 18. 해경간부

OX 지방법원 판사가 검사의 구속영장청구를 기각한 경우에 이에 대한 불복방법으로서 준항고는 허용되지 않는다. (○, ×) 21. 경찰승진

Answer

기출 키워드 체크

접수한 날, 검찰청, 반환한 날

항고, 준항고

OX

○

❻ 구속영장의 효력

1. 이중구속

(1) 사건 단위로 구속영장 발부 가능

① 별개의 범죄사실을 기초로 재차 구속영장을 발부받을 수는 있다(사건단위설).

② 신용카드사업법위반 피의사실에 대한 구속기간이 사기 등 범행사실의 수사에 실질상 이용되었다 하더라도 위 구금일수를 사기죄의 본형에 산입할 수는 없다(90도2337).

(2) 이미 구속된 피의자에 대하여 재차의 구속영장 집행 가능(이중구속 가능)

구속기간이 만료될 무렵에 종전 구속영장에 기재된 범죄사실과 다른 범죄사실로 피고인을 구속하였다는 사정만으로는 피고인에 대한 구속이 위법하다고 할 수 없다(2000모134). 14. 경찰1차, 17. 여경 · 경찰특공대 · 경찰승진 · 경찰간부 · 해경간부, 18. 경찰간부 · 법원

기출 키워드 체크

구속기간이 만료될 무렵에 종전 구속영장에 기재된 ____과 다른 ____로 피고인을 구속하였다는 사정만으로는 피고인에 대한 구속이 위법하다고 할 수 없다.

2. 별건구속

① 본건(본래 수사하려는 사건)의 수사에 이용할 목적으로 구속요건이 구비된 다른 사건(별건)으로 피의자를 구속하는 것을 말한다.

② 구속기간 제한을 잠탈할 우려가 있으므로 허용되지 않는다. ⇨ 판례는 별건구속기간을 본건에 산입할 수 없다고 본다.

③ 다만, 여죄수사는 허용된다.

④ 별건구속기간의 미결구금일수를 본건 구속기간에 산입할 수 없다(90도2337).

❼ 구속영장의 집행

1. 검사 지휘

① 구속영장은 검사의 지휘에 의하여 사법경찰관리가 집행한다. ⇨ 합법적으로 발부된 구속영장이 사법경찰관리에 의하여 집행된 경우, 검사의 날인 또는 집행지휘서가 없다하여 곧 불법집행이 되는 것은 아니다(84모22). 04. 경찰3차

② 교도소 또는 구치소에 있는 피의자에 대하여 발부된 구속영장은 검사의 지휘에 의하여 교도관이 집행한다.

2. 영장 제시 및 긴급집행

① 구속영장을 집행함에는 피의자에게 이를 제시하여야 한다.

② 급속을 요하는 때에는 피의자에 대하여 피의사실의 요지와 영장이 발부되었음을 알리고 집행할 수 있다. 17. 경찰간부

③ 이 경우에 집행을 완료한 후 신속히 구속영장(원본)을 제시해야 한다.

기출 키워드 체크

구속영장을 소지하지 아니한 경우에 ____을 요하는 때에는 구속영장의 제시 없이 구속할 수도 있다. 다만, 집행을 완료한 후에는 신속히 구속영장을 제시하여야 한다.

Answer

기출 키워드 체크

범죄사실, 범죄사실
급속

3. 범죄사실 등 고지

(1) 고 지

① 검사 또는 사법경찰관은 피의자를 구속하는 경우에는 피의사실의 요지, 구속의 이유와 변호인을 선임할 수 있음을 말하고 변명할 기회를 주어야 한다(제209조, 제200조의5). 13 · 19. 경찰승진, 15. 해경3차, 16. 해경

② 검사 또는 사법경찰관은 피의자를 체포하거나 구속할 때에는 피의자에게 피의사실의 요지, 체포 · 구속의 이유와 변호인을 선임할 수 있음을 말하고, 변명할 기회를 주어야 하며, 진술거부권을 알려주어야 한다(수사준칙 제32조 제1항).

③ 위와 같이 따라 피의자에게 알려주어야 하는 진술거부권의 내용은 아래의 사항으로 한다(동조 제2항).

㉠ **일체의 진술을 하지 아니하거나 개개의 질문에 대하여 진술을 하지 아니할 수 있다는 것**

㉡ **진술을 하지 아니하더라도 불이익을 받지 아니한다는 것**

㉢ **진술을 거부할 권리를 포기하고 행한 진술은 법정에서 유죄의 증거로 사용될 수 있다는 것**

④ 검사와 사법경찰관이 위와 같이 피의자에게 그 권리를 알려준 경우에는 피의자로부터 권리 고지 확인서를 받아 사건기록에 편철한다(동조 제3항).

(2) 고지 시기

① 원칙: 실력행사에 들어가기 이전

② 예외: 달아나는 피의자를 쫓아가 붙들거나 폭력으로 대항하는 피의자를 실력으로 제압하는 경우, 붙들거나 제압하는 과정에서 하거나 그것이 힘든 경우, 붙들거나 제압한 후, 지체 없이 영장의 제시와 고지를 하여야 한다(2007도10006).

4. 집행 촉탁

① 검사 사법경찰관리는 타 관할구역에서 집행을 지휘 또는 집행 가능하다.

② 타 관할구역의 검사, 사법경찰관리에게 집행지휘 또는 집행을 촉탁 가능하다.

5. 인치 및 구금

① 구속된 피의자는 경찰서 유치장, 구치소 또는 교도소 내의 미결 수용실에 수용된다.

② 호송할 경우 가장 근접한 교도소 또는 구치소에 임시로 유치 가능하다

8 구속영장 집행 후 절차

1. 구속통지(체포영장의 경우와 동일)

(1) 통지시한

지체 없이(체포한 때로부터 늦어도 24시간 이내)

(2) 통지방법 15. 경찰3차

① 반드시 서면으로 해야 한다(구술 ×). 19. 경찰간부

② 급속을 요하는 경우 체포되었다는 취지 및 체포 일시·장소를 전화 또는 모사전송기 등으로 통지할 수 있다. ⇨ 이 경우에도 체포통지는 다시 서면으로 하여야 한다.

(3) 통지대상 19. 경찰2차

① 변호인이 있는 경우: 변호인

② 변호인이 없는 경우: 법정대리인, 배우자, 직계친족, 형제자매 중 피의자가 지정하는 자

③ 통지대상이 없는 경우: 그 취지를 기재한 서면을 수사기록에 편철

(4) 통지내용

피의사건명, 체포일시·장소, 피의사실의 요지, 체포의 이유와 변호인을 선임할 수 있는 취지

2. 적부심청구권 통지

① 피의자를 체포 또는 구속한 검사 또는 사법경찰관은 체포 또는 구속된 피의자와 적부심청구권자 중에서 피의자가 지정하는 자에게 적부심사를 청구할 수 있음을 알려야 한다(제214조의2 제2항).

② 위 적부심청구권 통지의 시한, 방법, 대상은 체포통지의 방법에 따른다(수사준칙 제33조 제3항).

3. 영장등본 교부

검사 또는 사법경찰관은 적부심청구권자(체포 또는 구속된 피의자 또는 그 변호인, 법정대리인, 배우자, 직계친족, 형제자매나 가족, 동거인 또는 고용주)가 체포·구속영장 등본의 교부를 청구하면 그 등본을 교부해야 한다(수사준칙 제34조).

4. 영장 반환

① 체포영장 또는 구속영장의 발부를 받은 후 피의자를 체포 또는 구속하지 아니하거나 체포 또는 구속한 피의자를 석방한 때에는 지체 없이 검사는 영장을 발부한 법원에 그 사유를 서면으로 통지하여야 한다(제204조). 21. 경찰승진

② 검사 또는 사법경찰관은 체포·구속영장의 유효기간 내에 영장의 집행에 착수하지 못했거나, 그 밖의 사유로 영장의 집행이 불가능하거나 불필요하게 되었을 때에는 즉시 해당 영장을 법원에 반환해야 한다. 이 경우 체포·구속영장이 여러 통 발부된 경우에는 모두 반환해야 한다(수사준칙 제35조 제1항).

③ 검사 또는 사법경찰관은 위 ②에 따라 체포·구속영장을 반환하는 경우에는 반환사유 등을 적은 영장반환서에 해당 영장을 첨부하여 반환하고, 그 사본을 사건기록에 편철한다(동조 제2항).

④ 위 ②에 따라 사법경찰관이 체포·구속영장을 반환하는 경우에는 그 영장을 청구한 검사에게 반환하고, 검사는 사법경찰관이 반환한 영장을 법원에 반환한다(동조 제3항).

5. 석방통지

① 사법경찰관이 체포·구속한 피의자를 석방하려면 피의자 석방 건의서를 작성·제출하여 미리 검사의 지휘를 받아야 한다는 기존 수사준칙 제36조는 폐지되었다.

② 따라서 사법경찰관이 체포·구속한 피의자를 석방하기 위해 검사의 사전 지휘를 받을 필요는 없다.

③ 구속한 피의자를 석방한 때에는 지체 없이 검사는 영장을 발부한 법원에 그 사유를 서면으로 통지하여야 한다(제204조). 21. 경찰승진

④ 따라서, 사법경찰관도 구속한 피의자를 석방한 때에는 검사에게 통보하여야 하나, 기존 수사준칙 제36조 삭제로 근거조문이 모호한 상태이다.

OX 검사가 구속된 피의자를 석방한 때에는 지체 없이 구속영장을 발부한 법원에 그 사유를 서면으로 통지하여야 한다. (○, ×) 21. 경찰승진

Answer

OX
○

▶ **체포 · 구속 석방시 지휘 · 보고 · 통지**

구 분	체포영장 (구속과 동일)	긴급체포	현행범인 체포	구 속
석방시 사전지휘 (사법경찰관 ⇨ 검사)	×	×	×	×
석방시 사후보고(통보) (사법경찰관 ⇨ 검사)	○ (지체 없이) (수사준칙 제36조 제2항 제1호)	○ (즉시) (형사소송법 제200조의4 제6항) (수사준칙 제36조 제2항 제2호)	○ (지체 없이) (수사준칙 제28조 제2항)	○
법원 통지 (검사 ⇨ 법원)	○ (지체 없이) (형사소송법 제204조)	○ (30일) (형사소송법 제200조의4 제4항)	×	○ (지체 없이) (형사소송법 제204조)

Chapter 05

OX 확인학습

01 □□□

검사 또는 사법경찰관에 의하여 구속되었다가 석방된 자는 다른 중요한 증거를 발견한 경우를 제외하고는 동일한 범죄사실에 관하여 재차 구속하지 못한다. (○)

02 □□□

검사의 체포영장 또는 구속영장청구에 대한 지방법원판사의 재판은 항고나 준항고의 대상이 되지 않는다. (○)

03 □□□

검사의 구속기간 연장 신청에 대하여 이를 허가하지 아니하는 지방법원판사의 결정에 대하여는 형사소송법 제402조, 제403조에 의한 항고의 방법으로는 불복할 수 없으나, 동법 제416조에 정하는 준항고를 통해 불복할 수 있다. (×)

04 □□□

구속기간이 만료될 무렵 종전 구속영장에 기재된 범죄사실과 다른 범죄사실로 피고인을 구속한 경우에는 위법한 구속에 해당한다. (×)

05 □□□

미체포된 피의자에 대하여 구속영장을 청구받은 판사는 피의자가 죄를 범하였다고 의심할 만한 이유가 있는 경우에 피의자가 도망하는 등의 사유로 심문할 수 없는 경우 외에는 피의자를 구인한 후 심문하여야 한다. (○)

06 □□□

구속 전 피의자심문에서 심문할 피의자에게 변호인이 없는 때에는 지방법원판사는 직권으로 변호인을 선정하여야 하며, 이 경우 변호인의 선정은 피의자에 대한 구속영장 청구가 기각된 경우를 제외하고, 제1심까지 효력이 있다. (○)

07 □□□

법원이 수사 관계 서류와 증거물을 접수한 때부터 결정 후 검찰청에 반환된 때까지의 기간은 형사소송법 제202조 · 제203조 및 제205조의 적용에 있어서는 그 구속기간에 산입하지 아니한다. (○)

08 □□□

법원이 피고인에 대하여 구속영장을 발부함에 있어 사전에 형사소송법 제72조의 규정에 따른 절차를 거치지 아니한 채 구속영장을 발부하였다면 그 구속영장 발부결정은 위법하고, 피고인이 변호인을 선정하여 공판절차에서 변명과 증거의 제출을 다하고 그의 변호 아래 판결을 선고받더라도 달라지지 아니한다. (×)

09 □□□

현행범 체포된 피의자에 대하여 구속영장을 청구 받은 판사는 지체 없이 피의자를 심문하여야 하며, 이 경우 특별한 사정이 없는 한 구속영장이 청구된 날의 다음날까지 심문하여야 한다. (○)

제6절 피고인 구속

❶ 의 의

1. 개 념

① 피고인의 구속(拘束)이란 피고인의 신체의 자유를 제한하는 법원의 강제처분을 말한다.

② 피고인의 구속은 재판 절차를 원활히 진행하고, 확정된 형벌의 집행을 확보하는 것을 그 목적으로 한다.

③ 법원의 구속영장의 발부는 재판의 일종이고(결정), 피고인에 대한 구속의 주체는 법원이므로 피고인에 대한 구속영장은 명령장의 성질을 가진다.

2. 구인과 구금

① 구속이라 함은 구인과 구금을 포함한다(제69조).

② 구인이란 피고인을 법원 기타의 장소에 실력을 행사하여 인치하는 강제처분을 말한다.

③ 구금이란 피고인을 교도소 또는 구치소 등에 감금하는 강제처분을 말한다.

④ 구인한 피고인을 법원에 인치한 경우에 구금할 필요가 없다고 인정한 때에는 그 인치한 때로부터 24시간 내에 석방하여야 한다(제71조).

⑤ 법원은 인치받은 피고인을 유치할 필요가 있는 때에는 교도소·구치소 또는 경찰서 유치장에 유치할 수 있다. 이 경우 유치기간은 인치한 때부터 24시간을 초과할 수 없다(제71조의2).

3. 피고인 구속 사유

(1) 구속사유

㉠ 주거부정(일정한 주거가 없거나)
㉡ 도망 또는 도망할 염려
㉢ 증거인멸의 염려

(2) 경미범죄 특칙

다액 50만원 이하 벌금·구류 또는 과료에 해당하는 사건은 일정한 주거가 없을 때에만 구속할 수 있다. 16. 해경

(3) 고려사항

① 법원은 구속사유를 심사함에 있어서 범죄의 중대성, 재범의 위험성, 피해자 및 중요참고인 등에 대한 위해 우려 등을 고려하여야 한다(제70조 제2항). 17. 7급국가직

② 이러한 요소들은 독자적인 구속사유가 아니라 구속사유 심사시 고려사항에 불과하다.

4. 피고인 구속영장의 발부

(1) 주 체

1) 수소법원

① 검사의 공소제기에 의하여 형사절차의 주재권은 수소법원으로 이전되므로 피고인 구속의 주체는 법원이다(제70조 제1항).

② 따라서 피고인에 대한 구속영장의 발부에 있어서는 검사의 청구를 요하지 않는다(96모46). 01 · 19. 경찰2차, 14. 9급국가직, 17. 경찰간부, 20. 7급국가직

③ 재판장은 급속을 요하는 경우에는 소환, 구인, 출석 · 동행명령, 구속영장발부, 소환장의 송달, 구속의 촉탁 등의 처분을 할 수 있고 또는 합의부원으로 하여금 처분을 하게 할 수 있다(제80조).

2) 상소기간 중 또는 상소 중 원심

① 상소기간 중 또는 상소 중의 사건에 관하여 피고인의 구속, 구속기간의 갱신, 구속의 취소, 보석, 보석의 취소, 구속의 집행정지와 그 정지의 취소에 대한 결정은 소송기록이 원심법원에 있는 때에는 원심법원이 하여야 한다(제105조, 규칙 제57조 제1항). 17. 경찰승진

② '상소 중'이란 상소제기 후 소송기록이 상소법원에 도달하기까지의 기간을 의미한다.

③ 이송, 파기환송 또는 파기이송 중의 사건에 관한 위의 결정은 소송기록이 이송 또는 환송법원에 도달하기까지는 이송 또는 환송한 법원이 이를 하여야 한다(규칙 제57조 제2항).

(2) 사전고지(제72조)

① 피고인이 도망한 경우는 제외하고, 피고인에 대하여 범죄사실의 요지, 구속의 이유와 변호인을 선임할 수 있음을 말하고 변명할 기회를 준 후가 아니면 구속할 수 없다. 08. 경찰1차, 10. 법원 · 교정특채, 15. 법원

② 이러한 사전고지는 집행기관이 취해야 하는 절차가 아니라 수소법원이 취하여야 하는 사전청문절차이다(2000모134). 21. 경찰간부

③ 법원은 합의부원(수명법관)으로 하여금 이러한 고지를 하게 할 수 있다(제72조의2). 19. 7급국가직

④ 이러한 절차를 거치지 아니한 채 구속영장을 발부하였다면 그 발부결정은 위법하다.

기출 키워드 체크

공소제기 후 법원이 피고인에 대하여 구속영장을 발부하는 경우에는 ____의 신청을 요하지 않는다.

Answer

기출 키워드 체크

검사

⑤ 다만, 피고인에게 이러한 절차적 권리가 실질적으로 보장되었다고 볼 수 있으면 하자가 치유될 수 있다(2000모134). 17. 9급국가직, 21. 경찰간부

㉠ **하자치유를 인정한 사례: 변호인 선임, 공판절차 진행, 선고 등이 이루어진 경우(2000모134)** 12. 교정특채, 14. 경찰1차, 17. 해경간부

㉡ **판결에 영향을 미친 위법이 아니라고 본 사례: 피고인 甲은 「형사소송법」 제72조에 정한 사전 청문절차 없이 발부된 구속영장에 기하여 구속되었다. 제1심 법원이 그 위법을 시정하기 위하여 구속취소결정 후 적법한 청문절차를 밟아 甲에 대한 구속영장을 발부하였고, 甲이 이 청문절차부터 제1·2심의 소송절차에 이르기까지 변호인의 조력을 받았다면, 법원은 甲에 대한 구속영장 발부와 집행에 관한 소송절차의 법령위반 등을 다투는 상고이유 주장은 받아들이지 않는다(2018도19034).** 20. 경찰2차

⑥ 하자치유를 부정한 사례: 모두절차만 진행(검사 공소장 낭독, 인정 여부, 이익 되는 사실 진술)한 경우(2015모1032)

OX 제72조의 고지는 피고인 구속에 관한 사후 청문절차이다. (○, ×) 21. 경찰간부

OX 제72조의 고지는 이를 이행하지 않았더라도 제72조에 따른 절차적 권리가 실질적으로 보장되었다면 구속영장은 효력이 있다. (○, ×) 21. 경찰간부

(3) 구속영장의 발부

① 구속영장에는 피고인의 성명, 주거, 죄명, 공소사실의 요지, 인치·구금할 장소, 발부년월일, 그 유효기간과 그 기간을 경과하면 집행에 착수하지 못하며 영장을 반환하여야 할 취지를 기재하고 재판장 또는 수명법관이 서명날인하여야 한다. 08. 법원

② 피고인의 성명이 분명하지 아니한 때에는 인상, 체격, 기타 피고인을 특정할 수 있는 사항으로 피고인을 표시할 수 있다.

③ 피고인의 주거가 분명하지 아니한 때에는 그 주거의 기재를 생략할 수 있다.

④ 구속영장은 수통을 작성하여 사법경찰관리 수인에게 교부할 수 있다. 이 경우에는 그 사유를 구속영장에 기재하여야 한다.

5. 구속영장의 집행

(1) 검사의 집행지휘

① 구속영장은 검사의 지휘에 의하여 사법경찰관리가 집행한다(제81조 제1항 본문). 08. 법원

② 교도소 구치소에 있는 피고인에 대하여 발부된 구속영장은 검사의 지휘에 의하여 교도관이 집행한다.

③ 검사의 지휘에 의하여 구속영장을 집행하는 경우에는 구속영장을 발부한 법원이 그 원본을 검사에게 송부하여야 한다(규칙 제48조).

④ 검사는 필요에 의하여 관할구역 외에서 구속영장의 집행을 지휘할 수 있고 또는 당해 관할구역의 검사에게 집행지휘를 촉탁할 수 있다(제83조 제1항).

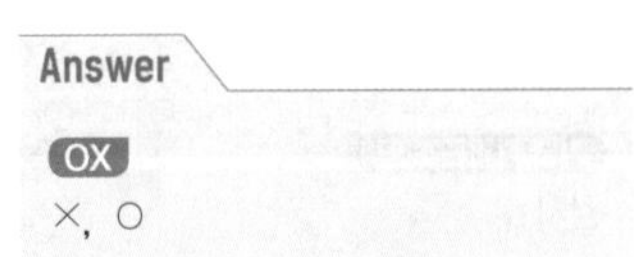
Answer

OX ×, ○

⑤ 또한 사법경찰관리도 필요에 의하여 관할구역 외에서 구속영장을 집행할 수 있고 또는 당해 관할구역의 사법경찰관리에게 집행을 촉탁할 수 있다.

⑥ 피고인의 현재지가 분명하지 아니한 때에는 재판장은 고등검찰청 검사장 또는 지방검찰청 검사장에게 그 수사와 구속영장의 집행을 촉탁할 수 있다(제84조).

(2) 재판장 등의 집행지휘

① 급속을 요하는 경우에는 재판장, 수명법관 또는 수탁판사가 구속영장의 집행을 지휘할 수 있고(제81조 제1항 단서),

② 법원사무관 등에게 그 집행을 명할 수 있다(동조 제2항). 08 · 10. 법원

③ 이때 법원사무관 등은 그 집행에 관하여 필요한 때에는 사법경찰관리 · 교도관 또는 법원경위에게 보조를 요구할 수 있으며 관할구역 외에서도 집행할 수 있다(동조 제2항). 05. 법원

(3) 구속영장의 제시(제85조)

① 구속영장을 집행함에는 피고인에게 반드시 이를 제시하여야 한다(제85조 제1항 전단).

② 구속영장을 소지하지 아니한 경우에 급속을 요하는 때에는 피고인에 대하여 공소사실의 요지와 영장이 발부되었음을 고하고 집행할 수 있다(동조 제3항).

③ 위와 같이 집행을 완료한 후에는 신속히 구속영장을 제시하여야 한다(동조 제4항).

(4) 피고인의 인치

① 구속영장을 집행한 후에는 피고인을 신속히 지정된 법원 기타 장소에 인치하여야 한다(제85조 제1항 후단).

② 수탁판사가 구속영장을 발부한 경우(제77조)에는 구속영장을 발부한 판사에게 인치하여야 한다(제85조 제2항).

③ 구속영장의 집행을 받은 피고인을 호송할 경우에 필요한 때에는 가장 접근한 교도소, 구치소에 임시로 유치할 수 있다(가유치)(제86조).

(5) 수반 처분

① 검사, 사법경찰관리 또는 법원사무관 등이 구속영장을 집행할 경우에 필요한 때에는 타인의 주거, 간수자 있는 가옥, 건조물, 항공기, 선차 내에 들어가 피고인을 수색할 수 있다(제137조).

② 검사, 사법경찰관리 또는 법원사무관 등이 구속영장을 집행할 경우에 필요한 때에는 영장 없이 압수, 수색, 검증을 할 수 있다(제216조 제2항, 제1항 제2호).

OX 제88조의 고지는 피고인 구속에 관한 사전 청문절차이다. (○, ×) 21. 경찰간부

OX 제88조의 고지는 이를 이행하지 않으면 구속영장은 효력이 없다. (○, ×) 21. 경찰간부

6. 구속영장 집행 후의 절차

(1) **사후고지**(제88조)

① 피고인을 구속한 때에는 즉시 공소사실의 요지와 변호인을 선임할 수 있음을 다시 알려야 한다.

② 이는 사후청문절차로서 이를 위반하였다고 하더라도 구속영장의 효력에 어떠한 영향을 미치는 것은 아니다(2000모134). 12. 교정특채, 14 · 16. 경찰1차, 17. 해경간부, 18. 경찰승진, 21. 경찰간부

(2) **구속통지**(제87조) 15. 경찰1차, 16. 법원

1) 시 한

지체 없이 하여야 한다.

2) 방 법

① 반드시 서면으로 해야 한다.

② 급속을 요하는 경우에는 구속되었다는 취지 및 구속의 일시 · 장소를 전화 또는 모사전송기 기타 상당한 방법에 의하여 통지할 수 있지만, 이 경우에도 구속통지는 다시 서면으로 하여야 한다(규칙 제51조 제3항).

3) 대 상

① 변호인이 있는 경우: 변호인

② 변호인이 없는 경우: 법정대리인, 배우자, 직계친족, 형제자매 중 피의자가 지정하는 자

4) 내 용

① 피의사건명, 구속일시 · 장소

② 피의사실의 요지

③ 구속의 이유

④ 변호인을 선임할 수 있는 취지

Answer

OX
×, ×

Chapter 05 OX 확인학습

01 □□□ 구인한 피고인을 법원에 인치한 경우에 구금할 필요가 없다고 인정한 때에는 그 인치한 때로부터 24시간 내에 석방하여야 한다. (○)

02 □□□ 형사소송법 제72조는 "피고인에 대하여 범죄사실의 요지, 구속의 이유와 변호인을 선임할 수 있음을 말하고 변명할 기회를 준 후가 아니면 구속할 수 없다."고 규정하고 있는데, 이는 구속영장을 집행함에 있어 집행기관이 취해야 하는 절차를 규정한 것이다. (×)

03 □□□ 피고인을 구속한 때에는 변호인이 있는 경우에는 변호인에게 피고사건명, 구속일시 · 장소, 범죄사실의 요지, 구속의 이유와 변호인을 선임할 수 있는 취지를 지체 없이 서면으로 알려야 한다. (○)

04 □□□ 형사소송법 제88조는 '피고인을 구속한 때에는 즉시 공소사실의 요지와 변호인을 선임할 수 있음을 알려야 한다.' 고 규정하고 있는바, 이를 위반할 경우 구속영장의 효력이 상실된다. (×)

제7절 구속기간

❶ 피의자 구속기간

1. 구속기간

① 사법경찰관의 구속기간(최장 10일): 사법경찰관은 10일 이내에 검사에게 인치하지 아니하면 피의자를 석방하여야 한다. 17. 경찰1차·변호사, 19. 경찰간부, 20. 9급국가직·9급개론

② 검사의 구속기간(최장 20일) 08. 9급국가직, 11. 경찰승진

㉠ **검사가 사법경찰관으로부터 피의자를 인치받은 때에는 10일 이내에 공소를 제기하지 아니하면 석방하여야 한다.**

㉡ **지방법원판사는 검사의 신청에 의해 1차에 한하여 구속기간을 연장 가능하다(최대 10일).**

2. 기산점

① 실제 체포 또는 구인한 날(구속영장 발부된 때 ×)부터 기산한다. 04·12. 경찰3차, 10·15. 9급국가직·9급개론·경찰2차, 13·14·15·17. 경찰승진, 17. 해경1차·변호사, 19. 경찰간부 ⇨ 긴급체포된 피의자에 대하여 구속영장이 발부된 경우 그 구속기간은 피의자를 체포한 날부터 기산한다. 20. 경찰2차, 21. 경찰승진

② 초일, 공휴일 또는 토요일은 산입한다. 10. 경찰1차, 15. 경찰2차·9급국가직·9급개론, 16. 법원, 17. 해경1차·경찰승진, 20. 9급국가직·9급개론 ⇨ 초일은 시간을 계산함이 없이 1일로 산정하고, 구속기간의 말일이 공휴일인 경우 구속기간에 산입한다. 21. 경찰간부

③ 구속기간 연장기간은 구속기간만료일 다음 날(만료일 ×)부터 기산한다. 10. 경찰1차·9급국가직, 12·17·18. 경찰승진, 15. 경찰간부

3. 국가보안법상 특례

① 국가보안법 제3조 내지 제10조의 죄는 아래와 같이 연장 가능하다.

㉠ **사법경찰관 1회 연장**

㉡ **검사 2회 연장**

② 판례는 국가보안법 제7조(찬양·고무), 제10조(불고지)의 죄에 대해서는 위와 같은 연장을 허용할 수 없다고 한다(일반 범죄와 동일한 구속기간을 가진다). 04. 경찰3차

4. 연장신청

① 연장신청은 서면으로 하여야 하고,

② 구속기간연장청구 기각결정에 대하여는 항고, 준항고 등의 방법으로 불복할 수 없다(97모1). 10·14. 경찰1차, 17. 여경·경찰특공대·해경간부, 17·18. 경찰승진

기출 키워드 체크

사법경찰관이 피의자를 구속한 때에는 ____일 이내에 피의자를 검사에게 인치하지 아니하면 석방하여야 한다.

기출 키워드 체크

검사가 피의자를 구속한 때 또는 사법경찰관으로부터 피의자의 인치를 받은 때에는 ____일 이내에 공소를 제기하지 아니하면 석방하여야 한다.

기출 키워드 체크

지방법원판사는 검사의 신청에 의하여 수사를 계속함에 상당한 이유가 있다고 인정한 때에는 ____일 초과하지 아니하는 한도에서 구속기간의 연장을 ____차에 한하여 허가할 수 있다.

기출 키워드 체크

긴급체포된 피의자에 대하여 구속영장이 발부된 경우에 구속기간은 피의자를 ____부터 기산한다.

OX 구속기간의 초일은 시간을 계산함이 없이 1일로 산정하고, 구속기간의 말일이 공휴일 또는 토요일에 해당하는 경우에도 구속기간에 산입한다. (○, ×) 21. 경찰간부

OX 구속기간의 연장을 허가하지 아니하는 지방법원 판사의 결정에 대하여는 형사소송법 제402조, 제403조가 정하는 항고의 방법으로 불복할 수 없고 형사소송법 제416조가 정하는 준항고의 대상이 되지도 않는다. (○, ×) 16. 경찰승진

Answer

기출 키워드 체크

10
10
10, 1
체포한 날

OX

○, ○

5. 제외기간 15. 9급국가직 · 9급개론

① 영장실질심사 ⇨ 관계서류 등 법원접수일부터 검찰청 반환일까지 15. 경찰2차, 17. 변호사

② 체포 · 구속적부심사 ⇨ 관계서류 법원접수일부터 검찰청 반환일까지 05. 경찰3차, 17. 해경1차

③ 감정유치기간

④ 구속집행정지기간

⑤ 피의자가 도망한 기간

❷ 피고인 구속기간

1. 구속기간(2개월, 2회 갱신 : 상소심은 3차 갱신 가능) 18. 경찰승진 · 경찰간부, 20. 9급국가직 · 9급개론

① 피고인에 대한 구속기간은 2개월로 한다(제92조 제1항).

㉠ **심급마다 2개월 단위로 2차에 한하여 갱신할 수 있으나,**

㉡ **상소심은 추가 심리가 필요한 부득이한 경우 3차에 한하여 갱신 가능하다.** 08. 경찰3차, 11. 경찰1차, 12. 경찰2차, 13. 법원, 18. 경찰간부 · 변호사

㉢ **피고인의 구속기간을 제한하고 있는 형사소송법 제92조 제1항에 의해 법원의 심리기간이 제한된다거나 나아가 피고인의 공격 · 방어권 행사를 제한하여 피고인의 공정한 재판을 받을 권리가 침해된다고 볼 수는 없다(99헌가14).** 10 · 11 · 14. 경찰승진

② 상소법원에 기록이 도착하기까지는 원심법원이 결정 : 상소기간 중 또는 상소 중의 사건에 관한 피고인의 구속, 구속기간 갱신, 구속취소, 보석, 보석의 취소, 구속집행정지와 그 정지의 취소의 결정은 소송기록이 상소 법원에 도달하기까지는 원심법원이 이를 하여야 한다.

③ 파기환송심

㉠ **대법원의 파기환송 판결에 의하여 사건을 환송받은 법원은 2월의 구속기간이 만료되면 특히 계속할 필요가 있는 경우에는 2차(규칙 제57조 제2항에 의하여 구속기간을 갱신한 경우에는 1차)에 한하여 결정으로 구속기간을 갱신할 수 있다.** 13. 법원

㉡ **파기환송심에서 구속기간을 갱신하는 조치가 무죄추정의 원칙에 위배되는 것이라고 할 수는 없다(2001도5225).** 04. 행시, 05 · 12. 경찰3차, 07 · 15. 경찰2차, 14 · 15. 9급국가직, 15 · 16. 경찰승진

④ 제한을 넘어 구속기간을 갱신한 경우 ⇨ 당연 실효 × : 구속기간을 갱신한 경우에 있어서도 불법구속한 자에 대하여 형법상 · 민법상의 책임을 물을 수는 있어도 구속명령의 효력이 당연히 실효되는 것은 아니다(64도428).

기출 키워드 체크

피의자심문을 하는 경우 법원이 구속영장청구서 · 수사관계 서류 및 증거물을 ____부터 구속영장을 발부하여 ____에 ____까지의 기간은 사법경찰관이나 검사의 피의자 구속기간에 산입하지 아니한다.

기출 키워드 체크

피고인 구속기간은 ____개월로 하고, 특히 구속을 계속할 필요가 있는 경우에는 심급마다 ____개월 단위로 ____차에 한하여 결정으로 갱신할 수 있다. 다만, 상소심은 피고인 또는 변호인이 신청한 증거의 조사, 상소이유를 보충하는 서면의 제출 등으로 추가 심리가 필요한 부득이한 경우에는 ____차에 한하여 갱신할 수 있다.

OX 피고인에 대한 구속기간은 2개월로 한다. 그럼에도 특히 구속을 계속할 필요가 있는 경우에는 심급마다 2개월 단위로 2차에 한하여 결정으로 갱신할 수 있다. 다만, 상소심은 피고인 또는 변호인이 신청한 증거의 조사, 상소이유를 보충하는 서면의 제출 등으로 추가 심리가 필요한 부득이한 경우에는 3차에 한하여 갱신할 수 있다. (○, ×) 16. 경찰승진

Answer

기출 키워드 체크

접수한 날, 검찰청, 반환한 날
2, 2, 2, 3

○

기출 키워드 체크

피고인에 대한 구속기간은 2개월이며, 공소제기전의 체포·구속기간은 법원의 구속기간에 산입하지 아니하고 ____을 기준으로 1심 구속기간을 계산한다.

기출 키워드 체크

구속기간의 ____은 시간을 계산하지 않고 1일로 산정한다.

2. 기산일

① 피고인에 대한 구속기간의 기산일은 공소제기시이다.

② 공소제기 전의 체포·구인·구금 기간은 피고인에 대한 구속기간에 산입하지 아니한다(제92조 제3항). 08. 경찰3차, 08·13. 경찰1차, 10. 9급국가직, 14·16. 법원, 15. 경찰2차, 18. 변호사, 19. 경찰승진

3. 구속기간의 계산

① 구속기간의 초일은 시간을 계산함이 없이 1일로 산정하고(제66조 제1항 단서), 16. 법원, 20. 9급국가직·9급개론

② 구속기간의 말일이 공휴일 또는 토요일에 해당하는 날도 구속기간에 산입한다(동조 제3항 단서).

③ 2개월의 구속기간은 역서에 따라 계산한다(동조 제2항).

4. 제외기간

① 보석기간

② 피고인 감정유치기간 12. 해경간부

③ 구속집행정지기간

④ 피고인이 도망간 기간

⑤ 공소제기 전의 체포, 구인, 구금기간 08. 경찰3차, 08·13. 경찰1차, 10. 9급국가직, 14·16. 법원, 15. 경찰2차

⑥ 피고인의 질병과 심신상실 등으로 공판절차가 정지된 기간 10. 경찰1차

⑦ 기피신청에 의한 소송진행 정지기간 16. 법원

⑧ 공소장변경에 의한 소송진행 정지기간 10. 9급국가직, 20. 7급국가직, 21. 경찰간부

⑨ 법원의 위헌법률심판제청에 의한 재판정지기간

▶ **제외기간이 아닌 것**

- 호송 중의 가유치 기간 12. 해경간부
- 병합심리에 의한 소송절차 정지기간 01. 101단1차, 12. 해경간부
- 관할이전으로 인한 공판절차 정지기간 10. 경찰승진

5. 미결구금 산입

① 구속기간에 산입되지 않는 기간일지라도 미결구금일수에는 전부 산입해야 한다.

② 구속기간에의 불산입은 법원의 심리기간의 확보를 위해 인정되는 예외적인 것이기 때문이다.

Answer

기출 키워드 체크

공소제기일

초일

③ 재구속의 제한

1. 피의자 구속의 경우(다른 중요한 증거를 발견한 경우 외 재구속 불가)

① 검사 또는 사법경찰관에 의하여 구속되었다가 석방된 자는 다른 중요한 증거를 발견한 경우를 제외하고는 동일한 범죄사실에 관하여 재차 구속하지 못한다(제208조 제1항). 08 · 15 · 18 · 19. 경찰승진, 09. 경사, 12. 교정특채, 13. 9급국가직, 15. 경찰2차, 17 · 21. 경찰간부, 19. 법원

② 이 경우 1개의 목적을 위하여 동시 또는 수단결과의 관계에서 행하여진 행위는 동일한 범죄사실로 간주한다(동조 제2항). 08. 경찰3차, 18 · 19. 경찰승진

③ 다른 중요한 증거가 동일한 사건으로 공소보류를 받은 자가 공소보류 취소된 경우 동일한 범죄사실로 재구속할 수 있다.

④ 재구속 제한규정을 위반한 구속은 효력이 없으나, 공소제기 자체가 무효가 되는 것은 아니다.

2. 피고인 구속의 경우(제한 없이 재구속 가능)

① 재구속의 제한은 법원이 피고인을 구속하는 경우에는 적용되지 않는다(85모12). 04 · 06. 경찰1차, 05. 경찰2차, 12. 교정특채, 16. 해경 · 변호사, 19. 7급국가직

② 긴급체포되었다가 수사기관의 조치로 석방된 후에도 법원은 해당 피고인을 구속영장에 의하여 구속할 수 있다(2001도4291). 06 · 13. 경찰1차 · 경찰2차, 10 · 12 · 15 · 17. 경찰승진, 10 · 13. 9급국가직, 12. 경찰3차, 19. 법원

③ 법원에 의하여 구속되었다가 석방된 피고인은 다른 중요한 증거를 발견하지 못한 경우라도 구속의 요건이 구비되면 동일한 범죄사실에 관하여 다시 구속할 수 있다. 16. 경찰3차, 18. 법원

OX 구속되었다가 석방된 피의자는 다른 중요한 증거가 발견된 경우가 아니면 동일한 범죄사실에 관하여 재차 구속하지 못한다. (○, ×) 21. 경찰간부

OX 검사 또는 사법경찰관에 의하여 구속되었다가 석방된 자는 다른 중요한 증거를 발견한 경우를 제외하고는 동일한 범죄사실에 관하여 재차 구속하지 못하며, 이 경우 1개의 목적을 위하여 동시 또는 수단결과의 관계에서 행하여진 행위는 별개의 범죄사실로 간주한다. (○, ×) 16. 경찰승진

기출 판례

항소법원은 항소피고사건의 심리 중 또는 판결선고 후 상고제기 또는 판결확정에 이르기까지 수소법원으로서 형사소송법 제70조 제1항 각호의 사유 있는 불구속 피고인을 구속할 수 있고 또 수소법원의 구속에 관하여는 검사 또는 사법경찰관이 피의자를 구속함을 규율하는 형사소송법 제208조의 규정은 적용되지 아니하므로 구속기간의 만료로 피고인에 대한 구속의 효력이 상실된 후 항소법원이 피고인에 대한 판결을 선고하면서 피고인을 구속하였다 하여 위 법 제208조의 규정에 위배되는 재구속 또는 이중구속이라 할 수 없다(85모12). 20. 9급개론

Answer

OX
○, ×

Chapter 05 OX 확인학습

01 □□□ 공소제기 전의 체포 · 구인 · 구금 기간은 피고인 구속기간에 산입한다. (○)

02 □□□ 긴급체포된 피의자에 대하여 구속영장이 발부된 경우에 그 구속기간은 피의자를 체포한 날부터 기산한다. (○)

03 □□□ 사법경찰관이 피의자를 구속한 때에는 10일 이내에 피의자를 검사에게 인치하지 아니하면 석방하여야 한다. (○)

04 □□□ 강도사건 피의자 甲은 2014. 4. 12. 09:00 체포영장이 발부되어 2014. 4. 13. 10:00 체포되었다. 이에 甲의 변호인은 체포 당일 체포적부심을 청구하였고, 2014. 4. 14. 11:00 수사 관계 서류와 증거물이 법원에 접수되어 청구기각 결정 후 2014. 4. 15. 13:00 검찰청에 반환되었다. 이 때 검사가 甲에 대한 구속영장을 법원에 청구할 수 있는 일시는 2014. 4. 16. 12:00까지이고, 사법경찰관이 구속영장에 의해 甲을 구속한 후 사법경찰관이 구속할 수 있는 일시는 2014. 4. 22. 24:00까지이다. (○)

Chapter 05 실전익히기

01

13. 경찰승진, 18. 해경간부

체포영장 청구와 발부에 관한 다음 설명 중 가장 옳지 않은 것은?

① 체포영장을 청구함에 있어 동일한 범죄사실에 관하여 그 피의자에 대하여 전에 체포영장을 청구하였거나 발부받은 사실이 있는 때에는 다시 체포영장을 청구하는 취지 및 이유를 기재하여야 한다.

② 검사는 관할 지방법원판사에게 청구하여 체포영장을 발부받아야 하고, 사법경찰관은 검사에게 신청하여 검사의 청구로 판사가 영장을 발부한다.

③ 체포영장을 청구받은 지방법원판사는 피의자가 죄를 범하였다고 의심할 만한 이유가 있는 경우에 체포의 사유를 판단하기 위하여 피의자를 구인한 후 심문할 수 있다.

④ 체포영장을 청구받은 지방법원판사는 상당하다고 인정할 때는 체포영장을 발부한다. 다만, 명백히 체포의 필요가 인정되지 아니하는 경우에는 그러하지 아니하다.

02

20. 경찰간부

체포영장에 의한 체포에 관한 설명 중 가장 옳지 않은 것은? (다툼이 있으면 판례에 의함)

① 체포영장에 의해 피의자를 체포하기 위해서는 정당한 이유 없이 출석요구에 응하지 아니하거나 응하지 아니할 우려가 있을 것이 요구된다.

② 검사는 관할지방법원판사에게 청구하여 체포영장을 발부받아 피의자를 체포할 수 있고, 사법경찰관은 검사에게 신청하여 검사의 청구로 관할지방법원판사의 체포영장을 발부받아 피의자를 체포할 수 있다.

③ 체포영장에 의하여 체포한 피의자를 구속하고자 할 때에는 검사는 체포한 때로부터 48시간 이내에 관할지방법원판사로부터 구속영장을 발부받아야 한다.

④ 피의자를 체포한 때에는 즉시 영장에 기재된 인치·구금장소로 호송하여 인치 또는 구금하여야 하며, 이 경우 수사기관이 임의로 구금 장소를 변경하는 것은 위법하다.

03

17. 9급개론

긴급체포에 대한 설명으로 옳지 않은 것은? (다툼이 있으면 판례에 의함)

① 피의자가 마약투약을 하였다고 의심할 만한 상당한 이유가 있었더라도, 경찰관이 이미 피의자의 신원과 주거지 및 전화번호 등을 모두 파악하고 있었고 당시 증거가 급속하게 소멸될 상황도 아니었다면 긴급체포의 요건으로 미리 체포영장을 받을 시간적 여유가 없었던 경우에 해당하지 않는다.

② 긴급체포 후 석방된 자 또는 그 변호인·법정대리인·배우자·직계친족·형제자매는 통지서 및 관련 서류를 열람하거나 등사할 수 있다.

③ 수사기관이 긴급체포된 자에 대하여 구속영장을 청구하지 아니하거나 발부받지 못한 때에는 피의자를 즉시 석방하여야 하고, 이 경우 석방된 자는 영장 없이는 동일한 범죄사실에 관하여 체포하지 못한다.

④ 사법경찰관이 검사에게 긴급체포된 피의자에 대한 승인건의와 함께 구속영장을 신청한 경우 검사는 긴급체포의 합당성이나 구속영장 청구에 필요한 사유를 보강하기 위하여 긴급체포한 피의자를 검찰청으로 출석시켜 직접 대면조사할 수 있다.

04

17. 경찰간부

긴급체포에 관한 다음 설명 중 가장 옳은 것은? (다툼이 있으면 판례에 의함)

① 도로교통법위반 피의사건에서 기소유예 처분을 받은 재항고인이 혐의 없음을 주장함과 동시에 수사경찰관의 처벌을 요구하는 진정서를 검찰청에 제출함으로써 이루어진 진정사건을 담당한 검사가 재항고인에 대한 위 피의사건을 재기한 후 담당검사인 자신의 교체를 요구하고자 부장검사 부속실에서 대기하고 있던 재항고인을 위 도로교통법위반죄로 긴급체포한 것은 적법하다.

② 현직 군수인 피고인을 소환·조사하기 위하여 검사의 명을 받은 검찰주사보가 군수실에 도착하여 도시 행정계장에게 행방을 확인하였더니, 군수가 검사가 자신을 소환하려 한다는 사실을 미리 알고 자택 근처에서 기다리고 있을 것이니 수사관이 오거든 그 곳으로 오라고 하였다고 하자 검찰주사보가 도시 행정계장과 같이 가서 그곳에서 수사관을 기다리고 있던 피고인을 긴급체포한 것은 정당하다.

③ 긴급체포의 요건을 갖추었는지 여부는 사후에 밝혀진 사정을 기초로 판단하여야 한다.

④ 변호사 甲에 대하여 무죄가 선고되자 검사가 무죄가 선고된 공소사실에 대한 보완수사를 한다며 甲의 변호사 사무실 사무장이던 乙에게 참고인조사를 위한 출석을 요구하여, 자진출석한 乙을 참고인 조사를 하지 아니한 채 곧바로 위증 및 위증교사 혐의의 피의자신문조서를 받기 시작하였고, 이에 甲이 검사실로 찾아와서 乙에게 나가라고 지시하여 乙이 나가려 하자, 검사가 乙을 긴급체포한 것은 위법하다.

05

21. 경찰승진

긴급체포에 대한 설명으로 가장 적절하지 않은 것은? (다툼이 있는 경우 판례에 의함)

① 수사기관은 긴급체포 후 구속영장을 발부받지 못하여 피의자를 석방한 경우, 그 피의자를 동일한 범죄사실로 다시 긴급체포할 수 없으나, 체포영장을 다시 발부받아 체포하는 것은 가능하다.

② 사법경찰관이 피의자를 긴급체포한 경우에는 즉시 긴급체포서를 작성하여야 할 뿐만 아니라 즉시 검사의 승인을 얻어야 한다.

③ 긴급체포의 요건을 갖추었는지 여부는 체포 당시의 상황을 기초로 판단하는 것이 아니라 사후에 밝혀진 사정을 기초로 판단하여야 한다.

④ 긴급체포된 피의자에 대하여 구속영장이 발부된 경우 그 구속기간은 피의자를 체포한 날부터 기산한다.

06

19. 경찰2차

체포절차에 대한 설명으로 가장 적절하지 않은 것은?

① 사법경찰관이 피의자를 체포하였을 때에는 변호인이 있으면 변호인에게, 변호인이 없으면 변호인선임권자 중 피의자가 지정한 자에게 지체 없이 서면으로 체포의 통지를 하여야 한다.

② 체포된 피의자는 관할법원에 체포의 적부심사를 청구할 수 있으며, 청구를 받은 법원은 심사청구 후 피의자에 대하여 공소제기가 있는 경우에도 청구가 이유 있다고 인정한 때에는 결정으로 피의자의 석방을 명하여야 한다.

③ 사법경찰관이 기소중지된 피의자를 해당 수사관서가 위치하는 특별시·광역시·도 또는 특별자치도 외의 지역에서 긴급체포하였을 때에는 12시간 내에 검사에게 긴급체포를 승인해 달라는 건의를 하여야 한다.

④ 사법경찰관은 긴급체포한 피의자에 대하여 구속영장을 신청하지 아니하고 석방한 경우에는 즉시 검사에게 보고하여야 한다.

07

21. 경찰승진

현행범 체포에 대한 설명으로 가장 적절한 것은? (다툼이 있는 경우 판례에 의함)

① 현행범으로 체포하기 위하여는 행위의 가벌성, 범죄의 현행성·시간적 접착성, 범인·범죄의 명백성이 있으면 족하고, 도망 또는 증거인멸의 염려가 있어야 하는 것은 아니다.
② 신고를 받고 출동한 경찰관이 음주운전을 종료한 후 40분 이상이 경과한 시점에서 길가에 앉아 있던 피의자에게서 술냄새가 난다는 점만을 근거로 하여 피의자를 음주운전의 현행범으로 체포한 것은 적법한 공무집행이라고 볼 수 있다.
③ 현행범을 체포한 경찰관의 진술이라 하더라도 범행을 목격한 부분에 관하여는 여느 목격자의 진술과 다름없이 증거능력이 있다.
④ 수사기관이 일반인으로부터 체포된 현행범을 인도받고 현행범을 구속하고자 하는 경우 48시간 이내에 구속영장을 청구해야 하며, 그 48시간의 기산점은 일반인에 의한 체포시점으로 보아야 한다.

08

15. 경찰2차

현행범체포에 대한 설명으로 가장 적절하지 않은 것은?

① 현행범인으로 체포하려면 행위의 가벌성, 범죄의 현행성·시간적 접착성, 범인·범죄의 명백성 외에 체포의 필요성, 즉 도망 또는 증거인멸의 염려가 있어야 한다.
② 현행범인 체포의 요건을 갖추었는지에 대한 수사주체의 판단에는 상당한 재량의 여지가 있으므로 체포 당시의 상황에서 보아 그 요건에 관한 수사주체의 판단이 경험칙에 비추어 현저히 합리성이 없다고 인정되지 않는 한 수사주체의 현행범인 체포를 위법하다고 단정할 것은 아니다.
③ 검사 또는 사법경찰관은 현행범 체포 현장에서 소지자 등이 임의로 제출하는 물건을 영장 없이 압수할 수 있으나, 이 경우 계속 압수할 필요가 있는 경우에는 체포한 때로부터 48시간 이내에 압수영장을 청구하여야 한다.
④ 피고인의 소란행위가 업무방해죄의 구성요건에 해당하지 않아 사후적으로 무죄로 판단된다고 하더라도, 피고인이 경찰관 앞에서 소란을 피운 당시 상황에서는 객관적으로 보아 피고인이 업무방해죄의 현행범이라고 인정할 만한 충분한 이유가 있었다면 경찰관들이 피고인을 현행범으로 체포하려고 한 행위는 적법하다.

09

17. 해경간부

현행범인 체포에 관한 설명 중 가장 적절하지 않은 것은? (다툼이 있으면 판례에 의함)

① 사법경찰관이 피의자를 현행범인으로 체포하면서 체포사유 및 변호인선임권을 고지하지 아니하였음에도 불구하고, 고지한 것으로 현행범인체포서를 작성한 경우에는 허위공문서작성죄의 범의가 없다.
② 사법경찰관리가 현행범인의 인도를 받은 때에는 체포자의 성명, 주거, 체포의 사유를 물어야 하고, 필요한 때에는 체포자에 대하여 경찰관서에 동행함을 요구할 수 있다.
③ 사법경찰관은 현행범인의 체포를 하는 경우에는 범죄사실의 요지, 체포의 이유와 변호인을 선임할 수 있음을 말하고 변명할 기회를 주어야 한다.
④ 형사소송법 제211조가 현행범인으로 규정한 '범죄의 실행의 즉후인 자'라고 함은, 범죄의 실행행위를 종료한 직후의 범인이라는 것이 체포하는 자의 입장에서 볼 때 명백한 경우를 일컫는 것이다.

10

20. 9급 법원직

구속영장 청구와 피의자 신문에 관한 다음 설명 중 가장 옳지 않은 것은? (다툼이 있는 경우 판례에 의함)

① 체포된 피의자에 대하여 구속영장을 청구받은 판사는 지체 없이 피의자를 심문하여야 한다. 이 경우 특별한 사정이 없는 한 구속영장이 청구된 날의 다음 날까지 심문하여야 한다.
② 피의자심문을 하는 경우 법원이 구속영장청구서·수사관계 서류 및 증거물을 접수한 날부터 구속영장을 발부하여 검찰청에 반환한 날까지의 기간은 사법경찰관 및 검사의 구속기간 규정 적용에 있어서 그 구속기간에 이를 산입하지 아니한다.
③ 검사와 변호인은 피의자심문기일에 출석하여 의견을 진술할 수 있고, 필요한 경우에는 판사의 허가를 얻어 피의자를 심문할 수도 있다.
④ 피의자는 판사의 심문 도중에도 변호인에게 조력을 구할 수 있다.

11
15. 경찰승진

영장실질심사(구속전 피의자심문)에 관한 설명 중 가장 적절한 것은?

① 판사는 지정된 심문기일을 변경할 수 없다.
② 피의자에 대한 심문절차는 원칙적으로 공개하지 않는다.
③ 피의자가 질병 기타 사유로 출석이 현저하게 곤란한 경우 판사는 심문절차를 반드시 연기하여야 한다.
④ 법원이 피의자 심문을 하는 경우 그 기간은 구속기간에 산입된다.

12
21. 경찰간부

피의자 구속에 관한 설명 중 옳지 않은 것은? (다툼이 있는 경우 판례에 의함)

① 구속영장을 청구받은 지방법원 판사는 체포된 피의자에 대하여 지체 없이 심문하여야 하나, 체포되지 않은 피의자에 대하여는 직권으로 심문 여부를 결정한다.
② 구속기간의 초일은 시간을 계산함이 없이 1일로 산정하고, 구속기간의 말일이 공휴일 또는 토요일에 해당하는 경우에도 구속기간에 산입한다.
③ 지방법원 판사가 검사의 구속영장청구를 기각한 경우에 이에 대한 불복방법으로서 준항고는 허용되지 않는다.
④ 구속되었다가 석방된 피의자는 다른 중요한 증거가 발견된 경우가 아니면 동일한 범죄사실에 관하여 재차 구속하지 못한다.

13
17. 해경간부

다음은 구속에 대한 판례이다. 옳은 것은 모두 몇 개인가? (다툼이 있으면 판례에 의함)

㉠ 구속영장 발부에 의하여 적법하게 구금된 피의자가 피의자신문을 위한 출석요구에 응하지 아니하면서 수사기관 조사실에 출석을 거부할 경우에는 수사기관은 구속영장의 효력에 의하여 피의자를 조사실로 구인할 수 있다.
㉡ 법원이 피고인에 대하여 구속영장을 발부함에 있어 사전에 형사소송법 제72조의 규정에 따른 절차를 거치지 아니한 채 구속영장을 발부하였다면 그 구속영장 발부결정은 위법하고, 피고인이 변호인을 선정하여 공판절차에서 변명과 증거의 제출을 다하고 그의 변호 아래 판결을 선고받더라도 달라지지 아니한다.
㉢ 검사의 구속기간 연장 신청에 대하여 이를 허가하지 아니하는 지방법원판사의 결정에 대하여는 형사소송법 제402조, 제403조에 의한 항고의 방법으로는 불복할 수 없으나, 동법 제416조에 정하는 준항고를 통해 불복할 수 있다.
㉣ 구속기간이 만료될 무렵 종전 구속영장에 기재된 범죄사실과 다른 범죄사실로 피고인을 구속한 경우에는 위법한 구속에 해당한다.
㉤ 형사소송법 제88조는 "피고인을 구속한 때에는 즉시 공소사실의 요지와 변호인을 선임할 수 있음 을 알려야 한다."고 규정하고 있는바, 이를 위반하였다면 구속영장의 효력이 상실된다.

① 1개　　② 2개
③ 3개　　④ 4개

14

18. 경찰승진

형사소송법상 구속 등에 대한 설명 중 가장 적절하지 않은 것은? (다툼이 있는 경우 판례에 의함)

① 구속은 구금과 구인을 포함하며, 구인한 피고인을 법원에 인치한 경우에 구금할 필요가 없다고 인정한 때에는 그 인치한 때로부터 24시간 내에 석방하여야 한다.

② 피고인에 대한 구속기간은 2개월로 한다. 그럼에도 특히 구속을 계속할 필요가 있는 경우에는 심급마다 2개월 단위로 2차에 한하여 결정으로 갱신할 수 있다. 다만, 상소심은 피고인 또는 변호인이 신청한 증거의 조사, 상소이유를 보충하는 서면의 제출 등으로 추가 심리가 필요한 부득이한 경우에는 3차에 한하여 갱신할 수 있다.

③ 구속기간의 연장을 허가하지 아니하는 지방법원 판사의 결정에 대하여는 형사소송법 제402조, 제403조가 정하는 항고의 방법으로 불복할 수 없고 형사소송법 제416조가 정하는 준항고의 대상이 되지도 않는다.

④ 검사 또는 사법경찰관에 의하여 구속되었다가 석방된 자는 다른 중요한 증거를 발견한 경우를 제외하고는 동일한 범죄사실에 관하여 재차 구속하지 못하며, 이 경우 1개의 목적을 위하여 동시 또는 수단결과의 관계에서 행하여진 행위는 별개의 범죄사실로 간주한다.

15

13. 7급국가직, 15. 경찰2차

사법경찰관 甲이 乙을 공갈죄로 긴급체포한 후 구속과 관련하여서 아래의 절차가 이루어졌다. 사법경찰관 甲은 언제까지 乙을 검사에게 인치(검찰청에 송치)하여야 하는가?

㉠ 2015. 5. 1. 23:00 사법경찰관 甲이 乙을 긴급체포하여 조사
㉡ 2015. 5. 2. 14:00 사법경찰관 甲이 검사에게 구속영장을 신청 하면서 구속영장신청서와 수사서류 등을 제출
㉢ 2015. 5. 2. 16:00 검사가 판사에게 구속영장을 청구하면서 법원에 구속영장청구서, 수사 관계 서류 및 기록을 접수시킴
㉣ 2015. 5. 3. 10:00 판사의 구속 전 피의자 심문, 12:00 구속영장 발부, 13:00 검찰청에 구속영장 및 수사기록 반환 (15:00에 검찰청으로부터 경찰서에 서류 도착)
㉤ 2015. 5. 3. 18:00 구속영장 집행

① 2015. 5. 10. 24:00 ② 2015. 5. 11. 23:00
③ 2015. 5. 11. 24:00 ④ 2015. 5. 12. 24:00

Answer

01 ③ [×] 구속영장의 경우와는 달리 체포영장을 발부하기 위하여 지방법원판사가 피의자를 심문하는 제도는 존재하지 않는다.
02 ③ [×] 48시간 이내에 구속영장을 청구하여야 한다(제200조의2 제5항, 제200조의4 제2항, 규칙 제100조 제2항).
03 ④ [×] 합당성이나 구속영장 청구에 필요한 사유를 보강하기 위해서는 대면조사할 수 없다.
04 ④ [○] 2006도148
05 ③ [×] 긴급체포의 요건을 갖추었는지 여부는 체포 당시의 상황을 기초로 판단하여야 한다(대판 2008.3.27. 2007도11400).
06 ③ [×] 24시간이다.
07 ③ [○] 95도535
08 ③ [×] 소유자, 소지자, 보관자가 임의로 제출하는 물건은 사후에 영장을 받을 필요가 없다(2015도13726).
09 ① [×] 허위공문서작성에 대한 범의가 있었다고 보아야 한다.
10 ③ [×] 심문은 할 수 없다.
11 ② [○] 규칙 제96조의14
12 ① [×] 신청이나 필요 여부와 무관하게 심문하여야 한다.
13 ① 옳은 것은 ㉠ 1개이다.
14 ④ [×] 별개의 범죄사실로 간주한다.' ⇨ '동일한 범죄사실로 간주한다.'
15 ④ 구속기간이 2일이 연장되어 2015. 5. 12. 24:00까지 피의자 乙을 구속할 수 있다.

제8절 체포 · 구속적부심사제도

❶ 체포 · 구속적부심사제도의 의의

① 수사기관에 의하여 체포 · 구속된 피의자에 대하여 법원이 체포 · 구속이 위법 · 부당한 경우 피의자를 석방시키는 제도이다. 13. 경찰2차

② 피의자의 체포 · 구속적부심사청구권은 헌법상 권리이다. 05. 경찰1차, 21. 9급국가직 · 9급개론

③ 우리나라에는 행정기관이나 사인에 의한 불법구금에 대한 적부심제도(인신보호법 등)는 존재하지 않는다. 17. 해경2차

❷ 심사의 청구

1. 청구권자

(1) 체포 또는 구속된 피의자

① 피고인은 청구권이 없다. 15. 9급국가직, 16. 경찰간부

② 영장에 의한 체포뿐만 아니라 긴급체포, 현행범체포에 의한 피의자 모두 적부심을 청구할 수 있다(97모21). 05 · 12. 경찰1차, 11 · 14 · 17. 경찰승진, 13. 9급국가직, 14. 경찰간부, 15. 경찰3차 16. 해경, 17. 경찰2차

(2) 피의자의 변호인, 형제자매, 법정대리인, 직계친족, 배우자, 가족, 고용주, 동거인

10. 경찰1차, 10 · 15. 9급국가직, 12. 해경간부, 12 · 13. 법원, 13. 경찰승진 · 경찰간부, 13 · 14. 경찰2차, 21. 경찰간부

① 가족, 고용주, 동거인이 포함된다는 점에 유의해야 한다. ⇨ 적부심청구권자는 변호인선임권자보다 그 범위가 넓다. 19. 9급국가직

② 청구 당시는 피의자였으나 이후 공소제기되어 피고인이 되어도 무방하다. ⇨ 피의자라는 청구인 적격은 절차존속요건이 아니라 절차개시요건이다. 10. 9급국가직

2. 청구사유

① 불법뿐만 아니라 부당(구속의 필요성)도 포함된다. 06. 경찰2차

② 체포 · 구속시가 아니라 심사시를 기준으로 판단한다.

㉠ **불법 ⇨ 체포 · 구속의 요건 및 절차에 관한 규정을 위반**

㉡ **부당 ⇨ 체포 · 구속 계속의 필요성(사정변경) 여부 판단**

3. 청구방법

서면으로 청구한다.

참고+ 위법한 행정처분 또는 사인(私人)에 의한 시설에의 수용으로 인하여 부당하게 인신의 자유를 제한당하고 있는 개인에 대한 구제는 인신보호법에 의한다.

기출 키워드 체크

체포 · 구속적부심사제도는 ____에 의하여 체포 또는 구속된 피의자에 대하여 법원이 체포 또는 구속의 적법 여부와 그 필요성을 심사하여 그 체포 또는 구속이 ____한 경우에 피의자를 석방시키는 제도이다.

기출 키워드 체크

체포 또는 구속된 피의자 또는 그 변호인, 법정대리인, 배우자, 직계친족, 형제자매나 ____, ____, ____는 관할법원에 체포 또는 구속의 적부심사를 청구할 수 있다.

OX 구속적부심사를 청구한 피의자에 대해 법원이 석방결정을 한 후, 그 결정서 등본이 검찰청에 송달되기 전에 검사가 공소를 제기(전격기소)할 경우 그 석방결정은 무효가 된다. (○, ×) 21. 경찰간부

Answer

기출 키워드 체크
수사기관, 부적법 · 부당
가족, 동거인, 고용주

OX
×

4. 고 지

피의자를 체포·구속한 검사 또는 사법경찰관은 체포 또는 구속된 피의자와 심사청구권자 중에서 피의자가 지정하는 자에게 적부심사를 청구할 수 있음을 알려야 한다. 15. 지능특채

5. 서류열람

① 구속영장이 청구되거나, 체포·구속된 피의자 등의 등본 교부 청구 06. 경찰2차 : 구속영장이 청구되거나 체포 또는 구속된 피의자, 그 변호인, 법정대리인, 배우자, 직계친족, 형제자매나 동거인 또는 고용주는 긴급체포서, 현행범인체포서, 체포영장, 구속영장 또는 그 청구서를 보관하고 있는 검사, 사법경찰관 또는 법원사무관 등에게 그 등본의 교부를 청구할 수 있다.

② 적부심을 청구한 피의자의 변호인의 구속영장 청구서, 고소장 등 열람 09·11·14·15. 경찰승진, 10. 9급국가직, 15. 7급국가직, 16. 경찰1차, 17. 해경2차·법원, 18. 해경간부 : 구속영장 청구서, 고소장·고발장, 피의자의 진술을 기재한 서류(피의자 신문조서)와 피의자가 제출한 서류를 열람할 수 있다.

③ 법원의 심사(48시간 이내)

1. 심사법원

① 수사 중인 검사의 소속검찰청에 대응하는 지방법원 합의부 또는 단독판사가 심사한다. 05. 경사

② 체포영장, 구속영장을 발부한 법관은 심사에 관여하지 못한다. 11·13. 경찰승진, 12. 법원

⇨ 다만, 영장을 발부한 법관 외에는 심문, 조사, 결정할 판사가 없는 경우에 심사에 관여할 수 있다. 01. 여경2차, 18. 경찰간부·9급개론

2. 심문기일 지정통지

① 청구를 받은 법원은 청구서가 접수된 때부터 48시간(24시간 ×) 이내에 체포 또는 구속된 피의자를 심문하고 수사관계서류와 증거물을 조사하여야 한다. 09. 9급국가직, 12. 경찰간부, 14. 경찰2차·경찰승진, 15. 경찰1차, 17. 해경2차

② 법원은 지체 없이 청구인, 변호인, 검사 및 피의자를 구금하고 있는 관서(경찰서, 교도소 또는 구치소 등)의 장에게 심문기일과 장소를 통지하여야 한다.

3. 심문 및 의견진술

① 검사, 변호인, 청구인은 심문기일에 출석하여 법원의 심문이 끝난 후에 의견을 진술할 수 있다. 01. 여경2차, 18. 법원

OX 체포·구속적부심사를 청구받은 법원은 청구서가 접수된 때부터 48시간 이내에 체포 또는 구속된 피의자를 심문하고 수사관계 서류와 증거물을 조사하여 그 청구가 이유 없다고 인정한 때에는 결정으로 이를 기각하고, 이유 있다고 인정한 때에는 결정으로 체포 또는 구속된 피의자의 석방을 명하여야 한다. (○, ×)
16. 경찰2차

기출 키워드 체크

구속영장을 ____한 법관도 구속적부심사의 심문, 조사, 결정에 관여할 수 있는 경우가 있다.

Answer

기출 키워드 체크
발부

OX
○

OX 체포·구속적부심사의 심문기일에 출석한 검사·변호인·청구인은 피의자를 직접 심문할 수 없고 법원의 심문이 끝난 후 의견을 진술할 수 있다. (○, ×) 18. 법원

② 심문이 끝난 후 뿐만 아니라 필요한 경우에는 심문 도중에도 판사의 허가를 얻어 의견을 진술할 수 있다. 15. 경찰1차 ⇨ 피의자를 심문하는 주체는 법원이지, 검사나 변호인이 아님을 주의 18. 법원

4. 국선변호인 선정

① 변호인 없는 경우 국선변호인 선정한다.

② 체포 또는 구속의 적부심사가 청구된 피의자에게 변호인이 없는 때에는 법원 또는 지방법원 판사는 지체 없이 국선변호인을 선정하고, 피의자와 변호인에게 그 뜻을 고지하여야 한다(제214조의2 제10항, 제33조 제1항 제1호, 규칙 제16조 제1항). 11. 경찰승진, 13. 9급국가직, 15. 지능특채

③ 이 경우 국선변호인의 변론준비를 돕기 위하여 국선변호인에게 피의사실의 요지 및 피의자의 연락처 등을 함께 고지할 수 있다(규칙 제16조 제2항).

④ 심문 없이 기각하는 경우도 선정[법원실무제요 형사(Ⅰ) 제332쪽] 18. 법원, 19. 해경간부 : 심문 여부와 관계없이 필요적 국선변호사건에 해당하므로, 심문 없이 기각 결정을 하는 경우에도 국선변호인 선정이 필요하다.

OX 법원은 체포·구속적부심사에서 체포 또는 구속된 피의자에게 변호인이 없는 때에는 국선변호인을 선정하여야 하나, 심문 없이 기각 결정하는 경우에는 국선변호인을 선정할 필요는 없다. (○, ×) 18. 법원

5. 관련자료 열람

① 국선변호인은 법원 또는 지방법원 판사에게 제출된 구속영장청구서 및 그에 첨부된 고소·고발장, 피의자의 진술을 기재한 서류와 피의자가 제출한 서류를 열람(복사 ×)할 수 있다(규칙 제96조의21, 제104조의2). 17. 법원

② 검사는 증거인멸 또는 피의자나 공범 관계에 있는 자가 도망할 염려가 있는 등 수사에 방해가 될 염려가 있는 때에는 지방법원 판사에게 위 서류의 열람 제한에 관한 의견을 제출할 수 있다.

③ 지방법원 판사는 검사의 의견이 상당하다고 인정하는 때에는 위 서류의 전부 또는 일부의 열람을 제한할 수 있다.

④ 법원 또는 지방법원 판사는 위 열람에 관하여 그 일시, 장소를 지정할 수 있다(규칙 제104조의2, 제96조의21).

6. 심문조서

① 적부심사시 작성된 조서는 제315조 제3호(제311조 ×)에 의해 당연히 증거능력이 인정된다.

② 피고인이 부동의하더라도 당연히 그 증거능력이 인정된다. 11. 경찰승진, 11·12. 법원, 17. 여경·경찰특공대·경찰간부, 19. 경찰승진

③ 제311조에 의해 증거능력이 인정되는 것이 아님에 유의한다. 10·13. 경찰승진, 14. 경찰1차, 15. 지능특채

OX 체포·구속적부심문조서는 형사소송법 제315조 제3호의 당연히 증거능력 있는 서류에 해당한다. (○, ×) 21. 경찰간부

OX 구속적부심문조서는 법원 또는 법관의 면전에서 작성된 조서로서 법원 또는 법관의 검증의 결과를 기재한 조서이므로 「형사소송법」 제311조에 따라 당연히 증거능력이 인정된다. (○, ×) 19. 경찰1차

Answer

OX
○, ×, ○, ×

❹ 법원의 결정(24시간 이내)

1. 기 한

심문이 종료된 때로부터 24시간 이내(48시간 이내 ×)에 결정하여야 한다. 05 · 14 · 15. 경찰1차, 13. 경찰간부, 15. 경찰3차, 16. 경찰승진 · 해경, 19. 해경간부

2. 기각결정

(1) 심문 없이 간이기각결정

① 동일한 영장발부에 대하여 재청구 13. 법원

② 공범 또는 공동피의자의 순차청구가 수사방해 목적이 명백한 때 10. 9급국가직, 11 · 14 · 16. 경찰승진, 18. 경찰간부 · 변호사 · 9급개론, 20. 9급국가직, 21. 경찰간부

③ 청구권자 아닌 자의 청구

(2) 보통기각결정

청구가 이유 없다고 인정되면 결정으로 기각하여야 한다. 16. 경찰2차

3. 석방결정

① 청구가 이유 있다고 인정되면 결정으로 석방을 명하여야 한다. 16. 경찰2차, 18. 변호사 ⇨ 석방결정은 그 결정서의 등본이 검찰청에 송달된 때에 효력이 발생한다. 11. 법원

② 심사청구 후 검사가 공소제기한 경우에도 석방결정을 할 수 있다. 05 · 13 · 19. 경찰2차, 08 · 11. 법원, 10 · 13. 9급국가직, 12. 경찰1차, 14 · 18 · 21 경찰간부, 18. 변호사 · 9급개론

4. 피의자 보석

① 구속적부심(체포적부심 ×)의 경우, 법원은 출석을 보증할 만한 보증금의 납입을 조건 등으로 하여 결정으로 피의자의 석방을 명할 수 있다(보증금납입조건부, 석방결정, 보석). 13. 법원 · 경찰간부, 17. 경찰2차

㉠ **보증금 이외에 주거의 제한 등 기타 적당한 조건을 부가할 수도 있다.** 15. 경찰3차

㉡ **법원은 적부심청구자 이외의 자에게 보증금의 납입을 허가할 수 있다.** 13. 법원

② 직권보석, 재량보석 ⇨ 피의자는 보석을 청구할 수는 없고, 구속적부심사 청구가 있을 때 법원이 직권으로(직권보석) 보석을 인정할 수 있다(재량보석).

5. 불 복

① 석방결정과 기각결정에 대하여는 항고하지 못한다. 05 · 13 · 17. 경찰2차, 10 · 11 · 16. 경찰승진, 10 · 14 · 15 · 16. 경찰1차, 11 · 12 · 18. 법원, 13 · 18. 경찰간부, 16 · 20. 9급국가직, 17. 해경2차, 18. 변호사, 21. 9급국가직 · 9급개론

기출 키워드 체크

공범 또는 공동피의자의 ____가 수사방해의 목적이 명백한 적부심 청구에 대해서는 법원은 심문 없이 결정으로 청구를 기각할 수 있다.

OX 공범 또는 공동피의자가 한 체포 · 구속적부심사의 순차청구가 수사방해의 목적임이 명백한 때에는 심문 없이 결정으로 청구를 기각할 수 있다. (○, ×) 21. 경찰간부

OX 체포 · 구속적부심사에 대한 법원의 기각결정에 대하여는 항고하지 못하지만, 보증금납입조건부 석방결정에 대하여는 항고할 수 있다. (○, ×) 21. 9급국가직, 9급개론

Answer

기출 키워드 체크
순차청구

OX
○, ○

② 피의자 보석결정에는 보통항고할 수 있다(97모21). 05. 경찰3차, 10 · 13. 경찰승진, 12. 교정특채 · 해경간부, 12 · 14 · 16. 경찰1차, 15. 9급국가직, 21. 9급국가직 · 9급개론

6. 구속기간

수사관계서류와 증거물이 법원에 접수된 때부터 검찰청에 반환된 때까지 기간은 체포 또는 구속기간에 산입하지 아니한다. 05. 경찰3차, 12. 해경간부, 14 · 16. 경찰1차, 15. 9급국가직, 19. 경찰간부

⇨ 적부심사를 청구한 때부터 반환된 때까지 기간이 아님에 유의

제9절 보증금납입조건부 피의자석방제도

1 의 의

형사소송법에서 구속적부심사를 청구한 피의자(심사청구 후 공소제기된 자 포함)에 대해 피의자의 출석을 보증할 만한 보증금의 납입을 조건으로 하여 석방하는 제도를 말한다('피의자 보석'이라고도 한다, 제214조의2 제5항). 13. 경찰간부

OX 구속적부심사절차와는 달리 체포적부심사절차에서는 보증금납입조건부 피의자석방결정을 할 수 없다. (○, ×) 21. 경찰간부

2 대상자

① 보증금납입조건부 피의자석방제도는 구속적부심사를 청구한 '구속된 피의자'에게만 인정된다.

② 따라서 체포된 피의자에 대해서는 인정되지 않는다. 04 · 05 · 06 · 10 · 12 · 13 · 14. 경찰1차, 09 · 13 · 14. 경찰승진, 11. 법원, 12. 교정특채 · 해경간부, 13 · 14. 경찰2차, 15. 지능특채, 16. 변호사, 18 · 21. 경찰간부 · 9급개론, 19. 해경간부 · 9급국가직, 20. 9급국가직

3 직권보석

현행법상 피의자에게는 보석청구권이 인정되지 않으며, 피의자가 구속적부심사를 청구한 경우에 법원이 직권으로 보증금의 납입을 조건으로 석방을 명할 수 있을 뿐이다(피의자의 청구권 불인정). 06 · 15. 경찰1차, 11. 법원, 13 · 14. 9급국가직, 16. 해경

4 제외사유

피의자에게 죄증을 인멸할 염려가 있다고 믿을 만한 충분한 이유가 있는 때, 피해자, 당해사건의 재판에 필요한 사실을 알고 있다고 인정되는 자 또는 그 친족의 생명, 신체나 재산에 해를 가하거나 가할 염려가 있다고 믿을만한 충분한 이유가 있는 때에는 보석결정을 할 수 없다(제214조의2 제5항 단서).

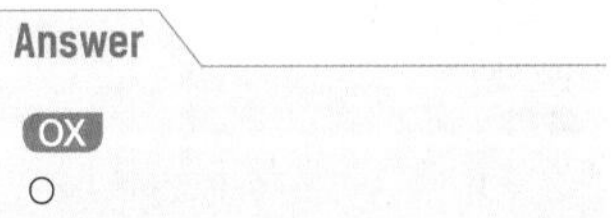

5 보증금과 조건

① 석방결정을 하는 경우에 주거의 제한, 법원 또는 검사가 지정하는 일시・장소에 출석할 의무 기타 적당한 조건을 부가할 수 있다(제214조의2 제6항). 15. 경찰3차

② 보증금납입조건부 피의자석방에 있어 보증금의 결정이나 집행절차에 관해서는 피고인 보석에 관한 규정이 준용된다(제214조의2 제7항).

6 불복(보통항고)

보증금납입조건부 피의자석방 결정에 대하여는 보통항고를 제기할 수 있다(97모21). 10・13. 경찰승진, 12. 경찰1차・교정특채, 15. 9급국가직, 19. 해경간부・변호사・9급국가직

제10절 재체포・재구속의 제한

1 적부심 석방시

적부심에서 석방된 경우, 다음 사유를 제외하고는 재체포・재구속할 수 없다. 08・10・12. 경찰승진, 10・14・16. 경찰1차, 14・17. 경찰2차, 15. 경찰3차・7급국가직, 16. 해경, 17. 해경2차, 18. 경찰간부・변호사, 19. 해경간부

㉠ **도망하거나**

㉡ **죄증을 인멸한 때**

2 피의자 보석 석방시

적부심을 청구하여 보석으로 석방된 경우, 다음 사유를 제외하고는 재체포・재구속할 수 없다. 09. 경찰승진, 17. 경찰간부

㉠ **도망한 때**

㉡ **도망, 죄증인멸의 염려가 있을 때**

㉢ **출석불응**

㉣ **법원이 정한 조건을 위반한 때**

☑ **재체포・재구속이 가능하지 않은 경우의 예**
- 도망하거나 죄증을 인멸할 염려가 있는 때
- 피해자 등에게 해를 가할 염려가 있는 때
- 출석불응 18. 경찰간부
- 다른 중요한 증거를 발견한 때 01・05. 경찰2차, 04. 경찰3차, 08. 경찰승진

Chapter 05

OX 확인학습

01 □□□ 구속된 피의자로부터 구속적부심사의 청구를 받은 법원이 피의자의 출석을 보증할 만한 보증금의 납입을 조건으로 하여 석방결정을 하는 경우에 주거의 제한, 법원 또는 검사가 지정하는 일시·장소에 출석할 의무 기타 적당한 조건을 부가할 수 있다. (○)

02 □□□ 구속적부심절차에서 피구속자의 변호를 맡은 변호인은 수사기록 중 고소장과 피의자신문조서를 열람·등사할 권리가 있다. (○)

03 □□□ 긴급체포 등 체포영장에 의하지 아니하고 체포된 피의자의 경우에도 체포·구속적부심사를 청구할 권리를 가진다. (○)

04 □□□ 법원은 체포 또는 구속된 피의자에 대한 심문이 종료된 때로부터 24시간 이내에 체포·구속적부심사청구에 대한 결정을 하여야 한다. (○)

05 □□□ 법원은 체포·구속된 피의자에 대하여 피의자의 출석을 보증할 만한 보증금의 납입을 조건으로 석방을 명할 수 있다. (×)

06 □□□ 보증금납입조건부 피의자석방제도는 체포된 피의자가 아니라 구속된 피의자의 보석청구로 보증금의 납입을 조건으로 석방하는 제도이다. (×)

07 □□□ 체포 또는 구속된 피의자 또는 그 변호인, 법정대리인, 배우자, 직계친족, 형제자매나 가족, 동거인 또는 고용주는 관할법원에 체포 또는 구속의 적부심사를 청구할 수 있다. (○)

08 □□□ 체포·구속적부심사결정에 의하여 석방된 피의자가 도망하거나 죄증을 인멸하는 경우를 제외하고는 동일한 범죄사실에 관하여 재차 체포 또는 구속하지 못한다. (○)

09 □□□ 체포·구속적부심사를 청구받은 법원은 청구서가 접수된 때부터 48시간 이내에 체포 또는 구속된 피의자를 심문하고 수사관계 서류와 증거물을 조사하여 그 청구가 이유 없다고 인정한 때에는 결정으로 이를 기각하고, 이유 있다고 인정한 때에는 결정으로 체포 또는 구속된 피의자의 석방을 명하여야 한다. (○)

10 □□□ 체포·구속적부심사청구에 대한 법원의 결정에는 항고할 수 있다. (○)

11 □□□ 체포·구속적부심사의 심문기일에 출석한 검사·변호인은 법원의 심문이 끝난 후에 피의자를 심문할 수 있다. (×)

12 □□□ 체포된 피의자에 대하여 구속영장을 청구받은 판사는 지체 없이 심문하여야 한다. 이 경우 특별한 사정이 없는 한 구속영장이 청구된 때부터 24시간 이내에 피의자를 심문하여야 한다. (×)

13 □□□ 심사청구 후 검사가 전격 기소한 경우에도 법원은 심사청구에 대한 판단을 해야 한다. (○)

14 □□□ 구속영장을 발부한 법관도 구속적부심사의 심문, 조사, 결정에 관여할 수 있는 경우가 있다. (○)

15 □□□ 법원은 공동피의자의 연속적인 심사청구가 수사방해의 목적임이 명백한 경우에는 심문 없이 기각할 수 있다. (○)

16 □□□ 지방검찰청 검사장 또는 지청장은 불법체포·구속의 유무를 조사하기 위하여 검사로 하여금 매월 1회 이상 관할수사관서의 피의자의 체포·구속 장소를 감찰하게 하여야 한다. (○)

OX 필요적 보석의 제외사유가 있는 경우에는 법원은 반드시 피고인의 보석청구를 기각하여야 한다. (○, ×) 14. 경찰간부

기출 키워드 체크

보석은 ____한 구속영장을 전제로 구속의 ____을 ____시키는 것에 불과하다.

Answer

기출 키워드 체크

유효, 집행, 정지

×

제11절 보 석

❶ 의 의

① 보석이란 일정한 조건을 전제로 하여 구속의 집행을 정지하고 구속된 피고인을 석방하는 제도를 말한다.

② 보석이 되더라도 구속영장의 효력은 유지된다. 19. 해경간부

③ 감정유치된 피고인이나 구인된 증인에게는 보석이 인정되지 않는다.

❷ 보석의 종류

1. 청구 보석

(1) 필요적 보석

보석청구가 있는 때에는 아래 제외사유가 없는 한 보석을 허가하여야 한다(필요적 보석을 원칙으로 규정하고 있다). 09. 경찰2차, 09 · 12. 경찰승진, 10. 9급국가직

㉠ 피고인이 사형, 무기 또는 장기 10년이 넘는(이상 ×) 징역이나 금고에 해당하는 죄를 범한 때 11 · 19. 경찰승진, 15. 경찰1차

㉡ 피고인이 누범에 해당하거나 상습범인 죄를 범한 때 ⇨ 집행유예 기간 중에 있는 자도 보석이 가능하다(90모22). 09. 전의경, 10 · 18. 법원, 12 · 16. 경찰승진, 14. 경찰2차, 17. 해경간부, 19. 경찰1차

㉢ 피고인이 죄증을 인멸하거나 인멸할 염려가 있다고 믿을 만한 충분한 이유가 있을 때

㉣ 피고인이 도망하거나 도망할 염려가 있다고 믿을 만한 충분한 이유가 있는 때

㉤ 피고인의 주거가 분명하지 아니한 때

㉥ 피고인이 피해자, 당해 사건의 재판에 필요한 사실을 알고 있다고 인정되는 자 또는 그 친족의 생명 · 신체나 재산에 해를 가하거나 가할 염려가 있다고 믿을 만한 충분한 이유가 있는 때

(2) 임의적 보석

법원은 제외사유가 있는 경우에도 상당한 이유가 있으면 결정(직권)으로 보석을 허가할 수 있다. 09 · 10. 법원, 10. 경찰승진, 14. 경찰간부, 18. 9급개론, 19. 해경간부

2. 직권 보석

보석청구가 없는 경우에도 법원은 상당한 이유가 있으면 결정으로 보석을 허가할 수 있다. 19. 7급국가직

3 보석의 절차

1. 보석의 청구

(1) 청구권자

① 피고인, 피고인의 변호인, 법정대리인, 배우자, 직계친족, 형제자매, 가족, 동거인 또는 고용주가 해당된다. 09. 법원, 12·14·16. 경찰승진, 17. 경찰승진·해경간부, 18. 9급개론·해경간부, 21. 경찰간부

② 피고인 이외의 청구권은 독립대리권이다.

③ 피고인은 실제 구속집행 중이든 구속집행정지 중이든 불문한다. 04. 법원승진

(2) 청구방법

① 보석청구는 서면에 의하여야 한다.

② 공소제기 후 재판확정 전까지 심급을 불문하며 상소기간 중에도 할 수 있다. 07. 여경기동대

㉠ **상소기간 중 또는 상소 중의 사건에 관하여 보석에 대한 결정은 소송기록이 원심법원에 있는 때에는 원심법원이 하여야 한다(제105조).** 10. 경찰승진, 14. 경찰간부, 17. 법원, 19. 7급국가직

㉡ **불출석상태에서 징역형을 선고받고 항소한 피고인에 대하여 제1심법원이 소송기록이 항소심법원에 도달하기 전에 구속영장을 발부한 것이 적법하다(2007모460).**

③ 보석허가결정이 있기 전까지는 철회할 수 있다.

2. 법원의 심리와 결정

(1) 검사의견

① 재판장은 보석에 관한 결정을 함에는 검사의 의견을 물어야 한다. 11·17. 법원, 12. 경찰승진

㉠ **검사의 의견청취절차를 거치지 아니한 경우도 보석을 취소할 수는 없다(97모88).** 14. 경찰2차, 17. 법원, 18. 7급국가직, 19. 경찰1차

㉡ **급속을 요하는 경우에도 예외 없이 검사의 의견을 물어야 한다.** 17. 해경1차

② 검사는 의견요청에 대하여 지체 없이 의견을 표명하여야 한다. 08. 경찰1차·법원, 09. 전의경

⇨ 검사 의견이 법원을 구속하는 것은 아니며, 법원은 검사 의견표명 없이도 보석의 허부를 결정할 수 있다.

기출 키워드 체크

피고인, 피고인의 변호인, 법정대리인, 배우자, 직계친족, 형제자매, ____ 또는 ____, ____는 법원에 구속된 피고인의 보석을 청구할 수 있다.

OX 상소 중인 사건에 관하여 소송기록이 원심법원에 있는 때에는 보석에 관한 결정은 원심법원이 하여야 한다. (○, ×) 14. 경찰간부

기출 키워드 체크

상소 중인 사건에 관하여 소송기록이 원심법원에 있는 때에는 보석에 관한 결정은 ____법원이 하여야 한다.

기출 키워드 체크

검사의 의견청취의 절차는 보석에 관한 결정의 본질적 부분이 되는 것은 아니므로, 법원이 검사의 의견을 듣지 아니한 채 보석에 관한 결정을 하였다고 하더라도 그 결정이 적정한 이상, 절차상의 하자만을 들어 그 결정을 ____할 수는 없다.

Answer

기출 키워드 체크
가족, 동거인, 고용주
원심
취소

OX
○

기출 키워드 체크

보석의 청구를 받은 법원은 ____ 심문기일을 정하여 구속된 피고인을 심문하여야 한다.

(2) 피고인 심문

① 보석의 청구를 받은 법원은 원칙적으로 지체 없이(24시간 ×) 심문기일을 정하여 구속된 피고인을 심문하여야 한다. 08. 경찰1차, 18. 7급국가직

② 그러나 다음의 경우에는 심문할 필요가 없다.

㉠ **보석청구권자 이외의 사람이 보석을 청구한 때**

㉡ **동일한 피고인에 대하여 중복하여 보석을 청구하거나 재청구한 때**

㉢ **공판준비 또는 공판기일에 피고인에게 그 이익 되는 사실을 진술할 기회를 준 때**

㉣ **이미 제출한 자료만으로 보석을 허가하거나 불허가할 것이 명백한 때** 19. 법원

(3) 법원의 결정

법원은 특별한 사정이 없는 한 보석청구를 받은 날로부터 7일 이내에 보석허가 여부를 결정하여야 한다(규칙 제55조). 15. 9급국가직 · 9급개론, 17. 법원, 18. 7급국가직

(4) 청구기각 결정

① 보석청구가 부적법하거나 이유 없는 때에는 보석청구 기각결정을 하여야 한다.

② 청구를 기각한 결정에 대하여 청구권자는 보통항고를 할 수 있다.

(5) 보석조건 결정

① 법원은 보석을 허가하는 경우에는 필요하고 상당한 범위 안에서 다음 조건 중 하나 이상의 조건을 정하여야 한다.

㉠ 법원이 지정하는 일시 · 장소에 출석하고 증거를 인멸하지 아니하겠다는 서약서를 제출할 것

㉡ 법원이 정하는 보증금 상당의 금액을 납입할 것을 약속하는 약정서를 제출할 것

㉢ 법원이 지정하는 장소로 주거를 제한하고 이를 변경할 필요가 있는 경우에는 법원의 허가를 받는 등 도주를 방지하기 위하여 행하는 조치를 수인할 것 19. 해경간부

㉣ 피해자, 당해 사건의 재판에 필요한 사실을 알고 있다고 인정되는 자 또는 그 친족의 생명 · 신체 · 재산에 해를 가하는 행위를 하지 아니하고 주거 · 직장 등 그 주변에 접근하지 아니할 것

㉤ 피고인 외의 자가 작성한 출석보증서를 제출할 것

㉥ 법원의 허가 없이 외국으로 출국하지 아니할 것을 서약할 것

㉦ 법원이 지정하는 방법으로 피해자의 권리회복에 필요한 금원을 공탁하거나 그에 상당한 담보를 제공할 것

㉧ 피고인 또는 법원이 지정하는 자가 보증금을 납입하거나 담보를 제공할 것

㉨ 그 밖에 피고인의 출석을 보증하기 위하여 법원이 정하는 적당한 조건을 이행할 것

Answer

기출 키워드 체크

지체 없이

(6) 고려사항

① 법원은 보석의 조건을 정함에 있어서 아래 사항을 고려하여야 한다. 04·08. 경찰3차, 09·13. 경찰2차, 17. 해경간부

㉠ **범죄의 성질 및 죄상(罪狀)**

㉡ **증거의 증명력(증거능력 ×)** 08. 경찰3차

㉢ **피고인의 전과·성격·환경 및 자산(피고인의 경력 ×)** 04. 경찰3차

㉣ **피해자에 대한 배상 등 범행 후의 정황에 관련된 사항(피해자와의 관계 ×)** 07. 법원

② 법원은 피고인의 자력 또는 자산 정도로는 이행할 수 없는 조건을 정할 수 없다. 09. 7급국가직

(7) 조건변경

법원은 직권 또는 보석청구권자(검사 ×)의 신청에 따라 결정으로 피고인의 보석조건을 변경하거나 일정기간 동안 당해 조건의 이행을 유예할 수 있다. 09. 9급국가직, 10. 경찰승진, 14. 경찰간부

OX 보석의 조건은 변경할 수 없다. (○, ×) 14. 경찰간부

(8) 조건실효

① 구속영장의 효력이 소멸한 때에는 보석조건은 즉시 그 효력을 상실한다(제104조의2 제1항). 07·11·18. 법원, 13. 경찰2차, 14·16·17. 경찰승진, 17. 해경1차, 17·18. 해경간부, 19. 7급국가직

② 보석이 취소된 경우에도 효력을 상실한다. 다만, 보증금을 몰취할 수 있으므로 피고인 또는 법원이 지정하는 자가 보증금을 납입하거나 담보를 제공할 것의 조건은 예외로 한다(제104조의2 제2항). 18. 7급국가직

기출 키워드 체크

법원의 보석기각결정에 대하여 피고인은 ____를 할 수 있다.

(9) 불 복

① 보석허가 결정에 대하여는 보통항고할 수 있다(97모26). 08. 경찰1차, 10. 9급국가직, 19. 해경간부

② 즉시항고할 수 없다. 16. 변호사

3. 보석의 집행

(1) 집행 후 이행

① 서약서, 보증금, 출석보증서, 피해액 공탁, 보증금 납입과 같은 보석조건은 이행한 후가 아니면 보석허가결정을 집행하지 못한다. 09. 9급국가직

② 법원은 필요하다고 인정하는 때에는 다른 조건에 관하여도 그 이행 이후 보석허가 결정을 집행하도록 정할 수 있다.

Answer

기출 키워드 체크
보통항고

OX
×

(2) 보증금

① 법원은 보석청구자 이외의 자에게 보증금의 납입을 허가할 수 있다.

② 법원은 유가증권 또는 피고인 외의 자가 제출한 보증서로써 보증금에 갈음함을 허가할 수 있다. 13. 경찰2차, 18. 9급개론, 19. 법원

③ 보석보증금이 소송절차 진행 중의 피고인의 출석을 담보하는 기능 외에 형 확정 후의 형 집행을 위한 출석을 담보하는 기능도 담당한다(2001모53). 19. 법원

(3) 관공서 등 조치의뢰

법원은 보석허가결정에 따라 석방된 피고인이 보석조건을 준수하는 데 필요한 범위 안에서 관공서나 그 밖의 공사단체에 대하여 적절한 조치를 취할 것을 요구할 수 있다. 08. 법원

(4) 조건위반 등 제재

1) 피고인

피고인이 정당한 사유 없이 보석조건을 위반한 경우 09. 9급국가직, 13. 경찰2차, 18. 7급국가직

㉠ **1천만원 이하의 과태료**

㉡ **20일 이내의 감치**

2) 출석보증인

출석보증인이 출석보증서를 제출하였으나, 피고인이 정당한 사유 없이 그 기일에 불출석한 경우 08. 법원, 12. 경찰승진

㉠ **500만원 이하의 과태료** 19. 법원

㉡ **출석보증인을 감치하는 제재는 없음** 14. 경찰2차

3) 불 복

위 결정들(과태료, 감치)에 대하여는 즉시항고를 할 수 있다. 09 · 15. 9급국가직, 13. 경찰2차, 15. 9급개론, 17. 경찰승진

▶ 선이행 조건과 후이행 조건

선이행 조건	후이행 가능조건
• 출석 및 증거인멸하지 않을 것에 대한 서약서 제출 • 보증금납입 약정서 제출 07. 법원 ⇨ 피고인 외의 자가 작성한 출석보증서 제출 • 피해자의 권리회복에 필요한 금원의 공탁 또는 담보의 제공 • 피고인 또는 법원이 지정하는 자의 보증금 납입 또는 담보의 제공	• 주거제한조치 • 피해자 · 증인 등에 대한 위해 · 접근 금지 • 출국금지서약 • 그 밖의 적당한 출석보증조건의 이행

기출 키워드 체크

법원은 피고인이 정당한 사유 없이 보석조건을 위반한 경우에는 결정으로 피고인에 대하여 ____를 부과하거나 ____에 처할 수 있다. 이와 같은 결정에 대하여는 ____를 할 수 있다.

Answer

기출 키워드 체크

1천만원 이하의 과태료, 20일 이내의 감치, 즉시항고

4. 보석의 취소 · 실효

(1) 보석의 실효

보석은 보석의 취소 또는 구속영장의 실효에 의하여 실효된다.

(2) 보석 취소 사유

법원은 피고인이 아래 취소사유에 해당하는 경우 직권 또는 검사의 청구에 의하여 결정으로 보석을 취소할 수 있다(구속집행정지 취소의 사유도 동일함). 15 · 21. 9급국가직 · 9급개론

㉠ **도망한 때**

㉡ **도망하거나 죄증을 인멸할 염려가 있다고 믿을 만한 충분한 이유가 있는 때**

㉢ **소환을 받고 정당한 사유 없이 출석하지 아니한 때**

㉣ **피해자, 당해 사건의 재판에 필요한 사실을 알고 있다고 인정되는 자 또는 그 친족의 생명 · 신체 · 재산에 해를 가하거나 가할 염려가 있다고 믿을 만한 충분한 이유가 있는 때**

㉤ **법원이 정한 조건을 위반한 때**

(3) 구속영장 실효

① 무죄, 면소, 형의 면제, 형의 선고유예, 형의 집행유예, 공소기각 또는 벌금이나 과료를 과하는 판결이 선고된 때

② 사형 · 자유형의 판결이 확정된 때 10. 9급국가직 ⇨ 제1심이나 제2심에서 실형이 선고되었을지라도 아직 판결이 확정되지 않은 경우에는 보석이 취소되지 않는 한 보석의 효력은 계속된다.

(4) 재구금

① 보석취소의 결정이 있는 때 검사(재판장 ×)는 그 취소결정의 등본에 의하여 피고인을 재구금하여야 한다(규칙 제56조 제1항). 14. 경찰2차, 15. 경찰1차

② 보석취소결정에 의해 피고인을 재구금해야 하는 경우에 보석취소결정을 피고인에게 송달할 필요는 없다(83모19). 19. 경찰1차 ⇨ 검찰청 검사에게 결정서를 교부 또는 송달함으로써 즉시 집행할 수 있다.

③ 재구금을 위해 새로운 구속영장을 발부할 필요는 없다. 09. 경찰승진 · 전의경, 10 · 19. 법원

(5) 불 복

① (1심의) 보석취소결정에 대해 불복이 있으면 보통항고를 할 수 있다(제403조 제2항). 21. 9급국가직 · 9급개론

㉠ **보통항고에는 재판의 집행을 정지하는 효력이 없다.**

㉡ **즉시항고는 할 수 없다.**

기출 키워드 체크

보석취소의 결정이 있는 때에는 그 ____의 ____에 의하여 피고인을 재구금하여야 한다.

OX 법원은 피고인이 도망하거나 죄증을 인멸할 염려가 있다고 믿을 만한 충분한 이유가 있는 때에는 직권으로 보석을 취소할 수 있으며, 이러한 보석취소결정에 대하여는 항고할 수 있다. (○, ×)
21. 9급국가직 · 9급개론

Answer

기출 키워드 체크
취소결정, 등본

OX
○

② 고등법원의 보석취소결정에 대한 재항고는 즉시항고로서 형사소송법 제405조에서 정한 제기기간 내에 제기되어야 하지만, 형사소송법 제410조에서 정한 집행정지의 효력까지 인정되지는 않는다(2020모633).

5. 보증금의 몰취와 환부

(1) 보증금의 몰취(몰수)

1) 임의적 몰취(보석을 취소하는 때) 04. 경사, 11. 법원, 14. 경찰승진, 17. 해경1차, 18. 9급개론 · 해경간부, 19. 7급국가직

① 법원은 보석을 취소하는 때에는 직권 또는 검사의 청구에 따라 결정으로 보증금 또는 담보의 전부 또는 일부를 몰취할 수 있다(몰수하여야 한다 ×).

② 제103조(보증금 등의 몰취)의 '보석된 자'에는 보석이 취소되었으나 도망 등으로 재구금이 되지 않은 상태에 있는 사람도 포함된다.

기출 키워드 체크

법원은 보석을 취소하는 때에는 직권 또는 검사의 청구에 따라 결정으로 보증금 또는 담보의 ____ 또는 ____를 몰취______

2) 필요적 몰취(형 집행시 도망 등)

법원은 보증금의 납입 또는 담보제공을 조건으로 석방된 피고인이 동일한 범죄사실에 관하여 형의 선고를 받고 그 판결이 확정된 후 집행하기 위한 소환을 받고 정당한 사유 없이 출석하지 아니하거나 도망한 때에는 직권 또는 검사의 청구에 따라 결정으로 보증금 또는 담보의 전부 또는 일부를 몰취하여야 한다.

(2) 관할 등

1) 지방법원 단독판사 관할 15. 9급국가직 · 9급개론, 17. 경찰승진, 19. 법원

보석허가결정 또는 그 취소결정 등을 본안 관할법원이 제1심 합의부 또는 항소심인 합의부였더라도, 합의부가 아닌 단독판사 관할이다(2001모53).

2) 보석 취소와 함께 또는 따로 가능

보석취소결정 후에 별도로 보증금의 몰취결정을 하는 것도 가능하다(2000모22). 11 · 16. 9급국가직, 16. 9급개론 · 변호사, 19. 법원 · 경찰1차

기출 키워드 체크

보석보증금몰수결정은 반드시 보석취소결정과 ____에 하여야만 하는 것이 아니라 보석취소결정 후에 ____로 할 수도 있다.

(3) 보증금의 환부

구속 또는 보석을 취소하거나 구속영장의 효력이 소멸된 때에는 몰취하지 아니한 보증금 또는 담보를 청구한 날로부터 7일 이내에 환부하여야 한다. 04. 여경1차, 13. 경찰1차 · 경찰2차, 14 · 16. 경찰승진, 18. 해경간부

Answer

기출 키워드 체크

전부, 일부, 할 수 있다.
동시, 별도

제12절 체포 · 구속장소 감찰 등

1 체포 · 구속장소 감찰

① 지방검찰청 검사장 또는 지청장은 불법체포 · 구속의 유무를 조사하기 위하여 검사로 하여금 매월 1회 이상 관할 수사관서의 피의자의 체포 · 구속장소를 감찰하게 하여야 한다. 17. 경찰1차

② 감찰하는 검사는 체포 · 구속된 자를 심문하고 관련서류를 조사하여야 한다.

2 즉시석방권 및 송치명령권

검사는 적법한 절차에 의하지 아니하고 체포 · 구속된 것이라고 의심할만한 상당한 이유가 있는 경우에는 즉시 체포 · 구속된 자를 석방하거나 사건을 검찰에 송치할 것을 명하여야 한다.

제13절 구속의 집행정지와 취소, 당연실효

1 구속의 집행정지

1. 구속의 집행정지의 의의

① 상당한 이유가 있는 때에 구속된 피의자 · 피고인의 구속집행을 정지하는 제도이다.

② 구속영장의 효력은 유지된다(보석과 동일). 19. 해경간부

③ 구속집행정지는 수사기관이 할 수 있다(보석과 차이점).

④ 구속집행정지는 보증금, 주거제한 등의 조건을 부가할 수 없다(보석과 차이점). 17 · 19. 해경간부

2. 절 차

(1) 피고인

① 법원은 상당한 이유가 있는 때에는 결정으로 구속된 피고인을 친족 · 보호단체 기타 적당한 자에게 부탁하거나 피고인의 주거를 제한하여 구속의 집행을 정지할 수 있다(제101조 제1항).

㉠ **피고인에 대한 구속집행정지는 법원의 직권으로 행한다.**

㉡ **피고인의 신청권은 인정되지 않는다.** 13. 경찰승진, 19. 해경간부

OX 법원은 상당한 이유가 있는 때에는 결정으로 구속된 피고인을 친족 · 보호단체 기타 적당한 자에게 부탁하거나 피고인의 주거를 제한하여 구속의 집행을 정지할 수 있고, 이때 급속을 요하는 경우를 제외하고는 검사의 의견을 물어야 한다.
(○, ×) 20. 경찰2차, 21. 경찰승진

Answer

OX
○

② 법원은 구속집행정지 결정을 함에는 검사의 의견을 물어야 한다(제101조 제2항).
⇨ 단, 급속을 요하는 경우에는 그러하지 아니하다. 10. 법원, 20. 9급개론 · 경찰2차, 21. 경찰승진

③ 법원의 구속집행정지 결정에 대하여 검사는 보통항고할 수 있다. 19. 해경간부 ⇨ 즉시항고는 할 수 없다(2011헌가36). 13. 경찰승진, 17. 해경간부, 18. 법원

(2) 피의자

① 검사 및 사법경찰관은 상당한 이유가 있는 때에는 결정으로 구속된 피고인을 친족·보호단체 기타 적당한 자에게 부탁하거나 피고인의 주거를 제한하여 구속의 집행을 정지할 수 있다(제209조, 제101조 제1항) ⇨ 피의자에 대한 구속집행정지는 검사 또는 사법경찰관이 직권을 한다.

② 피의자의 신청권은 인정되지 않는다.

③ 사법경찰관은 미리 검사의 지휘를 받아야 한다. 04. 경찰1차

(3) 감정유치장 집행

감정유치장이 집행되었을 때는 유치되어 있는 기간 동안, 구속은 그 집행이 정지된 것으로 간주한다(제172조의2 제1항). 18. 경찰승진

(4) 국회의원

① 구속된 국회의원에 대한 석방요구가 있으면 당연히 구속영장의 집행이 정지된다. 10. 법원, 13. 경찰승진

② 국회의원에 대한 구속영장의 집행정지는 그 회기 중 취소하지 못한다.

③ 법원은 형사소송법 제101조 제4항에 따라 구속영장의 집행이 정지된 국회의원이 소환을 받고도 정당한 사유 없이 출석하지 아니한 때에는 그 회기 중이라도 구속영장의 집행정지를 취소할 수 없다(제102조 제2항). 20. 경찰2차, 21. 경찰승진

OX 법원은 형사소송법 제101조 제4항에 따라 구속영장의 집행이 정지된 국회의원이 소환을 받고도 정당한 사유 없이 출석하지 아니한 때에는 그 회기 중이라도 구속영장의 집행정지를 취소할 수 있다. (○, ×) 20. 경찰2차, 21. 경찰승진

3. 구속집행정지의 취소

(1) 취소사유

① 구속집행정지의 취소사유는 아래와 같으며, 이는 보석취소사유와 동일하다(제102조 제2항). 10. 경찰2차, 11. 교정특채, 13. 경찰승진

㉠ **도망한 때**

㉡ **도망하거나 죄증을 인멸할 염려가 있다고 믿을 만한 충분한 이유가 있는 때**

㉢ **소환을 받고 정당한 사유 없이 출석하지 아니한 때**

㉣ **피해자, 당해 사건의 재판에 필요한 사실을 알고 있다고 인정되는 자 또는 그 친족의 생명 · 신체 · 재산에 해를 가하거나 가할 염려가 있다고 믿을 만한 충분한 이유가 있는 때**

Answer

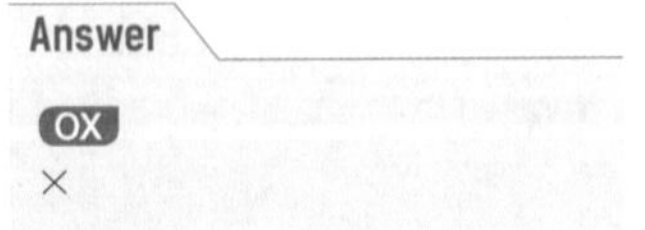
OX ×

㉤ **법원이 정한 조건을 위반한 때**

② 다만, 형사소송법 제101조 제4항에 따라 구속영장의 집행이 정지된 국회의원은 구속영장의 집행정지를 취소하지 못한다(제102조 제2항). 20. 경찰2차, 21. 경찰승진

(2) 취소절차

① 법원은 직권 또는 검사의 청구에 의하여 결정으로 구속의 집행정지를 취소할 수 있다(제102조 제2항).

② 구속된 피의자에 대하여는 검사 또는 사법경찰관이 결정으로 구속의 집행정지를 취소할 수 있다(제209조).

③ 구속집행정지 취소의 결정이 있는 때 또는 기간을 정한 구속집행정지결정의 기간이 만료된 때에는 검사는 그 취소결정의 등본 또는 기간을 정한 구속집행정지 결정의 등본에 의하여 피고인을 재구금하여야 한다.

④ 즉, 구속집행정지 취소결정이 있거나 또는 집행정지 기간이 만료되면 별도의 결정 없이 영장효력에 의해 다시 구금된다. 07. 법원서기보

▶ **보석과 구속의 집행정지 비교** 17. 해경간부

구 분	보 석	집행정지
구속영장의 실효 여부 17 · 19. 해경간부	실효되지 않음	
결정시 검사의 의견 청취	검사의 의견 청취 필요 (집행정지의 경우만 예외가 있음)	
검사의 불복 17 · 19. 해경간부	보통항고(즉시항고 ×)	
수사기관이 할 수 있는지 여부 17. 해경간부	불가능	가능
보증금을 조건으로 할 수 있는지 여부 17 · 19. 해경간부	가능	불가능
피고인에게 청구권이 있는지 여부 17 · 19. 해경간부	청구권 존재	청구권 부존재

❷ 구속의 취소

1. 의 의

구속의 사유가 없거나 소멸된 때에 직권 또는 청구에 의하여 구속된 피의자 · 피고인을 석방하는 제도이다. 05. 경찰3차, 12. 경찰승진, 15. 경찰1차

2. 피고인

① 법원은 구속의 사유가 없거나 소멸된 때에는 직권 또는 검사 · 피고인 · 변호인과 피고인의 법정대리인 · 배우자 · 직계친족 · 형제자매의 청구에 의하여 결정으로 구속을 취소해야 한다(제93조). 14 · 18 · 21. 경찰승진, 17. 여경 · 경찰특공대, 20. 경찰2차, 7급국가직

⇨ 가족, 동거인, 고용주는 신청권이 없다.

OX 구속의 사유가 없거나 소멸된 때에는 법원은 직권 또는 검사, 피고인, 변호인과 형사소송법 제30조 제2항에 규정된 자의 청구에 의하여 결정으로 구속을 취소하여야 한다. (○, ×)
20. 경찰2차, 21. 경찰승진

Answer

OX
○

② 구속취소에 관한 결정을 함에는 검사의 청구에 의하거나 검사의 의견을 물어야 한다. ⇨ 단, 급속을 요하는 경우에는 그러하지 아니하다.

③ 구속취소결정에 대하여 검사는 즉시항고를 할 수 있다. 10. 법원, 16. 변호사, 17. 해경1차

3. 피의자

피의자에 대해서는 검사 또는 사법경찰관이 직권 또는 청구에 의해 구속을 취소하여야 한다.

기출 판례

피고인 甲은 형사소송법 제72조에 정한 사전 청문절차 없이 발부된 구속영장에 기하여 구속되었다. 제1심 법원이 그 위법을 시정하기 위하여 구속취소결정 후 적법한 청문절차를 밟아 甲에 대한 구속영장을 발부하였고, 甲이 이 청문절차부터 제1심의 소송절차에 이르기까지 변호인의 조력을 받았다면, 법원은 甲에 대한 구속영장 발부와 집행에 관한 소송절차의 법령위반 등을 다투는 상고이유 주장은 받아들이지 않는다(2018도19034). 20. 경찰2차

▶ 구속취소사유 해당 여부

구속취소사유 ○	구속취소사유 ×
• 피고인에 대한 형이 그대로 확정된다고 하더라도 잔여형기 8일 이내이고, 주거가 일정하며 증거인멸·도주 염려가 없는 경우(83모42) 04. 경찰3차 • 상고기각되어도 본형 형기를 초과할 것이 명백한 경우(91모25)	• 다른 사유로 구속영장이 실효된 경우(99초355) 20. 9급개론 ⇨ 실형이 확정되어 구속영장이 실효된 경우, 구속취소 결정을 할 수 없음 • 피의자가 구속 당시에 헌법 및 형사소송법에 규정된 사항(구속의 이유 및 변호인의 조력을 받을 권리)을 고지받지 못하였고, 구금기간 중 면회거부 등의 처분을 받은 경우(91모76) 18. 7급국가직

❸ 구속의 당연실효

1. 구속기간의 만료

구속기간이 만료되어도 구속영장은 당연히 실효되지 않는다(64도428). 05. 경찰1차, 07·10. 경찰승진, 12. 교정특채

2. 구속영장의 실효

① 무죄·면소·형의 면제·형의 선고유예·형의 집행유예·공소기각 또는 벌금·과료를 과하는 판결이 선고된 때에는 구속영장이 실효된다. 09·13·14·15. 법원, 10·12·14. 9급국가직, 11. 경찰1차, 15. 경찰간부, 19. 경찰승진

㉠ 관할위반판결, 공소기각결정은 포함되지 않는다.

㉡ 사형, 자유형(실형)이 선고되면 구속영장은 실효되지 않는다.

㉢ 보석이나 구속의 집행정지는 구속의 잠정정지로서 구속의 효력이 유지된다.

㉣ 판결이 선고된 그 자리에서 바로 석방한다(각종 지급품의 회수, 수용시의 휴대금품 등을 위해 구치소 등으로 동행 가능하나 의사에 반해 연행할 수는 없다).

② 사형 또는 자유형(실형)의 판결이 확정된 때에도 구속영장이 실효된다. 02. 여경2차, 03. 경감, 08. 경찰2차, 13. 경찰간부, 20. 9급개론

③ 기 타

㉠ **구속취소나 체포·구속적부심사 등에 의해 석방되는 경우에는 그 성질상 구속의 효력이 상실된다.**

㉡ **보석이나 구속의 집행정지는 구속의 잠정정지로서 구속의 효력이 유지된다.**

▶ **재체포·재구속이 가능한 경우 비교**

구 분	재체포·재구속이 가능한 경우
영장에 의한 체포 후 석방	제한 없이 가능
긴급체포 후 석방	영장에 의해서만 가능
피의자 구속 후 석방	다른 중요한 증거가 발견된 경우
피고인 구속 후 석방	제한 없이 가능
체포·구속적부심 후 석방	도망가거나 죄증을 인멸하는 경우
피의자 보증금납입조건부 석방	도망, 도망·죄증 인멸 염려, 출석요구불응, 조건위반
보석취소 사유 (구속집행정지취소 사유)	도망, 도망·죄증 인멸 염려, 출석요구불응, 조건위반, 피해자 등 위해 염려

기출 키워드 체크

긴급체포 되었다가 구속영장을 청구하지 아니하거나 발부받지 못하여 석방된 피의자는 ____는 동일한 범죄사실에 관하여 체포하지 못한다.

기출 키워드 체크

검사 또는 사법경찰관에 의하여 구속되었다가 석방된 자는 ____를 제외하고는 동일한 범죄사실에 관하여 재차 구속하지 못한다.

기출 키워드 체크

체포적부심사결정에 의하여 석방된 피의자가 ____, 동일한 범죄사실에 관하여 재차 체포할 수 있다.

Answer

기출 키워드 체크

영장 없이

다른 중요한 증거를 발견한 경우

도망하거나 죄증을 인멸하는 경우

Chapter 05

OX 확인학습

01 □□□ 법원은 특별한 사정이 없는 한 보석청구를 받은 날부터 7일 이내에 그에 관한 결정을 하여야 한다. (○)

02 □□□ 피고인이 사형, 무기 또는 장기 10년이 넘는 징역이나 금고에 해당하는 죄를 범한 경우에도 법원이 직권으로 보석을 허가할 수 있다. (○)

03 □□□ 구속된 피고인 외에도 그 변호인·법정대리인·배우자·직계친족·형제자매· 가족·동거인·고용주가 보석을 청구할 수 있다. (○)

04 □□□ 법원은 보석청구자 이외의 자에게 보증금의 납입을 허가할 수 있고, 유가증권으로써 보증금에 갈음함을 허가할 수 있다. (○)

05 □□□ 법원은 피고인 이외의 자가 작성한 출석보증서를 제출할 것을 조건으로 한 보석허가결정에 따라 석방된 피고인이 정당한 사유 없이 기일에 불출석하는 경우에는 결정으로 그 출석보증인에 대하여 과태료를 부과하거나 감치에 처할 수 있다. (×)

06 □□□ 법원이 검사의 의견을 듣지 아니한 채 보석에 관한 결정을 하였다고 하더라도 그 결정이 적정하다면, 절차상의 하자만을 들어 그 결정을 취소할 수는 없다. (○)

07 □□□ 보석취소의 결정이 있는 때에는 그 취소결정의 등본에 의하여 피고인을 재구금하여야 한다. (○)

08 □□□ 피고인이 집행유예기간 중에 있어도 보석이 가능하다. (○)

09 □□□ 피고인이 보석조건을 위반한 경우 과태료 또는 감치의 제재결정을 내릴 수 있으며, 이 제재결정에 대해서는 즉시항고를 할 수 있다. (○)

10 □□□ 범죄사실과 관련하여 피고인에 대한 새로운 중요한 증거가 발견된 경우 법원은 보석을 취소할 수 있다. (×)

11 □□□ 보석보증금을 몰수하려면 반드시 보석취소와 동시에 하여야만 하고 보석취소 후에 별도로 보증금몰수결정을 할 수는 없다. (×)

12 □□□ 보석으로 석방된 피고인이 재판 중 법원의 소환에 불응한 경우 법원은 직권 또는 검사의 청구에 따라 결정으로 보증금의 전부 또는 일부를 몰수하여야 한다. (×)

13 □□□ 구속의 사유가 없거나 소멸된 때에는 법원은 직권 또는 검사, 피고인, 변호인과 제30조 제2항에 규정한 자의 청구에 의하여 결정으로 구속을 취소하여야 한다. (○)

제14절 접견교통권

1 의 의

① 접견교통권이란 피의자나 피고인이 변호인 · 가족 · 친지 등 타인과 접견하고, 서류 또는 물건을 수수하며, 의사의 진료를 받을 수 있는 권리를 말한다. 09 · 11. 경찰승진

② 접견교통권은 인권보호와 방어권 보장을 위해서 인정된다. 09. 경찰승진

2 성 질

1. 피의자 · 피고인의 변호인과의 접견교통권

헌법 제12조 제4항은 피의자 · 피고인의 변호인과의 접견교통권을 규정하고 있어 피의자 · 피고인의 변호인과 접견교통권은 헌법상 보호되고 있다.

2. 변호인의 접견교통권의 성질

① 변호인도 신체구속을 당한 피고인 · 피의자와 접견교통할 권리를 갖지만(제34조), 이는 피고인 또는 피의자 자신이 가지는 변호인과의 접견교통권과는 달리 헌법상 보장되는 권리가 아니고, 형사소송법에 의해 보장되는 권리이다. 15. 경찰2차, 20. 7급국가직

② 한편, 피의자 및 피고인을 조력할 권리 중 그것이 보장되지 않으면 그들이 변호인의 조력을 받는다는 것이 유명무실하게 되는 핵심적인 부분(변호인의 변호권)은 헌법상 기본권으로서 보호되어야 한다.

③ 형사절차에서 피의자신문의 중요성을 고려할 때, 변호인이 피의자신문에 자유롭게 참여할 수 있는 권리는 헌법상 기본권인 변호인의 변호권으로서 보호되어야 한다(2016헌마503).

④ 피의자 등이 가지는 '변호인이 되려는 자'의 조력을 받을 권리가 실질적으로 확보되기 위해서는 '변호인이 되려는 자'의 접견교통권 역시 헌법상 기본권으로서 보장되어야 한다(2015헌마1204). 21. 경찰1차 ⇨ '변호인이 되려는 자'의 접견교통권은 피의자 등을 조력하기 위한 핵심적인 부분으로서, 피의자 등이 가지는 헌법상의 기본권인 '변호인이 되려는 자'와의 접견교통권과 표리의 관계에 있기 때문이다.

3. 피의자 · 피고인의 비변호인과의 접견교통권의 성질

헌법재판소는 신체구속을 당한 피의자 · 피고인이 갖는 비변호인과의 접견교통권은 행복추구권(헌법 제10조)과 무죄추정의 권리(헌법 제29조 제4항)에 근거한 헌법상 기본권으로 보고 있다(2002헌마193). 11. 경찰승진, 13. 경찰2차

기출 키워드 체크

서류 또는 물건을 수수하며 _____의 _____를 받을 수 있는 권리도 접견교통권의 내용에 포함된다.

관련 판례

헌법 제12조 제4항 본문에 규정된 변호인의 조력을 받을 권리는 행정절차에서 구속을 당한 사람에게도 즉시 보장된다(헌법 제12조 제4항 본문에 규정된 "구속"은 사법절차에서 이루어진 구속뿐 아니라, 행정절차에서 이루어진 구속까지 포함하는 개념이다)(헌법재판소 2018.5.31. 선고 2014헌마346).

기출 키워드 체크

변호인의 구속된 피고인 또는 피의자와의 접견교통권은 피고인 또는 피의자 자신이 가지는 변호인과의 접견교통권과는 성질을 달리하는 것으로서, _____상 보장된 권리라고는 할 수 없다.

관련 판례

변호인이 피의자신문에 자유롭게 참여할 수 있는 권리는 피의자가 가지는 변호인의 조력을 받을 권리를 실현하는 수단이므로 헌법상 기본권인 변호인의 변호권으로서 보호되어야 한다.
따라서 이 사건 후방착석요구행위는 변호인인 청구인의 변호권을 침해한다(헌법재판소 2017.11.30. 선고 2016헌마503 결정).

Answer

기출 키워드 체크
의사, 진료
헌법

❸ 피의자 · 피고인의 변호인과의 접견교통권

1. 주 체

① 아래의 구속 피의자는 변호인과의 접견교통권을 가진다.

㉠ **구속영장에 의하여 구속된 자**

㉡ **체포영장에 의하여 체포된 자, 긴급체포된 자, 현행범인으로 체포된 자** 05. 경찰2차

㉢ **감정유치에 의하여 구금된 자 등**

② 불구속 피의자도 변호인과의 접견교통권을 가진다. 16 · 17. 경찰승진

③ 헌법과 형사소송법에서는 접견교통권 등 변호인의 조력을 받을 권리의 주체를 체포 또한 구속을 당한 피의자 · 피고인이라고 규정하고 있으나(헌법 제12조 제4항, 형사소송법 제34조),

④ 신체구속 상태에 있지 않은 피의자도 당연히 접견교통권의 주체가 될 수 있다(2000헌마138).

⑤ 임의동행으로 연행된 피의자 및 피내사자도 포함된다(96모18). 05 · 06. 경사, 14 · 16 · 20 · 21. 경찰간부, 15 · 19. 경찰승진 · 변호사, 16. 9급국가직 · 9급개론, 19. 해경간부, 20. 7급국가직

⑥ 형이 확정되어 집행 중에 있는 수형자에 대한 재심개시의 여부를 결정하는 재심청구절차에는 그대로 적용될 수 없다(96다48831). 17. 경찰간부

2. 상대방

① 변호인 또는 변호인이 되려는 자이다. 13. 9급국가직, 16. 경찰간부

② '변호인'에는 특별변호인도 포함된다(제31조 단서).

③ '변호인이 되려는 자'에는 변호인 신임을 의뢰받은 자뿐만 아니라 스스로 변호인이 되려는 자도 포함된다.

④ 변호인이 되려는 의사를 표시함에 있어 적당한 방법을 사용하면 되고, 반드시 문서로서 그 의사를 표시하여야 할 필요는 없다(2002다56628).

3. 내 용

(1) 접견의 비밀보장

① 변호인과의 자유로운 접견은 신체구속을 당한 사람에게 보장된 변호인의 조력을 받을 권리의 가장 중요한 내용이어서 국가안전보장, 질서유지, 공공복리 등 어떠한 명분으로도 제한될 수 있는 성질의 것이 아니다(91헌마111). 17. 해경간부, 20. 경찰간부

② 따라서 미결수용자와 변호인 또는 변호인이 되려고 하는 사람과의 접견에는 교도관이 참여하지 못하며 그 내용을 청취 또는 녹취하지 못한다. 07 · 15. 9급국가직, 12. 경찰승진, 13 · 16. 경찰간부, 17. 해경2차

기출 키워드 체크

구속된 피의자 또는 피고인이 갖는 변호인 아닌 자와의 접견교통권도 변호인과의 접견교통권과 마찬가지로 _____상의 기본권에 속한다.

OX 변호인과의 접견교통권은 피내사자의 인권보장과 방어준비를 위해 필수 불가결한 권리이므로 임의동행의 형식으로 연행된 피내사자에 대해서도 접견교통권은 인정된다. (○, ×) 21. 경찰간부

OX 변호인과의 자유로운 접견은 신체구속을 당한 사람에게 보장된 변호인의 조력을 받을 권리의 가장 중요한 내용이어서 국가안전보장, 질서유지, 공공복리 등 어떠한 명분으로도 제한될 수 있는 성질의 것이 아니다. (○, ×) 17. 법원

Answer

기출 키워드 체크
헌법

OX
○, ○

③ 다만, 보이는 거리에서 미결수용자를 관찰할 수는 있다(형의 집행 및 수용자의 처우에 관한 법률 제84조 제1항). 14. 경찰1차, 15. 9급국가직, 17. 해경2차

(2) 서류 · 물건의 수수

① 변호인 또는 변호인이 되려는 자는 체포 · 구속된 피의자 · 피고인과 서류 · 물건을 수수할 수 있다.

② 따라서 미결수용자와 변호인 간의 서신은 교정시설에서 상대방이 변호인임을 확인할 수 없는 경우를 제외하고는 검열할 수 없고(형의 집행 및 수용자의 처우에 관한 법률 제84조 제3항), 수수한 서류와 물건에 대한 압수도 허용되지 않는다.

③ 교도소장으로 하여금 수용자가 주고받는 서신에 금지 물품이 들어 있는지를 확인할 수 있도록 규정하고 있는 '형의 집행 및 수용자의 처우에 관한 법률'은 헌법에 위반되지 아니하나, 수용자가 밖으로 내보내는 모든 서신을 봉함하지 않은 상태로 교정시설에 제출하도록 규정하고 있는 '형의 집행 및 수용자의 처우에 관한 법률 시행령'은 수용자의 통신 비밀의 자유를 침해한다(2009헌마333). 12. 해경간부

(3) 수진의 보장

① 변호인 또는 변호인이 되려는 자는 체포 · 구속된 피의자 · 피고인의 건강상태를 확인하고 질병을 치료하기 위하여 의사로 하여금 진료하게 할 수 있다.

② 국가정보원 사법경찰관이 경찰서 유치장에 구금되어 있던 피의자에 대하여 의사의 진료를 받게 할 것을 신청한 변호인에게 국가정보원이 추천하는 의사의 참여를 요구한 것은 변호인의 수진권을 침해하는 위법한 처분이라고 할 수 없다(2000모112). 10 · 12 · 18. 경찰승진, 12. 경찰2차, 16. 경찰1차, 19. 해경간부

4. 변호인과의 접견교통권의 제한

(1) 법률에 의한 제한(가능)

① 미결수용자의 변호인 접견권 역시 국가안전보장 · 질서유지 또는 공공복리를 위해 필요한 경우에는 법률로써 제한될 수 있음은 당연하다(2009헌마341). 14. 경찰1차, 15. 경찰2차, 17. 해경2차 · 경찰승진 · 법원, 19 · 20. 경찰간부

② 따라서 변호인과의 접견이 이루어지는 시간대를 구 수용자처우법의 위임을 받은 대통령령으로 규정하는 것이 가능하다(2009헌마341).

③ 미결수용자 또는 변호인이 원하는 특정한 시점에 접견이 이루어지지 못하였다 하더라도 그것만으로 곧바로 변호인의 조력을 받을 권리가 침해되었다고 단정할 수는 없다(2009헌마341). 12. 해경간부, 15. 경찰2차

기출 키워드 체크

변호인과의 ______은 어떠한 명분으로도 제한될 수 있는 성질의 것이 아니고, 미결수용자의 변호인과의 접견권 역시 국가안전보장, 질서유지 또는 공공복리를 위해 필요한 경우라도 법률로써 제한될 수 없다.

기출 키워드 체크

변호인 또는 ______는 신체구속을 당한 피고인 또는 피의자와 접견하고 서류 또는 물건을 접수할 수 있다.

OX 변호인의 구속된 피고인 또는 피의자와의 접견교통권은 헌법상 보장된 권리로 법령에 의하여 제한할 수 없다. (○, ×) 17. 법원

Answer

기출 키워드 체크
자유로운 접견
변호인이 되려는 자

OX
×

⇨ 변호인의 조력을 받을 권리가 침해되었다고 하기 위해서는 특정 시점에 접견이 불허됨으로써 피의자의 방어권 행사에 어느 정도는 불이익이 초래되었다고 인정할 수 있어야 한다(2009헌마341). 18. 경찰2차

④ 법정 옆 피고인 대기실에서 재판대기 중인 피고인이 공판 20분을 앞두고 호송교도관에게 변호인 접견을 신청하였으나, 교도관이 이를 허용하지 아니한 것은 피고인의 변호인의 조력을 받을 권리를 침해한 것이라고 보기 어렵다(2007헌마992). 15. 경찰간부

(2) 수사기관, 법원에 의한 제한(불가)

① 변호인과의 접견교통권은 피고인 또는 피의자나 피내사자의 인권보장과 방어준비를 위하여 필수불가결한 권리이므로 법령에 의한 제한이 없는 한 수사기관의 처분은 물론 법원의 결정으로도 이를 제한할 수 없다(96모18). 11 · 16 · 17. 경찰승진, 16. 경찰1차, 17. 해경2차, 18. 해경간부, 19. 경찰2차, 20. 7급국가직

② 또한, 미결수용자와 변호인 간의 접견은 시간과 횟수도 제한되지 아니한다(형의 집행 및 수용자의 처우에 관한 법률 제84조 제2항).

▶ 변호인에 대한 접견교통권 침해라고 본 사례

- 수사기관이나 법원의 접견불허처분이 없더라도, 접견신청일이 경과하도록 접견이 이루어지지 않은 경우(91모24 등) 07 · 15. 9급국가직, 10 · 15. 경찰1차, 11 · 12 · 16 · 19. 경찰승진, 12. 경찰3차, 17. 해경2차 · 경찰2차
- 변호인을 범행에 공범으로 가담시키려 하였다는 이유로 접견을 금지한 경우(2006모656) 14 · 19. 경찰승진, 14 · 18 · 20. 경찰간부, 15. 9급국가직, 17 · 18. 경찰2차, 19. 경찰1차, 19 · 20. 7급국가직
- 사실상의 구금장소를 임의로 변경하여 접견교통을 어렵게 한 경우(구속영장에는 구금장소를 ○○경찰서 유치장으로 기재하고, 국가안전기획부 청사에 구금한 경우 등)(95모94) 10 · 12 · 14 · 15 · 16 · 19. 경찰승진, 12. 경찰2차 · 해경간부, 16. 경찰1차, 20. 경찰간부 · 9급국가직
- 접견시 국정원 직원이 승낙 없이 사진을 촬영한 경우(2002다5662) 17. 해경간부
- 국가안전기획부 조사 중 접견을 불허하여 준항고 후 검사조사가 이루어진 뒤에 접견불허처분취소가 있은 경우, 위 검사조서는 증거능력이 없다고 본 사례
- 교도관 등 청취, 녹취(교도관의 참여) 17. 해경2차 · 경찰승진 · 경찰간부
- 변호인이 되려는 자의 접견을 제한한 경우(객관적으로 변호인이 될 가능성이 있는 자에 대한 접견 제한)(2013도16162) 18. 경찰2차, 19. 해경간부 · 경찰1차
- 집회 중인 노조원을 체포하려 하자, 변호인이 되려는 자(변호사)가 접견을 요청하자, 위 변호사를 공무집행을 방해한 현행범인으로 체포한 경우(2013도16162)
  ⇨ 경찰관은 직권남용체포죄와 직권남용권리행사방해죄 성립
- 피의자 가족의 의뢰를 받아 '변호인 되려는' 변호사가 피의자 신문하는 검사에게 접견신청을 하였음에도 별다른 조치를 취하지 않은 경우(2015헌마1204) 20 · 21. 경찰간부

기출 키워드 체크

변호인과의 접견교통권은 _____에 의한 제한이 없는 한 _____의 처분은 물론 _____의 결정으로도 제한할 수 없다.

기출 키워드 체크

변호인 접견시 교도관 또는 경찰관의 _____는 허용되지 않는다.

기출 키워드 체크

수사기관이나 법원의 접견불허처분이 없더라도, 변호인의 접견신청일로부터 상당한 기간이 경과하였거나 _____이 경과하도록 접견이 이루어지지 않는 경우에는 실질적으로 접견불허가처분이 있는 것과 동일시된다.

OX 검사가 甲을 긴급체포하여 조사 중, 甲의 친구인 변호사 A가 甲의 변호인이 되기 위하여 검사에게 접견신청을 하였으나, 검사가 변호인 선임신고서의 제출을 요구하면서 변호인 접견을 못하게 한 상태에서 검사가 작성한 甲에 대한 피의자신문조서는 甲에 대한 유죄의 증거로 사용할 수 없다. (○, ×) 21. 경찰간부

OX 변호인이 피의자를 접견할 때 국가정보원 직원이 승낙 없이 사진촬영을 한 것은 접견교통권 침해에 해당한다. (○, ×) 17. 법원

Answer

기출 키워드 체크
법령, 수사기관, 법원
참여
접견신청일

OX
○, ○

▶ **변호인에 대한 접견교통권 침해가 아니라고 본 사례**

- 변호인이 원하는 시간(공휴일 등)에 접견이 이루어지지 않은 경우(2009헌마341) 12. 해경간부, 15. 경찰2차
- 재판 대기 중 공판 20여분을 앞두고 접견 요청을 거부한 경우(2007헌마992) 15. 경찰간부, 17. 해경간부 ⇨ 현실적으로 보장할 수 있는 한계를 벗어남
- 수진시(진료 신청시) 국정원 추천 의사 참여의 요구(2000모112) 10 · 12 · 17. 경찰승진, 12. 경찰2차, 16. 경찰1차, 19. 해경간부 · 경찰1차
- 교도관이 미결수용자와 변호인 간 서류 확인, 장부에 그 제목 기재(2015헌마243) 17 · 18. 경찰2차
- 교도관 등이 보이는 거리에서 관찰 17. 해경2차
- 변호인 또는 변호인이 되려는 자가 구체적인 시간적 · 장소적 상황에 비추어 현실적으로 보장할 수 있는 한계를 벗어나 피고인 또는 피의자를 접견하려고 하는 경우(2013도16162)
- 구치소 내의 변호인접견실에 CCTV를 설치하여 미결수용자와 변호인 간의 접견을 관찰한 경우(2015헌마243)
- 방어권 행사에 불이익이 초래되지 않은 경우(2009헌마341)
- 변호인의 조력을 받을 권리의 의미와 범위를 정확히 이해하면서도 이성적 판단에 따라 자발적으로 그 권리를 포기한 경우(2016다266736) 19. 경찰2차

▶ **수사기관의 변호인접견교통권 제한에 관한 판례**(2016다266736)

변호인의 접견교통권은 피의자 등이 변호인의 조력을 받을 권리를 실현하기 위한 것으로서, 피의자 등이 헌법 제12조 제4항에서 보장한 기본권의 의미와 범위를 정확히 이해하면서도 이성적 판단에 따라 자발적으로 그 권리를 포기한 경우까지 피의자 등의 의사에 반하여 변호인의 접견이 강제될 수 있는 것은 아니다. 19. 경찰2차
그러나 변호인이 피의자 등에 대한 접견신청을 하였을 때 위와 같은 요건이 갖추어지지 않았는데도 수사기관이 접견을 허용하지 않는 것은 변호인의 접견교통권을 침해하는 것이고, 이 경우 국가는 변호인이 입은 정신적 고통을 배상할 책임이 있다. 이때 변호인의 조력을 받을 권리의 중요성, 수사기관에 이러한 권리를 침해할 동기와 유인이 있는 점, 피의자 등이 접견교통을 거부하는 것은 이례적이라는 점을 고려하면, 피의자 등이 헌법 제12조 제4항에서 보장한 기본권의 의미와 범위를 정확히 이해하면서도 이성적 판단에 따라 자발적으로 그 권리를 포기하였다는 것에 대해서는 이를 주장하는 사람이 증명할 책임이 있다.

❹ 피의자 · 피고인의 비변호인과의 접견교통권

1. 의 의

체포 · 구속된 피의자 · 피고인은 법률의 범위 내에서 타인과 접견하고 서류 또는 물건을 수수하며 의사의 진료를 받을 수 있다(제200조의6, 제209조, 제34조).

기출 키워드 체크

변호인의 접견은 비밀이 보장되어야 하므로 교도관 등이 참여하거나 그 내용을 _____ 또는 _____해서는 아니 되나, 보이는 거리에서 _____하는 것은 가능하다.

관련 판례

'변호인이 되려는 자'의 접견교통권은 피의자 등을 조력하기 위한 핵심적인 부분으로서, 피의자 등이 가지는 헌법상의 기본권인 '변호인이 되려는 자'와의 접견교통권과 표리의 관계에 있다. 따라서 피의자 등이 가지는 '변호인이 되려는 자'의 조력을 받을 권리가 실질적으로 확보되기 위해서는 '변호인이 되려는 자'의 접견교통권 역시 헌법상 기본권으로서 보장되어야 한다.
수용자에 대한 접견신청이 있는 경우 이는 수용자의 처우에 관한 사항이므로 그 장소가 교도관의 수용자 계호 및 통제가 요구되는 공간이라면 교도소장 · 구치소장 또는 그 위임을 받은 교도관이 그 허가 여부를 결정하는 것이 원칙이라 할 것이다. '변호인이 되려는 자'가 피의자신문 중에 형사소송법 제34조에 따라 접견신청을 한 경우에도 그 허가 여부를 결정할 주체는 검사 또는 사법경찰관이라고 보아야 할 것이고, 그러한 해석이 형사소송법 제243조의2 제1항의 내용에도 부합한다.
이 사건 접견시간 조항은 수용자의 접견을 '국가공무원 복무규정'에 따른 근무시간 내로 한정함으로써 피의자와 변호인 등의 접견교통을 제한하고 있는데, 위 조항은 교도소장 · 구치소장이 그 허가 여부를 결정하는 변호인 등의 접견신청의 경우에 적용되는 조항으로서, 형사소송법 제243조의2 제1항에 따라 검사 또는 사법경찰관이 그 허가 여부를 결정하는 피의자신문 중 변호인 등의 접견신청의 경우에는 적용된다고 볼 수 없으므로, 위 조항을 근거로 피의자신문 중 변호인 등의 접견신청을 불허하거나 제한할 수도 없다. 담당교도관의 접견 불허 통보 이후 피

Answer

기출 키워드 체크
청취, 녹취, 관찰

청구인 검사가 별다른 조치를 취하지 아니한 것은 실질적으로 청구인의 접견신청을 불허한 것과 동일하게 평가할 수 있다. 그럼에도 인사팀에서 보관 중이던 저장매체를 압수한 것은 영장의 효력범위를 벗어난 집행행위로서 위법하고, 그 소지인에게 영장을 제시하지도 않은 채 취득한 것으로써 위법하게 수집한 증거에 해당한다(헌법재판소 2019.2.28. 선고 2015헌마1204 전원재판부 결정).

관련 **판례**

변호인의 접견교통권은 피의자 등의 인권보장과 방어준비를 위하여 필수불가결한 권리이므로, 수사기관의 처분 등으로 이를 제한할 수 없고, 다만 법령에 의해서만 제한할 수 있다.
변호인의 접견교통권은 피의자 등이 변호인의 조력을 받을 권리를 실현하기 위한 것으로서, 피의자 등이 헌법 제12조 제4항에서 보장한 기본권의 의미와 범위를 정확히 이해하면서도 이성적 판단에 따라 자발적으로 그 권리를 포기한 경우까지 피의자 등의 의사에 반하여 변호인의 접견이 강제될 수 있는 것은 아니다.
그러나 변호인이 피의자 등에 대한 접견신청을 하였을 때 위와 같은 요건이 갖추어지지 않았는데도 수사기관이 접견을 허용하지 않는 것은 변호인의 접견교통권을 침해하는 것이고, 이 경우 국가는 변호인이 입은 정신적 고통을 배상할 책임이 있다. 이때 변호인의 조력을 받을 권리의 중요성, 수사기관에 이러한 권리를 침해할 동기와 유인이 있는 점, 피의자 등이 접견교통을 거부하는 것은 이례적이라는 점을 고려하면, 피의자 등이 헌법 제12조 제4항에서 보장한 기본권의 의미와 범위를 정확히 이해하면서도 이성적 판단에 따라 자발적으로 그 권리를 포기하였다는 것에 대해서는 이를 주장하는 사람이 증명할 책임이 있다.
북한에서 태어나고 자란 중국 국적의 화교인 갑이 대한민국에 입국한 후 국가정보원장이 북한이탈주민의 보호 및 정착지원에 관한 법률에 따라 설치·운영하는 임시보호시설인 중앙합동신문센터에 수용되어 조사를 받았는데, 변호사인 을 등이 갑에 대한 변호인 선임을 의뢰받고 9차례에 걸쳐 갑에 대한 변호인접견을 신청하였으나, 국가정보원장과 국가정보원

2. 주 체

① 체포·구속을 당한 피의자, 피고인이다.

㉠ **체포·구속된 피의자·피고인은 법률의 범위 내에서 타인과 접견하고 서류 또는 물건을 수수하며 의사의 진료를 받을 수 있다(제200조의6, 제209조, 제34조).**

㉡ **구속영장에 의해 구속된 자뿐만 아니라 체포·긴급체포·현행범인 체포·감정유치된 자도 포함한다.**

② 신체구속 상태에 있지 않은 피의자도 해당된다. ⇨ 임의동행의 형식으로 수사기관에 연행된 피의자

③ 형이 확정되어 집행 중에 있는 수형자는 해당되지 않는다. ⇨ 재심청구절차에 있는 수형자

3. 상대방

변호인 또는 변호인이 되려고 하는 자 이외의 자(가족 등의 비변호인)이다.

4. 비변호인과의 접견교통권의 제한

(1) **법률에 의한 제한**(가능)

① 비변호인과의 접견교통권이 법률에 의해 제한될 수 있다.

② '형사소송법', '형의 집행 및 수용자의 처우에 관한 법률'과 동 시행령에 의해 제한되고 있다.

㉠ **접견의 제한: 수용자 접견은 원칙적으로 접촉차단시설이 설치된 장소에서 하도록 하고, 예외적으로 미결수용자가 변호인과 접견하거나 수용자가 소송사건의 대리인인 변호사와 접견하는 경우로서 교정시설의 안전 또는 질서를 해칠 우려가 없는 경우에는 접촉차단 시설이 설치되지 아니한 장소에서 접견하도록 하되, 수용자가 미성년자인 자녀와 접견하는 등의 경우에는 접촉차단시설이 설치되지 아니한 장소에서 접견할 수 있음(형의 집행 및 수용자의 처우에 관한 법률 제41조 제2항, 제3항).**

㉡ **서신수수의 제한: 형사소송법이나 그 밖의 법률에 따른 서신의 수수금지 및 압수의 결정이 있는 때, 수형자의 교화 또는 건전한 사회복귀를 해칠 우려가 있는 때, 시설의 안전 또는 질서를 해칠 우려가 있는 때 제한할 수 있다(동법 제43조).**

㉢ **접견내용의 청취·기록·녹음 또는 녹화(동법 제41조 제4항)**

㉣ **서신내용의 검열(동법 제43조 제4항)**

(2) **법원의 결정에 의한 제한**(가능)

① 법원은 결정으로 비변호인과의 접견교통권을 제한할 수 있다. 02. 여경1차, 16. 경찰1차, 17. 법원

② 법원은 도망하거나 또는 죄증을 인멸할 염려가 있다고 인정할 만한 상당한 이유가 있는 때에는,

③ 직권 또는 검사의 청구에 의한 결정으로 구속된 피고인과 비변호인과의 접견을 금하거나 수수할 서류 기타 물건의 검열, 수수의 금지 또는 압수할 수 있다(제91조).

(3) **수사기관의 처분에 의한 제한**(가능)

① 비변호인의 접견교통권은 수사기관의 결정에 의해 제한될 수 있다.

② 검사, 사법경찰관 역시 도망 또는 증거인멸의 염려가 있을 때에는 결정으로 구속된 피의자와 비변호인의 접견을 금지할 수 있다(제200조의6, 제209조, 제91조).

(4) **예 외**

의류·양식·의료품의 수수를 금지하거나 압수하는 것은 허용되지 아니한다(제91조 단서). 08·11·12. 경찰승진, 09. 경찰2차, 12. 해경간부, 16. 경찰1차

5 변호인의 접견교통권

1. 주 체

변호인뿐만 아니라 변호인이 되려는 자도 포함된다(제34조). 17. 7급국가직

2. 상대방

① 신체구속을 당한 피의자·피고인이 상대방이 된다.

② 임의동행의 형식으로 수사기관에 연행된 피의자 또는 피내사자도 상대방이 된다(96모18).

③ 형사소송법 제34조는 "변호인 또는 변호인이 되려는 자는 신체구속을 당한 피고인 또는 피의자와 접견하고 서류 또는 물건을 수수할 수 있으며 의사로 하여금 진료하게 할 수 있다."고 규정하고 있는바, 이 규정은 형이 확정되어 집행 중에 있는 수형자에 대한 재심개시의 여부를 결정하는 재심청구절차에는 그대로 적용될 수 없다(96다48831). 05. 경사, 06. 법원서기보, 20. 7급국가직

3. 내 용

(1) **접견신청의 장소**

① 접견신청은 피의자·피고인이 구금되어 있는 현재지에 신청하여야 한다.

② 현재지와 서류상 기재된 구금장소가 일치하지 않는 경우에도 접견신청의 장소는 실제 구금장소인 현재지가 된다(91모24).

소속 수사관이 을 등의 접견신청을 모두 불허하였고, 이에 을 등이 국가를 상대로 변호인 접견교통권 침해를 이유로 손해배상을 구한 사안에서, 을 등이 갑에 대한 접견을 신청하였을 당시 갑은 국가보안법위반(간첩) 등의 혐의로 수사를 받는 피의자의 지위에 있었는데, 당시 갑이 국가정보원 수사관에게 접견을 신청한 변호사를 만나고 싶지 않다고 진술하였으나, 갑은 북한에서 자라 처음 대한민국에 입국하여 곧바로 중앙합동신문센터에 수용되었고 누구와도 접촉이 금지되었던 점 등의 사정에 비추어 보면, 갑의 진술은 접견교통권 등 변호인의 조력을 받을 권리의 의미와 범위에 대하여 제대로 인식한 상태에서 자발적이고 진정한 의사로 이루어졌다고 보기 어렵고, 따라서 국가정보원장이나 국가정보원 수사관이 변호인인 을 등의 갑에 대한 접견교통신청을 허용하지 않은 것은 변호인의 접견교통권을 침해한 위법한 직무행위에 해당하므로, 국가는 을 등이 입은 정신적 손해를 배상할 책임이 있다(대법원 2018.12.27. 선고 2016다266736 판결).

OX 법원은 일정한 경우에 직권 또는 검사의 청구에 의하여 구속된 피고인과 변호인(변호인이 되려는 자 포함) 이외의 타인과의 접견을 금할 수 있다. (○, ×) 17. 법원

기출 키워드 체크

_____과의 접견교통권은 법원 또는 수사기관의 결정으로 이를 제한할 수 있다.

Answer

기출 키워드 체크
비변호인

OX
○

③ 따라서 구금장소의 임의적 변경은 청구인의 방어권이나 접견교통권의 행사에 중대한 장애를 초래하는 것이므로 위법하다(96모14). 10 · 12 · 14 · 15 · 16 · 17 · 19. 경찰승진, 12. 경찰2차 · 해경간부, 16. 경찰1차

(2) 접견신청의 상대방

① 구속된 자의 신병에 일정한 권한과 책임이 있는 기관과 공무원(예 구치소장, 교도소장, 경찰서장)에게 신청하면 된다.

② 그러나 담당기관인 특정개인을 좁게 해석하면 변호인에게 지나친 부담을 줄 수 있다.

③ 따라서 구속영장상의 구금시설의 장이나 당해 수사업무를 총괄하고 있는 책임자 혹은 동일계열의 수사기관 중 어느 하나를 상대방으로 하여 접견신청을 하는 것으로 족하다(91모24).

(3) 접견보장

① 변호인의 조력을 받을 권리를 실현하기 위한 것으로서 빠른 시일 내 접견이 이루어져야 할 필요성이 있다.

② 변호인의 접견신청일로부터 상당한 기간이 경과하였거나 접견신청일이 경과하도록 접견이 이루어지지 않는 경우에는 실질적으로 접견불허처분이 있는 것으로 볼 수 있다(89모37, 91모24). 07 · 15. 9급국가직, 10 · 15. 경찰1차, 11 · 12 · 16. 경찰승진, 12. 경찰3차

③ 구속영장에는 청구인을 구금할 수 있는 장소로 특정 경찰서 유치장으로 기재되어 있었으나, 국가안전기획부 청사에 사실상 구금되어 있다면, 청구인의 방어권이나 접견교통권의 행사에 중대한 장애를 초래하는 것이므로 위법하다(95모94). 10 · 12 · 14 · 15 · 16. 경찰승진, 12. 경찰2차 · 해경간부, 16. 경찰1차

④ 변호인의 접견교통의 상대방인 신체구속을 당한 사람이 그 변호인을 자신의 범죄행위에 공범으로 가담시키려고 하였다는 등의 사정만으로 그 변호인의 신체구속을 당한 사람과의 접견교통을 금지하는 것이 정당화될 수는 없다(2006모656). 14. 경찰간부 · 경찰승진, 15. 9급국가직, 18. 경찰2차

(4) 비밀보장

① 접견의 비밀은 보장되어야 하므로 교도관 등은 가청거리에서는 입회할 수 없으나,

② 질서유지를 위해 가시거리에서는 입회할 수 있다(형의 집행 및 수용자의 처우에 관한 법률 제84조).

(5) 서류 · 물건을 수수

변호인 또는 변호인이 되려는 자는 구속된 피의자 · 피고인을 위하여 서류 또는 물건을 수수할 수 있다.

(6) 의사의 진료

① 변호인 또는 변호인이 되려는 자는 의사로 하여금 구속된 피의자 · 피고인을 진료하게 할 수 있다.

② 이는 인도적 견지에서 요청되는 것이므로 원칙적으로 제한이 인정되지 않지만, 법률에 의한 제한은 가능하다.

③ 피의자가 의사의 진료를 받을 때 국가정보원이 추천하는 의사의 참여를 요구하는 것은 변호인의 수진권을 침해하는 위법한 처분이라고 할 수 없다(2000모112).

6 접견교통권에 대한 침해와 구제

1. 접견교통권 침해

① 접견교통권의 침해란 수사기관이 변호인과의 접견교통권을 제한하거나 의류 · 양식 · 의료품의 수수를 금지한 때 또는 적법한 절차에 의하지 않고 접견교통권을 제한한 경우를 말한다.

② 접견신청일이 경과하도록 접견이 이루어지지 아니한 것은 실질적으로 접견불허가 처분이 있는 것과 동일시 된다.

2. 구제수단

(1) 항고(제402조)

법원의 접견교통권 제한에 대한 불복방법이다. 09. 경찰승진

(2) 준항고(제417조)

수사기관의 접견교통권 제한에 대한 불복방법이다 09 · 11 · 14 · 19. 경찰승진, 14 · 16. 경찰1차, 17. 7급 국가직, 19. 해경간부

(3) 상 소

원판결에 영향을 미친 것이 아닌 한 독립한 상소이유가 될 수 없다(90도646). 10 · 14. 경찰승진

(4) 행정소송

구금시설의 직원(교도소장 등)에 의하여 접견교통권이 침해된 경우에는 행정심판, 행정소송, 헌법소원 및 국가배상 등의 방법으로 구제받을 수 있다. 15. 경찰2차 ⇨ 항고나 준항고는 불가능하다.

기출 키워드 체크

구속피고인에 대한 접견신청에 대해 수사기관이 아무런 조치를 취하지 않는 경우에는 ______를 제기할 수 있다.

Answer

기출 키워드 체크

준항고

3. 조서의 증거능력

(1) 변호인과의 접견교통권을 침해하여 얻은 자백 · 진술 : 조서 증거능력 없음

피의자가 변호인의 참여를 원한다는 의사를 명백하게 표시하였음에도 수사기관이 정당한 사유 없이 변호인을 참여하게 하지 아니한 채 피의자를 신문하여 작성한 피의자신문조서의 증거능력은 없다(90도1285). 09 · 17. 경찰2차, 11. 교정특채, 12. 경찰3차, 12 · 14. 경찰승진, 19. 해경간부

(2) 변호인과의 접견교통을 금지한 위법상태가 계속된 상황 : 조서 증거능력 없음

국가안전기획부의 접견신청불허에 대하여 준항고를 제기하고 검찰로 송치되어 검사가 신문하여 피의자신문조서를 작성한 후 위 준항고 절차에서 접견불허처분의 취소로 접견이 허용된 경우, 접견교통을 금지한 위법상태가 계속된 상황이므로 이때 작성된 피의자신문조서는 증거능력이 없다(90도1586). 09. 경찰승진, 19. 경찰1차

(3) 변호인과의 접견 이전에 이루어진 자백 : 조서 증거능력 인정

검사의 피의자신문조서가 변호인 접견 전에 작성되었다는 이유만으로는 증거능력이 부정되지 않는다(90도1613). 01. 경찰1차, 05. 경사

(4) 비변호인과의 접견교통권이 제한된 상태하의 자백 : 조서 증거능력 인정

비변호인과의 접견교통은 제한이 가능하므로 비변호인과 접견교통권이 제한된 상태하에서 작성된 검사작성 피의자신문조서라도 임의성이 없다고 할 수 없다(84도846). 03. 여경2차, 04 · 14. 경찰1차, 07. 9급검찰직, 10. 경찰승진 · 교정특채, 12. 경찰간부, 15. 해경3차, 19. 해경간부

▶ **접견신청의 허가 결정의 주체 등 관련 판례**(2015헌마1204)

- 수용자에 대한 접견신청이 있는 경우 이는 수용자의 처우에 관한 사항이므로 그 장소가 교도관의 수용자 계호 및 통제가 요구되는 공간이라면 교도소장 · 구치소장 또는 그 위임을 받은 교도관이 그 허가 여부를 결정하는 것이 원칙이라 할 것이다.
- '변호인이 되려는 자'가 피의자신문 중에 형사소송법 제34조에 따라 접견신청을 한 경우에도 그 허가 여부를 결정할 주체는 검사 또는 사법경찰관이라고 보아야 할 것이고, 그러한 해석이 형사소송법 제243조의2 제1항의 내용에도 부합한다.
- 이 사건 접견시간 조항은 수용자의 접견을 '국가공무원 복무규정'에 따른 근무시간 내로 한정함으로써 피의자와 변호인 등의 접견교통을 제한하고 있는데, 위 조항은 교도소장 · 구치소장이 그 허가 여부를 결정하는 변호인 등의 접견신청의 경우에 적용되는 조항으로서, 형사소송법 제243조의2 제1항에 따라 검사 또는 사법경찰관이 그 허가 여부를 결정하는 피의자신문 중 변호인 등의 접견신청의 경우에는 적용된다고 볼 수 없으므로, 위 조항을 근거로 피의자신문 중 변호인 등의 접견신청을 불허하거나 제한할 수도 없다.

Chapter 05 OX 확인학습

01 □□□ 구치소장의 접견불허처분에 대하여서는 형사소송법 제417조에 의한 준항고로 다툴 수 있다. (×)

02 □□□ 국가정보원 사법경찰관이 경찰서 유치장에 구금되어 있던 피의자에 대하여 의사의 진료를 받게 할 것을 신청한 변호인에게 국가정보원이 추천하는 의사의 참여를 요구한 것은 변호인의 수진권을 침해하는 위법한 처분이라고 할 수 있다. (×)

03 □□□ 구속영장에는 청구인을 구금할 수 있는 장소로 특정 경찰서 유치장으로 기재되어 있었는데, 그 신병이 조사차 국가안전기획부 직원에게 인도된 후 위 경찰서 유치장에 인도된 바 없이 계속하여 국가안전기획부 청사에 사실상 구금되어 있다면, 청구인의 방어권이나 접견교통권의 행사에 중대한 장애를 초래하는 것이므로 위법하다. (○)

04 □□□ 미결수용자 또는 변호인이 원하는 특정한 시점에 접견이 이루어지지 못하였다 하더라도 그것만으로 곧바로 변호인의 조력을 받을 권리가 침해되었다고 단정할 수는 없다. (○)

05 □□□ 미결수용자의 변호인 접견권 역시 국가안전보장·질서유지 또는 공공복리를 위해 필요한 경우에는 법률로써 제한될 수 있음은 당연하다. (○)

06 □□□ 법령에 의한 제한이 없는 한 변호인의 구속피의자에 대한 접견이 접견신청일이 경과하도록 이루어지지 아니한 것은 실질적으로 접견불허가처분이 있는 것과 동일시된다. (○)

07 □□□ 법원은 도망하거나 또는 죄증을 인멸할 염려가 있다고 인정할 만한 상당한 이유가 있는 때에는 직권 또는 검사의 청구에 의하여 결정으로 구속된 피고인과 비변호인과의 접견을 금하거나 수수할 서류 기타 물건의 검열, 의류 및 의료품을 포함한 물건의 수수를 금지 또는 압수를 할 수 있다. (×)

08 □□□ 변호인과의 자유로운 접견은 어떠한 명분으로도 제한될 수 있는 성질의 것이 아니므로, 미결수용자의 변호인 접견권 자체는 국가안전보장, 질서유지 또는 공공복리를 위해 필요한 경우라도 법률로써 제한될 수 없다. (×)

09 □□□ 변호인의 접견에는 비밀이 보장되어야 하므로 교도관 등이 참여하거나 그 내용을 청취 또는 녹취해서는 아니 되고 보이는 거리에서 관찰하는 것도 불가능하다. (×)

10 □□□ 변호인의 접견교통권은 법령에 의한 제한이 없는 한 수사기관의 처분이나 법원의 결정으로 제한할 수 없다. (○)

11 □□□ 변호인의 구속된 피고인 또는 피의자와의 접견교통권은 피고인 또는 피의자 자신이 가지는 변호인과의 접견교통권과는 성질을 달리하는 것으로서, 헌법상 보장된 권리라고는 할 수 없다. (○)

12 □□□ 변호인의 접견교통 상대방인 신체구속을 당한 사람이 그 변호인을 자신의 범죄행위에 공범으로 가담시키려고 하였다는 사정이 있었다면 그 변호인의 신체구속을 당한 사람과의 접견교통을 금지하는 것은 정당하다. (×)

13 □□□ 수사기관이 변호인의 접견교통권을 제한하는 경우 그 불복은 항고에 의해서 할 수 있다. (×)

Chapter 05 실전익히기

01

21. 경찰간부

체포 · 구속적부심사제도에 관한 설명 중 옳지 않은 것은? (다툼이 있는 경우 판례에 의함)

① 공범 또는 공동피의자가 한 체포 · 구속적부심사의 순차청구가 수사방해의 목적임이 명백한 때에는 심문없이 결정으로 청구를 기각할 수 있다.

② 구속적부심사를 청구한 피의자에 대해 법원이 석방결정을 한 후, 그 결정서 등본이 검찰청에 송달되기 전에 검사가 공소를 제기(전격기소)할 경우 그 석방결정은 무효가 된다.

③ 구속적부심사절차와는 달리 체포적부심사절차에서는 보증금납입조건부 피의자석방결정을 할 수 없다.

④ 체포 · 구속적부심문조서는 형사소송법 제315조 제3호의 당연히 증거능력 있는 서류에 해당한다.

02

18. 변호사

체포와 구속의 적부심사에 관한 설명 중 옳은 것(○)과 옳지 않은 것(×)을 올바르게 조합한 것은?

㉠ 공범 또는 공동피의자의 구속적부심사 순차청구가 수사방해의 목적임이 명백하다고 하더라도 법원은 피의자에 대한 심문 없이 그 청구를 기각할 수는 없다.

㉡ 구속적부심사청구 후 검사가 피의자를 기소한 경우, 법원은 심문 없이 결정으로 청구를 기각하여야 하며 피고인은 수소법원에 보석을 청구할 수 있다.

㉢ 구속적부심사를 청구한 피의자에게 변호인이 없는 때에는 형사소송법 제33조의 규정에 따라 법원은 직권으로 변호인을 선정하여야 한다.

㉣ 체포적부심사청구를 받은 법원이 그 청구가 이유 있다고 인정한 때에는 결정으로 체포된 피의자의 석방을 명하여야 하며, 검사는 이 결정에 대하여 항고하지 못한다.

㉤ 체포적부심사결정에 의하여 석방된 피의자가 도망하거나 죄증을 인멸하는 경우, 동일한 범죄사실에 관하여 재차 체포할 수 있다.

① ㉠ (○), ㉡ (×), ㉢ (○), ㉣ (×), ㉤ (○)
② ㉠ (○), ㉡ (○), ㉢ (×), ㉣ (×), ㉤ (×)
③ ㉠ (×), ㉡ (○), ㉢ (×), ㉣ (○), ㉤ (○)
④ ㉠ (×), ㉡ (○), ㉢ (○), ㉣ (○), ㉤ (×)
⑤ ㉠ (×), ㉡ (×), ㉢ (○), ㉣ (○), ㉤ (○)

03

19. 경찰1차

보석제도에 대한 설명으로 가장 적절하지 않은 것은? (다툼이 있는 경우 판례에 의함)

① 법원이 집행유예기간 중에 있는 피고인의 보석을 허가한 경우, 이러한 법원의 결정은 누범과 상습 범을 필요적 보석의 제외사유로 규정한 「형사소송법」 제95조 제2호의 취지에 반하여 위법이라고 할 수 없다.

② 보석허가결정의 취소는 그 취소결정을 고지하거나 결정법원에 대응하는 검찰청 검사에게 결정서를 교부 또는 송달함으로써 즉시 집행할 수 있는 것이고, 그 결정등본이 피고인에게 송달되어야 집행할 수 있는 것은 아니다.

③ 「형사소송법」 제97조 제1항은 "재판장은 보석에 관한 결정을 하기 전에 검사의 의견을 물어야 한다"라고 규정하고 있으므로, 법원이 검사의 의견을 듣지 아니한 채 보석에 관한 결정을 하였다면 결정의 적정성 여부를 불문하고 절차상의 하자만으로도 그 결정을 취소할 수 있다.

④ 법원은 보석취소 후에 별도로 보증금몰수결정을 할 수도 있다.

04
21. 경찰간부

다음 중 '피의자 또는 피고인'의 가족, 동거인, 고용주에게 인정되는 권리로만 묶인 것은?

가. 변호인선임권
나. 체포·구속적부심청구권
다. 보석청구권
라. 구속취소청구권

① 가, 나 ② 가, 라
③ 나, 다 ④ 다, 라

05
19. 7급국가직

보석에 대한 설명으로 옳지 않은 것은? (다툼이 있는 경우 판례에 의함)

① 구속영장의 효력이 소멸하는 경우에도 보석조건이 즉시 효력을 상실하는 것은 아니다.
② 법원은 직권 또는 보석청구권자의 청구에 의하여 결정으로 보석을 허가할 수 있다.
③ 법원이 보석을 취소하는 때에는 직권 또는 검사의 청구에 따라 결정으로 보증금 또는 담보의 전부 또는 일부를 몰취할 수 있다.
④ 상소기간 중 또는 상소 중의 사건에 관한 피고인 보석의 결정은 소송기록이 상소법원에 도달하기까지는 원심법원이 하여야 한다.

06
18. 9급법원직

법원의 구속에 관한 다음 설명 중 가장 옳지 않은 것은?

① 공소기각판결, 무죄판결, 면소판결, 선고유예판결, 형면제판결의 선고는 구속영장이 실효되는 사유에 해당한다.
② 피고인의 구속기간이 만료될 무렵에 종전 구속영장에 기재된 범죄사실과 다른 범죄사실로 피고인을 구속하였다는 사정만으로 그 구속이 위법하다고 할 수 없다.
③ 구속되었다가 공소제기 후 수소법원이 석방한 피고인은 다른 중요한 증거가 발견된 경우가 아니면 동일한 범죄사실에 관하여 재차 구속하지 못한다.
④ 구인한 피고인을 법원에 인치한 경우에 구금할 필요가 없다고 인정한 때에는 그 인치한 때로부터 24시간 내에 석방하여야 한다.

07
17. 해경간부

다음 중 구속의 집행정지와 보석의 공통점에 해당하는 것은 모두 몇 개인가? (다툼이 있으면 판례에 의함)

㉠ 구속영장이 실효되는지의 여부
㉡ 수사기관이 할 수 있는지의 여부
㉢ 보증금을 조건으로 할 수 있는지의 여부
㉣ 피고인에게 청구권이 인정되는지 여부
㉤ 검사에게 즉시항고권이 인정되는지 여부

① 1개 ② 2개
③ 3개 ④ 4개

08
17. 9급법원직

접견교통에 관한 다음 설명 중 가장 옳지 않은 것은? (다툼이 있으면 판례에 의함)

① 변호인과의 자유로운 접견은 신체구속을 당한 사람에게 보장된 변호인의 조력을 받을 권리의 가장 중요한 내용이어서 국가안전보장, 질서유지, 공공복리 등 어떠한 명분으로도 제한될 수 있는 성질의 것이 아니다.
② 변호인의 구속된 피고인 또는 피의자와의 접견교통권은 헌법상 보장된 권리로 법령에 의하여 제한할 수 없다.
③ 법원은 일정한 경우에 직권 또는 검사의 청구에 의하여 구속된 피고인과 변호인(변호인이 되려는 자 포함) 이외의 타인과의 접견을 금할 수 있다.
④ 변호인이 피의자를 접견할 때 국가정보원 직원이 승낙 없이 사진촬영을 한 것은 접견교통권 침해에 해당한다.

09
16. 경찰1차

접견교통권에 관한 다음 설명 중 틀린 것은 모두 몇 개인가? (다툼이 있으면 판례에 의함)

㉠ 국가정보원 사법경찰관이 경찰서 유치장에 구금되어 있던 피의자에 대하여 의사의 진료를 받게 할 것을 신청한 변호인에게 국가정보원이 추천하는 의사의 참여를 요구한 것은 변호인의 수진권을 침해하는 위법한 처분이라고 할 수 있다.
㉡ 수사기관의 형사소송법 제243조의2에 따른 변호인의 참여 등에 관한 처분에 대하여 불복이 있으면 준항고에 의해서 할 수 있다.
㉢ 변호인의 접견교통권은 법령에 의한 제한이 없는 한 수사기관의 처분이나 법원의 결정으로 제한할 수 없다.
㉣ 법원은 도망하거나 또는 죄증을 인멸할 염려가 있다고 인정할 만한 상당한 이유가 있는 때에는 직권 또는 검사의 청구에 의하여 결정으로 구속된 피고인과 비변호인과의 접견을 금하거나 수수할 서류 기타 물건의 검열, 의류 및 의료품을 포함한 물건의 수수를 금지 또는 압수를 할 수 있다.

① 0개　② 1개
③ 2개　④ 3개

10
20. 7급국가직

접견교통권에 대한 설명으로 옳은 것은? (다툼이 있는 경우 판례에 의함)

① 구속피의자가 변호인을 자신의 범죄행위에 공범으로 가담시키려고 하였다면 사정만으로 수사기관이 그 변호인의 구속피의자와의 접견교통을 금지하는 것은 정당화될 수 없다.
② 변호인의 구속된 피고인과의 접견교통권에 관한 형사소송법 제34조는 형이 확정되어 집행 중에 있는 수행자에 대한 재심개시의 여부를 결정하는 재심청구절차에도 그대로 적용된다.
③ 구속된 피고인의 변호인과의 접견교통권과 달리 변호인의 구속된 피고인과의 접견교통권은 헌법이 아니라 형사소송법에 의해 보장되는 권리이므로, 그 제한은 법령 또는 법원의 결정에 의해서만 가능하고 수사기관의 처분에 의해서는 할 수 없다.
④ 수사기관에 임의동행 형식으로 연행된 피의자에게는 변호인 또는 변호인이 되려는 자와의 접견교통권이 인정되지만, 임의동행 형식으로 연행된 피내사자의 경우에는 그 접견교통권이 인정되지 않는다.

Answer

01　② [×] 심사청구 후 검사가 공소제기한 경우에도 석방결정을 할 수 있다.
02　⑤ ㉠, ㉡이 옳지 않다.
03　③ [×] 보석 결정을 취소할 사유가 되지 않는다.
04　③ 가족, 동거인, 고용주에게 인정되는 권리는 적부심청구권과 보석청구권이다.
05　① [×] 보석조건은 즉시 그 효력을 상실한다(제104조의2 제1항).
06　③ [×] 피고인 구속 후 석방된 자에 대해서는 재구속에 제한이 없다.
07　② ㉠, ㉤ 2개이다.
08　② [×] 법령에 의하여 제한이 가능하다.
09　③ 옳지 않은 것은 ㉠, ㉣ 2개이다.
10　① [○] 2006모656

박문각
공무원
기본서

김상천
형사소송법

CHAPTER

06

대물적 강제처분

Chapter 06 대물적 강제처분

제1절 압수 · 수색

❶ 압수 · 수색의 의의

참고+ 압수와 몰수의 비교
몰수는 수사기관의 처분이 아니고, 법원이 선고하는 형벌에 해당한다(형법 제41조).

1. 압 수

① 압수는 증거물 또는 몰수물의 점유를 취득하는 강제처분이다.

② 압류, 영치, 제출명령을 그 내용으로 한다.

③ 법원과 달리 수사기관은 제출명령을 할 수 없다.

2. 수 색

수색은 압수할 물건이나 피의자 · 피고인을 발견하기 위하여 사람의 신체 또는 일정한 장소를 뒤지는 강제처분이다.

❷ 압수의 대상

① 법원 또는 수사기관은 필요한 때에는 피고 · 피의사건과 관계가 있다고 인정할 수 있는 것에 한정하여 증거물 또는 몰수할 것으로 사료하는 물건을 압수할 수 있다(제106조 제1항, 제219조). 15. 경찰간부

② 단, 법률에 다른 규정이 있는 때에는 예외로 한다.

▸ **압수의 대상**

구 분	목 적	비 고
증거물	절차 확보	동산, 부동산을 불문 01. 101단2차
몰수물	형집행 확보	필요적 몰수, 임의적 몰수

☑ **매출전표 거래명의자에 관한 정보 획득 방법:** 신용카드에 의하여 물품을 거래할 때 '금융회사 등'이 발행하는 매출전표의 거래명의자에 관한 정보 또한 금융실명법에서 정하는 '거래정보 등'에 해당하므로, 수사기관이 금융회사 등에 그와 같은 정보를 요구하는 경우에도 법관이 발부한 영장에 의하여야 한다. 그럼에도 수사기관이 영장에 의하지 아니하고 매출전표의 거래명의자에 관한 정보를 획득하였다면, 그와 같이 수집된 증거는 원칙적으로 형사소송법 제308조의2에서 정하는 '적법한 절차에 따르지 아니하고 수집한 증거'에 해당하여 유죄의 증거로 삼을 수 없다(2012도13607). 20. 경찰간부

❸ 압수의 제한

1. 군사상 비밀

① 군사상 비밀을 요하는 장소는 그 책임자의 승낙 없이는 압수 · 수색할 수 없다.

② 책임자는 국가의 중대한 이익을 해하는 경우를 제외하고는 승낙을 거부하지 못한다.

2. 공무상 비밀

① 공무원 또는 공무원이었던 자가 소지 또는 보관하는 물건에 관하여는 본인 또는 그 당해 공무소가 직무상 비밀에 관한 것임을 신고한 때에는 그 소속 공무소 또는 해당 감독관공서의 승낙 없이는 압수하지 못한다. 01 · 09. 경찰2차, 09. 법원, 17. 9급국가직

② 소속 공무소 또는 해당 감독관공서는 국가의 중대한 이익을 해하는 경우를 제외하고는 승낙을 거부하지 못한다.

3. 업무상 비밀

① 변호사, 변리사, 공증인, 공인회계사, 세무사, 대서업자, 의사, 한의사, 치과의사, 약사, 약종상, 조산사, 간호사, 종교의 직에 있는 자 또는 이러한 직에 있던 자가 그 업무상 위탁을 받아 소지 또는 보관하는 물건으로 타인의 비밀에 관한 것은 압수를 거부할 수 있다. 02. 경사, 09. 경찰2차, 10. 교정특채, 12. 해경간부

② 다만, 그 타인의 승낙이 있거나 중대한 공익상 필요가 있을 때에는 예외로 한다.

④ 정보저장매체

1. 압수방법

① 전자정보에 대한 압수수색은 원칙적으로 정보의 범위를 정하여 출력하거나 복제하는 방식으로 이루어져야 한다. 14 · 15 · 19. 경찰간부, 15 · 17 · 20. 경찰1차, 16. 7급국가직, 16 · 18 · 21. 경찰승진, 17. 경찰2차, 19. 법원 ⇨ 검사 또는 사법경찰관은 컴퓨터용디스크 및 그 밖에 이와 비슷한 정보저장매체에 기억된 정보(전자정보)를 압수하는 경우에는 해당 정보저장매체 등의 소재지에서 수색 또는 검증한 후 범죄사실과 관련된 전자정보의 범위를 정하여 출력하거나 복제하는 방법으로 한다(수사준칙 제40조 제1항).

② 범위를 정하여 출력 또는 복제하는 방법이 불가능하거나 압수의 목적을 달성하기에 현저히 곤란하다고 인정되는 때에는 저장매체 자체를 직접 반출하거나 하드카피, 이미징하여 외부로 반출할 수 있다. 17 · 20. 경찰1차, 19. 법원

㉠ 정보저장매체 등의 소재지에서 수색 또는 검증한 후 범죄사실과 관련된 전자정보의 범위를 정하여 출력하거나 복제하는 방법이 불가능하거나 그 방법으로는 압수의 목적을 달성하는 것이 현저히 곤란한 경우에는 압수 · 수색 또는 검증 현장에서 정보저장매체 등에 들어 있는 전자정보 전부를 복제하여 그 복제본을 정보저장매체 등의 소재지 외의 장소로 반출할 수 있다(수사준칙 제40조 제2항).

㉡ 위 방법의 실행이 불가능하거나 그 방법으로는 압수의 목적을 달성하는 것이 현저히 곤란한 경우에는 피압수자 또는 법 제123조에 따라 압수 · 수색영장을 집행할 때 참여하게 해야 하는 사람(피압수자 등)이 참여한 상태에서 정보저장매체 등의 원본을 봉인(封印)하여 정보저장매체 등의 소재지 외의 장소로 반출할 수 있다(수사준칙 제40조 제3항).

OX 전자정보에 대한 압수 · 수색영장을 집행할 때에는 원칙적으로 저장매체 자체를 수사기관 사무실 등으로 옮겨 혐의사실과 관련된 부분만을 문서로 출력하거나 해당 파일을 복사하는 방식으로 이루어져야 한다. (○, ×) 15. 경찰1차

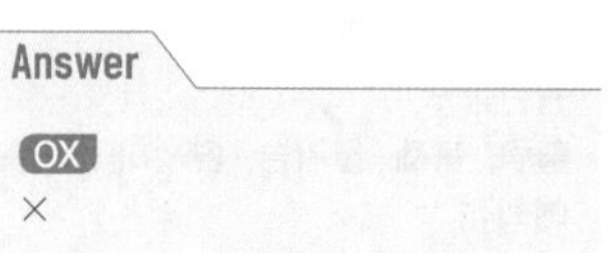

③ 이때 영장에 저장매체를 반출할 수 있다는 취지가 기재되어 있어야 한다(2013도12155). 18 · 21. 경찰승진, 19. 경찰간부

2. 참여권 보장

① 수사기관이 반출한 저장매체를 탐색하여 압수하는 경우에도 1) 관련성 있는 부분만 구분하여 압수하여야 하고, 2) 동일성이 인정되어야 하며, 3) 참여권 보장, 압수목록 교부 등의 절차도 이루어져야 한다(2009모1190). 16. 9급개론 17. 경찰1차 · 경찰2차 · 여경 · 경찰특공대, 19. 경찰간부

② 검사 또는 사법경찰관은 전자정보의 복제본을 취득하거나 전자정보를 복제할 때에는 해시값(파일의 고유값으로서 일종의 전자지문을 말한다)을 확인하거나 압수 · 수색 또는 검증의 과정을 촬영하는 등 전자적 증거의 동일성과 무결성(無缺性)을 보장할 수 있는 적절한 방법과 조치를 취해야 한다(수사준칙 제42조 제3항). ⇨ 동일성이 인정되기 위해서는 정보저장매체 원본이 압수시부터 문건 출력시까지 변경되지 않았음이 담보되어야 한다. 15. 경찰1차, 17. 여경 · 경찰특공대 · 경찰2차 · 경찰승진

③ 수사기관에서 탐색, 출력, 복사 ⇨ 압수 · 수색영장 집행의 일환: 이처럼 저장매체 자체를 수사기관 사무실 등으로 옮긴 후 전자정보를 탐색하여 해당 전자정보를 문서로 출력하거나 파일을 복사하는 과정 역시 전체적으로 압수 · 수색영장 집행의 일환에 포함된다(2009모1190). ⇨ 검사 또는 사법경찰관은 압수 · 수색 또는 검증의 전 과정에 걸쳐 피압수자 등이나 변호인의 참여권을 보장해야 하며, 피압수자 등과 변호인이 참여를 거부하는 경우에는 신뢰성과 전문성을 담보할 수 있는 상당한 방법으로 압수 · 수색 또는 검증을 해야 한다(수사준칙 제42조 제4항).

④ 수사기관에서도 관련된 정보만 압수: 저장매체 또는 복제본을 수사기관 사무실 등으로 반출한 경우도 수사기관이 혐의사실 관련성에 대한 구분 없이 임의로 저장된 전자정보를 문서로 출력하거나 파일로 복제하는 행위는 원칙적으로 영장주의 원칙에 반하는 위법한 압수가 된다(2011모1839). 13 · 16. 9급국가직, 15. 해경3차, 16. 경찰1차 · 9급개론 · 해경 · 법원, 19. 경찰간부, 20. 경찰1차, 21. 경찰승진

⑤ 전자정보가 담긴 저장매체를 수사기관 사무실 등으로 옮겨 복제 탐색 출력하는 경우에도 변호인의 참여기회를 보장하여야 한다(2011모1839). 21. 경찰승진 · 경찰1차

⑥ 검사 또는 사법경찰관은 위 ③에 따라 참여한 피압수자 등이나 변호인이 압수 대상 전자정보와 사건의 관련성에 관하여 의견을 제시한 때에는 이를 조서에 적어야 한다(수사준칙 제42조 제5항).

⑦ 피압수자가 수사기관에 압수 · 수색영장의 집행에 참여하지 않는다는 의사를 명시하였다고 하더라도, 특별한 사정이 없는 한 그 변호인에게는 미리 집행의 일시와 장소를 통지하는 등으로 압수 · 수색영장의 집행에 참여할 기회를 별도로 보장하여야 한다(2020도10729). 21. 경찰1차 ⇨ 수사기관의 위와 같은 절차 위반행위가 적법절차의 실질적인 내용을 침해하는 경우에 해당하지 않는다(증거능력이 인정되지 않는다).

기출 키워드 체크

수사기관 사무실 등으로 반출된 저장매체 또는 복제본에서 혐의사실 _____에 대한 구분 없이 임의로 저장된 전자정보를 문서로 출력하거나 파일로 복제하는 행위는 원칙적으로 영장주의 원칙에 반하는 위법한 압수가 된다.

기출 키워드 체크

수사기관의 전자정보에 대한 압수 · 수색은 원칙적으로 영장 발부의 사유로 된 범죄혐의사실과 관련된 부분만을 문서 _____물로 수집하거나 수사기관이 휴대한 저장매체에 해당 파일을 _____하는 방식으로 이루어져야 하고, 저장매체 자체를 직접 반출하거나 저장매체에 들어있는 전자파일 전부를 하드카피나 이미징 등 형태(이하 '복제본')로 수사기관 사무실 등 외부로 반출하는 방식으로 압수 · 수색하는 것은 현장의 사정이나 전자정보의 대량성으로 관련 정보 획득에 긴 시간이 소요되거나 전문 인력에 의한 기술적 조치가 필요한 경우 등 범위를 정하여 출력 또는 복제하는 방법이 _____하거나 압수의 목적을 달성하기에 _____하다고 인정되는 때에 한하여 _____으로 허용될 수 있을 뿐이다.

Answer

기출 키워드 체크

관련성
출력, 복제, 불가능, 현저히 곤란, 예외적

⑧ 선별한 다음에는 참여권 보장 불필요: 수사기관이 정보저장매체에 기억된 정보 중에서 범죄혐의사실과 관련 있는 정보를 선별한 다음, 선별한 파일을 복제하여 생성한 파일을 제출받아 적법하게 압수하였다면 수사기관 사무실에서 위와 같이 압수된 이미지 파일을 탐색·복제·출력하는 과정에서 피의자 등에게 참여의 기회를 보장하여야 하는 것은 아니다(2017도13263). 21. 9급국가직

3. 관련문제

① 우연히 별건의 증거를 발견한 경우 ⇨ 별도의 영장 필요: 전자정보를 탐색하는 과정에서 별도의 범죄혐의와 관련된 전자정보를 우연히 발견한 경우, 탐색을 중단하고 별도의 압수·수색영장을 발부받은 경우에 한하여 그러한 정보에 대하여도 적법하게 압수·수색을 할 수 있다(2011모1839). 16·20·21. 9급국가직·9급개론, 17. 경찰2차, 18. 경찰간부, 19. 변호사·경찰1차

② 단계적·개별적 준항고 ⇨ 전체적으로 처분 취소 여부 판단 16. 9급국가직·9급개론, 17. 경찰1차

㉠ **검사가 영장을 집행하면서 영장기재 압수·수색의 장소에서 압수할 전자정보를 용이하게 하드카피·이미징 또는 문서로 출력할 수 있음에도 저장매체 자체를 반출하여 가지고 간 경우, 이에 대하여 불복이 있으면 그 직무집행지의 관할법원 또는 검사의 소속검찰청에 대응한 법원에 그 처분의 취소 또는 변경을 청구할 수 있다.** 18. 경찰승진, 20. 경찰간부 ⇨ **저장매체 자체를 수사기관 사무실 등으로 옮긴 후 영장에 기재된 범죄 혐의 관련 전자정보를 탐색하여 해당 전자정보를 문서로 출력하거나 파일을 복사하는 과정 역시 전체적으로 압수·수색영장 집행에 포함된다고 보아야 한다(2013도12155).** 19. 변호사

㉡ **압수·수색 과정을 단계적·개별적으로 구분하여 각 단계의 개별 처분의 취소를 구하는 준항고가 있는 경우, 당해 압수·수색 과정 전체를 하나의 절차로 파악하여 전체를 위법하게 할 정도로 중대한지 여부에 따라 전체적으로 압수·수색 처분을 취소하여야 한다(2011모1839).**

③ 이와 같이 정보를 제공받은 경우 정보주체에게 해당 사실을 지체 없이 알려야 한다. 15. 경찰간부

④ 압수·수색할 물건이 전기통신에 관한 것인 경우에는 영장에 작성기간을 기재하여야 한다(제114조 제1항 단서). 05. 경찰1차, 14. 경찰간부

OX 압수·수색영장의 집행과정에서 별건 범죄혐의와 관련된 증거를 우연히 발견하여 압수한 경우에는 별건 범죄혐의에 대해 별도의 압수·수색영장을 발부받지 않았다 하더라도 위법한 압수·수색에 해당하지 않는다. (○, ×)
21. 9급국가직·9급개론

관련 **판례**
형사소송법 제219조, 제121조는 '수사기관이 압수·수색영장을 집행할 때에는 피압수자 또는 변호인은 그 집행에 참여할 수 있다'는 취지로 규정하고 있다. 저장매체에 대한 압수·수색 과정에서 범위를 정하여 출력 또는 복제하는 방법이 불가능하거나 압수의 목적을 달성하기에 현저히 곤란한 예외적인 사정이 인정되어 전자정보가 담긴 저장매체 또는 하드카피나 이미징 등 형태(이하 '복제본'이라고 한다)를 수사기관 사무실 등으로 옮겨 복제·탐색·출력하는 경우에도, 그와 같은 일련의 과정에서 피압수자나 변호인에게 참여의 기회를 보장하고 혐의사실과 무관한 전자정보의 임의적인 복제 등을 막기 위한 적절한 조치를 취하는 등 영장주의 원칙과 적법절차를 준수하여야 한다. 만약 그러한 조치를 취하지 않았다면 피압수자 측이 참여하지 아니한다는 의사를 명시적으로 표시하였거나 절차 위반행위가 이루어진 과정의 성질과 내용 등에 비추어 피압수자 측에 절차 참여를 보장한 취지가 실질적으로 침해되었다고 볼 수 없을 정도에 해당한다는 등의 특별한 사정이 없는 이상 압수·수색이 적법하다고 평가할 수 없고, 비록 수사기관이 저장매체 또는 복제본에서 혐의사실과 관련된 전자정보만을 복제·출력하였다고 하더라도 달리 볼 것은 아니다(대법원 2017.9.21. 선고 2015도12400 판결).

Answer
OX
×

5 우체물

피고사건과 관계가 있다고 인정할 수 있는 것에 한정된다.

▶ 2011모1839 사안의 요약

검사가 압수·수색영장(제1영장)을 발부받아 甲 주식회사 빌딩 내 乙의 사무실을 압수·수색하였는데, 저장매체에 범죄혐의와 관련된 정보(유관정보)와 범죄혐의와 무관한 정보(무관정보)가 혼재된 것으로 판단하여 甲 회사의 동의를 받아 저장매체를 수사기관 사무실로 반출한 다음 乙 측의 참여하에 저장매체에 저장된 전자정보파일 전부를 '이미징'의 방법으로 다른 저장매체로 복제하고(제1처분), 乙 측의 참여 없이 이미징한 복제본을 외장 하드디스크에 재복제하였으며(제2처분), 乙 측의 참여 없이 하드디스크에서 유관정보를 탐색하던 중 우연히 乙 등의 별건 범죄혐의와 관련된 전자정보(별건 정보)를 발견하고 문서로 출력하였고(제3처분), 그 후 乙 측에 참여권 등을 보장하지 않은 채 다른 검사가 별건 정보를 소명자료로 제출하면서 압수·수색영장(제2영장)을 발부받아 외장 하드디스크에서 별건 정보를 탐색·출력한 사안에서, 제1처분은 위법하다고 볼 수 없으나, 제2·3처분의 위법의 중대성에 비추어 제1영장에 기한 압수·수색이 전체적으로 취소되어야 하며, 제2영장 청구 당시 압수할 물건으로 삼은 정보는 그 자체가 위법한 압수물이어서 별건 정보에 대한 영장청구 요건을 충족하지 못하였고, 제2영장에 기한 압수·수색 당시 乙 측에 압수·수색 과정에 참여할 기회를 보장하지 않았으므로, 제2영장에 기한 압수·수색은 전체적으로 위법하다(2011모1839). 15. 해경3차, 16. 변호사, 17. 경찰1차·해경간부

▶ 2011모1839 사안의 요약

구 분		내 용	참여권 등 보장 여부	적법 여부
제1영장 (배임죄)	제1처분	저장매체 전체를 '이미징'하여 대검 수사망에 복제	보장	적법
	제2처분	대검 수사망에서 별도의 하드디스크로 다운로드하여 저장	미보장	위법
	제3처분	범죄혐의 관련 전자정보 탐색 및 문서로 출력 (약사법위반 등 관련 자료도 출력)	미보장	위법
제2영장 (리베이트 관련 약사법위반)		약사법위반 등 별건 정보를 소명자료로 법원에 압수영장 청구하여 발부	미보장	위법

6 수색의 대상

1. 피의자·피고인

법원 또는 수사기관은 필요한 때에는 사건과 관계가 있다고 인정할 수 있는 것에 한정하여 피고인·피의자의 신체, 물건 또는 주거, 그 밖의 장소를 수색할 수 있다.

2. 제3자

제3자의 신체, 물건, 주거 기타 장소에 관하여 압수할 물건이 있음을 인정할 수 있는 경우에 한하여 가능하다. 02. 경찰1차, 15. 경찰간부

7 수색의 제한

1. 압수와 동일한 제한

제3자의 신체, 물건, 주거 기타 장소에 관하여 압수할 물건이 있음을 인정할 수 있는 경우에 한하여 가능하다.

2. 여자의 신체수색

여자에 대한 신체수색시에는 성년의 여자를 참여하게 하여야 한다(제124조).

8 압수 · 수색의 요건

1. 범죄혐의

① 압수 · 수색을 위해서는 범죄혐의가 있어야 한다.

② 출판에 대한 사전검열이 헌법상 금지되어 있으나, 출판내용에 형벌법규에 저촉되어 범죄를 구성하는 혐의가 있는 경우에 그 증거물 또는 몰수할 물건으로서 압수하는 것은 허용된다(91모1). 12. 경찰승진

③ 다만, 출판 직전에 그 내용을 문제 삼아 출판물을 압수하는 것은 실질적으로 출판의 사전검열과 같은 효과를 가져올 수도 있는 것이므로 범죄혐의와 강제수사의 요건을 엄격히 해석하여야 한다(91모1).

2. 사건과의 관련성

1) 의 의

① 법원은 필요한 때에는 피고사건과 관계가 있다고 인정할 수 있는 것에 한정하여 증거물 또는 몰수할 것으로 사료하는 물건을 압수할 수 있다. 단, 법률에 다른 규정이 있는 때에는 예외로 한다(제106조 제1항).

② 검사 또는 사법경찰관은 범죄수사에 필요한 때에는 피의자가 죄를 범하였다고 의심할 만한 정황이 있고 해당 사건과 관계가 있다고 인정할 수 있는 것에 한정하여 압수 · 수색 또는 검증을 할 수 있다.

③ 영장 발부의 사유로 된 범죄 혐의사실과 무관한 별개의 증거를 압수하였을 경우 이는 원칙적으로 유죄 인정의 증거로 사용할 수 없다(2018도2624). 19. 법원

관련 판례

압수수색 영장에 기재된 수색 · 검증장소에서 벗어난 장소에서 수집한 증거들은 위법하고, 이를 기초로 획득한 2차 증거 역시 모두 위법해 증거능력이 없다. 이 사건 압수수색 영장은 '삼성전자 본사, 서초 사옥, 우면 사옥' 중에서도 '해외지역총괄사업부, 경영지원총괄사업부, 법무실, 전산관리실'의 업무를 수행하는 장소에 한해서만 압수수색을 허용하는 취지로 해석해야 한다. 그럼에도 인사팀에서 보관 중이던 저장매체를 압수한 것은 영장의 효력범위를 벗어난 집행행위로서 위법하고, 그 소지인에게 영장을 제시하지도 않은 채 취득한 것으로써 위법하게 수집한 증거에 해당한다(2020도11559).

관련 판례

압수의 대상을 압수수색영장의 범죄사실 자체와 직접적으로 연관된 물건에 한정할 것은 아니고, 압수수색영장의 범죄사실과 기본적 사실관계가 동일한 범행 또는 동종 · 유사의 범행과 관련된다고 의심할 만한 상당한 이유가 있는 범위 내에서는 압수를 실시할 수 있다(2018도6252)
① 2014. 9. 25.자 압수 · 수색영장(이하 '1차 압수영장'이라 한다)의 발부 사유가 된 혐의사실은 피고인 1이 2014년 5월에서 6월 사이 피고인 3의 선거사무소에서 전화홍보원들에게 선거운동과 관련하여 금품을 제공하였다는 것이다. ② 그런데 1차 압수영장으로 압수한 증거물은 2012년 8월에서 2013년 11월 사이 피고인 3, 피고인 1, 피고인 2 등이 ○○○○○○○○포럼(이하 '이 사건 포럼'이라 한다)을 설립 · 운영하고 회비를 조성한 것과 관련하여 유사기관 설치와 사전선거운동으로 인한 공직선거법위반, 정치자금법위반의 혐의와 관련이 있다. ③ 이는 선거사무소의 전화홍보원들에게 금품을 제공하였다는 영장의 혐의사실에 관해서는 증거로서의 가치가 없다.
위 법리에 비추어 보면, 1차 압수영장으로 압수한 증거물은 1차 압수영장 발부의 사유가 된 범죄 혐의사실과 관련이 없으므로, 이에 대한 1차 압수영장의 집행행위는 위법하다. 원심이 1차 압수영장으로 압수한 증거물을 유죄 인정의 증거로 사용할 수 없다고 판

④ 그러나 압수・수색의 목적이 된 범죄나 이와 관련된 범죄의 경우에는 그 압수・수색의 결과를 유죄의 증거로 사용할 수 있다(2017도13458).

⑤ 압수의 대상을 압수수색영장의 범죄사실 자체와 직접적으로 연관된 물건에 한정할 것은 아니고, 압수수색영장의 범죄사실과 기본적 사실관계가 동일한 범행 또는 동종・유사의 범행과 관련된다고 의심할 만한 상당한 이유가 있는 범위 내에서는 압수를 실시할 수 있다(2018도6252) 20. 9급국가직・9급개론

2) 객관적 관련성 및 인적 관련성

① 압수・수색영장의 범죄 혐의사실과 관계있는 범죄라는 것은 압수・수색영장에 기재한 혐의사실과 객관적 관련성이 있고 압수・수색영장 대상자와 피의자 사이에 인적 관련성이 있는 범죄를 의미한다(2017도13458).

② 혐의사실과의 객관적 관련성은 압수・수색영장에 기재된 혐의사실 자체 또는 그와 기본적 사실관계가 동일한 범행과 직접 관련되어 있는 경우는 물론 범행 동기와 경위, 범행 수단과 방법, 범행 시간과 장소 등을 증명하기 위한 간접증거나 정황증거 등으로 사용될 수 있는 경우에도 인정될 수 있다(2017도13458). 20. 9급국가직・9급개론

③ 그 관련성은 압수・수색영장에 기재된 혐의사실의 내용과 수사의 대상, 수사 경위 등을 종합하여 구체적・개별적 연관관계가 있는 경우에만 인정되고, 혐의사실과 단순히 동종 또는 유사 범행이라는 사유만으로 관련성이 있다고 할 것은 아니다(2017도13458).

④ 그리고 피의자와 사이의 인적 관련성은 압수・수색영장에 기재된 대상자의 공동정범이나 교사범 등 공범이나 간접정범은 물론 필요적 공범 등에 대한 피고사건에 대해서도 인정될 수 있다(2017도13458).

3) 사 례

① 압수・수색영장에 기재된 피의자와 무관한 타인의 범죄사실에 관한 녹음파일을 압수한 경우, 이 녹음파일은 적법한 절차에 따르지 아니하고 수집한 증거로서 이를 증거로 사용할 수 없다(2013도7101). 14・15. 9급국가직, 15. 경찰2차・경찰승진・9급개론・해경3차, 16. 경찰1차, 17. 경찰간부・법원

② 수사기관이 피의자 甲의 공직선거법 위반 혐의로 발부받은 압수・수색영장의 집행과정에서 甲의 혐의사실과 무관한 乙과 丙사이의 대화가 녹음된 파일을 압수한 경우 위 녹음파일은 위법수집증거이므로 乙과 丙의 공직선거법 위반 혐의사실을 입증하는 증거로 사용할 수 없다(2013도7101). 20. 경찰1차

③ 간음유인미수 및 성폭력범죄의 처벌 등에 관한 특례법(통신매체이용음란) 범행과 관련하여 수사기관이 피고인 소유의 휴대전화를 압수하였는데, 간음유인 및 간음유인미수, 미성년자의제강간, 성폭력처벌법 위반(13세미만미성년자강간), 성폭력처벌법 위반(통신매체이용음란) 등 범행관련 추가 자료를 압수한 경우, 관련성이 인정된다(2019도14341).

단한 것은 정당하다. 원심판결에 상고이유 주장과 같이 증거능력과 압수영장의 효력・집행에 관한 법리를 오해한 잘못이 없다(대법원 2017.11.14. 선고 2017도3449 판결).

OX 압수・수색영장에 기재한 혐의사실과 범죄와의 객관적 관련성은 압수・수색영장에 기재된 혐의사실의 내용과 수사의 대상, 수사 경위 등을 종합하여 구체적・개별적 연관관계가 있는 경우에는 인정되지만, 혐의사실과 단순히 동종 또는 유사 범행이라는 사유만으로 관련성이 있다고 할 것은 아니다. (○, ×) 19. 경찰1차

OX 압수・수색영장 대상자와 피의자 사이에 요구되는 인적 관련성은 압수・수색영장에 기재된 대상자의 공동정범이나 교사범 등 공범이나 간접정범은 물론 필요적 공범 등에 대한 피고사건에 대해서도 인정될 수 있다. (○, ×) 19. 경찰1차

OX 수사기관이 피의자 甲의 공직선거법 위반 혐의로 발부받은 압수・수색영장의 집행과정에서 甲의 혐의사실과 무관한 乙과 丙 사이의 대화가 녹음된 파일을 압수한 경우 위 녹음파일은 위법수집증거이므로 乙과 丙의 공직선거법 위반 혐의사실을 입증하는 증거로 사용할 수 없다. (○, ×) 15. 9급국가직・9급개론

관련 판례

1차 압수・수색영장에 기재된 허위사실공표 사건의 혐의사실은 피고인이 2016. 4. 11. 선거운동과 관련하여 자신의 페이스북에 허위의 글을 게시하였다는 것이다. 이 사건 공소사실은 피고인이 2016. 3. 30.경 선거운동과 관련하여 자신의 페이스북에 선거홍보물 게재 등을 부탁하면서 공소외 1에게 금품을 제공하였다는 것이다. 이 사건 공소사실은 1차 압수・수색영장 기재 혐의사실에 대한 범행의 동기와 경위, 범행 수단과 방법, 범행 시간과 장소 등을 증명하기 위한 간접증거나 정황증거 등으로 사용될 수 있는 경우에 해당하므로, 1차 압수・수색영장 기재 혐의사실과 객관

Answer

OX
○, ○, ○

④ 전화홍보원들에게 선거운동과 관련하여 금품을 제공하였다는 범죄사실로 발부받은 영장으로 유사기관 설치와 사전선거운동의 범죄사실의 증거물을 압수한 경우, 그 증거물은 유죄 인정의 증거로 사용할 수 없다(2017도3449).

3. 필요성

① 압수·수색은 증거수집과 범죄수사를 위하여 필요한 때에만 할 수 있다. 11·15. 경찰승진

② 형사소송법 제215조의 '범죄수사에 필요한 때'라 함은 단지 수사를 위해 필요할 뿐만 아니라 강제처분으로서 압수를 행하지 않으면 수사의 목적을 달성할 수 없는 경우를 말하고 그 필요성이 인정되는 경우에도 무제한적으로 허용되는 것은 아니다(2003모126). 13. 경찰3차, 17. 경찰승진

4. 비례성의 원칙

① 압수·수색을 하지 않고서는 목적을 달성할 수 없는 경우, 목적달성을 위한 필요최소한도의 범위에 그쳐야 한다.

② 검사가 폐수무단방류 혐의가 인정된다는 이유로 피의자들의 공장부지, 건물, 기계류 일체 및 폐수 운반차량 7대에 대하여 한 압수처분은 수사상의 필요에서 행하는 압수의 본래의 취지를 넘는 것으로 상당성이 없을 뿐만 아니라, 수사상의 필요와 그로 인한 개인의 재산권 침해의 정도를 비교 형량해 보면 비례성의 원칙에 위배되어 위법하다(2003모126). 08. 경위·경찰1차, 15. 경찰3차, 17. 경찰간부

9 압수·수색의 절차

1. 수사기관의 압수·수색

(1) 영장청구

1) 영장청구

① 검사는 지방법원판사에게 청구한다.

② 공소제기 후 검사의 영장청구는 허용되지 않는다.

③ 사법경찰관은 검사에게 신청하고, 검사는 지방법원판사에게 청구한다.
(사법경찰관의 신청 ⇨ 검사의 청구 ⇨ 판사의 발부)

④ 서면으로 청구한다.

⑤ 압수·수색영장을 청구할 때에는 피의자에게 범죄의 혐의가 있다고 인정되는 자료와 압수·수색의 필요 및 해당 사건과의 관련성을 인정할 수 있는 자료를 제출하여야 한다(규칙 제108조 제1항).

적 관련성이 있다. 또한 이 사건 공소사실과 1차 압수·수색영장 기재 혐의사실은 모두 피고인이 범행 주체가 되어 페이스북을 통한 선거운동과 관련된 내용이므로 인적 관련성 역시 인정된다(대법원 2017.12.5. 선고 2017도13458 판결).

관련 판례

피고인이 2018. 5. 6.경 피해자 갑(여, 10세)에 대하여 저지른 간음유인미수 및 성폭력범죄의 처벌 등에 관한 특례법(이하 '성폭력처벌법'이라고 한다) 위반(통신매체이용음란) 범행과 관련하여 수사기관이 피고인 소유의 휴대전화를 압수하였는데, 위 휴대전화에 대한 디지털정보분석 결과 피고인이 2017. 12.경부터 2018. 4.경까지 사이에 저지른 피해자 을(여, 12세), 병(여, 10세), 정(여, 9세)에 대한 간음유인 및 간음유인미수, 미성년자의제강간, 성폭력처벌법 위반(13세미만미성년자강간), 성폭력처벌법 위반(통신매체이용음란) 등 범행에 관한 추가 자료들이 획득되어 그 증거능력이 문제된 사안에서, 위 휴대전화는 피고인이 긴급체포되는 현장에서 적법하게 압수되었고, 형사소송법 제217조 제2항에 의해 발부된 법원의 사후 압수·수색·검증영장(이하 '압수·수색영장'이라고 한다)에 기하여 압수 상태가 계속 유지되었으며, 압수·수색영장에는 범죄사실란에 갑에 대한 간음유인미수 및 통신매체이용음란의 점만이 명시되었으나, 법원은 계속 압수·수색·검증이 필요한 사유로서 영장 범죄사실에 관한 혐의의 상당성 외에도 추가 여죄수사의 필요성을 포함시킨 점, 압수·수색영장에 기재된 혐의사실은 미성년자인 갑에 대하여 간음행위를 하기 위한 중간 과정 내지 그 수단으로 평가되는 행위에 관한 것이고 나아가 피고인은 형법 제305조의2 등에 따라 상습범으로 처벌될 가능성이 완전히 배제되지 아니한 상태였으므로, 추가 자료들로 밝혀지게 된 을, 병, 정에 대한 범행은 압수·수색영장에 기재된 혐의사실과 기본적 사실관계가 동일한 범행에 직접 관련되어 있는 경우라고 볼 수 있다[대법원 2020.2.13. 선고 2019도14341, 2019전도130(병합) 판결].

⑥ 피의자 아닌 자의 신체, 물건, 주거 기타 장소의 수색을 위한 영장의 청구를 할 때에는 압수하여야 할 물건이 있다고 인정될 만한 자료를 제출하여야 한다(규칙 제108조 제2항). 19. 경찰2차

⑦ 검사가 공소제기 후 수소법원 이외의 지방법원 판사에게 청구하여 발부받은 영장에 의하여 압수·수색을 하였다면, 그와 같이 수집된 증거는 적법한 절차에 따르지 않은 것으로서 원칙적으로 유죄의 증거로 삼을 수 없다(2009도10412). 12·16. 경찰1차, 12·17. 9급국가직, 13·17·19. 경찰간부, 15. 경찰2차·경찰3차·해경3차, 15·18. 법원, 16. 해경·7급국가직·변호사, 16·17. 경찰승진, 17. 9급개론·여경·경찰특공대, 18. 경찰2차, 19. 해경간부

⑧ 검사 또는 사법경찰관은 압수·수색 또는 검증영장을 청구하거나 신청할 때에는 압수·수색 또는 검증의 범위를 범죄 혐의의 소명에 필요한 최소한으로 정해야 하고, 수색 또는 검증할 장소·신체·물건 및 압수할 물건 등을 구체적으로 특정해야 한다(수사준칙 제37조).

2) 재청구 등

검사 또는 사법경찰관은 압수·수색 또는 검증영장을 재청구·재신청(압수·수색 또는 검증영장의 청구 또는 신청이 기각된 후 다시 압수·수색 또는 검증영장을 청구하거나 신청하는 경우와 이미 발부받은 압수·수색 또는 검증영장과 동일한 범죄사실로 다시 압수·수색 또는 검증영장을 청구하거나 신청하는 경우를 말한다)하는 경우에는 그 취지를 영장 청구서 또는 신청서에 적어야 한다(수사준칙 제39조, 제31조).

(2) 압수·수색영장의 발부

1) 영장 발부

① 법원의 공판정 내에서의 압수·수색은 영장이 필요 없으나, 공판정 외에서의 압수·수색은 영장을 요한다.

② 법원이 공판정 외에서 압수·수색을 하는 경우에도 검사의 청구가 불필요하다. 19. 경찰간부

③ 수사기관의 압수·수색은 검사가 지방법원에 청구하여 발부받은 영장에 의하여 압수·수색을 할 수 있다. 19. 경찰2차

④ 압수·수색·검증영장에는 피의자의 성명, 죄명, 압수할 물건, 수색 또는 검증할 장소, 신체, 물건, 발부 연월일, 유효기간과 그 기간을 경과하면 집행에 착수하지 못하여 영장을 반환하여야 한다는 취지, 압수·수색·검증 사유를 기재하고 지방법원판사가 서명날인하여야 한다. 16. 경찰승진, 19. 경찰2차

⑤ 피의자의 성명이 불분명할 때에는 인상·체격 등 피의자를 특정할 수 있는 사항으로 표시할 수 있다.

⑥ 압수·수색할 물건이 전기통신에 관한 것인 경우에는 작성기간을 기재하여야 한다. 05. 경찰1차, 14. 경찰간부

기출 키워드 체크

_____는 범죄수사에 필요한 때에는 피의자가 죄를 범하였다고 의심할 만한 정황이 있고 해당 사건과 관계가 있다고 인정할 수 있는 것에 한정하여 지방법원_____에게 청구하여 발부받은 영장에 의하여 압수·수색을 할 수 있다.

Answer

기출 키워드 체크
검사, 판사

⑦ '피의사건과 관계있는 모든 물건'을 압수 대상으로 하는 식의 일반영장은 위법하다. 05. 경찰1차 · 경찰2차, 14. 법원, 18. 해경간부

⑧ '제주 지사실 내에 있는 선거법위반 관련 증거일체'와 같은 기재는 위법하다(2008도763).

⑨ 압수·수색영장에서 압수할 물건을 "압수장소에 보관 중인 물건"이라고 기재하고 있는 것을 압수장소에 "현존"하는 물건으로 해석할 수 없다(2008도763). 10 · 12 · 17 · 18 · 19. 경찰2차, 10 · 14 · 17 · 18 · 19. 경찰승진, 11 · 14 · 16. 경찰1차, 12. 법원, 14 · 18. 경찰간부, 16. 해경, 17. 여경 · 경찰특공대

⑩ 영장 발부 또는 기각결정에 대해서는 불복할 수 없다. 08. 경찰1차, 16. 변호사 ⇨ 항고나 준항고가 허용되지 않는다.

⑪ 디엔에이감식시료채취영장 발부 과정에서 채취대상자에게 자신의 의견을 밝히거나 영장 발부 후 불복할 수 있는 절차 등에 관하여 규정하지 아니한 '디엔에이신원확인 정보의 이용 및 보호에 관한 법률' 제8조는 재판청구권을 침해한다(2016헌마344, 2017헌마630). ⇨ 검사는 디엔에이감식시료채취영장을 청구할 때 채취에 관한 채취대상자의 의견이 담긴 서면을 제출하도록 하고, 관할 지방법원 판사는 디엔에이감식시료채취영장 발부 여부를 심사하는 때에 채취대상자에게 서면에 의한 의견진술의 기회를 주도록 개정됨(2020. 1. 21. 개정)

2) 유효기간

① 영장의 유효기간은 7일이지만, 법원 또는 법관이 상당하다고 인정하는 때에는 7일을 넘는 기간을 정할 수 있다.

② 유효기간은 집행에 착수할 수 있는 종기를 의미하는 것이고, 일단 집행 종료하면 그 영장은 목적을 달성하여 효력을 상실한다(99모161).

③ 이미 집행한 압수수색영장은 유효기간이 남아 있다 하더라도 동일한 영장으로 같은 장소에서 재차 압수·수색·검증을 할 수 없다(99모161). 05 · 14 · 18. 경찰2차, 06 · 10. 교정특채, 08. 경찰3차, 11 · 16 · 17 · 18 · 19 · 21. 경찰승진, 15 · 19. 경찰간부, 17. 7급국가직 · 9급국가직 · 변호사, 21. 9급개론

(3) 영장의 집행

1) 집행기관

① 압수·수색·검증영장의 집행은 검사의 지휘에 의해 사법경찰관리가 집행한다. 05. 경찰1차

② 검사가 압수·수색·검증을 함에는 검찰청수사관 또는 서기관이나 서기를 참여하게 하여야 하고 사법경찰관이 피의자를 신문함에는 사법경찰관리를 참여하게 하여야 한다.

기출 키워드 체크

법관이 압수수색영장을 발부하면서 '압수할 물건'을 특정하기 위하여 기재한 문언의 해석에 있어서 압수수색영장에서 압수할 물건을 '압수장소에 보관 중인 물건'이라고 기재하고 있는 것을 '압수 장소에 ______하는 물건'으로 해석할 수 없다.

OX 수사기관이 압수·수색영장을 제시하고 압수·수색을 실시하여 그 집행을 종료하였다 하더라도 영장의 유효기간이 남아 있다면 아직 그 영장의 효력이 상실되지 않았으므로, 동일한 장소에 대하여 다시 압수·수색할 수 있다. (○, ×) 21. 9급개론

기출 키워드 체크

압수·수색을 실시하고 그 집행을 ______한 후, 그 압수·수색영장이 아직 유효기간 내에 있고 동일한 장소 또는 목적물에 대하여 다시 압수·수색할 필요가 있는 경우라도 그 영장으로 다시 압수·수색할 수 없다.

Answer

기출 키워드 체크
현존
종료

OX
×

관련 판례

형사소송법이 압수·수색영장을 집행하는 경우에 피압수자에게 반드시 압수·수색영장을 제시하도록 규정한 것은 법관이 발부한 영장 없이 압수·수색을 하는 것을 방지하여 영장주의 원칙을 절차적으로 보장하고, 압수·수색영장에 기재된 물건, 장소, 신체에 대해서만 압수·수색을 하도록 하여 개인의 사생활과 재산권의 침해를 최소화하는 한편, 준항고 등 피압수자의 불복신청의 기회를 실질적으로 보장하기 위한 것이다.
위와 같은 관련 규정과 영장 제시 제도의 입법 취지 등을 종합하여 보면, 압수·수색영장을 집행하는 수사기관은 피압수자로 하여금 법관이 발부한 영장에 의한 압수·수색이라는 사실을 확인함과 동시에 형사소송법이 압수·수색영장에 필요적으로 기재하도록 정한 사항이나 그와 일체를 이루는 사항을 충분히 알 수 있도록 압수·수색영장을 제시하여야 한다.
충북지방경찰청 소속 사법경찰관이 이 사건 영장의 피압수자인 공소외 1에게 이 사건 영장을 제시하면서 표지에 해당하는 첫 페이지와 공소외 1의 혐의사실이 기재된 부분만을 보여 주고, 이 사건 영장의 내용 중 압수·수색·검증할 물건, 압수·수색·검증할 장소, 압수·수색·검증을 필요로 하는 사유, 압수 대상 및 방법의 제한 등 필요적 기재 사항 및 그와 일체를 이루는 부분을 확인하지 못하게 한 것은 이 사건 영장을 집행할 때 피압수자인 공소외 1이 그 내용을 충분히 알 수 있도록 제시한 것으로 보기 어렵다(대법원 2017.9.21. 선고 2015도12400 판결).

기출 키워드 체크

"압수·수색영장은 처분을 받는 자에게 _____ 제시하여야 한다."고 규정하고 있으나, 이는 영장제시가 현실적으로 가능한 상황을 전제로 한 규정으로 보아야 하고, 피처분자가 현장에 없거나 현장에서 그를 발견할 수 없는 경우 등 영장제시가 _____한 경우에는 영장을 제시하지 아니한 채 압수·수색을 하더라도 위법하다고 볼 수 없다.

Answer

기출 키워드 체크
반드시, 현실적으로 불가능

③ 검사의 집행지휘나 사법경찰관리의 집행은 관할구역 외에서도 할 수 있고, 관할구역의 검사나 사법경찰관리에게 촉탁할 수도 있다. 13. 경찰승진

④ 범죄의 피해자인 검사(압수·수색영장의 집행과정에서 폭행 등의 피해를 당함)가 그 사건의 수사에 관여하거나, 압수·수색영장의 집행에 참여한 검사가 다시 수사에 관여하였다는 이유만으로 바로 그 수사가 위법하다거나 그에 따른 참고인이나 피의자의 진술에 임의성이 없다고 볼 수는 없다(2011도12918). 14. 경찰1차, 16. 법원, 18. 경찰승진

2) 영장제시

① 압수·수색영장은 처분을 받는 자에게 반드시 제시해야 한다(제118조). 01. 경찰3차, 10·13. 경찰1차, 11·13·14. 경찰2차, 12. 법원·교정특채, 15. 경찰승진·경찰간부 ⇨ 체포·구속의 긴급집행은 압수·수색에는 허용되지 않는다. 14. 경찰2차

② 예외 ⇨ 영장제시가 현실적으로 불가능한 경우(급속 ×)

㉠ **피처분자가 현장에 없거나 현장에서 그를 발견할 수 없는 경우 등 영장제시가 현실적으로 불가능한 경우에는 영장을 제시하지 아니한 채 압수·수색을 하더라도 위법하다고 볼 수 없다(2014도10978).** 15·18. 경찰2차, 16·17·19. 변호사, 16·17·18·19·21. 경찰승진, 16·18. 경찰간부, 17. 해경2차·해경간부·9급국가직, 21. 9급국가직

㉡ **피고인의 주소지와 거소지에 대한 압수·수색 당시 피고인이 현장에 없었고, 하남평생교육원에 대한 압수·수색 당시 교육원 원장은 현장에 없었고 이사장도 수사관들에게 자신의 신분을 밝히지 않은 채 건물 밖에서 지켜보기만 하였다면, 수사관들이 각 압수·수색 당시 피고인과 교육원 원장 또는 이사장 등에게 영장을 제시하지 않았다고 하여 이를 위법하다고 볼 수 없다(2014도10978).** 16. 해경, 21. 경찰간부

③ 압수·수색 또는 검증의 처분을 받는 자가 여럿인 경우에는 모두에게 개별적으로 영장을 제시해야 한다(수사준칙 제39조). ⇨ 관리책임자에게 영장을 제시하였다고 하더라도, 물건을 소지하고 있는 다른 사람으로부터 이를 압수하고자 하는 때에는 그 사람에게 따로 영장을 제시하여야 한다(2008도763). 10·11·15·16·17·18. 경찰승진, 10·12·13·14·15·18. 경찰2차, 11·14·16·19. 경찰1차, 12·13. 법원, 12·13·14·16·17. 9급국가직, 13·14·18·20. 경찰간부, 15. 경찰3차·지능특채, 16. 9급개론, 17. 해경2차·변호사, 19. 해경간부

④ 압수된 전자정보에 대해 수사기관이 다시 압수·수색한 경우 피압수·수색 당사자는 최초의 압수·수색 이전부터 해당 전자정보를 관리하고 있던 자이다(2011모1839).

⑤ 이메일에 대한 압수수색영장을 집행할 당시, 팩스로 영장 사본을 송신하여 집행하고, 압수조서와 압수물 목록을 작성·교부하지 않은 경우 압수된 이메일은 위법수집증거로 유죄의 증거로 삼을 수 없다(2015도10648). 21. 경찰간부, 21. 9급국가직

⑥ 압수·수색영장을 집행하는 수사기관은 영장의 필요적 기재 사항이나 그와 일체를 이루는 사항을 충분히 알 수 있도록 피압수자에게 압수·수색영장을 제시하여야 한다(2015도12400). 19. 변호사, 20. 경찰간부, 21. 경찰1차

㉠ **압수·수색영장을 제시하면서 표지와 혐의사실이 기재된 부분만을 보여 주고, 압수·수색·검증할 물건, 압수·수색·검증할 장소 등 필요적 기재 사항 및 그와 일체를 이루는 부분을 확인하지 못하게 한 것은 적법한 압수·수색영장의 제시라고 볼 수 없다(2015도12400).** 19. 경찰1차

㉡ **검사 또는 사법경찰관은 영장을 제시할 때에는 피압수자에게 법관이 발부한 영장에 따른 압수·수색 또는 검증이라는 사실과 영장에 기재된 범죄사실 및 수색 또는 검증할 장소·신체·물건, 압수할 물건 등을 명확히 알리고, 피압수자가 해당 영장을 열람할 수 있도록 해야 한다(수사준칙 제38조).**

3) 당사자 참여 등

① 검사, 피의자, 피고인 또는 변호인은 압수·수색영장의 집행에 참여할 수 있다(제121조). 08. 경찰1차, 14. 경찰2차

② 압수·수색영장을 집행함에는 미리 집행의 일시와 장소를 참여권자에게 통지하여야 한다. 02. 행시, 10. 교정특채, 13. 경찰1차

㉠ **참여권자가 참여하지 아니한다는 의사를 명시한 때 또는 급속을 요하는 때에는 예외로 한다.** 11. 경찰2차, 12. 법원, 17. 7급국가직

㉡ **검사가 전자우편을 압수·수색하는 과정에서 급속을 요하는 때에는 압수·수색영장을 집행하면서 참여권자에 대한 사전통지를 생략하였다고 하더라도 적법절차원칙에 위배되지 않는다(2012도7455, 2011헌바225).** 17. 변호사

③ 여자의 신체를 수색할 때에는 성년의 여자를 참여하게 하여야 한다. 03. 경찰1차, 09. 9급국가직, 10. 경찰1차·교정특채

④ 공무소, 군사용 항공기 또는 선차 내에서 압수·수색영장을 집행하는 경우 그 책임자에게 참여할 것을 통지하여야 한다.

⑤ 타인의 주거, 간수자 있는 가옥, 건조물, 항공기 또는 선차 내에서 압수·수색영장을 집행하는 경우, 주거주, 간수자 이에 준하는 자를 참여하게 하여야 한다. ⇨ 주거주, 간수자 등을 참여하게 하지 못할 때에는 인거인(이웃사람) 또는 지방공공단체의 직원(경찰 ×)을 참여하게 하여야 한다.

㉠ **주거주 등의 참여 없이 30분 가량 압수수색을 진행하다가 임차인에게 연락하여 참여할 것을 고지하여 임차인과 변호인의 적극적이고 실질적인 참여가 있었으며 압수·수색의 전 과정이 영상녹화된 경우, 수집된 증거들은 (예외적으로) 유죄 인정의 증거로 사용할 수 있다(2014도10978).**

기출 키워드 체크

"수사기관이 압수·수색에 착수하면서 그 장소의 관리 책임자에게 영장을 제시하였다고 하더라도, 물건을 소지하고 있는 다른 사람으로부터 이를 압수하고자 하는 때에는 그 사람에게 _____ 영장을 _____하여야 한다.

OX ○○평생교육원에 대한 압수·수색 당시 원장은 현장에 없었고, 이사장도 수사관들에게 자신의 신분을 밝히지 않은 채 건물 밖에서 지켜보기만 하는 등 영장제시가 사실상 불가능한 상황에서 수사관들이 영장의 제시 없이 압수·수색을 집행한 것은 적법하다. (○, ×) 21. 경찰간부

OX 수사기관이 압수·수색에 착수하면서 그 장소의 관리책임자에게 영장을 제시하였다면, 물건을 소지하고 있는 다른 사람으로부터 이를 압수하고자 하는 때에는 그 사람에게 따로 영장을 제시할 필요는 없다. (○, ×) 19. 경찰1차

OX 정보통신서비스 회사에서 보관 중인 이메일에 대하여 압수수색영장을 집행하면서 팩스로 영장사본을 송신하였다면, 집행시에 그 영장의 원본을 제시하지 않더라도 적법하다. (○, ×) 21. 경찰간부

OX 피압수자에게 영장의 표지인 첫 페이지와 피압수자의 혐의사실 부분만을 보여주고 나머지 부분을 확인하지 못하게 한 것은 압수·수색영장의 필요적 기재사항이나 그와 일체를 이루는 사항을 충분히 알 수 있도록 제시한 것이라 할 수 없다. (○, ×) 19. 경찰1차

기출 키워드 체크

압수·수색영장의 집행에 참여할 수 있는 당사자의 권리는 _____을 요하는 때에는 제한될 수 있다.

Answer

기출 키워드 체크

따로, 제시

급속

OX

○, ×, ×, ○

ⓛ 피고인들과 변호인에게 압수 · 수색 일시와 장소를 통지하지 아니한 경우라도, 피고인들 또는 관련 참여인들의 참여가 있었던 경우에는 위 압수 · 수색과정에서 수집된 디지털 관련 증거들은 (예외적으로) 유죄 인정의 증거로 사용할 수 있다(2014도10978).

ⓒ 수사관들이 주거주 등의 참여 없이 건물에 진입하기는 하였으나, 주민센터 직원이 도착한 이후에야 본격적인 수색절차를 진행하였고, 압수 · 수색과정을 영상녹화 등과 같은 조치를 취한 경우에 수집된 증거들은 유죄 인정의 증거로 사용할 수 있는 예외적인 경우에 해당한다(2014도10978).

⑥ 복제한 전자정보를 압수하는 경우 최초 전자정보를 관리하고 있던 자에게 참여권을 보장하고, 압수목록을 교부하여야 한다. ⇨ 피압수자는 최초의 압수 · 수색 이전부터 해당 전자정보를 관리하고 있던 자라 할 것이므로, 특별한 사정이 없는 한 그 피압수자에게 참여권을 보장하고 압수한 전자정보 목록을 교부하는 등 피압수자의 이익을 보호하기 위한 적절한 조치가 이루어져야 할 것이다(2011모1839).

4) 야간집행

① 주간집행의 원칙: 일출 전, 일몰 후에는 압수 · 수색 · 검증영장에 야간집행을 할 수 있다는 기재가 없으면 그 영장을 집행하기 위하여 타인의 주거, 간수자 있는 가옥, 건조물, 항공기 또는 선차 내에 들어가지 못한다(제125조, 제219조). 01. 경찰3차, 05. 경찰2차, 10. 법원 · 교정특채, 19 · 21. 경찰승진

② 예 외

㉠ 다음의 경우에는 야간집행이 가능하다(제126조, 제219조).

ⓛ 도박, 기타 풍속을 해하는 행위에 상용된다고 인정하는 장소 ⇨ 공개된 시간에 제한되지 않음 17. 경찰2차, 01. 경찰승진

ⓒ 여관, 음식점 기타 야간에 공중이 출입할 수 있는 장소 10. 법원, 12 · 13. 경찰1차 **⇨ 공개된 시간에 한함** 20. 9급국가직 · 9급개론

5) 기 타

① 압수 · 수색 · 검증영장의 집행 중에는 타인의 출입을 금지할 수 있고 이에 위배한 자에게는 퇴거하게 하거나 집행종료시까지 간수자를 붙일 수 있다(제119조)(제219조).

② 압수 · 수색 · 검증영장의 집행에 있어서는 건정(잠금장치)을 열거나 개봉 기타 필요한 처분을 할 수 있다.

③ 압수 · 수색 · 검증영장의 집행을 중지할 경우에 필요한 때에는 집행이 종료될 때까지 그 장소를 폐쇄하거나 간수자를 둘 수 있다.

기출 키워드 체크

_____ 기타 풍속을 해하는 행위에 상용된다고 인정하는 장소에 대하여 압수 · 수색영장을 집행함에 있어서는 _____된 시간 여부에 상관없이 수색영장에 야간집행을 할 수 있다는 기재가 없는 때에도 야간에 영장을 집행할 수 있다.

Answer

기출 키워드 체크

도박, 공개

6) 인터넷을 통한 압수

① 인터넷서비스이용자는 전자정보의 소유자 내지 소지자라 할 수 있으므로, 수사기관이 인터넷서비스이용자인 피의자를 상대로 피의자의 컴퓨터 등 정보처리장치 내에 저장되어 있는 이메일 등 전자정보를 압수·수색하는 것은 허용된다(2017도9747). 18·19. 경찰2차, 19. 법원

② 수사기관이 영장 기재 수색장소에 있는 컴퓨터 등 정보처리장치를 이용하여 적법하게 취득한 이메일 계정 정보를 입력하는 등 통상적인 방법에 따라 그 원격지의 저장매체에 접속하고 전자정보를 내려 받거나 화면에 현출시키는 방법의 전자정보 압수·수색은 허용된다(2017도9747). 18·19. 경찰2차, 19. 변호사 21. 9급개론

③ 피의자의 이메일 계정에 대한 접근권한에 갈음하여 발부받은 압수·수색영장에 따라 국외에 있는 저장매체에 접속하여 전자정보를 내려받거나 현출시키는 방법의 압수·수색은 허용된다(2017도9747). 19. 법원, 21. 경찰간부

④ 이러한 원격지 압수수색은 압수·수색영장의 집행을 원활하고 적정하게 행하기 위하여 필요한 최소한도의 범위 내에서 이루어지며 그 수단과 목적에 비추어 사회통념상 타당하다고 인정되는 대물적 강제처분 행위로서 허용되며, 형사소송법 제120조 제1항에서 정한 압수·수색영장의 집행에 필요한 처분에 해당한다(2017도9747). 19. 경찰1차 ⇨ 압수·수색하는 장소 내지 대상물이 해외에 존재하여 대한민국의 사법관할권이 미치지 아니하는 해외 이메일서비스제공자의 해외 서버 및 그 해외 서버에 소재하는 저장매체 속 디지 털 정보에 대하여까지 압수·수색·검증영장의 효력이 미친다(2017도9747, 서울고등법원 2017노23). 19. 경찰1차

▶ 여자의 신체수색과 신체검사시 참여자 비교

구 분	신체수색	신체검사
참여자	성년의 여자	의사 또는 성년의 여자

(4) 집행 후의 절차

1) 압수조서

① 증거물 또는 몰수할 물건을 압수하였을 때에는 압수조서와 압수목록을 작성하여야 한다. ⇨ 임의제출물의 압수의 경우에도 목록을 작성하여야 한다.

② 검사 또는 사법경찰관은 증거물 또는 몰수할 물건을 압수했을 때에는 압수의 일시·장소, 압수 경위 등을 적은 압수조서와 압수물건의 품종·수량 등을 적은 압수목록을 작성해야 한다(수사준칙 제40조 본문).

③ 다만, 피의자신문조서, 진술조서, 검증조서에 압수의 취지를 적은 경우에는 그렇지 않다(동조 단서).

기출 키워드 체크

압수·수색할 전자정보가 수색장소에 있지 않고 제3자가 관리하는 _____의 서버 등 저장매체에 저장되어 있는 경우, 수사기관이 발부받은 영장에 따라 피의자가 접근하는 통상적인 방법으로 원격지의 저장매체에 접속하여 그곳에 저장되어 있는 피의자의 이메일 관련 전자정보를 수색장소의 정보처리장치로 내려받는 것이 허용된다.

관련 판례

수사기관이 인터넷서비스이용자인 피의자를 상대로 피의자의 컴퓨터 등 정보처리장치 내에 저장되어 있는 이메일 등 전자정보를 압수·수색하는 것은 전자정보의 소유자 내지 소지자를 상대로 해당 전자정보를 압수·수색하는 대물적 강제처분으로 형사소송법의 해석상 허용된다. 피의자의 이메일 계정에 대한 접근권한에 갈음하여 발부받은 압수·수색영장에 따라 원격지의 저장매체에 적법하게 접속하여 내려받거나 현출된 전자정보를 대상으로 하여 범죄혐의사실과 관련된 부분에 대하여 압수·수색하는 것은, 압수·수색영장의 집행을 원활하고 적정하게 행하기 위하여 필요한 최소한도의 범위 내에서 이루어지며 그 수단과 목적에 비추어 사회통념상 타당하다고 인정되는 대물적 강제처분 행위로서 허용되며, 형사소송법 제120조 제1항에서 정한 압수·수색영장의 집행에 필요한 처분에 해당한다. 그리고 이러한 법리는 원격지의 저장매체가 국외에 있는 경우라 하더라도 그 사정만으로 달리 볼 것은 아니다(대법원 2017.11.29. 선고 2017도9747 판결).

Answer

기출 키워드 체크

원격지

관련 판례

압수물 목록 교부 취지에 비추어 볼 때, 압수된 정보의 상세목록에는 정보의 파일 명세가 특정되어 있어야 하고, 수사기관은 이를 출력한 서면을 교부하거나 전자파일 형태로 복사해 주거나 이메일을 전송하는 등의 방식으로도 할 수 있다.

증거로 제출된 전자문서 파일의 사본이나 출력물이 복사·출력 과정에서 편집되는 등 인위적 개작 없이 원본 내용을 그대로 복사·출력한 것이라는 사실은 전자문서 파일의 사본이나 출력물의 생성과 전달 및 보관 등의 절차에 관여한 사람의 증언이나 진술, 원본이나 사본 파일 생성 직후의 해시(Hash)값 비교, 전자문서 파일에 대한 검증·감정 결과 등 제반 사정을 종합하여 판단할 수 있다. 이러한 원본 동일성은 증거능력의 요건에 해당하므로 검사가 그 존재에 대하여 구체적으로 주장·증명해야 한다(2018.2.8. 선고 2017도13263 판결).

OX 증거물을 압수하였을 때에는 압수조서 및 압수목록을 작성하여야 하지만, 수색한 결과 증거물이 없는 경우에는 그 취지의 증명서를 교부할 필요는 없다. (○, ×) 21. 9급개론

Answer

OX

×

2) 압수목록

① 압수목록을 작성하여 소유자, 소지자, 보관자 기타 이에 준할 자에게 교부하여야 한다. 06. 경찰1차, 10. 법원, 12·19. 해경간부, 15. 경찰승진

㉠ **검사 또는 사법경찰관은 전자정보의 탐색·복제·출력을 완료한 경우에는 지체 없이 피압수자 등에게 압수한 전자정보의 목록을 교부해야 한다(수사준칙 제42조 제1항).**

㉡ **검사 또는 사법경찰관은 위 ㉠의 목록에 포함되지 않은 전자정보가 있는 경우에는 해당 전자정보를 지체 없이 삭제 또는 폐기하거나 반환해야 한다. 이 경우 삭제·폐기 또는 반환확인서를 작성하여 피압수자 등에게 교부해야 한다(동조 제2항)**

㉢ **압수목록은 압수 직후 현장에서 바로 작성하여 교부해야 하는 것이 원칙이다(2008도763).** 11. 경찰1차

② 작성월일을 누락한 채 일부 사실에 부합하지 않는 내용으로 작성하여 압수·수색이 종료된 지 5개월이나 지난 뒤에 이 사건 압수물 목록을 교부한 행위는 형사소송법이 정한 바에 따른 압수물 목록 작성·교부에 해당하지 않는다(2008도763). 10. 경찰승진

③ 압수된 물건에 대해 수사기관이 다시 압수·수색한 경우, 피압수·수색 당사자(이하 '피압수자'라 한다)를 '최초의 압수·수색 이전부터 해당 전자정보를 관리하고 있던 자'라고 보고 있고, 수사기관은 이러한 최초 관리자에게 목록을 교부하여야 한다(2011모1839).

④ 압수물 목록 교부 취지에 비추어 볼 때, 압수된 정보의 상세목록에는 정보의 파일 명세가 특정되어 있어야 하고, 수사기관은 이를 출력한 서면을 교부하거나 전자파일 형태로 복사해 주거나 이메일을 전송하는 등의 방식으로도 할 수 있다(2017도13263). 18. 7급국가직·경찰2차

3) 수색증명서

수색한 경우에 증거물 또는 몰수할 물건이 없는 때에는 그 취지의 증명서를 교부하여야 한다(제128조). 10. 법원, 21. 9급개론

4) 영장반환

① 검사 또는 사법경찰관은 압수·수색 또는 검증영장의 유효기간 내에 영장의 집행에 착수하지 못했거나, 그 밖의 사유로 영장의 집행이 불가능하거나 불필요하게 되었을 때에는 즉시 해당 영장을 법원에 반환해야 한다. 이 경우 영장이 여러 통 발부된 경우에는 모두 반환해야 한다(수사준칙 제39조, 제35조 제1항).

② 검사 또는 사법경찰관은 위 ①에 따라 영장을 반환하는 경우에는 반환사유 등을 적은 영장반환서에 해당 영장을 첨부하여 반환하고, 그 사본을 사건기록에 편철한다(동조 제2항).

③ 사법경찰관이 영장을 반환하는 경우에는 그 영장을 청구한 검사에게 반환하고, 검사는 사법경찰관이 반환한 영장을 법원에 반환한다(동조 제3항).

2. 법원의 압수 · 수색

(1) 공판정에서의 압수 · 수색

법원이 공판정에서 압수 · 수색을 하는 경우에는 영장을 발부할 필요가 없다. 02 · 03 · 04. 행시, 13. 경찰2차 · 경찰간부

(2) 공판정 외에서 압수 · 수색

① 법원이 공판정 외에서 압수 · 수색을 할 경우에는 영장을 발부하여 시행하여야 하지만(제113조), 10. 경찰1차, 13. 경찰2차

② 영장의 발부에 검사의 청구는 요하지 아니하고, 법원이 직권으로 발부한다. 13. 경찰1차

(3) 영장의 집행

① 영장의 집행은 검사의 지휘에 의해 사법경찰관리가 집행한다. 05. 경찰1차

② 다만, 필요한 경우 재판장은 법원사무관 등에게 그 집행을 명할 수 있다. 13. 경찰승진

③ 압수목록 작성 교부자는 법원이 압수한 때에는 이에 참여한 법원사무관이고, 압수 · 수색영장에 의하여 법원사무관 등 또는 사법경찰관리가 압수한 때에는 그 집행을 한 자이다. 06. 경찰1차

제2절 수사상 검증

1 수사상 검증의 의의

① 검증이란 사람, 장소, 물건의 성질 · 형상을 오관의 작용에 의하여 인식하는 강제처분을 말한다.

② 검증은 영장에 기하여 이루어지는 반면, 실황조사는 임의수사로 법관의 영장을 요하지 않는다.

③ 법원의 검증은 증거조사의 일종으로 영장이 요구되지 않으나, 수사기관의 검증은 강제처분으로 원칙적으로 영장이 요구된다. 14. 경찰간부

❷ 수사상 검증의 대상

① 검증의 대상에는 제한이 없다.

② 인체 및 사체도 그 대상이 된다.

❸ 수사상 검증의 절차

① 압수·수색의 경우와 같다.

② 검증을 함에는 신체의 검사, 사체의 해부, 분묘의 발굴, 물건의 파괴 기타 필요한 처분을 할 수 있다. 06. 경찰2차

③ 검사 또는 사법경찰관은 검증을 한 경우에는 검증의 일시·장소, 검증 경위 등을 적은 검증조서를 작성해야 한다(수사준칙 제43조).

제3절 신체검사

❶ 의 의

① 신체 자체를 검사의 대상으로 하는 강제처분을 말한다.

② 원칙적으로 검증으로서의 성질을 갖는다. 06. 경찰2차

③ 신체수색, 감정으로서의 신체검사와 구별된다.

㉠ **신체검사는 신체 자체를 검사의 대상으로 하는 점에서 신체 외부와 착의에 대한 증거물의 수색인 신체수색과 구별된다.**

㉡ **신체검사는 오관의 작용에 의한 것이라는 점에서 전문적 지식과 경험을 요하는 감정으로서의 신체검사(혈액채취, X선촬영 등)와 구별된다.**

❷ 절 차

① 신체검사도 원칙적으로 검증영장을 발부받아 하여야 한다.

② 피의자를 대상으로 함이 원칙이고, 피의자 아닌 자도 가능하다. 09. 경찰2차 ⇨ 피의자 아닌 자의 경우 증적의 존재를 확인할 수 있는 현저한 사유가 있는 때에 한하여 신체검사를 할 수 있다.

③ 여자의 신체를 검사하는 경우 의사나 성년의 여자를 참여하게 하여야 한다. 09. 경찰2차, 10. 교정특채, 14. 경찰간부

④ 수사기관은 신체검사시 별도로 피의자에 대하여 체포영장이나 구속영장을 발부받지 않더라도 검증영장의 효력으로 피의자를 병원 등으로 인치할 수 있다.

Chapter 06

OX 확인학습

01 □□□ 검사는 범죄수사에 필요한 때에는 피의자가 죄를 범하였다고 의심할 만한 정황이 있고 해당 사건과 관계가 있다고 인정할 수 있는 것에 한정하여 지방법원판사에게 청구하여 발부받은 영장에 의하여 압수·수색을 할 수 있다. (○)

02 □□□ 검사, 피고인, 변호인은 압수 수색영장의 집행에 참여할 수 있다. (○)

03 □□□ 공무원 또는 공무원이었던 자가 소지 또는 보관하는 물건은 본인 또는 그 해당 공무소가 직무상의 비밀에 관한 것임을 신고한 때에는 그 소속공무소 또는 당해 감독관공서의 승낙 없이는 압수하지 못하나, 소속공무소 또는 당해 감독관공서는 국가의 중대한 이익을 해하는 경우를 제외하고는 승낙을 거부하지 못한다. (○)

04 □□□ 수사기관이 피의자 甲의 공직선거법 위반 혐의로 발부받은 압수·수색영장의 집행과정에서 甲의 혐의사실과 무관한 乙과 丙 사이의 대화가 녹음된 파일을 압수한 경우 위 녹음파일은 위법수집증거이므로 乙과 丙의 공직선거법 위반 혐의사실을 입증하는 증거로 사용할 수 없다. (○)

05 □□□ "압수 수색영장은 처분을 받는 자에게 반드시 제시하여야 한다"고 규정하고 있으나, 이는 영장제시가 현실적으로 가능한 상황을 전제로 한 규정으로 보아야 하고, 피처분자가 현장에 없거나 현장에서 그를 발견할 수 없는 경우 등 영장제시가 현실적으로 불가능한 경우에는 영장을 제시하지 아니한 채 압수 수색을 하더라도 위법하다고 볼 수 없다. (○)

06 □□□ A의 주소지와 거소지에 대한 압수·수색영장 집행 당시 A는 현장에 없었고, B와 관련한 甲평생 교육원에 대한 압수·수색 당시 甲평생교육원 원장 C는 현장에 없었고, 이사장 D도 수사관들에게 자신의 신분을 밝히지 않은 채 건물 밖에서 지켜보기만 하였다. 이에 수사관들이 압수·수색 영장의 제시 없이 압수·수색을 집행한 것은 위법하다. (×)

07 □□□ 도박 기타 풍속을 해하는 행위에 상용된다고 인정하는 장소에 대하여 압수 수색영장을 집행함에 있어서는 공개된 시간 여부에 상관없이 수색영장에 야간집행을 할 수 있다는 기재가 없는 때에도 야간에 영장을 집행할 수 있다. (○)

08 □□□ 동일한 장소 또는 목적물에 대하여 다시 압수 수색할 필요가 있는 경우라면 그 필요성을 소명하여 법원으로부터 새로운 압수 수색영장을 발부받아야 한다. (○)

09 □□□ 수사기관이 압수·수색에 착수하면서 그 장소의 관리책임자에게 영장을 제시하였다면 물건을 소지하고 있는 다른 사람으로부터 이를 압수하고자 하는 때 그 사람에게 따로 영장을 제시할 필요는 없다. (×)

10 □□□ 압수 수색영장을 소지하지 아니한 경우에 급속을 요하는 때에는 피고인에 대하여 공소사실의 요지와 영장이 발부되었음을 고지하고 집행할 수 있다. (×)

11 □□□ 압수·수색영장에 압수할 물건을 압수장소에 보관 중인 물건이라고 기재되어 있는 경우에는 압수장소에 현존하는 물건도 포함되는 것으로 해석된다. (×)

12 □□□ 검사 또는 사법경찰관이 영장 발부의 사유로 된 범죄 혐의사실과 무관한 별개의 증거를 압수하였을 경우 이는 원칙적으로 유죄 인정의 증거로 사용할 수 없다. (○)

13 □□□ 수사기관의 전자정보에 대한 압수·수색은 원칙적으로 영장 발부의 사유로 된 범죄혐의사실과 관련된 부분만을 문서 출력물로 수집하거나 수사기관이 휴대한 저장매체에 해당 파일을 복제하는 방식으로 이루어져야 하고, 저장매체 자체를 직접 반출하거나 저장매체에 들어있는 전자파일 전부를 하드카피나 이미징 등 형태(이하 '복제본')로 수사기관 사무실 등 외부로 반출하는 방식으로 압수·수색하는 것은 현장의 사정이나 전자정보의 대량성으로 관련 정보 획득에 긴 시간이 소요되거나 전문인력에 의한 기술적 조치가 필요한 경우 등 범위를 정하여 출력 또는 복제하는 방법이 불가능하거나 압수의 목적을 달성하기에 현저히 곤란하다고 인정되는 때에 한하여 예외적으로 허용될 수 있을 뿐이다. (○)

14 □□□ 저장매체 자체 또는 적법하게 획득한 복제본을 탐색하여 혐의사실과 관련된 전자정보를 문서로 출력하거나 파일로 복제하는 일련의 과정 역시 전체적으로 하나의 영장에 기한 압수·수색에 해당하므로, 그러한 경우의 문서출력 또는 파일복제의 대상 역시 저장매체 소재지에서의 압수·수색과 마찬가지로 혐의사실과 관련된 부분으로 한정되어야 한다. (○)

15 □□□ 전자정보가 담긴 저장매체 또는 하드카피나 이미징 등 형태(이하 '복제본'이라 한다)를 수사기관 사무실 등으로 옮겨 이를 복제·탐색·출력하는 경우, 피압수자 측에 절차 참여를 보장한 취지가 실질적으로 침해되었더라도 수사기관이 저장매체 또는 복제본에서 혐의사실과 관련된 전자정보만을 복제·출력하였다면 그 압수·수색은 적법하다. (×)

16 □□□ 전자정보에 관한 압수·수색영장을 집행할 때, 특별한 사정에 의해 저장매체 자체를 수사기관 사무실 등으로 옮겼다 하더라도, 범죄 혐의 관련성에 대한 구분 없이 저장된 전자정보 중 임의로 문서출력 혹은 파일복사를 하는 행위는 원칙적으로 영장주의에 반하는 위법한 집행이다. (○)

17 □□□ 전자정보에 대한 압수·수색영장을 집행할 때에는 원칙적으로 저장매체 자체를 수사기관 사무실 등으로 옮겨 혐의사실과 관련된 부분만을 문서로 출력하거나 해당 파일을 복사하는 방식으로 이루어져야 한다. (×)

18 □□□ 전자정보에 대한 압수·수색이 종료되기 전에 혐의사실과 관련된 전자정보를 적법하게 탐색하는 과정에서 별도의 범죄 혐의와 관련된 전자정보를 우연히 발견한 경우라면 따로 압수·수색영장을 발부받지 않고 이 전자정보를 적법하게 압수·수색할 수 있다. (×)

19 □□□ 전자정보에 대한 압수·수색 과정에서 이루어진 현장에서의 저장매체 압수·이미징·탐색·복제 및 출력행위 등 수사기관의 처분은 하나의 영장에 의한 압수·수색 과정에서 이루어지므로, 당해 압수·수색 과정 전체를 하나의 절차로 파악하여 그 과정에서 나타난 위법이 압수·수색 절차 전체를 위법하게 할 정도로 중대한지 여부에 따라 전체적으로 압수·수색 처분을 취소할 것인지를 판단하여야 한다. (○)

20 □□□ 준항고인이 전체 압수·수색 과정을 단계적·개별적으로 구분하여 각 단계의 개별 처분의 취소를 구할 경우 준항고법원은 특별한 사정이 없는 한 구분된 개별 처분의 위법이나 취소 여부를 판단하여야 한다. (×)

21 □□□ 법원으로부터 감정처분허가장이 아닌 혈액에 대한 압수영장을 발부받아 피의자의 신체로부터 혈액을 채취하는 행위는 위법한 강제수사이다. (×)

제4절 압수·수색·검증과 영장주의의 예외

1 영장주의 예외의 의의

대물적 강제처분인 압수·수색 검증을 할 경우에는 영장에 의하여야 하는 것이 원칙이다. 그러나 영장주의를 일관할 경우에는 실체적 진실의 발견과 국가형벌권의 적정한 실현에 반하는 결과가 초래될 수도 있다. 이러한 점을 고려하여 현행 형사소송법은 실체적 진실발견을 위하여 불가피하거나 강제처분권의 남용의 위험이 없는 경우에는 영장 없이 압수·수색·검증을 할 수 있는 예외를 허용하고 있다. 한편 통관검사절차와 같은 행정조사에서는 영장 없이 우편물 등의 개봉이 가능하다.

2 체포·구속 목적의 피의자 수색(제216조 제1항 제1호)

1. 의 의

① 검사 또는 사법경찰관은 체포영장에 의한 체포·긴급체포·현행범인의 체포에 의하여 체포하거나 구속영장에 의하여 피의자를 구속하는 경우에 필요한 때에는 영장 없이 타인의 주거 또는 간수하는 가옥·건조물·항공기·선차 내에서 피의자 수색할 수 있다(제216조 제1항 제1호). 12·18. 해경간부, 13. 9급국가직·경찰간부, 15. 경찰3차·해경3차·경찰간부, 16. 경찰2차, 17. 법원 ⇨ 다만, (체포영장, 구속영장 집행의 경우에는) 미리 수색영장을 발부받기 어려운 긴급한 사정이 있는 때에 한정한다(제216조 제1항 제1호 단서). 20. 경찰1차, 21. 경찰간부

② 피의자가 주거·건조물 등에 잠복하고 있다고 인정되는 경우에 피의자의 소재를 발견하기 위해 영장 없이 수색할 수 있도록 한 것이다.

2. 주 체

① 수색은 검사 또는 사법경찰관만 할 수 있다.

② 따라서 사인은 현행범인을 체포할 수는 있지만, 현행범인을 체포하기 위하여 타인의 주거를 수색할 수 없다(65도899). 03. 경찰1차, 11. 경찰승진, 12·19. 해경간부, 15. 경찰2차, 20. 경찰간부

3. 적용범위

① 수색은 피의자발견을 위한 것이므로 현장에서 피의자를 추적하던 중 피의자를 따라 주거에 들어가는 것은 체포·구속 자체이지 수색에 해당하는 것은 아니다. ⇨ 피의자를 따라 주거에 들어가는 것은 체포·구속 자체이므로 수색영장 등을 필요로 하지 않는다.

OX 체포영장이 발부된 피의자를 체포하기 위하여 경찰관이 타인의 주거 등을 수색하는 경우에는 그 피의자가 그 장소에 소재할 개연성 이외에도 별도로 사전에 수색영장을 발부받기 어려운 긴급한 사정이 있는 경우에만 제한적으로 이루어져야 한다. (○, ×) 21. 경찰간부

기출 키워드 체크

_____이 현행범인을 체포하기 위하여 타인의 주거에 들어가 수색할 수는 없다.

Answer

기출 키워드 체크
사인

OX
○

② 수색은 체포 전이어야 하므로 피의자 또는 현행범인을 체포한 후에는 인정되지 않는다.

4. 사후영장

체포 · 구속 목적의 피의자 수색의 경우에는 사후 압수 · 수색 · 검증영장은 필요 없다.
09 · 11. 경찰승진, 18. 해경2차, 19. 해경간부

5. 제216조 관련 헌법 불합치 결정(2015헌바370)

① 헌법에 영장주의에 대한 예외가 마련되어 있지 않아도 영장주의가 예외 없이 관철되어야 하는 것은 아니다(예외를 인정할 수 있다). 18. 7급국가직

② 압수수색에서 영장주의 예외를 인정하기 위해서는 긴급성, 피의자 또는 증거 존재 가능성이 인정되어야 한다(명확성원칙에 위반되지 아니한다).

㉠ **"필요한 때"는 '피의자가 소재할 개연성'을 의미**

㉡ **"피의자 수사"는 '피의자 수색'을 의미**

③ 긴급체포, 현행범 체포의 경우, 체포를 위한 타인의 주거 수색에서는 위 요건들이 인정되어 영장주의의 예외를 인정할 수 있다(합헌).

④ 영장체포의 경우, 긴급한 경우 영장주의의 예외를 인정할 수 있으나(합헌), 긴급하지 않은 경우 영장주의 예외를 인정하는 것은 영장주의에 위반된다(위헌). 18. 경찰2차

㉠ **체포영장의 집행을 위하여 타인의 주거를 수색하는 경우 별도의 영장을 발부받기 어려운 긴급한 사정이 있는지 여부를 구별하지 아니하고 피의자가 소재할 개연성만 소명되면 영장 없이 타인의 주거 등을 수색할 수 있도록 허용하는 제216조 제1항 제1호 중 제200조의2에 관한 부분은 영장주의에 위반한다(2015헌바370).** 19. 경찰2차

㉡ **이러한 위헌성은 근본적으로 헌법 제16조에서 영장주의를 규정하면서 그 예외를 명시적으로 규정하지 아니한 잘못에서 비롯된 것이다(개헌 필요).**

❸ 체포 · 구속 현장에서 압수 · 수색 · 검증(제216조 제1항 제2호)

1. 의 의

검사 또는 사법경찰관은 피의자를 체포(영장에 의한 체포, 긴급체포, 현행범체포) 또는 구속하는 현장에서 영장 없이 압수 · 수색 · 검증을 할 수 있다(제216조 제1항 제2호).
04 · 15. 경찰 1차, 06. 경찰2차, 10. 교정특채, 11 · 16. 경찰승진, 13 · 20. 경찰간부, 13 · 17 · 18. 9급국가직, 15. 변호사, 18. 해경간부 · 9급개론

2. 적용범위

(1) 장 소

① 체포현장이란 체포가 행해진 장소를 말한다. 체포현장이란 하나의 점유관리권이 미치는 범위 내를 의미한다.

② 피의자를 현행범으로 체포하는 경우 체포현장에서 영장 없이 압수·수색할 수 있다. 17. 해경간부, 18. 9급국가직

(2) 시 간

① 체포현장에서의 압수·수색·검증은 체포·구속과 시간적 접착을 요한다.

② 체포·구속에 성공할 필요는 없으나 최소한 체포·구속에 착수하여야만 압수·수색·검증이 가능하다.

(3) 관련성

체포현장에서의 압수·수색·검증 대상물은 체포·구속 범죄사실과 관련성이 있어야 한다.

3. 사후영장

(1) 압수의 경우

① 검사 또는 사법경찰관은 체포현장에서 압수한 물건을 계속 압수할 필요가 있는 경우에는 구속영장 발부와 상관없이 지체 없이 압수·수색영장을 청구하여야 한다. 08. 9급국가직, 15. 변호사, 18. 해경2차

② 이 경우 압수·수색영장의 청구는 체포한 때부터(압수한 때부터 ×) 48시간 이내(24시간 이내 ×)에 하여야 한다. 10. 교정특채, 15·17. 법원, 17·18. 9급개론, 18. 9급국가직

③ 검사 또는 사법경찰관은 청구한 압수·수색영장을 발부받지 못한 때에는 압수한 물건을 즉시 반환하여야 한다.

(2) 수색·검증의 경우

체포현장에서 수색을 하였지만 압수를 하지 않은 경우나 검증을 한 경우에는 별도의 사후영장을 요하지 않는다.

(3) 증거능력

① 사후압수·수색영장을 청구하여 이를 발부받지 아니하고도 즉시 반환하지 아니한 압수물은 이를 유죄 인정의 증거로 사용할 수 없고(위법수집증거), 피고인이나 변호인이 이를 증거로 함에 동의하였다고 하더라도 달리 볼 것은 아니다(2009도11401). 11. 법원, 12·13. 경찰2차, 12·13·16. 경찰승진, 13. 9급국가직, 14·16·20. 경찰1차, 15. 지능특채

기출 키워드 체크

검사가 피의자를 적법하게 체포하는 경우 그 _____에서 영장 없이 압수·수색을 할 수 있고, 이때 압수한 물건을 계속 압수할 필요가 있는 경우에는 늦어도 피의자를 _____한 때로부터 _____시간 이내에 압수·수색영장을 청구하여야 한다.

Answer

기출 키워드 체크

체포현장, 체포, 48

OX 경찰관이 피의자의 집에서 20m 떨어진 곳에서 피의자를 체포하여 수갑을 채운 후 피의자의 집으로 가서 집안을 수색하여 칼과 합의서를 압수한 후 적법한 시간 내에 압수수색영장을 청구하여 발부받지도 않았다면 위 칼과 합의서는 증거능력이 없다. (○, ×) 15. 경찰간부

관련 판례

범행 중 또는 범행직후의 범죄 장소에서 긴급을 요하여 법원 판사의 영장을 받을 수 없는 때에는 영장 없이 압수·수색 또는 검증을 할 수 있으나, 사후에 지체 없이 영장을 받아야 한다(형사소송법 제216조 제3항). 형사소송법 제216조 제3항의 요건 중 어느 하나라도 갖추지 못한 경우에 그러한 압수·수색 또는 검증은 위법하며, 이에 대하여 사후에 법원으로부터 영장을 발부받았다고 하여 그 위법성이 치유되지 아니한다. 경찰관들이 노래연습장에서 주류를 판매한다는 신고를 받고 현장에 출동하여 노래연습장 내부를 수색한 경우, '긴급을 요하여 법원 판사의 영장을 받을 수 없는 때'의 요건을 갖추지 못하였고 또한 현행범 체포에 착수하지 아니한 상태여서 적법한 공무집행으로 볼 수 없다(대법원 2017.11.29. 선고 2014도16080 판결).

OX 범행 중 또는 범행 직후의 범죄 장소에서 긴급을 요하여 법원판사의 영장을 받을 수 없는 때에는 영장 없이 압수·수색·검증을 할 수 있지만, 이 경우 사후에 지체 없이 영장을 받아야 한다. (○, ×) 15. 경찰간부

OX 경찰관이 음주운전자를 단속하면서 주취운전이라는 범죄행위로 체포·구속하지 아니한 경우에도 필요하다면 그 음주운전자의 차량열쇠는 영장 없이 압수할 수 있다. (○, ×) 15. 9급국가직·9급개론

Answer

OX
○, ○, ○

② 음란물 유포의 범죄혐의를 이유로 압수·수색영장을 발부받아 집행하던 중, 대마를 발견하여 대마소지의 현행범으로 체포하였으나, 사후 압수·수색영장을 발부받지 않은 경우, 위 압수물과 압수조서는 형사소송법상 영장주의를 위반하여 수집한 증거로서 증거능력이 부정된다(2008도10914). 11·15·18·19. 경찰승진, 12. 9급국가직·교정특채·법원, 13·14. 경찰1차, 15. 해경3차·지능특채, 17. 9급개론, 19. 해경간부, 20. 경찰간부

③ 경찰이 피고인의 집에서 20m 떨어진 곳에서 피고인을 체포한 후 피고인의 집안을 수색하여 칼과 합의서를 압수하였을 뿐만 아니라, 적법한 시간 내에 압수·수색영장을 청구하여 발부받지도 않은 경우, 위 칼과 합의서 등은 증거능력이 없다(2009도14376). 16. 경찰간부·7급국가직, 18·20. 법원 ⇨ 합의서를 기초로 한 2차 증거인 '임의제출동의서', '압수조서 및 목록', '압수품 사건'도 증거능력이 없다. 18. 법원, 19. 경찰승진

4 범죄장소에서 압수·수색·검증(제216조 제3항)

1. 의 의

① 범행 중 또는 범행 직후의 범죄장소에서 긴급을 요하여 판사의 영장을 받을 수 없을 때에는 영장 없이 압수·수색·검증을 할 수 있다(제216조 제3항). 08·16. 경찰2차, 15. 경찰1차·경찰간부·지능특채, 15·17. 경찰승진·법원, 19. 9급국가직

② 피의자의 체포 또는 구속을 전제로 하지 않는다.

2. 요 건

① 범죄현장에서의 증거물의 은닉과 산일을 방지하기 위한 규정이다. 따라서 범행 중 또는 범행지후의 장소이면 족하고 피의자가 현장에 있거나 체포되었을 것을 요하지 않는다.

② 음주운전자를 체포·구속하지 아니한 경우에도 필요하다면 그 차량 열쇠는 범행 중 또는 범행 직후의 범죄장소에서의 압수로서, 영장 없이 이를 압수할 수 있다(97다54482). 11·19. 경찰승진, 15. 9급국가직·9급개론, 16. 경찰간부, 17. 여경·경찰특공대

③ 긴급한 경우가 아니면 허용되지 않는다. 18. 경찰2차 ⇨ 경찰관들이 노래연습장에서 주류를 판매한다는 신고를 받고 현장에 출동하여 노래연습장 내부를 수색한 경우, '긴급을 요하여 법원 판사의 영장을 받을 수 없는 때'의 요건을 갖추지 못하였고 또한 현행범 체포에 착수하지 아니한 상태여서 적법한 공무집행으로 볼 수 없다(2014도16080).

3. 사후영장

① 범죄장소에서 압수·수색·검증을 한 경우 사후에 지체 없이 영장을 발부받아야 한다(제216조 제3항). 02·13·15. 경찰1차, 07·19. 9급국가직, 10. 교정특채, 11. 경찰승진, 15. 법원·경찰간부·지능특채, 18. 해경2차·해경간부

② 사후영장을 발부받지 않은 경우, 해당 압수물이나 검증조서는 위법하게 수집된 증거로서 증거능력이 없다(90도1263).

③ 또한, 검증의 경우도 사법경찰관 작성의 검증조서의 작성이 범죄현장에서 급속을 요한다는 이유로 압수·수색영장 없이 행하여졌는데 그 후 법원의 사후 영장을 받은 흔적이 없다면 유죄의 증거로 쓸 수 없다(90도1263).

5 긴급체포된 자에 대한 압수·수색·검증(제217조 제1항)

1. 의 의

검사 또는 사법경찰관은 긴급체포된 자가 소유·소지·보관하는 물건에 대하여 긴급히 압수할 필요가 있는 경우에는 체포한 때부터 24시간 이내(48시간 이내 ×)에 한하여 영장 없이 압수·수색·검증을 할 수 있다(제217조 제1항). 15. 경찰1차·지능특채, 17. 법원, 17·18. 경찰승진·경찰간부, 18. 변호사, 18·19. 해경간부, 19. 9급국가직·경찰2차·경찰승진

2. 성 격

① 긴급체포의 경우에도 체포현장에서의 압수·수색·검증은 제216조 제1항 제2호에 의하여 영장 없이 할 수 있다.

② 따라서 본조는 체포에 수반된 대물적 강제수사가 아니고, 긴급체포된 사실이 밝혀지면 피의자와 관련된 사람이 체포현장이 아닌 곳에 있는 증거물을 은닉하는 것을 방지하기 위한 규정이다.

③ 이 경우에는 요급처분에 관한 규정(제220조)이 적용되지 않는다.

3. 허용요건

(1) 긴급체포된 자의 소유·소지·보관하는 물건

① 영장 없이 압수·수색·검증을 할 수 있는 것은 현실로 긴급체포된 자의 소유·소지·보관하는 물건이다. 따라서 아직 긴급체포되지 않은 자에 대해서는 할 수 없다.

② 긴급체포된 자의 소유이면 타인이 소지·보관하고 있는 물건뿐만 아니라, 긴급체포된 자가 소지·보관하는 물건이면 타인 소유의 물건에 대해서도 영장 없이 압수·수색·검증을 할 수 있다.

③ 체포현장이 아닌 장소에서도 가능하다(2017도10309). 19. 변호사 ⇨ 피의자를 긴급체포하고 약 24분이 지나 2km 떨어진 피의자의 주거지에서 메트암페타민 약 4.82g이 들어 있는 비닐팩 1개 등을 압수한 후 사후압수수색영장을 발부받은 경우, 위 압수물은 적법하게 압수되었다고 보아야 한다(2017도10309).

(2) 압수 · 수색 · 검증의 긴급성

영장 없이 압수 · 수색 · 검증을 하기 위해서는 압수 · 수색 · 검증의 긴급한 필요성이 있어야 한다. 긴급을 요한다 함은 미리 법관의 영장을 발부받을 시간적 여유가 없는 경우를 말한다.

(3) 긴급체포 후 24시간 이내

검사 또는 사법경찰관이 영장 없이 압수 · 수색 · 검증을 할 수 있는 시간은 긴급체포한 때부터 24시간(48시간 ×) 이내로 제한된다. 04. 경찰3차, 09 · 14. 9급국가직, 11 · 12 · 13 · 14 · 15. 경찰승진, 12. 해경간부 · 교정특채, 13 · 17 · 19. 경찰간부, 15. 경찰1차 · 지능특채 · 법원, 17. 9급개론

(4) 범죄사실과 관련성

전화사기죄 범행의 혐의자를 긴급체포하면서 그가 보관하고 있던 다른 사람의 주민등록증, 운전면허증 등을 압수한 사안에서, 이는 적법한 압수로서 위 혐의자의 점유이탈물횡령죄 범행에 대한 증거로 사용할 수 있다(2008도2245). 10 · 14 · 16 · 18. 경찰승진, 12 · 13. 경찰1차, 15. 경찰2차 · 경찰3차, 16. 변호사, 17. 해경2차 · 경찰간부 · 여경 · 경찰특공대

4. 사후영장

(1) 압수 · 수색 영장의 청구

① 검사 또는 사법경찰관은 영장 없이 압수한 물건을 계속 압수할 필요가 있는 경우에는 구속영장 발부와 상관없이 지체 없이 압수 · 수색영장을 청구하여야 한다. 13. 9급국가직 · 경찰간부, 15. 경찰3차 · 경찰간부, 18. 경찰승진

② 이 경우 압수 · 수색영장의 청구는 긴급체포한 때부터(압수한 때부터 ×) 48시간 이내(24시간 이내 ×)에 하여야 한다(제217조 제2항). 16 · 19 · 20. 경찰2차, 17. 9급개론, 17 · 18. 경찰승진, 18 · 19. 경찰간부, 18. 변호사, 19. 9급국가직

(2) 압수 · 수색 영장을 발부받지 못한 경우

① 검사 또는 사법경찰관은 청구한 압수 · 수색영장을 발부받지 못한 때에는 압수한 물건을 즉시 반환하여야 한다. 이 경우 수색과 검증의 결과를 기재한 조서는 증거능력이 없다. 20. 9급국가직

② 피고인이나 변호인이 이를 증거로 함에 동의하였다고 하더라도 달리 볼 것은 아니다(2009도11401). 21. 경찰1차

관련 **판례**

형사소송법 제217조 제1항은 수사기관이 피의자를 긴급체포한 상황에서 피의자가 체포되었다는 사실이 공범이나 관련자들에게 알려짐으로써 관련자들이 증거를 파괴하거나 은닉하는 것을 방지하고, 범죄사실과 관련된 증거물을 신속히 확보할 수 있도록 하기 위한 것이다. 이 규정에 따른 압수 · 수색 또는 검증은 체포현장에서의 압수 · 수색 또는 검증을 규정하고 있는 형사소송법 제216조 제1항 제2호와 달리, 체포현장이 아닌 장소에서도 긴급체포된 자가 소유 · 소지 또는 보관하는 물건을 대상으로 할 수 있다.
피의자를 긴급체포하고 약 24분이 지나 2km 떨어진 피의자의 주거지에서 메트암페타민 약 4.82g이 들어 있는 비닐팩 1개 등을 압수한 후 사후압수수색영장을 발부받은 경우, 위 압수물은 적법하게 압수되었다고 보아야 한다(대법원 2017.9.12. 선고 2017도10309 판결).

OX 경찰관이 2020. 10. 5. 20:00 도로에서 마약류 거래를 하고 있는 피의자를 긴급체포한 뒤 같은 날 20:24경 영장 없이 체포현장에서 약 2km 떨어진 피의자의 주거지에 대한 수색을 실시해서 작은 방 서랍장 등에서 메스암페타민 약 10g을 압수한 것은 위법하다. (○, ×)
21. 경찰간부

OX 긴급체포된 자가 소유하고 있는 물건에 대하여 긴급히 압수할 필요가 있어 영장 없이 압수한 때에는 압수한 때로부터 24시간 이내에 압수수색영장을 청구하여야 한다. (○, ×)
15. 경찰간부

Answer

OX
×, ×

❻ 피고인에 대한 구속영장 집행시 압수·수색·검증(제216조 제2항)

1. 의 의

검사 또는 사법경찰관이 피고인에 대한 구속영장을 집행하는 경우에도 피의자의 체포현장에서의 영장 없는 압수·수색·검증에 관한 규정이 준용된다(제216조 제2항). 04. 행시, 14·15·16. 경찰승진

2. 성 격

① 피고인에 대한 구속영장의 집행은 재판의 집행기관으로서 활동하는 것이지만, 집행현장에서의 압수·수색·검증은 수사기관의 수사처분이다.

② 따라서 법관에게 결과보고나 압수물을 제출할 필요는 없다. 07. 검찰7급, 11. 경찰승진

③ 피고인 구속현장에서의 압수·수색·검증의 경우에는 사후영장이 필요 없다.

3. 적용범위

증인에 대한 구인장을 집행하는 경우에는 적용되지 않는다.

❼ 임의제출물 등의 압수(제218조)

1. 의 의

① 검사 또는 사법경찰관은 피의자 기타인의 유류한 물건이나 소유자·소지자·보관자가 임의로 제출한 물건을 영장 없이 압수할 수 있다(제218조). 01. 101단2차, 09. 법원, 10. 교정특채, 13. 경찰간부, 15. 경찰1차, 15·16·17. 경찰승진, 17. 해경간부·9급개론·9급국가직

② 법원도 소유자·소지자·보관자가 임의로 제출한 물건 또는 유류한 물건을 영장 없이 압수할 수 있다(제108조).

③ 영치의 경우에는 점유취득시에 강제력이 행사되지는 않았지만 일단 제출되면 임의로 점유를 회복할 수 없다는 점에서 강제처분의 성격을 갖는다. 따라서 영치의 법적 효과는 압수와 동일하다.

2. 유류물

(1) 유류물의 의의

① 유류물이란 점유이탈물(형법 제360조)보다는 넓은 개념으로서 자의로 유기(遺棄)한 물건도 포함된다(법원실무제요1 제595쪽).

② 유류물은 법원이 점유를 계속하여도 소유자 등에게 주는 고통이 거의 없고, 처음에는 불명하더라도 나중에 증거물 등임이 판명될 수 있으므로 일단 제한 없이 압수할 수 있도록 하는 것이 이 제도의 취지이다(법원실무제요1 제595쪽).

기출 키워드 체크

검사 또는 사법경찰관은 피의자 기타인의 _____한 물건이나 _____을 영장 없이 압수할 수 있다.

Answer

기출 키워드 체크

유류, 소유자·소지자 또는 보관자가 임의로 제출한 물건

(2) 유류물의 대상

① 단순히 유류물이면 족하고 반드시 증거물 또는 몰수대상물(법 제106조 제1항)일 필요가 없다. 제출자가 반드시 적법한 권리자일 필요도 없다. 다만, 압수당시에 이미 그 사건과 전혀 무관함이 분명한 때에는 압수할 필요가 없을 것이다(법원실무제요1 제595쪽)

② 사건 관련 차량으로부터 채취된 강판과 페인트를 피의자가 아닌 차량의 보관자가 (사건 발생 약 3개월 후)임의로 제출한 경우, 위 강판은 유류물에 해당하고, 페인트는 임의제출물에 해당하여, 이러한 압수는 영장주의 위배가 아니다(2011도1902) 19. 경찰2차, 20. 경찰간부

3. 임의제출물

(1) 대 상

영치의 목적물은 증거물, 몰수물에 제한되지 않는다. 또한 소유자, 소지자, 보관자가 반드시 적법한 권리자일 필요도 없다.

(2) 임의성 입증

① 압수물의 제출에 임의성이 있다는 점에 관하여는 검사가 합리적 의심을 배제할 수 있을 정도로 증명하여야 하고, 임의로 제출된 것이라고 볼 수 없는 경우에는 증거능력을 인정할 수 없다(2013도11233). 19. 해경간부

② 수사기관이 별개의 증거를 피압수자 등에게 환부하고 후에 임의제출받아 다시 압수하였다면 증거를 압수한 최초의 절차 위반행위와 최종적인 증거수집 사이의 인과관계가 단절되었다고 평가할 수 있는 경우 증거로 사용할 수도 있다(2013도11233). 16 · 17. 7급국가직, 21. 9급개론 ⇨ 그 제출의 임의성에 관하여 검사가 합리적 의심을 배제할 수 있을 정도로 증명하지 못한다면 증거능력을 인정할 수 없다(91도3317). 20. 7급국가직

(3) 효 과

① 압수 과정뿐 아니라 사후에도 영장을 받을 필요는 없다. 06 · 18. 경찰2차, 11 · 15. 경찰승진

② 그러나 소유자, 소지자 또는 보관자가 아닌 자로부터 제출받은 물건을 영장 없이 압수한 경우 그 압수물 및 압수물을 찍은 사진은 이를 유죄 인정의 증거로 사용할 수 없는 것이고, 피고인이나 변호인이 이를 증거로 함에 동의하였다고 하더라도 달리 볼 것은 아니다(2009도10092). 16. 해경 · 경찰1차, 10. 7급국가직, 12 · 15. 경찰3차, 12 · 16 · 17 · 19. 경찰승진, 13. 9급국가직, 15 · 17. 경찰간부 · 지능특채, 20. 경찰2차

③ 영치한 후의 법률효과는 압수의 경우와 동일하다.

OX 수사기관이 압수 · 수색영장 집행과정에서 영장발부의 사유인 범죄혐의사실과 무관한 별개의 증거를 압수하였다가 피압수자에게 환부하고 후에 이를 다시 임의제출받아 압수한 경우, 검사가 위 압수물 제출의 임의성을 합리적인 의심을 배제할 수 있을 정도로 증명하여 임의성이 인정된다면 이를 유죄 인정의 증거로 사용할 수 있다. (○, ×) 21. 9급개론

OX 교도관이 보관하고 있던 피고인의 비망록을 피고인의 승낙 없이 수사기관에 임의제출한 경우, 그 비망록은 증거능력이 없다. (○, ×) 21. 경찰간부

OX 검사가 교도관으로부터 그가 보관하고 있던 피고인의 비망록을 뇌물수수 등의 증거자료로 임의로 제출받아 이를 압수한 경우 그 압수절차가 피고인의 승낙 및 영장 없이 행하여졌다고 하더라도 이에 적법절차를 위반한 위법이 있다고 할 수 없다. (○, ×) 15. 경찰간부

Answer

OX
○, ×, ○

④ 따라서 수사기관은 압수조서를 작성해야 하고(제49조 제1항) 피압수자에게 압수목록을 교부하여야 하며, 계속 압수할 필요가 없다고 인정되는 때에는 즉시 환부하여야 한다(제219조, 제133조 제1항).

▶ 임의제출이 적법하다고 본 사례

- 재소자의 동의 없이 교도관이 재소자의 비망록을 임의로 제출한 사례(2008도1097) 12 · 21. 경찰승진, 15 · 17. 변호사, 18. 경찰간부 · 7급국가직 · 경찰2차, 21. 경찰간부
- 의료진(간호사, 의사)이 진료목적으로 채혈해 둔 혈액을 임의로 제출한 사례(98도968) 08. 경찰3차, 11 · 21. 경찰승진, 15 · 20. 경찰간부 · 9급국가직 · 개론, 18. 경찰2차
- 사법경찰관이 현행범 체포의 현장에서 소지자로부터 임의로 제출하는 물건을 영장 없이 압수하고 사후에 압수 · 수색영장을 발부받지 않은 사례(2015도13726) 19. 변호사 · 경찰2차 · 9급국가직, 20. 9급국가직 · 9급개론, 21. 경찰승진 · 경찰1차
- 미성년자가 자신의 혈액을 임의제출한 사례
- 압수물을 환부하고 다시 임의로 제출한 사례

▶ 임의제출이 위법하다고 본 사례

- 피고인 소유 쇠파이프를 상해와 손괴의 피해자가 주워 임의로 제출한 사례(소유자, 소지자 또는 보관자가 아닌 자로부터 제출받은 물건을 영장 없이 압수한 경우 그 압수물 및 압수물을 찍은 사진)(2009도10092) 12 · 21. 경찰승진, 16. 경찰1차, 18. 경찰2차, 20. 경찰간부
- 압수물을 환부하고 다시 임의제출하였으나, 임의성에 의문이 있었던 사례(검사가 임의성 입증하면 적법)
- 피고인이 아닌 가족(아들, 배우자)이 동의하여 채혈한 사례(2014두46850) 17. 9급개론
- 미성년자인 피의자에게 의사능력이 없어 법정대리인이 피의자를 대리하여 동의하여 채혈한 사례(2013도1228) 15. 9급국가직 · 9급개론, 17. 경찰승진, 18. 법원 · 변호사, 20. 경찰간부 · 법원
- 금융회사 등으로부터 신용카드 매출전표의 거래명의자에 관한 정보를 획득한 경우(2012도13607) 15. 변호사, 18. 경찰승진, 20. 경찰간부

8 요급처분

제216조에 따른 영장에 의하지 않는 강제처분(제216조)의 경우 급속을 요하는 때에는 영장의 집행방법 중, 주거주 등의 참여(제123조 제2항), 야간집행의 제한(제125조)의 규정에 의함을 요하지 아니하는데(제220조), 이를 요급처분이라고 한다. 그러나 제217조(긴급체포시) 및 제218조(임의제출시)에 의하는 경우에는 이러한 예외가 허용되지 아니한다.

OX 경찰관이 간호사로부터 진료 목적으로 채혈된 甲의 혈액 중 일부를 주취운전 여부에 대한 감정을 목적으로 제출받아 압수한 경우 특별한 사정이 없는 한 그 압수절차가 甲 또는 그의 가족의 동의 및 영장 없이 행하여졌더라도 적법절차의 위반이 아니다. (○, ×) 15. 9급국가직 · 9급개론

OX 음주운전과 관련한 도로교통법 위반죄의 수사를 위하여 미성년자인 피의자의 혈액채취가 필요한 경우 피의자에게 의사능력이 없는 때에는 법정대리인이 피의자를 대리하여 동의하면 영장 없이 혈액을 채취할 수 있다. (○, ×) 15. 9급국가직 · 9급개론

Answer

OX
○, ×

▶ **요급처분 규정**

형사소송법

제220조【요급처분】제216조의 규정에 의한 처분을 하는 경우에 급속을 요하는 때에는 제123조 제2항, 제125조의 규정에 의함을 요하지 아니한다.

제123조【영장의 집행과 책임자의 참여】① 공무소, 군사용의 항공기 또는 선차 내에서 압수·수색영장을 집행함에는 그 책임자에게 참여할 것을 통지하여야 한다.

② 전항에 규정한 이외의 타인의 주거, 간수자 있는 가옥, 건조물, 항공기 또는 선차 내에서 압수·수색영장을 집행함에는 주거주, 간수자 또는 이에 준하는 자를 참여하게 하여야 한다.

③ 전항의 자를 참여하게 하지 못할 때에는 인거인 또는 지방공공단체의 직원을 참여하게 하여야 한다.

제125조【야간집행의 제한】일출 전, 일몰 후에는 압수·수색영장에 야간집행을 할 수 있는 기재가 없으면 그 영장을 집행하기 위하여 타인의 주거, 간수자 있는 가옥, 건조물, 항공기 또는 선차 내에 들어가지 못한다.

9 변사자 검시와 영장 없는 검증

변사자 또는 변사의 의심 있는 사체가 있는 때에는 그 소재지를 관할하는 지방검찰청 검사가 검시하여야 한다. 검시로 범죄의 혐의를 인정하고 긴급을 요할 때에는 영장 없이 검증할 수 있다. 검사는 사법경찰관에게 검시 및 검증의 처분을 명할 수 있다.

▶ **영장 없이 가능한 압수·수색·검증**

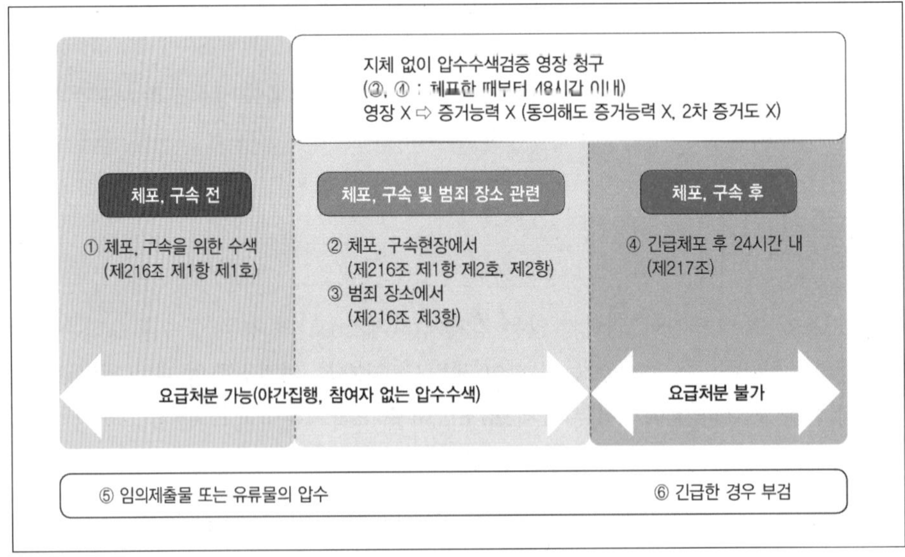

⑩ 음주운전과 채혈

1. 음주측정과 강제연행

① 호흡측정기에 의한 음주측정은 진술거부권 침해나 영장주의 위반이 아니다. ⇨ 특별한 이유 없이 호흡측정기에 의한 측정에 불응하는 운전자에게 경찰공무원이 혈액채취에 의한 측정방법이 있음을 고지하고 그 선택 여부를 물어야 할 의무가 있다고는 할 수 없다(2002도4220). 18. 경찰2차

② 경찰관이 음주운전과 관련한 도로교통법 위반죄의 수사를 목적으로 미성년자인 피의자의 혈액을 채취해야 할 경우, 피의자에게 의사능력이 있다면 피의자 본인의 동의를 받아서 하면 되고, 별도로 법정대리인의 동의를 받을 필요는 없다(2013도1228). 21. 경찰간부

③ 음주측정을 근거로 강제연행하는 것은 허용될 수 없다(2009고단1743).

㉠ **도로교통법상 음주측정에 관한 규정들을 근거로 음주운전을 하였다고 인정할 만한 상당한 이유가 있는 자에 대하여 경찰관서에 강제연행하여 음주측정을 요구할 수 없다.** 15. 경찰2차

㉡ **위법하게 강제연행하여 (혈중알콜농도) 호흡측정 후 피의자가 원하여 혈액채취한 경우, 호흡측정과 혈액감정결과 모두 증거능력이 없다(2010도2094).** 16. 경찰간부 · 9급 국가직 · 9급개론, 17. 경찰승진

㉢ **술에 취한 상태에서 자동차를 운전한 것으로 보이는 피고인을 경찰관이 적법하게 보호조치한 상태에서 3회에 걸쳐 음주측정을 요구한 것은 적법한 음주측정요구에 해당한다(2011도4328).** 15. 경찰2차

OX 경찰관이 음주운전과 관련한 도로교통법 위반죄의 수사를 목적으로 미성년자인 피의자의 혈액을 채취해야 할 경우, 피의자에게 의사능력이 있다면 피의자 본인의 동의를 받아서 하면 되고, 별도로 법정대리인의 동의를 받을 필요는 없다. (○, ×) 21. 경찰간부

2. 음주측정 거부

(1) 음주측정불응죄 성립을 긍정한 사례

① 적법한 보호조치 대상자로 보아 경찰관서로 데려온 직후 음주측정을 요구하였는데 피고인이 불응한 경우 음주측정불응죄로 처벌할 수 있다(2011도4328).

② 운전을 종료한 후 경찰공무원이 음주측정을 요구할 때까지 2시간 가량 경과하였다고 하더라도 위 음주측정의 요구 당시에 피고인이 술에 취한 상태에서 운전하였다고 인정할 만한 상당한 이유가 있다면, 음주측정요구에 불응한 경우 음주측정불응죄로 처벌할 수 있다(96도3069).

③ 음주측정을 거부하겠다는 의사를 표명한 것으로 볼 수 있다면, 음주감지기에 의한 시험을 거부한 행위도 음주측정기에 의한 측정에 응할 의사가 없음을 객관적으로 명백하게 나타낸 것으로 볼 수 있다(음주측정거부죄 성립)(2016도16121). 18. 경찰2차

④ 일단 음주측정불응죄가 인정되었다면, 운전자가 다시 스스로 경찰공무원에게 혈액채취의 방법에 의한 음주측정 요구를 하여 그 결과 음주운전으로 처벌할 수 없는 혈중알콜농도 수치가 나왔더라도 음주측정거부죄가 성립한다(2004도4789). 18. 경찰2차

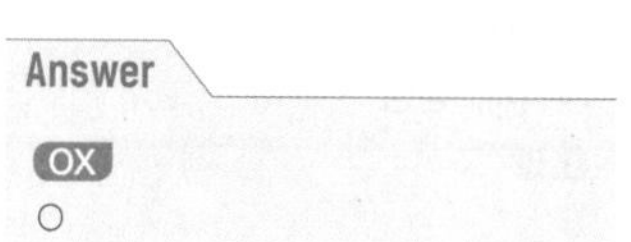
Answer

OX
○

(2) 음주측정불응죄 성립을 부정한 사례

① 피고인이 전날 늦은 밤까지 술을 마신 뒤, 다음 날 아침 차량을 약 2m 가량 운전하여 이동주차하다가 경찰관으로부터 음주측정을 요구받자 이를 거부한 후, 현행범으로 체포되어 지구대에서 음주측정을 거부한 경우, 위법한 현행범체포로 음주측정불응죄가 성립하지 않는다(2016도19907).

② 피고인이 운전을 종료한 후 약 2시간이 경과하고, 약 40분 이상 편의점 앞 탁자에 앉아 있었으며, 그 위에 술병이 놓여 있는 경우, 피고인이 운전을 마친 이후 술을 마셨을 가능성도 없지 않았으므로 음주측정 요구에 불응하더라도 음주측정불응죄는 성립하지 않는다(2016도16121).

③ 자동차 등 운전자가 신체 이상 등의 사유로 '호흡에 의한 음주측정'에 응하지 못한 경우, 음주측정불응죄가 성립하지 않는다(2010도2935).

㉠ **신체 이상 등의 사유로 호흡조사에 의한 음주측정에 응할 수 없는 운전자가 '혈액채취에 의한 측정'을 거부하거나 이를 불가능하게 한 경우, 음주측정에 불응한 것으로 볼 수 없다(2010도2935).**

㉡ **운전자의 신체 이상 등의 사유로 호흡측정기에 의한 측정이 불가능 내지 심히 곤란하거나 운전자가 처음부터 호흡측정기에 의한 측정의 방법을 불신하면서 혈액채취에 의한 측정을 요구하는 경우 등에는 호흡측정기에 의한 측정의 절차를 생략하고 바로 혈액채취에 의한 측정으로 나아가야 한다(2002도4220).**

OX 음주운전 중 교통사고를 야기하고 의식불명 상태에 빠져 병원 응급실에 후송된 피의자의 신체 내지 의복류에 주취로 인한 냄새가 강하게 나고, 교통사고 발생 시각으로부터 사회통념상 범행 직후라고 볼 수 있는 시간 내라면 경찰관은 의료진에게 요청하여 피의자의 혈액을 채취하도록 하여 압수할 수 있다. (○, ×) 21. 경찰간부

3. 임의제출

① 적법한 임의제출

㉠ **미성년자의 동의를 받고 채혈**

㉡ **의료진이 진료목적으로 채혈해 둔 혈액 임의제출**

② 위법한 임의제출

㉠ **피고인 가족(아들, 처) 동의**

㉡ **피고인 법정대리인 동의**

4. 강제채혈

① 수사기관이 범죄 증거를 수집할 목적으로 피의자의 동의 없이 피의자의 혈액을 취득・보관하는 행위는 '감정에 필요한 처분'으로도 할 수 있지만, '압수영장의 집행에 있어 필요한 처분'으로도 가능하다(2011도15258). 17. 해경간부, 18. 9급국가직・9급개론 ⇨ 사법경찰관은 압수・수색・검증영장의 효력에 의하여 甲의 동의 없이 그 신체에서 소변을 채취할 수 있고, 이 경우 별도로 감정처분허가장까지 필요한 것은 아니다(2013도13611). 18. 변호사

Answer

기출 키워드 체크

피의자, 영장

OX

○

② 음주운전 중 교통사고를 내고 의식불명 상태에 빠져 병원으로 후송된 운전자의 경우, 범죄의 증적이 현저한 준현행범인의 요건이 갖추어져 있고 교통사고 발생 시각으로부터 사회통념상 범행 직후라고 볼 수 있는 시간 내라면 병원 응급실 등의 장소는 형사소송법 제216조 제3항의 범죄 장소에 준한다 할 것이므로 검사 또는 사법경찰관은 그 혈액을 영장 없이 압수할 수 있다. 17 · 19. 해경간부, 18. 변호사, 21. 경찰간부

③ 다만, 이 경우도 사후에 지체 없이 강제채혈에 의한 압수의 사유 등을 기재한 영장청구서에 의하여 법원으로부터 압수영장을 받아야 한다(2011도15258). 17. 해경간부, 18. 경찰승진

④ 영장이나 감정처분허가장 없이 채취한 혈액을 이용한 혈중알코올농도 감정 결과는 원칙적으로 증거능력이 없고, 피고인의 동의가 있더라도 마찬가지이다(2011도15258). 17. 해경간부, 18 · 19. 경찰승진 · 변호사, 20. 법원, 21. 9급국가직 · 9급개론

5. 혈중알콜 농도 측정(위드마크 공식)

① 음주 후 30분에서 90분 사이에 혈중알코올농도가 최고치에 이른 후 시간당 알코올 분해 값이 개인에 따라 0.008%에서 0.030%로 감소하는데 평균적으로 시간당 0.015%씩 감소한다.

② 이에 착안하여 음주운전 사고 및 단속시 음주운전 시간과 실제 단속시간에 차이가 있을 경우 혈중알코올농도 추산에 위드마크공식을 이용한다.

③ 위드마크공식의 경우 그 적용을 위한 자료로는 섭취한 알코올의 양, 음주시각, 체중 등이 필요하므로 그런 전제사실을 인정하기 위해서는 엄격한 증명이 필요하다.

④ 특정 운전시점으로부터 일정한 시간이 지난 후에 측정한 혈중알코올농도를 기초로 운전 시점의 혈중알코올농도를 추정함에 있어서는, 피고인에게 가장 유리한 시간당 0.008%의 감소치를 적용하여야 한다(2001도2823).

⑤ 피고인에게 가장 유리한 시간당 0.008%의 감소치를 적용하더라도 계산된 알코올농도가 처벌기준치를 근소하게 초과하는 것에 그치고 있을 뿐만 아니라, 음주운전 시점이 혈중알코올농도의 상승시점인지 하강시점인지 확정할 수 없는 상황이라면 음주운전시점의 혈중알코올농도가 처벌기준치를 초과한 것이라고 단정할 수 없다(2001도1929).

⑥ 비록 운전시점과 혈중알코올농도의 측정시점 사이에 시간 간격이 있고 그때가 혈중알코올농도의 상승기로 보이는 경우라 하더라도, 그러한 사정만으로 언제나 실제 운전시점의 혈중알코올농도가 처벌기준치를 초과한다는 점에 대한 증명이 불가능하다고 볼 수는 없다(2015도7194).

OX 법원으로부터 감정처분허가장이 아닌 혈액에 대한 압수영장을 발부받아 피의자의 신체로부터 혈액을 채취하는 행위는 위법한 강제수사이다. (○, ×) 18. 9급국가직 · 9급개론

기출 키워드 체크

수사기관이 영장을 발부받지 아니한 채 교통사고로 의식불명인 _____의 동의 없이 그의 아버지의 동의를 받아 피의자의 혈액을 채취하고 사후에도 지체 없이 _____을 발부받지 않았다면 그 혈액에 대한 혈중알코올농도에 관한 감정의뢰회보는 위법수집증거이다.

OX 수사기관이 법원으로부터 영장 또는 감정처분허가장을 발부받지 아니한 채 피의자의 동의 없이 피의자의 신체로부터 혈액을 채취하고 사후에도 지체 없이 영장을 발부받지 아니한 채 혈액 중 알코올농도에 관한 감정을 의뢰하였더라도, 이러한 과정을 거쳐 얻은 감정의뢰회보 등은 피고인이나 변호인의 동의가 있다면 유죄의 증거로 사용할 수 있다. (○, ×) 21. 9급국가직 · 9급개론

OX 압수 · 수색의 방법으로 소변을 채취하는 경우 압수대상물인 피의자의 소변을 확보하기 위한 수사기관의 노력에도 불구하고, 피의자가 소변 채취에 적합한 인근 병원 등으로 이동하는 것에 저항하는 등 임의동행을 기대할 수 없는 사정이 있는 때에는, 수사기관으로서는 소변 채취에 적합한 장소로 피의자를 데려가기 위해서 필요 최소한의 유형력을 행사하는 것이 허용된다. (○, ×) 21. 9급국가직 · 9급개론

Answer

기출 키워드 체크
피의자, 영장

OX
×, ×, ○

⑦ 2013. 9. 10. 21:00경 술을 마시기 시작하여, 22:30경 음주를 종료하고, 22:46경 음주운전을 종료한 후, 23:21경 음주측정이 이루어져 혈중알코올농도의 수치가 0.117%로 측정된 경우, 혈중알코올농도의 수치가 처벌기준치인 0.05%를 크게 넘는 점, 단속 당시 피고인의 언행상태는 어눌하고 보행상태는 비틀거리며 혈색은 홍조였던 점 등의 사정을 보면 혈중알코올농도 0.05% 이상의 술에 취한 상태에서 운전하였다는 점을 인정할 수 있다(2015도7194).

6. 기 타

① 경찰관이 음주운전자를 단속하면서 주취운전이라는 범죄행위로 체포·구속하지 아니한 경우에도 필요하다면 그 음주운전자의 차량열쇠는 영장 없이 압수할 수 있다(97다54482). 11·19. 경찰승진, 15. 9급국가직·9급개론, 16. 경찰간부, 17. 여경·경찰특공대

② 음주운전 금지규정 위반자의 위반전력 유무와 그 횟수는 법원이 관련 증거를 토대로 자유심증에 따라 심리·판단해야 한다(2018도11378). ⇨ 다만 이는 공소가 제기된 범죄의 구성요건을 이루는 사실이므로, 그 증명책임은 검사에게 있다.

⓫ 강제 채뇨

① 강제 채뇨는 범죄 수사를 위해서 강제 채뇨가 부득이하다고 인정되는 경우에 최후의 수단으로 적법한 절차에 따라 허용된다고 보아야 한다.

② 강제 채뇨는 의사, 간호사, 그 밖의 숙련된 의료인 등으로 하여금 소변 채취에 적합한 의료장비와 시설을 갖춘 곳에서 피의자의 신체와 건강을 해칠 위험이 적고 피의자의 굴욕감 등을 최소화하는 방법으로 소변을 채취하여야 한다.

③ 수사기관이 범죄 증거를 수집할 목적으로 피의자의 동의 없이 피의자의 소변을 채취하는 것은 법원으로부터 감정허가장을 받아 형사소송법 제221조의4 제1항, 제173조 제1항에서 정한 '감정에 필요한 처분'으로 할 수 있지만, 형사소송법 제219조, 제106조 제1항, 제109조에 따른 압수·수색의 방법으로도 할 수 있다. 19. 7급국가직

④ 감정허가장을 받아 형사소송법 제221조의4 제1항, 제173조 제1항에서 정한 '감정에 필요한 처분'으로 할 수 있지만 피의자를 병원 등에 유치할 필요가 있는 경우에는 형사소송법 제221조의3에 따라 법원으로부터 감정유치장을 받아야 한다.

⑤ 압수·수색의 방법으로 소변을 채취하는 경우, 압수대상물인 피의자의 소변을 확보하기 위한 수사기관의 노력에도 불구하고 피의자가 소변 채취에 적합한 장소로 이동하는 것에 동의하지 않거나 저항하는 등 임의동행을 기대할 수 없는 사정이 있는 때에는 수사기관이 소변 채취에 적합한 장소로 피의자를 데려가기 위해서 필요 최소한의 유형력을 행사하는 것이 허용되고, 이는 '압수·수색영장의 집행에 필요한 처분'에 해당한다. 21. 9급국가직·9급개론

Chapter 06

OX 확인학습

01 □□□ 구속영장이 발부된 피의자를 발견하기 위하여 타인의 주거를 수색한 경우에는 사후에도 영장을 필요로 하지 않는다. (○)

02 □□□ 검사가 피의자를 적법하게 체포하는 경우 그 체포현장에서 영장 없이 압수·수색을 할 수 있고, 이때 압수한 물건을 계속 압수할 필요가 있는 경우에는 늦어도 피의자를 체포한 때로부터 48시간 이내에 압수·수색영장을 청구하여야 한다. (○)

03 □□□ 경찰관이 음주운전자를 단속하면서 주취운전이라는 범죄행위로 체포·구속하지 아니한 경우에도 필요하다면 그 음주운전자의 차량열쇠는 영장 없이 압수할 수 있다. (○)

04 □□□ 음주운전 중 교통사고를 당하여 의식불명 상태에 빠져 병원에 후송된 피의자에 대해 사법경찰관이 수사의 목적으로 피의자의 가족으로부터 동의를 받고 의료진에게 요청하여 피의자의 혈액을 채취하였으나 사후 압수·수색영장을 발부받지 않은 경우, 위법한 압수·수색에 해당한다. (○)

05 □□□ 사법경찰관은 2017. 3. 1. 10:00 보이스피싱 혐의로 피의자를 긴급체포하고 그 다음 날인 3. 2. 09:00 피의자가 보관하고 있던 다른 사람의 주민등록증을 발견하고 압수한 다음, 그것을 계속 압수할 필요가 있다고 판단하여 곧바로 검사에게 사후영장 청구를 신청하였고 검사는 같은 날 11:00 사후영장을 청구한 경우, 위법한 압수·수색에 해당한다. (×)

06 □□□ 검사 또는 사법경찰관은 긴급체포된 자가 소유·소지 또는 보관하는 물건에 대하여 긴급히 압수할 필요가 있는 경우에는 체포한 때부터 48시간 이내에 한하여 영장 없이 압수·수색 또는 검증을 할 수 있다. (×)

07 □□□ 긴급체포에 의하여 피의자를 체포하는 경우 필요한 때에는 영장 없이 체포현장에서의 압수·수색 또는 검증을 할 수 있으나 , 압수한 물건을 계속 압수할 필요가 있는 경우에는 압수한 때부터 48시간 이내에 압수수색 영장을 청구하여야 한다. (×)

08 □□□ 사법경찰관은 피의자를 긴급체포하는 경우에 필요한 때에는 영장 없이 타인의 주거나 타인이 간수하는 가옥, 건조물, 항공기, 선차 내에서의 피의자 수사를 할 수 있다. (○)

09 □□□ 일반 사인이라도 현행범 체포 규정에 의하여 피의자를 현행범으로 체포하는 경우에 영장 없이 타인의 주거에 들어갈 수 있다. (×)

10 □□□ 검사 또는 사법경찰관은 현행범인을 체포하는 경우 필요한 때에는 영장 없이 체포현장에서의 압수, 수색, 검증을 할 수 있다. (○)

11 □□□ 검사, 사법경찰관은 피의자 기타인의 유류한 물건이나 소유자, 소지자 또는 보관자가 임의로 제출한 물건을 영장 없이 압수할 수 있다. (○)

12 □□□ 경찰관이 이른바 전화사기죄 범행의 혐의자를 긴급체포 하면서 그가 보관하고 있던 다른 사람의 주민등록증, 운전면허증 등을 압수한 경우, 이는 구「형사소송법」제217조 제1항에서 규정한 해당 범죄사실의 수사에 필요한 범위 내의 압수가 아니므로 이를 위 혐의자의 점유이탈물횡령죄 범행에 대한 유죄의 증거로 사용할 수 없다. (×)

13 □□□ 범행 중 또는 범행직후의 범죄장소에서 긴급을 요하여 법원판사의 영장을 받을 수 없는 때에는 영장 없이 압수, 수색 또는 검증을 할 수 있다. 이 경우에는 사후에 지체 없이 영장을 받아야 한다. (○)

14 □□□ 사법경찰관은 제216조(영장에 의하지 아니한 강제처분)의 규정에 의하면 범행 중 또는 범행직후의 장소에서 긴급을 요하여 법원 판사의 영장을 받을 수 없는 때에는 영장 없이 압수할 수 있다. 이 경우에는 사후 24시간 이내에 영장을 받아야 한다. (×)

15 □□□ 사법경찰관이 현행범 체포의 현장에서 소지자로부터 임의로 제출하는 물건을 영장 없이 압수하고 사후에 압수·수색영장을 발부받지 않은 경우, 위법한 압수·수색에 해당한다. (×)

16 □□□ 수사기관은 임의제출에 의한 압수 후 지체 없이 사후 압수수색영장을 발부받아야 한다. (×)

17 □□□ 경찰관이 간호사로부터 진료 목적으로 채혈된 甲의 혈액 중 일부를 주취운전 여부에 대한 감정을 목적으로 제출받아 압수한 경우 특별한 사정이 없는 한 그 압수절차가 甲 또는 그의 가족의 동의 및 영장 없이 행하여졌더라도 적법절차의 위반이 아니다. (○)

18 □□□ 사법경찰관이 피의자 소유의 쇠파이프를 피의자의 주거지 앞 마당에서 발견하였으면서도 그 소유자, 소지자 또는 보관자가 아닌 피해자로부터 임의로 제출받는 형식으로 압수한 쇠파이프는 위법수집증거로 증거능력이 없다. (○)

19 □□□ 음주운전과 관련한 도로교통법위반죄의 범죄수사를 위하여 미성년자인 피의자의 혈액채취가 필요한 경우, 피의자에게 의사능력이 없다면 피의자의 법정대리인이 피의자를 대리하여 피의자의 혈액채취에 관한 유효한 동의를 할 수 있다. (×)

Chapter 06 실전익히기

01

20. 9급국가직

압수와 수색에 대한 설명으로 옳지 않은 것은? (다툼이 있는 경우 판례에 의함)

① 압수의 대상은 압수·수색영장의 범죄사실 자체와 직접적으로 연관된 물건에 한정되지 않으므로, 압수·수색영장의 범죄사실과 기본적 사실관계가 동일한 범행 또는 동종·유사의 범행과 관련된다고 의심할 만한 상당한 이유가 있는 범위 내에서는 압수를 실시할 수 있다.

② 압수·수색영장의 집행에 있어서 여관, 음식점 기타 야간에 공중이 출입할 수 있는 장소는 공개한 시간 내에 한하여 야간집행의 제한을 받지 않는다.

③ 전자정보에 대한 압수·수색이 종료되기 전에 혐의사실과 관련된 전자정보를 적법하게 탐색하는 과정에서 별도의 범죄혐의와 관련된 전자정보를 우연히 발견한 경우라면, 수사기관은 더 이상의 추가 탐색을 중단하고 법원에서 별도의 범죄혐의에 대한 압수·수색영장을 발부받은 경우에 한하여 그 정보에 대하여 적법하게 압수·수색을 할 수 있다.

④ 검사 또는 사법경찰관은 현행범 체포영장이나 범죄장소에서 소지자 등이 임의로 제출하는 물건을 영장 없이 압수할 수 있다. 다만, 이 경우에 검사나 사법경찰관은 사후에 영장을 받아야 한다.

02

19. 경찰승진

압수·수색에 대한 설명으로 가장 적절하지 않은 것은? (다툼이 있는 경우 판례에 의함)

① 압수·수색영장의 집행 중에는 타인의 출입을 금지할 수 있고, 이를 위배한 자에게는 퇴거하게 하거나 집행종료시까지 간수자를 붙일 수 있다.

② 압수·수색영장에 압수할 물건을 '압수장소에 보관 중인 물건'이라고 기재한 경우, 이를 '압수장소에 현존하는 물건'이라고 해석할 수 없다.

③ 우편물 통관검사절차에서 이루어지는 우편물의 개봉, 시료채취, 성분분석 등의 검사가 압수·수색영장 없이 진행되었다 하더라도 특별한 사정이 없는 한 위법하다고 볼 수 없다.

④ 기존에 발부받은 압수·수색영장으로 이미 집행을 마쳤더라도 영장의 유효기간이 도과하지 않았다면, 남은 유효기간 내에서는 동일한 영장으로 동일한 장소 또는 목적물에 대하여 다시 압수·수색을 할 수 있다.

03

19. 변호사

압수·수색에 관한 설명 중 옳지 않은 것은? (다툼이 있는 경우 판례에 의함)

① 압수·수색영장은 피압수자로 하여금 법관이 발부한 영장에 의한 압수·수색이라는 사실을 확인함과 동시에 압수·수색영장에 필요적으로 기재하도록 정한 사항이나 그와 일체를 이루는 사항을 충분히 알 수 있도록 제시하여야 한다.

② 정보통신서비스 회사에서 보관 중인 이메일에 대하여 압수·수색영장을 집행하면서 팩스로 영장사본을 송신하였다면, 집행시에 그 영장의 원본을 제시하지 않더라도 위법하지 않다.

③ 수사기관이 압수·수색을 실시하여 그 집행을 종료하였다면 영장의 유효기간이 남아있다고 하더라도 그 영장의 효력은 상실된다.

④ 전자정보에 대한 압수·수색영장에 기하여 저장매체 자체를 반출한 후 유관정보를 탐색하는 과정에서 당해 영장의 범죄혐의와는 다른 별도의 범죄혐의와 관련된 증거를 발견하게 되어 이를 압수하려는 경우에는 더 이상의 집행을 중단하고 법원으로부터 별도의 범죄혐의에 대한 압수·수색영장을 발부받아야 한다.

⑤ 피의자의 이메일 계정에 대한 접근권한에 갈음하여 발부받은 압수·수색영장의 집행에 필요한 처분은 원격지 서버에 있는 피의자의 이메일 등 관련 전자정보를 수색장소의 정보처리장치로 내려받거나 그 화면에 현출시키는 행위와 같이 집행의 목적을 달성하기 위한 필요 최소한도의 범위 내에서 그 수단과 목적에 비추어 사회통념상 상당하다고 인정되는 행위이어야 한다.

04

21. 경찰승진

압수 · 수색에 대한 설명으로 가장 적절하지 않은 것은? (다툼이 있는 경우 판례에 의함)

① 압수 · 수색영장의 유효기간 내에서 동일한 영장으로 동일한 장소에서 수회 압수 · 수색하는 것은 허용된다.

② 압수 · 수색영장의 집행 중에는 타인의 출입을 금지할 수 있고, 이를 위배한 자에게는 퇴거하게 하거나 집행종료시까지 간수자를 붙일 수 있다.

③ 압수 · 수색영장의 제시가 현실적으로 불가능한 경우, 영장을 제시하지 아니한 채 압수 · 수색을 하더라도 위법하다고 볼 수 없다.

④ 압수 · 수색영장의 집행은 주간에 하는 것이 원칙이고, 야간에 집행하기 위해서는 압수 · 수색영장에 야간집행을 할 수 있다는 기재가 있어야 하나, 도박 기타 풍속을 해하는 행위에 상용된다고 인정하는 장소에서 압수 · 수색영장을 집행함에는 그러한 제한을 받지 아니한다.

05

21. 경찰간부

영장 없는 압수 · 수색 · 검증에 관한 설명 중 옳지 않은 것은? (다툼이 있는 경우 판례에 의함)

① 체포영장이 발부된 피의자를 체포하기 위하여 경찰관이 타인의 주거 등을 수색하는 경우에는 그 피의자가 그 장소에 소재할 개연성 이외에도 별도로 사전에 수색영장을 발부받기 어려운 긴급한 사정이 있는 경우에만 제한적으로 이루어져야 한다.

② 음주운전 중 교통사고를 야기하고 의식불명 상태에 빠져 병원 응급실에 후송된 피의자의 신체 내지 의복류에 주취로 인한 냄새가 강하게 나고, 교통사고 발생 시각으로부터 사회통념상 범행 직후라고 볼 수 있는 시간 내라면 경찰관은 의료진에게 요청하여 피의자의 혈액을 채취하도록 하여 압수할 수 있다.

③ 경찰관이 음주운전과 관련한 도로교통법 위반죄의 수사를 목적으로 미성년자인 피의자의 혈액을 채취해야 할 경우, 피의자에게 의사능력이 있다면 피의자 본인의 동의를 받아서 하면 되고, 별도로 법정대리인의 동의를 받을 필요는 없다.

④ 경찰관이 2020. 10. 5. 20:00 도로에서 마약류 거래를 하고 있는 피의자를 긴급체포한 뒤 같은 날 20:24경 영장 없이 체포현장에서 약 2km 떨어진 피의자의 주거지에 대한 수색을 실시해서 작은 방 서랍장 등에서 메스암페타민 약 10g을 압수한 것은 위법하다.

06

17. 경찰승진

압수 · 수색에 관한 설명 중 가장 적절한 것은? (다툼이 있으면 판례에 의함)

① 압수 · 수색영장에 압수할 물건을 압수장소에 보관 중인 물건이라고 기재되어 있는 경우에는 압수장소에 현존하는 물건도 포함되는 것으로 해석된다.

② 압수 · 수색장소의 관리책임자에게 영장을 제시한 경우에 그 장소에 있는 다른 사람으로부터 물건을 압수하더라도 별도로 영장을 제시할 필요는 없다.

③ 압수 · 수색영장 집행 당시 피처분자가 현장에 없거나 그를 발견할 수 없는 경우 등 영장제시가 현실적으로 불가능하여 영장을 제시하지 아니한 채 압수 · 수색을 한 경우 위법하다고 볼 수 있다.

④ 압수 · 수색을 실시하고 그 집행을 종료한 후, 그 압수 · 수색영장이 아직 유효기간 내에 있고 동일한 장소 또는 목적물에 대하여 다시 압수 · 수색할 필요가 있는 경우라도 그 영장으로 다시 압수 · 수색할 수 없다.

07

17. 9급개론

다음 사법경찰관의 압수 · 수색 중 적법하지 않은 것은? (다툼이 있으면 판례에 의함)

① 음주운전 중 교통사고를 당하여 의식불명 상태에 빠져 병원에 후송된 피의자에 대해 사법경찰관이 수사의 목적으로 피의자의 가족으로부터 동의를 받고 의료진에게 요청하여 피의자의 혈액을 채취하였으나 사후 압수 · 수색영장을 발부받지 않았다.

② 음란물유포의 범죄혐의를 이유로 압수 · 수색영장을 발부받은 사법경찰관이 피의자의 주거지를 수색하는 과정에서 대마를 발견하자 피의자를 마약류 관리에 관한 법률 위반죄의 현행범으로 체포하면서 대마를 압수하고 그 다음 날 피의자를 석방하면서 압수한 대마에 대해 사후 압수 · 수색영장을 발부받았다.

③ 사법경찰관이 현행범 체포의 현장에서 소지자로부터 임의로 제출하는 물건을 영장 없이 압수하고 사후에 압수 · 수색영장을 발부받지 않았다.

④ 사법경찰관은 2017. 3. 1. 10:00 보이스피싱 혐의로 피의자를 긴급체포하고 그 다음 날인 3. 2. 09:00 피의자가 보관하고 있던 다른 사람의 주민등록증을 발견하고 압수한 다음, 그것을 계속 압수할 필요가 있다고 판단하여 곧바로 검사에게 사후영장 청구를 신청하였고 검사는 같은 날 11:00 사후영장을 청구하였다.

08

19. 경찰1차

압수 · 수색에 대한 설명으로 가장 적절하지 않은 것은? (다툼이 있는 경우 판례에 의함)

① 압수 · 수색영장에 기재한 혐의사실과 범죄와의 객관적 관련성은 압수 · 수색영장에 기재된 혐의사실의 내용과 수사의 대상, 수사 경위 등을 종합하여 구체적 · 개별적 연관관계가 있는 경우에는 인정되지만, 혐의사실과 단순히 동종 또는 유사 범행이라는 사유만으로 관련성이 있다고 할 것은 아니다.

② 압수 · 수색영장 대상자와 피의자 사이에 요구되는 인적 관련성은 압수 · 수색영장에 기재된 대상자의 공동정범이나 교사범 등 공범이나 간접정범은 물론 필요적 공범 등에 대한 피고사건에 대해서도 인정될 수 있다.

③ 피압수자에게 영장의 표지인 첫 페이지와 피압수자의 혐의사실 부분만을 보여주고 나머지 부분을 확인하지 못하게 한 것은 압수 · 수색영장의 필요적 기재사항이나 그와 일체를 이루는 사항을 충분히 알 수 있도록 제시한 것이라 할 수 없다.

④ 수사기관이 압수 · 수색에 착수하면서 그 장소의 관리책임자에게 영장을 제시하였다면, 물건을 소지하고 있는 다른 사람으로부터 이를 압수하고자 하는 때에는 그 사람에게 따로 영장을 제시할 필요는 없다.

09

15. 경찰승진

압수 · 수색에 관한 설명 중 가장 적절하지 않은 것은? (다툼이 있는 경우 판례에 의함)

① 압수는 증거수집과 범죄수사를 위하여 필요한 때에 할 수 있다.

② 압수 · 수색영장의 유효기간은 7일이며, 유효기간 내라면 동일한 영장으로 동일한 장소에서 수회 압수 · 수색하는 것은 허용된다.

③ 압수 · 수색영장의 집행 중에는 타인의 출입을 금지할 수 있고, 이를 위배한 자에게는 퇴거하게 하거나 집행종료시까지 간수자를 붙일 수 있다.

④ 여자의 신체에 대하여 수색할 때에는 '성년의 여자'를 참여하게 하여야 한다.

10

17. 해경간부

사법경찰관이 영장 없이 압수·수색할 수 있는 경우에 관한 설명 중 가장 적절하지 않은 것은?

① 살인 피의자 甲을 2017. 3. 1. 13:00경에 긴급체포한 후 2017. 3. 2. 16:00경에 甲의 집을 수색하여 甲이 범행 당시 사용했던 흉기를 압수하는 경우
② 강도 현행범 甲을 발견하고 그를 계속 추적하다가 甲이 제3자인 A의 주거에 숨어 들어가자 A의 집에 들어가 甲을 찾기 위해 수색을 하는 경우
③ 사람이 어선에서 살해되었다는 신고를 받고 현장에 출동하여 어선에 대하여 압수·수색·검증을 하는 경우
④ 사법경찰관이 피고인에 대한 구속영장을 집행하는 경우 집행현장에서 압수·수색하는 경우

11

15. 경찰2차

음주측정에 관한 다음 설명 중 가장 적절한 것은? (다툼이 있으면 판례에 의함)

① 도로교통법의 음주측정불응죄를 근거로 영장 없이 호흡측정기에 의해 음주측정을 하는 것은 강제수사에 해당하는 것으로 영장주의에 반한다.
② 음주운전과 관련한 도로교통법위반죄의 범죄수사를 위하여 미성년자인 피의자의 혈액채취가 필요한 경우, 피의자에게 의사능력이 없다면 피의자의 법정대리인이 피의자를 대리하여 피의자의 혈액채취에 관한 유효한 동의를 할 수 있다.
③ 도로교통법상 음주측정에 관한 규정들을 근거로 음주운전을 하였다고 인정할 만한 상당한 이유가 있는 자에 대하여 경찰관서에 강제연행하여 음주측정을 요구할 수 있다.
④ 술에 취한 상태에서 자동차를 운전한 것으로 보이는 피고인을 경찰관이 적법하게 보호조치한 상태에서 3회에 걸쳐 음주측정을 요구한 것은 적법한 음주측정요구에 해당한다.

12

18. 9급국가직·9급개론

수사의 적법성에 대한 설명으로 옳지 않은 것은? (다툼이 있는 경우 판례에 의함)

① 법원으로부터 감정처분허가장이 아닌 혈액에 대한 압수영장을 발부받아 피의자의 신체로부터 혈액을 채취하는 행위는 위법한 강제수사이다.
② 검찰수사관이 피의자신문에 참여한 변호인에게 피의자 후방에 앉으라고 요구한 행위는 이를 정당화할 특별한 사정이 없는한 변호인의 변호권을 침해하므로 헌법에 위배된다.
③ 응급구호가 필요한 자살기도자를 영장 없이 24시간을 초과하지 아니하는 범위에서 경찰서에 설치되어 있는 보호실에 유치한 것은 위법한 강제수사가 아니다.
④ 수사기관이 범행 중 또는 직후에 증거보전의 필요성, 긴급성이 있어서 상당한 방법으로 사진을 촬영한 경우라면 영장 없는 사진촬영도 위법한 수사가 아니다.

Answer

01 ④ [×] 사후에 영장을 받을 필요가 없다.
02 ④ [×] 다시 압수·수색을 할 수는 없다.
03 ② [×] 위법하다.
04 ① [×] 압수·수색영장의 유효기간 내에서 동일한 영장으로 동일한 장소에서 수회 압수·수색하는 것은 허용되지 아니한다(99모161).
05 ④ [×] 긴급체포 후 긴급 압수하는 경우에는 시간적·장소적으로 접착될 필요는 없다.
06 ④ [○] 99모161
07 ① [×] 피의자가 아닌 피의자의 가족으로부터 동의를 받고 혈액을 채취할 수는 없다.
08 ④ [×] 영장을 개별적으로 제시되어야 한다.
09 ② [×] 동일한 영장으로 수회 같은 장소에서 압수·수색할 수 없다(99모161).
10 ① [×] 긴급체포 후 24시간이 지나 압수가 이루어져 위법하다.
11 ④ [○] 2011도4328
12 ① [×] 압수영장으로도 혈액을 채취할 수 있다.

제5절 압수물의 처리

❶ 자청보관의 원칙

① 압수물은 이를 압수한 기관의 청사로 운반하여 보관하는 것이 원칙이다. ⇨ 경찰관 압수시에는 경찰서 보관, 검찰의 압수시에는 검찰청 보관, 법원의 압수시에는 법원 보관이 원칙이다.

② 법원 또는 수사기관이 압수물을 보관함에 있어서는 그 상실 또는 파손 등의 방지를 위하여 상당한 조치를 하여야 한다(제131조, 제219조).

③ 수사기관 또는 법원은 압수물을 보관함에 있어서 선량한 관리자로서의 주의의무를 다하여야 한다.

❷ 위탁보관

1. 대 상

운반 또는 보관이 불편한 압수물은 간수자를 두거나 소유자 또는 적당한 자의 승낙을 얻어 보관하게 할 수 있다(임의적). 10. 법원, 12. 해경간부, 17. 경찰승진

2. 검사지휘

사법경찰관이 위탁보관을 하는 경우에는 검사의 지휘가 필요하다. 17. 경찰간부

3. 임치료

보관자는 특별한 약정이 없으면 임치료 청구를 할 수 없다. 03. 법원주사보

❸ 폐기처분

1. 대 상

① 아래 압수물은 폐기할 수 있다(임의적). 10. 경찰1차, 17. 경찰승진, 20. 경찰간부

② 위험발생의 염려가 있는 압수물 18. 경찰승진 ⇨ 피압수자 동의 필요 없음

③ 법령상 생산 · 제조 · 소지 · 소유 또는 유통이 금지된 압수물로서 부패의 염려가 있거나 보관하기 어려운 압수물 09. 법원, 12. 해경간부, 15. 경찰3차, 18. 해경2차, 20. 경찰2차 ⇨ 권한 있는 자의 동의 필요

2. 검사지휘

사법경찰관이 폐기처분을 하는 경우에는 검사의 지휘가 필요하다. 17. 경찰간부

기출 키워드 체크

운반 또는 보관에 불편한 압수물에 관하여는 간수자를 두거나 소유자 또는 적당한 자의 승낙을 얻어 _____하게 할 수 있다.

기출 키워드 체크

위험발생의 염려가 있는 압수물은 _____할 수 있다.

Answer

기출 키워드 체크
보관
폐기

3. 폐기조서

폐기조서를 작성하고 사진을 촬영하여 이에 첨부하여야 한다. 15. 경찰승진

❹ 대가보관

1. 의 의

압수물을 매각하여 그 대가를 보관하는 처분을 말한다.

2. 대 상

① 멸실·파손·부패 또는 현저한 가치 감소의 염려가 있거나 보관하기 어려운 경우
- ㉠ **몰수해야 할 압수물** 11·17. 경찰승진, 12. 경찰3차·해경간부
- ㉡ **환부해야 할 압수물 중 환부를 받을 자가 누구인지 알 수 없거나 그 소재가 불명한 경우** 11. 경찰승진, 12. 경찰3차

② 증거에만 사용할 목적으로 압수된 압수물은 원칙적으로 환가처분할 수 없다. 04. 경찰2차·경찰3차

3. 검사지휘

사법경찰관이 대가보관을 하는 경우에는 검사의 지휘가 필요하다. 17. 경찰간부

4. 대가보관 조서

압수물을 대가보관할 때에는 대가보관 조서를 작성하여야 한다.

5. 통 지

미리 검사, 피해자, 피고인(피의자) 또는 변호인에게 통지하여야 한다.

❺ 환 부

1. 의 의

환부란 압수물을 종국적으로 제출인 또는 소유자에게 돌려주는 처분을 말한다. 09. 경찰2차

2. 대 상

① 압수를 계속할 필요가 없다고 인정되는 경우 환부하여야 한다. 17. 경찰승진, 20. 경찰2차
- ㉠ **증거에 사용할 필요가 없고, 몰수 대상도 아닌 경우** 03. 101단2차, 07·09. 경찰2차
- ㉡ **기소중지하였으나, 관세포탈 물건인지 불확실한 경우(94모51)** 03. 경감, 04. 행시, 10·11·14. 경찰승진, 12·19. 해경간부, 13. 법원, 20. 경찰2차

기출 키워드 체크

몰수하여야 할 압수물로서 멸실·파손·부패 또는 현저한 가치 감소의 염려가 있거나 보관하기 어려운 압수물은 _____하여 _____를 보관할 수 있다.

기출 키워드 체크

사법경찰관이 압수물을 폐기하는 경우에는 _____를 작성하고 _____하여 첨부하여야 한다.

기출 키워드 체크

세관이 시계행상이 소지하고 있던 외국산시계를 관세장물의 혐의가 있다고 하여 압수하였던 것을 검사가 그것이 관세포탈품인지를 확인할 수 없어 그 사건을 _____처분하였다면 위 압수물은 국고에 귀속시킬 수 없다.

Answer

기출 키워드 체크
매각, 대가
폐기조서, 사진 촬영
기소중지

② 사후영장을 받지 못한 경우 ⇨ 체포현장에서 압수한 물건, 긴급체포시 압수한 물건의 경우 사후에 압수수색영장을 발부받지 못하면 압수한 물건을 즉시 반환하여야 한다.

③ 위조문서(84모43) 04. 경사, 07. 경찰2차, 09. 경찰1차, 11 · 14. 경찰승진

㉠ **소유하는 것이 허용되지 않는 물건이므로 몰수가 될 뿐 환부나 가환부할 수 없다.**

㉡ **다만, 몰수선고 후 위조 표시하여 환부할 수 있을 뿐이다.**

3. 절 차

(1) 필요적 환부

압수를 계속할 필요가 없다고 인정되는 압수물은 피고사건종결 전이라도 결정으로 환부하여야 한다(필요적 환부).

(2) 통 지

① 미리 검사, 피해자, 피고인(피의자) 또는 변호인에게 통지하여야 한다. 14. 경찰승진, 16. 경찰2차, 18. 해경2차

② 이를 거치지 않는 경우 환부(가환부) 결정은 위법하다.

(3) 소유권 포기의 효과

피압수자가 소유권이나 환부청구권을 포기한 경우에도 환부결정을 해야 하며 수사기관의 환부의무는 소멸되지 않는다(94모51). 02. 행시, 03. 경감, 03 · 10 · 11 · 14 · 15. 경찰승진, 11. 경찰1차, 12 · 13 · 16. 경찰2차 · 경찰간부, 12 · 14. 9급국가직, 15. 경찰3차, 17. 법원 · 변호사, 18. 해경2차, 20. 7급국가직

4. 제출인 환부

① 원칙적으로 제출인에게 환부하여야 한다.

② 피해자에게 환부할 이유가 명백한 경우를 제외하고는 피압수자나 제출인 이외의 누구에게도 환부할 수 없다(68다824). 10. 경찰승진

5. 피해자 환부

① 피고사건에 대한 심리를 종결한 때에는 압수장물의 경우 피해자에게 환부할 명백한 이유가 있을 때에는 판결로서 피해자에게 환부하는 선고를 해야 한다(제333조 제1항). 02. 경찰1차, 14. 경찰간부, 16. 경찰승진, 17 · 18 · 19. 해경간부

② 압수한 장물은 피해자에게 환부할 이유가 명백한 때에는 피고사건의 종결 전이라도 결정으로 피해자에게 환부할 수 있다. 02. 여경1차 · 경찰1차, 03. 경감, 11 · 17. 경찰승진, 12 · 13. 경찰3차, 14. 9급국가직, 17. 법원 · 7급국가직, 19. 해경간부, 20. 경찰간부

기출 키워드 체크

피압수자인 피의자가 압수물에 대하여 _____을 _____하였다 하더라도 환부사유가 생기고 피압수자가 환부를 청구하면 검사는 이를 환부하여야 한다.

기출 키워드 체크

사법경찰관은 압수물을 피압수자에게 환부하기에 앞서 피해자뿐만 아니라 _____에게도 통지하여야 한다.

관련 판례

환부할 이유가 명백한 때라 함은 피해자가 사법상 청구권을 가지는 것이 명백한 때를 의미하므로 그 인도 청구권에 관하여 사실상 내지 법률상 다소라도 의문이 있는 경우에는 여기에 해당하지 않는다(84모38). 10. 경찰승진, 19. 해경간부, 20. 경찰간부

Answer

기출 키워드 체크

소유권, 포기
피의자

③ 사전 통지: 피해자환부의 결정을 하는 경우에도 피해자, 피고인, 피의자 또는 변호인에게 미리 통지하여야 한다(제219조, 제135조).

④ 환부공고: 피해자가 소재불명이거나 성명불상인 경우, 환부공고를 하여 환부할 수 있다.

⑤ 대가의 교부 04. 여경1차, 14. 경찰간부, 17. 해경간부: 장물을 처분하였을 때는 판결로서 그 대가를 취득한 것을 피해자에게 교부하는 선고를 하여야 한다.

6. 환부불능과 공고

① 압수물의 환부를 받을 자의 소재가 불명하거나 기타사유로 인하여 환부를 할 수 없는 경우에는 검사는 그 사유를 관보에 공고하여야 한다(제486조 제1항).

② 공고한 후 3월 이내에 환부의 청구가 없는 때에는 그 물건은 국고에 귀속한다(제486조 제2항). ⇨ 현행 형사소송법에는 압수물을 몰수재판에 의하지 않고 국고에 귀속시킬 수 있는 예외적 근거규정을 두고 있다. 09. 경찰1차

③ 위 기간 내에도 가치 없는 물건은 폐기할 수 있고 보관하기 어려운 물건은 공매하여 그 대가를 보관할 수 있다(제486조 제3항).

7. 효 력

① 환부로 인해 압수의 효력은 상실된다.

② 압수를 해제할 뿐이며, 환부를 받은 자에게 실체법상의 권리를 확인하는 효력까지 가지는 것은 아니다. 02 · 09. 경찰1차

⇨ 환부에 관한 규정은 이해관계인이 민사소송절차에 의하여 그 권리를 주장함에 영향을 미치지 아니한다(제333조 제4항). 18. 해경2차, 20. 경찰간부

③ 몰수 선고가 없는 경우: 압수 해제 간주

㉠ **압수물에 대하여 몰수의 선고가 없는 때에는 압수를 해제한 것으로 간주한다.** 02 경찰1차, 03. 경찰3차, 14. 경찰간부, 15. 법원, 16. 경찰승진, 18 · 19. 해경간부

㉡ **피압수자는 국가에 대하여 민사소송으로 그 반환을 청구할 수 있다(2000다27725).** 11. 경찰승진, 12 · 19. 해경간부, 15. 경찰3차

④ 몰수와의 관계

㉠ **판결선고 전 검찰에 의하여 압수된 후 피고인에게 환부된 물건에 대하여도 피고인으로부터 몰수할 수 있다(76도4001).** 05. 법원, 07. 경위

㉡ **압수물에 대한 몰수의 선고가 없어 압수가 해제된 것으로 간주된 상태라도, 압수 해제된 물품을 다시 압수할 수도 있다(96모34).** 08. 경찰2차, 12. 해경간부, 15. 경찰3차, 20. 7급국가직

OX 압수한 장물로서 피해자에게 환부할 이유가 명백한 것은 판결로써 피해자에게 환부하는 선고를 하여야 한다. (○, ×)
16. 경찰승진, 18. 해경간부

OX 형사소송법상 압수장물의 환부에 관한 규정은 이해관계인이 민사소송절차에 의하여 그 권리를 주장함에 영향을 미친다. (○, ×)
16. 경찰승진, 18. 해경간부

OX 압수한 서류 또는 물품에 대하여 몰수의 선고가 없는 때에는 압수를 해제한 것으로 간주한다. (○, ×)
16. 경찰승진, 18. 해경간부

Answer

OX
○, ×, ○

ⓒ **효력을 상실한 압수·수색영장에 기하여 다시 압수·수색을 실시하면서 몰수대상물건을 압수한 경우, 압수 자체가 위법하게 됨은 별론으로 하더라도 그것이 위 물건의 몰수의 효력에는 영향을 미칠 수 없다(2003도705).** 19. 경찰2차

⑤ 민사적 권리에 영향 없음 08. 경찰3차, 14. 경찰간부, 14·16. 경찰승진, 17·18. 해경간부, 18. 해경2차: 형사소송법상 압수물의 환부에 관한 규정은 이해관계인이 민사소송절차에 의하여 그 권리를 주장함에 영향을 미치지 아니한다(제333조 제4항).

6 가환부

1. 의 의

가환부란 압수의 효력을 그대로 존속시키면서 압수물을 피압수자나 피해자에게 잠정적으로 반환하는 법원 또는 수사기관의 처분을 말한다.

2. 대 상

(1) 필요적 가환부

증거에만 사용할(공할) 압수물(제133조 제1항 후단) 10. 법원, 11. 경찰1차, 11·15·16·19. 경찰승진, 18. 해경2차·해경간부, 20. 경찰2차: 사진촬영 기타 원형보존의 조치를 취하고 신속히 가환부하여야 한다.

(2) 임의적 가환부

① 증거에 사용할(공할) 압수물(제133조 제2항) 17. 경찰승진·법원: 증거물의 성격과 몰수할 물건의 성격을 가진 압수물이 포함된다(97모25). 17. 법원, 18. 경찰승진, 19. 경찰간부

② 임의적 몰수 대상(97모25) 04·10. 경찰승진, 08. 경찰3차, 11. 경찰1차, 13. 경찰간부

㉠ **형법 제49조(임의적 몰수)에 해당하는 물건 등**

㉡ **가환부할 것인지 여부는 범죄의 태양, 경중, 압수물의 증거로서의 가치, 압수물의 은닉, 인멸, 훼손될 위험, 수사나 공판수행상의 지장 유무, 압수에 의하여 받는 피압수자 등의 불이익의 정도 등 여러 사정을 검토하여 종합적으로 판단(94모42)** 10. 경찰승진, 16. 경찰2차

③ 필요적 몰수 대상: 가환부 대상 ×

㉠ **관세법위반 사건의 몰수 대상 등 필요적 몰수 대상은 가환부 대상이 아니다(65모21).**

㉡ **다만, 관세법상 밀수출 대상 물품이 범인이 아니라 제3자 소유인 경우, 이 물품은 필요적 몰수의 대상이기는 하나 몰수 판결의 효력은 피고인이 그 물품을 소지하지 못하게 하는 데 그치므로 가환부 대상이 된다(2017모236).** 20. 경찰2차 ⇨ **따라서 검사는 위 물품을 가환부하여야 한다.**

OX 증거에만 공할 목적으로 압수한 물건으로서 그 소유자 또는 소지자가 계속 사용하여야 할 물건은 사진촬영 기타 원형보존의 조치를 취하고 신속히 가환부하여야 한다. (○, ×)
16. 경찰승진, 18. 해경간부

기출 키워드 체크

법인으로부터 압수한 물품에 대하여 몰수의 선고가 없어 그 압수가 _____된 것으로 _____된다고 하더라도 공범자에 대한 범죄수사를 위하여 여전히 그 물품의 압수가 필요하다면 검사는 그 압수해제된 물품을 다시 _____할 수 있다.

기출 키워드 체크

가환부를 받은 자는 법원의 요구가 있으면 즉시 압수물을 _____할 의무가 있고 그 압수물에 대하여 _____의무를 부담하며 소유자라 하더라도 그 압수물을 처분할 수 없다.

기출 키워드 체크

_____ 공할 목적으로 압수한 물건으로서 그 소유자 또는 소지자가 계속 사용하여야 할 물건은 사진촬영 기타 원형보존의 조치를 취하고 신속히 가환부하여야 한다.

관련 판례

형사소송법 제218조의2 제1항은 '검사는 사본을 확보한 경우 등 압수를 계속할 필요가 없다고 인정되는 압수물 및 증거에 사용할 압수물에 대하여 공소제기 전이라도 소유자, 소지자, 보관자 또는 제출인의 청구가 있는 때에는 환부 또는 가환부하여야 한다'고 규정하고 있다. 따라서 검사는 증거에 사용할 압수물에 대하

Answer

기출 키워드 체크
해제, 간주, 압수
제출, 보관
증거에만

OX
○

여 가환부의 청구가 있는 경우 가환부를 거부할 수 있는 특별한 사정이 없는 한 가환부에 응하여야 한다. 그리고 그러한 특별한 사정이 있는지는 범죄의 태양, 경중, 몰수 대상인지 여부, 압수물의 증거로서의 가치, 압수물의 은닉·인멸·훼손될 위험, 수사나 공판수행상의 지장 유무, 압수에 의하여 받는 피압수자 등의 불이익의 정도 등 여러 사정을 검토하여 종합적으로 판단하여야 한다.
(생략)
피고인 이외의 제3자의 소유에 속하는 물건의 경우, 몰수를 선고한 판결의 효력은 원칙적으로 몰수의 원인이 된 사실에 관하여 유죄의 판결을 받은 피고인에 대한 관계에서 그 물건을 소지하지 못하게 하는 데 그치고, 그 사건에서 재판을 받지 아니한 제3자의 소유권에 어떤 영향을 미치는 것은 아니다.
피의자들이 밀수출하기 위해 허위의 수출신고 후 선적하려다 미수에 그친 수출물품으로서 갑 주식회사 소유의 렌트차량인 자동차를 세관의 특별사법경찰관이 압수수색검증영장에 기해 압수하였는데, 갑 회사와 밀수출범죄 사이에 아무런 관련성이 발견되지 않음에도 검사가 갑 회사의 압수물 가환부 청구를 거부하자 갑 회사가 준항고를 제기하여 원심에서 준항고가 인용된 사안에서, 자동차는 범인이 간접으로 점유하는 물품으로서 필요적 몰수의 대상인데 밀수출범죄와 무관한 갑 회사의 소유이어서 범인에 대한 몰수는 범인으로 하여금 소지를 못하게 함에 그치는 점 및 밀수출범죄의 태양이나 경중, 자동차의 증거로서의 가치, 은닉·인멸·훼손될 위험과 그로 인한 수사나 공판수행상의 지장 유무, 압수에 의하여 받는 갑 회사의 불이익 정도 등 여러 사정을 아울러 감안하면, 검사에게 갑 회사의 가환부 청구를 거부할 수 있는 특별한 사정이 있는 경우라고 보기 어려우므로, 이와 달리 자동차가 증거에만 사용할 목적으로 압수된 것임을 이유로 형사소송법 제133조 제2항에 의하여 준항고를 받아들이는 결정을 한 원심판단에는 검사의 압수물 가환부에 관한 적용법조 및 가환부 거부의 특별한 사정 유무 등에 관한 법리오해의 잘못이 있으나, 원심이 준항고를 받아들인 것은 결론적으로 정당하다(대법원 2017. 9.29.자 2017모236 결정).

3. 절 차

① 환부절차와 동일

② 통 지

㉠ **미리 검사, 피해자, 피고인(피의자) 또는 변호인에게 통지하여야 한다.** 09·11. 경찰1차, 10·14. 경찰승진, 12. 해경간부, 13. 경찰간부

㉡ **피고인에게 의견을 진술할 기회를 주지 아니한 채 한 가환부결정은 형사소송법 제135조에 위배하여 위법하고 이 위법은 재판의 결과에 영향을 미쳤다 할 것이다(80모3).** 09·11. 경찰1차, 10·14. 경찰승진, 12. 해경간부, 13. 경찰간부

4. 효 력

① 압수 자체의 효력은 유지된다.

② 보관의무, 제출의무 07. 경찰2차, 09. 경찰1차, 15. 경찰승진, 19. 경찰간부 : 가환부를 받은 자는 압수물에 대한 보관의무를 가지며, 이를 임의로 처분하지 못하고 법원 또는 수사기관의 요구가 있는 때에는 이를 제출하여야 한다.

② 환부 간주 05·09. 법원, 08. 경찰3차, 11. 경찰2차, 14. 경찰간부, 17. 해경간부, 19. 경찰승진 : 가환부한 장물에 대하여 별도의 선고가 없는 때에는 환부의 선고가 있는 것으로 간주한다.

7 수사기관의 환부·가환부

1. 의무적 환부

검사, 사법경찰관은 사본을 확보한 경우 등 압수를 계속할 필요가 없다고 인정되는 압수물 및 증거에 사용할 압수물에 대하여 공소제기 전이라도 소유자, 소지자, 보관자 또는 제출인의 청구가 있는 때에는 환부 또는 가환부하여야 한다(제218조의2 제1항). 12. 경찰1차·해경간부, 16. 경찰2차, 19. 경찰승진 ⇨ 검사는 증거에 사용할 압수물에 대하여 소유자 등에 의한 가환부의 청구가 있는 경우, 가환부를 거부할 수 있는 특별한 사정이 없는 한 가환부에 응하여야 한다(2017모236). 18. 7급국가직

2. 검사 지휘

사법경찰관은 환부 또는 가환부 처분을 하기 위해서는 검사의 지휘를 받아야 한다. 09. 경찰2차, 13·17. 경찰간부, 15. 경찰승진, 20. 경찰간부

3. 사전 통지

환부·가환부 결정을 하기 위해서는 피해자, 피의자 또는 변호인에게 미리 통지하여야 한다. 09. 경찰2차, 15. 경찰승진

8 환부 · 가환부에 대한 불복방법

1. 법원의 결정에 대한 불복(보통항고)

법원의 압수나 압수물의 환부, 가환부에 관한 결정에 대하여 불복이 있으면 보통항고를 할 수 있다(제403조 제2항).

2. 수사기관의 처분에 대한 불복(준항고)

(1) 준항고

① 검사 또는 사법경찰관의 압수 또는 압수물의 환부에 관한 처분에 대하여 불복이 있으면 그 직무집행지의 관할법원 또는 검사의 소속검찰청에 대응한 법원에 준항고를 할 수 있다(제417조).

② 압수물의 환부에 관한 처분에는 압수물의 가환부에 관한 처분이 포함된다.

(2) 법원에 환부 결정 청구

① 환부청구에 대하여 검사, 사법경찰관이 거부하는 경우에는 신청인은 해당 검사의 소속 검찰청에 대응한 법원에 압수물의 환부결정을 청구할 수 있다(제218조의2 제2항 · 제4항).

② 이 청구에 대하여 법원이 환부결정을 하면 검사, 사법경찰관은 신청인에게 압수물을 환부하여야 한다(제218조의2 제3항 · 제4항).

3. 재판장 또는 수명법관의 결정에 대한 불복(준항고)

① 재판장 또는 수명법관이 압수 또는 압수물 환부에 관한 재판을 고지한 경우에 불복이 있으면 그 법관소속의 법원에 재판의 취소 또는 변경을 청구할 수 있다(제416조 제1항 제2호).

② 항고법원의 결정에 대하여는 재판에 영향을 미친 헌법 법률 명령 또는 규칙의 위반이 있음을 이유로 하는 때에 한하여 대법원에 즉시항고를 할 수 있다(제419조, 제415조).

기출 키워드 체크

검사 또는 사법경찰관이 수사단계에서 압수물의 환부에 관한 처분을 할 수 있는 권한을 가지고 있을 경우에 그 처분에 대하여 불복이 있으면 _____가 허용된다.

관련 판례

[압수해제 간주된 압수물에 대한 검사의 반환 거부에 대한 불복 ⇨ 이의신청(제489조)] 몰수를 선고하지 않아 압수해제된 압수물에 대한 환부는 검사의 형집행처분으로서 이에 대한 불복은 제489조의 이의신청에 의하여야 하지 제417조의 준항고에 의할 수는 없다(84모3).

Answer

기출 키워드 체크

준항고

Chapter 06

OX 확인학습

01 □□□ 증거에만 공할 목적으로 압수한 물건으로서 그 소유자 또는 소지자가 계속 사용하여야 할 물건은 사진촬영 기타 원형보존의 조치를 취하고 신속히 가환부하여야 한다. (○)

02 □□□ 검사는 사본을 확보한 경우 등 압수를 계속할 필요가 없다고 인정되는 압수물 및 증거에 사용할 압수물에 대하여 공소제기 전이라도 소유자, 소지자, 보관자 또는 제출인의 청구가 있는 때에는 환부 또는 가환부할 수 있다. (○)

03 □□□ 사법경찰관은 압수물을 피압수자에게 환부하기에 앞서 피해자뿐만 아니라 피의자에게도 통지하여야 한다. (○)

04 □□□ 증거에 공할 압수물을 가환부할 것인지의 여부는 범죄의 태양, 경중, 압수물의 증거로서의 가치, 압수물의 은닉, 인멸, 훼손될 위험, 수사나 공판수행상의 지장 유무, 압수에 의하여 받는 피압수자 등의 불이익의 정도 등 여러 사정을 검토하여 종합적으로 판단하여야 할 것이다. (○)

05 □□□ 피압수자 등 압수물을 환부 받을 자가 수사기관에 대하여 「형사소송법」상의 환부청구권을 포기한다는 의사표시를 한 경우 그에 의하여 수사기관의 필요적 환부의무가 면제되므로, 그 환부의무에 대응하는 압수물의 환부를 청구할 수 있는 권리도 소멸하게 된다. (×)

06 □□□ 압수한 장물로서 피해자에게 환부할 이유가 명백한 것은 판결로써 피해자에게 환부하는 선고를 하여야 한다. (○)

제6절 수사상의 감정위촉과 감정유치

❶ 수사상의 감정위촉

1. 의 의

① 감정은 특별한 전문지식이 있는 자가 그 전문지식을 이용하여 일정한 사실판단을 하는 것을 말한다.

② 검사 또는 사법경찰관은 수사에 필요한 때에는 감정을 위촉할 수 있다.

③ 수사상 감정위촉은 법원의 증거조사방법의 하나인 감정과 구별된다. ⇨ 감정수탁자는 선서의무가 없고, 허위감정죄의 적용을 받지 않으며, 소송관계인의 반대신문도 허용되지 않는다. 04. 행시

2. 성 질

임의수사로서 법관의 영장을 요하지 않는다.

▸ 수사상 감정위촉과 법원의 감정 비교

구 분	수사상 감정위촉	법원의 감정
선서의무	감정수탁자는 선서의무 없음	감정인은 선서의무 있음
허위감정죄	불성립	성립
소송관계인의 반대신문	불허용	허용

❷ 수사상 감정유치

1. 의 의

① 피의자의 정신 또는 신체를 감정하기 위하여 일정기간 동안 병원 기타 적당한 장소에 피의자를 유치하는 강제처분을 말한다. 15. 경찰승진

② 법률에 특별한 규정이 없는 경우, 구속에 관한 규정이 준용된다.

③ 단, 보석에 관한 규정은 그러하지 아니하다. 16. 해경, 18. 해경간부

2. 성 격

강제처분이므로 법원으로부터 발부받은 감정유치장이 필요하다. 15 · 16. 경찰승진

3. 대 상

피의자는 구속 · 불구속을 불문하고 감정유치가 허용된다. 15. 경찰승진 ⇨ 피의자 아닌 자에 대해서는 허용되지 않는다. 14. 경찰간부

기출 키워드 체크

_____에 관한 규정은 감정유치에 관하여 준용하지 아니한다.

Answer

기출 키워드 체크

보석

4. 감정유치 청구

① 검사(사법경찰관 ×)는 감정을 위촉하는 경우에 피의자의 정신 또는 신체에 관한 감정을 위하여 유치처분이 필요한 때에는 판사에게 이를 청구하여야 한다. 13 · 16. 경찰승진, 16. 해경

② 서면으로 청구한다(감정유치청구서).

③ 판사는 청구가 상당하다고 인정할 때에는 유치처분을 하여야 하며, 이 경우 감정유치장을 발부하여야 한다. 13. 경찰승진, 16. 해경

5. 감정유치장 집행

① 감정유치장 집행에 대해서는 구속영장 집행에 관한 규정이 준용된다.

② 감정유치를 위해서는 구속사유는 요하지 않는다.

③ 감정유치의 취소를 청구할 수도 있다. 13. 경찰승진

④ 감정유치장을 발부하여 구속할 때에는 범죄사실의 요지와 변호인을 선임할 수 있음을 알려주어야 한다. 16. 경찰승진, 18. 해경간부

6. 감정유치기간

① 감정유치기간은 제한이 없다. 03. 경찰3차, 16. 해경

② 미결구금일수에 산입한다. ⇨ 감정유치는 미결구금일수의 산입에 있어서는 이를 구속으로 간주한다. 02. 경찰3차, 10. 9급국가직, 11. 법원, 15. 경찰승진, 18. 해경간부

③ 구속기간에 산입하지 않는다. ⇨ 구속 중인 피의자에 대하여 감정유치장이 집행되었을 때에는 피의자가 유치되어 있는 기간 동안은 구속은 그 집행이 정지된 것으로 간주된다. 11. 법원, 13 · 16 · 18. 경찰승진, 16. 해경, 18. 해경간부

▸ 수사상 감정유치와 피의자 구속의 비교

구 분	수사상 감정유치	피의자 구속
목 적	감정	출석보장, 증거인멸방지, 형집행확보
구속사유	불요	필요
기 간	제한 ×	제한 ○

제7절 통신수사

1 개 요

정보기술 환경이 급격하게 발전하면서 수사에서 전기통신 관련 자료의 획득이 매우 중요해졌다. 이러한 전기통신 관련 자료를 획득하는 것을 실무에서는 통신수사라고 부르기도 한다. 수사절차에서 이러한 자료를 획득하는 방법은 크게 통신제한조치, 통신사실확인자료제공요청, 통신자료제공요청, 송수신이 완료된 전기통신에 대한 압수수색으로 나눌 수 있다. 이와 같은 통신수사는 각 방법의 성격과 법률에 따라 대상과 절차 등에서 각기 차이가 있다.

2 통신제한조치

1. 통신제한조치의 의의

(1) 개 념

1) 통 신

"통신"이라 함은 우편물 및 전기통신을 말한다(통신비밀보호법 제2조 제1호). 16. 경찰승진

2) 통신제한 조치

통신제한조치란 우편물의 검열 또는 전기통신의 감청을 말한다(통신비밀보호법 제3조 제2항). 15. 경찰승진

3) 우편물의 검열

① 우편물의 검열은 우편물에 대하여 당사자의 동의 없이 이를 개봉하거나 기타의 방법으로 그 내용을 지득 또는 채록하거나 유치하는 것을 말한다(동법 제2조 제6호).

② '우편물'이란 우편법에 의한 통상우편물과 소포우편물을 말한다(동조 제2호).

③ '당사자'라 함은 우편물의 발송인과 수취인을 말한다(동조 제4호).

4) 전기통신의 감청 등

① '전기통신'이라 함은 전화・전자우편・회원제정보서비스・모사전송・무선호출 등과 같이 유선・무선・광선 및 기타의 전자적 방식에 의하여 모든 종류의 음향・문언・부호 또는 영상을 송신하거나 수신하는 것을 말한다(동조 제3호).

② 전기통신의 감청은 전기통신에 대하여 당사자의 동의 없이 전자장치・기계장치 등을 사용하여 통신의 음향・문언・부호・영상을 청취・공독하여 그 내용을 지득 또는 채록하거나 전기통신의 송・수신을 방해하는 것을 말한다(동조 제7호).

기출 키워드 체크

전기통신의 감청은 _____ 이루어지고 있는 전기통신의 내용을 지득·채록하는 경우와 통신의 송·수신을 직접적으로 방해하는 경우를 의미하고, 전자우편이 송신되어 이미 수신이 _____된 전기통신에 관하여 남아 있는 기록이나 내용을 열어보는 등의 행위는 포함하지 않는다.

OX 전자우편이 송신되어 수신인이 확인하는 등으로 이미 수신이 완료된 전기통신에 관하여 남아 있는 기록이나 내용을 열어 보는 등의 행위는 통신비밀보호법 에서 규정하는 '전기통신의 감청'에 포함되지 않는다. (○, ×) 21. 경찰간부

OX 통신제한조치 허가서에 의하여 허가된 통신제한조치가 '전기통신 감청 및 우편물 검열'인 경우 그 후 연장결정서에 당초 허가 내용에 없던 '대화녹음'이 기재되어 있다 하더라도 이는 대화녹음의 적법한 근거가 될 수 없다. (○, ×) 12. 경찰승진

OX 무전기와 같은 무선전화기를 이용한 통화가 「통신비밀보호법」 제3조 제1항 소정의 '타인 간의 대화'에 포함되지 않는다. (○, ×) 12. 경찰승진

OX 피고인의 뇌물수수 범행에 대한 추가적인 증거를 확보할 목적으로, 수사기관이 구속 수감되어 있던 A에게 휴대전화를 제공하여 피고인과 통화하게 하고 그 통화내용을 녹음하게 한 경우, 이를 근거로 작성된 녹취록은 피고인이 증거로 함에 동의하더라도 증거능력이 없다. (○, ×) 21. 경찰간부

Answer

기출 키워드 체크
현재, 완료

OX
○, ○, ○, ○

㉠ **'전기통신의 감청'은 전기통신이 이루어지고 있는 상황에서 실시간으로 그 전기통신의 내용을 지득·채록하는 경우와 통신의 송·수신을 직접적으로 방해하는 경우를 의미하는 것이지 이미 수신이 완료된 전기통신에 관하여 남아 있는 기록이나 내용을 열어보는 등의 행위는 포함하지 않는다(2016도8137).** 14. 경찰1차, 16·19. 7급국가직, 17. 9급국가직·변호사, 17·18·19. 해경간부, 18·21. 경찰간부, 21. 경찰승진

㉡ **무전기와 같은 무선전화기를 이용한 통화는 '타인 간의 대화'가 아니라 '감청'에 해당한다(2001도6213).** 12. 경찰승진, 14. 경찰승진·경찰1차, 16. 7급국가직·경찰승진, 17·19. 해경간부, 18. 경찰간부·해경2차

㉢ **인터넷회선 감청의 집행 단계나 집행 이후에 수사기관의 권한 남용을 통제하고 관련 기본권의 침해를 최소화하기 위한 제도적 조치가 제대로 마련되어 있지 않은 상태에서, 범죄수사 목적을 이유로 인터넷회선 감청을 통신제한조치 허가 대상 중 하나로 정하고 있으므로 통신 및 사생활의 비밀과 자유를 침해한다(2016헌마263).**

㉣ **허가 단계에서는 물론이고, 집행이나 집행 이후 단계에서도 통제장치 필요**

㉤ **수사기관의 집행으로 인한 취득 자료에 대한 규정은 존재하지 않음 ⇨ 통비법은 공무원 등에게 비밀준수의무를 부과하고(동법 제11조), 통신제한조치로 취득한 자료의 사용제한(동법 제12조)을 규정**

㉥ **전기통신 가입자에게 집행 통지는 하게 되어 있으나 집행 사유는 알려주지 않아야 되고, 수사가 장기화되거나 기소중지 처리되는 경우에는 감청이 집행된 사실조차 알 수 있는 길이 없음**

㉦ **허가를 받은 범죄와 관련되는 범죄를 수사·소추하거나 그 범죄를 예방하기 위하여도 사용이 가능 ⇨ 범죄가 실행 중인 경우뿐만 아니라 예비·음모 단계에 있는 경우도 통신제한조치 가능** 10. 경찰간부

③ 이미 수신이 완료되어 전자정보의 형태로 서버에 저장되어 있던 것을 3~7일마다 정기적으로 추출하여 수사기관에 제공하는 방식으로 통신제한조치를 집행하는 것은 집행의 동시성 또는 현재성을 충족하지 못해 '감청'이라고 볼 수 없어 위법하다(2016도8137).

④ 수사기관이 구속되어 있던 피고인에게 그의 압수된 휴대전화를 제공하여 피고인과 통화하고 위 범행에 관한 통화 내용을 녹음하게 한 행위는 불법감청에 해당한다(2010도9016). 16·20. 7급국가직, 17. 해경간부·변호사, 18. 경찰2차 ⇨ 동의하더라도 증거능력이 부정된다. 20. 경찰1차, 21. 경찰간부

⑤ 공개되지 아니한 타인 간의 대화를 녹음하거나 전자장치 또는 기계적 수단을 이용하여 청취하는 경우에도 감청에 관한 규정을 적용한다(동법 제14조 제2항).

(2) 사인 간의 대화 녹음 등

① 누구든지 관련법에 의하지 아니하고 우편물의 검열 · 전기통신의 감청 또는 통신사실확인자료의 제공을 하거나 공개되지 아니한 타인 간의 대화를 녹음 또는 청취하지 못한다.

② 전화통화의 당사자 일방이 상대방과의 통화내용을 녹음하는 것은 '감청'에 해당하지 않는다(2008도1237). 14. 경찰1차, 16. 경찰승진

㉠ **3인 간의 대화에서 그중 한 사람이 그 대화를 녹음 또는 청취하는 경우에 다른 두 사람의 발언은 그 녹음자 또는 청취자에 대한 관계에서 위 규정에서 말하는 '타인 간의 대화'라고 할 수 없다.** 15. 9급국가직, 17. 변호사

㉡ **당사자 중 한 명이 일방적으로 말하고 상대방은 듣기만 하는 경우도 포함되므로, 강연과 토론 · 발표 등은 대상자와 상대방 사이의 대화에 해당된다(2014도10978).**

㉢ **통신비밀보호법에서 보호하는 타인 간의 '대화'에 사물에서 발생하는 음향이 포함되지 않는다(2016도19843).**

③ 제3자가 전화통화자 중 일방만의 동의를 얻어 통화 내용을 녹음하는 행위는 '감청'에 해당한다(2002도123). 10 · 12 · 16. 경찰승진, 14. 경찰1차, 18. 경찰간부

④ 사물에서 발생하는 음향, 비명소리나 탄식 등은 '타인 간의 '대화'에 해당하지 않는다(2016도19843).

㉠ **제3자가 피해자와 통화를 마친 후 전화가 끊기지 않은 상태에서 휴대전화를 통하여 들은 '악' 하는 소리와 '우당탕' 소리는 상해 부분에 관한 증거로 사용할 수 있다(2016도19843).** 19. 9급개론, 21. 9급국가직 · 9급개론 ⇨ **위 '악'하는 소리와 '우당탕' 소리는 '통신비밀보호법'에서 말하는 타인 간의 대화에 해당하지 않는다.** 19. 9급개론

㉡ **국민의 사생활 영역에 관계된 모든 증거의 제출이 곧바로 금지되는 것으로 볼 수는 없고, 효과적인 형사소추와 형사절차상 진실발견이라는 공익과 개인의 인격적 이익 등의 보호이익을 비교형량하여 결정하여야 한다(2016도19843).**

⑤ 제3자가 스피커폰으로 녹음한 경우에도 증거로 사용할 수 없다(2018도20504).

㉠ **C와 D가 피고인 A과의 통화내용을 녹음하기로 합의한 후 C가 스피커폰으로 피고인 A와 통화하고 D가 옆에서 이를 녹음한 경우, 전화통화는 피고인 A과 C 사이에 이루어진 것이므로 전화통화의 당사자는 피고인 A와 C이고, D는 위 전화통화에 있어서 제3자에 해당한다.**

㉡ **따라서 D가 전화통화 당사자 일방인 C의 동의를 받고 그 통화 내용을 녹음하였다고 하더라도 전화통화 상대방인 피고인 A의 동의가 없었던 이상 D가 이들 간의 전화통화 내용을 녹음한 행위는 통신비밀보호법 제3조 제1항에 위반한 '전기통신의 감청'에 해당하여 제4조에 의하여 그 녹음파일은 재판절차에서 증거로 사용할 수 없다.**

관련 판례

통신비밀보호법 제1조, 제3조 제1항 본문, 제4조, 제14조 제1항, 제2항의 문언, 내용, 체계와 입법 취지 등에 비추어 보면, 통신비밀보호법에서 보호하는 타인 간의 '대화'는 원칙적으로 현장에 있는 당사자들이 육성으로 말을 주고받는 의사소통행위를 가리킨다. 따라서 사람의 육성이 아닌 사물에서 발생하는 음향은 타인 간의 '대화'에 해당하지 않는다. 또한 사람의 목소리라고 하더라도 상대방에게 의사를 전달하는 말이 아닌 단순한 비명소리나 탄식 등은 타인과 의사소통을 하기 위한 것이 아니라면 특별한 사정이 없는 한 타인 간의 '대화'에 해당한다고 볼 수 없다.
한편 국민의 인간으로서의 존엄과 가치를 보장하는 것은 국가기관의 기본적인 의무에 속하고 이는 형사절차에서도 구현되어야 한다. 위와 같은 소리가 비록 통신비밀보호법에서 말하는 타인 간의 '대화'에는 해당하지 않더라도, 형사절차에서 그러한 증거를 사용할 수 있는지는 개별적인 사안에서 효과적인 형사소추와 형사절차상 진실발견이라는 공익과 개인의 인격적 이익 등의 보호이익을 비교형량하여 결정하여야 한다. 대화에 속하지 않는 사람의 목소리를 녹음하거나 청취하는 행위가 개인의 사생활의 비밀과 자유 또는 인격권을 중대하게 침해하여 사회통념상 허용되는 한도를 벗어난 것이라면, 단지 형사소추에 필요한 증거라는 사정만을 들어 곧바로 형사소송에서 진실발견이라는 공익이 개인의 인격적 이익 등 보호이익보다 우월한 것으로 섣불리 단정해서는 안 된다. 그러나 그러한 한도를 벗어난 것이 아니라면 위와 같은 목소리를 들었다는 진술을 형사절차에서 증거로 사용할 수 있다.
甲이 乙과 통화를 마친 후 전화가 끊기지 않은 상태에서 휴대전화를 통하여 '우당탕', '악' 소리를 들었는데, 甲이 그와 같은 소리를 들었다는 진술은 증거능력이 있다(대법원 2017. 3.15. 선고 2016도19843 판결).

OX 감청에 의하여 녹음된 전화통화의 내용은 통신비밀보호법에 의하여 증거능력이 없으나 피고인이나 변호인이 이를 증거로 함에 동의한 때에는 예외적으로 증거능력이 인정된다. (○, ×) 21. 경찰승진

관련 판례

① 수사기관은 위치정보 추적자료를 통해 특정 시간대 정보주체의 위치 및 이동상황에 대한 정보를 취득할 수 있으므로, 위치정보 추적자료는 충분한 보호가 필요한 민감한 정보에 해당되는 점, ② 그럼에도 이 사건 요청조항은 수사기관의 광범위한 위치정보 추적자료 제공요청을 허용하여 정보주체의 기본권을 과도하게 제한하고 있는 점, ③ 위치정보 추적자료의 제공요청과 관련하여서는 실시간 위치추적 또는 불특정 다수에 대한 위치추적의 경우 보충성 요건을 추가하거나, 대상범죄의 경중에 따라 보충성 요건을 차등적으로 적용함으로써 수사에 지장을 초래하지 않으면서도 정보주체의 기본권을 덜 침해하는 수단이 존재하는 점, ④ 수사기관의 위치정보 추적자료 제공요청에 대해 법원의 허가를 거치도록 규정하고 있으나 '수사의 필요성'만을 그 요건으로 하고 있어 절차적 통제마저도 제대로 이루어지기 어려운 현실인 점 등을 고려할 때, 이 사건 요청조항은 침해의 최소성과 법익의 균형성이 인정되지 아니한다. 따라서 이 사건 요청조항은 과잉금지원칙에 반하여 청구인들의 개인정보자기결정권과 통신의 자유를 침해한다. 이 사건 통지조항이 헌법상 적법절차원칙에 위배되어 청구인들의 개인정보자기결정권을 침해하는지 문제된다. 수사의 밀행성 확보는 필요하지만, 헌법상 적법절차원칙을 통하여 수사기관의 권한남용을 방지하고 정보주체의 기본권을 보호하기 위해서는, 위치정보 추적자료 제공과 관련하여 정보주체에게 적절한 고지와 실질적인 의견진술의 기회를 부여해야 한다. 그런데 이 사건 통지조항은 수사가 장기간 진행되거나 기소중지결정이 있는 경우에는 정보주체에게

Answer

OX ×

㉢ 피고인 A가 제1심에서 위 녹음파일 및 이를 채록한 녹취록에 대하여 증거동의를 하였다 하더라도 마찬가지이다.

(3) 증거사용의 제한

불법감청에 의하여 녹음된 전화통화의 내용은 통신비밀보호법에 의하여 증거능력이 없고, 피고인이나 변호인이 이를 증거로 함에 동의한 때에도 마찬가지이다(2010도9016). 16. 7급국가직, 17. 해경간부, 21. 경찰승진

▶ **관련판례(2016헌마263) 요지**

통신비밀보호법의 위치정보에 대한 통신사실확인자료에 관한 부분은 제공요청부분 헌법에 위반된다.

- 수사의 필요성만 있고 보충성이 없는 경우에도, 피의자·피내사자뿐만 아니라 관련자들에 대한 위치정보 추적자료 제공요청도 가능하도록 한 점 등은 개인정보자기결정권과 통신의 자유를 침해한다.
- 통신사실 확인자료의 통지조항이 수사가 장기간 진행되거나 기소중지결정이 있는 경우에는 정보주체에게 위치정보 추적자료 제공사실을 통지할 의무를 규정하지 아니하고, 그 밖의 경우에 제공사실을 통지받더라도 그 제공사유가 통지되지 아니하며, 수사목적을 달성한 이후 해당 자료가 파기되었는지 여부도 확인할 수 없게 되어 있는 점 등은 개인정보자기결정권을 침해한다.
- 수사기관의 통지의무의 실효성을 확보하기 위해서는 그 의무위반에 대한 제재조항이 있어야 하나, 통신제한조치의 집행에 관한 통지에 대해서는 형사처벌 조항이 있으나 통신사실 확인자료 제공과 관련된 수사기관의 통지의무 위반에 대하여는 아무런 제재규정도 마련되어 있지 아니한 점 등은 적법절차원칙에 위배된다.

(4) 통신제한조치의 적용범위

1) 적용범위

통신제한조치는 크게 범죄수사를 위해서와 국가안보를 위해서 할 수 있다.

2) 범죄수사를 위한 통신제한조치

통신비밀보호법 제5조 제1항 각호의 범죄를 계획 또는 실행하고 있거나 실행하였다고 의심할 만한 충분한 이유가 있고 다른 방법으로는 그 범죄의 실행을 저지하거나 범인의 체포 또는 증거의 수집이 어려운 경우에 한하여 허가할 수 있다(동법 제5조 제1항).

3) 국가안보를 위한 통신제한조치

대통령령이 정하는 정보수사기관의 장이 국가안전보장에 대한 상당한 위험이 예상되는 경우 또는 「국민보호와 공공안전을 위한 테러방지법」 제2조 제6호의 대테러활동에 필요한 경우에 한하여 그 위해를 방지하기 위하여 이에 관한 정보수집이 특히 필요한 때에는 통신제한조치를 할 수 있다(동법 제7조 제1항).

2. 범죄수사를 위한 통신제한조치

(1) 요 건

1) 범죄혐의

① 특정 대상범죄를 계획・실행하고 있거나 실행하였다고 의심할 만한 충분한 이유가 있어야 한다(동법 제5조 제1항).

② 다만, 검사는 통신제한조치의 요건이 구비된 경우에 법원에 대하여 피의자뿐만 아니라 피내사자를 대상으로 한 통신제한조치를 허가하여 줄 것을 청구할 수 있다(통신비밀보호법 제6조 제1항). 21. 경찰간부

2) 보충성

① 우편물의 검열 또는 전기통신의 감청은 범죄수사 또는 국가안전보장을 위하여 보충적인 수단으로 이용되어야 하며, 국민의 통신비밀에 대한 침해가 최소한에 그치도록 노력하여야 한다(동법 제3조 제2항). 11. 경찰승진, 17. 9급국가직, 17・18. 해경간부

② 통신제한조치는 다른 방법으로는 그 범죄의 실행을 저지하거나 범인의 체포 또는 증거의 수집이 어려운 경우에 한하여 할 수 있다(동법 제5조 제1항).

(2) 청 구

① 검사는 법원에 대하여 각 피의자별(또는 각 피내사자별로) 통신제한조치를 허가하여 줄 것을 청구할 수 있다(동법 제6조 제1항).

② 사법경찰관은 검사에게 통신제한조치에 대한 허가를 신청하고, 검사는 법원에 대하여 그 허가를 청구한다(동조 제2항). 20. 경찰1차

③ 통신제한조치청구서에는 필요한 통신제한조치의 종류・그 목적・대상・범위・기간・집행장소・방법 및 당해 통신제한조치가 법 제5조 제1항의 허가요건을 충족하는 사유 등의 청구이유를 기재하여야 하고, 청구이유에 대한 소명자료를 첨부하여야 한다(동조 제4항).

(3) 관할법원

① 아래 관할 지방법원 또는 지원의 법관이 허가서를 발부한다(동조 제3항).

㉠ **통신당사자의 쌍방 또는 일방의 주소지・소재지** 21. 경찰간부

㉡ **범죄지**

㉢ **통신당사자와 공범관계에 있는 자의 주소지・소재지**

(4) 법원의 결정

① 법원은 청구가 이유 없다고 인정하는 경우에는 청구를 기각하고 이를 청구인에게 통지한다(동조 제8항).

위치정보 추적자료 제공사실을 통지할 의무를 규정하지 아니하고, 그 밖의 경우에 제공사실을 통지받더라도 그 제공사유가 통지되지 아니하며, 수사목적을 달성한 이후 해당 자료가 파기되었는지 여부도 확인할 수 없게 되어 있어, 정보주체로서는 위치정보 추적자료와 관련된 수사기관의 권한 남용에 대해 적절한 대응을 할 수 없게 되었다.
이에 대해서는, 수사가 장기간 계속되거나 기소중지된 경우라도 일정 기간이 경과하면 원칙적으로 정보주체에게 그 제공사실을 통지하도록 하되 수사에 지장을 초래하는 경우에는 중립적 기관의 허가를 얻어 통지를 유예하는 방법, 일정한 조건 하에서 정보주체가 그 제공요청 사유의 통지를 신청할 수 있도록 하는 방법, 통지의무를 위반한 수사기관을 제재하는 방법 등의 수단이 있다. 이러한 점들을 종합할 때, 이 사건 통지조항은 헌법상 적법절차원칙에 위배되어 청구인들의 개인정보자기결정권을 침해한다.
위치정보 추적자료 제공과 관련된 수사기관의 통지의무의 실효성을 확보하기 위해서는 그 의무위반에 대한 제재조항이 있어야 한다. 그런데 검사 또는 사법경찰관이 통신제한조치의 집행에 관한 통지를 하지 아니하면 3년 이하의 징역 또는 1천만 원 이하의 벌금에 처하도록 하는 것(통신비밀보호법 제17조 제2항 제3호)과는 달리, 통신사실 확인자료 제공과 관련된 수사기관의 통지의무 위반에 대하여는 아무런 제재규정도 마련되어 있지 아니하다. 그 결과, 수사기관이 정보주체에게 위치정보 추적자료 제공과 관련된 통지를 하지 아니하더라도 이를 통제할 방법이 전혀 없고, 실제로 수사기관이 이러한 통지의무를 이행하지 아니한 사례도 상당수 발견된다.
이러한 점들을 종합할 때, 이 사건 통지조항이 규정하는 사후통지는 헌법 제12조에 의한 적법절차원칙에서 요청되는 적절한 고지라고 볼 수 없으므로, 이 사건 통지조항은 헌법상 적법절차원칙에 위배된다.
수사기관이 위치정보 추적자료의 제공을 요청한 경우 법원의 허가를 받도록 하고 있는 이 사건 허가조항은 영장주의에 위배된다고 할 수 없다(헌법재판소 2018.6.8. 2012헌마191 헌법불합치 등 결정).

② 법원은 청구가 이유 있다고 인정하는 경우에는 각 피의자별 또는 각 피내사자별로 통신제한조치를 허가하고 이를 증명하는 허가서를 청구인에게 발부한다(동조 제5항).

③ 허가서에는 통신제한조치의 종류·그 목적·대상·범위·기간 및 집행장소와 방법을 특정하여 기재하여야 한다(동조 제6항).

④ '전기통신 감청 및 우편물 검열'을 대상으로 받은 허가를 연장하면서 당초 허가 내용에 없던 '대화녹음'이 기재되어 있다 하더라도 이는 대화녹음의 적법한 근거가 되지 못한다(99도2317). 12·14·18. 경찰승진, 19. 경찰간부

⑤ 발부된 통신제한조치허가서는 해당 범죄 및 그와 관련된 범죄를 위하여 사용되어야 한다(2000도5461).

▶ **통신제한조치 대상범죄**

통신제한조치 대상범죄 ○	통신제한조치 대상범죄 ×
• (단순)협박죄 11·12·18. 경찰승진 • 공갈죄 11·14·15·21. 경찰승진 • 절도죄, 강도죄 21. 경찰승진 • 경매입찰방해죄 04. 경찰2차, 10·12·14·18. 경찰승진	• 존속협박죄 • 사기죄 04. 경찰2차, 10·21. 경찰승진 • 횡령죄, 배임죄
• 강간죄 18. 경찰승진 • 강제추행죄 • 13세 미만의 사람에 대하여 간음 또는 추행(형법 제305조)	• 미성년자 또는 심신미약자에 대하여 위계 또는 위력으로써 간음 또는 추행(형법 제302조) • 업무상 위력 등에 의한 간음(형법 제303조)
• 집합명령위반죄(형법 제9장 도주와 범인은닉의 죄) 06. 경찰승진 • 방화에 관한 죄 • 자살방조(형법 제24장 살인의 죄) 04. 경찰2차, 10. 경찰승진 • 체포·감금죄, 약취·유인죄 • 「국제상거래에 있어서 외국공무원에 대한 뇌물방지법」에 규정된 범죄 중 제3조 및 제4조의 죄	• 상해죄, 폭행죄 • 공무방해에 관한 죄

(5) 허가기간

① 통신제한조치의 기간은 2개월을 초과하지 못하고, 그 기간 중 통신제한조치의 목적이 달성되었을 경우에는 즉시 종료하여야 한다(제6조 제7항). 21. 경찰간부

② 다만, 허가요건이 존속하는 경우에는 소명자료를 첨부하여 제1항 또는 제2항에 따라 2개월의 범위에서 통신제한조치기간의 연장을 청구할 수 있다(제6조 제7항).

③ 검사 또는 사법경찰관이 통신제한조치의 연장을 청구하는 경우에 통신제한조치의 총 연장기간은 1년을 초과할 수 없다(제6조 제8항).

관련 **판례**

일명 기지국 수사(수사를 위하여 필요한 경우 수사기관으로 하여금 법원의 허가를 얻어 전기통신사업자에게 특정 시간대 특정 기지국에서 발신된 모든 전화번호의 제공을 요청)는 헌법상 기본권(개인정보자기결정권, 통신의 자유)을 침해하여 헌법에 위반된다(헌법재판소 2018.6.28. 2012헌마538).

OX 검사는 통신제한조치의 요건이 구비된 경우에 법원에 대하여 피의자뿐만 아니라 피내사자를 대상으로 한 통신제한조치를 허가하여 줄 것을 청구할 수 있다. (○, ×)
21. 경찰간부

기출 키워드 체크

통신제한조치는 범죄수사 또는 국가안전보장을 위하여 ______적인 수단으로 이용되어야 한다.

OX 강간죄(「형법」 제297조), 협박죄(「형법」 제283조 제1항), 경매·입찰방해죄(「형법」 제315조)는 통신제한조치 대상이다. (○, ×)
12. 경찰승진

관련 **판례**

원심은 2010. 9. 8.자 녹음파일의 대화당사자는 피고인 김BB와 김CC, 김DD이고, 당시 김CC과 김DD이 위 3인 간의 대화를 녹음하였다고 인정하여, 위 녹음파일은 통신비밀보호법 제3조 제1항에서 규정한 '타인 간의 대화'를 녹음한 경우에 해당하지 않고, 이들이 이EE의 권유 또는 지시에 따라 녹음을 하였다고 하더라도 김DD과 김CC이 녹음의 주체이므로 제3자의 녹음행위로 볼 수 없다고 판단하였다.
원심판결 이유를 위 법리와 적법하게 채택된 증거에 비추어 살펴보면, 이 부분 원심의 판단에 통신비밀보호법 제3조 제1항에서 규정한 '타인 간의 대화'에 관한 법리를 오해한 위법이 없다.
C와 D가 피고인 A과의 통화내용을 녹음하기로 합의한 후 C가 스피커폰

Answer

기출 키워드 체크
보충
OX
○, ○

④ 다만, 다음의 어느 하나에 해당하는 범죄의 경우에는 통신제한조치의 총 연장기간이 3년을 초과할 수 없다(제6조 제8항).

㉠ **「형법」 제2편 중 제1장 내란의 죄, 제2장 외환의 죄 중 제92조부터 제101조까지의 죄, 제4장 국교에 관한 죄 중 제107조, 제108조, 제111조부터 제113조까지의 죄, 제5장 공안을 해하는 죄 중 제114조, 제115조의 죄 및 제6장 폭발물에 관한 죄**

㉡ **「군형법」 제2편 중 제1장 반란의 죄, 제2장 이적의 죄, 제11장 군용물에 관한 죄 및 제12장 위령의 죄 중 제78조 · 제80조 · 제81조의 죄**

㉢ **「국가보안법」에 규정된 죄**

㉣ **「군사기밀보호법」에 규정된 죄**

⑤ 「군사기지 및 군사시설보호법」에 규정된 죄

(6) 통신제한조치의 집행

① 직접집행: 통신제한조치를 청구 또한 신청한 검사, 사법경찰관이 집행한다.

② 위탁집행: 이 경우 통신기관 등에 그 집행을 위탁하거나 집행에 관한 협조를 요청할 수 있다.

③ 수사기관은 통신제한조치허가서를 통신당사자가 가입된 전기통신사업자에게 제시하여야 한다(통신비밀보호법 제6조 제3항).

(7) 허가서 사본 보관 등

1) 허가서 사본 교부 및 보관

① 통신제한조치의 집행을 위탁하거나 집행에 관한 협조를 요청하는 자는 통신기관 등에 통신제한조치허가서 또는 긴급감청서 등의 표지의 사본을 교부하여야 하며,

② 이를 위탁받거나 이에 관한 협조요청을 받은 자는 통신제한조치허가서 또는 긴급감청서 등의 표지 사본을 대통령령이 정하는 기간 동안(3년 동안) 보존하여야 한다.

2) 대장 기재 및 비치

① 통신제한조치를 집행하는 자와 이를 위탁받거나 이에 관한 협조요청을 받은 자는 당해 통신제한조치를 청구한 목적과 그 집행 또는 협조일시 및 대상을 기재한 대장을 대통령령이 정하는 기간 동안(3년 동안) 비치하여야 한다.

② 통신제한조치 집행주체는 제3자에게 집행을 위탁하거나 그로부터 협조를 받아 '대화의 녹음 · 청취'를 할 수 있다고 봄이 타당하고, 그 경우 통신기관 등이 아닌 일반 사인에게 대장을 작성하여 비치할 의무가 있다고 볼 것은 아니다(2014도10978).

3) 통신기관 등의 거부 등 17. 9급국가직, 18. 경찰승진, 18 · 19. 해경간부

통신기관 등은 통신제한조치허가서 또는 긴급감청서 등에 기재된 통신제한조치 대상자의 전화번호 등이 사실과 일치하지 않을 경우에는 그 집행을 거부할 수 있으며, 어떠한 경우에도 전기통신에 사용되는 비밀번호를 누설할 수 없다.

으로 피고인 A와 통화하고 D가 옆에서 이를 녹음한 경우, 전화통화는 피고인 A과 C 사이에 이루어진 것이므로 전화통화의 당사자는 피고인 A와 C이고, D는 위 전화통화에 있어서 제3자에 해당한다. 따라서 D가 전화통화 당사자 일방인 C의 동의를 받고 그 통화 내용을 녹음하였다고 하더라도 전화통화 상대방인 피고인 A의 동의가 없었던 이상 D가 이들 간의 전화통화 내용을 녹음한 행위는 통신비밀보호법 제3조 제1항에 위반한 '전기통신의 감청'에 해당하여 제4조에 의하여 그 녹음파일은 재판절차에서 증거로 사용할 수 없다. 피고인 A가 제1심에서 위 녹음파일 및 이를 채록한 녹취록에 대하여 증거동의를 하였다 하더라도 마찬가지이다(대법원 2019.3.14. 선고 2015도1900 판결).

OX 형법상 절도죄 · 강도죄 · 사기죄 · 공갈죄는 통신비밀보호법상 범죄수사를 위한 통신제한조치가 가능한 범죄이다. (○, ×) 21. 경찰승진

OX 범죄수사를 위한 통신제한조치의 기간은 2개월을 초과하지 못하고, 그 기간 중 통신제한조치의 목적이 달성되었을 경우에는 즉시 종료하여야 한다. (○, ×) 21. 경찰간부

관련 **판례**

헌법재판소는 통신제한조치기간의 연장을 허가함에 있어 총연장기간 또는 총연장횟수의 제한을 두지 아니한 통신비밀보호법 해당 부분이 통신의 비밀을 침해하여 위헌이라고 보았다(2009헌가30). 그 후 원칙적으로 1년, 중요범죄의 경우 3년까지 연장이 가능하도록 법 개정이 이루어졌다.

기출 키워드 체크

범죄수사를 위한 통신제한조치의 기간은 원칙적으로 _____월을 초과하지 못하고 그 기간 중 통신제한조치의 목적이 달성되었을 경우에는 _____ 종료하여야 한다.

Answer

기출 키워드 체크

2, 즉시

OX

×, ○

OX 수사기관이 범죄수사를 위하여 당사자의 동의 없이 전기통신을 감청하기 위해서는 통신 당사자의 쌍방 또는 일방의 주소지·소재지 등을 관할하는 지방법원 또는 지원에 청구하여 발부받은 통신제한조치 허가서를 통신당사자가 가입된 전기통신사업자에게 제시하여야 한다. (○, ×) 21. 경찰간부

(8) 통 지

1) 검사: 처분 후 30일 이내

공소를 제기하거나, 공소의 제기 또는 입건을 하지 아니하는 처분(기소중지 결정을 제외한다)을 한 때에는 그 처분을 한 날부터 30일 이내에 우편물 검열의 경우에는 그 대상자에게, 감청의 경우에는 그 대상이 된 전기통신의 가입자에게 통신제한조치를 집행한 사실과 집행기관 및 그 기간 등을 서면으로 통지하여야 한다(통신비밀보호법 제9조의2 제1항).

2) 사법경찰관: 검사로부터 처분 통보받은 후 30일 이내 12·15. 경찰승진

통보를 받거나 내사사건에 관하여 입건하지 아니하는 처분을 한 때에는 그날부터 30일 이내에 우편물 검열의 경우에는 그 대상자에게, 감청의 경우에는 그 대상이 된 전기통신의 가입자에게 통신제한조치를 집행한 사실과 집행기관 및 그 기간 등을 서면으로 통지하여야 한다(통신비밀보호법 제9조의2 제2항).

3) 통지를 하지 않은 경우: 3년 이하 또는 1천만원 이하의 벌금

통신제한조치의 집행에 관한 통지를 하지 아니한 자는 3년 이하의 징역 또는 1천만원 이하의 벌금에 처한다(통신비밀보호법 제19조 제2항 제3호).

OX 수사기관은 감청의 실시를 종료하면 감청대상이 된 전기통신의 가입자에게 감청사실 등을 통지하여야 하지만, 통지로 인하여 수사에 방해될 우려가 있다고 인정할 때에는 그 사유가 해소될 때까지 통지를 유예할 수 있다. (○, ×) 21. 경찰간부

OX 사법경찰관은 감청의 실시를 종료하면 감청대상이 된 전기통신의 가입자에게 감청사실 등을 통지하여야 하지만, 통지로 인하여 수사에 방해가 될 우려가 있다고 인정할 때에는 통지하지 않을 수 있다. (○, ×) 12. 경찰승진

4) 유예 가능

① 국가의 안전보장·공공의 안녕질서를 위태할 현저한 우려, 사람의 생명·신체에 중대한 위험을 초래할 염려와 같은 사유(수사에 방해될 우려 ×)로 유예할 수 있다(통신비밀보호법 제9조의2 제4항). 21. 경찰간부

② 통지를 유예하고자 하는 경우에는 소명자료를 첨부하여 미리 관할지방검찰청검사장의 승인을 얻어야 한다(통신비밀보호법 제9조의2 제5항).

③ 통지는 생략할 수 없다. 19. 해경간부

(9) 증거능력의 제한

불법검열에 의하여 취득한 우편물이나 그 내용 및 불법감청에 의하여 지득 또는 채록된 전기통신의 내용은 재판 또는 징계절차에서 증거로 사용할 수 없다. 15. 경찰승진

3. 국가안보를 위한 통신제한조치

(1) 요 건

국가안보를 위한 통신제한조치는 국가안전보장에 상당한 위험이 예상되는 경우 또는 「국민보호와 공공안전을 위한 테러방지법」 제2조 제6호의 대테러활동에 필요한 경우에 한하여 그 위해를 방지하기 위하여 이에 관한 정보수집이 특히 필요한 때에 할 수 있다.

(2) 절 차

1) 통신의 일방 또는 쌍방당사자가 내국인인 때: 고등법원 수석판사의 허가 11. 경찰승진, 19. 경찰간부

① 통신의 일방 또는 쌍방당사자가 내국인인 때에는 고등법원 수석판사의 허가를 받아야 한다. 다만, 군용전기통신법 제2조의 규정에 의한 군용전기통신(작전수행을 위한 전기통신에 한한다)에 대하여는 그러하지 아니하다.

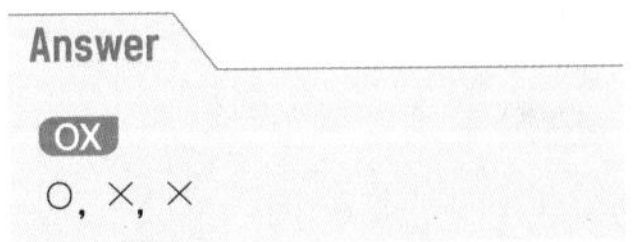
Answer
OX
○, ×, ×

② 정보수사기관의 장이 고등검찰청 검사에게 신청 ⇨ 고등검찰청 검사의 청구 ⇨ 고등법원 수석판사의 허가

2) 외국인 간의 통신: 대통령의 승인

대한민국에 적대하는 국가, 반국가활동의 혐의가 있는 외국의 기관·단체와 외국인, 대한민국의 통치권이 사실상 미치지 아니하는 한반도 내의 집단이나 외국에 소재하는 그 산하단체의 구성원의 통신인 때 및 작전수행을 위한 군용전기통신의 경우에는 서면으로 대통령의 승인을 얻어야 한다.

(3) 기 간

① 국가안보를 위한 통신제한조치허가기간은 4개월이며, 4개월 범위 내에서 연장 가능하다.

② 연장횟수에는 제한이 없다.

4. 긴급통신제한조치

(1) 의 의

수사기관이 범죄수사 등을 위하여 긴급한 사유가 있어 법원의 허가 없이 행하는 통신제한조치를 말한다.

(2) 범죄수사 목적, 국가안보 목적(내국인이 포함된 경우)

1) 요 건

① 통신비밀보호법 제5조 제1항(통신제한조치 대상범죄)

② 국가안보를 위협하는 음모행위, 직접적인 사망이나 심각한 상해의 위험을 야기할 수 있는 범죄 또는 조직범죄 등 중대한 범죄의 계획이나 실행 등 긴박한 상황이 있고,

③ 긴급한 사유가 있는 때

2) 절 차

① 검사지휘(통신비밀보호법 제3조 제3항) 21. 경찰승진

㉠ **사법경찰관이 긴급통신제한조치를 할 경우에는 미리 검사의 지휘를 받아야 한다.**

㉡ **다만, 급속을 요하는 경우에는 긴급통신제한조치의 집행착수 후 지체 없이 검사의 승인을 얻어야 한다.**

② 사후 허가 청구(36시간 내)

㉠ **검사, 사법경찰관 또는 정보수사기관의 장이 긴급통제한조치의 집행착수 후 지체 없이 법원에 허가청구를 하여야 한다.**

㉡ **긴급통신제한조치를 한 때부터 36시간 이내에 법원의 허가를 받지 못한 때에는 즉시 이를 중지해야 한다.**

(3) **국가안보 목적**(외국인 대상)

1) 요 건

① 통신비밀보호법 제7조 제1항 제1호(일방 또는 쌍방이 내국인인 국가안보 목적), 제7조 제1항 제2호(쌍방이 외국인인 경우)

② 국가안보를 위협하는 음모행위, 직접적인 사망이나 심각한 상해의 위험을 야기할 수 있는 범죄 또는 조직범죄 등 중대한 범죄의 계획이나 실행 등 긴박한 상황에 있고,

③ 긴급한 사유가 있는 때

2) 절 차

① 일방 또는 쌍방이 내국인

㉠ **법원에 사후 허가 청구, 36시간 이내 법원의 허가를 받지 못한 때에는 즉시 중지**

㉡ **검사 사전 지휘, 급속을 요하는 때에는 사후 승인**

② 소속 장관 사전 승인, 대통령의 사후 승인(36시간 내)

③ 긴급통신제한조치를 한 때에는 지체 없이 대통령의 승인을 얻어야 한다.

㉠ **36시간 이내에 대통령의 승인을 얻지 못한 때에는 즉시 그 긴급통신제한조치를 중지하여야 한다.**

OX 패킷감청은 사건과 무관한 불특정 다수의 방대한 정보까지 수집되어 개인의 통신 및 사생활의 비밀과 자유를 침해하기 때문에 헌법불합치결정이 선고되었고, 현재 패킷감청에 의한 통신제한조치는 허용되지 않는다. (○, ×) 21. 경찰승진

OX 사법경찰관은 통신비밀보호법에 따른 패킷감청을 집행하여 그 전기통신을 보관하고자 하는 때에는 집행종료일로부터 14일 이내에 보관등이 필요한 전기통신을 선별하여 통신제한조치를 허가한 법원에 그 승인을 청구할 수 있다. (○, ×) 21. 경찰승진

5. 패킷감청

(1) **의 의**

헌법재판소가 통제장치가 미흡한 범죄수사를 위하여 인터넷 회신에 대한 통신제한조치(패킷 감청)에 대해 헌법불합치 결정을 하여, 통신비밀보호법을 개정하여 패킷감청을 통해 취득한 자료의 관리에 관한 규정을 신설하였다. 21. 경찰승진
다만, 통신비밀보호법은 패킷감청으로 취득한 자료의 관리에 관한 절차(통신비밀보호법 제12조의2)의 위반에 대해서는 벌칙 조항을 두고 있지 않다. 21. 경찰승진

(2) **사용 · 보관 등의 승인 청구**

① 검사는 인터넷 회선을 통하여 송신 · 수신하는 전기통신을 대상으로 범죄수사를 위하여 인터넷 회선에 대한 통신제한조치(긴급집행 포함)를 집행한 경우 이를 사용하거나 사용을 위하여 보관하고자 하는 때에는 집행종료일부터 14일 이내에 보관 등이 필요한 전기통신을 선별하여 통신제한조치를 허가한 법원에 보관 등의 승인을 청구하여야 한다(통신비밀보호법 제12조의2 제1항).

Answer

×, ×

② 사법경찰관은 인터넷 회선을 통하여 송신 · 수신하는 전기통신을 대상으로 범죄수사를 위하여 인터넷 회선에 대한 통신제한조치(긴급집행 포함)를 집행한 경우 그 전기통신의 보관 등을 하고자 하는 때에는 집행종료일부터 14일 이내에 보관 등이 필요한 전기통신을 선별하여 검사에게 보관 등의 승인을 신청하고, 검사는 신청일부터 7일 이내에 통신제한조치를 허가한 법원에 그 승인을 청구할 수 있다(통신비밀보호법 제12조의2 제2항). 20. 경찰1차, 21. 경찰승진

③ 위 승인청구는 통신제한조치의 집행 경위, 취득한 결과의 요지, 보관 등이 필요한 이유를 기재한 서면으로 하여야 하며, 다음의 서류를 첨부하여야 한다(통신비밀보호법 제12조의2 제3항).

㉠ **청구이유에 대한 소명자료**

㉡ **보관 등이 필요한 전기통신의 목록**

㉢ **보관 등이 필요한 전기통신. 다만, 일정 용량의 파일 단위로 분할하는 등 적절한 방법으로 정보저장매체에 저장 · 봉인하여 제출하여야 한다.**

④ 법원은 청구가 이유 있다고 인정하는 경우에는 보관 등을 승인하고 이를 증명하는 서류(이하 이 조에서 "승인서"라 한다)를 발부하며, 청구가 이유 없다고 인정하는 경우에는 청구를 기각하고 이를 청구인에게 통지한다(통신비밀보호법 제12조의2 제4항).

(3) 폐기 등

① 검사 또는 사법경찰관은 위 (2)의 ①에 따른 청구나 (2)의 ②에 따른 신청을 하지 아니하는 경우에는 집행종료일부터 14일(검사가 사법경찰관의 신청을 기각한 경우에는 그 날부터 7일) 이내에 통신제한조치로 취득한 전기통신을 폐기하여야 하고, 법원에 승인청구를 한 경우(취득한 전기통신의 일부에 대해서만 청구한 경우를 포함한다)에는 위 (2)의 ④에 따라 법원으로부터 승인서를 발부받거나 청구기각의 통지를 받은 날부터 7일 이내에 승인을 받지 못한 전기통신을 폐기하여야 한다(통신비밀보호법 제12조의2 제5항). 21. 경찰승진

② 검사 또는 사법경찰관은 위 ①에 따라 통신제한조치로 취득한 전기통신을 폐기한 때에는 폐기의 이유와 범위 및 일시 등을 기재한 폐기결과보고서를 작성하여 피의자의 수사기록 또는 피내사자의 내사사건기록에 첨부하고, 폐기일로부터 7일 이내에 통신제한조치를 허가한 법원에 송부하여야 한다(통신비밀보호법 제12조의2 제6항).

OX 법원이 패킷감청으로 취득한 자료의 보관을 위한 승인청구를 기각한 경우, 사법경찰관은 청구기각의 통지를 받은 날부터 7일 이내에 해당 전기통신을 폐기하고, 폐기결과보고서를 작성하여 7일 이내에 검사에게 송부하여야 한다. (○, ×) 21. 경찰승진

OX 통신비밀보호법은 패킷감청으로 취득한 자료의 관리에 관한 절차(통신비밀보호법 제12조의2)의 위반에 대해서는 벌칙 조항을 두고 있지 않다. (○, ×) 21. 경찰승진

관련 판례

인터넷 통신망을 통하여 흐르는 전기신호 형태의 패킷(packet)을 중간에 확보하여 그 내용을 지득하는 '패킷 감청'은 과잉금지원칙에 위반하는 것으로 청구인의 기본권을 침해한다. (헌법재판소 2018.8.30. 선고 2016 헌마263)

[결정문 내용 요약]

ⓐ 허가 단계에서는 물론이고, 집행이나 집행 이후 단계에서도 통제장치 필요

ⓑ 수사기관의 집행으로 인한 취득자료에 대한 규정은 존재하지 않음
⇨ 통비법은 공무원 등에게 비밀준수의무를 부과하고(법 제11조), 통신제한조치로 취득한 자료의 사용제한(법 제12조)을 규정

ⓒ 전기통신 가입자에게 집행 통지는 하게 되어 있으나 집행 사유는 알려주지 않아야 되고, 수사가 장기화되거나 기소중지 처리되는 경우에는 감청이 집행된 사실조차 알 수 있는 길이 없음

ⓓ 허가를 받은 범죄와 관련되는 범죄를 수사 · 소추하거나 그 범죄를 예방하기 위하여도 사용이 가능
⇨ 실행 중인 경우 뿐만 아니라 예비 · 음모단계에 있는 경우에도 통신제한조치 가능

Answer

OX
×, ○

③ 통신사실확인자료 제공 요청

1. 통신사실확인자료의 의의

통신사실확인자료라 함은 다음 중 어느 하나에 해당하는 전기통신사실에 관한 자료를 말한다(통신비밀보호법 제2조 제11호). 통신사실확인자료는 통신주체가 언제, 어디서, 누구와, 무엇을, 얼마나 통신을 주고 받았는지를 알 수 있는 자료이다.

▸ 통신사실확인자료

1. 가입자의 전기통신일시
2. 전기통신개시・종료시간
3. 발・착신 통신번호 등 상대방의 가입자번호
4. 사용도수
5. 컴퓨터통신 또는 인터넷의 사용자가 전기통신역무를 이용한 사실에 관한 컴퓨터통신 또는 인터넷의 로그기록자료
6. 정보통신망에 접속된 정보통신기기의 위치를 확인할 수 있는 발신기지국의 위치추적자료
7. 컴퓨터통신 또는 인터넷의 사용자가 정보통신망에 접속하기 위하여 사용하는 정보통신기기의 위치를 확인할 수 있는 접속지의 추적자료

2. 통신사실확인자료의 제공 절차

① 검사 또는 사법경찰관은 수사나 형의 집행을 위해 전기통신사업자에게 통신사실확인자료를 요청할 수 있다(동법 제13조 제1항).

② 통신사실확인자료 제공요청시에는 서면으로 관할 지방법원의 허가를 받아야 하며, 긴급 상황에서는 통신사실확인자료 제공요청 후 허가를 받아야 하고(동조 제2항), 법원의 허가를 받지 못할 경우에는 해당 자료를 폐기해야 한다(동조 제3항).

③ 통신사실확인자료 제공요청에 의하여 취득한 통화내역 등 통신사실확인자료를 범죄의 수사・소추를 위하여 사용하는 경우, 대상 범죄가 통신사실확인자료 제공요청의 목적이 된 범죄 및 이와 관련된 범죄에 한정되어야 한다(2016도13489).

3. 관련성

(1) 의 의

① 통신비밀보호법은 통신제한조치의 집행으로 인하여 취득된 전기통신의 내용은 통신제한조치의 목적이 된 범죄나 이와 관련되는 범죄를 수사・소추하거나 그 범죄를 예방하기 위한 경우 등에 한정하여 사용할 수 있도록 규정하고(통신비밀보호법 제12조 제1호),

② 통신사실확인자료의 사용제한에 관하여 이 규정을 준용하도록 하고 있다(동법 제13조의5).

③ 통신사실확인자료 제공요청의 목적이 된 범죄와 관련된 범죄란 통신사실확인자료 제공요청허가서에 기재한 혐의사실과 객관적 관련성이 있고 자료제공 요청대상자와 피의자 사이에 인적 관련성이 있는 범죄를 의미한다(2016도13489).

(2) 객관적 관련성

① 통신사실확인자료의 객관적 관련성은 허가서에 기재된 혐의사실 자체 또는 그와 기본적 사실관계가 동일한 범행과 직접 관련되어 있는 경우는 물론이고, 범행 동기와 경위 등을 증명하기 위한 간접증거나 정황증거 등으로 사용될 수 있는 경우에도 인정된다(2016도13489). 19. 경찰1차

② 통신사실확인자료의 객관적 관련성은 구체적·개별적 연관관계가 있는 경우에만 인정되고, 혐의사실과 단순히 동종 또는 유사 범행이라는 사유만으로 관련성이 있는 것은 아니다(2016도13489). 19. 경찰1차

(3) 인적 관련성

피의자와 사이의 인적 관련성은 허가서에 기재된 대상자의 공동정범이나 교사범 등 공범이나 간접정범은 물론 필요적 공범(뇌물공여와 뇌물수수) 등에 대한 피고사건에 대해서도 인정될 수 있다(2016도13489). 19. 경찰1차

(4) 사 례

법원은 A의 사기, 제3자의 뇌물수수 등 혐의에 기초해 허가 받아 확보한 통신사실확인자료를 A로부터 뇌물을 수수한 B의 뇌물수수 범행의 증거로 사용할 수 있는지와 관련된 사안에서 범행 경위와 수법 등이 공통되고, 관련 뇌물 사건에서 획득되었다는 등의 이유로 객관적 관련성이 인정된다고 보았고, A는 B의 뇌물수수 범행의 증뢰자로서 필요적 공범에 해당하여 인적 관련성도 인정된다고 하여 A의 사기 등 혐의에 기초해 허가 받아 확보한 통신사실확인자료를 B의 뇌물수수 범행의 증거로 사용할 수 있다고 보았다(2016도13489).

4. 열람등사

① 통신사실확인자료와 관련해서는 통신비밀보호법의 관련 규정이 이용자에 대한 열람·등사권을 두고 있지 않고 있다.

② 이에 법원은 통신비밀보호법에서 열람·등사에 관한 규정을 두고 있지 않고, 통신비밀보호법 제13조의5에 의해 준용되는 동법 제11조 제2항에 따라 통신기관 직원 등의 비밀준수의무가 지속됨으로 인해서 이용자의 공개 요구에 응할 의무가 없다고 하였다(2011다76617).

5. 헌법불합치 및 개정

(1) 실시간 위치정보 추적자료

① 보충성 요건 부재, 통지조항 미흡 등으로 헌법에 위반된다(2012헌마191).

② 개정법에서 보충성 요건이 추가되고, 통지조항이 보완되었다.

(2) 기지국 수사

① 일명 기지국 수사(수사를 위하여 필요한 경우 수사기관으로 하여금 법원의 허가를 얻어 전기통신사업자에게 특정 시간대 특정 기지국에서 발신된 모든 전화번호의 제공을 요청)는 개인정보자기결정권, 통신의 자유와 같은 헌법상 기본권을 침해하여 헌법에 위반된다(2012헌마538).

② 개정법에서 보충성 요건이 추가되었다.

4 통신자료제공 요청

1. 통신자료의 의의

통신자료란 아래 자료를 의미하고(전기통신사업법 제83조 제3항), 해당 전화번호나 해당 계정(또는 ID)의 가입자가 누구인지를 알려주는 정보이다.

▶ 통신자료

1. 이용자의 성명
2. 이용자의 주민등록번호
3. 이용자의 주소
4. 이용자의 전화번호
5. 이용자의 아이디(컴퓨터시스템이나 통신망의 정당한 이용자임을 알아보기 위한 이용자 식별부호를 말한다.)
6. 이용자의 가입일 또는 해지일

2. 통신자료제공 요청 절차

① 전기통신사업자는 법원, 검사 또는 수사관서의 장(총경 이상), 정보수사기관의 장이 재판, 수사, 형의 집행 또는 국가안전보장에 대한 위해를 방지하기 위한 정보수집을 위하여 통신자료를 요청하면 그 요청에 따를 수 있다고 규정하고 있다(동법 제83조 제3항).

② 통신회사의 심사의무 불인정: 전기통신사업자는 통신자료제공 요청에 응할 의무는 있으나, 전기통신사업자가 응하지 않을 경우 이를 강제할 방안은 없다. 또한, 통신자료제공의 경우 사후 통지제도가 구비되어 있지 않다. 통신자료제공 요청을 받은 전기통신사업자에게는 그 제공 여부 등을 실질적으로 심사할 의무가 없다(2012다105482).

5 송수신 완료된 전기통신에 대한 압수수색

1. 의 의

이메일이나 메신저 등과 같은 송·수신이 완료된 전기통신의 경우에는 일반 압수·수색 절차에 의한다. 따라서 압수·수색의 요건을 갖춘 경우, 검사는 지방법원판사에게 청구하고(제215조 제1항), 사법경찰관은 검사에게 신청하여 검사가 지방법원판사에게 청구하여야 한다(동조 제2항).

2. 영장제시

이메일에 대한 압수·수색영장을 집행할 당시, 팩스로 영장 사본을 송신하여 집행하고, 압수조서와 압수물 목록을 작성·교부하지 않은 경우 압수된 이메일은 위법수집증거로 유죄의 증거로 삼을 수 없다(2015도10648). 19. 변호사

3. 인터넷서비스이용자를 통한 압수 및 원격지 압수

① 인터넷서비스이용자는 전자정보의 소유자 내지 소지자라 할 수 있으므로, 수사기관이 인터넷서비스이용자인 피의자를 상대로 피의자의 컴퓨터 등 정보처리장치 내에 저장되어 있는 이메일 등 전자정보를 압수·수색하는 것은 허용된다(2017도9747). 18. 경찰2차

② 수사기관이 영장 기재 수색장소에 있는 컴퓨터 등 정보처리장치를 이용하여 적법하게 취득한 이메일 계정 정보를 입력하는 등 통상적인 방법에 따라 그 원격지의 저장매체에 접속하고 전자정보를 내려받거나 화면에 현출시키는 방법의 전자정보 압수·수색은 허용된다(2017도9747). 18. 경찰2차, 21. 9급개론

③ 피의자의 이메일 계정에 대한 접근권한에 갈음하여 발부받은 압수·수색영장에 따라 국외에 있는 저장매체에 접속하여 전자정보를 내려받거나 현출시키는 방법의 압수·수색은 허용된다(2017도9747).

▶ **통신수사의 통지관련 내용 정리**

구 분	시 기	벌 칙
통신제한조치 집행사건	공소를 제기하거나, 공소의 제기 또는 입건을 하지 아니하는 처분(기소중지, 참고인 중지, 수사중지 결정 제외)을 한 날부터 30일 이내	미통지시 ⇨ 3년 이하의 징역 또는 1천만원 이하의 벌금(통신비밀보호법 제17조 제2항 제3호)
통신사실 확인자료 집행사건	1. 기소, 불기소: 처분한 날로 부터 30일 이내 2. 기소중지, 참고인 중지: 처분일로 부터 1년 경과 후 30일 이내 – 다만, 통신제한조치 최대 연장기간이 3년인 범죄는 3년 경과 후 30일 이내 3. 수사 진행 중인 경우: 통신사실 확인자료 제공받은 날로부터 1년 경과 후 30일 이내	없음

OX 압수·수색할 전자정보가 영장에 기재된 수색장소에 있는 정보처리장치에 있지 않고 그 정보처리장치와 정보통신망으로 연결되어 제3자가 관리하고 있는 원격지의 저장매체에 저장되어 있는 경우, 수사기관이 압수·수색영장에 기재되어 있는 압수할 물건을 적법한 절차와 집행방법에 따라 수색장소의 정보처리장치를 이용하여 원격지의 저장매체에 접속하였다 하더라도 이와 같은 압수·수색은 형사소송법에 위반된다. (○, ×) 21. 9급개론

OX 이메일 등 전자정보 압수 수색시, 압수·수색할 전자정보가 압수·수색영장에 기재된 수색장소에 있는 컴퓨터 등 정보처리장치 내에 있지 아니하고 그 정보처리장치와 정보통신망으로 연결된 해외 인터넷서비스 제공자가 관리하는 저장매체에 있는 경우라고 할지라도 피의자의 이메일 관련 전자정보를 수색 장소의 정보처리장치로 내려받거나 그 화면에 현출시키는 것은 적법하다. (○, ×) 21. 경찰간부

Answer

OX
×, ○

통신사실 확인자료 집행사건	– 다만, 통신제한조치의 최대 연장기간이 3년 인 범죄는 3년 경과 후 30일 이내 4. 사유 통지 – 신청받은 검사, 사법경찰관은 서면(구두 ×) 신청일로부터 30일 이내 사유(구두 ×)를 서면 통지 (예외 – 유예 사유가 있는 때) 5. 유예 – 지검장의 승인을 받아 유예 가능(생략 불가) – 유예 사유: 1) 국가안전보장 등 우려, 2) 피해자 등 위해 우려, 3) 증거인멸 등 우려, 4) 사건관계인 명예, 사생활 침해 우려	없음
송 · 수신이 완료된 전기통신 압수 · 수색 · 검증영장 집행사건	공소를 제기하거나, 공소의 제기 또는 입건을 하지 아니하는 처분(기소중지 결정 제외)을 한 날부터 30일 이내	없음

Chapter 06 OX 확인학습

01 □□□
통신비밀보호법상 '통신'이라 함은 우편물 및 전기통신을 말한다. (○)

02 □□□
통신제한조치는 범죄수사 또는 국가안전보장을 위하여 보충적인 수단으로 이용되어야 한다. (○)

03 □□□
무전기와 같은 무선전화기를 이용한 통화가 통신비밀보호법 제3조 제1항 소정의 '타인 간의 대화'에 포함된다. (×)

04 □□□
범죄수사를 위한 통신제한조치의 기간은 원칙적으로 2월을 초과하지 못하고 그 기간 중 통신제한조치의 목적이 달성되었을 경우에는 즉시 종료하여야 한다. (○)

05 □□□
전화통화 당사자의 일방이 상대방 모르게 통화내용을 녹음하는 것은 감청에 해당하지 않지만, 제3자가 전화통화 당사자 일방만의 동의를 받고 그 통화내용을 녹음한 경우에는 통신비밀보호법위반에 해당한다. (○)

06 □□□
통신비밀보호법상 '감청'이란 대상이 되는 전기통신의 송수신과 동시에 이루어지는 경우뿐만 아니라, 이미 수신이 완료된 전기통신의 내용을 지득하는 행위도 포함된다. (×)

07 □□□
통신기관 등은 통신제한조치허가서 또는 긴급감청서 등에 기재된 통신제한조치 대상자의 전화번호 등이 사실과 일치하지 않을 경우에는 그 집행을 거부할 수 있으며, 어떠한 경우에도 전기통신에 사용되는 비밀번호를 누설할 수 없다. (○)

08 □□□
수사기관으로부터 통신제한조치의 집행을 위탁받은 통신기관 등이 집행에 필요한 설비가 없을 때에는 수사기관에 설비의 제공을 요청하여야 하는데, 그러한 요청 없이 통신제한조치허가서에 기재된 사항을 준수하지 아니한 채 통신제한조치를 집행하였더라도, 그러한 집행으로 취득한 전기통신의 내용 등은 유죄 인정의 증거로 할 수 있다. (×)

09 □□□
수사기관이 甲으로부터 乙의 마약류 관리에 관한 법률 위반 범행에 대한 진술을 듣고 추가적인 증거를 확보할 목적으로, 구속수감 중인 甲에게 그의 압수된 휴대전화를 제공하여 乙과 통화하고 범행에 관한 통화 내용을 녹음하게 한 행위는 불법감청에 해당하고, 그 녹음자체는 물론 이를 근거로 작성된 녹취록 첨부 수사보고서도 증거로 사용할 수 없다. (○)

제8절 수사상 증거보전과 증인신문

❶ 증거보전

1. 증거보전의 의의

① 수사법원이 공판정에서 증거조사를 할 때까지 기다려서는 그 증거의 사용이 불가능하거나 현저히 곤란할 사정이 있는 경우에 판사가 미리 증거를 보전하여 공판절차에서 사용할 수 있게 하는 제도를 말한다.

② 검사, 피고인, 피의자 또는 변호인은 미리 증거를 보전하지 아니하면 그 증거를 사용하기 곤란한 사정이 있는 때에는 제1회 공판기일 전이라도 판사에게 압수, 수색, 검증, 증인신문 또는 감정을 청구할 수 있다. 16. 경찰2차, 19. 9급개론

③ 검사도 사용할 수 있게 되어 있지만 국가의 조력하에 행할 수 있는 피의자의 유일한 방어수단이라는 점에서 주로 피의자·피고인을 위한 제도이다. 04. 여경3차

2. 요 건

(1) 증거보전 필요성

① 미리 증거를 보전하지 아니하면 그 증거를 사용하기 곤란한 사정이 있어야 한다. 10. 교정특채, 16. 경찰승진

② 증명력의 변화가 예상되는 경우도 포함한다.

(2) 제1회 공판기일 전

① 제1회 공판기일 전에 할 수 있다. 06. 경찰2차, 08. 9급국가직, 11. 교정특채, 15·18. 경찰승진, 19. 해경간부, 20. 경찰간부

② 제1회 공판기일 전이라면 공소제기 전후를 불문한다. 11. 법원, 14. 경찰2차, 15. 해경3차, 16. 경찰승진, 19. 경찰간부

③ 재심청구사건에서는 허용되지 않는다. 05. 경찰1차, 09. 전의경, 09·11·14·16. 경찰승진, 12. 경찰3차, 15. 7급국가직·해경3차, 16. 경찰2차, 17. 해경간부, 20. 경찰간부

④ 입건 전(내사사건)에는 청구할 수 없다. 01. 경찰2차, 10·12·19. 경찰승진, 12. 교정특채·경찰3차, 16. 경찰간부, 17·19. 해경간부

3. 증거보전의 청구

(1) 청구권자

① 검사, 피고인, 피의자, 변호인이다. 01. 여경1차, 02·14. 경찰1차, 06·07. 법원, 08·09·13·15. 9급국가직, 10. 교정특채, 16·20. 경찰간부, 17·18·19. 경찰승진, 18. 변호사, 19. 해경간부

② 사법경찰관은 청구권자가 아니다. 19. 해경간부

OX 형사입건 되기 전의 자는 피의자가 아니므로 증거보전을 청구할 수 없다. (○, ×) 19. 경찰승진

OX 피고인뿐만 아니라 피의자도 미리 증거를 보전하지 아니하면 그 증거를 사용하기 곤란한 사정이 있는 때에는 제1회 공판기일 전이라도 판사에게 압수, 수색, 검증, 증인신문 또는 감정을 청구할 수 있다. (○, ×) 19. 경찰승진

Answer

OX
○, ○

(2) 관할법원

다음 지역을 관할하는 지방법원판사가 해당된다. 02. 경찰1차, 04. 여경3차, 11. 법원

① 압수에 관하여는 압수할 물건의 소재지 11. 경찰승진

② 수색 또는 검증에 관하여는 수색 또는 검증할 장소, 신체 또는 물건의 소재지

③ 증인신문에 관하여는 증인의 주거지 또는 현재지

④ 감정에 관하여는 감정대상의 소재지 또는 현재지 또는 감정함에 편리한 곳 04. 경사

(3) 청구방식

청구를 함에는 서면(구술 ×)으로 그 사유를 소명해야 한다. 04. 여경3차, 04 · 11 · 14 · 16 · 17 · 19. 경찰승진, 10. 교정특채, 12 · 13 · 16. 경찰2차, 13. 경찰1차 · 9급국가직, 15. 경찰3차, 19. 경찰간부 · 해경간부

(4) 청구내용

① 압수 · 수색 · 검증 · 증인신문 · 감정을 청구할 수 있다. 02. 행시, 15. 경찰3차, 17 · 19. 경찰승진, 19. 해경간부

② 피의자 신문 또는 피고인 신문을 청구할 수는 없다. 06 · 13 · 14. 경찰2차, 08 · 11. 법원, 08 · 13 · 15. 9급국가직, 09 · 10 · 11 · 12 · 14 · 15 · 18. 경찰승진, 12. 교정특채, 14 · 19 · 20. 경찰간부, 15. 경찰3차 · 해경3차, 17 · 19. 해경간부

③ 공동피고인 또는 공범을 증인으로 신문하는 것은 허용된다(86도1646). 01. 경찰3차, 05 · 13. 경찰1차, 11 · 16 · 19. 경찰승진, 12. 교정특채, 13 · 15. 9급국가직, 14. 경찰2차, 15. 해경3차, 16 · 20 · 21. 경찰간부, 17. 7급국가직

㉠ **필요적 공범(뇌물공여자와 뇌물수수자의 관계 등)도 증인으로 신문할 수 있다(86도1646).** 09 · 10 · 11. 경찰승진, 11 · 18. 경찰1차, 12. 경찰3차, 13 · 17. 경찰2차, 17. 해경간부, 17 · 18. 변호사

㉡ **피고인이 수사단계에서 다른 공동피고인에 대한 증거보전을 위하여 증인으로서 증언한 증인신문조서는 그 다른 공동피고인에 대하여 증거능력이 있다(66도276).** 11. 경찰승진

4. 청구에 대한 결정

(1) 별도의 결정 없이 증거보전 실행 04. 경사, 06. 경찰2차

① 청구를 받은 판사는 청구가 적법하고 필요성을 인정할 때에는 별도의 결정 없이 증거보전을 하여야 한다.

(2) 기각결정

① 청구가 부적법하거나 필요 없다고 인정할 때에는 청구기각결정을 한다.

② 기각결정에 대해서는 3일 이내에 항고할 수 있다(제184조 제4항). 08. 법원, 09. 전의경, 09 · 10 · 11 · 12 · 14 · 16 · 17 · 18. 경찰승진, 09 · 13 · 19. 9급국가직, 11. 경찰1차, 12 · 13 · 14. 경찰2차, 12 · 15. 경찰3차, 15. 해경3차, 17 · 19. 해경간부, 18. 변호사, 19 · 20 · 21. 경찰간부, 19. 9급개론, 20. 9급국가직 · 9급개론

OX 증거보전의 청구를 함에는 구술 또는 서면으로 그 사유를 소명하여야 한다. (○, ×) 19. 경찰승진

기출 키워드 체크

증거보전의 청구권자는 _____, 피고인, 피의자 또는 변호인이다.

기출 키워드 체크

증거보전은 _____ 전에 한하여 할 수 있는데, _____ 전인 이상 _____의 전 · 후는 불문한다.

기출 키워드 체크

검사는 증거보전절차에서 _____ 또는 _____의 신문을 청구할 수 없다.

OX 검사는 수사단계에서 피고인에 대한 증거를 미리 보전하기 위하여 필요한 경우에는 판사에게 공동피고인을 증인으로 신문할 것을 청구할 수 있다. (○, ×) 19. 경찰승진

OX 증거보전을 청구할 수 있는 것은 압수 · 수색 · 검증 · 증인신문 · 감정에 한하므로 피고인신문 및 피고인과 공범관계에 있는 공동피고인에 대한 신문은 허용되지 않는다. (○, ×) 21. 경찰간부

OX 공동피고인과 피고인이 뇌물을 주고받은 사이로 필요적 공범관계에 있다면 수사상 증거보전의 필요성이 인정되어도 증인으로 신문할 수는 없다. (○, ×) 13. 7급국가직

Answer

기출 키워드 체크

검사

제1회 공판기일, 제1회 공판기일, 공소제기

피의자, 피고인

OX

×, ○, ×, ×

OX 지방법원판사는 증거보전의 청구가 부적법하거나 필요 없다고 인정할 때에는 청구기각결정을 하여야 한다. 증거보전 청구기각결정에 대해서는 3일 이내에 항고할 수 있다. (○, ×) 21. 경찰간부

기출 키워드 체크

증거보전의 청구를 기각하는 결정에 대하여는 _____일 이내에 _____할 수 있다.

5. 판사의 권한

① 증거보전청구를 받은 판사는 그 처분에 관하여 법원 또는 재판장과 동일한 권한이 있다. 00. 검찰7급, 08. 9급국가직, 10 · 16 · 18. 경찰승진, 14. 경찰1차

② 판사는 직권으로 강제처분을 할 수 있다(증인신문을 위해 소환, 구인을 할 수 있다).

6. 당사자의 참여권

① 증거보전절차에서 판사가 압수 · 수색 · 검증 · 증인신문 · 감정을 할 때에는 검사, 피의자, 피고인, 변호인의 참여권을 보장해 주어야 한다.

② 참여권이 보장되지 않은 상태하에서 작성된 증인신문조서는 위법하게 수집된 증거로서 증거능력이 없다. 08 · 09. 9급국가직, 13. 경찰2차, 15. 경찰승진, 15 · 16. 경찰간부, 17. 해경간부

③ 증거동의가 있다면 당사자의 참여권이 배제된 상태하에서 작성된 증인신문조서도 증거능력이 인정될 수 있다(86도1646).

7. 증거물의 보관

증거보전절차에 의하여 압수한 물건 또는 작성한 조서는 증거보전을 한 판사가 소속한 법원에서 보관한다(검사에게 송부해야 한다. ×). 04. 경찰3차, 07. 법원주사보, 11. 법원, 12. 교정특채, 21. 경찰간부

8. 열람 · 등사

① 검사, 피의자, 피고인 또는 변호인은 판사(법원 ×)의 허가를 얻어 서류와 증거물을 열람 · 등사할 수 있다. 04 · 15. 경찰3차, 06 · 16. 경찰2차, 08. 법원, 11. 경찰1차

② 열람 · 등사의 시기는 제한이 없다. 제1회 공판기일 전후를 불문한다.

9. 조서의 증거능력

① 증거보전절차에서 작성된 조서는 법관의 조서로서 당연히 증거능력이 있다(제311조)(제315조 ×). 01. 경찰3차, 08. 법원, 14 · 16. 경찰2차, 18. 변호사, 19. 해경간부

② 다만, 증거로 이용하기 위해서는 수소법원에 증거조사를 신청하여야 한다.

③ 증거보전절차에서 피의자였던 피고인이 당사자로 참여하여 증인에게 반대신문한 내용이 기재되어 있는 증인신문조서의 피의자 진술부분은 제311조에 의한 증거능력을 인정할 수 없다(84도508). 16. 경찰2차, 18. 경찰승진

Answer

기출 키워드 체크

3, 항고

OX

○

10. 성폭력 범죄 등에 대한 특례

(1) 성폭력범죄의 처벌 등에 관한 특례법

① 피해자나 그 법정대리인 또는 경찰은 피해자가 공판기일에 출석하여 증언하는 것에 현저히 곤란한 사정이 있을 때에는 그 사유를 소명하여 제30조에 따라 촬영된 영상물 또는 그 밖의 다른 증거에 대하여 해당 성폭력범죄를 수사하는 검사에게 「형사소송법」 제184조(증거보전의 청구와 그 절차) 제1항에 따른 증거보전의 청구를 할 것을 요청할 수 있다(성폭력범죄의 처벌 등에 관한 특례법 제41조 제1항).

② 이 경우 피해자가 16세 미만이거나 신체적인 또는 정신적인 장애로 사물을 변별하거나 의사를 결정할 능력이 미약한 경우에는 공판기일에 출석하여 증언하는 것에 현저히 곤란한 사정이 있는 것으로 본다(성폭력범죄의 처벌 등에 관한 특례법 제41조 제1항).

③ 검사는 그 요청이 타당하다고 인정할 때에는 증거보전의 청구를 할 수 있다(성폭력범죄의 처벌 등에 관한 특례법 제41조 제2항).

(2) 아동 · 청소년의 성보호에 관한 법률

① 아동 · 청소년대상 성범죄의 피해자, 그 법정대리인 또는 경찰은 피해자가 공판기일에 출석하여 증언하는 것에 현저히 곤란한 사정이 있을 때에는 그 사유를 소명하여 제26조에 따라 촬영된 영상물 또는 그 밖의 다른 증거물에 대하여 해당 성범죄를 수사하는 검사에게 「형사소송법」 제184조 제1항에 따른 증거보전의 청구를 할 것을 요청할 수 있다(아동 · 청소년의 성보호에 관한 법률 제27조 제1항). 21. 경찰간부

② 검사는 그 요청이 상당한 이유가 있다고 인정하는 때에는 증거보전의 청구를 하여야 한다(아동 · 청소년의 성보호에 관한 법률 제27조 제2항).

OX 아동 청소년대상 성범죄의 피해자, 그 법정대리인 또는 경찰은 피해자가 공판기일에 출석하여 증언하는 것에 현저히 곤란한 사정이 있을 때에는 그 사유를 소명하여 아동 · 청소년의 성보호에 관한 법률 제26조에 따라 촬영된 영상물 또는 그 밖의 다른 증거물에 대하여 해당 성범죄를 수사하는 검사에게 증거보전의 청구를 할 것을 요청할 수 있다. (○, ×)
21. 경찰간부

❷ 수사상 증인신문

1. 의 의

① 수사상 증인신문이란 참고인이 출석 또는 진술을 거부할 경우에 검사의 청구에 의하여 판사가 그를 증인으로 신문하고 그 증언을 보전하는 처분을 말한다.

② 참고인 출석과 진술을 강제할 필요성이 있는데, 이를 위한 제도이다.

③ 참고인에 대한 증인신문은 그 대상이 증인이 아니라 참고인이고, 그 주체가 수소법원이 아닌 판사라는 점에서 수소법원에 의한 증인신문과 구별된다.

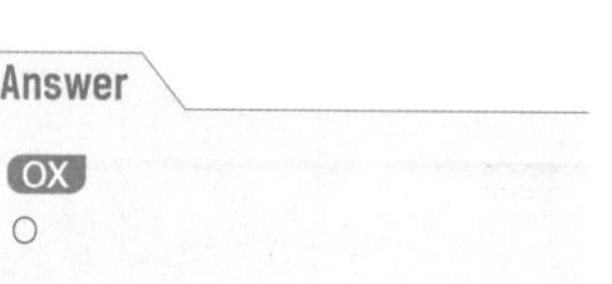

2. 요 건

(1) 증인신문의 필요성

① 범죄수사에 없어서는 아니 될 사실을 안다고 명백히 인정하는 자가, 수사기관의 출석요구에 대하여 출석 또는 진술을 거부하는 경우이어야 한다.

② 진술번복의 염려가 있다는 사유만으로는 증인신문을 청구할 수는 없다(94헌바1). 09 · 13 · 14. 경찰1차, 12. 경찰2차, 12 · 16. 경찰간부 ⇨ 검사가 증인들의 진술번복을 우려하여 제1회 공판기일 전 증인신문을 청구하여 작성된 증인신문조서는 그 신문이 법관의 면전에서 행하여졌다 하더라도 증거능력이 없다. 09. 전의경

(2) 제1회 공판기일 전

① 제1회 공판기일 전(공소제기 전 ×)에 한하여 할 수 있다.

② 제1회 공판기일 전이라면 공소제기 전후를 불문한다. 05. 경사, 12 · 16. 경찰간부

③ 수사 진행 전에는 불가하다(89도648). 10. 경찰승진

3. 청 구

검사가 판사에 대해 서면으로 한다. 02. 행시, 09. 경찰2차 · 전의경, 12. 경찰간부

피의자, 피고인 및 변호인은 청구할 수 없다. 16. 경찰승진

4. 심 사

① 판사는 청구가 적법하고 이유가 있다고 인정할 때에는 별도의 결정 없이 증인신문을 하여야 한다.

② 청구가 부적법하거나 이유가 없는 때에는 청구기각결정을 하여야 한다.

③ 기각결정에 대하여는 불복할 수 없다. 10 · 12 · 16. 경찰승진, 14. 경찰1차, 15. 해경3차, 18. 변호사

5. 판사의 권한

① 판사는 그 처분에 관하여 법원 또는 재판장과 동일한 권한이 있다.

② 판사는 직권으로 강제처분을 할 수 있다(증인신문을 위해 소환, 구인을 할 수 있다).

6. 증인신문

① 증인신문을 하는 판사는 법원 또는 재판장과 동일한 권한이 있다. 14. 경찰1차, 16. 경찰승진

② 수소법원의 증인신문에 관한 규정이 준용된다. ⇨ 증인(참고인)은 과태료의 제재를 받을 수 있다. 01. 경사

OX 검사가 증거보전청구를 한 경우 증거보전을 한 판사는 이에 관한 서류와 증거물을 지체 없이 검사에게 송부해야 한다. (○, ×) 21. 경찰간부

Answer

OX ○

③ 피의자, 피고인 또는 변호인의 참여권이 보장된다. 05. 경사

㉠ **판사는 증인신문기일을 정한 때에는 피의자, 피고인 또는 변호인에게 이를 통지하여 참여할 수 있도록 해야 한다.** 09. 경찰2차, 12·14. 경찰간부, 16. 경찰승진, 18. 변호사

㉡ **참여의 기회만 주면 충분하고, 피고인·피의자 또는 변호인이 참여하지 않겠다는 의사를 분명히 하는 등의 사정이 있는 경우, 피고인·피의자 또는 변호인의 참여 없이 증인신문 절차를 진행할 수 있다.** 09. 9급국가직

㉢ **피고인·피의자 또는 변호인에게 참여의 기회를 주지 않은 증인신문 절차에서 작성된 증인신문 조서는 증거능력이 부인된다(97도2249).**

7. 서류의 송부 등

① 증인신문을 한 때에는 판사는 지체 없이 이에 관한 서류를 검사에게 송부하여야 한다. 12. 경찰승진

② 검사가 보관하고 있는 이상 공소제기 이전에 피의자나 변호인 등의 열람·등사는 허용되지 않는다. 09. 경찰2차

8. 증거능력

① 작성된 증인신문 조서는 법관의 조서로서 당연히 증거능력이 인정된다(제311조).

② 위 조서를 증거로 이용하기 위해서는 공판기일에 당사자의 신청에 의한 증거조사가 있어야 한다.

▶ 증거보전과 수사상 증인신문의 비교

구 분	증거보전	수사상 증인신문
요 건	• 증거보전의 필요성(증거멸실, 증거가치변화) • 제1회 공판기일 전(공소제기 후도 가능)(입건 전, 재심청구절차에서는 불가)	• 증인신문의 필요성 (참고인 출석거부, 진술거부)(진술번복 우려 ×) • 제1회 공판기일 전
관 할	수임판사(수소법원 또는 재판장과 동일한 권한)(법원 ×)	
청구권자	검사, 피의자, 피고인, 변호사	검사
청구방법	서면(구술 ×)	
청구내용	압수, 수색, 검증, 감정, 증인신문 • 피의자, 피고인 신문은 불가 • 공동피고인, 공범(필요적 공범 포함)은 증인신문 가능	증인신문 • 피의자, 피고인 신문은 불가 • 공동피고인, 공범(필요적 공범 포함)은 증인신문 가능
청구시기	수사개시 이후 제1회 공판기일 전까지	
참여권	당사자 참여권 인정 (참여권 보장이 안 된 경우 ⇨ 원칙은 증거능력 ×, 예외적으로 증거동의)	

증거능력	무조건 증거능력 인정(제311조) • 증거조사는 필요 • 증인신문조서에 피고인의 진술이 기재 ⇨ 해당 부분은 증거능력 ×	
불 복	3일 이내에 항고	불복불가
관련서류 보관	판사 소속 법원	검사 (판사는 증인신문조서를 지체 없이 검사에게 송부)
열람 · 등사	당사자 열람 · 등사권 인정 (판사 허가 필요)(법원 허가 ×)	당사자 열람 · 등사 불가

Chapter 06

OX 확인학습

01 □□□ 검사, 피고인, 피의자 또는 변호인은 미리 증거를 보전하지 아니 하면 그 증거를 사용하기 곤란한 사정이 있는 때에는 제1회 공판기일 전이라도 판사에게 압수, 수색, 검증, 증인신문 또는 감정을 청구할 수 있다. (○)

02 □□□ 검사, 피고인, 피의자 또는 변호인은 법원의 허가를 얻어 증거보전의 처분에 관한 서류와 증거물을 열람 또는 등사할 수 있다. (×)

03 □□□ 검사는 증인신문청구권을 가지나, 증거보전청구권은 가지고 있지 않다. (×)

04 □□□ 범죄의 수사에 없어서는 아니 될 사실을 안다고 명백히 인정되는 자가 검사의 출석요구를 거부한 경우에는 검사는 공소제기 전에 한하여 판사에게 그에 대한 증인신문을 청구할 수 있다. (×)

05 □□□ 제1회 공판기일 전에 「형사소송법」 제184조에 의한 증거보전절차에서 증인신문을 하면서, 위 증인신문의 일시와 장소를 피의자 및 변호인에게 미리 통지하지 아니하여 증인신문에 참여할 수 있는 기회를 주지 아니하였고, 또 변호인이 제1심 공판기일에 위 증인신문조서의 증거조사에 관하여 이의신청을 하였다면, 위 증인신문조서는 증거능력이 없다 할 것이고, 그 증인이 후에 법정에서 그 조서의 진정성립을 인정한다 하여 다시 그 증거능력을 취득한다고 볼 수도 없다. (○)

06 □□□ 증거보전은 물론 증인신문의 청구를 받은 판사도 그 처분에 관하여 법원 또는 재판장과 동일한 권한이 있다. (○)

07 □□□ 증거보전은 제1심 제1회 공판기일 전에 한하여 허용되는 것이므로 재심청구사건에서는 증거보전절차는 허용되지 아니한다. (○)

08 □□□ 증거보전은 제1회 공판기일 전에 한하여 할 수 있는데, 제1회 공판기일 전인 이상 공소제기의 전후는 불문한다. (○)

09 □□□ 증거보전청구와 증인신문청구에 대한 기각결정은 모두 항고로서 불복이 가능하다. (×)

10 □□□ 증거보전의 청구를 함에는 서면 또는 구술로 그 사유를 소명할 수 있다. (×)

11 □□□ 증거보전절차에서 작성된 조서는 당연히 증거능력이 인정된다. (○)

12 □□□ 증거보전절차에서 피의자의 신문을 청구할 수는 없으나, 공범자인 공동피고인에 대한 증인신문은 가능하다. (○)

13 □□□ 공동피고인과 피고인이 뇌물을 주고 받은 사이로 필요적 공범관계에 있다면 검사는 수사단계에서 피고인에 대한 증거를 미리 보전하기 위하여 필요한 경우라도 판사에게 공동피고인을 증인으로 신문할 것을 청구할 수 없다. (×)

Chapter 06 실전익히기

01

19. 경찰승진

압수물의 환부 및 가환부에 대한 설명으로 가장 적절하지 않은 것은? (다툼이 있는 경우 판례에 의함)

① 가환부한 장물에 대하여 별단의 선고가 없는 때에는 환부의 선고가 있는 것으로 간주한다.

② 증거에만 공할 목적으로 압수할 물건으로서 그 소유자 또는 소지자가 계속 사용하여야 할 물건은 사진촬영 기타 원형보존의 조치를 취하고 신속히 가환부하여야 한다.

③ 수사기관의 압수물의 환부에 관한 처분의 취소를 구하는 준항고는 소송 계속 중 준항고로써 달성하고자 하는 목적이 이미 이루어졌거나 시일의 경과 또는 그 밖의 사정으로 인하여 그 이익이 상실된 경우에는 부적법하게 된다.

④ 검사는 사본을 확보한 경우 등 압수를 계속할 필요가 없다고 인정되는 압수물 및 증거에 사용할 압수물에 대하여 공소제기 전이라도 소유자, 소지자, 보관자 또는 제출인의 청구가 있는 때에는 환부 또는 가환부할 수 있다.

02

17. 경찰승진

압수물의 처리에 관한 설명 중 가장 적절하지 않은 것은?

① 몰수하여야 할 압수물로서 멸실·파손·부패 또는 보관하기 어려운 압수물은 소유자 등 권한 있는 자의 동의를 받아 폐기하여야 한다.

② 운반 또는 보관에 불편한 압수물에 관하여는 간수자를 두거나 소유자 또는 적당한 자의 승낙을 얻어 보관하게 할 수 있다.

③ 압수한 장물은 피해자에게 환부할 이유가 명백한 때에는 피고사건의 종결 전이라도 결정으로 피해자에게 환부할 수 있다.

④ 압수를 계속할 필요가 없다고 인정되는 압수물은 피고사건 종결 전이라도 결정으로 환부하여야 하고 증거에 공할 압수물은 소유자, 소지자, 보관자 또는 제출인의 청구에 의하여 가환부할 수 있다.

03

13. 경찰승진

수사상 감정유치에 관한 다음 설명 중 옳은 것은 모두 몇 개인가? (다툼이 있는 경우 판례에 의함)

㉠ 피의자에 대한 감정유치기간은 피의자의 구속기간에 산입한다.
㉡ 구속의 취소에 관한 규정도 준용되므로 감정유치의 취소를 청구할 수 있다.
㉢ 보석에 관한 규정도 수사상 감정유치에 준용된다.
㉣ 검사는 감정을 위촉하는 경우에 피의자의 정신 또는 신체에 관한 감정을 위하여 유치처분이 필요한 때에는 판사에게 이를 청구하여야 한다.
㉤ 판사는 청구가 상당하다고 인정할 때에는 유치처분을 하여야 하며 이 경우에는 감정유치장을 발부하여야 한다.

① 2개　　② 3개
③ 4개　　④ 5개

04

17. 해경간부

통신비밀보호법상 전기통신의 감청에 대한 설명 중 가장 옳은 것은? (다툼이 있으면 판례에 의함)

① 수사기관이 대화의 일방당사자의 동의를 얻어 통화내용을 녹음하였다면 그 상대방의 동의가 없더라도, 그 녹음은 통신비밀보호법이 금지하는 감청에 해당하지 않는다.

② 무전기와 같은 무선전화기를 이용한 통화는 통신비밀보호법상 '전기통신'에 해당하고 '타인 간의 대화'에 포함되지 않는다.

③ 불법감청에 의하여 녹음된 전화통화의 내용은 통신비밀보호법에 의하여 증거능력이 없으나, 피고인이나 변호인이 이를 증거로 함에 동의한 때에는 예외적으로 증거능력이 인정된다.

④ 통신비밀보호법상의 '감청'에는 전기통신의 송수신과 동시에 이루어지는 경우뿐만 아니라 이미 수신이 완료된 전기통신의 내용을 지득하는 행위도 포함된다.

05

21. 경찰간부

통신제한조치에 관한 설명 중 옳지 않은 것은? (다툼이 있는 경우 판례에 의함)

① 수사기관이 범죄수사를 위하여 당사자의 동의 없이 전기통신을 감청하기 위해서는 통신 당사자의 쌍방 또는 일방의 주소지·소재지 등을 관할하는 지방법원 또는 지원에 청구하여 발부받은 통신제한조치허가서를 통신당사자가 가입된 전기통신사업자에게 제시하여야 한다.

② 범죄수사를 위한 통신제한조치의 기간은 2개월을 초과하지 못하고, 그 기간 중 통신제한조치의 목적이 달성되었을 경우에는 즉시 종료하여야 한다.

③ 전자우편이 송신되어 수신인이 확인하는 등으로 이미 수신이 완료된 전기통신에 관하여 남아 있는 기록이나 내용을 열어 보는 등의 행위는 통신비밀보호법에서 규정하는 '전기통신의 감청'에 포함되지 않는다.

④ 수사기관은 감청의 실시를 종료하면 감청대상이 된 전기통신의 가입자에게 감청사실 등을 통지하여야 하지만, 통지로 인하여 수사에 방해될 우려가 있다고 인정할 때에는 그 사유가 해소될 때까지 통지를 유예할 수 있다.

06

15. 7급국가직

증거보전절차에 대한 설명으로 옳지 않은 것은? (다툼이 있는 경우 판례에 의함)

① 증거보전은 제1심 제1회 공판기일 전에 한하여 허용되는 것이므로 재심청구사건에서는 증거보전절차는 허용되지 않는다.

② 피고인, 피의자 또는 변호인은 증거보전청구를 할 수 있지만, 검사는 청구할 수 없다.

③ 증거보전의 방법으로 피고인신문을 청구할 수 없지만, 공동피고인을 증인으로 신문할 것을 청구할 수 있다.

④ 증거보전절차에서 피의자와 변호인에게 일시와 장소를 미리 통지하지 아니하여 참여기회를 주지 않은 때에는 증인신문조서의 증거능력이 인정되지 않는다.

07

15. 경찰3차

증거보전절차에 대한 설명으로 가장 적절하지 않은 것은? (다툼이 있으면 판례에 의함)

① 검사는 증거보전을 청구할 때에는 서면 또는 구술로 그 사유를 소명할 수 있다.

② 검사, 피고인, 피의자 또는 변호인은 미리 증거를 보전하지 아니하면 그 증거를 사용하기 곤란한 사정이 있는 때에는 제1회 공판기일 전이라도 판사에게 압수·수색·검증은 물론 증인신문 또는 감정을 청구할 수 있다.

③ 검사는 증거보전절차에서 피의자신문을 청구할 수 없다.

④ 검사는 판사의 허가를 얻어 증거보전의 처분에 관한 서류와 증거물을 열람 또는 등사할 수 있다.

08

14. 경찰1차

다음은 수사상 증거보전과 증인신문에 대한 설명이다. 가장 적절한 것은?

① 검사는 증인신문청구권을 가지나, 증거보전청구권은 가지고 있지 않다.

② 증거보전은 물론 증인신문의 청구를 받은 판사도 그 처분에 관하여 법원 또는 재판장과 동일한 권한이 있다.

③ 범죄의 수사에 없어서는 아니 될 사실을 안다고 명백히 인정되는 자가 검사의 출석요구를 거부한 경우에는 검사는 공소제기 전에 한하여 판사에게 그에 대한 증인신문을 청구할 수 있다.

④ 증거보전청구와 증인신문청구에 대한 기각결정은 모두 항고로서 불복이 가능하다.

Answer

01 ④ [×] 환부 또는 가환부하여야 한다.

02 ① [×] 몰수하여야 할 압수물로서 멸실·파손·부패 또는 현저한 가치 감소의 염려가 있거나 보관하기 어려운 압수물은 매각하여 대가를 보관할 수 있다(제131조 제1항, 제219조).

03 ② ㉡, ㉣, ㉤이 옳은 지문이다.

04 ② [○] 2001도6213

05 ④ 수사 방해 우려는 유예 사유에 해당하지 않는다.

06 ② [×] 검사도 증거보전을 청구할 수 있다(제184조 제1항).

07 ① [×] 서면으로 하여야 한다(제184조 제3항).

08 ② [○] 제184조 제2항, 제221조의2 제4항

박문각
공무원
기본서

김상천
형사소송법

CHAPTER

07

수사의 종결과 불복

Chapter 07 수사의 종결과 불복

제1절 수사의 종결

❶ 수사의 종결의 의의

① 수사는 공소제기 여부를 판단할 수 있을 정도로 범죄혐의가 명백하게 되었거나 또는 수사를 계속할 필요가 없는 경우에 종결된다.

② 공소제기 후에도 공소유지를 위하여 수사할 수 있다.

③ 검사의 불기소처분(기소유예 포함)에는 확정재판에 있어서의 확정력과 같은 효력이 없어 일단 불기소처분을 한 후에도 언제라도 공소를 제기할 수 있다(97도50855). 05 · 14. 경찰2차, 09. 9급국가직, 12 · 13 · 19. 경찰간부, 15 · 16 · 18 · 19. 경찰승진

참고 판례 내사종결처분은 피의사건에 대한 종국처분이 아니므로 불기소처분에 해당하지 않는다(91모68, 94헌마77).

❷ 수사종결권자

① 수사종결은 검사, 사법경찰관, 고위공직자수사처검사가 한다.

② 검사의 수사종결은 공소제기, 불기소처분, 타관송치 중 하나로 이루어진다. 15 · 16. 경찰승진

기출 키워드 체크
검사의 수사종결 처분에는 _____, _____, _____ 등이 있다.

❸ 사법경찰관의 수사종결처분

1. 의 의

① 사법경찰관은 사건을 수사한 경우에는 법원송치, 검찰송치, 불송치, 수사중지, 이송결정을 하여야 한다(수사준칙 제51조 제1항).

② 불송치 결정에는 혐의없음(범죄인정안됨, 증거불충분), 죄가안됨, 공소권없음, 각하결정이 있다(수사준칙 제51조 제1항).

③ 사법경찰관은 죄가안됨, 공소권없음에 해당하는 사건이 다음의 어느 하나에 해당하는 경우에는 해당 사건을 검사에게 이송한다(동조 제3항).

㉠ 「형법」 제10조 제1항에 따라 벌할 수 없는 경우

㉡ 기소되어 사실심 계속 중인 사건과 포괄일죄를 구성하는 관계에 있는 경우

참고+ 사법경찰관의 불송치 결정에 대한 불복은 제3장을 참조한다.

Answer
기출 키워드 체크
공소제기, 불기소처분, 타관송치

2. 수사중지 결정

① 사법경찰관은 수사중지 결정을 한 경우 7일 이내에 사건기록을 검사에게 송부해야 한다(수사준칙 제51조 제4항 제1문).

㉠ **이 경우 검사는 사건기록을 송부받은 날부터 30일 이내에 반환해야 하며, 그 기간 내에 법 제197조의3에 따라 시정조치요구를 할 수 있다(동항 제2문).**

㉡ **사법경찰관은 검사에게 사건기록을 송부한 후 피의자 등의 소재를 발견한 경우에는 소재 발견 및 수사 재개 사실을 검사에게 통보해야 한다(동조 제5항 제1문).**

㉢ **이 경우 통보를 받은 검사는 지체 없이 사법경찰관에게 사건기록을 반환해야 한다(동항 제2문).**

② 사법경찰관으로부터 수사중지 결정의 통지를 받은 사람은 해당 사법경찰관이 소속된 바로 위 상급경찰관서의 장에게 이의를 제기할 수 있다(수사준칙 제54조 제1항).

③ 이의제기의 절차·방법 및 처리 등에 관하여 필요한 사항은 경찰청장 또는 해양경찰청장이 정한다(동조 제2항).

④ 통지를 받은 사람은 해당 수사중지 결정이 법령위반, 인권침해 또는 현저한 수사권 남용이라고 의심되는 경우 검사에게 신고를 할 수 있다(동조 제3항).

㉠ **이 경우 검사는 사법경찰관에게 사건기록 등본의 송부를 요구할 수 있다(제197조의3 제1항).**

㉡ **이후, 시정조치 요구, 송치 요구 등은 수사 중 법령위반, 인권침해 또는 현저한 수사권 남용이라고 의심 신고가 있었던 경우와 같다.**

㉢ **사법경찰관은 고소인 등에게 수사중지 결정의 통지를 할 때에는 위 신고할 수 있다는 사실을 함께 고지해야 한다(동조 제4항).**

3. 분리 결정

사법경찰관은 하나의 사건 중 피의자가 여러 사람이거나 피의사실이 여러 개인 경우로서 분리하여 결정할 필요가 있는 경우 그중 일부에 대해 결정을 할 수 있다(수사준칙 제51조 제2항).

❹ 검사의 수사종결처분

1. 검사의 수사종결

① 검사의 수사종결 처분에는 공소제기, 불기소, 기소중지, 참고인중지, 보완수사요구, 공소보류, 이송, 타관송치(소년보호사건 송치, 가정보호사건 송치, 성매매보호사건 송치, 아동보호사건 송치)가 있다(수사준칙 제52조 제1항).

② 불기소결정에는 기소유예, 혐의없음(범죄인정안된, 증거불충분), 죄가안됨, 공소권없음, 각하가 있다.

③ 검사는 하나의 사건 중 피의자가 여러 사람이거나 피의사실이 여러 개인 경우로서 분리하여 결정할 필요가 있는 경우 그중 일부에 대해 결정을 할 수 있다(수사준칙 제52조 제2항).

2. 공소의 제기

검사는 유죄판결을 받을 수 있다고 인정할 때에는 공소를 제기한다.

OX 피의사실이 범죄구성요건에 해당하지만 법률상 범죄의 성립을 조각하는 사유가 있어 범죄를 구성하지 않는 경우에 검사는 '죄가 안됨'을 이유로 불기소결정을 하여야 한다. (○, ×) 21. 경찰간부

3. 불기소처분

(1) 의 의

검사의 불기소처분에는 혐의 없음, 죄가 안됨, 공소권 없음, 각하, 기소유예(여기까지를 '협의의 불기소처분'이라고도 한다), 공소보류, 기소중지, 참고인중지가 있다.

(2) 혐의 없음

① 피의사실이 범죄를 구성하지 아니하거나 인정되지 않는 경우(범죄인정 안됨) 15. 지능특채

② 피의사실을 인정할 만한 증거가 없는 경우(증거불충분) 15. 지능특채

☑ **법률상 범죄의 성립을 조각하는 사유의 예**
- 위법성조각사유 ⇨ 명예훼손죄에서 위법성조각사유가 존재하는 경우
- 책임조각사유가 존재하는 경우 ⇨ 피의자가 형사미성년자인 경우 18. 경찰간부

(3) 죄가 안됨

피의사실이 범죄구성요건에 해당하지만 법률상 범죄의 성립을 조각하는 사유가 있어 범죄를 구성하지 않는 경우에는 죄가 안됨 처분을 한다. 01 · 04. 경찰2차, 05. 경정, 12. 교정특채, 13. 7급국가직, 15. 지능특채, 17. 변호사, 21. 경찰간부

(4) 공소권 없음

① 소송조건 결여된 경우 공소권 없음 처분을 한다.

② 그 예로는 다음의 경우가 있다(이에 한정되지 않는다).

㉠ **친고죄에서 고소가 없는 경우** 13 · 18. 경찰간부
㉡ **반의사불벌죄에서 처벌불원의사가 있는 경우**
㉢ **공소시효 완성**
㉣ **형면제 사유(친족상도례)가 있는 경우**
㉤ **사면법에 의한 일반사면이 있는 경우 ⇨ 특별사면 ×**
㉥ **동일 사건에 대해 확정판결이나 이미 공소가 제기된 경우**
㉦ **통고처분이 이행된 경우** 13. 경찰간부
㉧ **피의자 사망 또는 피의자인 법인이 소멸한 때** 15. 지능특채, 15 · 16. 경찰승진, 19. 경찰간부
㉨ **범죄 후 법령의 개폐로 형이 폐지된 경우** 13. 7급국가직
㉩ **소년법, 가정폭력범죄의 처벌 등에 관한 특례법 및 성매매 알선 등 행위의 처벌에 관한 법률에 의한 보호처분이 확정된 때**
㉪ **피의자에 대하여 재판권이 없는 경우**

기출 키워드 체크

수사 중 피의자가 사망한 경우 검사는 _____을 이유로 불기소처분을 하여야 한다.

Answer

기출 키워드 체크
공소권 없음

OX
○

(5) 각 하

고소 또는 고발이 있는 사건에 대하여 다음의 경우 각하 처분을 한다.

① 수사 가치가 없는 경우

㉠ **혐의 없음, 죄가 안됨, 공소권 없음 사유가 명백한 경우**

㉡ **수사를 개시할 만한 구체적인 사유나 정황이 충분하지 아니한 경우**

② 고소, 고발이 위법한 경우

㉠ **고소, 고발 조건을 명백하게 위반한 경우** 13. 경찰간부

㉡ **고소권자가 아닌 자가 고소한 경우** 13. 경찰간부

㉢ **고소 취소 후 재고소**

③ 동일사건에 관하여 검사의 불기소처분이 있는 경우 13 · 18. 경찰간부 : 다만, 새로이 중요한 증거가 발견된 경우에 고소인 또는 고발인이 그 사유를 소명한 때에는 그러하지 아니하다.

④ 수사 진행이 어려운 경우 : 고소 · 고발장 제출 후 고소인 또는 고발인이 출석요구에 불응하거나 소재불명되어 고소 · 고발사실에 대한 진술을 청취할 수 없는 경우 18. 경찰간부

(6) 기소유예

① 피의사실이 인정되나 소추를 필요로 하지 아니하는 경우, 기소유예 처분을 한다.

② 검사는 피의사실이 인정되는 경우에 반드시 공소를 제기하여야 하는 것이 아니라 피의자의 연령, 피해자에 대한 관계, 범행의 동기 및 수단과 결과 등을 참작하여 소추를 필요로 하지 아니하는 경우에는 기소유예 처분을 할 수 있다. 17. 변호사

(7) 공소보류

국가보안법위반죄를 범한 자에 대해여 공소제기를 보류할 수 있으며, 공소보류를 받은 자가 공소제기 없이 2년을 경과하면 소추할 수 없다.

(8) 기소중지

피의자의 소재불명 등을 사유로 수사를 종결할 수 없는 경우, 기소중지 처분을 한다.

(9) 참고인중지

고소인, 고발인 또는 중요 참고인의 소재불명으로 수사를 종결할 수 없는 경우, 그 사유가 해소될 때까지 수사를 중지하는 처분이다.

OX 검사가 고소사건에 관하여 공소를 제기하는 처분을 한 때에는 그 처분한 날로부터 7일 이내에 서면으로 고소인에게 그 취지를 통지하여야 한다. (○, ×) 21. 경찰간부

기출 키워드 체크

검사가 불기소처분을 한 때에는 ______에게 즉시 통지하여야 한다.

Answer

기출 키워드 체크

피의자

OX

○

▶ 수사종결처분의 통지

구 분	내 용
수사결과의 통지	① 검사 또는 사법경찰관이 수사종결 결정을 한 경우에는 그 내용을 고소인·고발인·피해자 또는 그 법정대리인(피해자가 사망한 경우에는 그 배우자·직계친족·형제자매를 포함한다. 이하 "고소인 등"이라 한다)과 피의자에게 통지해야 한다(수사준칙 제53조 제1항 본문). 21. 경찰1차 ㉠ 검찰 송치 결정을 한 때도 통지한다. ㉡ 고소인·고발인 외 피해자도 대상이 된다. ② 다만, 피의자중지 결정 또는 기소중지 결정을 한 경우에는 고소인 등에게만 통지한다(동항 단서). ③ 고소인 등은 통지를 받지 못한 경우 사법경찰관에게 불송치 통지서로 통지해 줄 것을 요구할 수 있다(동조 제2항). ④ 통지의 구체적인 방법·절차 등은 법무부장관, 경찰청장 또는 해양경찰청장이 정한다(동조 제3항). ⑤ 검사 또는 사법경찰관은 제53조에 따라 수사 결과를 통지할 때에는 해당 사건의 피의자 또는 사건관계인의 명예나 권리 등이 부당하게 침해되지 않도록 주의해야 한다(수사준칙 제68조).
고소·고발인에 대한 처분통지	① 7일 이내 서면 통지 18. 경찰승진, 19. 경찰간부 ㉠ 검사는 고소 또는 고발 있는 사건에 관하여 공소를 제기하거나 제기하지 아니하는 처분, 공소의 취소 또는 타관송치를 한 때에는 그 처분한 날로부터 7일 이내에 서면으로 고소인 또는 고발인에게 그 취지를 통지하여야 한다(제258조 제1항). ㉠ 공소를 제기하는 경우에도 통지한다. 21. 경찰간부 ② 처리기한 ㉠ 검사가 고소 또는 고발에 의하여 범죄를 수사할 때에는 고소 또는 고발을 수리한 날로부터 3월 이내에 수사를 완료하여 공소제기 여부를 결정하여야 한다(제257조). 17. 경찰간부 ㉡ 사법경찰관리는 고소·고발을 수리한 날부터 3개월 이내에 수사를 마쳐야 한다(경찰수사규칙).
고소·고발인에 대한 불기소처분 이유 설명	청구가 있는 때, 7일 이내 서면으로 설명 18. 경찰승진 검사는 고소·고발이 있는 사건에 관하여 공소를 제기하지 아니하는 처분을 한 경우에 고소인 또는 고발인의 청구가 있는 때에는 7일 이내에 고소인 또는 고발인에게 그 이유를 서면으로 설명하여야 한다(제259조).
피의자에 대한 불기소 처분통지	불기소, 타관송치한 때(즉시) 02. 행시, 06. 경찰2차, 09·17. 9급국가직, 13·15·16. 경찰승진, 19. 경찰간부 ① 검사는 불기소 또는 타관송치의 처분을 한 때에는 피의자(피해자 ×)에게 즉시 그 취지를 통지하여야 한다(제258조 제2항). ② 고소·고발 사건에 한하지 않는다.

피해자에 대한 통지	신청이 있는 경우 통지 08 · 17. 7급국가직, 09 · 17. 9급국가직, 11 · 16. 법원, 13 · 18. 경찰승진, 14. 9급개론 ① 검사(법원 ×)는 범죄로 인한 피해자 또는 그 법정대리인(피해자가 사망시 배우자 · 직계친족 · 형제자매 포함)의 신청이 있는 때에는 당해 사건의 공소제기 여부, 공판의 일시 · 장소, 재판결과(재판경과 ×), 피의자 · 피고인의 구속 · 석방 등 구금에 관한 사실 등을 신속하게 통지하여야 한다(제259조의2). ② 법원이 아닌 검사가 통지한다. ③ 재판경과는 통지내용에 포함되지 않는다.

5 압수물의 환부

1. 필요적 환부

① 불기소처분의 경우에 검사는 압수물을 원래의 점유자에게 필요적으로 환부하는 것이 원칙이다.

㉠ **피의자가 소유권포기의 의사표시를 한 경우에도 환부하여야 한다(94모51).**

㉡ **검사는 불기소처분된 고소 · 고발사건에 관한 압수물 중 중용한 증거가치가 있는 압수물에 관하여는 그 사건에 대한 검찰항고 또는 재정신청 절차가 종료된 후에 압수물 환부절차를 취하여야 한다.**

② 언제, 누구에 의하여 관세포탈된 물건인지 알 수 없어 검사가 사건을 기소중지처분하였다면, 압수를 더 이상 계속할 필요가 없어 환부해야 한다(91모10). 18. 경찰승진

③ 재산국외도피 혐의로 공범이 확정판결을 받았고, 피의자가 조사에 응하지 아니하여 기소중지처분이 되었다면, 압수된 일화에 대한 압수의 효력은 여전히 남아 있어 반환될 수 없다고 한다(94다37097).

2. 소유권 포기시

압수 당한 사람이 소유권포기의 의사표시를 한 경우에도, 수사기관은 환부해야 한다.

Chapter 07

OX 확인학습

01 □□□ 검사는 범죄로 인한 피해자 또는 그 법정대리인의 신청이 있는 때에는 당해 사건의 공소제기여부, 공판의 일시 · 장소, 재판 결과, 피의자 · 피고인의 구속 · 석방 등 구금에 관한 사실 등을 신속하게 통지하여야 한다. (○)

02 □□□ 고소한 피해자는 불기소처분의 취소를 구하는 헌법소원심판을 청구할 수 있으나, 고소하지 아니한 피해자 또는 고발인은 헌법소원심판을 청구할 수 없다. (×)

제2절 검사의 불기소처분에 대한 불복

❶ 검찰항고

1. 의 의

① 검사의 불기소처분에 불복이 있는 고소인 또는 고발인이 그 검사 소속 고등검찰청 검사장에게 불기소처분의 시정을 구하는 제도를 말한다.

② 검사의 불기소처분에 불복하는 고소인이나 고발인은 그 검사가 속한 지방검찰청 또는 지청을 거쳐 서면으로 관할 고등검찰청 검사장에게 항고할 수 있다. 21. 경찰간부

OX 검사의 불기소처분에 불복하는 고소인이나 고발인은 그 검사가 속한 지방검찰청 또는 지청을 거쳐 서면으로 관할 고등검찰청 검사장에게 항고할 수 있다. (○, ×) 21. 경찰간부

2. 항고권자

① 검사의 불기소처분에 불복하는 고소인 또는 고발인이다.

② 고소하지 않은 피해자는 검사의 불기소처분에 대한 검찰청에 항고할 수 없다. 09. 9급국가직, 14 · 18. 9급개론

3. 항고대상

① 검사의 불기소처분에 대하여만 제기할 수 있다.

② 협의의 불기소처분, 기소유예, 기소중지, 참고인중지 처분은 모두 검찰항고의 대상이다. 15. 경찰간부

③ 공소제기나 공소취소는 검찰항고 대상이 아니다.

4. 항고기간

① 검사로부터 불기소처분 통지를 받은 날로부터 30일 이내에 하여야 한다.

② 다만, 항고를 한 자가 자신에게 책임이 없는 사유로 정하여진 기간 이내에 항고를 하지 못한 것을 소명하면 그 항고기간은 그 사유가 해소된 때부터 기산한다.

③ 항고기간이 지난 후 접수된 항고는 기각하여야 한다.

④ 다만, 중요한 증거가 새로 발견된 경우 고소인 · 고발인이 그 사유를 소명하였을 때에는 그러하지 아니하다.

5. 항고절차

① 불복이 있는 고소 · 고발인은 불기소처분을 한 검사 소속 지방검찰청 또는 지청을 거쳐 서면으로 관할 고등검찰청 검사에게 항고할 수 있다.

② 이 경우 당해 지방검찰청 또는 지청의 검사는 항고가 이유있다고 인정하는 때에는 그 처분을 경정하여야 한다. 10. 법원

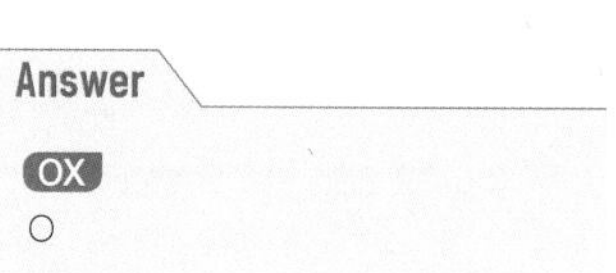

③ 고등검찰청 검사장은 항고가 이유 있다고 인정하는 때에는 소속 검사로 하여금 지방검찰청 또는 지청 검사의 불기소처분을 직접 경정하게 할 수 있다.

❷ (검찰)재항고

1. 의 의

항고를 한 자가 항고를 기각하는 처분에 대해 검찰총장에게 그 시정을 구하는 제도이다.

2. 재항고권자

① 항고한 고발인(형법 제123조 내지 제126조 범죄를 제외한 고발인)

② 재정신청이 가능한 자는 제외한다.

③ 고소인의 경우, 재정신청이 가능하므로 재항고는 불가능하다.

④ 형법 제123조~제126조 죄의 고발인도 재정신청이 가능하므로 재항고는 할 수 없다.

3. 재항고 기간

① 항고기각결정 통지를 받은 날부터 30일 이내

② 항고 후 항고에 대한 처분이 이루어지지 아니한 경우 3개월이 지난 후 30일 이내

4. 재항고 절차

① 고등검찰청을 거쳐 서면으로 검찰총장에게 재항고할 수 있다.

② 이 경우 당해 고등검찰청의 검사는 재항고가 이유 있다고 인정하는 때에는 그 처분을 경정하여야 한다.

❸ 재정신청제도

1. 의 의

① 재정신청이란 고등법원에 신청하여 검찰에 공소제기를 강제시키는 제도를 말한다.

② 검사의 부당한 불기소처분으로 인한 폐단을 막기 위해 인정된다(기소독점주의와 기소편의주의에 대한 제한). 14. 경찰승진

③ 재정신청절차는 고소·고발인이 검찰의 불기소처분에 불복하여 법원에 그 당부에 관한 판단을 구하는 절차로서 검사가 공소를 제기하여 공판절차가 진행되는 형사재판절차와는 다르며, 또한 고소·고발인인 재정신청인은 검사에 의하여 공소가 제기되어 형사재판을 받는 피고인과는 지위가 본질적으로 다르다(2013모2347). 14. 경찰승진

2. 신청권자

① 재정신청권자는 검사로부터 불기소처분을 받은 고소인과 일부 고발인(형법 제123조~제126조)이다. 08. 9급국가직, 10 · 19. 경찰1차, 10 · 14 · 16. 경찰승진, 11 · 15. 경찰2차, 15. 경찰간부

② 고소권자의 경우 재정신청을 할 수 있는 대상 범죄에 제한이 없다. 15. 변호사, 20. 경찰간부

③ 형법 제123조(직권남용), 제124조(불법체포 · 감금), 제125조(폭행 · 가혹행위), 제126조(피의사실공표)에 대해서는 고발인도 포함된다(제260조 제1항). 15. 경찰2차, 18. 경찰승진, 19. 경찰1차

㉠ **직무유기죄는 대상이 아님에 유의해야 한다.** 15. 경찰2차

㉡ **제126조(피의사실공표)의 죄에 대하여는 피공표자의 명시한 의사에 반하여 재정신청할 수 없다(제260조).**

3. 재정신청 대상

① 재정신청의 대상은 검사의 불기소처분이다.

② 기소유예처분에 대해서도 가능하다. 01 · 11. 경찰승진, 04. 행시, 15. 해경3차 · 변호사, 16. 9급개론 · 9급국가직, 17. 법원, 20. 경찰간부

③ 불기소처분 당시에 공소시효가 완성되어 공소권이 없는 경우 재정신청은 허용되지 않는다(90모34). 04. 행시, 12. 경찰1차

④ 내사종결, 진정종결 처리는 재정신청의 대상이 되지 않는다(91모68). 08. 법원, 10. 경찰1차, 11 · 15. 경찰승진, 14. 경찰간부

⑤ 공소취소에 대해서는 재정신청을 할 수 없다. 15. 변호사

4. 검찰항고 전치주의

(1) 원 칙

① 재정신청을 하려면 검찰청법 제10조의 항고를 거쳐야 한다. 20. 경찰간부

② 형사소송법은 고소권자로서 고소한 자가 재정신청을 하려면 원칙적으로 검찰청법 제10조에 따른 항고를 거치도록 명시적으로 규정하고 있다. 16. 경찰간부

(2) 예 외

다음의 경우에는 항고를 거치지 않아도 재정신청을 할 수 있다(제260조 제2항). 21. 경찰간부

㉠ **검찰항고 이후 재기수사가 이루어진 다음에 다시 공소를 제기하지 아니한다는 통지를 받는 경우** 12. 경찰승진

㉡ **검찰항고 신청 후 항고에 대한 처분이 행하여지지 아니하고 3개월이 경과한 경우** 19. 해경간부

㉢ **검사가 공소시효 만료일 30일 전까지 공소를 제기하지 아니하는 경우** 12. 경찰1차 · 법원, 14. 9급국가직, 19. 해경간부, 21. 경찰간부

기출 키워드 체크

재정신청권자는 ______인과 ______의 죄에 대한 고발인이다.

기출 키워드 체크

________죄에 대하여는 피공표자의 명시한 의사에 반하여 재정신청을 할 수 없다.

기출 키워드 체크

고소권자로서 고소한 자가 재정신청을 하려면 원칙적으로 검찰청법 제10조에 따른 ________를 거치도록 규정하고 있다.

OX 검사가 고소사건에 대하여 공소시효 만료일 30일 전까지 공소를 제기하지 아니하는 경우에는 검찰청법 제10조에 따른 항고 없이 곧바로 재정신청을 할 수 있다. (○, ×)
21. 경찰간부

Answer

기출 키워드 체크
고소, 형법 제123조에서 제126조까지
피의사실공표
항고

OX
○

▶ 항고 ⇨ 재정신청 절차 개요

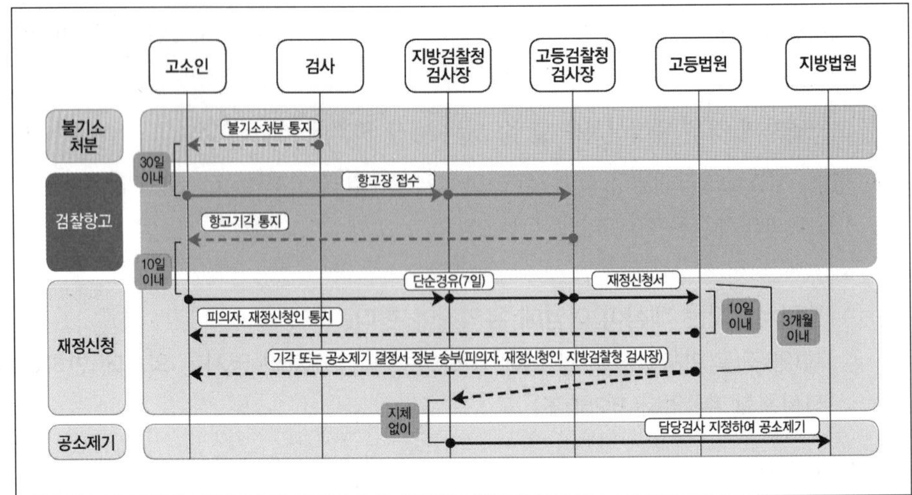

5. 재정신청 접수에 따른 통보

① 사법경찰관이 수사 중인 사건이 공소시효 만료일 30일 전까지 공소를 제기하지 아니하는 경우(법 제260조 제2항 제3호)에 해당하여 지방검찰청 검사장 또는 지청장에게 재정신청서가 제출된 경우 해당 지방검찰청 또는 지청 소속 검사는 즉시 사법경찰관에게 그 사실을 통보해야 한다(수사준칙 제66조 제1항).

② 사법경찰관은 위 통보를 받으면 즉시 검사에게 해당 사건을 송치하고 관계 서류와 증거물을 송부해야 한다(동조 제2항).

③ 검사는 위 재정신청에 대해 기각하는 결정을 한 경우에는 해당 결정서를 사법경찰관에게 송부해야 한다. 이 경우 송치받은 사건을 사법경찰관에게 이송해야 한다(동조 제3항).

6. 신청기간

① 원칙: 항고기각결정의 통지를 받은 날로부터 10일 이내 08. 법원

② 예외: 검찰항고를 거치지 않은 경우

㉠ **검찰항고 이후 재기수사가 이루어진 다음에 다시 공소를 제기하지 아니한다는 통지를 받는 경우 ⇨ 공소를 제기하지 않는다는 통보를 받은 날로부터 10일 이내**

㉡ **검찰항고 신청 후 항고에 대한 처분이 행하여지지 아니하고 3개월이 경과한 경우 ⇨ 항고에 대한 처분 없이 3개월이 경과한 때부터 10일 이내**

㉢ **검사가 공소시효 만료일 30일 전까지 공소를 제기하지 아니하는 경우 ⇨ 공소시효 만료일 30일 전부터 공소시효 만료일 전날까지(공소시효 만료일까지 ×)**

10. 경찰1차, 12 · 14. 경찰2차, 14 · 19. 경찰승진, 17. 여경 · 경찰특공대

기출 키워드 체크

검사가 공소시효 만료일 ________일 전까지 공소를 제기하지 아니하는 경우에는 검찰항고를 거치지 않고 공소시효 만료일 ________까지 재정신청서를 제출할 수 있다.

Answer

기출 키워드 체크

30, 전날

③ 재소자 특례규정이 적용되지 않는다.

㉠ **재소자가 신청하는 경우에도 기간 내에 교도소장이 아니라 검찰청에 도달하여야 한다(98모127).** 10. 법원, 18. 경찰2차, 19. 경찰1차

㉡ **재정신청 기각결정에 대한 재항고나 그 재항고 기각결정에 대한 즉시항고로서의 재항고에 대한 법정기간의 준수 여부에 대해서도 재소자 피고인 특칙은 준용되지 아니한다고 해석함이 타당하다(2013모2347).** 17·19. 9급개론, 17·19. 9급국가직, 19. 변호사

7. 신청방법

① 서면으로 한다. 09. 경찰승진

㉠ **재정신청서를 지방검찰청 검사장 또는 지청장(고등법원 ×)에게 제출하여야 한다.** 03. 경감, 10. 법원, 15. 해경3차, 17. 변호사

㉡ **재정신청 제기기간이 경과된 후에 재정신청보충서를 제출하면서 새로운 고발사실을 재정신청의 대상으로 추가하였다면, 추가부분은 부적법하다(97모30).** 07·19. 법원, 10. 경찰승진·법원, 12. 해경간부, 15. 경찰간부

② 공동신청인 중 1인의 신청은 전원을 위하여 효력이 있다. 09. 전의경, 11·16·18. 경찰승진, 12. 경찰3차, 14. 경찰2차, 15. 변호사, 16·19. 9급개론, 16·19. 9급국가직, 17. 여경·경찰특공대, 20·21. 경찰간부

③ 공소시효 정지 02. 검찰7급, 07. 법원주사보, 08·15. 경찰1차, 09. 전의경, 09·10·13·18. 경찰승진, 17. 경찰간부·법원, 18. 9급국가직 ⇨ 재정신청이 있으면 고등법원의 재정결정이 확정될 때까지 공소시효의 진행이 정지된다.

8. 대 리

재정신청은 대리인에 의하여도 할 수 있다. 09. 전의경, 11·16·18. 경찰승진, 12. 경찰3차, 14. 경찰2차, 17. 여경·경찰특공대

9. 취 소

① 재정신청은 고등법원의 재정결정이 있을 때까지는 취소할 수 있다.

㉠ **재정신청의 취소는 관할고등법원에 서면으로 하여야 한다.** 09. 전의경

㉡ **다만, 기록이 관할고등법원에 송부되기 전에는 그 기록이 있는 검찰청검사장 또는 지청장에게 하여야 한다.** 12. 법원

㉢ **취소서를 제출받은 고등법원의 법원사무관 등은 즉시 관할고등검찰청검사장 및 피의자에게 그 사유를 통지하여야 한다.** 02. 검찰7급

② 취소한 자는 다시 재정신청을 할 수 없다. 07. 법원, 11·16. 경찰승진, 15. 변호사, 19. 9급국가직·9급개론, 20. 경찰간부

③ 재정신청의 취소는 다른 공동신청권자에게 효력을 미치지 않는다(제264조 제3항). 02. 검찰7급, 09. 전의경, 11·18. 경찰승진, 15. 해경간부·해경3차·변호사, 16. 9급개론·9급국가직, 20·21. 경찰간부

OX 재정신청 기각결정에 대한 재항고나 그 재항고 기각결정에 대한 즉시항고로서의 재항고에 대한 법정기간의 준수 여부는 재항고장이나 즉시항고장이 법원에 도달한 시점을 기준으로 판단하여야 하고, 거기에 재소자 피고인 특칙은 준용되지 아니한다. (○, ×) 19. 9급국가직

OX 공동신청권자 중 1인의 재정신청 및 취소는 전원을 위하여 효력을 발생한다. (○, ×) 19. 9급국가직

관련 판례
재정신청서에는 재정신청의 대상이 되는 사건의 범죄사실과 증거 등 재정신청을 이유 있게 하는 사유를 기재하여야 한다. ⇨ 재정신청서에 재정신청을 이유 있게 하는 사유를 기재하지 않는 때에는 관할고등법원은 재정신청을 기각할 수 있다(2000모216).

기출 키워드 체크
재정신청기간이 경과된 후에 재정신청________를 제출하면서 재정신청의 대상을 추가한 경우, 그 추가부분에 대한 재정신청은 부적법하다.

기출 키워드 체크
재정신청을 ________한 자는 다시 재정신청을 할 수 없다.

OX 공동신청권자 중 1인의 재정신청은 그 전원을 위하여 효력을 발생하나 재정신청의 취소는 다른 공동신청권자에게 효력을 미치지 아니한다. (○, ×) 21. 경찰간부

기출 키워드 체크
공동신청권자 중 1인의 재정신청은 그 ______을 위하여 효력을 발생하지만, 공동신청권자 중 1인의 취소는 다른 ________에게 효력을 미치지 않는다.

Answer

기출 키워드 체크
보충서
취소
전원, 공동신청권자

OX
○, ×, ○

▶ 검찰항고, 재항고, 재정신청권자 비교

구 분	검찰항고	(검찰)재항고	재정신청
고소인	○	×	○
고발인	○	○	×
형법 제123~126조 죄의 고발인	○	×	○
피해자(고소 ×)	×	×	×
피의자	×	×	×

☑ 형사소송법
제344조【재소자에 대한 특칙】 교도소 또는 구치소에 있는 피고인이 상소의 제기기간 내에 상소장을 교도소장 또는 구치소장 또는 그 직무를 대리하는 자에게 제출한 때에는 상소의 제기기간 내에 상소한 것으로 간주한다.
전항의 경우에 피고인이 상소장을 작성할 수 없는 때에는 교도소장 또는 구치소장은 소속공무원으로 하여금 대서하게 하여야 한다.

▶ 재소자 특칙의 적용 여부

재소자 특칙이 적용되는 경우	상소장(제344조) 상소이유서(제361조의3, 제379조) 상소권회복청구서(제355조) 상소포기서 및 취하서(제355조) 약식명령에 대한 정식재판청구서(2005모552) 재심청구서 및 취하서(제430조) 소송비용집행면제신청서 및 취하서(제490조, 제487조) 재판해석의의신청서 및 그 취하서(제490조, 제488조) 재판집행이의신청서 및 그 취하서(제490조, 제489조) 국민참여재판을 원하는지의 여부에 대한 서면(동법 제8조 제2항)
재소자 특칙이 적용되지 않는 경우	재정신청(98모127), 재정신청 기각 결정에 대한 재항고(2013모2347)

기출 키워드 체크

항고전치주의가 적용되는 경우, 재정신청서를 제출받은 지방검찰청검사장 또는 지청장은 재정신청서를 제출받은 날로부터 ____일 이내에 재정신청서, 의견서, 수사관계서류 및 증거물을 관할 고등검찰청을 경유하여 관할 ________에 송부하여야 한다.

10. 지방검찰청 검사장의 처리

(1) 검찰항고를 거친 경우(7일 이내에 고등검찰청을 경유하여 관할 고등법원에 송부)

재정신청서를 제출받은 날부터 7일 이내(10일 이내 ×)에 재정신청서 · 의견서 · 수사관계 서류 및 증거물을 관할 고등검찰청을 경유하여 관할 고등법원에 송부하여야 한다.
12. 법원, 14. 경찰2차, 19. 해경간부

(2) 검찰항고를 거치지 않은 경우

① 신청이 이유 있는 것으로 인정하는 때: 즉시 공소제기 ⇨ 그 취지를 관할 고등법원과 재정신청인에게 통지

② 신청이 이유 없는 것으로 인정하는 때: 30일 이내에 관할 고등법원에 송부

Answer

기출 키워드 체크

7, 고등법원

11. 고등법원의 재정결정

(1) 심 리

1) 관할(고등법원)

불기소처분을 한 검사 소속의 지방검찰청 소재지를 관할하는 고등법원(지방법원 ×)의 관할에 속한다. 08. 9급국가직, 13 · 17 · 19. 경찰승진, 18. 경찰간부 · 해경간부

2) 통 지

법원은 송부받은 날부터 10일 이내(7일 이내 ×)에 피의자와 재정신청인에게 통지 12. 경찰3차 · 법원, 13. 경찰1차, 16. 9급개론, 17. 여경 · 경찰특공대, 19. 해경간부 ⇨ 법원은 재정신청서를 송부받은 때에는 송부받은 날부터 10일 이내에 피의자와 재정신청인에게 그 사실을 통지하여야 한다.

3) 증거조사

재정결정을 위하여 필요한 때에는 증거조사를 할 수 있다(제262조 제2항). 11. 경찰2차, 17. 9급개론 · 9급국가직, 18. 경찰승진

4) 비공개

심리는 특별한 사정이 없는 한 공개하지 아니한다. 08. 경찰1차 · 법원, 09 · 11 · 13. 경찰승진, 12. 경찰3차

5) 열람등사제한

① 심리 중에는 관련서류 및 증거서류를 열람 · 등사할 수 없다. 08 · 10 · 17. 법원, 09. 전의경, 09 · 11 · 12. 경찰승진, 19. 경찰간부 · 9급국가직 · 9급개론, 21. 경찰간부

② 다만, 법원은 증거조사과정에서 작성된 서류 전부 또는 일부의 열람 또는 등사를 허가할 수 있다. 10. 경찰승진 · 법원, 12. 해경간부, 21. 경찰간부

(2) 재정결정(공소제기결정, 기각결정)

1) 기 한

① 법원은 3개월 이내 재정결정

㉠ **법원은 재정신청서를 송부받은 날부터 3개월 이내에 항고 절차에 준하여 재정결정을 해야 한다.** 13. 경찰3차, 17. 9급개론 · 9급국가직

㉡ **3개월 이내에 재정결정을 하도록 규정하고 있지만, 그 기간을 경과한 후에 재정결정을 하였더라도 재정결정 자체가 위법한 것은 아니다.**

㉢ **구 형사소송법 제262조 제1항에 20일 이내에 재정결정을 하도록 규정한 것은 훈시적 규정에 불과하므로 원심법원이 그 기간이 지난 후에 재정결정을 하였다 하여 재정결정 자체가 위법한 것이라고 할 수는 없다.** 14. 경찰2차 · 경찰승진

② 기각결정, 공소제기 결정: 신청이 법률상의 방식에 위배되거나 이유 없는 때에는 신청을 기각하고, 신청이 이유 있는 때에는 사건에 대한 공소제기를 결정한다.

OX 재정신청사건의 심리 중에는 관련 서류 및 증거물을 열람 또는 등사할 수 없다. 다만, 법원은 형사소송법 제262조 제2항 후단의 증거조사 과정에서 작성된 서류의 전부 또는 일부의 열람 또는 등사를 허가할 수 있다. (○, ×) 21. 경찰간부

OX 재정신청사건의 심리 중에는 관련 서류 및 증거물을 열람 또는 등사할 수 있다. (○, ×) 19. 9급국가직

기출 키워드 체크

법원은 재정신청서를 송부 받은 날부터 ___일 이내에 피의자에게 그 사실을 통지하여야 한다.

기출 키워드 체크

재정신청사건의 심리는 특별한 사정이 없는 한 공개________.

기출 키워드 체크

재정신청사건의 심리 중에는 원칙적으로 관련 서류 및 증거물을 _____ 또는 _____할 수 없다.

Answer

기출 키워드 체크

10
하지 아니한다
열람, 등사

OX

○, ×

기출 키워드 체크

고등법원의 ________에는 공소제기를 강제하는 효과가 있어 검사와 피의자는 이에 대하여 불복할 수 없으며, 공소시효에 관하여는 ______이 있는 날에 공소가 제기된 것으로 본다.

기출 키워드 체크

고등법원이 ________를 결정한 경우 검사는 그 결정에 대해서는 불복할 수 없으며, 기각결정이 확정된 사건에 대하여는 ________ 경우를 제외하고는 소추할 수 없다.

기출 키워드 체크

검사의 무혐의 불기소처분이 위법하더라도 법원이 기소유예를 할 만한 사건이라고 인정하는 경우에는 재정신청을 _____할 수 있다.

OX 재정신청 기각결정이 확정된 사안에 대하여는 다른 중요한 증거를 발견한 경우를 제외하고는 소추할 수 없는데, 여기에서 '다른 중요한 증거를 발견한 경우'란 재정신청 기각결정 당시에 제출된 증거에 새로 발견된 증거를 추가하면 충분히 유죄의 확신을 가지게 될 정도의 증거가 있는 경우를 말한다. (○, ×)
21. 경찰간부

관련 판례

법원이 재정신청서를 송부받았음에도 송부받은 날부터 형사소송법 제262조 제1항에서 정한 기간 안에 피의자에게 그 사실을 통지하지 아니한 채 형사소송법 제262조 제2항 제2호에서 정한 공소제기결정을 하였더라도, 그에 따른 공소가 제기되어 본안사건의 절차가 개시된 후에는 다른 특별한 사정이 없는 한 본안사건에서 위와 같은 잘못을 다툴 수 없다(대법원 2017.3.9. 선고 2013도16162 판결).

Answer

기출 키워드 체크
공소제기결정, 공소제기결정
공소제기, 다른 중요한 증거를 발견한
기각

OX
○

2) 기각결정

① 기각결정이 확정되면 다른 중요한 증거를 발견하는 경우를 제외하고는 소추할 수 없다. 02. 행시, 06. 경장, 12. 경찰2차, 14 · 17. 9급국가직, 17. 9급개론 · 경찰간부, 21. 경찰간부 ⇨ 여기에서 '다른 중요한 증거를 발견한 경우'란 재정신청 기각결정 당시에 제출된 증거에 새로 발견된 증거를 추가하면 충분히 유죄의 확신을 가지게 될 정도의 증거가 있는 경우를 말한다(2014도17182). 21. 경찰간부

② 기각결정이 확정된 사건은 재정신청사건을 담당하는 법원에서 공소제기의 가능성과 필요성 등에 관한 심리와 판단이 현실적으로 이루어져 재정신청 기각결정의 대상이 된 사건만을 의미한다(2012도14755). 17. 여경 · 경찰특공대 · 변호사, 18. 경찰승진 ⇨ 재정신청 기각결정의 대상에 명시적으로 포함되지 않은 경우에는 재소추 제한의 효력이 미치지 않는다(2012도14755). 19. 법원

③ 검사의 무혐의 불기소처분이 위법하더라도 기소유예의 불기소처분을 할 만한 사건인 때에는 기각결정을 할 수 있다(93모9). 02. 검찰7급, 07. 법원, 10 · 12 · 17. 경찰승진, 12 · 18. 해경간부, 15 · 19. 경찰간부, 18. 경찰2차

3) 공소제기 결정

공소제기 결정이 있는 때에는 공소시효에 관하여 공소제기 결정이 있는 날에 공소가 제기된 것으로 본다. 10. 경찰승진, 12. 경찰1차 · 해경간부, 15. 경찰1차, 18. 9급국가직

4) 재정결정서 송부

① 결정 정본의 재정신청인, 피의자, 관할 지방검찰청 검사장 · 지청장에게 송부

② 공소제기 결정시 사건기록을 지방검찰청 검사장 · 지청장에게 송부

5) 불 복

① 기 각

㉠ **즉시항고(재항고)(준항고 ×)할 수 있다.** 13. 7급국가직, 14. 9급국가직, 15. 변호사, 17. 경찰1차, 18 · 20 · 21. 경찰간부

㉡ **재정신청에 대해 불복(재항고)할 수 없도록 규정한 법률은 재판청구권과 평등권을 침해한다(2008헌마578).**

② 공소제기 결정

㉠ **재항고 등으로 불복할 수 없다(2012모1090).** 06. 경찰2차, 08 · 17. 법원, 10. 경찰승진, 12 · 19. 경찰1차, 17. 9급개론 · 9급국가직, 20. 경찰간부

㉡ **공소제기 결정에 대해 재항고가 제기된 경우, 법원은 결정으로 이를 기각하여야 한다.** 19. 경찰간부, 20. 법원

③ 본안사건

㉠ **본안사건에서 재정신청 결정의 잘못을 다툴 수 없다(2009도224).** 12. 경찰3차, 17 · 19. 경찰승진, 18. 해경간부, 19. 법원 · 9급국가직 · 9급개론 · 경찰1차, 20. 7급국가직

ⓛ **재정신청서에 재정신청을 이유 있게 하는 사유가 기재되어 있지 않음에도 공소제기결정이 있어 본안사건의 절차가 개시된 후에는, 다른 특별한 사정이 없는 한 이제 그 본안사건에서 그와 같은 잘못을 다툴 수 없다(2009도224).**

(3) 담당검사 지정 및 공소제기

1) 담당검사 지정

공소제기 결정이 있는 경우, 재정결정서를 송부받은 관할 지방검찰청 검사장・지청장은 지체 없이 담당검사(공소유지 변호사 ×)를 지정하여야 한다. 08. 7급국가직, 11. 경찰2차, 14. 9급국가직

2) 공소제기 의무

① 지정받은 검사는 공소를 제기(공소제기 의제 ×)하여야 한다. 08・14. 9급국가직, 17. 변호사

② 기소의무를 부여받은 담당검사는 공소를 취소할 수 없다. 08. 법원, 12. 경찰2차・경찰3차, 12・17. 경찰승진, 14・16. 9급개론, 16. 9급국가직, 17. 변호사, 18. 해경간부, 19. 7급국가직, 19. 경찰1차

(4) 재정신청인의 비용부담

1) 임의적 부담

① 기각・취소시 재정신청인에게 임의적 부담 결정 08・12. 경찰2차, 10. 경찰1차, 17・19. 경찰승진・9급개론・9급국가직, 18. 경찰간부・해경간부 : 재정신청이 기각되거나 취소되는 경우에는 법원은 결정으로 재정신청인(지방검찰청장 ×)에게 신청절차에 의하여 생긴 비용의 전부 또는 일부를 부담하게 할 수 있다(부담하게 하여야 한다 ×)(제262조의3 제1항).

② 변호인 선임료 – 직권・피의자 신청 ⇨ 재정신청인에게 임의적 부담 14. 경찰2차, 16. 경찰승진 : 법원은 직권 또는 피의자의 신청에 따라 재정신청인에게 피의자가 재정신청절차에서 부담하였거나 부담할 변호인선임료 등 비용의 전부 또는 일부의 지급을 명할 수 있다(제262조의3 제2항).

2) 불 복

위 결정에는 즉시항고할 수 있다(제262조의3 제3항). 11・13. 경찰승진, 12. 경찰3차, 19. 경찰간부

4 행정소송과 헌법소원

1. 검사의 처분에 대한 행정소송(불가)

검사의 공소제기, 불기소처분에 대해서는 행정소송으로 다툴 수 없다(89누2271, 99두11264). 04. 행시, 05. 경찰2차

OX 법원이 재정신청 대상 사건이 아닌 「공직선거법」 제251조의 후보자비방죄에 관한 재정신청임을 간과한 채 공소제기결정을 한 관계로 그에 따른 공소가 제기되어 본안사건의 절차가 개시되었다면, 다른 특별한 사정이 없는 한 그 본안사건에서 그 잘못을 다툴 수 있다. (○, ×) 19. 9급국가직

기출 키워드 체크

법원이 재정신청서에 재정신청을 이유 있게 하는 사유가 기재되어 있지 않음에도 이를 간과한 채 공소제기결정을 한 관계로 그에 따른 공소가 제기되어 ______사건의 절차가 개시된 후에는, 다른 특별한 사정이 없는 한 이제 그 본안사건에서 위와 같은 잘못을 다툴 수 없다.

기출 키워드 체크

재정신청사건에서 고등법원의 공소제기결정에 대하여는 ______가 허용되지 아니하므로, 공소제기결정에 대하여 ______가 제기된 경우에는 고등법원이 결정으로 이를 기각하여야 한다.

기출 키워드 체크

고등법원이 재정신청에 대하여 공소제기의 결정을 한 경우, 관련절차에 따라 담당검사로 지정된 검사는 공소를 제기하여야 하고, 공소를 ______할 수도 없다.

기출 키워드 체크

재정신청인에 대한 비용부담 결정에 대하여는 ________를 할 수 있다.

Answer

기출 키워드 체크
본안
재항고, 재항고
취소
즉시항고
OX
×

☑ 헌법재판소법

제68조 【청구 사유】 공권력의 행사 또는 불행사(不行使)로 인하여 헌법상 보장된 기본권을 침해받은 자는 법원의 재판을 제외하고는 헌법재판소에 헌법소원심판을 청구할 수 있다. 다만, 다른 법률에 구제절차가 있는 경우에는 그 절차를 모두 거친 후에 청구할 수 있다.

2. 검사의 처분에 대한 헌법소원

(1) 의 의

헌법소원이란 공권력의 행사 또는 불행사로 인하여 헌법상 보장된 기본권을 침해받은 자가 헌법재판소에 권리구제를 청구하는 것을 말한다.

(2) 대상 및 청구권자

1) 고소하지 않은 범죄피해자 17. 9급국가직

① 검사의 불기소처분에 대해 헌법상 평등권, 재판절차진술권이 침해되었음을 이유로 헌법소원을 청구할 수 있다.

② 기소중지처분(불충분한 조사로 기소중지처분을 한 경우)의 경우도 헌법소원을 청구할 수 있다(90헌마115).

2) 기소유예 피의자 00. 7급검찰, 01. 9급국가직, **재기불능 피의자**

① 기소유예처분을 받은 피의자는 헌법상 평등권과 행복추구권이 침해되었음을 이유로 헌법소원을 청구할 수 있다(91헌마169).

② 기소중지된 피의자가 한 수사재기신청에 대해 재기불능(또는 불요)의 처분을 한 경우도 헌법소원을 청구할 수 있다(95헌마362).

3) 그 외

① 내사·진정사건의 종결처리는 헌법소원심판의 대상이 되는 공권력의 행사라고 할 수 없다(89헌마277). 14. 경찰간부, 15. 경찰승진, 21. 경찰간부

② 고발인의 경우 자기관련성이 없어 헌법소원 심판청구를 할 수 없다. 02. 101단1차, 15. 경찰1차, 17. 9급국가직

③ 재정신청에 대한 결정은 법원의 재판에 해당하고, 법원의 재판에 대해서는 헌법소원을 청구할 수 없으므로 헌법소원은 인정되지 않는다. 12. 경찰1차

④ 체포적부심사절차를 거치지 않고 체포에 대해 제기된 헌법소원심판청구는 보충성의 원칙에 반하여 부적법하다. 14. 법원

⑤ 검사의 공소제기는 법원의 재판을 통한 구제절차가 남아 있으므로 헌법소원의 대상이 아니다.

⑥ 현재 수사 중인 사건도 헌법소원의 대상이 될 수 없다. 02. 101단1차

OX 진정에 기하여 이루어진 내사사건의 종결처분은 수사기관의 내부적 사건처리방식에 지나지 않으므로 진정인 등은 내사사건의 종결처분에 대하여 재정신청과 헌법소원을 제기할 수 있다. (○, ×) 21. 경찰간부

(3) 요 건

① 보충성 01. 경찰1차, 02. 경감 : 다른 법률에 구제절차가 있는 경우에는 그 절차를 모두 거친 후가 아니면 헌법소원을 청구할 수 없다.

② 자기관련성, 직접성, 현재성

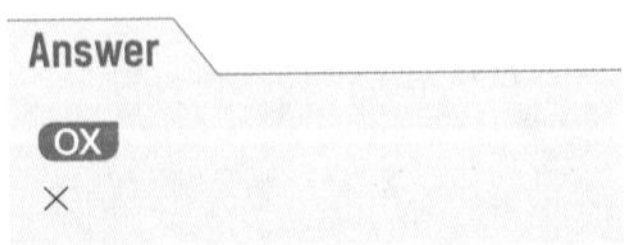
Answer

OX ×

(4) 절 차

1) 청구기간

① 불기소처분이 있음을 안 날로부터 90일 이내에, 그 사유가 있은 날부터 1년 이내에 청구해야 한다.

② 다른 법률에 의한 구제절차를 거친 경우에는 그 최종결정을 통지받은 날로부터 30일 이내에 청구해야 한다.

2) 공소시효

공소시효는 정지되지 않는다.

(5) 인용결정의 기속력

① 헌법소원의 인용결정은 모든 국가기관과 지방자치단체를 기속한다.

② 검사의 불기소처분을 취소하는 헌법재판소의 결정이 있는 때에는 그 결정에 따라 불기소한 사건을 재기하여 수사하는 검사로서는 헌법재판소가 그 결정의 주문 및 이유에 밝힌 취지에 맞도록 수사하여 결정하여야 한다.

▶ 헌법소원 청구권자에 해당되는 경우

- 고소를 하지 않은 범죄피해자
- 피해자가 교통사고로 사망한 경우 그 부모 또는 배우자
- (기소유예처분에 대하여) 자신의 범죄혐의를 부인하는 피의자
- 재기불능(불요) 피의자

▶ 헌법소원 청구권자에 해당되지 않는 경우

- 고소를 한 범죄피해자
- 피해자가 상해를 입은 경우 그 부모
- 고소를 제기하였다가 고소를 취소한 고소인
- 범죄피해자가 아닌 고발인

▶ 헌법소원 청구의 대상이 아닌 것

- 진정사건에 대한 내사종결처리 14. 경찰간부, 15. 경찰승진
- 수사 중인 사건 02. 101단1차
- 확정 판결이 있어 불기소처분된 경우 01. 9급국가직
- 고발 사건에 대한 불기소처분 02. 101단1차, 15. 경찰1차
- 재정신청에 대한 결정
- 공소제기처분
- 약식명령청구
- 진정사건에 대한 진정종결처분
- 공소시효가 완성된 범죄에 대한 불기소처분
- 공소취소처분

▶ **불기소처분에 대한 불복절차 비교**

구 분		불복대상	불복절차
고소인(고소권자)		모든 불기소처분	검찰항고 ⇨ 재정신청
고발인	형법 제123조 내지 제126조 범죄의 고발인		검찰항고 ⇨ 재정신청
	나머지 범죄		검찰항고 ⇨ 재항고
고소하지 않은 범죄피해자			헌법소원
피의자		기소유예 불기소처분	헌법소원

Chapter 07

OX 확인학습

01 □□□ 고소의 주체가 되는 피해자에는 법인, 법인격 없는 사단이나 재단도 포함된다. (○)

02 □□□ 고소를 하지 않은 피해자라고 하더라도 검사의 불기소처분에 대하여 항고할 수 있다. (×)

03 □□□ 기소유예 처분에 대해서도 재정신청을 할 수 있다. (○)

04 □□□ 재정신청인이 교도소에 수감되어 있는 경우 재정신청 기각결정에 대한 재항고의 법정기간 준수 여부는 재항고장을 교도소장에게 제출한 시점을 기준으로 판단하여야 한다. (×)

05 □□□ 검사가 공소시효 만료일 30일 전까지 공소를 제기하지 아니하는 경우에는 검찰항고를 거치지 않고 공소시효 만료일 전날까지 재정신청서를 제출할 수 있다. (○)

06 □□□ 구 형사소송법 제262조 제1항에 20일 이내에 재정결정을 하도록 규정한 것은 훈시적 규정에 불과하므로 원심법원이 그 기간이 지난 후에 재정결정을 하였다 하여 재정결정 자체가 위법한 것이라고 할 수는 없다. (×)

07 □□□ 고등법원이 공소제기를 결정한 경우 검사는 그 결정에 대해서는 불복할 수 없으며, 기각결정이 확정된 사건에 대하여는 다른 중요한 증거를 발견한 경우를 제외하고는 소추할 수 없다. (○)

08 □□□ 다른 중요한 증거를 발견한 경우를 제외하고는 소추할 수 없도록 규정한 「형사소송법」 제262조 제4항 후문에서 말하는 '재정신청 기각결정이 확정된 사건'은 재정신청사건을 담당하는 법원에서 공소제기의 가능성과 필요성 등에 관한 심리와 판단이 현실적으로 이루어져 재정신청 기각결정의 대상이 된 사건만을 의미하는 것은 아니다. (×)

09 □□□ 법원은 재정신청서를 송부 받은 날부터 10일 이내에 피의자에게 그 사실을 통지하여야 한다. (○)

10 □□□ 법원은 직권 또는 피의자의 신청에 따라 재정신청인에게 피의자가 재정신청절차에서 부담하였거나 부담할 변호인 선임료 등 비용의 전부 또는 일부의 지급을 명할 수 있다. (○)

11 □□□ 재정신청은 대리인에 의하여 할 수 있으며 공동신청권자 중 1인의 신청은 그 전원을 위하여 효력을 발생한다. (○)

12 □□□ 공동신청권자 중 1인의 신청은 그 전원을 위하여 효력을 발생하나, 그 취소의 경우에는 다른 공동신청권자에게 효력을 미치지 아니한다. (○)

13 재정신청 기각결정에 대하여는 불복할 수 없다. (×)
□□□

14 재정신청에 관한 법원의 공소제기결정에 대하여는 재항고가 허용되지 않는다. (○)
□□□

15 재정신청사건에서 고등법원의 공소제기결정에 대하여는 재항고가 허용되지 아니하므로, 공소제기결정에 대하여 재항고가 제기된 경우에는 고등법원이 결정으로 이를 기각하여야 한다. (○)
□□□

16 직무유기죄는 고발인이 재정신청을 할 수 있는 범죄가 아니다. (○)
□□□

17 항고전치주의가 적용되는 경우, 재정신청서를 제출받은 지방검찰청검사장 또는 지청장은 재정신청서를 제출받은 날로부터 10일 이내에 재정신청서 · 의견서 · 수사관계서류 및 증거물을 관할 고등검찰청을 경유하여 관할 고등법원에 송부하여야 한다. (×)
□□□

18 고등법원은 재정신청서를 송부받은 날부터 3개월 이내에 항고의 절차에 준하여 기각 또는 공소제기의 결정을 하여야 하고, 필요한 때에는 증거를 조사할 수 있다. (○)
□□□

19 법원의 공소제기 결정에 따라 검사가 공소를 제기한 경우에도 검사는 공소를 취소할 수 있다. (×)
□□□

제3절 공소제기 후의 수사

❶ 의 의

공소제기 후 수사기관의 수사가 허용되는지 여부에 대해서는 형사소송법에 별다른 규정이 없어 논란이 있다.

❷ 공소제기 후의 강제수사: 원칙적 불허

1. 피고인 구속

① 피고인 구속은 법원의 권한에 속하므로 수사기관은 피고인을 구속할 수 없다(2009도10412). 12. 경찰간부, 13. 경찰간부 · 9급국가직, 14 · 21. 경찰승진, 17. 해경2차 · 7급국가직, 21. 9급국가직 · 9급개론

② 공소제기된 피고인의 구속상태를 계속 유지할 것인지 여부에 관한 판단은 전적으로 당해 수소법원의 전권에 속한다(97모88). 17 · 19. 경찰승진

③ 공소제기 후 법원이 피고인에 대하여 구속영장을 발부하는 경우에는 검사의 신청을 요하지 않는다. 16. 7급국가직

2. 압수 · 수색 · 검증

(1) 원 칙

① 압수 · 수색 · 검증도 법원의 권한에 속하므로 수사기관에 의한 압수 · 수색은 허용되지 않는다. 17. 해경2차

② 검사가 공소제기 후 수소법원 이외의 지방법원 판사에게 청구하여 발부받은 영장에 의하여 압수 · 수색을 하였다면, 그와 같이 수집된 증거는 증거능력이 없다(84도1646)(2009도10412). 12 · 16. 경찰1차, 12 · 17. 9급국가직, 13 · 17 · 19 · 21. 경찰간부, 15. 경찰2차 · 경찰3차 · 법원 · 해경3차, 16. 경찰승진 · 7급국가직, 17. 여경 · 경찰특공대 · 9급개론, 18. 법원, 19. 해경간부, 21. 경찰승진, 21. 9급국가직 · 9급개론

(2) 예 외

① 구속영장 집행현장에서 압수 · 수색 · 검증(제216조 제2항) 12. 교정특채 · 경찰간부, 13. 9급국가직, 14 · 16 · 17 · 19 · 21. 경찰승진, 17. 7급국가직 · 여경 · 경찰특공대

㉠ **검사 또는 사법경찰관이 피고인에 대한 구속영장을 집행하는 경우에 필요한 때에는 영장 없이 구속현장에서 압수 · 수색 · 검증을 할 수 있다.**

㉡ **압수물은 수사기관이 보관하고 법원에 제출할 필요는 없다.**

② 임의제출물의 압수(제218조) 17. 7급국가직, 20. 경찰승진: 수사기관은 공소제기 후 제3자가 임의로 제출하는 피고사건에 대한 증거물을 압수할 수 있다.

OX 검사가 공소제기 후에 그 피고사건에 관하여 수소법원이 아닌 지방법원판사에게 청구받은 영장에 의하여 압수 · 수색하는 것은 공소유지를 위해 필요한 경우에 한하여 적법하다. (○, ×) 21. 경찰간부

OX 불구속으로 기소된 피고인이 도망하거나 증거인멸의 염려가 있는 경우 검사는 지방법원판사에게 구속영장을 청구하여 발부받아 피고인을 구속할 수 있다. (○, ×) 21. 9급국가직 · 9급개론

OX 수사기관은 수소법원 이외의 지방법원판사로부터 압수 · 수색영장을 청구하여 발부받아 피고사건에 관하여 압수 · 수색을 할 수 있다. (○, ×) 21. 9급국가직 · 9급개론

기출 키워드 체크

검사가 공소제기 후 피고사건에 관하여 ________ 이외의 지방법원 판사에게 압수 · 수색 영장을 청구하여 발부받은 영장에 의하여 압수 · 수색을 하였다면, 그와 같이 수집된 증거는 원칙적으로 유죄의 증거로 삼을 수 없다.

기출 키워드 체크

검사 또는 사법경찰관이 피고인에 대한 구속영장을 집행하는 경우에 필요한 때에는 영장 없이 ________에서 압수 · 수색 · 검증을 할 수 있다.

Answer

기출 키워드 체크
수소법원
구속현장

OX
×, ×, ×

❸ 공소제기 후의 임의수사 : 원칙적 허용

1. 원칙적 허용

① 임의수사는 상대방의 의사에 반하지 않고 인권 침해의 우려가 적기 때문에 공소제기 후에도 원칙적으로 허용된다. 13. 경찰간부

② 공무소에의 조회, 감정 · 통역 · 번역의 위촉 등은 제1회 공판기일 전후를 불문하고 허용된다. 12. 경찰간부, 17. 해경2차

2. 피고인 조사

① 검사가 피고인을 소환하여 조사하는 것은 허용된다. 16. 경찰간부

㉠ **검사 작성의 피고인에 대한 진술조서가 공소제기 후에 작성된 것이라는 이유만으로 곧 그 증거능력이 없다고 할 수는 없다.** 21. 9급국가직 · 9급개론

㉡ **실무상 피의자신문이 아닌 참고인진술의 형태로 하고 있다.**

㉢ **이렇게 작성된 진술조서는 증거능력이 있다(82도754, 84도1646).** 05 · 15 · 16 · 17 · 19. 경찰승진, 13. 경찰간부 · 9급국가직, 17. 여경 · 경찰특공대, 18. 변호사

② 진술조서의 형식으로 조서를 작성한 경우라도, 미리 피의자에게 진술거부권을 고지하지 않았다면 그 조서는 유죄의 증거로 할 수 없다(2008도8213). 16. 7급국가직

3. 참고인 조사

① 참고인조사는 임의수사로서 원칙적으로 허용된다.

② 예외적으로 피고인에게 유리한 증언을 한 증인을 조사하여 진술을 번복시키는 것은 허용되지 않는다.

㉠ **작성된 진술조서는 반대신문 기회가 부여되었다고 하더라도 피고인이 증거로 동의하지 않는 한 증거능력이 없다(99도1108).** 05. 경찰1차, 10 · 16. 7급국가직, 13. 9급국가직, 14 · 16 · 17 · 19 · 21. 경찰승진, 17. 해경2차 · 여경 · 경찰특공대 · 경찰간부 · 변호사, 18. 9급개론

㉡ **위와 같이 증인의 증언을 번복시킨 내용의 진술서, 위증 사건의 피의자신문조서 형식도 증거능력이 없다.** 14. 법원

㉢ **피고인이 동의한 경우에는 증거능력을 가진다.** 17. 변호사 · 7급국가직, 19. 9급개론

③ 제1심에서 피고인에 대하여 무죄판결이 선고되어 검사가 항소한 후, 수사기관이 항소심 공판기일에 증인으로 신청하여 신문할 수 있는 사람을 특별한 사정없이 미리 수사기관에 소환하여 작성한 진술조서는 피고인이 증거로 할 수 있음에 동의하지 않는 한 증거능력이 없다고 할 것이다(2013도6825).

㉠ **위 참고인이 나중에 법정에 증인으로 출석하여 위 진술조서의 성립의 진정을 인정하고 피고인 측에 반대신문의 기회가 부여된다 하더라도 위 진술조서의 증거능력을 인정할 수 없음은 마찬가지이다.**

OX 피고인에 대한 수소법원의 구속영장을 집행하는 경우 필요한 때에도 수사기관은 그 집행현장에서 영장 없이는 압수 · 수색 · 검증을 할 수 없다. (○, ×) 21. 9급국가직 · 9급개론

OX 검사 작성의 피고인에 대한 진술조서가 공소제기 후에 작성된 것이라는 이유만으로 곧 그 증거능력이 없다고 할 수는 없다. (○, ×) 21. 9급국가직 · 9급개론

기출 키워드 체크

공판준비 또는 공판기일에서 이미 증언을 마친 증인을 검사가 소환한 후 피고인에게 유리한 증언내용을 추궁하여 이를 일방적으로 번복시키는 방식으로 작성한 진술조서는 피고인이 증거로 할 수 있음에 ________하지 아니하는 한 증거능력이 없다.

OX 공판기일에 피고인에게 유리한 증언을 한 증인을 이후 검사가 소환하여 일방적으로 번복시키는 방식으로 작성한 진술조서는 증거능력이 없다. (○, ×) 18. 9급개론

관련 판례

헌법은 제12조 제1항 후단에서 적법절차의 원칙을 천명하고, 제27조에서 재판 받을 권리를 보장하고 있다. 형사소송법은 이를 실질적으로 구현하기 위하여, 피고사건에 대한 실체심리가 공개된 법정에서 검사와 피고인 양 당사자의 공격 · 방어활동에 의하여 행해져야 한다는 당사자주의와 공판중심주의 원칙, 공소사실의 인정은 법관의 면전에서 직접 조사한 증거만을 기초로 해야 한다는 직접심리주의와 증거재판주의 원칙을 기본원칙으로 채택하고 있다. 이에 따라 공소가 제기된 후에는 그 사건에 관한 형사절차의 모든 권한이 사건을 주

Answer

기출 키워드 체크
동의

OX
×, ○, ○

㉡ 공소가 제기된 후에는 그 사건에 관한 형사절차의 모든 권한이 사건을 주재하는 수소법원에 속하게 되며, 수사의 대상이던 피의자는 검사와 대등한 당사자인 피고인의 지위에서 방어권을 행사하게 된다.

㉢ 제1심의 공판절차에 관한 규정은 특별한 규정이 없으면 항소심의 심판절차에도 준용되는 만큼 항소심도 제한적인 범위 내에서 이러한 원칙에 따른 절차로 볼 수 있다.

4. 감정위촉 등

감정・통역・번역의 위촉과 공무소 등에 조회는 허용된다.

재하는 수소법원에 속하게 되며, 수사의 대상이던 피의자는 검사와 대등한 당사자인 피고인의 지위에서 방어권을 행사하게 된다(대법원 2009.10.22. 선고 2009도7436 전원합의체 판결, 대법원 2011.4.28. 선고 2009도10412 판결 참조). 형사소송법상 법관의 면전에서 당사자의 모든 주장과 증거조사가 실질적으로 이루어지는 제1심법정에서의 절차가 실질적 직접심리주의와 공판중심주의를 구현하는 원칙적인 것이지만, 제1심의 공판절차에 관한 규정은 특별한 규정이 없으면 항소심의 심판절차에도 준용되는 만큼 항소심도 제한적인 범위 내에서 이러한 원칙에 따른 절차로 볼 수 있다(대법원 2019.3.21. 선고 2017도16593-1 전원합의체 판결 참조).
이러한 형사소송법의 기본원칙에 따라 살펴보면, 제1심에서 피고인에 대하여 무죄판결이 선고되어 검사가 항소한 후, 수사기관이 항소심 공판기일에 증인으로 신청하여 신문할 수 있는 사람을 특별한 사정없이 미리 수사기관에 소환하여 작성한 진술조서는 피고인이 증거로 할 수 있음에 동의하지 않는 한 증거능력이 없다고 할 것이다.
검사가 공소를 제기한 후 참고인을 소환하여 피고인에게 불리한 진술을 기재한 진술조서를 작성하여 이를 공판절차에 증거로 제출할 수 있게 한다면, 피고인과 대등한 당사자의 지위에 있는 검사가 수사기관으로서의 권한을 이용하여 일방적으로 법정 밖에서 유리한 증거를 만들 수 있게 하는 것이므로 당사자주의・공판중심주의・직접심리주의에 반하고 피고인의 공정한 재판을 받을 권리를 침해하기 때문이다.
위 참고인이 나중에 법정에 증인으로 출석하여 위 진술조서의 성립의 진정을 인정하고 피고인 측에 반대신문의 기회가 부여된다 하더라도 위 진술조서의 증거능력을 인정할 수 없음은 마찬가지이다.
위 참고인이 법정에서 위와 같이 증거능력이 없는 진술조서와 같은 취지로 피고인에게 불리한 내용의 진술을 한 경우, 그 진술에 신빙성을 인정하여 유죄의 증거로 삼을 것인지는 증인신문 전 수사기관에서 진술조서가 작성된 경위와 그것이 법정진술에 영향을 미쳤을 가능성 등을 종합적으로 고려하여 신중하게 판단하여야 한다(대법원 2019.11.28. 선고 2013도6825 판결).

Chapter 07 OX 확인학습

01 □□□ 검사 또는 사법경찰관이 피고인에 대한 구속영장을 집행하는 경우에 필요한 때에는 영장 없이 구속현장에서 압수 · 수색 · 검증을 할 수 있다. (○)

02 □□□ 검사가 공소제기 후 수소법원 이외의 지방법원 판사에게 청구하여 발부받은 압수 · 수색영장으로 압수 · 수색을 하였다면, 그와 같이 수집된 증거는 원칙적으로 유죄의 증거로 삼을 수 없다. (○)

03 □□□ 검사가 공소제기 후에 피고인을 피의자로 신문하여 작성한 진술조서는 그 증거능력이 없다. (×)

04 □□□ 공판준비기일 또는 공판기일에서 이미 증언을 마친 증인을 검사가 소환한 후 피고인에게 유리한 증언내용을 추궁하여 이를 일방적으로 번복시키는 방식으로 작성한 진술조서는 피고인이 증거로 할 수 있음에 동의하지 아니하는 한 증거능력이 없다. (○)

Chapter 07 실전익히기

01
15. 경찰승진

수사의 종결에 관한 설명 중 가장 적절하지 않은 것은? (다툼이 있는 경우 판례에 의함)

① 검사의 수사종결 처분에는 공소제기, 불기소처분, 타관송치 등이 있다.
② 검사는 불기소처분을 한 때에는 피의자에게 즉시 그 취지를 통지하여야 한다.
③ 검사의 불기소처분이 있는 경우 일사부재리원칙이 적용되므로 다시 수사를 재개할 수 없다.
④ 수사 중 피의자가 사망한 경우 검사는 공소권 부존재를 이유로 불기소처분을 하여야 한다.

02
13. 7급국가직

불기소결정의 사유와 그 유형을 바르게 연결한 것은?

① 피의사실이 인정되지만 형법 제51조의 사항을 고려하여 소추하지 않는 경우 – 공소권 없음
② 피의사실이 범죄구성요건에 해당하지만 법률상 범죄의 성립을 조각하는 사유가 있어 범죄를 구성하지 않는 경우 – 죄가 안 됨
③ 피의사실이 인정되고 수사기관의 추적을 받고 있지만 행방이 묘연하여 당장 기소하기 어려운 경우 – 기소유예
④ 범죄행위시에 처벌되던 행위가 범죄 후 법령의 개폐로 형이 폐지된 경우–혐의 없음

03
18. 경찰승진

수사의 종결처분에 대한 설명 중 가장 적절하지 않은 것은? (다툼이 있는 경우 판례에 의함)

① 검사는 고소 또는 고발 있는 사건에 관하여 공소제기, 불기소, 공소취소 또는 타관송치의 처분을 한 때에는 그 처분한 날로부터 7일 이내에 서면으로 고소인 또는 고발인에게 그 취지를 통지하여야 한다.
② 검사는 고소 또는 고발 있는 사건에 관하여 공소를 제기하지 아니하는 처분을 한 경우에 고소인 또는 고발인의 청구가 있는 때에는 7일 이내 고소인 또는 고발인에게 그 이유를 서면으로 설명하여야 한다.
③ 검사는 범죄로 인한 피해자 또는 그 법정대리인의 신청이 있는 때에는 당해 사건의 공소제기여부, 공판의 일시・장소, 재판결과, 피의자・피고인의 구속・석방 등 구금에 관한 사실 등을 신속하게 통지하여야 한다.
④ 검사의 불기소처분이 있는 경우 일사부재리의 원칙이 적용되므로 다시 공소를 제기할 수 없다.

04

19. 경찰승진

재정신청에 대한 설명으로 가장 적절한 것은? (다툼이 있는 경우 판례에 의함)

① 법원은 재정신청 기각결정 또는 재정신청 취소가 있는 경우에는 결정으로 재정신청인에게 신청절차에 의하여 생긴 비용의 전부 또는 일부를 부담하게 하여야 한다.

② 검사가 공소시효 만료일 30일 전까지 공소를 제기하지 아니하는 경우에는 검찰항고를 거치지 않고 공소시효 만료일까지 재정신청서를 제출할 수 있다.

③ 법원이 재정신청서에 재정신청을 이유 있게 하는 사유가 기재되어 있지 않음에도 이를 간과한 채 「형사소송법」 제262조 제2항 제2호 소정의 공소제기결정을 한 관계로 그에 따른 공소가 제기되어 본안사건의 절차가 개시된 후에는 다른 특별한 사정이 없는 한 이제 그 본안사건에서 그와 같은 잘못을 다툴 수 없다.

④ 재정신청사건의 관할법원은 불기소처분을 한 검사 소속의 지방검찰청 소재지를 관할하는 지방법원 합의부이다.

05

18. 경찰2차

재정신청에 대한 설명으로 가장 적절한 것은? (다툼이 있는 경우 판례에 의함)

① 재정신청사건의 심리결과 혐의 없음을 이유로 한 검사의 불기소처분이 위법하지만 여러 정상들을 참작하여 기소유예의 불기소처분을 할 만한 사건이라고 인정되는 경우에는 재정신청을 기각할 수 없다.

② 구금 중인 고소인이 재정신청서를 재정신청기간 내에 교도소장에게 제출하였다면, 재정신청서가 이 기간 내에 불기소처분을 한 검사가 속하는 지방검찰청 검사장 또는 지청장에게 도달하지 않았더라도 재정신청서의 제출은 적법하다.

③ 재정신청이 있으면 재정결정이 확정될 때까지 공소시효의 진행이 정지되고 공소제기결정이 있는 때에는 공소시효에 관하여 그 결정이 있는 날에 공소가 제기된 것으로 본다.

④ 법원의 공소제기 결정에 따라 검사가 공소를 제기한 경우, 공판과정에서 무죄가 예상된다면 검사는 피고인의 이익을 위하여 공소를 취소할 수 있다.

06

18. 경찰승진

재정신청에 대한 설명 중 가장 적절한 것은? (다툼이 있는 경우 판례에 의함)

① 검사의 불기소처분에 대하여 고소인은 재정신청을 할 수 있으나 고발인은 할 수 없다.

② 재정신청사건의 심리는 항고절차에 준하여 진행되며 심리 중에는 증거조사가 허용되지 아니한다.

③ 재정신청은 대리인에 의하여 할 수 있으며 공동신청권자 중 1인의 신청은 그 전원을 위하여 효력을 발생하고, 재정신청의 취소도 다른 공동신청권자에게 효력을 발생한다.

④ 형사소송법 제262조 제4항 후문에서 말하는 '재정신청 기각결정이 확정된 사건'이라 함은 재정신청 사건을 담당하는 법원에서 공소제기의 가능성과 필요성 등에 관한 심리와 판단이 현실적으로 이루어져 재정신청 기각결정의 대상이 된 사건만을 의미한다.

07

21. 9급국가직, 21. 9급개론

공소가 제기된 이후 당해 피고인에 대한 수사와 관련된 설명으로 옳은 것은? (다툼이 있는 경우 판례에 의함)

① 불구속으로 기소된 피고인이 도망하거나 증거인멸의 염려가 있는 경우 검사는 지방법원판사에게 구속영장을 청구하여 발부받아 피고인을 구속할 수 있다.

② 검사 작성의 피고인에 대한 진술조서가 공소제기 후에 작성된 것이라는 이유만으로 곧 그 증거능력이 없다고 할 수는 없다.

③ 수사기관은 수소법원 이외의 지방법원판사로부터 압수·수색영장을 청구하여 발부받아 피고사건에 관하여 압수·수색을 할 수 있다.

④ 피고인에 대한 수소법원의 구속영장을 집행하는 경우 필요한 때에도 수사기관은 그 집행현장에서 영장 없이는 압수·수색·검증을 할 수 없다.

08

17. 해경2차

공소제기 후의 수사에 관한 설명으로 가장 옳지 않은 것은? (다툼이 있는 경우 판례에 의함)

① 공소제기 후에 수사기관의 강제수사를 허용하는 것은 피고인의 인권을 침해하는 것일 뿐만 아니라 강제수사법정주의에도 어긋난다.

② 공판준비 또는 공판기일에서 이미 증언을 마친 증인을 검사가 소환한 후 피고인에게 유리한 증언 내용을 추궁하여 이를 일방적으로 번복시키는 방식으로 작성한 진술조서는 피고인이 증거로 할 수 있음에 동의하지 아니하는 한 증거능력이 없다.

③ 검사는 공소제기 후 피고인을 구속하기 위해 구속영장을 청구할 수 있다.

④ 공소제기 후라도 참고인 조사, 수사기관의 감정 위촉 등과 같은 임의수사는 제1회 공판기일 전후를 불문하고 허용된다는 것이 통설의 입장이다.

09

21. 경찰간부

수사의 종결에 관한 설명 중 옳지 않은 것은? (다툼이 있는 경우 판례에 의함)

① 피의사실이 범죄구성요건에 해당하지만 법률상 범죄의 성립을 조각하는 사유가 있어 범죄를 구성하지 않는 경우에 검사는 '죄가 안됨'을 이유로 불기소결정을 하여야 한다.

② 검사의 불기소처분에 불복하는 고소인이나 고발인은 그 검사가 속한 지방검찰청 또는 지청을 거쳐 서면으로 관할 고등검찰청 검사장에게 항고할 수 있다.

③ 검사가 고소사건에 관하여 공소를 제기하는 처분을 한 때에는 그 처분한 날로부터 7일 이내에 서면으로 고소인에게 그 취지를 통지하여야 한다.

④ 검사가 공소제기 후에 그 피고사건에 관하여 수소법원이 아닌 지방법원판사에게 청구받은 영장에 의하여 압수·수색하는 것은 공소유지를 위해 필요한 경우에 한하여 적법하다.

Answer

01 ③ [×] 다시 수사나 공소제기를 할 수 있다.
02 ②
03 ④ [×] 다시 수사나 공소제기를 할 수 있다.
04 ③ [○] 2009도224
05 ③ [○] 제262조의4
06 ④ [○] 2012도14755
07 ② [○] 82도754
08 ③ [×] 피고인 구속은 법원의 권한에 속하므로, 수사기관은 피고인을 구속할 수 없다(제70조).
09 ④ [×] 위법하다.

박문각
공무원
기본서

김상천
형사소송법

CHAPTER

08

공소의 제기

Chapter 08 공소의 제기

제1절 공소제기와 공소권

❶ 공소권과 공소권 남용이론

1. 공소권

① 공소제기란 법원에 대하여 특정 형사사건의 심판을 구하는 검사의 법률행위적 소송행위를 말한다.

② 공소권이란 검사가 공소를 제기하고 수행하는 권한을 말한다.

2. 공소권 남용이론

① 공소권 남용이란 공소제기가 형식적으로 적법하지만 실질적으로 위법·부당한 경우를 말한다(형식적 적법, 실질적 부당). 02. 경찰2차

② 공소권 남용이론이란 공소권 남용이 있을 때 유무죄의 실체재판을 하지말고 공소기각판결 등의 형식재판으로 소송을 종결하여 검사의 공소권을 규제하자는 이론이다.

③ 검사가 자의적으로 공소권을 행사하여 피고인에게 실질적으로 불이익을 줌으로써 소추재량권을 현저히 일탈한 경우, 이를 공소권의 남용으로 보아 공소제기의 효력을 부인할 수 있다(2001도3026). 08. 경찰3차, 10·14. 경찰승진, 12·18. 9급국가직, 14·16·17. 해경간부, 18. 9급개론

④ 여기서 자의적인 공소권의 행사라 함은 단순히 직무상의 과실에 의한 것만으로는 부족하고 적어도 미필적이나마 어떤 의도가 있어야 한다(2001도3026). 17. 해경간부, 20. 7급국가직

⑤ 검사의 공소제기가 소추재량을 현저히 일탈하였다고 판단되는 경우에는 공소기각판결을 할 수 있다(99도577). 18. 법원

기출 키워드 체크

검사가 자의적으로 공소권을 행사하여 피고인에게 실질적으로 불이익을 줌으로써 소추재량권을 현저히 일탈하였다고 보여지는 경우에는 ________으로 보아 공소제기의 효력을 부인할 수 있다. 단 이 경우 ______만으로 부족하고 적어도 미필적 의도가 있어야 한다.

Answer

기출 키워드 체크
공소권남용, 과실

▶ **공소권 남용을 부정한 사례**

1. 검사의 무혐의결정이 있은 범죄사실에 대하여 3년 후에 고소되어 공소제기된 경우(94도2598) 08. 경찰3차, 09 · 10. 경찰승진
2. 불법구금, 구금장소의 임의적 변경 등의 위법사유가 있는 경우(96도561) 10. 경찰1차, 16. 경찰간부, 17. 법원
3. 대통령 선거의 당선자측과 낙선자측을 불평등하게 취급하는 정치적인 고려가 있었던 경우(2004도482) 10. 경찰승진, 20. 9급국가직
4. 동일한 범죄구성요건에 해당하는 행위를 하였음에도 일부 사람만 기소한 경우(90도646) 07. 검찰7급, 08. 경찰3차, 14. 경찰간부
5. 공소장에 공소범죄사실(간첩) 이외의 사실(간첩의 전단계)을 기재한 경우(88도1630) 14. 경찰승진, 17. 해경간부
6. 검사가 공소를 제기한 후 공소장을 2회에 걸쳐 변경한 경우(94도3336) 17. 해경간부
7. 검사의 기소편의주의에 의한 재량권 행사에 따라 공소를 제기한 경우(90도1613) 17. 법원
8. 검사가 피고인의 여러 범죄행위를 일괄하여 기소하지 아니하고 수사진행 상황에 따라 여러 번에 걸쳐 나누어 분리 기소한 경우(2007도5313) 10 · 14. 경찰승진, 17. 해경간부
9. 피고인의 신병이 확보되기 전에 공소가 제기된 경우(2016도15526) 21. 경찰1차
10. 간통에 대한 무혐의 결정 및 강간죄에 대한 공소제기가 있은 후 강간 고소취소와 그로 인한 강간죄에 대한 공소기각판결이 있게 되자 고소인이 그 무혐의결정에 대하여 항고를 하여 간통에 관한 재수사가 이루어져 상간자들에 대한 간통죄의 공소가 제기된 경우(2001도3106) 14. 경찰승진
11. 검사가 사기죄에 대하여 약식명령의 청구를 한 다음 피고인이 약식명령의 고지를 받고 정식재판이 청구를 하여 그 사건이 제1심 법원에 계속 중일 때 사기죄의 수단의 일부로 범한 사문서위조 및 동행사죄에 대하여 추가로 공소를 제기한 경우(89도2102) 09. 경찰승진
12. 피고인의 신병 확보 전에 공소를 제기한 경우(2016도15526)

▶ **공소권 남용을 인정한 사례**

1. 피고인이 무면허운전으로 기소되어 유죄의 확정판결을 받고 그 형의 집행 중 가석방되면서 다시 그 절도범행의 기소중지자로 긴급체포되어 절도범행과 이미 처벌받은 무면허운전의 일부 범행까지 포함하여 기소된 경우에는 자의적인 공소권 행사에 해당한다고 볼 여지가 있다(2001도3026). 09. 경찰승진
2. 종전 가정보호사건의 확정된 불처분결정의 효력을 뒤집을 특별한 사정이 없음에도 불구하고 이 사건 공소제기가 단지 고소인의 개인적 감정에 영합하거나 이혼소송에서 유리한 결과를 얻게 할 의도만으로 이루어진 것이라면 이러한 조치는 공소권의 남용으로서 위법한 것으로 볼 수 있다(2016도5423).

기출 키워드 체크

검사가 여러 범죄행위를 일괄 기소하지 아니하고 수사진행 상황에 따라 여러 번에 걸쳐 분리기소한 경우, 소추_______권의 일탈에 해당하지 않는다.

기출 키워드 체크

검사가 공소를 제기한 후 공소장을 2회에 걸쳐 변경한 것은 피고인의 방어권 행사에 불이익이나 곤란을 주기 위한 것이 아니고 공소권 _____에 해당하지 않는다.

Answer

기출 키워드 체크

재량
남용

❷ 공소제기의 기본원칙

1. 국가소추주의

① 공소제기의 권한을 국가기관에게 전담시키는 제도를 말한다. ⇔ 사인소추주의

② 우리 형사소송법은 '공소는 검사가 제기하여 수행한다(제246조)'라고 규정하여 국가소추주의를 채택하고 있다.

2. 기소독점주의

(1) 의 의

① 국가기관 중에서 검사만이 공소권을 행사하는 제도이다.

② 우리 형사소송법은 '공소는 검사가 제기하여 수행한다(제246조)'라고 규정하여 기소독점주의를 채택하고 있다.

(2) 예 외

즉결심판청구는 경찰서장이 하고 이는 기소독점주의의 예외이다. 13. 경찰간부

(3) 통 제

기소독점주의에 대한 직접적 통제 장치로는 검찰항고, 재정신청, 헌법소원을 들 수 있고, 간접적 통제 장치로는 처분통지 02. 경감, 친고죄 및 반의사불벌죄 인정 02. 경감 을 들 수 있다.

3. 기소편의주의

① 기소편의주의란 검사에게 형사소추와 관련하여 기소·불기소의 재량을 인정하는 제도를 말한다. ⇔ 기소법정주의

② 우리나라는 검사에게 기소유예의 재량과 공소취소 권한을 인정하고 있다.

▶ **기소편의주의의 장점과 단점**

장 점	• 형사사법의 탄력적 운영을 통해 구체적인 정의실현 • 범죄인에게 개선의 기회를 제공하여 범죄예방에 기여 • 불필요한 기소억제로 소송경제 도모
단 점	• 검사의 자의 개입 우려 • 정치적 영향 가능성 • 법적 안정성 위협

4. 공소취소(기소변경주의)

(1) 의 의

① 기소변경주의란 공소취소를 인정하는 제도이다.

② 공소취소는 기소편의주의 표현이다. 02. 검찰7급, 03. 법원서기, 13. 경찰간부

③ 경합범 관계에 있어서 동일성이 인정되지 않는 경우에 그 일부사실을 철회하는 때에는 공소장 변경절차에 의할 것이 아니라 공소의 일부 취소절차에 의하여야 한다(86도1487). 08. 경찰2차, 12. 경찰승진, 19. 경찰간부 ⇨ 동일성이 인정되는 공소사실의 일부를 심판대상에서 제외시키는 것은 공소취소가 아니라 공소장변경에 의하여야 한다. 19. 7급국가직

④ 실체적 경합관계에 있는 수개의 공소사실 중 어느 한 공소사실을 전부 철회하는 검사의 공소장변경신청이 있는 경우에 이것이 그 부분의 공소를 취소하는 취지가 명백한 경우 공소취소로 보아 공소기각결정을 하여야 한다(91도1438). 13 · 14. 법원, 19. 경찰1차

(2) 주 체

공소취소는 검사만이 할 수 있다. 01. 법원서기보, 19. 경찰간부

(3) 사 유

① 공소취소의 사유에는 법률상 제한이 없다.

② 공소제기 후의 변경된 사정으로 인하여 불기소처분을 하는 것이 상당하다고 인정되는 경우(증거불충분 등)면 공소취소를 할 수 있다. 13. 법원

(4) 예 외

재정신청이 인용되어 기소되는 경우 공소취소를 할 수 없다.

(5) 절 차

① 서면, 공판정에서 구술 02. 법원서기보, 04. 행시, 05. 경찰1차, 10. 교정특채, 11 · 13 · 15. 법원, 13. 경찰승진, 15. 경찰2차, 16 · 19. 경찰간부

㉠ **공소의 취소는 서면으로 하여야 하지만, 공판정에서는 구술로도 가능하다.**

㉡ **공소를 취소한 때에는 검사는 7일 이내에 고소인 · 고발인에게 서면으로 통지하여야 한다.** 13. 경찰승진, 17. 해경간부

② 공소취소는 제1심 판결선고 전(제2심 판결선고 전 ×)까지 할 수 있다. 11 · 15 · 19. 법원, 17. 해경간부 · 경찰간부

㉠ **약식명령도 법원의 종국판단이므로 고지된 후에는 공소취소가 허용되지 않으나, 정식재판의 청구에 의하여 공판절차가 개시되면 가능하다.** 14. 법원

㉡ **재심절차에 있어서는 공소취소가 불가능하다(76도3203).** 13 · 16. 법원, 19. 7급국가직

기출 키워드 체크

공소취소사유는 법률상 제한이 없다. 공소제기 후에 변경된 사정으로 ________을 하는 것이 상당하다고 인정되는 경우이면 된다. 따라서 증거불충분이나 소송조건의 결여 등 어떤 사유로도 공소취소는 가능하다.

기출 키워드 체크

공소의 취소는 서면으로 하여야 하지만, 공판정에서는 _____로도 가능하다.

기출 키워드 체크

검사는 공판정에서는 구술로 공소취소를 할 수 있으나, ________된 후에는 공소취소를 할 수 없다.

Answer

기출 키워드 체크
불기소처분
구술
제1심 판결이 선고

기출 키워드 체크

공소취소에 의한 공소기각의 결정이 확정된 때에는 공소취소 후 그 범죄사실에 대한 ________에 한하여 다시 공소를 제기할 수 있다.

기출 판례

공소장변경의 경우에는 재기소 제한이 적용되지 않는다(다른 중요한 증거가 없어도 공소장변경으로 일부 철회한 부분 추가 가능). ⇨ 포괄일죄로 기소된 공소사실 중 일부에 대하여 형사소송법 제298조 소정의 공소장 변경의 방식으로 이루어지는 공소사실의 일부 철회의 경우에는 그러한 제한이 적용되지 아니한다(2004도3203). 20. 9급개론

기출 키워드 체크

검사가 공소를 취소한 경우에는 ________을 하여야 하고, 공소기각결정이 확정된 후 그 범죄사실에 대해 다른 중요한 증거가 발견되지 않았음에도 다시 공소가 제기된 때에는 ________을 하여야 한다.

OX 공소제기시에 변호인선임서, 체포영장, 긴급체포서, 구속영장 기타 구속에 관한 서류를 첨부하는 것은 공소장일본주의에 반하여 허용되지 않는다. (○, ×) 21. 경찰간부

Answer

기출 키워드 체크
다른 중요한 증거를 발견한 경우
공소기각결정, 공소기각판결

OX
×

㉢ **항소심의 파기환송 · 파기이송 후의 절차에서도 공소취소를 할 수 없다.** 04. 행시, 14. 법원

㉣ **재정결정에 따른 검사의 공소제기 후에도 공소취소를 할 수 없다.** 19. 경찰간부

③ 공소취소가 있으면 법원은 공소기각결정을 선고한다. 04. 행시, 13. 경찰승진, 17. 해경간부 ⇨ 공소취소로 인한 공소기각결정에 대해서는 즉시항고 가능하다. 05. 경찰1차

(6) 재기소

① 공소취소에 의한 공소기각의 결정이 확정된 때에는 공소취소 후 그 범죄사실에 대한 다른 중요한 증거를 발견한 경우에 한하여 다시 공소제기를 할 수 있다. 05. 경찰1차, 09 · 15 · 16 · 19. 법원, 16 · 17 · 19. 경찰간부, 17. 해경간부

② 재기소금지 규정에 위반하여 제기된 공소에 대하여는 공소기각판결을 선고하여야 한다. 13. 법원, 19. 경찰간부

③ 범죄의 태양, 수단, 피해의 정도, 범죄로 얻은 이익 등 범죄사실의 내용을 추가 변경하여 재기소하는 경우에도 마찬가지로 적용된다(2008도9634). 13. 경찰승진 · 법원

제2절 공소장

❶ 공소장의 제출

1. 공소장의 제출

(1) 서면에 의함

① 공소제기는 공소장이라는 서면에 의하여 한다. 07. 검찰9급

② 급속을 요하는 경우라도 구두, 전보, 팩시밀리에 의한 공소제기는 허용되지 않는다.

③ 심판대상을 명확하게 하고 피고인의 방어권을 보장하기 위함이다.

(2) 공소장 첨부서류

① 공소장 부본(피고인의 수에 해당하는 부수)

② 구속에 관한 서류(체포영장, 긴급체포서, 구속영장 등) 18. 9급국가직, 21. 경찰간부 ⇨ 기소 당시 피고인이 구속되어 있지 않은 경우에도 구속에 관한 서류를 첨부해야 한다. 07. 법원

③ 변호인 선임서, 보조인신고서, 특별대리인 선임결정 등본 18. 9급국가직

(3) 공소장 제출 기한

형사소송법에는 공소장 제출 기한을 제한하는 규정은 없다. 21. 경찰승진

2. 관련 문제

(1) 공소제기의 효력 발생 시기 : 공소장이 법원에 도달한 때

공소장 제출일자와 법원이 접수인을 찍은 날짜가 다르다면 공소장 제출일자를 공소제기일로 보아야 하나, 통상의 경우 공소장에 접수일로 찍혀 있는 날짜는 공소제기일로 추정된다(2002도690). 13. 경찰1차

(2) 공소장을 제출하지 않은 경우 적법한 공소제기가 될 수 없음(하자치유 ×)

① 서면인 공소장의 제출 없이 공소를 제기한 경우에는 이를 허용하는 특별한 규정이 없는 한 소송행위로서의 공소제기가 성립되었다고 볼 수 없다(2015도3682). 18. 7급국가직

② 법원이 경찰서장의 즉결심판 청구를 기각하여 경찰서장이 사건을 관할 지방검찰청으로 송치하였으나 검사가 이를 즉결심판에 대한 피고인의 정식재판청구가 있은 사건으로 오인하여 그 사건기록을 법원에 송부한 경우, 공소제기가 성립되었다고 볼 수 없다(2003도2735). 21. 경찰간부

③ 검사가 공소장을 제출하지 않았음에도 공소장변경허가신청서를 공소장에 갈음한다고 구두진술한 것만으로는 적법한 공소제기가 아니다(2008도11813).

④ 이 경우, 추완(하자치유)은 인정되지 않는다(2003도2735). 15. 9급개론, 15 · 17. 9급국가직, 17. 경찰간부

⑤ 원래 공소제기가 없었음에도 피고인의 소환이 이루어지는 등 사실상의 소송계속이 발생한 상태에서 검사가 약식명령을 청구하는 공소장을 제1심법원에 제출하고, 위 공소장에 기하여 공판절차를 진행한 경우 제1심법원으로서는 이에 기하여 유 · 무죄의 실체판단을 하여야 한다(2003도2735). 16. 변호사

(3) 공소제기에 현저한 방식 위반 : 공소기각판결

엄격한 형식과 절차에 따른 공소장의 제출은 공소제기라는 소송행위가 성립하기 위한 본질적 요소라고 할 것이므로, 공소의 제기에 현저한 방식 위반이 있는 경우에는 공소제기 절차가 법률의 규정에 위반하여 무효인 경우에 해당한다(2008도11813). 18. 경찰간부

(4) 검사의 서명 누락 : 하자치유 가능 17. 9급국가직, 18. 9급국가직 · 9급개론, 19. 법원

검사가 기명날인만 있고 자필서명이 없는 공소장을 법원에 제출한 경우라도, 공소를 제기한 검사가 제1심의 제1회 공판기일에 공판검사로 출석해서 기소요지를 진술하고 공소장에 서명을 추가하면 적법하게 기소가 이루어진 것으로 인정된다(2007도4961).

❷ 필요적 기재사항

① 피고인의 성명 기타 피고인을 특정할 수 있는 사항

② 죄명 : 공소장에 수개의 공소사실에 대하여 그 죄명을 일괄표시할 수 있음

기출 키워드 체크

서면인 공소장의 제출 없이 공소를 제기한 경우에는 이를 허용하는 특별한 규정이 없는 한 소송행위로서의 공소제기가 ______되었다고 볼 수 없다.

☑ **공소장의 필요적 기재사항이 아닌 것**
1. 사건번호
2. 증거의 요지
3. 가족관계 01. 경사

Answer

기출 키워드 체크
성립

관련 판례

공소장에 적용법조를 기재하는 이유는 공소사실의 법률적 평가를 명확히 하여 공소의 범위를 확정하는 데 보조기능을 하도록 하고, 피고인의 방어권을 보장하고자 함에 있을 뿐이고, 법률의 해석 및 적용 문제는 법원의 전권이라 할 것이므로, 공소사실이 아닌 어느 처벌조항을 준용할지에 관한 해석 및 판단에 있어서는 법원은 검사의 공소장 기재 적용법조에 구속되지 않는다(대법원 2018. 7.24. 선고 2018도3443).

OX 공소장에 검사의 기명날인 또는 서명이 누락된 채 공소제기를 한 경우 특별한 사정이 없는 한 무효이나, 공소를 제기한 검사가 공소장에 기명날인 또는 서명을 추완하는 방법에 의하여 공소의 제기가 유효하게 될 수 있다. (○, ×) 21. 경찰간부

기출 키워드 체크

공소사실의 기재는 범죄의 ______, ______, ______을 명시하여 사실을 특정할 수 있도록 하여야 한다.

관련 판례

불고불리의 원칙상 검사의 공소제기가 없으면 법원이 심판할 수 없고, 법원은 검사가 공소제기한 사건에 한하여 심판을 하여야 하므로, 검사는 공소장의 공소사실과 적용법조 등을 명백히 함으로써 공소제기의 취지를 명확히 하여야 하는데, 검사가 어떠한 행위를 기소한 것인지는 기본적으로 공소장의 기재 자체를 기준으로 하되, 심리의 경과 및 검사의 주장내용 등도 고려하여 판단하여야 한다. 공소제기의 취지가 명료할 경우 법원이 이에 대하여 석명권을 행사할 필요는 없으나, 공소제기의 취지가 오해를 불러일으키거나 명료하지 못한 경우라면 법원은 형사소송규칙 제141조에 의하여 검사에 대하여 석명권을 행사하여 그 취지를 명확하게 하여야 한다(대법원 2017.6.15. 선고 2017도3448 판결).

Answer

기출 키워드 체크

일시, 장소, 방법

OX

○

③ 공소사실(범죄의 일시, 장소, 방법을 명시하여 사실을 특정할 수 있도록 해야 함) 15. 경찰간부 ⇨ 공소사실 특정을 요구하는 취지는 심판 대상의 한정 및 피고인의 방어권 보장 04. 행시

④ 적용법조: 법원은 검사의 공소장 기재 적용법조에 구속되지 않음(2018도3443)

⑤ 피고인이 구속되어 있는지 여부 04. 여경1차

⑥ 검사의 기명날인 또는 서명(제57조 제1항)

㉠ **검사의 기명날인 또는 서명이 없는 상태로 제출된 공소장은 특별한 사정이 없는 한 그 절차가 법률의 규정에 위반하여 무효인 때에 해당한다.**

⑦ 검사가 공소장에 기명날인 또는 서명을 추완하는 등의 방법에 의하여 공소의 제기가 유효하게 될 수 있다(2010도17052). 17. 9급국가직, 18. 9급국가직 · 9급개론, 19. 법원, 21. 경찰간부

㉠ **위와 같이 추완이 있어도 공소시효 완성 여부는 최초 공소제기시를 기준으로 판단한다.**

❸ 공소사실 특정

1. 의 의

① 공사사실의 기재는 범죄의 일시, 장소와 방법을 명시하여 사실을 특정할 수 있도록 하여야 한다(제254조 제4항). 15. 경찰간부, 18. 해경간부

② 특정의 정도는 다른 공소사실과 구별될 수 있는 정도, 즉 공소사실의 동일성을 인정할 수 있는 정도이면 족하다.

③ 검사가 어떠한 행위를 기소한 것인지는 기본적으로 공소장의 기재 자체를 기준으로 하되, 심리의 경과 및 검사의 주장내용 등도 고려하여 판단하여야 한다(2017도3448).

2. 구체적 범죄사실 기재

① 공소사실로는 구체적인 범죄사실의 기재가 있어야 한다.

② 따라서 단순히 추상적 구성요건만을 기재함에 그치고 범죄의 특별 구성요건을 충족하는 구체적 사실인 행위의 객체나 범행의 방법을 기재하지 않은 경우 특정되었다고 볼 수 없다.

3. 특정방법

① 공소사실은, 일시는 이중기소나 시효에 저촉되지 않는 정도로, 장소는 토지관할을 가늠할 수 있는 정도로, 방법은 범죄의 구성요건을 밝히는 정도로 기재하여야 한다(97도1126). 04. 행시, 19. 변호사

② 공소제기의 취지가 오해를 불러일으키거나 명료하지 못한 경우라면 법원은 검사에 대하여 석명권을 행사하여 그 취지를 명확하게 하여야 한다(2017도3448). 18. 법원

4. 개괄적 기재 허용

일시나 장소가 다소 개괄적으로 기재되었더라도 그 기재가 다른 사실과 식별이 곤란하다거나 피고인의 방어권 행사에 지장을 초래할 정도라고 보기 어렵다면 공소사실은 특정되었다고 보아야 한다(2014도6107). 14. 경찰1차, 16. 경찰간부, 17. 해경간부 · 9급개론 · 9급국가직, 19. 변호사

5. 죄 명

죄명을 일괄표시하였다 하여도 공소사실을 보면 그 죄명과 적용법조를 알아차릴 수 있는 경우에는 특정되어 있지 않다 할 수 없고 그 방어권행사에 지장이 된다고도 할 수 없다(69도1219). 15. 7급국가직

6. 특정의 한계

(1) 경합범

경합범으로 공소를 제기하는 경우에는 개개의 사실을 구체적으로 기재해야 한다.

(2) 공동정범

공모공동정범에 있어서 실행정범의 인적사항이 적시되지 아니하고 범행일시나 장소가 명백히 표시되지 아니하였으나 그 공모관계, 실행정범의 실행행위가 모두 표시되어 있다면 공소사실이 특정되었다고 볼 수 있다(97도632). 11. 경찰승진, 14. 경찰1차, 18. 경찰간부

(3) 교사범 · 방조범

교사범, 방조범과 같은 종범이 실행행위에 착수해야 성립하기 때문에 교사, 방조사실뿐만 아니라 정범의 범죄사실도 특정하여야 한다(81도822). 14. 경찰1차, 16. 법원, 19. 해경간부 · 변호사, 20. 경찰간부 · 9급국가직 · 9급개론 · 경찰2차

(4) 포괄일죄

① 포괄일죄의 경우 일죄의 일부를 구성하는 개개의 행위에 대하여 구체적으로 특정되지 아니하더라도 그 전체범행의 시기와 종기, 범행방법, 범행횟수 또는 피해액의 합계 및 피해자나 상대방을 명시하면 이로써 그 범죄사실은 특정되었다고 볼 수 있다(90도833). 06. 경찰1차, 08 · 18 · 19. 9급국가직, 17 · 19. 7급국가직, 19. 변호사, 20. 경찰간부

② 포괄일죄인 상습사기의 공소사실에 있어서 피해자들의 성명이 명시되지 않았다 하여도 범죄사실이 특정되었다고 볼 수 있다(90도833). 10. 경찰승진, 17. 해경간부

③ 그러나 추상적인 범죄 구성 요건의 문구만이 적시되고 그 내용을 이루는 구체적인 범죄사실의 기재가 없는 경우에는 공소사실이 특정되었다고 할 수 없다.

기출 키워드 체크

공소장에의 공소사실 기재는 범죄의 일시는 _______나 _______에 저촉되지 않을 정도로, 장소는 _______을 가늠할 수 있을 정도로, 방법에 있어서는 _______을 밝히는 정도로 기재하면 족하다.

기출 키워드 체크

공소제기의 취지가 오해를 불러일으키거나 명료하지 못한 경우라면 법원은 검사에 대하여 ________권을 행사하여 그 취지를 명확하게 하여야 한다.

기출 키워드 체크

공소장에 범죄의 일시, 장소 등이 구체적으로 적시되지 않았더라도 공소범죄의 성격에 비추어 그 _______적 표시가 부득이하며 또한 그에 대한 피고인의 ______행사에 지장이 없다고 보여지는 경우에는 그 공소내용이 특정되지 않는다고 볼 수 없다.

기출 키워드 체크

포괄일죄에 있어서는 일죄의 일부를 이루는 ________에 대하여 구체적으로 특정되지 아니하더라도 그 전체범행의 시기와 종기, 범행방법, 범행횟수 또는 피해액의 합계 및 피해자나 상대방을 기재하면 족하다.

기출 키워드 체크

검사가 공소사실의 일부가 되는 범죄일람표를 컴퓨터 프로그램을 통하여 열어보거나 출력할 수 있는 전자적 형태의 문서로 작성한 후, 종이문서로 출력하여 제출하지 아니하고 위 전자적 형태의 문서가 저장된 저장매체 자체를 서면인 공소장에 첨부하여 제출한 경우, 법원은 저장매체에 저장된 ________ 형태의 문서 부분을 고려함이 없이 서면인 공소장이나 공소장변경신청서에 기재된 부분만을 가지고 공소사실 특정 여부를 판단하여야 한다.

Answer

기출 키워드 체크

이중기소, 시효, 토지관할, 범죄구성요건
석명
개괄, 방어권
개개의 행위
전자적

관련 판례

원심은, '피고인이 2010. 1. 1.부터 2014. 2. 28.까지 의사인 본인이 의약품을 직접 조제하거나 또는 환자에 대한 복약지도를 전혀 하지 않고 간호사가 단독으로 입원환자에 대한 의약품을 조제하였음에도 마치 의사가 직접 의약품을 조제하고 입원환자에 대한 복약지도를 한 것처럼 약제비, 복약지도료 명목 등으로 국민건강보험공단, 공소외 1 회사 및 공소외 2 회사에 보험금을 청구하여 피해자 국민건강보험공단으로부터 수급자 2,907명과 관련하여 합계 18,470,704원을, 피해자 공소외 1 주식회사로부터 수급자 516명과 관련하여 합계 7,336,665원을, 피해자 공소외 2 주식회사로부터 수급자 362명과 관련하여 합계 6,979,967원을 교부받아 이를 편취하였다'는 이 사건 공소사실 중 사기의 점에 관하여, 위 공소사실이 특정되었음을 전제로 실체판단을 하였다. 원심판결 이유에 의하면, 피고인은 약사를 고용하여 1주일 중 월요일과 목요일에는 약사로 하여금 약을 조제하도록 하였고, 이 부분 공소사실의 편취금액에는 간호사가 아닌 약사가 약을 직접 조제한 부분과 관련된 보험금이 포함되어 있다는 것인데, 위와 같이 병원을 운영하면서 1주일에 2회는 약사로 하여금 약을 조제하도록 한 피고인으로서는 이 부분 공소사실의 기재에 의하여 개별 수급자와 수급자별 피해금액조차 알 수 없어 방어권행사에 지장을 겪게 되므로, 이 부분 공소사실이 특성되었다고 보기 어렵다.
그럼에도 원심은 이 부분 공소사실이 특정되었다고 보아 실체판단을 하고 말았으니, 이러한 원심판결에는 공소사실 특정에 관한 법리를 오해한 위법이 있다. 이 점을 지적하는 상고이유 주장은 이유 있다(대법원 2017.2.21. 선고 2016도19186 판결).

④ 피고인은 갑(甲)의 집에 침입하여 라디오 1대를 훔친 것을 비롯하여 그 후 4회에 걸쳐 상습적으로 타인의 재물을 절취하였다는 공소사실은 특정되었다고 할 수 없다(71도1615). 03. 경사, 08. 경찰2차

(5) **CD별지로 특정한 경우**(파일을 별지로 첨부한 경우)

① 법원은 저장매체에 저장된 전자적 형태의 문서(파일) 부분을 고려함이 없이 서면인 공소장이나 공소장변경신청서에 기재된 부분만을 가지고 공소사실 특정 여부를 판단하여야 한다(2015도3682). 17 · 19. 7급국가직, 18. 경찰1차 · 경찰간부 · 변호사, 19. 해경간부 · 9급법원직

② 저장매체에 저장된 전자적 형태의 문서 부분까지 공소가 제기된 것이라고 할 수는 없다(2015도3682).

㉠ **이러한 형태의 공소제기를 허용하는 별도의 규정이 없을 뿐만 아니라, 저장매체나 전자적 형태의 문서를 공소장의 일부로서의 '서면'으로 볼 수도 없다(2015도3682).** 19. 9급개론

㉡ **전자적 형태의 문서의 양이 방대하여 그와 같은 방식의 공소제기를 허용해야 할 현실적인 필요가 있다거나 피고인과 변호인이 이의를 제기하지 않고 변론에 응하였다고 하여 달리 볼 것도 아니다(2015도3682).**

7. 불특정의 효과

공소기각판결을 하여야 한다(제327조 제2호). 09. 7급국가직, 13. 법원, 16. 경찰간부

8. 하자의 치유

(1) 전혀 특정되지 않은 경우

하자가 치유될 수 없다.

(2) 다소 불명확한 경우

① 공소사실을 보완하여 하자 치유 가능하다.

② 법원은 검사에게 석명을 구한 다음, 그래도 검사가 이를 명확하게 하지 않은 때에야 공소사실의 불특정을 이유로 공소를 기각해야 한다.

③ 석명 없이 공소기각의 판결을 하는 것은 위법하다(2004도5972). 04. 행시, 16. 법원, 19. 변호사, 20. 경찰간부

▶ 공소사실이 특정되었다고 본 사례

1. 살인죄에 있어 범죄의 일시·장소와 방법을 개괄적으로 기재한 경우(2008도507)(살인죄에 있어 범죄의 일시·장소와 방법을 구체적으로 규명할 수 없어 '2020. 1. 28. 03 : 00 경부터 05 : 20경까지 피고인의 집에서 불상의 방법으로 피해자를 살해하였다'라고 기재한 경우) 15. 경찰간부·지능특채, 17·18. 해경간부, 21. 경찰간부
2. 유가증권위조죄(문서위조죄)에서 범죄의 일시를 '2000. 초경부터 2003. 3.경 사이에'로 비교적 장기간으로 기재한 경우(2006도48) 11. 9급국가직
3. 업무상 과실치상 공소사실 중 그 일부 피해자에 대하여 치료기간이 미상이라고 기재한 경우(83도3006) 15. 경찰간부, 18. 해경간부
4. 소변감정결과에 의하여 그 투약일시를 '2009. 8. 10.부터 2009. 8. 19.까지 사이'로, 투약장소를 '서울 또는 부산 이하 불상'으로 공소장에 기재한 경우(2010도4671) 11. 9급국가직
5. 2010년 1월에서 3월 사이 일자불상 03 : 00경 서산 소재 상호불상의 모텔에서, 甲과 공모하여 여자 청소년 乙에게 메스암페타민(일명 필로폰)을 투약하였다는 공소사실에 대해, 乙의 진술에 기초한 경우(2014도6107) 16. 경찰간부
6. 피고인이 주식회사 맥시칸의 맥시칸양념통닭에 관한 상품표지와 유사한 것을 사용한 상품을 반포하여 위 주식회사 맥시칸의 상품과 혼동을 일으키게 하였는지 여부가 문제되는 사안에서, 주식회사 맥시칸의 상품표지가 모두 현존하고 있는 이상 이를 별도로 특정하지 않았다 하더라도 다른 사실과 구별하기에 충분하므로 공소사실은 특정된 것으로 볼 수 있다고 본 경우(96도197) 08. 경찰2차
7. 1971년 말경부터 1972년 말경까지 사이에 비밀요정 등지에서 금 1,200,000원 상당의 향응을 제공받았다는 공소사실(75도1680) 03. 경사
8. 문서의 위조 여부가 문제되는 사건에서 그 위조된 문서가 압수되어 현존하고 있었던 경우(2008도11042) 10. 경찰승진, 16. 경찰간부
9. 외국 박사학위기 위조 및 행사의 범죄에서 박사학위기 사본이 현출된 경우(2008도6950) 11. 경찰승진, 15·21. 경찰간부, 18. 해경간부
10. "위조된 문화상품권 30,000장을 2006. 7. 일자불상경부터 같은 해 9. 5.경까지 불특정 다수의 손님에게 경품용으로 지급함으로써 행사하였다."는 공소사실(약속어음거래에서 백지식 배서나 교부에 의한 양도를 한 경우라도 위조유가증권행사죄의 범죄사실에 어음거래의 상대방이나 이로 인한 피해자가 성명불상자로만 표시된 경우)(2007도796) 11. 9급국가직, 15. 지능특채, 20. 9급국가직·9급개론
11. 뇌물수수의 공소사실 중 수뢰금액을 '2억원 상당'으로 기재한 경우(2010도2556) 11. 9급국가직
12. '변호사법 위반 사건에서 2006. 12. 14.경부터 2007. 2. 15.경까지 2회에 걸쳐 합계 5천만원을 받았다'는 공소사실(2008도9414) 15. 9급국가직·9급개론
13. 공모공동정범(부동산매매계약서 위조 및 행사)에 있어서 실행정범의 인적사항이 적시되지 아니하고 범행일시나 장소가 명백히 표시되지 아니하였으나 그 공모관계, 실행정범의 실행행위가 모두 표시되어 있는 경우(97도632) 11. 경찰승진, 14. 경찰1차
14. 유가증권변조 사건의 공소사실이 범행일자를 '2005. 1. 말경에서 같은 해 2. 4. 사이'로, 범행장소를 '서울 불상지'로, 범행방법을 '불상의 방법으로 수취인의 기재를 삭제'로 되어 있고, 변조된 유가증권이 압수되어 현존하고 있는 경우(2007도11000) 18. 경찰간부, 20. 경찰2차

OX 살인죄에 있어 범죄의 일시·장소와 방법을 구체적으로 규명할 수 없어 '2020. 1. 28. 03 : 00경부터 05 : 20경까지 피고인의 집에서 불상의 방법으로 피해자를 살해하였다'라고 기재한 때에는 공소사실의 특정이 인정된다. (○, ×) 21. 경찰간부

OX 외국 유명대학의 박사학위기를 위조하여 행사했다는 공소사실에 대해 위조문서의 내용, 행사일시, 장소, 행사방법 등이 특정되어 기재되어 있고, 박사학위기 사본이 현출된 경우에는 공소사실의 특정이 인정된다. (○, ×) 21. 경찰간부

기출 키워드 체크

외국 유명대학의 박사학위기를 위조하여 행사했다는 공소사실에 대해 위조문서의 내용, 행사 일시, 장소, 행사방법 등이 특정되어 기재되어 있고, 박사학위기 ________이 현출된 경우에는 공소사실은 특정된 것이다.

Answer

기출 키워드 체크
사본

OX
○, ○

15. 저작재산권 침해행위에 관한 공소사실의 특정은 침해 대상인 저작물 및 침해 방법의 종류, 형태 등 침해행위의 내용이 명확하게 기재되어 있어 피고인의 방어권 행사에 지장이 없는 정도이면 되고, 각 저작물의 저작재산권자가 누구인지 특정되어 있지 않다고 하여 공소사실이 특정되지 않았다고 볼 것은 아니다(2014도1196) 20. 9급국가직 · 9급개론, 20. 경찰2차
16. 부정한 이익을 얻거나 기업에 손해를 가할 목적으로 영업비밀을 제3자에게 누설하였거나 이를 사용하였는지 여부가 문제되는 부정경쟁방지 및 영업비밀보호에 관한 법률 위반 사건에서 영업비밀에 관하여 "경부선 전동차 160량의 설계도면 캐드파일"로 기재되어 있는 경우(2006도8278)
17. 식품위생법 위반내용에 관한 사항이 구체적으로 적시되지 아니하고 단지 '보건사회부령으로 정한 규격과 기준에 맞지 아니한 튀김용 호마유를 제조'하였다고만 기재되어 있는 경우(82도1393)
18. 의료인이 아닌 자가 일정기간 동안 여러 사람을 상대로 성기의 표피를 절개한 후 그 안에 육질형 실리콘을 집어 넣고 봉합하는 수술을 하여 준 다음 대가를 받아 의료행위를 업으로 한 사안(보건범죄 단속에 관한 특별조치법위반)(92도1671)
19. '피고인은 2007. 9. 16.경부터 같은 해 10. 14.경까지 사이에 파주시 소재 불상의 노상에 있는 공소외인 운전의 BMW 차량 안 등지에서 담배 속 연초를 빼낸 후 그 안에 대마 불상량을 넣고 불을 붙여 그 연기를 흡입하는 등의 방법으로 이를 1회 흡입한 것이다'는 공소사실(2008도6267)
20. '피고인이 2005. 2. 하순경 피해자 공소외 1 운영의 유황오리식당 내부 천장에 감시용 CCTV 카메라 3대 및 계산대 위 천장 틈새에 도청마이크 1개를 은닉하여 설치하고 피고인의 개인 사무실에 CCTV 녹화기 및 녹음기를 설치한 다음, 2005. 5. 초순경부터 같은 해 9. 29.경까지 위 식당내에서 행하여지는 피해자 및 공소외 2 등의 대화에 관하여 위 마이크를 통하여 녹음을 시도하거나 청취함으로써 공개되지 아니한 타인 간의 대화를 녹음하려다 그 뜻을 이루지 못하고 미수에 그치거나, 이를 청취하였다'는 공소사실(2007도9053)
21. 1991. 10. 하순경부터 1992. 11. 하순경까지 여수시 교동 등지에서 "신시민파"라는 범죄단체를 구성하였다는 공소사실(94도1853)
22. 1998. 9. 초순 어느날 서울시내에서 불상의 방법으로 메스암페타민을 투약하였다는 공소사실(99도2666)
23. '분신자살을 하겠다는 생각을 갖고 있는 사람에 대하여 그 실행을 용이하게 도와주겠다는 의도로 1991. 4. 27.경부터 같은 해 5. 8.까지의 어느 날에서 서울 어느 곳에서 유서 2장을 작성하여 줌으로써 유서내용에 의하여 암시하는 방법으로 분신자살의 실행을 용이하게 도와주어 자살을 방조하였다'는 공소사실 중 유서 작성의 방법에 관하여 구체적인 기재가 없는 경우(92도1148)

▶ **공소사실이 특정되지 않았다고 본 사례**

1. "피고인은 2000. 11. 2.경부터 2001. 7. 2.경까지 사이에 인천 이하 불상지에서 향정신성의약품인 메스암페타민 불상량을 불상의 방법으로 수회 투약하였다."는 공소사실(2002도3194) 03. 경사, 08. 경찰2차, 16. 9급국가직
2. "2008년 1월경부터 같은 해 2월 일자불상 15:00경까지 사이에 메스암페타민 약 0.7g을 매수한 외에, 그때부터 2009년 2월 내지 3월 일자불상 07:00경까지 총 21회에 걸쳐 매수·투약하였다."는 공소사실(2010도9835) 11. 9급국가직
3. 엘지칼텍스정유(주)의 상품과 혼동을 일으키게 하여 부정경쟁행위 등을 하였다고 기소된 사안에서, 침해의 대상이 된 등록상표·서비스표·디자인이나 주지표지가 어떠한 것인지 명확하게 적시되어 있지 않은 경우(2005도5847) 11. 경찰승진
4. 음화가 게재된 도서의 판매에 관한 죄에 대하여, 행위의 객체인 당해 도서가 특정되어야 하고 나아가 그 도서에 게재된 도화가 음란성 있는 도화에 해당한다는 구체적 사실도 특정하여 기재되어야 함에도, 음란성의 요건사실에 관한 기재는 물론 그 도서를 특정할 수 있는 명칭조차 기재되어 있지 않은 경우(91도2492) 10. 경찰승진
5. (예금잔액증명서)사문서변조의 공소사실에 변조행위의 일시·장소와 방법, 변조의 실행행위자 등이 기재되지 않은 경우(2008도9327) 11. 경찰승진, 20. 9급국가직·9급개론
6. "상피고인이 피해자를 때릴 때 그 주위에서 위세를 부리는 방법으로 폭행을 가하였다"는 공소사실(70도1528) 17. 해경간부
7. 공소장에 범행일시를 모발감정 결과에 기초하여 투약가능기간을 역으로 추정한 '2010. 11.경'으로, 투약장소를 '부산 사하구 이하 불상지'로 기재한 경우(2011도11817) 15. 9급국가직·9급개론
8. 피고인의 모발 검사를 토대로 그 사용가능한 기간을 체포시로부터 역으로 추산한 다음 그 전 기간을 범행일시로 하고, 위 기간 중의 피고인의 행적에 대하여도 별다른 조사를 하지 아니한 채 피고인의 주거지인 의왕시를 범행장소로 하여 공소를 제기한 경우(2000도2119) 11. 9급국가직
9. 피고인들이 불특정 다수 인터넷 이용자들의 컴퓨터에 자신들의 프로그램을 설치하여 경쟁업체 프로그램이 정상적으로 사용되거나 설치되지 못하도록 함으로써 인터넷 이용자들의 인터넷 이용에 관한 업무를 방해하였다고 하여 '컴퓨터 등 장애 업무방해'로 기소된 사안에서, 공소장 기재만으로는 업무 주체인 피해자와 방해된 업무 내용을 알 수 없는 경우(2008도10116) 19. 9급국가직·9급개론
10. 모발감정을 바탕으로 메스암페타민 투약 사안을 기소한 사안에서, 모발 채취일인 2008. 1. 10.로부터 역으로 추산한 2008. 1. 초순경부터 2007. 8. 초순경까지 사이의 전 기간을 범행일시로 하고, 범행장소는 그 기간 동안 주로 생활하였다고 한 충주시 일원으로 하며, 투약량 및 투약방법은 불상으로 특정한 사안(2008도10885)
11. "피고인은 2000. 11. 2.경부터 2001. 7. 2.경까지 사이에 인천 이하 불상지에서 향정신성의약품인 메스암페타민 불상량을 불상의 방법으로 수회 투약하였다."는 공소사실(2002도3194), '2005. 3. 15.경부터 같은 해 4. 10.경까지 사이 일시불상경 신해시내 일원에서 필로폰 불상량을 불상의 방법으로 수회 투약하였다'는 공소사실(2006도391)
12. "피고인은 1996. 7. 내지 10. 일자불상경 장소 불상에서 불상의 방법으로 메스암페타민 불상량을 투약하였다"는 공소사실(98도3293)

OX 마약류 범죄에 있어 '피고인은 2019. 11. 2.경부터 2020. 7. 2.경까지 사이에 인천 이하 불상지에서 향정신성의약품인 메스암페타민 불상량을 불상의 방법으로 수회 투약하였다'라고 기재한 때에는 공소사실의 특정이 인정된다. (○, ×)
21. 경찰간부

기출 키워드 체크

"상피고인이 피해자를 때릴 때 그 주위에서 _______를 부리는 방법으로 폭행을 가하였다."고 하는 공소사실은 구체적인 행동의 표시를 결하여 적법한 범죄사실의 적시라고 볼 수 없다.

Answer

기출 키워드 체크
위세

OX
×

13. "피고인이 1999년 5월 중순경부터 같은 해 11월 19일경까지 사이에 부산 이하 불상지에서 향정신성의약품인 메스암페타민 약 0.03g을 1회용 주사기를 이용하여 팔 등의 혈관에 주사하거나 음료수 등에 타 마시는 방법으로 이를 투약하였다"는 공소사실의 경우, 투약량, 투약방법 등이 일반적인 기재에 지나지 않고, 일시와 장소도 구체적이지 않다고 본 사례(2000도3082)
14. "피고인은 마약류 취급자가 아님에도 2004. 9.경에서 10.경 사이 대구 달성군 등지에서, 메스암페타민 약 0.03g을 1회용 주사기에 넣고 물과 희석한 다음 피고인의 팔에 주사하는 방법으로 이를 투약하였다"는 공소사실의 경우, 투약시기가 구체적이지 않고, 단기간 내에 반복되는 공소 범죄사실의 특성에 비추어 볼 때 위 투약시기로 기재된 위 기간 내에 복수의 투약 가능성이 농후하여 심판대상이 한정되었다고 보기도 어렵다고 본 사례(2005도7422)
15. '피고인 1이 1988. 1. 초순 일자불상경부터 같은 해 12. 하순 일자불상경까지 사이에 1회용 주사기로써 암페타민을 팔에 주사하는 방법으로 수십회에 걸쳐 향정신성의약품을 투입하였다'는 공소사실과 '피고인 3이 1988. 6. 중순 일자불상경부터 1989. 2. 일자불상경까지 사이에 수회에 걸쳐 향정신성의약품인 메스암페타민을 투약하였다'는 공소사실은 "수십회 또는 수회"라고 기재되어 공소사실이 특정되었다고 볼 수 없다고 본 사례('피고인 2가 1988. 7. 중순 일자불상경부터 1989. 2. 중순 일자불상경까지 사이에 1회용 주사기로써 암페타민을 팔에 주사하는 방법으로 모두 4회에 걸쳐 향정신성의 약품을 투약하였다'는 공소사실은 특정된 것으로 인정함)(89도2020)
16. 관세포탈죄의 경우, 사위 기타 부정한 방법이 어떠한 내용의 것인가를 구체적으로 공소장에 명시하여야 함에도, "사위의 방법으로 … 포탈한 것이다."라고 추상적 구성요건만을 기재한 사례(84도471), 무거래 세금계산서 교부죄에서 세금계산서 248장의 공급가액이 불명확한 사안(2000도3945)
17. 피고인이 "성명불상자들과 합동하여 통행 중인 성명불상 여자로부터 품명불상의 재물을 절취하였다"는 공소장의 기재는 공소의 원인 사실이 다른 사실과 구별될 수 있도록 특정된 것이라고 볼 수 없다고 본 사안(75도2946), 채권자들 명의의 사문서를 위조하여 기소된 사안에서, 명의자를 구체적으로 특정하지 않은 경우(82노2063)
18. 정보통신망 이용촉진 및 정보보호 등에 관한 법률은 정보와 비밀을 구분하여 정보의 경우에는 훼손행위를 금지하고 있는 반면, 비밀의 경우에는 이보다는 정도가 약한 침해, 도용, 누설행위를 금지하고 있으므로, 막연히 피해자의 이메일 출력물을 제3자에게 보여준 것이 타인의 비밀 누설행위에 해당한다는 취지로만 되어 있는 공소사실은 이메일 출력물이 타인의 비밀에 해당하는 것인지 여부가 불분명하여 공소사실이 특정되었다고 볼 수 없다고 한 경우(2005도7309)
19. "피고인은 2004. 6. 일자불상경 피고인 운영의 엔돌핀 노래연습장에서 성명불상의 부녀자들을 시간당 일정액을 지급하기로 하고 부른 다음, 동녀들로 하여금 그곳을 찾아온 손님들을 상대로 노래와 춤으로 유흥을 돋우게 함으로써 접대부를 알선한 것이다"라는 공소사실이 범행특성상 단기간 내에 반복적으로 이루어질 수 있고, 알선했다는 접대부나 함께 유흥을 즐긴 손님들이 누구인지조차 특정되어 있지 아니하여 특정되었다고 볼 수 없다고 한 사례(20006도7773)

20. "피고인이 원심공동피고인 甲과 공모하여 1987. 9. 20. 14 : 00경 경남 창녕읍 교동 280 경일교통사 사무실에서 같은 날 09 : 00경 발생된 교통사고 피의사건과 아무런 관련이 없는 경남 1바1229호 택시를 이용하여 그것이 범죄사실과 관계가 있는 것처럼 꾸며 증거를 위조하였다"는 공소사실의 기재로써는 피고인이 무슨 증거를 어떻게 위조하였다는 것인지 구체적인 범죄사실이 특정되어 있지 않았다고 본 사례(89도1688)
21. 자사주 취득과 해외신주인수권부사채에 관한 미공개정보를 전달하고, 이를 이용하여 주식의 매매거래를 한 사안에서, 미공개정보를 언제, 어떻게 매매거래에 이용하였다는 것인지에 관한 구체적인 범죄사실이 전혀 적시되지 아니하여 공소사실이 특정되지 않았다고 본 사례(20003도7112)
22. '피고인이 2010. 1. 1부터 2014. 2. 28까지 의사가 의약품을 조제한 것처럼 기망하여, 수급자 2,907명과 관련하여 합계 18,470,704원을, 피해자 A로부터 수급자 516명과 관련하여 합계 7,336,665원을, 피해자 B로부터 수급자 362명과 관련하여 합계 6,979,967원을 교부받아 이를 편취하였다'는 사기의 공소사실(2016도19186)

▶ **마약 투약과 관련하여 공소사실이 특정되었다고 본 사례**

여자 청소년에게 투약한 사례
- 2010. 1.~3. 일자불상 03:00경
- 서산시 소재 상호불상 모텔
- 甲과 공모하여 여자 청소년 乙에게 메스암페타민 투약
- 乙 진술에 기초

소변감정 결과를 이용하여 특정한 사례
- 2009. 8. 10.~8. 19. 사이
- 서울 또는 부산 이하 불상

▶ **마약 투약과 관련하여 공소사실이 특정되지 않았다고 본 사례**

2019. 11. 2.경부터 2020. 7. 2.경까지 사이에
- 피고인의 집에서
- 불상의 방법으로 수회 투약(2002도3194) 21. 경찰간부

2000. 1.경~5.경 사이에
- ○○시 이하 불상지
- 불상의 메스암페타민을, 불상의 방법으로 투약

2000. 11. 2.경~2001. 7. 2.경 사이에
- 인천 이하 불상지에서
- 메스암페타민 불상량을, 불상의 방법으로
- 수회 투약

2008. 1.경~2.경 일자불상 15:00경까지
- 메스암페타민 0.7g을 매수한 외
- 그때부터 2009. 2.~3. 일자불상 07:00경까지
- 총 21회 걸쳐 매수 투약

1999. 5. 중순경~11. 19. 경까지
• 메스암페타민 0.03g을 1회용 주사기를 사용하여 투약
1988. 7. 중순 일자불상경부터 1989. 2. 일자불상경 수회 메스암페타민 투약

▶ 경합범 관련 – 공소사실이 특정되지 않았다고 본 사례

1. 개개의 간통행위의 내용을 이루는 구체적 범죄사실의 기재가 없이 '일정한 기간 동안 수회 간음하였다'라는 추상적 범죄구성요건의 문구만을 적시한 공소장 기재(82도2448) (현재는 간통죄는 폐지되었음) 06·14. 경찰1차, 08. 경찰2차·9급국가직, 13. 경찰승진
2. '전국기관차협의회(전기협) 회원들에 대하여 불법파업을 하여 직무유기할 것을 결의하게 하고, 전기협 회원 6,500여 명이 이에 따라 같은 해 6. 23. 04:00경부터 불법파업에 돌입하게 하여 직무유기를 교사하였다."는 공소사실(95도984)(직무유기교사죄는 피교사자인 공무원별로 1개의 죄가 성립되는 것이므로 공무원별로 공소사실을 특정하여야 함) 18. 경찰간부
3. '일정한 기간 사이에 성명 미상의 고객들로부터 1일 평균 매상액 상당의 생식품을 판매함으로써 그 대금 상당액을 편취하였다'는 공소사실(95도594)(사기죄는 범의가 단일하고 범행방법이 동일하다 하더라도 피해자별로 1죄가 성립) 15. 지능특채·9급국가직, 16. 9급국가직, 21. 경찰간부
4. '1992. 2.경부터 1996. 6. 7.경까지 수회에 걸쳐' 밀수품을 취득하였다는 공소사실(98도1480)(관세법의 밀수품의 취득죄는 각 취득행위마다 1개의 죄가 성립하는 것이므로 수개의 취득행위를 경합범으로 기소하는 경우에는 각 행위마다 그 일시와 장소 및 방법을 명시하여야 함) 11. 9급국가직, 15. 지능특채, 20. 경찰간부
5. 무거래 세금계산서수수죄에서 세금계산서의 총 매수와 그 공급가액의 합계액이 기재된 경우(2007도2076)(각 세금계산서마다 하나의 죄가 성립하므로 세금계산서마다 그 공급가액이 공소장에 기재되어야 함) 15. 9급국가직·9급개론
6. '피고인이 수차에 걸쳐 수개의 세금신고서를 위조하였다'는 공소사실 중 그 세금신고서 전체의 개수, 위조한 세금신고 및 허위기재한 세금계산서의 명의자 성명, 각자별 문서의 수와 각자별 그 지급액 등이 모두 불명확한 경우(82도1362)(세금계산서의 허위기재죄는 각 문서마다 1개의 죄가 성립함)
7. "피고인이 1980. 12. 일자불상경부터 1981. 9. 5.경까지 사이에 피해자를 협박하여 약 20여회 강간 또는 강제추행하였다"는 공소사실(82도2442)(미성년자의제강간죄 또는 미성년자의제강제추행죄는 행위시마다 1개의 범죄가 성립하므로 범행일시가 명시되지 아니하여 특정되었다고 볼 수 없음)
8. '피고인들이 공동하여, 성명불상 범종추측 승려 100여 명의 전신을 손으로 때리고 떠밀며 발로 차서 위 성명불상 피해자들에게 폭행을 각 가한 것이다'는 공소사실(95도22)(폭행으로 인한 폭력행위 등 처벌에 관한 법률 제2조 제2항 위반죄는 피해자별로 1개의 죄가 성립되는 것으로 각 피해자별로 사실을 특정할 수 있도록 공소사실을 기재하여야 함)

OX 수인의 피해자에 대하여 각 별도로 기망행위를 하여 각각 재물을 편취한 사기죄에 있어 '일정한 기간 사이에 성명불상의 고객들에게 1일 평균 매상액 상당을 판매하여 그 대금 상당액을 편취하였다'고 기재한 때에는 공소사실의 특정이 인정된다. (○, ×) 21. 경찰간부

Answer

OX
×

4 임의적 기재사항(예비적, 택일적 기재)

1. 의 의

공소장에는 수개의 범죄사실과 적용법조를 예비적 또는 택일적으로 기재할 수 있다(제254조 제5항). 14. 9급국가직

2. 임의적 기재사항

(1) 예비적 기재

① 공소장에 수개의 공소사실에 관하여 심판의 순서를 정하는 기재하는 방법을 말한다.

② 법원은 주위적 공소사실을 먼저 심판하고, 이것이 인정되지 않을 경우 예비적 공소사실을 심판해야 한다(A ⇨ B).

(2) 택일적 기재

① 공소장에 심판의 순서를 정하지 않고 수개의 공소사실에 관하여 심판을 구하는 기재하는 방법을 말한다.

② 법원은 어떤 사실을 먼저 심판하거나 또는 하나의 사실만을 심판해도 무방하다(A or B).

3. 예비적 · 택일적 기재의 허용범위

① 동일성이 인정되지 않는 수개의 사실을 예비적 · 택일적으로 기재할 수 있다. ⇨ 절도 또는 상해를 청구하는 공소장도 적법하다(판례).

② 범죄사실 상호간에 범죄의 일시, 장소, 수단 및 객체 등이 달라서 수개의 범죄사실로 인정되는 경우에도 이들 수개의 범죄사실을 예비적 또는 택일적으로 기재할 수 있다(65도114). 07. 7급국가직, 08. 경찰3차, 14. 9급국가직, 19. 해경간부 · 9급법원직

③ 공소장 변경을 통해 공소사실을 예비적, 택일적으로 추가하는 경우에는 동일성이 인정되지 않는 사실을 추가할 수 없다.

4. 심판대상

① 예비적 · 택일적 공소사실 일부에 대한 상소가 제기된 경우 예비적 · 택일적 공소사실 전부가 현실적 심판대상이 된다.

② 공소장에서 택일적으로 공소사실이 기재된 경우, 항소심은 제1심에서 유죄로 인정한 공소사실을 파기하고 다른 공소사실을 유죄로 인정할 수 있다(70도266). 03. 경찰승진, 13. 9급국가직

기출 키워드 체크

검사가 공소제기를 함에 있어 범죄사실의 동일성이 인정되지 않더라도 수개의 범죄사실과 적용법조를 _____적 또는 _____적으로 기재할 수 있다.

기출 키워드 체크

공소장에 수개의 범죄사실과 적용법조를 예비적 · 택일적으로 기재함에 있어서는 반드시 수개의 범죄사실 사이에 _____이 인정될 것을 요하지 않는다.

Answer

기출 키워드 체크

예비, 택일

동일성

기출 키워드 체크

법원이 예비적 공소사실을 유죄로 인정한 경우에는 판결이유에서 ______ 공소사실을 판단해야 한다.

③ 동일한 사실관계에 대하여 양립할 수 없는 적용법조의 적용을 주위적·예비적으로 구하는 사안에서 예비적 공소사실만 유죄로 인정되고 그 부분에 대하여 피고인만이 상고한 경우, 주위적 공소사실까지 상소심의 심판대상에 포함된다(2006도1146). 18. 9급국가직

5. 기판력

예비적·택일적 기재의 일부에 대해서만 유죄가 확정되었다 하더라도, 심판하지 않은 잔여부분에도 일사부재리효력이 미친다(통설).

6. 검사의 상소

(1) 예비적 기재

법원이 주위적 공소사실에 대해서 유죄를 인정한 경우에는 검사의 상소가 허용되지 아니하나, 주위적 공소사실을 배척하고 예비적 공소사실을 유죄로 인정한 경우에는 검사의 상소가 허용된다(96도791).

(2) 택일적 기재

법원이 택일적 공소사실 중 어느 하나를 유죄로 인정한 경우 검사는 다른 사실을 유죄로 인정하지 않았다는 이유로 상소할 수 없다(91도1269).

▶ 예비적, 택일적 기재의 판단 방법

1. 예비적 기재에 대한 판단 방법

순 번	공소사실	법원의 판단	판결주문	판결이유
1	주위적 공소사실	유죄인정	유죄표시	
	예비적 공소사실	판단불요	무죄표시 ×	배척이유 명시 ×
2	주위적 공소사실	배척	무죄표시 ×	배척이유 명시 ○ 07. 7급검찰
	예비적 공소사실	유죄인정	유죄표시	
3	주위적 공소사실	배척	무죄표시 (1개)	배척이유 명시 ○ 14. 9급국가직
	예비적 공소사실	배척		배척이유 명시 ○ 14. 9급국가직

Answer

기출 키워드 체크

본위적(주위적)

2. 택일적 기재에 대한 판단 방법

순 번	공소사실	법원의 판단	판결주문	판결이유
1	A	하나의 유죄 인정	유죄표시	
	B		무죄표시 ×	배척이유 명시 ×
2	A	전부 무죄 인정	무죄표시 (1개)	배척이유 명시 ○ 14. 9급국가직
	B			배척이유 명시 ○ 14. 9급국가직

제3절 공소장일본주의

1 의 의

① 공소제기시 공소장 이외의 다른 서류, 물건을 첨부하거나 그 내용을 인용해서는 안 된다는 원칙이다. 07. 7급국가직, 13. 경찰승진

② 공판중심주의 요청 04. 행시, 당사자주의 소송구조 07. 9급국가직, 위법수집증거 배제, 예단의 배제 등이 이론적 근거가 된다.

③ 헌법, 형사소송법에는 명문의 규정은 없으나 군사법원법에는 해당 규정이 있다. 04. 행시 ⇨ 검사가 공소를 제기할 때에는 원칙적으로 공소장 하나만을 제출하여야 하고 그 밖에 사건에 관하여 법원에 예단을 생기게 할 수 있는 서류 기타 물건을 첨부하거나 그 내용을 인용하여서는 안 된다(규칙 제118조 제2항). 20. 법원

2 내 용

1. 첨부의 금지

① 법원에 예단이 생기게 할 수 있는 서류 기타 물건의 첨부는 금지된다.

② 예단을 줄 염려가 없는 변호인선임서, 체포영장, 긴급체포서, 구속영장 등 기타 구속에 관한 서류는 첨부할 수 있다. 07. 9급국가직, 08 · 14. 법원, 21. 경찰간부

2. 인용의 금지

법원에 예단이 생기게 할 수 있는 서류 기타 물건의 내용을 인용하는 것도 금지된다.

OX 공소제기시에 변호인선임서, 체포영장, 긴급체포서, 구속영장 기타 구속에 관한 서류를 첨부하는 것은 공소장일본주의에 반하여 허용되지 않는다. (○, ×) 21. 경찰간부

기출 키워드 체크

공소장에는 사건에 관하여 법원에 예단이 생기게 할 수 있는 서류 기타 물건을 ________하거나 그 내용을 ________하여서는 아니 된다.

기출 키워드 체크

공소장일본주의의 이론적 근거로는 예단배제의 원칙, ________적 소송구조, 공판중심주의, 위법수집증거의 배제, 전문법칙 등이 있다.

Answer

기출 키워드 체크
첨부, 인용
당사자주의

OX
×

OX 살인, 방화 등의 경우 범죄의 직접적인 동기 또는 공소범죄 사실과 밀접불가분의 관계에 있는 동기를 공소사실에 기재하는 것이 공소장일본주의 위반이 아니다. (○, ×)
21. 경찰간부

기출 키워드 체크

살인, 방화 등의 경우 범죄의 직접적인 _____ 또는 공소범죄사실과 밀접불가분의 관계가 있는 _____를 공소사실에 기재하는 것이 공소장일본주의 위반이 아님은 명백하고, 설사 범죄의 직접적인 _____가 아닌 경우에도 _____의 기재는 공소장의 효력에 영향을 미치지 않는다.

3. 여사기재의 금지

① 여사기재란 공소장에 소송사실과 관계없는 사실을 기재하는 것을 말한다. ⇨ 공소장에 법령이 요구하는 사항 외의 사실로서 법원에 예단이 생기게 할 수 있는 사유를 나열하는 것이 허용되지 않는다는 것도 이른바 '기타 사실의 기재 금지'로서 공소장일본주의의 내용에 포함된다(2012도2957). 20. 법원

② 살인죄나 방화죄와 같은 동기범죄는 동기 기재가 허용되고, 설사 범죄의 직접적인 동기가 아닌 경우에도 동기의 기재는 적법하다(2007도748). 09 · 11 · 19. 9급국가직, 14. 법원 · 7급국가직 · 경찰간부, 18. 경찰승진, 19. 9급개론, 21. 경찰간부 ⇨ '공무 외의 일을 위한 집단행위'(국가공무원법위반)에 이르게 된 동기와 경위의 개재는 적법하다(2010도6388). 13. 법원

③ 전과의 기재는 피고인을 특정할 수 있는 사항이므로 허용된다(66도793). 13 · 14. 법원, 14. 7급국가직

④ 공소장에 누범이나 상습범을 구성하지 않는 전과사실을 기재하였다 하여도, 공소장 기재는 적법하다(66도793). 13 · 14. 법원, 14. 7급국가직

⑤ 공소시효가 완성된 범죄사실을 공소범죄사실 이외의 사실로 기재하더라도 위법하지 않다(83도1979).

⑥ 소년부송치처분, 직업 없음을 기재한 것도 피고인을 특정할 수 있는 사항이므로 허용된다(90도1813). 04. 행시, 05. 경찰3차, 07 · 15. 경찰2차, 09. 전의경 · 9급국가직, 12. 해경간부, 13 · 16. 경찰승진, 14. 경찰간부 · 9급국가직, 20. 7급국가직

⑦ 조직의 위세를 이용한 협박, 업무방해 등으로 기소된 사안에서, 타 조직의 악행을 기재한 것은 공소장일본주의에 위배된다(2012도2957).

❸ 적용범위

1. 적용되는 절차

① 공소장일본주의는 통상의 공소제기에 적용된다.

② 약식명령에 대한 정식재판 청구가 있는 때, 법원에 의해 통상회부된 경우에도 적용된다(제450조). ⇨ 즉결심판에 대한 정식재판인 경우는 공소장일본주의가 적용되지 않는다.

기출 키워드 체크

공소장일본주의는 공소_______에 대해서만 적용된다.

2. 적용되지 않는 절차

(1) 공소제기 이후 절차

① 공소장일본주의는 공소제기에 한하여 적용되는 원칙이다.

Answer

기출 키워드 체크
동기, 동기, 동기, 동기
제기

OX
○

② 따라서 공소제기 이후의 절차에서는 적용되지 않는다.
㉠ **공판절차 갱신 후의 절차** 03. 행시, 09. 9급국가직
㉡ **상소심 절차** 03. 행시
㉢ **파기환송(이송) 후의 절차** 09. 9급국가직

(2) 약식명령 청구

① 약식명령의 청구시에는 적용되지 않는다. 09 · 10 · 11 · 16. 9급국가직, 15. 경찰간부

② 정식재판의 청구, 법원에 의한 통상회부 절차에서는 공소장일본주의가 적용된다. 07. 9급국가직

③ 약식명령에 대한 정식재판청구가 제기된 경우, 법원이 증거서류 및 증거물을 검사에게 반환하지 않고 보관하고 있더라도 그 이전에 이미 적법하게 제기된 공소제기 절차가 위법한 것은 아니다(2007도3906). 12. 경찰간부, 13 · 14. 법원, 14. 7급국가직, 15 · 17. 변호사, 18. 경찰승진, 19. 9급국가직 · 9급개론

(3) 즉결심판 청구

① 즉결심판 청구시에는 적용되지 않는다. 16. 9급국가직

② 즉결심판에 대한 정식재판 청구시에도 적용되지 않는다. 04. 행시, 12 · 13. 경찰승진, 20. 법원

③ 정식재판청구에 의한 제1회 공판기일 전에 사건기록 및 증거물이 관할 법원에 송부된다고 하여 그 이전에 이미 적법하게 제기된 경찰서장의 즉결심판청구의 절차가 위법하게 된다고 볼 수 없고, 그 과정에서 정식재판이 청구된 이후에 작성된 피해자에 대한 진술조서 등이 사건기록에 편철되어 송부되었다고 하더라도 달리 볼 것은 아니다(2008도7375). 12. 경찰승진

4 위반의 효과(공소기각판결)

① 공소장일본주의에 위반한 경우 공소제기 절차가 법률의 규정에 위반하여 무효가 되어 법원은 공소기각판결을 선고하여야 한다(2009도7436). 11 · 12. 9급국가직, 13. 경찰승진, 14 · 15. 경찰간부, 17. 7급국가직, 20. 법원

② 피고인 측이 이의 제기하지 않고, 증거조사절차가 마무리되어 법관의 심증형성이 이루어진 단계에서는 하자 치유된다(2009도7436). 11 · 12 · 16 · 17. 9급국가직, 13. 법원, 13 · 14 · 19. 7급국가직, 13 · 18. 경찰승진, 14 · 17. 경찰간부, 16. 9급개론 ⇨ 공소장일본주의 적용은 공소제기 이후 공판절차가 진행된 단계에서는 필연적으로 일정한 한계를 가질 수밖에 없다(2009도7436). 19. 경찰간부

기출 키워드 체크

공소장에 공소장일본주의에 반하는 기재가 있는 경우 법원은 원칙적으로 ________을 선고하여야 한다.

기출 키워드 체크

공소장 기재의 방식에 관하여 피고인 측으로부터 아무런 이의가 제기되지 아니하였고 법원 역시 범죄사실의 실체를 파악하는 데 지장이 없다고 판단하여 그대로 공판절차를 진행한 결과 ________가 마무리되어 법관의 심증형성이 이루어진 단계에서는 더 이상 공소장일본주의 위배를 주장하여 이미 진행된 소송절차의 효력을 다툴 수는 없다.

Answer

기출 키워드 체크
공소기각의 판결
증거조사절차

③ 법원이 공판절차 초기 쟁점정리 과정에서 이 사건 공소장 중 모두 사실은 범죄의 구성요건과 상관이 없어 심리하지 않겠다고 고지하고 증거조사 등의 공판절차를 진행하였다 하더라도 공소장 기재 방식의 하자가 치유된다고 볼 수 없다(2012도2957).

Chapter 08 OX 확인학습

01 □□□ 현행법규는 공소장일본주의에도 불구하고 공소장에 변호인 선임서, 긴급체포서, 구속영장 등의 서류를 첨부하도록 하고 있다. (○)

02 □□□ 검사가 공소장을 제출하지 아니하고서 행한 공소제기는 무효이지만 추완이 허용된다. (×)

03 □□□ 공소장에의 공소사실 기재는 범죄의 일시는 이중기소나 시효에 저촉되지 않을 정도로, 장소는 토지관할을 가늠할 수 있을 정도로, 방법에 있어서는 범죄구성요건을 밝히는 정도로 기재하면 족하다. (○)

04 □□□ 공소제기의 취지가 오해를 불러일으키거나 명료하지 못한 경우라면 법원은 검사에 대하여 석명권을 행사하여 그 취지를 명확하게 하여야 한다. (○)

05 □□□ 공범의 1인에 대한 공소제기의 효력은 다른 공범자에게 미치지 않으므로 공범의 1인에 대한 공소시효 정지의 효력도 다른 공범자에게 미치지 않는다. (×)

06 □□□ 공소가 제기되면 동일사건에 대해 다시 공소를 제기할 수 없으므로 동일사건이 수개의 법원에 계속된 때에는 공소기각의 판결을 해야 한다. (×)

07 □□□ 공소제기 후에 진범이 발견되어도 공소제기의 효력은 진범에게 미치지 아니한다. (○)

08 □□□ 범죄사실의 일부에 대한 공소는 그 효력이 전부에 미친다. (○)

09 □□□ 공소제기에 의해 사건은 법원에 계속되고, 공소시효의 진행이 정지되며 법원은 검사가 공소제기한 사건에 한하여 심판하여야 한다. (○)

10 □□□ 포괄일죄나 과형상 일죄의 일부에 대한 공소제기는 그 전부에 대하여 효력이 미친다. (○)

11 □□□ 형사소송법은 공소제기로 인하여 공판절차가 시작되고, 피내사자의 지위가 피의자의 지위로 바뀜을 규정하고 있다. (×)

12 □□□ 공소사실의 일부가 다소 불명확하게 적시되어 있다면 함께 적시된 다른 사항들에 의하여 공소사실을 특정할 수 있는 경우에도 그 공소제기는 효력이 없다. (×)

13 □□□ 공소사실의 일시나 장소가 다소 개괄적으로 기재되었더라도 그 기재가 다른 사실과 식별이 곤란하다거나 피고인의 방어권 행사에 지장을 초래할 정도라고 보기 어렵다면 공소사실은 특정되었다고 보아야 한다. (○)

14 □□□ 공모공동정범에 있어 실행정범의 인적사항이 적시되지 아니하고 범행일시나 장소가 명백히 표시되지 아니하였으나 그 공모관계, 실행정범의 실행행위가 모두 표시되어 있는 경우라면 공소사실이 특정된 것으로 볼 수 있다. (○)

15 □□□ 교사범과 방조범의 공소사실에는 교사 또는 방조사실만을 기재하면 족하며, 정범의 범죄구성요건을 충족하는 구체적 사실까지 기재할 필요는 없다. (×)

16 □□□ 마약류 관리에 관한 법률 위반사건에서 범행일시를 모발감정 결과에 기초하여 투약가능기간을 역으로 추정한 '2010. 11.경'으로, 투약장소를 시(市)와 구(區)까지 기재한 경우, 공소사실이 특정되었다고 볼 수 있다. (×)

17 □□□ 변호사법 위반사건에서 '2006. 12. 14.경부터 2007. 2. 15.경 까지 2회에 걸쳐 합계 5,000만원을 받았다.'고 기재한 경우, 공소사실이 특정되었다고 볼 수 있다. (○)

18 □□□ 각 세금계산서마다 하나의 죄가 성립하는 구 조세범처벌법상 무거래 세금계산서 교부죄에 있어서 세금계산서의 총 매수와 그 공급가액의 합계액만을 기재한 경우, 공소사실이 특정되었다고 볼 수 있다. (×)

19 □□□ 수인의 피해자에 대하여 각 별로 기망행위를 하여 각각 재물을 편취한 사기죄에 있어서 '일정한 기간 사이에 성명불상의 고객들에게 1일 평균 매상액 상당을 판매하여 그 대금 상당액을 편취하였다.'고 기재한 경우, 공소사실이 특정되었다고 볼 수 있다. (×)

20 □□□ 포괄일죄의 공소장을 기재함에 있어서 검사는 그 전체범죄의 시기와 종기, 범행방법, 범행횟수 또는 피해액의 합계 및 피해자나 상대방을 기재하는 것으로 족하지 않고 포괄일죄를 이루는 개개의 범죄사실이 모두 특정되도록 기재하여야 한다. (×)

21 □□□ 검사가 공소사실의 일부가 되는 범죄일람표를 컴퓨터 프로그램을 통하여 열어보거나 출력할 수 있는 전자적 형태의 문서로 작성한 후, 종이문서로 출력하여 제출하지 아니하고 전자적 형태의 문서가 저장된 저장매체 자체를 서면인 공소장에 첨부하여 제출한 경우, 이러한 형태의 공소제기를 허용하는 별도의 규정이 없을 뿐만 아니라, 저장매체나 전자적 형태의 문서를 공소장의 일부로서의 '서면'으로 볼 수도 없고, 전자적 형태의 문서의 양이 방대하여 그와 같은 방식의 공소제기를 허용해야 할 현실적인 필요가 있다거나 피고인과 변호인이 이의를 제기하지 않고 변론에 응하였다고 하여 달리 볼 것도 아니다. (○)

22 □□□ 공소취소는 이유를 기재한 서면으로 하여야 한다. 단, 공판정에서는 구술로써 할 수 있다. (○)

23 □□□ 공소장일본주의를 위반하는 것은 소송절차의 생명이라 할 수 있는 공정한 재판의 원칙에 치명적인 손상을 가하는 것이고, 이를 위반한 공소제기는 법률의 규정에 위배된 것으로 치유될 수 없는 것이므로 소송절차의 시기 및 위반의 정도와 무관하게 항상 공소기각의 판결을 해야한다. (×)

24 □□□ 검사가 기명날인만 있고 자필서명이 없는 공소장을 법원에 제출한 경우, 공소를 제기한 검사가 제1심의 제1회 공판기일에 공판검사로 출석해서 기소요지를 진술하고 공소장에 서명을 추가하더라도 이러한 공소제기는 무효이다. (×)

25 □□□ 공소장부본 송달 등의 절차 없이 검사가 공판기일에 공소장의 형식적 요건을 갖추지 못한 공소장변경 허가신청서로 공소장을 갈음한다고 구두 진술한 것만으로는 유효한 공소제기가 있다고 할 수 없고, 피고인과 변호인이 그에 대해 이의를 제기하지 않았다 하더라도 그 하자는 치유되지 않는다. (○)

26 □□□ 현행법은 기소편의주의를 취하고 있기 때문에 설사 검사가 고의로 공소권을 남용해서 피고인에게 실질적인 불이익을 주더라도 공소제기의 효력을 부인할 수는 없다. (×)

27 □□□ 하나의 행위가 허위공문서작성죄와 직무유기죄의 구성요건을 동시에 충족하는 경우 검사가 직무유기죄로만 기소하더라도 적법하다. (○)

제4절 공소제기의 효과

1 의 의

① 공소제기가 있어야 법원의 공판절차는 개시된다. 즉 공소제기에 의해 법원의 심판이 시작되고, 피의자의 지위는 피고인으로 전환되며, 강제처분의 주도권도 법원으로 넘어가게 된다.

② 더하여 법원의 심판범위는 공소장에 기재된 공소사실로 한정되고 공소시효도 정지하게 되는데 이를 가리켜 공소제기의 소송법상 효과라고 한다. 이러한 공소제기의 효과는 공소장이 법원에 도달한 때에 발생한다.

2 소송계속

① 공소제기에 의하여 수소법원의 심리와 재판의 대상이 되어 있는 상태를 소송계속이라 한다. 05. 경찰2차, 15. 경찰1차

㉠ **검사의 공소제기가 없어도 소송계속이 발생할 수 있다.** 05. 경찰2차

㉡ **성명모용에서 피모용자에 대한 공소제기가 없는데도 사실상 소송계속이 생긴다.**

② 이때 공소제기는 반드시 유효할 필요는 없고, 공소제기가 무효라도 소송계속은 발생한다. 12. 교정특채

③ 이중기소 금지

㉠ **공소제기가 있으면 동일사건에 대하여 다시 공소를 제기할 수 없다. ⇨ 죄명이 달라도 이중기소가 될 수 있다(4280형상137).** 11. 9급국가직

㉡ **동일 법원에 이중기소된 경우 ⇨ 후소에 대해 공소기각판결(제327조 제3호)** 08 · 18. 9급국가직, 10. 경찰승진, 18. 9급개론

㉢ **다른 법원(수개의 법원)에 이중기소된 경우 ⇨ 심판하지 않는 다른 사건에 대해 공소기각결정(제328조 제1항 제3호)** 15. 경찰1차

기출 키워드 체크

동일사건이 같은 법원에 이중으로 공소제기 되었을 경우 법원은 후소(後訴)에 대하여 ________는 하여야 한다.

3 심판범위의 한정

1. 공소제기의 효력이 미치는 범위

(1) 인적 효력범위: 검사가 피고인으로 지정한 자

① 공소는 검사가 피고인으로 지정한 이외의 다른 사람에게 그 효력이 미치지 아니한다. 14. 경찰승진, 17. 경찰간부

② 공소제기가 잘못된 경우라도, 진범에게는 공소제기의 효력이 미치지 않으므로 공소제기 후 진범이 발견되어도 진범에 대한 새로운 공소제기가 필요하다. 03. 행시, 15. 경찰1차

기출 키워드 체크

공소는 ________가 ________으로 지정한 사람 외의 다른 사람에게는 그 효력이 미치지 않는다.

Answer

기출 키워드 체크
공소기각판결
검사, 피고인

③ 공범 중 1인에 대한 공소제기는 다른 공범자에게 효력이 없다. 05 · 14. 경찰2차, 07. 9급국가직, 12. 경찰1차, 13 · 16. 법원

④ 다만, 공소시효 정지의 효력은 다른 공범자에게 미친다. 05 · 14. 경찰2차, 08. 7급국가직, 08 · 09 · 14. 9급국가직, 08 · 10. 법원, 12 · 15. 경찰1차, 13 · 14. 경찰승진

(2) 물적 효력범위 : 단일성, 동일성이 인정되는 범죄사실 전부

① 범죄사실 일부에 대한 공소제기는 범죄사실 전부에 미친다(공소불가분의 원칙). 03. 행시, 08. 9급국가직, 08 · 11. 법원, 13. 경찰승진, 14 · 15. 경찰2차, 16. 경찰간부

② 구체적으로 공소사실과 당일성, 동일성이 인정되는 전범위에 미친다.

(3) 시적 효력범위 : 사실심 선고시

① 공소제기의 효력이 미치는 시적 범위는 사실심리의 가능성이 있는 최후의 시점인 판결 선고시를 기준으로 삼아야 한다(2004도3331). 17. 경찰간부

② 검사가 일단 상습사기죄로 공소제기한 후 사실심 선고시까지의 사기행위 일부를 별개의 독립된 상습사기죄로 공소제기를 하는 경우 이중기소에 해당되어 허용될 수 없다(2004도3331).

(4) 심판대상(이원설)

① 현실적 심판대상, 잠재적 심판대상 ⇨ 공소장에 기재된 부분만 현실적 심판대상이 되고 12. 경찰1차, 공소사실과 단일성, 동일성이 인정되는 범죄사실 전부는 잠재적 심판대상이 된다.

② 법원은 검사가 공소제기한 사건에 한하여 심판하여야 한다. 15. 경찰1차, 19. 7급국가직

㉠ **법원이 공소장 변경 없이 공소사실에 명시되지 않은 잠재적 심판대상을 심판할 수 없다(불고불리원칙).**

㉡ **적용법조의 오기나 누락을 바로잡는 것은 불고불리원칙에 위배되지 않는다.**

③ 잠재적 심판대상이 현실적 심판대상이 되기 위해서는 공소장 변경이 필요하다. 12. 경찰1차

④ 기판력은 공소사실의 동일성이 인정되는 잠재적 심판대상 전부에 미친다.

4 공소시효의 정지

① 공소제기에 의하여 공소시효 진행이 정지되며, 정지된 공소시효는 공소기각 또는 관할위반의 재판이 확정된 때로부터 다시 진행한다. 04 · 05 · 14 · 16. 경찰2차, 13 · 14. 경찰승진, 15. 경찰1차

② 공소제기의 유효, 무효를 불문한다. 04. 경찰2차, 08. 9급국가직

기출 키워드 체크

공소제기에 의하여 공소시효는 진행이 정지되고 정지된 공소시효는 ________ 또는 ________의 재판이 ________된 때로부터 진행된다.

Answer

기출 키워드 체크

공소기각, 관할위반, 확정

❺ 기 타

① 공소제기로 피의자는 피고인이 된다. 14. 경찰1차 ⇨ 피고인은 소송의 주체인 동시에 당사자이다.

② 강제처분의 권한이 수사기관에서 법원으로 이전된다.

▶ **불고불리원칙에 위배되었다고 본 사례**

- 일반법과 특별법에 모두 해당하여, 가벼운 일반법의 죄로 기소한 경우, 형이 더 무거운 특별법을 적용한 사안(2005도9743) 11 · 16. 9급국가직, 13. 경찰승진
- 검사가 실체적 경합관계에 있는 두 개의 범죄(폐기물 매립지 불법증축행위와 허가받은 매립지 이외의 장소에 불법으로 매립한 행위) 중 하나(불법증축행위)만을 기소하였으나, 법원이 기소되지 않은 다른 범죄(불법투기)에 대해 유죄를 선고한 사안(2005도7281)
- 공소가 제기되지 아니한 범죄사실을 법원이 인정하여 그에 관하여 몰수나 추징을 선고한 경우(2006도4885)
- 상상적 경합관계에 있는 두 죄 중 어느 한 죄로만 공소가 제기되었으나, 법원이 공소장변경절차를 거치지 아니하고 다른 죄로 바꾸어 인정하거나 다른 죄를 추가로 인정한 경우(2005도7281)
- 상상적 경합관계에 있는 두 죄 중 어느 한 죄로만 공소제기된 경우, 법원이 공소장변경절차를 거치지 아니하고 다른 죄로 바꾸어 인정하거나 다른 죄를 추가로 인정할 수 없다고 본 사례(2007도2372)
- 공소장에 기재된 사실 중 검사가 공소사실로 기재한 것이 아니라는 점을 분명히 밝히고 있는 부분은 공판심리의 대상이 되지 않음(83도1979)
- 포괄일죄라도 개개의 사실이 공소장에 명시되어 있지 않은 이상 그 부분은 심판대상이 되지 않음(71도1548)
- 교통사고처리특례법상 운전 중 보행자용 신호기 신호위반 사실을 들어 공소제기된 경우, 운전 중 횡단보도 보행자보호 의무위반 사실 여부까지 판단할 수 없다고 본 사례(91도2674)
- 공소사실이 인정되지 않은 경우, 별개의 공소가 제기되지 아니한 범죄사실을 법원이 인정하여 이에 관하여 몰수나 추징을 선고한 사례(2006도4885)
- 사기죄로 기소된 공소사실을 그 동일성을 인정할 수 없는 강제집행면탈죄나 배임죄로 처단한 경우(2001도210)

▶ **불고불리원칙에 위배되지 않았다고 본 사례**

- 범죄사실이 공소사실과 차이가 없이 동일한 경우에는 비록 검사가 신법을 적용하여 공소를 제기하였더라도, 형의 경중의 차이가 없어 피고인의 방어권행사에 실질적으로 불이익을 초래할 우려가 없어 행위시법인 구법을 적용할 수 있다고 본 사례(2000도3350) 08. 경찰2차
- 오기나 누락인 것이 분명한 것을 바로 잡은 사안(2002도2134, 95도489, 93도1091, 86도1547, 87도1801)

• 오기나 누락을 바로잡아 직권으로 적용한 법조에 규정된 법정형이 더 무거운 경우(2005도9743)
• 공소장에 기재되어 있지 아니한 누범가중의 사유가 되는 전과사실을 인정하여 피고인을 누범으로 처벌한 사안(71도2004)
• 긴급자동차를 운전하던 피고인이 전방 좌우 주시, 정차, 속도저감 등의 주의의무를 위반하여 사고를 일으켰다는 공소사실을 변경함이 없이, 아무런 장애물이 없는 11미터 높이의 도로중앙을 통과하지 않은 과실로 사고를 일으켰다고 인정한 경우(64도719)
• 필요적 추징규정이 있는 경우에는 공소사실이 인정되는 이상 법원이 직권으로 추징을 병과할 수 있다고 본 사안(2006도8663)

제5절 심판범위 관련 문제

❶ 일죄의 일부에 대한 공소제기

1. 의 의

① 소송법상 일죄(단순 일죄, 과형상 일죄)의 전부에 대해서 범죄혐의가 인정되고 소송조건이 구비되어 있음에도 불구하고 검사가 일죄의 일부만 공소제기하는 것을 말한다.

② 검사가 강도상해죄의 혐의가 충분한데도 강도죄로만 공소제기하는 경우

③ 포괄일죄를 구성하거나 상상적 경합관계에 있는 여러 범죄행위 중의 일부에 대해서만 공소제기하는 경우

2. 공소제기의 적법성

① 일죄의 일부에 대한 공소제기가 적법한 것인지 여부에 대해 견해의 대립은 있으나,

② 판례는 적법하다는 입장이다.

㉠ **작위범인 범인도피죄로 공소제기를 하지 않고 부작위범인 직무유기죄로만 공소를 제기할 수 있다(99도1904).** 07. 7급국가직, 14. 9급개론

㉡ **작위범인 허위공문서작성 · 행사죄로 공소를 제기하지 않고 부작위범인 직무유기죄로만 공소를 제기할 수 있다(2005도4202).** 14. 법원, 15. 9급개론

3. 일부기소의 효력

① 공소제기의 효력: 일죄의 전부에 미친다. 13. 법원

② 법원의 심판대상: 공소제기된 부분이 현실적 심판대상이고, 일죄의 전부가 잠재적 심판대상이 된다.

기출 키워드 체크

하나의 행위가 허위공문서작성죄와 직무유기죄의 구성요건을 동시에 충족하는 경우 ________가 직무유기죄로만 기소하더라도 적법하다.

Answer

기출 키워드 체크
검사

③ 기판력: 잠재적 심판대상이 된 일죄의 전부에 대해 미친다. 10. 9급국가직

④ 이중기소 금지: 일죄의 전부에 대해서 이중기소 금지의 효력이 미친다.

4. 친고죄에 대한 일부기소

① 친고죄에서 고소가 없거나 취소된 경우 그 일부만 공소제기 하는 것은 친고죄의 입법취지에 반하며, 고소불가분의 원칙상 허용되지 않는다.

② 공소제기 절차가 법률의 규정에 위반하여 무효인 때에 해당하므로 공소기각판결(무죄 ×)을 선고해야 한다. 05. 경찰2차, 07. 9급국가직, 08 · 14. 법원, 08 · 09. 7급국가직, 10. 경찰승진, 12. 교정특채

③ 구 강간죄(친고죄)에 대하여 고소취소가 있는 경우에 그 수단인 폭행만을 분리하여 공소제기한 경우 법원은 공소기각판결을 선고하여야 한다(2002도51). 07. 9급국가직, 08 · 09. 7급국가직, 08 · 14. 법원, 10. 경찰승진, 12. 교정특채

❷ 포괄일죄의 일부에 대한 공소제기

1. 의 의

포괄일죄의 일부에 대해 기소한 후 나머지 범죄사실을 추가 기소하는 것이 가능한지 문제된다.

2. 공소제기의 효력

포괄일죄의 일부에 대한 공소제기의 효력은 포괄일죄 전부에 미친다.

3. 추가기소 불가

① 포괄일죄의 나머지 부분에 대한 추가기소는 이중기소금지의 원칙상 허용되지 않는다. 16. 변호사

② 포괄일죄의 나머지 부분을 공소사실로 추가하기 위해서는 공소장변경절차를 거쳐야 한다.

㉠ **검사가 단순일죄로 기소한 후 포괄일죄인 상습범행을 추가로 기소하였으나 그 심리과정에서 전후에 기소된 범죄사실이 포괄일죄를 구성하는 것으로 밝혀진 경우(99도3929)** 18. 7급국가직

㉡ **검사는 원칙적으로 먼저 기소한 사건의 범죄사실에 추가로 기소한 범죄사실을 추가하여 전체를 상습범행으로 변경하는 공소장변경 신청을 하고,**

㉢ **추가기소한 사건에 대하여는 공소취소를 하는 것이 형사소송법의 규정에 충실한 조치이다.** 20. 경찰간부

OX 검사가 단순일죄로 기소한 후 포괄일죄인 상습범행을 추가로 기소하였으나 그 심리과정에서 전후에 기소된 범죄사실이 포괄일죄를 구성하는 것으로 밝혀진 경우, 검사는 원칙적으로 먼저 기소한 사건의 범죄사실에 추가로 기소한 범죄사실을 추가하여 전체를 상습범행으로 변경하는 공소장변경 신청을 하고, 추가기소한 사건에 대하여는 공소취소를 하는 것이 형사소송법 의 규정에 충실한 조치이다. (○, ×) 18. 7급국가직

Answer

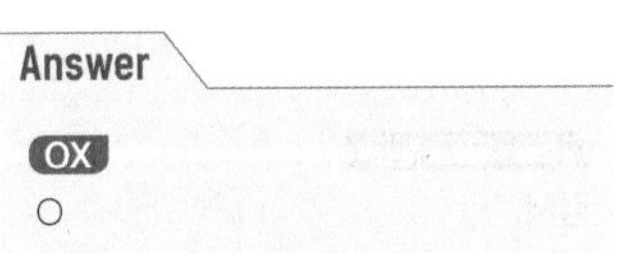

OX
○

4. 이중기소

① 상습범에 있어서 공소제기의 효력은 공소가 제기된 범죄사실과 동일성이 인정되는 범죄사실 전체에 미치는 것이며, 또한 공소제기의 효력이 미치는 시적 범위는 사실심리의 가능성이 있는 최후의 시점인 판결선고시를 기준으로 삼아야 할 것이므로, 검사가 일단 상습사기죄로 공소제기한 후 그 공소의 효력이 미치는 위 기준시까지의 사기행위 일부를 별개의 독립된 상습사기죄로 공소제기를 함은 비록 그 공소사실이 먼저 공소제기를 한 상습사기의 범행 이후에 이루어진 사기 범행을 내용으로 한 것일지라도 공소가 제기된 동일사건에 대한 이중기소에 해당되어 허용될 수 없다(99도3929). 20. 7급국가직

② 다만, 아래와 같이 공소장변경이 이루어진 것으로 보아 전후에 기소된 범죄사실 전부에 대하여 실체판단을 하여야 하고 추가기소에 대하여 공소기각판결을 할 필요는 없다(99도3929).

5. 법원의 조치

① 추가 기소한 부분은 공소기각판결이 아니라 유무죄판결을 선고한다.

㉠ **석명을 통해 중복하여 공소를 제기한 것이 아님이 분명해진 경우, 공소장 변경이 이루어진 것으로 본 사례(96도1698, 99도3929)**

㉡ **석명절차를 거치지 아니하더라도, 피고인에게 불이익을 주는 것이 아니므로 공소장변경이 이루어진 것으로 의제한 사례(93도2178, 2007도2595)**

㉢ **검사가 수개의 협박 범행을 먼저 기소하고 다시 별개의 협박범행을 추가로 기소하였는데 각각의 범행이 모두 포괄일죄로 밝혀진 경우, 법원은 전후에 기소된 범죄사실 전부에 대하여 실체판단을 할 수 있다(2007도2595).** 16. 경찰간부

㉣ **포괄일죄 나머지 부분에 대해 추가기소가 되었을 때, ⓐ 공소기각을 하여야 한다는 견해, ⓑ 공소장 변경으로 취급하여 실체판단을 하여야 한다는 견해, ⓒ 석명절차를 거친 후 판단하여야 한다는 견해 등이 존재한다.**

② 검사가 단순일죄로 추가기소하거나(2001도2196), 재판장의 석명 요구에 아무런 입장도 밝히지 않는 경우(부산지법 2008노560) 등 추가기소 부분이 포괄일죄로 기소된 것인지 여부가 명확하지 않은 경우 – 추가기소된 부분은 공소기각판결을 선고한다. ⇨ 검사가 일단 상습사기죄로 공소를 제기한 후(단순 사기죄로 공소를 제기하였다가 상습사기죄로 공소장이 변경된 경우도 포한된다) 그 공소의 효력이 미치는 위 기준시까지의 사기행위 일부를 별개의 독립된 사기죄로 공소를 제기한 경우 – 추가기소된 사기 범행이 이루어진 시기가 먼저 공소를 제기한 상습사기의 범행 이전이거나 이후인지 여부를 묻지 않고 공소기각판결을 한다(2001도2196).

OX 검사가 수개의 협박 범행을 먼저 기소하고 다시 별개의 협박범행을 추가로 기소하였는데 각각의 범행이 모두 포괄일죄로 밝혀진 경우, 법원은 전후에 기소된 범죄사실 전부에 대하여 실체판단을 할 수 없고, 추가기소된 부분에 대하여 공소기각판결을 하여야 한다. (○, ×) 16. 경찰간부

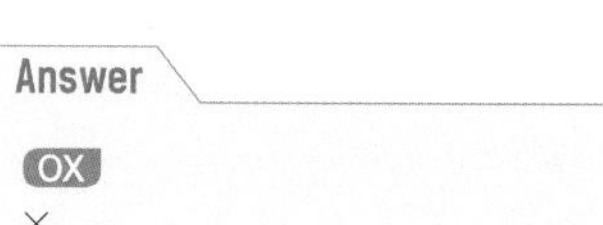

Chapter 08 실전익히기

01

14. 경찰승진

공소권남용에 관한 설명 중 가장 적절한 것은 모두 몇 개인가? (다툼이 있는 경우 판례에 의함)

㉠ 검사가 자의적으로 공소권을 행사하여 피고인에게 실질적인 불이익을 줌으로써 소추재량권을 현저히 일탈한 것으로 보이는 경우에는 이를 공소권의 남용으로 판단하여 공소제기의 효력을 부인할 수 있고 여기서 자의적인 공소권의 행사라 함은 단순히 직무상의 과실에 의한 것으로 족하고 미필적으로나마 어떤 의도가 있어야 하는 것은 아니다.
㉡ 검사가 피고인의 여러 범죄행위를 일괄 기소하지 아니하고 수사진행 상황에 따라 여러 번에 걸쳐 나누어 분리기소한 경우 공소권 남용이라 볼 수 있다.
㉢ 공소장에 공소범죄사실 이외의 사실을 불필요하게 자세하게 기재한 경우 공소권을 남용한 것이라고 할 수 있다.

① 0개 ② 1개
③ 2개 ④ 3개

02

16. 경찰승진

공소취소에 대한 설명으로 가장 적절하지 않은 것은?

① 공소취소는 이유를 기재한 서면으로 하여야 하지만, 공판정에서는 구술로도 할 수 있다.
② 공소가 취소된 사건에 대하여는 공소취소 후 그 범죄사실에 대한 다른 중요한 증거를 발견한 경우에 한하여 다시 공소를 제기할 수 있다.
③ 공소취소는 사실심인 항소심 판결선고 전까지만 가능하다.
④ 공소가 취소된 경우 법원은 공소기각결정을 하여야 한다.

03

19. 7급국가직

공소취소에 대한 설명으로 옳은 것만을 모두 고르면? (다툼이 있는 경우 판례에 의함)

ㄱ. 공소는 사실심의 마지막 단계인 제2심 판결 선고 전까지 취소할 수 있다.
ㄴ. 재정신청에서 법원의 공소제기 결정에 따라 공소가 제기된 경우, 검사는 공소취소를 할 수 없다.
ㄷ. 공소사실의 동일성이 인정되는 공소사실의 일부를 심판대상에서 제외시키는 것은 공소취소에 해당하지 않는다.
ㄹ. 제1심 판결이 선고되어 확정되었더라도 제1심의 확정판결에 대한 재심소송절차가 진행 중인 경우에는 공소취소가 허용된다.

① ㄱ, ㄴ ② ㄱ, ㄹ
③ ㄴ, ㄷ ④ ㄷ, ㄹ

04

14. 9급국가직

공소장의 예비적·택일적 기재에 대한 설명으로 옳지 않은 것은? (다툼이 있는 경우 판례에 의함)

① 검사는 공소장에 수 개의 범죄사실과 적용법조를 심판의 순서를 정하거나 또는 정하지 않고 기재할 수 있다.
② 항소심은 택일적 기재의 경우 하나의 사실을 유죄로 인정한 원심판결을 파기하고 다른 사실을 유죄로 할 수 있다.
③ 공소제기 후에는 공소사실의 동일성이 인정되더라도 공소장의 공소사실과 적용법조를 예비적·택일적으로 변경할 수 없다.
④ 예비적·택일적 기재의 경우 법원이 공소사실 모두에 대해 무죄를 선고하는 때에는 판결이유에서 모두 판단해야 한다.

05

20. 경찰간부

공소사실의 특정에 관한 설명 중 가장 옳지 않은 것은? (다툼이 있으면 판례에 의함)

① '1992. 2.경부터 1996. 6. 7.경까지 성명불상자들이 세관장에서 신고하지 아니하고 관세를 포탈하여 반입한 손목시계 9개 시가 합계 금 4,230만원 상당을 장물인 정을 알면서 성명불상의 중간상인들로부터 수회에 걸쳐 구입하여 이를 취득하였다'고 기재한 경우, 밀수품취득죄의 공소사실은 특정되었다.

② 포괄일죄에 대한 공소사실의 기재에 있어서는 그 일죄의 일부를 구성하는 개개의 행위에 대하여 구체적으로 특정하지 않더라도 전체 범행의 시기와 종기, 범행방법, 피해자나 상대방, 범행횟수, 피해액의 합계 등을 명시하면 공소사실이 특정된 것으로 본다.

③ 공소장의 기재사실 중 일부가 명확하지 아니한 경우 법원이 검사에게 석명을 구하지 않고 곧바로 공소기각판결을 하면 심리미진의 위법이 될 수 있다.

④ 교사범이나 방조범의 경우 교사나 방조의 사실뿐만 아니라 정범의 범죄사실도 특정하여야 한다.

06

15. 경찰간부

공소사실의 특정에 대한 설명 중 가장 옳지 않은 것은? (다툼이 있는 경우 판례에 의함)

① 살인죄에서 범죄의 일시 · 장소 · 방법을 구체적으로 명확히 인정할 수 없는 경우 이를 개괄적으로 설시하였다면 공소사실이 특정되었다고 볼 수 없다.

② 업무상과실치상 공소사실 중 그 일부 피해자에 대해 치료기간이 미상이라고 기재된 경우라도 공소사실은 모두 특정되어 있는 것이다.

③ 외국 유명대학의 박사학위기를 위조하여 행사했다는 공소사실에 대해 위조문서의 내용, 행사일시, 장소, 행사방법 등이 특정되어 기재되어 있고, 박사학위기 사본이 현출된 경우에는 공소사실은 특정된 것이다.

④ 공소사실의 기재는 범죄의 일시 · 장소와 방법을 명시하여 사실을 특정할 수 있도록 하여야 한다.

07

결합(14. 경찰1차, 17. 해경간부, 18. 경찰간부)

다음은 공소사실의 특정에 대한 설명이다. 가장 적절한 것은? (다툼이 있으면 판례에 의함)

① 공소사실의 일부가 다소 불명확하게 적시되어 있다면 함께 적시된 다른 사항들에 의하여 공소사실을 특정할 수 있는 경우에도 그 공소제기는 효력이 없다.

② "상피고인이 피해자를 때릴 때 그 주위에서 위세를 부리는 방법으로 폭행을 가하였다."고 하는 공소사실은 구체적인 행동의 표시를 결하여 적법한 범죄사실의 적시라고 볼 수 없다.

③ 직무유기교사죄에서 "전기협 회원들에 대하여 불법파업을 하여 직무유기할 것을 결의하게 하고, 전기협 회원 6,500여 명이 이에 따라 같은 해 6. 23. 04:00경부터 불법파업에 돌입하게 하여 직무유기를 교사하였다."는 공소사실은 특정된 것으로 볼 수 있다.

④ 교사범과 방조범의 공소사실에는 교사 또는 방조사실만을 기재하면 족하며, 정범의 범죄구성요건을 충족하는 구체적 사실까지 기재할 필요는 없다.

08

14. 경찰간부

공소장일본주의에 관한 다음 설명 중 가장 옳지 않은 것은? (다툼이 있는 경우 판례에 의함)

① 공소장일본주의에 위배된 공소제기라고 인정되는 때에는 그 절차가 법률의 규정에 위반하여 무효인 때에 해당하는 것으로 보아 공소기각의 판결을 선고하는 것이 원칙이다.

② 공소장 기재의 방식에 관하여 피고인 측으로부터 아무런 이의가 제기되지 아니하였고 법원 역시 범죄사실의 실체를 파악하는 데 지장이 없다고 판단하여 그대로 공판절차를 진행한 결과 증거조사절차가 마무리되어 법관의 심증형성이 이루어진 단계에서는 더 이상 공소장일본주의 위배를 주장하여 이미 진행된 소송절차의 효력을 다툴 수는 없다.

③ 공소장의 공소사실 첫머리에 피고인이 전에 받은 소년부 송치처분과 직업 없음을 기재하였다 하더라도 이는 피고인을 특정할 수 있는 사항에 속하는 것이어서 그와 같은 내용의 기재가 있다하여 공소제기의 절차가 법률의 규정에 위반된 것이라고 할 수 없다.

④ 살인, 방화 등의 경우에 있어 범죄의 직접적인 동기 또는 공소범죄사실과 밀접불가분의 관계에 있는 동기라도 이를 공소사실에 기재하는 것은 공소장일본주의의 위반에 해당한다.

09

21. 경찰간부

공소제기에 관한 설명 중 옳지 않은 것은? (다툼이 있는 경우 판례에 의함)

① 법원이 경찰서장의 즉결심판 청구를 기각하여 경찰서장이 사건을 관할 지방검찰청으로 송치하였으나 검사가 이를 즉결심판에 대한 피고인의 정식재판청구가 있는 사건으로 오인하여 그 사건 기록을 법원에 송부한 것만으로는 공소제기가 성립되었다고 볼 수 없다.

② 공소장에 검사의 기명날인 또는 서명이 누락된 채 공소제기를 한 경우 특별한 사정이 없는 한 무효이나, 공소를 제기한 검사가 공소장에 기명날인 또는 서명을 추완하는 방법에 의하여 공소의 제기가 유효하게 될 수 있다.

③ 공소제기시에 변호인선임서, 체포영장, 긴급체포서, 구속영장 기타 구속에 관한 서류를 첨부하는 것은 공소장일본주의에 반하여 허용되지 않는다.

④ 살인, 방화 등의 경우 범죄의 직접적인 동기 또는 공소범죄사실과 밀접불가분의 관계에 있는 동기를 공소사실에 기재하는 것이 공소장일본주의 위반이 아니다.

10

18. 경찰1차

검사 A는 공소사실의 일부가 되는 범죄일람표를 컴퓨터 프로그램을 통하여 열어보거나 출력할 수 있는 전자적 형태의 문서로 작성한 후, 종이문서로 출력하여 제출하지 아니하고 전자적 형태의 문서가 저장된 저장매체 자체를 서면인 공소장에 첨부하여 제출하였다. 이에 대한 설명으로 옳고 그름의 표시(○, ×)가 바르게 된 것은? (다툼이 있는 경우 판례에 의함)

> ㉠ 서면인 공소장에 기재된 부분에 한하여 공소가 제기된 것으로 볼 수 있을 뿐이고, ㉡ 저장매체에 저장된 전자적 형태의 문서 부분까지 공소가 제기된 것이라고 할 수는 없다. ㉢ 이러한 형태의 공소제기를 허용하는 별도의 규정이 없을 뿐만 아니라, 저장매체나 전자적 형태의 문서를 공소장의 일부로서의 '서면'으로 볼 수도 없기 때문이다. ㉣ 이는 전자적 형태의 문서의 양이 방대하여 그와 같은 방식의 공소제기를 허용해야 할 현실적인 필요가 있다거나 피고인과 변호인이 이의를 제기하지 않고 변론에 응하였다고 하여 달리 볼 것도 아니다.

① ㉠ (○) ㉡ (○) ㉢ (○) ㉣ (○)
② ㉠ (○) ㉡ (×) ㉢ (○) ㉣ (×)
③ ㉠ (×) ㉡ (○) ㉢ (×) ㉣ (○)
④ ㉠ (×) ㉡ (×) ㉢ (○) ㉣ (×)

11

16. 경찰간부

공소제기의 효력에 관한 설명 중 가장 옳지 않은 것은? (다툼이 있으면 판례에 의함)

① 범죄사실의 일부에 대한 공소는 그 효력이 전부에 미친다.
② 공범 중 1인이 범죄의 증명이 없다는 이유로 무죄의 확정판결을 선고받은 경우, 그에 대하여 제기된 공소로써는 진범에 대한 공소시효정지의 효력이 없다.
③ 피의자가 다른 사람의 성명을 모용한 탓으로 공소장에 피모용자가 피고인으로 표시되었다 하더라도 이는 당사자의 표시상의 착오일 뿐이고 검사는 모용자에 대하여 공소를 제기한 것이므로 모용자가 피고인이 되고 피모용자에게 공소의 효력이 미친다고 할 수 없다.
④ 검사가 수개의 협박 범행을 먼저 기소하고 다시 별개의 협박범행을 추가로 기소하였는데 각각의 범행이 모두 포괄일죄로 밝혀진 경우, 법원은 전후에 기소된 범죄사실 전부에 대하여 실체판단을 할 수 없고, 추가기소된 부분에 대하여 공소기각판결을 하여야 한다.

12

15. 경찰1차

공소제기의 효과에 관한 다음 설명 중 가장 적절하지 않은 것은? (다툼이 있으면 판례에 의함)

① 공소제기에 의해 사건은 법원에 계속되고, 공소시효의 진행이 정지되며 법원은 검사가 공소제기한 사건에 한하여 심판하여야 한다.
② 공소가 제기되면 동일사건에 대해 다시 공소를 제기할 수 없으므로 동일사건이 수개의 법원에 계속된 때에는 공소기각의 판결을 해야 한다.
③ 공소제기 후에 진범이 발견되어도 공소제기의 효력은 진범에게 미치지 아니한다.
④ 공범의 1인에 대한 공소제기가 있어도 다른 공범자에 대하여는 그 효력이 미치지 않지만, 공범의 1인에 대한 공소시효정지의 효과는 다른 공범자에 대하여도 그 효력이 미친다.

Answer

01 ① 모두 적절하지 않은 지문이다.
02 ③ [×] 공소는 제1심판결의 선고 전까지 취소할수 있다(제255조 제1항).
03 ③ ㄴ, ㄷ이 옳은 지문이다.
04 ③ [×] 공소제기 후에도 가능하다.
05 ① [×] 범행의 횟수조차 특정되지 아니하여 적법한 공소사실 기재로 볼 수 없다(98도1480).
06 ① [×] 살인죄에 있어 범죄의 일시 · 장소와 방법은 범죄의 구성요건이 아닐 뿐만 아니라 이를 구체적으로 명확히 인정할 수 없는 경우에는 개괄적으로 설시하여도 무방하다(86도1073).
07 ② [○] 70도1528
08 ④ [×] 공소장일본주의에 위반되지 않는다.
09 ③ [×] 해당 서류들은 공소장에 첨부한다.
10 ① 모두 맞는 지문이다.
11 ④ [×] 실체판단을 한다.
12 ② [×] 공소기각결정이 이루어져야 한다.

제6절 공소장 변경

❶ 공소장 변경의 의의

① 검사가 공소사실의 동일성을 해하지 않는 범위 내에서 법원의 허가를 얻어 공소장에 기재된 공소사실 또는 적용법조를 추가, 철회, 변경하는 것을 말한다. 04. 경찰3차, 15 · 17. 경찰2차

② 피고인의 방어권 보장과 형벌권의 적정한 행사를 위한 제도이다.

③ 공소장 변경은 공소취소와 달리 공소사실의 동일성이 인정되는 범위 안에서만 허용된다. 04. 경찰3차, 09. 법원, 14. 경찰간부

④ 공소취소는 동일성이 인정되지 않는 새로운 범죄사실을 철회하는 것이다.

⑤ 공소장 정정은 명백한 오기, 누락을 정정, 보정하는 것으로 심판대상의 실질적 변동을 일으키지 않아 심판대상을 변경하는 공소장 변경과 구별된다. ⇨ 법원은 공소장의 내용을 보다 명확히 하기 위한 목적으로 사소한 오류를 바로잡기 위하여는 공소장변경의 절차를 거칠 필요 없이 정정하여 범죄사실을 인정할 수 있다(86도1547). 20. 7급국가직

❷ 내 용

공소사실과 적용법조에 대해 추가, 철회, 변경할 수 있다.

❸ 공소장 변경의 한계

① 공소장 변경은 공소사실의 동일성을 해하지 않는 한도 내에서 허용된다.

② '공소사실의 동일성'은 공소사실이 일정한 시점을 기준으로 단일하고(단일성), 시간의 경과에 따라 발생하는 사실관계가 동일(협의의 동일성)한 것을 말한다.

③ 공소장변경으로 공소사실을 예비적 또는 택일적으로 추가하는 경우에도 공소사실의 동일성이 인정되는 한도에서 허용된다(2001도116). 18. 9급국가직

④ 동일성의 판단 기준은 피고인의 행위와 그 사회적 사실관계를 기본으로 규범적 요소도 아울러 고려해야 한다(2013도12155). 13 · 15. 9급국가직, 14 · 17. 경찰간부, 15. 7급국가직, 15 · 16 · 17 · 19. 법원, 18. 해경2차, 20. 경찰1차

㉠ **포괄일죄의 경우 공소장변경 허가 여부를 결정함에 있어서는 포괄일죄를 구성하는 개개 공소사실 별로 종전 것과의 동일성 여부를 따지기 보다는 변경된 공소사실이 전체적으로 포괄일죄의 범주 내에 있는지 여부에 초점을 맞추어야 한다 (2005도514).** 12 · 19 · 21. 경찰1차, 19. 9급개론

기출 키워드 체크

검사는 법원의 ________를 얻어 공소장에 기재한 공소사실 또는 적용법조의 추가, 철회 또는 변경을 할 수 있다. 이 경우에 법원은 공소사실의 ________을 해하지 아니하는 한도에서 허가하여야 한다.

OX 공소장변경 허가의 기준으로서 공소사실의 동일성이 있는 지는 자연적 · 사회적 사실관계의 동일성이라는 관점에서 파악되어야 하고, 규범적 요소를 고려하여 기본적 사실관계가 실질적으로 동일한지 여부에 따라 결정될 수는 없다. (○, ×) 19. 법원

Answer

기출 키워드 체크
허가, 동일성

OX
×

㉡ **포괄일죄인 영업범에서 공소제기 된 범죄사실과 추가로 발견된 범죄사실 사이에 그 범죄사실들과 동일성이 인정되는 또 다른 범죄사실에 대한 유죄의 확정판결이 있는 때 ⇨ 확정판결 후의 범죄사실은 동일성이 없는 별개의 범죄가 되므로, 검사는 공소장변경절차에 의하여 확정판결 후의 범죄사실을 공소사실로 추가할 수는 없다(2016도21342).** 18 · 19. 7급국가직

㉢ **포괄일죄를 구성하는 개개 공소사실별로 종전 것과의 동일성 여부를 따지기보다는 변경된 공소사실이 전체적으로 포괄일죄의 범주 내에 있는지 여부, 즉 단일하고 계속된 범의하에 동종의 범행을 반복하여 행하고 그 피해법익도 동일한 경우에 해당한다고 볼 수 있는지 여부에 초점을 맞추어야 한다(2018도9810).**

⑤ 공소사실 동일성의 기준에 관해서는 죄질동일설, 구성요건공통설, 소인공통설, 범죄행위동일설, 기본적 사실동일설 등이 존재한다.

㉠ **특히, 소인공통설의 경우 우리 형사소송법에는 법원의 심판 대상으로서 구성요건에 해당하는 사실의 기재를 의미하는 소인(訴因)이라는 개념에 관한 규정을 두고 있지 않다는 비판이 있다.** 18. 해경2차

㉡ **판례는 두 사실이 구성요건적으로 상당한 정도에 부합하지 않는 경우에도 동일성을 인정하고 있다.** 14. 경찰간부

▶ **공소사실 동일성 판단 기준에 관한 학설**

학 설	주요 내용
기본적 사실동일설	공소사실을 그 기초가 되는 사회적 사실로 환원하여 그러한 사실에 다소 차이가 있더라도 기본적인 점에서 동일하면 동일성을 인정해야 한다.
죄질 동일설 20. 경찰1차	공소사실은 자연적 사실이 아니라 구성요건의 유형적 본질인 죄질에 의한 사실관계의 파악이므로 죄질이 동일한 경우에만 공소사실의 동일성이 인정된다.
구성요건 공통설 20. 경찰1차	비교되는 두 사실이 구성요건적으로 상당한 정도 부합하는 때에는 공소사실의 동일성이 인정되고, 이때 양 구성 요건이 죄질을 같이 하거나 공통된 특징을 가질 것을 요구하지 않는다.
소인 공통설	공소사실의 동일성은 소인과 소인의 비교에서 오는 사실상의 문제에 지나지 않으므로 소인의 기본적인 부분을 공통으로 할 때에 공소사실이 동일성이 인정된다. 소인이란 구체적 사실을 의미하므로 소인변경의 한계인 공소사실의 동일성은 사실과 사실의 비교의 문제에 불과하고 구성요건의 비교에 의하여 결정되는 규범의 문제가 아니다.

OX 포괄일죄인 영업범에서 공소제기 된 범죄사실과 추가로 발견된 범죄사실 사이에 그 범죄사실들과 동일성이 인정되는 또 다른 범죄사실에 대한 유죄의 확정판결이 있는 때에는, 추가로 발견된 확정판결 후의 범죄사실은 공소제기된 범죄사실과 분단되어 동일성이 없는 별개의 범죄가 되므로, 검사는 공소장변경절차에 의하여 확정판결 후의 범죄사실을 공소사실로 추가할 수는 없다. (○, ×) 18. 7급국가직

기출 키워드 체크

공소사실의 동일성은 공소사실의 기초가 되는 사회적 사실관계가 기본적인 점에서 동일하면 그대로 유지되는 것이며, 이러한 기본적 사실관계의 동일성을 판단함에 있어서는 그 사실의 동일성이 갖는 기능을 염두에 두고 피고인의 행위와 그 ________를 기본으로 하되 ________도 아울러 고려하여야 한다.

Answer

기출 키워드 체크

사회적인 사실관계, 규범적 요소

OX

○

▸ 동일성이 인정되는 경우

판례번호	공소사실1	공소사실2	비 고
83도3074 16. 9급개론	피고인이 거래처로부터 돈을 수금하여 보관하던 중 횡령	일부는 수금권한이 없는데도 있는 것처럼 가장하고 수금하여 이를 편취	횡령 ⇨ 사기
98도1438 12. 교정특채	공범과 합동하여 그레이스 승합차를 절취	공범이 훔쳐온 그레이스 승합차가 장물인 정을 알면서 운전하여 가 장물을 운반	절도 ⇨ 장물운반
98도749 12. 교정특채	감금죄	감금 상태에서 피해자 명의의 인감증명서를 이용하여 회사의 대표이사 명의나 회사 부지의 소유 자 명의를 변경하여 경영권을 빼앗았다는 내용의 폭력행위 등 처벌에 관한 법률 위반(공갈)죄	감금 ⇨ 감금 이용 공갈
85도897 16. 9급국가직	참고인에 대하여 허위진술을 하여 달라고 요구하면서 이에 불응하면 어떠한 위해를 가할듯한 태세를 보여 외포케 하여 참고인을 협박	협박하여 겁을 먹은 참고인으로 하여금 허위로 진술케 함으로써 2시경 수사기관에 검거되어 신병이 확보된 채 조사를 받고 있던 자를 증거불충분으로 풀려나게 하여 도피	협박 ⇨ 범인도피
86도2396 16. 9급국가직 19. 경찰간부	흉기를 휴대하고 다방에 모여 강도예비	폭력범죄에 공용될 우려가 있는 흉기를 휴대하고 있었다는 폭력행위 등 처벌에 관한 법률 제7조 위반죄	강도예비 ⇨ 흉기 휴대
2009도9593 15. 경찰 3차 17. 경찰2차 19. 경찰간부	甲으로부터 법정 수수료 상한을 초과한 중개수수료를 교부받았다는 공소사실	乙로부터 법정 수수료 상한을 초과한 중개수수료를 교부받음	중개수수료 교부자를 甲에서 乙로 변경
2010도11338 19. 7급국가직	의사인 피고인(甲)은 16년 10.17.경부터 18년 9.30.경까지 월 300만원을 받고 의사면허증 대여	甲은 16년 10.17.경 의사면허가 없는 乙과 공모하여 甲명의로 병원 개설	의사면허증 대여 ⇨ 의사 아닌자와 공모하여 병원 개설
2007도8705 09. 9급국가직	피해자 주식회사 ○○○의 저작권 침해	피해자 주식회사 △△ 디자인(△△ Design Pty Ltd)의 저작권 침해	저작권 침해 피해자만 변경

74도1676 12. 교정특채	공정증서원본불실기재 및 동행사죄	강제집행면탈죄	공정증서원본불실기재 및 동행사죄 ⇨ 강제집행면탈죄
2005도10233 14. 7급국가직	공사대금을 주지 않는다는 취지로 소란을 피워 업무방해	같은 내용으로 명예훼손 (상상적 경합)	업무방해, 명예훼손 (상상적 경합)
2003도1166 20. 경찰1차	피고인은 1999. 5. 일자 불상 04시경 피해자와 전화통화 중 다른 남자와의 관계를 아들에게 폭로하겠다고 말하여 협박	피고인은 2000. 8. 4. 새벽경 위와 동일한 방법으로 동일한 피해자를 협박	범행일시가 9개월 차이 나는 협박
2017도744	근로기준법 퇴직 후 금품청산의무를 위반	근로기준법 매월 임금지급의무를 위반	퇴직후 임금 미지급 ⇨ 매월 임금 미지급
2017도11687	행패를 하면서 피해자 을의 업무방해	욕설을 하는 등 큰소리를 지르고 돌아다니며 위력으로 업무방해	업무방해 태양 유사
2009도3282 10. 경찰2차	동일한 부가가치세 과세기간에 해당하므로 폭탄업체별로 각 1개의 부가가치세포탈죄가 성립하고 단지 그 포탈액수만이 달라진 경우		고발의 효력은 고발장에 기재된 범죄사실과 동일성이 인정되는 사실 모두에 미침
2015도11679	'금지통고된 집회 주최' 집회 및 시위에 관한 법률 위반	'질서위협 집회 및 시위 참가' 집회 및 시위에 관한 법률 위반	집회 주최 ⇨ 집회 참가
95도1270	음주소란	흉기휴대상해(도끼로 2주 두부 다박상)	경범죄처벌법위반 ⇨ 폭처법위빈
2007도4404	음주상태로 자동차를 운전하다가 낸 제1차 사고 당시의 음주운전	제1차 사고를 내고 그대로 진행하여 제2차 사고를 낸 후 음주운전	제1, 2차 사고 당시의 음주운전은 포괄일죄의 관계
84도666 19. 경찰간부 20. 경찰1차	피해자를 살해하려고 목을 누르는 등 폭행을 가하였으나 미수에 그쳤다는 살인미수	피해자를 강간하려고 위와 같은 폭행을 가하였으나 미수에 그치고 피해자에게 상해를 입혔다는 강간치상	살인미수 ⇨ 강간치상
2006도514	뇌물수수의 포괄일죄로 기소된 사안에서, 공소사실 중 금원 교부 일시 및 장소의 변경		뇌물수수 일시, 장소 변경

관련 판례

[동일성 인정 ○]
피고인이 '2015. 4. 16. 13:10경부터 14:30경까지 갑 업체 사무실에서 직원 6명가량이 있는 가운데 직원들에게 행패를 하면서 피해자 을의 업무를 방해하였다'는 공소사실로 기소되었는데, 피고인은 '2015. 4. 16. 13:30경부터 15:00경 사이에 갑 업체 사무실에 찾아와 피해자 병, 정과 일반직원들이 근무를 하고 있음에도 피해자들에게 욕설을 하는 등 큰소리를 지르고 돌아다니며 위력으로 업무를 방해하였다'는 등의 범죄사실로 이미 유죄판결을 받아 확정된 사안에서, 업무방해의 공소사실과 확정판결 중 업무방해죄의 범죄사실은 상상적 경합 관계에 있고, 확정판결의 기판력이 업무방해의 공소사실에 미친다(대법원 2017.9.21. 선고 2017도11687 판결).

관련 판례

[동일성 인정 ○]
피고인이 공공의 안녕질서에 직접적인 위협을 끼칠 것이 명백하다는 등의 이유로 금지통고된 집회를 주최하였다는 집회 및 시위에 관한 법률 위반 공소사실로 기소되었는데, 선행 사건에서 위 집회와 그 이후 계속된 폭력적인 시위에 참가하였다는 이른바 질서위협 집회 및 시위 참가로 인한 같은 법 위반죄 등으로 유죄 확정판결을 받은 사안에서, 위 공소사실과 선행 확정판결의 공소사실은 기본적 사실관계가 동일한 것으로 평가할 수 있다(대법원 2017.8.23. 선고 2015도11679 판결).

관련 판례

[동일성 인정 ×]

형사소송법 제253조 제1항은 "시효는 공소의 제기로 진행이 정지되고 공소기각 또는 관할위반의 재판이 확정된 때로부터 진행한다."라고 정하고 있다. 피고인의 신병이 확보되기 전에 공소가 제기되었다고 하더라도 그러한 사정만으로 공소제기가 부적법한 것이 아니고, 공소가 제기되면 위 규정에 따라 공소시효의 진행이 정지된다.

피고인이 '1997. 4. 3. 21:50경 서울 용산구 이태원동에 있는 햄버거 가게 화장실에서 피해자 갑을 칼로 찔러 을과 공모하여 갑을 살해하였다'는 내용으로 기소되었는데, 선행사건에서 '1997. 2. 초순부터 1997. 4. 3. 22:00 경까지 정당한 이유 없이 범죄에 공용될 우려가 있는 위험한 물건인 휴대용 칼을 소지하였고, 1997. 4. 3. 23:00경 을이 범행 후 햄버거 가게 화장실에 버린 칼을 집어 들고 나와 용산 미8군영 내 하수구에 버려 타인의 형사사건에 관한 증거를 인멸하였다'는 내용의 범죄사실로 유죄판결을 받아 확정된 사안에서, 살인죄의 공소사실과 선행사건에서 유죄로 확정된 증거인멸죄 등의 범죄사실 사이에 기본적 사실관계의 동일성이 없다.

거짓말탐지기 검사 결과가 항상 진실에 부합한다고 단정할 수 없을 뿐 아니라, 검사를 받는 사람의 진술의 신빙성을 가늠하는 정황증거로서 기능을 하는 데 그치므로, 그와 같은 검사결과만으로 범행 당시의 상황이나 범행 이후 정황에 부합하는 공소외 1 진술의 신빙성을 부정할 수 없다(대법원 2017.1.25. 선고 2016도15526 판결).

관련 판례

[동일성 인정 ×]

'17년 5.1.경부터 18년 9.23.경까지 여행경비를 부풀려 과다 청구하는 방법으로 학부모들로부터 11회에 걸쳐 총 6천5백만원 편취' 사기 ≠ '18년 8. 1.경부터 12.1.경까지 탐방행사를 맡겨준 사례금 명목으로 총 5회에 걸쳐 1천3백만원의 뇌물수수'(대법원 2017. 8.29. 2015도1968 판결).

▶ 동일성이 인정되지 않는 경우

판례번호	공소사실1	공소사실2	비 고
93도2080 12. 교정특채 15. 9급국가직	피고인이 다른 사람이 구로동 노상에서 강취한 피해자의 국민카드를 장물인 정을 알면서도 다음 날(9.24.) 방배동에 있는 공중전화박스 옆에서 교부받아 취득	피고인이 공범들과 합동하여 9. 23. 구로동 앞길에서 피해자를 폭행하여 반항을 억압한 후 피해자로부터 국민카드 2매 등이 들어있는 지갑 2개를 꺼내어 가 이를 강취하고, 그로 인하여 피해자에게 치료일수 미상의 안면부 타박상 등을 입힘	장물취득, 강도상해(범행의 일시, 장소가 서로 다르고, 수단, 방법, 상대방 등 범죄사실의 내용이나 행위가 별개이며, 행위의 태양이나 피해법익도 다르고 죄질에도 현저한 차이가 있음)
2016도15526 17. 경찰1차 18. 경찰간부	'피고인이 칼을 이용하여 피해자를 살해'	'휴대용 칼을 소지하였고, 이를 하수구에 버려 타인의 형사사건에 관한 증거를 인멸'	살인 ≠ 흉기휴대·증거인멸
2013도7649 19. 경찰간부	유사석유판매(석유사업법 위반)	부가가치세포탈 (조세포탈)	
2010도16659 19. 해경간부·7급국가직 20. 경찰1차	'피고인이 甲에게 필로폰 약 0.3g을 교부하였다'는 마약류관리에 관한 법률 위반(향정)	'피고인이 甲에게 필로폰을 구해 주겠다고 속여 甲 등에게서 필로폰 대금 등을 편취하였다'는 사기	필로폰 교부 ≠ 필로폰 대금 사기
2011도3469 19. 7급국가직	'17년 8.11.경 B에게 근저당을 설정해 주어 3억 5천만원의 이익을 취득하였다'는 사기	'17년 8.11.경 근저당권을 말소하여 소유권이전등기 넘겨줄 수 없음에도 2억7천만원의 매매대금을 편취'하였다는 공소사실의 예비적 추가	근저당 설정으로 인한 사기 ≠ 매매대금 사기
2015도1968 19. 7급국가직	'17년 5.1.경부터 18년 9.23.경까지 여행경비를 부풀려 과다 청구하는 방법으로 학부모들로부터 11회에 걸쳐 총 6천5백만원 편취' 사기	'18년 8. 1.경부터 12.1.경까지 탐방행사를 맡겨준 사례금 명목으로 총 5회에 걸쳐 1천3백만원의 뇌물수수'	사기 ≠ 뇌물수수

2008도3656	"피고인이 2004. 3. 22. 22:○○경 포천시 일동면(이하 생략)에 있는 피고인의 집에서 피해자와 말다툼을 하다가 발로 피해자의 배와 가슴 부위를 수회 차 피해자에게 약 2주간의 치료를 요하는 흉부좌상을 가하였다."	"피고인이 발로 피해자의 배와 가슴 부위를 수회 차 피해자에게 약 2주간의 치료를 요하는 흉부좌상을 가하고, 계속하여 부엌 뒤에 있는 창고에서 위험한 물건인 전지가위를 가지고 와 거실바닥에 쓰러져 있는 피해자에게 들이대며 '너 오늘 죽여 버리겠다'고 말하여 피해자를 협박하였다."	상해 ≠ 폭력행위 등 처벌에 관한 법률 위반(집단·흉기 등 협박)
2007도4784	비자금의 사용으로 인한 업무상횡령	비자금의 조성으로 인한 업무상배임	업무상횡령의 점에 대하여 공소를 제기하였다가, 선택적 공소사실로서 비자금의 조성으로 인한 업무상배임의 점을 추가하는 내용으로 공소장변경 신청
2006도4988	A회사 종업원 甲은 업무상 과실 또는 중대한 과실로 특정수질유해물질 등을 누출·유출시켜 수질환경보전법 위반, A회사는 양벌규정에 의해 처벌	행위위반자 甲을 乙로 변경	양벌규정의 위반행위자 변경
2001도116	피고인이 공소외인으로부터 피해자를 위한 합의금을 교부받아 보관 중 이를 횡령	피고인이 피해자를 기망하여 위임장 사본을 편취	합의금 횡령 ≠ 위임장 사본 편취(예비적 추가)
93도1731	2개월 내에 작위의무를 이행하라는 행정청의 지시를 이행하지 아니한 행위(주택건설촉진법위반)	7개월 후 다시 같은 내용의 지시를 받고 이를 이행하지 아니한 행위	7개월의 간격을 두고 행해진 2차례의 행정명령위반행위 사이에 공소사실
2009도14203	과실로 교통사고를 발생시킴(교통사고처리특례법위반)	고의로 교통사고를 낸 뒤 보험금을 청구하여 수령하거나 미수에 그침(사기·사기미수)	교통사고처리특례법위반 ≠ 보험금사기·사기미수

관련 판례

사기죄와 범죄단체 활동죄[동일성 ×] '성명불상자와 공모하여 2018. 8. 16.부터 2019. 1. 30.까지 피해자들에게 전화하여 대출금을 상환하면 저금리로 대출해 주겠다는 취지로 거짓말하여 이에 속은 피해자들로부터 총 141회에 걸쳐 합계 18억 6,283만원을 편취하였다'는 공소사실1과 '피고인 1은 2018. 8.경 보이스피싱 범죄를 목적으로 범죄단체를 조직하고, 피고인 2, 피고인 3은 2018. 8.경 위 범죄단체에 가입하였으며, 피고인들은 범죄단체 조직 내 역할을 수행하면서 체크카드 등 접근매체를 편취하거나 대량 문자 발송 사이트를 개설하는 등의 방법으로 범죄단체 활동을 하였다'는 공소사실2는 동일성이 인정되지 않는다(대법원 2020.12.24. 선고 2020도10814 판결).

관련 판례

포괄일죄인 영업범에서 공소제기의 효력은 공소가 제기된 범죄사실과 동일성이 인정되는 범죄사실의 전체에 미치므로, 공판심리 중에 그 범죄사실과 동일성이 인정되는 범죄사실이 추가로 발견된 경우에 검사는 공소장변경절차에 의하여 그 범죄사실을 공소사실로 추가할 수 있다. 그러나 공소제기된 범죄사실과 추가로 발견된 범죄사실 사이에 그 범죄사실들과 동일성이 인정되는 또 다른 범죄사실에 대한 유죄의 확정판결이 있는 때에는, 추가로 발견된 확정판결 후의 범죄사실은 공소제기된 범죄사실과 분단되어 동일성이 없는 별개의 범죄가 된다. 따라서 이때 검사는 공소장변경절차에 의하여 확정판결 후의 범죄사실을 공소사실로 추가할 수는 없고 별개의 독립된 범죄로 공소를 제기하여야 한다(대법원 2017.4.28. 선고 2016도21342 판결).

관련 판례

피고인이 재정하는 공판정에서 피고인에게 이익이 되거나 피고인이 동의하는 경우에는 구술에 의한 공소장변경신청도 할 수 있도록 한 것이다. 따라서 검사가 형사소송규칙 제142조 제1항에 따라 서면으로 공소장변경신청을 하는 경우에는 같은 조 제5항은 적용될 여지가 없다.
기록에 의하면, 검사가 피고인에 대한 죄명, 적용법조, 공소사실을 변경하는 내용의 2017. 3. 9.자 공소장변경신청서를 제출하자(피고인과 변호인은 2017. 3. 15. 위 공소장변경허가신청서 부본을 수령하였다), 원심은 2017. 3. 16. 제4회 공판기일에서 검사의 공소장변경을 허가한 사실을 알 수 있다. 원심이 서면에 의한 검사의 공소장변경신청을 허가하는 데에 피고인의 동의가 없었다고 하더라도 상고이유 주장과 같은 공소장변경절차의 위법이 없다(대법원 2017. 6.8. 선고 2017도5122 판결).

기출 키워드 체크

검사가 공소장의 변경을 하고자 하는 때에는 그 취지를 기재한 ________를 법원에 제출하여야 한다.

기출 키워드 체크

법원은 피고인이 재정하는 공판정에서는 피고인에게 ______이 되거나 피고인이 ______하는 경우 ______에 의한 공소장변경을 허가할 수 있다.

기출 키워드 체크

공소장변경은 제1심뿐만 아니라 ________에서도 허용된다.

기출 키워드 체크

공소장변경은 항소심에서도 할 수 있으며, 상고심에서 원심 판결을 파기하고 사건을 항소심에 _______한 경우의 항소심에서도 마찬가지이다.

Answer

기출 키워드 체크
공소장변경허가신청서
이익, 동의, 구술
항소심
환송

④ 공소장 변경의 절차

1. 검사의 허가 신청

① 검사의 서면 신청, 예외적으로 공판정에서 구술로 가능하다.

㉠ **검사는 공소장 변경허가신청서를 법원에 제출하여야 한다.** 15. 경찰2차 ⇨ **피고인 수에 상응하는 부본 첨부**

㉡ **법원은 피고인이 재정하는 공판정에서는 피고인에게 이익이 되거나 피고인이 동의하는 경우 구술에 의한 공소장 변경을 허가할 수도 있다(형사소송규칙 제142조 제1항, 제5항).** 14. 경찰간부, 15. 7급국가직, 19. 9급개론, 20. 7급국가직 ⇨ **서면으로 공소장변경 신청을 하는 경우에는 피고인의 동의가 불필요하다(2017도5122).**

㉢ **공소사실의 일부만 진술하고 나머지는 전자적 형태의 문서(파일)로 저장한 저장매체를 제출하였다면, 공소사실의 내용을 구체적으로 진술한 부분에 한하여 공소장변경허가신청이 된 것으로 볼 수 있다(파일은 신청 ×)(2016도11138).** 18. 7급국가직

② 공소장 변경은 항소심까지 할 수 있다. 02 · 17. 행시, 03. 경감, 09 · 16. 9급국가직, 15. 경찰 2차, 16. 9급개론, 17 · 18. 경찰간부, 09 · 16 · 19. 법원

㉠ **파기환송된 후의 항소심에서도 공소장 변경은 허용된다.** 17 · 18. 변호사, 18 · 19. 경찰간부 · 9급국가직

㉡ **상고심에서는 허용되지 않는다.** 01. 경찰3차, 18. 9급국가직

㉢ **법원이 종결된 변론을 재개하여 다시 공판심리를 하게 된 경우에도 검사는 적법하게 공소장 변경신청을 할 수 있다(항소심에서도 가능).**

2. 고지(송달)

① 법원은 공소장변경신청의 사유를 신속히 피고인 또는(및 ×) 변호인에게 공소장변경허가신청서 부본을 송달함으로써 이를 고지하여야 한다.

② 공판정에서 교부도 가능

③ 변호인에게 고지한 경우 피고인에게 별도 고지하지 않아도 됨(2001도1052) 14 · 15. 9급개론, 17. 경찰승진, 18. 변호사 ⇨ 공소장변경신청서 부본을 피고인과 변호인 중 어느 한 쪽에 대해서만 송달하였다고 하여 절차상 잘못이 있다고 할 수 없다(2013도5165). 18 · 20. 7급국가직, 20. 경찰간부

3. 법원의 의무적 허가

① 검사의 신청이 공소사실의 동일성을 해하지 않는 때에는 법원은 결정으로 이를 허가하여야 한다(의무적 허가)(2012도14097). 04. 행시, 14. 9급개론, 14 · 17 · 18. 경찰승진, 15 · 17 · 19. 경찰2차, 17. 경찰간부 · 법원, 21. 9급국가직 · 9급개론

② 검사가 포괄일죄의 일부 범죄사실에 대하여 공소제기한 후 항소심에서 나머지 부분을 추가하는 공소장변경허가를 신청한 경우 법원은 이를 허가하여야 한다(2013도8118). 17. 7급국가직

③ 약식명령에 대하여 피고인만 정식재판을 청구한 사건(벌금형만 가능)에서 법정형에 유기징역형만 있는 죄의 공소사실을 예비적으로 추가하는 공소장변경도 허용된다(2011도14986). 16. 7급국가직, 16 · 17. 변호사 21. 9급국가직 · 9급개론 ⇨ 제1심에서 사문서위조죄로 벌금형의 선고를 받은 피고인만 항소한 항소심에서 동일한 공소사실에 대해 법정형에 벌금형이 없는 사서명위조죄가 인정되었다면, 불이익변경금지원칙이 적용되어 벌금형을 선고할 수 있으므로 불이익변경금지원칙을 이유로 공소장변경을 불허하여서는 아니 된다. 18. 9급국가직 · 9급개론

④ 검사의 신청이 현저히 시기에 늦거나 부적법한 공소사실로 변경을 신청하는 경우에는 법원은 공소장변경허가신청을 기각한다.

⑤ 변론 종결 후, 변론재개신청과 함께 공소장 변경이 신청된 경우, 법원은 공판 심리를 재개하여 공소장 변경을 허가할 의무는 없다. 08. 경찰3차, 09. 7급국가직, 12. 법원, 19. 경찰간부

4. 취 소

① 공소장 변경허가결정에 위법사유가 있는 경우, 법원은 스스로 결정을 취소할 수 있다. 08. 경찰2차, 09. 7급국가직, 11 · 12. 9급국가직, 17. 여경 · 경찰특공대 · 경찰간부, 19. 경찰1차, 21. 9급국가직 · 9급개론

② 법원은 예비적으로 추가된 공소사실에 대하여 공소장 변경허가결정을 한 경우, 원래의 공소사실과 예비적으로 추가된 공소사실 사이에 동일성이 인정되지 않는다면 스스로 이를 취소할 수 있다(2001도116). 17. 변호사

기출 키워드 체크

형사소송규칙은 "공소장변경허가신청서가 제출된 경우 법원은 그 부본을 피고인 ______ 변호인에게 즉시 송달하여야 한다."라고 규정하고 있는데, 이는 피고인과 변호인 모두에게 부본을 송달하여야 한다는 취지가 아니므로 공소장변경신청서 부본을 피고인과 변호인 중 ________에 대해서만 송달하였다고 하여 절차상 잘못이 있다고 할 수 없다.

OX 검사의 공소장변경 신청이 공소사실의 동일성을 해하지 아니하는 한 법원은 이를 허가하여야 한다. (○, ×) 21. 9급국가직 · 9급개론

OX 항소심에서의 공소장변경이 변경 전의 공소사실과 기본적 사실관계가 동일하더라도 항소심에 이르러 새로운 공소의 추가적 제기와 다르지 않다면 심급이익을 박탈하는 것이 되어 허용될 수 없다. (○, ×) 19. 법원

OX 약식명령에 대하여 피고인만 정식재판을 청구한 사건에서 법정형에 유기징역형만 있는 범죄로 공소장을 변경하는 것은 공소사실의 동일성이 인정되더라도 허용될 수 없다. (○, ×) 21. 9급국가직 · 9급개론

OX 공소사실의 동일성이 인정되지 않는 등의 사유로 공소장변경허가결정에 위법사유가 있는 경우에는 공소장변경허가를 한 법원 스스로 이를 취소할 수 있다. (○, ×) 21. 9급국가직 · 9급개론

OX 검사의 공소장변경신청이 공소사실의 동일성에 반하는 내용임에도 법원이 이를 허가하는 결정을 하였을 때 피고인은 즉시항고로서 그 결정의 효력을 다툴 수 있다. (○, ×) 19. 법원

Answer

기출 키워드 체크

또는, 어느 한 쪽

OX

○, ×, ×, ○, ×

기출 키워드 체크

공소사실의 동일성이 인정되지 않는 등의 사유로 공소장변경 허가결정에 위법사유가 있는 경우에는 공소장변경 허가를 한 법원이 스스로 이를 _____할 수 있다.

기출 키워드 체크

공판심리를 _____하고 선고기일까지 고지한 후에 검사가 공소장변경신청을 변론_____신청과 함께 한 경우에 법원이 종결한 심리를 _____하여 공소장변경을 허가할 의무는 없다.

기출 키워드 체크

공소장 변경 허가결정에 대해서는 항고의 방법으로 _____할 수 없다.

기출 키워드 체크

공소장변경으로 피고인의 불이익이 증가할 염려가 있다고 인정하는 때에는 법원은 결정으로 공판절차를 _________.

OX 공소장변경으로 인해 피고인의 불이익이 증가할 염려가 있다고 인정하여 법원이 공판절차정지결정을 한 경우, 공판절차 정지기간은 피고인의 구속기간에 산입한다. (○, ×) 21. 경찰간부

Answer

기출 키워드 체크
취소
종결, 재개, 재개
불복
정지할 수 있다

OX
×

5. 불복불가

① 법원의 결정에 항고할 수 없다. 05 · 16. 경찰1차, 09 · 13. 7급국가직, 12. 9급국가직, 14 · 16. 9급개론, 15 · 17. 변호사, 19. 경찰간부 · 법원 ⇨ 공소사실 또는 적용법조의 추가, 철회 또는 변경의 허가에 관한 결정은 판결 전의 소송절차에 관한 결정이라 할 것이므로, 항고할 수 없다(87모17).

② 법원 결정의 위법이 판결에 영향을 미친 경우에 판결에 대해 상소할 수 있다.

6. 신청서 낭독

① 필요적 낭독: 공소장변경이 허가된 때에는 검사는 공판기일에 제1항의 공소장변경 허가신청서에 의하여 변경된 공소사실 · 죄명 및 적용법조를 낭독하여야 한다.

② 요지 진술도 가능: 재판장은 필요하다고 인정하는 때에는 공소장변경의 요지를 진술하게 할 수 있다(규칙 제142조 제4항).

7. 임의적 공판절차 정지

① 공소장 변경이 피고인의 방어에 불이익을 증가할 염려가 있다고 인정한 때에는 법원은 결정으로 피고인의 방어준비에 필요한 기간 동안 공판절차를 정지할 수 있다(임의적 정지, 제298조 제4항, 2005도6402). 04. 여경3차, 09. 경찰1차 · 7급국가직, 10. 9급국가직, 15. 법원, 17. 경찰2차 · 경찰간부, 18. 경찰승진 ⇨ 공소장 변경에 의한 공판절차 정지 기간은 구속기간에 불산입한다(제92조 제3항, 제298조 제4항). 20. 7급국가직, 21. 경찰간부

② 따라서 피고인의 방어권 행사에 실질적 불이익을 주지 않는 것으로 인정될 때에는 공판절차를 정지하지 않을 수 있다(2005도6402).

③ 경합범을 상습범으로 변경한 정도라면 공판절차를 정지하지 않아도 위법이라 할 수 없다(85도1193). 10. 7급국가직

▶ **공소장 변경이 허용되는 절차**

허용되는 절차	허용되지 않는 절차
• 항소심(파기환송된 항소심 포함) 20. 7급국가직 • 간이공판 절차 01. 경사, 02. 행시 • 재심(견해의 대립 있음)	• 상고심 • 약식절차

8. 공소장 변경의 효과

(1) 현실적 심판대상 변경

① 공소장 변경으로 변경 대상인 잠재적 심판대상이 현실적 심판대상으로 변경된다.

② 공소사실이 적법하게 변경된 경우, 변경된 공소사실뿐만 아니라 당초의 공소사실에 대하여도 형식적 또는 실체적 판단을 해야 한다(85도1435). 13. 9급국가직, 18. 해경2차

(2) 무효의 치유

공소제기시 공소장에 기재된 공소사실이 특정되지 않아 무효인 경우에도, 전혀 특정되지 않은 것이 아니라 구체적 범죄구성요건사실이 표시되어 있는 때에는 공소장 변경에 의하여 하자가 치유될 수 있다.

(3) 사건 이송

① 단독판사 관할사건이 공소장변경에 의하여 합의부 관할사건으로 변경된 경우 단독판사는 결정으로 관할권 있는 법원(합의부)에 이송한다. 10. 경찰2차, 11. 경찰승진, 11 · 17 · 21. 9급국가직, 13. 경찰간부, 14. 법원, 15. 경찰3차 · 해경3차, 17 · 21. 9급개론

② 항소심에서 공소장변경에 의하여 단독판사의 관할사건이 합의부 관할 사건으로 된 경우, 관할권이 있는 고등법원(지방법원 본원 합의부 ×)에 이송한다(97도2463). 04. 경찰2차, 06. 경위, 10 · 11. 경찰1차, 10 · 14 · 18. 경찰승진, 12 · 19. 9급국가직, 15. 경찰3차, 16. 법원, 17. 여경 · 경찰특공대, 18. 경찰간부

③ 합의부 관할사건에 관하여 단독판사 관할사건으로 죄명과 적용법조를 변경하는 공소장변경허가신청서가 제출된 경우, 합의부는 공소장변경 허가결정을 하였는지에 관계없이 사건의 실체에 들어가 심판하였어야 한다(재배당 ×, 이송 ×)(2013도1658). 14. 7급국가직, 15 · 20. 9급국가직 · 9급개론, 15 · 17. 법원, 15 · 18 · 20. 경찰간부, 18. 경찰승진 · 변호사

(4) 공소시효

① 공소시효의 완성 여부 기준시: 최초(당초) 공소제기시(공소장변경시 ×)(2003도8153) 이다. 21. 경찰1차

㉠ **변경된 공소사실에 대한 공소시효의 완성 여부는 원래의 공소제기시를 기준으로 판단한다.** 16. 법원 · 해경, 17. 해경1차 · 여경 · 경찰특공대 · 경찰간부, 18 · 20. 법원, 19. 경찰승진

㉡ **사기죄로 공소제기된 범죄사실에 대해 예비적으로 배임죄를 추가하는 공소장변경이 된 경우, 배임죄에 대한 공소시효의 완성 여부는 본래 공소제기시를 기준으로 한다.** 15. 경찰간부

② 법정형: 변경된 공소사실 기준(2013도6182) 17. 해경1차 · 경찰간부, 17 · 18. 변호사, 20. 경찰간부
⇨ 공소제기 당시 아직 시효가 완성되지 않았으나, 변경된 공소사실에 대한 법정형에 의하면 공소제기 당시 이미 시효가 완성된 경우라면 면소판결(공소기각판결 ×)을 하여야 한다. 16. 해경, 17. 해경1차, 21. 경찰승진

OX 공소제기 후 공소장이 변경된 경우 변경된 공소사실에 대한 공소시효의 완성여부는 공소장 변경시점을 기준으로 판단하여야 한다. (○, ×) 21. 9급국가직 · 9급개론

5 법원의 공소장 변경 요구

1. 의 의

① 법원이 공소사실 또는 적용법조의 추가 또는 변경을 요구하는 것을 말한다.

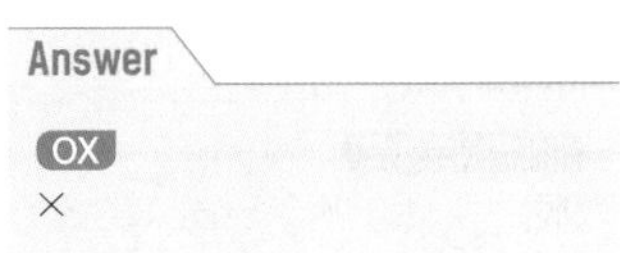

② 법원은 심리의 경과에 비추어 상당하다고 인정할 때 공소사실 또는 적용법조의 추가 또는 변경을 요구하여야 한다(제298조 제2항). 08. 경찰2차, 16. 9급개론 · 9급국가직, 17. 여경 · 경찰특공대 ⇨ 법조문에서는 공소사실 또는 적용법조의 '철회'는 변경요구 대상이 아니다.

2. 성 격

① 법원의 소송지휘에 관한 결정의 성질을 가진다. 10. 경찰승진 ⇨ 따라서 공판정에서 구두로 고지하는 것이 가능하다.

② 원칙적으로 법원의 재량에 속한다. 09. 법원, 12. 9급국가직, 13. 7급국가직, 15. 경찰2차, 17. 경찰간부 · 법원

③ 법원이 검사에게 공소장의 변경을 요구하지 아니하였다하여 위법하다고 할 수 없다. ⇨ 피고인이 이적표현물을 제작 · 반포한 사실은 부인하면서 이를 취득 · 소지한 것에 대하여는 자백하는 취지로 진술한다고 하여도 법원이 검사에게 그 표현물을 취득 · 소지한 것으로 공소장변경을 요구하지 아니하였다 하여 위법하다고 할 수 없다(97도1516). 17. 경찰2차

④ 그러나 공소장변경요구를 하지 않고 무죄판결을 하는 것이 현저히 정의에 반하는 경우에는 법원의 의무이다.

3. 시 기

① 공판기일에 한하여 허용되므로, 제1회 공판기일 이전에는 허용되지 않는다. ⇨ 변경종결 후일지라도 이를 재개하여 요구할 수 있다.

② 항소심에서도 허용된다. 10. 경찰승진

4. 효 력

① 형성력 부존재: 법원이 공소장변경요구를 하여도 검사가 이에 불응하여 공소장변경신청을 하지 않는다면 공소장변경의 효력이 발생하지는 않는다.

② 검사의 복종의무 유무: 법원의 공소장변경요구에 대하여 검사가 복종할 의무가 있는지에 대해서는 견해의 대립이 있다.

6 공소장 변경의 필요성

1. 의 의

① 법원은 일정범위 내에서 공소장 변경절차 없이 다른 사실을 인정할 수 있다.

② 공소장 변경 없이, 법원이 어디까지 변경된 사실을 인정할 수 있는지 문제된다.

③ 공소장 변경절차가 필요함에도 불구하고 그 절차 없이 법원이 새로운 사실을 인정한 경우에는 판결에 영향을 미친 법령위반으로서 상대적 상소이유가 된다(제361조의5 제1호, 제383조 제1호).

기출 키워드 체크

법원이 검사에게 공소장의 변경을 요구할 것인지 여부는 법원의 ________에 속하는 것이므로 법원이 검사에게 공소장의 변경을 요구하지 아니하였다고 하여 위법하다고 볼 수 없다.

관련 판례

업무상과실치상 ⇨ 과실치상[공소장 변경 필요성 ×]

3층 건물의 소유자로서 건물 각 층을 임대한 피고인이, 건물 2층으로 올라가는 계단참의 전면 벽이 아크릴 소재의 창문 형태로 되어 있고 별도의 고정장치가 없는데도 안전바를 설치하는 등 낙하사고 방지를 위한 관리의무를 소홀히 함으로써, 건물 2층에서 나오던 갑이 신발을 신으려고 아크릴 벽면에 기대는 과정에서 벽면이 떨어지고 개방된 결과 약 4m 아래 1층으로 추락하여 상해를 입었다고 하여 업무상과실치상으로 기소된 사안에서, 피고인이 건물에 대한 수선 등의 관리를 비정기적으로 하였으나 그 이상의 안전배려나 안전관리 사무에 계속적으로 종사하였다고 인정하기 어렵다고 보아 업무상과실치상의 공소사실을 이유에서 무죄로 판단하고 축소사실인 과실치상 부분을 유죄로 인정한 원심판결이 정당하다(대법원 2017.12.5. 2016도16738 판결).

관련 판례

권리행사방해 ⇨ 배임[공소장 변경 필요성 ○]

피고인은 공소외 1과 공모하여 2014. 10. 초순경 불상의 장소에서 피해회사의 권리 목적인 위 승용차를 진구 공소외 14에게 1,800만원을 빌린 후 담보로 제공하는 방법으로 넘겨주어 피해 회사가 위 승용차를 찾을 수 없도록 하여, 피고인은 공소외 1과 함께 공모하여 타인의 권리의 목적이 된 자기의 물건을 은닉하여 타인의 권리행사를 방해
피고인이 사실혼 배우자의 명의를 빌려 자동차를 매수하면서 피해자 회사로부터 대출을 받고 자동차에 저당권을 설정하였음에도 저당권자의 동의 없이 제3자에게 담보로 제공하는 등 자동차의 소재를 찾을 수 없도록 하여 담보가치를 상실케 하여 배임(대법원 2017.5.30. 2017도4578 판결)

Answer

기출 키워드 체크
재량

2. 기 준

① 동일벌조설(구성요건), 법률구성설(법률구성), 사실기재설(통설, 판례) 등의 견해가 있다.

② 판례: 피고인의 방어권 행사에 실질적 불이익 존재 여부 05·16. 경찰1차, 11·12·13. 9급국가직, 14. 9급개론, 15. 변호사, 15·17. 법원, 16. 경찰2차, 17. 경찰간부·7급국가직, 18. 해경2차

㉠ **피고인의 방어권행사에 실질적인 불이익을 초래할 염려가 없는 경우에는 공소사실과 기본적 사실이 동일한 범위 내에서 법원이 공소장 변경절차를 거치지 아니하고 다르게 인정할 수 있다(94도1888).** 19. 해경간부

㉡ **공소장에 기재되어 있는 사실과 다른 사실을 인정함으로써 피고인의 방어권행사에 실질적으로 불이익을 초래하는 경우에는 공소장 변경을 해야 한다.**

㉢ **피고인의 방어권 행사에 실질적인 불이익을 초래하는지는 공소사실의 기본적 동일성이라는 요소와 함께 법정형의 경중과 그러한 경중의 차이에 따라 피고인이 자신의 방어에 들일 노력·시간·비용에 관한 판단을 달리할 가능성이 뚜렷한지 여부 등 여러 요소를 종합하여 판단하여야 한다(2019도4608).**

③ 적용법조

㉠ **(오기·누락이 있거나 또는 적용법조에 해당하는 구성요건이 충족되지 않을 때는) 공소사실의 동일성이 인정되는 범위 내의 사실에 대하여 법원은 검사의 공소장기재 적용법조에 구애됨이 없이 직권으로 법률을 적용할 수 있다(2019도4608).** 16·18. 법원, 17. 경찰간부, 18. 9급국가직

㉡ **그러나 단순한 오기나 누락으로 볼 수 없고 구성요건이 충족됨에도 법원의 공소장 변경절차를 거치지 아니하고 임의로 다른 법조를 적용하여 처단할 수는 없다.**

④ 공소장 변경 없이 여러 지로 변경 가능할 때: 석명 필요 15. 경찰간부, 16. 경찰1차, 17·18. 경찰승진 ⇨ 법원이 임의로 하나를 선택할 수 없고, 검사에게 공소사실 및 적용법조에 관한 석명을 구하여 공소장을 보완하게 한 다음 이에 따라 심리·판단하여야 한다(2005도279).

3. 시 기

① 공판기일에 한하여 허용되므로, 제1회 공판기일 이전에는 허용되지 않는다. ⇨ 변경종결 후일지라도 이를 재개하여 요구할 수 있다.

② 항소심에서도 허용된다.

관련 **판례**

포괄일죄에서는 공소장변경을 통한 종전 공소사실의 철회 및 새로운 공소사실의 추가가 가능한 점에 비추어 그 공소장변경 허가 여부를 결정할 때는 포괄일죄를 구성하는 개개 공소사실별로 종전 것과의 동일성 여부를 따지기보다는 변경된 공소사실이 전체적으로 포괄일죄의 범주 내에 있는지 여부, 즉 단일하고 계속된 범의하에 동종의 범행을 반복하여 행하고 그 피해법익도 동일한 경우에 해당한다고 볼 수 있는지 여부에 초점을 맞추어야 한다.

형사소송법 제298조 제1항의 규정에 의하면, '검사는 법원의 허가를 얻어 공소장에 기재한 공소사실 또는 적용법조의 추가·철회 또는 변경을 할 수 있고', '법원은 공소사실의 동일성을 해하지 아니하는 한도에서 이를 허가하여야 한다'고 되어 있으므로, 위 규정의 취지는 검사의 공소장변경 신청이 공소사실의 동일성을 해하지 아니하는 한 법원은 이를 허가하여야 한다는 뜻으로 해석하여야 한다(대법원 2018.10.25. 선고 2018도9810).

관련 **판례**

피고인의 방어권 행사에 실질적인 불이익을 초래할 염려가 없는 경우에는 법원이 공소장변경절차 없이 일부 다른 사실을 인정하거나 적용법조를 수정하더라도 불고불리의 원칙에 위배되지 않는다. 그러나 피고인의 방어권 행사에 실질적인 불이익을 초래하는지는 공소사실의 기본적 동일성이라는 요소와 함께 법정형의 경중과 그러한 경중의 차이에 따라 피고인이 자신의 방어에 들일 노력·시간·비용에 관한 판단을 달리할 가능성이 뚜렷한지 여부 등 여러 요소를 종합하여 판단하여야 한다.

도로교통법 제148조의2 제2항 제2호(혈중알콜농도 0.1% 이상 0.2% 미만)의 공소사실을 도로교통법 제148조의2 제1항 제1호(2회 이상 음주운전 전과가 있는 상태에서 음주운전)로 인정하는 경우, 공소장 변경이 필요하다.

피고인의 방어권 행사에 실질적인 불이익을 초래할 염려가 없는 경우에는 법원이 공소장변경절차 없이 일부 다른 사실을 인정하거나 적용법조를 수정하더라도 불고불리의 원칙에 위배되지 않는다. 그러나 피고인의 방어권 행사에 실질적인 불이익을 초래하는지는 공소사실의 기본적 동일성이

라는 요소와 함께 법정형의 경중과 그러한 경중의 차이에 따라 피고인이 자신의 방어에 들일 노력·시간·비용에 관한 판단을 달리할 가능성이 뚜렷한지 여부 등 여러 요소를 종합하여 판단하여야 한다.
검사가 피고인을 도로교통법 위반(음주운전)으로 기소하면서 공소사실을 '도로교통법 위반(음주운전)죄로 소년보호사건 송치처분 및 벌금 150만 원의 약식명령을 받아 술에 취한 상태에서의 운전금지의무를 2회 이상 위반한 사람으로서 다시 혈중알코올농도 0.132%의 술에 취한 상태로 자동차를 운전하였다'고 기재하고, 적용법조를 '도로교통법 제148조의2 제2항 제2호, 제44조 제1항'으로 기재한 사안에서, 도로교통법 제44조 제1항은 술에 취한 상태에서 자동차 등의 운전을 금지하고, 도로교통법 제148조의2 제1항 제1호는 '제44조 제1항을 2회 이상 위반한 사람'으로서 다시 같은 조 제1항을 위반하여 술에 취한 상태에서 자동차 등을 운전한 사람을 무겁게 처벌하고 있으나, 검사가 도로교통법 제148조의2 제1항 제1호를 적용하지 않고 형이 가벼운 '도로교통법 제148조의2 제2항 제2호, 제44조 제1항'을 적용하여 공소를 제기하였으므로 법원이 공소장변경 없이 직권으로 그보다 형이 무거운 '도로교통법 제148조의2 제1항 제1호, 제44조 제1항'을 적용하여 처벌하는 것은 불고불리의 원칙에 반하여 피고인의 방어권 행사에 실질적인 불이익을 초래하며, 위 공소사실에 관하여 '도로교통법 제148조의2 제1항 제1호, 제44조 제1항'과 '도로교통법 제148조의2 제2항 제2호, 제44조 제1항'이 모두 적용될 수 있는지 여부는 위와 같은 결론에 영향을 미치지 않는다(대법원 2019.6.13. 선고 2019도4608 판결).

4. 유형별 검토

(1) 구성요건은 같으나 사실인정이 다른 경우

① 원칙: 동일한 구성요건 내에서 사실관계만 변경된 경우, 심판대상을 특정하기 위하여 필요불가결한 사실이 변경되는 경우에는 공소장 변경이 필요하다. 그러나 지엽적인 사실이 변경된 경우에는 원칙적으로 공소장 변경이 필요하지 않는 것이 원칙이다. 그러나 이 경우에도 피고인의 방어권행사에 실질적인 불이이익을 초래할 경우에는 공소장 변경이 필요하다.

② 범죄의 일시·장소의 변경: 범죄의 일시와 장소는 범죄될 사실이 아니지만, 공소사실의 특정을 위해서는 불가결한 요소이므로 명백한 오기가 아닌한 원칙적으로 공소장 변경을 요하는 것이 원칙이다. 판례는 범죄의 일시를 약간 다르게 인정하는 경우에는 반드시 공소장 변경을 요하지 아니한다고 보고 있다(92도2588). 그러나 그 범행일시의 차이가 단순한 착오라고 볼 수 없는 경우에는 공소장 변경이 필요하다고 한다(92도2588).

③ 범행의 수단·방법의 변경: 범행의 수단·방법도 공소사실을 특정하기 위한 요소이므로 원칙적으로 공소장 변경을 요한다. 판례는 사기죄에서 기망내용이 변경되는 경우 공소장 변경이 필요하다고 보고 있다(98도231). 그러나 범죄의 수단·방법이 약간 다른 경우에는 공소장 변경을 요하지 않는다.

④ 범죄의 객체·피해자 변경: 범죄의 객체·피해자도 피고인의 방어권행사에 영향을 미치는 중요한 사실이므로 원칙적으로 공소장 변경을 요한다. 그러나 판례는 이 경우에도 피고인의 방어권행사에 실질적 불이익을 주지 않는다면 공소장 변경이 필요 없다고 보고 있다.

⑤ 기타 변경: 단순한 상해 정도의 차이나(4개월 ⇨ 8개월, 84도1803) 12. 경찰1차, 16. 경찰2차 인과관계 진행상의 차이(89도1557, 80도1074), 뇌물전달자가 다른 경우(84도682) 등 사소한 사항에 관하여는 공소장 변경을 요하지 않는다.

(2) 사실인정과 구성요건이 다른 경우

1) 원 칙

① 이 경우는 피고인의 방어권행사에 불이익을 가져올 가능성이 크므로 원칙적으로 공소장 변경을 요한다.

② 특히, 고의범을 과실범으로 과실범을 고의범으로 변경하는 경우 공소장 변경을 요한다.

③ 따라서 살인죄의 공소사실을 폭행치사죄로 처단할 수 없고(2001도1091) 03. 경찰1차·행시, 05·16. 경찰2차, 08. 9급국가직, 09. 경찰승진, 12. 해경간부, 14·21. 경찰1차, 16. 9급개론·9급국가직, 19. 변호사, 장물보관죄의 공소사실을 업무상과실장물보관죄로 의율할 수 없다(83도3334). 14. 경찰 1차

2) 변경이 필요한 경우

① 형이 더 무거운 범죄사실로 변경되는 경우

② 고의 ⇔ 과실 변경 10. 경찰승진

③ 미수 ⇔ 예비음모 변경 14. 경찰1차, 15. 7급국가직, 17. 여경 · 경찰특공대, 18. 9급국가직

3) 변경이 필요하지 않은 경우

① 축소사실 인정

㉠ **강간치상 ⇨ 강간**

㉡ **기수 ⇨ 미수** 14. 경찰1차

② 법률적 평가만 달리하는 경우

㉠ **배임죄 ⇨ 횡령죄** 12. 법원, 17. 경찰간부, 19. 해경간부

㉡ **장물취득죄 ⇨ 장물보관죄**

③ 죄수에 대한 법적 평가만 달리하는 경우

㉠ **포괄일죄 ⇨ 실체적 경합(2005도5996)** 13. 7급국가직, 18 · 19. 9급국가직

㉡ **실체적 경합 ⇨ 상상적 경합(80도2236)** 10. 경찰승진

④ 단독범과 공범(방조, 공동정범)

㉠ **원칙: 공소장 변경 불요(2007도309)** 09 · 19. 9급국가직, 14. 7급국가직, 15. 경찰간부, 18. 경찰승진, 19. 법원 · 경찰1차

㉡ **예외: 피고인의 방어권 행사에 실질적 불이익을 초래할 염려가 있는 경우 변경 필요**

OX 단독범으로 기소된 것을 다른 사람과 공모하여 동일한 내용의 범행을 한 것으로 인정하더라도 이로 인하여 피고인의 방어권 행사에 실질적 불이익을 줄 우려가 없다면 공소장 변경이 필요한 것은 아니다. (○, ×) 19. 법원

(3) **사실인정은 같으나 법적 구성을 달리하는 경우**

① 원칙: 사실인정에는 변화가 없고 그 사실에 대한 법적 평가만 달리하는 경우에는 원칙적으로 공소장 변경을 요하지 않는다. 특히 경한 구성요건이나 법정형이 같은 구성요건으로 평가하는 경우에는 공소장 변경이 필요 없다. 그러나 법정형이 중하게 변경되는 경우처럼 피고인의 방어권행사에 실질적인 불이익을 줄 경우에는 공소장 변경을 요한다.

② 죄수 평가의 변경: 죄수에 대한 법적 평가만을 달리하는 경우에는 공소장 변경을 요하지 않는다. 따라서 공소장 변경 없이 실체적 경합범의 공소사실을 포괄일죄로 처벌할 수 있다(87도546). 14. 경찰1차

③ 적용법조의 변경: 공소사실에는 변화가 없으나 적용법조만을 추가 · 변경하는 경우에는 공소장 변경을 요하지 않는다. 피고인의 방어권행사에 실질적인 불이익이 초래될 염려가 없고, 법원은 검사가 공소장에 기재한 적용법조에 구속받지 않고 직권으로 법률을 적용할 수 있기 때문이다(71도2099). 재판시법인 개정 후의 신법의 적용을 구하였더라도 그 범행에 대한 형의 경중의 차이가 없으면 법원은 공소장 변경 절차를 거치지 않고도 정당하게 적용되어야 할 행위시법인 구법을 적용할 수 있다(2000도3350). 08. 경찰2차

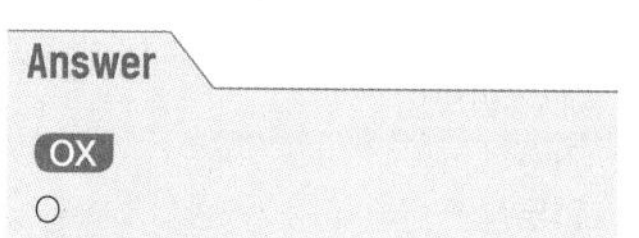
Answer
OX
○

기출 키워드 체크

관세포탈미수로 인한 특정범죄 가중처벌 등에 관한 법률 위반(관세)죄로 공소제기된 경우에는 공소장변경 없이 관세포탈________로 인한 특정범죄 가중 처벌 등에 관한 법률 위반(관세)죄로 인정할 수 ________.

기출 키워드 체크

정신장애로 항거불능 상태에 있는 피해자를 간음 또는 추행하는 행위로 기소된 사건에서 같은 피해자인 ________자에 대하여 위력으로 간

기출 키워드 체크

검사가 단순사기의 공소사실에 형법 제347조 제1항을 적용하여 기소한 경우에는 비록 상습성이 인정된다고 하더라도 공소장의 변경 없이는 법원이 _______사기로 인정하여 처

기출 키워드 체크

공소장변경 없이 비지정문화재수출미수죄로 기소된 공소사실을 비지정문화재수출 _______로 인정할 수 없다.

기출 키워드 체크

미성년자약취 후 재물을 요구하였으나 취득하지는 못한 범인을 '미성년자약취 후 재물취득 미수'에 의한 특정범죄 가중처벌 등에 관한 법률 위반죄로 공소제기 하였는데, 법원이 공소장변경 없이 '미성년자약취 후 재물요구 ________'에 의한 같은 법 위반죄로 인정하여 미수감경을 배제하는 것은 피고인의 방어권 행사에 실질적인 불이익을 초래하는 것이다.

기출 키워드 체크

공소장변경 없이 ________과실치사죄의 공소사실을 단순과실치사죄로 인정할 수 없다.

Answer

기출 키워드 체크

예비, 없다
심신미약
상습
예비(음모)
기수
업무상

▶ 공소장 변경이 필요하다고 본 사례

변경 전	변경 후	판 례
살인죄	폭행치사죄	2001도1091 03. 행시, 03 · 14 · 21. 경찰1차, 05 · 16. 경찰2차, 08 · 16. 9급국가직, 09. 경찰승진, 12 · 19. 해경간부, 16. 9급개론, 19. 변호사
특수강도	특수공갈	68도995 01 · 08 · 14. 경찰1차, 09. 경찰승진
특수절도죄	장물운반죄	64도681 13. 경찰1차, 14. 경찰간부
명예훼손죄	모욕죄	70도1859 03 · 08. 경찰1차, 08. 경찰3차, 12. 해경간부
(관세포탈) 미수	(관세포탈) 예비 · 음모	82도2939 09. 경찰승진, 14. 경찰1차, 15. 변호사, 18. 9급국가직
비지정문화재수출미수죄	비지정문화재수출예비 · 음모죄	99도2461 13. 경찰1차, 15. 경찰3차, 17. 경찰특공대, 18. 경찰간부
강간치상죄	강제추행치상죄	68도776 09. 경찰승진, 10. 7급국가직
사실적시 명예훼손	허위사실적시 명예훼손	2001도5008 14 · 16. 경찰1차
강도상해교사	공갈교사	92도3156 09. 법원
사기	상습사기	99도4797 16. 경찰1차
일반법	특별법(형이 더 중한 경우)	2005도9743 11 · 16. 9급국가직, 13. 경찰승진, 19. 9급국가직 · 9급개론
단순음주운전(혈중알콜농도 0.1% 이상 0.2% 미만)	2회 이상 음주운전 후 재범	2019도4608 19. 경찰2차
장물보관죄	업무상 과실장물보관죄	83도3334 14. 경찰1차
미성년자 약취 후 재물취득 미수	미성년자 약취 후 재물요구 기수	2008도3747 12. 경찰1차, 19. 해경간부
교통사고 후 조치불이행	교통사고 미신고	90도2462
업무상 과실치사	단순과실치사	68도1998 14. 경찰1차
고의범	과실범	83도3334 14. 경찰1차
폭행치상	폭행	70도2216 12. 경찰1차
정신장애로 항거불능 상태에 있는 피해자 간음 또는 추행	심신미약자에 대하여 위력으로 간음 또는 추행	2013도13567 15. 경찰승진
금품수수	대여로 금융상당 이익 수수	2008도11042
증뇌물전달죄	뇌물수수죄	65도785

변호사법 위반 금품수수	변호사법 위반 금품수수 약속	93도735
공무집행방해	다른 폭력행위 범죄	91도2395
특수강도	점유이탈물횡령	65도537
강제집행면탈	권리행사방해	72도1080
폭력행위 등 처벌에 관한 법률 위반(집단·흉기 등 폭행)	폭력행위 등 처벌에 관한 법률 위반(집단·흉기 등 협박)	2007도8772
사기죄	배임죄	80도3245
특정범죄 가중처벌 등에 관한 법률위반(업무상 과실치상 후 도주)	도로교통법위반(물건손괴 후 미조치)	93도656
성폭력범죄의 처벌 및 피해자보호 등에 관한 법률상 주거침입강간미수	성폭력범죄의 처벌 및 피해자보호 등에 관한 법률상 주거침입강제추행	2008도2409
절도죄의 실체적 경합	상습절도	
형법상 상습절도	특정범죄 가중처벌 등에 관한 법률위반	2007도4749
형법상 제3자 뇌물공여 교사(5년 이하의 징역)	특정범죄 가중처벌 등에 관한 법률위반(무기 또는 10년 이상 징역)	2007도10601
권리행사방해	배임	2017도4578

▶ **공소장 변경이 불필요하다고 본 사례**

변경 전	변경 후	판 례
배임죄(횡령죄)	횡령죄(배임죄)	99도2651 등 08. 경찰3차·경찰승진, 10. 7급국가직, 13. 경찰1차, 16. 9급국가직·경찰2차, 17. 경찰간부, 19. 해경간부
강간치상	준강제추행	2007도7260 09·11. 9급국가직, 12. 경찰1차, 12·13. 경찰승진
강간치사죄	강간미수죄	68도1601 01. 경찰1차, 05. 경찰2차
강간치상죄	강간죄 또는 강간미수죄	2001도6777 11. 9급국가직, 13. 경찰승진
강제추행치상죄	강제추행죄	96도1922 03. 경찰1차·행시, 05. 경찰2차, 12. 법원
특수절도	절도	73도1256 05. 경찰2차·9급국가직, 08. 경찰3차, 12. 해경간부

기출 키워드 체크

일반법과 특별법의 동일한 구성요건에 모두 해당하는 범죄사실에 대하여 검사가 형이 _______ _______을 적용하여 기소한 경우 법원이 공소장변경 없이 형이 더 _______ _______위반의 죄로 처단할 수 _______.

기출 키워드 체크

_________죄로 공소제기된 공소사실에 준강제추행의 범죄사실이 포함된 경우 법원은 공소장 변경 없이 준강제추행죄를 인정할 수 있다.

기출 키워드 체크

공소장에 약 4개월간의 치료를 요하는 _______라고 적시된 것을 약 8개월의 치료를 요하는 것으로 인정하는 경우에는 공소장변경을 요하지 않는다.

OX 법원은 공소사실의 동일성이 인정되는 범위 내에서 심리의 경과 등에 비추어 피고인의 방어권 행사에 실질적인 불이익을 주는 것이 아니라면 공동정범으로 기소된 범죄사실을 방조사실로 인정할 수 있다. (○, ×) 21. 9급국가직·9급개론

Answer

기출 키워드 체크
가벼운, 일반법, 무거운, 특별법, 없다
강간치상
상해

OX
○

기출 키워드 체크

히로뽕투약죄 기수의 공소사실을 히로뽕투약죄 ______로 인정할 수 있다.

기출 키워드 체크

강제추행에는 '______에 의한' 추행이 포함되어 있다고 볼 수 있으므로, 공소장변경 없이 ______에 의한 추행을 유죄로 인정하더라도 피고인의 방어권행사에 불이익이 없다.

기출 키워드 체크

사기죄에 있어서 기소된 공소사실의 재산상 ______와 공소장 기재의 ______가 다른 경우에는 공소장변경을 요하지 않는다.

기출 키워드 체크

사실인정에는 변화가 없고 법적 평가만 달리하여 ______으로 기소된 피고인을 방조범으로 인정하는 것은 공소장변경 없이 가능하다.

기출 키워드 체크

친고죄인 저작권위반혐의로 기소된 사건의 공소사실 중 ______만을 바꾸는 공소장변경은 허용된다.

기출 키워드 체크

횡령죄와 ______죄는 그 형벌에 있어서도 경중의 차이가 없고 동일한 범죄사실에 대하여 단지 법률적용만을 달리하는 경우에 해당하므로 법원은 ______죄로 기소된 공소사실에 대하여 공소장변경 없이도 횡령죄를 적용하여 처벌할 수 있다.

Answer

기출 키워드 체크

미수
위력, 위력
피해자, 피해자
공동정범
피해자
배임, 배임

상습절도	절도	84도34 08. 경찰3차, 10. 7급국가직
허위사실적시 명예훼손	사실적시 명예훼손	2002도1220 08. 경찰승진, 10·15. 7급국가직, 17. 변호사
수뢰후부정처사	뇌물수수	99도2530 13. 경찰승진, 11. 9급국가직
약 4개월간의 치료를 요하는 상해	약 8개월의 상해	84도1803 12. 경찰1차, 16. 경찰2차
장물취득	장물보관	2003도1366 05. 경찰1차
성폭력범죄의 처벌 및 피해자보호 등에 관한 법률위반(특수강도강간미수)	특수강도	96도1232 08. 경찰1차
실체적 경합범	상상적 경합범	80도2236 10. 경찰승진
실체적 경합범	포괄일죄	87도546 14. 경찰1차
포괄일죄	실체적 경합범	2005도5996 13. 7급국가직, 18·19. 9급국가직, 19. 해경간부, 19. 9급개론
단독범	공동정범	99도1232 09·19. 9급국가직, 14. 7급국가직, 15. 경찰간부, 18. 경찰승진, 19. 법원·9급개론
공동정범	방조범	2002도995 11. 9급국가직, 13. 경찰승진, 14. 경찰간부, 19. 경찰1차 , 21. 9급국가직·9급개론
(히로뽕투약) 기수	(히로뽕투약) 미수	99도3674 14. 경찰1차
특정범죄 가중처벌 등에 관한 법률위반	절도	84도34 08. 경찰3차, 10. 7급국가직
강도강간	특수강도미수와 강간	87도792 05. 경찰2차, 08. 경찰3차·경찰승진
강간	폭행	2010도10512 19. 해경간부
강제추행	위력에 의한 추행	2013도12803 19. 경찰2차
업무상과실치상	과실치상	2016도16738
뇌물수수	수수약속	86도1223
중실화죄	실화죄	79도305
폭력행위 등 처벌에 관한 법률위반(야간흉기휴대주거침입)	주거침입	90도401
특정범죄 가중처벌 등에 관한 법률위반	수뢰	94129
특정범죄 가중처벌 등에 관한 법률위반	준강도	82도1276

특정범죄 가중처벌 등에 관한 법률위반	관세법위반	
보건복지의 단속에 관한 특별조치법위반	의료법위반	
강도강간	강간	
강도상해	특수강도	63도215
강간치상	강제추행치상	2001도3867
강도상해	(야간)주거침입절도와 상해	65도599, 96도755
강도살인	특수강도와 살인	4294형상250
위력자살결의	자살교사	2005도5775

7 축소사실(다른 사실)에 대한 법원의 심판 의무

1. 의 의

① 검사가 공소장 변경을 하지 않은 경우 축소사실에 대하여는 법원이 유죄판결을 할 의무가 있는 것은 아닌지 문제된다.

② 예를 들어 피고인을 강도죄로 기소하였으나, 공판심리 결과 절도죄(축소사실)의 범죄사실만이 밝혀지는 경우가 있다.

③ 이때 검사의 공소장 변경의 신청이 없으면 법원은 피고인에 대하여 강도죄가 성립하지 않는다고 보아 무죄판결을 한다.

④ 한편, 법원은 절도죄에 대하여 유죄판결을 할 수도 있다.

2. 판 례

(1) 원칙 : 재량

축소사실을 인정하는 것은 원칙적으로 법원의 재량이다.

(2) 예외 : 의무 17. 7급국가직

축소사실에 해당하는 사안이 중대하고, 피고인의 방어권에 실질적인 불이익을 초래할 염려가 없다고 인정되는 때로서, 공소장이 변경되지 않았다는 이유로 이를 처벌하지 않으면 현저히 정의와 형평에 반하는 결과가 초래된다면 법원에 예외적으로 축소사실을 인정할 이무가 존재한다(2007도616 등).

기출 키워드 체크

공소제기된 범죄사실에 포함된, 그보다 가벼운 다른 범죄사실이 인정되고 사안이 중대하여 공소장이 변경되지 않았다는 이유로 이를 처벌하지 않는 것이 현저히 정의와 형평에 반한다고 인정되는 경우 법원은 ________적으로 그 다른 범죄사실을 유죄로 판단하여야 한다.

Answer

기출 키워드 체크

예외

관련 판례

기소된 공소사실의 재산상 피해자와 공소장에 기재된 피해자가 다른 것이 판명된 경우에는 공소사실의 동일성을 해하지 않고 피고인의 방어권 행사에 실질적 불이익을 주지 않는 한 공소장변경절차 없이 직권으로 공소장 기재의 피해자와 다른 실제의 피해자를 적시하여 이를 유죄로 인정하여야 한다(2013도564).

▶ 축소사실(다른사실) 심판 의무가 인정되는 경우

공소사실	인정사실	비 고
향정신성의약품을 제조·판매하여 영리를 취할 목적으로 그 원료가 되는 물질 소지	제조할 목적으로 그 원료가 되는 물질 소지	2002도3881 15. 7급국가직
특정범죄 가중처벌 등에 관한 법률 제5조의3 제1항(사고 후 도주)	업무상과실치상	90도1283
히로뽕 투약죄 기수	미수	99도3674
장물취득	장물보관	2003도1366
사기 피해자 변경 18. 경찰간부, 19. 9급국가직·9급개론		2013도564

▶ 축소사실(다른사실) 심판 의무가 부정되는 경우

공소사실	인정사실	비 고
폭행치사죄	폭행죄	84도2089 11. 9급국가직, 12. 경찰승진
상해치사죄	상해죄 또는 폭행죄	90도1090 12. 경찰승진
상표법위반	부정경쟁방지 및 영업비밀 보호에 관한 법률위반	2010도5994 15. 경찰3차, 18. 경찰간부
허위사실적시에 의한 명예훼손	사실적시에 의한 명예훼손	2007도1220 15. 변호사
횡령죄	배임죄	2007도11125
권리행사방해	배임	2017도4578

기출 키워드 체크

기소된 공소사실의 재산상의 피해자와 공소장 기재의 피해자가 다른 것이 판명된 경우에는 공소사실에 있어서 동일성을 해하지 아니하고 피고인의 방어권 행사에 실질적 불이익을 주지 아니하는 한 공소장변경절차 없이 직권으로 공소장 기재의 ________와 다른 실제의 피해자를 적시하여 이를 유죄로 인정하여야 한다.

기출 키워드 체크

법원이 ________법 위반의 공소사실을 부정경쟁방지 및 영업비밀보호에 관한 법률 위반으로 공소장 변경을 요구하지 아니하거나 직권으로 부정경쟁방지 및 영업비밀보호에 관한 법률 위반죄의 성립여부를 판단하지 않아도 위법한 것은 아니다.

Answer

기출 키워드 체크

사기피해자

상표

Chapter 08 OX 확인학습

1. 공소장 변경 의의, 절차 등

01 □□□ 검사가 공소장의 변경을 하고자 하는 때에는 그 취지를 기재한 공소장변경허가신청서를 법원에 제출하여야 한다. (○)

02 □□□ 공소장변경허가신청서가 제출된 경우 법원은 그 부본을 피고인과 변호인에게 각각 즉시 송달하여야 한다. (×)

03 □□□ 검사는 법원의 허가를 얻어 공소장에 기재한 공소사실 또는 적용법조의 추가, 철회 또는 변경을 할 수 있다. 이 경우에 법원은 공소사실의 동일성을 해하지 아니하는 한도에서 허가하여야 한다. (○)

04 □□□ 법원은 검사의 공소장 변경신청이 공소사실의 동일성을 해하지 않는 범위라고 하더라도 공소장의 변경을 허가하지 않을 수 있다. (×)

05 □□□ 공소사실 또는 적용법조의 추가, 철회 또는 변경의 허가에 관한 결정은 판결전의 소송절차에 관한 결정이라 할 것이므로, 그 결정을 함에 있어서 저지른 위법이 판결에 영향을 미친 경우에 한하여 그 판결에 대하여 상소를 하여 다툼으로써 불복하는 외에는 당사자가 이에 대하여 독립하여 상소할 수 없다. (○)

06 □□□ 공소장변경이 있는 경우 공소시효의 완성 여부는 공소장 변경시가 아닌 당초의 공소제기가 있었던 시점을 기준으로 판단한다. (○)

07 □□□ 공소장의 변경은 항소심에서도 할 수 있다. (○)

08 □□□ 상고심에서는 공소장변경이 허용되지 않지만, 상고심에서 파기환송된 항소심에서는 공소장변경이 허용된다. (○)

09 □□□ 법원은 공소사실 또는 적용법조의 추가, 철회 또는 변경이 피고인의 불이익을 증가할 염려가 있다고 인정한 때에는 직권 또는 피고인이나 변호인의 청구에 의하여 피고인으로 하여금 필요한 방어의 준비를 하게 하기 위하여 결정으로 필요한 기간 공판절차를 정지하여야 한다. (×)

10 □□□ 법원이 검사의 공소장변경 신청을 허가결정한 때에는 그 후에 공소사실의 동일성이 인정되지 않아 공소장변경 허가결정에 위법사유가 있음을 발견하더라도 공소장변경 허가를 한 법원이 스스로 이를 취소할 수 없다. (×)

2. 공소장 변경의 한계

11 □□□ 검사가 공소사실 중 임차권 양도계약 중개수수료 교부자를 甲에서 乙로 변경하는 공소장변경 신청을 하고 원심이 이를 허가한 사안에서, 그와 같이 공소장을 변경하더라도 피고인이 공소사실 기재 일시 장소에서 위 계약을 중개한 후 법정 수수료 상한을 초과한 중개수수료를 교부받았다는 사실에는 변함이 없으므로, 공소사실의 동일성이 인정되어 공소장변경이 허용된다. (○)

12 □□□ 공소장변경으로 공소사실을 예비적 또는 택일적으로 추가하는 경우에도 공소사실의 동일성이 인정되는 한도에서 허용된다. (○)

3. 공소장 변경의 필요성

13 □□□ 공소사실의 동일성을 해하지 않고 피고인의 방어권 행사에 실질적인 불이익을 주지 않는 한, 공소장변경의 절차 없이 공소장에 적시된 피해자와 다른 피해자를 인정하여 피고인에 대한 범죄사실을 유죄로 인정하였다 하여도 불고불리의 원칙에 위배한 위법이 있다고 할 수 없다. (○)

14 □□□ 공소장 적용법조의 기재에 오기나 누락이 있는 경우라 할지라도 이로 인하여 피고인의 방어에 실질적인 불이익을 주지 않는 한, 공소제기의 효력에는 영향이 없고 법원으로서도 공소장변경의 절차를 거치지 않고 공소장에 기재되어 있지 않은 법조를 적용할 수 있다. (○)

15 □□□ 검사가 단순사기의 공소사실에 형법 제347조 제1항을 적용하여 기소한 경우에는 비록 상습성이 인정된다고 하더라도 공소장의 변경 없이는 법원이 상습사기로 인정하여 처벌할 수는 없다. (○)

16 □□□ 검사가 형법 제307조 제1항의 사실적시 명예훼손죄로 기소한 공소사실에 대하여 법원이 공소장의 변경 없이 그보다 형이 중한 형법 제307조 제2항의 허위사실적시 명예훼손죄를 인정하는 것은 피고인의 방어권 행사에 불이익을 주는 것으로서 허용될 수 없다. (○)

17 □□□ 상해 정도의 차이만 가지고는 기본적 사실의 동일성이 깨어진다고 볼 수 없으므로 공소장에 약 4개월간의 치료를 요하는 상해라고 적시된 것을 법원이 공소장변경 절차 없이 약 8개월간의 치료를 요하는 것으로 인정하였다 하여도 이는 불고불리의 원칙에 반한다고 할 수 없다. (○)

18 □□□ 공소가 제기된 살인죄의 범죄사실에 대하여는 그 증명이 없으나 폭행치사죄의 증명이 있는 경우 살인죄의 구성요건은 폭행치사 사실을 포함한다고 할 수 있으므로 공소장 변경 없이 피고인에게 폭행치사죄를 인정한다 하여 피고인의 방어권 행사에 불이익을 준다고 보기 어렵다. (×)

19 □□□ 미수의 공소사실에 대해 예비나 음모를 인정하고자 하는 경우에도 공소장변경을 거쳐야 한다. (○)

20 □□□ 공소장변경 없이 비지정문화재수출미수죄로 기소된 공소사실을 비지정문화재수출예비·음모죄로 인정할 수 없다. (○)

21 □□□ 공소장변경 없이 관세포탈 미수의 공소사실을 관세포탈 예비로 심판할 수 없다. (○)

22 □□□ 공소장변경 절차 없이도 법원이 심리·판단할 수 있는 죄가 한 개가 아니라 여러 개인 경우에는, 법원으로서는 그중 하나를 임의로 선택할 수 있고, 검사에게 공소사실 및 적용법조에 관한 석명을 구하여 공소장을 보완하게 한 다음 이에 따라 심리·판단하여야 할 것은 아니다. (×)

23 □□□ 횡령죄와 배임죄는 신임관계를 기본으로 하고 있는 같은 죄질의 재산범죄로서 그 형벌에 있어서도 경중의 차이가 없고 동일한 범죄사실에 대하여 단지 법률 적용만을 달리하는 경우에 해당하므로 법원은 배임죄로 기소된 공소사실에 대하여 공소장변경 없이도 횡령죄를 적용하여 처벌할 수 있다. (○)

24 □□□ 공소장변경 없이 실체적 경합범의 공소사실을 포괄일죄로 처벌할 수 있다. (○)

25 □□□ 동일한 범죄사실에 대하여 포괄일죄로 기소된 것을 법원이 공소장변경절차를 거치지 아니하고 실체적 경합관계에 있는 수죄로 인정하는 것은 허용되지 아니한다. (×)

26 □□□ 공소장변경 없이 업무상과실치사죄의 공소사실을 단순과실치사죄로 인정할 수 없다. (○)

27 □□□ 공소장변경 없이 장물보관죄의 공소사실을 업무상과실장물보관죄로 의율할 수 없다. (○)

28 □□□ 공소장변경 없이 특수강도의 공소사실을 특수공갈죄로 처단할 수 없다. (○)

29 □□□ 공소장변경 없이 히로뽕투약죄 기수의 공소사실을 히로뽕투약죄 미수로 인정할 수 있다. (○)

4. 법원의 공소장 변경 요구, 축소사실(다른 사실) 인정 의무

30 □□□ 법원은 심리의 경과에 비추어 상당하다고 인정할 때에는 공소사실 또는 적용법조의 추가 또는 변경을 요구하여야 한다. (○)

31 □□□ 법원이 검사에게 공소장의 변경을 요구할 것인지 여부는 법원의 재량에 속하는 것이므로 법원이 검사에게 공소장의 변경을 요구하지 아니하였다고 하여 위법하다고 볼 수 없다. (○)

32 □□□ 피고인이 이적표현물을 제작·반포한 사실은 부인하면서 이를 취득·소지한 것에 대하여는 자백하는 취지로 진술한다고 하여도 법원이 검사에게 공소장의 변경을 요구할 것인지 여부는 법원의 재량에 속하는 것이므로, 법원이 검사에게 그 표현물을 취득·소지한 것으로 공소장변경을 요구하지 아니하였다 하여 위법하다고 할 수 없다. (○)

제7절 공소시효

❶ 공소시효의 의의

일정기간 동안 공소를 제기하지 않고 방치하는 경우 국가의 소추권이 소멸되는 제도를 말한다. 15. 경찰간부

❷ 공소시효 완성의 효과

① 공소제기 전이라면, 검사는 불기소처분을 해야 한다.

② 공소제기 후에는 법원은 면소판결을 선고해야 한다. 17. 여경 · 경찰특공대

❸ 공소시효

1. 공소시효의 완성기간

공소시효 기간은 법정형의 경중에 따라 아래와 같이 규정되어 있다. 02. 여경1차, 03. 행시, 05. 경찰3차, 06 · 10 · 11 · 12. 경찰승진, 08 · 12 · 14. 경찰2차, 09. 9급국가직, 10. 법원 · 교정특채, 10 · 13. 경찰1차, 15. 지능특채

기 간	내 용
25년	사형에 해당하는 범죄, 의제공소시효
15년	무기징역 또는 무기금고에 해당하는 범죄
10년	장기 10년 이상의 징역 또는 금고에 해당하는 범죄 19. 경찰승진
7년	장기 5년 이상 10년 미만 징역 또는 금고에 해당하는 범죄 18. 경찰1차
5년	장기 5년 미만의 징역 또는 금고, 장기 10년 이상의 사격정시 또는 벌금에 해당하는 범죄 19. 경찰간부
3년	장기 5년 이상 10년 미만의 자격정지에 해당하는 범죄
1년	장기 5년 미만의 자격정지, 구류, 과료 또는 몰수에 해당하는 범죄

기 간	사형, 징역, 금고(장기)	자격정지	벌금, 기타
25년	사형, 의제공소시효		
15년	무기징역, 무기금고		
10년	10 ≦ 징역, 금고 19. 경찰승진		
7년	5 ≦ 징역, 금고 < 10		
5년	징역, 금고 < 5	10 ≦ 자격정지	벌금 17. 경찰승진
3년		5 ≦ 자격정지 < 10 16. 경찰2차	
1년		자격정지 < 5	구류, 과료, 몰수

☑ 공소시효 인정 근거
- 범죄 후 시간의 경과로 인하여 생긴 사실상의 상태를 유지 · 존중
- 범죄 후 장기간의 경과로 인하여 범인에 대한 일반인의 처벌욕구가 감소
- 범인이 장기간의 도망생활로 인하여 처벌에 준하는 고통을 받음
- 국가의 태만으로 인한 책임을 범인에게만 돌리는 것은 부당
- 범죄 후 장기간의 경과로 인한 증거의 멸실, 산일로 인하여 공정한 재판에 어려움 존재

기출 키워드 체크

________란 범죄행위가 종료된 후 공소제기 없이 일정 기간이 경과한 후 국가의 형사소추권을 소멸시키는 제도이다.

기출 키워드 체크

법정형이 사형에 해당하는 범죄의 공소시효는 ____년이다.

기출 키워드 체크

무기징역에 해당하는 범죄의 공소시효는 ____년이다.

기출 키워드 체크

장기 5년 이상 10년 미만 징역 또는 금고에 해당하는 범죄의 공소시효 기간은 ____년이다.

기출 키워드 체크

장기 5년 이상의 자격정지에 해당하는 범죄의 공소시효는 ____년이다.

기출 키워드 체크

벌금에 해당하는 범죄에 대한 공소시효 기간은 ____년이다.

Answer

기출 키워드 체크
공소시효
25
15
7
3
5

2. 의제공소시효

① 공소가 제기된 범죄는 판결의 확정이 없이 공소를 제기한 때로부터 25년(20년 ×, 30년 ×)을 경과하면 공소시효가 완성한 것으로 간주한다. 02. 여경1차, 08 · 18. 법원, 09 · 13. 경찰1차, 11. 해경간부 · 교정특채, 11 · 14 · 16. 경찰2차, 12 · 15. 경찰승진, 13 · 14 · 17 · 19. 경찰간부

② 이는 영구미제사건을 종결처리하기 위한 규정이다.

③ 이 경우 법원은 면소판결로 소송을 종결해야 한다(제249조 제2항).

4 시효기간의 기준

1. 법정형 기준

공소시효기간의 기준이 되는 형은 처단형이 아니라 법정형이다.

2. 중한형 기준

2개 이상의 형을 병과하거나, 2개 이상의 형에서 하나의 형을 선택하여 과하는 경우 중한 형이 공소시효의 기준이 된다(제250조). 15. 경찰1차, 17 · 18. 경찰승진, 21. 9급국가직 · 9급개론

3. 가중 · 감경

① 형법에 의한 가중 · 감경의 경우에는 가중 · 감경하지 아니한 형을 기준으로 한다(제251조). 15. 변호사 · 경찰1차, 16. 9급국가직 · 9급개론, 18. 경찰승진, 18 · 19. 경찰간부, 19. 해경간부, 20. 법원

② 특별법(형법 이외의 법률)에 의한 가중 · 감경의 경우 특별법상의 법정형이 기준이다. 15. 경찰2차, 17. 경찰승진

4. 양벌규정

행위자(종업원)에 대한 법정형을 기준으로 해야 한다(이견 있음).

5. 교사범 · 종범

교사범 · 종범은 정범의 형을 기준으로 한다.

기출 키워드 체크

공소가 제기된 범죄는 판결의 확정이 없이 공소를 제기한 때로부터 ____년을 경과하면 공소시효가 완성한 것으로 간주한다.

기출 키워드 체크

A은행의 지점장 甲은 2015. 3. 5.부터 2015. 5. 11.까지 3회에 걸쳐서 B회사에 대해서 불량대출을 해 주었고, 이에 대해서 경찰의 수사가 개시되자 도주하였는데, 甲의 업무상배임죄(공소시효 기간 10년)에 대한 공소시효는 ________ 24:00에 완성된다.

기출 키워드 체크

공소시효기간의 기준이 되는 형은 처단형이 아니라 ________이고, 2개 이상의 형을 병과하거나 2개 이상의 형에서 그 1개를 과할 범죄에는 _______한 형이 기준이 된다.

기출 키워드 체크

형법에 의하여 형을 가중 또는 감경한 경우에는 가중 또는 감경________ 형에 의하여 공소시효 기간을 정한다.

기출 키워드 체크

'형법에 의하여 형을 가중 또는 감경할 경우에는 가중 또는 감경하지 아니한 형에 의하여 제249조(공소시효의 기간)의 규정을 적용한다.'라는 형사소송법 제251조는 ________ 이외의 법률에 의하여 형을 가중 또는 감경할 경우에는 적용되지 않는다.

OX 2개 이상의 형을 병과하거나 2개 이상의 형에서 그 1개를 과할 범죄에는 중한 형에 의하여 공소시효의 기간을 결정한다. (○, ×)
21. 9급국가직 · 9급개론

Answer

기출 키워드 체크
25
2025. 5. 10.
법정형, 중
하지 아니한
형법

OX
○

OX 범죄 후 법률의 개정에 의하여 법정형이 가벼워진 경우에는 형법 제1조 제2항에 의하여 당해 범죄사실에 적용될 신법의 법정형이 공소시효기간의 기준이 된다. (○, ×) 21. 경찰간부

기출 키워드 체크

범죄 후 법률의 개정에 의하여 법정형이 가벼워진 경우, 형법 제1조 제2항에 의하여 당해 범죄사실에 적용될 ________이 공소시효기간의 기준이 된다.

기출 키워드 체크

공무원이 취급하는 사건에 관하여 청탁 또는 알선을 할 의사와 능력이 없음에도 청탁 또는 알선을 한다고 기망하여 금품을 교부받은 경우에 성립하는 ______죄와 변호사법 위반죄는 상상적 경합의 관계에 있으므로, 변호사법 위반죄의 공소시효가 완성되었다고 하여 그 죄와 상상적 경합관계에 있는 ______죄의 공소시효까지 완성되는 것은 아니다.

기출 키워드 체크

공소시효는 범죄행위가 ______한 때로부터 진행하므로, 결과범에 있어서는 ________가 아니라 ________부터 공소시효가 진행한다.

OX 상상적 경합관계에 있는 죄들 중 일부의 죄에 대해 공소시효가 완성되었다고 하여 그 죄와 상상적 경합관계에 있는 다른 죄의 공소시효까지 완성되는 것이 아니다. (○, ×) 21. 경찰간부

관련 판례

미수범의 범죄행위는 행위를 종료하지 못하였거나 결과가 발생하지 아니하여 더 이상 범죄가 진행될 수 없는 때에 종료하고, 그때부터 미수범의 공소시효가 진행한다.
피고인이 오피스텔 분양대책위원회의 공동대표로서 업무상 임무에 위배하여 2006. 3. 3. 분양계약서를 받아 그에 관한 소유권이전등기를 하여 재산상 이익을 취득하려고 하였

Answer

기출 키워드 체크
가벼운 법정형
사기, 사기
종료, 결과발생시, 실행행위 종료시
OX
○, ○

6. 법정형 변경

형법의 개정으로 인하여 법정형이 변경된 경우에는 형법 제1조에 의하여 당해 범죄사실에 적용될 법률의 법정형(가벼운 법정형)이 기준이 된다(2008도4376). 17. 9급개론 · 9급국가직, 18. 해경2차, 19. 법원, 21. 경찰간부

7. 법정형 판단의 기초가 되는 범죄사실

(1) 원 칙

공소시효는 공소장에 기재된 공소사실에 대한 법정형이 기준이 된다.

(2) 예비적 · 택일적 기재

각 범죄사실에 대하여 개별적으로 결정해야 한다(다른 견해 존재).

(3) 과형상 일죄(상상적 경합)

① 각 죄에 대하여 개별적으로 공소시효기간을 결정해야 한다. 12. 경찰승진, 17. 해경간부 ⇨ 상상적 경합관계에 있는 죄들 중 일부의 죄에 대해 공소시효가 완성되었다고 하여 그 죄와 상상적 경합관계에 있는 다른 죄의 공소시효까지 완성되는 것이 아니다(2006도6356). 21. 경찰간부

② 변호사법 위반죄의 공소시효가 완성되었다고 하여 그 죄와 상상적 경합관계에 있는 사기죄의 공소시효까지 완성되는 것은 아니다(2006도6356). 17. 9급개론 · 9급국가직, 18. 경찰1차 · 해경2차, 20. 경찰간부

(4) 공소장 변경

① 공소시효의 완성 여부를 판단하는 기준시는 최초공소제기시(공소장변경시 ×)이다. 09 · 16. 9급국가직, 09 · 16 · 17. 7급국가직, 09 · 14 · 16. 법원, 10 · 11 · 14 · 19. 경찰승진, 12. 교정특채, 12 · 15. 경찰1차, 13. 경찰2차, 15. 해경3차, 17. 해경간부

② 공소시효의 기간을 판단하는 범죄사실은 변경된 공소사실(변경 전 공소사실 ×)이다. 04. 행시, 05 · 09 · 15. 경찰1차, 08. 경찰3차, 09 · 14. 법원, 12 · 17. 해경간부, 20. 경찰간부

③ 공소장 변경 후 최초공소제기시를 기준으로 변경된 공소사실에 의해 계산된 공소시효가 완성되었을 때는 면소판결(공소기각판결 ×)을 선고한다. 10. 9급국가직 · 경찰승진, 10 · 16. 7급국가직

8. 공소시효의 기산점과 계산

(1) 기산점

1) 원 칙

공소시효는 범죄행위가 종료한 때로부터 진행한다. 16. 해경 · 9급국가직 · 9급개론, 17. 경찰승진 · 해경간부, 18. 경찰간부

2) 구체적 사례(기산점)

▶ 공소시효 기산점

결과범	결과가 발생한 때(실행행위 종료시 ×) 07. 7급국가직
거동범	실행행위가 종료된 때
계속범	법익침해가 종료된 때
포괄일죄	최종 범죄행위가 종료된 때(2013도12937) 15. 경찰1차, 18. 법원
과형상 일죄	각 죄에 대해 개별적으로 판단
결과적 가중범	중한 결과가 발생한 때(기본행위 종료시 ×)(97도1740) 18. 9급국가직
미수범	행위를 종료하지 못하였거나 결과가 발생하지 아니하여 더 이상 범죄가 진행될 수 없는 때(2016도14820) 18. 7급국가직 · 경찰2차, 19 · 20. 법원, 20. 경찰2차, 21. 경찰간부

(2) 초일, 공휴일 산입 19. 7급국가직

① 시효기간의 초일은 시간을 계산함이 없이 1일로 산정한다.

② 기간의 말일이 공휴일 또는 토요일이라도 시효기간에 산입한다. 03. 경찰2차

(3) 공범에 관한 특칙

① 공범의 경우에는 최종행위가 종료한 때로부터 전 공범에 대한 시효기간을 기산한다. 03. 여경1차, 10. 법원, 11. 교정특채, 13. 경찰2차, 18. 경찰간부

② 임의적 공범(공동정범, 교사범, 종범) 이외에 필요적 공범도 포함된다.

(4) 성범죄에 관한 특칙

① 미성년자에 대한 성폭력범죄의 공소시효는 성폭력범죄로 피해를 당한 미성년자가 성년에 달한 날부터 진행된다(성폭력범죄의 처벌 등에 관한 특례법 제21조 제1항). 13. 법원, 15. 경찰3차

② 아동 · 청소년 대상 성범죄의 공소시효는 해당 성범죄로 피해를 당한 아동 · 청소년이 성년에 달한 날부터 진행한다(아동 · 청소년의 성보호에 관한 법률 제20조 제1항). 18. 경찰2차

으나 소유권이전등기를 마치지 못하여 미수에 그쳤다는 업무상배임죄의 종료시기는 분양계약서 반환으로 더 이상 소유권이전등기절차를 진행할 수 없게 된 때이다(대법원 2017.7.11. 선고 2016도14820 판결).

기출 키워드 체크

포괄일죄의 공소시효는 ________ 한 때로부터 진행한다.

기출 키워드 체크

결과적 가중범의 경우 기본범죄행위가 ______되더라도 ________하여야 공소시효가 진행된다.

기출 키워드 체크

공범의 경우, 당해 사건의 ________로부터 진행한다.

OX 공소시효는 범죄행위가 종료한 때로부터 진행하고, 미수범은 범죄의 실행에 착수하여 행위를 종료하지 못하였거나 결과가 발생하지 아니한 때에 처벌받게 되므로, 미수범의 범죄행위는 행위를 종료하지 못하였거나 결과가 발생하지 아니하여 더 이상 범죄가 진행될 수 없을 때부터 공소시효가 진행된다. (○, ×) 21. 경찰간부

관련판례

비의료인이 주도적인 입장에서 한 일련의 의료기관 개설행위가 포괄일죄에 해당하고, 여기서의 개설행위가 종료되는 시기는 개설신고를 마친 때가 아니라 비의료인이 주도적인 처리 관계에서 이탈하였을 때이다.
비의료인이 의료기관을 개설하여 운영하는 도중 개설자 명의를 다른 의료인 등으로 변경한 경우에는 그 범의가 단일하다거나 범행방법이 종전과 동일하다고 보기 어렵다. 따라서 개설자 명의별로 별개의 범죄가 성립하고 각 죄는 실체적 경합범의 관계에 있다고 보아야 한다(2018.11.29. 선고 2018도10779).

Answer

기출 키워드 체크

최종의 범죄행위가 종료
종료, 중한 결과가 발생
최종행위가 종료한 때

OX

○

관련 판례

공직선거법 제268조 제1항 본문은 "이 법에 규정한 죄의 공소시효는 당해 선거일 후 6개월(선거일 후에 행하여진 범죄는 그 행위가 있는 날부터 6개월)을 경과함으로써 완성한다."라고 규정하고 있다. 여기서 말하는 '당해 선거일'이란 그 선거범죄와 직접 관련된 공직선거의 투표일을 의미한다. 이는 선거범죄가 당내경선운동에 관한 공직선거법 위반죄인 경우에도 마찬가지이므로, 그 선거범죄에 대한 공소시효의 기산일은 당내경선의 투표일이 아니라 그 선거범죄와 직접 관련된 공직선거의 투표일이다(대법원 2019.10.31. 선고 2019도8815 판결).

기출 키워드 체크

강제집행면탈죄는 허위채무부담 내용을 채무변제계약 공정증서를 작성한 후 이에 기하여 ________로부터 공소시효가 진행된다.

OX 공무원이 직무에 관하여 금전을 무이자로 차용한 경우에는 차용 당시에 금융이익 상당의 뇌물을 수수한 것으로 보아야 하므로 뇌물수수죄에 대한 공소시효는 금전을 무이자로 차용한 때부터 기산한다. (○, ×) 21. 경찰승진

관련 판례

무허가 법인묘지를 설치한 죄는 법인묘지의 설치행위, 즉 법인이 '분묘를 설치하기 위하여 부지를 조성하는 행위'를 종료할 때 즉시 성립하고 그와 동시에 완성되는 이른바 즉시범이라고 보아야 한다(대법원 2018.6.28. 선고 2017도7937).

관련 판례

피고인이 허위사실이 기재된 귀화허가신청서를 담당공무원에게 제출하여 그에 따라 귀화허가업무를 담당하는 행정청이 그릇된 행위나 처분을 하여야만 위계에 의한 공무집행방해죄가 기수 및 종료에 이른다고 할 것이고, 한편 단지 허위사실이 기재된 귀화허가신청서를 제출하여 접수되게 한 사정만으로는 구체적인 직무집행을 저지하거나 현실적으로 곤란하게 하는 데까지 이르렀다고 단정할 수 없다(대법원 2017.4.27. 선고 2017도2583 판결).

Answer

기출 키워드 체크
채권압류 및 추심명령을 받은 때

OX
○

▶ 범죄행위 종료시 관련 판례

구 분	공소시효 기산점	비 고
허위 채무 부담 공정증서 작성(강제집행면탈죄)	압류 및 추심명령 받은 때	2009도875 12. 9급국가직
강제집행면탈의 목적으로 채무자가 제3채무자에 대한 채권을 허위로 양도한 경우	제3채무자에게 채권양도의 통지가 행해진 때(채권 허위양도한 때 ×)	2011도6855 17. 변호사
공무원 직무에 관하여 무이자로 금전 차용(뇌물 수수)	차용(금융이익 상당 뇌물 수수) 당시	2011도7282 16. 경찰간부, 17. 여경·경찰특공대, 19. 경찰승진, 21. 경찰승진
업무상과실치사상	피해자들이 사상에 이른 때(붕괴시)	96도1231 17. 해경1차·해경간부
주식매수선택권 부여(업무상배임)	신주 발행시(계약시 ×)	2010도11394 12. 9급국가직
정보통신망 이용 명예훼손	게시시(삭제시 ×)	2006도346 17. 9급개론·9급국가직
무허가 법인묘지를 설치(구 장사법 위반)	'분묘를 설치하기 위하여 부지를 조성하는 행위'를 종료한 때	2017도7937
오피스텔 분양대책위원회 공동대표가 오피스텔 분양계약(업무상배임미수)	분양계약서를 시공사에게 반환하여 소유권이전등기절차를 진행할 수 없게 된 때	2016도14820 18. 7급국가직·경찰2차, 19. 법원
서적 신문 등에 명예훼손적 내용의 글을 게시	게시시	2006도346
수표 부도(부정수표단속법위반)	수표 발행시	2003도3394
공무원의 정당 가입	가입시	2012도12867
반국가단체 구성	구성시	70도1860
구 폭처법상 범죄단체조직죄	범죄단체 구성한 때	93도999 12. 9급국가직
범죄단체 가입, 활동(가입과 활동은 포괄일죄)	범죄단체 구성으로서의 활동의 범죄행위 종료시(가입시 ×)	2015도7081 20. 경찰간부

비의료인이 주도적인 입장에서 한 일련의 의료기관 개설행위(포괄일죄)	비의료인이 주도적인 처리 관계에서 이탈하였을 때(개설신고를 마친 때 ×)	2018도10779
당내경선운동에 관한 공직선거법 위반죄	그 선거범죄와 직접 관련된 공직선거의 투표일(당내경선의 투표일 ×)	2019도8815 20. 경찰2차, 21. 경찰승진
구 독점규제 및 공정거래에 관한 법률(공정거래법) 제19조 제1항 제1호에서 정한 가격결정 등의 합의 및 그에 기한 실행행위가 있었던 경우	부당한 공동행위가 종료한 날은 합의에 기한 실행행위가 종료한 날(합의가 있었던 날 ×)	2010도16001 20. 경찰2차
허위 귀화허가신청서를 통한 위계에 의한 공무집행방해	행정청의 처분시 (귀하허가신청시 ×)	2017도2583 20. 경찰2차
소송사기미수죄	소송이 종료된 때	99도4459
복무이탈행위	최종의 복무이탈행위가 마쳐진 때	2005도703
건축물의 무단 용도변경	사용 종료시점	2001도3990
공익법인의 무허가 수익사업 영위	수익사업이 종료시	2004도4751 19. 7급국가직
구 수산업협동조합법 선거범죄	선거일 다음 날(선거일 당일 ×)	2011도17404 21. 경찰1차

기출 키워드 체크

공소시효의 기산점에 관하여 규정한 형사소송법 제252조 제1항 소정의 '범죄행위'에는 당해 범죄의 ______ 까지도 포함되는 취지로 해석함이 상당하므로, 업무상 과실치사상죄의 공소시효는 ________가 발생함으로써 그 범죄행위가 종료한 때로부터 진행된다.

기출 키워드 체크

미수범의 범죄행위는 실행에 착수하여 행위를 종료하지 못하였거나 결과가 발생하지 아니하여 ________ 에 종료하고, 그때부터 미수범의 공소시효가 진행한다.

기출 키워드 체크

정보통신망을 이용한 명예훼손의 경우________으로 범죄가 성립하고 종료하므로 그때부터 공소시효를 기산해야 하고, ________을 범죄의 종료시기로 보아서 그때부터 공소시효를 기산해야 하는 것은 아니다.

기출 키워드 체크

공소장 변경이 있는 경우 공소시효의 완성여부는 ________를 기준으로 판단할 것이고, 공소장변경절차에 의하여 공소사실이 변경됨에 따라 그 법정형에 차이가 있는 경우에는 ________의 법정형이 공소시효기간의 기준이 된다고 보아야 한다.

기출 키워드 체크

판례에 따르면, 사기죄로 공소제기된 범죄사실에 대해 예비적으로 배임죄를 추가하는 공소장변경이 된 경우, 배임죄에 대한 공소시효의 완성 여부는 ________를 기준으로 해야 한다.

Answer

기출 키워드 체크

결과, 피해자들이 사상에 이른 결과
더 이상 범죄가 진행될 수 없는 때
게재행위만, 게시물이 삭제된 시점
공소장 변경시, 변경된 공소사실
본래의 공소제기시

관련판례

공소시효를 정지·연장·배제하는 특례조항을 신설하면서 소급적용에 관한 명시적인 경과규정을 두지 않은 경우 그 조항을 소급하여 적용할 수 있는지에 관해서는 보편타당한 일반원칙이 존재하지 않고, 적법절차원칙과 소급금지원칙을 천명한 헌법 제12조 제1항과 제13조 제1항의 정신을 바탕으로 하여 법적 안정성과 신뢰보호원칙을 포함한 법치주의의 이념을 훼손하지 않는 범위에서 신중히 판단해야 한다.
아동학대범죄의 처벌 등에 관한 특례법(2014. 1. 28. 제정되어 2014. 9. 29. 시행되었으며, 이하 '아동학대처벌법'이라 한다)은 아동학대범죄의 처벌에 관한 특례 등을 정함으로써 아동을 보호하여 아동이 건강한 사회 구성원으로 성장하도록 함을 목적으로 다음과 같은 규정을 두고 있다. 제2조 제4호 (타)목은 아동복지법 제71조 제1항 제2호, 제17조 제3호에서 정한 '아동의 신체에 손상을 주거나 신체의 건강 및 발달을 해치는 신체적 학대행위'를 아동학대범죄의 하나로 정하고 있다. 제34조는 '공소시효의 정지와 효력'이라는 제목으로 제1항에서 "아동학대범죄의 공소시효는 형사소송법 제252조에도 불구하고 해당 아동학대범죄의 피해아동이 성년에 달한 날부터 진행한다."라고 정하고,부칙은 "이 법은 공포 후 8개월이 경과한 날부터 시행한다."라고 정하고 있다. 아동학대처벌법은 신체적 학대행위를 비롯한 아동학대범죄로부터 피해아동을 보호하기 위한 것으로서, 제34조는 아동학대범죄가 피해아동의 성년에 이르기 전에 공소시효가 완성되어 처벌대상에서 벗어나는 것을 방지하고자 그 진행을 정지시킴으로써 피해를 입은 18세 미만 아동(아동학대처벌법 제2조 제1호, 아동복지법 제3조 제1호)을 실질적으로 보호하려는 데 취지가 있다. 아동학대처벌법은 제34조 제1항의 소급적용에 관하여 명시적인 경과규정을 두고 있지는 않다. 그러나 이 규정의 문언과 취지, 아동학대처벌법의 입법 목적, 공소시효를 정지하는 특례조항의 신설·소급에 관한 법리에 비추어 보면, 이 규정은 완성되지 않은 공소시효의 진행을 일정한 요건에서 장래를 향하여 정

❺ 공소시효 정지

1. 공소시효 정지의 의의

① 일정한 사유로 인하여 공소시효의 진행이 정지되고, 그 정지사유가 소멸한 때로부터 나머지 시효기간이 진행되는 제도를 말한다.

② 현행법상 공소시효 중단(중단사유가 소멸하면 시효가 처음부터 다시 진행)은 인정되지 않는다. 10. 경찰승진, 13. 경찰1차

③ 공소시효가 무효인 경우에도 공소시효는 정지된다. 04. 경찰2차

2. 공소시효 정지의 사유

(1) **공소의 제기**(공소제기~공소기각 또는 관할위반의 재판의 확정) 02. 행시·여경1차, 04·05·14. 경찰2차, 06. 경찰1차, 13·14. 경찰승진, 14·15. 법원, 15. 해경3차, 19. 경찰간부

① 공소시효는 공소의 제기로 진행이 정지된다(중단된다 ×). 18. 경찰승진 ⇨ 공소제기가 무효인 경우에도 공소시효는 정지된다.

② 정지된 공소시효는 공소기각 또는 관할위반의 재판이 확정된 때로부터 다시 진행한다. 18. 경찰승진

③ 상소권회복의 결정이 있으면 공소시효의 진행이 다시 정지된다.

(2) **범인의 해외 도피**(형사처분을 면할 목적으로 국외에 있는 기간) 11. 법원, 15. 경찰2차

① 범인이 형사처분을 면할 목적으로 국외에 있는 경우에 그 기간 동안 공소시효가 정지된다(제253조 제3항). 11. 법원, 15. 경찰2차, 17. 해경간부, 21. 9급국가직·9급개론

② 국외에 체류한 것이 도피의 수단으로 이용된 경우에 공소시효가 진행되는 것을 저지하여 범인을 처벌할 수 있도록 하여 형벌권을 적정하게 실현하고자 하는 데 그 취지가 있다. 17. 법원

③ "형사처분을 면할 목적"이 유지되고 있었다는 점은 검사가 입증하여야 한다(2008도4101).

④ 공소시효가 정지되는 경우

㉠ **"형사처분을 면할 목적"은 국외체류의 유일한 목적으로 되는 것에 한정되지 않고 범인이 가지는 여러 국외체류 목적 중에 포함되어 있으면 족하다.** 16. 경찰1차 · 해경, 17. 여경 · 경찰특공대 · 경찰간부 · 해경간부 · 법원

㉡ **범인이 국외에서 범죄를 저지르고 형사처분을 면할 목적으로 국외에서 체류를 계속하는 경우도 "범인이 형사처분을 면할 목적으로 국외에 있는 경우"에 포함된다(2015도5916).** 16 · 18. 경찰1차, 16. 9급개론 · 7급국가직 · 경찰간부 · 9급국가직, 19. 해경간부 · 경찰승진 · 법원, 20. 경찰2차, 21. 경찰승진

㉢ **"형사처분을 면할 목적"과 양립할 수 없는 범인의 주관적 의사가 명백히 드러나는 객관적 사정이 존재하지 않는 한국 외 체류기간 동안 형사처분을 면할 목적은 계속 유지된다(2008도4101).** 09 · 15 · 17. 법원, 10 · 14 · 15. 경찰승진, 16. 경찰간부 · 경찰1차

⑤ 공소시효가 정지되지 않는 경우

㉠ **국외 수감기간이 현저하게 긴 경우[국내에서 구 부정수표단속법위반죄를 범하고(법정최고형 징역 5년), 중국에서 징역 14년을 선고받고 8년 이상 복역]에는 "형사처분을 면할 목적"이 유지되지 않았다고 볼 여지가 있다(2008도4101).** 10. 경찰승진, 12. 9급국가직 · 교정특채, 17. 해경간부, 18. 7급국가직

㉡ **피고인이 당해 사건으로 처벌받을 가능성이 있음을 인지하였다고 보기 어려운 경우라면 피고인이 다른 고소사건과 관련하여 형사처분을 면할 목적으로 국외에 있은 경우라고 하더라도 당해 사건의 형사처분을 면할 목적으로 국외에 있었다고 볼 수 없다(2013도9162).** 16. 경찰1차, 17. 법원, 18. 7급국가직

⑶ **재정신청**(재정신청~고등법원 재정결정의 확정) 15. 경찰1차, 18. 경찰승진 · 9급국가직

① 재정신청이 있는 경우 고등법원의 재정결정(확정)이 있을 때까지 공소시효의 진행이 정지된다(제262조의4 제1항). 17. 경찰간부, 18. 경찰2차

② 고등법원의 공소제기 결정이 있으면 공소시효에 관하여는 그 결정이 있는 날에 공소가 제기된 것으로 본다(동조 제2항). 10. 경찰승진, 12. 해경간부, 12 · 15. 경찰1차, 18. 9급국가직 · 경찰2차 즉, 고등법원의 공소제기 결정 즉시 공소시효는 정지된다.

⑷ **소년보호사건**(소년부 판사의 심리개시 결정~보호처분 결정의 확정) 02. 경찰3차, 10. 경찰승진

소년부 판사가 소년보호사건의 심리개시 결정을 하면 그 결정이 있는 때로부터 보호처분 결정이 확정될 때까지 공소시효의 진행이 정지된다(소년법 제54조).

지시키는 것으로서, 그 시행일인 2014. 9. 29. 당시 범죄행위가 종료되었으나 아직 공소시효가 완성되지 않은 아동학대범죄에 대해서도 적용된다고 봄이 타당하다. 한편 대법원 2015. 5. 28. 선고 2015도1362, 2015전도19 판결은 공소시효의 배제를 규정한 구 성폭력범죄의 처벌 등에 관한 특례법(2012. 12. 18. 법률 제156호로 전부 개정되기 전의 것) 제20조 제3항에 대한 으로, 공소시효의 적용을 영구적으로 배제하는 것이 아니고 공소시효의 진행을 장래에 향하여 정지시키는 데 불과한 아동학대처벌법 제34조 제1항의 위와 같은 해석·적용에 방해가 되지 않는다(대법원 2021.2.25. 2020도3694 판결).

OX 범인이 국외에서 범죄를 저지르고 형사처분을 면할 목적으로 국외에서 체류를 계속하는 경우에도 공소시효는 정지된다. (○, ×) 21. 9급국가직 · 9급개론

OX 공소제기 당시의 공소사실에 대한 법정형을 기준으로 하면 아직 공소시효가 완성되지 않았으나 법원이 공소장을 변경하지 않고도 범죄사실을 인정하는 경우, 그 범죄사실에 대한 법정형을 기준으로 하면 공소제기 당시 이미 공소시효가 완성되었다면 법원은 면소판결을 선고하여야 한다. (○, ×) 10. 7급국가직

OX 법정최고형이 징역 5년인 구 부정수표단속법위반죄를 범한 사람이 중국으로 출국하여 체류하다가 그곳에서 다른 범죄로 징역 14년을 선고받고 8년 이상 복역한 후 우리나라로 추방되어 위 죄로 공소제기된 경우, 위 수감기간 동안에는 공소시효의 진행이 정지되지 않는다. (○, ×) 18. 7급국가직

Answer

OX ○, ○, ○

OX 피고인이 A사건으로 처벌받을 가능성이 있음을 인지하였다고 보기 어려운 경우라도 다른 고소사건과 관련하여 형사처분을 면할 목적으로 국외에 있은 경우에는 A사건의 형사처분을 면할 목적으로 국외에 있었다고 볼 수 있다. (○, ×) 18. 7급국가직

기출 키워드 체크

______의 재직 중에는 공소시효의 진행이 당연히 정지되는 것으로 보아야 한다는 것이 헌법재판소의 입장이다.

OX 공범 중 1인에 대한 공소제기는 다른 공범자에게 효력이 없지만 공소시효 정지의 효력은 다른 공범자에게도 미친다. 이는 임의적 공범뿐만 아니라 필요적 공범(대향범)에 있어서도 마찬가지이다. (○, ×) 21. 경찰간부

OX 공범 중 1인에 대해 약식명령이 확정된 후 그에 대한 정식재판청구권회복결정이 있었다고 하더라도 그 사이의 기간 동안에는 특별한 사정이 없는 한 다른 공범자에 대한 공소시효는 정지함이 없이 계속 진행한다. (○, ×) 21. 9급국가직 · 9급개론

기출 키워드 체크

형법상 ______의 죄, 외환의 죄 등 일정한 헌정질서 파괴범죄는 형사소송법상의 공소시효 규정이 적용되지 아니한다.

기출 키워드 체크

공범의 1인에 대한 시효 정지는 다른 ______자에 대해서도 그 효력이 미친다.

기출 키워드 체크

공범 중 1인에 대한 공소제기로 공소시효가 정지될 경우 그 공소정지의 효력은 다른 공범자에 대하여도 미치고 당해 사건의 재판이 확정된 때로부터 진행한다. 이때 뇌물공여죄와 뇌물수수죄 사이와 같은 ______ 관계에 있는 자는 여기의 공범에 포함되지 않는다.

Answer

기출 키워드 체크
대통령
내란
공범
대향범

OX
×, ×, ○

(5) 가정보호사건(보호사건 법원 송치된 때~불처분 결정의 확정)

① '가정폭력범죄의 처벌 등에 관한 특례법'이 규정한 가정폭력범죄에 대한 공소시효는 당해 가정보호사건이 법원에 송치된 때로부터 시효진행이 정지된다(가정폭력범죄의 처벌 등에 관한 특례법 제17조 제1항).

② 동 규정은 '성매매알선 등 행위의 처벌에 관한 법률'이 규정한 보호사건에 준용된다(성매매알선 등 행위의 처벌에 관한 특례법 제17조 제1항).

(6) 5 · 18 민주화운동 등에 관한 특별법에 의한 정지

1979년 12월 12일과 1980년 5월 18일을 전후하여 발생한 헌정질서 파괴범죄 행위에 대하여 국가의 소추권행사에 장애사유가 존재한 기간(당해 범죄종료일부터 1993. 2. 24. 이전까지 기간)은 공소시효의 진행이 정지된 것으로 본다(5 · 18 민주화운동 등에 관한 특별법 제2조).

(7) 대통령으로서 재직

① 대통령의 재직기간에는 내란 · 외환의 죄를 범한 경우를 제외하고는 공소시효의 진행이 정지된다(헌법 제84조). 17. 경찰간부

② 헌법재판소 결정 이후 신설된 '헌정질서파괴범죄의 공소시효 등에 관한 특례법'은 형법상 내란이나 외환의 죄에 대하여는 공소시효제도의 적용을 배제한다는 특례규정을 둠으로써(동법 제3조), 내란이나 외환의 죄도 공소시효와 관계없이 언제까지나 처벌이 가능하다.

3. 시효정지의 효력범위

(1) 주관적 범위

① 공소시효정지의 효력은 공소제기된 피고인에 대해서만 미친다.

② 공범 1인에 대한 공소제기는 다른 공범자에게도 효력이 미친다. 08 · 09 · 12. 9급국가직, 10. 법원, 12. 경찰1차, 15. 해경3차, 16. 경찰간부, 18. 해경2차, 19. 해경간부

㉠ **당해 사건의 재판이 확정된 때부터 다시 진행한다.** 10. 법원, 15. 경찰간부, 16. 9급개론, 18. 해경2차, 19. 해경간부

㉡ **범죄의 증명이 없다는 이유로 무죄 확정판결을 선고받은 경우(진범이 아닌 자의 경우)에 대한 공소제기는 진범인에 대한 공소시효를 정지시키지 않는다(98도4621).** 07 · 19. 법원, 10 · 12. 경찰승진, 13 · 18. 경찰1차, 16. 경찰간부 · 7급국가직, 17. 여경 · 경찰특공대, 19. 해경간부

㉢ **책임조각을 이유로 무죄를 받은 경우에는 공소제기된 때부터 무죄 확정때까지 나머지 공범의 공소시효 진행이 정지된다(98도4621).** 16. 7급국가직, 19. 해경간부

㉣ **시효정지의 효력이 미치는 공범에는 뇌물공여죄와 뇌물수수죄 사이와 같은 대향범 관계에 있는 자는 포함되지 않는다(2012도4842).** 15. 경찰3차, 16 · 18. 7급국가직 · 9급개론, 16 · 17. 변호사, 16 · 17 · 18 · 21. 경찰간부, 16 · 18. 9급국가직, 18. 해경2차, 19. 해경간부 · 경찰승진, 20. 법원

㉤ **특수절도 공범 중 1인에 대한 공소의 제기로 다른 공범자에 대한 공소시효도 정지된다.** 16. 경찰간부

㉥ **공범 중 1인에 대해 약식명령이 확정된 후 그에 대한 정식재판청구권회복결정이 있었다고 하더라도 그 사이의 기간 동안에는 특별한 사정이 없는 한 다른 공범자에 대한 공소시효는 정지함이 없이 계속 진행한다(2011도15137).** 17 · 21. 9급개론 · 9급국가직, 18. 경찰승진, 20. 경찰간부

㉦ **국외도피로 인한 공소시효 정지의 효과는 공범에게 미치지 않는다.** 16. 변호사

(2) 객관적 범위

① 시효정지의 효력은 공소사실과 단일성과 동일성이 인정되는 전범위에 미친다.

② 포괄일죄나 과형상일죄의 일부에 대해서만 공소제기되어도 다른 부분에 대해서도 공소시효가 정지된다.

▶ **공소시효 정지 관련 판례 비교**

공소시효가 정지되는 경우	공소시효가 정지되지 않는 경우
• 여러 국외 체류 목적 중에 하나가 형사처분을 면할 목적인 경우(2015도5916) 16. 경찰1차 · 해경, 17. 여경 · 경찰특공대 · 경찰간부 · 해경간부 · 법원 • 국외에서 범행한 경우(2015도5916) 16 · 18. 경찰1차, 16. 9급개론 · 7급국가직 · 경찰간부 · 9급국가직, 19. 해경간부 · 경찰승진 · 법원 • "형사처분을 면할 목적"과 양립할 수 없는 범인의 주관적 의사가 명백히 드러나는 객관적 사정이 존재하지 않는 경우(국외 체류) 10 · 14 · 15. 경찰승진, 16. 경찰간부 · 경찰1차, 09 · 15 · 17. 법인 • 공범에 대한 공소제기 • 공범이 '책임조각'을 이유로 무죄를 받은 경우 16. 7급국가직	• 당해사건으로 처벌받을 가능성이 있음을 인지하지 못한 경우(2013도9162) 16. 경찰1차, 17. 법원, 18. 7급국가직 • 국외 수감기간이 현저하게 긴 경우(중국에서 징역 14년을 선고받고 8년 이상 복역하다 추방된 경우)(2008도4101) 10. 경찰승진, 12. 9급국가직 · 교정특채, 17. 해경간부, 18. 7급국가직 • 공범의 국외도피 기간 16. 변호사 • 공범이 '범죄 증명이 없다'는 이유로 무죄를 받은 경우 07 · 19. 법원, 10 · 12, 경찰승진, 13 · 18. 경찰1차, 16. 경찰간부 · 7급국가직, 17. 여경 · 경찰특공대, 19. 해경간부 • 대향범(뇌물공여 – 뇌물수수)이 공소제기된 경우(2012도4842) 15. 경찰3차, 16. 7급국가직 · 9급개론, 16 · 17. 변호사, 16 · 17 · 18. 경찰간부, 16 · 18. 9급국가직, 18. 해경2차, 19. 경찰승진 • 공범 중 1인에 대해 약식명령이 확정된 후 그에 대한 정식재판청구권회복결정이 있었던 경우 약식명령 확정 후 정식재판청구권회복결정까지 다른 공범자에 대한 공소시효는 정지하지 않음(2011도15137) 17. 9급개론 · 9급국가직, 18. 경찰승진, 20. 경찰간부

기출 키워드 체크

공범의 1인으로 기소된 자가 구성요건에 해당하는 위법행위를 공동으로 하였다고 인정되기는 하나 ________을 이유로 무죄로 되는 경우와는 달리, ________이 없다는 이유로 공범 중 1인이 무죄의 확정판결을 선고받은 경우에는 그를 공범이라고 할 수 없어 그에 대하여 제기된 공소로써는 진범에 대한 공소시효 정지의 효력이 없다.

기출 키워드 체크

'형사처분을 면할 목적'은 국외 체류의 _____한 _____으로 되는 것에 한정되지 않고 범인이 가지는 여러 국외 체류 목적 중에 포함되어 있으면 족하다.

기출 키워드 체크

출국하여 체류하다가 그곳에서 다른 범죄로 징역 14년을 선고받고 8년 이상 _____한 후 우리나라로 추방되어 위 죄로 공소제기된 경우, 위 수감기간 동안에는 공소시효의 진행이 정지되지 않는다.

기출 키워드 체크

「형사소송법」 제253조 제3항이 정한 '범인이 형사처분을 면할 목적으로 국외에 있는 경우'는 범인이 _____에서 범죄를 저지르고 형사처분을 면할 목적으로 국외에서 체류를 계속하는 경우도 포함된다.

기출 키워드 체크

피고인이 당해 사건으로 처벌받을 가능성이 있음을 _____하였다고 보기 어려운 경우라면 피고인이 다른 고소사건과 관련하여 형사처분을 면할 목적으로 국외에 있은 경우라고 하더라도 당해 사건의 형사 처분을 면할 목적으로 국외에 있었다고 볼 수 없다.

Answer

기출 키워드 체크

책임조각, 범죄의 증명
유일, 목적
복역
국외
인지

4. 시효완성의 효과

(1) **검사**[공소권 없음(불기소처분)]

수사 중인 피의사건에 대하여 공소시효가 완성되면 검사는 공소권 없음을 이유로 불기소처분을 하고, 사법경찰관은 불송치결정을 한다.

(2) **법원**(면소판결)

① 공소제기된 후에는 공소시효가 완성된 것이 판명된 때에는 법원은 면소판결로서 소송을 종결하여야 한다.

② 공소제기 당시의 공소사실에 대한 법정형을 기준으로 하면 아직 공소시효가 완성되지 않았으나 법원이 공소장을 변경하지 않고도 범죄사실을 인정하는 경우, 그 범죄사실에 대한 법정형을 기준으로 하면 공소제기 당시 이미 공소시효가 완성되었다면 법원은 면소판결을 선고하여야 한다(2001도2902). 18. 7급국가직

③ 이를 간과하고 유죄, 무죄의 실체판결을 한 경우에는 항소·상고이유가 된다.

④ 공소시효 기간 내에 공소가 제기되었으나 판결이 확정되지 않고 25년을 경과한 때에도 공소시효가 완성된 것으로 간주되어 법원은 면소판결을 선고하게 된다(의제 공소시효).

기출 키워드 체크

공소가 제기된 피고사건에 관하여 공소시효가 완성된 경우에는 법원은 ________을 하여야 한다.

❻ 공소시효 관련 특칙

1. 소급적용

(1) **경과규정이 있는 경우: 경과규정에 의함**

(2) **경과규정이 없는 경우: 일반원칙은 없음**(법원이 공익, 사익 비교하여 판단)

① 공소시효를 정지·연장·배제하는 내용의 특례조항을 신설하면서 소급적용에 관한 명시적인 경과규정을 두지 아니한 경우, 이를 해결할 보편타당한 일반원칙이 존재할 수 없다(2015도1362). 16. 경찰1차

② 개정된 성폭법에서 '13세 미만의 여자 및 신체적인 또는 정신적인 장애가 있는 여자에 대하여 강간 등을 범한 경우에는 공소시효를 적용하지 아니한다'는 규정은 장애인 준강간의 점에 대하여는 적용되지 않는다(2015도1362).

2. **공소시효 연장**(과학적 증거가 있는 경우)

특정 성폭력범죄(강간, 강제추행, 강도강간, 성폭력특례법위반 등)는 DNA 증거 등 그 죄를 증명할 수 있는 과학적 증거가 있는 때에는 공소시효가 10년 연장된다. 15. 경찰3차

Answer

기출 키워드 체크

면소판결

3. 공소시효 적용 배제

(1) 사람을 살해한 범죄(종범 제외)**로 사형에 해당하는 범죄**(종범 포함 ×) 17. 7급국가직 · 경찰 1차, 18. 경찰간부

① 사람을 살해한 범죄(종범 제외)로 사형에 해당하는 범죄에 대해서는 공소시효를 배제한다.

② 공소시효가 완성되지 아니한 범죄에 대해서도 적용한다(부칙 제2조). 18. 9급국가직

③ 개정법 시행 전에 공소시효가 완성된 범죄에 대해서는 적용되지 않는다. 15. 경찰3차

(2) 미성년자 등에 대한 성폭력범죄

① 성폭력범죄로 피해를 당한 미성년자가 성년에 달한 날부터 진행한다(성폭력범죄의 처벌 등에 관한 특례법 제21조 제1항). 13. 법원, 15. 경찰3차

② 아동 · 청소년 대상 성범죄의 공소시효도 해당 성범죄로 피해를 당한 아동 · 청소년이 성년에 달한 날부터 진행한다(아동 · 청소년의 성보호에 관한 법률 제20조 제1항). 18. 경찰2차

(3) 13세 미만의 사람 및 신체 · 정신적 장애가 있는 사람에 대한 성폭력범죄

'성폭력범죄의 처벌 등에 관한 특례법' 제9조 제1항(강간 등 살인)의 죄, 아동 · 청소년의 성보호에 관한 법률 제10조 제1항(강간 등 살인)의 죄

(4) '군형법' 제92조의8의 죄 가운데 강간 등 살인의 죄

(5) 헌정질서 파괴범죄의 공소시효 등에 관한 특례법 제3조

헌정질서 파괴범죄(형법상 내란죄와 외환죄, 군형법상 반란죄와 이적죄)

(6) '국제형사재판소 관할 범죄의 처벌 등에 관한 법률' 제6조

'국제형사재판소 관할 범죄의 처벌 등에 관한 법률 제8조 집단살해죄, 제9조 인도에 반한 죄, 제10조 사람에 대한 전쟁범죄, 제11조 재산 및 권리에 대한 전쟁범죄, 제12조 인도적 활동이나 식별표장 등에 관한 전쟁범죄, 제13조 금지된 방법에 의한 전쟁범죄, 제14조 금지된 무기를 사용한 전쟁범죄'에 대해서는 공소시효와 형의 시효에 관한 규정을 적용하지 아니한다.

4. 기 타

무고죄에 있어서 그 신고 된 범죄사실이 이미 공소시효가 완성된 것이어서 무고죄가 성립하지 아니하는 경우에 해당하는지 여부는 그 신고시를 기준으로 하여 판단하여야 한다(2007도11153). 21. 경찰1차

기출 키워드 체크

사람을 ______한 범죄(______은 제외한다)로 사형에 해당하는 범죄에 대하여는 「형사소송법」의 공소시효에 관한 규정을 적용하지 아니한다.

기출 키워드 체크

공소시효가 적용되는 아동 · 청소년 대상 성범죄는 해당 성범죄로 피해를 당한 아동 · 청소년이 ______에 달한 날부터 공소시효가 진행한다.

관련 판례

개정 아동학대범죄의 처벌 등에 관한 특례법이 시행된 2019년 4월까지 기존 아동학대범죄 공소시효 7년이 완성되지 않았다면, 개정법에 따라 피해아동이 성인이 될 때까지 공소시효 진행은 정지된다(대법원 2020도3694).

Answer

기출 키워드 체크

살해, 종범

성년

Chapter 08

OX 확인학습

1. 공소시효 일반

01 □□□ '형법에 의하여 형을 가중 또는 감경할 경우에는 가중 또는 감경하지 아니한 형에 의하여 제249조(공소시효의 기간)의 규정을 적용한다.'라는 형사소송법 제251조는 형법 이외의 법률에 의하여 형을 가중 또는 감경할 경우에도 적용된다. (×)

02 □□□ 공소시효의 결정기준은 2개 이상의 형을 병과할 범죄에는 중한 형이고, 형법에 의하여 형을 가중할 경우에는 가중한 형이다. (×)

03 □□□ 포괄일죄의 공소시효는 최종의 범죄행위가 종료한 때로부터 진행한다. (○)

04 □□□ 공무원이 직무에 관하여 금전을 무이자로 차용한 경우에는 차용 당시에 금융이익 상당의 뇌물을 수수한 것으로 보아야 하므로 공소시효는 금전을 무이자로 차용한 때로부터 기산한다. (○)

05 □□□ 정보통신망을 이용한 명예훼손의 경우 게재행위만으로 범죄가 성립하고 종료하므로 그때부터 공소시효를 기산해야 하고, 게시물이 삭제된 시점을 범죄의 종료시기로 보아서 그때부터 공소시효를 기산해야 하는 것은 아니다. (○)

06 □□□ 공소가 제기된 범죄는 판결의 확정 없이 공소를 제기한 때로부터 30년을 경과하면 공소시효가 완성한 것으로 간주한다. (×)

07 □□□ 공소가 제기된 피고사건에 대하여 공소시효가 완성된 경우 법원은 공소기각판결을 하여야 한다. (×)

08 □□□ 장기 10년 미만의 징역 또는 금고에 해당하는 범죄의 공소시효 기간은 7년이다. (○)

09 □□□ 공무원이 취급하는 사건에 관하여 청탁 또는 알선을 할 의사와 능력이 없음에도 청탁 또는 알선을 한다고 기망하여 금품을 교부받은 경우에 성립하는 사기죄와 변호사법 위반죄는 변호사법 위반죄의 공소시효가 완성되었다면 그 죄와 상상적 경합관계에 있는 사기죄의 공소시효도 완성된다. (×)

10 □□□ 결과적 가중범의 경우 기본범죄행위가 종료되더라도 중한 결과가 발생하여야 공소시효가 진행된다. (○)

11 □□□ 공소제기 후 공소장변경이 이루어진 경우 변경된 범죄사실에 대한 법정형이 공소시효 기간의 기준이 되고, 공소시효의 완성 여부는 당초의 공소제기가 있었던 시점을 기준으로 판단한다. (○)

12 □□□ 벌금에 해당하는 범죄에 대한 공소시효 기간은 5년이다. (○)

13 □□□ 장기 10년 이상 징역 또는 금고에 해당하는 범죄에 대한 공소시효 기간은 10년이다. (○)

14 □□□ 장기 10년 이상의 자격정지에 해당하는 범죄에 대한 공소시효 기간은 5년이다. (○)

15 □□□ 장기 5년 미만의 징역 또는 금고에 해당하는 범죄에 대한 공소시효 기간은 5년이다. (○)

16 □□□ 장기 5년 이상의 자격정지에 해당하는 범죄는 3년의 경과로 공소시효가 완성된다. (○)

17 □□□ 범죄 후 법률의 개정에 의하여 법정형이 가벼워진 경우에는 형법 제1조 제2항에 의하여 당해 범죄사실에 적용될 가벼운 법정형이 공소시효 기간의 기준이 된다. (○)

2. 공소시효 정지 등

18 □□□ 형사소송법 제253조 제3항(범인이 형사처분을 면할 목적으로 국외에 있는 경우 그 기간 동안 공소시효는 정지된다)의 입법취지는 범인이 우리나라의 사법권이 실질적으로 미치지 못하는 국외에 체류한 것이 도피의 수단으로 이용된 경우에 그 체류기간 동안은 공소시효가 진행되는 것을 저지하여 범인을 처벌할 수 있도록 하여 형벌권을 적정하게 실현하고자 하는 데 있다. (○)

19 □□□ 검사의 불기소처분에 대하여 재정신청이 있으면 이에 관한 고등법원의 재정결정이 있을 때까지 공소시효의 진행이 정지되고, 공소제기의 결정이 있는 때에는 공소시효에 관하여 그 결정이 있는 날에 공소가 제기된 것으로 본다. (○)

20 □□□ 공범의 1인에 대한 공소제기에 의한 시효정지는 다른 공범자에 대하여도 효력이 미치므로, 공범 중 1인이 범죄의 증명이 없다는 이유로 무죄의 확정판결을 선고받은 경우라 하더라도 그에 대하여 제기된 공소로 진범에 대한 공소시효가 정지된다. (×)

21 □□□ 공소제기에 의하여 공소시효는 진행이 정지되고 정지된 공소시효는 공소기각 또는 관할위반의 재판이 확정된 때로부터 진행된다. (○)

22 □□□ 공소시효의 정지를 위해서는 '형사처분을 면할 목적'이 있을 것을 요구한다. 여기에서 '형사처분을 면할 목적'은 국외 체류의 유일한 목적으로 되는 것에 한정된다. (×)

23 □□□ 형사소송법 제253조 제3항의 '범인이 형사처분을 면할 목적으로 국외에 있는 경우'는 범인이 국내에서 범죄를 저지르고 형사처분을 면할 목적으로 국외로 도피한 경우에 한정되고, 범인이 국외에서 범죄를 저지르고 형사처분을 면할 목적으로 국외에서 체류를 계속하는 경우는 포함되지 않는다. (×)

24 □□□ 피고인이 당해 사건으로 처벌받을 가능성이 있음을 인지하였다고 보기 어려운 경우라면 피고인이 다른 고소사건과 관련하여 형사처분을 면할 목적으로 국외에 있은 경우라고 하더라도 당해 사건의 형사 처분을 면할 목적으로 국외에 있었다고 볼 수 없다. (○)

25 □□□ 공범 중 1인에 대해 약식명령이 확정된 후 그에 대한 정식재판청구권회복결정이 있었다면 그 사이의 기간 동안에는 특별한 사정이 없는 한 다른 공범자에 대한 공소시효가 정지된다 (×)

26 □□□ 형사소송법 제253조 제2항에서 말하는 공소시효 정지의 효력이 미치는 '공범'에는 뇌물공여죄와 뇌물수수죄 사이와 같은 대향범 관계에 있는 자는 포함되지 않는다. (○)

27 □□□ 공소시효를 정지 · 연장 · 배제하는 내용의 특례조항을 신설하면서 소급적용에 관한 명시적인 경과규정을 두지 아니한 경우에도 그 조항을 소급하여 적용할 수 있다고 볼 것인지에 관하여는 이를 해결할 보편타당한 일반원칙이 존재한다. (×)

28 □□□ 사람을 살해한 범죄(종범은 제외한다)로 사형에 해당하는 범죄에 대하여는 형사소송법 제249조부터 제253조까지에 규정된 공소시효를 적용하지 아니한다. (○)

29 □□□ 사람을 살해한 범죄(종범은 제외한다)로 사형에 해당하는 범죄에 대해 공소시효의 적용을 배제하는 형사소송법의 규정은 이 규정의 시행 후에 범한 범죄에 대해서만 적용된다. (×)

30 □□□ 범인이 국외에 있는 것이 형사처분을 면하기 위한 방편이었다면 국외 체류기간 동안에는 별다른 사정이 없는 한 '형사처분을 면할 목적'이 있었다고 볼 수 있고, 위 '형사처분을 면할 목적'과 양립할 수 없는 범인의 주관적 의사가 명백히 드러나는 객관적 사정이 존재하지 않는 한 '형사처분을 면할 목적'은 계속 유지된다고 보아야 한다. (○)

Chapter 08 실전익히기

01

21. 9급국가직 · 9급개론

공소장변경에 대한 설명으로 옳지 않은 것은? (다툼이 있는 경우 판례에 의함)

① 약식명령에 대하여 피고인만 정식재판을 청구한 사건에서 법정형에 유기징역형만 있는 범죄로 공소장을 변경하는 것은 공소사실의 동일성이 인정되더라도 허용될 수 없다.

② 법원은 공소사실의 동일성이 인정되는 범위 내에서 심리의 경과 등에 비추어 피고인의 방어권 행사에 실질적인 불이익을 주는 것이 아니라면 공동정범으로 기소된 범죄사실을 방조사실로 인정할 수 있다.

③ 공소사실의 동일성이 인정되지 않는 등의 사유로 공소장변경허가결정에 위법사유가 있는 경우에는 공소장변경허가를 한 법원 스스로 이를 취소할 수 있다.

④ 검사의 공소장변경 신청이 공소사실의 동일성을 해하지 아니하는 한 법원은 이를 허가하여야 한다.

02

16. 9급국가직

공소사실의 동일성을 인정할 수 없는 경우는? (다툼이 있는 경우 판례에 의함)

① 과실로 교통사고를 발생시켰다는 「교통사고처리 특례법」 위반죄의 공소사실과 고의로 교통사고를 낸 뒤 보험금을 청구하여 수령하거나 미수에 그쳤다는 사기 및 사기미수의 공소사실

② 참고인에 대하여 허위진술을 하여 달라고 요구하면서 이에 불응하면 어떠한 위해를 가할 듯한 태세를 보여 외포케 하여 참고인을 협박하였다는 공소사실과 위와 같이 협박하여 겁을 먹은 참고인으로 하여금 허위로 진술케 함으로써 수사기관에 검거되어 신병이 확보된 채 조사를 받고 있던 자를 증거불충분으로 풀려나게 하여 도피케 하였다는 공소사실

③ 거래처로부터 수금한 돈을 보관하던 중 횡령하였다는 공소사실과 그 돈의 수금권한이 없는데도 있는 것처럼 가장하고 수금하여 이를 편취하였다는 공소사실

④ 흉기를 휴대하고 다방에 모여 강도예비를 하였다는 공소사실과 정당한 이유 없이 폭력범죄에 공용될 우려가 있는 흉기를 휴대하고 있었다는 「폭력행위 등 처벌에 관한 법률」 제7조에 규정한 죄의 공소사실

03

20. 7급 국가직

공소장변경에 대한 설명으로 옳지 않은 것은? (다툼이 있는 경우 판례에 의함)

① 법원은 공소장변경이 피고인의 불이익을 증가할 염려가 있다고 인정한 때에는 직권 또는 피고인이나 변호인의 청구에 의하여 피고인으로 하여금 필요한 방어의 준비를 하게 하기 위하여 결정으로 필요한 기간 공판절차를 정지할 수 있고, 이 정지된 기간은 피고인의 구속기간에 산입한다.

② 법원은 공소장의 내용을 보다 명확히 하기 위한 목적으로 사소한 오류를 바로잡기 위하여는 공소장변경의 절차를 거칠 필요 없이 정정하여 범죄사실을 인정할 수 있다.

③ 상고심에서 원심판결을 파기하고 사건을 항소심에서 환송한 경우에도 공소사실의 동일성이 인정되면 항소심에서 공소장변경이 허용된다.

④ 공소장변경허가신청서가 제출된 경우에 법원이 그 부본을 피고인과 변호인 중 어느 한쪽에 대해서만 송달하였다고 하더라도 절차상 잘못이 있다고 할 수 없다.

04

16. 법원

공소장 변경에 관한 다음 설명 중 가장 옳은 것은? (다툼이 있는 경우 판례에 의함)

① 공소장의 변경은 제1심에서만 허용되므로, 항소심에서는 허용되지 않는다.

② 친고죄로 기소된 후에 피해자의 고소가 취소되더라도 당초에 기소된 공소사실과 동일성이 인정되는 범위 내에서 다른 공소사실(비친고죄)로 공소장이 변경된 경우 애초 공소제기의 흠이 치유되므로, 법원은 변경된 공소사실에 대하여 심리·판단하여야 한다.

③ 공소사실의 동일성 여부는 사실의 동일성이 갖는 기능을 염두에 두고 피고인의 행위와 그 사회적인 사실관계를 기본으로 하여야 하므로, 규범적 요소를 고려해서는 안 된다.

④ 공소장 변경이 있는 경우에 공소시효의 완성 여부는 공소장 변경시를 기준으로 삼는다.

05

15. 경찰 3차

공소장변경에 대한 설명으로 가장 적절하지 않은 것은? (다툼이 있으면 판례에 의함)

① 법원이 피고인에 대한 「상표법」 위반의 공소사실을 「부정경쟁방지 및 영업비밀보호에 관한 법률」 위반으로 공소장 변경을 요구하지 아니하거나, 직권으로 위 「부정경쟁방지 및 영업비밀보호에 관한 법률」 위반죄의 성립 여부를 판단하지 않은 것은 위법하지 않다.

② 공소장변경 없이 비지정문화재수출미수죄로 기소된 공소사실을 비지정문화재수출예비·음모죄로 인정할 수 없다.

③ 검사가 공소사실 중 임차권 양도계약 중개보수 교부자를 甲에서 乙로 변경하는 공소장변경 신청을 하였을 경우, 피고인이 공소사실 기재 일시 및 장소에서 위 계약을 중개한 후 법정 보수 상한을 초과한 중개보수를 교부받았다는 사실에 변함이 없다 해도 공소사실의 동일성이 인정되지 않으므로 공소장변경이 허용되지 않는다.

④ 공소장의 변경은 항소심에서도 할 수 있으며, 상고심에서 원심판결을 파기하고 사건을 항소심에 환송한 경우의 항소심에서도 마찬가지이다.

06

21. 경찰간부

공소시효에 관한 설명 중 옳지 않은 것은? (다툼이 있는 경우 판례에 의함)

① 상상적 경합관계에 있는 죄들 중 일부의 죄에 대해 공소시효가 완성되었다고 하여 그 죄와 상상적 경합관계에 있는 다른 죄의 공소시효까지 완성되는 것이 아니다.

② 공소시효는 범죄행위가 종료한 때로부터 진행하고, 미수범은 범죄의 실행에 착수하여 행위를 종료하지 못하였거나 결과가 발생하지 아니한 때에 처벌받게 되므로, 미수범의 범죄행위는 행위를 종료하지 못하였거나 결과가 발생하지 아니하여 더 이상 범죄가 진행될 수 없을 때부터 공소시효가 진행된다.

③ 공범 중 1인에 대한 공소제기는 다른 공범자에게 효력이 없지만 공소시효 정지의 효력은 다른 공범자에게도 미친다. 이는 임의적 공범뿐만 아니라 필요적 공범(대향범)에 있어서도 마찬가지이다.

④ 범죄 후 법률의 개정에 의하여 법정형이 가벼워진 경우에는 형법 제1조 제2항에 의하여 당해 범죄사실에 적용될 신법의 법정형이 공소시효기간의 기준이 된다.

07

21. 9급국가직, 21. 9급개론

공소시효에 대한 설명으로 옳지 않은 것은? (다툼이 있는 경우 판례에 의함)

① 2개 이상의 형을 병과하거나 2개 이상의 형에서 그 1개를 과할 범죄에는 중한 형에 의하여 공소시효의 기간을 결정한다.

② 범인이 국외에서 범죄를 저지르고 형사처분을 면할 목적으로 국외에서 체류를 계속하는 경우에도 공소시효는 정지된다.

③ 공범 중 1인에 대해 약식명령이 확정된 후 그에 대한 정식재판청구권회복결정이 있었다고 하더라도 그 사이의 기간 동안에는 특별한 사정이 없는 한 다른 공범자에 대한 공소시효는 정지함이 없이 계속 진행한다.

④ 공소제기 후 공소장이 변경된 경우 변경된 공소사실에 대한 공소시효의 완성여부는 공소장 변경시점을 기준으로 판단하여야 한다.

Answer

01 ① [×] 허용된다.

02 ① [×] 동일성이 인정되지 않는다.

03 ① 공소장변경에 의한 공판절차 정지된 기간은 피고인의 구속기간에 산입하지 아니한다(제92조 제3항, 제298조 제4항).

04 ② [○] 2011도2233

05 ③ [×] 공소사실의 동일성이 인정된다.

06 ③ [×] 시효정지의 효력이 미치는 공범에는 뇌물공여죄와 뇌물수수죄 사이와 같은 대향범 관계에 있는 자는 포함되지 않는다(2012도4842)

07 ④ [×] 최초 공소제기시를 기준으로 판단하여야 한다.

박문각
공무원
기본서

김상천
형사소송법

CHAPTER

09

소송주체 등

Chapter 09 소송주체 등

제1절 소송주체

❶ 공소주체의 의의

1. 소송주체

① 소송주체란 소송절차를 진행, 발전시키는 데 있어 주체적 지위를 갖고 이에 관여하는 자로서 소송법적인 권리, 의무의 귀속주체가 되는 자를 말한다.

② 법원, 검사, 피고인이 소송주체에 해당된다.

2. 소송관계인

(1) **의 의**

소송당사자와 보조자를 소송관계인이라 한다.

(2) **당사자**

검사, 피고인을 말한다.

(3) **보조자**

① 사법경찰관리 ⇨ 검사의 보조자

② 변호인, 보조인, 대리인⇨ 피고인의 보조자

3. 소송관여자

증인, 감정인, 고소인, 고발인 등을 말한다.

4. 당사자 능력과 소송능력

구 분	당사자능력	소송능력
개 념	피고인으로 될 수 있는 일반적 · 추상적 능력	(피고인이나 고소인 등이) 소송행위를 유효하게 할 수 있는 개별적 · 구체적 능력
성 질	소송조건	소송행위의 유효요건
흠결시	공소기각결정	공판절차 정지

제2절 법 원

1 법원의 의의와 종류

1. 수소법원

(1) 의 의

① 검사로부터 공소제기를 받은 단독판사와 합의부를 수소법원이라고 한다.

② 경찰서장으로부터 즉결심판의 청구를 받은 판사도 포함한다. 01. 여경1차 ⇨ 약식명령의 청구를 받은 법원도 해당한다.

③ 재정신청, 비상상고, 증거보전, 구속영장청구, 형사보상청구 등을 받은 법원 또는 판사는 수소법원에 해당하지 않는다.

(2) 단독판사

① 1인의 법관으로 구성된 법원이다.

② 제1심은 원칙적으로 단독판사 관할이다.

(3) 합의부

① 3인 이상의 법관으로 구성된 법원이다.

② 제1심은 예외적으로 합의부 관할, 제2심, 제3심은 항상 합의부 관할이다.

2. 법관(판사)

(1) 재판장

① 합의부 법원에서 그 구성원 중 소송지휘권과 법정경찰관을 행사하는 법관이다.

② 사건의 심리・재판과 합의에 관하여는 다른 합의부원과 권한이 동일하다. 14. 9급 개론

(2) 수명법관

합의부 법원이 그 구성원인 법원에게 특정한 소송행위를 하도록 명한 경우, 그 명을 받은 법관을 말한다.

(3) 수탁판사

어떤 법원이 다른 법원의 법관에게 특정한 소송행위를 하도록 촉탁한 경우, 그 촉탁을 받은 법관을 말한다.

(4) 수임판사

① 수소법원과 독립하여 소송법상 일정한 권한을 행사하는 개개의 법관을 말한다.

② 검사의 청구로 피의자에 대한 구속영장을 발부하는 판사는 수임판사이고, 수임판사는 수소법원으로부터 독립한 재판기관이다.

❷ 법원의 관할

1. 관할의 의의

관할이란 재판권의 분배를 말한다.

2. 관할의 종류

<table>
<tr><td rowspan="5">사건관할</td><td colspan="2">피고사건 자체의 심판에 관한 관할</td></tr>
<tr><td rowspan="3">법정관할</td><td>법률의 규정에 의하여 정해지는 관할</td></tr>
<tr><td>고유관할 ⇨ 토지관할, 사물관할, 심급관할</td></tr>
<tr><td>관련사건관할 ⇨ 고유관할과 관련해서 인정되는 관할</td></tr>
<tr><td>재정관할</td><td>법원의 재판을 통해서 정해지는 관할(관할의 지정과 이전)</td></tr>
<tr><td>직무관할</td><td colspan="2">특수절차의 심판에 관한 관할(재심, 비상상고, 재정신청, 형사보상 등)</td></tr>
</table>

3. 관할의 결정기준

법원의 관할은 심리의 편의와 사건의 능률적 처리라는 절차적·기술적 요구와 피고인의 출석과 방어의 편의라는 방어상의 이익을 고려하여 결정해야 한다.

4. **사물관할**(제1심)

(1) 의 의

① 사물관할이란 사건의 경중이나 성질에 의한 제1심 법원의 관할 분배를 말한다. 03. 경사

② 사물관할은 공소제기시부터 재판종결시에 이르기까지 전체 심리과정에서 존재해야 한다. 04. 여경1차

(2) **단독판사 관할**(원칙)

1) 제1심은 원칙적으로 단독판사 관할

① 보증금몰수사건은 그 성질상 당해 형사본안 사건의 기록이 존재하는 법원 또는 그 기록을 보관하는 검찰청에 대응하는 법원의 토지관할에 속하고, 그 법원이 지방법원인 경우에 있어서 사물관할은 지방법원 단독판사에게 속한다(2001모53). 15. 9급국가직, 16. 7급국가직

2) 단기 1년 이상의 징역 · 금고에 해당하지 않은 사건(합의부 사건이 아닌 사건)

① 법정형을 기준으로 단독판사 · 합의부 관할 사건이 나뉜다.

3) 단기 1년 이상의 징역 · 금고에 해당하는 사건 중 아래 사건(법원조직법 제32조 제1항)

① 특수절도, 상습특수절도

② 상습절도, 상습장물취득, 도주차량운전(단순도주) 20. 경찰2차, 위험운전치사 ⇨ 유기도주는 합의부 관할이다.

③ 폭처법위반사건 중 일부[제2조 제1항 · 제3항, 제3조 제1항 · 제2항, 제6조(제2조 제1항 · 제3항, 제3조 제1항 · 제2항 미수죄에 한함), 제9조]

④ 병역법위반사건 03. 경감, 05. 경찰3차

⑤ 보건범죄 단속에 관한 특별조치법 제5조(무면허의료행위) 위반사건

⑥ 부정수표단속법 제5조(수표 위변조) 위반사건

⑦ (3회 또는 0.2% 이상) 음주운전, 음주측정거부

⑧ 합의부 관할 이외의 사건

5. 합의부 관할(예외)

① 재정합의사건: 합의부에서 심판할 것으로 합의부가 결정한 사건

② 사형 · 무기 또는 단기 1년 이상 징역 · 금고에 해당하는 사건 및 동시에 심판할 공범 사건 05. 경찰3차, 21. 경찰간부

㉠ **예 강도(형법 제333조), 상습특수상해(2016도18194)** 20. 법원

㉡ **특수절도 등은 단독판사가 관할**

③ 지방법원판사에 대한 제척 · 기피 사건

④ 다른 법률에 의하여 지방법원합의부에 속하는 사건(국민참여재판, 선거사건, 형사보상사건, 비용보상사건)

⑤ 치료감호사건: 합의부

㉠ **피고사건도 합의부가 관할한다.**

㉡ **치료감호사건이 지방법원이나 지방법원지원에 청구되어 피고사건 항소심을 담당하는 합의부에 배당된 경우 그 합의부는 치료감호사건과 피고사건을 모두 고등법원에 이송하여야 한다(2009도6946).** 12 · 15. 9급국가직, 14. 7급국가직, 15. 9급개론

관련 **판례**

형법 제264조, 제258조의2 제1항에 의하면 상습특수상해죄는 법정형의 단기가 1년 이상의 유기징역에 해당하는 범죄이고, 법원조직법 제32조 제1항 제3호 본문에 의하면 단기 1년 이상의 징역에 해당하는 사건에 대한 제1심 관할법원은 지방법원과 그 지원의 합의부이다(대법원 2017.6.29. 선고, 2016도18194 판결).

기출 키워드 체크

지방법원판사에 대한 제척 · 기피사건은 지방법원과 그 지원의 ______가 제1심으로 심판한다.

OX 사형 · 무기 또는 장기 1년 이상의 징역 또는 금고에 해당하는 사건 및 이와 동시에 심판할 공범사건, 지방법원 판사에 대한 제척기피사건은 지방법원과 그 지원의 합의부의 관할에 속한다. (○, ×) 21. 경찰간부

기출 키워드 체크

단독판사 관할 피고사건의 항소사건이 지방법원 합의부에 계속 중일 때 그 변론종결 시까지 청구된 치료감호사건의 관할법원은 ______이고, 이 때 피고사건의 관할법원도 ______이 된다.

Answer

기출 키워드 체크

합의부

고등법원, 고등법원

OX

×

6. 토지관할

(1) 의 의

① 동등법원 사이에 있어 지역적 · 장소적 관계에 의한 제1심 법원의 관할 분배를 말한다.

② 토지관할은 우열이 없으므로 하나의 사건에 관하여 수개의 법원이 토지관할을 가질 수 있으므로 검사는 어느 곳이나 공소제기를 할 수 있다. 12. 해경간부

③ 지방법원 지원에 제1심 토지관할이 인정된다는 사정만으로 당연히 지방법원 본원에도 제1심 토지관할이 인정된다고 볼 수는 없다(2015도1803). 19. 법원, 20. 9급국가직 · 9급개론 ⇨ 지방법원 본원과 지방법원 지원 사이의 관할의 분배도 단순한 사무분배에 그치는 것이 아니라 소송법상 토지관할의 분배에 해당한다(2015도1803). 19. 해경간부 · 법원 · 경찰2차

(2) 기 준

① 토지관할은 범죄지, 피고인의 주소, 거소 또는 현재지를 기준으로 한다. 16. 경찰2차

② 토지관할의 기준 사이에는 우열이 없으므로 하나의 피고사건에 관하여 수개의 법원이 동시에 토지관할을 가질 수 있고, 검사는 그중 어느 곳에서든지 공소제기를 할 수 있다. 20. 경찰2차

기출 키워드 체크

토지관할은 ______, ______, ______ 또는 ______가 기준이 되는데, ______에 의한 현재지도 이에 해당한다.

(3) 범죄지

1) 의 의

① 범죄지란 범죄사실에, 즉 범죄의 구성요건에 해당하는 사실의 전부 또는 일부가 발생한 장소를 말한다. 10. 교정특채, 15. 경찰간부

② 실행장소 결과발생지, 결과발생의 중간지도 모두 범죄지이다. 15. 경찰간부

2) 예비 · 음모

① 원칙적으로 예비 · 음모지는 범죄지에 포함되지 않는다.

② 예비 · 음모를 처벌하는 범죄의 경우, 예비 · 음모지도 범죄지이다. 10. 교정특채, 12. 해경간부

3) 부작위범

부작위지, 작위의무지, 결과발생지가 모두 범죄지이다.

4) 공동정범

공모지, 범죄사실 일부가 발생한 장소도 공동정범 전원에 대한 범죄지이다. 10. 교정특채, 14. 9급국가직, 15. 경찰간부 · 해경3차

5) 간접정범

이용자의 이용행위지 이외에 피이용자의 실행행위지와 결과발생지도 모두 범죄지이다.

기출 키워드 체크

공모공동정범의 경우 ________지는 토지관할이 인정된다.

Answer

기출 키워드 체크

범죄지, 피고인의 주소, 거소, 현재지, 적법한 강제
공모

6) 교사·방조범

교사·방조행위지 이외에 정범의 실행행위지와 결과발생지도 모두 범죄지가 된다. 10. 교정특채

(4) 피고인의 주소, 거소

① 주소란 피고인의 생활의 근거지가 되는 곳을 말한다.

② 거소는 다소 계속적으로 거주하는 장소를 말한다. ⇨ 등록기준지는 주소, 거소에 해당하지 않는다. 01. 여경1차, 11. 경찰2차

(5) 현재지

① 임의 또는 적법한 강제에 의하여 피고인이 실제로 위치하고 있는 장소를 말한다.

㉠ **적법한 강제에 의한 현재지도 해당된다(2011도12927).** 14. 9급국가직, 16. 7급국가직·경찰2차, 17·19. 해경간부, 18. 변호사, 19. 법원, 20. 9급국가직·9급개론·경찰2차

㉡ **소말리아 해적들이 청해부대에 의해 체포·이송되어 국내에 구금되어 있는 경우 현재지인 국내법원에 토지관할이 있다.** 14. 경찰2차

⇨ 불법하게 연행된 장소는 제외한다.

② 현재지 여부는 공소제기시를 기준으로 하므로 적법하게 구속된 이상 석방되거나 도망한 경우에 토지관할에 영향이 없다.

(6) 선박, 항공기

① 선적지와 기적지, 범죄 후의 선착지와 기착지도 토지관할이 인정된다.

② 국외에 있는 대한민국 선박 또는 항공기 내에서 범한 죄에 관하여는 선적지와 기적지, 범죄 후의 선착지와 기착지도 토지관할의 기준이 된다. 14. 9급국가직, 15. 법원, 19. 해경간부

③ 출항지는 기준이 되지 않는다.

7. 심급관할

상소관계에 있어서 관할, 즉 상소심 법원의 심판권을 말한다.

제2심	지방법원(지원) 단독판사의 판결·결정에 대한 항소·일반항고	지방법원 합의부 18. 변호사
	지방법원(지원) 합의부의 판결·결정에 대한 항소·일반항고	고등법원
제3심	상고·재항고	대법원

OX 토지관할의 기준 중 하나인 '현재지'라고 함은 공소제기 당시 피고인이 현재한 장소로서 임의에 의한 현재지뿐만 아니라 적법한 강제에 의한 현재지도 포함한다. (○, ×) 21. 경찰간부

기출 키워드 체크

소말리아 해적인 피고인들 등이 공해상에서 대한민국 해운회사가 운항 중인 선박을 납치하여 대한민국 국민인 선원 등에게 해상강도 등 범행을 저질렀다는 내용으로 국군 청해부대에 의해 체포·이송되어 국내 수사기관에 인도된 후 구속·기소된 경우에 피고인들은 ________한 체포, 즉시 인도 및 적법한 구속에 의하여 공소제기 당시 국내에 구금되어 있어 현재지인 국내법원에 토지관할이 있다.

Answer

기출 키워드 체크
적법

OX
○

8. 관련사건 관할

(1) 의 의

① 관할이 인정된 하나의 사건을 전제로 그 사건과 주관적·객관적 관련성이 인정되는 사건의 관할을 말한다.

② 관련 사건이 반드시 병합기소되거나 병합되어 심리될 것을 전제요건으로 하는 것은 아니다(2006도8568) 20. 경찰2차

(2) 관련사건의 범위 16. 경찰간부

1) 1인이 범한 수죄 08. 법원, 17. 해경간부

① 실체적 경합범만을 의미한다. ⇨ 甲이 인천에서 범한 강도(A죄)와 부산에서 범한 폭행(B죄)

② 실체적 경합범이 아닌 상상적 경합범은 관련사건이 아니다. ⇨ 화물자동차 운전자인 甲이 택시를 추돌하여 택시는 손괴(A죄)되고, 택시의 승객이 상해(B죄)를 입은 경우, A죄와 B죄는 상상적 경합관계이고, 두 죄는 관련사건에 해당되지 않음 16. 경찰간부

2) 수인이 공동으로 범한 죄 08. 법원

공동정범, 간접정범, 임의적 공범(교사범, 방조범), 필요적 공범, 합동범을 포함한다. 13. 7급국가직

3) 수인이 동시에 동일한 장소에서 범한 죄 08·11. 법원

① 기본적으로 동시범을 의미하나, 동시범이 아니어도 인정될 수 있다. 13. 9급국가직

② 공동정범, 교사범, 종범뿐만 아니라 필요적 공범, 합동범도 포함된다.

4) 범인은닉죄, 증거인멸죄, 위증죄, 허위감정통역죄, 장물에 관한 죄와 그 본범의 죄 08. 법원

① 본범과 증거가 공통되는 것이 많다는 점에서 관련사건으로 하고 있다.

② 관련사건이 아닌 예

㉠ **증언거부와 그 본범** 03. 여경1차

㉡ **무고죄와 본범** 00. 경감

(3) **관련사건의 병합관할**(관할의 확장)

1) 사물관할 병합(합의부가 병합) 09. 경찰1차, 12. 경찰2차, 13. 9급국가직

① 사물관할을 달리하는 수개의 사건이 관련된 때에는 법원합의부가 병합관할한다.

② A의 살인죄(합의부 관할)와 B의 A에 대한 범인은닉죄(단독판사 관할)는 합의부가 병합관할한다.

기출 키워드 체크

사물관할을 달리하는 수개의 사건이 관련된 때에는 ________는 병합관할한다. 단, 결정으로 관할권 있는 법원단독판사에게 이송할 수 있다.

Answer

기출 키워드 체크

법원합의부

2) **토지관할 병합**(다른 관련사건까지 관할) 09. 9급국가직, 09 · 10 · 경찰승진, 10. 경찰2차

토지관할을 달리하는 수개의 사건이 관련된 때에는 1개의 사건에 관하여 관할권 있는 법원은 다른 사건까지 관할한다.

3) **관할권 불소멸**

관련사건의 심리가 먼저 종결되었다 하더라도 관련사건에 대한 관할권은 여전히 유지된다(2006도8568). 11 · 14. 경찰1차, 09 · 15. 9급국가직, 10 · 14 · 17. 경찰승진, 15. 9급개론, 19. 법원 · 경찰2차, 20. 7급국가직

(4) 관련사건의 병합심리

1) **의 의**

관련사건임이 인정되면 소송계속 중의 사건에 대한 병합심리가 허용된다. 병합심리란 수개의 사건에 대하여 이미 여러 개의 소송계속이 병존하는 경우에 하나의 법원이 병존하는 여러 사건들을 병합하여 심리하는 것을 말한다.

2) **사물관할 병합심리**

합의부 결정으로 병합하여 심리 가능 10 · 14. 경찰2차, 09 · 10 · 11 · 12 · 17 · 18. 경찰승진, 09 · 13 · 17. 9급국가직, 11 · 17. 법원, 12. 교정특채, 13. 경찰간부 · 7급국가직, 15. 해경3차, 17. 9급개론 ⇨ 사물관할을 달리하는 수개의 관련사건이 각각 법원합의부와 단독판사에 계속된 때에는 합의부는 결정으로 단독판사에 속한 사건을 병합하여 심리할 수 있다.

3) **항소심에서도 적용**

사건들이 각각 항소심의 경우 고등법원과 지방법원본원항소부에 계속된 경우에는 고등법원은 결정으로 지방법원본원합의부에 계속한 사건을 병합하여 심리할 수 있다(규칙 제4조의2 제1항). 05. 경찰2차, 08. 경찰1차, 12. 교정특채, 13. 9급국가직, 16. 법원, 17. 여경 · 경찰특공대

4) **기 타**

① 지방법원본원합의부의 재판장은 그 부에서 심리 중인 항소사건과 관련된 사건이 고등법원에 계속된 사실을 알게 된 때에는 즉시 고등법원의 재판장에게 그 사실을 통지하여야 한다(규칙 제4조의2 제2항). 09. 법원서기보, 10. 경찰승진

② 법원의 직권에 의하고, 사물관할이 다른 것을 전제로 한다.

③ 토지관할을 달리하는 경우에도 적용된다.

㉠ **관련사건이 토지관할을 달리하는 경우에도 적용된다.**

㉡ **관련사건이 고등법원과 지방법원본원합의부에 계속된 경우에도 적용된다.**

기출 키워드 체크

토지관할을 달리하는 수개의 사건이 ________된 때에는 1개의 사건에 관하여 관할권 있는 법원은 다른 사건까지 관할할 수 있다.

기출 키워드 체크

고유관할사건 계속 중 고유관할 법원에 관련 사건이 계속된 이상 그 후 양 사건이 병합심리되지 아니한 채 고유사건에 대한 심리가 먼저 종결되었더라도 관련 사건에 대한 관할권은 ________된다.

기출 키워드 체크

사물관할을 달리하는 수개의 관련사건이 각각 법원합의부와 단독판사에 계속된 때에는 _______는 _______으로 단독판사에 속한 사건을 병합하여 심리할 수 있다. 이는 법원합의부와 단독판사에 계속된 각 사건이 ________관할을 달리하는 경우에도 이를 적용한다.

기출 키워드 체크

사물관할을 달리하는 수개의 관련 항소사건이 각각 고등법원과 지방법원 본원합의부에 계속된 때에는 ________으로 지방법원 본원합의부에 계속한 사건을 병합하여 심리할 수 있다.

Answer

기출 키워드 체크

관련

유지

합의부, 결정, 토지

고등법원은 결정

기출 키워드 체크

토지관할을 달리하는 수개의 관련사건이 각각 다른 법원에 계속된 때에는 ________되는 ________은 ________ 또는 ________의 ________에 의하여 결정으로 1개 법원으로 하여금 병합심리하게 할 수 있다.

기출 키워드 체크

관련 사건이 항소심인 A지방법원 항소부와 B고등법원에 각각 계속되자 피고인이 병합심리를 신청하는 경우, 법원은 그 신청을 ________하는 결정을 내려야 한다.

OX 토지관할을 달리하는 수개의 제1심 법원들에 관련 사건이 계속되는 경우에 그 소속 고등법원이 같다면 대법원이 직근상급법원으로서 토지관할 병합심리 신청사건의 관할법원이 된다. (○, ×)

기출 키워드 체크

사물관할은 같지만 토지관할을 달리하는 수개의 제1심 법원(지원을 포함한다. 이하 같음)들에 관련 사건이 계속된 경우에 그 소속 고등법원이 같은 경우에는 그 ________, 그 소속 고등법원이 다른 경우에는 ________이 위 제1심 법원들의 공통되는 직근상급법원으로서 「형사소송법」 제6조에 의한 토지관할 병합심리 신청사건의 관할법원이 된다.

(5) **토지관할 병합심리**(검사 · 피고인의 신청에 의해 공통직근상급법원이 병합심리)

03 · 11 · 17. 경찰승진, 04. 행시, 13 · 18. 경찰간부, 15. 법원, 17. 경찰1차 · 여경 · 경찰특공대

① 토지관할을 달리하는 수개의 관련사건이 각각 다른 법원에 계속된 때에는 공통되는 직근상급법원은 검사 · 피고인의 신청에 의하여 결정으로 1개 법원으로 하여금 병합심리하게 할 수 있다.

② 토지관할 병합심리가 가능한 사건(법원에 계속된 사건)이란 사물관할은 같으나 토지관할을 달리하는 동종 · 동등의 법원의 사건을 말한다(90초56). 11. 법원, 12. 9급국가직 · 교정특채, 17. 경찰승진, 20. 7급국가직 ⇨ 마산지방법원 항소부와 부산고등법원은 심급은 같을지언정 사물관할이 다르기 때문에, 직근상급법원은 검사 또는 피고인의 신청에 의해 결정으로 1개 법원으로 하여금 병합심리하게 할 수 없다(사물관할이 다름). 11. 법원, 12. 9급국가직

③ 공통직근상급법원은 '각급 법원의 설치와 관할구역에 관할 법률' 제4조의 관할구역 구역 구분을 기준으로 한다(2006초기335). 07. 법원주사보, 08 · 10 · 11. 경찰1차, 09. 9급국가직 · 법원, 09 · 10. 경찰승진, 15. 경찰3차

㉠ **소속 고등법원이 같은 경우 ⇨ 그 고등법원** 17. 9급개론 · 9급국가직 · 해경간부, 19. 법원, 21. 경찰간부

㉡ **소속 고등법원이 다른 경우 ⇨ 대법원** 16. 7급국가직, 17. 9급개론 · 9급국가직

④ 당사자의 신청에 의하고, 사물관할이 같을 것을 전제로 한다.

▸ **관련사건 병합심리 사례**

사건 A	사건 B	병합방법	결 론
서울중앙 합의부	서울중앙 단독	사물	서울중앙 합의부가 결정으로 병합심리 가능
서울중앙 합의부	대전 단독	사물	서울중앙 합의부가 결정으로 병합심리 가능
창원지방법원 합의부(2심)	부산 고등법원 (2심)	사물	부산 고등법원이 결정으로 병합심리 가능
서울중앙 단독	대전 단독	토지	대법원에 신청
서울중앙 합의부	서울동부 합의부	토지	서울고등법원에 신청

Answer

기출 키워드 체크

공통, 직근 상급법원, 검사, 피고인, 신청

기각

고등법원이, 대법원

OX

×

⑹ 심리의 분리

1) **사물관할 심리분리**(합의부가 결정을 단독판사에게 이송 가능) 12. 경찰2차
합의부가 단독판사의 사물관할에 속하는 사건을 병합심리 하는 경우에 병합심리의 필요성이 없으면 결정으로 관할권 있는 단독판사에게 이송할 수 있다.

2) **토지관할 심리분리**(결정으로 분리하여 관할권 있는 다른 법원에 이송 가능) 10 · 14. 경찰2차, 11. 법원, 11 · 18. 경찰승진, 12. 교정특채, 15. 경찰3차
토지관할을 달리하는 수개의 관련사건이 동일법원에 계속된 경우에 병합심리의 필요가 없는 때에는 법원은 결정으로 이를 분리하여 관할권 있는 다른 법원에 이송할 수 있다(제7조).

9. 재정관할

⑴ 재정관할의 의의

재정관할이란 법원의 재판에 의하여 정해지는 관할을 말한다. 여기에는 관할의 지정과 관할의 이전이 있다.

⑵ 관할의 지정

1) **의 의**
관할법원이 없거나 명확하지 않은 경우 상급법원이 사건을 심판할 법원을 지정하는 것을 말한다. 18. 경찰승진

2) **사 유** 09. 경찰승진
㉠ **법원의 관할이 명확하지 아니한 때** 18. 경찰승진
㉡ **관할위반을 선고한 재판이 확정된 사건에 관하여 다른 관할법원이 없는 때** 14. 경찰2차

3) **지정신청**(검사가 직근상급법원에 신청) 04. 여경1차, 09. 경찰승진
㉠ **관할의 지정은 검사가 관계 있는 제1심법원에 공통되는 직근상급법원에 신청하여야 한다(지정할 수 있다 ×)(제14조)** 04. 여경1차, 09 · 18. 경찰승진
㉡ **신청서를 직근상급법원에 제출한다.**
㉢ **피고인은 신청권이 없다.** 07. 검찰7급, 08 · 10. 법원, 14. 경찰2차, 20. 7급국가직
㉣ **공소를 접수한 법원이 아닌 직근상급법원에 신청한다.** 09. 법원서기보
㉤ **공소제기 전후 불문: 신청은 공소제기의 전후를 불문한다.**
㉥ **공소접수 법원에 통지** 09. 법원 **: 공소를 제기한 후 관할의 지정을 신청하는 때에는 즉시 공소를 접수한 법원에 통지하여야 한다.**

기출 키워드 체크

사물관할은 같지만 토지관할을 달리하는 수개의 관련사건이 각각 서울중앙지방법원과 부산지방법원에 계속된 때에는 검사 또는 피고인의 신청에 의하여 ________이 결정으로 1개 법원으로 하여금 병합심리하게 할 수 있다.

기출 키워드 체크

토지관할을 달리하는 수개의 관련사건이 동일법원에 계속된 경우에 병합심리의 필요가 없는 때에는 법원은 결정으로 이를 ________하여 관할권 있는 다른 법원에 이송할 수 있다.

Answer

기출 키워드 체크
대법원
분리

기출 키워드 체크

관할지정신청이 제기된 경우에 법원은 그 신청에 대한 결정이 있기까지 소송절차를 ________하여야 한다.

4) 절차정지 07. 경찰2차

㉠ 원칙: 소송절차 정지 ⇨ 관할지정신청이 있으면 소송절차가 정지된다.

㉡ 예외: 급속을 요하는 경우 ⇨ 다만, 급속을 요하는 경우에는 정지되지 않는다.

5) 관할지정

㉠ 관할 지정 결정, 기각 결정: 신청이 이유가 있다고 인정할 때에는 관할 법원을 정하는 결정을 하고, 그렇지 아니할 때에는 신청기각의 결정을 한다.

㉡ 공소제기된 사건에 대해 이송의 효과 발생: 만일, 공소가 제기된 사건에 대하여 관할의 지정이 있으면, 당연히 이송의 효과가 발생한다.

(3) 관할의 이전

1) 의 의

관할법원이 재판권을 행사할 수 없거나 재판의 공평을 유지하기 어려운 경우 사건을 관할권 없는 다른 법원으로 옮기는 것을 말한다.

2) 사 유

㉠ 관할법원이 법률상의 이유 또는 특별한 사정으로 재판권을 행할 수 없는 때 17. 경찰승진

㉡ 범죄의 성질, 지방의 민심, 소송의 상황 기타 사정으로 재판의 공평을 유지하기 어려울 염려가 있는 때

㉢ 담당법관에 대한 기피신청 중이고 위증을 한 자에 대해 대검찰청에서 조사하고 있다는 사유만으로는 관할이전의 사유에 해당하지 않는다(82초50). 04. 경찰3차, 12. 9급 국가직

㉣ 교도소 소장이 검사의 이송지휘도 없이 다른 교도소로 이송처분한 경우, 관할이전신청이나 이의신청을 할 수 없다(83초20). 12. 경찰승진

기출 키워드 체크

피고인이 담당법관에 대하여 기피신청을 하였고, 위증을 한 증인이 다른 법원 관할 내의 검찰청에서 조사를 받고 있는 경우는 재판의 공정을 유지하기 어려운 염려가 있다고 할 수 없으므로 관할_______을 할 필요가 없다.

3) 이전신청(검사 또는 피고인이 직근상급법원에 신청) 08 · 10. 법원

㉠ 관할이전은 검사 또는 피고인이 직근상급법원에 신청한다.

㉡ 신청서를 직근상급법원에 제출한다.

㉢ 피고인에게도 신청권이 있다. 07. 법원사무관, 10. 경찰1차

㉣ 검사는 의무적 신청, 피고인은 임의적 신청 12. 경찰승진: 검사는 이전 사유가 있으면 반드시 관할이전을 신청하여야 하나, 피고인은 의무는 아니다.

㉤ 검사는 공소제기 전후, 피고인은 공소제기 후에만 신청 가능하다.

㉥ 공소접수 법원에 통지 09. 법원: 공소를 제기한 후 관할의 지정을 신청하는 때에는 즉시 공소를 접수한 법원에 통지하여야 한다(제16조 제2항).

4) 소송절차 정지

관할 이전신청이 있으면 급속을 요하는 경우 이외에는 신청에 대한 결정이 있을 때까지 소송절차가 정지된다(규칙 제7조).

Answer

기출 키워드 체크

정지

이전

10. 관할의 경합

(1) 의 의

동일사건에 대하여 수개의(둘 이상의) 법원이 관할권을 가져 이중으로 기소된 경우의 해결 방법을 말한다.

(2) 사물관할의 경합

1) 합의부 우선의 원칙

동일사건이 사물관할을 달리하는 수개의 법원에 계속된 때에는 법원합의부가 심판한다(제12조). 11. 경찰승진, 12. 경찰2차, 13. 9급국가직·경찰간부, 20. 7급국가직

2) 제1심법원, 항소법원 ⇨ 항소법원 심판

동일사건이 항소법원과 제1심법원에 계속된 경우에는 항소법원에서 심판한다.

3) 심판을 하지 않는 법원

공소기각결정을 하여야 한다. 13·17. 9급국가직, 17. 9급개론 ⇨ 만일 단독판사의 판결이 먼저 확정되었다면 합의부는 면소판결을 하여야 한다. 20. 9급국가직·9급개론

(3) 토지관할의 경합

1) 선착순 우선의 원칙 07. 경장, 08. 법원, 10. 경찰승진, 12. 교정특채, 17. 경찰1차, 18. 경찰간부

동일사건이 사물관할을 같이하는 수개의 법원에 계속된 때(토지관할의 경합)에는 먼저 공소를 받은 법원이 심판한다(제13조).

2) 당사자의 신청, 법원의 결정으로 변경 가능 08·10·15. 법원, 12. 경찰2차, 12·14. 경찰승진, 15·18. 경찰간부, 17. 경찰1차

각 법원에 공통되는 직근상급법원은 검사 또는 피고인의 신청에 의하여 결정으로 뒤에 공소를 받은 법원으로 하여금 심판하게 할 수 있다.

3) 심판을 하지 않는 법원

① 심판을 하지 않는 법원은 공소기각결정을 하여야 한다. 13. 7급국가직, 17. 9급개론·9급국가직, 21. 경찰간부

② 다만, 뒤에 공소제기 받은 법원의 판결이 먼저 확정되면 먼저 공소제기를 받은 법원은 면소판결을 하여야 한다. 04. 여경1차

11. 사건의 이송

(1) 사건의 이송의 의의

① 수소법원이 계속 중인 사건을 다른 법원에서 심판하도록 소송계속을 이전하는 것을 말한다.

② 이송 전의 소송행위는 이송 후에도 유효하다.

기출 키워드 체크

동일법원이 사물관할을 달리하는 수개의 법원에 계속된 때에는 ________가 심판하며, 동일사건이 법원합의부에 계속되고 있는 것이 발견되면 단독판사는 ________으로 소송을 종결하여야 한다.

OX 동일사건이 사물관할을 같이 하는 수개의 법원에 계속되어 먼저 공소를 받은 법원이 심판하게 된 경우, 뒤에 공소를 받은 법원은 공소기각결정을 해야 한다. (○, ×) 21. 경찰간부

기출 키워드 체크

동일사건이 사물관할을 같이하는 수개의 법원에 계속된 때에는 ______이 심판하되 각 법원에 공통되는 직근 상급법원은 ________에 의하여 결정으로 뒤에 공소를 받은 법원으로 하여금 심판하게 할 수 있다.

Answer

기출 키워드 체크
법원합의부, 공소기각의 결정
먼저 공소를 받은 법원, 검사 또는 피고인의 신청

OX
○

OX 단독판사의 관할사건이 공소장변경에 의하여 합의부 관할사건으로 변경된 경우에 법원은 결정으로 사건을 관할권이 있는 법원에 이송하여야 한다. (○, ×)
21. 9급국가직 · 9급개론

기출 키워드 체크

단독판사의 관할사건이 공소장변경에 의하여 ______부 관할사건으로 변경된 경우에 법원은 결정으로 관할권이 있는 법원에 이송한다.

기출 키워드 체크

단독판사 관할사건이 항소심 계속 중 공소장변경에 의하여 합의부 관할사건으로 된 경우에 법원은 사건을 관할권이 있는 법원에 ________ 하여야 하고, 그 경우 관할권이 있는 법원은 ________이다.

기출 키워드 체크

법원은 그 피고인이 그 관할구역 내에 현재하지 아니하는 경우에 특별한 사정이 있으면 결정으로 사건을 피고인의 현재지를 관할하는 동급법원에 이송________.

Answer

기출 키워드 체크
합의
이송, 고등법원
할 수 있다
OX
○

(2) 필요적 이송과 임의적 이송

1) 필요적 이송

① 공소장 변경으로 관할이 변경된 경우(제8조 제2항)

② 사물관할이 다른 관련사건의 이송(제10조, 규칙 제4조의2)

③ 관할의 지정, 이전에 의한 이송(규칙 제6조)

④ 파기이송(제367조, 제395조)

⑤ 일반법원과 군사법원 간의 이송(제16조의2, 군사법원법 제2조 제3항)

⑥ 소년부송치(소년법 제50조) ⇨ 국민참여재판(국민의 형사재판 참여에 관한 법률 제10조 제1항)

2) 임의적 이송

① 현재지 관할법원에의 이송(제8조 제1항)

② 가정보호사건의 송치(가정폭력범죄의 처벌 등에 관한 특례법 제12조 본문)

③ 성매매사건의 송치[성매매 알선 등 행위의 처벌에 관한 법률(제12조 제2항)]

(3) 현재지 관할법원 이송(임의적 이송) 04. 행시, 08 · 09 · 10 · 17. 경찰1차, 10. 법원, 12. 경찰2차

① 법원은 피고인이 관할구역 내에 현재하지 아니한 경우에 특별한 사정이 있으면 결정으로 사건을 피고인의 현재지를 관할하는 동급법원에 이송할 수 있다.

② 이송 여부는 법원의 재량이다.

(4) 공소장 변경과 합의부 이송(필요적 이송)

① 단독판사 관할사건이 공소장 변경에 의하여 합의부 관할사건으로 변경된 경우 단독판사는 결정으로 관할권 있는 법원(합의부)에 이송한다(관할위반 판결을 선고한다 ×). 10. 경찰2차, 11. 9급국가직 · 경찰승진, 13 · 21. 경찰간부, 14. 법원, 15. 경찰3차 · 해경3차, 17 · 21. 9급개론 · 9급국가직

㉠ **절도 ⇨ 강도(징역 3년 이상)** 17. 7급국가직

② 항소심에서 공소장 변경에 의하여 단독판사의 관할사건이 합의부 관할사건으로 된 경우, 관할권이 있는 고등법원에 이송한다(97도2463). 04. 경찰2차, 06. 경위, 10 · 11. 경찰1차, 10 · 14 · 18. 경찰승진, 12. 9급국가직, 15. 경찰3차, 16. 법원, 17. 여경 · 경찰특공대, 18. 경찰간부, 19. 해경간부

㉠ **관할위반 판결 선고가 아니라 이송한다.**

㉡ **이송은 법원의 의무이다.**

③ 공소장 변경으로 단독판사로 관할 변경된 경우: 이송하지 않는다(이송 ×, 재배당 ×) (2013도1658). 14. 7급국가직, 15. 9급국가직 · 9급개론 · 법원, 15 · 18. 경찰간부, 17. 법원, 18. 경찰승진

(5) 군사법원 이송(필요적 이송)

1) 필요적 이송 09 · 10. 경찰1차, 15. 9급국가직 · 9급개론

① 법원은 공소가 제기된 사건에 대하여 군사법원이 재판권을 가지게 되었거나 재판권을 가졌음이 판명된 때에는 결정으로 사건을 재판권이 있는 같은 심급의 군사법원으로 이송한다.

② 일반법원과 군사법원의 재판권에 관련된 문제로서 관할 이송과 구별되고, 재판권이 없으면 일반법원에서는 공소기각판결을 해야 하는 것이 원칙이나 소송경제를 위해 이송의 특칙을 인정한 것이다. 03. 경감

③ 검사가 피고인이 입대하기 전의 행위를 기소하였는데 공소제기 이후 피고인이 입대하여 군인이 된 경우, 결정으로 사건을 재판권이 있는 같은 심급의 군사법원으로 이송한다. 17. 법원

④ 지방법원 합의부에서 제2심으로 심리하는 사건에 대하여 군사법원이 재판권을 가지게 되었다면 고등군사법원으로 이송 결정한다.

⑤ 약식명령에 대하여 정식재판을 청구한 피고인이 현역군인으로 입대하였음이 밝혀진 경우 법원은 같은 심급의 군사법원으로 이송하여야 한다(정식재판청구를 기각 ×).

2) 이전행위 유효

이송 전에 행한 소송행위는 이송 후에도 그 효력에 영향이 없다. 14. 법원

3) 일반범죄와 군사범죄의 경합범

① 일반범죄는 일반법원에서, 군사범죄는 군사법원에서 재판한다(2016초기318). 17. 7급국가직, 19. 해경간부 · 경찰2차, 20. 경찰간부 · 9급국가직 · 9급개론 · 7급국가직

② 일반 국민이 범한 특정 군사범죄와 그 밖의 일반 범죄가 경합범 관계에 있다고 보아 하나의 사건으로 기소된 경우, 일반범죄는 일반법원에서, 군사범죄는 군사법원에서 재판하여야 한다.

③ 따라서 일반법원에 위 사건이 함께 기소된 경우, 군사범죄는 군사법원으로 이송하여야 한다.

12. 관할권 부존재의 효과

(1) 관할의 조사

1) 원칙: 직권 조사 04. 경찰1차, 16 · 17. 법원, 18. 경찰간부

⇨ 관할의 존재는 소송조건의 하나이므로, 원칙적으로 법원은 직권으로 관할을 조사하여야 한다.

2) 예외: 피고사건에 대한 진술 전에 토지관할위반 신청이 없으면 관할위반 선고하지 못함

① 법원은 토지관할권이 없는 경우에도 피고인의 관할위반 신청이 없으면 관할위반의 선고를 하지 못한다(제320조 제1항). 14. 경찰간부, 15 · 17. 법원, 20. 9급국가직

기출 키워드 체크

법원은 공소가 제기된 사건에 대하여 군사법원이 재판권을 가졌음이 판명된 때에는 결정으로 사건을 재판권 있는 ________으로 이송한다.

기출 키워드 체크

일반 국민이 범한 수개의 죄 가운데 특정 군사범죄와 그 밖의 일반 범죄가 동시적 경합범 관계에 있다고 보아 하나의 사건으로 군사법원에 기소된 경우, 특정 군사범죄에 대하여는 군사법원이 전속적 재판권을 가지나 그 밖의 일반 범죄에 대하여는 ______법원이 재판권을 행사할 수 없다.

기출 키워드 체크

법원은 ________으로 관할을 조사하여야 한다.

Answer

기출 키워드 체크
같은 심급의 군사법원
군사
직권

② 관할위반의 신청은 피고사건에 대한 진술 전에 하여야 하며 진술 이후에는 관할위반의 하자는 치유된다. 20. 9급국가직

(2) 관할권 존부의 판단 시기

1) 사물관할

공소제기시부터 재판종결에 이르기까지 전체 심리과정에 존재해야 한다. 04. 여경1차

2) 토지관할

① 공소제기시를 기준으로 한다.

② 그러나 뒤에 관할권이 생기면 관할권 부존재의 하자는 치유된다.

(3) 관할위반 판결

관할권 없음이 명백한 때에는 관할위반의 판결(결정 ×)을 선고하여야 한다. 07. 경찰2차, 13. 경찰승진, 17. 법원, 18. 경찰간부 ⇨ 관할위반 결정이 아님에 유의

기출 키워드 체크

관할권이 없는 법원이 행한 소송행위는 부적법하지만 그 _________에는 영향이 없다.

(4) 소송행위 효력

그동안 행해진 소송행위의 효력에는 영향이 없다. 02. 행시, 04. 경찰1차 · 경찰2차, 05. 법원서기보, 07. 경찰2차, 08. 9급국가직, 15. 경찰3차

(5) 상 소

① 관할인정 또는 관할위반의 인정이 법률에 위반된 때에는 절대적 항소이유(제361조의5 제3호), 상대적 상고이유(제383조 제1호)가 된다. 13. 경찰승진

② 관할위반의 재판이 법률에 위반됨을 이유로 원심판결을 파기하는 때에는 판결로써 사건을 원심법원에 환송하여야 한다. 12. 교정특채, 13. 경찰승진, 14. 법원

③ 관할인정이 법률에 위반됨을 이유로 원심판결을 파기하는 때에는 판결로써 사건을 관할법원에 이송하여야 한다. 13. 경찰승진, 14. 법원 ⇨ 단, 항소법원이 그 사건의 제1심 관할권이 있는 때에는 제1심으로 심판하여야 한다.

(6) 예 외

1) 사물관할위반(공소장 변경에 의하여 합의부 관할사건으로 변경된 경우 ⇨ 결정으로 이송)

① 단독판사의 관할사건이 공소장 변경에 의하여 합의부 관할사건으로 변경된 경우 단독판사는 관할위반의 판결을 선고하지 않고 결정으로 관할권 있는 법원에 이송한다.

② 처음부터 합의부 사건이 단독판사에게 공소제기 되었을 때는 관할위반 판결을 선고한다.

Answer

기출 키워드 체크

효력

2) 관할구역 외 처분

① 법원은 사실발견을 위하여 필요하거나 긴급을 요하는 때에는 관할구역 외에서 직무를 행하거나 사실조사에 필요한 처분을 할 수 있다. 16. 7급국가직

② 수명법관도 동일하다.

❸ 제척 · 기피 · 회피

1. 의 의

구체적 · 개별적 사건에서 불공정한 재판을 할 우려가 있는 법관을 법원의 구성에서 배제하여 재판의 공정성을 보장하고, 재판에 대한 국민의 신뢰를 보장하기 위한 제도가 제척, 기피, 회피제도이다.

▶ **제척 · 기피 · 회피 제도의 비교**

구 분	제 척	기 피	회 피
사 유	유형적, 제한적	비유형적, 비제한적	비유형적
신 청	신청 ×	당사자 신청 ○	법관 스스로 신청 ○
효 과	당연 직무 배제	재판에 의해 배제	재판에 의해 배제

2. 제 척

(1) 제척의 의의

법관이 불공평한 재판을 할 우려가 현저한 경우를 유형적으로 정해 놓고 그 사유에 해당하는 법관을 직무집행에서 당연히 배제시키는 제도이다.

(2) 제척의 사유

1) 개 요

제척사유(제17조)는 유형적, 제한적 열거로서 이에 해당하지 않을 때에는 제척원인이 되지 않는다. 21. 9급국가직 · 9급개론

2) 법관이 피고인 또는 피해자의 친족 또는 친족관계가 있었던 자인 때 08. 경찰승진

① 사실혼 관계는 해당되지 않는다. ⇨ 제척 규정이 통역인에게 준용되어도 통역인이 피해자의 사실혼 배우자라고 하여도 통역인에게 제척사유가 있다고 할 수 없다(2010도13583). 15. 경찰1차, 16. 변호사, 17. 9급개론

② 친족관계에 있었던 자도 포함된다.

3) 법관이 피고인 또는 피해자의 법정대리인, 후견감독인인 때

4) 법관이 사건에 관하여 증인, 감정인, 피해자의 대리인으로 된 때

① 해당되는 자 ⇨ 증거보전절차, 수사상 증인신문절차에서의 증인, 감정인

OX 제척원인은 「형사소송법」 제17조에 예시적으로 열거되어 있는 것으로서, 열거되어 있는 원인 이외의 경우에도 불공평한 재판을 할 염려가 있다면 제척원인이 된다. (○, ×) 21. 9급국가직 · 9급개론

OX 甲이 공판기일에 증인으로 출석하여 진술한 다음, 당해 사건의 같은 기일에 통역인으로서 증인 乙의 진술을 통역한 경우 甲이 통역한 乙에 대한 증인신문조서는 증거로 할 수 없다. (○, ×) 13. 7급국가직

Answer

OX

×, ○

기출 키워드 체크
법관이 당해 사건에 관하여 증인·감정인으로 ________된 사실만으로는 제척되지 않는다.

② 해당되지 않는 자

㉠ **민사소송 기타 절차에서의 증인, 감정인**

㉡ **수사상의 참고인, 감정위촉을 받은 자**

㉢ **증인으로 신청되거나 감정인으로 채택되어 소환되었으나 증언, 감정을 하지 않은 자** 07. 9급국가직

③ 증인으로 출석한 통역인이 통역한 증인신문조서는 유죄 인정의 증거로 사용할 수 없다(2010도13583). 16. 9급국가직 · 9급개론 · 변호사, 17. 경찰간부

5) 법관이 사건에 관하여 피고인의 대리인, 변호인, 보조인으로 된 때

OX 법관이 사건에 관하여 사법경찰관의 직무를 행한 때에도 당해 사건에 대한 제척사유가 된다. (○, ×) 14. 경찰간부

6) 법관이 사건에 관하여 검사 또는 사법경찰관의 직무를 행한 때 14. 경찰간부

7) 법관이 사건에 관하여 전심재판 또는 그 기초되는 조사, 심리에 관여한 때

8) 법관이 사건에 관하여 피고인의 변호인이거나 피고인 · 피해자의 대리인인 법무법인, 법무법인(유한), 법무조합, 법률사무소, 「외국법자문사법」 제2조 제9호에 따른 합작법무법인에서 퇴직한 날부터 2년이 지나지 아니한 때

9) 법관이 피고인인 법인 · 기관 · 단체에서 임원 또는 직원으로 퇴직한 날부터 2년이 지나지 아니한 때

(3) 제척의 효과

1) 당연 배제

직무집행에서 당연히 배제된다. ⇨ 신청, 결정은 필요하지 않다.

2) 배제 범위

모든 소송행위에서 배제된다.

3) 회피 · 기피

제척사유가 있을 때 그 법관은 스스로 회피해야 하고, 당사자도 기피신청을 할 수 있다.

OX 공소제기 전에 검사의 증거보전 청구에 의하여 증인신문을 한 법관은 전심재판 또는 그 기초되는 조사, 심리에 관여한 법관이라고 할 수 없다. (○, ×) 14. 경찰간부

OX 약식명령을 발부한 법관이 그 정식재판 절차의 항소심판결에 관여함은 법관이 사건에 관하여 전심재판 또는 그 기초되는 조사, 심리에 관여한 때에 해당하여 제척, 기피의 원인이 될 수 있다. (○, ×) 14. 경찰간부

4) 상소이유

제척사유 있는 법관이 관여한 때에는 절대적 항소이유(제361조의5 제7호) 또는 상대적 상고이유(제383조 제1호)가 된다. ⇨ 당연무효는 아니다.

(4) 전심재판 관여 또는 그 기초되는 조사 · 심리 관여(제17조 제7호)의 의미

1) 전심재판

① 상소에 의해 불복이 신청된 재판을 말하므로, 2심에 대한 1심, 3심에 대한 2심 또는 1심이 전심재판이 된다.

② 당해 사건의 전심을 말하고, 같은 피고인의 다른 사건, 분리 심리된 공범 사건은 해당되지 않는다.

③ 종국재판에 한정된다(판결, 결정 불문).

Answer

기출 키워드 체크
채택

OX
○, ○, ○

2) 관 여

내부적 성립에 실질적으로 관여한 때를 말한다. ⇨ 내부적 성립은 합의부의 경우 합의, 단독판사의 경우 판결문의 작성

3) 전심재판의 기초가 되는 조사 · 심리에 관여

전심재판 내용형성에 영향을 미친 경우를 의미한다.

▶ **전심재판 관여 또는 그 기초되는 조사 · 심리 관여**(제17조 제7호)**에 해당되는 경우**

- 제1심판결에서 유죄로 인정된 증거를 조사한 후 2심에 관여한 경우(1심 유죄의 증거조사 후 경질된 경우도 포함)(99도3534) 07. 9급국가직, 08. 경찰승진, 18. 법원
- 약식명령을 발부한 법관이 항소심 판결에 관여한 경우(85도281) 04 · 05. 경사, 14. 경찰간부, 15 · 17. 변호사

▶ **전심재판 관여 또는 그 기초되는 조사 · 심리 관여**(제17조 제7호)**에 해당되지 않는 경우**

- 수사단계에서 피고인에게 구속영장을 발부한 경우(89도612) 11. 경찰2차, 07 · 12. 9급국가직, 12 · 14. 경찰승진, 12 · 18. 법원, 20. 경찰간부
- 보석허가 결정에 관여한 경우(99도155) 07. 9급국가직
- 선거관리위원장으로서 수사기관에 수사의뢰를 한 법관이 당해 형사피고사건 항소심에 관여한 경우(99도155) 02. 행시, 10. 경찰1차, 18. 법원
- 증거보전절차에서 증인신문에 관여한 경우(71도974) 03. 경사 · 행시, 07 · 12. 9급국가직, 12. 경찰승진 · 법원, 13. 7급국가직, 14 · 16. 경찰간부, 17. 경찰2차 · 해경간부
- 환송판결 전의 원심에 관여한 재판관이 환송 후의 원심재판관으로 관여한 경우(78도3204) 04 · 05.경사, 08. 경찰승진, 10. 경찰1차, 12. 9급국가직, 12 · 13 · 18. 법원, 16 · 20. 경찰간부
- 상고심 판결을 한 법관이 상고심 판결정정절차에 관여하였더라도 제척원인이 되지 않는다(66초67). 01 · 05 · 06. 경찰승진, 10. 경찰1차
- 약식명령을 발부한 법관이 정식재판절차의 제1심판결에 관여한 경우(2002도944) 05 · 08 · 14. 경찰승진, 10. 경찰1차, 11. 경찰2차, 12. 법원, 12 · 16. 9급국가직, 16. 경찰간부, 18. 9급개론
- 재심청구의 대상이 된 원판결의 심리에 관여한 법관이 재심청구사건을 심판한 경우(82모11) 17. 9급국가직 · 9급개론
- 약식명령을 발부하고 그 정식재판절차의 항소심 공판에는 관여하였으나 경질되어 그 판결에는 관여하지 않은 경우(85도281) 03. 행시, 05 · 06. 경감, 16. 9급국가직, 18. 경찰2차
- 고발사실의 일부에 대한 재정신청 사건에 관여하여 그 신청을 기각한 법관이 공소가 제기된 그 나머지 부분에 대한 항소심 재판에서 주심판사로 관여한 경우(2013도10316) 18. 경찰2차
- 원심 합의부원인 법관이 원심 재판장에 대한 기피신청 사건의 심리와 기각결정에 관여한 경우(2001도5126) 19. 9급개론
- 재판의 선고에만 관여한 경우
- 당사자의 다른 사건에 관여한 경우(65로2)
- 상고심에 관여한 법관이 판결정정신청사건에 관여한 경우(66초67)
- 증거로 채택되지 않은 경우
- 공판기일을 연기하는 재판에만 관여한 경우(4286형상141)
- 구속적부심사에 관여한 경우

기출 키워드 체크

구속적부심에 관여한 법관이 그 사건에 대한 제1심재판에 관여한 경우 제척사유에 해당________.

기출 키워드 체크

________으로서 공직선거 및 선거부정방지법 위반의 혐의사실에 대하여 수사기관에 수사를 의뢰한 법관이 당해 형사 피고사건의 재판에 관여하더라도 제척원인이 되지 않는다.

기출 키워드 체크

상급법원에서 사건이 파기________된 경우 ________ 전의 재판에 관여하더라도 제척의 원인이 되지 않는다.

기출 키워드 체크

약식명령을 발부한 법관이 정식재판절차의 ________ 판결에 관여하는 경우는 제척사유에 해당하지 않으나, 약식명령을 한 판사가 그에 대한 정식재판절차의 ________판결에 관여하는 경우는 제척사유에 해당한다.

기출 키워드 체크

약식명령을 발부한 법관이 그 정식재판 절차의 항소심 공판에 관여한 바 있어도 후에 ______되어 그 판결에는 관여하지 아니한 경우에는 전심재판에 관여한 법관이 불복이 신청된 당해 사건의 재판에 관여하였다고 할 수 없다.

기출 키워드 체크

법관이 당해 사건에 관하여 보석허가결정을 내린 경우는 제척사유가 ________.

Answer

기출 키워드 체크

하지 않는다
선거관리위원장
환송, 환송
제1심, 항소심
경질
되지 않는다

3. 기 피

(1) 기피의 의의

법관에게 제척의 사유가 있거나 기타 불공평한 재판을 할 염려가 있는 경우에 당사자의 신청에 의한 법원의 결정으로 당해 법관을 직무집행에서 배제시키는 제도이다. ⇨ 기피사유는 비유형적 01. 경찰승진

(2) 기피의 사유

1) 제척 사유 해당: 법관이 제척의 사유에 해당되는 때 19. 법원

2) 불공평한 재판 우려

① 통상인의 판단으로서 법관과 사건과의 관계상 불공평한 재판을 할 것이라는 의혹을 갖는 것이 합리적이라고 인정할 만한 객관적(주관적 ×)인 사정이 있는 때를 말한다(2001모2). 15. 경찰1차, 16. 9급개론 · 9급국가직 · 경찰승진, 21. 9급국가직 · 9급개론

② 당사자가 불공평한 재판이 될지도 모른다고 추측할 만한 주관적인 사정이 있는 때를 말하는 것이 아니다(2001모2).

(3) 기피신청

1) 신청권자

① 신청권자는 검사와 피고인, 변호인이다. 16. 9급개론

② 변호인은 피고인의 명시한 의사에 반하지 않는 한 신청할 수 있다 01. 경찰승진, 11.경찰1차, 16. 9급개론, 19. 경찰간부 · 법원

③ 변호인의 기피신청권은 대리권이므로 피고인이 기피신청권을 포기한 때에는 변호인의 기피신청권도 소멸한다.

2) 신청대상

① 개별법관을 대상으로 신청해야 한다.

② 합의부 자체에 대한 기피신청은 허용되지 않으나, 구성법관 전체에 대한 기피신청은 가능하다.

3) 신청시기

① 시기에는 제한이 없다. ⇨ 재정신청절차에서도 기피가능하다.

② 다만, 판결선고 이후 기피신청은 부적법하다. 01 · 05. 경사, 06. 경감

4) 신청방법

① 서면 또는 구두: 서면 또는 구두(공판정에서)로 신청할 수 있다.

② 합의부 법관은 소속법원, 그 외에는 당해 법관에게 신청

㉠ **합의부 법관에 대한 기피는 그 법관 소속법원에 신청하고,**

㉡ **수명법관, 수탁판사, 단독판사에 대한 기피는 당해 법관에게 신청하여야 한다.**

08. 7급국가, 13 · 17. 경찰승진, 19. 법원

OX 법관이 수사단계에서 피고인에 대하여 구속영장을 발부한 경우는 「형사소송법」 제17조 제7호 소정의 '법관이 사건에 관하여 전심재판 또는 그 기초되는 조사, 심리에 관여한 때'에 해당한다고 볼 수 없다. (○, ×)
21. 9급국가직 · 9급개론

기출 키워드 체크

피고인에 대하여 구속영장을 발부한 법관이 그 사건에 대한 제1심 재판에 관여한 경우에는 제척사유에 해당 ________.

OX 「형사소송법」 제18조의 '법관이 불공평한 재판을 할 염려가 있는 때'라 함은 통상인의 판단으로서 법관과 사건의 관계상 불공평한 재판을 할 것이라는 의혹을 갖는 것이 합리적이라고 인정할 만한 객관적인 사정이 있는 때를 말한다. (○, ×)
21. 9급국가직 · 9급개론

기출 키워드 체크

검사, 피고인, 변호인은 기피신청을 할 수 있지만, 변호인은 피고인의 ______ 의사에 반하는 경우에는 법관에 대한 기피신청을 할 수 없다.

기출 키워드 체크

제척과 달리 기피는 ________에 의하여 절차가 진행된다.

기출 키워드 체크

합의법원의 법관에 대한 기피는 그 법관의 소속법원에, 단독판사에 대한 기피는 ________에게 신청하여야 하며, 기피사유는 신청한 날로부터 _______일 이내에 서면으로 소명하여야 한다.

Answer

기출 키워드 체크
하지 않는다
명시한
당사자의 신청
당해 법관, 3

OX
○, ○

③ 3일 이내 서면으로 사유 소명 08. 7급국가직, 11. 경찰1차, 13·17. 경찰승진, 17. 경찰2차, 19. 법원

㉠ **기피신청을 함에는 기피원인이 되는 사실을 구체적으로 명시하여야 하고,**

㉡ **기피사유는 신청한 날로부터 3일 이내에 서면으로 소명하여야 한다.**

(4) 신청받은 법원, 판사의 처리

1) 간이기각결정: 소송 지연 목적 명백, 관할 위반, 사유소명 없는 경우

① 기피신청이 소송의 지연을 목적으로 함이 명백하거나 제19조(기피신청 관할, 기피사유 서면 소명)에 위배된 때에는 신청을 받은 법원 또는 법관은 결정으로 이를 기각 한다. 07. 검찰7급, 11. 경찰1차, 12. 경찰승진, 17. 경찰2차, 19. 경찰간부·법원 ⇨ 기피당한 법관에 의하여 구성된 재판부가 스스로 이를 각하할 수 있다(2013도10316). 18. 경찰2차

② 소송지연을 목적으로 함이 명백한 기피신청인지의 여부는 기피신청인이 제출한 소명방법만에 의하여 판단할 것은 아니고, 당해 법원에 현저한 사실이거나 당해 사건기록에 나타나 있는 제반 사정들을 종합하여 판단할 수 있다(2001모2). 16. 9급개론·9급국가직 ⇨ 피고사건의 판결선고절차가 시작된 후 법원사무관에 대한 기피신청과 동시에 선고절차의 정지를 요구하는 것은 선고절차의 중단 등 소송지연만을 목적으로 한 것으로 부적법한 것이다(85모19). 14. 9급국가직

③ 간이기각결정에 대하여는 즉시항고할 수 있다.

④ 그러나 통상의 즉시항고와는 달리 소송절차는 정지되지 않는다. 08. 7급국가직, 11. 경찰1차, 14. 7급국가직·9급국가직, 17. 경찰2차, 19. 법원

2) 소송진행 정지: 간이기각결정의 경우와 급속을 요하는 경우 제외 01·03·05. 경찰승진, 03. 행시, 04. 여경1차, 19. 경찰간부

① 기피신청이 있는 때에는 소송진행을 정지해야 한다.

② 다만, 간이기각 결정이 있거나 급속을 요하는 경우에는 소송진행이 정지되지 않는다.

③ 실체형성을 목적으로 하는 본안의 소송절차만 정지된다. 03. 경감·행시, 05. 경찰승진, 06. 경찰1차

④ 따라서 구속기간의 갱신, 판결의 선고 등의 절차는 정지되지 않는다. 16. 7급국가직 ⇨ 변론종결 후 재판부에 대한 기피신청을 하였다 하더라도 소송진행을 정지하지 아니하고 판결을 선고할 수 있다. 21. 9급국가직·9급개론

⑤ 기피신청을 받은 법관이 소송진행을 정지하지 않고 한 소송행위는 효력이 없고, 그 후 기피신청에 대한 기각결정이 확정된 경우에도 마찬가지이다(2012도8544). 15. 9급국가직, 15·16·19. 9급개론, 16. 변호사, 18. 경찰2차, 19. 법원·7급국가직·경찰승진, 20. 경찰간부

⑥ 소송진행이 정지된 기간은 구속기간 산입에서 제외한다. 19. 경찰간부

OX 변론종결 후 재판부에 대한 기피신청을 하였다 하더라도 소송진행을 정지하지 아니하고 판결을 선고할 수 있다. (○, ×) 21. 9급국가직·9급개론

기출 키워드 체크

기피사유는 신청한 날로부터 _____일 이내에 _____으로 소명하여야 하고, 기피신청을 함에 있어서는 기피의 원인되는 사실을 구체적으로 명시하여야 한다.

기출 키워드 체크

기피신청이 ________을 목적으로 함이 명백한 때에는 신청을 받은 법원 또는 법관은 결정으로 이를 기각한다. 위 기각결정에 대한 즉시항고는 재판의 집행을 ________하는 효력이 없다.

기출 키워드 체크

소송지연을 목적으로 함이 명백한 기피신청인지의 여부는 기피신청인이 제출한 소명 방법만으로 판단할 것은 아니고 당해 법원에 현저한 사실이거나 당해 ________에 나타나 있는 제반 사정들을 종합하여 판단할 수 있다.

기출 키워드 체크

판결 선고절차가 시작되어 재판장이 이유의 요지 상당 부분을 설명하는 중 그 공판에 참여한 법원사무관에 대한 기피신청과 동시에 ________절차의 정지를 요구하는 것은 ________절차의 중단 등 소송의 지연만을 목적으로 한 것으로 부적법하다.

기출 키워드 체크

기피신청을 받은 법관이 「형사소송법」 제22조에 위반하여 본안의 소송절차를 정지하지 않은 채 그대로 소송을 진행하여서 한 소송행위는 ________이 없고, 이는 이후 그 기피신청에 대한 ________결정이 확정되었다고 하더라도 마찬가지이다.

Answer

기출 키워드 체크

3, 서면
소송의 지연, 정지
사건기록
선고, 선고
효력, 기각

OX

○

기출 키워드 체크

법관이 심리 중에 ________하는 발언을 하거나 피고인에게 매우 모욕적인 발언을 하는 것은 기피사유에 해당한다.

▶ **불공평한 재판을 할 염려가 있는 경우**(기피사유 해당)

- 법관이 심리 중에 유죄를 예단한 말을 한 경우(74모68) 06. 경찰1차
- 법관이 증인신문권의 본질을 침해한 경우(95모10)
- 법관의 증거취소결정이 실체진실발견의 의사가 없다고 보이는 경우(94모73)
- 법관이 피고인 또는 피해자의 친구 또는 적대관계에 있는 경우
- 법관이 심리 중에 피고인에 대하여 심히 모욕적인 말을 한 경우
- 법관이 피고인의 진술을 강요한 경우
- 법관이 증명되지 않은 사실을 언론에 발표한 경우

▶ **불공평한 재판을 할 염려가 없는 경우**(기피사유에 해당하지 않음)

- 법관이 당사자의 증거신청을 채택하지 않거나 이미 한 증거결정을 취소한 경우(95모10) 06·15. 경찰1차, 11. 경찰2차, 14. 경찰승진, 16. 변호사, 18. 7급국가직, 19. 경찰간부·9급국가직·9급개론
- 법관이 피고인에게 공판기일에 어김 없이 출석하라고 촉구한 경우(68모57) 06. 경찰1차
- 검사의 피고인에 관한 공소장변경허가신청에 대하여 불허가 결정을 한 경우(2001모2)
- 피고인의 소송기록열람신청에 대하여 국선변호인이 선임되어 있으니 국선변호인을 통하여 소송기록의 열람 및 등사신청을 하도록 알려준 경우(95모93) 07. 검찰7급
- 재판장이 소송진행 중 피고인에 대하여 상기한 어조로 "이 사람아"라고 칭하여 피고인이 모욕감을 느낀 경우(87두10)
- 재판부가 제262조 제4항이 정한 기간 내에 재정신청사건의 결정을 하지 아니한 경우(90모44)
- 증인신문권의 본질적인 침해 없이 단지 증인신문을 제지한 경우(95모10)
- 법관의 종교관, 세계관, 정치적 신념, 성별
- 변호인과의 친소 관계
- 법관의 소송지휘권행사
- 공소장변경불허결정
- 소송이송신청에 대한 가부판단 없이 소송을 진행한 경우

기출 키워드 체크

________이 만료되기 불과 24일 가량 앞둔 제1심 제8회 공판기일에 피고인들과 변호인들이 법원에 대하여 기피신청을 하였음에도 소송진행을 정지하지 않고 그대로 진행한 조치는 위법하지 않다.

▶ **소송진행을 정지하지 않아도 무방한 경우**

1. **구속기간 갱신절차**: 구속기간의 갱신절차는 본안의 소송절차가 아니므로 기피신청으로 정지하지 않는다(86모57).
2. **구속기간이 임박한 경우**
   - 구속기간의 만료가 임박하였다는 사정은 소송진행 정지의 예외사유인 급속을 요하는 경우에 해당하므로 소송진행이 정지되지 않는다(94도142).
   - 피고인들에 대한 구속기간이 만료되기 불과 24일 가량 앞둔 제1심 제8회 공판기일에 피고인들과 변호인들이 제1심 법원에 대하여 기피신청을 하였음에도 불구하고 제1심 법원이 소송진행을 정지하지 아니하고 그대로 진행한 조치는 정당하다(90도646). 19. 경찰간부
3. **판결 선고**: 피고인이 변론 종결 뒤 재판부에 대한 기피신청을 하였지만, 소송진행을 정지하지 아니하고 판결을 선고한 것은 정당하다(선고만 남은 경우)(2002도4893). 13. 7급국가직, 16. 9급국가직, 19. 9급개론, 21. 9급국가직·9급개론

Answer

기출 키워드 체크
유죄를 예단
구속기간

(5) 기피신청에 대한 재판

1) 관 할

① 대상 법관의 소속법원 합의부 05 · 19. 법원, 06. 경찰2차, 11. 경찰1차, 13 · 14. 경찰승진, 15 · 16. 경찰간부

㉠ **기피신청사건에 대한 재판은 기피당한 법관의 소속법원 합의부에서 결정으로 한다(제21조 제1항). ⇨ 소송지연만을 목적으로 한 기피신청은 기피당한 법관에 의하여 구성된 재판부가 스스로 각하할 수 있다(91모79)** 19. 법원

㉡ **기피당한 법관은 기피에 관한 결정에 관여하지 못한다(제21조 제2항).** 18. 9급개론

② 합의부 구성 불가시 – 직근 상급법원 08. 7급국가직, 13. 경찰승진, 16. 경찰간부

㉠ **기피당한 판사의 소속법원이 합의부를 구성하지 못하는 때에는 직근 상급법원이 결정하여야 한다(제21조 제3항).** 18. 9급개론

2) 의견서 제출

기피신청이 적법한 경우 기피당한 법관은 지체 없이 기피신청에 대한 의견서를 제출하여야 한다.

3) 기각결정

① 기피신청이 이유 없다고 인정한 때에는 기피신청을 기각하여야 한다.

② 기각결정에 대하여 즉시항고할 수 있다. 05 · 07. 법원, 13. 경찰승진 · 7급국가직, 16. 변호사, 18. 경찰1차 · 9급국가직, 21. 경찰간부

③ 기각결정을 하는 예는 다음과 같다.

㉠ **해당 법관이 이미 직무집행에서 배제된 경우(94모77)**

㉡ **법관이 해당사건에 관해 직무를 집행할 수 없게 됐을 때(2010모205)**

4) 인용결정

① 직무집행에서 배제: 기피당한 법관은 당해 사건의 직무집행으로부터 배제된다.

② 상소이유: 기피당한 법관이 사건의 심판에 관여한 때에는 절대적 항소이유(제361조의5 제7호)와 상대적 상고이유(제383조 제1호)가 된다. 14. 9급국가직

4. 회 피

(1) 회피의 의의

법관이 스스로 기피의 원인이 있다고 판단하는 때에 자발적으로 직무집행에서 탈퇴하는 제도이다. 15. 경찰1차

(2) 회피의 원인

기피의 원인이 회피의 원인이 된다.

기출 키워드 체크

기피신청에 대한 재판은 기피당한 법관의 소속법원합의부에서 결정으로 하여야 하고, 기피당한 판사의 ________이 ________를 구성하지 못하는 때에는 ________이 결정하여야 한다.

Answer

기출 키워드 체크

소속법원, 합의부, 직근 상급법원

기출 키워드 체크

_________이 스스로 기피의 원인이 있다고 판단한 때에는 _________에 _____으로 회피를 신청하여야 한다.

(3) 절차 및 효과

① 소속법원에 서면으로 신청 ⇨ 회피는 소속법원에 서면으로 신청해야 한다. 16. 변호사, 20. 경찰간부

② 회피신청에 대한 재판에 관하여는 기피에 관한 규정이 준용된다.

③ 항고 불가 ⇨ 회피신청에 대한 법원의 결정에 대해서는 항고할 수 없다.

④ 법관이 회피신청을 하지 않은 것은 상소이유가 되지 않는다.

5. 법원사무관 등에 대한 제척 · 기피 · 회피

(1) 의 의

기출 키워드 체크

통역인이 사건에 관하여 증인으로 _________한 때에는 직무집행에서 제척_________, 통역인이 피해자의 _________혼 배우자인 경우에는 통역인에게 제척사유가 있다고 할 수 없다.

1) 제척 · 기피 · 회피 규정 준용

① 법관의 제척 · 기피 · 회피에 관한 규정은 원칙적으로 법원서기관, 법원사무관, 법원주사 또는 법원주사보(이하 법원사무관 등이라 함)와 통역인에게 준용된다.

② 통역인이 피해자의 사실혼 배우자라고 하여도 통역인에게 제척사유가 있다고 할 수 없다(2010도13583). 15. 경찰1차, 17. 9급개론

③ 증인으로 출석한 통역인이 통역한 증인신문조서는 유죄 인정의 증거로 사용할 수 없다(2010도13583). 17. 경찰간부

2) 전심재판 또는 그 기초가 되는 조사 · 심리에 관여한 때에 관한 제척사유 부적용

직무성격상 제17조 제7호의 사유(전심재판 또는 그 기초가 되는 조사심리에 관여한 때)는 적용하지 않는다. 08. 법원

기출 키워드 체크

법원사무관 등과 통역인에 대한 기피재판은, 소송지연의 목적이 명백하거나 관할위반의 경우를 제외하고, 그 _________이 결정으로 하여야 한다.

(2) 절 차

① 소속법원의 결정 04. 경찰3차, 10. 경찰승진, 18. 9급개론 : 법원사무관 등과 통역인에 대한 기피신청재판은 그 소속법원(합의부 ×)의 결정으로 한다.

② 간이기각결정(소속법관) 07. 법원사무관 : 간이기각결정은 기피당한 자의 소속법관이 한다.

6. 기 타

전문심리위원과 배심원에게도 제척 · 기피 제도가 인정된다.

Answer

기출 키워드 체크

법관, 소속법원, 서면
증언, 되나, 사실
소속법원

Chapter 09 OX 확인학습

01 □□□ 토지관할은 범죄지, 피고인의 주소, 거소 또는 현재지로 한다. (○)

02 □□□ 보증금 몰수사건은 지방법원 단독판사의 관할이지만 소송절차 계속 중에 보석허가결정이나 그 취소 결정을 본안 관할법원인 제1심 합의부가 한 경우 당해 합의부가 사물관할을 갖는다. (×)

03 □□□ 단독판사 관할 피고사건의 항소사건이 지방법원 합의부에 계속 중일 때 그 변론종결시까지 청구된 치료감호사건의 관할법원은 고등법원이고, 이때 피고사건의 관할법원도 고등법원이 된다. (○)

04 □□□ 「형사소송법」 제4조 제1항은 "토지관할은 범죄지, 피고인의 주소, 거소 또는 현재지로 한다"라고 정하고, 여기서 '현재지'라고 함은 공소제기 당시 피고인이 현재한 장소로서 임의에 의한 현재지뿐만 아니라 적법한 강제에 의한 현재지도 이에 해당한다. (○)

05 □□□ 소말리아 해적인 피고인들 등이 공해상에서 대한민국 해운회사가 운항 중인 선박을 납치하여 대한민국 국민인 선원 등에게 해상강도 등 범행을 저질렀다는 내용으로 국군 청해부대에 의해 체포·이송되어 국내 수사기관에 인도된 후 구속·기소된 경우에 피고인들은 적법한 체포, 즉시 인도 및 적법한 구속에 의하여 공소제기 당시 국내에 구금되어 있어 현재지인 국내법원에 토지관할이 있다. (○)

06 □□□ 사물관할을 달리하는 수개의 관련사건이 각각 법원합의부와 단독판사에 계속된 때에는 합의부는 결정으로 단독판사에 속한 사건을 병합하여 심리할 수 있다. (○)

07 □□□ 사물관할을 달리하는 수개의 관련 항소사건이 각각 고등법원과 지방법원 본원합의부에 계속된 때에는 고등법원은 결정으로 지방법원 본원합의부에 계속한 사건을 병합하여 심리할 수 있다. (○)

08 □□□ 토지관할을 달리하는 수개의 관련사건이 각각 다른 법원에 계속된 때에는 공통되는 직근 상급법원은 검사 또는 피고인의 신청에 의하여 결정으로 1개 법원으로 하여금 병합심리하게 할 수 있다. (○)

09 □□□ 토지관할을 달리하는 수개의 제1심 법원들에 관련사건이 계속된 경우에 그 소속 고등법원이 같은 때에는 그 고등법원이, 그 소속 고등법원이 다른 때에는 대법원이 제1심 법원들의 공통되는 직근상급법원으로서 토지관할 병합심리 신청사건의 관할법원이 된다. (○)

10 □□□ 토지관할을 달리하는 수개의 관련사건이 동일법원에 계속된 경우에 병합심리의 필요가 없는 때에는 법원은 결정으로 이를 부리하여 관할권 있는 다른 법원에 이송할 수 있다. (○)

11 □□□ 관할위반을 선고한 재판이 확정된 사건에 관하여 다른 관할법원이 없는 때에는 피고인은 관계있는 제1심법원에 공통되는 직근 상급법원에 관할지정을 신청하여야 한다. (×)

12 □□□ 동일사건이 사물관할을 같이하는 수개의 법원에 계속된 때에는 먼저 공소를 받은 법원이 심판한다. 단, 각 법원에 공통되는 직근 상급법원은 검사 또는 피고인의 신청이 없어도 결정으로 뒤에 공소를 받은 법원으로 하여금 심판하게 할 수 있다. (×)

13 □□□ 동일사건이 사물관할을 달리하는 수개의 법원에 계속된 때에는 법원합의부가 심판하고, 심판하지 않게 된 법원은 판결로 공소를 기각하여야 한다. (×)

14 □□□ 국민참여재판 대상이었던 합의부 관할사건이 공소사실의 변경 등으로 인하여 대상사건에 해당하지 아니하게 된 경우에는 법원은 그 사건을 단독재판부로 이송하여야 한다. (×)

15 □□□ 단독판사의 관할사건이 공소장변경에 의하여 합의부 관할사건으로 변경된 경우에 법원은 결정으로 관할권이 있는 법원에 이송한다. (○)

16 □□□ 단독판사 관할사건이 항소심 계속 중 공소장변경에 의하여 합의부 관할사건으로 된 경우에 법원은 사건을 관할권이 있는 법원에 이송하여야 하고, 그 경우 관할권이 있는 법원은 고등법원이다. (○)

17 □□□ 제1심 공판절차에서 합의부 관할사건이 공소장변경에 의하여 단독판사 관할사건으로 변경된 경우 사건을 단독판사에게 재배당하여야 한다. (×)

18 □□□ 법원은 그 피고인이 그 관할구역 내에 현재하지 아니하는 경우에 특별한 사정이 있으면 결정으로 사건을 피고인의 현재지를 관할하는 동급 법원에 이송할 수 있다. (○)

19 □□□ 법원은 공소제기된 사건에 대하여 군사법원이 재판권을 가졌음이 판명된 때는 결정으로 사건을 재판권이 있는 같은 심급의 군사법원으로 이송하여야 한다. (○)

20 □□□ 고유관할사건 계속 중 고유관할 법원에 관련 사건이 계속된 이상 그 후 양 사건이 병합심리되지 아니한 채 고유사건에 대한 심리가 먼저 종결되었더라도 관련 사건에 대한 관할권은 유지된다. (○)

21 □□□ 통역인이 피해자의 사실혼 배우자라면 통역인에게 제척사유가 있다. (×)

22 □□□ 통역인이 사건에 관하여 증인으로 증언한 때에는 직무집행에서 제척되나, 통역인이 피해자의 사실혼 배우자인 경우에는 통역인에게 제척사유가 있다고 할 수 없다. (○)

23 □□□ 법관이 해당 사건의 직접피해자인 경우뿐만 아니라 간접피해자인 경우에도 제척사유에 해당되어 그 사건을 심판하는 법관이 될 수 없다. (×)

24 □□□ 공소제기 전에 검사의 청구에 의하여 증거보전절차상의 증인신문을 한 법관은 전심재판 또는 그 기초되는 조사·심리에 관여한 법관으로 보아야 하며, 이는 제척사유에 해당한다. (×)

25 □□□ 환송판결 전의 원심에 관여한 재판관이 환송 후의 원심재판관으로 관여하였더라도 제척의 원인이 되지 않는다. (○)

26 □□□ 제1심 공판기일에서 증거조사를 하고 그 증거들이 제1심 판결에서 유죄의 증거로 사용되었으나 판결은 그 이후 경질된 판사가 하였다면, 제1심에서 증거조사를 한 판사가 항소심 재판을 하는 것은 제척사유에 해당하지 않는다. (×)

27 □□□ 선거관리위원장으로서 공직선거법위반 혐의사실에 대하여 수사기관에 수사의뢰를 한 법관이 당해 형사피고사건의 재판을 하는 것은 제척사유에 해당하지 않는다. (○)

28 □□□ 약식명령을 발부한 법관이 정식재판절차의 제1심 판결에 관여하는 경우는 제척사유에 해당하지 않으나, 약식명령을 한 판사가 그에 대한 정식재판 절차의 항소심판결에 관여하는 경우는 제척사유에 해당한다. (○)

29 □□□ 재심청구의 대상이 된 원판결의 심리에 관여한 법관이 재심청구사건을 심판하더라도 제척 또는 기피사유에 해당하지 않는다. (○)

30 □□□ 법원사무관 등과 통역인에 대한 기피재판은, 소송지연의 목적이 명백하거나 관할위반의 경우를 제외하고, 그 소속법원이 결정으로 하여야 한다. (○)

31 □□□ 검사, 피고인, 변호인은 기피신청을 할 수 있지만, 변호인은 피고인의 명시한 의사에 반하는 경우에는 법관에 대한 기피신청을 할 수 없다. (○)

32 □□□ 기피사유는 신청한 날로부터 3일 이내에 서면으로 소명하여야 하고, 기피신청을 함에 있어서는 기피의 원인되는 사실을 구체적으로 명시하여야 한다. (○)

33 □□□ 기피신청 사유로서 법관이 불공평한 재판을 할 염려가 있는 때라 함은 당사자가 불공평한 재판이 될지도 모른다고 추측할 만한 주관적인 사정이 있는 때를 말한다. (×)

34 □□□ 재판부가 당사자의 증거신청을 채택하지 아니하거나 이미 한 증거결정을 취소하였다 하더라도 그러한 사유만으로는 재판의 공평을 기대하기 어려운 객관적인 사정이 있다고 할 수 없다. (○)

35 □□□ 기피신청이 소송의 지연을 목적으로 함이 명백한 때에는 신청을 받은 법원 또는 법관은 결정으로 이를 기각한다. 위 기각결정에 대한 즉시항고는 재판의 집행을 정지하는 효력이 없다. (○)

36 □□□ 소송지연을 목적으로 함이 명백한 기피신청인지의 여부는 기피신청인이 제출한 소명 방법만으로 판단할 것은 아니고 당해 법원에 현저한 사실이거나 당해 사건기록에 나타나 있는 제반 사정들을 종합하여 판단할 수 있다. (○)

37 □□□ 기피신청을 받은 법관이 형사소송법 제22조에 위반하여 본안의 소송절차를 정지하지 않은 채 그대로 소송을 진행하여서 한 소송행위는 그 효력이 없고, 이는 그 후 그 기피신청에 대한 기각결정이 확정되었다고 하더라도 마찬가지이다. (○)

38 □□□ 기피당한 법관은 기피에 관한 결정에 관여하지 못하며, 기피당한 법관의 소속법원이 합의부를 구성하지 못하는 때에는 직근 상급법원이 결정하여야 한다. (○)

39 □□□ 기피신청을 인용한 결정 및 기각한 결정에 대하여는 즉시항고가 허용된다. (×)

40 □□□ 회피제도는 법관에게 제척사유가 있음에도 불구하고 재판에 관여하거나 기타 불공평한 재판을 할 사정이 있는 경우에 당사자의 신청에 의하여 그 법관을 직무집행으로부터 탈퇴하게 하는 제도를 말한다. (×)

제3절 검 사

❶ 검사의 의의와 성격

1. 의 의

검찰권을 행사하는 단독제 국가기관이다.

2. 성 격

(1) 행정기관이자 준사법기관

검사는 법무부에 소속된 행정기관이지만, 동시에 형사사법의 운영에 영향을 미치는 준사법기관이다.

(2) 단독제 관청

① 개개의 검사는 자기의 책임하에 검찰권을 행사하는 독임제의 관청으로서, 검찰총장이나 검사장의 보조기관이 아니다.

② 법원과 달리 합의제를 통한 검찰사무의 처리절차는 존재하지 않는다.

③ 따라서 검찰조직 내부의 방침이나 결재 등을 거치지 않고 검사가 대외적으로 의사를 표시하더라도 그 의사표시는 대외적 효력을 갖는다.

3. 직 급

검사의 직급은 검찰총장과 검사로 구분한다(검찰청법 제6조). 04. 행시 ⇨ 검사장은 직급이 아니고 고등검찰청과 지방검찰청의 장을 의미하는 직위의 개념이다.

4. 신분보장

검사는 탄핵 또는 금고 이상의 형의 선고에 의하지 아니하고는 파면되지 아니하며, 징계처분 또는 적격심사에 의하지 아니하고는 해임·면직·정직·감봉·견책 또는 퇴직의 처분을 받지 아니한다. 05. 경사

5. 검사직무 대리

① 검찰총장은 사법연수생, 검찰수사서기관, 검찰사무관 등으로 하여금 검사의 직무를 대리하게 할 수 있다.

② 검사의 직무를 대리하는 자는 법원조직법에 의한 합의부의 심판 사건은 처리하지 못한다.

❷ 검찰청

1. 의 의

검사의 사무를 총괄하는 기관이다.

2. 조 직

검찰청은 대검찰청 · 고등검찰청 · 지방검찰청으로 구성되며, 각각 대법원 · 고등법원 · 지방법원에 대응하여 설치한다.

❸ 검사동일체의 원칙

1. 의 의

① 계층적 · 일체불가분의 유기적 통일체로 활동 ⇨ 검사동일체 원칙이란 모든 검사가 검찰총장을 정점으로 하는 피라미드형의 계층적 조직체를 형성하고 일체불가분의 유기적 통일체로 활동하는 것을 말한다.

② 공정한 검찰권 행사, 전국적 · 통일적 수사망 확립을 위한 제도이다.

2. 지휘 · 감독관계

(1) 소속 상급자의 지휘 · 감독에 따름

① 검사는 검찰사무에 관하여 소속 상급자의 지휘 · 감독에 따른다. 16. 경찰간부

② 이러한 지휘 · 감독관계는 검사동일체 원칙의 본질적 요소를 이룬다. 04. 행시

③ 적법하고 정당한 상사의 명령에만 따라야 한다. ⇨ 진실과 정의에 대한 의무가 지휘 · 감독관계에 대한 한계가 되므로, 불법적이거나 부당한 명령에 따라야 하는 것은 아니다.

(2) 이견이 있을 때는 이의 제기 가능

검사는 구체적 사건과 관련된 상급자의 지휘 · 감독의 적법성 또는 정당성 여부에 대하여 이견이 있을 때에는 이의를 제기할 수 있다.

(3) 상사의 명령에 위반한 처분도 대외적으로 유효 07. 검찰7급

검사의 지휘 · 감독관계는 내부적 효력만을 가지므로, 상사의 명령에 위반하거나 상사의 결재를 받지 않는 검사의 처분도 대외적으로 유효하다.

OX 검사동일체원칙의 내용인 직무승계권과 직무이전권은 검찰총장, 검사장 및 지청장만 가지며, 법무부장관은 이를 가질 수 없다. (○, ×)
15. 9급국가직

관련 판례

검찰청법 제7조의2 제2항은 검찰총장, 각급 검찰청의 검사장 및 지청장(이하 '검찰청의 장'이라 한다)은 소속 검사의 직무를 다른 검사에게 이전할 수 있는 것으로 규정하고 있다. 그런데 같은 조 제1항은 검찰청의 장은 자신의 직무를 소속 검사에게 위임할 수 있는 것으로 규정하고 있고, 여기의 직무에는 같은 조 제2항에서 정한 직무이전에 관한 직무도 포함되므로, 검찰청의 장은 소속 검사에게 검사 직무의 이전에 관한 직무를 위임할 수 있다.
검사가 구체적 사건과 관련된 상급자의 지휘·감독의 적법성 또는 정당성에 대하여 이의한 상황에서 검찰청의 장이 아닌 상급자가 이의를 제기한 사건에 관한 검사의 직무를 다른 검사에게 이전하기 위해서는 검사 직무의 이전에 관한 검찰청의 장의 구체적·개별적인 위임이나 그러한 상황에서의 검사 직무의 이전을 구체적이고 명확하게 정한 위임규정 등이 필요하다고 보아야 한다(대법원 2017.10.31. 선고 2014두45734 판결).

Answer

OX ○

3. 직무승계 · 이전 등

(1) 검찰총장, 검사장, 지청장의 직무승계 권한 07. 검찰7급, 15. 9급국가직

① 검찰총장, 각급 검찰청의 검사장 및 지청장은 소속 검사의 직무를 자신이 처리할 수 있다.

② 법무부장관은 직무승계, 직무이전 권한을 가지지 않는다. 15. 9급국가직

(2) 검찰총장, 검사장, 지청장의 직무이전 권한 02. 경사, 07. 검찰7급, 15. 9급국가직

① 검찰총장, 각급 검찰청의 검사장 및 지청장은 소속 검사의 직무를 다른 검사로 하여금 처리하게 할 수 있다.

② 검찰청의 장이 아닌 상급자에게는 직무이전 권한이 없다. ⇨ 검찰청의 장의 구체적·개별적인 위임이나 그러한 상황에서의 검사 직무의 이전을 구체적이고 명확하게 정한 위임규정 등이 필요하다(2014두45734).

③ 상급자가 범죄혐의를 발견하고 수사 중인 검사에게 내사중지 및 종결처리를 명령한 것은 정당한 지휘권의 행사로 보기 어렵고, 경우에 따라 직권남용죄의 죄책을 질 수도 있다(2008도7312). 16. 경찰간부

④ 검찰총장, 검사장, 지청장의 직무 위임: 검찰총장, 각급 검찰청의 검사장 및 지청장은 소속검사로 하여금 그 권한에 속하는 직무의 일부를 처리하게 할 수 있다.

(3) 차장검사의 직무대리권 02. 경사

① 각급 검찰청의 차장검사는 소속장이 사고가 있을 때에는 특별한 수권 없이 그 직무를 대리하는 권한을 가진다.

② 직무승계권과 직무이전권은 검찰총장, 검사장 및 지청장만 가지며, 법무부장관은 이를 가질 수 없다.

4. 검사교체의 효과

(1) 소송법상 영향 없음 02. 경찰승진

검사가 검찰사무를 취급하는 도중에 교체되더라도 소송법상 아무런 영향이 없다.

(2) 공판절차 갱신 필요 없음 13. 9급국가직

공판 개정 후 공소유지를 담당하는 검사가 교체된 때에도 공판절차를 갱신할 필요가 없다.

5. 기 타

① 검사에 대한 제척·기피 제도는 존재하지 않는다. ⇨ 검사동일체의 원칙상 특정검사를 직무집행에서 배제함은 아무런 의미가 없다(이견 있음).

② 범죄피해자인 검사가 관여한 수사도 적법하다.

④ 법무부장관의 지휘 · 감독권(일반적 지휘 · 감독권)

① 법무부장관은 검찰사무의 최고 감독자로서 일반적으로 검사를 지휘 · 감독하고, 구체적 사건에 대하여는 검찰총장만을 지휘 · 감독한다. 07. 7급검찰

② 특정사건의 처리에 대한 행정부의 부당한 간섭을 방지하려는 데 그 취지가 있다.

기출 키워드 체크

구체적인 사건과 관련하여 법무부장관은 ______만을 지휘 · 감독할 수 있을 뿐, ______에 대하여 직접 지휘 · 감독권을 행사할 수 없다.

⑤ 검사의 지위와 권한

1. 수사권 및 수사종결권

① 검사는 일부 사건에 대해 직접 수사권한을 가진다.

② 영장청구권, 증거보전청구권, 증인신문청구권 등은 검사에게만 인정된다.

③ 검사는 일정한 경우 수사의 종결권을 가진다.

2. 공소권의 주체

(1) 공소제기

① 검사는 공소제기 권한을 가진다.

② 고위공직자범죄 중 일부 사건은 고위공직자범죄수사처 검사가 공소를 제기한다.

③ 즉결심판청구는 경찰서장이 한다.

(2) 당사자

① 검사는 피고인과 대립되는 당사자의 지위를 가진다(다른 견해 존재).

② 검사는 공판절차에서 공소사실을 입증하고 공소를 유지하며, 각종 소송법상 권리를 가진다.

3. 재판의 집행기관

(1) 재판집행 지휘

재판의 집행은 그 재판을 한 법원에 대응한 검찰청 검사가 지휘한다. ⇨ 단, 재판의 성질상 법원, 법관이 지휘할 경우에는 예외로 한다.

(2) 소환과 구인

① 검사는 사형, 징역, 금고 또는 구류의 선고를 받은 자가 구금되지 아니한 때에는 형을 집행하기 위하여 이를 소환하여야 한다.

② 소환에 응하지 아니한 때에는 검사는 형집행장을 발부하여 구인하여야 한다.

③ 형의 선고를 받은 자가 도망하거나 도망할 염려가 있는 때 또는 현재지를 알 수 없는 때에는 소환함이 없이 형집행장을 발부하여 구인할 수 있다.

Answer

기출 키워드 체크

검찰총장, 검사

☑ 기타 검사의 공익적 지위
1. 고소권자지정권(제228조)
2. 민법상 성년후견, 한정후견개시 심판 청구(민법 제9조, 제12조)
3. 부재자의 재산관리 및 실종선고의 청구권(민법 제22조, 제27조)

4. 공익의 대표자

검사는 준사법기관으로서 객관의무를 가지고 있으며, 법원에 대하여 법령의 정당한 적용을 청구할 권한이 있다(검찰청법 제4조 제1항 제3호).

▸ **법원의 결정과 검사의 의견청취**

검사의 의견청취가 필요한 경우	검사의 의견청취가 필요하지 않은 경우
• 보석에 관한 결정(제97조 제1항) • 구속취소결정(제97조 제3항) • 구속집행정지결정(제101조 제1항) • 증인의 법정 외 신문(제165조) • 비디오 등 중계 장치에 의한 증인신문(제165조의2) • 증거개시거부 결정에 대한 법원의 열람·등사에 관한 결정(제266조의4 제3항) • 공판준비기일의 지정(제266조의7 제1항) • 구속피고인의 출석거부시 불출석 공판절차의 진행요건(제277조의2 제2항) • 간이공판절차 취소 결정(제286조의3) • 피고인의 심신상실과 질병시의 공판절차의 정지(제306조) • 재심개시결정시(제432조)	• 구속기간갱신결정 • 간이공판절차의 결정 • 압수물의 환부결정 • 상소권회복에 관한 결정 • 변론의 분리·병합·재개 결정

❻ 검사의 의무

1. 객관의무

기출 키워드 체크

검사가 수사 및 공판과정에서 피고인에게 유리한 증거를 발견한 경우 _______의 이익을 위하여 이를 법원에 제출할 의무가 있다.

① 검사는 공익의 대표자이자 준사법기관으로서 항상 진실과 정의에 따라 검찰권을 행사해야 한다(객관의무).

② 검사가 피고인에게 유리한 증거를 발견하게 되었다면 피고인의 이익을 위하여 이를 법원에 제출하여야 한다. 13·15. 9급국가직

2. 인권옹호의무

(1) 의 의

① 검사는 피의자, 피고인의 기본권과 소송법적 권리를 보장하고, 경찰권력을 통제하는 역할을 담당하는 국가기관이다.

② 지방검찰청 검사장, 지청장은 검사로 하여금 매월 1회 이상 관할 수사관서의 체포, 구속장소를 감찰하게 하여야 한다.

Answer

기출 키워드 체크

피고인

③ 검사는 적법한 절차에 의하지 아니하고 체포, 구속된 것이라고 의심할만한 상당한 이유가 있는 경우에는 즉시 체포 · 구속된 자를 석방하거나 사건을 검찰에 송치할 것을 명해야 한다.

(2) 체포 · 구속장소 감찰제도

1) 체포 · 구속장소 감찰

① 지방검찰청 검사장 또는 지청장은 불법체포 · 구속의 유무를 조사하기 위하여 검사로 하여금 매월 1회 이상 관할 수사관서의 피의자의 체포 · 구속장소를 감찰하게 하여야 한다. 18. 해경2차

② 감찰하는 검사는 체포 · 구속된 자를 심문하고 관련서류를 조사하여야 한다(제198조의2 제1항).

2) 즉시석방권 및 송치명령권

검사는 적법한 절차에 의하지 아니하고 체포 · 구속된 것이라고 의심할 만한 상당한 이유가 있는 경우에는 즉시 체포 · 구속된 자를 석방하거나 사건을 검찰에 송치할 것을 명하여야 한다(제198조의2 제2항).

Chapter 09

OX 확인학습

01 □□□ 검사는 검찰사무에 관하여 소속 상급자의 지휘·감독에 따른다. (○)

02 □□□ 검사동일체원칙의 내용인 직무승계권과 직무이전권은 검찰총장, 검사장 및 지청장만 가지며, 법무부장관은 이를 가질 수 없다. (○)

03 □□□ 검사가 수사 및 공판과정에서 피고인에게 유리한 증거를 발견한 경우 피고인의 이익을 위하여 이를 법원에 제출할 의무가 있다. (○)

Chapter 09 실전익히기

01

15. 9급법원직

법원의 관할에 대한 설명으로 옳지 않은 것은? (다툼이 있는 경우 판례에 의함)

① 법원은 공소제기된 사건에 대하여 군사법원이 재판권을 가졌음이 판명된 때는 결정으로 사건을 재판권이 있는 같은 심급의 군사법원으로 이송하여야 한다.
② 단독판사 관할 피고사건의 항소사건이 지방법원 합의부에 계속 중일 때 그 변론종결시까지 청구된 치료감호사건의 관할법원은 고등법원이고, 이때 피고사건의 관할법원도 고등법원이 된다.
③ 고유관할사건 계속 중 고유관할 법원에 관련 사건이 계속된 이상 그 후 양 사건이 병합심리되지 아니한 채 고유사건에 대한 심리가 먼저 종결되었더라도 관련 사건에 대한 관할권은 유지된다.
④ 제1심 공판절차에서 합의부 관할사건이 공소장변경에 의하여 단독판사 관할사건으로 변경된 경우 사건을 단독판사에게 재배당하여야 한다.

02

17. 경찰승진

법원의 관할에 관한 설명 중 옳고 그름의 표시(○, ×)가 바르게 된 것은? (다툼이 있으면 판례에 의함)

㉠ 사물관할을 달리하는 수개의 관련사건이 각각 법원합의부와 단독판사에게 계속된 때에는 합의부는 결정으로 단독판사에게 속한 사건을 병합하여 심리할 수 있다.
㉡ 동일사건이 사물관할을 같이하는 수개의 법원에 계속된 때에는 먼저 공소를 받은 법원이 심판한다. 단, 각 법원에 공통되는 직근 상급법원은 검사 또는 피고인의 신청에 의하여 결정으로 뒤에 공소를 받은 법원으로 하여금 심판하게 할 수 있다.
㉢ 관할법원이 법률상의 이유 또는 특별한 사정으로 재판권을 행사할 수 없을 때에는 검사 또는 피고인은 직근상급법원에 관할이전을 신청할 수 있다.
㉣ 고유관할사건 계속 중 고유관할 법원에 관련사건이 계속된 이상 그 후 양 사건이 병합되어 심리되지 아니한 채 고유사건에 대한 심리가 먼저 종결되었다면 관련사건에 대한 관할권은 소멸된다.

① ㉠ ○ ㉡ ○ ㉢ ○ ㉣ ○
② ㉠ ○ ㉡ ○ ㉢ ○ ㉣ ×
③ ㉠ ○ ㉡ ○ ㉢ × ㉣ ×
④ ㉠ × ㉡ × ㉢ ○ ㉣ ○

03

21. 경찰간부

법원의 관할에 관한 설명 중 옳은 것은? (다툼이 있는 경우 판례에 의함)

① 사형·무기 또는 장기 1년 이상의 징역 또는 금고에 해당하는 사건 및 이와 동시에 심판할 공범사건, 지방법원 판사에 대한 제척기피사건은 지방법원과 그 지원의 합의부의 관할에 속한다.
② 토지관할의 기준 중 하나인 '현재지'라고 함은 공소제기 당시 피고인이 현재한 장소로서 임의에 의한 현재지뿐만 아니라 적법한 강제에 의한 현재지도 포함한다.
③ 단독판사의 관할사건이 공소장변경에 의하여 합의부 관할사건으로 변경된 경우에는 단독판사는 관할위반의 판결을 선고하고 사건을 관할권이 있는 합의부에 이송해야 한다.
④ 토지관할을 달리하는 수개의 제1심 법원들에 관련 사건이 계속되는 경우에 그 소속 고등법원이 같다면 대법원이 직근상급 법원으로서 토지관할 병합심리 신청사건의 관할법원이 된다.

04

19. 9급법원직

관할에 관한 다음 설명 중 가장 옳지 않은 것은?

① 제1심 형사사건에 관하여 지방법원 본원과 지방법원 지원은 소송법상 별개의 법원이자 각각 일정한 토지관할 구역을 나누어 가지는 대등한 관계에 있으므로, 지방법원 본원과 지방법원 지원 사이의 관할의 분배도 지방법원 내부의 사법행정사무로서 행해진지방법원 본원과 지원 사이의 단순한 사무분배에 그치는 것이 아니라 소송법상 토지관할의 분배에 해당한다. 그러므로 형사소송법 제4조에 의하여 지방법원 본원에 제1심토지관할이 인정된다고 볼 특별한 사정이 없는 한, 지방법원 지원에 제1심 토지관할이 인정된다는 사정만으로 당연히 지방법원 본원에도 제1심 토지관할이 인정된다고 볼 수는 없다.

② 형사소송법 제4조 제1항은 "토지관할은 범죄지, 피고인의 주소, 거소 또는 현재지로 한다."라고 정하고, 여기서 '현재지'라고 함은 공소제기 당시 피고인이 현재한 장소로서 임의에 의한 현재지뿐만 아니라 적법한 강제에 의한 현재지도 이에 해당한다.

③ 토지관할을 달리하는 수개의 제1심 법원들에 관련 사건이 계속된 경우 그 소속 고등법원이 같은 경우에도 대법원이 위 제1심 법원들의 공통되는 직근상급법원으로서 형사소송법 제6조에 의한 토지관할 병합 심리 신청사건의 관할법원이 된다.

④ 형사소송법 제5조에 정한 관련 사건의 관할은, 이른바 고유관할사건 및 그 관련 사건이 반드시 병합기소되거나 병합되어 심리될 것을 전제요건으로 하는 것은 아니고, 고유관할사건 계속 중 고유관할 법원에 관련 사건이 계속된 이상, 그 후 양 사건이 병합되어 심리되지 아니한 채 고유 사건에 대한 심리가 먼저 종결되었다 하더라도 관련 사건에 대한 관할권은 여전히 유지된다.

05

17. 9급개론

제척에 대한 설명으로 옳지 않은 것은? (다툼이 있으면 판례에 의함)

① 제1심 공판기일에서 증거조사를 하고 그 증거들이 제1심 판결에서 유죄의 증거로 사용되었으나 판결은 그 이후 경질된 판사가 하였다면, 제1심에서 증거조사를 한 판사가 항소심 재판을 하는 것은 제척사유에 해당하지 않는다.

② 선거관리위원장으로서 공직선거법위반 혐의사실에 대하여 수사기관에 수사의뢰를 한 법관이 당해 형사피고사건의 재판을 하는 것은 제척사유에 해당하지 않는다.

③ 통역인이 사건에 관하여 증인으로 증언한 때에는 직무집행에서 제척되나, 통역인이 피해자의 사실혼 배우자인 경우에는 통역인에게 제척사유가 있다고 할 수 없다.

④ 약식명령을 발부한 법관이 정식재판절차의 제1심 판결에 관여하는 경우는 제척사유에 해당하지 않으나, 약식명령을 한 판사가 그에 대한 정식재판 절차의 항소심판결에 관여하는 경우는 제척사유에 해당한다.

06

19. 9급법원직

법관의 기피에 관한 다음 설명 중 가장 옳지 않은 것은?

① 법관에게 제척사유가 있는 때에는 검사 또는 피고인은 법관의 기피를 신청할 수 있고, 기피사유는 신청한 날로부터 3일 이내에 서면으로 소명하여야 한다.

② 기피신청이 소송의 지연을 목적으로 함이 명백한 경우에는 형사소송법 제20조 제1항에 의하여 법원 또는 법관은 결정으로 이를 기각할 수 있고, 이 경우 소송진행을 정지하여야 한다.

③ 기피신청을 받은 법관이 형사소송법 제22조 본문에 위반하여 본안의 소송절차를 정지하지 않은 채 그대로 소송을 진행하여서 한 소송행위는 그 효력이 없고, 이는 그 후 그 기피신청에 대한 기각결정이 확정되었다고 하더라도 마찬가지이다.

④ 기피신청에 대한 재판은 기피당한 법관의 소속법원합의부에서 결정으로 하여야 하지만, 소송지연만을 목적으로 한 기피신청은 기피당한 법관에 의하여 구성된 재판부가 스스로 이를 각하할 수 있다.

07

15. 경찰1차

형사소송법상 제척 · 기피 · 회피에 관한 다음 설명 중 가장 적절한 것은? (다툼이 있으면 판례에 의함)

① 법관이 해당 사건의 직접피해자인 경우뿐만 아니라 간접피해자인 경우에도 제척사유에 해당되어 그 사건을 심판하는 법관이 될 수 없다.

② 회피제도는 법관에게 제척사유가 있음에도 불구하고 재판에 관여하거나 기타 불공평한 재판을 할 사정이 있는 경우에 당사자의 신청에 의하여 그 법관을 직무집행으로부터 탈퇴하게 하는 제도를 말한다.

③ 통역인이 피해자의 사실혼 배우자라면 통역인에게 제척사유가 있다.

④ 재판부가 당사자의 증거신청을 채택하지 아니하거나 이미 한 증거결정을 취소하였다 하더라도 그러한 사유만으로는 재판의 공평을 기대하기 어려운 객관적인 사정이 있다고 할 수 없다.

08

14. 경찰간부

다음 중 형사소송법 제17조 제척사유에 관한 설명으로 옳은 것은 모두 몇 개인가? (다툼이 있는 경우 판례에 의함)

㉠ 공소제기 전에 검사의 증거보전 청구에 의하여 증인신문을 한 법관은 전심재판 또는 그 기초되는 조사, 심리에 관여한 법관이라고 할 수 없다.

㉡ 약식명령을 발부한 법관이 그 정식재판 절차의 항소심판결에 관여함은 법관이 사건에 관하여 전심재판 또는 그 기초되는 조사, 심리에 관여한 때에 해당하여 제척, 기피의 원인이 될 수 있다.

㉢ 제척사유가 있는 법관이 재판에 관여하는 때에는 절대적 항소이유와 상고이유가 된다.

㉣ 법관이 사건에 관하여 사법경찰관의 직무를 행한 때에도 당해 사건에 대한 제척사유가 된다.

① 1개 ② 2개
③ 3개 ④ 4개

09

20. 경찰간부

다음 설명 중 가장 옳지 않은 것은? (다툼이 있으면 판례에 의함)

① 검사 乙이 범죄혐의를 발견하고 수사 중인데, 이 사실을 알게 된 상사인 검사 甲이 乙에게 내사중지 및 종결처리를 명령하였다면, 甲은 정당한 지휘권을 행사한 것이다.

② 검사는 검찰사무에 관하여 소속 상급자의 지휘 · 감독에 따른다.

③ 사법경찰관은 범죄의 혐의가 있다고 인식하는 때에는 수사를 개시 · 진행하여야 한다.

④ 수사기관에 의한 진술거부권 고지대상이 되는 피의자 지위는 수사기관이 조사대상자에 대한 범죄혐의를 인정하여 수사를 개시하는 행위를 한 때 인정된다.

Answer

01 ④ [×] 재배당하여서는 안 된다.
02 ③ ㉢, ㉣이 옳지 않다.
03 ② [○] 2011도12927
04 ③ [×] 대법원이 아니라 '고등법원'이 공통직근상급법원이 된다.
05 ① [×] 제척사유에 해당한다.
06 ② [×] 소송진행을 정지하지 않는다.
07 ④ [○] 95모10
08 ④ 모두 옳은 지문이다.
09 ① [×] 정당한 지휘권의 행사로 볼 수 없다.

제4절 피고인

❶ 피고인의 의의

① 피고인이란 검사에 의하여 공소제기되거나, 공소제기된 것으로 취급되는 자를 말한다.

② 공소가 제기된 자이면 족하고, 진범 여부, 당사자능력과 소송능력의 유무, 공소제기의 유효성 여부는 불문한다. ⇨ 심신상실자나 형사미성년자도 공소가 제기되면 당사자능력을 갖는다. 12. 경찰간부

피고인 ○	즉결심판이 청구된 자 12. 경찰간부, 약식명령이 청구된 자, 성명모용에서 공판정에 출석한 피모용자, 위장출석에서 공판정에 출석하여 재판 받는 자
피고인 ×	고소제기된 자, 유죄판결이 확정된 자, 약식명령이 확정된 자 05. 경찰1차, 성명모용의 경우 모용자가 공판정에 피고인으로 출석한 경우 피모용자 00. 경장

❷ 공동피고인

1. 의 의

① 공동피고인이란 동일한 소송절차에서 공동으로 심판받는 수인의 피고인을 말한다.

② 반드시 공범자일 것을 요하지 않는다. 12. 9급국가직, 13. 경찰간부 ⇨ 공범인 공동피고인과 공범이 아닌 공동피고인이 존재한다.

③ 관련사건일 것을 요하지 않는다. 12. 경찰승진 · 9급국가직

④ 1개의 공소장에 의해 일괄기소되지 않아도 무방하다. 08 · 12. 9급국가직

2. 소송관계

① 공동피고인 간의 소송관계는 개별적으로 존재한다.

② 1인에 대하여 발생한 사유는 다른 피고인에게 영향을 미치지 않는다. 13. 경찰간부

③ 다만, 피고인을 위하여 원심판결을 파기하는 경우에 파기의 이유가 상소한 공동피고인에게 공통되는 때에는 그 공동피고인에게 대하여도 원심판결을 파기하여야 한다. 08 · 12. 9급국가직, 09. 7급국가직, 12. 경찰승진, 13. 경찰간부

❸ 피고인 특정

1. 피고인 특정의 의의

① 공소는 검사가 피고인으로 지정한 사람 이외의 다른 사람에게는 그 효력이 미치지 아니한다(제248조 제1항).

② 일반적으로는 피고인 특정에 문제가 없으나, 성명모용이나 위장출석과 같은 상황에서는 피고인 특정이 문제될 수 있다.

③ 누구를 피고인을 할지 여부 즉, 피고인 특정과 관련하여서 1) 의사설 2) 표시설 3) 행위설 4) 절충설 5) 실질적 표시설(다수설)이 존재한다.

2. 성명모용

(1) 성명모용의 의의

① 다른 사람 이름으로 기소된 경우임: 수사과정에서 피의자 R(모용자)이 F(피모용자)의 성명을 사용하여(모용하여) 공소장에 피고인으로 F가 기재되어 공소가 제기되는 것을 말한다.

② 피고인은 검사가 공소제기하려 했던 R(모용자): 공소제기의 효과는 모용자(R)에 대해서만 미치고 피모용자(F)에게는 미치지 않는다. 16 · 19. 경찰간부, 18. 9급국가직 · 9급개론

(2) 성명모용의 처리

1) 모용자(R)가 공판정에 출석한 경우

① 모용자(R)

㉠ **공소장 정정 절차로 피고인 표시 정정** 03. 경찰3차, 11. 경찰2차, 12 · 18. 9급국가직, 13. 7급국가직, 17. 해경간부, 18. 9급개론

㉡ **검사는 공소장의 피고인 표시를 'F' ⇨ 'R'로 정정해야 한다.**

㉢ **공소장 정정 절차는 법원의 허가를 필요로 하지 않는다(97도2215).** 01. 9급검찰, 11. 경찰2차, 12. 경찰승진, 15. 경찰3차 ⇨ **공소장 변경 절차가 아님에 유의** 18. 9급국가직 · 9급개론

㉣ **공소장 정정 없는 경우(⇨ 법원은 공소기각판결)** 11. 경찰2차, 13. 7급국가직, 15. 경찰3차, 18 · 19. 9급국가직 · 9급개론: **검사가 공소장을 정정하지 않으면, 공소제기의 절차가 법률의 규정에 위반하여 무효인 때로 보아 공소기각판결을 하여야 한다.**

② 피모용자(F)

㉠ **단순히 절차에서 배제한다.**

㉡ **피고인에 해당하지 않는다.** 12. 경찰간부

㉢ **공판정에 출석하지 아니한 피모용자(F)에 대해서는 어떠한 재판(무죄, 공소기각)도 해서는 안 된다.**

2) 피모용자(F)가 공판정에 출석한 경우

① 모용자(R)

㉠ **공소장 정정 절차로 피고인 표시 정정한다.**

㉡ **공소장 정정 없는 경우 ⇨ 법원은 공소기각판결한다.**

② 피모용자(F)

㉠ **피모용자(F)도 형식적 피고인이 됨: 사실상의 소송계속이 발생하여 피모용자(F)도 형식적 피고인이 된다.**

기출 키워드 체크

피의자가 다른 사람의 성명을 모용한 탓으로 공소장에 피모용자가 피고인으로 표시되었다 하더라도 검사는 _______에 대하여 공소를 제기한 것이므로 _______가 피고인이 되고 _______에게 공소의 효력이 미친다고는 할 수 없다.

기출 키워드 체크

甲이 乙의 성명을 모용하여 乙의 이름으로 공소가 제기된 경우에 공소제기의 효력은 _______에게만 미친다.

기출 키워드 체크

검사가 공소장의 피고인 성명모용을 바로잡지 아니한 경우에는 공소제기의 방식이 형사소송법의 규정에 위반하여 무효이므로 법원은 _______을 선고하여야 한다.

기출 키워드 체크

성명모용의 경우 검사는 공소장의 인적사항의 기재를 _______하여 피고인의 표시를 바로잡아야 하는 것인바, 이는 피고인의 표시상의 착오를 _______하는 것이지 공소장을 _______하는 것이 아니므로, 「형사소송법」 제298조에 따른 _______의 절차를 밟을 필요는 없고 법원의 _______도 필요로 하지 아니한다.

Answer

기출 키워드 체크

모용자, 모용자, 피모용자
甲
공소기각의 판결
정정, 정정, 변경, 공소장변경, 허가

ⓛ 공소기각판결 17. 해경간부

ⓒ 적법한 공소제기가 없는 것으로 보아 공소기각판결을 한다.

ⓔ 제327조 제2호(공소제기절차의 법률위반)를 유추적용한다.

3) 피모용자(F)가 약식명령를 받고 정식재판을 청구한 경우

① 모용자

㉠ 공소장 정정 절차로 피고인 표시 정정 ⇨ 법원은 경정결정 03. 행시 · 경찰3차, 09. 경찰1차

㉡ 검사가 공소장의 피고인 표시를 정정하면 법원은 약식명령의 피고인 표시를 경정한 후 본래의 약식명령 정보과 함께 이 경정결정을 모용자에게 송달하여야 한다.

㉢ 검사가 약식명령을 새롭게 청구할 필요는 없다(97도2215). 13. 7급국가직

㉣ 공소장 정정 없는 경우 ⇨ 법원은 공소기각판결을 한다.

② 피모용자

㉠ '피모용자(F)가 공판정에 출석한 경우'와 동일하다

㉡ 피모용자(F)도 형식적 피고인이 됨 18. 9급국가직 · 9급개론 : 사실상의 소송계속이 발생하여 피모용자(F)도 형식적 피고인이 된다.

㉢ 공소기각판결 02. 경감, 09. 경찰2차, 18. 9급국가직 · 9급개론, 19. 경찰간부, 20. 9급국가직

㉣ 적법한 공소제기가 없는 것으로 보아 공소기각판결을 한다.

㉤ 제327조 제2호(공소제기절차의 법률위반)를 유추적용한다.

4) 모용자(R)가 출석하여 판결확정 후 판명된 경우

① 모용자(R)

㉠ 확정판결 효력은 모용자(R)에게만 미친다.

㉡ 판결경정 ⇨ 판결경정절차를 통해 모용자에 대하여 형을 집행한다.

② 피모용자(F) − 전과말소설(다수설)

③ 피모용자(F)의 구제방법에 대해, 재심설, 비상상고설, 전과말소설(다수설)이 있다.

④ 전과말소설에 의하면 피모용자(F)가 검사에게 신청하여 전과기록을 말소하여야 한다.

3. 위장출석

(1) 위장출석의 의의

① 실질적 피고인이 아닌 다른 사람이 나와 재판을 받는 경우이다. ⇨ 검사가 R(진정 피고인)을 기소하였으나, F(부진정 피고인)가 R인 것처럼 행세하며 재판을 받는 경우이다.

② 공소제기 효과는 R에게만 미친다. 12. 경찰1차 ⇨ R은 실질적 피고인, F는 형식적 피고인이 된다.

기출 키워드 체크

공소장에 기재된 자와 다른 자가 위장출석하여 재판을 받은 경우에 공소제기의 효력은 ________에 기재된 자에게만 미친다.

Answer

기출 키워드 체크

공소장

(2) 처리방법

판명단계	조 치	
인정신문 12. 9급국가직	피고인 R	R을 소환하여 공판절차 진행
	위장출석자 F	F를 퇴정시킴
사실심리 12. 9급국가직	피고인 R	R을 소환하여 공판절차 진행
	위장출석자 F	공소기각판결(제327조 제2호 유추적용)
선고 후 확정 전	피고인 R	R을 소환하여 공판절차 진행
	위장출석자 F	판결의 효력은 F에 대하여만 발생함 F 항소 ⇨ 항소심에서 원심을 파기하고 공소기각판결
확정 후	피고인 R	R을 소환하여 공판절차 진행
	위장출석자 F	판결의 효력은 F에 대하여만 발생함 F의 구제방법에 대해 재심설과 비상상고설이 대립함

❹ 피고인의 지위

1. 소송당사자로서의 지위

(1) 수동적 당사자인 피고인

피고인은 검사의 공격에 대한 방어자로서 수동적인 당사자이다. 이러한 의미에서 검사는 공소권의 주체인 반면 피고인은 방어권의 주체라 할 수 있다.

(2) 피고인의 방어권

방어준비를 위한 권리	• 공소장 기재사항의 법정(제254조) • 접견교통권(제34조, 제89조) 03. 경찰2차 • 공소장 변경에 일정한 절차를 요구하여 심판대상을 한정(제298조) • 공판조서열람 · 등사권(제55조) 21. 경찰승진 • 공판기일변경신청권(제270조) • 공소장 부본을 송달받을 권리(제266조) 21. 경찰승진 • 제1회 공판기일 유예기간(제269조) • 공판절차정지(제298조 제4항) 03. 경찰2차
진술거부권과 진술권	• 진술거부권과 진술거부권의 고지(제283조의2) 15. 경찰간부, 21. 경찰승진 • 이익 되는 사실을 진술할 권리(제286조) • 최후진술권(제303조)

☑ **피고인의 권리가 아닌 경우(예)**
1. 공소장변경청구권 15. 경찰3차
   공소장변경청구권자는 검사이다(제298조 제1항).
2. 구속적부심사청구권 01. 101단1차, 03. 경사, 12. 해경간부 · 경찰3차, 15 · 17. 경찰간부
   구속적부심사청구는 체포 · 구속영장에 의하여 체포 · 구속된 피의자에 한하므로 피고인에게는 인정되지 않는다.
3. 재정신청권 12. 경찰3차
   재정신청권은 고소인과 일부 고발인에게 인정된다.

(3) 소송절차참여권

법원구성 관여권	• 기피신청권(제18조) • 관할이전 신청권(제15조) 15. 경찰3차 • 변론의 분리 · 병합 · 재개신청권(제300조, 제305조) • 관할위반 신청권(제320조)
공판정출석권	• 피고인의 권리인 동시에 의무(제276조)
증거조사참여권	• 증거신청권(제294조 제1항) 21. 경찰승진 • 증인신문, 검증, 감정에의 참여권(제145조, 제163조, 제176조, 제183조) 12. 해경간부, 16. 경찰간부 • 공판준비절차상의 증거조사 참여권(제273조) • 증거보전절차상의 증거조사 참여권(제184조)
강제처분참여권	• 압수 · 수색영장의 집행에의 참여권(제121조) 12. 해경간부, 15. 경찰3차
불복신청권	• 상소권과 포기 · 취하권(제338조, 제349조) • 상소권회복청구권(제345조) • 즉결심판, 약식명령에 대한 정식재판 청구권(제453조)

(4) 증거방법으로서의 지위

1) 의 의

피고인은 소송의 주체로서 당사자의 지위를 가지지만 동시에 증거방법으로서의 지위를 갖는다.

2) 인적 증거방법

피고인의 임의진술은 증거로 될 수 있으므로(제309조, 제317조) 피고인은 일종의 인적 증거방법이라 할 수 있다.

3) 물적 증거방법

피고인의 신체는 검증의 대상이 되므로(제139조 이하), 물적 증거방법의 일종이기도 하다. 10. 7급국가직

5 진술거부권

1. 진술거부권의 의의

① 진술거부권이란 수사, 공판에서 진술을 거부할 수 있는 권리를 말한다.

② 본래, 피의자 · 피고인이 수사절차 또는 공판절차에서 수사기관이나 법원의 신문에 대하 진술을 거부할 수 있는 권리를 말한다. 10. 교정특채, 13. 법원

2. 진술거부권의 취지 14. 9급국가직, 15. 경찰1차, 16. 경찰승진

① 진술거부권은 영국의 자기부죄거부의 특권에서 유래되었다. 17. 법원

② 인권보장과 무기평등의 원칙을 실질적으로 실현하기 위해 인정된다.

3. 법적근거

(1) 헌법(제12조 제2항)

① 진술거부권은 헌법상 권리이나 진술거부권을 고지받을 권리는 헌법에서 바로 도출되는 것이 아니라 입법적 뒷받침이 있어야 한다(2013도5441). 14 · 16 · 17 · 19. 9급국가직, 15. 해경3차, 16 · 19. 9급개론, 18. 경찰간부

② 공직선거법에 진술거부권의 고지에 관한 규정이 없으므로, 선거관리위원회의 조사 과정에서 진술거부권을 사전에 고지 않고 작성된 문답서라 하더라도 증거능력이 당연히 부정되는 것은 아니다(2013도5441). 15. 경찰간부

(2) 형사소송법(제283조의2, 제244조의3)

형사소송법은 수사기관의 신문에 대한 피의자의 진술거부권을 구체적으로 규정하고 있다(제244조의3).

4. 진술거부권의 내용

(1) 주 체

① 주체에는 제한이 없다.

㉠ **헌법 제12조 제2항은 모든 국민에게 진술거부권을 보장하고 있으므로 진술거부권의 주체에는 제한이 없다.**

㉡ **피고인, 피의자 이외에 의사무능력자인 (법정)대리인** 00. 경감, 01. 여경2차, **피고인인 법인의 대표자** 11 · 15 · 16. 경찰승진, 21. 경찰1차, **외국인** 01. 여경2차**에게도 인정된다.** 21. 경찰승진

② 피의자나 피고인이 될 자에게도 보장된다. 15. 경찰1차

③ 수사 · 공판절차뿐만 아니라 행정절차, 국회조사절차 등에서도 인정된다. 15. 경찰1차, 16 · 17. 경찰2차, 17. 경찰간부

(2) 진술강요의 금지

① 강요당하지 않는 것은 '진술'에 제한한다.

② 진술이란 생각이나 지식, 경험사실을 정신작용의 일환인 언어를 통하여 표출하는 것을 의미한다. 11. 경찰승진

③ 진술이 아닌 지문 · 족형의 채취, 신체의 측정, 사진촬영, 신체검사에 대해서는 진술거부권이 미치지 않는다 02. 경감 · 행시 13. 경찰간부, 17. 해경2차

④ 음주측정은 "진술"이라 할 수 없고, 주취 여부의 측정에 응할 것을 요구하고 이에 불응한 경우 처벌한다고 하여 진술거부권조항에 위배되지 않는다. 00. 경감, 05. 경찰3차, 06 · 14. 경찰2차, 11. 법원, 13. 경찰간부, 14. 9급국가직, 15. 경찰1차 · 경찰승진

OX 헌법상 진술거부권이 보장되므로, 진술거부권이 보장되는 절차에서 진술거부권을 고지받을 권리를 인정하기 위하여 별도의 입법적 뒷받침이 필요한 것은 아니다. (○, ×) 19. 9급국가직

기출 키워드 체크

진술거부권이 보장되는 절차에서 진술거부권을 ______ 권리가 헌법 제12조 제2항에 의하여 바로 도출된다고 할 수 없고, 이를 인정하기 위해서는 입법적 뒷받침이 필요하다.

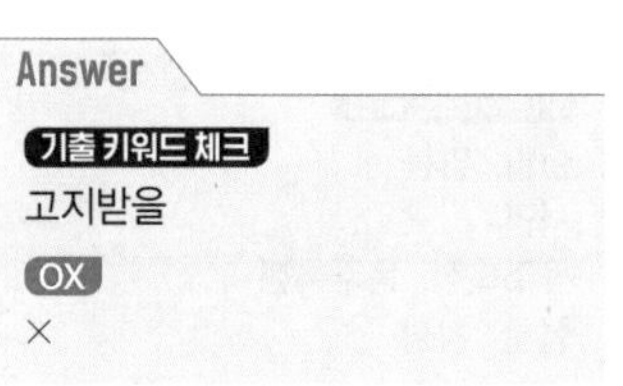

⑤ 헌법에 규정된 진술거부권은 형사상 자기에게 불리한 내용의 진술을 강요당하지 아니하는 것이므로, 고문 등 폭행에 의한 강요는 물론 법률로써도 진술을 강제할 수 없다(89헌가118). 21. 경찰1차

(3) 진술의 범위

1) 형사책임

① 강요가 금지되는 것은 자기의 형사책임에 관한 진술이다. 10. 교정특채, 11. 경찰승진, 13. 법원

㉠ **형사책임에 관한 범죄사실뿐만 아니라 범죄사실 발견의 단서가 되는 사실을 포함한다.**

㉡ **민사책임, 행정책임에 관한 진술은 대상에 포함되지 않는다.** 06. 경찰2차

② 형사절차뿐 아니라 행정절차나 국회에서의 조사절차 등에서도 보장된다. 15. 경찰1차, 17. 해경간부, 18. 경찰간부

2) 불이익 여부 불문

① 불리한 진술에 제한되지 않는다. 01. 법원주사보

② 헌법은 불리한 진술의 강요를 금지하고 있으나 형사소송법은 불리한 진술에 제한하지 않고 있다.

③ 증인의 증언거부권은 불리한 진술에 한정된다는 것과 구별된다.

3) 인정신문

① 인정신문에 대하여도 진술거부권을 행사할 수 있다. 12. 경찰1차 · 경찰승진

② 재판장은 피고인에 대한 인정신문 이전에 피고인에게 진술거부권이 있음을 고지해야 하므로 피고인은 재판장의 인정신문에 대하여도 진술거부권을 행사할 수 있다.

5. 진술거부권의 고지

(1) 사전고지

1) 수사과정 : 신문 전 13. 경찰간부, 14. 경찰승진

① 검사, 사법경찰관은 피의자를 신문하기 전에 진술거부권이 있음을 고지해야 한다(제244조의3).

② 피의자의 경우 신문시마다 고지할 필요는 없으나, 시간적 간격이 길거나 조사자가 경질된 때에는 다시 고지하여야 한다. 00. 검찰7급

③ 형식적으로 사건수리절차를 거치기 전이라도 실질적으로 수사를 개시하는 경우에는 고지해야 한다. 16. 9급국가직

2) 공판 : 인정신문 전

① 재판장은 피고인 신문의 경우 인정신문에 들어가기 전에 고지하여야 한다(제283조의2). 12. 경찰1차, 18. 해경간부

기출 키워드 체크

_______은 형사책임에 관하여 자기에게 불이익한 진술을 강요당하지 아니할 것을 국민의 기본권으로 보장하고 있으며, 진술거부권은 고문 등 폭행에 의한 강요는 물론 _______로서도 진술을 강제할 수 없음을 의미한다.

기출 키워드 체크

진술인 이상 구두에 의한 진술뿐만 아니라 _______에 기재된 진술도 포함되므로, 피의자는 수사기관이 요구하는 자술서의 제출을 거부할 수 있다.

기출 키워드 체크

_______은 신체의 물리적, 사실적 상태를 그대로 드러내는 행위이므로 주취운전의 혐의자에게 _______에 응할 것을 요구하는 것은 진술을 강요하는 것에 해당하지 않는다.

기출 키워드 체크

진술거부권은 현재 피의자나 피고인으로서 수사 또는 공판절차에 계속 중인 자 뿐만 아니라 장차 피의자나 피고인이 될 가능성이 있는 자에게도 보장되며, _______절차에서만 보장되는 것은 아니고_______절차이거나 국회에서의 질문 등에서도 보장된다.

Answer

기출 키워드 체크

헌법, 법률

서면

음주측정, 음주측정

형사, 행정

② 공판기일마다 할 필요는 없으나, 공판절차를 갱신하는 경우에는 인정신문 전에 다시 고지하여야 한다.

(2) 고지방법

명시적 · 적극적으로 고지 00. 검찰7급 ⇨ 피의자 · 피고인이 진술거부권이 있음을 이해할 수 있도록 명시적 · 적극적으로 고지하여야 한다.

(3) 피의자 신문시 고지내용

① 일체의 진술을 하지 아니하거나 개개의 질문에 대하여 진술을 하지 아니할 수 있다는 것 15. 경찰승진, 17. 해경2차

② 진술을 하지 아니하더라도 불이익을 받지 아니한다는 것

③ 진술을 거부할 권리를 포기하고 행한 진술은 법정에서 유죄의 증거로 사용될 수 있다는 것

④ 신문을 받을 때에는 변호인을 참여하게 하는 등 변호인의 조력을 받을 수 있다는 것

(4) 피고인 진술거부권 고지내용

인정신문을 하기 전에 피고인에게 진술을 하지 아니하거나 개개의 질문에 대하여 진술을 거부할 수 있고, 이익 되는 사실을 진술할 수 있음을 알려주어야 한다(규칙 제127조).11. 경찰승진 ⇨ 개개의 질문(예 진정성립)에 대해서도 진술을 거부할 수 있다. 21. 경찰1차

(5) 불고지 효과(조서 증거능력 부정)

① 진술거부권을 고지하지 아니하고 얻은 진술은 임의성이 인정되는 경우라도 증거능력이 부정된다(92도682). 04. 법원주사보, 06 · 14 · 15 · 17. 경찰2차, 07 · 09. 7급국가직, 07 · 09 · 16. 9급국가직, 10. 교정특채, 10 · 11 · 12 · 16 · 17. 경찰승진, 10 · 11 · 13 · 14. 법원, 12. 경찰1차, 12 · 13 · 14 · 17 · 18. 경찰간부, 12 · 17. 해경간부, 17. 해경1차 · 해경2차

② 진술조서, 진술서 등의 형식이라도 실질적으로 피의자신문조서와 같은 경우라면 진술거부권을 고지하지 않으면 임의성이 인정되더라도 위법수집증거에 해당하여 증거능력이 없다(2008도8213). 06 · 14. 경찰2차, 07 · 09. 9급국가직 · 7급국가직, 10. 교정특채, 10 · 11. 법원, 10 · 12 · 19. 경찰승진, 12. 경찰1차 · 경찰간부 · 해경간부

③ 피의자의 지위에 있지 아니한 자(참고인)에 대하여는 진술거부권이 고지되지 아니하였다고 하더라도 진술의 증거능력이 인정된다(2011도8125). 12. 경찰1차, 14. 경찰2차, 16. 법원 · 경찰승진, 18. 해경간부

OX 참고인으로 조사를 받으면서 수사기관으로부터 진술거부권을 고지받지 않았다면 그 진술조서는 위법수집증거로서 증거능력이 없다. (○, ×) 18. 9급개론

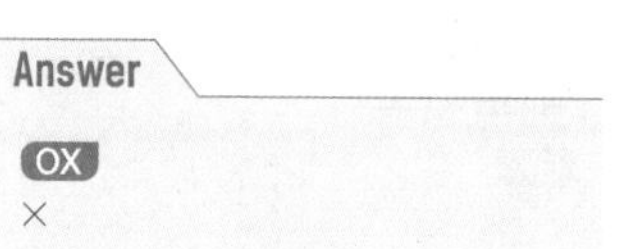

OX 법률이 범법자에게 자기의 범죄사실을 반드시 신고하도록 명시하고 그 미신고를 이유로 처벌하는 벌칙을 규정하는 것은 헌법상 보장된 국민의 기본권인 진술거부권을 침해하는 것이다. (○, ×) 19. 경찰승진

기출 키워드 체크

진술거부권 행사도 진실발견을 적극적으로 숨기거나 ______하려는 시도에 기인한 경우 등 일정한 경우에는 양형의 가중요건으로 참작할 수 있다.

OX 피고인은 방어권에 기하여 범죄사실에 대하여 진술을 거부하거나 거짓 진술을 할 수 있으므로 그러한 태도나 행위가 피고인에게 보장된 방어권행사의 범위를 넘어 객관적이고 명백한 증거가 있음에도 진실의 발견을 적극적으로 숨기거나 법원을 오도하려는 시도에 기인한 경우라도 가중적 양형의 조건으로 참작될 수는 없다. (○, ×) 19. 법원

관련 **판례**

교통사고 신고 의무 부과(2013도15499)
교통사고를 낸 차의 운전자 등의 신고의무는 사고의 규모나 당시의 구체적인 상황에 따라 피해자의 구호 및 교통질서의 회복을 위하여 당사자의 개인적인 조치를 넘어 경찰관의 조직적 조치가 필요하다고 인정되는 경우에만 있는 것이라고 해석하여야 한다. 19. 9급국가직 · 9급개론 그리고 이는 도로교통법 제54조 제2항 단서에서 '운행 중인 차만 손괴된 것이 분명하고 도로에서의 위험방지와 원활한 소통을 위하여 필요한 조치를 한 경우에는 그러하지 아니하다'고 규정하고 있어도 마찬가지이다.

OX 헌법상 보장된 진술거부권에 비추어 볼 때, 교통사고를 낸 차의 운전자 등의 신고의무는 사고의 규모나 당시의 구체적인 상황에 따라 피해자의 구호 및 교통질서의 회복을 위하여 당사자의 개인적인 조치를 넘어 경찰관의 조직적 조치가 필요하다고 인정되는 경우에만 있는 것이다. (○, ×) 19. 9급국가직

Answer

기출 키워드 체크
법원을 오도

OX
○, ×, ○

6. 진술거부권의 포기(불가)

견해의 대립은 있으나 진술거부권은 헌법상 기본권이며, 진술거부권을 행사하지 않는 것은 포기가 아니라 불행사에 해당하며, 포기는 인정되지 않는다.

7. 진술거부권 행사의 효과

(1) 법적제재 금지

진술의 거부는 피의자 · 피고인의 권리이므로 진술거부권의 행사를 이유로 형벌 기타 법적 제재를 가할 수 없다.

(2) 불이익 추정금지

진술거부권 행사를 피고인에게 불이익한 간접증거로 삼거나 이를 근거로 유죄추정을 하는 것은 허용되지 않는다. 02. 행시, 04. 법원승진, 12. 해경간부

(3) 양형판단

① 원칙: 가중적 양형 조건으로 삼는 것은 허용되지 않는다.

② 예외: 진실발견을 적극적으로 숨기거나 법원을 오도하려는 시도에 기인한 경우 가중적 양형 조건으로 참작될 수 있다(2001도192). 10 · 12 · 19. 경찰승진, 11 · 18 · 19. 법원, 12. 경찰1차, 14. 9급국가직, 14 · 17 · 18. 경찰2차, 15. 해경3차, 17 · 18. 해경간부

▸ **진술거부권 침해라고 본 경우**

- 법률로 범법자에게 자기 범죄 사실을 신고하도록 하고, 미신고시 처벌하도록 하는 경우(2015도3136) 15. 경찰1차, 17. 경찰간부, 17 · 18. 경찰2차, 19. 경찰승진

▸ **진술거부권 침해가 아니라고 본 경우**

- 음주측정 의무를 부과하고 불응시 형사처벌하도록 규정한 경우(96헌가11) 00. 경감 · 경찰간부, 05. 경찰3차, 06 · 14 · 17 · 18. 경찰2차, 11 · 17. 법원, 13 · 14. 9급국가직, 15. 경찰1차 · 경찰승진, 20. 경찰간부
- 교통사고 신고 의무 부과(89헌가118) 17. 경찰2차 · 해경간부, 20. 경찰간부
- 국가보안법 불고지죄(자기범죄사실 ×, 타인범죄사실 ○)
- 경찰공무원 증인적격 인정
- 도주차량 운전자 가중처벌
- 복귀명령 준수하지 않으면 형사처벌하도록 하여 군무이탈자에게 자수의무를 부과하는 경우

❻ 무죄추정의 원칙

1. 무죄추정의 원칙의 의의

① 형사절차에서 피의자 · 피고인은 유죄판결이 확정될 때까지는 무죄로 추정된다는 원칙을 말한다(제275조의2). 12. 경찰3차, 12 · 14. 9급국가직, 15. 경찰2차, 15 · 16. 경찰승진, 16. 해경, 18. 해경간부

② 무죄추정의 원칙은 형사절차 내에서 원칙으로 인식되고 있으나 형사절차뿐만 아니라 기타 일반 법생활 영역에서의 기본권 제한과 같은 경우에도 적용된다(90헌가48). 21. 경찰승진

③ 무죄추정의 원칙은 수사를 하는 단계뿐만 아니라 판결이 확정될 때까지 형사절차와 형사재판 전반을 이끄는 대원칙이다(2016도21231).

④ 헌법 제27조 제4항과 형사소송법 제275조의2에서 규정하고 있다. 05. 법원, 07. 검찰9급

2. 적용범위

(1) 인적범위

① 피고인뿐만 아니라 피의자에게도 인정된다. 15. 경찰간부

② 헌법과 형사소송법은 피고인에 대하여만 무죄추정을 규정하고 있으나 피의자에게도 당연히 인정된다. 07. 검찰9급, 11. 경찰승진, 20. 경찰간부

(2) 시적범위

1) 유죄판결이 확정될 때까지 무죄로 추정됨

① 제1심, 제2심에서 유죄판결이 선고되었다 하더라도 확정되기 전까지는 무죄의 추정을 받는다. 07. 검찰8급, 11. 경찰승진, 13. 7급국가직, 18. 경찰간부

② 유죄판결이란 형선고판결, 형면제판결, 선고유예 판결을 의미한다. 03. 행시, 11. 경찰승진

③ 면소, 공소기각 또는 관할위반 판결이 확정되어도 무죄의 추정은 유지된다. 01. 경찰2차, 13. 7급국가직

④ 국가의 수사권은 물론 공소권 · 재판권 · 행형권 등의 행사에 있어서 피의자 또는 피고인은 무죄로 추정되고 그 신체의 자유를 해하지 아니하여야 한다(2001헌바31).

2) 재심청구사건에서는 적용되지 않음

재심청구사건은 이미 유죄판결이 확정된 경우가 명백한 이상 재심청구인에게는 무죄가 추정될 수는 없다(다수설). 05. 법원

3. 내 용

(1) 인신구속의 제한

1) 불구속 원칙

① 무죄가 추정되므로 인신구속은 원칙적으로 제한되고 불구속이 원칙이다. 14. 경찰승진

② 무죄추정의 원칙은 인신구속에 대한 제한원리로 작용한다. ⇨ 임의수사의 원칙, 영장주의, 비례원칙에 의한 제한 등 03. 행시

관련 판례

형사피고인은 유죄의 판결이 확정될 때까지는 무죄로 추정된다(헌법 제27조 제4항, 형사소송법 제275조의2). 무죄추정의 원칙은 수사를 하는 단계뿐만 아니라 판결이 확정될 때까지 형사절차와 형사재판 전반을 이끄는 대원칙으로서, '의심스러우면 피고인의 이익으로'라는 오래된 법언에 내포된 이러한 원칙은 우리 형사법의 기초를 이루고 있다(대법원 2017.10.31. 선고 2016도21231 판결).

관련 판례

민사재판에서 법관이 당사자의 복장에 따라 불리한 심증을 갖거나 불공정한 재판진행을 하게 되는 것은 아니므로, 심판대상조항이 민사재판의 당사자로 출석하는 수형자에 대하여 사복착용을 불허하는 것으로 공정한 재판을 받을 권리가 침해되는 것은 아니다(2013헌마712).

2) 불필요한 고통금지

① 구속된 경우에도 여전히 무죄로 추정되므로 구속 이외의 불필요한 고통을 가하지 않을 것이 요구된다.

(2) 의심스러울 때는 피고인의 이익으로

1) 합리적 의심이 없을 정도로 유죄를 확신해야 함

피고인에게 유죄판결을 하려면 법관은 합리적 의심이 없을 정도로 피고인의 유죄를 확신해야 하며, 유죄의 의심이 간다하더라도 이러한 확신을 가질 수 없을 때에는 피고인의 이익으로 판단하여 무죄판결을 선고해야 한다는 원칙이다.

2) 거증책임은 검사가 부담 05. 법원, 07. 검찰9급, 11. 경찰승진

피고인은 무죄로 추정되므로 범죄의 성립과 형벌권의 발생에 영향을 미치는 모든 사실에 대해 거증책임은 검사가 부담한다.

(3) 불이익 처우의 금지

1) 예단배제 원칙

피고인은 무죄로 추정되므로 법원은 피고인의 유죄를 예단해서는 안 된다.

2) 진술거부권 보장

피고인은 무죄로 추정되므로 진술을 강요당하지 않고 진술을 거부할 수 있다.

3) 부당한 대우 금지

① 무죄추정의 원칙은 피고인에 대하여 고문, 모욕적인 신문 등의 부당한 대우를 하지 않을 것을 요구한다.

② 무죄추정의 원칙상 금지되는 '불이익'이란 비단 형사절차 내에서의 불이익뿐만 아니라 기타 일반 법생활 영역에서의 기본권 제한과 같은 경우에도 해당된다(2002헌마699). 15 · 16. 경찰간부

▸ **무죄추정의 원칙에 반하지 않는 경우**

- 파기환송사건에 있어서 구속기간 갱신 및 구속으로 신체의 자유가 제한되는 것(2001도5225) 04. 행시, 05 · 12. 경찰3차, 07 · 15. 경찰2차, 14 · 15. 9급국가직, 15 · 16 · 21. 경찰승진, 18. 경찰간부
- 공소장의 공소사실 첫머리에 피고인의 전에 받은 소년부송치처분과 직업 없음을 기재하였다 한 것(90도1813) 04. 행시, 05. 경찰3차, 07 · 15. 경찰2차, 09. 전의경, 09 · 14. 9급국가직, 12. 해경간부, 13 · 16 · 21. 경찰승진, 14 · 18. 경찰간부
- 구속된 피의자의 도주, 항거 등을 방지하기 위해 필요한 한도 내에서 포승이나 수갑을 사용하는 것(96도561) 04. 행시, 12 · 17. 해경간부, 15 · 20. 경찰간부, 17. 해경1차

  ⇨ 주의) 검사조사실에 소환되어 피의자신문을 받을 때 포승과 수갑 사용을 정당화할 예외적 사정이 존재하지 않음에도 불구하고, 계호교도관이 포승과 수갑을 채운 상태에서 피의자조사를 받도록 한 것은 신체의 자유를 과도하게 침해한 것이며, 무죄추정원칙의 근본 취지에도 반한다(2001헌마728). 21. 경찰간부
- 경찰청장이 주민등록발급신청서에 날인되어 있는 지문정보를 보관·전산화하고 이를 범죄수사목적에 이용하는 행위(2004헌마190) 11 · 14 · 15. 경찰승진, 12. 경찰3차, 13. 경찰간부

OX 무죄추정을 통해 금지되는 불이익한 처분에는 형사절차상의 처분뿐만 아니라 그 밖의 기본권 제한과 같은 처분에 의한 불이익도 포함된다. (○, ×) 21. 경찰승진

OX 검사조사실에 소환되어 피의자신문을 받을 때 포승과 수갑 사용을 정당화할 예외적 사정이 존재하지 않음에도 불구하고, 계호교도관이 포승과 수갑을 채운 상태에서 피의자조사를 받도록 한 것은 신체의 자유를 과도하게 침해한 것이며, 무죄추정원칙의 근본 취지에도 반한다. (○, ×) 21. 경찰간부

기출 키워드 체크

교도소에 수용된 때 ______급여를 정지하도록 한 ______법 규정은 수용자의 건강권, 인간의 존엄성, 행복추구권, 인간다운 생활을 할 권리를 침해하지 않는다.

기출 키워드 체크

수사기관에서 구속된 피의자의 ______ 등을 억제하는데 필요하다고 인정할 상당한 이유가 있는 경우에는 필요한 한도 내에서 포승이나 수갑을 사용할 수 있는 것이며, 이러한 조치가 무죄추정의 원칙에 위배되는 것이라고 할 수는 없다.

Answer

기출 키워드 체크
국민건강보험, 국민건강보험
도주, 항거

OX
○, ○

- 징계혐의 사실의 인정(85누407) 12. 경찰1차, 14. 9급국가직, 15·21. 경찰승진, 20. 경찰간부
- 치료감호의 요건을 사법적 판단에 맡기면서 사회보호위원회로 하여금 감호기간을 정하도록 한 것(87감도50) 04. 행시, 07. 경찰2차, 15. 경찰승진
- 미결수용자에 대한 수용시설 내에서의 수의착용을 강제한 사안(97헌마137) 05. 경찰3차, 09. 전의경
- 진술을 요할 자가 외국거주로 인하여 진술할 수 없는 경우에 예외적으로 전문증거의 증거능력을 인정하는 형사소송법 제314조(2004헌바45) 12. 경찰1차, 16. 경찰간부
- 수사 담당 경찰 공무원도 공판과정에서 제3자로서 증인의 지위를 가질 수 있도록 한 형사소송법 해당 조항(2001헌바41) 12·13·16. 경찰간부
- 교도소에 수용된 때에는 국민건강보험급여를 정지하도록 한 국민건강보험법(2003헌마31) 12. 경찰승진, 20. 경찰간부
- 구치소 및 교도소 수용과정에서 전자영상장비에 의한 항문부위 검사(2010헌마775) 17. 경찰승진
- 형사사건으로 기소된 국가공무원에 대한 임의적 직위해제(2004헌바12) 15·18. 경찰간부
- 유죄판결이 확정되지 않았음에도 수사기관 등이 "사건명"이 아닌 "죄명"이라는 용어를 사용하는 것(2005헌마169)
- 공정거래법에 의한 과징금 부과(2001헌가25, 2001두6517)
- 지방자치단체의 장이 '공소제기된 후 구금상태에 있는 경우' 부단체장이 그 권한을 대행하도록 규정한 것(2010헌마474)
- 구속된 피의자의 도주·항거 등을 억제하는데 필요하다고 인정될 상당한 이유가 있는 때에는 필요한 한도 내에서 수사기관이 포승이나 수갑을 사용하는 조치는 불필요한 것이라 볼 수 없으므로 무죄추정의 원칙에 위배되는 것이라 할 수는 없다고 본 사안(2001헌마728)
- 사립학교 교원이 형사사건으로 기소된 경우에 있어 임의적 직위해제처분(93헌가3)

▶ 무죄추정의 원칙에 반하는 경우

- 미결구금일수의 형기 산입범위를 법관의 재량에 의하여 결정하도록 하고 있는 것(2007헌바25) 12. 경찰1차, 16. 경찰간부
- 상소제기 후 상소취하시까지의 미결구금을 형기에 산입하지 아니하는 것(2008헌가13) 17. 해경1차·해경간부
- 미결수용자에 대한 수용시설 외 재판·수사절차에서의 수의착용 강제(97헌마137) 05. 경찰3차, 09. 전의경
- 사립학교 교원이 형사사건으로 기소된 경우에 있어 필요적 직위해제처분(93헌가3) 09. 전의경, 15. 경찰2차, 16. 해경·경찰승진
- 지방자치단체의 장이 금고 이상의 형을 선고받고 그 형이 확정되지 아니한 경우(공소제기 후 구금상태에 있는 경우) 부단체장이 그 권한을 대행하도록 규정한 것(2010헌마418) 12. 경찰1차, 12·15. 경찰승진, 19. 경찰간부
- 관세법상 몰수할 것으로 인정되는 물품을 압수한 경우에 있어서 범인이 당해 관서에 출두하지 아니하거나 또는 범인이 도주하여 그 물품을 압수한 날로부터 4월을 경과한 때에는 당해 물품을 별도의 재판이나 처분 없이 국고에 귀속한다는 구 관세법 제215조 중 제181조 부분(96헌가17) 09. 전의경, 12. 경찰1차

기출 키워드 체크

수용자가 구치소 및 교도소에 수용되는 과정에서 알몸 상태로 가운만 입고 전자영상장비에 의한 신체검사기에 올라가 다리를 벌리고 용변을 보는 자세로 쪼그려 앉아 ______ 부위에 대한 검사를 받은 경우 인격권 내지 신체의 자유 등을 침해하지 않아 헌법에 위반되지 않는다.

기출 키워드 체크

치료감호의 요건은 사법적 판단에 맡기면서 치료감호의 기간은 ______가 정하도록 한 경우에는 무죄추정의 원칙에 위배되지 아니한다.

기출 키워드 체크

파기환송사건에 있어서 ______ 및 구속으로 인하여 신체의 자유가 제한되는 것은 무죄추정의 원칙에 반하지 않는다.

기출 키워드 체크

공소가 제기되었다는 사실 그 자체를 근거로 하는 것이 아니라 공소제기의 기초가 된 동일한 비위사실을 이유로 ______처분을 내리는 것은 무죄추정의 원칙에 반하지 않는다.

기출 키워드 체크

구 사립학교법이 형사사건으로 기소된 교원에 대하여 ______으로 직위해제처분을 하도록 규정한 것은 무죄추정의 원칙 등에 반하여 위헌이다.

Answer

기출 키워드 체크
항문
사회보호위원회
구속기간 갱신
징계
필요적

- 법무부장관이 형사사건으로 공소가 제기된 변호사에 대하여 그 판결이 확정될 때까지 업무정지를 명할 수 있도록 한 구 변호사법 제15조(90헌가48) 12. 해경간부
- 형사사건으로 기소되기만 하면 벌금형이나 무죄가 선고될 가능성이 큰 사건인 경우에 대해서까지도 당해 공무원에게 일률적으로 직위해제처분을 하지 않을 수 없도록 한 것(필요적 직위해제 처분 위헌, 96헌가12) 18. 해경간부
- 미결수용자와 변호인의 접견시 가청거리 내에서 교도관이 참여할 수 있게 한 것(91헌마111)
- 국가보안법상 찬양고무죄(제7조)와 불고지죄(제10조)의 피의자구속기간 30일보다 20일이 많은 50일을 인정한 것(90헌마82)
- 공정거래위원회의 고발만 이루어진 수사 초기단계에서의 법위반사실 공표명령(2001헌바43)
- 미결수용자에 대하여만 일률적으로 종교행사 등에의 참석을 불허한 것(2009헌마527)
- 금치처분을 받은 수용자에게 30일 이내의 실외운동 정지, 예외적 허용(2014헌마45)

기출 키워드 체크

______상태에 있는 지방자치단체의 장이 금고 이상의 형을 선고받고 그 형이 확정되지 아니한 경우 부단체장이 그 권한을 대행하도록 규정한 「지방자치법」(2007. 5. 11. 법률 제8423호로 전부 개정된 것) 제111조 제1항 제3호는 무죄추정의 원칙과 과잉금지 원칙에 위배된다.

기출 키워드 체크

선거에 의하여 선출된 지방자치단체의 장의 직무를 '금고 이상의 형을 선고받은 사실'만으로 정지시키는 것은 무죄추정의 원칙______.

OX 자연인은 연령이나 책임능력의 여하를 불문하고 언제나 당사자능력을 가진다. (○, ×) 17. 경찰간부

OX 법인에 대한 형사처분이 양벌규정을 통하여 인정되는 경우, 법인도 형사절차의 당사자능력이 인정된다. (○, ×) 17. 경찰간부

Answer

기출 키워드 체크
불구속
에 반한다

OX
○, ○

7 당사자능력과 소송능력

1. 당사자능력

(1) 의 의

소송법상 당사자가 될 수 있는 일반적 능력을 말한다.

(2) 당사자능력이 있는 자

1) 자연인

① 자연인은 언제나 당사자능력이 있다.

㉠ **자연인은 연령이나 책임능력의 유무를 불문하고 언제나 당사자능력이 있다.** 17. 경찰간부

㉡ **형사미성년자도 공소가 제기되면 당사자가 된다. ⇨ '형법'상 책임무능력자도 '형사소송법'상 당사자능력을 가질 수 있다.** 19. 7급국가직

㉢ **소송능력이 없는 자, 심신상실자도 당사자능력을 가질 수 있다.** 03. 검찰5급

② 태아나 사자에게는 당사자능력이 없다.

2) 법 인

① 처벌규정이 있는 경우

㉠ **법인도 처벌받는 경우가 있으므로 당사자능력을 갖는다.**

㉡ **양벌규정을 통하여 형사처벌이 되는 경우에도 당사자능력을 갖는다.** 17. 경찰간부, 19. 7급국가직

② 처벌규정이 없는 경우 09. 경찰2차

㉠ **당사자능력은 인정된다. ⇨ 명문의 처벌 규정이 없더라도 형사처벌 받을 가능성이 있으므로 당사자능력이 인정된다.**

㉡ **처벌규정이 없으면 범죄능력은 없어 무죄판결을 해야 한다.**

(3) 당사자능력의 소멸

1) 자연인(피고인 사망)

피고인의 사망시에 당사자능력이 소멸한다.

2) 법인(법인 소멸)

① 법인 소멸 10. 9급국가직 : 법인이 존속하지 아니하게 되었을 때 당사자능력이 소멸한다.

② 합병 : 합병시에도 당사자능력이 소멸한다.

③ 해산 : 소송계속 중에는 청산종료의 등기가 경료되었다고 하더라도 청산이 종료된 것이 아니므로 당사자능력도 소멸하지 않고 확정판결시에 소멸된다(84도693). 17. 경찰간부 따라서 법원은 공소기각결정을 할 수 없고, 실체판결을 하여야 한다.

OX 법인세 체납 등으로 공소제기되어 그 피고사건의 공판계속 중에 그 법인의 청산종결의 등기가 경료되었다면 법인의 당사자능력이 소멸하므로 법원은 공소기각결정을 하여야 한다. (○, ×) 17. 경찰간부

(4) 당사자능력 흠결의 효과

1) 직권조사 사항

당사자능력은 소송조건이므로 법원은 직권으로 피고인의 당사자능력의 유무를 조사하여야 한다. 04. 여경3차, 05. 검찰5차

2) 공소기각결정

① 공소제기 후의 당사자능력 상실 : 공소기각결정(제328조 제1항 제2호)을 선고해야 한다. 09. 경찰1차, 16. 경찰간부

② 공소제기 전의 당사자능력 상실 : 공소기각결정(제328조 제1항 제2호 유추 적용)을 선고해야 한다.

3) 재심의 특칙

① 재심청구 전 사망시 : 재심청구 가능
유죄의 선고를 받은 자가 사망한 경우에도 그 배우자 등에 의해 재심청구가 허용된다.

② 재심판결 전 사망시 : 실체판결
피고인이 재심의 판결 전에 사망한 경우에도 공소기각의 결정을 할 수 없고, 유죄, 무죄의 실체판결을 하여야 한다.

2. 소송능력

(1) 의 의

소송능력이란 소송당사자로서 유효하게 소송행위를 할 수 있는 능력을 말한다.

(2) 대리, 대표

① 피고인 또는 피의자가 의사능력이 없는 때에는 그 법정대리인이 소송행위를 대리한다(제26조). 07 · 09 · 10. 법원 ⇨ 피해자인 청소년에게 의사능력이 있는 이상, 단독으로 처벌불원 의사표시를 철회할 수 있고, 법정대리인의 동의는 불필요하다(2009도6058). 15. 9급국가직 · 9급개론, 19 · 20. 7급국가직 · 법원

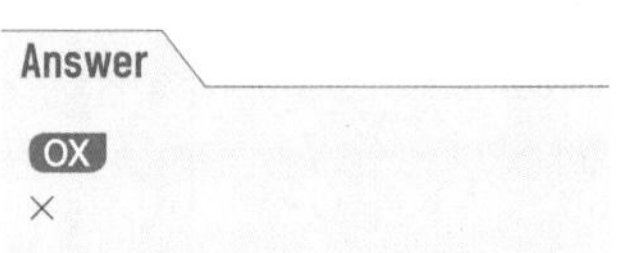

② 피고인이 법인인 때에는 그 대표자가 소송행위를 대표한다. ⇨ 수인이 공동으로 법인을 대표하는 경우에도 소송행위는 각자 대표한다. 09 · 10. 법원

(3) 특별대리인 선임

① 피고인을 대리 또는 대표할 자가 없는 때에는 법원은 직권 또는 검사의 청구로 특별대리인 선임한다. 09. 법원

② 피의자를 대리 또는 대표할 자가 없는 때에는 법원은 검사 또는 이해관계인의 청구에 의하여 특별대리인을 선임하여야 한다.

3. 당사자능력, 책임능력과 구별

(1) 소송능력 : 흠결시 공판절차 정지 12. 경찰간부, 19. 7급국가직

소송능력은 소송행위를 유효하게 할 수 있는 능력으로 흠결시 원칙적으로 공판절차를 정지하여야 한다.

(2) 당사자능력 : 흠결시 공소기각결정

당사자능력은 피고인으로 될 수 있는 일반적, 추상적 능력으로 흠결시 공소기각결정을 한다.

(3) 책임능력 : 흠결시 무죄판결 선고

책임능력은 범행시에 존재하여야 하고, 흠결시 무죄판결을 선고하여야 한다.

4. 변론능력과 구별

① 변론능력은 공판절차 내에서 적절한 공격, 방어를 할 수 있는 능력을 뜻한다.

② 소송능력이 있어도 변론능력이 제한되는 경우가 있다.

5. 소송능력 흠결의 효과

(1) 소송행위 무효

① 소송행위 무효 : 소송능력은 소송행위의 유효요건이므로 소송능력이 없는 피고인의 소송행위는 무효이다.

② 공소제기나 공소장 부본의 송달은 유효 : 소송능력은 소송조건은 아니므로 소송능력 없는 자에 대한 공소제기나 공소장 부본의 송달은 유효하다.

(2) 공판절차 정지

① 피고인이 사물변별 또는 의사능력이 없는 상태에 있는 때에는 법원은 검사와 변호인의 의견을 들어서 결정으로 그 상태가 계속하는 기간 공판절차를 정지하여야 한다(제306조 제1항).

② 피고인의 출정이 있고 또한 피고인이 중요이해를 변식하고 그에 따라 상당한 방어권행사를 할 수 있는 능력이 있다고 인정되는 경우에는 공판절차를 정지할 필요가 없다(82도2873).

(3) 예 외

1) 유리한 재판

피고사건에 대하여 무죄, 면소, 형의 면제 또는 공소기각의 재판을 할 것이 명백한 때에는 피고인에게 소송능력이 없어도 피고인 출정 없이 재판할 수 있다.

2) 의사 무능력자 대리

① 형법상 책임능력에 관한 규정(제9조 내지 제11조)의 적용을 받지 않는 범죄사건에 관하여 피고인, 피의자가 의사능력이 없는 때에는 그 법정대리인 또는 특별대리인이 소송행위를 대리한다.

② 법정대리인이 없는 경우 법원이 특별대리인을 선임하여야 하고, 특별대리인은 피고인 또는 피의자를 대리하여 소송행위를 할 자가 있을 때까지 그 임무를 행한다(제28조).

3) 법인의 대표

① 피고인이 법인인 때에는 그 대표자가 소송행위를 대표한다(제27조 제1항). 20. 경찰간부 · 법원

② 수인이 공동하여 법인을 대표하는 경우에도 소송행위에 관하여는 각자가 대표한다(제27조 제2항). 20. 경찰간부 · 법원

③ 대표자가 없는 때에는 법원은 직권 또는 검사의 청구에 의하여 특별대리인을 선임하여야 한다(제28조 제1항).

Chapter 09

OX 확인학습

01 □□□ 피의자가 다른 사람의 성명을 모용하였기 때문에 공소장에 피모용자가 피고인으로 표시되었다고 하면, 검사는 모용자에 대하여 공소를 제기한 것이므로 모용자가 피고인이 된다. (○)

02 □□□ 성명을 모용한 사실이 재판 중에 밝혀진 경우 검사는 공소장변경절차를 거쳐 피고인의 인적사항을 변경하여야 한다. (×)

03 □□□ 피모용자가 약식명령에 대하여 정식재판을 청구함으로써 정식재판 절차에서 성명모용사실이 판명된 경우와 같이 피모용자에게 사실상의 소송계속이 발생하고 형식상 또는 외관상 피고인의 지위를 갖게 된 경우 법원은 그에게 공소기각의 판결을 선고하여야 한다. (○)

04 □□□ 검사가 공소장의 피고인 성명모용을 바로잡지 아니한 경우에는 공소제기의 방식이 형사소송법의 규정에 위반하여 무효이므로 법원은 공소기각의 판결을 선고하여야 한다. (○)

05 □□□ 헌법 제12조 제2항은 진술거부권을 국민의 기본적 권리로 보장하고 있으며, 이는 형사책임과 관련하여 비인간적인 자백의 강요와 고문을 근절하고 인간의 존엄성과 가치를 보장하려는 데에 그 취지가 있으므로, 진술거부권이 보장되는 절차에서 진술거부권을 고지받을 권리는 헌법 제12조 제2항에 의하여 바로 도출된다. (×)

06 □□□ 법률이 범법자에게 자기의 범죄사실을 반드시 신고하도록 명시하고 그 미신고를 이유로 처벌하는 벌칙을 규정하는 것은 「헌법」상 보장된 국민의 기본권인 진술거부권을 침해하는 것이 된다. (○)

07 □□□ 진술거부권은 현재 피의자나 피고인으로서 수사 또는 공판절차에 계속 중인 자뿐만 아니라 장차 피의자나 피고인이 될 가능성이 있는 자에게도 보장되지만 행정절차나 국회에서의 조사 절차에 있어서는 보장되지 아니한다. (×)

08 □□□ 「도로교통법」에서 운전자에게 교통사고의 신고의무를 규정하여 벌칙으로 강제하더라도, 피해자의 구호 및 교통질서의 회복을 위한 조치가 필요한 범위 내에서 교통사고의 객관적 내용만을 신고하도록 한 것으로 해석하고, 형사책임과 관련되는 사항에는 적용되지 아니하는 것으로 해석하는 한 진술거부권을 침해하는 것은 아니다. (○)

09 □□□ 주취운전의 혐의자에게 호흡측정기에 의한 주취여부의 측정에 응할 것을 요구하고 이에 불응할 경우 처벌한다면 이는 형사상 불리한 진술을 강요하는 것에 해당한다고 할 수 있으므로 헌법 제12조 제2항의 진술거부권조항에 위배된다. (×)

10 □□□ 피고인의 진술거부권 행사가 방어권 행사의 범위를 넘어 객관적이고 명백한 증거가 있음에도 진실의 발견을 적극적으로 숨기거나 법원을 오도하려는 시도에 기인한 경우라 하더라도, 이러한 경우의 진술거부권 행사를 가중적 양형의 조건으로 삼는 것은 허용될 수 없다. (×)

11 □□□ 헌법은 형사책임에 관하여 자기에게 불이익한 진술을 강요당하지 아니할 것을 국민의 기본권으로 보장하고 있으며, 진술거부권은 고문 등 폭행에 의한 강요는 물론 법률로서도 진술을 강제할 수 없음을 의미한다. (○)

12 □□□ 헌법이 진술거부권을 국민의 기본적 권리로 보장하는 것은 피고인 또는 피의자의 인권을 형사소송의 목적인 실체적 진실발견이나 사회정의의 실현이라는 국가이익보다 우선적으로 보호함으로써 인간의 존엄성과 생존가치를 보장하고, 나아가 비인간적인 자백의 강요와 고문을 근절하려는 데 있다. (○)

13 □□□ 피고인은 유죄판결 확정될 때까지는 무죄로 추정된다. (○)

14 □□□ 공소장의 공소사실 첫머리에 피고인이 전에 받은 소년부송치 처분을 기재하였다면 이는 무죄추정의 원칙에 반한다. (×)

15 □□□ 사립학교법이 형사사건으로 기소된 교원에 대하여 필요적으로 직위해제처분을 하도록 규정한 것은 무죄추정의 원칙 등에 반하여 위헌이다. (×)

16 □□□ 파기환송을 받은 법원이 피고인 구속을 계속할 사유가 있어 결정으로 구속기간을 갱신하여 피고인을 계속 구속하는 것은 무죄추정의 원칙에 반하지 않는다. (○)

제5절 변호인

❶ 사선변호인

1. 선임권자

(1) 고유 선임권자

피고인 또는 피의자는 변호인을 선임할 수 있다.

(2) 대리권자(직계친족, 배우자, 형제자매, 법정대리인)

① 피고인 · 피의자의 직계친족, 배우자, 형제자매, 법정대리인은 독립하여 변호인을 선임할 수 있다(제30조 제2항). 07 · 09 · 11. 법원, 07 · 13. 경찰승진, 17. 여경 · 경찰특공대, 14. 경찰1차

② 피고인의 의사에 반하여 변호인을 선임하는 것도 가능하다. 15. 7급국가직, 18. 해경간부

③ 피고인 또는 피의자가 법인인 때에는 그 대표자가 소송행위를 대표한다(제27조).

④ 가족, 동거인, 고용주는 선임대리권자에 포함되지 않는다.

⑤ 선임대리권은 독립대리권이다.

⑥ 본인의 명시적 · 묵시적 의사에 반하여 변호인을 선임할 수 있으나, 일단 선임한 이상 본인의 의사에 반하여 해임할 수 없다. 00. 검찰7급, 06. 경찰2차

⑦ 다만, 선임대리권자가 고유의 선임권자의 명시적인 의사에 반하여 변호인을 선임한 경우, 고유의 선임권자는 대리인이 선임한 변호인을 해임할 수 있다. 08. 9급국가직

⑧ 피고인 및 피의자로부터 그 선임권을 위임받은 자가 피고인이나 피의자를 대리하여 변호인을 선임할 수는 없다(94모25). 18. 9급국가직 · 9급개론 ⇨ 피고인이 법인인 경우에는 대표자가 제3자에게 변호인 선임을 위임하여 제3자로 하여금 변호인을 선임하도록 할 수는 없다. 12 · 17. 경찰1차, 19. 법원

기출 키워드 체크

피고인 또는 피의자의 법정대리인, 배우자, 직계친족과 _______는 독립하여 변호인을 선임할 수 있다.

관련 판례

사선변호인의 선임은 피고인 등 변호인 선임권자(형사소송법 제30조)와 변호인의 사법상 계약으로 이루어지는 반면 국선변호인의 선정은 법원의 재판행위이므로, 양자는 그 성질이 다르다(대법원 2018.11.22. 2015도10651).

2. 피선임권자

(1) 원칙 : 변호사 중 선임

변호인은 변호사 중에서 선임하는 것이 원칙이다(제31조 본문). 17. 경찰1차

(2) 예외 : 특별변호인

① 대법원 이외의 법원은 특별한 사정이 있으면 변호사 아닌 자(특별변호인)를 변호인으로 선임함을 허가할 수 있다(제31조 단서). 17. 경찰1차, 21. 경찰승진

② 변호사 자격이 없는 사람은 상고심에서 변호인이 될 수 없다.

(3) 변호인 수(제한 없음) 15. 경찰1차, 16. 경찰간부

변호인의 수에는 제한이 없다.

기출 키워드 체크

_______ 이외의 법원은 특별한 사정이 있으면 변호사 아닌자를 변호인으로 선임함을 허가할 수 _______.

Answer

기출 키워드 체크

형제자매

대법원, 있다

(4) 대표변호인 제도

① 수인의 변호인이 있는 때에는 재판장은 피고인 · 피의자 또는 변호인의 신청에 의하여 대표변호인을 지정할 수 있고 그 지정을 철회 또는 변경할 수 있다.

② 피의자에게 수인의 변호인이 있는 때에는 검사가 직권 또는 신청에 의하여 대표변호인을 지정 · 철회 · 변경할 수 있다. 00. 경감, 12. 경찰2차

⇨ 검사는 피의자 또는 변호인의 신청이 없더라도 직권으로 대표변호인을 지정할 수 있다. 19. 경찰2차

③ 대표변호인은 3인을 초과할 수 없다. 12 · 15. 경찰1차, 13. 경찰승진

④ 대표변호인에 대한 통지 또는 서류의 송달은 변호인 전원에 대하여 효력이 있다. 00. 경감

⑤ 공판정에서 피고인 신문이나 변론은 대표변호인 아닌 변호인도 할 수 있다. 00. 경감

3. 선임방법

(1) 심급마다 변호인 선임서 제출 11. 법원, 16. 경찰간부

① 변호인의 선임은 심급마다 변호인과 연명 날인한 변호인선임신고서를 공소제기 전에는 수사기관에, 공소제기 후에는 수소법원에 제출하여야 한다(제32조 제1항). 21. 9급국가직 · 9급개론

② 변호인의 선임에는 구두주의가 적용되지 않는다. 20. 경찰간부

③ 변호인선임신고서는 특별한 사정이 없는 한 원본을 의미하고, 사본은 이에 해당하지 않는다(2003모429). 12. 법원

(2) 선임서 미제출의 하자 치유 불가

① 변호인선임서를 제출하지 아니한 채 항소이유서(상고이유서)를 제출하고, 이유서 제출기간 경과 후에 선임서를 제출한 경우 위 항소이유서(상고이유서) 제출은 적법 · 유효하다고 할 수 없다(69모68, 2014도12737). 15. 변호사, 18. 경찰간부, 21. 경찰승진

② 변호인선임신고서를 제출하지 않은 변호인이 변호인 명의의 정식재판청구서만 제출하고, 정식재판청구기간 경과 후 변호인선임신고서를 제출한 때에는 정식재판청구서는 정식재판청구로서 효력이 없다(2003모429). 17. 경찰간부, 19. 경찰승진 · 7급국가직

③ 재항고인이 제1심에서만 변호인 선임신고서를 제출하였고, 항고심과 재항고심에서는 법정기간 내에 별도의 변호인 선임 신고서를 제출하지 않은 상태에서 변호인이 변호인 명의로 재항고장을 제출한 경우, 그 재항고장은 재항고로서의 효력이 없다(2017모1377). 18. 7급국가직, 20. 경찰간부, 20. 경찰2차

OX 변호인의 선임은 심급마다 변호인과 연명날인한 서면으로 제출하여야 하며, 공소제기 전의 변호인 선임은 제1심에도 그 효력이 있다. (○, ×) 21. 9급국가직 · 9급개론

관련 판례

재항고인이 제1심에서만 변호인선임신고서를 제출하고 원심과 재항고심에는 별도의 변호인선임신고서를 제출하지 않았는데, 재항고인의 제1심 변호인이 그 명의로 재항고장을 제출한 사안에서, 법정기간 내에 변호인선임신고서의 제출 없이 변호인 명의로 제출된 재항고장은 재항고의 효력이 없다.

덧붙여, 이 사건 재항고는 위와 같은 이유로 그 효력을 인정할 수 없지만, 원심은 재항고인이 수원구치소에 수감 중이므로 원심 결정서 등본을 수원구치소장에게 송달하여야 함에도 재항고인의 종전 주거지로 위 등본을 송달한 잘못이 있어 그 송달은 효력이 없다(대법원 2017.7.27.자 2017모1377 결정).

Answer

OX ○

(3) 선임의 효력

1) 원칙: 동일성 인정되는 범위

① 선임의 효력은 공소사실의 동일성이 인정되는 사건 전부 그리고 그 소송절차 전부에 미친다.

② 공소사실의 동일성이 인정되어 공소장이 변경된 경우, 변호인 선임의 효력은 변경된 공소사실에도 미친다. 15. 변호사

2) 예외: 병합사건

① 하나의 사건에 관하여 한 변호인선임은 동일법원의 동일피고인에 대하여 병합된 다른 사건에 관하여도 그 효력이 있다. 07. 법원주사보, 09. 경찰1차, 13. 9급국가직

② 다만, 피고인 또는 변호인이 이와 다른 의사표시를 한 때에는 그렇지 않다. 08. 9급검찰

(4) 심급대리 원칙

1) 원칙: 당해 심급에 한함 16. 경찰간부

① 변호인 섬임은 당해 심급에 한하여 효력이 있다.

② 종국판결선고시가 아니라 상소에 의하여 이심의 효력이 발생한 시점(상소장과 소송기록이 상소법원에 송부된 때)까지를 말한다. 00. 7급국가직, 16. 경찰간부

2) 예외: 공소제기 전, 파기환송·이송

① 공소제기 전의 변호인 선임은 제1심에도 그 효력이 있다. 10. 7급국가직, 11·16. 법원, 15. 경찰1차·변호사, 16. 경찰간부, 17. 경찰1차, 21. 9급국가직·9급개론

② 원심에서의 변호인 선임은 파기환송·파기이송이 있은 후에도 그 효력이 있다. 07. 법원주사보, 08·10·13·16. 9급국가직, 12·13. 법원, 15. 변호사 ⇨ 원심법원에서의 변호인 선임은 관할위반의 재판이 법률에 위반됨을 이유로 원심판결을 파기하여 판결로써 사건을 원심법원에 환송한 후에도 효력이 있다(68도64). 21. 경찰1차

3) 구속 전 피의자심문에서 국선변호인 09. 법원, 10·11. 경찰1차, 15. 변호사, 18. 경찰간부·9급국가직·9급개론

① 구속영장청구가 기각시: 기각시 선임 효력이 상실된다.

② 구속영장 발부시: 1심까지 선임의 효력이 있다.

(5) 위임계약과 선임의 효력

① 위임계약은 변호인 선임의 효력에 영향이 없다. 00. 검찰7급 ⇨ 변호인의 선임은 수사기관, 법원에 대한 소송행위이므로 그 기초가 되는 변호인과 선임자 사이의 민법상 위임계약이 무효·취소되더라도 변호인 선임의 효력에는 영향이 없다.

② 수임제한 규정 위반은 선임의 효력에 영향이 없다. ⇨ '변호사법'상 수임제한 규정을 위반한 위법이 있다고 하더라도 다른 특별한 사정이 없는 한, 그 소송절차가 무효로 된다고 볼 수 없다(2008도9812). 19. 7급국가직, 20. 경찰2차

기출 키워드 체크

공소제기 전의 변호인 선임은 ____ 에도 그 효력이 있다.

기출 키워드 체크

구속 전 피의자심문에서 심문할 피의자에게 변호인이 없는 때에는 지방법원판사는 직권으로 변호인을 선정하여야 하며, 이 경우 변호인의 선정은 피의자에 대한 _______ 경우를 제외하고, _______까지 효력이 있다.

Answer

기출 키워드 체크

제1심
구속영장청구가 기각된, 제1심

❷ 국선변호인

1. 국선변호인의 의의

① 법원 또는 법관이 선정하는 변호인을 말한다.

② 국선변호인과 사선변호인의 권한에 차이는 없다.

1) 근거 · 취지

① 헌법 제12조 제4항은 국선변호인의 조력을 받을 권리를 국민의 기본권으로 보장하고 있다.

② 피의자 · 피고인의 변호권을 실질적으로 보장하고 평등의 원칙을 실현하기 위해서 인정된 제도이다.

③ 실질적 조력을 받을 수 있는 조치 필요 16. 7급국가직 · 9급개론 · 9급국가직, 19. 해경간부 · 7급국가직
⇨ '변호인의 조력을 받을 권리'는 변호인의 '충분한 조력'을 받을 권리를 의미하므로, 국가는 단순히 국선변호인을 선정하여 주는 데 그치지 않고 한 걸음 더 나아가 피고인이 국선변호인의 실질적인 조력을 받을 수 있도록 필요한 업무 감독과 절차적 조치를 취할 책무까지 포함된다(2009모1044).

④ 헌법 제12조 제4항 본문에 규정된 변호인의 조력을 받을 권리는 행정절차에서 구속(출입국관리법상 보호 또는 강제퇴거의 절차)을 당한 사람에게도 보장된다(2014헌마346).

㉠ **헌법 제12조 제4항 본문에 규정된 "구속"은 사법절차에서 이루어진 구속뿐 아니라 행정절차에서 이루어진 구속까지 포함하는 개념이다.**

㉡ **인천국제공항 송환대기실에서 5개월 동안 수용되어 있으면서 수용을 해제해 달라는 취지의 인신보호청구의 소를 제기해 둔 상태라면 헌법 제12조 제4항 본문에 규정된 "구속" 상태로 보아야 한다.**

2. 국선변호인의 선정사유

(1) **직권**(제33조 제1항)

1) 의 의

다음(제33조 제1항) 사유에 해당되는 경우 변호인이 없는 때에는 법원은 직권으로 변호인을 선정하여야 한다(제33조 제1항). 08. 법원

2) 사 유

① 피고인이 구속된 때 15. 7급국가직

㉠ **구속된 당해 사건을 의미하고, 별건 사건은 포함되지 않는다(2009도579).** 10 · 12 · 15 · 19. 경찰승진, 11 · 20. 법원, 13. 경찰2차, 17 · 19. 해경간부, 19. 7급국가직, 19. 9급개론, 21. 경찰1차

㉡ **불구속 피고인에 대하여 판결을 선고한 다음 법정구속되더라도 구속되기 이전은 해당하지 않는다(2010도17353).** 13 · 18. 법원, 18. 7급국가직

관련 **판례**

헌법상 변호인의 조력을 받을 권리와 형사소송법에 국선변호인 제도를 마련한 취지 등에 비추어 보면, 법원이 국선변호인을 반드시 선정해야 하는 사유로 형사소송법 제33조 제1항 제5호에서 정한 '피고인이 심신장애의 의심이 있는 때'란 진단서나 정신감정 등 객관적인 자료에 의하여 피고인의 심신장애 상태를 확신할 수 있거나 그러한 상태로 추단할 수 있는 근거가 있는 경우는 물론, 범행의 경위, 범행의 내용과 방법, 범행 전후 과정에서 보인 행동 등과 아울러 피고인의 연령 · 지능 · 교육 정도 등 소송기록과 소명자료에 드러난 제반 사정에 비추어 피고인의 의식상태나 사물에 대한 변별능력, 행위통제능력이 결여되거나 저하된 상태로 의심되어 피고인이 공판심리단계에서 효과적으로 방어권을 행사하지 못할 우려가 있다고 인정되는 경우를 포함한다(2019. 9.26. 선고 2019도8531 판결).

기출 키워드 체크

변호인 없는 불구속 피고인에 대하여 국선변호인을 선정하지 않은 채 판결을 선고한 다음 ______을 하더라도 법원이 직권으로 변호인을 선정하여야 하는 형사소송법 제33조 제1항 제1호를 위반한 것이 아니다.

기출 키워드 체크

피고인이 별건으로 구속되어 있거나 ______ 형사사건에서 유죄로 확정되어 수형 중인 경우는 형사소송법 제33조 제1항 제1호에서 규정하는 '피고인이 구속된 때'에 해당하지 않는다.

Answer

기출 키워드 체크
법정구속
다른

기출 키워드 체크

피고인이 _______세 이상인 때에 변호인이 없으면 국선변호인을 선정하여야 한다.

기출 키워드 체크

_______의 징역이나 금고에 해당하는 사건의 피고인에게 변호인이 없는 경우, 법원이 국선변호인을 선정하지 않고 공판절차를 진행하여도 위법이 아니다.

OX 법원이 국선변호인을 반드시 선정해야 하는 사유로 형사소송법 제33조 제1항 제5호에서 정한 '피고인이 심신장애의 의심이 있는 때'란 진단서나 정신감정 등 객관적인 자료에 의하여 피고인의 심신장애 상태를 확인할 수 있거나 추단할 수 있는 근거가 있는 경우로 제한된다. (○, ×) 21. 경찰간부

기출 키워드 체크

법원은 피고인이 빈곤 그 밖의 사유로 변호인을 선임할 수 없는 경우에 피고인의 _______가 있는 때에는 변호인을 선정_______.

기출 키워드 체크

국선변호인 선정을 청구한 피고인이 _______으로 인하여 변호인을 선임할 수 없다고 인정할 여지가 충분한 경우, 법원은 특별한 사정이 없는 한 국선변호인 선정결정을 하여야 한다.

Answer

기출 키워드 체크

70

단기 3년 미만

청구, 하여야 한다

빈곤

OX

×

Ⓒ **제1심법원이 집행유예를 선고하고, 검사만 양형부당을 이유로 항소한 경우 피고인의 권리보호를 위해 판결 선고 전 공판심리 단계에서부터 형사소송법 제33조 제3항에 따라 피고인의 명시적 의사에 반하지 아니하는 범위 안에서 국선변호인을 선정해 주는 것이 바람직하다(2016도7622).** 17. 9급개론 · 9급국가직, 19. 7급국가직

Ⓔ **구인을 위한 구속영장에 의해 구속되었고 한글을 읽거나 쓰는 능력이 낮은 수준의 피고인은 형사소송법 제33조 제1항에서 정한 "구속된" 피고인에 해당하지 않는다(2016도7672).**

② 피고인이 미성년자인 때

③ 피고인이 70세 이상인 때 16 · 19. 경찰승진

④ 피고인이 농아자인 때 15. 7급국가직

⑤ 피고인이 심신장애의 의심이 있는 때 ⇨ '피고인이 심신장애의 의심이 있는 때'란 진단서나 정신감정 등 객관적인 자료에 의하여 피고인의 심신장애 상태를 확인할 수 있거나 추단할 수 있는 근거가 있는 경우로 제한되지 않는다(2019도3531). 20. 법원, 21. 경찰간부

⑥ 피고인이 사형, 무기 또는 단기 3년 이상(장기 3년 이상 ×)의 징역이나 금고에 해당하는 사건으로 기소된 때 02 · 07 · 08. 법원, 09 · 10 · 11. 경찰1차, 15 · 16 · 19. 경찰승진 ⇨ 단기 3년 미만의 징역이나 금고에 해당하는 사건의 피고인에게 변호인이 없는 경우, 법원이 국선변호인을 선정하지 않고 공판절차를 진행하여도 위법이 아니다(2016도7672). 19. 해경간부

(2) **청구**(제33조 제2항)

① 빈곤 그 밖의 사유로 변호인을 선임할 수 없는 경우: 법원은 피고인이 빈곤 그 밖의 사유로 변호인을 선임할 수 없는 경우에 피고인의 청구가 있는 때에는 변호인을 선정하여야 한다(제33조 제2항). 03. 경찰2차, 07 · 08 · 10. 법원, 11. 경찰1차, 16 · 18. 경찰승진

② 피고인이 빈곤을 사유로 국선변호인 선정청구를 하면서 제출한 소명자료에 의하면 빈곤으로 인하여 변호인을 선임할 수 없는 경우에 해당하는 것으로 인정할 만한 여지가 충분한 경우 법원은 특별한 사정이 없는 한 국선변호인 선정 결정을 하여야 한다(2013도351). 15 · 18. 9급국가직, 18. 9급개론, 19. 경찰2차

③ 빈곤 등에 의하여 국선변호인 선정을 청구하는 경우 피고인은 소명자료를 제출하여야 한다(규칙 제17조의2). 09. 경찰승진 ⇨ 다만, 기록에 의하여 그 사유가 소명되었다고 인정될 때에는 그러하지 아니한다.

④ 피고인이 빈곤 기타 사유로 변호인을 선임할 수 없는 때에 국선변호인을 선정하는 것은 피고인의 청구가 있는 경우에 한하는 것이고, 법원으로서는 피고인에게 국선변호인 선정 청구를 할 수 있음을 고지하여야 할 의무가 있는 것도 아니다(94도1467). 17. 해경간부

⑤ 국선변호인 선임청구를 기각한 결정은 판결 전의 소송절차이므로, 그 결정에 대하여 즉시항고를 할 수 있는 근거가 없는 이상 그 결정에 대하여는 재항고도 할 수 없다(92모49). 17. 해경간부, 19. 7급국가직, 20. 법원

⑥ 지체(척추)4급 장애인으로서 국민기초생활수급자에 해당한다는 소명자료를 첨부하여 서면으로 빈곤을 사유로 한 국선변호인 선정청구를 한 경우, 특별한 사정이 없다면 국선변호인을 선정하여야 한다(2001도18103). 13. 경찰승진, 15. 9급국가직

⑦ 제33조 제2항의 청구국선의 경우, 피고인에게 국선변호인 선정청구권이 존재하므로 피고인의 선정청구가 있으면 법원은 설령 기각결정을 하더라도 반드시 결정을 할 의무가 있다(94도2880). 02. 경사 ⇨ 제1심에서 국선변호인 선정청구가 인용되고 불구속 상태로 실형을 선고받은 피고인이 그 후 별건 구속된 상태에서 항소를 제기하여 국선변호인 선정청구를 하였는데, 원심이 이에 대해 아무런 결정도 하지 않고 공판기일을 진행하여 실질적 변론과 심리를 마치고서야 국선변호인 선정청구를 기각한 것은 위법하다(2013도16334). 19 법원

(3) 그 외(제33조 제3항)

① 필요하다고 인정하는 때 명시적 의사에 반하지 않는 선정: 법원은 피고인의 연령 · 지능 및 교육 정도 등을 참작하여 권리보호를 위하여 필요하다고 인정하는 때에는 피고인의 명시적 의사에 반하지 아니하는 범위 안에서 변호인을 선정하여야 한다. 07 · 08. 법원, 11. 경찰1차, 16. 7급국가직, 18 · 19. 경찰승진

② 2급 시각장애인으로서 점자자료가 아닌 경우에는 인쇄물 정보접근에 상당한 곤란을 겪는 수준인 경우, 국선변호인 선정절차를 취하지 아니한 채 공판심리를 진행한 것은 위법하다(제33조 제3항)(2010도881). 11. 경찰승진 · 교정특채, 13. 경찰2차, 15. 경찰1차, 17. 해경간부, 19. 법원

③ 피고인이 시각장애인인 경우 장애의 정도를 비롯하여 연령 · 지능 · 교육 정도 등을 확인한 다음 권리보호를 위하여 필요하다고 인정하는 때에는 법 제33조 제3항의 규정에 의하여 피고인의 명시적 의사에 반하지 아니하는 범위 안에서 국선변호인을 선정하여 방어권을 보장해 줄 필요가 있다(2014도4496). 20. 경찰1차

④ 3급 청각(청력)장애인으로서 방어권을 행사함에 있어 상당한 곤란을 겪는 정도인 경우, 피고인의 명시적 의사에 반하지 아니하는 범위 안에서 국선변호인을 선정하여 방어권을 보장해 줄 필요가 있다(제33조 제3항)(2010도4629). 17. 해경간부

⑤ 제33조 제3항에 따른 국선변호인 선임은 법원이 피고인의 권리를 보호하기 위하여 필요하다고 인정하는 경우에 한하여 변호인을 선임하는 것이고, 모든 형사사건에 변호인을 선임하여야 하는 것은 아니다(2017도9137).

기출 키워드 체크

법원은 시각장애인인 피고인의 연령 · 지능 · 교육 정도를 비롯한 시각장애의 정도 등을 확인한 다음 권리보호를 위하여 필요하다고 인정하는 때에는 피고인의 ________적 의사에 반하지 아니하는 범위 안에서 국선변호인을 선정하는 절차를 취하여야 한다.

관련 판례

형사소송법 제33조는 제1항에서 변호인을 반드시 선임해야 하는 사유를 정하고 있고, 제3항은 "법원은 피고인의 연령 · 지능 및 교육 정도 등을 참작하여 권리보호를 위하여 필요하다고 인정하는 때에는 피고인의 명시적 의사에 반하지 아니하는 범위 안에서 변호인을 선정하여야 한다."라고 정하고 있다. 형사소송법 제33조 제3항에 따른 국선변호인 선임은 법원이 피고인의 권리를 보호하기 위하여 필요하다고 인정하는 경우에 한하여 변호인을 선임하는 것이고, 모든 형사사건에 변호인을 선임하여야 하는 것은 아니다(대법원 2017.8.18. 선고 2017도9137 판결).

Answer

기출 키워드 체크
명시

3. 필요적 변호

① 변호인 없이 개정하지 못함 13 · 14. 9급국가직 : 제33조 제1항에 해당하거나 제33조 제2항, 제3항의 규정에 의하며 변호인이 선정된 사건에 관하여는 변호인 없이 개정하지 못하며 변호인이 출석하지 아니한 때에는 법원은 직권으로 변호인을 선정하여야 한다.

② 선고시 예외 : 단, 판결만을 선고할 경우에는 예외로 한다(제282조). 05. 경찰3차, 10 · 13 · 20. 9급국가직, 10 · 11 · 12 · 13 · 21. 경찰승진, 12. 해경간부, 14. 경찰간부, 15. 7급국가직, 17. 여경 · 경찰특공대

③ 변호인도 재판 거부, 퇴정시, 변호인 없이 심리판결 가능 : 피고인이 재판거부 의사를 표시하고 재판장의 허가 없이 퇴정하고 변호인마저 이에 동조하여 퇴정한 경우 피고인이나 변호인 재정 없이도 심리판결할 수 있다(91도865). 11 · 18. 경찰승진, 12 · 14. 경찰1차, 14. 9급국가직, 15. 경찰2차

④ 변호인 없이 한 소송행위는 모두 무효, 다른 절차의 소송행위는 유효 09 · 10. 경찰승진, 11. 법원, 12. 경찰1차, 14. 9급국가직, 15. 7급국가직

㉠ 필요적 변호사건에서 변호인이 출석하지 않은 채 국선변호인 선정취소결정이 고지된 후 변호인 없이 피해자에 대한 증인신문이 이루어진 경우 그 증인신문 등 일체의 소송행위는 모두 무효이다(99도915). 18 · 19. 7급국가직, 19. 경찰간부, 20. 경찰1차

㉡ 다만, 다른 절차에서 적법하게 이루어진 소송행위는 모두 유효하다(99도915).

㉢ 필요적 변호사건에 대해 제1심 공판절차가 변호인 없이 이루어진 경우, 항소심은 변호인이 있는 상태에서 소송행위를 새로이 한 후 제1심판결을 파기하고, 다시 판결하여야 한다(94도2347). 11. 경찰승진, 12. 경찰간부, 16. 7급국가직, 20. 경찰1차

㉣ 필요적 변호사건으로 사선변호인이 선임되어 있고, 사선변호인이 출석하지 아니하였음에도 직권으로 변호인을 선정하지도 아니한 채 개정하여 사건을 심리하였음이 기록상 명백하고, 이와 같이 위법한 공판절차에서 이루어진 소송행위는 모두 무효이다(2004도1925).

㉤ 피고인이 필요적 변호사건인 '흉기휴대 상해'의 폭력행위 등 처벌에 관한 법률위반죄로 기소된 후 '사기죄'의 약식명령에 대해 정식재판을 청구하여 제1심에서 모두 유죄판결을 받고 항소하였는데, 원심이 국선변호인을 선정하지 아니한 채 두 사건을 병합 · 심리하여 항소기각 판결을 선고한 사안에서, 변호인의 관여 없이 공판절차를 진행한 위법은 필요적 변호사건이 아닌 사기죄 부분에도 미치며, 이는 사기죄 부분에 대해 별개의 벌금형을 선고하였더라도 마찬가지이다(2011도2279). 20. 9급국가직 · 9급개론

⑤ 사선변호인에게 기일통지 않아, 국선변호인 출석한 경우(적법) : 필요적 변호사건에서 사선변호인에게 기일통지를 하지 아니하여 사선변호인의 출석없이 공판기일을 진행하였다면 그 공판기일에 국선변호인이 출석하였다면 사선변호인의 변호권을 제한하였다고 할 수 없다(90도1571). 10. 경찰승진, 20. 경찰1차

기출 키워드 체크

필요적 변호사건에서 변호인이 출석하지 않은 채 국선변호인 선정 취소결정이 고지된 후 변호인 없이 피해자에 대한 증인신문이 이루어진 경우 그 증인신문은 _______이다.

Answer

기출 키워드 체크

무효

⇨ 형사소송법 제282조의 필요적 변호사건에 있어서 선임된 사선변호인에 대한 기일통지를 하지 아니함으로써 사선변호인의 출석 없이 제1회 공판기일을 진행하였더라도 그 공판기일에 국선변호인이 출석하였다면 변호인 없이 재판한 잘못이 있다 할 수 없고, 또한 사선변호인이 제2회 공판기일부터는 계속 출석하여 변호권을 행사하였다면 사선변호인으로부터의 변호를 받을 기회를 박탈하였다거나 사선변호인의 변호권을 제한하였다 할 수 없다(90도1571). 20. 경찰2차

⑥ 무죄판결의 경우 영향 없음: 필요적 변호사건에서 변호인 없이 개정하여 심리를 진행하고 판결하였더라도 그와 같은 법령위반은 무죄판결에 영향을 미친 것으로는 되지 아니한다(2002도5748). 11. 경찰승진, 17. 해경간부

⑦ 필요적 국선사건이 아님에도 제1심이 국선변호인을 선정 ⇨ 항소심(국선 선정 불필요): 필요적 국선사건이 아님에도 제1심이 국선변호인을 선정하여 준 경우에 항소심에서 국선변호인 선정 없이 공판심리를 진행한 것은 정당하고, 피고인의 방어권을 침해하여 판결에 영향을 미쳤다고 보기도 어렵다(2013도1886). ⇨ 형사소송법 제33조 제1항 각 호에 해당하는 경우가 아닌 한 법원으로서는 권리보호를 위하여 필요하다고 인정하지 않으면 국선변호인을 선정하지 않아도 위법이 아니다(2013도1886). 19 법원

⑧ 방어권, 변호인의 변호권이 본질적으로 침해되지 않은 경우 상고이유 아니다.

㉠ **선고기일에 변호인 출석 없이 피고인만 출석한 상태에서 재판부 구성의 변경을 이유로 변론을 재개할 것을 결정·고지한 다음, 공판절차를 갱신하고 다시 변론을 종결하여 판결을 선고하였으나, 그 이전의 공판기일까지 적법한 증거조사와 변호인의 변론, 피고인의 최후진술까지 모두 이루어졌다면, 공판절차에 다소의 흠이 있다고 하더라도 그로 인하여 피고인의 방어권, 변호인의 변호권이 본질적으로 침해되어 판결에 영향을 미쳤다고 볼 수는 없다(2004도1925).**

㉡ **판결내용 자체가 아니고, 피고인의 신병확보를 위한 구속 등 조치와 공판기일의 통지, 재판의 공개 등 소송절차가 법령에 위반되었음에 지나지 아니한 경우에는, 그로 인하여 피고인의 방어권, 변호인의 변호권이 본질적으로 침해되고 판결의 정당성마저 인정하기 어렵다고 보여지는 정도에 이르지 아니하는 한, 그것 자체만으로는 판결에 영향을 미친 위법이라고 할 수 없다(2004도1925).** 19. 경찰2차

▸ **국선변호인 선정이 필요하다고 본 사례**

- 2급 시각장애인(2010도881) 11. 경찰승진·교정특채, 13. 경찰2차, 15. 경찰1차, 17. 해경간부, 19. 법원
- 3급 청각장애인(2010도4629) 17. 해경간부
- 지체(척추)4급 장애인으로서 국민기초생활수급자가 국선변호인 선정청구를 한 경우
- 1심 집행유예 선고받고, 검사만 양형 부당 항소한 경우(의사에 반하지 않는 한 선정해야 함)
- 즉결심판사건의 정식재판에서 제33조의 사유에 해당하는 경우

기출 키워드 체크

필요적 변호사건의 경우 변호인 없이 개정하여 심리를 진행하고 판결한 것은 소송절차의 법령 위반에 해당하지만 이는 피고인의 이익을 위하여 만들어진 제도이므로 이 규정 때문에 피고인에게 불리한 결과를 가져오게 할 수는 없으므로 그와 같은 법령위반은 ______에 영향을 미치지 않는다.

Answer

기출 키워드 체크

무죄판결

▶ 국선변호인 선정이 불필요하다고 본 사례

- 별건 구속된 경우(2009도579) 17. 경찰간부, 19. 해경간부
- 재심청구절차에서 국선변호인선임청구(92모49) 17. 경찰간부, 19. 경찰승진, 21. 경찰1차
- 불구속 피고인이 판결 선고받고 법정 구속된 경우(2010도17353) 13 · 18. 법원, 18. 7급국가직
- 빈곤 그 밖의 사유가 있으나 청구하지 않아 선정하지 않는 경우(83도2117) 19. 해경간부
- 집행유예 취소청구 사건(2018모3621)
- 필요적 국선사건이 아님에도 제1심이 국선변호인을 선정 ⇨ 항소심에서 국선 선정 없이 심리 진행은 정당

▶ 국선변호인 선정이 필요한 절차(공소제기 전)

- 영장실질심사
  - 발부: 1심까지 선정 효력
  - 기각: 기각시까지 효력
- 체포 · 구속적부심사

▶ 국선변호인 선정이 필요한 절차(공소제기 후)

- 일반공판절차(필요적 변호사건) – 즉결심판사건에서의 정식재판
- 공판준비기일
- 재심 개시 후 재심공판절차 중 일부
  - 사망자 또는 심신장애자를 위한 재심(재심 전 사망)
  - 유죄 선고 받은 자가 재심 판결 전 사망, 심심장애(재심판결 전 사망 등)
  - 재심청구절차에서는 적용되지 않음(국선변호인 청구할 수 없음)
- 국민참여재판
- 군사재판
- 치료감호사청구사건
- 전자장치 부착명령 청구사건
- 성충동약물치료명령 청구사건
- 아동 · 청소년 대상 성범죄, 성폭력 범죄 피해자 국선
  - 임의적
  - 피해자 권익 보호

관련 판례

국선변호인 제도는 구속영장실질심사, 체포 · 구속 적부심사의 경우를 제외하고는 공판절차에서 피고인의 지위에 있는 자에게만 인정되고 이 사건과 같이 집행유예의 취소청구 사건의 심리절차에서는 인정되지 않는다(대법원 2019.1.4.자 2018모3621 결정).

4. 선정 절차

(1) 국선변호인에 관한 고지

변호인이 없는 피고인에게 제33조에 관한 고지(서면) ⇨ 재판장은 공소제기가 있는 때에는 변호인 없는 피고인에게 아래 취지를 서면으로 고지한다(규칙 제17조 제1항 · 제2항).

㉠ **법 제33조 제1항 제1호 내지 제6호의 어느 하나에 해당하는 때에는 변호인 없이 개정할 수 없는 취지와 피고인 스스로 변호인을 선임하지 아니할 경우에는 법원이 국선변호인을 선정하게 된다는 취지** 09. 경찰승진

ⓛ 법 제33조 제2항에 해당하는 때에는 법원에 대하여 국선변호인의 선정을 청구할 수 있다는 취지

ⓒ 법 제33조 제3항에 해당하는 때에는 법원에 대하여 국선변호인의 선정을 희망하지 아니한다는 의사를 표시할 수 있다는 취지

(2) 선정 결정

① 청구 국선에 대한 선임신청시 반드시 결정해야 함 02. 경사: 경제적 어려움을 이유로 국선변호인 선임신청을 하였음에도 법원이 아무런 결정을 하지 아니한 것은 위법하다(결정할 의무가 있다)(94도2880). 02. 경사

② 청구 국선에 대하여 청구가 없다면 선정하지 않아도 무방: 빈곤 기타 사유가 있을 경우, 변론종결시까지 국선변호인 선정을 청구한 일이 없다면, 국선변호인을 선정하지 않고 진행하였다고 하여 위법이라고 할 수 없다(83도2117).

③ 국선변호인 선임청구를 기각한 결정에 대하여는 불복할 수 없음: 보통항고, 즉시항고가 불가능하다(92모49). 02 · 09 · 10. 경찰승진

(3) 선정시 고지

지체 없이 국선변호인 선정, 피의자와 변호인에게 고지 ⇨ 법원은 필요적 변호사건에 해당하고, 국선변호인을 선정하여야 하는 때에는 지체 없이 국선변호인을 선정하고, 피고인 및 변호인에게 그 뜻을 고지하여야 한다.

(4) 선정의 법적 성질

① 사선변호인의 선임은 피고인 등 변호인 선임권자와 변호인의 사법상 계약으로 이루어지는 반면 국선변호인의 선정은 법원의 재판행위이다(2015도10651).

② 재판설에 따르면 법원은 국선변호인을 선정함에 있어서 피선정자의 동의가 필요없다. 13. 9급국가직, 19. 해경간부 ⇨ 사선변호인의 선임은 피고인 등 변호인 선임권자(형사소송법 제30조)와 변호인의 사법상 계약으로 이루어지는 반면 국선변호인의 선정은 법원의 재판행위이므로 양자는 그 성질이 다르다(2015도10651).

5. 국선변호인의 자격

(1) 변호사 등

국선변호인은 변호사, 공익법무관, 사법연수생 중에서 선정한다.

(2) 국선전담변호사

법원은 기간을 정하여 법원의 관할구역 안에 사무소를 둔 변호사(그 관할구역 안에 사무소를 둘 예정인 변호사를 포함한다) 중에서 국선변호를 전담하는 변호사를 지정할 수 있다(규칙 제15조의2). 07. 법원

기출 키워드 체크

피고인이 빈곤 기타 사유로 변호인을 선임할 수 없음에도 변론종결시까지 국선변호인의 선정을 ______ 법원이 국선변호인을 선정하지 않고 공판절차를 진행하여도 위법이 아니다.

Answer

기출 키워드 체크

청구하지 아니한 경우

(3) 변호사 아닌 자도 가능

① 부득이한 때에는 변호사 아닌 자 중에 선정할 수 있다. 10. 경찰1차

② 국선변호인으로 변호사 아닌 법원사무관을 변호인으로 선임하였다고 하더라도 적법하고, 이는 헌법위반이 아니다(74도1965). 02. 경사, 09. 경찰승진

6. 국선변호인의 수

① 피의자 · 피고인마다 1인의 국선변호인을 선정한다. ⇨ 다만, 사건의 특수성에 비추어 필요하다고 인정할 때에는 수인을 선정할 수 있다.

② 이해 상반되지 아니한 경우, 수인을 위해 동일한 국선변호인 선정이 가능하다. 03. 행시, 11. 경찰1차, 12. 경찰2차

㉠ **피의자 · 피고인 수인 간에 이해가 상반되지 아니할 때에는 그 수인의 피의자 · 피고인을 위하여 동일한 국선변호인을 선정할 수 있다(규칙 제15조 제2항).** 03. 행시, 11. 경찰1차, 12. 경찰2차, 17. 법원, 18. 경찰승진, 19. 경찰간부 ⇨ **공범관계에 있지 않더라도 이해가 상반되는 공동피고인들을 동일한 한 명의 국선변호인이 모두 변론하는 것은 위법하다(2014도13797).** 21. 경찰간부

㉡ **공범관계에 있지 않은 공동피고인들 사이에서도 공소사실 기재 자체로 보아 어느 피고인에 대한 유리한 변론이 다른 피고인에 대하여는 불리한 결과를 초래하는 사건에 있어서는 공동피고인들 사이에 이해가 상반된다고 할 것이어서, 그 공동피고인들에 대하여 선정된 동일한 국선변호인이 공동피고인들을 함께 변론한 경우에는 형사소송규칙 제15조 제2항에 위반된다(2000도4398).** 12. 경찰승진

㉢ **이해가 상반된 피고인들 중 어느 피고인이 법무법인을 변호인으로 선임하고, 법무법인이 담당변호사를 지정하였을 때, 법원이 담당변호사 중 1인 또는 수인을 다른 피고인을 위한 국선변호인으로 선정하는 것은 국선변호인의 조력을 받을 피고인의 권리를 침해하는 것이다(2015도9951).** 18 · 20. 법원, 20. 7급국가직

㉣ **동일한 변호사가 민사사건에서 형사사건의 피해자에 해당하는 상대방 당사자를 위한 소송대리인으로서 소송행위를 하는 등 직무를 수행하였다가 나중에 실질적으로 동일한 쟁점을 포함하고 있는 형사사건에서 피고인을 위한 변호인으로 선임되어 변호활동을 하는 등 직무를 수행하는 것 역시 금지된다(2008도9812).** 14. 경찰간부

7. 사 임

(1) 사 유

① 질병 또는 장기여행으로 인하여 국선변호인의 직무를 수행하기 곤란할 때

② 피고인 또는 피의자로부터 폭행, 협박 또는 모욕을 당하여 신뢰관계를 지속할 수 없을 때

③ 피고인 또는 피의자로부터 부정한 행위를 할 것을 종용받았을 때

OX 공범관계에 있지 않더라도 이해가 상반되는 공동피고인들을 동일한 한 명의 국선변호인이 모두 변론하는 것은 위법하다. (○, ×) 21. 경찰간부

기출 키워드 체크

공동피고인 1인에 대한 유리한 변론이 다른 공동피고인에 대하여 ____한 결과를 초래하는 등 공동피고인 사이에 ______가 ______되는 경우 법원은 공동피고인들에 대하여 동일한 국선변호인을 선정할 수 없다.

기출 키워드 체크

이해가 상반된 피고인들 중 어느 피고인이 법무법인을 변호인으로 선임하고, 법무법인이 담당변호사를 지정하였을 때, 법원이 ______ 중 1인 또는 수인을 다른 피고인을 위한 국선변호인으로 선정하는 것은 국선변호인의 조력을 받을 피고인의 권리를 침해하는 것이다.

Answer

기출 키워드 체크
불리, 이해, 상반
담당변호사
OX
○

④ 그 밖에 국선변호인으로서의 직무를 수행하는 것이 어렵다고 인정할 만한 상당한 사유가 있을 때

(2) 절 차

위 사유가 있을 때 법원 또는 지방법원판사의 허가를 얻어 사임할 수 있다. 11 법원, 12. 경찰승진

8. 취 소

(1) 필요적 취소

아래의 경우 법원 또는 지방법원판사는 선정을 취소하여야 한다.

㉠ **피의자 · 피고인에게 변호인이 선임된 때**

㉡ **법원이 국선변호인의 사임을 허가한 때** 09. 경찰1차

㉢ **국선변호인이 자격을 상실한 때**

(2) 임의적 취소

아래의 경우 국선변호인의 선정을 취소할 수 있다.

㉠ **국선변호인이 그 직무를 성실하게 수행하지 아니하는 때** 09. 경찰승진

㉡ **피고인 또는 피의자의 국선변호인 변경신청이 상당하다고 인정하는 때**

㉢ **그 밖에 국선변호인의 선정결정을 취소할 상당한 이유가 있는 때** 09. 경찰승진

(3) 통 지

법원이 국선변호인의 선정을 취소한 때에는 지체 없이 그 뜻을 해당하는 국선 변호인과 피고인 또는 피의자에게 통지하여야 한다.

9. 국선변호인의 보수

(1) 보 수

① 국선변호인은 일당 · 여비 · 숙박료 및 보수를 청구할 수 있다.

② 국선변호인에게 지급하는 일당 · 여비 및 숙박료는 국선변호인이 기일에 출석하거나 조사 또는 처분에 참여할 경우에 한하여 이를 지급한다.

(2) 심급별 지급

① 국선변호인의 보수는 매년 예산의 범위 안에서 대법관회의에서 정하며, 그 보수는 심급별로 지급한다.

② 다만, 체포 또는 구속적부심에 있어서는 심급에 관계없이 별도로 지급한다.

❸ 변호인의 지위

1. 의 의

변호인은 피의자, 피고인의 방어권행사에 조력하여야 할 보호자적 지위와 실체적 진실발견을 지향하는 형사절차의 적정한 진행에 협력하여야 할 공익적 지위를 함께 갖는다.

2. 보호자적 지위

피고인의 정당한 법적 이익을 보호해 주는 보호자로서의 지위이다.

3. 공익적 지위

① 직무수행에 있어서 진실은폐 또는 허위진술을 하여서는 아니 되는 진실의무를 진다.

② 변호사의 진실의무는 적극적으로 진실발견에 협력할 의무를 의미하는 것은 아니고, 변호인이 피고인에 대한 보호적 기능을 행사함에 있어 진실에 구속되어야 한다는 소극적 의미를 갖는 데 그친다.

4. 양자의 조화

(1) 허용되는 것

① 법적 조언: 법적조언을 하는 것은 변호인의 권리이며 의무이고 변호인의 보호자적 지위의 핵심적 요소이므로 피고인이 악용할지라도 무제한 허용된다.

② 무죄의 변론 15. 경찰1차: 피고인이 유죄임을 안 경우에도 이를 법원·검사에게 고지할 의무는 없고(비밀유지의무), 입증미비를 이유로 무죄변론을 할 수 있다.

③ 진술거부권 행사의 권유(종용) 12. 경찰1차, 15. 해경3차, 18. 경찰승진·해경간부, 20. 경찰간부: 진술거부권이 있음을 알려 주고 그 행사를 권고하는 것을 변호사로서의 진실의무에 위배되는 것이라고는 할 수 없다(2006모656).

④ 고소 취소 또는 합의의 시도

(2) 허용되지 않는 것

① 유죄의 변론, 유죄의 증거제출, 피고인에게 불리한 상소

② 수사기관이나 법원에 대하여 적극적으로 허위진술을 하거나 피고인 또는 피의자로 하여금 허위진술을 하도록 하는 것 14. 경찰간부 ⇨ 변호인이 진범을 은폐하는 허위자백을 적극적으로 유지하게 한 행위가 변호인의 비밀유지의무에 의하여 정당화될 수는 없다(2012도6027). 21. 경찰간부

③ 위증이나 증거인멸을 교사하는 것 02. 행시

④ 도망권유, 위증교사, 증거위조·변조, 허위증거 제출 등 14. 경찰간부

기출 키워드 체크

변호인은 의뢰인의 요청에 따른 변론행위라는 명목으로 수사기관이나 법원에 대하여 적극적으로 _______의 진술을 하거나 피고인 또는 피의자로 하여금 _______의 진술을 하도록 하는 것은 허용되지 않는다.

OX 변호인이 진범을 은폐하는 허위자백을 적극적으로 유지하게 한 행위가 변호인의 비밀유지의무에 의하여 정당화될 수는 없다. (○, ×) 21. 경찰간부

Answer

기출 키워드 체크
허위, 허위

OX
○

❹ 변호인의 권한

1. 대리권

구분	내용
독립 대리권	명시적 의사에 반하여 행사 가능한 대리권 • 증거조사에 대한 이의신청(제296조 제1항) 02. 경찰2차, 03. 경찰3차 • 공판기일변경신청(제270조 제1항) 14. 경찰1차 • 재판장처분에 대한 이의신청(제304조) 03. 경찰3차 • 증거보전의 청구(제184조) 01. 101단1차 • 석방 청구(보석의 청구, 구속취소의 청구) 묵시적 의사에 반하여 행사 가능한 대리권(명시적 의사에 반하여는 행사 불가) • 증거의 동의(제318조) 02. 경감, 04. 여경1차 • 상소제기(제341조) 01. 경사, 04. 여경1차, 13. 경찰간부 • 기피신청(제18조 제2항)
종속 대리권	본인의 의사에 반하여서는 행사할 수 없는 대리권을 말한다. • 상소 취하 01 · 04. 여경1차, 02. 경찰2차 • 관할이전의 신청 04. 여경1차 • 관할위반의 신청 • 정식재판청구의 취하

2. 고유권

(1) 의 의

① 본인의 권리와는 별도로 변호인에게 독자적으로 인정된 권리를 말한다.

② 고유권은 본인의 권리가 소멸하더라도 변호인의 고유권은 소멸하지 않는다.

(2) 종 류

구분	내용
변호인만 가지는 권리	• 피의자 · 피고인과의 접견교통권(제34조) 02. 행시, 21. 경찰승진 ⇨ 변호인 또는 변호인이 되려는 자는 신체구속을 당한 피고인 또는 피의자와 접견하고 서류 또는 물건을 수수할 수 있으며 의사로 하여금 진료하게 할 수 있다. • 상고심에서의 변론권(제387조) • 피고인신문권(제287조) 21. 경찰승진 • 피의자신문참여권 21. 경찰승진
피고인과 중복하여 갖는 권리	• 서류 · 증거 열람 · 등사권(제35조) 12. 교정특채, 21. 경찰승진 – 소송계속 중 법원보관 서류(제35조 제1항) 공소제기 이후 검사보관 서류(제266조의3 제1항) – 수사서류 09. 7급국가직 ⓐ 증거보전의 처분에 관한 서류와 증거물(제185조) ⓑ 긴급체포자 석방통지서 및 관련서류(제200조의4 제5항) ⓒ 구속 전 피의자 심문, 적부심 변호인의 열람(규칙 제96조의21 제1항, 제104조의2)

피고인과 중복하여 갖는 권리	ⓓ 구속영장이 청구되거나, 체포 · 구속된 피의자, 변호인 등의 등본 교부 청구(규칙 제101조) • 증거신청권(제294조) • 증인신문권(제161조의2) • 최후진술권(제303조) • 강제처분 참여권(제121조, 제219조) • 증거조사 참여권(제163조, 제176조, 제183조, 제145조) • 증인신문 참여권(제163조) • 공판기일출석권

5 성폭력 피해자의 변호사

1. 의 의

성폭력범죄의 피해자 및 그 법정대리인(이하 "피해자 등"이라 한다)은 형사절차상 입을 수 있는 피해를 방어하고 법률적 조력을 보장하기 위하여 변호사(이하 '성폭력 피해자 변호사')를 선임할 수 있다(성폭력범죄의 처벌 등에 관한 특례법 제27조 제1항).

2. 권한 및 역할

① 성폭력 피해자 변호사는 검사 또는 사법경찰관의 피해자 등에 대한 조사에 참여하여 의견을 진술할 수 있다. 다만, 조사 도중에는 검사 또는 사법경찰관의 승인을 받아 의견을 진술할 수 있다(성폭력범죄의 처벌 등에 관한 특례법 제27조 제2항).

② 성폭력 피해자 변호사는 피의자에 대한 구속 전 피의자심문, 증거보전절차, 공판준비기일 및 공판절차에 출석하여 의견을 진술할 수 있다. 이 경우 필요한 절차에 관한 구체적 사항은 대법원규칙으로 정한다(성폭력범죄의 처벌 등에 관한 특례법 제27조 제3항).

③ 성폭력 피해자 변호사는 증거보전 후 관계 서류나 증거물, 소송계속 중의 관계 서류나 증거물을 열람하거나 등사할 수 있다(성폭력범죄의 처벌 등에 관한 특례법 제27조 제4항).

④ 성폭력 피해자 변호사는 형사절차에서 피해자 등의 대리가 허용될 수 있는 모든 소송행위에 대한 포괄적인 대리권을 가진다(성폭력범죄의 처벌 등에 관한 특례법 제27조 제5항).

3. 피해자 국선변호사

검사는 피해자에게 변호사가 없는 경우 국선변호사를 선정하여 형사절차에서 피해자의 권익을 보호할 수 있다(성폭력범죄의 처벌 등에 관한 특례법 제27조 제6항).

OX 성폭력범죄의 피해자 및 그 법정대리인은 형사절차상 입을 수 있는 피해를 방어하고 법률적 조력을 보장하기 위하여 변호사를 선임할 수 있고, 검사는 피해자에게 변호사가 없는 경우 국선변호사를 선정하여 형사절차에서 피해자의 권익을 보호할 수 있다. (○, ×) 21. 경찰간부

Answer

OX
○

Chapter 09

OX 확인학습

01 □□□ 헌법상 보장되는 '변호인의 조력을 받을 권리'는 변호인의 '충분한 조력'을 받을 권리를 의미하므로, 일정한 경우 피고인에게 국선변호인의 조력을 받을 권리를 보장하여야 할 국가의 의무에는 형사소송 절차에서 단순히 국선변호인을 선정하여 주는 데 그치지 않고 한 걸음 더 나아가 피고인이 국선변호인의 실질적인 조력을 받을 수 있도록 필요한 업무 감독과 절차적 조치를 취할 책무까지 포함된다. (○)

02 □□□ 임의동행의 형식으로 수사기관에 연행된 피내사자에게는 변호인 또는 변호인이 되려는 자와의 접견교통권은 인정되지 아니한다. (×)

03 □□□ 1인의 피의자 또는 피고인은 변호인을 3인까지 선임할 수 있다. (×)

04 □□□ 공소제기 전의 변호인 선임은 제1심에서는 그 효력이 없다. (×)

05 □□□ 변호인은 변호사 중에서 선임하여야 한다. 단, 대법원 이외의 법원은 특별한 사정이 있으면 변호사 아닌 자를 변호인으로 선임함을 허가할 수 있다. (○)

06 □□□ 변호인 선임신고 이전에 변호인으로서 한 소송행위라고 하더라도 소송절차의 동적·발전적 성격을 고려하여 변호인 선임신고에 의해서 추완이 인정된다. (×)

07 □□□ 변호인은 진실의무가 있으므로 유죄임을 안 경우 무죄의 변론을 하는 것은 허용되지 않는다. (×)

08 □□□ 변호인은 피고인의 명시적 의사에 반하여서 공판기일의 변경신청을 할 수 있다. (○)

09 □□□ 수사기관이나 법원의 접견불허처분이 없더라도 변호인의 구속피의자에 대한 접견신청일이 경과하도록 접견이 이루어지지 아니한 것은 실질적으로 접견불허가처분이 있는 것과 동일시된다. (○)

10 □□□ 피고인의 법정대리인, 배우자, 직계친족, 형제자매, 동거인 또는 고용주는 독립하여 변호인을 선임할 수 있다. (×)

11 □□□ 헌법은 "누구든지 체포 또는 구속을 당한 때에는 즉시 변호인의 조력을 받을 권리를 가진다."라고 규정하고 있으므로 집행유예가 선고된 제1심 판결에 대해 검사만이 양형부당을 이유로 항소하고 항소심에서 형을 선고하는 경우에는 공판심리 단계에서 국선변호인을 선정하는 것보다 판결 선고 후 피고인을 법정구속한 뒤에 국선변호인을 선정하는 것이 바람직하다. (×)

12 □□□ 국선변호인 선정을 청구한 피고인이 빈곤으로 인하여 변호인을 선임할 수 없다고 인정할 여지가 충분한 경우, 법원은 특별한 사정이 없는 한 국선변호인 선정결정을 하여야 한다. (○)

13 □□□ 피고인이 2급 시각장애인으로서, 점자자료가 아닌 경우에는 인쇄물 정보접근에 상당한 곤란을 겪는 수준이더라도 국선변호인 선정사유인 '농아자' 또는 '심신장애의 의심이 있는 때'에 해당하지 않으므로 국선변호인의 선정 없이 공판심리를 진행했다고 하여 위법하다고 할 수 없다. (×)

14 □□□ 피고인 및 피의자와 형사소송법 제30조 제2항에 규정된 자뿐만 아니라 피고인 및 피의자로부터 그 선임권을 위임받은 자도 피고인이나 피의자를 대리하여 변호인을 선임할 수 있다. (×)

15 □□□ 피고인이 법인인 경우에는 대표자가 제3자에게 변호인 선임을 위임하여 제3자로 하여금 변호인을 선임하도록 할 수는 없다. (○)

16 □□□ 필요적 변호사건에서 판결만을 선고하는 경우에는 변호인 없이 개정할 수 있다. (○)

17 □□□ 공범관계에 있지 않은 공동피고인들 사이에서 공소사실로 보아 어느 피고인에 대하여는 유리한 변론이 다른 피고인에 대하여는 불리한 결과를 초래하는 사건의 경우, 그 공동피고인들에 대하여 선정된 동일한 국선변호인이 공동피고인들을 함께 변론하였다면 위법하다. (○)

18 □□□ 검사는 성폭력범죄의 처벌 등에 관한 특례법상 성폭력범죄의 피해자에게 변호사가 없는 경우 국선변호사를 선정하여 형사절차에서 피해자의 권익을 보호할 수 있다. (○)

제6절 기 타

1 보조인

1. 의 의

피의자·피고인과 일정한 신분관계에 있으면서 피의자·피고인의 이익을 보호하고 방어권 행사에 조력하는 변호인 이외의 자를 말한다.

2. 자 격

① 원칙: 피의자·피고인 법정대리인, 배우자, 직계친족과 형제자매 07·09·10·19. 법원

② 예외: 신뢰관계 있는 자 ⇨ 보조인이 될 수 있는 자가 없거나 장애 등의 사유로 보조인으로서 역할을 할 수 없는 경우에는 신뢰관계 있는 자가 보조인이 될 수 있다(제29조).

3. 절 차

① 심급별 신고: 보조인이 되고자 하는 자는 심급별로 그 취지를 신고하여야 한다(제29조 제2항). 19. 법원

② 이때는 피의자·피고인과의 신분관계를 소명하는 서면을 첨부하여야 한다.

③ 공소제기 전 보조인 신고는 제1심에도 효력이 있다.

4. 권 한

① 명시한 의사에 반하지 아니하는 소송행위 03. 행시, 07·09. 법원: 보조인은 독립하여 피의자·피고인의 명시한 의사에 반하지 아니하는 소송행위를 할 수 있다.

② 단, 법률에 다른 규정이 있는 때에는 예외로 한다(제29조 제3항).

③ 보조인에게 변호인과 같은 고유권은 인정되지 않는다.

2 전문심리위원

1. 의 의

① 직권 또는 신청에 따른 결정으로 지정 14. 9급개론: 법원은 소송관계를 분명하게 하거나 소송절차를 원활하게 진행하기 위하여 필요한 경우에는 직권으로 또는 검사, 피고인 또는 변호인의 신청에 의하여 결정으로 전문심리위원을 지정하여 공판준비 및 공판기일 등 소송절차에 참여하게 할 수 있다(제279조의2). 20. 7급국가직

② 첨단산업분야, 지적재산권, 국제금융 기타 전문적인 지식이 필요한 사건에서 전문가의 조력을 받아 재판절차를 충실하게 하기 위해 도입하였다.

관련 판례

형사재판의 담당 법원은 전문심리위원에 관한 위 각각의 규정들을 지켜야 하고 이를 준수함에 있어서도 적법절차원칙을 특별히 강조하고 있는 헌법 제12조 제1항을 고려하여 전문심리위원과 관련된 절차 진행 등에 관한 사항을 당사자에게 적절한 방법으로 적시에 통지하여 당사자의 참여 기회가 실질적으로 보장될 수 있도록 세심한 배려를 하여야 한다. 그렇지 않을 경우, 헌법 제12조 제1항의 적법절차원칙을 구현하기 위하여 형사소송법 등에서 입법한 위 각각의 적법절차조항을 위반한 것임과 동시에 헌법 제27조가 보장하고 있는 공정한 재판을 받을 권리로서 '법관의 면전에서 모든 증거자료가 조사·진술되고 이에 대하여 피고인이 방어할 수 있는 기회가 실질적으로 부여되는 재판을 받을 권리'의 침해로 귀결될 수 있다(대법원 2019.5.30. 선고 2018도1905). 20. 7급국가직

2. 지정(각 사건마다 1인 이상 지정) 13. 경찰승진

전문심리위원을 소송절차에 참여시키는 경우 법원은 검사, 피고인 또는 변호인의 의견을 들어 각 사건마다 1인 이상의 전문심리위원을 지정한다.

3. 절 차

(1) 의견진술 등 15. 9급개론

① 전문심리위원은 전문적인 지식에 의한 설명 또는 의견을 기재한 서면을 제출하거나 기일에 전문적인 지식에 의하여 설명이나 의견을 진술할 수 있다.

② 다만, 재판의 합의에는 참여할 수 없다. 15. 9급국가직, 20. 7급국가직

(2) 직접 질문 09 · 13. 법원, 13. 경찰승진, 15. 9급개론, 21. 9급국가직 · 9급개론

전문심리위원은 기일에 재판장의 허가를 받아 피고인 또는 변호인, 증인 또는 감정인 등 소송관계인에게 소송관계를 분명하게 하기 위하여 필요한 사항에 관하여 직접 질문할 수 있다.

(3) 의견진술 기회 부여

법원는 전문심리위원이 제출한 서면이나 전문심리위원의 설명 또는 의견의 진술에 관하여 검사, 피고인 또는 변호인에게 구술 또는 서면에 의한 의견진술의 기회를 주어야 한다.

4. 통지, 송부

(1) 중요사항은 당사자에게 통지

재판장이 기일 외에서 전문심리위원에 대하여 설명 또는 의견을 요구한 사항이 소송관계를 분명하게 하는 데 중요한 사항일 때에는 법원사무관 등은 검사, 피고인 또는 변호인에게 그 사항을 통지하여야 한다.

(2) 전문심리위원의 서면 제출시 당사자에게 사본 송부

전문심리위원이 설명이나 의견을 기재 한 서면을 제출한 경우에는 법원사무관 등은 검사, 피고인 또는 변호인에게 그 사본을 보내야 한다.

(3) 당사자에게 통지

① 재판장은 전문심리위원을 소송절차에 참여시키기 위하여 필요하다고 인정한 때에는 쟁점의 확인 등 적절한 준비를 지시할 수 있다.

② 재판장이 위와 같이 준비를 지시한 때에는 법원사무관 등은 검사, 피고인 또는 변호인에게 그 취지를 통지하여야 한다.

OX 법원은 소송관계를 분명하게 하기 위해 직권 또는 검사, 피고인 또는 변호인의 신청으로 전문심리위원을 지정하여 소송절차에 참여하게 할 수 있으며, 이러한 전문심리위원은 재판장의 허가를 받으면 피고인, 변호인, 증인 등 소송관계인에게 필요한 사항에 관하여 직접 질문할 수 있다. (○, ×) 21. 9급국가직 · 9급개론

기출 키워드 체크

전문심리위원은 기일에 재판장의 허가를 받아 피고인 또는 변호인, 증인 또는 감정인 등 소송관계인에게 소송관계를 분명하게 하기 위하여 필요한 사항에 관하여 직접 ______ 할 수 있다.

Answer

기출 키워드 체크
질문

OX
○

5. 증인의 퇴정 등

재판장은 전문심리위원의 말이 증인의 증언에 영향을 미치지 않게 하기 위하여 필요하다고 인정할 때에는 직권 또는 검사, 피고인 또는 변호인의 신청에 따라 증인의 퇴정 등 적절한 조치를 취할 수 있다.

6. 조서 기재

① 위원의 성명 기재: 전문심리위원이 공판준비기일 또는 공판기일에 참여한 때에는 조서에 그 성명을 기재하여야 한다. 09. 법원

② 위원의 질문 취지 기재: 전문심리위원이 재판장, 수명법관 또는 수탁판사의 허가를 받아 소송관계인에게 질문을 한 때에는 조서에 그 취지를 기재하여야 한다.

7. 지정 취소

(1) 임의적 취소 09. 법원, 20. 7급국가직

① 법원은 상당하다고 인정하는 때에는 검사, 피고인 또는 변호인의 신청이나 직권으로 전문심리위원 지정 결정을 취소할 수 있다(제279조의3 제1항).

② 취소신청을 할 때에는 신청이유를 밝혀야 한다. 다만, 검사와 피고인 또는 변호인이 동시에 신청할 때에는 그러하지 아니하다(규칙 제126조의13). 09. 법원

(2) 필요적 취소(합의하여 신청시) 13. 법원 · 경찰승진

법원은 검사와 피고인 또는 변호인이 합의하여 전문심리위원 지정 결정을 취소할 것을 신청한 때에는 그 결정을 취소하여야 한다(제279조의3 제2항).

기출 키워드 체크

법원은 검사와 피고인 또는 변호인이 ______하여 전문심리위원의 참여결정을 취소할 것을 신청한 때에는 그 결정을 취소하여야 한다.

8. 제척 · 기피

① 전문심리위원에게도 제척과 기피 규정 준용된다(제17조 내지 제20조 및 제23조). 13. 경찰승진

② 대상 전문심리위원은 제척 또는 기피 신청이 있는 경우, 신청에 관한 결정이 확정될 때까지 소송절차에 참여할 수 없다. 09. 법원

9. 지 위

① 수당 지급하고, 필요한 경우 여비, 일당 및 숙박료 지급할 수 있다.

② 비밀누설의 경우 2년 이하의 징역이나 금고 또는 1천만원 이하 벌금: 전문심리위원 또는 전문심리위원이었던 자가 그 직무수행 중에 알게 된 다른 사람의 비밀을 누설한 때에는 2년 이하의 징역이나 금고 또는 1천만원 이하의 벌금에 처한다.

③ 전문심리위원은 형법 제129조부터 제132조까지의 규정에 따른 벌칙의 적용에서는 공무원으로 본다.

Answer

기출 키워드 체크

합의

기출 키워드 체크

피의자는 검사의 전문수사자문위원 지정에 대하여 관할 ________에게 이의를 제기할 수 있다.

▶ 전문수사자문위원과 전문심리위원 비교

구 분	전문수사자문위원	전문심리위원
지 정	검사(사법경찰관 ×)가 1인 이상 지정 가능 (지정 이의 제기 – 고등검찰청 검사장)	법원이 1인 이상 지정 가능
제척 · 기피	×	○
직접질문	×	○(재판장 허가 필요)
지정취소	검사(임의적)	• 필요적 – 합의 신청 • 임의적 직권, 신청 이유 밝혀야 ⇨ 예외) 동시 신청
서면, 설명, 의견진술	○(당사자 의견진술 기회 부여 – 필요적)(직접 수사, 합의에 참여 ×)	
뇌물죄, 비밀누설죄	○	
수당, 여비 등	○	

Answer

기출 키워드 체크

고등검찰청 검사장

Chapter 09

O X 확인학습

01 □□□ 전문심리위원은 기일에 재판장의 허가를 받아 피고인 또는 변호인, 증인 또는 감정인 등 소송관계인에게 소송관계를 분명하게 하기 위하여 필요한 사항에 관하여 직접 질문할 수 있다. (○)

02 □□□ 전문심리위원은 첨단분야 등에 대한 전문적 지식을 가진 자로서 법원의 지정을 받아 공판에 참여하여 의견을 진술하고, 재판의 합의에 참여한다. (×)

Chapter 09 실전익히기

01

18. 9급국가직 · 9급개론

피고인의 특정에 대한 설명으로 옳지 않은 것은? (다툼이 있는 경우 판례에 의함)

① 피의자가 다른 사람의 성명을 모용하였기 때문에 공소장에 피모용자가 피고인으로 표시되었다고 하면, 검사는 모용자에 대하여 공소를 제기한 것이므로 모용자가 피고인이 된다.

② 성명을 모용한 사실이 재판 중에 밝혀진 경우 검사는 공소장변경절차를 거쳐 피고인의 인적사항을 변경하여야 한다.

③ 피모용자가 약식명령에 대하여 정식재판을 청구함으로써 정식재판 절차에서 성명모용사실이 판명된 경우와 같이 피모용자에게 사실상의 소송계속이 발생하고 형식상 또는 외관상 피고인의 지위를 갖게 된 경우 법원은 그에게 공소기각의 판결을 선고하여야 한다.

④ 검사가 공소장의 피고인 성명모용을 바로잡지 아니한 경우에는 공소제기의 방식이 형사소송법의 규정에 위반하여 무효이므로 법원은 공소기각의 판결을 선고하여야 한다.

02

20. 경찰간부

진술거부권에 관한 설명 중 가장 옳지 않은 것은? (다툼이 있는 경우 판례에 의함)

① 「도로교통법」에서 운전자에게 교통사고의 신고의무를 규정하여 벌칙으로 강제하더라도 형사책임과 관계되는 사항에 적용되지 않는 것으로 해석하는 한 진술거부권을 침해하는 것이 아니다.

② 변호인이 적극적으로 신체구속을 당한 피고인 또는 피의자로 하여금 허위진술을 하도록 하는 것이 아니라 단순히 헌법상 권리인 진술거부권이 있음을 알려주고 그 행사를 권고하는 것은 변호사로서의 진실의무에 반하지 않는다.

③ 주취운전의 혐의를 받고 있는 운전자에게 호흡측정기에 의한 주취여부의 측정에 응할 것을 요구하는 것은 진술거부권을 침해한 것이 아니다.

④ 검사가 피의자를 신문할 때 그 피의자의 진술의 임의성이 인정된다면 미처 진술거부권을 고지하지는 않았더라도 그 진술은 증거능력이 인정된다.

03

17. 해경2차

다음 중 진술거부권에 대한 설명으로 옳지 않은 것은 모두 몇 개인가? (다툼이 있는 경우 판례에 의함)

㉠ 수사기관이 진술거부권을 고지하지 않은 상태에서 이루어진 피의자의 진술내용이 자백에 해당하는 경우, 자백의 임의성이 인정되는 경우에도 위법수집증거로서 증거능력이 부정된다.
㉡ 진술인 이상 구두에 의한 진술뿐만 아니라 서면에 기재된 진술도 포함되므로, 피의자는 수사기관이 요구하는 자술서의 제출을 거부할 수 있다.
㉢ 강요당하지 않는 것은 진술에 한하므로 지문의 채취, 사진촬영, 신체검사에 대하여는 진술거부권이 미치지 않는다.
㉣ 피고인은 개별적 질문에 대하여 답변을 거부할 수 있으나, 처음부터 일체의 진술을 하지 않고 침묵할 수는 없다.
㉤ 변호사인 변호인이 신체구속을 당한 사람에게 단순히 헌법상 진술거부권이 있음을 알려주는 정도에 그치지 않고, 그 행사를 권고했다고 하더라도 변호사로서의 진실의무에 위배되는 것이라고 할 수 없다.

① 0개　　② 1개
③ 3개　　④ 4개

04

21. 경찰승진

무죄추정의 원칙에 대한 설명으로 가장 적절하지 않은 것은? (다툼이 있는 경우 판례에 의함)

① 무죄추정을 통해 금지되는 불이익한 처분에는 형사절차상의 처분뿐만 아니라 그 밖의 기본권 제한과 같은 처분에 의한 불이익도 포함된다.

② 파기환송사건에 있어서 구속기간 갱신 및 구속으로 인하여 신체의 자유가 제한되는 것은 무죄추정의 원칙에 위배되지 아니한다.

③ 형사재판절차에서 유죄의 확정판결을 받기 전에 처분청이 징계혐의사실을 인정하는 것은 무죄추정의 원칙에 위배되지 아니한다.

④ 공소장의 공소사실 첫머리에 피고인 특정에 필요한 사항으로서 피고인이 전에 받은 소년부송치 처분을 기재하였다면 이는 무죄추정의 원칙에 반한다.

05

18. 경찰승진

형사소송법상 국선변호인의 선정에 대한 설명 중 가장 적절하지 않은 것은? (다툼이 있는 경우 판례에 의함)

① 지방법원판사는 구속영장실질심사에서 심문할 피의자에게 변호인이 없는 때에는 직권으로 변호인을 선정하여야 하며, 이 경우 변호인의 선정은 피의자에 대한 구속영장청구가 기각되어 효력이 소멸한 경우를 제외하고는 제1심까지 효력이 있다.

② 법원은 공판준비기일이 지정된 사건에 관하여 변호인이 없는 때에는 직권으로 변호인을 선정하여야 한다.

③ 법원은 피고인이 빈곤 그 밖의 사유로 변호인을 선임할 수 없는 경우에 직권으로 국선변호인을 선정하여야 한다.

④ 법원은 피고인의 연령 · 지능 및 교육 정도 등을 참작하여 권리보호를 위하여 필요하다고 인정하는 때에는 피고인의 명시적 의사에 반하지 아니하는 범위 안에서 변호인을 선정하여야 한다.

06

21. 경찰간부

변호인에 관한 설명 중 옳지 않은 것은? (다툼이 있는 경우 판례에 의함)

① 공범관계에 있지 않더라도 이해가 상반되는 공동피고인들을 동일한 한 명의 국선변호인이 모두 변론하는 것은 위법하다.

② 변호인이 진범을 은폐하는 허위자백을 적극적으로 유지하게 한 행위가 변호인의 비밀유지의무에 의하여 정당화될 수는 없다.

③ 법원이 국선변호인을 반드시 선정해야 하는 사유로 형사소송법 제3조 제1항 제5호에서 정한 '피고인이 심신장애의 의심이 있는 때'란 진단서나 정신감정 등 객관적인 자료에 의하여 피고인의 심신장애 상태를 확인할 수 있거나 추단할 수 있는 근거가 있는 경우로 제한된다.

④ 성폭력범죄의 피해자 및 그 법정대리인은 형사절차상 입을 수 있는 피해를 방어하고 법률적 조력을 보장하기 위하여 변호사를 선임할 수 있고, 검사는 피해자에게 변호사가 없는 경우 국선변호사를 선정하여 형사절차에서 피해자의 권익을 보호할 수 있다.

07

15. 변호사

변호인 선임에 관한 설명 중 옳지 않은 것은? (다툼이 있는 경우 판례에 의함)

① 변호인이 될 자가 변호인선임서를 제출하지 아니한 채 항소이유서를 제출하고, 이유서 제출기간 경과 후에 선임서를 제출한 경우 위 항소이유서 제출은 적법 · 유효하다고 할 수 없다.

② 공소사실의 동일성이 인정되어 공소장이 변경된 경우, 변호인 선임의 효력은 변경된 공소사실에도 미친다.

③ 구속 전 피의자심문에서 피의자에게 변호인이 없는 때에는 지방법원판사는 직권으로 변호인을 선정하여야 하며, 이 경우 변호인의 선정은 구속영장청구가 기각되어도 제1심까지 효력이 있다.

④ 공소제기 전의 변호인 선임은 제1심에도 그 효력이 있다.

⑤ 원심법원에서의 변호인 선임은 파기환송 또는 파기이송이 있은 후에도 효력이 있다.

08

20. 7급 국가직

전문심리위원의 공판준비 및 공판기일 등 소송절차 참여에 대한 설명으로 옳지 않은 것은? (다툼이 있는 경우 판례에 의함)

① 법원은 검사, 피고인 또는 변호인의 신청이 있는 경우에는 전문심리위원을 지정하여 소송절차에 참여하게 하여야 한다.

② 전문심리위원은 소송절차에 참여하여 전문적인 지식에 의한 설명 또는 의견을 기재한 서면을 제출하거나 공판기일에 전문적인 지식에 의하여 설명이나 의견을 진술할 수 있지만 재판의 합의에는 참여할 수 없다.

③ 법원은 전문심리위원과 관련된 절차 진행 등에 관한 사항을 당사자에게 적절한 방법으로 적시에 통지하여 당사자의 참여 기회가 실질적으로 보장될 수 있도록 세심한 배려를 하여야 한다.

④ 검사와 피고인 또는 변호인이 합의하여 전문심리위원의 소송절차 참여 결정을 취소할 것을 신청한 때에는 법원은 그 결정을 취소하여야 한다.

Answer

01 ② [×] 공소장 정정으로 하여야 한다.

02 ④ [×] 증거능력이 부인되어야 한다.

03 ② 옳지 않은 것은 ㉣ 1개이다.

04 ④ 무죄추정의 원칙에 반하지 아니한다.

05 ③ [×] 법원은 피고인이 빈곤 그 밖의 사유로 변호인을 선임할 수 없는 경우에 피고인의 청구가 있는 때에는 변호인을 선정하여야 한다(제33조 제2항).

06 ③ [×] '피고인이 심신장애의 의심이 있는 때'란 진단서나 정신감정 등 객관적인 자료에 의하여 피고인의 심신장애 상태를 확인할 수 있거나 추단할 수 있는 근거가 있는 경우로 제한되지 않는다(2019도3531).

07 ③ [×] 심문할 피의자에게 변호인이 없는 때에는 지방법원판사는 직권으로 변호인을 선정하여야 한다. 이 경우 변호인의 선정은 피의자에 대한 구속영장청구가 기각되어 효력이 소멸한 경우를 제외하고는 제1심까지 효력이 있다(제201조의2 제8항).

08 ① [×] 법원은 직권 또는 검사, 피고인 또는 변호인의 신청에 의하여 결정으로 전문심리위원을 지정하여 소송절차에 참여하게 할 수 있다(제279조의2 제1항).

박문각
공무원
기본서

김상천
형사소송법

CHAPTER

10

소송행위

Chapter 10 소송행위

제1절 소송행위

1 소송행위의 의의

① 소송행위라 함은 '소송절차를 조성하는 행위로서 소송법상 효과가 인정되는 것'을 말한다. 이는 공판절차뿐만 아니라 수사와 집행절차를 조성하는 행위도 포함된다.

② 법관의 임면, 사법사무의 분배: 소송행위는 소송절차를 조성하는 행위이므로 법관의 임면·사법사무의 분배와 같이 소송절차 자체를 조성하는 행위가 아닌 것은 소송행위가 아니다. 12. 경찰간부

③ 법정경찰의 법정정리, 개정준비 행위: 소송행위는 소송법상의 효과가 인정되는 행위이므로 사실상 소송의 진행에 기여할지라도 소송법적 효과가 발생하지 않는 법정경찰의 법정정리, 개정준비 행위 등은 소송행위가 아니다.

④ 자수, 자백: 자수, 자백과 같이 소송법상의 효과와 실체법적 효과가 동시에 인정되는 경우(이중 기능적 소송행위)도 소송행위이다.

2 소송행위의 종류

1. 주체에 의한 분류

법원의 소송행위	• 심리와 재판 • 강제처분과 증거조사 • 재판장, 수명법관, 수탁판사의 소송행위 • 법원사무관 조서작성 등의 소송행위 12. 경찰간부
당사자의 소송행위	• 검사와 피고인의 소송행위[신청(청구), 진술(주장), 입증(증명)] • 피고인의 변호인, 대리인, 보조인의 소송행위
제3자의 소송행위	• 고소, 고발, 증언, 감정, 피고인 외의 자의 압수물에 대한 환부, 가환부 청구

2. 기능에 의한 분류

취효적 소송행위	• 그 자체로는 소송상황을 형성하지 않고 다른 주체의 소송행위를 요하는 소송행위 ⇨ 효과요구소송행위 • 공소제기, 증거조사신청, 관할위반신청 등
여효적 소송행위	• 그 자체가 직접적으로 소송절차를 형성하는 소송행위 ⇨ 효과부여소송행위 • 고소의 취소, 상소취하, 정식재판청구의 취하 등

3. 성질에 의한 분류

법률행위적 소송행위		• 일정한 소송법적 효과를 내용으로 하는 의사표시를 요소로 하고 그에 상응하는 효과가 인정되는 소송행위 • 다만, 사법상의 소송행위와는 달리 의사표시대로 효과가 발생하는 것이 아니라 소송법상 정형화된 효과만 발생함 12. 경찰간부 • 고소, 기피신청, 영장발부, 공소제기, 재판의 선고, 상소제기 등
사실행위적 소송행위	표시행위	• 의사를 내용으로 하는 소송행위이지만 그에 상응하는 소송법적 효과가 인정되지 않는 것 • 논고, 구형, 변론, 증언, 감정 등
	순수사실행위	• 의사내용보다는 행위결과를 중시하여 의사내용에 관계없이 소송법적 효과가 인정되는 행위 • 체포, 구속, 압수, 수색 등의 영장의 집행, 피고인의 퇴정 등
복합적 소송행위		• 법률행위적 소송행위와 사실행위적 소송행위가 복합된 소송행위 • 영장에 의한 강제처분 ⇨ 영장발부는 법률행위적 소송행위 + 영장의 집행은 순수사실행위

4. 목적에 의한 분류

실체형성 행위	• 실체면의 형성에 직접적인 역할을 담당하는 소송행위로서 법관의 심증형성에 영향을 미치는 행위(심증형성행위) • 피고인의 진술, 증거조사 12. 경찰간부, 당사자의 진술 · 변론 증언 03. 경사, 법원의 검증 등
절차형성 행위	• 절차의 형식적 발전과 그 발전을 촉구하는 절차면의 형성에 역할을 담당하는 소송행위 • 공소제기, 공판기일의 지정, 소송관계인의 소환 증거조사의 신청 12. 경찰간부, 상소의 제기, 판결의 선고 등

3 소송행위의 일반적 요소

1. 소송행위의 주체

(1) 소송행위 적격

1) 의 의

소송행위의 주체가 자신의 이름으로 소송행위를 할 수 있는 자격을 말한다.

2) 종 류

① 일반적 행위적격

㉠ **소송능력: 피고인이 소송당사자로서 유효하게 소송행위를 할 수 있는 능력을 말한다.**

㉡ **소송행위능력: 자신의 이익과 권리를 방어할 수 있는 사실상의 능력을 말한다.**

② 특별한 행위적격(개개의 소송행위에 대해서 요구되는 행위적격)

㉠ **행위적격이 소송행위의 개념요소인 경우, 행위적격 없는 자의 행위는 불성립된다. ⇨ 법관이 아닌 자의 재판, 검사 아닌 자의 공소제기**

㉡ **소송행위가 일정한 권한을 요구하는 경우, 행위적격 없는 자의 행위는 무효가 된다. ⇨ 고소권자 아닌 자의 고소, 상소권자 아닌 자의 상소**

(2) 소송행위의 대리

포괄적 대리가 허용되는 경우	• 의사무능력자의 법정대리인의 대리(제26조) 01. 여경2차, 16. 9급국가직 • 경미사건에서의 피고인의 대리인(제277조) 01. 여경2차, 16. 9급국가직 • 변호인, 보조인의 대리(제36조, 제29조) • 법인의 대표자의 대리(제27조)
특정소송행위에 대해 대리가 인정되는 경우	• 고소 또는 고소취소의 대리(제236조) 16. 9급국가직 • 재정신청의 대리(제264조) • 변호인선임의 대리(제30조) • 상소의 대리(제341조) • 적부심사 청구의 대리(제214조의2)
명문의 허용규정이 없는 경우	• 명문의 규정이 없는 경우에는 대리가 허용되지 않음 00. 검찰7급, 14. 7급국가직 : 고발 04. 행시, 자수 08. 경장, 자백 06. 경찰2차, 증언 01. 검찰5급, 16. 9급국가직, 감정, 공소제기 01. 여경2차, 공소취소 • 혈액채취 동의는 법정대리인이 할 수 없음: 혈액채취가 필요한 경우, 본인만이 혈액채취에 관한 유효한 동의를 할 수 있고, 피의자에게 의사능력이 없는 경우에도 명문의 규정이 없는 이상 법정대리인이 피의자를 대리하여 동의할 수는 없다(2013도1228). 15. 경찰2차 · 9급국가직, 16. 경찰간부, 18 · 19 · 20. 법원

기출 키워드 체크

형사소송법에 소송행위의 _______를 인정하는 명문의 규정이 없는 때에는 _______는 허용되지 아니한다.

기출 키워드 체크

의사능력이 없는 경우에도 명문의 규정이 없는 이상 법정대리인이 피의자를 _______하여 동의할 수는 없다.

Answer

기출 키워드 체크

대리, 대리

대리

2. 소송행위의 내용

(1) 소송행위의 형식적 확실성

① 소송행위에는 형식적 확실성이 요청된다.

② 따라서 소송행위에 있어서는 표시의 내용이 소송행위 자체에 의하여 명확히 나타나지 않으면 안 된다.

(2) 소송행위의 부관

1) 원 칙

① 소송행위는 형식적 확실성으로 인하여 부관에 친하지 않는 행위이다.

② 따라서 조건부 · 기한부 소송행위는 원칙적으로 허용되지 않는다.

③ 예를 들어 상소의 제기, 재판에는 부관이 허용되지 않는다.

2) 예 외

① 조건부 소송행위도 형식적 확실성을 해하지 않고 피고인의 이익에 중대한 영향이 없는 범위에서는 허용된다.

② 예를 들어 공소사실과 적용 법조의 예비적 · 택일적 기재, 조건부 또는 택일적 증거신청의 경우 부관이 허용된다.

(3) 소송행위의 방식

1) 구두주의

① 실체형성행위의 원칙적 방법이다.

② 표시내용이 신속 · 선명하게 전달되고, 표시자와 표시가 일치하므로 중간에 의사표시가 왜곡될 위험이 없다.

2) 서면주의

① 절차형성행위의 원칙적 방법이다. 03. 경사

② 소송행위를 내용적 · 절차적으로 분명히 하여 장래의 분쟁을 방지하고 소송행위에 신중을 기할 수 있다.

3) 방식 위반의 효과

① 방식에 관한 규정이 효력규정인 경우 이에 위반한 행위는 무효이다.

② 구두에 의한 공소제기나 약식명령 신청 또는 재정신청도 무효이다.

☑ **구두주의가 적용되는 절차**

- 진술거부권의 고지
- 검사의 모두진술, 피고인의 모두진술
- 피고인신문, 증인신문
- 검사의 의견진술, 변호인의 최후변론, 피고인의 최후진술
- 불필요한 변론의 제한
- 퇴정명령

☑ **구두주의가 서면주의가 모두 적용되는 절차**

- 공소장변경신청(원칙, 서면, 예외, 구술) 03. 경사
- 상소의 포기 · 취하, 정식재판청구의 포기 · 취하 14. 7급국가직
- 고소 · 고발 및 그 취소 14. 7급국가직
- 공소취소 09. 법원
- 영장실질심사, 적부심, 보석 심문기일통지
- 공판기일변경신청
- 증거조사 및 재판장 처분에 대한 이의신청
- 기피신청
- 변론분리와 병합신청
- 증거조사신청
- 공판준비 또는 공판기일에서 증거개시 신청
- 대표변호인 지정, 철회, 변경 신청
- 보조인 선임 신고
- 국선변호인선정청구
- 공소제기 전 국선변호인 선정 후 고지

④ 소송서류

1. 소송서류의 의의

① 소송서류는 특정한 소송과 관련하여 작성된 일체의 서류를 말한다.

② 법원이 소송서류를 소송절차의 진행순서에 따라 편철한 것을 소송기록이라고 한다.

2. 개정 전 비공개 원칙

① 소송에 관한 서류는 공판의 개정 전에는 공익상 필요 기타 상당한 이유가 없으면 공개하지 못한다(제47조). 11. 법원

② 공판의 개정 전에는 제1회 공판기일 전뿐만 아니라 제2회 공판기일에도 제1회 공판기일에 공개하지 않았던 서류는 공개하지 못한다.

3. 소송서류의 종류

참고+ **소송서류의 성질에 따른 분류**

1. 의사표시적 문서
   - 의사표시를 내용으로 하는 문서로 당해사건에 대해서는 증거능력이 없다.
   - 고소장, 공소장, 상소장, 변호인 선임계
2. 보고적 문서
   - 일정한 사실의 보고를 내용으로 하는 문서로 일정요건하에 증거능력이 있다.
   - 공판조서, 검증조서, 증인신문조서 등

(1) 성질에 따른 분류

소송서류는 성질에 따라 의사표시적 문서와 보고적 문서로 나눌 수 있다.

(2) 작성자에 따른 분류

공문서	• 기명날인 또는 서명: 공무원이 작성하는 서류에는 법률에 다른 규정이 없는 때에는 작성 연월일과 소속공무소를 기재하고 기명날인 또는 서명하여야 한다. • 간인: 서류에는 간인하거나 이에 준하는 조치를 하여야 한다. • 변개 금지: 공무원이 서류를 작성함에는 문자를 변개하지 못한다. • 삽입, 삭제 등: 삽입, 삭제 또는 난외기재를 할 때에는 이를 기재한 곳에 날인하고 그 자수를 기재하여야 한다. 단, 삭제한 부분은 알아볼 수 있도록 그대로 두어야 한다.
사문서	• 기명날인 등 09. 법원: 공무원 아닌 자가 작성하는 서류에는 연월일을 기재하고 기명날인하여야 한다. 인장이 없으면 지장으로 한다. • 대서 09. 법원: 공무원이 아닌 자가 서명날인을 하여야 할 경우에 서명을 할 수 없으면 타인이 대서한다. 이 경우에는 대서한 자가 그 사유를 기재하고 기명날인 또는 서명하여야 한다.

4. 조 서

(1) 의 의

① 일정한 절차나 사실을 인증하기 위해 소송법상의 기관이 작성하는 공문서를 말한다.

② 조서에는 수사기관이 작성하는 조서와 법원에서 작성하는 조서가 있다.

③ 법원에서 작성하는 조서는 공판기일에 작성한 공판조서와 공판기일 외의 절차에서 작성한 조서로 나누어 볼 수 있다.

(2) 공판조서

1) 의 의

① 공판기일의 소송절차가 적법하게 행하여졌는지 여부를 입증하기 위하여 법원사무관 등이 공판기일의 소송절차의 경과를 기재한 조서를 말한다.

② 공판준비절차, 증거보전절차에서 작성한 조서는 공판조서가 아니다.

2) 증명력

공판기일의 소송절차로서 공판조서에 기재된 것은 그 조서만으로써 증명하며(제56조), 다른 자료에 의한 반증을 허용하지 않는다.

3) 작성주체

① 공판기일의 소송절차에 관하여는 참여 법원사무관 등이 공판조서를 작성하여야 한다(제51조 제1항). 12. 법원, 19. 변호사, 21. 경찰간부 ⇨ 법관이 작성하는 것이 아님에 유의하여야 한다.

② 공판기일에 참여하지 않은 법원사무관들이 작성한 공판조서는 무효이다.

4) 기재사항

① 공판을 행한 일시와 법원 09. 경찰1차

② 피고인, 대리인, 대표자, 변호인, 보조인과 통역인의 성명 09. 경찰1차

③ 공판정에서 행한 검증 또는 압수 09. 경찰1차

④ 법관, 검사, 법원사무관 등의 관직, 성명 19. 법원

⇨ 공판조서에 그 공판에 관여한 법관의 성명이 기재되어 있지 않다면 공판절차가 법령에 위반되어 판결에 영향을 미친 위법이 있다(70도1312). 19. 법원

⑤ 피고인의 출석 여부

⑥ 공개의 여부와 공개를 금한 때에는 그 이유

⑦ 공소사실의 진술 또는 그를 변경하는 서면의 낭독

⑧ 피고인에게 그 권리를 보호함에 필요한 진술의 기회를 준 사실과 그 진술한 사실

⑨ 제48조 제2항에 기재한 사항

⑩ 증거조사를 한 때에는 증거될 서류, 증거물과 증거조사의 방법

⑪ 변론의 요지

⑫ 재판장이 기재를 명한 사항 또는 소송관계인의 청구에 의하여 기재를 허가한 사항

⑬ 피고인 또는 변호인에게 최종 진술할 기회를 준 사실과 그 진술한 사실

OX 공판기일의 소송절차로서 공판조서에 기재된 것은 그 조서만으로 증명하고, 명백한 오기인 경우를 제외하고는 다른 자료에 의한 반증이 허용되지 않는다. (○, ×) 21. 경찰간부

OX 공판기일의 소송절차에 관하여는 수소법원의 재판장이 아니라 참여한 법원사무관 등이 공판조서를 작성한다. (○, ×) 21. 경찰간부

☑ **공판조서의 기재사항이 아닌 것의 예**

검사의 출석 여부 09. 경찰1차, 변호인의 출석 여부, 구속만기일, 피고인의 태도, 검사의 서명, 피고인의 서명날인, 판결의 요지, 사법경찰관의 관직과 성명

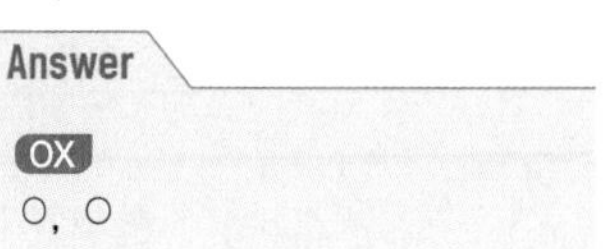

Answer

OX

○, ○

5) 기명날인, 서명

① 재판장과 참여한 법원사무관 등의 기명날인 또는 서명: 공판조서에는 재판장과 참여한 법원사무관 등이 기명날인 또는 서명하여야 한다.

㉠ **당해 공판기일에 열석하지 아니한 판사가 재판장으로서 서명날인한 공판조서는 소송법상 무효라 할 것이다(공판조서로서의 증명력이 없다)(82도2940).** 09·18. 7급국가직

㉡ **공판조서에 그 공판에 관여한 법관의 성명이 기재되어 있지 아니하다면 공판절차가 법령에 위반되어 판결에 영향을 미친 위법이 있다 할 것이다(70도1312).**

② 재판장 기명날인 또는 서명 불가시: 재판장이 기명날인 또는 서명할 수 없는 때에는 다른 법관이 그 사유를 부기하고 기명날인 또는 서명하여야 하며 법관전원이 기명날인 또는 서명할 수 없는 때에는 참여한 법원사무관 등이 그 사유를 부기하고 기명날인 또는 서명하여야 한다.

③ 법원사무관 등이 기명날인 또는 서명 불가시: 법원사무관 등이 기명날인 또는 서명할 수 없는 때에는 재판장 또는 다른 법관이 그 사유를 부기하고 기명날인 또는 서명하여야 한다. 05. 경찰3차

6) 공판조서 정리

① 신속히 정리 04. 여경1차, 05. 경찰3차, 11. 법원: 공판조서는 각 공판기일 후 신속히 정리하여야 한다(제54조 제1항).

② 공판조서에 의하여 고지: 다음 회 공판기일에 있어서는 전회의 공판심리에 관한 주요사항의 요지를 전회의 공판조서에 의하여 고지하여야 한다. ⇨ 다만, 다음 회의 공판기일까지 전회의 공판조서가 정리되지 아니한 때에는 조서에 의하지 아니하고 고지할 수 있다. 10·11. 법원

③ 변경 청구, 이의 제기 11. 법원·교정특채, 12. 법원: 검사, 피고인 또는 변호인은 공판조서의 기재에 대하여 변경을 청구하거나 이의를 제기할 수 있다. ⇨ 위 청구가 이의가 있는 때에는 그 취지와 이에 대한 재판장의 의견을 기재한 조서를 당해 공판조서에 첨부하여야 한다. 11. 법원

7) 속기 및 녹취

① 신청 또는 직권으로 속기, 녹음 또는 영화녹화 12. 법원: 법원은 검사, 피고인 또는 변호인의 신청이 있는 때에는 특별한 사정이 없는 한 공판정에서의 심리의 전부 또는 일부를 속기사로 하여금 속기하게 하거나 녹음장치 또는 영상녹화장치를 사용하여 녹음 또는 영상녹화(녹음이 포함된 것을 말한다. 이하 같다)하여야 하며, 필요하다고 인정하는 때에는 직권으로 이를 명할 수 있다(제56조의2 제1항). 20. 경찰1차

② 공판기일·공판준비기일을 열기 전까지 신청 12. 법원, 14. 경찰간부: 속기, 녹음 또는 영상녹화(녹음이 포함된 것을 말한다)의 신청은 공판기일·공판준비기일을 열기 전까지 하여야 한다(규칙 제30조의2).

③ 공판조서와 별도로 보관: 법원은 속기록·녹음물 또는 영상녹화물을 공판조서와 별도로 보관하여야 한다(제56조의2 제2항).

④ 속기록·녹음물 또는 영상녹화물 또는 녹취서 등은 전자적 형태로 이를 보관할 수 있으며, 재판이 확정되면 폐기한다. 09·12. 법원, 14. 경찰간부 ⇨ 다만, 조서의 일부가 된 경우에는 폐기하지 아니한다.

⑤ 속기록·녹음물 또는 영상 녹화물의 사본 청구: 검사, 피고인 또는 변호인은 비용을 부담하고 제2항에 따른 속기록·녹음물 또는 영상녹화물의 사본을 청구할 수 있다(제56조의2 제3항).

⑥ 검사가 사전에 공판정에서의 녹음을 신청한 사실이 없고, 법원이 직권으로 녹음을 명한 바도 없으나 조서 작성의 편의를 위한 녹음이 이루어진 경우라면, 검사는 녹음물의 사본을 청구할 수 없다(2012모459).

⑦ 재판장은 필요하다고 인정하는 때에는 법원사무관 등 또는 속기사 등에게 녹음 또는 영상녹화된 내용의 전부 또는 일부를 녹취할 것을 명할 수 있다(규칙 제38조 제1항).

⑧ 조서에는 서면, 사진, 속기록, 녹음물, 영상녹화물, 녹취서 등 법원이 적당하다고 인정한 것을 인용하고 소송기록에 첨부하거나 전자적 형태로 보관하여 조서의 일부로 할 수 있다(규칙 제29조 제1항). 14. 경찰간부

8) 열람·낭독

① 공판조서의 열람 또는 등사 청구 05. 경찰3차, 11. 교정특채: 피고인은 공판조서의 열람 또는 등사를 청구할 수 있다.

② 열람등사청구권 침해

㉠ **원칙: 증거능력 제한**

피고인의 열람 또는 등사청구에 법원이 불응하여 피고인의 열람 또는 등사청구권이 침해된 경우에는 ⓐ '그 공판조서'와 ⓑ '공판조서에 기재된 당해 피고인이나 증인의 진술'을 증거로 할 수 없다(2003도3282). 09·12·18. 법원, 09·13. 7급국가직, 10. 경찰2차, 11. 교정특채, 14·21. 경찰간부, 19. 변호사

㉡ **예외: 하자 치유**

㉢ **피고인의 방어권이나 변호인의 변호권을 본질적으로 침해한 정도에 이르지는 않은 경우 그 공판조서는 증거로 사용할 수 있다(2007도3906).** 05. 8급국가직·9급개론

㉣ **공판기일 전 등 원하는 시기에 공판조서를 열람·등사하지 못하였다 하더라도 그 변론종결 이전에 이를 열람등사한 경우, 공판조서를 유죄의 증거로 할 수 있다(2007도3906).** 09. 7급국가직, 15. 9급국가직·9급개론, 19. 변호사 ⇨ **그러나 피고인의 방어권 행사에 지장이 있는 경우에는 유죄의 증거로 할 수 없다(2007도3906).** 18. 해경2차

③ 피고인이 공판조서를 읽지 못하는 때에는 공판조서의 낭독을 청구할 수 있다. 09·10. 법원

OX 피고인이 공판조서에 대해 열람 또는 등사를 청구하였는데 법원이 불응하여 피고인의 열람 또는 등사청구권이 침해된 경우, 그 공판조서를 유죄의 증거로 할 수 없으나 그 공판조서에 기재된 증인의 진술은 다른 절차적 위법이 없는 이상 증거로 할 수 있다. (○, ×) 21. 경찰간부

기출 키워드 체크

판례에 따르면 피고인의 공판조서 열람·등사의 청구에 법원이 응하지 아니한 것이 피고인의 ______이나 변호인의 변호권을 본질적으로 침해한 정도에 이르지는 않은 경우 그 공판조서는 증거로 사용할 수 있다.

기출 키워드 체크

피고인은 공판조서의 ______ 또는 등사를 청구할 수 있고, 공판조서를 읽지 못하는 때에는 공판조서의 ______을 청구할 수 있으며, 이러한 청구에 응하지 않았다면 그 공판조서를 유죄의 증거로 할 수 없다.

기출 키워드 체크

피고인의 열람 또는 등사청구권이 침해된 경우에는 그 ______를 유죄의 증거로 할 수 없을 뿐만 아니라, 공판조서에 기재된 당해 피고인이나 증인의 ______도 증거로 할 수 없다.

Answer

기출 키워드 체크
방어권
열람, 낭독
공판조서, 진술

OX
×

④ 피고인의 낭독청구가 있는 때에는 재판장의 명에 의하여 법원사무관 등이 낭독한다. ⇨ 피고인의 청구에 응하지 아니한 때에는 그 공판조서를 유죄의 증거로 할 수 없다(제55조 제3항). 18. 해경2차

(3) 공판기일 외의 절차에 관한 조서

1) 의 의

공판기일 외의 절차에 관하여 법원에서 작성된 조서에는 공판기일 외에서 피고인, 증인, 감정인, 통역인, 번역인에 대한 신문 결과를 기재한 각종 신문조서(제48조), 공판기일 외에서의 검증, 압수, 수색의 결과를 기재한 조서(제49조) 등이 있다.

2) 각종 신문조서

① 피고인, 피의자, 증인, 감정인, 통역인 또는 번역인을 신문하는 때에는 참여한 법원사무관 등이 조서를 작성하여야 한다.

② 조서는 진술자에게 읽어주거나 열람하게 하여 기재내용의 정확 여부를 물어야 한다.

③ 진술자가 증감변경의 청구를 한 때에는 그 진술을 조서에 기재하여야 한다.

④ 신문에 참여한 검사, 피고인, 피의자 또는 변호인이 조서의 기재의 정확성에 대하여 이의를 진술한 때에는 그 진술의 요지를 조서에 기재하여야 한다.

⑤ 위의 경우에는 재판장 또는 신문한 법관은 그 진술에 대한 의견을 기재하게 할 수 있다.

⑥ 조서에는 진술자로 하여금 간인한 후 서명날인하게 하여야 한다. 단, 진술자가 서명날인을 거부한 때에는 그 사유를 기재하여야 한다.

3) 압수 · 수색 검증조서

① 검증, 압수 또는 수색에 관하여는 조서를 작성하여야 한다.

② 검증조서에는 검증 목적물의 현상을 명확하게 하기 위하여 도화나 사진을 첨부할 수 있다.

③ 압수조서에는 품종, 외형상의 특징과 수량을 기재하여야 한다.

4) 심문조서

① 구속전 피의자 심문을 하는 경우, 법원사무관 등은 심문의 요지 등을 조서로 작성하여야 한다.

② 체포 · 구속적부심사의 심문기일에서도 법원사무관 등은 심문의 요지 등을 조서로 작성하여야 한다.

5) 공판준비조서

공판준비기일을 마친 경우 그 쟁점 및 증거에 관한 정리결과를 공판준비기일 조서에 기재하여야 한다.

6) 기명날인, 서명

① 위 신문조서나 압수 · 수색 · 검증조서에는 조사 또는 처분의 연월일시와 장소를 기재하고 그 조사 또는 처분을 행한 자와 참여한 법원사무관 등이 기명날인 또는 서명하여야 한다.

② 단, 공판기일 외에 법원이 조사 또는 처분을 행한 때에는 재판장 또는 법관과 참여한 법원사무관 등이 기명날인 또는 서명하여야 한다.

5 소송서류의 송달

1. 의 의

법원 또는 법관이 검사 · 피고인 · 변호인 기타 소송관계인에 대하여(↔ 공시, 공고 : 불특정 다수에 대해) 법정의 방식(↔ 통지 : 방식 없음)에 의하여 소송서류의 내용을 알리는 직권적 소송행위를 말한다.

2. 송달방법

(1) 교부송달(원칙)

① 서류의 송달에 관하여 법률에 다른 규정이 없는 때에는 민사소송법을 준용하므로 교부송달이 원칙이다(제65조).

② 교부송달이 불가능할 경우에는 보충송달, 유치송달을 하며 일정한 경우에는 우편송달, 공시공달을 할 수 있다.

(2) 보충송달

① 교부할 장소에 송달받을 자를 만나지 못한 때에 그 사무원, 고용인 또는 동거자로서 그 사리를 분별할 지능이 있는 자에게 교부하는 것을 말한다.

② 동거가족에게 서류가 교부되고 그 동거가족이 사리를 변식할 지능이 있는 이상 피고인이 그 서류의 내용을 알지 못한 경우에도 송달의 효력은 있다(96모32).

③ 사리를 변식할 지능이 있다고 하려면 사법제도 일반이나 소송행위의 효력까지 이해할 필요는 없다 하더라도 적어도 송달의 취지를 이해하고 영수한 서류를 수송달자에게 교부하는 것을 기대할 수 있는 정도의 능력은 있어야 한다(96모31).

④ 어머니가 문맹이고 관절염, 골다공증으로 인하여 거동이 불편하다고 하더라도, 어머니에게 교부한 것은 적법한 보충송달로서 효력이 있다(99모225). 10 · 11. 경찰승진

⑤ 8세 4월 정도의 딸(95모20) 11. 경찰승진, 10세 정도의 아들(96모32) 19. 9급개론 에게 각 송달한 것은 적법한 보충송달이다.

⑥ 주민등록상 주소가 변경되었음에도 종전주거지로 소송기록접수통지서를 송달하여 피고인의 어머니가 수령한 경우, 피고인의 어머니는 동거자라 볼 수 없고, 위 송달은 효력이 없다(96도2814). 10. 경찰승진, 19. 경찰간부

⑦ 재항고인의 배우자가 거주지에서 항소사건 소송기록접수통지서를 송달받았지만 당시 재항고인은 이미 호주로 출국하여 2년 이상 외국에서 계속 머물면서 배우자와 함께 생활하지 않고 있었던 이상 배우자의 거주지를 재항고인의 실제 생활근거지인 주소, 거소 등 적법한 송달장소로 볼 수 없다(2018모642).

(3) 유치송달

송달을 받을 자가 정당한 사유 없이 송달받기를 거부한 때에 송달할 장소에 서류를 놓아두는 것이다.

(4) 공시송달

1) 의 의

공시송달은 법원사무관 등이 송달할 서류를 보관하고 그 사유를 법원 게시장에 공시하여야 하는 송달을 말한다. 10. 법원, 15. 경찰간부

2) 사 유

① 피고인의 주거, 사무소와 현재지를 알 수 없는 때

② 피고인이 재판권이 미치지 아니하는 장소에 있는 경우에 다른 방법으로 송달할 수 없는 때 09 · 15. 법원

3) 방 식

① 공시송달은 대법원규칙의 정하는 바에 의하여 법원이 명한 때에 한하여 할 수 있다. 05 · 09 · 12. 법원

② 공시송달은 법원사무관 등이 송달할 서류를 보관하고 그 사유를 법원게시장에 공시하는 방법으로 시행한다. 17. 7급국가직

③ 법원은 공시송달사유를 관보나 신문지상에 공고할 것을 명할 수 있다.

④ 법원은 주거, 사무소, 현재지 등 소재가 확인되지 않는 피고인에 대하여 공시송달을 할 때에는 검사에게 주소보정을 요구하거나 기타 필요한 조치를 취하여 피고인의 수감 여부를 확인할 필요가 있다(2013도2714). 15. 9급개론

4) 효 력

① 1회 2주일 경과, 2회 이후 5일 경과 05 · 08 · 09 · 10 · 17. 법원, 15. 경찰1차, 15 · 18. 경찰간부 ⇨ 최초의 공시송달은 공시를 한 날로부터 2주일을 경과하면 그 효력이 생긴다. 단, 제2회 이후의 공시송달은 5일을 경과하면 그 효력이 생긴다.

② 제1심이 위법한 공시송달로 피고인을 소환한 후 피고인의 출석 없이 재판한 경우 ⇨ 항소심으로서는 다시 적법한 절차에 의하여 소송행위를 새로이 한 후 위법한 제1심판결을 파기하고, 항소심에서의 진술 및 증거조사 등 심리결과에 기하여 다시 판결하여야 한다(2014도3037).

기출 키워드 체크

공시송달은 법원사무관 등이 송달할 서류를 보관하고 그 사유를 법원게시장에 공시하여야 한다. 최초의 공시송달은 공시를 한 날로부터 ______ 주일을 경과하면 그 효력이 생긴다. 단, 제2회 이후의 공시송달은 ______ 일을 경과하면 그 효력이 생긴다.

Answer

기출 키워드 체크
2, 5

3. 검사에 대한 송달

검사에 대한 송달은 서류를 소속검찰청에 송부하여야 한다. 05 · 10 · 11 · 17. 법원, 19. 경찰간부

4. 피고인에 대한 송달

(1) 송달영수인 신고

① 피고인, 대리인, 대표자, 변호인 또는 보조인이 법원 소재지에 서류의 송달을 받을 수 있는 주거 또는 사무소를 두지 아니한 때에는 법원 소재지에 주거 등이 있는 자를 송달영수인으로 선임하여 연명한 서면으로 신고하여야 한다(제60조). 19. 7급국가직

② 송달영수인은 송달에 관하여 본인으로 간주하고 그 주거 또는 사무소는 본인의 주거 또는 사무소로 간주한다.

③ 송달영수인의 선임은 같은 지역에 있는 각 심급법원에 대하여 효력이 있다.

④ 송달영수인의 선임을 신고하여야 할 자가 그 신고를 하지 아니하는 때에는 법원사무관 등은 서류를 우체에 부치거나 기타 적당한 방법에 의하여 송달할 수 있다. 05 · 08 · 10 · 15 · 16. 법원, 19. 경찰간부

⑤ 서류를 우체에 부친 경우에는 도달된 때에 송달된 것으로 간주한다. 08 · 10 · 15 · 16. 법원

(2) 구속피고인 특칙

① 교도소 또는 구치소에 구속된 자에게 할 송달은 그 소장에게 한다. 15 · 17. 법원

㉠ **교도소장 등에 송달하면 구속된 자에게 전달된 여부와 관계없이 효력이 생긴다(91도3272).** 10 · 12 · 16. 법원, 11. 경찰승진, 14. 7급국가직 · 경찰간부, 15. 9급개론, 19. 경찰간부

㉡ **재감자에 대한 약식명령의 송달을 교도소 등의 소장에게 하지 아니하고 수감되기 전의 주소 · 거소에 하였다면 부적법하여 무효이다.** 17. 7급국가직 ⇨ **재감 중인 재항고인에게 소송기록접수통지서를 송달하면서 송달받을 사람을 구치소의 장이 아닌 재항고인으로 하였고 구치소 서무계원이 이를 수령한 경우, 이러한 소송기록접수의 통지는 효력이 없다(2017모1680).** 20. 법원

㉢ **당사자가 다른 방법으로 약식명령 고지사실을 알았다고 하여도 송달의 효력은 발생하지 아니한다(95모14).** 10. 경찰승진, 11 · 16. 법원

㉣ **재심청구기각결정을 구치소장이 아닌 청구인에게 송달한 것은 부적법하여 무효이고, 구치소장에게 다시 송달한 때 비로소 그 송달의 효력이 발생한다(2008모630).** 10. 법원

㉤ **체포 또는 구속된 시각과 송달된 시각의 선후에 의하여 결정하되, 선후관계가 명백하지 않다면 송달의 효력은 발생하지 않는 것으로 보아야 한다(2017모2162).**

② 송달영수인에 관한 규정은 신체구속을 당한 자에게 적용되지 않는다. 따라서 피고인이 구속 중인 경우에는 송달영수인 신고의무가 면제된다. ⇨ '신체를 구속당한 자'라 함은 당해 사건에서 신체를 구속당한 자를 말하고, 다른 사건에서 신체를 구속당한 자는 해당되지 않는다(76모69). 12. 법원

기출 키워드 체크

주거, 사무소 또는 송달영수인의 선임을 신고하여야 할 자가 그 신고를 하지 아니하는 때에는 법원사무관 등은 서류를 ______에 부치거나 기타 적당한 방법에 의하여 송달할 수 있고, 서류를 ______에 부친 경우에는 ______된 때에 송달된 것으로 간주한다.

기출 키워드 체크

교도소 또는 구치소에 구속된 자에 대한 송달은 ______에게 송달하면 구속된 자에게 전달된 여부와 관계없이 효력이 생긴다.

관련 판례

형사소송법 제65조, 민사소송법 제182조에 의하면 교도소 · 구치소 또는 국가경찰관서의 유치장에 수감된 사람에게 할 송달을 교도소 · 구치소 또는 국가경찰관서의 장에게 하지 아니하고 수감되기 전의 종전 주 · 거소에 하였다면 부적법하여 무효이고, 법원이 피고인의 수감 사실을 모른 채 종전 주 · 거소에 송달하였다고 하여도 마찬가지로 송달의 효력은 발생하지 않는다. 그리고 송달명의인이 체포 또는 구속된 날 소송기록접수통지서 등의 송달서류가 송달명의인의 종전 주 · 거소에 송달되었다면 송달의 효력 발생 여부는 체포 또는 구속된 시각과 송달된 시각의 선후에 의하여 결정하되, 선후관계가 명백하지 않다면 송달의 효력은 발생하지 않는 것으로 보아야 한다(대법원 2017.11.7.자 2017모2162 결정).

Answer

기출 키워드 체크

우체, 우체, 도달
그 소장

▶ **공시송달이 위법하다고 본 경우**

1. 기록에 나타난 피고인의 휴대전화번호와 집전화번호로 연락하여 송달받을 장소를 확인해 보는 등의 조치를 취하지 아니한 채 곧바로 공시송달을 한 경우(2006도3892) 09 · 11 · 12. 법원, 10. 경찰승진, 13. 7급국가직
2. 위법한 공시송달 방법으로 피고인소환장 등을 송달하고 피고인의 진술 없이 판결을 선고한 제1심의 절차가 위법하다는 이유로 제1심판결을 파기하면서도, 별도의 증거조사를 거치지 아니한 채 피고인의 참여 없이 실시된 제1심 증거조사 결과에 기초하여 공소사실을 유죄로 인정한 사례(2012도986) 13 · 15. 법원, 15. 경찰1차
3. 법원은 주거, 사무소, 현재지 등 소재가 확인되지 않는 피고인에 대하여 공시송달을 할 때에는 검사에게 주소보정을 요구하거나 기타 필요한 조치를 취하여 피고인의 수감 여부를 확인할 필요가 있음에도 별건으로 수감 중인 피고인에게 공시송달의 방법으로 소송서류를 송달한 다음 피고인의 출석 없이 재판을 진행하여 유죄를 선고한 것은 위법하다고 본 사례(2013도2714) 15. 9급개론, 20. 법원
4. 주민등록표상의 주소가 불명하다는 우편집배원의 송달불능보고서만으로 피고인의 주거를 알 수 없다고 단정하여 한 공시송달결정이 위법하다고 본 사례(90모70) 11. 경찰승진
5. 피고인이 송달받을 수 있는 장소를 찾아보는 조치들을 다하지 아니한 채 공소장 기재의 주거나 주민등록부의 주소로 우송한 공판기일소환장 등이 이사불명 · 폐문부재 등의 이유로 송달불능되었다는 것만으로 '피고인의 소재가 확인되지 아니한 때'에 해당한다고 보기 어렵다고 본 사례(2005모507) 11. 경찰승진
6. 2회에 걸쳐 이사불명으로 송달불능되었고, 법원사무관이 통화하여 서류를 송달받을 수 있는 장소를 확인하지 아니한 채 제1회 공판기일에 출석할 것을 통지하기만 한 경우, 소재탐지촉탁, 구속영장 발부, 지명수배 의뢰 등의 절차를 거쳤다고 하더라고 공시송달은 위법하다고 본 사례(2011도1094)
7. 항소한 피고인이 거주지 변경신고를 하지 아니한 상태에서, 기록에 나타난 피고인의 휴대전화번호로 연락하여 송달받을 장소를 확인해 보는 등의 조치를 취하지 아니한 채 곧바로 공시송달한 사례(2009도12430)
8. 피고인의 주거 아닌 곳으로 소송기록접수통지서를 잘못 송달하여 송달불능이 되자 피고인에 대한 각 공판기일의 소환을 공시송달로 하여 피고인의 출석 없이 공판절차를 진행한 끝에 징역형을 선고한 조치는 위법하다고 본 사례(90도1297)
9. 이미 송달불능된 피고인과 전화통화하면서 송달장소를 확인하는 등의 시도를 하지 아니한 채 단순히 제1회 공판기일에 출석할 것을 통지하는 데 그친 경우(2011도1094)
10. 우편집배원이 2회에 걸쳐 재항고인의 주소지에 갔었으나 그때마다 수취인이 부재하였다는 사유만으로는 그 주거를 알 수 없는 때에 해당한다고 단정하기 어렵다고 본 사례(84모31)

6 소송행위의 일시

1. 기일과 기간

(1) 기 일

기일(期日)이란 법관·당사자 기타 소송관계인이 일정한 장소에 회합하여 소송행위를 하도록 정하여진 때를 말한다.

(2) 기 간

기간(其間)이란 일정한 소송행위에 관하여 법원·당사자 기타 소송관계인이 준수하여야 할 일정한 시간의 길이를 말한다.

(3) 기간의 계산

1) 자연적 계산방법

기간이 시, 분, 초일 경우(예 구속영장청구기간) ⇨ 즉시로 계산한다.

2) 역법적 계산방법(기간이 일, 주, 월, 년일 경우)

① 일로 계산하는 것은 일을 기준으로(말일 24:00까지), 월로 계산하는 것은 월이 몇 일까지인지 구분하지 않고, 해당 일로 계산한다.

② 예 2011. 8. 31. 구속된 피고인의 최장 구속기간 ⇨ 2012. 2. 28.까지

3) 기간계산의 방식

① 초일 불산입의 원칙: 원칙적으로 기간의 초일은 산입하지 않는다. 01·13. 경찰1차

② 예외: 시효기간, 구속기간, 형집행기간 등은 초일을 산입한다. 04. 경사

③ 공휴일·토요일 불산입의 원칙: 기간의 말일이 공휴일 또는 토요일인 경우 말일을 산입하지 않는다. 그 익일이 기간의 만료일이 된다. 10. 7급국가직

④ 예외: 시효기간이나 구속기간 형기의 경우에는 말일이 공휴일, 토요일이라도 산입한다. 04. 경사

(4) 기간의 종류

분류기준	종 류	내 용
기간 내 소송행위의 가부	행위기간	일정한 기간 내에만 적법한 소송행위를 할 수 있는 기간 예 고소기간(제230조) 08. 7급국가직, 상소기간(제358조, 제374조), 즉시항고 제출기간, 상고이유서 제출기간 등
	불행위기간	일정기간 내에는 소송행위를 할 수 없는 기간 예 제1회 공판기일 유예기간(제269조) 08. 7급국가직, 소환장 송달의 유예기간 등
	제한기간	그 기간을 넘어서는 소송행위가 계속될 수 없는 기간 예 구속기간, 감정유치기간 등

기출 키워드 체크

기간의 말일이 _____ 또는 _____에 해당하는 날은 기간에 산입하지 아니하지만, _____와 _____의 기간에 관하여서는 예외로 한다.

Answer

기출 키워드 체크

공휴일, 토요일, 시효, 구속

<table>
<tr><td rowspan="2">기간재정의 주체</td><td>법정기간</td><td>기간의 길이가 법률로 정하여져 있는 기간
예 구속기간(제92조), 상소제기기간(제358조, 제374조) 등</td></tr>
<tr><td>재정기간</td><td>재판에 의해 정하여지는 기간
예 구속기간 연장(제205조), 감정유치기간(제172조) 08. 7급국가직, 구속영장 유효기간(규칙 제178조) 08. 7급국가직 등</td></tr>
<tr><td rowspan="2">효 력</td><td>불변기간
(효력기간)</td><td>기간경과 후에 행한 소송행위가 무효로 되는 경우로서 연장이 허용되지 않는 기간
예 고소기간(제230조), 구속기간, 재정신청기간(제260조 제3항) 등</td></tr>
<tr><td>훈시기간</td><td>기간경과 후에 소송행위를 하더라도 그 효력에 영향이 없는 기간
예 고소·고발사건 처리기간(제257조), 재정결정기간(제262조 제2항), 재판기간(소송촉진법 제21조, 제22조), 사형집행기간</td></tr>
</table>

(5) 법정기간의 연장

① 법정기간은 소송행위를 할 자의 주거 또는 사무소의 소재지와 법원 또는 검찰청 소재지와의 거리 및 교통통신의 불편정도에 따라 대법원규칙으로 연장할 수 있다.

② 상고를 제기한 검찰청 소속 검사가 그 이름으로 상고이유서를 제출하여도 유효한 것으로 취급되지만 이 경우 상고를 제기한 검찰청이 있는 곳을 기준으로 법정기간인 상고이유서 제출기간이 형사소송법 제67조에 따라 연장될 수 없다(2003도2008). 14. 경찰간부

<table>
<tr><th>구 분</th><th>연장이 허용되는 경우</th><th>연장이 허용되지 않는 경우</th></tr>
<tr><td>허용
범위</td><td>법원 또는 검사에 대한 행위기간만 허용</td><td>불행위기간과 법원의 행위기간의 연장은 불허</td></tr>
<tr><td>예</td><td>• 즉시항고의 제출기간(82모52)
• 상고기간(76모58)
• 항소이유서 제출기간(85모47)
• 상고이유서 제출기간(64모87)</td><td>공소장 부본의 송달기간</td></tr>
<tr><td>국 내</td><td colspan="2">법원 또는 검찰청 소재지와의 거리에 따라
• 해로는 100킬로미터, 육로는 200킬로미터마다 각 1일을 부가
• 다만, 법원은 홍수, 천재지변 등 불가피한 사정이 있거나 교통통신의 불편정도를 고려하여 법정기간을 연장함이 상당하다고 인정하는 때에는 이를 연장할 수 있다.</td></tr>
<tr><td>해 외</td><td colspan="2">소송행위를 할 자의 거주국의 위치에 따라
• 아시아주 및 오세아니아주 ⇨ 15일
• 북아메리카주 및 유럽주 ⇨ 20일
• 중남아메리카주 및 아프리카주 ⇨ 30일</td></tr>
</table>

2. 소송행위의 장소

① 공판기일의 소송행위는 법원 또는 지원의 건물 내에 있는 법정에서 행한다(제275조 제1항). 법원장은 필요에 의하여 법원 외의 장소에서 개정케 할 수 있으며(제275조 제2항), 검증은 그 성질상 법정 외에서 행해지는 것이 원칙이다.

② 기타 법정 외의 증인신문, 피고인의 법정 외 장소에의 동행 등이 인정된다.

3. 소송서류 열람 · 등사

(1) 피의자, 피고인, 변호인

1) 법원보관 서류

① 소송계속 중의 관계 서류 또는 증거물 09. 9급국가직, 15. 경찰3차, 17. 법원 · 7급국가직 : 피고인과 변호인은 소송계속 중의 관계 서류 또는 증거물을 열람하거나 등사(열람만 ×)할 수 있다.

② 변호인의 권리는 고유권: 변호인의 열람 · 등사권은 피고인과 중복하여 가지는 고유권에 속한다.

③ 피고인의 법정대리인 등 09. 법원, 15. 9급국가직 · 9급개론 : 피고인의 법정대리인, 특별대리인, 보조인 또는 피고인의 배우자 · 직계친족 · 형제자매로서 피고인의 위임장 및 신분관계를 증명하는 문서를 제출한 자도 열람 · 등사할 수 있다(제35조 제2항).

④ 위임장과 신분관계증명문서 중 하나만 제출하면 아니 되고 두 가지 서류를 모두 제출하여야 한다.

⑤ 구속영장 등본 교부 청구: 피고인, 변호인, 피고인의 법정대리인, 법 제28조에 따른 피고인의 특별대리인, 배우자, 직계친족과 형제자매는 구속영장을 발부한 법원에 구속영장의 등본의 교부를 청구할 수 있다(규칙 제50조).

⑥ 개인정보 보호 조치 17. 경찰1차 · 7급국가직 : 재판장은 피해자, 증인 등 사건관계인의 생명 또는 신체의 안전을 현저히 해칠 우려가 있는 경우에는 열람 · 복사에 앞서 사건관계인의 성명 등 개인정보가 공개되지 아니하도록 보호조치를 할 수 있다.

2) 검사보관 서류

① 공소제기 이후 서류: 공소제기 이후 검사가 보관하고 있는 서류에 대해서는 검사에게 열람 · 등사를 신청할 수 있다.

② 법원에 불복 신청: 검사가 이를 거절하는 경우 법원에 불복을 신청할 수 있다.

3) 수사서류

① 비공개 원칙: 원칙적으로 공소제기 전 수사서류에 대한 열람 · 등사권은 인정되지 않는다.

② 증거보전 서류 등: 검사, 피고인, 피의자 또는 변호인은 판사의 허가를 얻어 증거보전의 처분에 관한 서류와 증거물을 열람 또는 등사할 수 있다(제185조).

③ 긴급체포자 석방통지서 및 관련 서류 : 긴급체포 후 석방된 자 또는 그 변호인 · 법정대리인 · 배우자 · 직계친족 · 형제자매는 긴급체포자 석방통지서 및 관련 서류를 열람하거나 등사할 수 있다. 21. 경찰간부

④ 긴급체포서, 현행범인 체포서, 체포영장, 구속영장 또는 그 청구서 15. 경찰승진 : 구속영장이 청구되거나 체포 또는 구속된 피의자, 그 변호인, 법정대리인, 배우자, 직계친족, 형제자매나 동거인 또는 고용주는 긴급체포서, 현행범인 체포서, 체포영장, 구속영장 또는 그 청구서를 보관하고 있는 검사, 사법경찰관 또는 법원사무관 등에게 그 등본의 교부를 청구할 수 있다(규칙 제101조).

⑤ 구속영장 청구서 및 그에 첨부된 고소 · 고발장, 피의자의 진술을 기재한 서류와 피의자가 제출한 서류 15. 경찰승진, 17. 법원 : 구속 피의자 심문에 참여할 변호인과 적부심사를 청구한 피의자의 변호인은 지방법원 판사에게 제출된 구속영장청구서 및 그에 첨부된 고소 · 고발장, 피의자의 진술을 기재한 서류와 피의자가 제출한 서류를 열람할 수 있다(규칙 제96조의21 제1항, 제101조의2).

(2) 감정인, 증인, 피해자

1) 감정인

감정인은 감정에 관하여 필요한 경우에는 재판장의 허가를 얻어 서류와 증거물을 열람 또는 등사하고 피고인 또는 증인의 신문에 참여할 수 있다(제174조 제1항).

2) 증 인

증인은 자신에 대한 증인신문조서의 열람 또는 등사를 청구할 수 있다(규칙 제84조의2).

3) 피해자

① 소송기록의 열람등사 08 · 17. 7급국가직, 10 · 15. 경찰승진, 12 · 14. 9급국가직, 15. 경찰1차 · 경찰2차 · 경찰3차, 16 · 17. 경찰간부, 17. 법원, 21. 경찰1차 : 소송계속 중인 사건의 피해자(피해자가 사망하거나 그 심신에 중대한 장애가 있는 경우에는 그 배우자 · 직계친족 및 형제자매를 포함한다) 피해자 본인의 법정대리인 또는 이들로부터 위임을 받은 피해자 본인의 배우자 · 직계친족 · 형제자매 · 변호사는 소송기록의 열람 또는 등사를 재판장에게 신청할 수 있다.

② 당사자 통지 : 재판장은 위 신청이 있는 때에는 지체 없이 검사, 피고인 또는 변호인에게 그 취지를 통지하여야 한다.

③ 재판장의 허가(임의적) 09. 9급국가직, 15. 법원 : 재판장은 피해자 등의 권리구제를 위하여 필요하다고 인정하거나 그 밖의 정당한 사유가 있는 경우 범죄의 성질, 심리의 상황, 그 밖의 사정을 고려하여 상당하다고 인정하는 때에는 열람 또는 등사를 허가할 수 있다.

④ 사용목적 제한 가능 11 · 19. 법원, 15. 9급개론 : 재판장이 등사를 허가하는 경우에는 등사한 소송기록의 사용목적을 제한하거나 적당하다고 인정하는 조건을 붙일 수 있다.

기출 키워드 체크

소송계속 중인 사건의 피해자는 소송기록의 _______ 또는 _______를 재판장에게 신청할 수 있다.

기출 키워드 체크

피해자의 공판기록 열람 · 등사신청이 있는 때에 재판장은 등사한 소송기록의 사용목적을 제한하거나 조건을 부가하여 이를 허가할 수 있으며, 이에 관한 재판에 대하여는 _______할 수 없다.

Answer

기출 키워드 체크
열람, 등사
불복

⑤ 열람등사자의 의무: 소송기록을 열람 또는 등사한 자는 열람 또는 등사에 의하여 알게 된 사항을 사용함에 있어서 부당히 관계인의 명예나 생활의 평온을 해하거나 수사와 재판에 지장을 주지 아니하도록 하여야 한다.

⑥ 불복 불가 10. 7급국가직, 11. 법원, 15. 경찰2차 · 9급개론, 21. 경찰1차: 재판장의 허가 및 조건 부여에 관한 재판에 대하여는 불복할 수 없다.

⑦ 아동 · 청소년대상 성범죄 피해자: 아동 · 청소년대상 성범죄의 피해자, 그 법정대리인 또는 변호인은 재판장의 허가를 받아 소송계속 중의 관계 서류 또는 증거물을 열람하거나 등사할 수 있다.

⑧ 고소인, 고발인, 피해자의 고속영장의 등본 교부 청구: 고소인, 고발인 또는 피해자는 비용을 납입하고 구속영장을 발부한 법원에 구속영장의 등본의 교부를 청구할 수 있다. 다만, 그 청구하는 사유를 소명하여야 한다(규칙 제50조, 제26조 제2항).

(3) 재판 확정기록

1) 검찰청에 신청(공익목적)

누구든지 권리구제 · 학술연구 또는 공익적 목적으로 재판이 확정된 사건의 소송기록을 보관하고 있는 검찰청에 그 소송기록의 열람 · 등사를 신청할 수 있다. 08. 9급국가직, 11. 경찰1차 · 경찰승진, 17. 7급국가직, 18. 법원

2) 열람 · 등사 제한

① 검사는 아래에 해당하는 경우에는 소송기록의 전부 또는 일부의 열람 또는 등사를 제한할 수 있다. 다만, 소송관계인이나 이해관계 있는 제3자가 열람 또는 등사에 관하여 정당한 사유가 있다고 인정되는 경우에는 그러하지 아니한다. 11. 경찰승진

② 심리가 비공개로 진행된 경우 11. 경찰승진

③ 소송기록의 공개로 국가의 안정보장, 선량한 풍속, 공공의 질서유지 또는 공공복리를 현저히 해할 우려가 있는 경우

④ 소송기록의 공개로 인하여 사건관계인의 명예나 사생활의 비밀 또는 생명 · 신체의 안전이나 생활의 평온을 현저히 해할 우려가 있는 경우

⑤ 소송기록의 공개로 인하여 공범관계에 있는 자 등의 증거인멸 또는 도주를 용이하게 하거나 관련 사건의 재판에 중대한 영향을 초래할 우려가 있는 경우

⑥ 소송기록의 공개로 인하여 피고인의 개선이나 갱생에 현저한 지장을 초래할 우려가 있는 경우

⑦ 소송기록의 공개로 인하여 사건관계인의 영업비밀(부정경쟁방지 및 영업비밀보호에 관한 법률 제2조 제2호의 영업비밀을 말한다)이 현저하게 침해될 우려가 있는 경우

⑧ 소송기록의 공개에 대하여 당해 소송관계인이 동의하지 아니하는 경우

3) 제한 사유 명시

검사는 소송기록의 열람 또는 등사를 제한하는 경우에는 신청인에게 그 사유를 명시하여 통지하여야 한다. 11. 경찰1차

4) 보존을 위한 등본 열람 · 등사

① 검사는 소송기록의 보존을 위하여 필요하다고 인정하는 경우에는 그 소송기록의 등본을 열람 또는 등사하게 할 수 있다.

② 다만, 원본의 열람 또는 등사가 필요한 경우에는 그러하지 아니하다.

5) 열람 · 등사자의 의무

소송기록을 열람 또는 등사한 자는 열람 또는 등사에 의하여 알게 된 사항을 이용하여 공공의 질서 또는 선량한 풍속을 해하거나 피고인의 개선 및 갱생을 방해하거나 사건관계인의 명예 또는 생활의 평온을 해하는 행위를 하여서는 아니 된다. 11. 경찰승진

6) 불 복

① 소송기록의 열람 또는 등사를 신청한 자는 열람 또는 등사에 관한 검사의 처분에 불복하는 경우에는 당해 기록을 보관하고 있는 검찰청에 대응한 법원에 그 처분의 취소 또는 변경을 신청할 수 있다. 11. 경찰1차 · 경찰승진

② 이에 대하여 준항고에 관한 규정이 준용된다.

(4) 확정 판결서 등

1) 누구든지 열람복사 가능

누구든지 판결이 확정된 사건의 판결서 등(판결서와 그 등본, 증거목록과 그 등본, 그 밖에 검사나 피고인 또는 변호인이 법원에 제출한 서류 · 물건의 명칭 · 목록 또는 이에 해당하는 정보)을 보관하는 법원에서 해당 판결서 등을 열람 및 복사(인터넷, 그 밖의 전산정보처리시스템을 통한 전자적 방법을 포함)할 수 있다. 18. 법원

2) 열람 · 복사 제한

① 다만, 아래에 해당하는 경우에는 판결서 등의 열람 및 복사를 제한할 수 있다.

㉠ **심리가 비공개로 진행된 경우**

㉡ **국가의 안전보장을 현저히 해할 우려가 명백하게 있는 경우**

㉢ **소송기록의 공개로 인하여 사건관계인의 명예나 사생활의 비밀 또는 생명 · 신체의 안전이나 생활의 평온을 현저히 해할 우려가 있는 경우(소송관계인의 신청이 있는 경우에 한정)**

㉣ **공범관계에 있는 자 등의 증거인멸 또는 도주를 용이하게 하거나 관련 사건의 재판에 중대한 영향을 초래할 우려가 있는 경우**

㉤ **소송기록의 공개로 인하여 사건관계인의 영업비밀(부정경쟁방지 및 영업비밀 보호에 관한 법률 제2조 제2호의 영업비밀을 말한다)이 현저하게 침해될 우려가 있는 경우(소송관계인의 신청이 있는 경우에 한정)**

㉥ **소년법 제2조에 따른 소년에 관한 사건인 경우**

3) 개인정보 보호

① 법원사무관 등이나 그 밖의 법원공무원은 열람 및 복사에 앞서 판결서 등에 기재된 성명 등 개인정보가 공개되지 아니하도록 대법원규칙으로 정하는 보호조치를 하여야 한다(제59조의3 제2항). 18. 법원

② 개인정보 보호조치를 한 법원사무관 등이나 그 밖의 법원공무원은 고의 또는 중대한 과실(경과실 포함 ×)로 인한 것이 아니면 열람 및 복사와 관련하여 민사상 · 형사상 책임을 지지 아니한다(제59조의3 제3항). 18. 법원

4) 소송관계인 등

① 열람 · 복사에 관하여 정당한 사유가 있는 소송관계인이나 이해관계 있는 제3자는 위 열람 · 복사가 제한되는 경우 법원의 법원사무관 등이나 그 밖의 법원공무원에게 판결서 등의 열람 및 복사를 신청할 수 있다.

② 이 경우 법원사무관 등이나 그 밖의 법원공무원의 열람 및 복사에 관한 처분에 불복하는 경우에는 법원에 처분의 취소 또는 변경을 신청할 수 있다.

③ 불복신청에 대하여는 제417조 및 제418조(준항고)를 준용한다.

5) 대법원 규칙

판결서 등의 열람 및 복사의 방법과 절차, 개인정보 보호조치의 방법과 절차, 그 밖에 필요한 사항은 대법원규칙으로 정한다.

7 소송행위에 대한 가치판단

1. 소송행위의 성립 · 불성립

(1) 소송행위 성립

소송행위로서의 본질적 구성요소를 구비한 경우를 말한다.

(2) 소송행위 불성립

1) 의 의

소송행위로서의 본질적 구성요소를 구비하지 못한 경우를 말한다.

2) 불성립의 예

① 공소장을 제출하지 않는 경우(2003도2735)

㉠ **공소장의 제출은 공소제기라는 소송행위가 성립하기 위한 본질적 요소이므로 1) 구두에 의한 공소제기나 2) 공소장변경허가신청서에 의한 공소제기는 소송행위가 성립된 것이라 할 수 없다.**

㉡ **이 경우 공소기각판결 사유(공소제기절차가 법률의 규정에 위반하여 무효인 경우)에 해당한다(2008도11813).** 18. 경찰간부

㉢ 위와 같은 절차위배의 공소제기에 대하여 피고인과 변호인이 이의를 제기하지 아니하고 변론에 응하였다고 하여 그 하자가 치유되지는 않는다(2008도11813). 12 · 15. 9급국가직, 14. 경찰간부, 15. 9급개론, 18. 7급국가직

㉣ 추후 당해 소송행위가 적법하게 이루어진 경우에도 그 때부터 위 소송행위가 성립된 것으로 볼 수 있다(2003도2735).

② 법원사무관 등이 판결을 선고한 경우

③ 검사가 공판기일을 지정한 경우

④ 고소인이 상소를 제기한 경우

2. 소송행위의 유효 · 무효

(1) 소송행위 무효의 의의

① 소송행위의 무효란 소송행위가 성립하였으나, 유효요건을 구비하지 않아서 그 본래적 효력이 발생하지 않는 경우를 말한다.

② 무효란 소송법상 어떠한 효과도 발생하지 않는다는 의미가 아니라 그 소송행위가 지향한 본래적 효력이 인정되지 않는 경우를 말한다. 04. 행시

③ 예를 들어 공소제기가 무효인 경우, 실체심판을 받을 효력은 없으나 공소시효정지의 효력은 있다. 02. 행시 · 검찰5급, 04. 경찰2차

④ 법원은 무효인 공소제기에 대하여도 공소기각의 판결(제327조)을 한다.

(2) 소송행위의 주체에 관한 무효원인

1) 행위적격이 없는 자의 소송행위

① 소송행위에 필요한 행위적격이 없는 자의 소송행위는 무효가 된다. 다만, 행위 적격이 소송행위의 성립요건인 때에는 행위적격이 없는 자에 의한 소송행위는 불성립이다.

② 예를 들어 고소권 없는 자의 고소, 상소권 없는 자의 상소는 무효이다.

2) 소송능력 없는 자의 소송행위

① 소송능력 없는 자가 한 절차형성행위는 무효이나, 실체형성행위(예 피고인의 진술, 증인의 증언)에 대하여는 무효로 되지 않는다는 것이 다수설과 판례의 입장이다.

② 예를 들어 선서무능력자에게 선서를 하게 하고 증언을 시킨 경우, 선서 자체(절차형성행위)는 무효이나, 증언자체(실체형성행위)는 유효하다.

(3) 소송행위의 내용에 관한 무효원인

1) 착오 · 사기 · 강박 등에 의한 소송행위

① 실체형성행위

㉠ 행위자의 의사(진의)에 합치하는가가 아니라 실체(객관적 진실)에 합치하는가를 문제 삼는 것이므로 사기 · 착오 · 강박 등이 무효원인이 될 수 없다. 04. 행시, 17. 경찰간부

ⓛ 예를 들어 사기 · 착오 · 강박에 의한 변론, 증언, 진술은 유효하다.

② 절차형성행위

㉠ 절차형성적 소송행위가 착오로 인하여 행하여진 경우, 착오에 의한 소송행위가 무효로 되기 위하여서는 다음과 같은 요건을 갖추어야 한다(92모1). 17. 경찰간부

ⓛ 첫째, 통상인의 판단을 기준으로 하여 만일 착오가 없었다면 그러한 소송행위를 하지 않았으리라고 인정되는 중요한 점(동기를 포함)에 관하여 착오가 있을 것

㉢ 둘째, 착오가 행위자 또는 대리인이 책임질 수 없는 사유로 인하여 발생하였을 것 04. 행시 · 검찰5급, 14. 7급국가직

㉣ 셋째, 그 행위를 유효로 하는 것이 현저히 정의에 반한다고 인정될 것

㉤ 교도관이 내어 주는 상소권포기서를 항소장으로 잘못 믿은 나머지 이를 확인하여 보지도 않고 서명 무인한 경우, 항소포기가 유효하다(95모49). 02. 행시, 12. 교정특채, 19. 법원, 20. 9급개론 ⇨ 피고인에게 과실이 있으면 피고인이 착오를 일으키게 된 과정에 교도관의 과실이 개입되었더라도 상소취하는 무효로 되지 않는다.

㉥ 보호감호를 선고받은 피고인이 보호감호가 선고된 것으로 알고 일단 상고를 제기하였다가 보호감호청구가 기각되었다는 취지의 교도관의 말과 공판출정 교도관이 작성한 판결선고결과보고서의 기재를 믿은 나머지 착오에 빠져 판결등본송달을 기다리지 않고 상고취하를 함으로써 위 보호감호처분이 확정된 경우 위 상고취하에 피고인의 과실이 없었다고 단정할 수 없어 이를 무효로 볼 수 없다(92모1).

2) 소송행위의 내용이 법률상 또는 사실상 불능일 때

① 법정형이 넘는 형을 선고한 유죄판결

② 허무인에 대한 공소제기

③ 존재하지 않는 재판에 대한 상소

3) 이익이 없는 소송행위 또는 내용이 불분명한 소송행위

① 이중기소

② 공소사실이 특정되지 않은 공소제기

(4) 형식과 절차에 관한 무효원인

1) 소송행위의 방식을 위반한 경우

① 방식에 대한 하자도 방식을 요구하는 목적과 필요성을 고려하여 무효원인이 될 수 있는 경우가 있다.

② 예를 들어 공소사실의 불특정, 증인선서를 결한 증인신문은 무효이다.

2) 소송행위 절차에 관한 규정을 위반한 경우

① 그 규정이 효력규정인 경우에는 무효가 된다.

② 예를 들어 고소취소 후의 재고소, 반대신문의 기회를 주지 않은 증인신문, 증인선서를 하지 않은 증인신문은 무효이다.

3. 무효인 하자의 치유

(1) 의 의

무효의 치유란 무효인 소송행위가 사정변경에 의하여 유효하게 되는 것을 말한다. 무효의 치유는 주로 절차형성행위에서 문제되는 것으로, 소송행위의 추완과 공격·방어방법의 소멸에 의한 하자의 치유가 있다.

(2) 소송행위의 추완

① 소송행위의 추완이란 법정기간이 경과한 후에 이루어진 소송행위에 대하여 그 기간 내에 행한 소송행위와 같은 효력을 인정할 수 있는가의 문제를 말한다.

② 추완에는 단순추완과 보정적 추완이 있다.

(3) 단순추완

1) 의 의

법정기간 경과 후의 추완행위에 의해 추완되어 소송행위 자체가 유효하게 되는 것을 말한다.

2) 인정범위

형사소송법은 상소권회복(제345조)과 10. 9급국가직, 11. 해경 약식명령에 대한 정식재판청구권의 회복(제458조)에 관하여는 명문의 규정에 의하여 단순추완을 인정하고 있다. 03. 경찰1차·경감, 03·05. 경사, 18. 경찰간부

3) 명문의 규정이 없는 경우

견해의 대립은 있으나, 명문의 규정이 없는 경우 단순추완은 인정되지 않는다고 보아야 한다.

(4) 보정적 추완

1) 의 의

① 보정적 추완이란 새로운 소송행위의 추완에 의하여 선행하는 소송행위의 하자를 보정하는 것을 말한다.

② 소송의 동적, 발전적 성격과 소송경제의 고려를 근거로 보정적 추완이 인정된다고 함에 이론이 없다.

③ 문제는 어느 범위까지 이를 인정할 수 있는가에 있다.

2) 고소의 추완(×)

① 고소의 추완을 인정하지 않고 있다.

② 즉, 고소가 없다가 고소의 추완이 있는 경우, 공소기각판결을 하여야 한다. 03. 경찰1차·경사, 10. 7급국가직·9급국가직, 12. 경찰간부

③ 비친고죄로 기소되었다가 공소사실을 친고죄로 변경한 후, 비로소 피해자의 부가 고소장을 제출한 경우에는 친고죄의 공소제기절차는 법률의 규정에 위반하여 무효인 때에 해당한다(82도1504). 06. 경찰2차, 08. 7급국가직, 09 · 10 · 19. 경찰승진, 12. 9급국가직 · 경찰1차 · 경찰간부, 14. 7급국가직 · 경찰간부, 15. 경찰간부

④ 고발의 경우도 추완이 인정되지 않으므로 세무공무원의 고발 없이 조세범칙사건의 공소가 제기된 후에 고발을 하였다 하여도 그 공소제기는 무효이다(70도942). 03. 경찰1차, 06. 경찰2차, 10 · 18. 9급국가직, 12 · 18. 경찰간부, 19. 경찰승진

OX 세무공무원의 고발 없이 조세범칙사건의 공소가 제기된 후에 세무공무원이 그 고발을 하였다 하여도 그 공소제기절차의 무효가 치유된다고는 볼 수 없다. (○, ×) 18. 경찰간부

3) 변호인 선임의 추완(×)

① 변호인선임신고서를 추후에 제출한 경우 추완이 인정되지 않는다. 03. 경사

② 상소이유서 제출기간 후에 변호사 선임계가 제출된 때에는 그 기간 전에 상소이유서를 제출하였다고 하더라도 변호인의 상소이유서로서의 효력이 없다(4293형상923, 69모68). 03. 경찰1차, 05. 경찰승진, 06. 경찰2차, 10. 9급국가직

③ 변호인이 변호인명의로 정식재판청구서만 제출하고, 정식재판청구기간 경과 후에 비로소 변호인선임신고서를 제출한 경우, 적법 · 유효한 정식재판청구서로서의 효력이 없다(2003모429). 10. 9급국가직, 12. 법원, 14. 7급국가직, 15. 경찰간부

④ 정식재판청구서에 첨부된 변호인선임신고서가 원본이 아닌 사본이어서 적법한 변호인선임신고서가 아니고, 변호인선임신고서 원본을 첨부하여 다시 접수한 정식재판청구서는 정식재판청구기간 이후에 제출된 경우, 적법한 정식재판청구가 이루어졌다고 볼 수 없다(2003모429).

4) 공소사실의 추완(△)

① 공소장에 공소사실이 특정되지 않아 그 자체로는 무효인 경우, 공소사실이 처음부터 전혀 특정되지 않았다면 공소기각의 판결을 해야 한다(보정적 추완의 원칙적 불허).

② 어느 정도 특정성이 인정된 경우에는 공소장변경이나 보정의 절차를 통하여 공소장의 미비점을 보완할 수 있다.

5) 검사의 서명(○)

① 검사의 기명날인 또는 서명이 없는 상태로 제출된 공소장은 법률이 정한 형식을 갖추지 못한 공소장 제출에 의한 공소의 제기는 특별한 사정이 없는 한 그 절차가 법률의 규정에 위반하여 무효인 때에 해당한다.

② 다만, 이 경우 공소를 제기한 검사가 공소장에 기명날인 또는 서명을 추완하는 등의 방법에 의하여 공소의 제기가 유효하게 될 수 있다(2010도17052). 17 · 18. 9급국가직, 18. 9급개론, 20. 경찰2차 이 공소시효 완성 여부는 최초공소제기시를 기준으로 판단한다.

6) 필요적 변호사건(×)

① 필요적 변호사건에 관하여 변호인 없이 변론을 진행하였다면, 그 후에 변호인이 선임되어 변론이 진행되었다 하더라도 그 사실만으로써 곧 위법이 치유될 수는 없다.

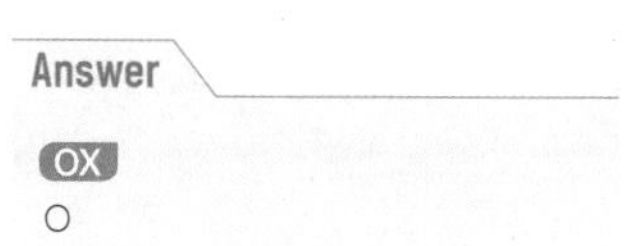

② 이렇게 위법한 증거절차에서 취한 증거를 가지고 그 피고인에 대한 유죄의 증거로 삼을 수 없다(73도1895).

(5) 공격 · 방어방법의 소멸에 의한 하자의 치유

1) 의 의

① 소송의 절차상의 하자가 당사자의 이의신청 없이 소송의 일정한 단계에 이르면 하자가 치유되어 무효를 주장할 수 없게 되는 경우를 말한다.

② 공격 · 방어방법의 소멸에 의한 하자의 치유는 당사자의 이의제기가 없는 경우 또는 책문권의 포기로 인정되어 하자가 치유되는 경우로 나누어진다.

2) 이의 없이 진술한 경우

토지관할 위반은 피고인이 그 하자에 대한 이의 없이 피고사건에 관하여 진술하면 그 하자가 치유된다(제320조 제2항).

3) 책문권의 포기 또는 상실로 인하여 하자가 치유되는 경우

① 당사자가 적시에 이의를 제기하지 아니하면 사소한 절차적 하자가 치유되는 경우를 말한다.

② 예를 들어 공소장 부본 송달의 하자, 공판기일 지정의 하자, 제1회 공판기일의 유예기간의 하자, 증인신문 순서의 하자, 증인신문의 기일과 장소의 불통지의 하자의 경우 적시에 이의를 제기하지 아니하면 하자가 치유된다.

▶ **하자 치유가 인정되는 경우**

- 상소권회복, 약식명령에 대한 정식재판청구권 회복
- 어느 정도 특정성이 인정된 경우의 공소사실 특정 하자
- 공소사실 부본 송달의 하자(62도155) 14. 경찰간부, 15 · 18. 9급국가직
  - 공판기일에서 이의 제기하지 않으면 하자 치유
- 항소이유서 부본 송달의 하자(2001도5810)
  - 공판기일에서 이의 제기하지 않으면 하자 치유14. 경찰간부
  - 방어의 기회를 박탈했다고 볼 수 없는 특별사정이 있는 경우(81도2040) 18. 7급국가직
- 토지관할 위반
  - 공판기일에서 이의 제기하지 않으면 하자 치유
- 당사자에게 참여의 기회를 주지 않고 행한 증인신문(67도613) 18. 9급국가직
  - 피고인이 증거동의하면 하자 치유
- 검사에게 공판기일을 통지하지 않은 하자(66도1751)
- 주신문에서 유도신문을 한 경우(2012도2937) 15. 9급국가직, 18. 7급국가직
  - 증거동의하거나 '이의 없다'고 진술한 경우 하자 치유
- 국민참여재판 의사 확인절차를 거치지 않은 경우(숙고의 시간 부여하여야 함)
- 부적법한 항소이유서가 제출된 경우, 그것이 두 개의 사건 중 어느 하나의 사건에 편철되고 그 사건의 피고인들에게 부본이 송달되어 정상적인 소송절차가 진행된 경우(편철된 사건에 한해 하자 치유)(97모101) 14. 경찰간부

- 공소장일본주의 위반
  - 증거조사 완료시까지 이의 없으면 하자 치유
- 증거보전절차의 증인신문시 참여권 미보장의 하자(86도1646)
  - 동의하면 증거능력 인정
- 피고인 퇴정 신문 후 반대신문권 미보장
  - 증거동의하거나 '이의 없다'고 진술한 경우 하자 치유
- 공소제기 후 증인의 진술 번복 진술조서, 진술서, 위증조서
  - 동의하면 증거능력 인정
- 고소취소(처벌불원) 후 공판과정에서 친고죄(반의사불벌죄)에서 비친고죄(반의사불벌죄가 아닌죄)로 공소장 변경된 경우 14·18. 경찰간부, 19. 해경간부

▶ **하자 치유가 인정되지 않는 경우**

- 변호인선임서 제출 하자(69모68, 2003모429) 05. 경찰승진, 06. 경찰2차, 10. 9급국가직, 12. 법원, 14. 7급국가직, 15·18. 경찰간부
- 친고죄에서 고소의 추완 06. 경찰2차, 08·14. 7급국가직, 09·10. 경찰승진, 12. 경찰1차·9급국가직, 12·14·15. 경찰간부
- 즉시고발사건에서 고발의 추완(70도942) 03. 경찰1차, 06. 경찰2차, 10·12·18. 9급국가직, 12·18. 경찰간부
- 공소의 제기에 현저한 방식 위반이 있는 경우(공소장이 제출되지 않은 경우)(2008도11813) 12·18. 9급국가직, 14·18. 경찰간부, 18. 7급국가직
  - 구두에 의한 공소제기
  - 공소장변경허가신청서에 의한 공소제기
    필요적 변호사건에 관하여 변호인 없이 변론을 진행한 하자
    전혀 특정되지 않은 공소사실의 하자

4. 소송행위의 취소와 철회

(1) 의 의

소송행위의 취소란 일단 유효하게 성립한 소송행위의 효력을 소멸하여 소멸시키는 것을 말하고, 철회란 장래에 향하여 소멸시키는 것을 말한다.

(2) 철회의 인정 여부

1) 철회의 원칙적 허용

① 소송행위의 철회는 명문규정이 없는 경우라도 널리 인정된다.

② 철회의 개념에 비추어 절차형성행위의 효력의 발생 이후에는 철회가 불가능하다.

③ 증거동의(제318조)는 절차형성행위로서 증거조사완료 전까지 철회가 가능하다고 보았다(83도267).

2) 형사소송법상 허용

① 형사소송법은 공소의 취소(제255조), 고소의 취소(제232조), 재정신청의 취소(제264조), 상소의 취하(제349조), 재심청구의 취하(제429조), 정식재판청구의 취하(제454조) 등을 명문으로 인정하고 있다.

② 그러나 이 경우의 취소는 엄격히 말하여 철회(장래에 향하여 소송행위의 효력을 상실케 하는 것)에 해당한다고 보아야 한다.

(3) 취소의 인정 여부

① 소송행위의 효력을 소급하여 소멸시키는 것을 말한다.

② 소송행위에 대하여 절차유지의 원칙상 취소는 인정되지 않는다(다른 견해 존재).

5. 소송행위의 적법 · 부적법

① 소송행위의 적법 · 부적법은 소송행위가 법률의 규정에 합치하는가에 대한 가치판단이다. 부적법하다 하여 언제나 무효가 되는 것은 아니다.

② 효력규정에 위반한 경우는 부적법 · 무효이지만, 훈시규정에 위반한 경우는 부적법하기는 하지만 무효는 아니기 때문이다.

6. 소송행위의 이유의 유무

① 소송행위의 이유의 유무는 소송행위의 적법성을 전제로 하여 그 소송행위의 실질적 내용이 사실적 · 법률적 · 논리적으로 이유를 갖추었는가 하는 점에 대한 가치판단이다.

② 이유 유무의 판단은 취효적(효과요구) 소송행위(예 당사자의 신청 · 청구)에 대하여 행해지며, 여효적(효과부여) 소송행위(예 법원의 재판)에 대해서는 문제되지 않는다.

제2절 소송조건

1 소송조건의 의의와 종류

1. 의 의

소송조건이란 소송계속이 유지될 수 있는 기본조건(실체심판의 전제조건)을 말한다. ⇨ 소송이 생성 · 유지 · 발전하기 위한 기본조건

2. 종 류

일반적 소송조건	일반의 사건에 대하여 공통으로 요구되는 소송조건 법원의 재판권, 관할권
특별 소송조건	특수한 사건에 대해서만 해당하는 소송조건 친고죄에 있어서 고소
절대적 소송조건	법원이 직권으로 조사해야 하는 소송조건 법원의 재판권, 친고죄 고소유무
상대적 소송조건	당사자의 신청을 기다려 법원이 조사하는 소송조건 토지관할 12. 경찰1차
적극적 소송조건	일정한 사실의 존재가 소송조건 법원의 관할권, 재판권
소극적 소송조건	일정한 사실의 부존재가 소송조건 동일사건에 대하여 확정판결이 없을 것, 반의사불벌죄에서 처벌불원의사가 없을 것 07. 경찰2차
형식적 소송조건	절차면에 관한 사유가 소송조건 흠결시 ⇨ 관할위반, 공소기각의 재판으로 소송 종결
실체적 소송조건	실체면에 관한 사유가 소송조건 흠결시 ⇨ 면소판결로 소송 종결 13. 경찰승진

❷ 소송조건의 조사

1. 직권조사

① 소송조건의 존부에 대해서는 법원이 직권으로 조사하여야 한다(재량 ×).

㉠ **친고죄에 있어 고소·고소취소의 존재 여부(2013도7987)** 19. 경찰2차

㉡ **반의사불벌죄에 있어서 처벌불원의 의사표시의 부존재(2002도158)** 07. 경찰2차, 11. 경찰승진, 13. 7급국가직

② 상대적 소송조건(토지관할)은 당사자의 신청이 있는 때에 한하여 그 존부를 판단한다.

2. 판 단

(1) 자유로운 증명

소송조건의 존부는 소송법적 사실이므로 자유로운 증명으로 족하다.

(2) 원칙적으로 소송의 모든 단계에서 존부 판단(예외 ⇨ 토지관할, 공소시효)

① 소송조건은 소송의 허용조건이므로 법원은 소송의 모든 단계에서 그 존부를 판단하여야 한다.

② 다만, 토지관할은 공소제기시에 존재하면 족하다.

③ 공소시효의 완성 여부는 공소제기시를 기준으로 판단한다.

OX 고소권자가 비친고죄로 고소한 사건을 검사가 친고죄로 구성하여 공소를 제기하였다면 공소장 변경절차를 거쳐 공소사실이 비친고죄로 변경되지 아니하는 한, 법원으로서는 친고죄에서 소송조건이 되는 고소가 유효하게 존재하는지를 직권으로 조사·심리하여야 하고, 만일 그 공소사실에 대하여 피고인과 공범관계에 있는 자에 대한 적법한 고소취소가 있다면 그 고소취소의 효력은 피고인에 대하여도 미친다. (○, ×) 16. 경찰1차

(3) **공소장에 기재된 공소사실 기준**(예외 ⇨ 공소장 변경) 12. 경찰1차

① 원칙적으로 공소장에 기재된 공소사실을 기준으로 판단한다.

② 공소장이 변경된 때에는 변경된 공소사실을 기준으로 판단한다. 08 · 13. 9급국가직

③ 공소시효의 완성 여부는 공소제기를 기준으로 판단한다. 09. 7급 · 9급국가직 · 법원, 10. 경찰승진, 12. 경찰1차

3. 소송조건 흠결의 효과

(1) 형식재판에 의한 종결

① 소송조건이 흠결된 때에는 형식재판에 의하여 소송을 종결해야 한다. 08. 9급국가직

㉠ **형식적 소송조건을 갖추지 못한 때에는 공소기각결정 · 판결 또는 관할위반 판결을 한다.**

㉡ **실체적 소송조건을 갖추지 못한 때에는 면소판결을 한다.**

② 형식재판에 대하여 피고인은 무죄를 이유로 상소할 수 없다.

(2) 흠결의 경합

① 여러 개의 소송조건을 갖추지 못하였을 때에는 하자의 정도가 중한 소송조건을 기준으로 형식재판의 종류를 결정하여야 한다.

㉠ **형식적 소송조건과 실체적 소송조건의 흠결이 경합하는 경우 ⇨ 형식적 소송조건 흠결**

㉡ **공소기각판결사유와 면소판결사유가 경합하는 경우 ⇨ 공소기각판결**

㉢ **공소기각판결사유와 공소기각결정사유가 경합하는 경우 ⇨ 공소기각결정**

㉣ **교통사고처리 특례법위반 제3조 제1항 위반 사건에서 종합보험(동법 제4조 제1항 본문)에 가입되어 있음이 밝혀졌다면, 무죄가 아니라 소송조건의 흠결을 이유로 공소기각의 판결을 선고하여야 한다(94도1818).** 12. 법원

㉤ **무죄 제1심판결에 대하여 검사가 채증법칙 위배 등을 들어 항소하였으나 공소기각 사유가 있다고 인정될 경우, 제1심판결을 파기하고 무죄가 아니라 공소기각판결을 선고해야 한다(94도1818).** 13. 9급국가직, 20. 9급개론

㉥ **공소기각판결 사안에 대해 피고인의 이익을 위해 무죄의 실체판결을 선고하였더라도 이를 위법이라고 볼 수는 없다(2012도11431).**

② 소송조건 흠결의 경합시 재판순서는 「1) 공소기각결정 ⇨ 2) 공소기각판결 ⇨ 3) 관할위반의 판결 ⇨ 3) 면소판결」로 한다.

(3) 소송조건의 추완

소송계속 중에 소송조건이 보완된 경우에도 그것이 보완된 경우에 공소제기의 하자가 치유될 수 없다. ⇨ 고소의 추완 인정 안됨 – 공소기각판결

Chapter 10

OX 확인학습

01 □□□ 구인한 피고인을 법원에 인치한 경우에 구금할 필요가 없다고 인정한 때에는 그 인치한 때로부터 24시간 내에 석방하여야 한다. (○)

02 □□□ 반의사불벌죄에 있어서 처벌불원의 의사표시의 부존재는 소위 소극적 소송조건으로서 직권조사사항이라 할 것이므로 당사자가 항소이유로 주장하지 아니하였다고 하더라도 원심은 이를 직권으로 조사·판단하여야 한다. (○)

03 □□□ 재판장은 피해자, 증인 등 사건관계인의 생명 또는 신체의 안전을 현저히 해칠 우려가 있는 경우에는 소송계속 중의 관계 서류 또는 증거물의 열람·복사에 앞서 사건관계인의 성명 등 개인정보가 공개되지 아니하도록 보호조치를 할 수 있다. (○)

04 □□□ 최초의 공시송달은 공시를 한 날로부터 2주일을 경과하면 그 효력이 생긴다. 단, 제2회 이후의 공시송달은 5일을 경과하면 그 효력이 생긴다. (○)

05 □□□ 교도소 또는 구치소에 구속된 자에 대한 송달은 그 소장에게 송달하면 구속된 자에게 전달되었는지 여부와 관계없이 효력이 발생한다. (○)

06 □□□ 법원은 주거, 사무소, 현재지 등 소재가 확인되지 않는 피고인에 대하여 공시송달을 할 때에는 검사에게 주소보정을 요구하거나 기타 필요한 조치를 취하여 피고인의 수감 여부를 확인할 필요가 있다. (○)

Chapter 10 실전익히기

01

19. 경찰승진

소송행위에 대한 설명으로 가장 적절하지 않은 것은? (다툼이 있는 경우 판례에 의함)

① 세무공무원의 고발 없이 조세범칙사건의 공소가 제기된 후에 세무공무원이 고발한 경우에는 그 공소절차의 무효가 치유된다.

② 기피신청을 받은 법관이 본안의 소송절차를 정지해야 함에도 그대로 소송을 진행해서 이루어진 소송행위는 그 후 기피신청에 대한 기각결정이 확정되었더라도 무효이다.

③ 변호인선임신고서를 제출하지 아니한 변호인이 변호인 명의로 정식재판청구서만 제출하고, 「형사소송법」 제453조 제1항이 정하는 정식재판청구기간 경과 후에 비로소 변호인선임신고서를 제출한 경우, 변호인 명의로 제출한 정식재판청구서는 적법·유효한 정식재판청구로서의 효력이 없다.

④ 친고죄는 피해자의 고소가 있어야 공소를 제기할 수 있고 공소제기 이후 고소의 추완은 허용되지 아니하고, 이는 비친고죄로 기소되었다가 제1심 공판진행 중 친고죄로 공소장이 변경된 경우에도 동일하며, 어느 경우이든 법원은 검사의 공소제기절차가 법률의 규정에 위반하여 무효임을 이유로 공소기각판결을 선고하여야 한다.

02

19. 법원직

소송행위에 관한 다음 설명 중 가장 옳지 않은 것은? (다툼이 있는 경우 판례에 의하고, 전원합의체 판결의 경우 다수의견에 의함. 이하 같음)

① 음주운전과 관련한 도로교통법 위반죄의 범죄수사를 위하여 피의자의 혈액채취가 필요한 상황에서 만 17세인 피의자가 사고로 인한 의식불명의 상태에 있어 의사능력이 없는 때에는 모친이 법정대리인으로서 피의자를 대리하여 유효하게 혈액채취에 동의할 수 있다.

② 반의사불벌죄에 있어서 피해자의 피고인 또는 피의자에 대한 처벌을 희망하지 않는다는 의사표시는 의사능력이 있는 한 미성년자인 피해자 자신이 단독으로 유효하게 이를 할 수 있고 거기에 법정대리인의 동의가 있을 필요는 없다.

③ 피고인이 법인인 경우에는 그 대표자가 당해 법인을 대표하여 피고인을 위한 변호인을 선임하여야 하고 대표자가 제3자에게 변호인 선임을 위임하여 제3자로 하여금 유효하게 변호인을 선임하도록 할 수는 없다.

④ 피고인 또는 피의자의 법정대리인, 배우자, 직계친족과 형제자매는 보조인이 될 수 있는데, 보조인이 되고자 하는 자는 심급별로 그 취지를 법원에 신고하여야 한다.

03

15. 법원직

송달에 관한 다음 설명 중 가장 옳지 않은 것은 (다툼이 있는 경우 판례에 의함)

① 피고인이 재판권이 미치지 아니하는 장소에 있는 경우에 다른 방법으로 송달할 수 없는 때에도 공시송달을 할 수 있다.

② 공시송달 방법에 의한 피고인 소환이 부적법하여 피고인이 공판기일에 출석하지 않은 가운데 진행된 제1심의 절차가 위법한 경우에도, 제1심에서 증거조사가 이루어진 이상 그 증거에 대하여 그 항소심이 새로이 증거조사를 거칠 필요는 없다.

③ 주거, 사무소 또는 송달영수인의 선임을 신고하여야 할 자가 그 신고를 하지 아니하는 때에는 법원사무관 등은 서류를 우체에 부치거나 기타 적당한 방법에 의하여 송달할 수 있고, 이때 서류를 우체에 부친 경우에는 도달된 때에 송달된 것으로 간주한다.

④ 교도소 · 구치소 또는 국가경찰관서의 유치장에 체포 · 구속 또는 유치된 사람에게 할 송달은 그 교도소 · 구치소 또는 국가경찰관서의 장에게 한다.

04

17. 9급법원직

송달에 관한 다음 설명 중 가장 옳지 않은 것은?

① 검사에 대한 송달은 서류를 소속 검찰청에 송부하여야 한다.

② 교도소에 신체를 구속당한 자에 대한 송달은 교도소의 장에게 한다.

③ 사형, 무기 또는 장기 10년이 넘는 징역이나 금고에 해당하는 사건의 제1심 공판절차에서는 피고인에 대한 송달불능보고서가 접수된 때부터 6개월이 지나도록 피고인이 소재불명이더라도 피고인 불출석 재판을 진행할 수 없다.

④ 최초의 공시송달은 법원게시장에 공시를 한 날로부터 2주일을 경과하면 그 효력이 생기고, 제2회 이후의 송달은 공시를 한 날로부터 1주일을 경과하면 그 효력이 생긴다.

05

17. 7급 국가직

열람 · 복사(등사)에 대한 설명으로 옳지 않은 것은?

① 재판장은 피해자, 증인 등 사건관계인의 생명 또는 신체의 안전을 현저히 해칠 우려가 있는 경우에는 소송계속 중의 관계 서류 또는 증거물에 대한 열람 · 복사에 앞서 사건관계인의 성명 등 개인정보가 공개되지 아니하도록 보호조치를 할 수 있다.

② 누구든지 권리구제 · 학술연구 또는 공익적 목적으로 재판이 확정된 사건의 소송기록을 보관하고 있는 검찰청에 그 소송기록의 열람 · 등사를 신청할 수 있다.

③ 변호인이 있는 피고인은 소송계속 중 법원이 보관하고 있는 관계 서류 또는 증거물에 대하여는 열람만을 신청할 수 있다.

④ 변호인이 공판기일에서 현장부재 · 심신상실 또는 심신미약 등 법률상 · 사실상의 주장을 한 때 검사는 변호인에게 이 주장과 관련된 서류 등의 열람 · 등사 또는 서면의 교부를 요구할 수 있다.

06

18. 9급법원직

기록 등의 열람 · 복사 등에 관한 다음 설명 중 가장 옳지 않은 것은?

① 누구든지 판결이 확정된 사건의 판결서를 보관하는 법원에서 이를 열람 및 복사할 수 있다. 다만, 사건관계인의 사생활의 비밀을 현저히 해할 우려가 있는 경우에는 소송관계인의 신청이 있는 경우에 한하여 판결서의 열람 및 복사를 제한할 수 있다.

② 법원공무원은 위 ①에 따른 열람 및 복사에 앞서 판결서에 기재된 성명 등 개인정보가 공개되지 아니하도록 대법원규칙으로 정하는 보호조치를 하여야 한다.

③ 위 ②에 따른 개인정보 보호조치를 한 법원공무원은 고의 또는 과실로 인한 것이 아니면 위 ①에 따른 열람 및 복사와 관련하여 민사상 · 형사상 책임을 지지 아니한다.

④ 누구든지 권리구제 · 학술연구 또는 공익적 목적으로 재판이 확정된 사건의 소송기록을 보관하고 있는 검찰청에 그 소송기록의 열람 또는 등사를 신청할 수 있는데, 검사는 소송관계인이 동의하지 않는 경우에는 소송기록의 전부 또는 일부의 열람 또는 등사를 제한할 수 있다.

07

12. 경찰 1차

소송조건에 관한 다음 설명 중 가장 적절하지 않은 것은? (다툼이 있는 경우 판례에 의함)

① 친고죄에 있어서의 고소의 존부는 소송법적 사실로서 자유로운 증명으로 족하다.

② 공소제기시에 공소사실이 친고죄임을 알면서도 고소 없이 공소를 제기한 경우에는 고소의 추완을 인정할 수 없지만, 비친고죄로 공소제기된 사건이 심리결과 친고죄로 판명된 때에는 검사의 공소제기에 비난할 점이 없어 고소의 추완을 인정할 수 있다.

③ 공소장이 변경된 경우에는 변경된 공소사실을 기준으로 소송조건의 존부를 판단하여야 하며, 다만 변경된 공소사실의 공소시효완성 여부는 공소장변경시가 아니라 당초의 공소제기가 있었던 시점을 기준으로 판단해야 한다.

④ 토지관할권은 당사자의 신청을 기다려 법원이 조사하는 상대적 소송조건이다.

Answer

01 ① [×] 세무공무원의 고발 없이 조세범칙사건의 공소가 제기된 후에 세무공무원이 고발을 하여도 그 공소절차의 무효가 치유된다고 할 수 없다(70도942).

02 ① [×] 피고인 아버지의 동의만으로는 혈액채취에 관한 유효한 동의가 있었다고 볼 수 없다(2013도1228).

03 ② [×] 항소심에서의 진술과 증거조사 등 심리 결과에 기초하여 다시 판결하여야 한다.

04 ④ [×] 최초의 공시송달은 제2항의 공시를 한 날로부터 2주일을 경과하면 그 효력이 생긴다. 단, 제2회 이후의 공시송달은 5일을 경과하면 그 효력이 생긴다(제64조 제4항).

05 ③ [×] 피고인과 변호인은 소송계속 중의 관계 서류 또는 증거물을 열람하거나 복사할 수 있다(제35조 제1항).

06 ③ [×] '과실'이 '중과실'로 변경되어야 한다.

07 ② [×] 비친고죄로 공소제기되었다가 친고죄로 공소장이 변경된 경우에도 고소의 추완은 허용되지 않는다(82도1504).

박문각
공무원
기본서

김상천
형사소송법

CHAPTER

11

공판절차

Chapter 11 공판절차

제1절 공판절차

1 공판절차의 의의

① 공판절차란 공소가 제기되어 사건이 법원에 계속된 이후 그 소송절차가 종료될 때까지 법원이 행하는 심리와 재판의 전 과정을 의미한다.

② 공판절차에서는 이미 공소제기를 통하여 피고인과 피고사건이 한정되고 그 절차도 법률에 따라 정형적으로 진행된다. 이에 대하여 수사절차는 대상이나 사건이 다양하고 유동적이므로 공판절차와는 달리 획일적인 절차에 따라 진행할 수 없고 수사활동의 탄력성·기동성·임기응변성·광역성 등이 요청되는 등 합목적인 활동이 필요하게 된다. 21. 경찰승진

③ 공판기일의 절차와 공판기일 외의 절차로 구분되며, 공판준비절차, 법정 외의 증인신문 및 검증절차도 포함된다.

2 공판중심주의

1. 의 의

공판중심주의란 사건의 실체에 대하여 법원이 갖는 유·무죄의 심증형성은 공판기일의 심리를 통해서 이루어져야 한다는 원칙을 말한다.

2. 제도적 표현 10. 7급국가직

① 공소장 일본주의

② 공판기일의 증거조사: 수사절차, 증거보전절차, 공판준비절차 등 공판기일 외에서 수집된 증거는 공판기일의 증거조사를 거쳐야 한다.

③ 전문법칙 등 증거능력의 제한: 수사단계에서 작성된 서류는 공판기일의 증거조사에 의하여 그 성립의 진정이 증명되어야만 증거능력이 인정된다.

④ 공판개시 후 수사의 제한

3. 공판중심주의 강화

① 공판준비절차 도입(제266조의5)

② 증거개시제도 도입(제266조의3)

③ 집중심리, 구두변론주의 및 즉일선고 원칙(제267조의2, 제275조의3, 제318조의4)

④ 모두절차 및 증거조사절차 정비

⑤ 피고인 신문순서 변경(제296조의2)

3 공판절차의 기본원칙

1. 의 의

공판절차는 공판기일에 양당사자의 공격과 방어를 중심으로 전개되는 당사자주의 소송구조를 취하고 공개주의, 구두변론주의, 직접심리주의, 집중심리주의 등의 기본원칙에 의하여 재판의 공정을 도모하고 있다.

2. 공개주의

(1) 의 의

① 일반국민에게 법원의 재판과정에 대한 방청을 허용하는 원칙을 말한다(헌법 제27조 제3항, 제109조, 법원조직법 제57조).

② 재판의 공정을 기하고 재판에 대한 국민의 신뢰를 유지하기 위한 것이다.

③ 검사의 공소제기절차에는 공개주의가 적용되지 않으므로 공소제기 전까지 공소제기 여부를 알 수 없고, 기록 열람·등사권이 제한될 수 있다(2006도1427). 14. 7급국가직

(2) 내용(추상적 방청 가능성)

공개주의는 누구나 방청으로서 공판절차에 참여할 수 있다는 추상적 방청 가능성이 보장된다.

모든 사람에게 예외 없이 재판과정을 공개하는 현실적 보장을 의미하는 것은 아니다.

(3) 한 계

1) 방청인 제한 19. 경찰간부

재판장이 법정의 질서 유지를 위하여 필요한 때에는 방청권을 발행하거나, 위험물 기타 법정에서 소지함이 부적당하다고 인정되는 물품을 가진 자나 법정에서 법원 또는 법관의 직무집행을 방해하거나 부당한 행동을 할 염려가 있다고 믿을만한 현저한 사정이 인정되는 자의 입정을 금지할 수 있다(법정 방청 및 촬영 등에 관한 규칙 제2조).

2) 국가의 안전보장 등을 이유로 비공개 결정

① 국가의 안전보장, 안녕질서 또는 선량한 풍속을 해칠 우려가 있는 경우에는 결정으로 공개하지 아니할 수 있다(법원조직법 제57조 제1항).

② 다만, 판결의 선고는 반드시 공개하여야 한다. 08. 법원, 12. 경찰1차 · 경찰간부, 19. 경찰간부

③ 비공개 결정을 한 경우에도 재판장은 적당하다고 인정되는 사람에 대해서는 법정 안에 있는 것을 허가할 수 있다.

3) 검사의 공소제기절차에는 공개주의가 적용되지 않음

공소가 제기되기 전까지 피고인이 그 내용이나 공소제기 여부를 알 수 없었다거나 피고인의 소송기록 열람 · 등사권이 제한되어 있었다고 하더라도 그 공소제기절차가 위 헌법 규정을 위반하였다고는 할 수 없다(2006도1427). 14. 7급국가직, 18. 9급국가직

(4) 위 반

① 공개주의 위반은 절대적 항소이유(제361조의5 제9호) 및 상대적 상고이유(제383조 제1호)가 된다. 14. 7급국가직, 17. 9급국가직, 19. 경찰간부

② 공개금지사유가 없음에도 불구하고 공개를 금지하기로 결정한 경우, 그 절차에 의하여 이루어진 증언의 증거능력은 없다(2013도2511). 10 · 18. 경찰1차, 15 · 17. 9급국가직, 18. 7급국가직 ⇨ 변호인의 반대신문권이 보장되었더라도 달리 볼 수는 없다. 21. 경찰1차

③ 공개금지결정의 선고가 없는 등 공개금지결정의 사유를 알 수 없는 경우에도 비공개로 진행된 증인신문절차의 증인의 증언도 증거능력이 없다(2013도2511).

기출 키워드 체크

공개금지사유가 없음에도 불구하고 재판의 심리에 관한 공개를 금지하기로 결정하였다면 그 절차에 따라 이루어진 증인의 증언은 ________이 없다.

(5) 퇴정명령

1) 퇴정명령(법원조직법 제58조 제2항) 14. 7급국가직

재판장은 법정의 존엄과 질서를 해칠 우려가 있는 사람의 입정(入廷) 금지 또는 퇴정(退廷)을 명할 수 있고, 그 밖에 법정의 질서유지에 필요한 명령을 할 수 있다.

2) 구체적 사유

재판장은 아래에 해당하는 자를 제지 또는 퇴정 명령 가능하다(법정 방청 및 촬영 등에 관한 규칙 제3조).

① 재판장의 허가 없이 녹음 · 녹화 · 촬영 · 중계방송을 하는 자 12. 경찰간부

② 음식을 먹거나 흡연을 하는 자

③ 법정에서 떠들거나 소란을 피우는 등 재판에 지장을 주는 자

(6) 증인신문

1) 직권으로 비공개(규칙 제84조의6 제1항)

법원은 비디오 등 중계장치에 의한 중계시설 또는 차폐시설을 통하여 증인을 신문하는 경우, 증인의 보호를 위하여 필요하다고 인정하는 경우에는 결정으로 이를 공개하지 아니할 수 있다.

Answer

기출 키워드 체크

증거능력

2) 증인 등의 비공개 신청(규칙 제84조의6 제2항)

증인으로 소환받은 증인과 그 가족은 증인보호 등의 사유로 증인신문의 비공개를 신청할 수 있다.

(7) 법정촬영 녹음

1) 원칙: 촬영 등 불가 17. 9급국가직

누구든지 법정 안에서 재판장의 허가 없이 녹화·촬영·중계방송 등의 행위를 할 수 없다.

2) 예 외

허가신청이 있고, 피고인의 동의가 있는 경우에 한하여 허가 가능하다(법정 방청 및 촬영 등에 관한 규칙 제4조).

다만, 피고인이 동의하지 않더라도 재판장이 공공의 이익을 위해 상당하다고 인정하는 경우 법정촬영을 허가할 수 있다. 14. 7급국가직 · 9급국가직, 19. 해경간부

(8) 소년보호 사건(비공개 원칙, 소년법 제24조 제2항)

소년보호사건은 보호처분을 과하는 절차로서 비공개가 원칙이고, 소년형사사건은 형벌을 과하는 절차로서 공개가 원칙이다. 17. 9급국가직

(9) 성폭력범죄

1) 성폭력범죄 심리는 비공개 가능

성폭력범죄에 대한 심리는 그 피해자의 사생활을 보호하기 위하여 결정으로써 공개하지 아니할 수 있다.

2) 증인은 증인신문의 비공개 신청 가능(성폭법 제27조)

증인으로 소환받은 성폭력범죄의 피해자와 그 가족은 사생활보호 등의 사유로 증인신문의 비공개를 신청할 수 있다.

(10) 가정보호 사건

판사는 가정보호사건 심리를 사생활보호나 가정의 평화와 안정을 위해 필요하거나 선량한 풍속을 해할 우려가 있다고 인정할 때는 비공개 결정 가능

3. 구두변론주의

(1) 의 의

① 법원은 당사자의 구두에 의한 주장, 입장을 근거로 심판해야 한다는 원칙을 말한다.

② 공판정에서의 변론은 구두로 한다(제275조의3). 12. 경찰간부

③ 판결은 법률에 다른 규정이 없으면 구두변론에 의하여야 하나,

기출 키워드 체크

공개주의란 모든 국민이 참관하는 것을 의미하는 것이 아니므로 재판장은 누구든지 법정 안에서는 _______ 없이 녹화, 촬영, 중계방송 등의 행위를 하지 못한다.

기출 키워드 체크

피고인이 동의하지 않더라도 재판장이 _______을 위해 상당하다고 인정하는 경우 법정 촬영을 허가할 수 있다.

Answer

기출 키워드 체크

재판장의 허가

공공의 이익

기출 키워드 체크

헌법이 보장하는 공정한 재판을 받을 권리 속에는 원칙적으로 당사자주의와 _______주의가 보장되어 당사자가 공소사실에 대한 답변과 입증 및 반증하는 등 공격·방어권이 충분히 보장되는 재판을 받을 권리가 포함되어 있다.

④ 결정·명령은 구두변론에 의하지 아니할 수 있다(제37조 제1항). 12. 경찰간부

⑤ 헌법이 보장하는 공정한 재판을 받을 권리 속에는 원칙적으로 당사자주의와 구두변론주의가 보장되어 당사자가 공소사실에 대한 답변과 입증 및 반증하는 등 공격·방어권이 충분히 보장되는 재판을 받을 권리가 포함되어 있다. 16. 9급국가직·9급개론

(2) 내 용

구두변론주의는 구두주의와 변론주의를 내용으로 한다.

(3) 구두주의

① 법원이 구두에 의하여 제공된 소송자료에 의하여 재판을 행하는 주의이다(⇔ 서면주의).

② 구두주의는 태도증거 확보 등으로 실체진실발견에 충실하므로 실체형성행위에 대해서만 타당하다. ⇨ 절차형성행위는 형식적 확실성이 요청되기 때문에 서면주의가 지배한다.

(4) 변론주의

① 당사자의 변론(주장과 입증)에 의거하여 재판을 하는 주의를 말한다.

② 형사소송법상 규정된 변론주의의 제도적 표현

㉠ **증인신문에서의 교호신문제도(제161조의2)** 12. 경찰1차

㉡ **당사자의 공판정 출석(제275조 제3항)**

㉢ **당사자의 증거신청권(제294조)**

㉣ **증거조사에 대한 이의신청권(제296조)**

㉤ **공소장변경제도(제298조)**

㉥ **검사의 논고(제302조)**

㉦ **피고인·변호인의 최후진술(제303조)**

㉧ **검사의 모두진술(제285조)**

㉨ **피고인의 심신상실로 인한 공판절차 정지(제306조)**

4. 직접심리주의

(1) 의 의

① 공판정에서 직접 조사한 증거만을 재판의 기초로 삼을 수 있다는 원칙을 말한다.

② 법관의 심증형성의 합리성을 도모하고 피고인의 방어권을 충실히 보장하는 기능을 한다.

(2) 내 용

직접주의에는 형식적 직접주의와 실질적 직접주의가 포함된다.

Answer

기출 키워드 체크

구두변론

(3) 형식적 직접주의

① 수소법원이 직접 증거를 조사하여야 한다는 원칙을 말한다.

② 공판절차갱신과 관련되어 있다. 01. 101단2차

(4) 실질적 직접주의

① 원본증거를 재판의 기초로 삼아야 한다는 원칙을 말한다.

② 실질적 직접심리주의에 따라 법관의 면전에서 직접 조사한 증거만을 재판의 기초로 삼을 수 있고, 증명 대상이 되는 사실과 가장 가까운 원본증거를 재판의 기초로 삼아야 하며, 원본증거의 대체물 사용은 원칙적으로 허용되어서는 안 된다(2006도4994). 12. 경찰1차

③ 전문증거의 증거능력을 부정하는 근거가 된다.

5. 집중심리주의

(1) 의 의

① 공판기일의 심리는 집중되어야 하고 심리에 2일 이상을 요하는 사건은 중간에 시간적 간격을 두지 않고 연일 계속해서 심리해야 한다는 원칙을 말한다.

② 신속한 재판의 이념을 실현하고, 심리중단으로 인한 법관의 심증약화를 방지하여 공정한 재판과 심증형성의 합리화를 확보하기 위한 것이다. ⇨ 다만, 형사소송법은 집중심리제도로 인한 졸속재판을 방지하고 피고인의 방어권 보장을 위하여 국선변호인 제도를 모든 구속사건으로 확대하였고, 증거개시제도를 도입하였다. 12. 경찰간부

③ 모든 사건에 적용되는 원칙이다. 12. 경찰간부

(2) 제도적 표현

1) 매일 계속 개정(제267조의2)

① 심리에 2일 이상이 필요한 경우에는 부득이한 사정이 없는 한 매일 계속 개정하여야 한다. 11. 경찰2차, 12 · 16. 경찰간부, 12 · 18. 경찰1차, 13 · 21. 경찰승진

② 재판장은 여러 공판기일을 일괄하여 지정할 수 있다. 19. 9급개론 · 9급국가직

③ 재판장은 부득이한 사정으로 매일 계속 개정하지 못하는 경우에도 특별한 사정이 없는 한 전회의 공판기일부터 14일 이내로 다음 공판기일을 지정하여야 한다. 12 · 15 · 16. 경찰간부, 13 · 21. 경찰승진, 18. 경찰1차

2) 즉일선고의 원칙(변론종결기일 판결선고 제도)

① 판결의 선고는 변론을 종결한 기일에 하여야 한다(제318조의4 제1항). 20. 9급국가직 · 9급개론

② 이 경우 판결의 선고 후에 판결서를 작성할 수 있다(제318조의4 제2항).

기출 키워드 체크

심리에 2일 이상이 필요한 경우에는 부득이한 사정이 없는 한 ______ 개정하여야 한다. 재판장은 부득이한 사정으로 ______ 개정하지 못하는 경우에도 특별한 사정이 없는 한 전회의 공판기일부터 ______일 이내로 다음 공판기일을 지정하여야 한다.

Answer

기출 키워드 체크

매일 계속, 매일 계속, 14

③ 변론을 종결한 기일에 판결을 선고하는 경우에는 선고 후 5일 내에 판결서를 작성하여야 한다(제146조).

④ 특별한 사정이 있는 때에는 따로 선고기일을 지정할 수 있다(제318조의4 제1항). ⇨ 다만, 그 선고기일은 변론종결 후 14일 이내로 지정되어야 한다(제318조의4 제3항).
12 · 20 9급국가직, 15. 경찰간부, 18. 해경간부

3) 특정강력범죄의 처벌에 관한 특례법 제10조 제1항

법원은 특정 강력범죄사건의 심리에 2일 이상이 소요되는 때에는 가능한 한 매일 계속 개정하여 집중심리를 하여야 한다.

Chapter 11

OX 확인학습

01 □□□
재판공개의 원칙은 검사의 공소제기절차에는 적용되지 않으므로 공소가 제기되기 전까지 피고인이 그 내용이나 공소제기 여부를 알 수 없었다거나 피고인의 소송기록 열람·등사권이 제한되어 있었다고 하더라도 그 공소제기 절차가 헌법에 위반된다고 할 수 없다. (○)

02 □□□
누구든지 법정 안에서는 재판장의 허가 없이 녹화, 촬영, 중계방송 등의 행위를 하지 못한다. (○)

03 □□□
공개금지사유가 없음에도 불구하고 재판의 심리에 관한 공개를 금지하기로 결정하였다면 그 절차에 따라 이루어진 증인의 증언은 증거능력이 없다. (○)

04 □□□
공개금지사유가 없었음에도 공개금지결정에 따라 비공개로 진행된 증인신문절차에서의 증인의 증언도 변호인의 반대신문권이 보장되었다면 증거능력이 인정된다. (×)

05 □□□
공판의 공개에 관한 규정을 위반한 경우는 절대적 항소이유에 해당한다. (○)

제2절 공판정의 심리

❶ 공판정의 구성요소

1. 공판정

(1) 의 의

① 공판정이란 공개된 법정을 의미한다.

② 공판기일에는 공판정에서 심리한다(제275조 제1항).

(2) 출 석

공판정은 판사와 검사, 법원사무관 등이 출석하여 개정한다.

(3) 좌 석

① 검사의 좌석과 피고인 및 변호인의 좌석은 대등하며, 법대의 좌우측에 마주 보고 위치한다. 14. 경찰1차

② 증인의 좌석은 법대의 정면에 위치한다. ⇨ 다만, 피고인신문을 하는 때에는 피고인은 증인석에 좌석한다(제275조 제3항).

OX 현행 형사소송법은 직권주의 형태를 강하게 나타내며 공판정에서 피고인 좌석의 위치도 변호인과 분리되어 법관과 직접 대면토록 대응하게 위치시키고 있다. (○, ×) 14. 경찰1차

2. 검사의 출석

(1) 원 칙

① 검사의 출석은 공판개정의 요건이다(제275조 제2항).

② 검사의 출석 없이 개정한 때에는 소송절차에 관한 법령위반으로서 항소이유 또는 상고이유가 된다(제361조의5 제1호, 제383조 제1호).

③ 검사에게 선고기일 통지를 하지 아니하였다고 하여 판결에 영향을 미친 절차법규의 위반이 있다고 보기 어렵다(2008도3435).

(2) 예 외

① 아래의 경우 검사의 출석 없이 개정할 수 있다(제278조). 04. 행시, 08. 법원, 15. 경찰2차 · 법원

② 검사가 공판기일의 통지를 2회 이상받고 출석하지 아니한 때 00. 9급국가직, 15. 경찰2차 · 법원, 21. 9급국가직 · 9급개론 ⇨ 2회 이상이란 검사가 2회에 걸쳐 불출석한 때에는 그 불출석한 기일에 바로 개정할 수 있다는 의미이고, 반드시 계속하여 2회 이상 불출석할 것을 요하지 아니한다(66도115). 13. 9급국가직

③ 판결만을 선고하는 때 15. 경찰2차 · 법원

OX 검사가 공판기일의 통지를 2회 이상 받고 출석하지 아니하거나 판결만을 선고하는 때에는 검사의 출석없이 개정할 수 있다. (○, ×) 21. 9급국가직 · 9급개론

기출 키워드 체크

검사가 공판기일의 통지를 받고 ______회 이상 불출석한 경우, 불출석한 제______회의 공판기일에 바로 개정할 수 있다.

기출 키워드 체크

검사가 공판기일의 통지를 ______회 이상 받고 출석하지 아니하거나 판결만을 ______하는 때에는 검사의 출석 없이도 개정할 수 있다.

Answer

기출 키워드 체크
2, 2
2, 선고

OX
×, ○

3. 피고인의 출석

(1) 원 칙

1) 공판정 출석 의무/권리

① 피고인의 공판정출석은 권리이자 의무이다.

② 피고인이 공판기일에 출석하지 아니한 때에는 특별한 규정이 없으면 개정하지 못한다(제276조).

③ 피고인의 출석은 공판개정의 요건이다. ⇨ 피고인의 귀책사유에 의하지 않고 공판기일에 피고인이 출석하지 못한 경우에는 피고인이 출석하지 아니한대로 그 진술 없이 판결할 수 없다(62도70). 15. 경찰2차

2) 재정의무

피고인에게는 재정의무도 있어, 재판장의 허가 없이 퇴정하지 못한다(제281조 제1항).

(2) 예 외

1) 의사 무능력자

법정대리인 또는 특별대리인 출석 ⇨ 형법의 책임능력에 관한 규정(제9조~제11조)의 적용을 받지 않는 범죄사건의 피고인이 의사능력이 없는 경우에 법정대리인 또는 특별대리인이 출석한 때에는 피고인의 출석을 요하지 않는다(제26조, 제28조).

2) 법 인

① 대표자 출석: 피고인이 법인인 때에는 그 대표자가 출석하면 족하다(제27조). 15. 법원

② 대리인 출석 가능: 대표자가 반드시 출석할 것을 요하지 않고 대리인을 출석하게 할 수 있다(제276조 단서). 09·15. 법원

3) 유리한 재판

① 면소판결, 공소기각 재판: 면소판결, 공소기각의 재판을 할 것이 명백한 사건에 관하여는 피고인의 출석을 요하지 아니한다(제277조). 07·08·18. 법원, 09. 9급국가직, 13. 경찰1차, 14. 9급개론, 17. 변호사

② 의사 무능력·질병(무죄·면소·형면제·공소기각 재판할 것이 명백한 때) 10. 7급국가직, 15. 경찰승진·법원·경찰2차, 19. 9급국가직

㉠ **피고인이 사물변별 또는 의사결정능력이 없는 상태에 있거나 질병으로 인하여 출정할 수 없고,**

㉡ **피고사건에 대하여 무죄, 면소, 형의 면제 또는 공소기각의 재판을 할 것으로 명백한 때에는 피고인의 출정 없이 재판할 수 있다(제306조 제4항).**

③ 대리인 출석은 가능하다.

기출 키워드 체크

_______ 또는 _______의 재판을 할 것이 명백한 사건에 관하여는 공판기일에 피고인의 출석 없이 개정할 수 있다.

Answer

기출 키워드 체크

공소기각, 면소

기출 키워드 체크

다액 _______만원 이하의 _______ 또는 _______에 해당하는 사건이나 _______ 또는 _______의 재판을 할 것이 명백한 사건에 관하여는 피고인의 출석을 요하지 아니한다.

기출 키워드 체크

_______의 징역 또는 금고, 다액 _______만원을 _______하는 벌금 또는 구류에 해당하는 사건에서 피고인의 불출석허가신청이 있고 법원이 피고인의 불출석이 그의 권리를 보호함에 지장이 없다고 인정하여 이를 허가한 사건에 관하여는 피고인의 출석을 요하지 아니한다. 다만, 제284조에 따른 _______ 절차를 진행하거나 판결을 _______하는 공판기일에는 출석하여야 한다.

기출 키워드 체크

형사소송법 제297조에 따라 변호인이 없는 피고인을 일시 퇴정하게 하고 증인신문을 한 다음 피고인에게 실질적인 _____를 부여하지 아니한 채 이루어진 증인의 법정진술은 위법한 증거로서 증거능력이 없다고 볼 여지가 있으나, 그 다음 공판기일에서 재판장이 증인신문 결과 등을 공판조서(증인신문조서)에 의하여 고지하였는데 피고인이 '변경할 점과 이의할 점이 없다'고 진술하였다면 실질적인 _____를 부여받지 못한 하자가 치유되었다고 볼 수 있다.

기출 키워드 체크

증인이 피고인의 면전에서 충분한 진술을 할 수 없다고 인정될 때에는 재판장은 피고인을 퇴정하게 하고 진술시킬 수 있다. 그러나 이때에도 증인신문이 종료한 때에는 재판장은 피고인을 입정시켜서 법원사무관 등으로 하여금 _____의 _____를 알려주게 하여야 한다.

Answer

기출 키워드 체크

500, 벌금, 과료, 공소기각, 면소
장기 3년 이하, 500, 초과, 인정신문, 선고
반대신문의 기회, 반대신문의 기회
진술, 요지

4) 경미사건

① 다액 500만원 이하의 벌금, 과료에 해당하는 사건은 피고인이 출석할 필요가 없다. 07. 법원, 08. 경찰3차, 09 · 13. 9급국가직, 15 · 18. 경찰승진

② 그 외 피고인이 신청하여 법원이 허가한 사건(장기 3년 이하의 징역, 금고, 다액 500만원 초과 벌금, 구류) 07 · 08. 법원, 08. 경찰3차, 18. 9급국가직, 20. 법원

㉠ 피고인의 불출석 허가 신청은 공판기일에 출석하여 구술로 하거나 공판기일 외 서면으로 가능하다.

㉡ 다만, 인정신문에 따른 절차 진행, 판결을 선고하는 공판기일에는 출석하여야 한다.

③ 즉결심판 사건 중 벌금 또는 과료를 선고하는 경우: 구류는 해당되지 않음에 주의한다.

④ 대리인 출석도 가능하다(제277조 단서). 16 · 18. 9급국가직

5) 퇴 정

① 무단퇴정 및 퇴정명령(제330조)

㉠ 피고인이 진술하지 아니하거나 재판장의 허가 없이 퇴정하거나 재판장의 질서유지를 위한 퇴정명령을 받은 때에는 피고인의 진술 없이 판결할 수 있다.

㉡ 필요적 변호사건에서 피고인이 재판거부 의사를 표시하고 재판장의 허가 없이 퇴정하고 변호인마저 이에 동조하여 퇴정한 경우 피고인이나 변호인 재정 없이도 심리판결할 수 있다(91도865). 11 · 18. 경찰승진, 12. 경찰1차, 15. 경찰2차, 18. 법원

② 일시퇴정, 진술요지 고지(제297조)

㉠ 재판장은 증인 또는 감정인이 피고인 또는 어떤 재정인의 면전에서 충분한 진술을 할 수 없다고 인정한 때에는 그를 퇴정하게 하고 진술하게 할 수 있다. 피고인이 다른 피고인의 면전에서 충분한 진술을 할 수 없다고 인정한 때에도 같다. 16. 법원

㉡ 피고인을 퇴정하게 한 경우에 증인, 감정인 또는 공동피고인의 진술이 종료한 때에는 퇴정한 피고인을 입정하게 한 후 법원사무관 등으로 하여금 진술의 요지를 고지하게 하여야 한다. 16. 법원

㉢ 피고인을 일시 퇴정하게 하고 증인신문을 한 경우, 추후 피고인에게 실질적인 반대신문의 기회를 부여하지 않았다면 특별한 사정이 없는 한 그 증인의 법정진술은 증거능력이 인정되지 않는다(2009도9344). 17. 경찰간부, 19. 법원

㉣ 다만, 그 다음 공판기일에서 재판장이 증인신문 결과 등을 공판조서(증인신문조서)에 의하여 고지하였는데 피고인이 '변경할 점과 이의할 점이 없다'고 진술하여 책문권 포기 의사를 명시함으로써 실질적인 반대신문의 기회를 부여받지 못한 하자가 치유될 수 있다(2009도9344). 17. 경찰간부, 18. 7급국가직

6) 출석거부

① 구속된 피고인의 출석 거부: 피고인이 출석하지 아니하면 개정하지 못하는 경우에 구속된 피고인이 정당한 사유 없이 출석을 거부하고, 교도관에 의한 인치가 불가능하거나 현저히 곤란하다고 인정되는 때에는 피고인의 출석 없이 공판절차를 진행할 수 있다(제277조의2). 08 · 10 · 15 · 18. 법원, 21. 9급국가직 · 9급개론 ⇨ 피고인이 출석하지 아니하면 개정하지 못하는 경우에 피고인의 출석 없이 공판절차를 진행하기 위해서는 단지 구속된 피고인이 정당한 사유 없이 출석을 거부하였다는 것만으로는 부족하고 더 나아가 교도관에 의한 인치가 불가능하거나 현저히 곤란하다고 인정되어야 한다(2001도114). 20. 법원

② 검사, 변호인의 의견 청취: 위와 같이 공판절차를 진행할 경우에는 출석한 검사 및 변호인의 의견을 들어야 한다.

7) 소재불명(소송촉진법 제23조) 18. 9급국가직

① 원칙: 제1심 송달불능보고서 접수 6월 경과

㉠ **제1심 공판절차에서 피고인에 대한 송달불능보고서가 접수된 때로부터 6월이 경과하도록 피고인의 소재를 확인할 수 없는 때에는 대법원 규칙이 정하는 바에 따라 피고인의 진술 없이 재판할 수 있다.**

㉡ **송달불능보고서가 접수된 때로부터 6월이 경과한 후에는 공시송달에 의한 방법으로 송달하여야 한다.** 19. 7급국가직

㉢ **공시송달의 방법으로 소환한 피고인이 불출석하는 경우 다시 공판기일을 지정하고 공시송달의 방법으로 피고인을 재소환 한 후 그 기일에도 피고인이 불출석하여야 비로소 피고인이 불출석한 상태에서 재판절차를 진행할 수 있다.** 17. 7급국가직

㉣ **피고인의 귀책사유에 의하지 않고 공판기일에 피고인이 출석하지 못한 경우에는 피고인이 출석하지 아니한대로 그 진술 없이 판결할 수 없다(62도70).** 15. 경찰2차

㉤ **구속영장이 여러 차례에 걸쳐 집행불능이 되어 반환된 바 있다고 하더라도 '송달불능보고서의 접수'로 볼 수 없다(2014모1557).** 16. 법원

㉥ **'소재탐지불능보고서의 접수'는 '송달불능보고서의 접수'로 볼 수 있다(2014모1557).** 16. 법원

㉦ **위법한 공시송달결정으로 인하여 피고인의 출석 없이 이루어진 판결에 대하여 검사만이 양형부당으로 항소한 경우라도 직권으로 제1심의 위법을 시정하는 조치를 취하여야 한다(2003도4983).** 19. 9급국가직

② 예외: 사형 · 무기 또는 장기 10년 넘는 징역 · 금고 02. 행시, 17. 법원

다만, 사형, 무기 또는 장기(長期) 10년이 넘는 징역이나 금고에 해당하는 사건의 경우에는 피고인 불출석 재판을 진행할 수 없다.

OX 피고인이 출석하지 아니하면 개정하지 못하는 경우에는 구속된 피고인이 정당한 사유 없이 공판정 출석을 거부하고, 교도관에 의한 인치가 불가능하거나 현저히 곤란하다고 인정되는 때에도 피고인의 출석 없이 공판절차를 진행하였다면 위법하다. (○, ×) 21. 9급국가직 · 9급개론

기출 키워드 체크

피고인의 출석 없이 개정하지 못하는 경우라도 구속된 피고인의 ______ 없이 출석을 거부하고, 교도관에 의한 인치가 불가능하거나 현저히 곤란하다고 인정되는 때에는 피고인의 출석 없이 공판절차를 진행할 수 있다.

기출 키워드 체크

사형, 무기 또는 ______ 징역이나 금고에 해당하는 사건을 제외하고, 제1심 공판절차에서 피고인에 대한 송달불능보고서가 접수된 후 ____월이 경과하도록 피고인의 소재를 확인할 수 없으면 2회 공시송달 후 궐석재판을 진행할 수 있다.

Answer

기출 키워드 체크
정당한 사유
장기 10년이 넘는, 6

OX
×

기출 키워드 체크

피고인의 ______사유에 의하지 않고 공판기일에 피고인이 출석하지 못한 경우에는 피고인이 출석하지 아니한대로 그 진술 없이 판결할 수 없다.

관련판례

항소심에서도 피고인의 출석 없이는 원칙적으로 개정하지 못한다(형사소송법 제370조, 제276조 본문). 다만 피고인이 항소심 공판기일에 출정하지 아니한 때에는 다시 기일을 정하고 피고인이 정당한 사유 없이 다시 정한 기일에도 출정하지 아니한 때에는 피고인의 진술 없이 판결할 수 있다(형사소송법 제365조). 위 규정에 따라 항소심 공판기일에 2회 불출석한 책임을 피고인에게 귀속시키려면 그가 2회에 걸쳐 적법한 소환을 받고도 정당한 사유 없이 공판기일에 출정하지 아니하였어야 한다(대법원 2020.10.29. 선고 2020도9475 판결).

③ 재심청구 사유

㉠ **귀책 없는 경우 재심청구 가능**

ⓐ **소송촉진법에 의해 불출석 재판을 통해 유죄판결을 받고 그 판결이 확정된 자가 책임을 질 수 없는 사유로 공판절차에 출석할 수 없었던 경우**

ⓑ **재심청구권자는 그 판결이 있었던 사실을 안 날부터 14일 이내[재심청구인(再審請求人)이 책임을 질 수 없는 사유로 위 기간에 재심청구를 하지 못한 경우에는 그 사유가 없어진 날부터 14일 이내]에 제1심 법원에 재심을 청구할 수 있다.**

㉡ **필요적 집행정지: 청구가 있을 때에는 법원은 재판의 집행을 정지하는 결정을 하여야 한다.**

㉢ **항소심에 대한 재심청구도 가능: 제1심의 불출석 재판에 대하여 검사만 항소하고 항소심도 불출석 재판으로 진행한 후에 제1심판결을 파기하고 새로 또는 다시 유죄판결을 선고하여 그 유죄판결이 확정된 경우, 소송촉진법 제23조의2 제1항 규정을 유추적용하여 귀책사유 없이 제1심과 항소심의 공판절차에 출석할 수 없었던 피고인은 항소심 법원에 그 유죄판결에 대한 재심을 청구할 수 있다(2014도17252).** 17. 7급국가직

8) 항소심 특칙

① 정당한 사유 없이 2회(1회 ×) 출정하지 아니한 때에는 진술 없이 판단 가능(제365조) 11·20. 법원, 18. 9급국가직

② 항소심에서 피고인의 출석 없이 개정하려면 불출석이 2회 이상 계속되어야 한다(2016도2210) 17. 7급국가직

㉠ **제1회 기일 불출석 ⇨ 제2회 기일 출석 ⇨ 제3회 기일에 불출석 재판 불가(2016도2210)** 18. 법원

㉡ **제1회 기일 출석 ⇨ 제2회 기일 출석 ⇨ 제3회 기일에 변호인만 출석, 피고인 불출석 ⇨ 제4회 기일 출석 ⇨ 제5회기일 불출석 재판 불가(2019도5426)**

③ 피고인이 공판기일에 출정하지 아니한 때에는 다시 기일을 정하여야 한다.

④ 피고인이 정당한 사유 없이 다시 정한 기일에 출정하지 아니한 때에는 피고인의 진술 없이 판결을 할 수 있다.

기출 키워드 체크

______심에서 피고인이 공판기일에 출정하지 아니한 때에는 다시 기일을 정하여야 하고, 피고인이 정당한 사유 없이 다시 정한 기일에 출정하지 아니한 때에는 피고인의 진술 없이 판결할 수 있다.

기출 키워드 체크

항소심에서 피고인의 출석 없이 개정하려면 불출석이 2회 이상 ______되어야 한다.

9) 약식절차

① 약식절차는 서면심리에 의해 진행되므로 피고인 소환을 요하지 않는다.

② 피고인만 정식재판을 청구하여 판결을 선고하는 사건은 피고인의 출석을 요하지 않는다. 07·20. 법원, 08. 경찰3차, 15. 경찰승진·9급국가직 ⇨ 이 경우 피고인은 대리인을 출석하게 할 수 있다.

Answer

기출 키워드 체크

귀책
항소
계속

③ 피고인이 정식재판절차에서 2회 출석하지 아니한 때는 진술 없이 판결 가능하다(제458조)(항소심 특칙 제365조 준용). 08. 법원, 17. 7급국가직

㉠ **약식명령에 대한 정식재판절차의 공판기일에 정식재판을 청구한 피고인이 출석하지 아니한 경우 다시 기일을 정하여야 하고,**

㉡ **피고인이 정당한 사유 없이 또다시 출정하지 아니한 때에는 피고인의 진술 없이 판결을 할 수 있다.**

10) 출석 부적당

① 상고심 15. 경찰승진 : 상고심에서는 변호사인 변호인이 아니면 변론할 수 없기 때문에(제387조) 상고심의 공판기일에는 피고인의 소환을 요하지 아니한다.

② 치료감호 : 피치료감호청구인이 심신장애로 공판기일에 출석이 불가능한 경우에는 피치료감호청구인의 출석 없이 개정할 수 있다(치료감호법 제9조).

4. 변호인의 출석

(1) 원 칙

① 변호인은 당사자가 아니므로 변호인의 출석은 공판개정의 요건은 아니다.

② 변호인은 소환대상이 아니다.

(2) 예 외

① 필요적 변호사건과 국선변호사건인 경우에는 변호인 없이 개정하지 못한다(제282조, 제283조). 09. 9급국가직

㉠ **필요적 변호사건에서 변호인이 출석하지 않은 경우**

㉡ **법원은 판결만을 선고할 경우 이외에는 직권으로 변호인을 선임하여야 한다.**

㉢ **변호인 출정 없이 한 소송행위는 무효가 되지만, 출정이 있었던 다른 소송행위는 유효하다(99도915).** 09 · 10. 경찰승진, 11. 법원, 12. 경찰1차, 14. 9급국가직, 15. 7급국가직

㉣ **변호인 출정이 없었더라도 무죄판결이 내려진 경우라면 그와 같은 법령위반은 판결에 영향을 미친 것으로 되지 않는다(2002도5748).**

㉤ **피고인과 변호인이 무단퇴정한 경우 : 피고인이나 변호인의 재정 없이 심리판결할 수 있고, 피고인의 진의와 관계없이 증거동의도 의제된다(90도646).**

② 판결만을 선고하는 경우에는 변호인 출석 없이 가능하다(제282조, 제283조). 02. 행시

(3) 상소심

① 상소심에서도 사건이 필요적 변호사건인지 여부를 결정함에 있어서는 공소사실로 된 죄의 법정형이 기준이 된다.

② 다만, 필요적 변호가 있어야 할 사건이라도 하급심에서 공소사실 중 일부만이 유죄로 인정되고 유죄 부분만이 상소되어 그 범죄사실이 변호인 없이 개정할 수 있는 사건에 해당하게 된 경우라면 소송절차의 동적발전에 비추어 필요적 변호사건으로 취급되지 아니한다.

기출 키워드 체크

약식명령에 대하여 피고인만이 정식재판의 청구를 하여 판결을 ______하는 사건에서는 피고인의 출석을 요하지 아니한다.

기출 키워드 체크

______에 대한 정식재판절차의 공판기일에 정식재판을 청구한 피고인이 출석하지 아니한 경우 다시 기일을 정하여야 하고, 피고인이 정당한 사유 없이 또 다시 출정하지 아니한 때에는 피고인의 진술 없이 판결을 할 수 있다.

기출 키워드 체크

필요적 변호사건에서 판결만을 ____하는 경우에는 변호인 없이 개정할 수 있다.

Answer

기출 키워드 체크

선고
약식명령
선고

참고+ 재판장 소송지휘권에 해당하지 않는 예: 증거신청에 대한 결정 10. 교정특채

5. 소송지휘권

(1) 의 의

① 소송지휘권은 소송의 진행을 질서 있게 하고 심리의 신속·원활을 도모하기 위한 법원의 합목적적 활동을 의미한다.

② 소송지휘권은 사법권에 내재하는 본질적이며 고유한 법원의 권한이다.

(2) 재판장의 소송지휘권

1) 의 의

공판기일의 소송지휘권은 재판장에게 있다(제279조).

2) 내 용

① 인정신문(제284조)

② 석명권행사(규칙 제141조)

③ 불필요한 변론의 제한(제299조)

④ 증인신문순서의 변경(제161조의2)

⑤ 공판기일의 지정·변경(제267조, 제270조) 13. 9급국가직

⑥ 재정인의 퇴정(규칙 제140조의3) 13. 9급국가직

⑦ 변호인의 중복되고 상당하지 아니한 신문 제한(2007도4116) 15. 9급국가직

3) 특 징

① 재판장에게 포괄적 위임: 소송지휘권은 본래 법원의 권한이지만, 신속하게 소송지휘권을 행사할 필요가 있기에 법률은 재판장에게 소송지휘권을 포괄적으로 위임하고 있다(제279조).

② 변론의 제한 13. 9급국가직: 재판장은 소송관계인의 진술 또는 신문이 중복된 사항이거나 그 소송에 관계없는 사항인 때에는 소송관계인의 본질적 권리를 해하지 아니하는 한도에서 이를 제한할 수 있다.

③ 석명권(규칙 제141조)

㉠ **재판장은 소송관계를 명료하게 하기 위하여 검사, 피고인 또는 변호인에게 사실상과 법률상의 사항에 관하여 석명을 구하거나 입증을 촉구할 수 있다.** 13. 9급국가직

㉡ **합의부원은 재판장에게 고하고 위 조치를 할 수 있다.**

㉢ **검사, 피고인 또는 변호인은 재판장에 대하여 석명을 위한 발문을 요구할 수 있다.**

㉣ **석명권은 원칙적으로 법원의 재량이라 할 것이나, 예외적으로 공소사실이 불명료할 정도이면 형벌권의 적정 실현과의 조화를 위해서 예외적으로 의무가 된다.**

(3) 법원의 소송지휘권

1) 의 의

공판기일에서의 소송지휘라 할지라도 피고인의 방어권 보호나 실체적 진실발견을 위하여 중요한 의미가 있는 것은 법원의 권한으로 되어 있다.

2) 내 용

① 국선변호인 선임(제283조)

② 특별대리인 선임(제28조)

③ 증거신청에 대한 결정(제295조)

④ 변론의 분리・병합 재개(제300조, 제305조)

⑤ 증거조사에 대한 이의신청의 결정(제296조 제2항)

⑥ 공소장변경요구 및 공소장변경허가(제298조 제1항・제2항)

⑦ 재판장의 처분에 대한 이의신청의 결정(제304조 제2항)

⑧ 공소장변경시 공판절차 정지신청에 대한 결정(제298조 제4항)

⑨ 의사무능력 또는 질병을 이유로 한 공판절차정지(제306조)

(4) 행 사

1) 재판장

명령의 형식을 취한다.

2) 법 원

결정의 형식을 취한다.

(5) 불 복

1) 재판장

법령위반이 있는 경우에 한하여 이의신청을 할 수 있다(제304조, 규칙 제136조).

2) 법 원

판결 전 소송절차에 관한 결정이므로 항고나 이의신청이 허용되지 않는다.

6. 법정경찰권

(1) 의 의

① 질서 유지 등을 위한 재판장의 권한은 다음과 같다.

② 법정의 질서를 유지하고 심판에 대한 방해를 제지・배제하기 위하여 법원이 행하는 권력적 작용으로서 재판장의 권한이다.

③ 법정경찰권은 본래 법원의 권한이나 질서유지의 신속성, 기동성을 위하여 재판장의 권한으로 하고 있다(법원조직법 제58조 제1항).

(2) 내 용

1) 방해 예방

① 재판장은 법정의 질서유지를 위하여 필요한 예방조치를 할 수 있다.

② 입정금지 · 퇴정 등 법정의 질서유지에 필요한 명령(법원조직법 제58조 제2항)

③ 방청권의 발행과 소지품 검사(법정 방청 및 촬영 등에 관한 규칙 제2조), 피고인에 대한 간수명령(제280조), 공판정에서 녹화중계방송제한

2) 방해 배제

① 재판장은 법정질서를 회복하기 위하여 방해행위를 배제할 수 있다.

② 퇴정의 제지(제281조 제2항), 퇴정명령(법원조직법 제58조 제2항) 11. 교정특채, 경찰관의 파견요구(법원조직법 제60조 제1항)

3) 제재 조치

① 20일 이내의 감치 또는 100만원 이하의 과태료 11. 교정특채

㉠ **법원은 직권으로 법정 내외에서 질서유지를 위해 재판장이 한 명령 또는 녹화 등의 금지규정을 위반하는 행위를 하거나 폭언, 소란 등의 행위로 법원의 심리를 방해하거나 재판의 위신을 현저하게 훼손한 사람에 대하여 결정으로 20일 이내의 감치(監置)에 처하거나 100만원 이하의 과태료를 부과할 수 있다.**

㉡ **이 경우 감치와 과태료는 병과(倂科)할 수 있다(법원조직법 제61조 제1항).**

② 이에 대해서는 항고 또는 특별항고를 할 수 있다(법원조직법 제61조 제5항).

(3) 한 계

1) 시간적 한계

공판기일 심리를 개시할 때부터 종료시까지(심리 전후의 접착시간 포함) 11. 교정특채

2) 장소적 한계

① 법정경찰권은 법정 내에 미친다.

② 다만, 법정에서의 심리와 질서유지에 영향을 미치는 범위 내에서는 법정 외에 대해서도 미친다.

3) 인적 한계

① 법정경찰권은 심리절차에 관계있는 모든 자에 미친다.

② 방청인은 물론, 피고인, 변호인, 검사, 법원사무관, 배석판사 11. 교정특채 에게도 미친다.

제3절 공판준비절차

❶ 공판준비절차의 의의

1. 개 념

① 공판기일 심리 준비 ⇨ 공판준비절차란 공판기일에서의 심리를 준비하기 위하여 공판기일 전에 수소법원에 의하여 행하여지는 일련의 절차를 말한다.

② 넓은 의미의 공판준비절차(광의의 공판준비절차)는 공판기일의 공판을 준비하는 일련의 모든 절차를 의미하고, 좁은 의미의 공판준비절차(협의의 공판준비절차)는 공판기일의 집중심리를 위하여 일정한 형식의 준비절차(제266조의5 이하)를 말한다.

2. 시 기

제1회 공판기일 전, 후 ⇨ 제1회 공판기일 전은 물론 제1회 공판기일 이후의 공판기일 전에도 할 수 있다.

3. 주 체

① 공판준비는 수소법인이 공판의 준비를 하기 위한 절차이다.

② 지방법원판사가 하는 증거보전절차, 증인신문절차, 각종의 영장발부는 공판준비절차에 포함되지 않는다.

4. 한계(제한된 범위의 증거조사)

① 공판준비절차에서 과도한 실체심리를 행하게 되면 공판기일의 심리절차가 유명무실하게 될 우려가 있으므로 공판기일 전의 증거조사는 제한된 범위에서 행해져야 한다.

② 공판기일의 심리를 신속하고 능률적으로 하기 위한 것으로 공판중심주의와 모순되지 않는다.

❷ 공판기일 전의 절차

1. 공소장 부본의 송달

(1) 제1회 공판기일 전 5일까지 송달 07·11. 법원, 11. 경찰2차 12. 9급국가직, 15. 경찰간부·지능특채, 21. 9급국가직·9급개론

① 법원은 공소의 제기가 있는 때에는 지체 없이 공소장의 부본을 피고인 또는 변호인에게 송달하여야 한다(제266조 본문).

② 단, 제1회 공판기일 전 5일까지 송달하여야 한다(제266조 단서). 18. 9급국가직·9급개론

OX 법원은 공소의 제기가 있는 때에는 지체 없이, 늦어도 제1회 공판기일 전 5일까지 공소장부본을 피고인 또는 변호인에게 송달하여야 한다. (○, ×) 21. 9급국가직·9급개론

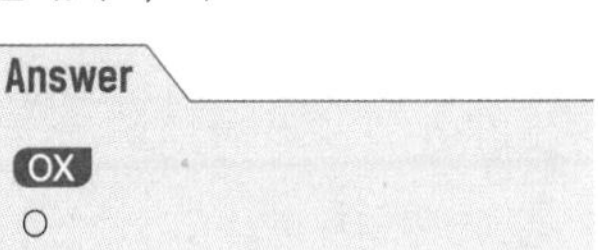
Answer
OX
○

(2) 이의신청

1) 이의신청 가능

공소장 부본의 송달이 없거나 5일의 유예기간을 두지 않고 송달이 된 경우에 피고인·변호인은 심리개시에 대해서 이의신청을 할 수 있다.

2) '피고인의 모두진술' 단계까지 하지 않으면 하자 치유 15. 법원

① 이의신청은 늦어도 모두진술의 단계에서 하여야 한다.

② 피고인이 이의신청을 하지 않고, 신문에 응하고 변론을 한 이상 이러한 하자는 모두 치유된다(2003도2735).

(3) 송달하지 않고 진행한 경우 15. 경찰1차

1) 소송행위 무효 20. 7급국가직

① 소송절차에 공소장 부본을 피고인 또는 변호인에게 송달하지 아니한 채 공시송달의 방법으로 피고인을 소환하여 피고인이 공판기일에 출석하지 아니한 가운데 제1심 공판절차가 진행된 경우

② 이는 소송절차에 관한 법령을 위반한 경우에 해당하고,

③ 공판기일에 출석하지 아니한 가운데 제1심의 절차가 진행되었다면 위법한 공판절차에서 이루어진 소송행위로서 효력이 없다(2013도9498).

2) 항소심의 조치

① 항소심은 피고인 또는 변호인에게 공소장 부본을 송달하고 적법한 절차에 의하여 소송행위를 새로이 한 후 항소심에서의 진술과 증거조사 등 심리결과에 기초하여 다시 판결하여야 한다. 20. 법원

② 제1심의 위법을 시정하는 조치를 취하지 않은 채 제1심이 조사·채택한 증거들에 기하여 검사의 항소이유만을 판단한 것은 위법하다(2011도1094). 18. 9급국가직, 19. 9급개론

③ 검사만 양형부당으로 항소한 경우도 마찬가지이다(2011도1094). 19. 9급개론

3) 하자 치유

피고인이 제1심 법정에서 이의함이 없이 공소사실에 관하여 충분히 진술할 기회를 부여받았다면 판결에 영향을 미친 위법이 있다고 할 수 없다(2013도9498). 14. 경찰간부

2. 의견서 제출

(1) 공소장 부본 송달받은 날부터 7일 이내 11. 법원

① 피고인 또는 변호인은 공소장 부본을 송달받은 날부터 7일 이내에 공소사실에 대한 인정 여부, 공판준비절차에 관한 의견 등을 기재한 의견서를 법원에 제출하여야 한다.

② 피고인이 진술을 거부하는 경우에는 그 취지를 기재한 의견서를 제출할 수 있다.

OX 제1심에서 위법한 공시송달 결정에 터잡아 공소장 부본과 공판기일 소환장을 송달하고 피고인 출석 없이 재판절차를 진행한 위법이 있는데도, 항소심에서 직권으로 제1심의 위법을 시정하는 조치를 취하지 않은 채 제1심이 조사·채택한 증거들에 기하여 검사의 항소이유만을 판단한 것은 법리오해의 위법이 있다. (○, ×) 18. 9급국가직

OX 제1심이 공소장 부본을 피고인 또는 변호인에게 송달하지 아니한 채 공판절차를 진행하였다면 이는 소송절차에 관한 법령을 위반한 경우에 해당한다. (○, ×) 15. 경찰1차

OX 피고인이 제1심 법정에서 이의함이 없이 공소사실에 관하여 충분히 진술할 기회를 부여받았다고 하더라도 방어권의 침해로서 판결에 영향을 미친 위법에 해당한다. (○, ×) 15. 경찰1차

OX 피고인이 공판기일에 출석하지 아니한 가운데 제1심의 절차가 진행되었다면 위법한 공판절차에서 이루어진 소송행위로서 효력이 없다. (○, ×) 15. 경찰1차

OX 항소심은 피고인 또는 변호인에게 공소장 부본을 송달하고 적법한 절차에 의하여 소송행위를 새로이 한 후 항소심에서의 진술과 증거조사 등 심리결과에 기초하여 다시 판결하여야 한다. (○, ×) 15. 경찰1차

Answer

OX
○, ○, ×, ○, ○

(2) 검사송부

피고인이 제출한 의견서는 검사에게 송부하여야 한다.

3. 국선변호인 선정에 관한 고지

① 공소제기시 국선변호인에 관한 내용 서면 고지: 재판장은 공소제기가 있는 때에는 변호인 없는 피고인에게 다음의 취지를 고지한다.

㉠ **필요적 변호사건의 경우 변호인 없이 개정할 수 없는 취지와 피고인 스스로 변호인을 선임하지 아니할 경우에는 법원이 국선변호인을 선정하게 된다는 취지**

㉡ **빈곤 그 밖의 사유로 변호인을 선임할 수 없는 경우, 법원에 대하여 국선변호인의 선정을 청구할 수 있다는 취지**

㉢ **피고인의 연령 · 지능 및 교육 정도 등을 참작하여 권리보호를 위하여 필요하다고 인정하는 때에는 법원에 대하여 국선변호인의 선정을 희망하지 아니한다는 의사를 표시할 수 있다는 취지**

② 고지는 서면으로 한다.

③ 필요적 변호사건 등의 경우 국선변호인 선정: 필요적 변호사건 등의 경우 지체 없이 국선변호인을 선정하고, 피고인 및 변호인에게 그 뜻을 고지하여야 한다.

④ 공소제기 후 변호인이 없게 된 경우도 국선변호인에 관한 고지 및 선정절차를 진행하여야 한다.

4. 공판기일 지정, 변경, 통지

(1) **지정**(재판장이 직권으로 지정)

① 재판장은 공판기일을 정하여야 한다.

② 법원이 부당하게 변론기일 또는 공판기일을 변경하거나 그 기일을 지정하지 아니하는 경우에도 변호인과 피고인은 수소법원에 공판기일지정을 신청할 수 없다. 12. 9급국가직

(2) **변경**(직권 또는 검사 · 피고인 · 변호인의 신청)

① 재판장은 직권 또는 검사 · 피고인 · 변호인의 신청에 의하여 공판기일을 변경할 수 있다(제270조). 13. 9급국가직

② 공판기일변경신청에는 변경을 필요로 하는 사유와 그 사유가 계속되리라 예상되는 기간을 명시하여야 하며, 진단서 기타 자료로 이를 소명하여야 한다(규칙 제125조). 11. 경찰2차

㉠ **공판기일지정은 법원의 권한이고, 변호인과 피고인은 지정신청을 할 수 없으나 일단 지정된 공판기일의 변경은 직권 또는 검사, 피고인이나 변호인의 신청에 의해 가능하다.**

☑ 소환장 송달과 동일한 효력을 가지는 경우
1. 법원이 구내에 있는 피고인에 대하여 공판기일을 통지한 때
2. 구금된 피고인에 대하여 교도관에게 통지하여 소환하고, 피고인이 교도관으로부터 소환통지를 받은 때
3. 피고인이 기일에 출석한다는 서면을 제출한 때
4. 출석한 피고인에 대하여 차회기일을 정하여 출석을 명한 때

관련 판례

형사소송법은 피고인을 소환함에 있어서는 법률이 정한 방식에 따라 작성된 소환장을 송달하여야 한다고 정하면서(제73조, 제74조, 제76조 제1항), 다만 피고인이 기일에 출석한다는 서면을 제출하거나 출석한 피고인에 대하여 차회기일을 정하여 출석을 명한 때, 구금된 피고인에 대하여 교도관을 통하여 소환통지를 한 때, 법원의 구내에 있는 피고인에 대하여 공판기일을 통지한 때 등에는 소환장의 송달과 동일한 효력을 인정하고 있다(제76조 제2항 내지 제5항, 제268조). 위와 같은 관련 규정의 문언과 취지, 그리고 피고인과 달리 공판기일 출석의무가 없는 검사·변호인 등의 소송관계인에 대해서는 소환을 하는 대신 공판기일을 통지하도록 하고 있는 점(형사소송법 제267조 제3항) 등을 종합하면, 피고인에 대한 공판기일 소환은 형사소송법이 정한 소환장의 송달 또는 이와 동일한 효력이 있는 방법에 의하여야 하고, 그 밖의 방법에 의한 사실상의 기일의 고지 또는 통지 등은 적법한 피고인 소환이라고 할 수 없다. 피고인이 원심 공판기일에 불출석하자, 검사가 피고인과 통화하여 피고인이 변호인으로 선임한 甲 변호사의 사무소로 송달을 원하고 있음을 확인하고 피고인의 주소를 甲 변호사 사무소로 기재한 주소보정서를 원심에 제출하였는데, 그 후 甲 변호사가 사임하고 새로이 乙 변호사가 변호인으로 선임된 사안에서, 원심이 피고인에 대한 공판기일소환장 등을 甲 변호사 사무소로 발송하여 그 사무소 직원이 수령하였더라도 형사소송법이 정한 적법한 방법으로 피고인의 소환이 이루어졌다고 볼 수 없다(2018. 11.29. 선고 2018도13377).

ⓛ 기각명령은 송달하지 않음 ⇨ 공판기일변경신청을 기각한 명령은 송달하지 아니한다(제270조). 11. 법원

(3) 통 지

지정, 변경된 공판기일은 검사, 변호인과 보조인에게 통지하여야 한다(제267조 제2항). 11. 경찰2차

5. 피고인 소환

(1) 소환장 송달

① 공판기일에는 피고인, 대표자 또는 대리인을 소환하여야 한다(제267조). 11. 경찰2차

② 소환이란 특정인에 대하여 일정한 일시에 일정한 장소에 출석할 것을 명하는 법관의 재판이다.

③ 법원의 구내에 있는 피고인에 대하여 공판기일을 통지한 때에는 소환장 송달의 효력이 있다(제268조). 07·10. 법원, 19. 7급국가직

ⓖ 피고인이 기일에 출석한다는 서면을 제출하거나 출석한 피고인에 대하여 차회기일을 정하여 출석을 명한 때에는 소환장의 송달과 동일한 효력이 있다(제76조 제2항). 07·08. 법원

ⓛ 출석을 명한 때에는 그 요지를 조서에 기재하여야 한다(제76조). 08. 법원

ⓒ 소환장에는 피고인의 성명, 주거, 죄명, 출석일시, 장소와 정당한 이유없이 출석하지 아니하는 때에는 도망할 염려가 있다고 인정하여 구속영장을 발부할 수 있음을 기재하고 재판장 또는 수명법관이 기명날인하여야 한다(제74조). 08. 법원

ⓡ 甲 변호사가 사임하고 새로이 乙 변호사가 변호인으로 선임된 사안에서, 원심이 피고인에 대한 공판기일소환장 등을 甲 변호사 사무소로 발송하여 그 사무소 직원이 수령하였더라도 형사소송법이 정한 적법한 방법으로 피고인의 소환이 이루어졌다고 볼 수 없다(2018도13377). ⇨ 피고인에 대한 공판기일 소환은 형사소송법이 정한 소환장의 송달 또는 이와 동일한 효력이 있는 방법에 의하여야 하고, 그 밖의 방법에 의한 사실상의 기일의 고지 또는 통지 등은 적법한 피고인 소환이라고 할 수 없다(2018도13377). 20. 법원

④ 구금된 피고인에 대하여는 교도관에게 통지하여 소환한다(제76조 제4항). 03. 경찰3차, 07·10. 법원, 12. 교정특채 ⇨ '교도소장 또는 구치소장'이 아니라 '교도관'에 통지하는 것임에 유의

⑤ 피고인이 교도관으로부터 소환통지를 받은 때에는 소환장의 송달과 동일한 효력이 있다(제76조 제5항).

(2) 출석 의무

① 유효한 소환을 받은 피고인은 원칙적으로 출석의무를 지고 정당한 사유 없이 불응하면 구인, 비용배상을 당한다.

② 공판기일에 소환 또는 통지서를 받은 자가 질병 기타의 사유로 출석하지 못할 때에는 의사의 진단서 기타의 자료를 제출하여야 한다(제271조). 08. 경찰1차

(3) 유예 기간

1) 의 의

① 피고인에 대한 제1회 공판기일 소환장은 공소장 부본의 송달 전에는 이를 송달하여서는 아니 된다(규칙 제123조).

② 소환장은 제1회 공판기일의 경우(5일 전)를 제외하고는 늦어도 출석할 일시 12시간 이전에 송달하여야 한다.

③ 다만, 피고인이 이의를 하지 아니한 때에는 그러하지 아니하다(제269조 제2항, 규칙 제45조). 03. 경찰3차, 09. 법원

6. 공판기일 전의 증거조사

(1) 증거제출

검사, 피고인 또는 변호인은 공판기일 전에 서류나 물건을 증거로 법원에 제출할 수 있다(제273조 제1항). 11. 경찰2차, 15. 법원, 18. 7급국가직

(2) 증거조사

① 법원은 검사, 피고인 또는 변호인의 신청에 의하여 공판준비에 필요하다고 인정한 때에는 공판기일 전에 피고인 또는 증인을 신문할 수 있고 검증, 감정 또는 번역을 명할 수 있다(제273조 제1항). 11. 경찰2차 · 법원, 18. 7급국가직

② 재판장은 수명법관으로 하여금 증거조사를 하게 할 수 있다. 신청을 기각함에는 결정으로 하여야 한다.

③ 공소장일본주의의 취지를 고려할 때 공판기일 전이란 제1회 공판기일 이후의 공판기일 전을 의미한다고 보아야 한다(다수설).

3 협의의 공판준비절차

1. 협의의 공판준비절차의 의의

① 재판장은 효율적이고 집중적인 심리를 위하여 사건을 공판준비절차에 부칠 수 있다.

② 협의의 공판준비절차는 주장 및 입증계획 등을 서면으로 준비하게 하거나 공판준비기일을 열어 진행한다.

③ 원칙적으로 임의적 절차이다. 09. 9급국가직, 10. 7급국가직, 11. 경찰승진, 12. 경찰3차, 15. 경찰1차 · 법원 · 지능특채, 17. 9급개론

기출 키워드 체크

공판준비절차는 주장 및 입증계획 등을 ______으로 준비하게 하거나 공판준비______을 열어 진행한다.

기출 키워드 체크

공판준비절차는 통상의 재판에서는 ______ 절차이지만, 국민참여재판에서는 ______인 절차이다.

Answer

기출 키워드 체크

서면, 기일

임의적, 필수적(필요적)

④ 국민참여재판사건의 경우에는 필요적 절차이다. 17. 9급개론, 19. 해경간부

⑤ 필요한 경우 제1회 공판기일 후에도 공판준비절차에 부칠 수 있다.

⑥ 서면 또는 공판준비기일을 열어 진행한다. 10. 법원, 15. 경찰1차

2. 서면에 의한 준비

(1) 서면 제출

① 검사, 피고인 또는 변호인은 법률상·사실상 주장의 요지 및 입증취지 등이 기재된 서면을 법원에 제출할 수 있다. 08. 7급국가직

② 재판장은 검사, 피고인 또는 변호인에 대하여 위 서면의 제출을 명할 수 있다.

(2) 송 달

법원은 서면이 제출된 때에는 그 부분을 상대방에게 송달하여야 한다.

(3) 공판준비에 필요한 명령

재판장은 검사, 피고인 또는 변호인에게 공소장 등 법원에 제출된 서면에 대한 설명을 요구하거나 그 밖에 공판준비에 필요한 명령을 할 수 있다.

3. 공판준비기일

(1) 직권 또는 신청

① 직권: 법원은 검사, 피고인 또는 변호인의 의견을 들어 공판준비기일을 지정할 수 있다.

② 신청: 검사, 피고인 또는 변호인은 법원에 대하여 공판준비기일의 지정을 신청할 수 있다. 14. 경찰2차·7급국가직, 17. 경찰1차·경찰승진, 19. 9급개론

③ 불복불가: 이 경우 신청에 관한 법원의 결정에 대하여는 불복할 수 없다. 08·14. 7급국가직, 10·12. 법원, 11·17. 경찰1차, 12. 경찰3차, 14. 경찰2차, 17. 경찰승진, 19. 9급개론, 21. 9급국가직·9급개론

(2) 심리계획 수립 및 준비, 쟁점정리, 증거정리

1) 심리계획 수립 14. 경찰2차

법원은 사건을 공판준비절차에 부친 때에는 집중심리를 하는데 필요한 심리계획을 수립하여야 한다.

2) 공판준비명령 등

① 재판장은 검사·피고인 또는 변호인에게 기한을 정하여 공판준비절차의 진행에 필요한 사항을 미리 준비하게 하거나 그 밖에 공판준비에 필요한 명령을 할 수 있다.

② 증인신문준비 명령법원은 증인을 신청한 자에게 증인의 소재, 연락처, 출석 가능성 및 출석이 가능한 일시 등 증인의 신문에 필요한 사항의 준비를 명할 수 있다.

OX 공판준비기일의 지정 신청에 관한 법원의 결정에 대해서는 항고할 수 있다. (○, ×)
21. 9급국가직·9급개론

기출 키워드 체크

검사, 피고인 또는 변호인은 법원에 대하여 공판준비기일의 지정을 _____ 할 수 있고, 이 경우 당해 신청에 관한 법원의 결정에 대하여는 ______ 할 수 없다.

Answer

기출 키워드 체크
신청, 불복

OX
×

3) **공판준비기일 통지** 11. 경찰1차, 15. 지능특채

① 법원은 검사, 피고인 및 변호인에게 공판준비기일을 통지하여야 한다.

② '피고인 또는 변호인'이 아니라 '피고인 및 변호인'임을 유의하여야 한다.

(3) 국선변호인 선정

법원은 공판준비기일이 지정된 사건에 관하여 변호인이 없는 때에는 직권으로 변호인을 선정하여야 한다(제266조의8 제4항). 14. 7급국가직, 15 · 21. 경찰간부, 15 · 17. 경찰1차, 17 · 18. 경찰승진, 20. 9급국가직 · 9급개론

(4) 출 석

① 검사, 변호인 출석 08. 7급국가직, 12. 경찰3차 : 공판준비기일에는 검사 및 변호인이 출석하여야 한다(제266조의8 제1항). 20. 9급국가직 · 9급개론

② 법원사무관 등 참여 08. 법원 : 공판준비기일에는 법원사무관 등이 참여한다.

③ 피고인 출석 가능 08 · 10 · 12. 법원, 11. 경찰승진, 14. 7급국가직

㉠ **피고인은 반드시 출석하여야 하는 것은 아니다.**

㉡ **법원은 필요하다고 인정하는 때에는 피고인을 소환할 수 있다.**

㉢ **피고인은 법원의 소환이 없는 때에도 공판준비기일에 출석할 수 있다.** 10. 7급국가직, 14. 경찰2차, 17. 경찰1차 · 9급개론

㉣ **재판장은 출석한 피고인에게 진술을 거부할 수 있음을 알려주어야 한다.** 08 · 18. 법원, 14. 경찰2차, 19. 9급개론

④ 공판준비기일 통지 : 법원은 검사, 피고인 및 변호인에게 공판준비기일을 통지하여야 한다.

⑤ 증인신문에 필요한 사항의 준비 : 법원은 증인을 신청한 자에게 증인의 소재, 연락처, 출석 가능성 및 출석이 가능한 일시 등 증인의 신문에 필요한 사항의 준비를 명할 수 있다.

(5) 기일진행

1) **수명법관**

① 공판준비절차는 수소법원이 주재한다. 다만, 법원은 합의부원으로 하여금 공판준비기일을 진행하게 할 수 있다. 09. 9급국가직

② 이 경우 수명법관은 공판준비기일에 관하여 법원 또는 재판장과 동일한 권한이 있다. 11. 경찰1차

2) **공 개** 11. 경찰1차, 12. 법원

① 공판준비기일은 공개한다. 09. 7급국가직, 11 · 16. 경찰1차, 12. 법원, 19. 9급개론

② 다만, 공개하면 절차의 진행이 방해될 우려가 있는 때에는 공개하지 않을 수 있다. 08. 법원, 12. 경찰3차, 15. 지능특채

OX 공판준비기일에는 검사와 변호인이 출석하여야 하며, 법원은 공판준비기일이 지정된 사건에 관하여 변호인이 없는 때에는 직권으로 변호인을 선정하여야 한다. (○, ×) 21. 경찰간부

기출 키워드 체크

공판준비기일에는 검사 및 ______ 이 출석하여야 하고, 법원은 공판준비기일이 지정된 사건에 관하여 변호인이 없는 때에는 직권으로 ______ 을 선정하여야 한다.

기출 키워드 체크

공판준비기일에 법원은 필요하다고 인정하는 경우 피고인을 소환할 수 있으며, 피고인은 법원의 소환이 없는 때에도 ______할 수 있다.

Answer

기출 키워드 체크
변호인, 변호인
출석

OX
○

3) **증거 일괄 신청**

검사 · 피고인 또는 변호인은 특별한 사정이 없는 한 필요한 증거를 공판준비절차에서 일괄하여 신청하여야 한다. 10. 경찰2차

4) **상대방의 서류 열람, 등사**

검사, 피고인 또는 변호인은 공판준비 또는 공판기일에 법원의 허가를 얻어 구두로 상대방에게 상대방이 보관하고 있는 서류 등의 열람 또는 등사를 신청할 수 있다.

▶ **공판준비기일에 할 수 있는 것과 할 수 없는 것** 16. 해경

공판준비기일에 할 수 있는 것	공판준비기일에 할 수 없는 것
• 공소사실 또는 적용법조를 명확하게 하는 행위 • 공소사실 또는 적용법조의 추가 · 철회 또는 변경을 허가하는 행위 17. 경찰승진 · 9급개론 • 증거신청을 하도록 하는 행위 • 증거 채부의 결정을 하는 행위 • 증거신청에 관한 의견을 확인하는 행위 • 공소사실과 관련하여 주장할 내용을 명확히 하여 사건의 쟁점을 정리하는 행위 • 증거조사의 순서 및 방법을 정하는 행위	• 증거보전 청구의 인용 여부 결정 • 압수수색 영장의 발부에 관한 결정 • 신청된 증거를 조사하여 판결을 선고하는 행위

(6) **공판준비 내용**(제266조의9) 12. 9급국가직

1) **의 의**

공판기일의 효율적이고 집중적인 심리를 준비하기 위하여 마련한 공판준비절차에서는 쟁점정리, 증거정리, 증거개시 및 심리계획을 할 수 있다. 15. 경찰1차

2) **쟁점정리**

① 공소사실 또는 적용법조를 명확하게 하는 행위

② 공소사실 또는 적용법조의 추가 · 철회 또는 변경을 허가하는 행위 10. 7급국가직, 11. 경찰승진, 12. 법원 · 9급국가직

③ 공소사실과 관련하여 주장할 내용을 명확히 하여 사건의 쟁점을 정리하는 행위

④ 계산이 어렵거나 그 밖에 복잡한 내용에 관하여 설명하도록 하는 행위

3) **증거정리** 09. 경찰1차

① 증거신청을 하도록 하는 행위

② 신청된 증거와 관련하여 입증 취지 및 내용 등을 명확하게 하는 행위

③ 증거신청에 관한 의견을 확인하는 행위

④ 증거 채부의 결정을 하는 행위

⑤ 증거조사의 순서 및 방법을 정하는 행위

4) 증거개시

서류 등의 열람·등사와 관련된 신청의 당부를 결정하는 행위 12. 9급국가직

5) 공판절차 진행

① 공판기일을 지정 또는 변경하는 행위

② 그 밖에 공판절차의 진행에 필요한 사항을 정하는 행위

6) 이의신청

검사, 피고인 또는 변호인은 증거조사와 재판장처분에 대해 이의 신청 가능(제266조의9 제2항, 제296조, 제304조)

(7) 공판준비기일 종결 및 재개

1) 종결사유

① 법원은 아래 사유가 있는 때에는 공판준비절차를 종결하여야 한다(제266조의12).

㉠ **쟁점 및 증거의 정리가 완료된 때**

㉡ **사건을 공판준비절차에 부친 뒤 3개월이 지난 때**

㉢ **검사·변호인 또는 소환받은 피고인이 출석하지 아니한 때** 12. 경찰간부, 13. 경찰승진

② 다만, ㉡ 또는 ㉢에 해당하는 경우로서 공판의 준비를 계속하여야 할 상당한 이유가 있는 때에는 그러하지 아니하다.

2) 결과확인

① 정리결과 고지, 이의 유무 확인: 법원은 공판준비기일을 종료하는 때에는 검사, 피고인 또는 변호인에게 쟁점 및 증거에 관한 정리결과를 고지하고, 이에 대한 이의의 유무를 확인하여야 한다. 08. 7급국가직, 19. 9급국가직

② 조서 기재: 법원은 쟁점 및 증거에 관한 정리결과를 공판준비기일조서에 기재하여야 한다.

3) 종결효과

① 실권효: 공판준비기일에 신청하지 못한 증거는 공판기일에 증거신청을 할 수 없다.

② 예 외

㉠ **다음의 사유가 있을 때에는 공판기일에 신청할 수 있다.** 12. 경찰간부, 13. 경찰승진, 15. 법원, 16. 경찰1차, 17. 9급개론

㉡ **그 신청으로 인하여 소송을 현저히 지연시키지 아니하는 때**

㉢ **중대한 과실 없이 공판준비기일에 제출하지 못하는 등 부득이한 사유를 소명한 때**

㉣ **실권효에도 불구하고 법원은 직권으로 증거를 조사할 수 있다.** 14. 7급국가직, 15. 경찰1차·경찰간부, 17. 경찰승진, 19. 9급국가직·9급개론

기출 키워드 체크

공판준비기일에 신청하지 못한 증거는 그 신청으로 인하여 소송을 현저히 ______시키지 아니하거나 중대한 과실 없이 공판준비기일에 제출하지 못하는 등 ______ 사유를 소명한 경우에 한하여 공판기일에 증거로 신청할 수 있다.

기출 키워드 체크

공판준비기일에 신청하지 못한 증거라도 공판기일에 ______은 ______으로 증거조사를 할 수 있다.

Answer

기출 키워드 체크

지연, 부득이한

법원, 직권

(8) **공판준비기일의 재개**(가능)

① 공판기일의 변론재개에 관한 규정(제305조)은 공판준비기일의 재개에 관하여 준용한다.

② 따라서 법원은 필요하다고 인정한 때에는 직권 또는 검사, 피고인이나 변호인의 신청에 의하여 결정으로 종결한 공판준비기일을 재개할 수 있다. 12. 경찰간부, 13. 경찰승진

(9) **기일 간 공판준비절차**(필요한 경우에는 제1회 공판기일 후에도 가능) 09 · 19. 9급국가직, 09 · 15. 법원, 12. 경찰간부, 13. 경찰승진, 15. 경찰1차 · 지능특채, 16 · 17. 경찰1차

① 법원은 쟁점 및 증거의 정리를 위하여 필요한 경우에는 제1회 공판기일 후에도 사건을 공판준비절차에 부칠 수 있다.

② 기일 전 공판준비절차 규정 준용: 이 경우 기일 전 공판준비절차에 관한 규정을 준용한다.

Chapter 11 OX 확인학습

01 □□□ 검사, 피고인 또는 변호인은 법원에 대하여 공판준비기일의 지정을 신청할 수 있고, 이 경우 당해 신청에 관한 법원의 결정에 대하여는 불복할 수 없다. (○)

02 □□□ 공판기일의 효율적이고 집중적인 심리를 준비하기 위하여 마련한 공판준비절차에서는 쟁점정리, 증거정리, 증거개시 및 심리계획을 할 수 있다. (○)

03 □□□ 법원은 공판준비절차에서 공소사실 또는 적용법조의 추가·철회 또는 변경을 허가할 수 있다. (○)

04 □□□ 공판준비기일은 원칙적으로 비공개한다. (×)

05 □□□ 공판준비절차는 주장 및 입증계획 등을 서면으로 준비하게 하거나 공판준비기일을 열어 진행한다. (○)

06 □□□ 국민참여재판과 달리 통상 공판절차에 있어서 공판준비절차에 부칠 것인지 여부는 재판장의 재량에 속한다. (○)

07 □□□ 법원은 공판준비기일이 지정된 사건에 관하여 변호인이 없는 때에는 직권으로 변호인을 선정하여야 한다. (○)

08 □□□ 법원은 쟁점 및 증거의 정리를 위하여 필요한 경우라도 제1회 공판기일 후에는 사건을 공판준비절차에 부칠 수 없다. (×)

09 □□□ 법원은 필요하다고 인정하는 때에는 피고인을 소환할 수 있으며, 피고인은 법원의 소환이 없는 때에는 공판준비기일에 출석할 수 없다. (×)

10 □□□ 재판장은 출석한 피고인에게 진술을 거부할 수 있음을 알려주어야 한다. (○)

11 □□□ 공판준비기일에 신청하지 못한 증거라도 공판기일에 법원은 직권으로 증거조사를 할 수 있다. (○)

12 □□□ 공판준비기일에 신청하지 못한 증거는 그 신청으로 인하여 소송을 현저히 지연시키지 아니하거나 중대한 과실 없이 공판준비기일에 제출하지 못하는 등 부득이한 사유를 소명한 경우에 한하여 공판기일에 증거로 신청할 수 있다. (○)

제4절 증거개시

❶ 증거개시의 의의

① 공소제기 후 검사 보관 증거개시: 피고인 등은 공소제기 후 검사 보관 서류의 열람·등사를 요구할 수 있다.

② 피고인 측 보관 증거개시 08. 9급국가직, 14. 경찰2차, 16. 법원, 17. 경찰간부: 검사는 피고인 또는 변호인이 현장부재·심신상실 또는 심신미약 등 법률상·사실상의 주장을 한 때에는 그 주장과 관련된 서류 등의 열람·등사를 요구할 수 있다.

③ 신속한 재판과 방어권 보장을 위해서 인정된다.

④ 법률에 의해 제한 가능: 변호인의 수사기록에 대한 열람·등사권은 헌법상의 기본권으로 보호되지만, 기본권 제한의 일반적인 법률유보조항인 국가안전보장·질서유지 또는 공공복리를 위하여 제한될 수 있다(94헌마60). 09. 7급국가직

1. 공소제기 후 검사 보관 증거개시

(1) 신청권자

1) 변호인: 열람, 등사 신청 가능

2) 피고인

① 변호인이 없는 경우: 열람·등사 또는 서면의 교부 신청 모두 가능

② 변호인이 있는 경우: 열람 신청만 가능(등사·서면의 교부는 신청 불가능) 10·13·17. 경찰승진, 11·12·14·17. 경찰2차, 12·15. 경찰3차, 14·16·19. 경찰1차, 15·17. 7급국가직, 16. 경찰간부·해경, 16·17·20. 법원, 17·18. 해경2차, 19. 9급개론, 20. 9급국가직·9급개론

OX 피고인은 검사에게 공소제기된 사건에 관한 서류 등의 목록과 공소사실의 인정 또는 양형에 영향을 미칠 수 있는 서류 등의 열람·등사 또는 서면의 교부를 신청할 수 있고, 피고인에게 변호인이 있는 경우에도 동일하다. (○, ×) 19. 경찰1차

(2) 신청대상

1) 서류 또는 물건의 목록

2) 공소사실의 인정과 양형에 영향을 미칠 수 있는 서류 등 09·10. 법원, 14. 경찰2차, 15. 경찰3차, 16. 경찰간부·해경·법원

① 검사가 증거로 신청할 서류 등

② 검사가 증인으로 신청할 사람의 성명·사건과의 관계 등을 기재한 서면 또는 그 사람이 공판기일 전에 행한 진술을 기재한 서류 등

③ 또는 ㉡의 서면 또는 서류 등의 증명력과 관련된 서류 등

④ 피고인 또는 변호인이 행한 법률상·사실상 주장과 관련된 서류 등(관련 형사재판확정기록, 불기소처분기록 등을 포함한다)

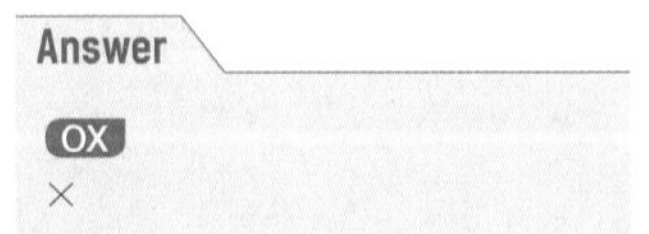
Answer
OX
×

3) 특수매체 포함

서류 등은 도면·사진·녹음테이프·비디오테이프·컴퓨터용 디스크, 그 밖에 정보를 담기 위하여 만들어진 물건으로서 문서가 아닌 특수매체를 포함한다. 이 경우 특수매체에 대한 등사는 필요 최소한의 범위에 한한다. 10. 경찰승진, 12. 경찰2차, 16. 경찰1차, 17·18. 경찰간부, 19. 9급개론

4) 불기소결정서

① 수사기관 내부의 의사결정과정 또는 검토과정에 있는 사항에 관한 문서 기타 그 공개로써 수사에 관한 직무의 수행을 현저하게 곤란하게 하는 것은 증거개시의 대상에서 제외될 수 있으나,

② 검찰청이 보관하고 있는 불기소처분기록에 포함된 불기소결정서는 특별한 사정이 없는 한 변호인의 열람·지정에 의한 공개의 대상이 된다(2012도1284). 17. 경찰간부, 18. 9급국가직

5) 피고인에게 유리한 증거도 포함 13. 9급국가직, 16. 해경, 17. 해경2차

(3) 신청방법

1) 검사에게 서면으로 신청, 예외적으로 법원의 허가를 얻어 구두로 가능 16. 해경

① 증거개시의 신청은 검사에게 아래 사항을 기재한 서면으로 신청한다(규칙 제123조의2).

㉠ **사건번호, 사건명, 피고인**

㉡ **신청인 및 피고인과의 관계**

㉢ **열람 또는 등사할 대상**

② 다만 검사, 피고인 또는 변호인은 공판준비기일 또는 공판기일에서 법원의 허가를 얻어 구두로 상대방에게 증거개시를 신청할 수 있다(규칙 제123조의5 제1항).

2) 공소제기 후 12. 경찰3차, 15. 7급국가직

① 증거개시의 신청은 공소제기 후에는 언제든지 허용된다. 16. 해경

② 공판준비절차에서는 물론 공판기일절차에서도 증거개시 신청이 허용된다. 17. 경찰간부·해경2차

(4) 제 한

① 검사의 거부 또는 범위 제한 08. 7급국가직, 10. 법원·경찰승진, 16. 경찰간부, 17. 경찰2차, 19. 경찰1차
: 검사는 국가안보, 증인보호의 필요성, 증거인멸의 염려, 관련 사건의 수사에 장애를 가져올 것으로 예상되는 구체적인 사유 등 열람·등사 또는 서면의 교부를 허용하지 아니할 상당한 이유가 있다고 인정되는 때에는 열람·등사 또는 서면의 교부를 거부하거나 그 범위를 제한할 수 있다.

기출 키워드 체크

증거개시의 대상에는 도면·사진·녹음테이프·비디오테이프·컴퓨터용 디스크, 그 밖에 정보를 담기 위하여 만들어진 물건으로서 문서가 아닌 ______도 포함된다.

기출 키워드 체크

검사의 증거개시는 검사가 신청할 예정인 증거 이외에 피고인에게 ______한 증거를 포함한 전면적 개시를 원칙으로 한다.

OX 검사는 국가안보, 증인보호의 필요성, 증거인멸의 염려, 관련 사건의 수사에 장애를 가져올 것으로 예상되는 구체적인 사유 등 열람·등사 또는 서면의 교부를 허용하지 아니할 상당한 이유가 있다고 인정하는 때에는 열람·등사 또는 서면의 교부를 거부하거나 그 범위를 제한할 수 있다. (○, ×) 19. 경찰1차

Answer

기출 키워드 체크
특수매체
유리

OX
○

OX 공소제기된 사건에 관한 서류 또는 물건의 목록의 열람·등사를 피고인이 신청한 경우, 검사는 증인 보호의 필요성 등의 사유로 거부할 수 있다. (○, ×) 21. 경찰간부

기출 키워드 체크

검사는 공소제기된 사건에 관한 서류 또는 물건의 _______에 대하여는 피고인이나 변호인의 열람 또는 등사를 거부할 수 없다.

기출 키워드 체크

검사는 열람·등사 또는 서면의 교부를 거부하거나 그 범위를 제한하는 때에는 _______ 그 이유를 _______으로 통지하여야 한다.

OX 피고인 또는 변호인은 검사가 서류 등의 열람·등사 또는 서면의 교부를 거부하거나 그 범위를 제한한 때에는 법원에 그 서류등의 열람·등사 또는 서면의 교부를 허용하도록 할 것을 신청할 수 있다. (○, ×) 19. 경찰1차

기출 키워드 체크

검사가 증거서류 등의 열람·등사 또는 서면의 교부를 거부하거나 그 범위를 제한할 때에는 피고인 또는 변호인은 _______에 그 서류 등의 열람·등사 또는 서면의 교부를 허용하도록 할 것을 신청할 수 있다.

OX 법원은 열람·등사 또는 서면의 교부를 허용하는 경우에 생길 폐해의 유형·정도, 피고인의 방어 또는 재판의 신속한 진행을 위한 필요성 및 해당 서류 등의 중요성 등을 고려하여 검사에게 열람·등사 또는 서면의 교부를 허용할 것을 명할 수 있다. (○, ×) 19. 경찰1차

기출 키워드 체크

검사가 열람·등사 등에 관한 법원의 결정을 지체 없이 이행하지 아니하는 때에는 해당 증인 및 서류 등에 대한 _______을 할 수 없다.

Answer

기출 키워드 체크

목록
지체 없이, 서면
법원
증거신청

OX

×, ○, ○

② 목록에 대한 열람, 등사는 거부 불가: 서류 또는 물건의 목록에 대하여 열람 또는 등사를 거부할 수 없다(제266조의3 제5항). 08·09·20. 7급국가직, 09·16·20. 법원, 10·17. 경찰승진, 12·18. 9급국가직, 16·21. 경찰1차, 16·18·21. 경찰간부, 17. 해경2차·경찰2차, 18·19. 9급개론

③ 지체 없이 서면 통지: 검사는 열람·등사 또는 서면의 교부를 거부하거나 그 범위를 제한하는 때에는 지체 없이(7일 이내 ×) 그 이유를 서면(구두 ×)으로 통지하여야 한다. 12. 경찰2차·7급국가직, 12·14. 경찰3차, 14·17. 경찰2차, 14·18. 경찰간부, 16. 경찰1차·해경·법원, 17. 경찰승진, 19. 9급개론, 20. 7급국가직

(5) 법원에 신청

1) 신 청

① 검사의 거부 또는 범위 제한시 법원에 신청 10. 법원, 11·13·17. 경찰2차, 13. 경찰승진: 피고인 또는 변호인은 검사가 서류 등의 열람·등사 또는 서면의 교부를 거부하거나 그 범위를 제한한 때에는 법원에 그 서류 등의 열람·등사 또는 서면의 교부를 허용하도록 할 것을 신청할 수 있다(제266조의4 제1항). 18. 9급국가직·9급개론, 19·21. 경찰1차

② 검사가 48시간 이내 통지하지 않은 경우: 피고인 또는 변호인은 검사가 열람·등사 신청을 받은 때로부터 48시간 이내에 위 통지를 하지 아니하는 때에는 법원에 열람·등사의 허용신청을 할 수 있다.

2) 법원의 결정

① 법원의 허용 명령 10. 법원, 19. 경찰1차: 법원은 신청이 있는 때에는 열람·등사 또는 서면의 교부를 허용하는 경우에 생길 폐해의 유형·정도, 피고인의 방어 또는 재판의 신속한 진행을 위한 필요성 및 해당 서류 등의 중요성 등을 고려하여 검사에게 열람·등사 또는 서면의 교부를 허용할 것을 명할 수 있다.

② 이 경우 열람 또는 등사의 시기·방법을 지정하거나 조건·의무를 부과할 수 있다.

③ 검사에게 의견 제기 기회 부여: 법원은 열람·등사·교부의 결정을 하는 때에는 검사에게 의견을 제시할 수 있는 기회를 부여하여야 한다.

④ 이해관계인 심문: 법원은 필요하다고 인정하는 때에는 검사에게 해당 서류 등의 제시를 요구할 수 있고, 피고인이나 그 밖의 이해관계인을 심문할 수 있다.

⑤ 불복불가: 법원의 명령에 대한 불복은 불가능하다(2012모1393). 14. 경찰2차, 15·20. 7급국가직

3) 검사의 불이행시

① 증거신청의 제한 : 검사가 열람·등사 또는 서면의 교부에 관한 법원의 결정을 지체 없이 이행하지 아니하는 때에는 해당 증인 및 서류 등에 대한 증거신청을 할 수 없다. 11·12·14. 경찰2차, 12. 경찰3차, 13·17. 경찰승진, 14·16·18. 경찰간부, 18. 9급국가직·9급개론, 20. 법원, 21. 경찰1차

② 증거신청 제한의 의미: 증거신청의 제한을 둔 의미는 법원의 열람·등사 결정을 따르지 않을 수도 있다는 의미가 아니라, 피고인의 열람·등사권을 보장하기 위하여 검사로 하여금 법원의 열람·등사에 관한 결정을 신속히 이행하도록 강제하는 한편, 이를 이행하지 아니하는 경우에는 증거신청상의 불이익도 감수하여야 한다는 의미이다(2009헌마257). 13. 경찰2차, 15. 7급국가직

③ 피고인의 신속하고 공정한 재판을 받을 권리와 변호인의 조력을 받을 권리를 침해한 것으로 헌법에 위반된다. 18. 9급국가직·9급개론

④ 법원이 열람·등사 허용 결정한 경우, 검사가 (열람은 허용하고) 등사만을 거부하였다 하더라도 청구인들의 신속·공정한 재판을 받을 권리 및 변호인의 조력을 받을 권리가 침해되었다고 보아야 한다(2015헌마632).

(6) 기 타

① 소송준비 이외의 목적에 사용 금지: 피고인 또는 변호인(피고인 또는 변호인이었던 자 포함)은 검사가 열람 또는 등사하도록 한 서면 및 서류 등의 사본을 당해 사건 또는 관련 소송의 준비에 사용할 목적이 아닌 다른 목적으로 다른 사람에게 교부 또는 제시(전기통신설비를 이용하여 제공하는 것을 포함한다)하여서는 아니 된다.

② 위반시 1년 이하의 징역 또는 500만원 이하의 벌금에 처한다.

2. 피고인 측 보관 증거개시

(1) 요 건

피고인 또는 변호인이 공판기일 또는 공판준비절차에서 현장부재·심신상실 또는 심신미약 등 법률상·사실상 주장을 한 때에는 피고인 또는 변호인에게 다음 서류의 열람·등사 또는 서면의 교부를 요구할 수 있다. 14. 경찰2차, 17·20. 7급국가직, 21. 경찰1차

(2) 대 상

① 피고인 또는 변호인이 증거로 신청할 서류 등

② 피고인 또는 변호인이 증인으로 신청할 사람의 성명, 사건과의 관계 등을 기재한 서면

③ ①의 서류 등 또는 ②의 서면의 증명력과 관련된 서류 등

④ 피고인 또는 변호인이 행한 법률상·사실상의 주장과 관련된 서류 등

(3) 거 부

1) 검사가 열람·등사 또는 교부를 거부한 때 16. 법원

피고인 또는 변호인은 검사가 서류 등의 열람·등사 또는 서면의 교부를 거부한 때에는 서류 등의 열람·등사 또는 서면의 교부를 거부할 수 있다.

관련 판례

검사는 법원의 이 사건 열람·등사 허용 결정 이후 이 사건 수사서류에 대한 열람은 허용하고 등사만을 거부하였는바, 변호인이 수사서류를 열람은 하였지만 등사가 허용되지 않는다면, 변호인은 형사소송절차에서 청구인들에게 유리한 수사서류의 내용을 법원에 현출할 수 있는 방법이 없어 불리한 지위에 놓이게 되고, 그 결과 청구인들을 충분히 조력할 수 없음이 명백하다. 따라서 검사가 이 사건 수사서류에 대한 등사만을 거부하였다 하더라도 청구인들의 신속·공정한 재판을 받을 권리 및 변호인의 조력을 받을 권리가 침해되었다고 보아야 한다(헌법재판소 2017. 12.28. 선고 2015헌마632 결정).

기출 키워드 체크

법원의 개시결정에도 불구하고 검사가 피고인에게 유리한 증거서류의 열람·등사를 거부한 것은 피고인의 신속하고 공정한 재판을 받을 권리와 변호인의 조력을 받을 권리를 침해한 것으로 _______에 위반된다.

참고+ 피고인 측 보관 증거개시는 "현장부재·심신상실 또는 심신미약 등 법률상·사실상 주장을 한 때"에 한정된다는 사실에 유의
11. 경찰2차, 13. 경찰승진

기출 키워드 체크

공소제기 후 검사가 보관하고 있는 서류 등의 열람·등사, 즉 증거개시는 원칙적으로 모든 증거에 대한 전면적 개시인데 반하여 피고인 또는 변호인의 증거개시는 _______ 등 일정한 사유를 전제로 하는 제한적 개시라는 점에서 구별된다.

Answer

기출 키워드 체크

헌법

현장부재, 심신상실 또는 심신미약

2) **예외: 법원이 열람·등사 또는 교부 신청을 기각한 때**

다만, 법원이 신청을 기각하는 결정을 한 때에는 그러하지 아니하다. 20. 법원

(4) 법원에 대한 신청

① 피고인 또는 변호인이 열람·등사 또는 교부 요구를 거부한 때 검사는 법원에 열람·등사 또는 교부신청이 가능하다. 10. 경찰승진, 21. 경찰1차

② 검사의 증거개시에 관한 경우의 절차를 준용한다.

Chapter 11

OX 확인학습

01 □□□ 검사는 국가안보, 증인보호의 필요성, 증거인멸의 염려, 관련 사건의 수사에 장애를 가져올 것으로 예상되는 구체적인 사유 등 열람·등사 또는 서면의 교부를 허용하지 아니할 상당한 이유가 있다고 인정하는 때에는 열람·등사 또는 서면의 교부를 거부하거나 그 범위를 제한할 수 있다. 이 경우에도 서류 등의 목록에 대하여는 열람 또는 등사를 거부할 수 없다. (○)

02 □□□ 검사는 서류 등의 열람·등사 또는 서면의 교부에 관한 법원의 결정을 지체 없이 이행하지 아니하는 때에는 해당 증인 및 서류 등에 대한 증거신청을 할 수 없다. (○)

03 □□□ 법원의 개시결정에도 불구하고 검사가 피고인에게 유리한 증거서류의 열람·등사를 거부한 것은 피고인의 신속하고 공정한 재판을 받을 권리와 변호인의 조력을 받을 권리를 침해한 것으로 헌법에 위반된다. (○)

04 □□□ 검사는 열람·등사 또는 서면의 교부를 거부하거나 그 범위를 제한하는 때에는 7일 이내에 피고인 또는 그 변호인에게 그 이유를 서면 또는 구두의 방법으로 통지하여야 한다. (×)

05 □□□ 검사는 열람·등사 또는 서면의 교부를 거부하거나 그 범위를 제한하는 때에는 지체 없이 그 이유를 서면으로 통지하여야 한다. (○)

06 □□□ 법원의 증거개시에 관한 결정에 대하여는 집행정지의 효력이 있는 즉시항고를 할 수 있다. (×)

07 □□□ 증거개시의 대상에는 도면·사진·녹음테이프·비디오테이프·컴퓨터용 디스크, 그 밖에 정보를 담기 위하여 만들어진 물건으로서 문서가 아닌 특수매체를 포함한다. (○)

08 □□□ 피고인 또는 변호인은 검사가 서류등의 열람·등사 또는 서면의 교부를 거부하거나 그 범위를 제한한 때에는 법원에 그 서류등의 열람·등사 또는 서면의 교부를 허용하도록 할 것을 신청할 수 있다. (○)

09 □□□ 피고인 또는 변호인은 검사에게 공소제기된 사건에 관한 서류 또는 물건(이하 '서류 등'이라 한다)의 목록을 열람·등사 또는 서면의 교부를 신청할 수 있으며, 변호인을 선임한 피고인도 검사에 대해 증거서류 등의 열람·등사 및 서면의 교부를 신청할 수 있다. (×)

10 □□□ 피고인 또는 변호인이 공판기일이나 공판준비절차에서 현장부재·심신상실 또는 심신미약의 주장을 한 때에 검사는 피고인 또는 변호인에게 증거로 신청할 서류 등의 열람·등사 또는 서면의 교부를 요구할 수 있다. (○)

11 □□□ 검찰청이 보관하고 있는 불기소결정서는 수사기관 내부의 의사결정과정 또는 검토과정에 관한 문서로서, 이를 공개하면 수사에 관한 직무의 수행을 현저히 곤란하게 하므로 변호인의 열람·지정에 의한 공개의 대상이 될 수 없다. (×)

Chapter 11 실전익히기

01

14. 9급국가직

공개주의 원칙에 대한 설명으로 옳지 않은 것은?

① 법원은 피해자를 증인으로 신문하는 경우 피해자 등의 신청에 따라 피해자의 사생활의 비밀이나 신변보호를 위해 결정으로 심리를 공개하지 않을 수 있다.

② 피고인이 동의하지 않더라도 재판장이 공공의 이익을 위해 상당하다고 인정하는 경우 법정 촬영을 허가할 수 있다.

③ 소년보호사건의 심리에도 원칙적으로 공개주의가 적용되나, 소년부 판사가 상당하다고 인정하는 경우 비공개로 진행할 수 있다.

④ 재판장은 증인 또는 감정인이 피고인 또는 어떤 재정인의 면전에서 충분한 진술을 할 수 없다고 인정한 때에는 그를 퇴정하게 하고 진술하게 할 수 있다.

02

18. 9급국가직

피고인 출석의 예외에 대한 설명으로 옳지 않은 것은? (다툼이 있는 경우 판례에 의함)

① 장기 3년 이하의 징역 또는 금고, 다액 500만원을 초과하는 벌금 또는 구류에 해당하는 사건에서는 피고인이 불출석허가 신청을 하고 법원이 불출석을 허가하는 경우에는, 인정신문과 판결선고기일을 제외하고, 피고인의 출석 없이 개정할 수 있다.

② 항소심에서는 피고인이 적법한 공판기일 소환장을 받고도 정당한 사유 없이 공판기일에 1회 출정하지 아니한 때에는 피고인의 진술 없이 판결할 수 있다.

③ 사형, 무기 또는 장기 10년이 넘는 징역이나 금고에 해당하는 사건을 제외하고, 제1심 공판절차에서 피고인에 대한 송달불능보고서가 접수된 후 6월이 경과하도록 피고인의 소재를 확인할 수 없으면 2회 공시송달 후 궐석재판을 진행할 수 있다.

④ 법정형 다액 500만원 이하의 벌금 또는 과료에 해당하는 사건에서는 법원이 피고인을 소환하는 경우 피고인을 대신하여 대리인이 출석할 수 있다.

03

19. 경찰1차

공판정의 심리에 대한 설명 중 가장 적절한 것은? (다툼이 있는 경우 판례에 의함)

① 필요적 변호사건에서 피고인이 재판 거부의 의사를 표시하고 재판장의 허가 없이 퇴정하고 변호인마저 이에 동조하여 퇴정해버린 경우 수소법원은 피고인이나 변호인의 재정 없이는 심리판결할 수 없다.

② 공소기각 또는 면소의 재판을 할 것이 명백한 사건이라고 하더라도 원칙적으로 피고인의 출석을 요한다.

③ 검사의 출석은 공판개정의 요건이므로 검사가 공판기일의 통지를 2회 이상 받고도 출석하지 아니하거나 판결만을 선고하는 때에도 검사의 출석 없이는 개정할 수 없다.

④ 다액 500만원 이하의 벌금 또는 과료에 해당하는 사건에 관하여는 원칙적으로 피고인의 출석을 요하지 아니한다.

04

14. 경찰2차

공판준비절차에 관한 다음 설명 중 가장 적절하지 않은 것은? (다툼이 있으면 판례에 의함)

① 법원은 사건을 공판준비절차에 부친 때에는 집중심리를 하는 데 필요한 심리계획을 수립하여야 한다.

② 법원은 필요하다고 인정하는 때에는 피고인을 소환할 수 있으며, 피고인은 법원의 소환이 없는 때에는 공판준비기일에 출석할 수 없다.

③ 검사, 피고인 또는 변호인은 법원에 대하여 공판준비기일의 지정을 신청할 수 있다. 이 경우 당해 신청에 관한 법원의 결정에 대하여는 불복할 수 없다.

④ 재판장은 출석한 피고인에게 진술을 거부할 수 있음을 알려주어야 한다.

05

15. 법원직

공판준비절차에 관한 다음 설명 중 가장 옳지 않은 것은?

① 재판장은 효율적이고 집중적인 심리를 위하여 사건을 공판준비절차에 부칠 수 있다.
② 제1회 공판기일 후에는 사건을 공판준비절차에 부칠 수 없다.
③ 공판준비기일에서 신청하지 못한 증거는 그 신청으로 인하여 소송을 현저하게 지연시키지 않거나 중대한 과실 없이 공판준비기일에 제출하지 못하는 등 부득이한 사유를 소명한 때에 한하여 공판기일에 신청할 수 있다.
④ 법원은 공판준비기일이 지정된 사건에 관하여 변호인이 없는 때에는 직권으로 변호인을 선정하여야 한다.

06

17. 경찰승진

증거개시제도에 관한 설명 중 가장 적절하지 않은 것은?

① 검사가 열람·등사 또는 서면의 교부에 관한 법원의 결정을 지체 없이 이행하지 아니한 때에는 해당 증인 및 서류 등에 대한 증거신청을 할 수 없다.
② 검사는 피고인 또는 변호인의 신청이 있는 경우 서류 등의 목록에 대하여는 열람 또는 등사를 거부할 수 없다.
③ 검사는 열람·등사 또는 서면의 교부를 거부하거나 그 범위를 제한하는 때에는 지체 없이 그 이유를 서면으로 통지하여야 한다.
④ 피고인에게 변호인이 있는 경우 피고인은 검사에게 공소제기된 사건에 관한 서류 또는 물건의 목록과 공소사실의 인정 또는 양형에 영향을 미칠 수 있는 서류 등의 열람·등사 또는 서면의 교부를 신청할 수 있다.

07

17. 경찰간부

증거개시에 관한 다음 설명 중 가장 옳지 않은 것은? (다툼이 있으면 판례에 의함)

① 증거개시제도는 실질적인 당사자 대등을 확보하고 피고인의 신속·공정한 재판을 받을 권리를 실현하기 위한 제도로서, 형사소송법은 검사가 보유하고 있는 증거뿐만 아니라 피고인이 보유하고 있는 증거의 개시도 인정하고 있다.
② 증거개시는 공판기일의 집중심리를 가능하게 하는 장치로서 공판준비절차의 일환으로 인정되므로, 증거개시의 신청은 공판준비절차에서만 허용된다.
③ 증거개시의 대상에는 도면·사진·녹음테이프·비디오테이프·컴퓨터용 디스크, 그 밖에 정보를 담기 위하여 만들어진 물건으로서 문서가 아닌 특수매체도 포함된다.
④ 수사기관 내부의 의사결정과정 또는 검토과정에 있는 사항에 관한 문서 기타 그 공개로써 수사에 관 한 직무의 수행을 현저하게 곤란하게 하는 것은 증거개시의 대상에서 제외될 수 있으나, 검찰청이 보관하고 있는 불기소처분기록에 포함된 불기소결정서는 특별한 사정이 없는 한 변호인의 열람·지정에 의한 공개의 대상이 된다.

08

13. 경찰2차

다음은 증거개시제도에 대한 설명이다. 가장 적절하지 않은 것은? (다툼이 있는 경우 판례에 의함)

① 피고인 또는 변호인은 검사가 서류 등의 열람·등사 또는 서면의 교부를 거부하거나 그 범위를 제한한 때에는 법원에 그 서류 등의 열람·등사 또는 서면의 교부를 허용하도록 할 것을 신청할 수 있다.

② 피고인 또는 변호인은 검사에게 공소제기된 사건에 관한 서류 또는 물건의 목록을 열람·등사 또는 서면의 교부를 신청할 수 있다. 다만, 피고인에게 변호인이 있는 경우에는 피고인은 열람만을 신청할 수 있다.

③ 검사는 국가안보, 증인보호의 필요성, 증거인멸의 염려, 관련 사건의 수사에 장애를 가져올 것으로 예상되는 구체적인 사유 등 열람·등사 또는 서면의 교부를 허용하지 아니할 상당한 이유가 있다고 인정하는 때에는 열람·등사 또는 서면의 •교부를 거부하거나 그 범위를 제한할 수 있다. 이 경우에도 서류 등의 목록에 대하여는 열람 또는 등사를 거부할 수 없다.

④ 「형사소송법」 제266조의4 제5항은 검사가 수사서류의 열람·등사에 관한 법원의 허용 결정을 지체 없이 이행하지 아니하는 때에는 해당 증인 및 서류 등에 대한 증거신청을 할 수 없도록 규정하고 있다. 이는 검사가 그와 같은 불이익을 감수하기만 하면 법원의 열람·등사 결정을 따르지 않을 수도 있다는 의미이다.

Answer

01 ③ [×] 소년보호사건 심리는 공개하지 아니한다(「소년법」 제24조 제2항).
02 ② [×] 항소심에서는 정당한 사유 없이 2회 출정하지 아니한 때 피고인의 진술 없이 판결할 수 있다(제365조).
03 ④ [○] 다액 500만원 이하의 벌금 또는 과료에 해당하는 사건은 피고인의 출석을 요하지 아니한다(제277조 제1호).
04 ② [×] 피고인은 법원의 소환이 없는 때에도 공판준비기일에 출석할 수 있다(제266조의8 제5항).
05 ② [×] 법원은 쟁점 및 증거의 정리를 위하여 필요한 경우에는 제1회 공판기일 후에도 사건을 공판준비절차에 부칠 수 있다(제266조의15).
06 ④ [×] 피고인에게 변호인이 있는 경우에는 피고인은 열람만을 신청할 수 있다(제266조의3 제1항).
07 ② [×] 공판준비절차에서는 물론 공판기일절차에서도 증거개시 신청이 허용된다(제266조의3 제1항).
08 ④ [×] 검사가 법원의 결정을 따르지 않을 수 있다는 의미는 아니다.

제5절 공판기일의 절차

① 개 관

공판기일의 절차는 판결선고를 위해 수소법원이 피고사건에 대한 심리를 진행하는 절차를 말한다. 공판기일의 절차는 모두절차, 사실심리절차, 결심절차 등으로 이어진다. 10. 경찰2차, 13. 경찰승진, 16. 경찰간부

▶ **공판기일절차의 개관** 16. 법원, 19. 9급개론

모두절차	사실심리절차	결심절차/판결선고절차
• 진술거부권의 고지 16. 법원 • 인정신문 16. 법원 • 검사의 모두진술 16. 법원 • 피고인의 모두진술 16. 법원 • 재판장의 쟁점정리 및 검사, 변호인의 입증계획 진술	• 증거조사 16. 법원 • 피고인신문 16. 법원	결심절차 • 검사의 의견진술 • 변호인의 최종변론 • 피고인의 최후진술 판결선고절차 • 평의와 합의 • 판결선고

② 모두절차

1. 진술거부권 고지

① 재판장이 고지 09. 법원: 재판장은 피고인에게 진술하지 아니하거나 개개의 질문에 대하여 진술을 거부할 수 있고, 이익되는 사실을 진술할 수 있음을 고지하여야 한다(제283조의2 제2항).

② 인정신문 전에 고지 11. 경찰승진: 인정신문에 대해서도 진술 거부 가능하다. 12. 경찰승진 · 경찰1차, 18. 해경간부

OX 재판장은 피고인에 대한 인정신문 이전에 피고인에게 진술거부권이 있음을 고지해야 하므로 피고인은 재판장의 인정신문에 대하여도 진술거부권을 행사할 수 있다. (○, ×) 18. 해경간부

2. 인정신문

① 피고인의 동일성 확인: 재판장은 피고인의 성명, 연령, 등록기준지, 주거와 직업을 물어서 피고인의 동일성을 확인하여야 한다(제284조).

② 거부 가능: 이에 대한 진술 거부도 가능하다.

3. 검사의 모두진술

① 공소사실 등 낭독(필수적): 검사는 공소장에 의하여 공소사실 · 죄명 및 적용법조를 낭독하여야 한다. 14. 7급국가직, 21. 9급국가직 · 9급개론

② 공소의 요지 진술도 가능: 다만, 재판장은 필요하다고 인정하는 때에는 검사에게 공소의 요지를 진술하게 할 수 있다. 21. 9급국가직 · 9급개론

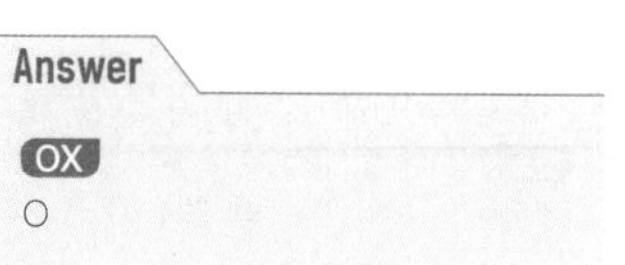
Answer
OX
○

OX 공판기일에 검사는 공소장에 의하여 공소사실·죄명 및 적용법조를 낭독하여야 한다. 다만 재판장은 필요하다고 인정하는 때에는 검사에게 공소장의 낭독 또는 공소요지의 진술을 생략하도록 할 수 있다. (○, ×) 21. 9급국가직·9급개론

③ 필수적 절차: 그러나 공소장 낭독 또는 공소요지 진술을 생략할 수는 없다. 21. 9급국가직·9급개론

④ 1심에서만 적용: 항소심 또는 상고심에서는 검사의 모두진술을 요하지 않는다.

4. 피고인의 모두진술

① 공소사실 인정 여부 진술 09. 법원: 피고인은 검사의 모두진술이 끝난 뒤에 공소사실의 인정 여부를 진술하여야 한다. 다만, 피고인이 진술거부권을 행사하는 경우에는 그러하지 아니하다(제286조 제1항).

② 이익 되는 사실 등 진술: 피고인 및 변호인은 이익이 되는 사실 등을 진술할 수 있다.

③ 관할이전신청 등: 피고인은 모두진술을 통하여 관할이전신청(제15조), 기피신청(제18조), 국선변호인 선정청구(제33조 제2항), 공판기일변경신청(제270조) 등을 할 수 있다.

④ 하자 치유: 피고인의 모두절차에서 하지 않으면 다음의 하자가 치유된다.

㉠ **토지관할위반의 신청(제320조 제2항)** 20. 9급국가직·9급개론

㉡ **공소장 부본 송달의 하자에 대한 이의신청(제266조)**

㉢ **제1회 공판기일유예기간에 관한 이의신청(제269조)**

5. 재판장의 쟁점정리

재판장은 쟁점 정리를 위해 필요한 질문 가능 ⇨ 재판장은 피고인의 모두진술이 끝난 다음에 피고인 또는 변호인에게 쟁점의 정리를 위하여 필요한 질문을 할 수 있다(제287조 제1항).

6. 증거관계 진술

① 주장 및 입증계획 진술: 재판장은 증거조사를 하기에 앞서 검사 및 변호인으로 하여금 공소사실 등의 증명과 관련된 주장 및 입증계획 등을 진술하게 할 수 있다.

② 예단 또는 편견 염려가 있는 사항은 제한: 다만, 증거로 할 수 없거나 증거로 신청할 의사가 없는 자료에 기초하여 법원에 사건에 대한 예단 또는 편견을 발생하게 할 염려가 있는 사항은 진술할 수 없다(제287조 제2항).

❸ 사실심리절차

1. 증거조사 의의

① 사실인정과 양형에 관한 심증을 얻기 위해 증거방법을 조사하여 그 내용을 감지하는 소송행위를 말한다.

② 검사, 피고인 등의 신청에 의하는 경우와 법원의 직권에 의하는 경우가 있다.

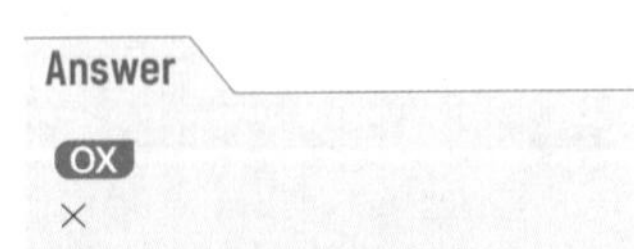
Answer

OX
×

2. 증거신청

(1) 신청권자

① 검사, 피고인 또는 변호인: 검사, 피고인 또는 변호인은 서류나 물건을 증거로 제출할 수 있고, 증인·감정인·통역인 또는 번역인의 신문을 신청할 수 있다(제294조 제1항). 09. 법원, 19. 경찰간부, 20. 7급국가직, 21. 경찰승진

② 범죄피해자: 범죄피해자도 자신에 대한 증인신문을 신청할 권리가 있다(제294조).

③ 피고인에 대한 고지: 재판장은 피고인에게 증거조사를 신청할 수 있음을 고지하여야 한다. ⇨ 검사에 대해서는 그러한 고지의무가 없다.

(2) 신청시기

① 증거조사를 신청하는 시기에는 제한이 없다.

② 재판장의 쟁점정리 등의 절차가 종료한 후에 신청하는 것이 원칙이지만, 공판기일 전의 신청도 가능하다(제273조).

③ 그러나 법원은 검사, 피고인 또는 변호인이 고의로 증거를 뒤늦게 신청함으로써 공판의 완결을 지연하는 것으로 인정할 때에는 직권 또는 상대방의 신청에 따라(신청으로만 ×) 결정으로 이를 각하할 수 있다(제294조 제2항). 21. 9급국가직·9급개론

(3) 신청방식

① 서면 또는 구두: 증거신청은 서면 또는 구두로 할 수 있다.

② 입증취지의 구체적 명시: 증거신청에는 입증취지(증거와 증명력의 관계)를 구체적으로 명시하여야 한다. ⇨ 검사, 피고인 또는 변호인 모두 명시 19. 9급국가직

③ 일괄 신청 원칙 10. 경찰2차, 11. 법원, 13·14. 경찰승진, 19. 경찰간부: 검사·피고인 또는 변호인은 특별한 사정이 없는 한 필요한 증거를 일괄하여 신청하여야 한다(규칙 제132조).

④ 증거로 할 부분을 특정하여 명시하여 일부에 대한 증거 신청 가능 10. 경찰2차, 11. 법원, 13. 경찰승진, 19. 경찰간부·9급국가직: 서류나 물건의 일부에 대한 증거 신청을 함에 있어서는 증거로 할 부분을 특정하여 명시하여야 한다.

⑤ 자백보강증거, 정상증거는 그 취지 명시 19. 7급국가직: 피고인의 자백을 보강하는 증거나 정상에 관한 증거는 보강증거 또는 정상에 관한 증거라는 취지를 특히 명시하여 그 조사를 신청하여야 한다(규칙 제132조의2 제2항).

(4) 심 리

① 임의적 의견 청취(임의적) 10. 경찰승진: 법원은 증거결정을 함에 있어서 필요하다고 인정할 때에는 그 증거에 대한 검사, 피고인 또는 변호인의 의견을 들을 수 있다(규칙 제134조 제1항).

OX 검사, 피고인 또는 변호인이 고의로 증거를 뒤늦게 신청함으로써 공판의 완결을 지연하는 것으로 인정되는 때에도 상대방의 신청이 없는 한 법원이 직권으로 증거신청을 각하할 수 없다. (○, ×)
21. 9급국가직·9급개론

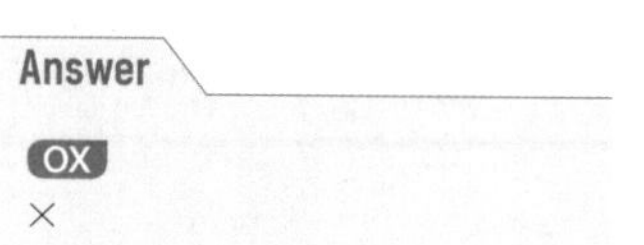
Answer
OX
×

② 증거능력 유무에 관한 의견 진술: 법원은 서류 또는 물건이 증거로 제출된 경우에 제출한 자로 하여금 그 서류 또는 물건을 상대방에게 제시하게 하여 상대방으로 하여금 그 서류 또는 물건의 증거능력 유무에 관한 의견을 진술하게 하여야 한다.

③ 진술과 다른 부분 특정: 피고인 또는 변호인이 검사 작성의 피고인에 대한 피의자신문조서에 기재된 내용이 피고인이 진술한 내용과 다르다고 진술할 경우, 피고인 또는 변호인은 당해 조서 중 피고인이 진술한 부분과 같게 기재되어 있는 부분과 다르게 기재되어 있는 부분을 구체적으로 특정하여야 한다(규칙 제134조 제3항).

(5) 증거결정

1) 법적 성질

① 당사자의 증거신청에 대한 채택 여부는 법원의 자유재량이다. 10 · 11 · 12. 경찰승진, 12. 경찰간부, 15. 7급국가직, 17. 해경간부

② 법원이 필요하지 아니하다고 인정할 때에는 이를 조사하지 아니할 수 있다.

③ 법원은 불필요하다고 인정하는 때에는 증거조사하지 않을 수 있는 것이므로 피고인이 제출한 상업일지와 금전출납부에 관하여 증거조사를 한 바 없다 하여 위법이라 할 수 없다(83도1419). 17. 해경간부

④ 다른 증거나 증인의 진술에 비추어 굳이 추가 증거조사를 할 필요가 없다는 등 특별한 사정이 없고, 소재탐지나 구인장 발부가 불가능한 것이 아님에도 불구하고, 불출석한 핵심 증인에 대하여 소재탐지나 구인장 발부 없이 증인채택 결정을 취소하는 것은 법원의 재량을 벗어나는 것으로서 위법하다(2020도2623). 21. 경찰1차

⑤ 제보자가 범죄신고자법에 따라 보호되는 범죄신고자 등에 해당한다는 이유로 이 사건 제보자에 대한 소재탐지나 구인장 발부 없이 이 사건 제보자에 대한 증인채택 결정을 취소한 제1심의 절차진행은 위법하다(2020도2623). 21. 경찰1차

관련 **판례**
피고인의 증인신문신청에 대하여 원심이 그 채부의 결정을 함이 없이 변론을 종결한 위법이 있으나 위 증인은 제1심에서 공동피고인으로서 심판을 받은 바 있었을 뿐만 아니라 원심에서 마쳐진 증거조사의 경과에 비추어 보면 위와 같은 위법은 판결에 영향을 미친 것이라고 볼 수 없다(82도2614).

관련 **판례**
증거결정이 된 후 그 증거신청을 유지할 의사가 없는 것이라고 인정되는 경우에는 그 증거결정에 대한 취소결정을 하지 않았다고 하여 위법이라 할 수 없다(71도692).

2) 종 류

① 각하결정: 고의로 증거를 뒤늦게 신청하여 공판의 완결을 지연하는 것으로 인정될 때에는, 직권 또는 상대방의 신청에 따라 결정으로 증거신청을 각하할 수 있다(제294조 제2항). 09 · 20. 7급국가직 · 법원, 13. 9급국가직, 15. 경찰1차, 19. 경찰간부

② 채택결정: 법원이 신청된 증거에 대해 증거조사를 하기로 하는 결정이다.

③ 기각결정: 아래의 경우 법원은 증거신청을 기각할 수 있다.

㉠ **증거신청이 법정의 방식에 위반한 경우**
㉡ **신청된 증거가 증거능력이 없거나 관련성이 없는 경우**
㉢ **증거조사가 법률상 · 사실상 불가능한 경우**
㉣ **증거신청이 중복된 경우**
㉤ **증거조사로 인하여 공판절차가 현저히 지연될 우려가 있는 경우**

④ 보류

(6) 증거제출

기각, 각하, 보류의 경우 증거를 제출받아서는 안 된다. 10. 경찰2차, 11. 법원, 13. 경찰승진, 15. 경찰1차
⇨ 법원은 채택된 증거만 제출받는다.

(7) 불 복

1) 항고금지

법원의 채택 여부의 결정은 판결 전 소송절차에 관한 결정으로서 원칙적으로 항고가 금지된다.

2) 법령위반시 이의신청 15. 경찰1차, 17. 경찰간부 · 9급개론, 20. 7급국가직, 21. 경찰간부

① 예외적으로 법령위반시에 한하여 이의신청을 허용하고 있다.

② 당사자는 증거신청에 대한 법원의 결정이 상당하지 아니한 때에는 이의신청을 할 수 없다.

OX 법원은 증거조사를 실시하기에 앞서 증거조사를 할 것인지 여부를 결정하는데, 이 증거결정에 대해서는 그 결정이 법령 위반인 경우에만 이의신청이 허용된다. (○, ×) 21. 경찰간부

3. 법원의 직권에 의한 증거조사

(1) 의 의

법원은 직권으로 증거조사를 할 수 있다(법 제295조). 14. 경찰승진, 17. 경찰간부, 21. 9급국가직 · 9급개론

OX 법원은 검사, 피고인 또는 변호인의 신청에 의해서 증거조사를 할 수 있지만, 직권으로는 할 수 없다. (○, ×) 21. 9급국가직 · 9급개론

(2) 성 질

① 법원의 권한이자 의무이다.

② 직권증거조사를 충분히 하지 않은 경우에는 심리미진의 위법에 해당하여 상대적 항소이유 및 상고이유가 된다. 02. 행시

③ 피고인이 철회한 증인을 법원이 직권 신문하고 이를 채증하더라도 위법이 아니다(82도3216). 16. 경찰1차, 19. 경찰간부, 21. 9급국가직 · 9급개론

OX 피고인이 철회한 증인을 법원이 직권신문하고 이를 채증하는 것은 위법하다. (○, ×) 21. 9급국가직 · 9급개론

(3) 보충성

① 직권에 의한 증거조사는 당사자의 신청에 의한 증거조사에 대하여 보충적이다.

② 당사자의 입증활동이 불충분한 경우 석명권을 행사하여 입증을 촉구하고, 그것으로도 부족한 경우에 직권증거조사를 해야 한다.

기출 키워드 체크

법원은 _____가 신청한 증거를 먼저 조사하고, 그리고 _____이 신청한 증거를 조사한 뒤 마지막으로 _____으로 결정한 증거를 조사하는데, 이 순서는 _____될 수 있다.

4. 증거조사의 실시

(1) 순 서

① 증거신청에 대한 채택결정 또는 직권에 의한 증거조사 결정이 있게 되면 증거조사를 실시한다.

② 원칙: 검사가 신청한 증거 ⇨ 피고인 또는 변호인이 신청한 증거 ⇨ 법원이 직권으로 결정한 증거 순으로 조사한다. 12. 경찰승진, 15. 지능특채, 16 · 19. 경찰간부, 17. 해경간부

Answer

기출 키워드 체크
검사, 피고인 또는 변호인, 직권, 변경

OX
○, ×, ×

③ 예외: 법원이 변경 가능(법원은 직권 또는 검사, 피고인, 변호인의 신청에 의하여 조사 순서를 변경할 수 있다) 09. 법원 · 7급국가직, 13. 9급국가직, 15. 경찰1차, 16. 경찰간부

④ 피고인의 자백 진술을 내용으로 하는 경우 ⇨ 다른 증거 조사 후에 조사 10. 경찰2차, 11. 법원, 13. 경찰승진, 21. 9급국가직 · 9급개론: 제312조 및 제313조에 따라 증거로 할 수 있는 피고인 또는 피고인 아닌 자의 진술을 기재한 조서 또는 서류가 피고인의 자백 진술을 내용으로 하는 경우에는 범죄사실에 관한 다른 증거를 조사한 후에 이를 조사하여야 한다.

OX 「형사소송법」 제312조 및 「형사소송법」 제313조에 따라 증거로 할 수 있는 피고인 또는 피고인 아닌 자의 진술을 기재한 조서 또는 서류가 피고인의 자백 진술을 내용으로 하는 경우에는 범죄사실에 관한 다른 증거를 조사하기 전에 이를 조사하여야 한다. (○, ×)
21. 9급국가직 · 9급개론

(2) 일시 · 장소

① 공판기일에 공판정에서 법원이 직접 행하는 것이 원칙이다.

② 공판정 외에서 증거조사도 가능 ⇨ 증거조사결과에 대한 조서는 다음 공판기일에 공판정에서 조사된다.

(3) 조사방식

1) 증거서류 09. 법원

① 원 칙

㉠ **검사, 피고인 또는 변호인 신청의 경우: 신청인 낭독** 13. 7급국가직, 15. 지능특채

㉡ **법원이 직권으로 증거서류를 조사하는 경우: 소지인 또는 재판장이 낭독** 13. 7급국가직, 15. 지능특채

② 재판장은 필요하다고 인정하는 때에는 내용을 고지(요지의 고지)하는 방법으로 고지할 수 있다.

③ 필요한 경우 법원사무관이 낭독 또는 고지를 하게 할 수 있다.

④ 재판장은 열람이 다른 방법보다 적절하다고 인정하는 때에는 증거서류를 제시하여 열람하게 하는 방법으로 조사할 수 있다. 09. 7급국가직

기출 키워드 체크
증거서류의 조사방법은 원칙적으로 _____이며, 필요한 경우 내용을 고지하거나 열람하게 하는 방법으로 조사할 수 있다.

2) 증거물 09. 법원

① 원 칙

㉠ **검사, 피고인 또는 변호인 신청의 경우: 신청인이 제시**

㉡ **법원이 직권으로 증거물을 조사하는 경우: 소지인 또는 재판장이 제시**

② 재판장은 법원사무관 등으로 하여금 제시를 하게 할 수 있다. 09. 7급국가직

기출 키워드 체크
증거물인 서면을 조사하기 위해서는 증거서류의 조사방식인 _____ · 내용고지 또는 열람의 절차와 증거물의 조사방식인 _____의 절차가 함께 이루어져야 한다.

3) 증거물인 서면

낭독(또는 고지 또는 열람) + 제시 14. 법원, 15. 9급국가직 · 9급개론 · 변호사, 16. 경찰1차, 17. 9급개론: 증거서류의 조사방식인 낭독 · 내용고지 또는 열람의 절차와 증거물의 조사방식인 제시의 절차가 함께 이루어져야 한다(2013도2511).

Answer
기출 키워드 체크
낭독
낭독, 제시
OX
×

4) 영상녹화물

① 영상녹화물의 전부 또는 일부를 재생: 영상녹화물은 재생과 조사에 필요한 전자적 설비를 갖춘 법정 외의 장소에서 이를 재생할 수 있다. 18. 경찰1차

② 봉인 등에 대한 의견 진술

㉠ **법원은 검사가 영상녹화물의 조사를 신청한 경우 이에 관한 결정을 함에 있어 피고인 또는 변호인으로 하여금 그 영상녹화물이 적법한 절차와 방식에 따라 작성되어 봉인된 것인지 여부에 관한 의견을 진술하게 하여야 한다(규칙 제134조의4 제1항).** 18. 경찰1차

㉡ **영상녹화물이 피고인 아닌 자의 진술에 관한 것인 때에는 원진술자인 피고인 아닌 자도 같은 의견을 진술하여야 하다.**

5) 녹음녹화 매체

① 재생하여 청취 또는 시청

㉠ **수소법원이 공판기일에 검증을 행한 경우에는 그 검증결과 즉, 법원이 오관의 작용에 의하여 판단한 결과가 바로 증거가 되고, 그 검증의 결과를 기재한 검증조서가 서증으로서 증거가 되는 것은 아니다(2009도8949)** 17. 변호사

㉡ **설령 그 검증의 결과를 검증조서에 일부 기재하지 않았다고 하더라도 이에 관하여 원심에 심리미진의 위법이 있다고 할 수 없다.**

② 녹음녹화에 관한 정보

㉠ **녹음녹화매체의 증거조사를 신청하는 때에는 음성이나 영상이 녹음녹화 등이 된 사람, 녹음녹화 등을 한 사람 및 녹음녹화 등을 한 일시장소를 밝혀야 한다.**

㉡ **녹음녹화매체 등에 대한 증거조사를 신청한 당사자는 법원이 명하거나 상대방이 요구한 때에는 녹음녹화매체 등의 녹취서, 그 밖에 그 내용을 설명하는 서면을 제출하여야 한다.**

6) 정보저장 매체

① 읽을 수 있도록 출력하여 인증한 등본: 컴퓨터용디스크 등에 기억된 문자정보를 증거자료로 하는 경우에는 읽을 수 있도록 출력하여 인증한 등본을 낼 수 있다. 15. 경찰1차

② 전자자료에 관한 정보: 증거조사를 신청한 당사자는 법원이 명하거나 상대방이 요구한 때에는 컴퓨터디스크 등에 입력한 사람과 입력한 일시, 출력한 사람과 출력한 일시를 밝혀야 한다. 15. 경찰1차

7) 증인 등

증인에 대한 신문, 감정, 통역, 번역, 검증 등의 방법으로 증거조사가 이루어진다.

OX 컴퓨터용디스크에 기억된 문자정보를 증거자료로 하는 경우에는 읽을 수 있도록 출력하여 인증한 등본을 낼 수 있다. (○, ×) 15. 경찰1차

OX 컴퓨터디스크 등에 기억된 문자정보를 증거로 하는 경우에 증거조사를 신청한 당사자는 법원이 명하거나 상대방이 요구한 때에는 컴퓨터디스크 등에 입력한 사람과 입력한 일시, 출력한 사람과 출력한 일시를 밝혀야 한다. (○, ×) 15. 경찰1차

Answer

OX
○, ○

8) 그 밖의 증거조사방식

① 특별한 규정이 없는 경우: 증거서류, 증거물에 대한 규정 준용

도면, 사진 그 밖에 정보를 담기 위하여 만들어진 물건으로서 문서가 아닌 증거의 조사에 관하여는 특별한 규정이 없으면 제292조(증거서류에 대한 조사 방식), 제292조의2(증거물에 대한 조사 방식)의 규정을 준용한다(규칙 제134조의9).

② 간이공판절차: 법원이 상당하다고 인정하는 방법

간이공판절차에 있어서는 법원이 상당하다고 인정하는 방법으로 증거조사를 할 수 있다(제297조의2).

(4) 피고인의 의견 청취 등

① 재판장은 피고인에게 각 증거조사의 결과에 대한 의견을 묻고, 권리를 보호함에 필요한 증거조사를 신청할 수 있음을 고지하여야 한다.

② 그러나 간이공판절차에서의 증거조사에서는 증거조사결과에 대한 피고인의 의견진술이나 증거조사신청권의 고지의 절차를 요하지 않는다.

5. 증거조사에 관한 이의신청

(1) 의 의

검사, 피고인 또는 변호인은 증거조사에 관하여 이의신청을 할 수 있고 법원은 이에 대하여 즉시 결정을 하여야 한다. 09. 7급국가직

(2) 대 상

증거조사에 관한 모든 절차와 처분에 대하여 이의신청할 수 있다. 04. 여경1차

(3) 사 유

① 법령에 위반한 경우뿐만 아니라 부당한 경우에도 이의신청을 할 수 있다. 10. 경찰승진, 13. 9급국가직, 13 · 14 · 15. 7급국가직, 14 · 15. 경찰1차, 15. 지능특채, 20. 법원

② 증거신청에 대한 결정에 대해 이의신청할 때는 '법령위반'만 사유가 된다. 21. 경찰간부

(4) 시기 · 방법

① 개개의 행위 · 처분 또는 결정시마다 즉시 하여야 한다. 04. 법원승진, 14. 7급국가직

② 서면 또는 구두로 할 수 있으며 그 이유를 간결하게 명시하여야 한다. 04. 법원승진

(5) 하자의 치유

① 임의규정 또는 훈시규정에 위반한 경우에 이의신청이 없으면 하자는 치유된다.

② 다만, 증거능력 없는 증거를 동의 없이 조사한 경우, 적법한 증거조사를 하지 않은 경우처럼 위법이 심리의 실질에 관한 것인 때에는 하자가 치유되지 않는다.

기출 키워드 체크

증거조사에 대한 이의신청은 _____이 있거나 _____을 이유로 할 수 있으나, 증거결정에 대한 이의신청은 _____이 있음을 이유로 한해서만 할 수 있다.

Answer

기출 키워드 체크

법령의 위반, 상당하지 아니함, 법령의 위반

(6) 법원의 결정

1) 기각결정

① 이의신청이 시기에 늦은 경우, 소송지연만을 목적으로 하는 것임이 명백한 경우, 이유 없는 경우에는 결정으로 기각한다. 20. 법원

② 시기에 늦었더라도 중요한 사항을 대상으로 할 때는 시기에 늦었다는 이유만으로 기각해서는 안 된다(규칙 제139조). 14. 경찰1차

2) 인용결정

이의신청이 이유 없다고 인정되는 경우에는 결정으로 이의신청의 대상이 된 행위 · 처분 또는 결정을 중지 · 철회 · 취소 · 변경하는 등 그 이의신청에 상응하는 조취를 취하여야 한다.

3) 증거배제 결정

증거조사를 마친 증거가 증거능력이 없음을 이유로 한 이의신청을 이유 있다고 인정할 경우에는 그 증거의 전부 또는 일부를 배제한다는 취지의 결정(증거조사를 다시 한다는 취지의 결정 ×)을 하여야 한다. 14. 경찰1차, 20. 법원

(7) 불복(불가)

① 이의신청에 대한 결정으로 판단된 사항에 대해서는 다시 이의신청할 수 없다(규칙 제140조). 14. 경찰1차, 20. 법원

② 이의신청에 대한 법원의 결정은 판결 전 소송절차에 관한 결정이므로 그 결정에 대한 항고가 허용되지 않는다(제403조). 14. 7급국가직

❹ 피고인 신문

1. 의 의

① 피고인에 대하여 공소사실과 정상에 관한 필요사항을 직접 신문하는 절차를 말한다.

② 검사 또는 변호인은 증거조사 종료 후에 순차로 피고인에게 공소사실 및 정상에 관하여 필요한 사항을 신문할 수 있다(제296조의2 제1항 본문).

③ 진술거부권이 보장되며, 피고인은 증거방법으로서의 지위를 갖는다.

2. 순 서

(1) 증거조사 후, 검사 ⇨ 변호인 ⇨ 재판장

① 원칙적으로 증거조사 후에 한다. 19 · 21. 경찰간부

② 다만, 재판장은 필요하다고 인정할 때에는 증거조사를 완료하기 전이라도 이를 허가할 수 있다(제296조의2 제1항 단서). 08. 9급국가직, 09. 법원

OX 피고인은 증인신문과정에서 증거조사 내용에 맞추어 진술을 바꿀 수 있으므로 피고인신문은 원칙적으로 증인신문 전에 하도록 형사소송법은 규정하고 있다. (○, ×) 21. 경찰간부

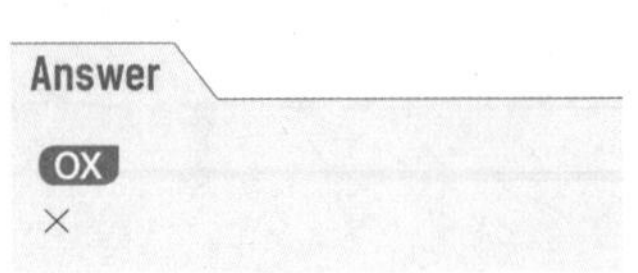

관련 **판례**

1. 형사소송법 제370조, 제296조의2 제1항 본문은 "검사 또는 변호인은 증거조사 종료 후에 순차로 피고인에게 공소사실 및 정상에 관하여 필요한 사항을 신문할 수 있다."라고 규정하고 있으므로, 변호인의 피고인신문권은 변호인의 소송법상 권리이다. 한편 재판장은 검사 또는 변호인이 항소심에서 피고인신문을 실시하는 경우 제1심의 피고인신문과 중복되거나 항소이유의 당부를 판단하는 데 필요 없다고 인정하는 때에는 그 신문의 전부 또는 일부를 제한할 수 있으나(형사소송규칙 제156조의6 제2항) 변호인의 본질적 권리를 해할 수는 없다(형사소송법 제370조, 제299조 참조). 따라서 재판장은 변호인이 피고인을 신문하겠다는 의사를 표시한 때에는 피고인을 신문할 수 있도록 조치하여야 하고, 변호인이 피고인을 신문하겠다는 의사를 표시하였음에도 변호인에게 일체의 피고인신문을 허용하지 않는 것은 변호인의 피고인신문권에 관한 본질적 권리를 해하는 것으로서 소송절차의 법령위반에 해당한다.
2. 기록에 의하면, 원심 변호인은 2020. 6. 17. 제2회 공판기일에 증거조사가 종료되자 재판장에게 피고인신문을 원한다는 의사를 표시하였으나, 재판장은 피고인신문을 불허하고 변호인에게 주장할 내용을 변론요지서로 제출할 것을 명하면서 변론을 종결하고 2020. 7. 15. 제3회 공판기일에 판결을 선고한 사실을 알 수 있다.
3. 위 사실관계를 앞서 본 법리에 비추어 살펴보면, 변호인이 피고인을 신문하겠다는 의사를 표시하였음에도 불구하고 피고인신문절차를 진행하지 않은 채 변론을 종결하고 판결을 선고한 원심판결에는 소송절차에 관한 법령을 위반한 잘못이 있다. 이 점을 지적하는 상고이유 주장은 이유 있다(대법원 2020. 12. 24. 선고 2020도10778 판결).

③ 검사, 변호인은 순차로 피고인에 대하여 공소사실과 정상에 관한 필요사항을 직접 신문할 수 있다(제296조의2 제1항). 14. 경찰승진

④ 재판장은 검사와 변호인의 신문이 끝나고 난 뒤에 신문할 수 있다. 09. 법원

(2) 재판장에 의해 순서 변경 가능

다만, 재판장이 필요하다고 인정하면 어느 때나 신문할 수 있으며, 신문순서를 변경할 수 있다(제296조의2 제2항, 제1671조의2 제3항).

(3) 합의부원도 신문 가능

합의부원은 재판장에게 고하고 신문할 수 있다.

3. 방 법

(1) 증인신문 방법 준용

① 피고인신문에는 교호신문 등 증인신문의 방법이 준용된다. 13. 경찰1차

② 증인이 아닌 피고인은 선서를 하지 않으므로(설사 선서를 하였더라도 이 선서는 무효이므로) 피고인이 피고인신문에서 허위의 진술을 하더라도 위증죄가 성립하지 아니한다(2008도3300). 16. 경찰간부

(2) 피고인은 증인석에 좌석

피고인신문을 하는 때에는 피고인은 증인석에 좌석한다(제275조 제3항). 09. 법원

(3) 재정인 퇴정

재판장은 피고인이 어떤 재정인의 앞에서 충분한 진술을 할 수 없다고 인정한 때에는 그 재정인을 퇴정하게 하고 진술하게 할 수 있다(규칙 제140조의3). 09. 법원, 13. 9급국가직

(4) 변호인의 피고인 신문

① 변호인의 피고인신문권은 변호인의 소송법상 권리이다(2020도10778).

② 재판장은 검사 또는 변호인이 항소심에서 피고인신문을 실시하는 경우 제1심의 피고인신문과 중복되거나 항소이유의 당부를 판단하는 데 필요 없다고 인정하는 때에는 그 신문의 전부 또는 일부를 제한할 수 있으나(제156조의6 제2항) 변호인의 본질적 권리를 해할 수는 없다(2020도10778).

③ 항소심 공판기일에 증거조사가 종료되자 변호인이 피고인을 신문하겠다는 의사를 표시하였으나, 재판장이 일체의 피고인 신문을 불허하고 변호인에게 주장할 내용을 변론요지서로 제출할 것을 명령하면서 변론을 종결한 것은 위법하다(2020도10778). 21. 9급국가직 · 9급개론

4. 신뢰관계인 동석

아래의 경우와 같이 직권 또는 피고인, 법정대리인, 검사의 신청에 따라 동석하게 할 수 있다. 21. 경찰1차

㉠ **피고인이 신체적 또는 정신적 장애로 사물을 변별하거나 의사를 결정 · 전달할 능력이 미약한 경우**

㉡ **피고인의 연령 · 성별 · 국적 등의 사정을 고려하여 그 심리적 안정의 도모와 원활한 의사소통을 위하여 필요한 경우**

5 결심절차(최종변론)

1. 의 의

① 증거조사와 피고인신문이 끝나면 당사자의 의견진술(최종변론)이 행하여진다.

② 재판장은 필요하다고 인정하는 경우에 검사, 피고인 또는 변호인의 본질적인 권리를 해치지 아니하는 범위 내에서 의견진술의 시간을 제한할 수 있다. 11. 법원

2. 순 서

검사, 변호인, 피고인 순으로 한다.

3. 검 사

① 검사는 사실과 법률적용에 관하여 의견을 진술하여야 한다.

② 검사의 의견진술을 논고라고 하며, 특히 양형에 관한 의견을 구형이라고 한다.

③ 논고는 반드시 구두로 해야 하나, 검사의 출석 없이 개정한 때(제278조)에는 공소장의 기재사항에 의하여 의견진술이 있는 것으로 간주한다(제302조). 11. 법원

④ 법원은 검사의 구형에 구속되지 아니하며 구형을 초과하는 형을 선고할 수 있다. 20. 9급개론 ⇨ 검사의 구형은 양형에 관한 의견진술에 불과하고 법원이 그 의견에 구속되는 것은 아니므로 피고인에 대한 형을 정함에 있어 검사의 구형에 포함되지 아니한 벌금형을 병과하였다 하여 위법이 될 수 없다(83도1789).

⑤ 검사에게 의견진술의 기회를 부여하지 않고 변론종결하는 것은 위법이다. 02. 행시

⑥ 의견진술 기회가 주어지기만 하면 족하고, 검사가 의견을 진술하지 않았다고 하더라도 공판절차가 무효가 되거나 판결에 영향을 미친 법률위반이 있는 경우에 해당한다고 할 수 없다(74도3293, 2011도5225). 11. 법원, 12. 경찰, 14 · 19. 7급국가직, 17. 해경간부

OX 공판기일에 재판장이 피고인신문과 증거조사가 종료되었음을 선언한 후 검사에게 의견진술의 기회를 주었는데 검사가 양형에 관한 의견진술을 하지 않았다면 이로써 판결에 영향을 미친 법률위반이 있는 경우에 해당한다. (○, ×) 17. 해경

Answer

OX ×

관련 판례

최종의견 진술의 기회는 피고인과 변호인 모두에게 주어져야 한다.
피고인이나 변호인에게 최종의견 진술의 기회를 주지 아니한 채 변론을 종결하고 판결을 선고하는 것은 소송절차의 법령위반에 해당한다(2018.3.29. 선고 2018도327)

기출 키워드 체크

공판절차에서 피고인이나 변호인에게 _____ 진술의 기회를 주지 아니한 채 변론을 종결하고 판결을 선고하는 것은 소송절차의 법령위반에 해당한다.

4. 피고인 측

① 재판장은 검사의 의견을 들은 후 피고인과 변호인에게 최종의 의견을 진술할 기회를 주어야 한다(제303조).

② 최종진술의 기회는 피고인과 변호인 모두에게 주어야 하며 기회를 주지 않고 심리를 마치고 판결을 선고하는 것은 위법하다(2018도327). 02. 행시 ⇨ 공판기일통지서를 받고도 공판기일에 출석하지 아니하였다면 변호인에게 변론의 기회를 주지 아니하였다고 볼 수 없다(76도4376). 02. 행시

③ 피고인과 변호인에게 최종의견 진술의 기회를 주지 않은 채 심리를 마치고 판결을 선고한 것은 위법하다(소송절차의 법령위반에 해당)(75도1010, 2018도327). 11. 법원, 12. 경찰간부, 18. 7급국가직 ⇨ 판결에 영향을 미친 법률위반으로 상대적 상소이유가 된다.

6 판결선고절차

1. 방 법

① 피고사건에 대한 심리가 종결되면 법원은 판결을 위한 심의에 들어가게 된다.

② 피고사건에 대한 심판의 합의는 공개하지 않는다(법원조직법 제65조).

③ 판결의 선고는 공판정에서 재판서에 의하여야 한다.

④ 판결의 선고는 재판장이 주문을 낭독하고 이유의 요지를 설명하여야 한다.

⑤ 형을 선고하는 경우에는 재판장은 피고인에게 상소할 기간과 법원을 고지해야 한다. 14. 7급국가직, 21. 9급국가직 · 9급개론

⑥ 재판장은 판결을 선고함에 있어서 피고인에게 적절한 훈계를 할 수 있다. 08. 법원

⑦ 판결의 선고는 반드시 공개하여야 한다.

2. 선고기일

① 판결의 선고는 변론을 종결한 기일에 하여야 한다(즉일 선고 원칙). 12. 경찰간부 ⇨ 소송촉진 등에 관한 특례법 제21조는 신속한 판결선고를 위해 1심에서는 공소가 제기된 날로부터 6월 이내에, 항소심 및 상고심에서는 항소 또는 상고가 제기된 날로부터 4월 이내에 판결을 선고하도록 규정하고 있다. 11. 경찰2차, 13. 경찰승진

② 다만, 특별한 사정이 있는 때에는 따로 선고기일을 지정할 수 있으나 변론종결 후 14일 이내로 지정되어야 한다. 12. 9급국가직, 15. 경찰간부, 18. 해경간부

③ 변론을 종결한 기일에 판결을 선고하는 경우에는 판결의 선고 후에 판결서를 작성할 수 있다(단, 5일 이내 작성)(규칙 제146조).

Answer

기출 키워드 체크

최종의견

3. 피고인 출석

① 원칙: 판결을 선고하는 공판기일에도 피고인이 출석하여야 한다.

② 예외: 다음의 경우에는 출석 없이 판결 가능하다.

㉠ **피고인이 진술하지 아니하거나**

㉡ **무단 퇴정하거나 퇴정명령이 있는 경우**

㉢ **피고인의 출석 없이 개정할 수 있는 경우**

4. 선고효과

① 판결의 선고에 의해 당해 심급의 공판절차는 종결되고 상소기간이 진행한다.

② 판결을 선고한 사실은 공판조서에 기재하여야 한다(제51조 제2항 제14호).

③ 판결선고 후에도 법원은 소송기록이 상소법원에 도달하기 전까지는 피고인의 구속, 구속기간 갱신, 구속취소, 보석취소, 구속집행정지 등에 대한 결정을 하여야 한다(제105조, 규칙 제57조).

Chapter 11

OX 확인학습

01 □□□ 수소법원은 늦어도 제1회 공판기일 전 5일까지는 피고인 또는 변호인에게 공소장 부본을 송달하여야 한다. (○)

02 □□□ 제1심법원이 공소장 부본을 피고인 또는 변호인에게 송달하지 않은 채 공판절차가 진행되었다면, 그 공판절차에서 이루어진 소송행위는 효력이 없으며, 피고인 또는 변호인의 이의가 없더라도 추완도 인정되지 않는다. (×)

03 □□□ 제1심이 공소장 부본을 피고인 또는 변호인에게 송달하지 아니한 채 공판절차를 진행한 경우, 피고인이 제1심 법정에서 이의함이 없이 공소사실에 관하여 충분히 진술할 기회를 부여받았다고 하더라도 방어권의 침해로서 판결에 영향을 미친 위법에 해당한다. (×)

04 □□□ 제1심이 공소장 부본을 피고인 또는 변호인에게 송달하지 아니한 채 공시송달의 방법으로 피고인을 소환하여 피고인이 공판기일에 출석하지 아니한 가운데 제1심의 절차가 진행되었다면 위법한 공판절차에서 이루어진 소송행위로서 효력이 없다. (○)

05 □□□ 제1심이 공소장 부본을 피고인 또는 변호인에게 송달하지 아니한 채 공시송달의 방법으로 피고인을 소환하여 피고인이 공판기일에 출석하지 아니한 가운데 제1심 공판절차가 진행된 경우, 항소심은 피고인 또는 변호인에게 공소장 부본을 송달하고 적법한 절차에 의하여 소송행위를 새로이 한 후 항소심에서의 진술과 증거조사 등 심리결과에 기초하여 다시 판결하여야 한다. (○)

06 □□□ 검사의 출석은 공판개정의 요건이므로, 검사가 공판기일의 통지를 2회 이상 받고도 출석하지 아니하거나 판결만을 선고하는 때에도 검사의 출석 없이 개정할 수 없다. (×)

07 □□□ 현행 형사소송법은 직권주의 형태를 강하게 나타내며 공판정에서 피고인 좌석의 위치도 변호인과 분리되어 법관과 직접 대면토록 대응하게 위치시키고 있다. (×)

08 □□□ 법정형 다액 500만원 이하의 벌금 또는 과료에 해당하는 사건에서는 법원이 피고인을 소환하는 경우 피고인을 대신하여 대리인이 출석할 수 있다. (○)

09 □□□ 장기 3년 이하의 징역 또는 금고, 다액 500만원을 초과하는 벌금 또는 구류에 해당하는 사건에서는 피고인이 불출석허가 신청을 하고 법원이 불출석을 허가하는 경우에는, 인정신문과 판결선고기일을 제외하고, 피고인의 출석 없이 개정할 수 있다. (○)

10 □□□ 피고인이 질병으로 인하여 출정할 수 없는 경우에도 피고사건에 관하여 무죄 · 면소 · 공소기각의 재판을 할 것이 명백한 경우에는 공판심리를 정지하지 아니하고 피고인의 출정없이 재판할 수 있다. 다만, 유죄판결의 일종인 형면제의 판결을 하는 경우에 위와 같은 불출석 개정은 허용되지 아니한다. (○)

11 □□□ 사형, 무기 또는 장기 10년이 넘는 징역이나 금고에 해당하는 사건을 제외하고, 제1심 공판절차에서 피고인에 대한 송달불능보고서가 접수된 후 6월이 경과하도록 피고인의 소재를 확인할 수 없으면 2회 공시송달 후 궐석재판을 진행할 수 있다. (○)

12 □□□ 항소심에서는 피고인이 적법한 공판기일 소환장을 받고도 정당한 사유 없이 공판기일에 1회 출정하지 아니한 때에는 피고인의 진술 없이 판결할 수 있다. (×)

13 □□□ 약식명령에 대하여 피고인만이 정식재판의 청구를 하여 판결을 선고하는 사건에서는 피고인의 출석을 요하지 아니한다. (○)

14 □□□ 필요적 변호사건에서 피고인이 재판 거부의 의사를 표시하고 재판장의 허가 없이 퇴정하고 변호인마저 이에 동조하여 퇴정해버린 경우, 수소법원은 피고인이나 변호인의 재정 없이는 심리판결할 수 없다. (×)

15 □□□ 피고인의 귀책사유에 의하지 않고 공판기일에 피고인이 출석하지 못한 경우에는 피고인이 출석하지 아니한대로 그 진술 없이 판결할 수 없다. (○)

16 □□□ 법원은 검사, 피고인 또는 변호인이 고의로 증거를 뒤늦게 신청하여 공판의 완결을 지연하는 것으로 인정할 때에는 직권 또는 상대방의 신청에 따라 각하결정을 할 수 있다. (○)

17 □□□ 법원은 검사가 신청한 증거나 피고인 또는 변호인이 신청한 증거에 앞서 직권으로 채택한 증거에 대하여 먼저 증거조사를 할 수 있다. (○)

18 □□□ 법원은 증거신청을 기각하는 경우 증거신청인으로부터 당해 증거서류 또는 증거물을 제출받아서는 아니 된다. (○)

19 □□□ 증거물이지만 증거서류의 성질도 가지고 있는 이른바 '증거물인 서면'을 조사하기 위해서는 증거서류의 조사방식인 낭독·내용 고지 또는 열람의 절차와 증거물의 조사방식인 제시의 절차가 함께 이루어져야 하는 것은 아니다. (×)

20 □□□ 증거물인 서면의 경우 원칙적으로 증거신청인으로 하여금 그 서면을 제시하면서 낭독하게 하거나 이에 갈음하여 그 내용을 고지 또는 열람하도록 하여야 한다. (○)

21 □□□ 당사자는 증거신청에 대한 법원의 결정이 상당하지 아니한 때에는 이의신청을 할 수 있다. (×)

22 □□□ 증거조사에 대한 이의신청은 법령의 위반이 있을 경우에만 할 수 있다. (×)

23 □□□ 증거조사를 마친 증거가 증거능력이 없음을 이유로 한 이의신청을 이유 있다고 인정할 경우에는 그 증거의 증거조사를 다시 하여야 한다는 취지의 결정을 하여야 한다. (×)

24 □□□ 증거조사에 대한 이의신청에서, 시기에 늦은 이의신청, 소송지연만을 목적으로 하는 것임이 명백한 이의신청은 결정으로 이를 기각하여야 한다. 따라서 중요한 사항을 대상으로 하고 있는 경우라 할지라도 시기에 늦은 경우에는 기각결정을 하여야 한다. (×)

25 □□□ 증거조사에 대한 이의신청에서, 이의신청에 대한 결정에 의하여 판단이 된 사항에 대하여는 다시 이의신청을 할 수 없다. (○)

26 □□□ 컴퓨터용디스크에 기억된 문자정보를 증거자료로 하는 경우에는 읽을 수 있도록 출력하여 인증한 등본을 낼 수 있다. (○)

27 □□□ 컴퓨터디스크 등에 기억된 문자정보를 증거로 하는 경우에 증거조사를 신청한 당사자는 법원이 명하거나 상대방이 요구한 때에는 컴퓨터디스크 등에 입력한 사람과 입력한 일시, 출력한 사람과 출력한 일시를 밝혀야 한다. (○)

28 □□□ 피고인이 철회한 증인을 법원이 직권 신문하고 이를 채증하더라도 위법이 아니다. (○)

29 □□□ 「헌법」 제109조, 「법원조직법」 제57조 제1항에서 정한 공개금지사유가 없음에도 불구하고 재판의 심리에 관한 공개를 금지하기로 결정하였다면 그러한 공개금지결정은 피고인의 공개재판을 받을 권리를 침해한 것으로서 그 증인신문절차에 의하여 이루어진 증인의 증언은 증거능력이 없고, 변호인의 반대신문권이 보장되었더라도 달리 볼 수는 없다. (○)

30 □□□ 피고인의 법정대리인, 특별대리인, 보조인은 피고인의 위임장이나 신분관계증명문서 중 하나를 제출하면 소송계속 중의 관계 서류 또는 증거물을 열람·등사할 수 있다. (×)

31 □□□ 판례에 따르면 피고인의 공판조서 열람·등사의 청구에 법원이 응하지 아니한 것이 피고인의 방어권이나 변호인의 변호권을 본질적으로 침해한 정도에 이르지는 않은 경우 그 공판조서는 증거로 사용할 수 있다. (○)

32 □□□ 재판장이 형사공판절차에서 변호인의 중복되고 상당하지 아니한 신문에 대하여 제한을 명하는 것은 현저하게 부당하거나 부적절한 경우가 아닌 한 재판장의 소송지휘권에 속하는 것으로서 위법이 아니다. (○)

제6절 증인신문, 검증

1 증인신문

1. 증인신문의 의의

① 증인에 대한 증거조사를 말한다.

② 법원 또는 법관이 증인으로부터 그 체험한 사실에 대한 진술을 듣는 증거조사절차를 말한다.

2. 증인신문의 성질

① 강제처분에 해당한다.

② 증인에게는 출석, 선서, 증언의 의무가 있고, 불이행시에는 직접, 간접의 강제가 가해진다.

3. 증인의 의의

① 증인이란 법원 또는 법관에 대하여(⇔ 참고인: 수사기관에 대하여 진술) 자신이 과거에 경험한 사실(⇔ 감정인: 전문지식과 경험에 의한 판단결과)을 진술하는 제3자를 말한다.

② 감정증인은 증인에 속한다.

③ 감정증인은 특별한 지식이나 경험에 의해 지득하게 된 과거사실을 진술하는 자로 대체성이 없으므로 증인에 속한다. ⇨ 감정인은 대체성이 있고 구인이 불가능하며, 반드시 선서를 해야 한다. 04. 경사

④ 감정증인은 증인에 관한 규정이 적용된다. 04. 행시, 13. 7급국가직, 14. 경찰1차, 15. 경찰승진 · 경찰간부, 17. 해경간부 ⇨ 감정인에 대한 규정이 적용되지 않는다.

4. 증인적격

(1) 의 의

① 증인적격이란 증인으로 될 수 있는 자격을 말한다: 증인적격이 있어야 증인신문을 할 수 있고 증인적격이 없는 자의 증언은 증거능력이 없다. 12. 경찰간부

② 형사소송법상 원칙적으로 누구에게나 증인적격이 인정된다(제146조): 책임무능력자나 어린아이, 피고인의 친인척도 모두 원칙적으로 증인적격이 인정된다. 10. 경찰승진 ⇨ 예 피고인의 배우자 18. 9급개론

③ 증인적격이 있는 자가 선서하지 않고 진술하면 증거능력이 부정된다. 17. 경찰간부

④ 증인적격이 없는 자에 대해 증인신문한 결과, 진술을 얻었더라도 그 진술은 증거능력이 없다. 17. 해경간부 ⇨ 예외) 공범인 공동피고인

기출 키워드 체크

특별한 지식에 의하여 알게 된 과거의 사실을 진술하는 자를 감정증인이라고 하며, 그에 대해서는 _____이 아닌 _____에 관한 규정에 따라 신문한다.

OX 특별한 지식에 의하여 알게 된 과거 사실을 신문받는 감정증인에게는 증인에 관한 규정이 적용된다. (○, ×) 13. 7급국가직

Answer

기출 키워드 체크
감정, 증인

OX
○

(2) 증인적격이 인정되지 않는 자

① 법관(당해사건)

② 검사(당해사건 공판검사): 견해의 대립은 있으나, 공소유지에 관여하지 않는 수사검사는 증인적격이 있다고 본다.

③ 법원사무관(당해사건)

④ 당해사건 피고인 02. 행시, 15. 해경3차, 16. 경찰간부

⑤ 공범인 공동피고인 03. 법원사무관, 04. 여경3차, 12. 경찰2차, 13 · 15. 경찰간부 · 9급국가직, 14. 9급개론, 14 · 15 · 17. 법원, 15 · 17. 7급국가직, 16 · 18. 변호사, 19. 해경간부 · 9급국가직: 공동피고인의 자백은 이에 대한 피고인의 반대신문권이 보장되어 있어 증인으로 신문한 경우와 다를 바 없으므로 독립한 증거능력이 있고, 이는 피고인들 간에 이해관계가 상반된다고 하여도 마찬가지라 할 것이다(2006도1944).

(3) 증인적격이 인정되는 자

1) 변론분리된 공범인 공동피고인

① 공범인 공동피고인은 다른 공동피고인에 대한 공소사실에 관하여 당해 소송절차에서는 증인이 될 수 없으나, 소송절차가 분리되면 증인이 될 수 있다(2010도10028). 15 · 17. 9급국가직, 17. 변호사, 17 · 18 · 19 · 21. 경찰간부, 18. 해경2차 · 해경간부 · 9급개론, 20. 법원, 21. 경찰1차

② 대향범(뇌물공여와 뇌물수수)도 공동피고인 지위에 있는 경우 증인적격이 없으나, 소송절차가 분리되어 피고인의 지위에서 벗어나게 되면 다른 공동피고인에 대한 공소사실에 관하여 증인이 될 수 있다(2009도11249). 15. 9급국가직, 18. 7급국가직 · 경찰2차, 19. 변호사

③ 소송절차가 분리된 공범인 공동피고인이 증언거부권을 고지 받은 상태에서 자기의 범죄사실에 대하여 허위로 증언한 경우에는 위증죄가 성립한다(2009도11249). 16. 변호사

2) 공범이 아닌 공동피고인 17. 법원, 18. 해경간부 · 변호사

① 피고인과 별개의 범죄사실로 기소되어 병합심리되고 있던 공동피고인은 피고인에 대한 관계에서는 증인의 지위에 있다(82도898). 18. 해경2차 ⇨ 증인의 지위에 있는 공동피고인이 선서한 후 진술(증언)을 한 경우, 이는 증거로 사용할 수 있다(82도898). 14. 경찰1차

② 절도범(강도범)과 그 장물범의 경우, 공동피고인이라도 증인적격이 인정된다(2005도7601). 14. 법원, 15 · 19. 9급국가직, 16 · 17. 경찰간부, 17 · 18. 경찰1차 ⇨ 공동피고인인 절도범과 그 장물범의 경우 피고인이 증거로 함에 동의한 바 없는 공동피고인에 대한 검사 작성의 피의자신문조서는 공동피고인의 증언에 의하여 그 성립의 진정이 인정되지 아니하는 한 피고인의 공소범죄사실을 인정하는 증거로 할 수 없다. 12. 법원 · 경찰간부, 15. 7급개론

기출 키워드 체크

공범인 공동피고인은 당해 소송절차에서는 _____의 지위에 있으므로 다른 공동피고인에 대한 공소사실에 관하여 증인이 될 수 없으나, 소송절차가 분리되어 _____의 지위에서 벗어나게 되면 다른 공동피고인에 대한 공소사실에 관하여 증인이 될 수 있다.

기출 키워드 체크

공범이 아닌 공동피고인은 변론을 분리하지 않더라도 다른 공동피고인에 대한 공소사실에 대하여 _____이 될 수 있다.

Answer

기출 키워드 체크
피고인, 피고인
증인

③ 피고인과 별개의 범죄사실로 기소되어 병합심리 중인 공동피고인이 선서 없이 한 법정진술은 피고인의 공소범죄사실을 인정하는 증거로 할 수 없다(82도898). 15. 9급 국가직, 18. 경찰1차 · 변호사 ⇨ 상호 간 폭행죄로 기소되어 병합심리 중인 공동피고인은 증인의 지위가 인정되므로 선서없이 한 그 공동피고인의 법정 및 검찰진술은 피고인에 대한 공소범죄사실을 인정하는 증거로 할 수 없다. 13. 7급국가직, 19. 경찰1차

3) 검찰수사관, 검찰청서기관 03. 행시, 18. 9급개론

4) 사법경찰관리(2001헌바41) 04. 행시, 13. 경찰2차, 14. 9급개론, 16. 경찰간부

5) 수사검사(다수설) 13. 경찰2차

⑷ 기 타

1) 변호인

① 견해의 대립은 있으나 일반적으로 증인적격이 인정되지 않는다고 본다.

② 변호인에게 증인적격을 인정하더라도 변호인은 피고인의 보호자로서 피고인에게 불리한 사실에 대해서는 증언거부권을 행사할 수 있다. 16. 변호사

2) 공무상 비밀(증인거부권자)

① 공무원 또는 공무원이었던 자가 그 직무에 관하여 알게 된 사실에 관해 본인 또는 당해 공무소가 직무상 비밀에 속한 사항임을 신고한 때에는 그 소속 공무소 또는 감독관공서의 승낙 없이는 증인으로 신문하지 못한다(제147조 제1항). 14. 법원, 18. 경찰간부

② 소속 공무소 또는 당해 감독관공서는 국가에 중대한 이익을 해하는 경우를 제외하고는 승낙을 거부하지 못한다.

5. 증언능력

⑴ 경험 사실을 기억에 따라 진술할 수 있는 능력

증언능력이란 증인이 자신의 과거에 경험한 사실을 그 기억에 따라 진술할 수 있는 정신능력을 말한다.

⑵ 개별적, 구체적으로 판단

① 유아의 증언능력 유무는 그의 지적수준에 따라 개별적이고 구체적으로 결정되어야 한다.

② 판례는 만 3세 정도의 유아의 증언능력을 인정하고 있다(2005도9561). 17. 변호사

③ 사고 당시 10세 남짓한 초등학교 5학년생으로서 비록 선서무능력자라 하여도 그 증언 내지 진술의 전후사정으로 보아 의사판단능력이 있다고 인정된다면 증언능력이 있다고 할 것이다(84도619). 17. 해경간부, 18. 경찰간부

OX 상호간 폭행죄로 기소되어 병합심리 중인 공동피고인은 다른 피고인과의 관계에서는 증인의 지위가 인정되므로, 선서 없이 한 공동피고인의 법정진술을 다른 피고인의 공소범죄사실을 인정하는 증거로 할 수 없다. (○, ×) 19. 경찰1차

OX 서로 폭행을 했다는 이유로 기소되어 병합심리 중인 공동피고인이 선서 없이 한 법정진술은 피고인의 증거로 함에 동의한 바 없더라도 피고인에 대한 유죄의 증거로 사용할 수 있다. (○, ×) 13. 7급국가직

기출 키워드 체크

공무원 또는 공무원이었던 자가 그 직무에 관하여 알게 된 사실에 관하여 본인 또는 당해공무소가 직무상 _____에 속한 사항임을 신고한 때에는 그 소속공무소 또는 감독관공서의 승낙 없이는 증인으로 신문하지 못한다.

Answer

기출 키워드 체크
비밀
OX
○, ×

관련 판례

[1] 모든 국민은 법정에 출석하여 증언할 의무를 부담한다. 법원은 소환장을 송달받은 증인이 정당한 사유 없이 출석하지 아니한 경우에 당해 불출석으로 인한 소송비용을 증인이 부담하도록 명하고, 500만 원 이하의 과태료를 부과할 수 있으며(형사소송법 제151조 제1항 전문), 정당한 사유 없이 소환에 응하지 아니하는 경우에는 구인할 수 있다(형사소송법 제152조). 또한 법원은 증인 소환장이 송달되지 아니한 경우에는 공무소 등에 대한 조회의 방법으로 직권 또는 검사, 피고인, 변호인의 신청에 따라 소재탐지를 할 수도 있다(형사소송법 제272조 제1항 참조). 이는 '특정범죄신고자 등 보호법'이 직접 적용되거나 준용되는 사건에 대해서도 마찬가지이다.

[2] 형사소송법이 증인의 법정 출석을 강제할 수 있는 권한을 법원에 부여한 취지는, 다른 증거나 증인의 진술에 비추어 굳이 추가 증인신문을 할 필요가 없다는 등 특별한 사정이 없는 한 사건의 실체를 규명하는 데 가장 직접적이고 핵심적인 증인으로 하여금 공개된 법정에 출석하여 선서 후 증언하도록 하고, 법원은 출석한 증인의 진술을 토대로 형성된 유죄·무죄의 심증에 따라 사건의 실체를 규명하도록 하기 위함이다. 따라서 다른 증거나 증인의 진술에 비추어 굳이 추가 증거조사를 할 필요가 없다는 등 특별한 사정이 없고, 소재탐지나 구인장 발부가 불가능한 것이 아님에도 불구하고, 불출석한 핵심 증인에 대하여 소재탐지나 구인장 발부 없이 증인채택 결정을 취소하는 것은 법원의 재량을 벗어나는 것으로서 위법하다.

제보자가 범죄신고자법에 따라 보호되는 범죄신고자 등에 해당한다는 이유로 이 사건 제보자에 대한 소재탐지나 구인장 발부 없이 이 사건 제보자에 대한 증인채택 결정을 취소한 제1심의 절차 진행은 위법하다(대법원 2020.12.10. 선고 2020도2623 판결).

▶ 증인과 감정인의 비교

구 분	증 인	감정인
개 념	자신이 체험한 사실에 대한 진술을 하는 자	특별한 지식, 경험에 속하는 법칙이나 판단을 이용하여 실험사실을 보고하는 자
구 인	구인 가능	구인 불가능
대체성	대체성 없음	대체성 있음
보 수	보수를 받을 수 없음(소환된 증인에 한하여 실비 제공)	보수(감정료, 체당금)를 받을 수 있음
선 서	• 원칙 ⇨ 필요 • 예외 ⇨ 불필요(제156조)	반드시 선서 필요
공통점	• 제3자로서 인적증거에 해당 • 기피제도가 없음 • 당사자 참여권 인정(제176조 제1항, 제163조) • 여비·일당·숙박비를 받음 • 선서의무가 있음 • 선서 전에 위증의 벌을 경고 • 증언거부권[업무상비밀, 근친자의 형사책임(제177조, 제148조, 제149조)]	

❷ 증인의 의무

1. 출석의무

(1) 의 의

① 증인적격이 있는 자로서 적법한 소환을 받은 자는 누구나 증인으로 출석할 의무가 있다.

② 출석의무는 공판기일뿐만 아니라 공판준비절차(제273조), 증거보전절차(제184조)에서 증인신문에 소환된 증인에게도 인정된다. 08. 9급국가직

(2) 증인소환

1) 원 칙

① 출석일시 24시간 이전에 소환한다. 03. 행시, 08. 9급국가직

② 법원 소환장의 송달, 전화, 전자우편, 그 밖의 상당한 방법으로 증인을 소환한다.

2) 예외: 급속을 요하는 경우, 재정 증인

① 증인에 대한 소환장은 늦어도 출석할 일시 24시간 이전에 송달하여야 한다.

② 다만, 급속을 요하는 경우에는 그러하지 아니하다(규칙 제70조).

③ 증인이 법원의 구내에 있는 때에는 소환함이 없이 신문할 수 있다(제154조). 08. 7급국가직, 17. 경찰1차

3) 출 석

증인거부권자(제147조 공무상비밀)는 출석의무가 없지만, 증언거부권자(제148조 근친자, 제149조 업무상비밀)는 증언은 거부할 수 있으나 출석 자체를 거부할 수는 없다.

(3) 동행명령

① 법원은 필요한 때에는 결정으로 지정한 장소에 증인의 동행을 명할 수 있다.

② 증인이 정당한 사유 없이 동행을 거부하는 때에는 구인할 수 있다. ⇨ 과태료, 비용배상, 감치결정은 허용되지 않음

(4) 불출석 제재

1) 구 인

① 정당한 사유 없이 소환에 응하지 아니한 증인은 구인할 수 있다(제152조).

② 재판과정에서 증인소환장을 송달받은 적이 없고 법원에 출석하지도 아니한 공소외인을 구인하여 달라는 검사의 신청을 기각한 법원의 조치는 정당하다(2008도6985). 21. 경찰1차

2) 500만원 이하 과태료, 소송비용 08. 7급국가직, 09 · 11. 법원, 10. 9급국가직, 10 · 14. 경찰승진

① 법원은 소환장을 송달받은 증인이 정당한 사유 없이 출석하지 아니한 때에는 결정으로 당해 불출석으로 인한 소송비용을 증인이 부담하도록 명한다.

② 500만원 이하의 과태료를 부과할 수 있다(제151조 제1항).

3) 7일 이내의 감치 14. 경찰승진

① 법원은 증인이 과태료 재판을 받고도 정당한 사유 없이 다시 출석하지 아니한 때에는 결정으로 증인을 7일 이내의 감치에 처한다(제151조 제2항).

② 법원은 감치재판기일에 증인을 소환하여 정당한 사유가 있는지의 여부를 심리하여야 한다.

③ 감치는 그 재판을 한 법원의 재판장의 명령에 따라 사법경찰관리 · 교도관 · 법원경위 또는 법원사무관 등이 교도소 · 구치소 또는 경찰서 유치장에 유치하여 집행한다.

④ 감치에 처하는 재판을 받은 증인이 ③에 규정된 감치시설에 유치된 경우 당해 감치시설의 장은 즉시 그 사실을 법원에 통보하여야 한다.

⑤ 법원은 위 통보를 받은 때에는 지체 없이 증인신문기일을 열어야 한다.

⑥ 법원은 감치의 재판을 받은 증인이 감치의 집행 중에 증언을 한 때에는 즉시 감치결정을 취소하고 그 증인을 석방하도록 명하여야 한다. 17. 경찰1차

기출 키워드 체크

법원은 소환장을 송달받은 증인이 정당한 사유 없이 출석하지 아니한 때에는 결정으로 당해 불출석으로 인한 _____을 증인이 부담하도록 명하고, _____만원 이하의 과태료를 부과할 수 있다.

Answer

기출 키워드 체크

소송비용, 500

기출 키워드 체크

증인불출석에 대한 제재인 과태료 부과와 감치처분에 대한 즉시항고는 _____의 효력이 인정되지 않는다.

(5) 즉시항고

① 법원의 제재결정에 대해서 즉시항고 할 수 있다.

② 그러나 재판의 집행은 정지되지 않는다(제151조 제8항). 10. 9급국가직, 14. 경찰승진

▶ **출석의무위반 제재 방법**

- 출석의무위반 ⇨ 비용배상 + 과태료(500만원 이하) ⇨ 증인 즉시항고 가능(집행정지의 효력 불인정) ⇨ 과태료 재판을 받고도 정당한 사유 없이 소환에 응하지 아니하는 경우, 7일 이내의 감치 ⇨ 감치결정에 즉시항고 가능(집행정지의 효력 불인정) ⇨ 감치 집행 중에 증언을 한 때에는 즉시 감치결정 취소, 석방
- 전화, 전자우편, 모사전송, 휴대전화 문자전송 등의 방법을 이용하여 증인에게 출석요구를 한 경우에는 소송비용 부담 또는 과태료 부과와 같은 법률상의 제재를 가할 수 없다.

▶ **감치절차**

1. 감치재판 절차는 법원의 감치재판 개시결정에 따라 개시된다. 이 경우 감치사유가 발생한 날부터 20일이 지난 때에는 감치재판 개시결정을 할 수 없다. 법원은 감치재판기일에 증인을 소환하여 정당한 사유가 있는지의 여부를 심리하여야 한다.
2. 감치는 그 재판을 한 법원의 재판장의 명령에 따라 사법경찰관리, 교도관, 법원경위 또는 법원사무관 등이 교도소, 구치소 또는 경찰서유치장에 유치하여 집행한다. 감치에 처하는 재판을 받은 증인이 감치시설에 유치된 경우 당해 감치시설의 장은 즉시 그 사실을 법원에 통보하여야 하고, 법원은 통보를 받은 때에는 지체 없이 증인신문기일을 열어야 한다.
3. 법원은 감치의 재판을 받은 증인이 감치의 집행 중에 증언을 한 때에는 즉시 감치결정을 취소하고 그 증인을 석방하도록 명하여야 한다.

2. 선서의무

(1) 의 의

① 출석한 증인은 신문에 앞서 선서를 하여야 한다.

② 선서 없이 한 증언은 증거능력이 없다.

(2) 선서절차

① 신문 전에 선서 13. 경찰1차 : 신문 전에 선서하게 하여야 한다.

② 위증의 벌 경고 : 재판장은 선서할 증인에 대하여 선서 전에 위증의 벌을 경고하여야 한다.

③ '선서서'에 의해 선서 16. 법원 : 선서는 선서서에 의하여야 하며 재판장은 증인으로 하여금 선서서를 낭독하고 기명날인 또는 서명하게 하여야 한다.

④ 각 증인마다 선서 : 선서는 각 증인마다 하여야 하며, 대표선서는 허용되지 않는다.

Answer

기출 키워드 체크
집행정지

⑤ 동일 심급에서 동일증인에 대한 선서는 1회로 충분: 동일 심급에서 동일증인에 대한 선서는 1회로써 족하다. 따라서 증인이 선서를 한 후 신문이 중단되었다가 다시 속행하더라도 다시 선서를 시킬 필요는 없다.

⑥ 법원사무관 등의 대행 11·16. 법원: 증인이 선서를 낭독하지 못하거나 서명을 하지 못하는 경우에는 참여한 법원사무관 등이 대행한다(제157조).

(3) 선서 무능력자

1) 16세 미만 또는 정신능력 결함(필요적 선서 배제) 10. 9급국가직, 11·14·15·16. 법원, 13. 경찰1차, 14. 경찰승진, 15. 경찰간부

① 증인이 16세 미만자 또는 정식능력결함으로 선서의 취지를 이해하지 못하는 자인 때에는 선서하게 하지 아니하고 신문하여야 한다(제159조).

② 만 16세의 증인은 선서무능력자인 '만 16세 미만의 자'가 아니므로 선서하게 하고 증인신문을 하여야 한다. 16. 법원

2) 선서 후 증언한 경우 ⇨ 위증죄 성립 안함, 증언은 효력 있음 02. 경감·행시, 04. 경찰2차, 08. 9급국가직, 12. 교정특채, 14. 9급개론, 15. 경찰승진, 16. 변호사, 19. 경찰1차

① 선서무능력자에게 선서를 시키고 증언토록 하더라도 그 선서는 효력이 없으므로 위증죄는 성립하지 않는다.

② 그러나 증언의 효력은 인정된다(4290형상23).

(4) 제 재

증인이 정당한 이유 없이 선서를 거부한 때에는 결정으로 50만원 이하의 과태료에 처할 수 있다. 10·15. 경찰승진, 15·18. 경찰간부

(5) 즉시항고

위 결정에 대하여는 즉시항고할 수 있다. 15·18. 경찰간부

3. 증언의무

(1) 의 의

① 증인은 신문받은 사항에 대하여 양심에 따라 숨김과 보탬이 없이 사실 그대로 증언할 의무가 있다.

② 법원·법관의 신문뿐만 아니라 검사·피고인·변호인의 신문에 대해서도 증언의무를 지고, 주신문, 반대신문을 불문한다.

(2) 증언능력

1) 체험한 사실을 외부에 진술하거나 표현할 수 있는 능력

① 증언능력이란 자기가 과거에 체험한 사실을 외부에 진술하거나 표현할 수 있는 능력을 말한다.

기출 키워드 체크

_____의 자와 선서의 취지를 이해하지 못하는 자는 선서무능력자이므로 선서하게 하지 아니하고 신문하여야 한다.

OX 선서무능력자가 선서를 하고 증언을 한 경우, 그 선서는 무효로 되어 증언 자체의 효력이 부정된다. (○, ×) 19. 경찰1차

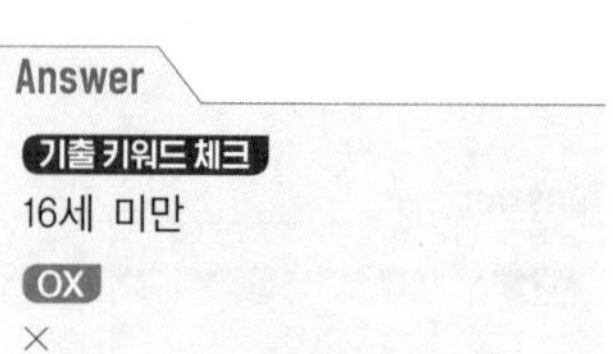

② 증언능력이 없는 증인의 증언은 증거능력이 없다.

2) 형사미성년자도 선서무능력자도 증언능력을 갖는 경우가 있음 02 · 03. 행시

① 유아의 증언능력도 연령만에 의할 것이 아니라 그의 지적수준에 따라 개별적이고 구체적으로 결정되어야 한다(2004도3161). 14. 9급국가직

② 사고 당시 10세 남짓한 초등학교 5학년생(84도619) 10. 경찰승진, 13. 7급국가직, 14. 경찰1차, 사고 당시 만 3년 3월 남짓, 증언 당시 만 3년 6월 남짓한 여아도 증언능력이 인정되는 경우가 있다.

OX 사고 당시 10세 남짓한 초등학교 5학년생으로서 선서무능력자라고 해도 그 증언의 전후사정으로 보아 의사판단능력이 있다고 인정된다면 증언능력이 있다. (○, ×)
13. 7급국가직

(3) 제 재

① 증인이 정당한 이유 없이 증언을 거부한 때에는 결정으로 50만원 이하의 과태료에 처할 수 있다(제161조 제1항). 18. 경찰간부

② 정당한 이유로는 증인거부권(제147조), 증언거부권(제148조) 등이 있다.

(4) 즉시항고

위 결정에 대해서는 즉시항고가 가능하다(제161조 제2항). 18. 경찰간부

❸ 증인의 권리

1. 증언거부권

(1) 의 의

① 증인이 증언을 거부할 수 있는 권리를 말한다.

② 다만, 출석자체를 거부할 수는 없다. 08. 9급국가직, 12. 교정특채, 14. 경찰승진, 18. 7급국가직

㉠ **형사소송법 제147조에서 공무상비밀과 관련해서 인정되는 공무원의 증인거부권은 증인 적격이 부인되어 증인신문자체가 허용되지 않는 것으로 출석의무도 없다.**

㉡ **형사소송법 제148조의 증언거부권은 헌법 제12조 제2항에서 정한 불이익한 진술의 강요금지 원칙을 구체화한 자기부죄거부권에 관한 것이다.**

㉢ **변호사가 업무상 알게 된 비밀에 대해서는 변호사에게 증언거부권이 있으나, 증인으로서 출석을 거부할 수는 없다.**

(2) 자기 또는 친족 등의 형사책임 관련

1) 자기 또는 친족 등이 형사책임을 질 염려가 있는 경우

① 자기 또는 친족, 친족관계가 있었던 자, 법정대리인, 후견감독인이 형사소추 또는 공소제기를 당하거나 유죄판결을 받을 사실이 드러날 염려가 있는 증언을 거부할 수 있다. 05. 법원서기보, 11. 법원 · 교정특채, 13. 경찰1차, 14. 법원, 15. 경찰간부

Answer

OX
○

② 증언으로 인하여 증인의 이혼한 배우자가 형사소추 또는 공소제기를 당하거나 유죄판결을 받을 사실이 발로될 염려가 있는 경우에 증인은 그와 같은 증언을 거부할 수 있다. 18. 경찰간부, 19. 변호사

③ 유죄판결이 확정된 증인은 재심청구 예정이라도 증언거부권이 인정되지 않는다(2011도11994). 12. 경찰2차, 14. 경찰승진, 15 · 16. 9급국가직 16. 9급개론 · 변호사, 17. 경찰간부 · 7급국가직 · 법원, 21. 경찰1차 ⇨ 자신에 대한 유죄판결이 확정된 증인이 공범에 대한 피고사건에서 증언할 당시 앞으로 재심을 청구할 예정이라고 하여도 이를 이유로 증인에게 형사소송법 제148조에 의한 증언거부권이 인정되지는 않는다(2011도11994). 18 · 19. 경찰1차

④ 증인이 증언을 거부할 수 있는 사유인 형사소추를 당할 염려가 있는 경우에서 '형사소추'는 증인이 이미 저지른 범죄사실에 대한 것을 의미하므로 증인의 증언에 의하여 비로소 범죄가 성립하는 경우는 이에 포함되지 않는다(2010도2816). 17. 7급국가직

2) 형사책임의 존부와 양형에서 불이익을 초래할 수 있는 모든 사실

① 거부할 수 있는 증언은 형사책임의 존부와 양형에서 불이익을 초래할 수 있는 모든 사실에 미친다(누범, 상습범, 집행유예 취소사유 등).

② '공소제기를 당하거나 유죄판결을 받을 사실이 발로될 염려 있는 증언'에는 증인 자신이 범행을 한 것으로 오인되어 유죄판결을 받을 우려가 있는 사실도 포함된다(2010도10028). 17. 7급국가직, 19. 9급국가직 ⇨ 범행을 하지 아니한 자가 범인으로 공소제기가 되어 피고인의 지위에서 범행사실을 허위자백하고, 나아가 공범에 대한 증인의 자격에서 증언을 하면서 그 공범과 함께 범행하였다고 허위의 진술을 한 경우에도 증언거부권을 사용할 수 있다(2010도10028). 18. 7급국가직

③ 서로 뇌물을 주고받은 사실이 없다고 다투는 경우, 증언거부권이 인정된다. 18. 경찰2차

(3) 업무상 비밀

① 원칙: 변호사, 변리사, 공증인, 공인회계사, 세무사, 대서업자, 의사, 한의사, 치과의사, 약사, 약종상, 조산사, 간호사, 종교의 직에 있는 자 또는 이러한 직에 있었던 자가 업무상 위탁을 받은 관계로 알게된 사실로서 타인의 비밀에 관한 것은 증언을 거부할 수 있다(제149조). 08. 7급국가직

② 예외: 단, 타인의 승낙이 있거나 중대한 공익상 필요가 있는 때에는 예외로 한다. 08. 9급국가직

(4) 증언거부권 고지

1) 신문 전에 증언거부권 고지

증인이 증언거부권자에 해당하는 경우에는 재판장은 신문 전에 증언을 거부할 수 있음을 설명하여야 한다(제160조).

OX 자신에 대한 유죄판결이 확정된 증인이 공범에 대한 피고사건에서 증언할 당시 앞으로 재심을 청구할 예정이라면, 자기부죄(自己負罪)의 강요금지라는 「형사소송법」 제148조의 취지에 따라 증언거부권이 인정된다. (○, ×) 19. 경찰1차

기출 키워드 체크

자신에 대한 유죄판결이 _____된 증인에게는 공범에 대한 피고사건에서 증언거부권이 인정되지 않는다.

기출 키워드 체크

재판장은 증언거부권이 있는 자에게는 신문 전에 증언거부권을 고지하여야 하며, 선서한 증인에게 증언거부권을 고지하지 않고 신문한 경우에도 증언의 _____은 인정된다.

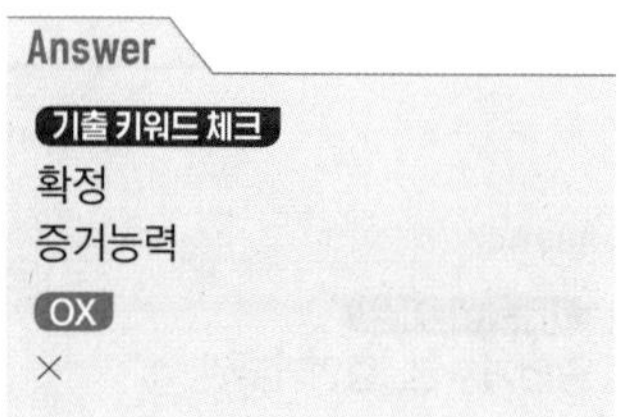
Answer
기출 키워드 체크
확정
증거능력
OX
×

기출 키워드 체크

증언거부사유가 있음에도 증인이 _____을 고지받지 못함으로 인하여 그 _____을 행사하는 데 사실상 장애가 초래되었다고 볼 수 있는 경우에는 위증죄가 성립하지 않는다.

2) 증언거부권을 고지하지 않은 경우: 증거능력인정

증언거부권 있음을 설명하지 않은 경우라도 증언의 효력에 관하여는 영향이 없다(4290형상23). 03. 법원, 08. 9급국가직, 18. 경찰2차

3) 증언거부권을 고지하지 않은 경우 위증죄 성립 여부

① 원칙: 위증죄 성립하지 않음 16. 경찰간부, 16 · 18. 변호사

(증언거부권 고지 등의) 증인 보호 규정이 지켜지지 않은 경우 "법률에 의하여 선서한 증인"에 해당하지 않아 위증죄로 처벌할 수 없는 것이 원칙이다(2008도942). 16. 경찰간부, 18. 경찰2차

② 예외: 증언거부권 행사에 사실상 장애 없는 경우 위증죄 성립

㉠ **증언거부권을 고지받지 못함으로 인하여 그 증언거부권을 행사하는 데 사실상 장애가 초래되었다고 볼 수 없는 경우에까지 예외 없이 위증죄의 성립을 부정할 것은 아니다(2008도942).**

㉡ **증언거부권을 고지 받았더라도 허위진술을 하였을 것이라고 볼 만한 정황이 있는지 등을 전체적 · 종합적으로 고려하여 증인이 침묵하지 아니하고 진술한 것이 자신의 진정한 의사에 의한 것인지 여부를 기준으로 위증죄의 성립 여부를 판단하여야 한다(2008도942).** 14. 9급국가직, 18. 경찰2차

4) 증언거부권 포기시 위증죄 성립 08. 9급국가직

선서한 증인이 증언거부권을 포기하고 허위의 진술을 하였다면 위증죄의 처벌을 면할 수 없다(86도1724).

5) 민사소송의 경우 위증죄 성립 16. 변호사

(증언거부권 고지 규정을 두지 아니한) 민사소송절차에서 재판장이 증인에게 증언거부권을 고지하지 아니하였다 하여 절차위반의 위법이 있다고 할 수 없고, 따라서 적법한 절차를 마쳤음에도 허위진술을 한 증인에 대해 달리 특별한 사정이 없는 한 위증죄가 성립한다(2009도4928).

(5) 증언거부권의 행사

① 거부사유 소명 08. 7급국가직, 14. 경찰승진: 증언을 거부하는 자는 거부사유를 소명하여야 한다(제150조).

② 증언거부권 포기 가능: 증언거부권자도 증언거부권을 포기하고 증언을 할 수 있다.

③ 반대신문만 증언을 거부하는 것은 불허용: 주신문에 대하여 증언한 후에는 반대신문에 대하여 증언을 거부할 수 없다.

2. 비용청구권

① 소환받은 증인은 여비, 일당 숙박료를 청구할 수 있다.

Answer

기출 키워드 체크

증언거부권, 증언거부권

② 다음의 경우에는 비용청구권이 없다.

㉠ **소환받지 않은 재정증인**

㉡ **정당한 사유 없이 선서 또는 증언을 거부한 자** 08. 9급국가직

3. 열 람

증인은 자신에 대한 증인신문조서 및 그 일부로 인용된 속기록, 녹음물, 영상녹화물 또는 녹취서의 열람·등사 또는 사본을 청구할 수 있다(규칙 제84조의2).

❹ 증인신문 방법

1. 증인신문의 절차

(1) 시 기

① 모두절차가 끝나고 재판장의 쟁점정리 절차를 마친 뒤 증거조사절차에서 이루어진다.

② 필요한 경우 공판기일 전에도 증인신문 가능 ⇨ 법원은 검사, 피고인 또는 변호인의 신청에 의하여 공판준비에 필요하다고 인정한 때에는 공판기일(제1회 공판기일 이후) 전에 (피고인 또는) 증인을 신문할 수 있다(제273조, 공판기일 전 증거조사). 17. 9급개론

(2) 준비절차

① 증인의 동일성 확인: 재판장은 증인으로부터 주민등록증 등 신분증을 제시받거나 그 밖에 적당한 방법으로 증인임이 틀림 없음을 확인하여야 한다(규칙 제71조).

② 위증의 벌 경고: 재판장은 선서할 증인에 대하여 선서 전에 위증의 벌을 경고하여야 한다(제158조).

③ 선서: 증인에게는 신문 전에 선서하게 하여야 한다. 단, 법률에 다른 규정이 있는 경우에는 예외로 한다(제156조).

④ 증언거부권 고지: 증인이 증언거부권자에 해당하는 경우에는 증언거부권을 고지해야 한다(제160조).

(3) 개별신문

① 증인신문은 각 증인에게 개별적으로 하여야 한다.

② 신문하지 아니한 증인이 재정한 때에는 퇴정명령을 명하여야 한다(제162조). ⇨ 퇴정 여부는 법원의 재량에 속하므로 다른 증인의 면전에서 증인을 신문하게 하였다고 하여 위법은 아니다(4292형상725). 02. 경감

(4) 대 질

필요한 때에는 증인과 다른 증인 또는 피고인과 대질하게 할 수 있다(제162조 제3항). 07. 경찰1차

(5) 신문방법

1) 구 두

① 반대신문을 위해서 증인에 대한 신문은 원칙적으로 구두로 해야 한다.

② 증인이 들을 수 없는 때에는 서면으로 묻고, 말할 수 없는 때에는 서면으로 답하게 할 수 있다(규칙 제73조). 07. 경찰1차

2) 개별적, 구체적

증인신문은 가능한 개별적이고 구체적이어야 하며 복합적, 포괄적이고 막연한 질문은 허용되지 않는다(규칙 제74조 제1항).

3) 금지사항

아래 사항은 정당한 이유가 있는 경우를 제외하고는 금지된다(규칙 제74조 제2항).

㉠ 전의 신문과 중복되는 신문

㉡ 의견을 묻거나 의논에 해당하는 신문

㉢ 증인이 직접 경험하지 아니한 사항에 해당하는 신문

4) 성립, 동일성에 관한 신문시 서류 또는 물건 제시

증인에 대하여 서류 또는 물건의 성립, 동일성 기타 이에 준하는 사항에 관한 신문을 할 때에는 그 서류 또는 물건을 제시할 수 있다(규칙 제82조 제2항).

5) 기억환기를 위해 재판장의 허가를 얻어 서류 또는 물건 제시 15. 9급국가직

증인의 기억이 명백하지 아니한 사항에 관하여 기억을 환기시켜야 할 필요가 있는 때에는 재판장의 허가를 얻어 서류 또는 물건을 제시하면서 신문할 수 있다(규칙 제83조 제1항).

6) 진술을 명확히 하기 위한 도면 등 이용

증인의 진술을 명확히 할 필요가 있을 때에는 도면, 사진, 모형, 장치 등을 이용하여 신문할 수 있다(규칙 제84조 제1항).

7) 퇴정 후 진술

① 재판장은 증인 또는 감정인이 피고인 또는 어떤 재정인의 면전에서 충분한 진술을 할 수 없다고 인정한 때에는 그를 퇴정하게 하고 진술하게 할 수 있다. 피고인이 다른 피고인의 면전에서 충분한 진술을 할 수 없다고 인정한 때에도 같다(제297조 제1항). 14. 9급국가직, 16. 법원

② 피고인을 퇴정하게 한 경우에 증인, 감정인 또는 공동피고인 진술이 종료한 때에는 퇴정한 피고인을 입정하게 한 후 법원사무관 등으로 하여금 진술의 요지를 고지하게 하여야 한다(제297조 제2항). 16. 법원

③ 이 경우도 반대신문권을 배제하는 것은 허용될 수 없다. 14·19. 경찰1차, 17. 해경간부

기출 키워드 체크

재판장은 증인 또는 감정인이 피고인 또는 어떤 재정인의 면전에서 충분한 진술을 할 수 없다고 인정한 때에는 그를 ______하게 하고 진술하게 할 수 있다.

OX 「형사소송법」 제297조에 따라 재판장은 증인이 피고인의 면전에서 충분한 진술을 할 수 없다고 인정한 때에는 피고인을 퇴정하게 하고 증인신문을 진행할 수 있으며, 이러한 경우에는 피고인의 반대신문권을 배제할 수 있다. (○, ×) 19. 경찰1차

④ 반대신문 기회를 부여하지 않은 증언(73도2967)

㉠ **원칙: 증거능력이 없다.**

㉡ **예외: 증거동의하거나 '변경할 점과 이의할 점이 없다'고 진술하여 책문권 포기 의사를 명시함으로써 반대신문의 기회를 부여받지 못한 하자가 치유된다.** 12·14. 경찰간부, 13. 경찰, 1차·7급국가직, 15. 경찰3차

8) 신문사항의 선 제출

① 재판장은 피해자, 증인의 인적사항 공개 또는 누설을 방지하거나 그 밖에 피해자, 증인의 안전을 위하여 필요하다고 인정할 때에는 증인의 신문을 청구한 자에 대하여 사전에 신문사항을 기재한 서면의 제출을 명할 수 있다.

② 법원은 위 제출의 명을 받은 자가 신속히 그 서면을 제출하지 아니한 경우에는 증거결정을 취소할 수 있다(규칙 제67조).

2. 교호신문 제도

(1) 의 의

① 증인에 대하여 당사자 쌍방이 주신문 ⇨ 반대신문 ⇨ 재주신문 ⇨ 재반대신문의 순으로 신문하는 증인신문방식을 말한다.

② 당사자에게 주도권을 인정하는 당사자주의적 증인신문방식으로, 당사자의 공격, 방어를 통해 공정한 재판의 진행을 도모하고 반대당사자의 반대신문권을 보장하는 데 그 의의가 있다.

(2) 방 식

1) 증인신문 신청자 먼저 신문, 상대방의 반대신문

① 증인은 신청한 검사, 변호인 또는 피고인이 먼저 이를 신문하고 그 다음에 상대방인 피고인 또는 변호인, 검사가 신문한다.

② 피고인은 증인신문에 참여할 수도 있고 증인을 직접 신문할 수도 있다. 09. 7급국가직
⇨ 피고인이 미리 증인신문에 참여케 하여 달라고 한 경우, 변호인이 참여하였다고 하여도 피고인이 참여 없이 실시한 증인신문은 위법이다(68도1481). 14. 9급개론

③ 재판장은 위 신문이 끝난 뒤에 신문할 수 있다.

④ 증인신문의 시일 및 장소를 통지하지 않은 경우

㉠ **원칙: 위법하여 증인신문조서는 증거능력이 없다.**

㉡ **예외: 증거동의하거나 증거조사시 '이의 없다'고 진술(또는 증거동의)하여 책문권의 포기로 하자가 치유될 수 있다. 그러나 증거조사 그 자체를 시행하지 아니한 경우 증인신문조서는 증거능력이 없다(67도613)(86도1646).** 06. 경찰2차

⑤ 피고인이 불출석한 경우, 공판기일 외 신문 진행 후 공판기일에 증인신문조서 서증조사하는 방식은 적법하다(2000도3265). 13. 경찰1차, 18. 7급국가직, 19. 법원

기출 키워드 체크

피고인이 미리 증인신문에 참여하게 해 달라고 신청하였음에도 이를 허가하지 않고 _____만을 참여시켜 실시한 증인신문은 위법하다.

기출 키워드 체크

당사자에게 참여의 기회를 주지 않고 행한 증인신문은 참여권을 침해한 것으로서 무효이지만, 피고인이 그 증인신문조서에 대하여 _____를 하면 그 하자는 치유된다.

Answer

기출 키워드 체크

변호인
증거동의

2) 재판장이 순서 변경 가능

① 재판장은 필요하다고 인정하면 교호신문순서에도 불구하고 어느 때나 신문할 수 있으며 교호신문순서를 변경할 수 있다(제161조의2).

② 합의부원은 재판장에게 고하고 신문할 수 있다(제161조의2 제5항).

(3) 주신문

1) 의 의

주신문은 증인을 신청한 당사자가 하는 신문을 말한다.

2) 주신문 사항(규칙 제75조 제77조)

① 증명할 사항 및 이에 관련된 사항

② 증언의 증명력을 다투기 위해 필요한 사항

㉠ **증언의 증명력을 보강 또는 탄핵하기 위하여 필요한 사항을 말한다.**

㉡ **반대신문에서 뿐만 아니라 주신문에서도 증언의 증명력을 다투기 위하여 필요한 사항에 관한 신문을 할 수 있다.** 10. 경찰1차, 14. 9급국가직 · 경찰간부

㉢ **이러한 증명력의 보강, 탄핵신문은 증인의 경험, 기억 또는 표현의 정확성 등 증언의 신빙성에 관한 사항 및 증인의 이해관계, 편견 또는 예단 등 증인의 신용성에 관한 사항에 관하여 한다. 다만, 증인의 명예를 해치는 내용의 신문을 하여서는 아니 된다(규칙 제77조).** 10. 경찰1차, 12. 해경간부

3) 유도신문: 원칙적 금지, 예외적 허용

주신문에 있어서는 유도신문을 하여서는 아니 된다. 17. 법원

4) 유도신문 허용되는 경우: 다만, 아래의 경우에는 유도신문이 허용된다.

① 증인이 주신문을 하는 자에 대하여 적의 또는 반감을 보일 경우 14. 9급국가직

② 증인이 종전의 진술과는 상반되는 진술을 하는 때에 그 종전 진술에 관한 신문의 경우

③ 증인과 피고인과의 관계, 증인의 경력, 교우관계 등 실질적인 신문에 앞서 미리 밝혀둘 필요가 있는 준비적인 사항에 관한 신문의 경우

④ 검사, 피고인 및 변호인 사이에 다툼이 없는 명백한 사항에 관한 신문의 경우

⑤ 기타 유도신문을 필요로 하는 특별한 사정이 있는 경우

5) 유도신문을 한 경우: 이의를 제기하지 않은 경우 하자 치유 가능 15. 9급국가직, 18. 7급국가직, 19. 법원

다음 공판기일에 재판장이 증인신문 결과 등을 각 공판조서(증인신문조서)에 의하여 고지하였음에도 피고인과 변호인이 '변경할 점과 이의할 점이 없다'고 진술한 경우, 주신문의 하자가 치유될 수 있다(2012도2937).

OX 주신문과 반대신문에 있어서는 유도신문이 금지된다. (○, ×) 13. 경찰1차

기출 키워드 체크

증인이 주신문을 하는 자에 대하여 _____ 또는 반감을 보인 경우에는 주신문에서도 유도신문이 가능하다.

기출 키워드 체크

검사가 증인에게 주신문을 하면서 유도신문을 하였으나 그 다음 공판기일에서 재판장이 증인신문 결과 등을 각 공판조서(증인신문조서)에 의하여 고지하였음에도 피고인과 변호인이 _____를 하지 않았다면 주신문의 하자는 치유된다.

Answer

기출 키워드 체크
적의
이의제기

OX
×

(4) 반대신문

1) 의 의

반대신문이란 주신문 후에 반대당사자가 하는 신문을 말한다.

2) 반대신문 사항(규칙 제76조, 제77조)

① 주신문에 나타난 사항과 이에 관련된 사항

② 증언의 증명력을 다투기 위해 필요한 사항 12. 해경간부

3) 유도신문: 원칙적 허용

① 반대신문에 있어서는 필요한 때에는 유도신문을 할 수 있다(규칙 제76조 제2항). 10. 9급국가직, 13. 경찰1차, 14. 경찰승진

② 재판장은 유도신문의 방법이 상당하지 아니하다고 인정할 때에는 이를 제한할 수 있다(규칙 제76조 제3항).

4) 새로운 사항 신문시에는 재판장의 허가 필요 13 · 17. 경찰1차

반대신문의 기회에 주신문에 나타나지 아니한 새로운 사항에 관하여 신문하고자 할 때에는 재판장의 허가를 받아야 하고, 이 경우 그 사항에 관하여는 주신문으로 본다(규칙 제76조 제4항 · 제5항).

기출 키워드 체크

_____신문은 원칙적으로 유도신문을 할 수 없지만 _____신문에 있어서 필요할 때에는 유도신문이 가능하다.

(5) 재주신문

① 주신문 방법으로 재주신문 가능 ⇨ 재주신문이란 반대신문 후에 반대신문에 나타난 사항과 이와 관련된 사항에 관하여 주신문자가 다시 행하는 신문을 말하며, 재주신문은 주신문의 예에 의한다.

② 재주신문 자체는 허가 불필요하나, 새로운 사항에 관해 신문하는 경우 재판장의 허가가 필요하다.

(6) 추가신문

① 형사소송규칙에 따르면 교호신문절차는 원칙적으로 재주신문으로 끝난다.

② 재판장의 허가를 얻어 다시 신문 가능 13. 경찰1차 ⇨ 재판장이 허가한 경우에는 재주신문 후에 재반대신문이 가능하고 재재주신문, 재재반대신문도 할 수 있다.

기출 키워드 체크

검사, 피고인 또는 변호인은 주신문, 반대신문 및 재주신문이 끝난 후에도 _____를 얻어 다시 신문할 수 있다.

(7) 기 타

1) 재판장의 증인신문 개입

재판장은 필요하다고 인정하면 당사자의 교호신문 도중일지라도 어느 때나 신문할 수 있다.

2) 재판장의 신문순서 변경

당사자가 신청한 증인을 신문하는 경우에도 재판장은 필요하다고 인정하면 신문순서를 변경할 수 있다.

Answer

기출 키워드 체크

주, 반대

재판장의 허가

3) 직권 증인신문

법원이 직권으로 증인신문을 하는 경우 증인의 신문방식은 재판장이 정하는 바에 의한다.

4) 피해자 신청

범죄로 인한 피해자의 신청에 의하여 증인을 신문하는 경우 증인의 신문방식은 재판장이 정하는 방법에 의한다. 13. 7급국가직

5) 간이공판 절차

간이공판절차에서는 교호신문의 방식에 의하지 않고 법원이 상당하다고 인정하는 방법으로 신문할 수 있다. 13. 경찰1차

3. 증인신문의 일시, 장소

(1) 원 칙

① 증인신문은 원칙적으로 공판기일에 공판정에서 행하여야 한다.

② 그래야만 피고인에게 충분한 증인신문의 기회를 보장할 수 있기 때문이다. 그러나 부득이한 경우에는 공판기일 외에 공판정 외의 장소에서도 증인신문을 할 수 있다.

③ 이 경우 증인신문의 절차는 공판기일의 증인신문과 동일하다.

(2) 공판정 외의 증인신문

1) 의 의

① 법원은 증인의 연령, 직업, 건강상태 기타의 사정을 고려하여 검사, 피고인 또는 변호인의 의견을 묻고 법정 외에 소환하거나 현재지에서 신문할 수 있다.

② 법원이 공판기일에 증인을 채택하여 다음 공판기일에 증인신문을 하기로 피고인에게 고지하였는데 그 다음 공판기일에 증인은 출석하였으나 피고인이 정당한 사유 없이 출석하지 아니한 경우, 공판기일 외의 신문으로서 증인신문을 하고 다음 공판기일에 그 증인신문조서에 대한 서증조사를 하는 것은 증거조사절차로서 적법하다(2000도3265). 13. 경찰1차, 18. 7급국가직, 19. 법원

OX 법원이 공판기일에 증인을 채택하여 다음 공판기일에 증인신문을 하기로 피고인에게 고지하였으나 피고인이 정당한 사유 없이 출석하지 아니한 경우에도 증인에 대한 증거조사를 할 수 있는 방법이 있다. (○, ×) 19. 법원

2) 수명법관, 수탁판사

① 수명법관, 수탁판사에 의해 진행 가능: 법원은 합의부원에게 법정 외의 증인신문을 명할 수 있고, 증인 현재지의 지방법원판사에게 그 신문을 촉탁할 수 있다.

② 전촉: 수탁판사는 증인이 관할구역 내에 현재하지 아니한 때에 그 현재지의 지방법원 판사에게 전촉할 수 있다.

③ 법원 또는 재판장의 권한으로 처분: 수명법관 또는 수탁판사는 증인의 신문에 관하여 법원 또는 재판장에 속한 처분을 할 수 있다(제167조).

3) 당사자의 참여

① 당사자 참여권: 검사, 피고인, 변호인은 증인신문에 참여할 권리를 가진다.

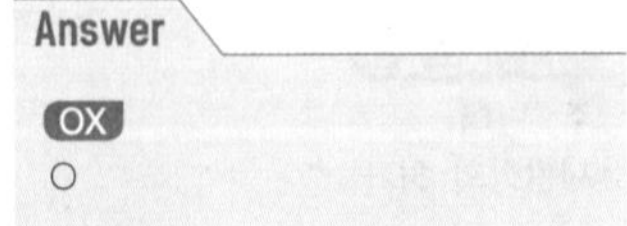
Answer
OX ○

② 통 지

㉠ **따라서, 법원은 증인신문의 일시와 장소를 미리 통지하여야 한다(제163조).**

㉡ **단, 참여하지 아니한다는 의사를 명시한 때에는 예외로 한다.**

㉢ **증인신문의 일시와 장소를 당사자에게 통지하지 않고 실시한 증인신문은 위법하므로 그 증언은 증거능력이 없다.**

4) 증거조사

공판기일 외에서 증인신문이 행하여지는 경우에는 증인신문조서가 작성되며 이 조서에 대해 공판기일에 낭독(요지의 고지)의 방식으로 다시 증거조사가 행하여진다.

4. 비디오 등 중계장치 등에 의한 증인신문

(1) 의 의

① 법원은 증인으로 신문하는 경우 상당하다고 인정하는 때에는 검사와 피고인 또는 변호인의 의견을 들어 비디오 등 중계장치에 의한 중계시설을 통하여 신문하거나 차폐시설 등을 설치하고 신문할 수 있다(제165조의2). 18. 경찰1차

② 다만, 중계장치를 통하여 증인이 피고인을 대면하거나 피고인이 증인을 대면하는 것이 증인의 보호를 위하여 상당하지 않다고 인정되는 경우 재판장은 검사, 변호인의 의견을 들어 증인 또는 피고인이 상대방을 영상으로 인식할 수 있는 장치의 작동을 중지시킬 수 있다(규칙 제84조의5 제1항). 21. 경찰1차

③ 검사, 변호인뿐만 아니라 방청인 등에 대하여도 차폐시설 등을 설치하는 방식으로 증인신문이 가능하다.

④ 변호인에 대한 차폐시설의 설치는 이미 인적사항에 관하여 비밀조치가 취해진 증인이 변호인을 대면하여 진술함으로써 자신의 신분이 노출되는 것에 대하여 심한 심리적인 부담을 느끼는 등의 특별한 사정이 있는 경우에 예외적으로 허용될 수 있다(2014도18006). 15. 경찰3차, 19. 법원

(2) 대 상

① 아동복지법: 아동복지법 제71조 제1항 제1호부터 제3호까지 죄의 피해자

② 아동·청소년의 성보호에 관한 법률: 아동·청소년의 성보호에 관한 법률 제7조, 제8조, 제11조부터 제15조까지 및 제17조 제1항의 규정에 해당하는 죄의 대상이 되는 아동·청소년 또는 피해자

③ 피고인 등과 대면이 적절하지 않은 자 15. 경찰3차: 범죄의 성질, 증인의 연령, 심신의 상태, 피고인과의 관계, 그 밖의 사정으로 인하여 피고인 등과 대면하여 진술하는 경우 심리적인 부담으로 정신의 평온을 현저하게 잃을 우려가 있다고 인정되는 자

기출 키워드 체크

법원은 범죄의 성질, 증인의 연령, 심신의 상태, 피고인과의 관계, 그 밖의 사정으로 인하여 피고인 등과 대면하여 진술하는 경우 심리적인 부담으로 정신의 평온을 현저하게 잃을 우려가 있다고 인정되는 자를 증인으로 신문하는 경우 상당하다고 인정하는 때에는 검사와 피고인 또는 변호인의 의견을 들어 비디오 등 중계장치에 의한 _____시설을 통하여 신문하거나 _____시설 등을 설치하고 신문할 수 있다.

기출 키워드 체크

피고인뿐만 아니라 _____에 대해서도 차폐시설을 설치하는 방식으로 증인신문이 이루어지는 경우 피고인과 변호인 모두 증인이 증언하는 모습이나 태도 등을 관찰할 수 없게 되어 그 한도에서 반대신문권이 제한될 수 있으므로, _____에 대한 차폐시설의 설치는 이미 인적사항에 관하여 비밀조치가 취해진 증인이 변호인을 대면하여 진술함으로써 자신의 신분이 노출되는 것에 대하여 심한 심리적인 부담을 느끼는 등의 특별한 사정이 있는 경우에 예외적으로 허용될 수 있을 뿐이다.

Answer

기출 키워드 체크

중계, 차폐

변호인, 변호인

(3) 임의적 비공개

법원은 비디오 등 중계장치에 의한 중계시설 또는 차폐시설을 통하여 증인을 신문하는 경우, 증인의 보호를 위하여 필요하다고 인정하는 경우에는 결정으로 이를 공개하지 아니할 수 있다.

5 범죄피해자 진술권

1. 의 의

① 피해자 신청이 있는 경우 필요적 신문 11 · 16. 법원, 14. 경찰1차, 15. 경찰2차, 17. 해경간부 : 법원은 범죄로 인한 피해자 등의 신청이 있는 경우에는 그 피해자를 증인으로 신문하여야 한다.

② 헌법상 기본권: 형사피해자의 진술권은 헌법과 형사소송법에 명문으로 규정되어 있다(헌법 제27조 제5항, 형사소송법 제294조의2). 15. 경찰1차, 19. 경찰승진

㉠ **형사피해자를 약식명령의 고지 대상자에서 제외하고 있는 형사소송법 제452조는 형사피해자의 재판절차진술권을 침해하지 않는다(2018헌마1015).**

㉡ **형사피해자를 정식재판청구권자에서 제외하고 있는 형사소송법 제453조 제1항는 형사피해자의 재판절차진술권을 침해하지 않는다(2018헌마1015).**

2. 신청권자

① 피해자

㉠ **고발인에게 재판절차에서 진술권이 인정되지 않는다(2012헌마41).** 15. 경찰1차

㉡ **형사피해자의 개념은 반드시 형사실체법상의 보호법익을 기준으로 한정할 것이 아니라, 범죄행위로 말미암아 법률상 불이익을 받게 되는 자의 뜻으로 해석하여야 한다(92헌마48).**

㉢ **교통사고로 사망한 사람의 부모는 헌법상 재판절차진술권이 보장되는 형사피해자의 범주에 속한다(92헌마48).** 10. 경찰승진, 14. 경찰1차, 15. 9급개론

② 피해자 사망시 배우자 · 직계친족 · 형제자매 09. 7급국가직, 15. 경찰2차

③ 법정대리인 19. 9급국가직

3. 증인으로 신문

① 신청이 있는 경우 증인으로 의무적 신문 04. 행시, 06. 경찰1차, 12. 경찰승진, 15. 경찰2차 · 지능특채, 15 · 16 · 19. 법원 : 피해자 등의 신청이 있는 경우 그 피해자를 증인으로 신문하여야 한다.

② 피해, 처벌 등에 관한 의견 진술 기회 보장 09. 9급국가직, 10 · 14. 7급국가직, 14. 경찰1차, 15. 9급개론 : 법원은 피해자 등을 신문하는 경우 피해자의 정도 및 결과, 피고인의 처벌에 관한 의견, 그 밖에 당해 사건에 관한 의견을 진술할 기회를 주어야 한다.

기출 키워드 체크

범죄피해자가 사망한 경우에는 그 배우자 · 직계친족 · ______에게 재판절차진술권이 인정된다.

기출 키워드 체크

법원은 범죄로 인한 피해자 또는 그 ______의 신청이 있는 때에는 특별한 사유가 없는 한 그 피해자 등을 증인으로 신문하여야 한다.

기출 키워드 체크

법원은 범죄로 인한 피해자 등의 신청이 있는 경우에는 원칙적으로 그 피해자 등을 증인으로 신문하여야 하고 피해의 정도 및 결과, 피고인의 ______에 관한 의견, 그 밖에 당해 사건에 관한 의견을 진술할 기회를 주어야 한다.

Answer

기출 키워드 체크
형제자매
법정대리인
처벌

③ 미출석시 신청 철회 간주 14. 경찰1차, 19. 경찰승진: 신청인이 출석통지를 받고도 정당한 이유 없이 출석하지 아니한 때에는 그 신청을 철회한 것으로 본다(다시 소환하여야 한다 ×).

④ 재판장이 정하는 방식에 의해 신문: 꼭 교호신문방식에 의할 필요는 없고 재판장이 정하는 방식에 의해 신문한다.

4. 의견진술

1) 직권 또는 신청에 따라 범죄사실 인정에 무관한 의견진술 기회 부여 가능 16 · 19. 법원

① 법원은 필요하다고 인정하는 경우에는 직권 또는 피해자 등의 신청에 따라 피해자 등을 공판기일에 출석하게 하여 피해의 정도 및 결과, 피고인의 처벌에 관한 의견, 그 밖에 당해 사건에 관한 의견 등 범죄사실의 인정에 해당하지 않는 사항에 관하여 증인신문에 의하지 아니하고 의견을 진술하게 할 수 있다.

② 범죄사실 인정에 해당하는 사항은 제외

2) 검사, 피고인 또는 변호인은 재판장의 허가를 받아 피해자 등에게 질문 가능

3) 의견진술에 갈음한 서면 제출도 가능

재판장은 재판의 진행상황, 그 밖의 사정을 고려하여 피해자 등에게 의견진술에 갈음하여 의견을 기재한 서면을 제출하게 할 수 있다.

4) 의견진술과 서면은 범죄사실 인정을 위한 증거로 사용 불가 05. 7급국가직

5. 진술의 비공개 가능

① 피해자, 법정대리인 또는 검사의 신청에 따라 피해자의 사생활의 비밀이나 신변보호를 위하여는 결정으로 심리를 공개하지 아니할 수 있다. 09. 7급국가직, 10 · 14. 9급국가직, 14 · 19. 경찰승진, 14 · 18. 경찰1차, 15. 경찰2차, 16 · 19. 법원, 17. 경찰간부, 18. 9급개론

② 비공개 결정은 이유를 붙여 고지한다. 16. 법원

6. 신뢰관계인 동석 15. 경찰1차

(1) 임의적 동석(직권, 신청): 현저하게 불안 또는 긴장 우려시 15. 법원

법원은 피해자를 증인으로 신문하는 경우 증인의 연령, 심신의 상태, 그 밖의 사정을 고려하여 증인이 현저하게 불안 또는 긴장을 느낄 수 있다고 인정하는 때에는 직권 또는 피해자, 법정대리인, 검사의 신청에 따라 피해자와 신뢰관계 있는 사람을 동석하게 할 수 있다(제163조의2 제1항). 21. 경찰승진

(2) 필요적 동석: 13세 미만, 신체적 · 정신적 장애

① 법원은 범죄로 인한 피해자가 13세 미만이거나 신체적 또는 정신적 장애로 사물을 변별하거나 의사를 결정할 능력이 미약한 경우에 재판에 지장을 초래할 우려가 있는 등 부득이한 경우가 아닌 한 피해자와 신뢰관계에 있는 자를 동석하게 하여야 한다(제163조의2 제2항). 21. 경찰승진

기출 키워드 체크

당사자의 신청에 의한 증인신문은 주신문, ____, 재주신문의 순서로 이루어지나 피해자의 신청에 의해 행하는 증인신문은 _____ 방식에 의한다.

기출 키워드 체크

법원은 범죄로 인한 피해자를 증인으로 신문하는 경우 증인의 연령, 심신의 상태, 그 밖의 사정을 고려하여 증인이 현저하게 불안 또는 긴장을 느낄 우려가 있다고 인정하는 때에는 직권 또는 피해자 · 법정대리인 · 검사의 신청에 따라 피해자와 _____에 있는 자를 동석하게 할 수 있다.

Answer

기출 키워드 체크
반대신문, 재판장이 정한
신뢰관계

② 진술해야 할 피해자가 13세 미만이거나, 신체적 또는 정신적 장애로 사물을 변별하거나 의사를 결정할 능력이 미약한 경우라도 부득이한 사정이 있는 때에는 신뢰관계에 있는 자를 동석시키지 않을 수 있다. 15. 9급개론

(3) 신뢰관계인의 범위

피해자와 동석할 수 있는 신뢰관계에 있는 사람은 피해자의 배우자, 직계친족, 형제자매, 가족, 동거인, 고용주, 변호사, 그 밖에 피해자의 심리적 안정과 원활한 의사소통에 도움을 줄 수 있는 사람을 말한다(규칙 제84조의3 제1항).

(4) 동석의 중지

동석한 자가 부당하게 재판의 진행을 방해하는 때에는 동석을 중지시킬 수 있다(규칙 제84조의3 제3항). 21. 경찰승진

7. 제 한

① 아래의 경우에는 피해자를 증인으로 신문할 필요가 없다. 15. 경찰1차 · 경찰2차

㉠ **피해자 등이 이미 당해 사건에 관하여 공판절차에서 충분히 진술하여 다시 진술할 필요가 없다고 인정되는 경우(제294조의2 제1항)**

㉡ **피해자 등의 진술로 인하여 공판절차가 현저하게 지연될 우려가 있는 경우**

06. 경찰1차, 10. 경찰승진, 14. 9급개론

② 법원은 동일한 범죄사실에서 신청인이 여러 명인 경우에는 진술할 자의 수를 제한할 수 있다. 06 · 14. 경찰1차, 09. 7급국가직, 16 · 19. 법원, 17. 경찰간부, 19. 경찰승진

8. 증인신문조서

(1) 조서의 작성

① 증인을 신문하는 때에는 참여한 법원사무관 등이 증인신문조서를 작성하여야 한다.

② 공판기일 외에서의 증인신문의 경우에도 동일하지만, 공판기일 외의 증인신문조서는 증거서류의 일종이므로 공판기일에 이를 낭독하는 방법으로 증거조사를 하여야 한다. 그렇지 않을 경우에는 증거능력이 부정된다.

(2) 조서의 열람 · 등사

① 피고인과 변호인은 증인신문조서를 열람하거나 등사할 수 있다.

② 증인은 자신에 대한 증인신문조서 및 그 일부로 인용된 속기록 녹음물, 영상녹화물 또는 녹취서의 열람 · 등사 또는 사본을 청구할 수 있다.

③ 검사의 경우에는 명문규정이 없지만 당연히 증인신문조서에 대한 열람 · 등사권을 가진다고 본다.

OX 동석한 자는 법원 소송관계인의 신문 또는 증인의 진술을 방해하거나 그 진술의 내용에 부당한 영향을 미칠 수 있는 행위를 하여서는 아니 되며 재판장은 동석한 자가 부당하게 재판의 진행을 방해하는 때에는 그 행위의 중지를 명할 수 있으나 동석 자체를 중지시킬 수는 없다. (○, ×) 21. 경찰승진

기출 키워드 체크

법원은 범죄로 인한 피해자 또는 그 법정대리인의 신청이 있는 때에는 그 피해자 등을 증인으로 신문하여야 한다. 다만, 피해자 등 이미 당해 사건에 관하여 공판절차에서 ______하여 다시 진술할 필요가 없다고 인정되는 경우 또는 피해자 등의 진술로 인하여 공판절차가 ______가 있는 경우에는 그러하지 아니하다.

OX 법원은 범죄로 인한 피해자 등의 신청이 있는 때에는 그 피해자 등을 증인으로 신문하여야 하는데, 동일한 범죄사실에서 진술을 신청한 피해자 등이 여러 명인 경우에는 진술할 자의 수를 제한할 수 있다. (○, ×) 19. 법원

Answer

기출 키워드 체크
충분히 진술, 현저하게 지연될 우려

OX
×, ○

제7절 감정 · 통역 · 번역

1 감 정

1. 의 의

감정이란 특수한 지식, 경험을 가진 제3자가 그 지식, 경험에 의하여 알 수 있는 법칙 또는 그 법칙을 적용하여 얻은 판단을 법원에 보고하는 것을 말한다.

2. 법적 성질

① 감정인은 인적 증거방법의 일종이고, 감정인신문은 증거조사의 성질을 가진다.

② 그 진술이 증거로 되는 점에서 증인과 유사하므로 증인신문에 관한 규정은 구인에 관한 규정을 제한 외에는 감정에 관하여 준용한다(제177조).

3. 구별개념

(1) 감정수탁자

① 법원 또는 법관으로부터 감정의 명을 받을 자를 감정인이라고 한다.

② 따라서 감정인은 수사기관으로부터 감정을 위촉받은 감정수탁자와 구별된다.

③ 감정수탁자는 선서의무가 없고, 형법상 허위감정죄의 적용대상이 아니며 감정수탁자의 감정절차에는 소송관계인에게 참여권이 인정되지 않는다는 점에서 감정인과 구별된다.

(2) 증 인

① 증인은 자신이 과거에 체험한 사실을 진술하는 자로서 비대체적이나, 감정인은 전문지식이나 경험을 가진 자이면 족하므로 대체성을 갖는다.

② 특별한 전문지식에 의하여 알게 된 과거의 사실을 진술하는 감정증인도 비대체적이므로 증인에 관한 규정이 적용된다.

4. 임의적 감정의 원칙

① 감정을 명할 것인가는 원칙적으로 법원의 재량에 속한다.

② 그러나 감정이 필요적으로 요구되는 경우와 감정을 명하는 것이 합리적인 경우에는 법원은 감정을 명할 의무가 있다.

③ 이러한 의무를 이행하지 않을 경우에는 심리미진의 위법이 인정되어 상소이유에 해당한다.

5. 자유심증주의와 관계

① 감정결과는 법원의 사실판단에 있어서 보조적인 역할을 한다.

② 따라서 감정인의 감정결과는 증거자료의 하나에 불과하므로 법원의 판단을 구속하지 않는 것이 원칙이다.

③ 그러나 유전자검사나 혈액형검사 등 과학적 증거방법은 그 전제로 하는 사실이 모두 진실임이 입증되고 그 추론의 방법이 과학적으로 정당하여 오류의 가능성이 전무하거나 무시할 정도로 극소한 것으로 인정되는 경우에는 법관이 사실인정을 함에 있어 상당한 정도로 구속력을 가진다(2013도11650). 21. 9급국가직 · 9급개론

▶ 증인과 감정인의 구별

구 분	증 인	감정인
진술내용	체험 사실	법칙 · 판단
대체성	비대체적	대체적
구 인	구인 ○	구인 ×
비 용	여비, 일당, 숙박료	여비, 일당, 숙박료, 감정료

❷ 감정유치

1. 의 의

① 감정유치란 피고인의 정신 또는 신체에 관한 감정에 필요한 때에 기간을 정하여 병원 기타 적당한 장소에 피고인을 유치하는 법원의 처분을 말한다.

② 감정유치는 감정을 목적으로 신체의 자유를 구속하는 대인적 강제처분이므로 법원이 발부하는 영장 즉, 감정유치장을 요한다. 16. 경찰승진

2. 감정유치장

(1) 발 부

① 감정유치를 함에는 수소법원은 감정유치장을 발부하여야 한다.

② 감정유치장은 명령장의 성질을 갖는다.

③ 감정하기 위한 피고인의 유치에 관한 결정에 대해서는 항고할 수 있다.

(2) 집 행

① 구속에 관한 규정은 보석에 관한 규정을 제외하고는 감정유치에 관하여 준용된다.

② 따라서 감정유치 이유의 고지, 감정유치장의 집행, 감정유치장집행의 절차, 감정유치의 통지 등은 구속에 준해서 행해져야 한다.

③ 하지만 감정유치된 자에 대해서 보석은 인정되지 않는다. 03. 경사, 11. 법원, 13 · 16. 경찰승진

3. 감정유치기간

① 감정유치기간은 구속기간과 달리 그 기간에 제한이 없다.

② 따라서 법원은 기간을 정하여 피고인을 유치하게 할 수 있고, 필요한 때에는 유치기간을 연장하거나 단축할 수 있다. 감정유치기간의 연장이나 단축 또는 유치할 장소의 변경 등은 결정으로 한다.

③ 법원은 감정이 완료되면 즉시 유치를 해제하여야 한다. 감정유치기간은 미결구금일수의 산입에 있어서는 구속으로 간주한다.

④ 그러나 구속 중인 피고인에 대하여 감정유치장이 집행되었을 때에는 피고인이 유치되어 있는 기간은 구속의 집행이 정지된 것으로 간주하고(제172조의2 제1항)(구속기간 불산입, 미결구금일수 산입),

⑤ 유치처분이 취소되거나 유치기간이 만료된 때에는 구속의 집행정지가 취소된 것으로 간주한다.

4. 감정서의 제출

(1) 필요적 서면 제출

① 감정의 경과와 결과는 감정인으로 하여금 서면으로 제출하게 하여야 한다.

② 민사소송의 경우와는 달리 구술에 의한 보고는 인정되지 않는다. 07. 법원

③ 감정인이 수인인 때에는 각각 또는 공동으로 제출하게 할 수 있다. 감정의 결과에는 그 판단의 이유를 명시하여야 한다.

(2) 증거능력과 증명력

① 감정서는 작성자인 감정인의 공판준비나 공판기일에서의 진술에 의하여 그 성립의 진정함이 증명된 경우에 한하여 증거로 할 수 있다.

② 감정서도 다른 증거와 마찬가지로 법관의 자유심증에 의하여 그 증명력이 판단된다. 따라서 법원은 반드시 감정결과에 구속되지는 않는다.

3 통역 · 번역

1. 통역과 번역

(1) 의 의

① 법정에서는 국어를 사용한다. 13. 법원

② 그러므로 외국인에게는 통역이, 외국어로 된 서류는 번역이 필요하다.

③ 통역·번역도 언어에 관한 특별한 능력과 지식에 기초한 보고라는 점에서 감정과 유사하므로 이에는 감정에 관한 규정이 준용된다.

기출 키워드 체크

법정에서는 국어를 사용한다. 국어 아닌 문자 또는 부호는 _____하게 하여야 한다.

(2) 통 역

① 국어에 능통하지 아니한 자의 진술에는 통역인으로 하여금 통역하게 하여야 한다. 따라서 외국인일지라도 국어에 능통한 자에 대해서는 통역을 요하지 않는다.

② 농자 또는 아자의 진술에도 통역인으로 하여금 통역하게 할 수 있다. 국어에 능통하지 아니한 피고인에게 진술하게 함에 있어 통역인을 붙이지 아니하고 공판심리를 진행하여 유죄판결을 선고한 때에는 상고이유가 될 수 있다.

(3) 번 역

① 국어 아닌 문자 또는 부호는 번역하게 하여야 한다. 13. 법원

② 그러나 방언이나 외국어일지라도 일반적으로 통용되고 있을 경우에는 번역을 요하지 않는다.

2. 통역인, 번역인

(1) 의 의

통역인·번역인이란 법원으로부터 통역·번역의 명을 받은 자를 말한다.

(2) 소 환

법원은 지정된 통역인·번역인의 출석을 위해서 소환을 하거나 동행명령을 발할 수 있고 이에 불응한 때에는 과태료나 비용배상을 명할 수 있다.

(3) 제 재

통역인·번역인이 허위의 통역·번역을 한 경우에는 형법상 허위통역·번역죄로 처벌된다.

4 검 증

1. 의 의

① 검증이란 법원 또는 법관이 감각 기관을 사용하여 사람의 신체나 물건 또는 장소의 존재 및 상태를 관찰하여 인식하는 증거조사방법을 말한다.

② 법원은 사실을 발견함에 필요한 때에는 검증을 할 수 있다(제139조).

③ 검증은 서류나 물건의 존재나 형상을 증거자료로 삼는다는 점에서, 서류나 물건의 의미내용을 증거자료로 삼는 서류·물건에 대한 증거조사(제291조)와 구별된다.

2. 성 질

① 검증은 법원·법관의 증거조사이지만 상대방에게 수인의무를 부과하고 강제력을 수반하기도 하기 때문에 강제처분의 성질도 갖는다.

Answer

기출 키워드 체크

번역

② 그러나 법원의 검증은 법원의 증거조사이기 때문에 영장주의가 적용되지 않는다는 점에서 원칙적으로 영장을 요하는 수사기관의 검증과 구별된다(제215조).

▶ **수사상 검증과 법원 · 법관의 검증 비교**

구 분	수사상의 검증	법원 · 법관의 검증
성 격	강제처분	증거조사(강제처분)
영장주의	○	× 09. 경찰2차
조서의 작성	검증조서	공판정 내 ⇨ 공판조서
		공판정 외 ⇨ 검증조서
조서의 증거능력	작성자의 진술 ⇨ 진정 성립 필요	법원 · 법관의 면전조서 ⇨ 당연히 증거능력 인정

5 공무소 등에의 조회

① 법원은 직권 또는 검사, 피고인이나 변호인의 신청에 의하여 공무소 또는 공사단체에 조회하여 필요한 사항의 보고 또는 그 보관서류의 송부를 요구할 수 있다. 09. 법원, 16. 변호사, 17. 9급개론 ⇨ 공판절차 진행 중 법원은 사실조회를 신청하여 수표발행전표 등을 확보할 수 있다. 16. 변호사

② 위 신청을 기각함에는 결정으로 하여야 한다(제272조).

OX 법원은 직권 또는 검사, 피고인이나 변호인의 신청에 의하여 공무소 또는 공사단체에 조회하여 필요한 사항의 보고 또는 그 보관서류의 송부를 요구할 수 있다. (○, ×) 17. 9급개론

Answer

OX
○

Chapter 11 OX 확인학습

1. 증인신문, 검증, 감정

01 □□□ 특별한 지식에 의하여 알게 된 과거의 사실을 진술하는 자를 감정증인이라고 하며, 그에 대해서는 감정이 아닌 증인에 관한
규정에 따라 신문한다. (○)

02 □□□ 사고 당시 10세 남짓한 초등학교 5학년생으로서 비록 선서무능력자라 하여도 그 증언 내지 진술의 전후사정으로 보아 의사판단능력이 있다고 인정된다면 증언능력이 있다고 할 것이다. (○)

03 □□□ 당해 사건에서 압수·수색을 집행한 검찰수사관은 증인적격이 있다. (○)

04 □□□ 피고인의 배우자는 증인적격이 있다. (○)

05 □□□ 공범인 공동피고인은 당해 소송절차에서 피고인의 지위에 있지만, 변론을 분리하면 다른 공동피고인에 대한 공소사실에 대해 증인이 될 수 있다. (○)

06 □□□ 공범이 아닌 공동피고인은 변론을 분리하지 않더라도 다른 공동피고인에 대한 공소사실에 대하여 증인이 될 수 있다. (○)

07 □□□ 피고인과 별개의 범죄사실로 기소되어 병합심리되고 있던 공동피고인은 피고인에 대한 관계에서는 증인의 지위에 있음에 불과하므로 선서 없이 한 그 공동피고인의 법정 및 검찰진술은 피고인에 대한 공소범죄사실을 인정하는 증거로 할 수 없다. (○)

08 □□□ 공동피고인인 절도범과 그 장물범의 경우 피고인이 증거로 함에 동의한 바 없는 공동피고인에 대한 검사 작성의 피의자신문조서는 공동피고인의 증언에 의하여 그 성립의 진정이 인정되지 아니하는 한 피고인의 공소범죄사실을 인정하는 증거로 할 수 없다. (○)

09 □□□ 대향범인 공동피고인은 소송절차가 분리되어 피고인의 지위에서 벗어나게 되면 다른 공동피고인에 대한 공소사실에 관하여 증인이 될 수 있다. (○)

10 □□□ 법원은 감치의 재판을 받은 증인이 감치의 집행 중에 증언을 한 때에는 즉시 감치결정을 취소하고 그 증인을 석방하도록 명하여야 한다. (○)

11 □□□ 자신에 대한 유죄판결이 확정된 증인이 공범에 대한 피고사건에서 증언할 당시 앞으로 재심을 청구할 예정이라면, 이를 이유로 증인에게는 「형사소송법」 제148조에 의한 증언거부권이 인정된다. (×)

12 □□□ 甲이 이미 유죄판결을 받아 확정된 후 별건으로 기소된 공범 乙에 대한 피고사건의 증인으로 출석하여 증언한 경우 甲에게는 증언거부권이 없으므로 사전에 증언거부권을 고지 받지 못하였더라도 증인신문절차는 위법이 아니다. (○)

13 □□□ 형사소송법 제297조의 규정에 따라 재판장은 증인이 피고인의 면전에서 충분한 진술을 할 수 없다고 인정한 때에는 피고인을 퇴정하게 하고 증인신문을 진행함으로써 피고인의 직접적인 증인 대면을 제한할 수 있고, 반대신문권도 배제할 수 있다. (×)

14 □□□ 증인이 법원의 구내에 있는 때에는 소환함이 없이 신문할 수 있다. (○)

15 □□□ 검사가 증인에게 주신문을 하면서 유도신문을 하였으나 그 다음 공판기일에서 재판장이 증인신문 결과 등을 각 공판조서(증인신문조서)에 의하여 고지하였음에도 피고인과 변호인이 이의제기를 하지 않았다면 주신문의 하자는 치유된다. (○)

16 □□□ 반대신문에 있어서 필요할 때에는 유도신문을 할 수 있고, 반대신문의 기회에 주신문에 나타나지 아니한 새로운 사항에 관하여 신문하고자 할 때에는 재판장의 허가를 받아야 하는 것은 아니다. (×)

17 □□□ 증인의 기억이 명백하지 않은 사항에 관하여 기억을 환기시켜야 할 필요가 있을 때에는 제시하는 서류의 내용이 증인의 진술에 부당한 영향을 미치지 않도록 하는 범위 내에서 재판장의 허가를 얻어 서류를 제시하면서 증인을 신문할 수 있다. (○)

18 □□□ 법원은 범죄의 성질, 증인의 연령, 심신의 상태, 피고인과의 관계, 그 밖의 사정으로 인하여 피고인 등과 대면하여 진술하는 경우 심리적인 부담으로 정신의 평온을 현저하게 잃을 우려가 있다고 인정되는 자를 증인으로 신문하는 경우 상당하다고 인정하는 때에는 검사와 피고인 또는 변호인의 의견을 들어 비디오 등 중계장치에 의한 중계시설을 통하여 신문하거나 차폐시설 등을 설치하고 신문할 수 있다. (○)

19 □□□ 당사자에게 참여의 기회를 주지 않고 행한 증인신문은 참여권을 침해한 것으로서 무효이지만, 피고인이 그 증인신문조서에 대하여 증거동의를 하면 그 하자는 치유된다. (○)

20 □□□ 법원은 검사, 피고인 또는 변호인의 신청에 의하여 공판준비에 필요하다고 인정한 때에는 공판기일 전에 피고인 또는 증인을 신문할 수 있다. (○)

21 □□□ 법원은 직권 또는 검사, 피고인이나 변호인의 신청에 의하여 공무소 또는 공사단체에 조회하여 필요한 사항의 보고 또는 그 보관서류의 송부를 요구할 수 있다. (○)

2. 범죄피해자 진술권

22 □□□ 형사피해자의 진술권은 헌법과 형사소송법에 명문으로 규정되어 있는 것은 아니다. (×)

23 □□□ 고발은 고발인 자신의 개인적 이해관계에 따라 범죄규제를 통한 국법질서의 유지를 위하여 협력함이 주된 목적이므로 고발인에게 개인적 주관적인 권리나 재판절차에서 진술권이 허용될 수 있다. (×)

24 □□□ 법원은 범죄로 인한 피해자 또는 그 법정대리인(피해자가 사망한 경우에는 배우자 · 직계존속 · 형제자매를 포함한다. 이하 "피해자 등"이라 한다)의 신청이 있는 때에는 특별한 사유가 없는 한 그 피해자 등을 증인으로 신문하여야 한다. (○)

25 □□□ 교통사고로 사망한 사람의 부모는 교통사고처리특례법의 보호법익인 생명의 주체가 아니므로 헌법상 재판절차진술권이 보장되는 형사피해자의 범주에 속하지 아니한다. (×)

26 □□□ 법원은 범죄로 인한 피해자를 증인으로 신문하는 경우 당해 피해자 · 법정대리인 또는 검사의 신청에 따라 피해자의 사생활의 비밀이나 신변보호를 위하여 필요하다고 인정하는 때에는 결정으로 심리를 공개하지 아니할 수 있다. (○)

27 □□□ 법원은 동일한 범죄사실에 대하여 피해자 진술신청을 한 자가 수인인 경우에는 신청한 모든 피해자를 증인으로 신문하여야 한다. (×)

28 □□□ 법원은 범죄로 인한 피해자 등의 신청이 있는 경우에는 원칙적으로 그 피해자 등을 증인으로 신문하여야 하고 피해의 정도 및 결과, 피고인의 처벌에 관한 의견, 그 밖에 당해 사건에 관한 의견을 진술할 기회를 주어야 한다. (○)

29 □□□ 피해자를 증인으로 신문하는 경우 피고인의 처벌에 관한 의견을 포함하여 당해 사건에 관한 의견을 진술할 기회를 주어야 한다. (○)

30 □□□ 법원은 범죄로 인한 피해자 또는 그 법정대리인의 신청이 있는 때에는 그 피해자 등을 증인으로 신문하여야 한다. 다만, 피해자 등 이미 당해 사건에 관하여 공판절차에서 충분히 진술하여 다시 진술할 필요가 없다고 인정되는 경우 또는 피해자 등의 진술로 인하여 공판절차가 현저하게 지연될 우려가 있는 경우에는 그러하지 아니하다. (○)

31 □□□ 신청인이 출석통지를 받고도 정당한 이유 없이 출석하지 아니한 때에는 그 신청을 철회한 것으로 본다. (○)

32 □□□ 피해자의 진술권을 보장하기 위해 필요한 변호인의 도움을 받을 권리나 공판절차와 수사절차에서 신뢰관계자의 동석은 현행법상 인정되지 않는다. (×)

33 □□□ 진술해야 할 피해자가 13세 미만이거나, 신체적 또는 정신적 장애로 사물을 변별하거나 의사를 결정할 능력이 미약한 경우라도 부득이한 사정이 있는 때에는 신뢰관계에 있는 자를 동석시키지 않을 수 있다. (○)

34 □□□ 피해자의 정보권을 보호하기 위하여 피해자 또는 그 법정대리인의 신청이 있는 때에는 당해 사건의 공소제기 여부 등을 통지하여야 하나, 피해자에게 공판기록 열람 · 등사권은 인정되지 않는다. (○)

35 □□□ 피해자는 재판장의 소송기록의 열람 또는 등사의 허가 결정에 관하여 불복할 수 있다. (×)

Chapter 11 실전익히기

01
21. 경찰간부

공판준비와 공판절차 및 증거조사에 관한 설명 중 옳지 않은 것으로만 묶인 것은? (다툼이 있는 경우 판례에 의함)

가. 법원은 증거조사를 실시하기에 앞서 증거조사를 할 것인지 여부를 결정하는데, 이 증거결정에 대해서는 그 결정이 법령 위반인 경우에만 이의신청이 허용된다.
나. 피고인은 증인신문과정에서 증거조사 내용에 맞추어 진술을 바꿀 수 있으므로 피고인신문은 원칙적으로 증인신문 전에 하도록 형사소송법은 규정하고 있다.
다. 공소제기된 사건에 관한 서류 또는 물건의 목록의 열람·등사를 피고인이 신청한 경우, 검사는 증인보호의 필요성 등의 사유로 거부할 수 있다.
라. 공판준비기일에는 검사와 변호인이 출석하여야 하며, 법원은 공판준비기일이 지정된 사건에 관하여 변호인이 없는 때에는 직권으로 변호인을 선정하여야 한다.

① 가, 나　　② 가, 라
③ 나, 다　　④ 다, 라

02
19. 9급국가직

증거의 신청 및 결정에 대한 설명으로 옳은 것은? (다툼이 있는 경우 판례에 의함)

① 증거로 할 부분을 특정하여 명시하면 서류나 물건의 일부에 대한 증거신청도 허용된다.
② 검사와 달리 피고인 또는 변호인이 증거신청을 하는 때에는 그 증거와 증명하고자 하는 사실과의 관계를 구체적으로 명시해야 하는 것은 아니다.
③ 범죄로 인한 피해자의 법정대리인은 그 피해자에 대한 증인신문을 신청할 수 없다.
④ 공판심리가 종결된 후에 피고인이 증인신청을 하였다면, 법원은 피고인의 방어권 보장을 위해 변론을 재개하여 증인신문을 하여야 한다.

03
13. 9급 검찰

소송지휘권에 대한 설명으로 옳은 것만을 모두 고른 것은? (다툼이 있는 경우 판례에 의함)

㉠ 재판장은 소송관계인의 진술 또는 신문이 중복된 사항이거나 그 소송에 관계없는 사항인 때에는 소송관계인의 본질적인 권리를 해하지 않는 범위 안에서 이를 제한할 수 있다.
㉡ 재판장은 검사, 피고인 또는 변호인에게 사실상의 사항에 관한 입증을 촉구할 수는 있으나, 법률상의 사항에 관한 석명을 구할 수는 없다.
㉢ 재판장은 증인이 피고인의 면전에서 충분한 진술을 할 수 없다고 인정한 때에는 피고인을 퇴정하게 할 수 있으나, 피고인이 재정인의 앞에서 충분한 진술을 할 수 없다고 인정한 때에는 그 재정인을 퇴정하게 할 수 없다.
㉣ 재판장은 직권 또는 검사, 피고인이나 변호인의 신청에 의하여 공판기일을 변경할 수 있다.

① ㉠, ㉡　　② ㉠, ㉣
③ ㉠, ㉢, ㉣　　④ ㉡, ㉢, ㉣

04
13. 7급 검찰

증거조사에 대한 설명으로 옳지 않은 것은? (다툼이 있는 경우 판례에 의함)

① 피고인이 증인신청을 철회한 경우 법원이 직권으로 당해 증인을 신문하여 이를 증거로 채택할 수는 없다.
② 당사자의 신청에 의해 증거서류를 조사하는 때에는 신청인이 이를 낭독해야 하나, 법원이 직권으로 조사하는 때에는 소지인 또는 재판장이 낭독하여야 한다.
③ 당사자의 신청에 의한 증인신문은 주신문, 반대신문, 재주신문의 순서로 이루어지나 피해자의 신청에 의해 행하는 증인신문은 재판장이 정한 방식에 의한다.
④ 증거조사에 대한 이의신청은 법령의 위반이 있거나 상당하지 아니함을 이유로 할 수 있으나, 증거결정에 대한 이의신청은 법령의 위반이 있음을 이유로 해서만 할 수 있다.

05

16. 경찰간부

공판절차와 관련된 다음 설명 중 가장 옳은 것은? (다툼이 있으면 판례에 의함)

① 제1심의 공판절차는 원칙적으로 모두절차, 피고인신문, 증거조사의 순서로 행해진다.
② 범죄의 수사에 없어서는 아니 될 사실을 안다고 명백히 인정되는 자가 검사 또는 사법경찰관의 요구에 의한 출석 또는 진술을 거부한 경우에는 검사는 공소제기 전에 한하여 판사에게 그에 대한 증인신문을 청구할 수 있다.
③ 법원은 검사가 신청한 증거를 먼저 조사하고, 그리고 피고인 또는 변호인이 신청한 증거를 조사한 뒤 마지막으로 직권으로 결정한 증거를 조사하는데, 이 순서는 변경될 수 있다.
④ 소송계속 중인 사건의 피해자는 재판장에게 소송기록의 열람 또는 등사를 신청할 수 없다.

06

19. 9급국가직

공판기일의 절차 진행을 순서대로 바르게 나열한 것은?

① 인정신문 – 진술거부권 고지 – 모두절차 – 피고인신문 – 증거조사
② 인정신문 – 모두절차 – 진술거부권 고지 – 증거조사 – 피고인신문
③ 진술거부권 고지 – 인정신문 – 모두절차 – 증거조사 – 피고인신문
④ 진술거부권 고지 – 인정신문 – 모두절차 – 피고인신문 – 증거조사

07

14. 경찰2차

다음은 증거조사의 이의신청에 대한 설명이다. 가장 적절한 것은?

① 시기에 늦은 이의신청, 소송지연만을 목적으로 하는 것임이 명백한 이의신청은 결정으로 이를 기각하여야 한다. 따라서 중요한 사항을 대상으로 하고 있는 경우라 할지라도 시기에 늦은 경우에는 기각결정을 하여야 한다.
② 증거조사를 마친 증거가 증거능력이 없음을 이유로 한 이의신청을 이유 있다고 인정할 경우에는 그 증거의 증거조사를 다시 하여야 한다는 취지의 결정을 하여야 한다.
③ 증거조사에 대한 이의신청은 법령의 위반이 있을 경우에만 할 수 있다.
④ 이의신청에 대한 결정에 의하여 판단이 된 사항에 대하여는 다시 이의신청을 할 수 없다.

08

15. 9급국가직

증인신문에 대한 설명으로 옳지 않은 것은? (다툼이 있는 경우 판례에 의함)

① 증인의 기억이 명백하지 않은 사항에 관하여 기억을 환기시켜야 할 필요가 있을 때에는 제시하는 서류의 내용이 증인의 진술에 부당한 영향을 미치지 않도록 하는 범위 내에서 재판장의 허가를 얻어 서류를 제시하면서 증인을 신문할 수 있다.
② 공개금지사유가 없었음에도 공개금지결정에 따라 비공개로 진행된 증인신문절차에서의 증인의 증언도 변호인의 반대신문권이 보장되었다면 증거능력이 인정된다.
③ 검사가 증인에게 주신문을 하면서 유도신문을 하였으나 그 다음 공판기일에서 재판장이 증인신문 결과 등을 각 공판조서(증인신문조서)에 의하여 고지하였음에도 피고인과 변호인이 이의제기를 하지 않았다면 주신문의 하자는 치유된다.
④ 甲이 이미 유죄판결을 받아 확정된 후 별건으로 기소된 공범 乙에 대한 피고사건의 증인으로 출석하여 증언한 경우 甲에게는 증언거부권이 없으므로 사전에 증언거부권을 고지 받지 못하였더라도 증인신문절차는 위법이 아니다.

09

19. 법원

증인신문에 관한 다음 설명 중 가장 옳지 않은 것은?

① 법원이 공판기일에 증인을 채택하여 다음 공판기일에 증인신문을 하기로 피고인에게 고지하였으나 피고인이 정당한 사유 없이 출석하지 아니한 경우에도 증인에 대한 증거조사를 할 수 있는 방법이 있다.

② 증인이 대면 진술함에 있어 심리적 부담으로 인해 정신의 평온을 현저하게 잃을 우려가 있는 상대방인 경우 차폐시설을 설치하고 신문할 수 있는데, 이러한 신문방식은 증인에 대해 인적보호조치가 취해지는 등 특별한 사정이 있는 때에는 피고인의 변호인에 대하여도 허용될 수 있다.

③ 재판장은 증인이 피고인의 면전에서 충분한 진술을 할 수 없다고 인정한 때에는 피고인을 퇴정하게 하고 증인신문을 진행할 수는 있는데, 이때 변호인이 재정하여 피고인을 위해 증인을 상대로 반대신문을 한 이상 피고인에게 별도로 반대신문의 기회를 줄 필요는 없다.

④ 검사가 제1심 증인신문 과정에서 주신문을 하면서 형사소송규칙상 허용되지 않는 유도신문을 하였다고 볼 여지가 있는 경우라도 그 다음 공판기일에서 피고인과 변호인이 제대로 이의제기하지 않았다면 주신문의 하자는 치유된다.

10

18. 경찰2차

증언거부권에 대한 설명으로 가장 적절하지 않은 것은? (다툼이 있는 경우 판례에 의함)

① 법정에 증인으로 출석한 변호사가 증언할 내용이 「형사소송법」 제149조에서 정한 업무상 위탁을 받은 관계로 알게 된 사실로서 타인의 비밀에 관한 것에 해당하여 증언을 거부한 경우는 「형사소송법」 제314조의 '그 밖에 이에 준하는 사유로 인하여 진술할 수 없는 때'에 해당하지 아니한다.

② 피고인들이 증·수뢰사건으로 기소되어 공동피고인으로 함께 재판을 받으면서 서로 뇌물을 주고받은 사실이 없다고 다투던 중, 증·수뢰의 상대방인 공동피고인에 대한 사건이 변론 분리되어 뇌물공여 또는 뇌물수수의 증인으로 채택된 경우, 그 증인에게는 증언거부권이 인정되지 않는다.

③ 증언거부권자에게 증언거부권을 고지하지 아니하고 증언하게 한 경우, 증인이 침묵하지 아니하고 진술한 것이 자신의 진정한 의사에 의한 것이 아니라면, 그 진술은 위증죄의 구성요건으로 규정한 '법률에 의하여 선서한 증인'의 진술이 아니므로 그 진술내용이 허위라 하더라도 위증죄로 처벌할 수 없다.

④ 재판장은 증언거부권이 있는 자에게는 신문 전에 증언거부권을 고지하여야 하며, 선서한 증인에게 증언거부권을 고지하지 않고 신문한 경우에도 증언의 증거능력은 인정된다.

11

14. 9급국가직

증인신문에 대한 설명으로 옳지 않은 것은? (다툼이 있는 경우 판례에 의함)

① 증언의 증명력을 다투기 위하여 필요한 사항에 관한 신문은 반대신문에서는 허용되나, 주신문에서는 금지된다.

② 유아의 증언능력 유무는 단지 연령만에 의할 것이 아니라 그의 지적 수준에 따라 개별적이고 구체적으로 결정되어야 한다.

③ 재판장이 신문 전에 증인에게 증언거부권을 고지하지 않은 경우에도 증인이 침묵하지 아니하고 진술한 것이 자신의 진정한 의사에 의한 것인지 여부를 기준으로 위증죄의 성립 여부를 판단하여야 한다.

④ 증인이 주신문을 하는 자에 대하여 적의 또는 반감을 보인 경우에는 주신문에서도 유도신문이 가능하다.

12

15. 경찰승진

증인 또는 증인신문에 관한 설명 중 가장 적절하지 않은 것은? (다툼이 있는 경우 판례에 의함)

① 증인이 정당한 이유 없이 선서를 거부한 때에는 선서의무 위반에 대한 제재를 받을 수 있다.

② 현행범을 체포한 경찰관의 진술도 범행을 목격한 부분에 관하여는 증거능력이 있다.

③ 특별한 지식에 의하여 알게 된 과거 사실을 신문받는 감정증인에게는 증인에 관한 규정이 적용된다.

④ 증인은 증언능력이 있는 한 유효한 증언을 할 수 있으므로 선서무능력자라도 선서를 하고 거짓증언을 하면 위증죄로 처벌된다.

13

17. 경찰1차

증인에 대한 설명으로 가장 적절하지 않은 것은? (다툼이 있으면 판례에 의함)

① 공동피고인인 절도범과 그 장물범은 서로 다른 공동피고인의 범죄사실에 관하여는 증인의 지위에 있다 할 것이므로, 피고인이 증거로 함에 동의한 바 없는 공동피고인에 대한 피의자신문조서는 공동피고인의 증언에 의하여 그 성립의 진정이 인정되지 아니하는 한 피고인의 공소 범죄사실을 인정하는 증거로 할 수 없다.

② 증인이 법원의 구내에 있는 때에는 소환함이 없이 신문할 수 있다.

③ 법원은 감치의 재판을 받은 증인이 감치의 집행 중에 증언을 한 때에는 즉시 감치결정을 취소하고 그 증인을 석방하도록 명하여야 한다.

④ 반대신문에 있어서 필요할 때에는 유도신문을 할 수 있고, 반대신문의 기회에 주신문에 나타나지 아니한 새로운 사항에 관하여 신문하고자 할 때에는 재판장의 허가를 받아야 하는 것은 아니다.

Answer

01 ③ (나, 다)가 옳지 않다.

02 ① [○] 서류나 물건의 일부에 대한 증거신청을 함에 있어서는 증거로 할 부분을 특정하여 명시하여야 한다 (규칙 제132조의2 제3항).

03 ② ㉠, ㉣이 옳은 지문이다.

04 ① [×] 증인은 법원이 직권에 의하여 신문할 수도 있고 증거의 채부는 법원의 직권에 속하는 것이므로 피고인이 철회한 증인을 법원이 직권신문하고 이를 채증하더라도 위법이 아니다(82도3216).

05 ③ [○] 제291조의2

06 ③ 공판기일의 절차는 진술거부권의 고지(제283조의2) ⇨ 인정신문(제284조) ⇨ 검사의 모두진술(제285) ⇨ 피고인의 모두진술(제286조) ⇨ 증거조사(제290조 이하) ⇨ 피고인신문(제296조의2) 순으로 진행된다.

07 ④ [○] 규칙 제140조

08 ② [×] 변호인의 반대신문권이 보장되었더라도 달리 볼 수 없다.

09 ③ [×] 피고인의 반대신문권을 배제하는 것은 허용되지 않는다.

10 ② [×] 증언거부권이 인정된다.

11 ① [×] 주신문 또는 반대신문의 경우에는 증언의 증명력을 다투기 위하여 필요한 사항에 관한 신문을 할 수 있다(규칙 제77조 제1항).

12 ④ [×] 위증죄는 법률에 의하여 선서한 증인이 허위진술을 한 경우에 성립하는 것으로서 선서무능력자가 스스로 선서를 한 후 위증을 한 경우에는 위증죄가 성립하지 않는다.

13 ④ [×] 반대신문의 기회에 주신문에 나타나지 아니한 새로운 사항에 관하여 신문하고자 할 때에는 재판장의 허가를 받아야 한다(규칙 제76조 제4항).

박문각
공무원
기본서

김상천

형사소송법

CHAPTER

12

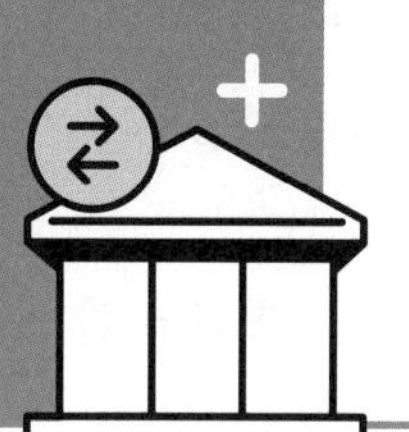

공판절차의 특수문제

Chapter 12 공판절차의 특수문제

제1절 간이공판절차

1 의 의

피고인이 공판정에서 자백한 경우에 증거조사절차를 간이화하고 증거능력의 제한을 완화하여 심리를 신속하게 진행하는 공판절차를 말한다. 10. 9급국가직, 12. 경찰3차

2 간이공판절차의 개시 요건

1. 제1심 관할

① 간이공판절차는 지방법원 또는 그 지원의 제1심 관할사건에 대해서만 인정된다. 12. 9급국가직

② 제1심 합의부 관할사건도 간이공판절차를 할 수 있다. 02. 경감·검찰9급·행시, 08·12·13·15. 법원, 10. 9급국가직, 11·12·13. 경찰승진, 13·14·16. 경찰2차, 14. 경찰간부, 19. 7급국가직

③ 항소심 및 상고심에서는 간이공판절차가 인정되지 않는다. 01. 경사, 03. 경찰2차, 14. 9급국가직

2. 피고인의 자백

(1) **주체**(피고인의 자백)

① 피고인인 법인의 대표자 및 의사무능력자인 피고인의 법정대리인, 특별대리인도 자백의 주체가 될 수 있다.

② 그러나 변호인은 불가능하며, 피고인의 출석 없이 재판할 수 있는 사건에서 대리인의 자백으로도 간이공판절차를 개시할 수 없다.

(2) **내용**(공소사실에 대한 자백)

① 자백이란 공소장에 기재된 공소사실을 전부 인정하고 위법성조각사유나 책임조각사유를 다투지 않는 경우를 말한다. 07. 법원주사보, 08·19. 7급국가직, 09. 전의경, 13. 행시, 14. 경찰간부, 18. 경찰1차 ⇨ 명시적으로 유죄를 자인하는 진술이 있어야 하는 것은 아니다(87도1269). 17. 해경간부, 18. 경찰1차, 19. 7급국가직, 20. 9급국가직·9급개론

② 공소사실을 인정하면서 죄명·적용법조만을 다투거나 03. 행시, 정상관계 사유나 형면제의 원인이 되는 사실을 주장하는 경우도 자백에 해당한다.

기출 키워드 체크

사형 무기 또는 단기 1년 이상의 징역이나 금고에 해당하는 _____ 관할사건도 간이공판절차에 의한 심판이 가능하다.

기출 키워드 체크

간이공판절차의 결정의 요건으로 자백이라 함은 _____을 인정하고 나아가 _____이나 _____가 되는 사실을 진술하지 아니하는 것으로 충분하다.

Answer

기출 키워드 체크
합의부
공소 기재 사실, 위법성, 책임조각사유

(3) 장 소

공판정에서 자백해야 한다(제286조의2).

(4) 시 기

① 형사소송법에는 규정이 없다. ⇨ 모두진술시설, 피고인 신문종결시설, 변론종결시설이 있다.

② 수사절차나 공판준비절차에서의 자백으로는 간이공판절차를 개시할 수 없다. 14 · 18. 경찰2차, 17. 법원, 20. 9급국가직 · 9급개론

(5) 일부자백

① 경합범: 자백한 공소사실에 대해서만 간이공판절차 진행
경합범의 경우에는 피고인이 여러 개 공소사실 가운데 일부를 자백하더라도 그 자백부분에 대하여 간이공판절차에 의한 심리가 가능하다.

② 일죄, 포괄일죄, 과형상 일죄, 예비적 · 택일적 기재: 불가
일부에 대한 자백이 있더라도 그 자백 부분에 대한 간이공판절차에 의한 심리가 불가능하다. 02. 행시, 03. 경찰3차, 14. 법원

(6) 자백의 신빙성

① 신빙성이 없는 자백은 간이공판절차의 취소사유에 해당

② 피고인의 자백의 신빙성이 없다고 인정되면 법원은 간이공판절차에 의하여 심판할 수 없다. 17. 법원

③ 신빙성이 없는 자백은 간이공판절차의 취소사유에 해당한다(제286조의3).

❸ 간이공판절차의 개시결정

1. 개시결정

① 간이공판절차는 법원의 결정에 의하여 개시된다.

② 간이공판절차의 개시요건이 구비된 때에는 법원은 그 공소사실에 한하여 간이공판절차에 의하여 심판할 것을 결정할 수 있다(결정하여야 한다 ×)(제286조의2). 02. 행시, 04. 경찰1차, 12. 경찰3차 · 법원, 13 · 17 · 18. 경찰승진, 14. 경찰2차, 15. 지능특채, 17. 해경간부, 21. 9급국가직 · 9급개론

③ 결정 여부는 법원의 재량에 속한다. 12. 9급국가직, 13. 법원

2. 방 법

① 검사의 의견을 물을 필요는 없다.

② 법원이 간이공판절차개시의 결정을 하고자 할 때에는 재판장은 미리 피고인에게 간이공판절차의 취지를 설명하여야 한다(규칙 제131조).

기출 키워드 체크

간이공판절차의 개시요건으로서 피고인이 _____에서 공소사실에 대하여 자백할 것을 요한다.

기출 키워드 체크

피고인이 공판정에서 자백하더라도 간이공판절차의 개시 여부는 법원의 _____사항이다.

OX 피고인이 공판정에서 공소사실에 대하여 자백한 때에는 법원은 그 공소사실에 한하여 간이공판절차에 의하여 심판할 것을 결정할 수 있다. (○, ×) 21. 9급국가직 · 9급개론

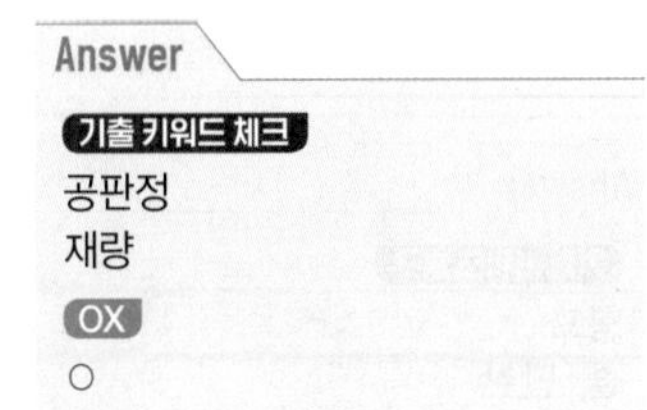

기출 키워드 체크

간이공판절차 개시결정은 판결 전 소송절차에 관한 결정이므로 _____할 수 없고, 간이공판절차의 요건을 구비하지 못하였음에도 불구하고 간이공판절차에 의하여 심판한 경우에는 판결 자체에 대해 상소할 수 있다.

기출 키워드 체크

만약 甲이 법정에서 "공소사실은 모두 사실과 다름없다."고 하면서 _____에 _____되어 기억이 없다는 취지로 진술한 경우라면 간이공판절차에 의하여 심판할 대상에 해당되지 않는다.

3. 불복(불가) 17. 9급개론 · 9급국가직

① 간이공판절차의 개시결정은 판결 전의 소송절차에 관한 결정이므로 불복하여 항고할 수 없다(제403조 제1항). 10. 9급국가직

② 그러나 간이공판절차개시의 요건을 갖추지 못하였음에도 불구하고 그에 의하여 심판한 경우에는 판결에 영향을 미친 법령위반을 이유로 항소 또는 상고할 수 있다(제361조의5 제1호, 제383조 제1호).

▶ **간이공판절차 개시 요건인 자백에 해당 여부**(간이공판절차 가능한지 여부)

자백에 해당하는 경우	자백에 해당하지 않는 경우
• 공소사실은 인정하고 죄명이나 적용법조만을 다투는 경우 • 공소기재 사실을 인정하고 위법성이나 책임조각사유가 되는 사실에 대해 진술하지 않는 경우(87도1269) 03. 행시, 07. 법원주사보, 08. 7급국가, 09. 전의경, 14. 경찰간부, 18. 경찰1차 ⇨ 명시적으로 유죄를 자인하는 진술이 있어야 하는 것은 아님 17. 해경간부, 20. 9급국가직 · 9급개론 • 밀항단속법위반 사건에서 A가 밀항자임을 알면서도 "딸이 피고인에게 A를 데리고 가서 B에게 인도하여 주라고 하여 실행하였을 뿐입니다."라고 답변한 경우(81도2422)(범행의 동기를 부인 진술한 것이라고 풀이되는 경우) 12. 경찰승진 • 공소사실은 인정하고 정상관계 사유나 형면제의 원인이 되는 사실을 주장하는 경우	• '술에 만취되어 기억이 없다'는 취지로 진술한 경우(심신상실상태에 있었다고 진술한 경우)(2004도2116) 16. 경찰2차, 17. 9급개론 · 9급국가직 · 법원, 12 · 17 · 18. 경찰승진 • 검사의 신문에는 피고인이 공소사실을 자백('모두 사실과 다름없다'고 진술)하다가 변호인의 반대신문시 부인한 경우(97도3421) 17. 해경간부, 18. 경찰1차, 19. 7급국가직 • 검사의 신문에는 피고인이 공소사실을 자백하다가 재판장의 물음에는 부인한 경우(84도141) 12 · 18. 해경간부 • 피고인이 제출한 항소이유서에 '피고인은 돈이 급해 지어서는 안 될 죄를 지었습니다.', '진심으로 뉘우치고 있습니다.'라고 기재되어 있고 피고인은 항소심 제2회 공판기일에 위 항소이유서를 진술하였으나, 곧 이어서 있은 검사와 재판장 및 변호인의 각 심문에 대하여 피고인은 범죄사실을 부인하였고, 수사단계에서도 일관되게 그와 같이 범죄사실을 부인한 경우(99도3341) 19. 변호사 • 피고인이 구성요건적 사실은 시인하면서 위법성조각사유나 책임조각사유를 주장하는 경우 • 피고인이 범의나 공소사실을 부정하는 경우(97도3421) • 외상으로 먹거나 차용한 것이지 갈취한 것은 아니라는 취지로 진술한 경우(81도775) • 상습폭행죄로 기소된 사건에서 피고인이 폭행사실을 인정하고 상습성을 부인한 경우(2004도6176) 20. 9급국가직 · 9급개론

Answer

기출 키워드 체크

항고

술, 만취

④ 간이공판절차의 내용

1. 증거능력에 대한 특칙

(1) 전문법칙의 배제(증거동의 의제)

① 간이공판절차의 개시결정이 있는 사건에 대한 증거에 관하여는 전문법칙에 따라 증거능력이 부정되는 증거라도 소송관계인의 동의가 있는 것으로 간주되어 증거능력이 인정된다. 02. 경감, 06. 경찰1차, 12. 해경간부, 14. 경찰2차, 16. 법원, 17. 9급개론 · 9급국가직

② 검사, 피고인 또는 변호인의 이의가 있는 때에는 그러하지 아니하다(제318조의3). 02. 경찰3차, 16. 경찰2차, 21. 9급국가직 · 9급개론

(2) 증거능력 제한의 완화 범위

① 간이공판절차에서 증거능력의 제한이 완화된 것은 전문법칙에 한하므로 이외의 증거법칙, 즉 자백배제법칙(제309조), 위법수집증거배제법칙(제308조의2)에 의한 증거능력 제한은 간이공판절차에서도 그대로 인정된다. 12. 9급국가직 · 법원, 14. 경찰간부, 16. 경찰2차 ⇨ 간이공판절차라고 하더라도 자백의 보강법칙이 그대로 적용되므로 피고인의 자백이 피고인에게 불이익한 유일의 증거인 때에는 이를 유죄의 증거로 할 수 없다(제310조). 14. 경찰2차

② 간이공판절차에서의 특례는 증거능력의 문제에 한하므로 증명력의 문제인 자백보강법칙(제310조)도 그대로 적용된다. 08 · 15. 7급국가직, 10. 경찰1차, 12. 법원, 13. 경찰승진, 14. 경찰2차

③ 또한 간이공판절차라도 증명력은 완화되지 않는다.

2. 증거조사 방식에 대한 특칙

(1) 의 의

① 간이공판절차에서도 증거조사를 생략할 수는 없지만, 정식의 증거조사방식에 의할 필요는 없고, 법원이 상당하다고 인정하는 방법으로 증거조사를 하면 족하다(제297조의2). 02. 검찰9급, 03. 행시, 10. 경찰1차, 13. 경찰2차, 14. 9급국가직, 15. 지능특채

② 그렇지만 증거조사를 생략할 수는 없다.

(2) 법원이 상당하다고 인정하는 방법

① 법원이 상당하다고 인정하는 방법이란 공개주의의 원칙상 당사자 및 방청인에게 증거내용을 알게 할 수 있을 정도로 행할 것을 요한다는 의미이다.

② 증거방법을 표시하고 증거조사내용을 "증거조사함"이라고 표시하는 방법으로 하여도 상당한 증거방법이라고 인정할 수 있다(80도333). 14. 법원, 20. 9급국가직 · 9급개론

OX 간이공판절차 개시결정이 있는 경우 전문법칙이 적용되는 증거에 대하여 동의가 있는 것으로 간주되므로 피고인 또는 변호인은 이를 증거로 함에 이의를 제기할 수 없다. (○, ×) 21. 9급국가직 · 9급개론

기출 키워드 체크

간이공판절차에서는 전문법칙에 따라 증거능력이 부정되는 증거라도 소송관계인의 _____가 있는 것으로 간주한다.

기출 키워드 체크

피고인이 공판정에서 공소사실에 대하여 자백하여 간이공판절차의 결정이 내려진 경우라 할지라도 변호인이 전문증거에 대하여 _____를 제기하였다면 증거동의의 효력이 의제되지 아니한다.

OX 간이공판절차에서의 증인신문은 증거조사의 간이화라는 취지에 따라 교호신문방식으로 진행해야 한다. (○, ×) 19. 경찰1차

기출 키워드 체크

간이공판절차는 _____의 제한이 완화되고, _____ 방식이 간이화된다.

Answer

기출 키워드 체크
동의
이의
증거능력, 증거조사

OX
×, ×

③ 또한 상당하다고 인정하는 방법으로 증거조사를 한 이상, 항소심에 이르러 범행을 부인하였다고 하더라도 제1심법원에서 증거로 할 수 있던 증거는 항소법원에서도 증거로 할 수 있고, 다시 증거조사를 할 필요는 없다(97도3421). 08 · 16. 법원, 09. 전의경, 11 · 17. 경찰승진, 13. 경찰2차, 17. 해경간부, 19. 9급국가직 · 7급국가직 · 변호사, 20. 경찰간부, 20. 7급국가직

(3) 구체적 증거조사 방법

① 간이공판절차에서는 교호신문방식에 의하지 않고 신문할 수 있다. 19. 경찰1차

② 증거조사시 제시나 낭독, 개별적 지시설명을 할 필요가 없다.

③ 재판장은 피고인에게 각 증거조사의 결과에 대한 의견을 물을 필요도 없고, 권리를 보호함에 필요한 증거조사를 신청할 수 있음을 고지하지 않아도 된다.

④ 증인신문시의 피고인 퇴정의 규정은 적용하지 않는다.

3. 공판절차에 관한 일반규정의 적용

① 간이공판절차에 있어서는 증거능력과 증거조사에 대한 특칙만이 인정되고 이외에는 공판절차에 대한 일반규정이 그대로 준용된다.

② 따라서 간이공판절차에도 공소장변경이 가능하며, 01. 경사, 02. 행시, 04. 경찰1차, 08. 7급국가직, 10. 경찰승진 재판서의 작성에 있어서도 간이한 방식은 인정되지 않는다.

③ 유죄판결 이외에 공소기각이나 관할위반의 재판은 물론 무죄판결도 선고할 수 있다. 04. 행시, 06. 경찰1차, 10. 경찰승진

▶ 간이공판절차에서 적용되는 증거조사방법

적용되는 증거조사방법	적용되지 않는 증거조사방법
• 당사자의 증거신청권(제294조) 17. 9급개론 · 9급국가직 • 증거조사에 대한 이의신청권(제296조) 17. 9급개론 · 9급국가직 • 증인선서(제156조) • 당사자의 증거조사참여권(제163조)	• 증거조사 결과 고지, 피고인의 의견(제293조) 02. 경감, 04. 행시, 08 · 13. 법원, 09. 전의경, 10 · 12. 경찰승진 • 증거조사의 시기와 방식(제290조~제292조의3) • 증인신문방식(제161조의2) • 증인신문시의 피고인 퇴정(제297조)

5 간이공판절차의 취소

1. 의 의

법원은 간이공판절차의 개시결정을 한 사건에 대하여 피고인의 자백이 신빙할 수 없다고 인정되거나 간이공판절차로 심판하는 것이 현저히 부당하다고 인정할 때에는 검사의 의견을 들어 그 결정을 취소하여야 한다. 17 · 18. 경찰승진, 21. 9급국가직 · 9급개론

기출 키워드 체크

피고인이 제1심 법원에서 공소사실에 대하여 자백하여 제1심 법원이 이에 대하여 간이공판절차에 의하여 심판할 것을 결정하고, 이에 따라 제1심 법원이 상당하다고 인정하는 방법으로 증거조사를 한 이상, 설사 _____에 이르러 피고인이 범행을 부인하였더라도 제1심 법원에서 이미 증거능력이 있었던 증거는 _____에서도 증거능력이 그대로 유지된다.

기출 키워드 체크

법원이 간이공판절차에 의하여 심판할 것으로 결정한 사건에 대하여는 법원은 _____하다고 인정하는 방법으로 증거조사를 할 수 있다.

OX 법원은 간이공판절차에 의하여 심판할 것을 결정한 사건에 대하여 피고인의 자백이 신빙할 수 없다고 인정되거나 간이공판절차로 심판하는 것이 현저히 부당하다고 인정할 때에는 검사의 의견을 들어 그 결정을 취소하여야 한다. (○, ×)
21. 9급국가직 · 9급개론

Answer

기출 키워드 체크
항소심, 항소심
상당
OX
○

2. 취소사유

(1) 피고인의 자백이 신빙할 수 없다고 인정될 때 08. 7급국가직, 08·13. 법원, 14. 9급국가직, 20. 경찰간부

① 피고인이 진의에 의하여 자백한 것이 아니라고 의심되는 때를 말한다.

② 자백의 임의성이 없는 경우도 이에 해당한다. 그러나 자백에 보강증거가 없는 경우에는 무죄판결을 선고할 수 있으므로 간이공판절차의 취소사유에 해당하지 않는다.

③ 자백의 신빙성 유무를 판단함에 있어서는 자백의 진술내용 자체가 객관적으로 합리성을 띠고 있는지, 자백의 동기나 이유는 무엇이며, 자백에 이르게 된 경위는 어떠한지 그리고 자백 외의 정황증거 중 자백과 저촉되거나 모순되는 것이 없는지 하는 점 등을 고려하여 판단하여야 한다(92도873).

(2) 간이공판절차로 심판하는 것이 현저히 부당하다고 인정될 때

간이공판절차의 요건을 갖추지 못한 경우나 요건은 갖추었을지라도 간이공판절차에 의한 심판이 제도의 취지에 비추어 부당한 경우를 말한다.

3. 취소절차

① 법원이 취소사유의 발생으로 간이공판절차 심리결정을 취소하려면 검사의 의견을 들어 결정으로 취소하여야 한다(제286조의3).

② 검사의 의견을 들으면 족하며 여기에 구속되는 것은 아니다. 08·13. 법원, 08. 7급국가직, 15. 지능특채

③ 취소사유가 있는 때에는 법원은 반드시 취소해야 한다(의무적 취소). 09. 전의경, 14. 9급국가직, 20. 경찰간부

4. 취소의 효과

(1) 공판절차의 갱신

① 간이공판절차의 결정이 취소된 때에는 원칙적으로 공판절차를 갱신하여야 한다(제301조의2). 08. 법원, 09. 전의경, 10. 9급국가직, 12. 경찰3차, 18. 경찰승진, 20. 경찰간부, 21. 9급국가직·9급개론

② 공판절차를 갱신하지 않는 경우에는 판결의 영향을 미친 법령위반으로서 상대적 상소이유가 된다(제361조의5 제1호, 제383조 제1호).

(2) 예 외

① 간이공판절차의 결정이 취소된 때에도 검사, 피고인 또는 변호인이 이의가 없는 때에는 공판절차를 갱신할 필요가 없다. 12. 경찰3차, 14. 경찰2차, 14·17. 법원, 18. 경찰승진, 20. 경찰간부, 21. 9급국가직·9급개론

② 이의가 없다는 의사표시는 적극적이며 명시적이야 한다.

③ 이 경우에는 간이공판절차에서의 증거조사가 그대로 효력을 유지하며 이미 조사된 전문증거도 증거능력이 인정된다.

기출 키워드 체크

법원은 간이공판절차 개시 결정을 한 사건에 대하여 피고인의 자백이 신빙할 수 없다고 인정되거나 간이공판절차로 심판하는 것이 현저히 부당하다고 인정할 때에는 _____의 의견을 들어 그 결정을 _____하여야 한다.

기출 키워드 체크

법원이 간이공판절차의 _____결정을 할 때에는 검사의 의견을 들을 필요가 없으나 그 결정을 _____할 때에는 검사의 의견을 들어야 한다.

OX 간이공판절차 개시결정이 취소된 때에는 공판절차를 갱신하여야 하지만 검사, 피고인 또는 변호인이 이의가 없는 때에는 그러하지 아니하다. (○, ×) 21. 9급국가직·9급개론

기출 키워드 체크

간이공판절차의 결정이 취소된 때에는 공판절차를 _____하여야 한다. 단, 검사, 피고인 또는 변호인의 _____가 없는 때에는 그러하지 아니하다.

Answer

기출 키워드 체크

검사, 취소
개시, 취소
갱신, 이의

OX

○

Chapter 12 OX 확인학습

01 □□□
간이공판절차의 결정의 요건인 공소사실의 자백이라 함은 공소장 기재사실을 인정하고 나아가 위법성이나 책임조각사유가 되는 사실을 진술하지 아니하는 것으로 충분하고 명시적으로 유죄를 자인하는 진술이 있어야 하는 것은 아니다. (○)

02 □□□
피고인이 공소사실에 대하여 검사가 신문을 할 때에는 공소사실을 모두 사실과 다름없다고 진술하였으나 변호인이 신문을 할 때에는 범의나 공소사실을 부인하였다면 그 공소사실은 간이공판절차에 의하여 심판할 대상은 아니다. (○)

03 □□□
피고인이 법정에서 "공소사실은 모두 사실과 다름없다"고 하면서 술에 만취되어 기억이 없다는 취지의 진술을 하였다면 이 경우에는 간이공판절차를 개시할 수 없다. (○)

04 □□□
피고인이 공판준비절차에서 공소사실에 대하여 자백한 경우 간이공판절차가 허용된다. (×)

05 □□□
사형 무기 또는 단기 1년 이상의 징역이나 금고에 해당하는 합의부 관할사건도 간이공판절차에 의한 심판이 가능하다. (○)

06 □□□
간이공판절차의 요건이 구비된 경우에는 법원은 간이공판절차에 의하여 심판할 것을 결정할 수 있다. (○)

07 □□□
간이공판절차 개시결정은 판결 전 소송절차에 관한 결정이므로 항고할 수 없고, 간이공판절차의 요건을 구비하지 못하였음에도 불구하고 간이공판절차에 의하여 심판한 경우에는 판결 자체에 대해 상소할 수 있다. (○)

08 □□□
간이공판절차에서는 피고인의 자백이 피고인에게 불이익한 유일의 증거인 때에도 이를 유죄의 증거로 할 수 있다. (×)

09 □□□
간이공판절차에서도 위법수집증거배제의 법칙은 적용되나 자백배제의 법칙은 적용되지 아니한다. (×)

10 □□□
간이공판절차의 결정이 취소된 때에는 공판절차를 갱신하여야 한다. 단, 검사, 피고인 또는 변호인의 이의가 없는 때에는 그러하지 아니하다. (○)

11 □□□
간이공판절차에서는 전문법칙에 따라 증거능력이 부정되는 증거라도 소송관계인의 동의가 있는 것으로 간주한다. (○)

12 □□□
피고인이 공판정에서 공소사실에 대하여 자백하여 간이공판 절차의 결정이 내려진 경우라 할지라도 변호인이 전문증거에 대하여 이의를 제기하였다면 증거동의의 효력이 의제되지 아니한다. (○)

13 □□□
간이공판절차에서는 피고인 또는 그의 변호인이 증거신청을 하거나 증거조사에 대해 이의신청을 할 수 없다. (×)

제2절 공판절차의 정지

1 의 의

① 공판절차의 정지란 심리를 진행할 수 없을 만큼 중대한 사유가 발생한 경우에 법원이 결정으로 그 사유가 없어질 때까지 공판절차를 진행할 수 없도록 하는 것을 말한다. 10. 9급국가직

② 이는 피고인의 방어권을 보장하기 위한 것이다. 10. 9급국가직

2 공판절차 정지의 사유

1. 피고인의 심신상실과 질병

(1) 원 칙

1) 심신상실

① 피고인이 사물변별 또는 의사결정을 할 능력이 없는 상태에 있는 때에는 법원은 검사와 변호인의 의견을 들어서 결정으로 그 상태가 계속되는 기간 공판절차를 정지하여야 한다(제306조 제1항). 01. 7급국가직, 09. 경찰1차, 18. 경찰승진

② 심신상실로 공판절차를 정지함에는 의사의 의견을 들어야 한다(제306조 제3항).

2) 질 병

① 피고인이 질병으로 인하여 출정할 수 없는 때에는 법원은 검사와 변호인의 의견을 들어서 결정으로 출정할 수 있을 때까지 공판절차를 정지하여야 한다(제306조 제2항). 15. 법원, 18. 경찰승진

② 질병으로 공판절차를 정지함에는 의사의 의견을 들어야 한다(제306조 제3항).

(2) 예 외

① 피고사건에 대하여 무죄, 면소, 형의 면제 또는 공소기각의 재판을 할 것이 명백한 때에는 위의 사유 있는 경우에도 피고인의 출정 없이 재판할 수 있으므로 공판절차를 정지하지 않는다(제306조 제4항). 10. 7급국가직, 18. 경찰승진

② 경미사건에 있어서 대리인이 출석할 수 있는 경우(제277조)에도 공판절차의 정지 없이 재판할 수 있다(제306조 제5항). 18. 경찰승진

2. 공소장의 변경

① 임의적 정지 ⇨ 법원은 공소사실 또는 적용법조의 추가, 철회 또는 변경이 피고인의 불이익을 증가할 염려가 있다고 인정한 때에는 직권 또는 피고인이나 변호인의 청구에 의하여 피고인으로 하여금 필요한 방어의 준비를 하게 하기 위하여 결정으로 필요한 기간 공판절차를 정지할 수 있다(정지하여야 한다 ×). 04. 여경3차, 09. 경찰1차·7급국가직, 10. 9급국가직, 15. 법원, 17. 경찰2차·경찰간부, 18. 경찰승진

☑ 공판절차의 정지사유가 아닌 예
1. 공판개정 후 판사의 경질이 있는 때
2. 범행 당시 피고인이 심신상실 상태였던 경우 ⇨ 무죄판결 선고

기출 키워드 체크

피고인이 질병으로 인하여 출정할 수 없는 때에는 법원은 ____의 의견을 들어서 결정으로 출정할 수 있을 때까지 공판절차를 ____하여야 한다. 이 경우 공판절차를 정지하기 전에 ____의 의견을 들어야 한다.

기출 키워드 체크

피고인의 심신상실 또는 질병은 공판절차 ____사유에 해당한다.

Answer

기출 키워드 체크
검사와 변호인, 정지, 의사
정지

② 피고인 측에게 정지청구권이 인정되고, 검사의 의견을 들을 필요가 없다는 점에서 피고인의 심신상실, 질병으로 인한 공판절차정지와 다르다.

3. 기피신청

① 필요적 정지: 기피신청이 있는 때에는 기피신청이 부적법하여 기각하는 경우를 제외하고는 소송진행을 정지하여야 한다. 09. 경찰1차

② 예외: 단, 급속을 요하는 경우에는 예외로 한다(제22조).

4. 병합심리 신청 등

① 필요적 정지: 법원은 그 계속 중인 사건에 관하여 토지관할의 병합심리 신청, 관할지정 신청 또는 관할이전 신청이 제기된 경우에는 그 신청에 대한 결정이 있기까지 소송절차를 정지하여야 한다.

② 예외: 다만, 급속을 요하는 경우에는 그러하지 아니하다(규칙 제7조).

5. 재심청구의 경합

재심청구가 경합된 경우에 상소법원은 하급법원의 소송절차가 종료할 때까지 소송절차를 정지하여야 한다(규칙 제169조).

6. 위헌법률심판의 제청

① 법원이 법률의 위헌 여부의 심판을 헌법재판소에 제청한 때에는 당해 소송사건의 재판은 헌법재판소의 위헌 여부의 결정이 있을 때까지 정지된다.

② 다만, 법원이 긴급하다고 인정하는 경우에는 종국재판 외의 소송절차를 진행할 수 있다(헌법재판소법 제42조 제1항).

❸ 공판절차 정지의 절차

1. 직권정지

① 공판절차 정지는 법원의 결정으로 한다.

② 공소장변경의 경우에는 법원의 직권 또는 피고인이나 변호인의 청구에 의하여 공판절차를 정지할 수 있으나, 그 이외의 경우에는 법원의 직권에 의하여 정지한다.

2. 의견청취

피고인의 심신상실 또는 질병을 이유로 공판절차를 정지함에는 법원은 검사, 변호인과 의사의 의견을 들어야 한다(제306조 제3항).

3. 정지기간

① 공판절차를 정지하는 기간에는 제한이 없다.

② 심신상실의 경우 '심신상실 상태가 계속하는 기간', 질병의 경우 '출정할 수 있을 때까지', 공소장변경의 경우 '방어준비에 필요한 기간', 기피신청의 경우 '신청에 대한 결정이 있을 때까지', 재심청구 경합의 경우 '하급심 소송절차 종료시까지' 공판절차를 정지하여야 한다.

③ 공판절차 정지시 법원은 일정기간을 정할 수 있으며 정지기간이 경과하면 정지의 효력은 당연히 소멸한다.

❹ 공판절차 정지의 효과

1. 공판절차의 재진행

① 공판절차 정지의 결정을 취소하거나 정지한 기간이 경과한 경우에는 법원은 공판절차를 다시 진행해야 한다.

② 이 경우 공판절차의 갱신은 요하지 않는다.

③ 피고인의 심신상실을 이유로 공판절차가 정지된 경우에는 그 정지사유가 소멸된 후의 공판기일에 공판절차를 갱신하여야 한다(규칙 제143조).

2. 정지의 범위

① 정지되는 것은 협의의 공판절차 즉, 공판기일의 절차에 한한다.

② 따라서 구속 또는 보석에 관한 재판이나 공판준비는 정지기간 동안에도 할 수 있다.

③ 공판절차 정지결정에 의해 공판절차는 합법적으로 정지되므로 판결선고 기간의 제한(소송촉진 등에 관한 법률 제21조)을 받지 않는다.

3. 구속기간에의 불산입

구속 중인 피고인의 심신상실 또는 질병으로 인하여 공판절차를 정지한 경우 그 정지기간은 피고인 구속기간에 산입하지 않는다(제92조 제3항).

기출 키워드 체크

공소장의 변경으로 공판절차가 정지된 기간은 _____에 산입하지 아니한다.

4. 공판절차 정지사유가 소멸한 경우

① 정지기간이 정해지지 않은 경우: 공판절차 정지사유가 소멸한 경우에는 결정으로 정지결정을 취소하여야 한다.

② 정지기간이 정해진 경우: 일정한 정지기간이 정해진 경우에는 기간의 경과로 정지결정은 당연히 효력을 잃게 되므로 취소할 필요가 없다.

Answer

기출 키워드 체크

구속기간

제3절 공판절차의 갱신

❶ 의 의

1. 개 념

공판절차의 갱신이란 공판절차를 진행한 법원이 판결 선고 이전에 이미 진행된 공판절차를 무시하고 다시 그 절차를 진행하는 것을 말한다.

2. 구별개념

공판절차의 갱신은 판결 선고 전에만 가능하므로, 파기환송 또는 이송판결에 의하여 하급법원이 공판절차를 진행하는 것은 공판절차의 갱신이 아니다.

❷ 공판절차 갱신의 사유 09. 경찰1차, 10. 경찰승진

1. 판사의 경질

(1) 원 칙

① 공판개정 후 판사의 경질이 있는 때에는 공판절차를 갱신하여야 한다. 이는 직접심리주의와 구두변론주의의 요청에 따른 것이다.

② 판사의 경질이유는 불문한다. 예 제척, 전보, 퇴임, 질병 등

③ 공판절차를 갱신하지 않은 때에는 사건의 심리에 관여하지 않은 판사가 판결에 관여한 경우로서 절대적 항소이유 및 상대적 상고이유가 된다. 12. 법원

(2) 예 외

① 아직 실체심리에 들어가지 아니한 경우에는 판사의 경질이 있어도 공판절차의 갱신을 할 필요가 없다.

② 판결의 선고만을 하는 경우에도 공판절차를 갱신할 필요가 없다. 12 · 16. 법원, 14. 경찰2차 이미 재판이 내부적으로 성립되어 절차갱신이 필요 없기 때문이다.

2. 간이공판절차의 취소

(1) 원 칙

① 간이공판절차의 결정이 취소된 때에는 공판절차를 갱신하여야 한다.

② 공판절차를 갱신하지 않은 때에는 소송절차의 법령위반으로서 상대적 상소이유가 된다.

기출 키워드 체크

공판개정 후 판사의 경질이 있는 때에는 공판절차를 _____하여야 한다. 단, 판결만을 _____하는 경우에는 예외로 한다.

Answer

기출 키워드 체크

갱신, 선고

(2) 예 외

간이공판절차의 결정이 취소된 때에도 검사, 피고인 또는 변호인의 이의가 없는 때에는 공판절차의 갱신이 필요 없다(제301조의2). 12 · 14. 법원, 14. 경찰2차

3. 심신상실로 인한 공판절차의 정지

① 피고인의 심신상실로 인하여 공판절차가 정지된 경우에는 그 정지사유가 소멸한 후의 공판기일에 공판절차를 갱신하여야 한다. 12 · 15. 법원, 14. 경찰2차

② 공판절차를 갱신하지 않은 때에는 소송절차의 법령위반으로서 상대적 상소이유가 된다.

③ 질병으로 인하여 공판절차가 정지되었다가 재개하는 경우에는 공판절차를 갱신하지 않는다. 14. 경찰2차

4. 국민참여재판

국민의 형사재판 참여에 관한 법률에 의하여 실시되는 국민참여재판의 경우에 공판절차가 개시된 후 새로 재판에 참여하는 배심원 또는 예비배심원이 있는 때에는 공판절차를 갱신하여야 한다(국민의 형사재판 참여에 관한 법률 제45조 제1항). 11. 법원, 12. 교정특채, 14. 경찰2차

기출 키워드 체크

피고인이 사물을 변별하거나 의사를 결정할 능력이 없어 공판절차가 정지되었다가, 그 정지사유가 소멸한 후에 공판절차를 다시 진행하는 경우에는 공판절차를 _____하여야 한다.

❸ 공판절차 갱신의 절차

1. 의 의

재판장은 처음부터 공판절차를 다시 시작해야 한다.

2. 모두절차의 갱신

① 재판장은 피고인에게 진술거부권 등을 고지한 후(제283조의2), 인정신문(제284조)을 하여 피고인임에 틀림 없음을 확인하여야 한다(규칙 제144조 제1항 제1호). ⇨ 공판절차를 갱신하는 경우 원칙적으로 피고인에게 진술거부권을 다시 고지하여야 한다. 18. 경찰승진 · 법원, 20. 법원, 21. 경찰승진

② 재판장은 검사로 하여금 공소장 또는 공소장변경허가신청서에 의하여 공소사실, 죄명 및 적용법조를 낭독하게 하거나 그 요지를 진술하게 하여야 한다(동조 제2호).

③ 재판장은 피고인에게 공소사실의 인정 여부 및 정상에 관하여 진술할 기회를 주어야 한다(동조 제3호). 13. 법원

OX 재판장은 공판절차를 갱신하는 경우 피고인에게 진술거부권 등을 고지한 후 인정신문을 하여 피고인임에 틀림없음을 확인하여야 한다. (○, ×) 16. 경찰2차

Answer

기출 키워드 체크 갱신

OX ○

3. 증거조사 절차의 갱신

① 증인신문, 검증, 피고인신문 : 재판장은 갱신 전의 공판기일에서의 피고인이나 피고인이 아닌 자의 진술 또는 법원의 검증결과를 기재한 '조서에 관하여' 증거조사를 하여야 한다(규칙 제144조 제1항 제4호). 따라서 다시 증인신문, 검증, 피고인신문을 해야 하는 것은 아니다.

② 증거서류, 증거물 : 재판장은 갱신 전의 공판기일에서 증거조사된 서류 · 물건에 관하여 다시 증거조사를 하여야 한다. 다만, 증거능력 없다고 인정되는 서류 · 물건과 증거로 함이 상당하지 아니하다고 인정되고 검사, 피고인 및 변호인이 이의를 하지 아니하는 서류 · 물건에 대하여는 그러하지 아니하다. 재판장은 위의 서류 · 물건에 관하여 증거조사를 함에 있어서 검사, 피고인 및 변호인의 동의가 있는 때에는 그 전부 또는 일부에 관하여 정식의 증거조사방법에 갈음하여 상당하다고 인정하는 방법으로 증거조사를 할 수 있다.

❹ 갱신 전 소송행위의 효력

1. 판사경질의 경우

① 직접심리주의 · 구두변론주의의 취지에 반하는 한도 내에서 그 효력을 잃는다. 따라서 실체형성행위는 효력을 상실하나 절차형성행위는 효력이 유지된다.

② 그러나 실체형성행위일지라도 종전 절차에서 행해진 증인신문 · 검증 · 피고인신문의 결과를 기재한 조서는 당연히 증거능력을 가지므로 그 조서를 서증으로 조사하면 족하다.

2. 간이공판절차 취소의 경우

간이공판절차에 의한 심리가 부적법하거나 상당하지 않다고 인정되는 경우이므로 실체형성행위뿐만 아니라 절차형성행위도 그 효력을 잃는다.

3. 심신상실로 인한 공판절차정지의 경우

피고인의 소송능력 흠결로 인하여 소송행위가 무효일 가능성이 높은 경우이므로 실체형성행위뿐만 아니라 절차형성행위도 그 효력을 잃는다.

제4절 변론의 병합 · 분리 · 재개

1 변론의 병합과 분리

1. 의 의

① 법원은 필요하다고 인정한 때에는 직권 또는 검사, 피고인이나 변호인의 신청에 의하여 결정으로 변론을 분리하거나 병합할 수 있다(제300조).

② 변론을 분리 또는 병합할 것인가는 법원의 재량에 속한다(87도706).

2. 변론의 병합

① 수개의 사건이 조직법상 동일법원의 1개 또는 수개의 재판부에 계속된 경우에 1개의 재판부가 진행하는 1개의 공판절차에 수개의 사건을 병합하여 동시에 심리하는 것을 말한다.

② 변론의 병합은 소송경제를 도모하고 동시에 중복된 절차를 방지하여 피고인의 절차적 고통을 덜어주기 위한 데에도 그 목적이 있다. 04. 행시

3. 변론의 분리

병합된 수개의 사건을 분리하여 조직법상 동일법원의 1개 또는 수개의 재판부에서 수개의 절차로 심리하는 것을 말한다. 변론의 분리는 실체적 진실발견과 재판의 공정성을 도모하기 위한 제도이다. 변론의 분리는 수개의 사건이 계속된 경우를 전제하므로 과형상 일죄나 포괄일죄에 대해서는 인정되지 않는다.

4. 구별개념

변론의 병합분리는 조직법상 동일법원을 전제로 한다는 점에서 조직법상 다른 법원의 수개의 재판부에 계속된 수개의 사건 간에 행해지는 관할과 관련된 병합심리와 구별된다.

5. 제도적 취지

변론의 병합은 소송경제를, 변론의 분리는 실체적 진실 발견과 재판의 공정성을 도모하기 위한 제도이다.

2 절 차

① 변론의 병합과 분리는 법원이 직권 또는 검사, 피고인이나 변호인의 신청에 의하여 결정으로 한다. 변론의 분리, 병합의 여부는 법원의 재량에 속한다. 04. 행시, 11. 경찰1차

② 공범관계에 있는 피고인들에 대하여 여러 개의 사건으로 나누어 공소가 제기된 경우, 법원이 변론을 병합하지 아니하였다고 하여 구두변론주의와 직접심리주의에 위법한 것이라고 볼 수 없다(90도764). 11. 법원

③ 또한 동일한 피고인에 대하여 2개 이상의 사건이 공소제기되었을 경우, 병합심리하여 달라는 피고인의 신청을 받아들이지 아니하여도 위법이라 할 수 없다(94도2354). 11. 경찰1차

❸ 변론의 재개

1. 의 의

① 법원은 필요하다고 인정하는 때에는 직권 또는 검사, 피고인이나 변호인의 신청에 의하여 결정으로 종결한 변론을 다시 재개할 수 있다(제305조).

② 변론의 재개란 일단 종결한 변론을 다시 여는 것을 말한다.

③ 변론이 재개되면 당해 사건은 종결 전의 상태로 돌아가는 것을 원칙으로 하나, 재개 후 증인신문 등의 증거조사가 행하여졌을 때에는 그 이후 절차가 다시 행하여져야 한다.

④ 따라서 소송관계인(검사, 피고인 또는 변호인)은 제302조, 제303조에 의한 의견진술의 기회를 가지게 된다.

2. 법원의 재량

① 변론의 재개 여부는 법원의 재량이다. 11. 경찰1차, 19. 경찰2차

② 변론이 종결되고 판결선고일까지 고지된 뒤 검사가 변론재개신청과 함께 그 변론종결 전의 사유로 공소장변경신청서를 제출한 경우, 반드시 공판의 심리를 재개하여 공소장변경을 허가하여야 하는 것은 아니다(94도1756). 11. 경찰1차 · 법원

③ 변론종결 후 선임된 변호인의 변론재개신청을 들어주지 아니하였다 하여 심리미진의 위법이 있는 것은 아니다(86도769). 04. 행시

④ 한편, 변론선고기일에 변론을 재개하고, 피고인 및 변호인에게 최종 의견진술의 기회를 부여한 다음 다시 변론을 종결하고, 같은 날 판결을 선고하였다고 하여 피고인의 방어권을 제약하여 법률에 의한 재판받을 권리를 침해하였다고 할 수는 없다(96도173). 11. 법원

OX 공판심리가 종결된 후에 피고인이 증인신청을 하였다면, 법원은 피고인의 방어권 보장을 위해 변론을 재개하여 증인신문을 하여야 한다. (○, ×) 19. 9급국가직

⑤ 증거신청의 채택 여부는 법원의 재량으로서 법원이 필요하지 않다고 인정할 때에는 이를 조사하지 않을 수 있는 것이고, 법원이 적법하게 공판의 심리를 종결한 뒤에 피고인이 증인신청을 하였다 하여 반드시 공판의 심리를 재개하여 증인신문을 하여야 하는 것은 아니다(2010도7947). 19. 7급국가직, · 9급국가직, 20. 9급개론

3. 효 과

변론의 재개가 있으면 사건은 종결 전의 상태로 복귀하고 증거조사 후 최종변론을 하여야 한다.

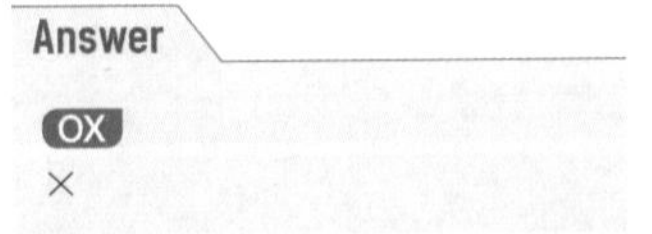

Chapter 12

OX 확인학습

01 □□□ 공판개정 후 판사의 경질이 있는 때에는 공판절차를 갱신하여야 한다. 단, 판결만을 선고하는 경우에는 예외로 한다. (○)

02 □□□ 공판개정 후 피고인의 질병으로 공판절차가 정지된 경우에는 그 정지사유가 소멸한 후의 공판기일에서 공판절차를 갱신하여야 한다. (×)

03 □□□ 국민참여재판에서 공판절차가 개시된 후 새로 참여하는 배심원 또는 예비배심원이 있는 때에는 공판절차를 갱신하여야 한다. (○)

04 □□□ 재판장은 공판절차를 갱신하는 경우 피고인에게 진술거부권 등을 고지한 후 인정신문을 하여 피고인임에 틀림없음을 확인하여야 한다. (○)

Chapter 12 실전익히기

01

15. 법원직

간이공판절차에 관한 다음 설명 중 가장 옳지 않은 것은? (다툼이 있는 경우 판례에 의함)

① 제1심 관할사건인 때에는 사형・무기 또는 단기 1년 이상의 징역에 해당하는 사건에 대하여도 간이공판절차를 할 수 있다.

② 간이공판절차에서는 전문증거의 증거능력제한이 완화된다.

③ 피고인이 공판정에서 자백하더라도 간이공판절차의 개시 여부는 법원의 재량사항이다.

④ 간이공판절차에서는 자백의 보강법칙이 적용되지 않는다.

02

12. 경찰승진

간이공판절차에 관한 설명 중 가장 적절한 것은? (다툼이 있으면 판례에 의함)

① 음주만취하여 운전 중 교통사고를 내고 도주한 범죄사실로 기소된 피고인이 법정에서 "공소사실은 모두 사실과 다름없다"고 하면서 술에 만취되어 기억이 없다는 취지로 진술한 경우, 간이공판절차에 의하여 심판할 대상에 해당한다.

② 간이공판절차에 의하여 심판할 것을 결정한 사건에서는 증거조사를 마쳤을 때 재판장이 각 증거조사의 결과에 대한 의견을 묻고 권리를 보호함에 필요한 증거조사를 신청할 수 있음을 고지하여야 한다.

③ 간이공판절차에 의하여서는 단독사건만 심판할 수 있으므로 합의부가 제1심으로 심판할 사건에 대하여는 간이공판절차에 의하여 심판할 수 없다.

④ 범행을 부인하는 진술을 하고 있지 않으며, 피고인의 공판정에서의 진술의 전체를 모아 볼 때, 피고인에 대한 공소장 기재 범죄사실을 자백하면서 다만 피고인의 딸의 부탁으로 한 것이라는 범행의 동기를 부인 진술한 것이라고 풀이되는 경우 간이공판절차에 의하여 심판할 것을 결정한 제1심 결정은 정당하다.

03

18. 경찰승진

공판절차의 정지에 대한 설명 중 가장 적절하지 않은 것은? (다툼이 있는 경우 판례에 의함)

① 법원은 공소사실의 변경이 피고인의 불이익을 증가할 염려가 있다고 인정한 때에는 직권 또는 피고인이나 변호인의 청구에 의하여 피고인으로 하여금 필요한 방어의 준비를 하게 하기 위하여 결정으로 필요한 기간 공판절차를 정지하여야 한다.

② 피고인이 질병으로 인하여 출정할 수 없는 때에는, 형사소송법 제277조의 규정에 의하여 대리인이 출정할 수 있는 경우가 아닌 한, 법원은 검사와 변호인의 의견을 들어서 결정으로 출정할 수 있을 때까지 공판절차를 정지하여야 한다.

③ 피고인이 사물의 변별 또는 의사의 결정을 할 능력이 없는 상태에 있는 때에는, 형사소송법 제277조의 규정에 의하여 대리인이 출정할 수 있는 경우가 아닌 한, 법원은 검사와 변호인의 의견을 들어서 결정으로 그 상태가 계속하는 기간 공판절차를 정지하여야 한다.

④ 피고인이 질병으로 출정할 수 없더라도 피고사건에 대하여 형의 면제 또는 공소기각의 재판을 할 것으로 명백한 때에는 피고인의 출정 없이 재판할 수 있다.

04

14. 경찰2차

공판절차 갱신에 관한 다음 설명 중 가장 적절하지 않은 것은?

① 국민참여재판에서 공판절차가 개시된 후 새로 참여하는 배심원 또는 예비배심원이 있는 때에는 공판절차를 갱신하여야 한다.

② 간이공판절차의 결정이 취소된 때에는 공판절차를 갱신하여야 한다. 단, 검사, 피고인 또는 변호인의 이의가 없는 때에는 그러하지 아니하다.

③ 공판개정 후 판사의 경질이 있는 때에는 공판절차를 갱신하여야 한다. 단, 판결만을 선고하는 경우에는 예외로 한다.

④ 공판개정 후 피고인의 질병으로 공판절차가 정지된 경우에는 그 정지사유가 소멸한 후의 공판기일에서 공판절차를 갱신하여야 한다.

Answer

01 ④ [×] 간이공판절차에 의한다고 하더라도 자백보강법칙이 적용된다.

02 ④ [○] 81도2422

03 ① [×] 공판절차를 정지할 수 있다.

04 ④ [×] 공판절차를 갱신하지 않는다.

제5절 국민참여재판

❶ 국민참여재판의 의의

① 국민참여재판이란 국민이 배심원으로 참여하는 형사재판을 말한다.

② 우리나라는 법관과 일반인(참심원)이 협의체를 만들어 재판을 하는 참심제와 일반인(배심원)들만의 모임인 배심이 기소나 재판을 하는 배심제를 혼합한 형태이다.

③ 우리나라의 경우 배심원의 평결과 의견이 법원을 기속하지 않는다.

❷ 국민참여재판 대상사건

1. 합의부 사건

① 국민참여재판의 대상사건은 아래와 같다.

㉠ **「법원조직법」 제32조 제1항에 따른 합의부 관할 사건(민사사건과 제척 · 기피 사건은 제외)**

㉡ **위 ㉠에 해당하는 사건의 미수죄 · 교사죄 · 방조죄 · 예비죄 · 음모죄에 해당하는 사건**

㉢ **위 ㉠, ㉡에 해당하는 사건과 「형사소송법」 제11조에 따른 관련 사건으로서 병합하여 심리하는 사건**

② 다만, 국민의 형사재판 참여에 관한 법률 시행일인 2012. 7. 1. 이전에 공소제기된 경우에 국민참여재판의 대상사건에 포함되지 않는다. 15. 경찰간부, 18. 해경간부

2. 대상사건 한정의 합헌성

① 헌법재판소는 국민참여재판을 받을 권리가 헌법 제27조 제1항에서 규정한 재판을 받을 권리의 보호범위에 속한다고 볼 수 없다(2008헌바12). 12 · 13 · 19. 경찰승진, 16. 9급국가직 · 9급개론 · 해경, 20. 경찰간부 ⇨ '국민의 형사재판 참여에 관한 법률'에 의한 법률상 권리를 가진다고 할 것이고, 이러한 형사소송절차상의 권리를 배제함에 있어서는 헌법에서 정한 적법절차의 원칙을 따라야 한다(2012헌바298). 18. 7급국가직

② 국민참여재판 대상사건을 일부로 한정하거나 대상시기를 법 시행일 당시 공소제기 유무를 기준으로 한 것은 평등권을 침해하지 않는다(2008헌바12). 13. 경찰승진, 14. 법원, 15. 경찰간부

OX 우리 헌법상 헌법과 법률이 정한 법관에 의한 재판을 받을 권리는 직업법관에 의한 재판을 주된 내용으로 하는 것이므로 국민참여재판을 받을 권리가 헌법 제27조 제1항에서 규정한 재판을 받을 권리의 보호범위에 속한다고 볼 수 있다. (○, ×) 16. 해경

기출 키워드 체크

국민참여재판을 받을 권리는 ______ 제27조 제1항에서 규정한 재판을 받을 권리의 보호범위에 속하지 않는다.

OX 국민참여재판을 받을 권리는 헌법상 기본권으로서 보호될 수는 없지만, 국민의 형사재판 참여에 관한 법률에서 정하는 대상 사건에 해당하는 한 피고인은 원칙적으로 국민참여재판으로 재판을 받을 법률상 권리를 가진다고 할 것이고, 이러한 형사소송절차상의 권리를 배제함에 있어서는 헌법에서 정한 적법절차의 원칙을 따라야 한다. (○, ×) 18. 7급국가직

Answer

기출 키워드 체크
헌법

OX
×, ○

❸ 참여심급 및 사물관할

1. 참여심급

국민참여재판은 제1심 절차 중 지방법원 본원과 지원의 합의부 사물관할 사건에 한하여만 허용된다. 14. 경찰간부

2. 관할법원

(1) 지방법원 본원 합의부에서만 실시

① 지방법원 지원은 피고인이 국민참여재판을 원하는 의사를 표시한 경우 지방법원 지원 합의부가 법 제9조 제1항의 배제결정을 하지 아니하는 경우에는 국민참여재판절차 회부결정을 하여 사건을 지방법원 본원 합의부로 이송하여야 한다(국민의 형사재판 참여에 관한 법률 제10조 제1항). 14. 법원

② 이는 지방법원 지원은 규모가 작고 그 소재지에는 국민참여재판을 이끌어갈 전문 인력이 부족할 수 있다는 점을 감안하여 특별히 규정한 것이다.

(2) 공소장 변경의 경우 17. 경찰2차 · 9급개론 · 9급국가직

1) 원칙 ⇨ 계속 진행

법원은 공소사실의 일부 철회 또는 변경으로 인하여 대상사건에 해당하지 아니하게 된 경우에도 국민참여재판을 계속 진행하는 것이 원칙이다(동법 제6조 제1항 본문). 12. 경찰3차 · 교정특채, 12 · 13. 경찰승진, 13. 경찰2차, 14 · 16 · 21. 경찰간부, 16. 법원, 17. 여경 · 경찰특공대

2) 예 외

① 법원은 심리의 상황이나 그 밖의 사정을 고려하여 국민참여재판으로 진행하는 것이 적당하지 아니하다고 인정하는 때에는 결정으로 당해 사건을 지방법원 본원 합의부가 국민참여재판에 의하지 아니하고 심판하게 할 수 있다(하여야 한다 ×). 15. 경찰3차 이렇게 통상의 일반재판으로 하기로 한 결정에 대하여는 불복할 수 없다. 12 · 15. 경찰3차

② 이 경우 결정이 있는 경우에는 당해 재판에 참여한 배심원과 예비배심원은 해임된 것으로 보고, 결정 전에 행한 소송행위는 그 결정 이후에도 그 효력에 영향이 없다. 15. 경찰3차

(3) 재정합의 결정

법원은 지방법원이나 그 지원의 단독판사 관할사건이 피고인에 대하여도 국민참여재판을 원하는지 여부에 관한 의사를 서면 등의 방법으로 확인할 수 있다.

OX 국민참여재판을 진행하던 중 공소사실의 변경으로 대상사건에 해당하지 않게 된 경우 국민참여재판으로 진행할 수 없다. (○, ×) 21. 경찰간부

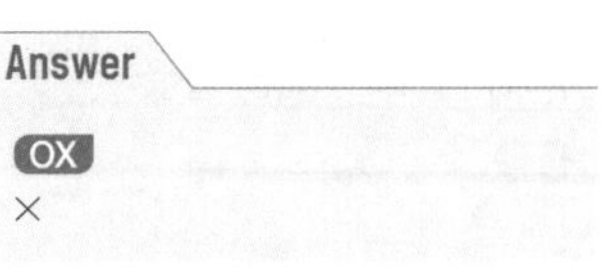
Answer
OX ×

❹ 국민참여재판절차 회부

1. 피고인 의사 확인

(1) 피고인의 의사 확인

① 국민참여재판법의 대상사건이라도 피고인이 국민참여재판을 원하지 아니하는 경우에는 국민참여재판을 하지 아니한다(동법 제5조 제2항). 14. 법원, 16. 경찰간부

② 법원은 대상사건의 피고인에 대하여 국민참여재판을 원하는지 여부에 관한 의사를 서면 등의 방법으로 반드시 확인하여야 한다(동법 제8조 제1항). 11 · 17. 경찰2차, 13. 경찰1차 · 경찰승진 · 7급국가직, 14 · 21. 경찰간부, 14 · 15. 법원

③ 이를 위해 법원은 대상사건에 대한 공소의 제기가 있는 때에는 공소장 부본과 함께 피고인 또는 변호인에게 국민참여재판의 절차, 피고인의 의사 확인을 위한 서면의 제출, 의사번복의 제한에 관한 제8조 제4항의 내용, 그 밖의 주의사항이 기재된 "국민참여재판에 관한 안내서"를 송달하여야 한다(동규칙 제3조 제1항).

④ 피고인의 국민참여재판 불희망 의사를 확인하였다고 하더라도, 국민참여재판 안내서 등을 피고인에게 교부하거나 사전에 송달하는 등의 국민참여재판절차에 관한 충분한 안내를 하지 않았거나 그 희망 여부에 관한 상당한 숙고시간을 부여하지 않았다면, 그 의사의 확인절차를 적법하게 거쳤다고 볼 수는 없다(2018도7036). 21. 9급국가직 · 9급개론

1) 서면제출(법 ⇨ 7일 이내, 판례 ⇨ 제1회 공판기일 전까지)

① 피고인은 안내장을 포함한 공소장 부본을 송달받은 날부터 7일 이내에 국민참여재판을 원하는지 여부에 관한 의사가 기재된 서면을 제출하여야 한다(동법 제8조 제2항). 09. 전의경, 09 · 11. 경찰2차, 11 · 19. 경찰승진, 13. 경찰1차, 15. 지능특채, 16. 해경

② 이 경우 피고인이 서면을 우편으로 발송한 때에는 발송한 때 법원에 제출한 것으로 본다(제8조 제2항 단서). 20. 법원

③ 공소장 부본을 송달받은 날부터 7일 이내에 의사확인서를 제출하지 아니한 피고인도 제1회 공판기일이 열리기 전까지는 국민참여재판 신청을 할 수 있고, 법원은 그 의사를 확인하여 국민참여재판으로 진행할 수 있다(2009모1032). 13. 7급국가직 · 경찰승진, 13 · 17. 경찰2차, 15 · 18. 경찰간부, 16. 법원 · 9급국가직, 16 · 19. 9급개론, 18. 해경간부,

④ 피고인이 서면(의사확인서)을 제출하지 아니한 때에는 국민참여재판을 원하지 아니한 것으로 본다(동법 제8조 제3항). 09. 경찰2차, 11. 법원

⑤ 피고인이 제출한 서면만으로는 피고인의 의사를 확인할 수 없는 경우에는 법원은 심문기일을 정하여 피고인을 심문하거나 서면 기타 상당한 방법으로 피고인의 의사를 확인하여야 한다.

OX 국민참여재판 대상사건의 공소제기가 있으면 법원은 피고인이 국민참여재판을 원하는지 여부에 관한 의사를 서면 등의 방법으로 반드시 확인하여야 한다. (○, ×) 21. 경찰간부

OX 피고인은 공소장 부본을 송달받은 날부터 7일 이내에 국민참여재판을 원하는지 여부에 관한 의사가 기재된 서면을 제출하여야 한다. (○, ×) 16. 해경

OX 피고인의 국민참여재판 불희망 의사를 확인하였다고 하더라도, 국민참여재판 안내서 등을 피고인에게 교부하거나 사전에 송달하는 등의 국민참여재판절차에 관한 충분한 안내를 하지 않았거나 그 희망 여부에 관한 상당한 숙고시간을 부여하지 않았다면, 그 의사의 확인절차를 적법하게 거쳤다고 볼 수는 없다. (○, ×) 21. 9급국가직 · 9급개론

기출 키워드 체크

공소장 부본을 송달받은 날부터 ______일 이내에 국민참여재판을 원하는지 여부에 관한 의사가 기재된 서면을 제출하지 아니한 피고인도 ______까지는 국민참여재판 신청을 할 수 있고, 법원은 그 의사를 확인하여 국민참여재판으로 진행할 수 있다.

관련 판례

국민참여재판은 피고인의 희망 의사의 번복에 관한 일정한 제한(법 제8조 제4항)이 있는 외에는 피고인의 의사에 반하여 할 수 없으므로, 제1심법원이 국민참여재판의 대상이 되는 사건임을 간과하여 이에 관한 피고인의 의사를 확인하지 아니한 채 통상의 공판절차로 재판을 진행하였더라도, 피고인이 항소심에서 국민참여재판을 원하지 아니한다고 하면서 위와 같은 제1심의 절차적 위법을 문제삼지 아니할 의사를 명백히 표시하는 경우에는 그 하자가 치유되어 제1심 공판절차는 전체로서 적법하게 된다고 봄이 상당하다. 다만 국민참여재판제도의 취지와 피고인의 국민

Answer

기출 키워드 체크
7, 제1회 공판기일이 열리기 전

OX
○, ○, ○

⑥ 피고인이 위 서면을 제출하지 아니한 경우에도 법원은 위와 같은 방법으로 피고인의 의사를 확인할 수 있다(동 규칙 제4조).

(2) 피고인의 의사 번복

① 피고인은 공판준비기일이 종결되거나 제1회 공판기일이 열린 이후 등에는 국민참여재판을 원하지 않는다는 종전의 의사를 번복할 수 없는 것이 원칙이다(동법 제8조 제4항).

② 피고인은 공판준비기일 종료시까지 또는 제1회 공판기일 전까지는 국민참여재판 희망 여부에 대한 종전 의사를 번복할 수 있다(동법 제8조 제4항의 반대해석).

2. 국민참여재판의 개시

① 국민참여재판으로 진행함에 있어 별도의 국민참여재판 개시결정을 할 필요는 없다. 13. 경찰승진, 21. 9급국가직 · 9급개론

② 만약 개시에 이의가 있어 제1심 법원이 국민참여재판으로 진행하기로 하는 결정을 한 경우, 이 결정에 대해서는 불복이 허용되지 않는다(2009모1032). 13 · 19. 경찰승진, 14. 9급국가직, 18. 변호사, 19. 9급개론, 20. 경찰간부 · 9급국가직 · 9급개론, 20. 법원, 21. 경찰간부

③ 항고 제기시 ⇨ 항고기각결정 16. 변호사 : 개시결정에 대한 항고는 항고의 제기가 법률상의 방식을 위반한 때에 해당하여 위 결정을 한 법원이 항고를 기각하여야 하고, 위 결정을 한 법원이 항고기각의 결정을 하지 아니한 때에는 항고법원은 결정으로 항고를 기각하여야 한다(2009모1032).

3. 의사 확인 없이 통상의 공판절차로 진행한 경우

(1) 원칙 ⇨ 소송행위 무효

① 국민참여재판을 원하는지에 관한 의사 확인절차를 거치지 아니한 채 통상의 공판절차로 재판을 진행하였다면, 이는 위법하고 이러한 위법한 공판절차에서 이루어진 소송행위도 무효이다(2012도1225). 13 · 19. 경찰1차, 15. 9급국가직 · 9급개론, 16 · 20. 법원 · 변호사

② 이러한 소송절차상의 하자는 직권조사사유에 해당하므로, 피고인이 이러한 점을 항소사유로 삼고 있지 않다 하더라도 제1심을 직권 파기하여야 한다(2012도7106). 19. 경찰1차

(2) 하자의 치유 가능(2011도15484) 13 · 16 · 20. 7급국가직, 13 · 17. 경찰2차, 14 · 16 · 20. 법원, 15 · 18. 경찰간부, 18. 해경간부, 19. 경찰1차

① 피고인의 의사를 확인하지 아니한 채 통상의 공판절차로 재판을 진행하였더라도, 피고인이 항소심에서 국민참여재판을 원하지 아니한다고 하면서 절차적 위법을 문제삼지 아니할 의사를 명백히 표시하는 경우에는 하자가 치유된다.

참여재판을 받을 권리를 실질적으로 보장하고자 하는 관련 규정의 내용에 비추어 위 권리를 침해한 제1심 공판절차의 하자가 치유된다고 보기 위해서는 법 제8조 제1항, 규칙 제3조 제1항에 준하여 피고인에게 국민참여재판절차 등에 관한 충분한 안내가 이루어지고 그 희망 여부에 관하여 숙고할 수 있는 상당한 시간이 사전에 부여되어야 할 것이다.
제1심은 2017. 9. 18. 제4회 공판기일에서 2017고합386호 사건에 관한 피고인의 국민참여재판 불희망 의사를확인하였으나, 당시 국민참여재판안내서 등을 피고인에게 교부하거나 사전에 송달하는 등 국민참여재판절차에 관한 충분한 안내를 하거나 그 희망 여부에 관한 상당한 숙고시간을 부여하지 않았으므로 피고인이 국민참여재판을 원하는지에 관하여 의사의 확인절차를 적법하게 거쳤다고 볼 수 없다(대법원 2018.7.20. 선고 2018도7036, 2018전도50(병합) 판결).

OX 법원이 국민참여재판 대상사건을 피고인의 의사에 따라 국민참여재판으로 진행함에 있어서는 별도의 국민참여재판 개시결정을 하여야 한다. (○, ×) 21. 9급국가직 · 9급개론

기출 키워드 체크
국민참여재판으로 진행하기로 하는 제1심 법원의 결정에 대하여 _____ 할 수 없다.

기출 키워드 체크
국민참여재판 신청의사를 확인하지 않고 재판을 진행하였다면 이는 참여재판을 받을 권리에 대한 중대한 침해여서 절차는 _____하고 소송행위도 _____라고 보아야 한다.

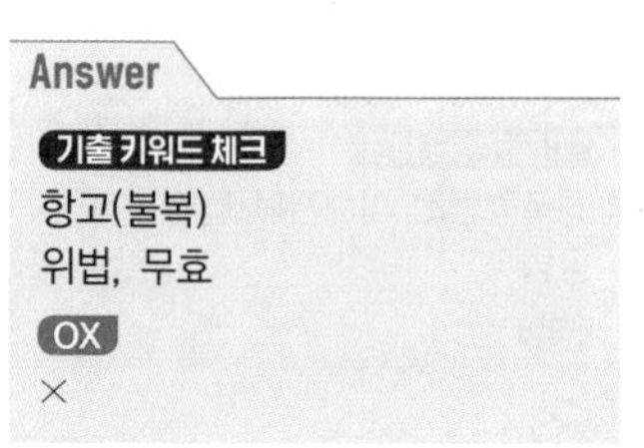

② 이렇게 하자가 치유된다고 보기 위해서는 피고인에게 국민참여재판절차 등에 관한 충분한 안내가 이루어지고 그 희망 여부에 관한 숙고할 수 있는 상당한 시간이 사전에 부여되어야 한다.

5 법원의 배제결정

1. 배제결정

① 법원은 일정한 사유가 있는 경우 공소제기 후부터 공판준비기일이 종결된 다음 날까지 검사, 피고인 또는 변호인의 의견을 들어 국민참여재판을 하지 아니하기로 하는 결정(배제결정)을 할 수 있다(동법 제9조 제1항 · 제2항).

② 피고인이 법원에 국민참여재판을 신청하였는데도 법원이 이에 대한 배제결정도 하지 않은 채 통상의 공판절차로 재판을 진행한 것은 위법하고, 위법한 공판절차에서 이루어진 소송행위는 무효이다(2011도7106). 13. 7급국가직, 18. 경찰간부 · 경찰승진 · 변호사

2. 배제사유

① 배심원 · 예비배심원 · 배심원후보자 또는 그 친족의 생명 · 신체 · 재산에 대한 침해 또는 침해의 우려가 있어서 출석의 어려움이 있거나 국민의 형사재판 참여에 관한 법률에 따른 직무를 공정하게 수행하지 못할 염려가 있다고 인정되는 경우

② 공범 관계에 있는 피고인들 중 일부가 국민참여재판을 원하지 아니하여 국민참여재판의 진행에 어려움이 있다고 인정되는 경우 13. 경찰승진, 15. 경찰3차, 17. 7급국가직, 18. 경찰1차, 21. 경찰간부

③ 성폭력범죄의 처벌 등에 관한 특례법 제2조의 범죄로 인한 피해자(이하 "성폭력범죄 피해자"라 한다) 또는 법정대리인이 국민참여재판을 원하지 아니하는 경우

㉠ **성폭력범죄 피해자나 법정대리인이 국민참여재판을 원하지 아니하는 경우, 이를 반영하여 법원이 재량으로 국민참여재판을 하지 아니하기로 하는 결정을 할 수 있다(2015모2898).** 17. 경찰간부

㉡ **다만, 위 배제결정을 위해서는 여러 사정을 고려하여 신중하게 판단하여야 하고, 성폭력범죄 피해자나 법정대리인이 국민참여재판을 원하지 아니한다는 이유만으로 국민참여재판 배제결정을 하는 것은 바람직하다고 할 수 없다(2015모2898).**

④ 그 밖에 국민참여재판으로 진행하는 것이 적절하지 아니하다고 인정되는 경우

3. 시 기

① 공소제기 후부터 공판준비기일이 종결된 다음 날(종결된 날 ×)까지 배제결정을 할 수 있다. 08 · 11 · 18. 경찰1차, 09. 전의경, 11. 경찰2차 · 경찰승진, 15. 경찰3차 · 지능특채, 17. 경찰승진, 19. 9급개론

② 종기가 '공판준비기일이 종결된' '다음 날'까지 임에 유의해야 한다.

OX 법원은 공범관계에 있는 피고인들 중 일부가 국민참여재판을 원하지 않아 국민참여재판을 진행하는데 어려움이 있다고 판단한 경우 국민참여재판을 하지 않는 결정을 할 수 있다. (○, ×) 21. 경찰간부

기출 키워드 체크

성폭력범죄에 대하여 국민참여재판을 하는 과정에서 성폭력범죄 피해자에게 인격이나 명예 손상, 사생활에 관한 비밀의 침해, 성적 수치심, 공포감 유발 등과 같은 추가적인 피해가 발생할 수 있음을 고려하여 _____이 국민참여재판을 원하지 아니하는 경우, 이를 반영하여 법원이 재량으로 국민참여재판을 하지 아니하기로 하는 결정을 할 수 있다.

기출 키워드 체크

_____ 관계에 있는 피고인들 중 일부가 국민참여재판을 원하지 아니하여 국민참여재판의 진행에 어려움이 있다고 인정되는 경우에는 배제결정을 할 수 있다.

Answer

기출 키워드 체크
성폭력범죄 피해자나 법정대리인
공범

OX
○

4. 의견청취

법원은 배제결정을 하기 전에 검사·피고인 또는 변호인의 의견을 들어야 한다(국민의 형사재판 참여에 관한 법률 제9조 제2항)(필요적 의견청취). 09. 경찰2차, 21. 경찰승진

5. 불 복

배제결정에 대해서는 즉시항고할 수 있다(동조 제3항). 11. 경찰2차, 15. 경찰3차·지능특채, 19. 해경간부, 20. 9급국가직·9급개론·법원

OX 국민의 형사재판 참여에 관한 법률에 따라 사건을 국민참여재판으로 진행 또는 배제하기로 하는 법원의 결정에 대해서는 즉시항고할 수 있다. (○, ×) 21. 경찰간부

6 국민참여재판 개시 후 통상재판 회부

1. 공소장의 변경 등에 의한 회부

(1) 예외적 통상재판 회부

① 법원은 공소사실의 일부 철회 또는 변경으로 인하여 대상사건에 해당하지 아니하게 된 경우에도 국민참여재판을 계속 진행하는 것이 원칙이다(동법 제6조 제1항 본문).

② 다만, 법원은 심리의 상황 그 밖의 사정을 고려하여 국민참여재판으로 진행하는 것이 적당하지 아니하다고 인정되는 때에는 결정으로 당해 사건을 국민참여재판에 의하지 아니하고 지방법원본원합의부가 심판하게 할 수 있다(동항 단서).

(2) 절 차

① 일반재판절차로 진행하기로 한 법원의 결정에는 불복할 수 없고(동조 제2항) 이러한 결정이 있으면 재판에 참여한 배심원과 예비배심원은 해임된 것으로 간주된다(동조 제3항).

② 그러나 결정 전에 행한 소송행위는 결정 이후에도 그 효력에 영향이 없다(동조 제4항).

2. 공판개시 후 사정변경으로 국민참여재판의 진행이 부적절한 경우

(1) 임의적 회부

법원은 일정한 사유가 있는 경우에는 직권 또는 검사, 피고인 또는 변호인이나 성폭력범죄 피해자 또는 법정대리인의 신청에 따라 결정으로 사건을 지방법원본원 합의부가 국민참여재판에 의하지 아니하고 심판하게 할 수 있다(동법 제11조 제1항).

(2) 회부사유

국민참여재판의 계속 진행이 부적절한 경우로는 다음과 같은 경우를 들 수 있다. 13. 경찰승진

① 피고인의 질병 등으로 공판절차가 장기간 정지된 경우

② 피고인에 대한 구속기간이 만료된 경우

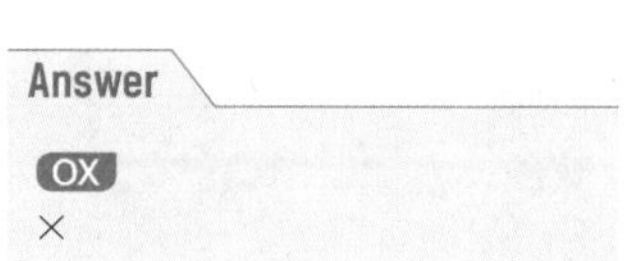

③ 성폭력범죄 피해자의 보호

④ 그 밖에 심리의 제반상황에 비추어 국민참여재판을 계속 진행하는 것이 부적절하다고 인정하는 경우

(3) **절 차**

① 법원은 회부결정을 하기 전에 검사, 피고인 또는 변호인의 의견을 들어야 한다(동조 제2항). 회부결정에 대하여는 불복할 수 없다(동조 제3항). 21. 경찰승진

② 본조에 따른 회부결정이 있는 경우에도 재판에 참여한 배심원과 예비배심원은 해임된 것으로 간주되며, 회부결정 전에 행한 소송행위는 결정 이후에도 효력이 유지된다(동조 제4항 · 제6조).

❼ 배심원 선정

1. 배심원의 종류

(1) **배심원**

실제로 재판에 참여하여 평의와 평결을 하는 배심원이다.

(2) **예비배심원**

① 배심원의 결원 등에 대비하여 두는 배심원이다.

② 재판에는 참여하지만, 평의 · 평결을 하지는 않는다.

2. 배심원의 수

(1) **배심원**(5, 7, 9인)

1) **9인**: 법정형이 사형 · 무기징역 또는 무기금고에 해당하는 사건 16. 경찰2차

2) **7인**: 그 외 사건 16. 경찰2차

3) **5인**: 피고인이 공소사실의 주요 내용을 인정한 때 10. 경찰1차, 16. 해경 · 경찰2차

4) **변경**(7, 9인): 당사자들 동의가 있는 경우 7, 9인
검사 · 피고인 또는 변호인의 동의가 있는 경우 7인 또는 9인으로 변경 가능하다.

5) **예비배심원**: **5인 이내** 17. 경찰1차
법원은 배심원의 결원 등에 대비하여 5인 이내의 예비배심원을 둘 수 있다(동법 제14조 제1항).

OX 법원은 피고인 또는 변호인이 공판준비절차에서 공소사실의 주요 내용을 인정한 때에는 5인의 배심원이 참여하게 할 수 있다. (○, ×) 16. 해경

OX 법원은 배심원의 결원 등에 대비하여 5인 이내의 예비배심원을 둘 수 있다. (○, ×) 17. 경찰1차

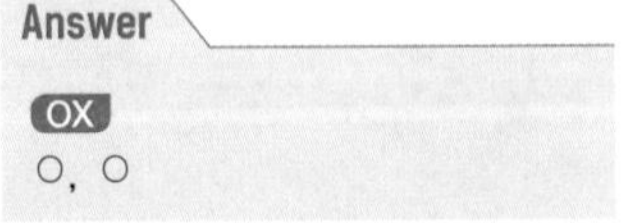
Answer
OX
○, ○

3. 배심원 자격

(1) 자 격

① 만 20세 이상 국민 ⇨ 배심원은 만 20세 이상(만 19세 이상 ×)의 대한민국 국민 중에서 선정한다. 10. 경찰1차, 15. 법원, 18. 경찰승진, 19. 해경간부, 20. 경찰간부

② 결격·제외·제척은 절대적 배제사유이고, 면제는 상대적 배제사유(임의적)이다. 10. 경찰1차

(2) **결격사유**(제17조)

다음에 해당하는 사람은 배심원으로 선정될 수 없다. 11. 경찰승진, 12. 경찰2차

① 피성년후견인 또는 피한정후견인

② 파산선고를 받고 복권되지 아니한 사람 15. 법원 21, 경찰1차

③ 금고 이상의 실형을 선고받고 그 집행이 종료(종료된 것으로 보는 경우를 포함한다)되거나 집행이 면제된 후 5년을 경과하지 아니한 사람 15. 경찰3차, 17. 경찰승진, 21. 경찰1차

④ 금고 이상의 형의 집행유예를 선고받고 그 기간이 완료된 날부터 2년을 경과하지 아니한 사람 16. 경찰2차, 19. 경찰간부

⑤ 금고 이상의 형의 선고유예를 받고 그 선고유예기간 중에 있는 사람

⑥ 법원의 판결에 의하여 자격이 상실 또는 정지된 사람

(3) **직업에 따른 제외사유**(제18조) 19. 해경간부

① 다음 직업에 종사하는 자는 배심원으로 선정될 수 없다.

㉠ **대통령** 19. 해경간부

㉡ **국회의원** 19. 해경간부 **· 지방자치단체의 장 및 지방의회의원** 16. 경찰2차

㉢ **입법부 · 사법부 · 행정부 · 헌법재판소 · 중앙선거관리위원회 · 감사원의 정무직 공무원**

㉣ **법관 · 검사** 19. 해경간부

㉤ **변호사** 19. 해경간부 **· 법무사**

㉥ **법원 · 검찰 공무원** 19. 해경간부

㉦ **경찰 · 교정 · 보호관찰 공무원** 21. 경찰1차

㉧ **군인 · 군무원 · 소방공무원 또는 「예비군법」에 따라 동원되거나 교육훈련의무를 이행 중인 예비군**

② 이는 다른 직업에 종사하는 자에 비하여 다른 배심원들에게 큰 영향을 미칠 수 있기 때문이다. 10. 경찰1차

기출 키워드 체크

금고 이상의 실형을 선고받고 그 집행이 종료(종료된 것으로 보는 경우를 포함한다)되거나 집행이 면제된 후 _____년이 경과하지 아니한 사람은 배심원으로 선정될 수 없다.

기출 키워드 체크

금고 이상의 형의 집행유예를 선고받고 그 기간이 완료된 날부터 _____년을 경과하지 아니한 사람은 배심원으로 선정될 수 없다.

기출 키워드 체크

대통령·국회의원·법관·검사·변호사·경찰·법원·검찰 공무원 등 _____에 따른 제외사유에 해당하는 자는 배심원으로 선정하여서는 아니 된다.

Answer

기출 키워드 체크

5
2
직업

(4) **제척사유**(제19조)

다음의 어느 하나에 해당하는 사람은 당해 사건의 배심원으로 선정될 수 없다.

㉠ **피해자**

㉡ **피고인 또는 피해자의 친족이나 이러한 관계에 있었던 사람(예 피해자의 이혼한 배우자)** 21. 경찰1차

㉢ **피고인 또는 피해자의 법정대리인**

㉣ **사건에 관한 증인 · 감정인 · 피해자의 대리인**

㉤ **사건에 관한 피고인의 대리인 · 변호인 · 보조인**

㉥ **사건에 관한 검사 또는 사법경찰관의 직무를 행한 사람**

㉦ **사건에 관하여 전심 재판 또는 그 기초가 되는 조사 · 심리에 관여한 사람**

(5) **면제사유**(제20조)

법원은 직권 또는 신청에 따라 다음의 어느 하나에 해당하는 사람에 대하여 배심원 직무의 수행을 면제할 수 있다. 10. 경찰1차, 11 · 14. 경찰승진

㉠ **만 70세 이상인 사람** 19. 경찰간부

㉡ **과거 5년 이내에 배심원후보자로서 선정기일에 출석한 사람** 19. 경찰간부

㉢ **금고 이상의 형에 해당하는 죄로 기소되어 사건이 종결되지 아니한 사람**

㉣ **법령에 따라 체포 또는 구금되어 있는 사람** 19. 경찰간부

㉤ **배심원 직무의 수행이 자신이나 제3자에게 위해를 초래하거나 직업상 회복할 수 없는 손해를 입게 될 우려가 있는 사람**

㉥ **중병 · 상해 또는 장애로 인하여 법원에 출석하기 곤란한 사람** 12. 경찰3차

㉦ **그 밖의 부득이한 사유로 배심원 직무를 수행하기 어려운 사람**

기출 키워드 체크

과거 ____년 이내에 배심원후보자로서 선정기일에 출석한 사람에 대하여는 직권 또는 신청에 따라 배심원 직무의 수행을 ____.

4. 배심원의 권한과 의무

(1) 권 한

① 배심원은 국민참여재판을 하는 사건에 관하여 사실의 인정, 법령의 적용 및 형의 양정에 관한 의견을 제시할 권한이 있다(동법 제12조 제1항). 10. 경찰승진, 15. 7급국가직, 21. 경찰간부, 21. 9급국가직 · 9급개론

② 그러나 배심원은 증거능력에 관한 심리에는 관여할 수 없다(동법 제44조). 08 · 09. 7급국가직, 10 · 18. 경찰승진, 11. 경찰1차, 14. 9급개론, 21. 경찰간부, 21. 9급국가직 · 9급개론

OX 국민참여재판에서 배심원은 사실의 인정, 법령의 적용 및 형의 양정에 관한 의견을 제시할 권한은 있으나, 법원의 증거능력에 관한 심리에 관여할 수는 없다. (○, ×) 21. 9급국가직 · 9급개론 · 경찰간부

(2) 의 무

① 배심원은 법령을 준수하고 독립하여 성실히 직무를 수행하여야 하고, 배심원은 직무상 알게 된 비밀을 누설하거나 재판의 공정을 해하는 행위를 하여서는 아니 된다.

② 배심원과 예비배심원은 법률에 따라 공정하게 그 직무를 수행할 것을 다짐하는 취지의 선서를 하여야 한다(동법 제42조 제1항).

Answer

기출 키워드 체크
5, 면제할 수 있다

OX
○

5. 배심원의 선정

(1) 선정예비절차

1) 지방법원장의 배심원 후보 예정자 명부 작성

① 지방법원장은 매년 주민등록자료를 활용하여 배심원후보예정자명부를 작성한다.

② 이를 위해 지방법원장은 행정안전부장관에게 매년, 만 20세 이상 주민등록정보에서 성명 등을 전자파일 형태로 송부하여 줄 것을 요청할 수 있다.

③ 작성주체가 '법무부장관'이 아니라 '지방법원장'임에 유의하여야 한다. 08. 경찰1차, 09. 전의경, 11. 경찰승진, 15. 지능특채

2) 법원의 배심원 후보자 무작위 추출 및 출석 통지

① 법원은 배심원후보예정자명부 중에서 필요한 수의 배심원후보자를 무작위 추출 방식으로 정하여 배심원과 예비배심원의 선정기일을 통지하여야 한다.

② 통지를 받은 배심원후보자는 선정기일에 출석하여야 한다.

③ 배심원후보자명부를 검사, 변호인에게 송부하여야 한다.

④ 법원은 선정기일의 2일 전까지 검사와 변호인에게 배심원후보자의 성명·성별·출생연도가 기재된 명부(배심원들로부터 받은 질문표 사본 포함)를 송부하여야 한다.

(2) 선정 기일의 진행

1) 검사, 피고인 또는 변호인에게 선정기일 통지

① 법원은 검사·피고인 또는 변호인에게 선정기일을 통지하여야 한다.

② 검사, 변호인의 필요적 출석, 피고인은 법원의 허가를 받아 출석 12. 경찰3차

③ 검사와 변호인은 선정기일에 출석하여야 하며, 피고인은 법원의 허가를 받아 출석할 수 있다.

④ 법원은 변호인이 선정기일에 출석하지 아니한 경우 국선변호인을 선정하여야 한다. 09·11. 경찰1차, 11. 경찰승진, 13. 경찰2차, 15. 지능특채, 16. 법원·경찰간부

⑤ 피고인이 꼭 출석하여야 하는 것이 아니고, 법원의 허가를 받아 출석할 수 있다는 점에 유의하여야 한다.

2) 수명법관에 의한 비공개 진행

① 법원은 합의부원으로 하여금 선정기일의 절차를 진행하게 할 수 있다. 이 경우 수명법관은 선정기일에 관하여 법원 또는 재판장과 동일한 권한이 있다.

② 선정기일은 공개하지 아니한다.

기출 키워드 체크

검사와 변호인은 각자 배심원이 9인인 경우에는 _____인, 배심원이 7인인 경우에는 _____인, 배심원이 5인인 경우는 _____인의 범위 내에서 배심원후보자에 대하여 이유를 제시하지 아니하는 무이유부기피신청을 할 수 있다.

3) 법원, 검사, 변호인의 질문

① 법원은 배심원후보자의 자격에 관해 배심원후보자에게 질문을 할 수 있다. 검사·피고인 또는 변호인은 법원으로 하여금 필요한 질문을 하도록 요청할 수 있고, 법원은 검사 또는 변호인으로 하여금 직접 질문하게 할 수 있다.

② 피고인은 직접 질문할 수 없음에 유의하여야 한다.

③ (직권 또는 신청)결격, 제외, 제척, 면제 사유를 이유로 기피(이유부 기피)

④ 법원은 배심원후보자가 결격, 제외, 제척, 면제 사유에 해당하거나 불공평한 판단을 할 우려가 있다고 인정되는 때에는 직권 또는 검사·피고인·변호인의 기피신청에 따라 당해 배심원후보자에 대하여 불선정결정을 하여야 한다.

⑤ 검사·피고인 또는 변호인의 기피신청을 기각하는 경우에는 이유를 고지하여야 한다.

⑥ 기피신청을 기각하는 결정에 대하여는 즉시 이의신청을 할 수 있다.

⑦ 이의신청에 대한 결정은 기피신청 기각결정을 한 법원이 한다. ⇨ 이의신청에 대한 결정에 대하여는 불복할 수 없다.

4) 이유를 제시하지 않고 기피신청에 따른 필요적 배제(무이유부 기피)

① 검사와 변호인은 각자 다음의 범위 내에서 배심원후보자에 대하여 이유를 제시하지 아니하는 기피신청(이하 "무이유부기피신청"이라 한다)을 할 수 있다. 13. 경찰1차, 17. 경찰승진

㉠ **배심원이 9인인 경우는 5인** 17. 9급개론·9급국가직

㉡ **배심원이 7인인 경우는 4인**

㉢ **배심원이 5인인 경우는 3인**

② 무이유부기피신청이 있는 때에는 법원은 당해 배심원후보자를 배심원으로 선정할 수 없다. 09. 전의경, 11. 경찰승진, 16. 경찰2차

③ 법원은 검사·피고인 또는 변호인에게 순서를 바꿔가며 무이유부기피신청을 할 수 있는 기회를 주어야 한다.

5) 선정방식

① 배심원후보자(배심원 + 예비배심원 수) 무작위 선정

② 직권, 기피신청에 따른 불결정 후 다시 배심원후보자 선정

③ 배심원후보자가 결정되면 무작위로 배심원과 예비배심원 선정

④ 배심원으로 선정되었는지 여부를 알리지 않을 수 있음

Answer

기출 키워드 체크

5, 4, 3

6. 배심원의 해임과 사임

(1) 배심원 해임

1) 직권 또는 신청에 따라 해임

① 법원은 배심원 또는 예비배심원이 다음의 어느 하나에 해당하는 때에는 직권 또는 검사·피고인·변호인의 신청에 따라 배심원 또는 예비배심원을 해임하는 결정을 할 수 있다.

② 선서를 하지 않거나, 출석 등 의무 위반, 결격사유, 제외사유, 제척사유, 면제사유 등의 불공평할 염려, 거짓 진술이나 기재, 폭언 등 공판절차의 진행을 방해한 경우 등

2) 당사자들로부터 의견 청취, (예비)배심원 진술기회 부여

위 결정을 함에 있어서는 검사·피고인 또는 변호인의 의견을 묻고 출석한 당해 배심원 또는 예비배심원에게 진술기회를 부여하여야 한다.

3) 불복 불가

위 결정에 대하여는 불복할 수 없다. 12. 경찰3차, 16. 경찰2차

(2) 배심원 사임

1) (예비)배심원의 사임 신청

배심원과 예비배심원은 직무를 계속 수행하기 어려운 사정이 있는 때에는 법원에 사임을 신청할 수 있다.

2) 법원의 해임 결정

법원은 위 신청에 이유가 있다고 인정하는 때에는 당해 배심원 또는 예비배심원을 해임하는 결정을 할 수 있다.

3) 당사자들로부터 의견 청취

① 위 결정을 함에 있어서는 검사·피고인 또는 변호인의 의견을 들어야 한다.

② 불복 불가: 위 결정에 대하여는 불복할 수 없다. 17. 경찰1차

(3) 추가선정

① 예비배심원이 없는 경우 배심원을 추가로 선정한다.

② 부득이 하게 남은 배심원만으로 진행하는 경우, 다음 조치를 취하여야 한다.

㉠ 1인의 배심원이 부족한 때 ⇨ 검사, 피고인 또는 변호인의 의견 청취

㉡ 2인 이상의 배심원이 부족한 때 ⇨ 검사, 피고인 또는 변호인의 동의

(4) **배심원**(예비배심원)**의 임무종료**

① 다음의 사유로 배심원(예비배심원)의 임무는 종료한다.

㉠ 종국재판 고지

㉡ 공소사실 등의 변경으로 통상절차 회부 결정을 고지

기출 키워드 체크

배심원이 법정에서 폭언 또는 그 밖의 부당한 언행을 하여 공판절차의 진행을 방해하였다는 이유로 검사의 신청에 따라 법원으로부터 배심원 해임 결정을 받았다면 변호인은 이에 _____할 수 없다.

OX 배심원과 예비배심원은 직무를 계속 수행하기 어려운 사정이 있는 때에는 법원에 사임을 신청할 수 있고, 법원은 위 신청에 이유가 있다고 인정하는 때에는 당해 배심원 또는 예비배심원을 해임하는 결정을 할 수 있는데, 위 결정에 대하여는 불복할 수 있다. (○, ×) 17. 경찰1차

기출 키워드 체크

배심원과 예비배심원은 직무를 계속 수행하기 어려운 사정이 있는 때에는 법원에 사임을 신청할 수 있고, 법원은 위 신청에 이유가 있다고 인정하는 때에는 당해 배심원 또는 예비배심원을 해임하는 결정을 할 수 있는데, 위 결정에 대하여는 _____ 할 수 없다.

Answer

기출 키워드 체크

불복

불복

×

ⓒ **공소사실의 일부 철회 또는 변경으로 인하여 대상사건 불해당 + 국민참여재판으로 진행하는 것이 적당하지 아니하다고 인정**

② 배심원은 양형에 관한 절차에도 참여하기 때문에 유·무죄에 대한 평결을 한 후에도 그 임무가 종료되지 않음에 주의해야 한다.

8 공판준비절차와 공판기일의 절차

1. 공판준비절차

(1) 필수적 공판준비절차

① 재판장은 피고인이 국민참여재판을 원하는 의사를 표시한 경우에 사건을 공판준비절차에 부쳐야 한다(부칠 수 있다 ×)(동법 제36조 제1항 본문). 11·17. 법원, 12·20. 경찰간부·교정특채, 13. 경찰승진, 14. 7급국가직

② 국민참여재판의 경우 필수적으로 공판준비절차를 거칠 것이 요구된다는 점에서 임의적 절차인 일반공판절차(제266조의5)와 차이가 있다. 19. 해경간부

③ 다만, 공판절차에 부치기 전에 배제결정(동법 제9조 제1항)이 있는 때에는 공판절차에 부칠 필요가 없고(동법 제36조 제1항 단서), 공판준비절차에 부친 후라도 피고인이 국민참여재판을 원하지 아니하는 의사를 표시하거나 배제결정이 있는 때에는 공판절차를 종결할 수 있다(동조 제2항).

(2) 사건의 이송 등

지방법원 본원합의부는 지방법원 지원합의부가 국민참여재판절차 회부결정(동법 제10조 제1항)을 하여 이송받은 사건에 대하여는 이미 공판준비절차를 거친 경우에도 필요한 때에는 공판준비절차에 다시 부칠 수 있다(동법 제36조 제3항).

(3) 협력의무

검사, 피고인 또는 변호인은 증거를 미리 수집, 정리하는 등 공판준비절차가 원활하게 진행되도록 협력하여야 한다(동법 제36조 제4항).

(4) 공판준비기일

1) 공판준비기일의 지정

① 법원은 주장과 증거를 정리하고 심리계획을 수립하기 위하여 공판준비기일을 지정하여야 한다(동법 제37조 제1항).

② 법원은 합의부원으로 하여금 공판준비기일을 진행하게 할 수 있으며, 이 경우 수명법관은 공판준비기일에 관하여 법원 또는 재판장과 동일한 권한이 있다(동조 제2항).

2) 공개주의

① 공판준비기일은 공개한다. 18. 변호사, 20. 경찰간부

② 다만, 법원은 공개함으로써 절차의 진행이 방해될 우려가 있는 때에는 공판준비기일을 공개하지 아니할 수 있다(제266조의5 제3항).

3) 배심원의 참여배제

① 공판준비기일에는 배심원이 참여하지 아니한다(제266조의5, 동법 제37조 제4항).
09. 7급국가직, 12. 경찰승진, 18. 변호사, 19. 9급국가직, 20. 경찰간부

② 불필요한 예단을 갖는 것을 방지하기 위해서이다.

2. 공판기일의 절차

(1) 공판기일의 통지

공판기일은 배심원과 예비배심원에게 통지하여야 한다(동법 제38조).

(2) 공판정의 구성

① 공판정은 판사·배심원·예비배심원, 검사, 변호인이 출석하여 개정한다(동법 제39조 제1항). 검사와 피고인 및 변호인은 대등하게 마주보고 위치한다.

② 다만, 피고인신문을 하는 때에는 피고인은 증인석에 위치한다(동조 제2항).

③ 배심원과 예비배심원은 재판장과 검사, 피고인 및 변호인의 사이 왼쪽에 위치한다(동조 제3항).

④ 증인석은 재판장과 검사, 피고인 및 변호인의 사이 오른쪽에 배심원과 예비배심원을 마주보고 위치한다(동조 제4항).

(3) 속기, 녹취

① 법원은 특별한 사정이 없는 한 공판정에서 심리를 속기사로 하여금 속기하게 하거나 녹음장치 또는 영상녹화장치를 사용하여 녹음 또는 영상녹화하여야 한다.

② 이러한 속기록, 녹음테이프 또는 비디오테이프는 공판조서와는 별도로 보관되어야 한다.

③ 검사, 피고인 또는 변호인은 비용을 부담하고 속기록, 녹음테이프 또는 비디오테이프의 사본을 청구할 수 있다(동법 제40조).

(4) 배심원의 절차상 권리

1) 의견 제시

배심원은 국민참여재판을 하는 사건에 관하여 사실의 인정, 법령의 적용 및 형의 양정에 관한 의견을 제시할 권한이 있다.

2) 신문 요청 가능, 직접 질문 불가

① 배심원은 피고인·증인에 대하여 필요한 사항을 신문하여 줄 것을 재판장에게 요청할 수 있다. 08·09. 7급국가직, 09. 전의경

② 그러나 배심원은 피고인·증인에 대하여 필요한 사항을 직접 신문할 수는 없다.

3) 필 기

① 배심원은 필요하다고 인정되는 경우 재판장의 허가를 받아 각자 필기를 하여 이를 평의에 사용할 수 있다.

② 재판장은 공판 진행에 지장을 초래하는 등 필요하다고 인정되는 경우에는 허용한 필기를 언제든지 다시 금지할 수 있다.

③ 재판장은 필기를 하여 이를 평의에 사용하도록 허용한 경우에는 배심원과 예비배심원에게 평의 도중을 제외한 어떤 경우에도 자신의 필기 내용을 다른 사람이 알 수 없도록 할 것을 주지시켜야 한다.

(5) 배심원의 절차상 의무

1) 법령 준수

배심원은 법령을 준수하고 독립하여 성실히 직무를 수행하여야 하며, 직무상 알게 된 비밀을 누설하거나 재판의 공정을 해하는 행위를 하여서는 아니 된다(동법 제12조).

2) 평의 관련 등

① 배심원과 예비배심원은 다음의 행위를 하여서는 아니 된다(동법 제41조 제2항).

② 심리 도중에 법정을 떠나거나 평의·평결 또는 토의가 완결되기 전에 재판장의 허락 없이 평의·평결 또는 토의 장소를 떠나는 행위

③ 평의가 시작되기 전에 당해 사건에 관한 자신의 견해를 밝히거나 의논하는 행위

④ 재판절차 외에서 당해 사건에 관한 정보를 수집하거나 조사하는 행위

⑤ 평의·평결 또는 토의에 관한 비밀을 누설하는 행위

3) 배심원과 예비배심원의 선서 등

배심원과 예비배심원은 법률에 따라 공정하게 그 직무를 수행할 것을 다짐하는 취지의 선서를 하여야 한다(동법 제42조 제1항).

(6) 재판장의 최초 설명

① 재판장은 배심원과 예비배심원에 대하여 배심원과 예비배심원의 권한·의무·재판절차, 그 밖에 직무수행을 원활히 하는 데 필요한 사항을 설명하여야 한다(동조 제2항).

② 재판장의 최초 설명은 진술거부권을 고지하기 전에 이루어지는 것으로, 최초 설명의 대상에 검사가 아직 공소장에 의하여 낭독하지 아니한 공소사실 등이 포함된다고 볼 수 없다(2014도8377). 15. 경찰3차, 16. 9급국가직·9급개론, 19. 경찰승진

기출 키워드 체크

국민의 형사재판 참여에 관한 법률 제42조 제2항은 재판장의 공판기일에서의 최초 설명의무를 규정하고 있는데, 원칙적으로 설명의 대상에 검사가 아직 공소장에 의하여 낭독하지 아니한 ______ 등은 포함된다고 볼 수 없다.

Answer

기출 키워드 체크
공소사실

(7) 공판절차에서의 특칙

1) 배심원의 증거능력 심리 제한 17. 법원, 19. 해경간부

배심원 또는 예비배심원은 법원의 증거능력에 관한 심리에 관여할 수 없다(동법 제44조).

2) 간이공판절차 규정의 배제 17. 9급개론 · 9급국가직, 18 · 19. 경찰1차 · 변호사, 19. 해경간부, 20. 경찰간부

① 국민참여재판에는 형사소송법상 간이공판절차 규정을 적용하지 아니한다(동법 제43조).

② 즉, 피고인이 자백하여도 간이공판절차로 회부할 수 없다.

3) 공판절차의 갱신

① 공판절차가 개시된 후 새로 재판에 참여하는 배심원 또는 예비배심원이 있는 때에는 공판절차를 갱신하여야 한다(동법 제45조 제1항). 11. 법원, 12. 교정특채, 16. 9급국가직 · 9급개론, 17. 경찰승진

② 갱신절차를 진행함에 있어서는 새로 참여한 배심원 또는 예비배심원이 쟁점 및 조사한 증거를 이해할 수 있도록 하되, 그 부담이 과중하지 아니하도록 하여야 한다(동조 제2항).

4) 국선변호인 선정

국민참여재판에 관하여 변호인이 없는 때에는 직권으로 변호인을 선정하여야 한다(필요적 변호)(동법 제7조). 16. 법원, 16 · 18. 경찰간부, 17. 여경 · 경찰특공대, 18. 변호사, 21. 경찰승진, 21. 9급국가직 · 9급개론

(8) 다른 법령 준용

① 국민참여재판에 관하여 특별한 규정이 없는 때에는 법원조직법, 형사소송법 등 다른 법령을 적용한다(동법 제4조).

② 따라서 국민참여재판에서는 법원의 직권에 의한 증거조사도 허용된다. 14. 7급국가직

9 배심원의 평결 및 판결선고 절차

1. 재판장의 설명

(1) 필요적 설명

① 재판장은 변론이 종결된 후 법정에서 배심원에게 공소사실의 요지와 적용법조, 피고인과 변호인 주장의 요지, 증거능력 그 밖에 유의할 사항에 관하여 설명하여야 한다.

② 설명의무가 있는 사항을 설명하지 않는 것은 원칙적으로 위법한 조치이다(2014도8377).

③ 위와 같은 잘못이 배심원의 평결에 직접적인 영향을 미쳐 피고인의 국민참여재판을 받을 권리 등을 본질적으로 침해하고 판결의 정당성마저 인정받기 어려운 정도에 이른 것인지를 신중하게 판단하여야 한다(2014도8377).

기출 키워드 체크

국민참여재판의 배심원은 법원의 _____에 관한 심리에 관여할 수 없다.

기출 키워드 체크

국민참여재판에서 공판절차가 개시된 후 새로 참여하는 배심원 또는 예비배심원이 있는 때에는 공판절차를 _____하여야 한다.

OX 국민참여재판에 관하여 변호인이 없는 때에는 법원은 직권으로 변호인을 선정하여야 한다. (○, ×)
21. 9급국가직 · 9급개론

Answer
기출 키워드 체크
증거능력
갱신
OX
○

(2) 임의적 설명

필요한 경우에는 증거의 요지에 관하여도 설명할 수 있다(동법 제46조 제1항).

(3) 한 계

이때 재판장의 설명범위는 재판과 관련하여 법률적 지식이 적은 배심원들이 알고 있어야 할 사항으로서 재판장의 의견이 어떤 것인지에 대하여 추측할 수 없는 사항으로 제한된다.

(4) 그 밖의 유의할 사항

배심원에게 그 밖에 유의할 사항에 관한 설명을 할 때에는 다음 내용을 포함한다(동 규칙 제37조 제1항).

㉠ 「형사소송법」 제275조의2(피고인의 무죄추정), 제307조(증거재판주의), 제308조(자유심증주의)의 각 원칙
㉡ 피고인의 증거제출 거부나 법정에서의 진술거부가 피고인의 유죄를 뒷받침하는 것으로 해석될 수 없다는 점
㉢ 「형사소송법」 제2편 제3장 제2절의 각 규정에 의하여 증거능력이 배제된 증거를 무시하여야 한다는 점
㉣ 「국민의 형사재판 참여에 관한 법률」 제41조 제2항 제1호 및 제4호의 각 의무
㉤ 평의 및 평결의 방법
㉥ 배심원 대표를 선출하여야 하는 취지 및 그 방법

(5) 설명사항 추가 요청

검사 · 피고인 또는 변호인은 재판장에게 당해 사건과 관련하여 설명이 필요한 법률적 사항을 특정하여 설명에 포함하여 줄 것을 서면으로 요청할 수 있다(동 규칙 제37조 제2항).

2. 배심원의 평의 · 평결 · 토의

(1) 만장일치의 경우 18. 경찰승진

1) 만장일치에 따른 평결

심리에 관여한 배심원은 재판장의 설명을 들은 후 유무죄에 관하여 평의하고, 전원의 의견이 일치하면 그에 따라 평결한다.

2) 과반의 요청에 의해 판사의 의견 청취 가능

다만, 배심원 과반수의 요청이 있으면 심리에 관여한 판사의 의견을 들을 수 있다(동법 제46조 제2항).

(2) 만장일치가 아닌 경우(동조 제3항) 16. 해경, 17. 경찰1차, 18 · 21. 경찰승진

1) 판사의 의견 청취

배심원은 유무죄에 관하여 전원이 의견이 일치하지 아니하는 때에는 평결을 하기 전에 심리에 관여한 판사의 의견을 들어야 한다(필수적 절차).

2) 다수결 평결 09. 7급 국가직, 11. 경찰2차, 15. 법원직, 16. 해경, 19. 경찰1차

이 경우에 유무죄의 평결은 다수결의 방법으로 한다(새로이 배심원단 구성 ×).

3) 판사 참여 불가

심리에 관여한 판사는 평의에 참여하여 의견을 진술한 경우에도 평결에는 참여할 수 없다(동법 제46조 제3항).

(3) 양형토의

1) 재판장의 설명 17. 9급개론 · 9급국가직

재판장은 양형에 관한 토의 전에 처벌의 범위와 양형의 조건 등을 설명하여야 한다(동법 제46조 제4항)

2) 양형 토의 16. 경찰간부, 17. 9급개론 · 9급국가직

배심원의 평결이 유죄(유 · 무죄 ×)인 경우 배심원은 심리에 관하여 판사와 함께 양형에 관하여 토의하고 그에 관한 의견을 개진한다.

(4) 평의 및 평결의 효력

① 배심원의 평결과 의견은 법원을 기속하지 아니한다(동법 제46조 제5항). 10. 경찰승진, 17. 법원

② 국민참여재판에서 배심원이 만장일치의 의견으로 내린 무죄의 평결이 재판부의 심증에 부합하여 그대로 채택된 경우(2009도14065) 15 · 19. 경찰간부, 18. 해경간부

㉠ 항소심에서의 새로운 증거조사를 통해 그에 명백히 반대되는 충분하고도 납득할 만한 현저한 사정이 나타나지 않는 한 한층 더 존중될 필요가 있다.

㉡ 항소심에서의 새로운 증거조사를 통해 그에 명백히 반대되는 충분하고도 납득할 만한 현저한 사정이 나타나지 않는 한 이를 번복시키는 것은 허용되지 않는다.

㉢ 이러한 경우라도 검사는 1심에 대해 항소할 수 있다. 19. 9급개론

(5) 기 타

1) 평결결과의 편철

배심원의 평결의 결과는 소송기록에 편철하여야 한다(동법 제46조 제6항).

2) 비밀 누설 금지

배심원은 평의, 평결 및 토의과정에서 알게 된 판사 및 배심원 각자의 의견과 그 분포 등을 누설하여서는 아니 된다(동법 제47조).

OX 배심원은 유 · 무죄에 관하여 전원의 의견이 일치하지 아니하는 때에는 평결을 하기 전에 심리에 관여한 판사의 의견을 들어야 한다. 이 경우 유 · 무죄의 평결은 다수결의 방법으로 한다. (○, ×)
16. 해경, 17. 경찰1차

기출 키워드 체크

배심원들 사이에 유 · 무죄에 관하여 _____의 의견이 일치하지 아니하는 때에는 평결을 하기 전에 심리에 관여한 _____의 의견을 들은 다음 _____의 방법으로 유 · 무죄의 평결을 한다.

기출 키워드 체크

국민참여재판제도는 일반 국민 중에서 선정된 배심원이 형사재판에 있어서의 사실인정뿐만 아니라 _____에 대해서도 의견을 제시하는 제도이다.

기출 키워드 체크

국민참여재판으로 진행된 제1심에서 배심원이 _____의 의견으로 평결을 한 경우 제1심 법원은 배심원의 평결결과를 존중하여야 하고, 특히 증인이 한 진술의 신빙성 등이 주된 쟁점이 되는 사건에 관하여 배심원이 만장일치로 무죄의 평결을 하였다면, 그와 같은 평결이 제1심 법원이 적법하게 채택하여 조사한 증거들에 비추어 명백하게 잘못되었다고 볼만한 특별한 사정이 있다거나, 평결결과를 그대로 받아들이는 것이 현저하게 부당하다고 인정되는 등의 예외적인 경우에 해당하지 않는 이상, 이를 존중하여 수용하는 것이 바람직하다.

Answer

기출 키워드 체크
전원, 판사, 다수결
형의 양정
만장일치

OX
○

3. 판결의 선고

(1) 판결선고 기일

① 판결의 선고는 변론을 종결한 기일에 하여야 하는 것이 원칙이다(동법 제48조 제1항).

② 변론을 종결한 기일에 판결을 선고하는 경우에는 판결선고 후에 판결서를 작성할 수 있다(동조 제2항).

③ 특별한 사정이 있는 때에는 따로 선고기일을 지정할 수 있다(동조 제1항 단서).

④ 예외적으로 선고기일을 따로 지정하는 경우라도 그 선고기일은 변론종결 후 14일 이내로 정하여야 한다(동조 제3항).

⑤ 새로 지정된 선고기일은 배심원의 출석 없이 개정할 수 있다(동 규칙 제43조).

(2) 판결서 기재

① 판결서에는 배심원이 재판에 참여하였다는 취지를 기재하여야 하고(필요적), 배심원의 의견을 기재할 수 있다(임의적)(동법 제49조 제1항). 17. 경찰1차

② 판결서에 배심원의 의견을 기재할 것인지는 원칙적으로 임의적 사항이다. 17. 경찰1차

③ 그러나 법원이 배심원의 평결결과와 다른 판결을 선고하는 때에는 판결서에 그 이유를 기재하여야 한다(동조 제2항). 08. 7급국가직, 11. 경찰2차, 12. 교정특채 · 경찰승진, 17. 법원, 19. 해경간부

4. 국민참여재판에 대한 상소

국민참여재판으로 진행된 1심에 대해서도 통상의 1심 재판과 마찬가지로 항소가 허용된다.

⑩ 기타사항

1. 배심원 보호 등

1) 불이익 취급의 금지

누구든지 배심원, 예비배심원 또는 배심원후보자인 사실을 이유로 해고하거나 그 밖의 불이익한 처우를 하여서는 아니 된다(동법 제50조).

2) 배심원 등에 대한 접촉의 규제

① 누구든지 당해 재판에 영향을 미치거나 배심원 또는 예비배심원이 직무상 취득한 비밀을 알아낼 목적으로 배심원 또는 예비배심원과 접촉하여서는 아니 된다(동법 제51조 제1항).

기출 키워드 체크

배심원의 평결과 의견은 법원을 _____하지 아니하나, 재판장은 배심원의 평결결과와 다른 판결을 선고하는 때에는 피고인에게 그 _____를 설명하여야 하고, 판결서에 그 _____를 기재하여야 한다.

OX 판결서에는 배심원이 재판에 참여하였다는 취지를 기재하여야 하고, 배심원의 의견을 기재할 수 있다. (○, ×) 17. 경찰1차

Answer

기출 키워드 체크
기속, 이유, 이유

OX
○

② 또한 누구든지 배심원 또는 예비배심원이 직무상 취득한 비밀을 알아낼 목적으로 배심원 또는 예비배심원의 직무에 종사하였던 사람과 접촉하여서는 아니 된다.

③ 다만, 연구에 필요한 경우는 그러하지 아니하다(동조 제2항 본문, 단서).

3) 배심원 등의 개인정보 공개금지

① 법령으로 정하는 경우를 제외하고는 누구든지 배심원, 예비배심원 또는 배심원후보자의 성명, 주소와 그 밖의 개인정보를 공개하여서는 아니 된다(동법 제52조 제1항).

② 그러나 배심원, 예비배심원 또는 배심원후보자의 직무를 수행하였던 사람들의 개인정보에 대하여는 본인이 동의하는 경우에 한하여 이를 공개할 수 있다(동조 제2항).

4) 배심원 등에 대한 신변보호조치

① 재판장은 배심원 또는 예비배심원이 피고인이나 그 밖의 사람으로부터 위해를 받거나 받을 염려가 있다고 인정하는 때 또는 공정한 심리나 평의에 지장을 초래하거나 초래할 염려가 있다고 인정하는 때에는 배심원 또는 예비배심원의 신변안전을 위하여 보호, 격리, 숙박, 그 밖에 필요한 조치를 취할 수 있다(동법 제53조 제1항).

② 또한 검사, 피고인, 변호인, 배심원 또는 예비배심원은 재판장에게 신변보호조치를 취하도록 요청할 수 있다(동조 제2항).

2. 과태료

① 법원은 다음의 경우 결정으로 200만원 이하의 과태료를 부과한다.

㉠ **출석통지를 받은 배심원, 예비배심원, 배심원후보자가 정당한 사유 없이 지정된 일시에 출석하지 아니한 때**

㉡ **배심원 또는 예비배심원이 정당한 사유 없이 동법 제42조 제1항의 선서를 거부한 때**

㉢ **배심원후보자가 배심원 또는 예비배심원 선정을 위한 질문서에 거짓 기재를 하여 법원에 제출하거나 또는 선정절차에서의 질문에 대하여 거짓 진술을 한 때**

② 위 과태료 결정에 대하여는 즉시항고할 수 있다.

Chapter 12 OX 확인학습

01 □□□ 국민참여재판을 받을 권리는 헌법 제27조 제1항에서 규정한 재판을 받을 권리의 보호범위에 속한다. (×)

02 □□□ 법원은 대상사건의 피고인에 대하여 국민참여재판을 원하는지 여부에 관한 의사를 서면 등의 방법으로 반드시 확인하여야 한다. (○)

03 □□□ 법원에서 피고인이 국민참여재판을 원하는지에 관한 의사의 확인절차를 거치지 아니한 채 통상의 공판절차로 재판을 진행한 경우 그 공판절차에서 이루어진 소송행위는 유효하다. (×)

04 □□□ 법원이 사건을 국민참여재판으로 진행하기로 하는 결정 또는 배제하기로 하는 결정에 대해서는 즉시항고를 할 수 있다. (×)

05 □□□ 제1심법원이 국민참여재판 대상이 되는 사건임을 간과하여 이에 관한 피고인의 의사를 확인하지 아니한 채 통상의 공판절차로 재판을 진행하였다면, 비록 피고인이 항소심에서 국민참여재판을 원하지 아니한다고 하면서 제1심의 절차적 위법을 문제삼지 아니할 의사를 명백히 표시하였더라도 그 하자는 치유되지 않으며 제1심 공판절차는 전체로서 위법하다. (×)

06 □□□ 공소장 부본을 송달받은 날부터 7일 이내에 의사확인서를 제출하지 아니한 피고인도 제1회 공판기일이 열리기 전까지는 국민참여재판 신청을 할 수 있고, 법원은 그 의사를 확인하여 국민참여재판으로 진행할 수 있다. (○)

07 □□□ 법원은 공소제기 후부터 공판준비기일이 종결된 다음날까지 공범 관계에 있는 피고인들 중 일부가 국민참여재판을 원하지 아니하여 국민참여재판의 진행에 어려움이 있다고 인정되는 경우에는 국민참여재판을 하지 아니하기로 하는 결정을 할 수 있다. (○)

08 □□□ 법원은 공소사실의 일부 철회 또는 변경으로 인하여 대상사건에 해당하지 아니하게 된 경우에도 국민참여재판을 계속 진행한다. 다만, 법원은 심리의 상황이나 그 밖의 사정을 고려하여 국민참여재판으로 진행하는 것이 적당하지 아니하다고 인정하는 때에는 결정으로 당해 사건을 지방법원 본원 합의부가 국민참여재판에 의하지 아니하고 심판하게 할 수 있다. (○)

09 □□□ 국민참여재판에서 공소사실의 일부 철회 또는 변경으로 인하여 대상사건에 해당하지 아니하게 된 경우, 법원은 절차를 정지하고 결정으로 당해 사건을 지방법원 본원 합의부로 하여금 국민참여재판에 의하지 아니하고 심판하게 하여야 한다. (×)

10 □□□ 국민참여재판에 관하여 변호인이 없는 때에는 법원은 직권으로 변호인을 선정하여야 한다. (○)

11 □□□ 국민의 형사재판 참여에 관한 법률 제42조 제2항은 재판장의 공판기일에서의 최초 설명의무를 규정하고 있는데, 원칙적으로 설명의 대상에 검사가 아직 공소장에 의하여 낭독하지 아니한 공소사실 등은 포함된다고 볼 수 없다. (○)

12 □□□ 국민참여재판에는 간이공판절차에 관한 규정을 적용하지 아니한다. (○)

13 □□□ 배심원은 유・무죄에 관하여 전원의 의견이 일치하지 아니하는 때에는 평결을 하기 전에 심리에 관여한 판사의 의견을 들어야 하고, 이 경우 유・무죄의 평결은 다수결의 방법으로 한다. (○)

14 □□□ 심리에 관여한 배심원은 유・무죄에 관하여 평의하고 평결이 유죄인 경우 양형에 관하여 토의하고 그에 관한 의견을 개진하며, 평의 및 양형에 관한 토의에는 심리에 관여한 판사가 참여할 수 없다. (×)

15 □□□ 판결서에는 배심원이 재판에 참여하였다는 취지를 기재하여야 하고, 배심원의 의견을 기재할 수 있다. (○)

16 □□□ 법정형이 사형・무기징역 또는 무기금고에 해당하는 대상 사건에 대한 국민참여재판에는 9인의 배심원이 참여하고, 그 외의 대상사건에 대한 국민참여재판에는 7인의 배심원이 참여한다. 다만, 법원은 피고인 또는 변호인이 공판준비절차에서 공소사실의 주요내용을 인정한 때에는 5인의 배심원이 참여하게 할 수 있다. (○)

17 □□□ 법원은 배심원의 결원 등에 대비하여 5인 이내의 예비배심원을 둘 수 있다. (○)

18 □□□ 만 20세 이상의 대한민국 국민이라 할지라도 금고 이상의 형의 집행유예를 선고 받고 그 기간이 완료된 날부터 2년이 경과하지 아니한 사람은 배심원으로 선정될 수 없다. (○)

19 □□□ 법원은 지방자치단체의 장은 물론 지방의회의원 역시 배심원으로 선정하여서는 아니 된다. (○)

20 □□□ 검사와 변호인이 적법한 절차에 따라 배심원후보자에 대하여 무이유부기피신청을 하였다면 법원은 당해 배심원후보자를 배심원으로 선정할 수 없다. (○)

21 □□□ 배심원이 법정에서 폭언 또는 그 밖의 부당한 언행을 하여 공판절차의 진행을 방해하였다는 이유로 검사의 신청에 따라 법원으로부터 배심원 해임 결정을 받았다면 변호인은 이에 불복할 수 없다. (○)

22 □□□ 배심원과 예비배심원은 직무를 계속 수행하기 어려운 사정이 있는 때에는 법원에 사임을 신청할 수 있고, 법원은 위 신청에 이유가 있다고 인정하는 때에는 당해 배심원 또는 예비배심원을 해임하는 결정을 할 수 있는데, 위 결정에 대하여는 불복할 수 있다. (×)

Chapter 12 실전익히기

01

20. 9급 법원직

국민참여재판에 관한 설명 중 가장 옳은 것은? (다툼이 있는 경우 판례에 의함)

① 피고인은 공소장 부본을 송달받은 날부터 7일 이내에 국민참여재판을 원하는지 여부에 관한 의사가 기재된 서면을 제출하여야 한다. 이 경우 피고인이 서면을 우편으로 발송한 때에는 법원에 도착한 날 법원에 제출한 것으로 본다.

② 국민참여재판 대상이 되는 사건임에도 법원에서 피고인이 국민참여재판을 원하는지에 관한 의사 확인절차를 거치지 아니한 채 통상의 공판절차로 재판을 진행하였다면, 그 절차는 위법하고 이러한 위법한 공판절차에서 이루어진 소송행위도 무효이다.

③ 제1심법원이 국민참여재판 대상이 되는 사건임을 간과하여 이에 관한 피고인의 의사를 확인하지 아니한 채 통상의 공판절차로 재판을 진행하였다면, 피고인이 항소심에서 국민참여재판을 원하지 아니한다고 하면서 위와 같은 제1심의 절차적 위법을 문제삼지 아니할 의사를 명백히 표시하여도 그 하자가 치유되지는 않는다.

④ 법원은 공소제기 후부터 공판준비기일이 종결된 다음날까지 성폭력범죄의 처벌 등에 관한 특례법의 성폭력범죄 피해자가 국민참여재판을 원하지 아니하는 경우에 국민참여재판을 하지 아니하기로 하는 결정을 할 수 있는데 위 결정에 대하여 피고인은 불복할 수 없다.

02

19. 경찰승진

국민참여재판에 대한 설명으로 가장 적절하지 않은 것은? (다툼이 있는 경우 판례에 의함)

① 헌법과 법률이 정한 법관에 의한 재판을 받을 권리는 직업법관에 의한 재판을 주된 내용으로 하는 것으로, 국민참여재판을 받을 권리는 헌법 제27조 제1항에서 규정한 재판을 받을 권리의 보호범위에 속한다.

② 「국민의 형사재판 참여에 관한 법률」에 의하면 제1심 법원이 국민참여재판 대상사건을 피고인의 의사에 따라 국민참여재판으로 진행함에 있어 별도의 국민참여재판 개시결정을 할 필요는 없고, 그에 관한 이의가 있어 제1심 법원이 국민참여재판으로 진행하기로 하는 결정에 이른 경우 이는 판결 전의 소송절차에 관한 결정에 해당하며, 그에 대하여 특별히 즉시항고를 허용하는 규정이 없으므로 그 결정에 대하여는 항고할 수 없다.

③ 피고인이 공소장 부본을 송달받은 날부터 7일 이내에 의사확인서를 제출하지 아니한 경우에도 제1회 공판기일이 열리기 전까지는 국민참여재판 신청을 할 수 있고, 법원은 그 의사를 확인하여 국민참여재판으로 진행할 수 있다.

④ 「국민의 형사재판 참여에 관한 법률」은 제42조 제2항에서 '재판장은 배심원과 예비배심원에 대하여 배심원과 예비배심원의 권한 · 의무 · 재판절차, 그 밖에 직무수행을 원활히 하는 데 필요한 사항을 설명하여야 한다.'라고 하여 재판장의 공판기일에서의 최초 설명의무를 규정하고 있는데, 원칙적으로 설명의 대상에 검사가 아직 공소장에 의하여 낭독하지 아니한 공소사실 등이 포함된다고 볼 수 없다.

03

21. 9급국가직, 21. 9급개론

국민참여재판절차에 대한 설명으로 옳지 않은 것은? (다툼이 있는 경우 판례에 의함)

① 국민참여재판에 관하여 변호인이 없는 때에는 법원은 직권으로 변호인을 선정하여야 한다.

② 국민참여재판에서 배심원은 사실의 인정, 법령의 적용 및 형의 양정에 관한 의견을 제시할 권한은 있으나, 법원의 증거능력에 관한 심리에 관여할 수는 없다.

③ 피고인의 국민참여재판 불희망 의사를 확인하였다고 하더라도, 국민참여재판 안내서 등을 피고인에게 교부하거나 사전에 송달하는 등의 국민참여재판절차에 관한 충분한 안내를 하지 않았거나 그 희망 여부에 관한 상당한 숙고시간을 부여하지 않았다면, 그 의사의 확인절차를 적법하게 거쳤다고 볼 수는 없다.

④ 법원이 국민참여재판 대상사건을 피고인의 의사에 따라 국민참여재판으로 진행함에 있어서는 별도의 국민참여재판 개시결정을 하여야 한다.

04

21. 경찰간부

국민참여재판에 관한 설명 중 옳지 않은 것으로만 묶인 것은? (다툼이 있는 경우 판례에 의함)

가. 국민참여재판 대상사건의 공소제기가 있으면 법원은 피고인이 국민참여재판을 원하는지 여부에 관한 의사를 서면 등의 방법으로 반드시 확인하여야 한다.
나. 법원은 공범관계에 있는 피고인들 중 일부가 국민참여재판을 원하지 않아 국민참여재판을 진행하는 데 어려움이 있다고 판단한 경우 국민참여재판을 하지 않는 결정을 할 수 있다.
다. 국민의 형사재판 참여에 관한 법률에 따라 사건을 국민참여재판으로 진행 또는 배제하기로 하는 법원의 결정에 대해서는 즉시항고할 수 있다.
라. 국민참여재판에서 배심원은 사실의 인정, 법령의 적용 및 형의 양정에 관한 의견을 제시할 권한은 있으나, 법원의 증거능력에 관한 심리에 관여할 수는 없다.
마. 국민참여재판을 진행하던 중 공소사실의 변경으로 대상사건에 해당하지 않게 된 경우 국민참여재판으로 진행할 수 없다.

① 가, 다　　② 나, 마
③ 다, 라　　④ 다, 마

05

18. 경찰승진

국민참여재판에 대한 설명으로 가장 적절한 것은? (다툼이 있는 경우 판례에 의함)

① 국민참여재판 대상사건의 피고인이 국민참여재판을 신청하였으나 법원이 이에 대한 배제결정을 하지 않은 채 통상의 공판절차로 진행하더라도 위법하다고 할 수 없다.

② 배심원은 만 19세 이상의 대한민국 국민 중에서 선정한다.

③ 배심원 또는 예비배심원은 법원의 증거능력에 관한 심리에 관여할 수 있다.

④ 배심원은 유·무죄에 관하여 전원의 의견이 일치하지 아니하는 때에는 평결을 하기 전에 심리에 관여한 판사의 의견을 들어야 한다. 이 경우 유·무죄의 평결은 다수결의 방법으로 한다.

Answer

01 ② [○] 2012도13896
02 ① [×] 헌법에서 규정한 재판을 받을 권리의 보호범위에 속한다고 볼 수 없다.
03 ④ [×] 국민참여재판으로 진행함에 있어 별도의 국민참여재판 개시결정을 할 필요는 없다(2009모1032).
04 ④ (다, 마)가 옳지 않다.
05 ④ [○] 국민의 형사재판 참여에 관한 법률 제46조 제3항

김상천

주요 약력

現) 박문각 공무원 형사소송법 담당
現) 변호사
前) 검사(서울중앙지검 첨단범죄수사부 등)

3차 개정판

김상천 **형사소송법** # 1권

초판인쇄 | 2021. 7. 5. **초판발행** | 2021. 7. 10. **저자** | 김상천 **발행인** | 박 용 **발행처** | (주)박문각출판
등록 | 2015년 4월 29일 제2015-000104호 **주소** | 06654 서울시 서초구 효령로 283 서경 B/D 4층
팩스 | (02)584-2927 **전화** | 교재 주문·내용 문의 (02)6466-7202

저자와의
협의하에
인지생략

정가 54,000원(전2권) ISBN 979-11-6704-212-5
ISBN 979-11-6704-211-8(세트)

교재관련 문의 02-6466-7202 **홈페이지** www.pmg.co.kr **편지** 서울시 서초구 효령로 283 서경B/D 4층
동영상강의 문의 www.pmg.co.kr(Tel. 02-6466-7201)

* 본 교재의 정오표는 박문각출판 홈페이지에서 확인하실 수 있습니다.